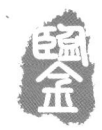

中国社会科学年鉴

中国历史学年鉴 2013-2015

YEARBOOK OF HISTORY IN CHINA

中国史学会
《中国历史学年鉴》编委会 编

中国社会科学出版社

目　录

第一篇　特稿

夏商周断代工程 ………………………………………………… 江林昌（3）
清史纂修工程的立项与开展 …………………………………… 马大正（18）
中国近代史研究的"范式"问题 ………………………………… 徐秀丽（28）
中日共同历史研究 ………………………………………………… 步　平（41）

第二篇　学科综述

中国古代史研究综述（2013） ………………………………… 邬文玲（53）
辛亥革命百年史研究 …………………………………… 张海鹏　赵庆云（74）
新世纪以来的中华民国史研究 ………………………………… 汪朝光（83）
新民主主义革命史研究述评（2002—2012） ………………… 刘晶芳（91）
21世纪初期中国世界古代中世纪史研究综述 ………… 郭子林　郭小凌（109）
《旧制度与大革命》及相关问题的研究综述 …………………… 张　丽（121）
冷战国际史研究在中国（2001—2012） ……………………… 沈志华（129）
中国大陆口述历史的发展现状述评 …………………………… 周新国（138）
中国环境史研究综述（2011） ……………… 梅雪芹　徐　畅　刘宏焘（147）
妇女/性别史学科发展综述（2001—2010） ………… 高世瑜　常建华（167）
中国城市史研究综述（1979—2010） ………………… 熊月之　张　生（177）
新世纪以来中国简帛的发现与研究 …………………………… 邬文玲（199）

第三篇　研究动态

新书评介 ……………………………………………………………… （219）
　史学理论 …………………………………………………………… （219）
　　新文化史：历史学的"文化转向" ……………………………… （219）
　中国古代史 ………………………………………………………… （220）
　　中国古代国家的起源与王权的形成 …………………………… （220）
　　中国历史的空间结构 …………………………………………… （220）

清华大学藏战国竹简（肆） ……………………………………………………（221）
战国秦汉社会经济形态新探 ………………………………………………（221）
秦汉称谓研究 ………………………………………………………………（221）
器物图像与汉代信仰 ………………………………………………………（222）
终极之典：中古丧葬制度研究 ……………………………………………（222）
天子文书 政令 信息沟通：以两汉魏晋南北朝为中心 …………………（222）
明清以来长江三角洲地区城镇地理与环境研究 …………………………（223）
桑干河流域历史城市地理研究 ……………………………………………（223）

中国近代史 …………………………………………………………………（223）
晚清人物与史事 ……………………………………………………………（223）
从幕府到职官：清季外官制的转型与困扰 ………………………………（223）
戊戌变法的另面：张之洞档案阅读笔记 …………………………………（224）
辛亥首义史 …………………………………………………………………（224）
商民运动研究（1924—1930） ……………………………………………（225）
中国苏区史 …………………………………………………………………（226）
张力与限界：中央苏区的革命（1933—1934） …………………………（227）
交流与对抗：近代中日关系史论 …………………………………………（227）
跨越战后——日本的战争责任认识 ………………………………………（228）
近代中国的知识与制度转型 ………………………………………………（229）
西学驱动与本土需求——民国时期"文化学"学科建构研究 …………（229）

中国当代史 …………………………………………………………………（230）
《中国共产党历史》第二卷（1949—1978） ……………………………（230）
中华人民共和国史 …………………………………………………………（231）
当代中国史研究纵横谈 ……………………………………………………（231）
毛泽东对新中国的历史贡献 ………………………………………………（232）
国步艰难——中国社会主义路径的五次选择 ……………………………（232）
中国共产党"三农"思想政策史（1921—2013） ………………………（232）
中国共产党与当代中国文化发展研究 ……………………………………（232）
中国共产党领导的文字改革 ………………………………………………（233）
中国共产党治理新疆史 ……………………………………………………（233）
新中国口述史：1949—1978 ………………………………………………（234）

世界史 ………………………………………………………………………（234）
世界瘟疫史：疫病流行、应对措施及其对人类社会的影响 ……………（234）
拜占庭帝国史 ………………………………………………………………（235）
英国近代国家的形成——16世纪英国国家机构与职能的变革 …………（236）
英国土地制度史 ……………………………………………………………（236）
近现代英国农业资本主义的兴衰——农业与农民现代化的再探讨 ……（237）
墨索里尼与意大利法西斯 …………………………………………………（238）

冷战时期美日关系史研究 …………………………………………………… (239)
　　美国城市郊区化研究 ………………………………………………………… (240)
　　中外文化交流史 ……………………………………………………………… (241)

考古 …………………………………………………………………………… (241)
　　牛河梁：红山文化遗址发掘报告（1983—2003年度）………………… (241)
　　秦始皇帝陵园考古研究 ……………………………………………………… (242)
　　六朝墓葬的考古学研究 ……………………………………………………… (243)
　　昆山绰墩遗址 ………………………………………………………………… (243)
　　余岗楚墓 ……………………………………………………………………… (244)
　　关山辽墓 ……………………………………………………………………… (245)
　　四川邛崃龙兴寺：2005—2006年考古发掘报告 ………………………… (246)
　　随州金鸡岭 …………………………………………………………………… (247)
　　西夏六号陵 …………………………………………………………………… (247)
　　新疆史前晚期社会的考古学研究 …………………………………………… (248)
　　郑州小双桥——1990—2000年考古发掘报告 …………………………… (248)
　　史前中国的艺术浪潮：庙底沟文化彩陶研究 ……………………………… (249)
　　中国出土壁画全集 …………………………………………………………… (250)
　　中国青铜器综论 ……………………………………………………………… (250)

学术会议 ……………………………………………………………………… (252)
　　首届"世界考古·上海论坛"在上海举行 ………………………………… (252)
　　中国考古学会第十五次年会在石家庄召开 ………………………………… (252)
　　中国考古学会第十六次年会暨第六届会员代表大会在西安召开 ………… (253)
　　"农业起源与传播国际学术研讨会暨中国植物考古学新进展学术
　　　会议"在济南召开 ………………………………………………………… (253)
　　"中国古代史研究前沿论坛：理论·方法·学科"学术研讨会在
　　　杭州举行 …………………………………………………………………… (254)
　　"第六届日中学者中国古代史论坛"在日本东京举行 …………………… (255)
　　中国社会科学论坛——"第三届中国古文献与传统文化国际学术研讨会"
　　　在北京举行 ………………………………………………………………… (256)
　　"早期丝绸之路暨早期秦文化"国际学术研讨会在兰州召开 …………… (256)
　　"明代宫廷史学术研讨会"在故宫博物院召开 …………………………… (257)
　　"纪念辛亥革命100周年"国际学术研讨会在武汉举行 ………………… (258)
　　"纪念胡适诞辰120周年"国际学术研讨会在南京召开 ………………… (258)
　　"第二届近代文化与近代中国学术研讨会"在北京举行 ………………… (258)
　　"全球史、文明史学术回顾与世界史学科建设高层论坛"在杭州召开 … (259)
　　"第九届全国青年世界史工作者代表学术研讨会"在满洲里召开 ……… (261)
　　"中国世界现代史研究会2013年常务理事会暨西南片区学术年会"
　　　在昆明召开 ………………………………………………………………… (262)

第十三届国史学术年会在北京召开 ……………………………………… (263)
第十五届国史学术年会在北京举行 ……………………………………… (263)
"国史研究话语权建设"学术研讨会在北京召开 ………………………… (264)
第七届"陈云与当代中国"学术研讨会在延安举行 ……………………… (264)

第四篇　史家介绍

当代史家 …………………………………………………………………… (269)
　　龚书铎 …………………………………………………………………… (269)
　　何兹全 …………………………………………………………………… (272)
　　季羡林 …………………………………………………………………… (274)
　　李文海 …………………………………………………………………… (277)
　　吴承明 …………………………………………………………………… (284)

知名学者 …………………………………………………………………… (288)
　　陈连开 …………………………………………………………………… (288)
　　陈诗启 …………………………………………………………………… (288)
　　陈文华 …………………………………………………………………… (288)
　　董楚平 …………………………………………………………………… (289)
　　高　敏 …………………………………………………………………… (289)
　　郭豫明 …………………………………………………………………… (289)
　　胡　滨 …………………………………………………………………… (290)
　　姜　铎 …………………………………………………………………… (290)
　　来新夏 …………………………………………………………………… (291)
　　刘望龄 …………………………………………………………………… (291)
　　宁　可 …………………………………………………………………… (292)
　　戚其章 …………………………………………………………………… (292)
　　祁龙威 …………………………………………………………………… (292)
　　石　泉 …………………………………………………………………… (293)
　　田昌五 …………………………………………………………………… (293)
　　田余庆 …………………………………………………………………… (293)
　　王思治 …………………………………………………………………… (294)
　　隗瀛涛 …………………………………………………………………… (294)
　　吴　泽 …………………………………………………………………… (295)
　　杨宝成 …………………………………………………………………… (295)
　　杨翼骧 …………………………………………………………………… (295)
　　张德信 …………………………………………………………………… (296)
　　张守常 …………………………………………………………………… (296)
　　张之恒 …………………………………………………………………… (296)

赵其昌 …… (297)
朱维铮 …… (297)
朱宗震 …… (298)

第五篇　中国史学会概况

中国史学会中外学术交流 …… (301)
中国史学会动态 …… (304)
　　主要工作情况 …… (304)
　　主要学术活动 …… (305)
　　主要学术成果 …… (306)

第六篇　重大考古发现

2012 年 …… (309)
　　河北内丘邢窑遗址 …… (309)
　　河南栾川孙家洞旧石器时代遗址 …… (309)
　　陕西神木石峁遗址 …… (310)
　　新疆温泉阿敦乔鲁遗址与墓地 …… (311)
　　贵州遵义海龙囤遗址 …… (311)
2013 年 …… (312)
　　江苏扬州曹庄隋唐墓（隋炀帝墓） …… (312)
　　河南洛阳新安汉函谷关遗址 …… (313)
　　湖北随州文峰塔东周曾国墓地 …… (314)
　　湖南益阳兔子山遗址 …… (315)
　　陕西西安西汉渭桥遗址 …… (316)
　　陕西宝鸡石鼓山商周墓地 …… (317)
　　四川成都老官山西汉木椁墓 …… (318)
2014 年 …… (319)
　　北京延庆大庄科辽代矿冶遗址群 …… (319)
　　浙江上虞禁山早期越窑遗址 …… (320)
　　河南郑州东赵遗址 …… (321)
　　湖北枣阳郭家庙东周曾国墓地 …… (322)
　　贵州遵义新蒲播州杨氏土司墓地 …… (324)
2015 年 …… (325)
　　辽宁"丹东一号"清代沉船（致远舰）水下考古 …… (325)
　　江西南昌西汉海昏侯刘贺墓 …… (327)
　　陕西宝鸡周原遗址 …… (329)

云南江川甘棠箐旧石器时代遗址 ………………………………………… (330)
海南东南部沿海地区新石器时代遗存 ……………………………………… (331)

第七篇 其他

第三届中国出版政府奖·图书奖（2014年）………………………………… (337)

第八篇 论文选刊

论西周时期的"南国" …………………………………………… 朱凤瀚（341）
从"民本"到"君本"
　　——试论先秦时期专制王权观念的形成 ………………… 晁福林（354）
十六国的华夏化："史相"与"史实"之间 ………………………… 胡　鸿（370）
唐代的化外与化内 ………………………………………………… 王义康（397）
元明革命的民族主义想象 ………………………………………… 刘浦江（417）
朝贡制度与东亚地区传统国际秩序
　　——以16—19世纪的明清王朝为中心 …………………… 陈尚胜（437）
中外条约关系与晚清法律的变化 ………………………………… 李育民（454）
晚清的"共和"表述 ………………………………………………… 李恭忠（474）
蒋介石与政学系 …………………………………………………… 金以林（496）
权能分担与社会整合
　　——国家与社会关系视野下的苏区社团 ………………… 何友良（517）
中共抗战持久的"三驾马车"：游击战、根据地、正规军 ……… 黄道炫（537）
"封建制度"概念在西方的生成与演变 …………………………… 倪世光（559）
新视角：资本主义起源再探讨 …………………………………… 侯建新（571）
"托克维尔悖论"评析 ……………………………………………… 高　毅（581）
全球环境史在美国的兴起及其意义 ……………………………… 高国荣（597）

出版后记 ……………………………………………………………………… (614)

第一篇

特　　稿

夏商周断代工程

江林昌

1995年至2000年，在国务院的直接领导和由科技部、教育部等七部委正副部长组成的领导小组协调下，来自全国考古学、历史学、古文字学、古文献学、古天文学和科技测年等学科的200多名知名专家，集中在一起，在工程首席科学家和专家组带领下，联合攻关，共同探讨困惑了中国学术界两千多年的学术难题：夏商周年代学问题。这项备受世人瞩目的学术工作被命名为"夏商周断代工程"。工程被列为国家"九五"期间重大研究项目中的重大课题。1999年、2000年，工程所取得的阶段性成果分别被两院院士投票评为中国十大科技进展，2001年又被国家科技部、财政部、国家计委、国家经贸委联合评为"'九五'国家重点科技攻关计划重大科技成果奖"。必须强调的是，"夏商周断代工程"虽以夏商周年代学研究为直接任务，而工程的最终目标则是研究夏商周三代文明的形成及特征，并进而探索五帝文明的起源。

一 建立夏商周年代学的重要性

中华古文明的起源形成过程充分体现了东方亚细亚文明起源的维新模式，具有世界性普遍意义。中华古文明，经五帝时代起源、夏商周三代形成基本特色之后，历数千年而绵延不断，流传至今，为世界所罕见。然而，遗憾的是，中华五千多年文明史尚有两千多年还没有建立起年代学标尺。在司马迁的《史记·十二诸侯年表》里，我们只能追溯到西周晚期的共和元年，即公元前841年，再往上的《三代世表》便有世无年。这严重妨碍了人们对中华古文明的深入了解。

从历史学角度看，这尚缺年代学标尺的两千多年文明史，大致包括五帝时代和夏商周（西周）三代。夏商周三代是中华古文明的重要时期。由此往上，可追溯五帝文明的起源，往下可明了中华文明的基本格局与走向。众所周知，年代是历史的骨架，有了年代，纷繁复杂的历史事件才能纲举目张，有条不紊。因此建立夏商周年代学标尺，对中华古文明研究具有十分重要的意义。

二 前人的探索为夏商周年代学研究奠定了基础

事实上，试图推算夏商周年代以及更早的五帝时期的年代这一工作，从西汉开始，就有人在努力了。有关夏商周年代学研究，已有了两千余年的探索史。概括起来，前人的研究可大致分为封建社会的天文年代学研究与20世纪的甲骨、金文年代学研究两大阶段。

（一）封建社会的天文年代学研究

在《史记》里，司马迁专从年代学角度作《三代世表》和《十二诸侯年表》，并在《夏本纪》《殷本纪》《周本纪》《鲁世家》《卫世家》《晋世家》中，往往以"互见法"手段，涉及年代学问题。"年表""本纪""世家"中所见三代王年以及诸侯国年代，既有系统，又可彼此参照，互为补充。总起来看，《史记》所列西周共和元年以后的年代，基本可靠，共和元年以前，虽没有明确的年代（这正是司马迁的谨慎处），但也提供了许多有价值的年代资料。可以说，司马迁是第一个专门从事三代年代学研究的学者，功不可没。

司马迁之后，西汉的刘歆开创了天文年代学新领域。司马迁的年代学研究，主要是靠计算保存下来的王公纪年，假如某段王年资料失传，那么一些历史事件的年代就无法确定了。刘歆则在他编制"三统历"的时候，写了一篇《世经》（见《汉书·律历志》），首次尝试系统地利用与历史事件同时发生的天象，来确定历史事件发生的年代，这就为解决没有直接王年记载的历史事件的年代问题提供了一个方法，从而也开创了天文年代学这一新领域。刘歆先根据对天体运行规律的掌握，推算出一份自成系统的三统历；然后再搜索文献中的天象记录，对照三统历进行推算，从而得出某些具体的年代。如关于武王克商年，他利用了《国语·周语》里的一段天文记录："昔武王伐纣，岁在鹑火，月在天驷，日在析木之津，辰在斗柄，星在天鼋。星与日辰之位，皆在北维。"刘歆认为这五种天象不是同一天的事，因而他可以用三统历算出一个能够自洽的时间表，最符合的年份是公元前1122年。这就是他定出的武王克商年。他还断定夏积年为432年，商积年为629年。这样，他又推得夏商之交为公元前1751年，夏代始年为公元前2183年。然而就今天的眼光来看，刘歆的三统历是不够精确的，因此，根据三统历推算出来的某文献记录中的天象所发生的年代，其准确性也大打折扣。刘歆的贡献在于他的方法，而不在于他的结论。

刘歆之后，则有唐代的一行在天文年代学上作了进一步努力。一行的成果体现在他的《大衍历议》之中（见《新唐书·律历志》）。在整体研究思路上，一行基本上继承了刘歆的做法，但在对天文学知识的掌握和具体推算方面，则超过了刘歆。

刘歆与一行之后，依据天文年代学方法讨论夏商周年代研究的学者与著作很多，如宋代邵雍的《皇极经世》、刘恕的《通鉴前编》，清代乾隆时"奉敕编撰"的《通鉴辑览》，等等。天文年代学成为封建时代研究夏商周年代学的主流。虽有学者曾对此提出过批评，但一直没有改变其总体大局。

（二）20世纪的甲骨、金文年代学研究

商周青铜器上的铭文，往往载有王年及月名、月相、日干支。这是年代学研究的重要资料。有关这方面的工作，从宋代开始即有学者注意，如吕大临的《考古图》，即对《散季敦》铭文的年、月、日进行推算。清代学者对《无惠鼎》《虢季子白盘》等也有推算。而全面利用青铜器铭文资料推断商周年代，尤其是西周年代的工作，是在20世纪展开的。如刘师培于1910年《国粹学报》第73期发表《周代吉金月考》；1929年，日本学者新城新藏的《中国上古金文中之历日》发表在《东洋天文学史研究》第三编上；1934年，吴其昌出版《金文历朔疏证》等。这些研究的总方法是，先对记有年、

月、月相、干支的青铜器铭文作深入研究，再与相关的历史文献、天文历法研究成果相结合，以求具体的、确切的西周诸王年数。至于具体的研究角度，则又有许多不同。有的学者以刘歆的"三统历"为基础，然后利用青铜器铭文中的历法资料推算西周王年，如吴其昌的《金文历朔疏证》属此。有的学者则据后世某种历法原则自己先编制一份历谱，然后利用青铜器铭文历日作年代研究，如何幼琦的《西周的年代问题》。有的学者根据现代天文学的研究成果对古历法进行修正，然后利用铜器铭文与文献历日资料作综合研究，如董作宾《西周年历谱》、丁骕《西周王年与殷世新说》、夏含夷《西周诸王年代》等。但也有的学者不依靠历表而只据铜器铭文与文献的综合研究安排王年，如陈梦家《西周年代考》等。甚至有的学者以铜器铭文历日资料为据自己编订西周诸王历谱，如张汝舟《西周考年》、张闻玉《西周列王年代》、李仲操《西周年代》等。

甲骨文中有不少天文历法方面的重要资料：一是日、月食记录；二是周祭制度。这些均可据以推定殷商王年。

董作宾先生是最早利用甲骨文天文资料研究殷商王年的学者。1930年，他即作有《卜辞中所见之殷历》，此后，又相继作有《殷历中几个重要问题》《殷商疑年》《研究殷代年历的基本问题》《殷文丁时一旬间之气象记录》《殷历谱》《殷历谱后记》《殷代月食考》《殷历谱的自我检讨》等。董作宾先生在研究甲骨文的殷商年历时，往往与天文学家刘朝阳先生共同讨论。因此，刘先生也作有许多相关的论文，如《殷历质疑》《再论殷历》《三论殷历》《殷历余论》《殷末周初日、月食初考》《甲骨文之日珥观测记录》等。董、刘两位先生的有关讨论，开创了利用甲骨文资料研究殷商王年的新路子。继董、刘之后，在这方面研究有影响的学者有陈梦家、岛邦南、严一评、许进雄、李学勤、张培瑜、常玉芝等先生。

在甲骨卜辞和晚周青铜器铭文里，常常记有商王及王室贵族用翌、祭、彡等五种祀典轮流祭祀先王先妣的现象。受祭祀的先王先妣的顺序是固定的，按先王即位的世次，周而复始地祭祀，形成周祭。对周祭制度的研究，始于董作宾先生的《殷历谱》。之后，陈梦家先生的《殷墟卜辞综述》、岛邦男先生的《祭祀卜辞之研究》《殷墟卜辞研究》、许进雄先生的《殷卜辞中五种祭祀的研究》、常玉芝先生的《商代周祭制度》等，均作出了贡献。

三　多学科相结合的夏商周断代工程

从天文年代学研究，到甲骨、金文年代学研究，前人的努力取得了许多有价值的成果。但夏商周年代学研究，毕竟是一个复杂的课题，涉及的因素太多，问题太复杂，仅靠学者们的单学科研究往往很难奏效，以致出现虽成说很多，却很难取得普遍的认可。

可喜的是，20世纪70年代以后，尤其是改革开放以来，有利于夏商周年代学研究的条件日益具备：考古学方面提供了夏商周三代完整的考古学文化序列，有许多可供测年的系列样品以及有利于夏商周年代讨论的大量遗迹遗物；科技测年有了世界先进水平的设备和技术；天文学方面，由于有了电脑的介入，可以进行巨量的天文学计算，这是以往的天文学家难以想象的；文字学方面，由于有了战国秦汉间大量简牍帛书的出现，使得甲骨金文中许多难以考释的文字获得了破解，文字学家可以为天文学家提供完整无误的释文；文献学方面，因为有了地下文字资料的印证，有关先秦典籍的可信性研究取得了显著成绩；历史学方面，有关夏商周三族的起源及其发展线索已基本梳理出了头绪，这为年代学研究提供了历史依据。这一切，为综合研究夏商周年代学创造了良好价值，而社会主义制度的优越性，又使协调组织多学科的专家进行联合攻关成为可能。

正是在这样的背景下，1995年下半年，当时的国务委员、国家科委主任宋健邀请了在京的部分历史学家、考古学家、天文学家和科技测年专家，进行座谈。学者们表示，建立夏商周年代学，是相关学科专家们的共同愿望。此后，宋健同志又与中共中央政治局委员、当时的国务委员李铁映同志共同多次主持会议，广泛征求了专家们的意见，并联络相关的部委，共同酝酿夏商周断代工程。经过近一年时间的筹备，1996年5月16日，李铁映和宋健再次在国务院主持会议，代表国务院宣布启动国家"九五"重大科研项目"夏商周断代工程"，旨在通过政府的支持，依靠专家的联合攻关，使千百年来一直未能解决的夏商周年代学问题，能进一步科学化和量化，最终为探索中华古文明的起源打下坚实的基础。

为了加强对夏商周断代工程的统一领导和有关学科相互间的协调配合，国务院成立了由科技部、国家自然科学基金委员会、教育部、中国科学院、中国社会科学院、国家文物局、中国科协等七部委正副部长组成的领导小组。为了便于组织科研攻关，聘请了李学勤、仇士华、李伯谦、席泽宗等著名学者为首席科学家，随后由领导小组聘任相关学科的专家组成专家组，专家组再聘任不同学科的专家进行联合攻关。直接参与工程的有来自人文社会科学和自然科学领域内九大学科间的优秀学者200多人。成立夏商周断代工程项目办公室，负责日常事务及有关工作。

四　夏商周断代工程的课题设置和研究过程

夏商周断代工程的总目标，是制定一份有科学依据的夏商周三代年表。为了达到这一目标，工程设置了9大课题，下设36个专题。具体情况如下。

一、有关夏商周年代、天象及都城文献的整理及可信性研究
1. 夏商周年代与天象文献资料库
2. 文献中夏商西周编年的研究
3. 有关夏商西周年代、天象的重要文献的可信性研究
4. 夏及商前期都城文献资料的收集与整理

二、夏商周天文年代学综合问题研究
1. 夏商周天文数据库、计算中心和联网设备的建立
2. 夏商周三代更迭与五星聚合研究
3. 夏商周三代大火（心宿二）星象和年代研究
4. 夏商周时期国外天象记录研究

三、夏代年代学的研究
1. 早期夏文化研究
2. 二里头文化分期与夏商文化分界
3.《尚书》仲康日食再研究
4.《夏小正》星象和年代

四、商前期年代学的研究
1. 郑州商城的分期与年代测定
2. 小双桥遗址的分期与年代测定
3. 偃师商城的分期与年代测定

五、商后期年代学研究
1. 殷墟文化分期与年代测定
2. 殷墟甲骨分期与年代测定
3. 殷墟甲骨文和商代金文年祀的研究
4. 甲骨文天象记录和商代历法

六、武王伐纣年代的研究
1. 武王伐纣时天象的研究
2. 先周文化的研究与年代测定
3. 周原甲骨的整理及年代测定
4. 丰、镐遗址分期与年代测定

七、西周列王的年代学研究
1. 琉璃河西周燕都遗址分期与年代测定
2. 天马—曲村遗址分期与年代测定
3. 晋侯墓地分期与年代测定
4. 西周青铜器分期研究
5. 晋侯苏钟专题研究
6. 西周金文历谱的再研究
7. "懿王元年天再旦于郑"考
8. 西周历法与春秋历法——附论东周年表问题

八、^{14}C测年技术的改进与研究
1. 常规法技术改造与测试研究
2. 骨质样品的制备研究
3. AMS法技术改造与测试研究

九、夏商周年代研究的综合和总结
1. 夏商周年代研究的综合和总结
2. 世界诸古代文明年代学研究的历史与现状

在工程进展过程中，根据研究的需要，又增设了8个专题：
1. 金文纪时词语（"月相"）研究
2. 甲骨文宾组、历组日月食卜辞分期断代研究
3. 商州东龙山文化分期与年代测定
4. 邢台东先贤文化分期与年代测定
5. 禹伐三苗综合研究
6. 新砦遗址的分期与研究
7. 周原西周文化分期与研究
8. 洹北商城的遥感与物探

这样，工程实际上共有44个专题。这些课题、专题的设置，充分体现了有关学科

的发展新动向和各学科间的逻辑关系。在整个工程的研究过程中，各专题、各学科都是互相交叉，配合进行的。现按年代顺序，由后向前，将整个研究过程综述于下。

（一）西周年代学研究

西周年代学研究，是夏商周断代工程的重点和基础。工程所要达到的目标是确定从武王克商直到共和元年（前841年），即包括西周早期、中期和晚期前半共10位西周王的比较准确的在位年代。"西周列王年代学研究"课题设置了8个专题，后又增设"西周金文纪时术语研究"专题，加上文献课题中有关西周年代学部分，实际共有10个专题。这10个专题，涉及不同学科，概括起来，可分为如下四个方面。

1. 文献学研究

首先，对与西周年代学有关的文献进行可信性研究，如"古本、今本《竹书纪年》的可信性研究""《尚书·武成》《逸周书·世俘》可信性研究"等，以确保有关西周年代学的文献线索的可靠性。

其次，就西周积年和诸王在位年的有关文献材料进行梳理，综合分析，作出合理解释，为西周年代学提供相应的依据。

2. 考古学研究

通过对北京房山琉璃河燕都遗址的分期研究与年代测定，为武王克商年的下限及西周列王年代框架的建立提供参考依据。

通过对山西翼城与曲沃两县交界处的天马—曲村遗址的分期研究与年代测定，以及对遗址内晋侯墓地八组17座晋侯及其夫人墓的序列推排及年代测定，建立完整的晋文化标尺。

由于西周王朝年代序列与各诸侯国年代序列基本上是并行发展的，上述考古研究是在找不到更理想的周王朝年代序列的直接材料的情况下，利用燕、晋两国的序列间接推论西周列王部分年代序列。

3. 天文学研究

据《春秋》《左传》《史记》等现有文献，对春秋历法进行归纳，总结出若干规则，从而推知西周历法之一般，为西周王年研究提供必要依据。

对"懿王元年天再旦于郑"这一日食记录进行综合研究和推算，为西周王年的建立确立一个可靠的定点。

对西周金文纪时术语作综合研究，提出一个合理解释，作为推排西周金文历谱时的统一原则。

4. 金文历谱研究

对西周时期标有年、月、日（干支）、月相四要素的青铜器，就其形制、花纹、出土地层、铭文内容等角度，进行严格的考古类型学分期断代。然后以西周青铜器的分期断代为尺度，以西周历法研究、金文纪时术语研究的成果为原则，系统整理金文历谱，最终建立西周年表。

以上四个方面研究基本上按照两条技术路线进行：一是由前向后，进行考古文化序列的分期研究与测年；二是由后向前，进行西周金文历谱的推排。文献学研究贯穿各个方面，天文学研究基本上与金文历谱研究相结合。以下我们分析这两条技术路线的成果。

第一条技术路线：考古文化序列的分期研究与测年

①琉璃河燕国遗址的分期与测年

琉璃河燕都遗址与西周年代直接有关者有如下三点。

A. 墓葬分期与测年

琉璃河遗址中发掘西周墓200余座，其中129座出土陶器。根据地层关系及各类器物的组合关系，可将这120余座墓葬分为六组。它们实际上代表了六个既相互联系又相互区别的发展阶段。因此，琉璃河西周墓地实际可分为早、中、晚三期六段。"工程"对各期段所采集的系列样品进行了^{14}C测年，获得了一批系列数据。这些数据可为西周王年的整体框架的建立提供参考。

B. M1193测年数据与第一代燕侯的年代范围

根据《史记·周本纪》和《史记·燕召公世家》可知，召公被武王封到北燕，自己并未亲赴就任，而是由其元子就封。

燕都遗址中，M1193号墓主被认为是第一代燕侯。内出克罍、克盉，有铭文曰："王曰：'大保，惟乃明乃心，享于乃辟。余大对乃享，命克侯于匽……'克宅匽……"内中"大保"指召公，其称始于成王时。克罍、克盉中的"王"指成王，而"克"是召公子"元子"，是受封于燕的第一代燕侯，M1193是他的墓葬。M1193的椁木保存良好，经^{14}C测定，其年代为公元前1000±15年。这为周初年代的研究，提供了一个参考数据。

C. H108"成周"甲骨的发现与成王时期的年代范围

1996年秋，"琉璃河西周燕都遗址分期与年代测定"专题组在灰坑96G11H108第1层和第3层中发现数块龟甲腹片，均有凿、灼，其中三片刻有文字，共计8字，特别是第1层出土龟甲上刻有"成周"二字，具有明确的时代意义。

根据文献记载，成王立，因年幼而由周公摄政7年。其间先平定武庚叛乱，然后营建洛邑"成周"。营建"成周"是西周初期的一件大事，如成王时期著名的青铜器何尊，其铭文讲述的便是成王初迁宅于成周之事。因此，"成周"二字具有年代标尺作用。它表明，H108的年代不会早于"成周"的建成年代，即其上限不应超过成王时期。从地层关系上看，H108被一系列西周早期地层单位叠压或打破，是已知时间最早的地层单位，再结合其他包含物特征的分析，推断H108的年代为西周前期偏早阶段，约略在成王之时。AMS测年结果表明，H108年代在公元前1050年至公元前960年之间，正可与M1193号墓的测年数据对照。

②天马—曲村遗址分期与年代测定

《史记·晋世家》所载西周至东周初期的晋侯世系基本完整。20世纪80年代，北大考古学系与山西省考古所在天马—曲村遗址发掘了西周初至春秋初的中小型墓葬500余座；20世纪90年代，又全面揭露了8组17座晋侯夫妇墓。晋侯墓地是迄今为止被发现的西周时期诸侯国墓地中保存状况最好、资料最系统的一处。经综合研究，可将天马—曲村遗址墓葬分为四期七段。再结合晋侯墓所出铜器铭文的考释与《史记》之《周本纪》《晋世家》《十二诸侯年表》等文献相比较，可得晋侯世系、周王世系与四期七段的对应关系。夏商周断代工程对上述墓葬中所采集的系列样品进行了^{14}C测定，获得了一批数据。经过拟合，可为各晋侯的年代提供相应的数据，从而为西周王年的确立提供参照尺度。

第二条技术路线：西周金文历谱研究

推定西周金文历谱，是建立西周王年的另一条重要途径。为了构建出一份比较科学的西周金文历谱，工程着重做了如下几方面的研究。

①由春秋历法上推西周历法

《春秋》"经""传"、《史记》保存着有关春秋历法的丰富资料，通过对这些资料的综合研究，大致可归纳出春秋历法的若干规则，从而推知西周历法之一般，为西周王年的研究提供必要的依据。

经统计，《春秋》所记年、月、日名干支共393条，此外还有若干朔、晦、闰月的记述。《左传》记有年、月、日名干支，及朔、晦、闰月等413条，当是博采诸国史官的记述以解说或补充《春秋》者。换言之，《左传》的有关记载所反映的是各诸侯国历法的实际情况。将"三传"与《春秋经》相较，发现各诸侯国的历法与鲁国历法大同小异，步朔与置闰方法等均无不同。基于对春秋历法的上述认识，可对西周历法的基本状况作如下推断。

A. 关于西周时期的建正

由于对冬至时日的测定以确定岁首的观念大约在西周时期业已形成，西周历法专家对冬至时日测定的准确度不会高于春秋时期的历法专家，所以西周历法建正摆动的频率更大。

认识到这一点，我们在推排西周金文历谱时可以适当放宽对"建正""置闰""置朔"的限制。子丑寅三正皆可，甚至可能建亥。这样或许可以对西周铜器排序有新的认识。

B. 关于西周时期的改元及有关年代资料

《史记》载春秋期间纪年法，可细为分两类：一为逾年改元法，即周王（公、侯）以其前一王（公、侯）去世后即位之次年称为元年，由此顺序下数，直到其逝世之年为止；二为当年改元法，即一些公侯是以先公侯去世后即位的当年就称元年，由此下数，直到其逝世之年为止，这是一种次要的、已被证明的晋、宋、卫等国的若干时段确曾采用的方法。这两种纪年法，可并为讨论西周王年时参考。

②西周青铜器的类型学研究

金文历谱的建立，必须以铜器断代为前提。在西周铜器中，凡王年、月序、月相、干支四要素俱全者，共60余件。这是构建金文历谱的直接资料。要对这些铜器资料作分期断代，除了就其本身的形制、花纹、出土地层作考古类型学的研究之外，还必须联系相关的铜器，以作考察的背景基础。概括起来，相关铜器有300余件。对这些铜器资料，"工程"采用考古类型学方法，进行详细的形制与纹饰分析排比，再根据其铭文、同坑、同组等关系，综合考察其发展谱系，将其分为早（武、成、康、昭）、中（穆、恭、懿、孝、夷）、晚（厉、宣、幽）三期。而60余件年、月、月相、干支四要素俱全的铜器置于这300余件铜器组成的整个谱系框架之中进行考察，得出一份比较科学的铜器断代表，作为推排金文历谱的依据。

③金文纪时词语的研究

西周金文中常见的纪时词语有"初吉""既生霸""既望""既死霸"。学术界对其含义有不同理解。理解不同，推排金文历谱的结果也就不同。夏商周断代工程对这些纪时词语作了反复讨论，并以新出青铜器材料作验证，得如下初步认识。

初吉：自初一（含先实朔一、二日者）至初十中任何一天，甚至更晚；

既生霸：从新月初见的次日到满月当天，约当阴历初三、初四到十三（十四、十五）日；

既望：满月后被观测者认为月亮光面尚未出现亏缺的几天，约当阴历十四（十五）至十六、十七、十八（十九、二十）日；

既死霸：从满月出现亏缺变化至新月初见这一区间，约当阴历二十（二十一、二十二）日至月末，甚至到下月初一、初二、初三。

④重要青铜器的发现与研究

在青铜器分期断代的基础上，并以上述金文纪时术语的统一认识为前提，"工程"对一些能明确定年的重要青铜器作了着重分析研究，为金文历谱的构建提供了重要定点。必须特别指出的是，工程通过对《史记》的《本纪》《世家》《年表》之间，及其与《春秋》经传之间所载年代或历日存在的差异分析，证明司马迁给出共和元年以后的周王年代必有所据。共和元年（前841年）是建立西周年代学的可靠基点。所以工程金文历谱的推排采用了由后向前的思路进行，这在以往是没有过的，具有开拓意义。下面有关重要青铜器的情况，亦由此思路择要介绍。

吴虎鼎的发现与研究，得铭记"惟十八年"为宣王十八年，即公元前810年。

膳夫山鼎的研究，得铭文"惟三十又七年"为周厉王奔彘年，即公元前841年。

晋侯苏钟的研究与晋侯墓M8的 ^{14}C测年，得苏钟"惟王三十三年"为周厉王年，即公元前845年。

懿王元年天再旦的证验与师虎簋研究，得懿王元年为公元前899年。

虎簋盖的发现与研究，得铭文"惟卅年"为周穆王年，即公元前947年。

静方鼎的出现与研究，得周昭王十九年为公元前977年。

（二）武王克商年研究

武王克商之年既是商、周的分界，又是周的始年，确立这一年代定点，就可安排西周王年，并上推商年和夏年，因而是三代年代学的关键。自西汉刘歆以来，古今中外许多学者都倾力于此。经统计，迄今已形成44种学说，最早的确定为公元前1127年，最晚的确定为公元前1018年，相差达109年。

以往有关克商年研究之所以有如此大的分歧，根本原因在于所依据的材料主要是模糊不清的文献记载。而夏商周断代工程则在充分尊重前人研究的基础上，分别从考古、天文、文献及金文历谱等多角度进行综合考虑。

1. 在考古学方面

课题设置了"先周文化的研究与年测定"与"丰、镐遗址的分期与年代测定"两个专题。其中前一专题对碾子坡、王家嘴、郑家坡等先周文化遗址在原有研究的基础上，作了补充发掘和全面讨论，为工程对先周文化与西周文化过渡分界之间的考古文化认识，提供了重要的背景资料。

在此基础上，工程对"丰、镐遗址分期与年代测定"专题组于1997年发掘的沣西H18遗存进行全面讨论，并取得了基本一致的认识。沣西97SCMT是由一组系列地层单位构成，其中最底层的是H18，由4个小层构成，时代相当于文王迁丰到武王克商之间，属先周文化晚期单位。该单位包含物相当丰富，所出有木炭、兽骨和炭化小米，可供^{14}C测年。叠压在H18之上的是T1第四层，时代相当于西周初期。此外，还有属于西周早期的H16、H11与属于西周中期的H8分别打破了H18和T1第四层。以上单位均出土有典型特征的陶器群。这样，整个探方就形成了由先周文化晚期到西周初期、早期、中期前后相连的地层关系。因此，工程专家认为：T1第四层与H18的交界处，可作为商周之际的界标。工程还对该遗存的系列样品进行了测年，经拟合，提出公元前1050年至公元前1020年之间可作为武王克商年的参考范围。

2. 天文学方面

与武王克商年有关的天文学资料见于青铜铭文利簋和先秦两汉文献《汉书·律历志》引《尚书·武成》（即《逸周书·世俘》）《国语·周语下》伶州鸠语、《尸子》佚文、《荀子·儒效》与《淮南子·兵略》等。

工程对上述天文学材料进行了反复讨论，并利用最新科技手段进行推算，在综合相关因素的前提下，提出了武王克商年的三个方案，即公元前1046年、公元前1044年、公元前1027年。这三个方案均在考古测年的范围之内。

3. 文献学方面

讨论武王克商年的第三条线索是从文献记载中的西周积年来进行推算。由于西周共和以后的年代是明确的，西周末年为公元前770年。以此为基点，往前加上西周积年，即为武王克商年。

文献中所见西周积年有257年、270余年、277年、284年、293年、352年等不同说法。若取西周积年当在270余年，则武王克商应在公元前1040年以前。

4. 金文历谱方面。

根据金文历谱及《武成》历日、《国语》"岁在鹑火"等天象，工程得武王克商年为公元前1046年。根据《武成》文献及利簋"岁鼎"为岁星当头解，工程得武王克商年为公元前1044年。在综合考虑的前提下，工程对公元前1046年方案作出了倾向性选择。

（三）商代后期年代学研究

商代后期年代学研究，以文献记载为依据，分考古学研究和甲骨学研究两条线索进行。考古学研究主要是指殷墟文化分期与测年。夏商周断代工程启动以来，又对殷墟作了进一步补充发掘。此外，1998年工程还在洹北花园庄发掘了早于殷墟第一期的商文化遗存。花园庄遗存分早晚两段，经研究其晚段可初步推定为盘庚、小辛、小乙时代；工程对其中的1个样品做了^{14}C年代测定，结果在公元前1270年至公元前1200年之间。工程还对殷墟四期做了测年，相关数据为商后期年代学研究提供了一个大致范围。

在甲骨学方面，与商后期年代学有关的有"殷墟甲骨文日月食研究"和"甲骨文周祭祀谱与商末年代"两个专题。前者主要是为了解决商王武丁至祖庚时期的年代。属于这一时期的宾组卜辞里，有五次月食记载；历组卜辞里，有五条日月食记载。这些日月食记载都附有干支，因此，我们可以通过现代天文学计算，确认其发生的具体时间。工程经过甲骨文学家与天文学家的合作研究，得宾组卜辞五次月食发生的时间依次为：

癸未夕月食：公元前1201年

甲午夕月食：公元前1198年

己未夕向庚申月食：公元前 1192 年

壬申夕月食：公元前 1189 年

乙酉夕月食：公元前 1181 年

宾组卜辞属武丁到祖庚时代。根据《尚书·无逸》，武丁在位 59 年，由五次月食可大致推定武丁在位的年代：（1）如果乙酉夕月食当武丁末年，那么，武丁在位的年代约为公元前 1239—公元前 1181 年。（2）如果壬申夕、乙酉夕月食下延至祖庚，那么，武丁在位的年代约为公元前 1250—公元前 1192 年。从甲骨分期看，壬申、乙酉月食放在祖庚世比较好。

"甲骨文周祭祀谱与商末年代"主要是为了解决商末文丁、帝乙、帝辛三王的年代。

在甲骨文里，最完整系统的周祭祀谱见于黄组卜辞。在黄组卜辞里，被列入周祭系统的先王始于上甲，终于康丁，共 31 位；先妣始于示壬之配妣庚，终于康丁之配妣辛，共 20 位。一个祭祀周期的长度是 36 旬或 37 旬。平均来说，36 旬与 37 旬的周期大致相等，即一个祀周的平均长度与一个太阳年数长度相近。这样，周祭实际上具有纪时功能。

商末黄组卜辞和青铜器周祭材料中，二祀和六祀的各有三组，据研究，必分属三王。这说明，黄组周祭应有三个系统，对应商末文丁、帝乙、帝辛三王。

在三个周祭系统中，帝辛（纣）的材料最可靠。其中元至十一祀祀谱有 6 件青铜器，联系清楚，是商末三王祀谱最有根据的一段。由此排出帝辛元祀到十一祀祀谱，在历法上符合阴阳合历的原则，在周祭上祭祀与季节基本对应，延长至二十五祀仍合理，所以祀谱应属可信。这段祀谱二祀正月初一日的干支应是丙辰或丁巳。按照这一特征，再考虑当时岁首和月首的可能情况，得帝辛元年可能的年代为公元前 1085 年、公元前 1080 年、公元前 1075 年、公元前 1060 年等，如果武王克商之年确定为公元前 1046 年，而周祭材料中记有廿五祀的青铜器应入帝辛祀谱，所以帝辛元年在公元前 1075 年为妥。按照过去划定的二祀到十祀的帝乙材料，如周祭没有中断，则帝乙在位应为 21 年或 26 年，以 26 年为佳。今用帝乙 26 年说。估定帝乙元年在公元前 1101 年。

前述殷墟文化分期与测年，为商后期年代研究提供了一个大致范围；甲骨文日月食研究和周祭祀谱研究，又为商后期王年提供了两个可靠的定点板块。再结合文献所记商后期总积年和有关商王年代，便可对商代后期年代作出大致推算。

盘庚迁殷到商亡的总年数：《史记·殷本纪》正义引《括地志》云："《竹书纪年》自盘庚徙殷，至纣之灭，七百七十三年，更不徙都。"七百七十三，另本作"二百五十三"或"二百七十五"，经研究是依今本《竹书纪年》所改，不足凭信。改作"二百七十三年"，改动最小，数字又合理，所以，以克商在公元前 1046 年，则盘庚迁殷在公元前 1318 年。

盘庚迁殷到灭纣，共 273 年。武丁元年在公元前 1250 年，则武丁以前有 68 年。武丁 59 年（据《尚书·无逸》），武乙在位不少于 35 年（据古本《竹书纪年》），估定为 35 年，文丁不少于 11 年（据古本《竹书纪年》），估为 11 年，帝乙在位应有 26 年，帝辛在位应有 30 年。以上总共不少于 229 年。剩下祖庚、祖甲、廪辛、康丁总共不多于 44 年。

（四）商代前期年代学研究

自商汤灭夏建立商王朝到商王阳甲共 10 代 19 王为商前期。商前期诸王的在位年数，见于汉代以前文献者，只有五王：商汤（13 年）、外丙（2 年或 3 年）、仲壬（4 年）、太甲（33 年或 12 年）、祖乙（75 年）。其余 14 王的在位年则付阙如。汉代以后的文献，如《史记·殷本纪》、今本《竹书纪年》《帝王世纪》《册府元龟》《通鉴外纪》《通志》《皇极经世》等，虽详记商代各王在位年数，但问题颇多。因此，我们无法根据文献中的商王在位年数构建商前期的年代框架。

但我们尚可根据有关文献，梳理出商王都城所在，从而为考古发掘与 ^{14}C 测年提供线索。

中华人民共和国成立以来，考古工作者一直在寻找这些都城所在，并取得显著成果。夏商周断代工程启动以来，又有了新的突破。经发掘与研究，有 4 处都城遗址可大致确认：

偃师商城、郑州商城与亳都：汤以后太丁至太戊十位商王所居。

郑州商城、小双桥遗址与隞都：商王仲丁与外壬所居。

安阳花园庄遗址早段与相都：商王河亶甲所居。

邢台东先贤遗址与邢墟：商王南庚所居。

根据地层关系、伴出器物等因素作综合考虑，夏商周断代工程的专家普遍认为，偃师商城与郑州商城都是商人灭夏后所建的最早商城，两城的始建与使用期基本同时或略有先后。工程以上述遗址为基础，将商前期考古学文化分为五期。

工程在郑州商城、偃师商城、小双桥遗址、花园庄遗址和东先贤遗址都采集了系列含碳样品，并进行测定和研究，获得了相应的数据。再将考古分期成果和 ^{14}C 测年数据进行整合，可初步推断夏商分界即商代始年当在公元前 1610 年至公元前 1580 年之间。这一数据可得到文献所载商积年的支持。

商前期年代框架的构建依靠两个定点：盘庚迁殷之年和夏商分界。据古本《竹书纪年》，大多数学者相信盘庚迁殷到纣之灭亡共 273 年。若武王伐纣为公元前 1046 年，则盘庚迁殷为公元前 1318 年。

工程以郑州商城和偃师商城的始建年代作为夏商分界的标志。根据 ^{14}C 测年数据与考古分期成果的整合，初步推断夏商分界当在公元前 1610—公元前 1580 年之间。

（五）夏年代学研究

夏商周断代工程夏年代学研究分文献学、考古学、天文学三条技术路线进行。在考古学方面，工程设置了"二里头文化分期研究"与"早期夏文化研究"两个专题。1997 年 11 月，夏商周断代工程在河南郑州商城、偃师商城、王城岗遗址召开了"商前期与夏文化研讨会"，通过现场考察和讨论，学者们普遍认为：二里头文化一期至四期都是夏文化，部分学者认为二里头文化一期还不是最早的夏文化，早期夏文化应该到嵩山南北的河南龙山文化晚期中去寻找。"早期夏文化研究"专题在原有的基础上，对相传为禹所居的阳城所在地登封王城岗和启所居的阳翟所在地禹县瓦店做了大量工作，补充发掘出了许多新材料。

夏商周断代工程对属于早期夏文化的河南龙山文化晚期与二里头文化作了分期与测

年，其结果如下。

河南龙山文化晚期可分为三段。经北京大学 AMS 对王城岗遗址采集的系列含碳样品进行 ^{14}C 年代测定并拟合，得出第一段年代范围是：公元前 2190—公元前 2105 年；第二段年代范围是：公元前 2132—公元前 2030 年；第三段年代范围是：公元前 2050—公元前 1965 年。

二里头文化可分为四期。经中国社会科学院考古研究所实验室与中国科学院生物物理所合作，对二里头遗址采集的系列含碳样品进行 ^{14}C 年代测定、拟合，并与考古分期成果相整合，初步推定出二里头文化各期年代范围：四期为公元前 1560—公元前 1521 年，三期为公元前 1610—公元前 1555 年，二期为公元前 1740—公元前 1600 年，一期为公元前 1880—公元前 1730 年。

在河南龙山文化晚期和二里头遗址一期之间，从文化传承关系和 ^{14}C 年代测定结果分析，仍存在缺环。有学者认为河南新密新砦遗址的某些单位为代表的遗存，早于二里头一期，晚于河南龙山文化晚期，正可填补其间的空白。

天文学方面，夏商周断代工程设置了"《尚书》仲康日食再研究""《夏小正》星象与年代""禹伐三苗天象研究与夏代始年讨论"三个专题，以配合夏年代学的研究。这三个专题都获得了具体的年代数据，可与上述考古测年数据相调和，从而为夏年代框架的建立提供参考点。

在上述考古测年与天文计算的基础上，再结合文献所载夏代总积年，便可对夏年代框架作出初步估定。文献所见夏代积年主要有两种说法：

471（472）年说，见《太平御览》卷八二引《竹书纪年》、《路史·后纪》卷一三下注所引《汲冢纪年》。

431（432）年说，见《易纬稽览图》和《世经》。

关于 471 年说与 431 年说相差 40 年的原因，历来有两种解说：一是 471 年包括羿、浞代夏的"无王"阶段，431 年不包括"无王"阶段；二是 471 年自禹代舜事起算，431 年自禹元年起算。夏商周断代工程采用前一种解说。

夏代基本年代框架的估定包括两点，一是夏商分界；二是夏代始年。夏商分界已推定为公元前 1598 年。关于夏代始年的推定，我们用两种方法：一种由已定的商代始年，依夏总积年为 471 年上推；另一种是从考古学上推定夏文化的上限，依靠 ^{14}C 年代数据推导出夏王朝开始的年代范围，最后将二者加以整合。

关于夏文化的上限，学术界主要有二里头文化一期、河南龙山文化晚期两种意见。现将夏文化的上限推导在河南龙山文化晚期第二段，其年代约当公元前 2132—公元前 2030 年。由公元前 1598 年为商代始年再上推 471 年，则夏代始年为公元前 2069 年，取其近似值，估定为公元前 2070 年。此数正好在工程考古测年所得夏代始年的范围之内。

（六）夏商周断代工程的基本结论

在上述研究思路的基础上，夏商周断代工程终于推出一份三代年表。这份年表已将中国的历史纪年由公元前 841 年向前推进了 1200 多年。其中西周已排出了 10 个王的具体在位年，商代后期，也排出了从盘庚到帝辛（纣）共 12 王的大致在位年。商代前期和夏代，在考古系列测年数据和有关天文推算、文献记录的配合下，也建立起基本年代框架。其具体结论为：

夏代：公元前 2070—公元前 1600 年；
商代：公元前 1600—公元前 1046 年；
西周：公元前 1046—公元前 771 年。

这是基本的年代框架，而商后期诸王大致在位年为：

盘庚（迁殷后）、小辛、小乙：约公元前 1300—公元前 1251 年；
武丁：公元前 1250—公元前 1192 年；
祖庚、祖甲、廪辛、康丁：公元前 1191—公元前 1148 年；
武乙：公元前 1147—公元前 1113 年；
文丁：公元前 1112—公元前 1102 年；
帝乙：公元前 1101—公元前 1076 年；
帝辛（纣）：公元前 1075—公元前 1046 年。

西周各王具体在位年为：

武王：公元前 1046—公元前 1043 年；
成王：公元前 1042—公元前 1021 年；
康王：公元前 1020—公元前 996 年；
昭王：公元前 995—公元前 977 年；
穆王：公元前 976—公元前 922 年；
（穆王在位 55 年而共王当年改元）
共王：公元前 922—公元前 900 年；
懿王：公元前 899—公元前 892 年；
孝王：公元前 891—公元前 886 年；
夷王：公元前 885—公元前 878 年；
厉王：公元前 877—公元前 841 年；
（厉王在位 37 年而共和当年改元）
共和：公元前 841—公元前 828 年；
宣王：公元前 827—公元前 782 年。

五　夏商周断代工程的影响

夏商周断代工程使中国五千年文明史上最重要时期的三代年代学得到了进一步科学化和量化，解决了许多千百年遗留下来的疑案，意义是深远的。

1. 引发三代年代学研究的热潮

夏商周断代工程，作为一个工程组织形式，自其公布阶段性成果之日起，算是告一段落。但有关夏商周年代学的讨论，将会因此而引起学界更多的关注。因为工程所取得的年代学成果，只能说明截至目前中国学术界所能达到的水平，但绝不是最后的结论。以后如果有学者对工程的成果作进一步补充完善，或提出商榷意见，或者随着将来考古新材料的出现而推翻工程现有的某些结论，都是正常的。有不少中青年学者因受夏商周断代工程的影响，而走上从事年代学研究的学术道路。可以说，夏商周年代学研究方兴未艾。

2. 促进相关学科的发展

夏商周断代工程的直接目标是年代学问题，但年代学研究必须以历史学、考古学、地理学、天文学、古文字学等学科的研究成果为前提。因此，工程的实施，实际促进了这些学科的发展。如研究商代后期年代学，其中一条线索是对甲骨文里的日月食记录作天文推算，以求若干的参考数据。工程首先对相关的甲骨文作文字考释和分期断代。在宾组卜辞里，有五次月食记录，其中《合集》40610、40204 所记的"己未夕皿庚申月食"是最关键的一次，可作为五次月食的坐标点。但在以往，对其中"皿"字的理解有十几家之多。夏商周断代工程组织甲骨文学家和天文学家进行多次研讨，最后确认裘锡圭先生释"皿"为正确，"皿"为时间词，可读为"向"，与《世经》"夜向晨"同义。又如，自 20 世纪 40 年代开始，学者们一直相信《殷墟文字乙编》6385 和 6386（反面）所记宾组卜辞"三焰食日，大星"是日全食见日珥，并对此加以计算，进而推算武丁年代。夏商周断代工程对这版卜辞作了重新研究，最后采用李学勤先生的意见，认为过去对"三焰"等文字的释读有误，"食日"应为时段名称，卜辞内容与日食无关，不能据此推算年代。从而澄清了甲骨学界的疑误。总之，夏商周断代工程在解决年代学问题的同时，也解决了相关学科的学术问题，并因此促进了各学科的交流与发展。

3. 加速古文明研究的步伐

夏商周断代工程以追寻中华古文明起源为最终目标。工程所建立的三代年代学框架，为三代文明史的建立奠定了最可靠的基础。自从 20 世纪 20 年代考古学在中国的兴起，黄河上下、大江南北发掘出大量有关夏商周三代文明的遗址和遗物，极大地开阔了人们的视野，学者们认识到，对三代文明必须作重新估价。如今，夏商周断代工程已建立起三代年代学标尺，则三代文明的真实图景也将越来越清晰。在此基础上，我们便可进一步对中华文明的起源，即历史学上所谓的五帝传说时代，考古学上所谓的龙山时代，作全面地探讨。中华古文明研究的步伐，将因此而迈得更快，中国文明史将因此而翻开新的一页！

清史纂修工程的立项与开展

马大正

一 清史纂修工程的立项与开展

（一）缘起

纂修清史是经中国政府批准的一项具有重大意义的标志性学术文化工程。

清朝历史长达268年，时间跨度长，内容丰富，与现实接近。对我们来说，当代面临的许多重大问题，如经济建设、政治改革、文化发展、民族关系、中外交往，以及人口问题、边疆问题、生态问题、城市化问题、地区发展不平衡问题等，都与清代有密切的关系。清朝灭亡之后，北洋政府曾于1914年开设史馆，为清朝修史，然而由于种种原因，历经14年所成的《清史稿》未能尽如人意。

中华人民共和国成立后，国家领导人十分重视清史，先后三次动议修史。中华人民共和国成立初，董必武同志曾建议纂修清史，得到毛泽东主席的赞同，20世纪50年代末周恩来总理曾委托吴晗同志考虑纂修清史的规划，1965年秋周总理又委托中宣部负责组成的七人清史编纂委员会，以中国人民大学副校长郭影秋为编纂委员会主任，并在该校建立清史研究所，作为编纂清史之机构，但都因种种原因计划夭折。后来，邓小平同志转发了一封建议纂修清史的信件，学术界又曾筹议纂修清史，初步拟定了编纂规划。但当时刚刚改革开放，百废待兴，万端待理，修清史之事尚难顾及，故再度搁置。直到2001年，戴逸、李文海等专家学者再次呼吁编纂清史，得到社会科学界的积极响应，历时两年酝酿讨论，到2002年8月中共中央、国务院批准启动清史纂修工程。

（二）启动

2002年12月12日，国家清史编纂委员会成立，并在京召开了第一次工作会议。国家清史编纂委员会由清史学界的专家学者组成，戴逸教授出任编委会主任，全面负责清史纂修的学术组织工作。

编纂清史是一项非常重大的历史任务，是21世纪一项宏大的学术文化工程，也是一个庞大而严肃的学术研究课题。经过充分讨论，在编纂清史的指导思想上形成了以下四点共识。

一是清史编纂意义的"两个有助于"的认识，有助于人们全面了解中华民族悠久的历史和灿烂文化，汲取历史的经验教训；有助于加强社会主义先进文化建设，增强民族凝聚力，更好地推进改革开放和社会主义现代化建设。

二是清史编纂要做到"三个结合"的认识，既要尊重历史事实，又要反映时代精神；既要继承前人研究成果，又要勇于进行学术创新；既要着眼于中国历史的发展，又要联系世界历史发展的进程。

三是清史编纂工作中要做到"三个要"的认识，要充分发扬学术民主，提倡文人相亲的新风尚，摒弃文人相轻的旧观念，集思广益；要实事求是，尊重史实，去伪存真，去粗取精，增强史书的科学性和可读性；要坚持老中青相结合，形成合理的人才梯队结构，注重培养一批优秀的年轻专家。

四是清史编修要有"世界眼光"的认识，要把清史放到世界历史的范畴中去分析、研究和评价，要用世界的眼光，实事求是地认真研究，还历史以本来面目。也就是说，我们既要着眼于中国历史的发展，更要联系世界发展的进程。

（三）内涵与外延

清史纂修工程既是21世纪初最大的学术文化工程，又预计历时十年完成，因此，在工程启动之初，明确清史纂修工程的内涵与外延，也就是说清史纂修工程应包含哪些内容是当务之急。

经过反复讨论，集思广益，形成了如下共识。

一是清史纂修工程将由主体工程、基础工程和辅助工程三部分组成。

二是主体工程是指要写一部100卷左右、约3000万字的《清史》。

三是为了保证修史的质量，也为了抢救、保存清代的历史文化遗产，在撰写《清史》进程中要分轻重缓急，收集、整理、保存、出版清代的档案和文献。为此，围绕主体工程还设置了基础工程和辅助工程。

四是基础工程是指清代档案、文献和民族文字、外文文献档案的收集、整理和编译，辅助工程是指相关档案、文献的出版，图书资料的收集、保存，以及网络信息库的建设。

五是编委会决定编辑出版下述丛刊：档案丛刊、文献丛刊、研究丛刊、编译丛刊和图录丛刊等，同时还将编印《清史译丛》。

工程总主持人、国家清史编纂委员会主任戴逸教授对此有一个很形象的说明：主体工程是3000万字的清史，围绕着主体工程准备搞系列的基础工程和辅助工程。之后，戴逸教授在2003年5月国家清史编纂委员会第二次工作会议后又进一步明确了清史编纂工作的总体思路，即以项目为纽带，项目主持人为龙头，按照"一体两翼"的总体构架，全面推进清史编纂工作。这个"体"，就是主体工程；这两个"翼"，就是基础工程和辅助工程。在整个编纂过程中，要紧紧抓住主体工程这个中心开展工作，基础工程和辅助工程要全力为主体工程服务。

（四）《清史》撰述宗旨、《清史》目录五大部分的简要说明

1. 撰述宗旨

（1）新修清史定名为《清史》。《清史》以构建有清一代总体历史为目标，全面系统展现清朝由兴起、全盛、中衰到覆亡的历史进程。

（2）纂修《清史》必须以唯物史观为指导，同时要借鉴和吸收史学和其他学科有益的理论和方法。在总结中外研究成果、整理已有各类历史档案文献的基础上，《清史》应力求写成一部反映当代中国清史研究水平的经得起历史检验的史学著作。

（3）中华民族历来有重视修史的优良传统，《清史》的修纂既要体现与二十四史的继承关系，更要注重反映时代精神。

（4）求真求实是史学研究的根本原则，也是史学生命力之所在。必须把尊重历史的客观性放在纂修工作的首位。要在详细占有资料的基础上，去伪存真，去粗取精，实事求是，秉笔直书。

（5）经世致用是史学社会价值的体现，要发扬中国史学资政育人的传统，以史为鉴、古为今用，通过对清代历史文化的总结，激发人民群众的爱国热情，增强民族的智慧和文化记忆，培育和弘扬民族精神。

（6）坚持史与论的统一。史论是对史实本质的理论抽象和概括，应以史实为基础，源于史实，高于史实。史论可根据撰述的需要采取不同形式，但应力戒主观臆断和一般化的议论。应透过历史表象，揭示出历史发展的内在联系。

（7）端正学风，潜心研究，提倡严谨的治学态度。研究贵在创新，要探索新问题，开拓新领域。严格遵守学术规范，尊重他人成果，杜绝简单重复。

（8）坚持"双百"方针，发扬学术民主。充分发挥纂修者个人的学术专长，通力协作，使全书成为一个首尾连贯、反映集体智慧的各部分有机结合的整体。

（9）项目运作采取总纂负责制，实行总纂、类纂、分纂主编三级管理，要做到分工明确，职责清楚，制度严密，管理科学。在充分发扬学术民主的基础上，总纂折中异同，择善而从，有学术裁决权。

（10）遵循国家通用语言文字的规范和标准，文体采用现代汉语书面语。视《清史》编纂的具体需要，行文也可适当保留若干文言的成分。语言应力求准确、精练、流畅、典雅。

2.《清史》五大部类的简要说明

《清史》分通纪、典志、传记、史表、图录五类，共92卷，每卷约35万字，总计约3220万字。

（1）通纪

通纪是全书的核心、纲领和主干，应做到"内容系统，史实准确，观点鲜明"。表现有清一代由崛起、兴盛、中衰、覆亡的历史趋势，要写出历史发展的基本脉络和各个演进阶段的基本特征。

通纪部分要对有清一代的盛衰规律、历史经验和教训，作出透辟的、明确的分析。通纪以记载史实为主，同时应有必要的、紧密结合史实的、言简意赅的议论，揭示出历史现象的内在联系。

通纪的定名，"通"为贯通，我们既要通清代三百年历史之变，还要通社会政治、经济、军事、文化各个方面和中国与外国的历史全局的关系，以"通"命名，具有气势和神采。"纪"则表示重在记载史实。纪有庄重记载之义，又有纲纪即大纲要领之义。至于传统史学中一些编年体史书称为"纪"，对此我们可以创造性运用，不必过于拘泥。

（2）典志

典志记述清代典章制度和广泛的社会生活。通纪从宏观上写历史演进的脉络和趋势，典志则具体写经济、社会、文化某一领域，做到细致和深化，特别要揭示各个重要领域制度的变迁。典志所提供的制度背景、人文背景和自然背景，是历史规律分析的依据，也是历史人物活动的场景。古人称"修史之难，莫过于志"，在今天，写好典志则成为体现《清史》修纂创新力度和深度的重要标志。

典志有其相对独立的价值，但其任务又是服务于通纪这一核心部分。通纪只能在叙述历史大势时，讲到有关官制、兵制、田制、税制、盐漕河防等项的大事，而这些重要制度及其沿革的详细内容，则要在典志中进行较为具体的阐述。

志中包括有偏重于记述典章制度和记述社会生活的专史两类篇目，二者并不互相排斥。从《史记》《汉书》开始，书志既写典章制度，如礼乐制度、官制、赋税制度等，也有类似于专门史的篇章，如《平准书》《食货志》等。《清史》所设置的志中有不少关于社会、文化、风俗等方面的篇目，既是适应当代学术研究开拓新领域的需要，借此可以总结这些方面的大量研究成果，同时也是对古代优良史学传统的继承和发展。但是志与专史的写法确有不同。各篇典志在撰写体例和方法上，很有必要借鉴方志学家所总结的"横排竖写""以小系大""以时为经，以事为纬"的方法，使内容多样的各篇志目在总的体例和风格上基本一致。

（3）传记

传记的作用不仅在于表现传主个人，而更重要的是反映他们所处时代的社会历史。设立传记是为了克服章节体史书见事见制不见人物整体的缺点。通过研究人物的活动及其对社会发展的作用与影响，揭示历史画卷的全貌。通纪对人物虽有涉及，但多限于政治、军事、经济、外交等方面重大事件的决策与活动，传记记载人物的生平事迹，与通纪相辅相成，更全面地反映历史全貌。同时通过传记人物的出身背景、思想、性格、品德等个人因素对重大事件决策与行动的影响，反映出个人在历史上的作用。

传记能否取得大的突破与创新，关键在于对新资料的发掘利用。鉴于旧传记资料的严重缺陷，要特别注意对档案、文集、年谱、族谱、笔记、日记、书信，以及外文资料的发掘利用。但传记资料隐恶扬善、虚拟浮夸、辗转抄袭的弊端极为常见，应加强对资料的辨析考订，去伪存真、去粗取精。

根据人物在清代历史所处地位重要程度的不同和生平活动史料的多寡，分别设立专传和合传；对于生平活动联系紧密并且主次地位分明者，还可考虑设立主传和附传。编排顺序采用朝代与类别相结合的方法。对于地位虽不很高但又有专门技能、对历史作出贡献的人物，设立类传。

（4）史表

传统史家重视史表，称其"谱列年爵""以收复杂事项"，有省去烦冗记载之功用。对于史表的这些基本功能，今天仍应重视。

根据传统史学中的有益经验和今天撰史的要求，史表的设置和撰写还应具有显示历史演进之阶段性的意义，并应有助于显示清代历史的特点。对时间跨度长的重大事件设置史事年表，目的是以简要的文字显示其来龙去脉、前因后果，具有记载重大事件本末之作用。

各篇史表的编列均须以搜集丰富的史料和进行严密的考订为基础。史表撰写的形式应当以简明的表格排列翔实、精当的内容，做到眉目清晰，便于查阅。

（5）图录

图录类是《清史》的一项重要创新，以图补史、以图明史、以图证史，更能形象直观地反映历史风貌。收录珍贵的历史地图、清代绘画作品、文物图片和历史照片等，既提供极有价值的史料,又为史学著作增加形象性和直观性。

图录共分综合、舆地、政制、军事、生产、商贸、典仪、民俗、建筑、艺术、宗教、肖像十二大类。每一大类中再按照相关的内容和年代先后编排。文字说明要求务必准确、简明。

二 清史纂修工程的进程

国家清史编纂委员会成立,即意味着清史纂修工程启动,时间是2002年12月12日。

清史纂修工程实际工作是2003年开始运作,根据我们的总体计划,清史纂修工程预计10年左右完成,按中国的习惯,"左右"一般时间上都会延长一点,但我们还是按照10年的时间来确定时间表和划分每年的工作任务。

2003年,确定了清史纂修工程的内涵,以及《清史》的体裁、体例与大纲。此外,2003年我们还对国内,包括大陆和港澳台地区的清史研究成果,国外日语、英语、俄语发表的重要的清史研究成果,以及在学术前沿工作的专家等进行了大规模调研,形成了一些相关的调研成果。总而言之,2003年是为清史纂修的全面铺开做调研、做准备。

2004年和2005年,我们把《清史》的92卷分解成100多个项目,分别请主持人来参与撰写工作,也就是立项。在两年的时间里,把主体工程所分解的156个项目基本都完成了立项工作。在主体工程的项目中,通纪12项,典志70项,传记28项,史表23项,图录23项(全部是专项图片搜集的项目)。截至2008年12月,主体工程增至174项。所增加的18项中,有12项为主体工程"图录"的12卷。立项结束意味着撰写工作的开始,主体工程除了3500万字左右正文之外,还有资料长编、考异等副产品,总字数大约是正文的4倍。

清史工程是一个整体,主体工程的任何一个项目没完成,就意味着《清史》没写完。因此,我们对课题的中期管理采用电脑监控,抓进度、质量、篇幅三要素。进度完全依据合同规定,是固定的,超期了电脑监控系统就会亮红灯。篇幅也是这样,规定的35万字,顶多允许浮动两三万字,如果写得太多或太少,都不允许。当然,在这三个要素中,质量是生命线。质量上,用我们习惯的话说,是"两头小,中间大"。也就是质量比较好、修改量不大的稿子是少数,质量不好的、将来可能要做大调整,甚至要更换主持人的稿子也是少数。大部分稿子处于中间,需要大量的修改。

2011年逐步进入审改、整合阶段。

随着初稿的陆续完成,2011年始纂修工作进入审改阶段,截至2012年8月,需审改的项目共145项,包括通纪9项,典志69项,传记31项,史表22项,图录14项。其中133项已提交了最终成果,占总项目数的92%,余下的12项也将在近期全部提交最终成果。审改工作是一件复杂的学术工作,可能需要较长时间才能完成《清史》的送审稿。

在主体工程《清史》纂修的同时,基础工程中档案、文献、编译工作也在有序推进,并取得可喜成绩。

档案整理共涉及档案2 060 000件,包括中央级档案1 840 000件,地方级档案219 652件。在这些档案中,有少数民族文字档案42 516件,其中满文档案16 299件、藏文档案1 522件、蒙文档案24 695件。至2012年8月已出版各种档案12种259册，约69 000件，另有3种145册档案书稿已交出版社。

文献整理总字数十余亿字之多，以"文献丛刊"形式至2012年8月已累计出版38种1684册，其中《清代诗文集汇编》《中国荒政书集成》《祁寯藻集》等获全国优秀古籍图书奖一等奖、二等奖，还有《康有为全集》《张之洞全集》等12种分获全国和省市图书奖。

编译工作截至2012年8月，已翻译出版《编译丛刊》52种54册，编译丛刊影印系列2种，《清史译丛》10辑，《清史论著目录系列》2种，还编印了《清史译文新编》6辑10册，《台湾地区清史论文汇编》180册，《欧洲调研图片资料汇编》20册，《海外清史研究文编》20册，《莫里循日记》整理21册等，有力地支持了清史纂修主体工程的写作和清史研究工作的开展。

清史工程出版图书截至2012年8月底统计如下：
1. 国家清史编纂委员会·档案丛刊（12种259册）
2. 国家清史编纂委员会·文献丛刊（38种1684册）
3. 国家清史编纂委员会·研究丛刊（28种32册）
4. 国家清史编纂委员会·编译丛刊（52种99册）
5. 国家清史编纂委员会·图录丛刊（10种10册）
以上五大丛刊合计：140种2084册。
6. 国家清史编纂委员会·工具书丛刊（1种1册）
7. 国家清史编纂委员会·清史论论著目录系列（2种2册）
8. 《清史译丛》（10种10册）
9. 其他（4种5册）
以上四种合计：17种18册
上述总计：157种2102册。

三　关于新修《清史》在学术上可望创新的几点预期

如前所述，新修《清史》应力求写成一部反映当代中国清史研究水平的、经得起历史检验的史学著作。能否实现此目标，有待参与此工程的专家的不懈努力，是否最终达到此目标，则要由学界同行和一切关注此工程的人士来评议与认同。

但在纂修工作实践中，有如下四个方面，为达此目的提供了可能，现试做简要介绍。

（一）资料的利用面大大扩展，为超越和创新提供了基础

在这次清史编纂工程中，史料利用的规模和深度大大超过以往任何一个朝代的历史纂修。以档案类为例，截至2012年，已经整理出版的档案汇编有：《庚子事变清宫档案汇编》（18册）、《清宫热河档案》（18册）、《清宫普宁寺档案》（2册）、《清代中南海档案》（30册）、《清代军机处电报档汇编》（40册）、《清嘉庆朝刑科题本社会史料辑刊》（3册）、《清代军机处满文熬茶档》（2册）等。文献方面，已整理出版了《清代诗文集汇编》（801册）、《中国荒政书集成》（12册）、《清代缙绅录集成》（95册）、

《李鸿章全集》（39册）、《康有为全集》（12册）、《张之洞全集》（12册）、《翁同龢集》（12册）、《祁寯藻集》（3册）、《恽毓鼎澄斋日记》（2册）、《薛福成日记》（2册）、《黄遵宪全集》（2册）、《清代稿抄本》（150册）、《清代科举人物家传资料汇编》（101册）等，从时人论集、人物年谱、书信、日记等方面，为清史纂修提供丰富的史料内容。

在扩展清代档案文献的整理和使用方面，还突出地体现在对少数民族档案、文献的整理和使用上。其中，涉及少数民族和边远地方的档案和文献包括：西藏档、满文寄信档、四川南部县衙门档、吉林地方档案，《清代察哈台文文献译注》《托忒文文献整理及译注》《清代满族家谱选辑》《清代云南稿本史料》等，为清史编纂工程增添了很多珍贵的史料佐证。

清史纂修工程还充分利用各类外文资料。在编译类项目中，《国内外收藏与清代有关的英文文献搜集与整理》《日本有关清朝历史的档案文献调研与整理》《国内外收藏法文文献档案搜集与整理》《国内外收藏德文清史资料调研与整理》《大陆外文清史资源暨清史译著馆藏分布情况调查》《法国外交文献选译》《晚清日本驻华领事报告编译》《晚清至民国西方人在中国西南边疆调研资料的编译与研究》等项目，比较全面地收集了国内外有关清朝历史、外交等方方面面记载的重要文献、档案，为清史纂修提供了很多当时外国人看中国的第一手史料。充分吸收外文史料进行清史编纂也是超越前代修史的一大特色。

上述资料除正式出版外，大部分已数字化，在清史内部网站上可供专家利用。

（二）体裁体例的布局和内容的拓展，为超越与创新提供了可能

新修《清史》将由通纪、典志、传记、史表、图录五大类构成，前四类从体裁体例上看，是章节体和传统史学的纪传体的有机结合，是对中国史学传统的继承和创新，而图录作为二十四史编纂中均没有尝试过的创新体例，既是对历来学者左图右史主张的继承，也可视为是图像史学的一次有意义的开拓性实践。

在内容拓展上，试以传记、史表为例，与《清史稿》相比较，略做说明。

1. 传记

《传记》设计为28卷，约占《清史》总篇幅的29%，与《清史稿·列传》相比，《清史·传记》大体具有以下几个特点。

（1）主传人物涵盖面远超《清史稿》

从主传人物总数看，《清史稿》4740人，而《清史》是近3400人，但《清史稿》的4740人中，仅列女一项即达610人，且传主门类也存在许多局限与不足。新修《清史》所收传主包括了皇帝、后妃、诸王、部院大臣、封疆大吏、南明人物、降清人物、遗民、文苑、学术、农民起义领袖、科技人士、民族、宗教人士、工商人士、忠义、孝义、循吏、妇女、维新人士、革命党人、诸艺（体育、武术、棋艺、工匠等各类人物）、外籍人士（或在清政府任职，或在华日久，且有影响者）等。人物的涵盖面和代表性，远非《清史稿》能比拟。

（2）传主立传取材来源也大有扩展

《清史稿·列传》主要取自清历朝实录，其次是清国史馆传稿，还有《国朝耆献类征初编》《碑传集》等。而新修《清史》传记，材料来源首选是清代汉、满文档案，其

次是历朝实录，清代各类官方及私家所修文献，还有入传传主的年谱、行述、行状、墓志铭、传主个人文集以及相关地方志的记述。可以说，新修《清史》传记所用史料之丰富、全面，已远超《清史稿》。

（3）在传记体例、叙事及详略上也具有明显特色

《清史稿》传文体例不一，或如履历表，或仅是简介，或成生平大事年表；为人立传，理应记言记行，《清史稿》的传文，往往是有言无行，或有行无言，或两者全无。在详略上，《清史稿》入传人物虽多，但记事甚略，传文最短者仅一二十字，一般传文大多不过千字，记事之简，已失立传本意。

新修《清史》的传记，力求体例统一，要记言记行，要写出传主个性，不仅史实要准，还应具有可读性，在详略上则务求重点不遗漏，突出传主特点、重点，但不贪全，传文长者可超万字，短者也不能少于2000字。

总之，新《清史》的传记在体例、叙事方面较《清史稿》相比，特点有二：一是将反映一朝一代大事的皇帝本纪改为反映一代君主经历、素质和作用的传，更好地与《通纪》互补；二是坚持求真求实原则，严格把握历史的真实性，避免《清史稿》在人物评价上历史的、时代的偏见。

2. 史表

史表设计为13卷，约占《清史》总篇幅的14%。与《清史稿·表》相比，《清史·史表》大体具有以下几个特点。

（1）立表之多，超越《清史稿》

《清史稿》总计立表13种，全部为"人表"；而新修《清史》总计立表29种，不仅新增了《议政王大臣表》《四大活佛世表》《册封使表》《历科进士表》等11种"人表"，而且增设了《清史稿》所没有的能够反映清代历史变迁和晚清新生事象的8种"事表"，如《史事年表》《中外约章表》《报刊表》等，内容颇为丰富。29项表中，涉及中外关系的表主要有《册封使表》《驻外使领表》《外国驻华使领表》和《中外约章表》。《册封使表》收录清王朝册封朝鲜、琉球、安南（越南）等国国王、世子等使臣。《驻外使领表》收录清王朝派驻各国的历任使臣和领事。《外国驻华使领表》收录清代各国派驻中国的历任公使、领事等。《中外约章表》收录自康熙二十八年至宣统三年中国与外国签订的条约及重要的章程、合同，约计700种。

（2）表文信息更加丰富、准确

《清史稿》各表大体上只记载官员的任、离职时间，信息点单一，而《清史·史表》不仅增设了各入表人物的"籍贯与出身"栏目，而且还力求反映官员的实际到、离任时间，更为细致地体现了官员的任职情况。《清史稿》各表大体上只收录正任官和任间署护官员；而《清史·史表》对大量任内署护理官员也予以择要收录，更全面地反映了有关任职情况。据初步统计，《清史》各表共约收录7万人次，1万余事件或案件。修表时由于利用了大量原始档案资料，注重史实的考订，每一个人或一件事，往往需要数条乃至十数条的史料加以印证和支持，使表文信息更加精确。

（3）表格设计具有新意，既便于检索，也节省篇幅

《清史稿》诸表均是以年系人、以人系事的年表，虽便于按年索阅，查找同一年同类横向的职官信息，但空格太多，版面浪费太大；新修《清史·史表》除了《军机大臣年表》《大学士年表》等少数表采取"年表"编纂体例外，多数人表采取一职一表、

以职系人、以人系事、以时为序的编排方式，一任官员只占一栏，首尾相贯，无须翻页而览其全貌，眉目清晰，撙节篇幅。

（三）科研组织和管理上的有益尝试，为超越和创新准备了条件

参加清史纂修工程主体工程的专家，共计有1600余人，遍及全国29个省市自治区，台、港、澳的清史专家也参与其中，可以说清史纂修工程基本上邀集了当代老、中、青三代清史专家，包括政治史、军事史、边疆史、民族史、经济史、科技史、文学史、文化史等领域的专家，可谓专家云集，盛况空前。

清史纂修工程，在科研组织上实行了以项目为纽带，以项目主持人为龙头的项目制，严把立项、结项关，并实行层级制管理模式，从进度、质量、篇幅三个方面强化课题的中期管理，实施项目主持人责任制。

（四）树立了从世界视野来创构编纂清史的新体系

清史纂修要有世界视野，或称之为"世界眼光"。

首先，清史编纂者要有世界视野。我们要自觉地把有清一代的历史放到世界的背景中来观察、评议和研究。在纂修清史的时候，既要有域内的纵向分析，也要有域外的横向比较，不能把清朝的历史孤立地放在中国的历史范围内来考察。如，清朝前期历史中康乾盛世的研究是清史研究中的一个热点，学人研究康乾盛世完全可以各抒己见，结论也可见仁见智，甚至可以否定康熙盛世的存在，但我们在研究这一问题时，如果既将它放到中国历史发展的全过程中来考察，又将它置于当时世界发展的大背景来分析，肯定得出的结论会更接近历史的真实：康乾盛世的辉煌，以及辉煌背后隐藏的阴影都是历史事实。同样，具备了世界视野，对集封建时期治边政策大成的清代边疆政策的曲折发展历程，也将有一个更全面的认识：清代的边疆治理未能正确应对由内边防务到外边防务为主的根本性转变，是清代边疆政策由成功到失败的主要原因。

其次，在纂修清史时，要注意历史人物当时的世界背景，或者说，我们笔下的清代历史人物，无论是清朝的中国人还是到清朝活动的外国人，要注重分析他们是怎样看清朝、看世界的。这些当事人、当时人从不同的视角描述的现象、产生的看法和得出的结论，现在都成了应予重视的史料，我们要从这些不同的立场、不同的视角所得出的不同或相同的结论中进行分析和研究。举个大家熟悉的例子，乾隆末年，英国马戛尔尼使团来华访问。今天我们在看这段历史的时候，清朝的乾隆皇帝以及手下大臣是如何看待马戛尔尼使团的，怎样分析英国国王派遣马戛尔尼使团来华的缘由，清朝又采取了什么对策。中国第一历史档案馆的档案为我们提供了非常丰富、立体的画卷。但仅此是不够的。我们必须重视英方的记载。马戛尔尼使团也为我们留下了大量第一手史料，包括现场纪实，以及图片写生。他们的记录为我们留下了当时天朝大国辉煌的一面，也留下了他们所看到的天朝大国辉煌背后的危机。这些记载对我们进一步研究这一历史事件，并由此评论这个时代是非常宝贵的。这个小例子说明，我们在研究清史的时候，要关注当事人、当时人从不同的角度、不同的立场所得出的不同的或相同的结论。

最后也是最重要的，就是我们在纂修清史的过程中必须充分吸纳当今清史研究的一切优秀成果，包括不同语言、不同国家的大量清史研究成果。要充分关注和尊重世界上各个国家研究清史专家的见解，有些成果的结论尽管我们并不赞同，但是我们从中也可以得到启发，以开拓我们的研究思路。在纂修清史工程启动之始，2003年，我们曾组织实施了一个系列学术调研项目，其中包括《1990年以来以英文发表的清史研究成果综述》（马钊等）、《1990年以来以日文发表的清史研究成果综述》（王晓秋）、《1980年以来以俄文发表的清史研究成果综述》（叶柏川）。上述调研报告使我们对世界学坛清史研究的演进动态与最新成果有了一个较清晰的全景式的了解。

总之，于学术而言，没有不同学术观点间的相互切磋、相互辩争，学术就不能进步，更无学术繁荣可言。清史纂修坚持"双百"方针，尊重和提倡学术创新，希望在清史编纂的过程中，不断发现和提出新的研究课题，拓展和深化清史专题研究，以为清史编纂工程不断提供新的研究成果、新的学术资源。

最后，清史纂修工作中的两点困惑。

众所周知，《清史稿》成于众人之手，各卷风格各异。我们这部《清史》，主体工程共有170多个项目，也就是有170多个主持人，算上其课题组的成员，人数众多，写作风格各异。尽管我们有《编纂手册》，有体裁体例，有二级组的管理，但最后怎么将3000多万字的《清史》形成一个整体，这确实是个难题。这与"剑桥中国史"还不一样。"剑桥中国史"虽然有个总体框架，但每位专家写一段，风格可以不一样。《清史》各卷的风格如果差异太大，到时候没法交差。因此，如何把主体工程各个项目捏合成一个整体，是个很大的问题。我们在审稿的过程中也采取了很多办法，但是还没有形成一个满意的办法。在进入审改阶段后，我们试图把各卷大体上捏合成一个整体，变成一本书，力争解决这个难题。

清史纂修工程所采用的兼职修史的模式。所谓"兼职修史"，就是说参加清史工程的每个专家，并不是只承担撰写《清史》这一件事，他还有自己单位的很多工作要做。我们邀请的课题主持人，都是相关领域国内的权威专家、前沿专家。越是这样的专家，手头的各种工作越多，承担的各类项目越多。因此，"兼职修史"与集中一定的时间来完成清史纂修工作之间存在矛盾，专家们对此叫苦不迭，编委会也苦不堪言。"兼职修史"这个办法到底好还是不好，只能等《清史》修完再来总结。

诚如各方有识之士在编纂清史的指导思想上所形成的共识所申明的：我们的清史纂修，既要尊重历史事实，又要反映时代精神；既要继承前人研究成果，又要勇于进行学术创新；既要着眼于中国历史的发展，又要联系世界历史发展的进程。唯此，我们纂修的清史，才能建立一个全新的、统一的、中国人自己的和具有世界视野的历史观，才能创立中国人对世界历史的认识体系。我们希望并且相信，清史纂修工程的成果不仅是中国的，也应该是世界的。

一言以蔽之，这次纂修清史应该成为清史研究进程中的一个坐标，它既是20世纪清史研究成果的继承和发展，又是21世纪清史研究的一个新起点。

中国近代史研究的"范式"问题[*]

徐秀丽

"新时期"中国近代史学界对研究"范式"的争论,不但持续时间漫长,而且论辩色彩浓厚,在最近几十年以实证研究为主导的近代史研究领域颇为引人关注。通过争鸣,论辩双方厘清了各自的基本立场以及与对方的主要分歧,并分别作出相当程度的调适。就主要方面而论,通过范式之争,"革命史范式"获得了新的生命力,"现代化范式"也得到学界的认可,从而大大拓展了中国近代史研究的学术空间。应从总体上肯定这一争论的学术价值和学术意义。

一 "范式"问题的出现

"范式"(paradigm)这一术语是由美国科学史家托马斯·库恩在其1962年出版的名著《科学革命的结构》中引进的学术语言。库恩指出,在科学发展的某一时期,总有一种主导范式,当这种主导范式不能解释的"异例"积累到一定程度时,就无法再将该范式视为理所当然,并转而寻求既能解释支持旧范式的论据,又能说明用旧范式无法解释的论据的更具包容性的新范式,此时科学革命就发生了。范式转换是对科学进步的精辟概括,经典的例子是从古典物理学到爱因斯坦相对论的转换。显然,这是一个具有积极含义的概念。

中国近代史研究者在过去30多年中就范式问题展开了持续的讨论,对范式的理解也有所差异,有的学者将其定义为"理论和方法",有的视作"不言自明"的信念,有的认为是"一种解释模式",有的大略等同于"学科体系"。不管如何定义,学者均认可"范式"关系学科的整体认识,具有本质性,不是枝节问题。在关于范式的讨论中,相关学者基本未对这一概念本身的有效性提出质疑,而且,参与讨论的双方均不否认自己属于对方所定义的范式共同体——虽然也都认为用以概括其所属范式的名词并不恰如其分。

这样一个产生于自然科学史研究的外来概念,颇为顺畅地被在不同语境中从事史学研究的持不同意见的学者所接纳和发挥,这看似奇特的学术因缘,放回到20世纪70年代末期中国历史的大背景下,其实不难理解。

1980年年初发表的李时岳《从洋务、维新到资产阶级革命》一文曾掀起轩然大波,作者提出了中国近代史演变过程中农民战争、洋务运动、戊戌维新、辛亥革命"四个

---

[*] 本文修改过程中,承德里克、郑师渠、赵庆云诸先生提出宝贵意见,谨致谢忱。当然,这并不意味着他们同意笔者的所有观点。

阶段"论（稍后被称为"四个阶梯"论），这是近代史学者开始用不同的眼光看待其研究对象的标志性文章。不过，这篇文章并非空谷足音，而是在改革开放、思想解放的时代潮流下，史学界竭力摆脱现代迷信、教条主义和实用主义精神枷锁，力图恢复历史学的学术性，以及在不同时代背景下重新解释中国近代史这一目标和追求的一个缩影和代表。黎澍在总结1979年的中国近代史发展时已明确指出："在太平天国以后，洋务运动、戊戌维新、辛亥革命，前后相继，一个发展高于一个发展，最后归结为建立资产阶级共和国，是合乎逻辑的。……所以新民主主义革命是旧民主主义革命的继续，而不是旧式农民战争的继续；它的目的是在无产阶级领导下，完成旧民主主义革命所未能完成的建立民主政治、发展现代经济的任务，为实现社会主义的革命转变准备条件，而不是继续走旧式农民起义所走过的老路。"而且断言："这样来解释中国近代史的主流及其发展，才比较接近事实。"① 显然，这样解释中国近代史的"主流"及其"发展"，与一切从阶级斗争出发，不切实际地拔高农民运动，否定一切改良行为，对资产阶级性质的辛亥革命也"立足于批"的传统解释模式大相径庭。李时岳的"四个阶梯"论与黎澍对当时中国近代史研究趋向的概括不仅内容一致，连表述也非常接近。李文对这四个阶段的关系作了以下阐述："前一阶段孕育着后一阶段的因素，前后紧相连接。前一阶段的运动尚未结束，后一阶段的运动业已萌发；后一阶段的运动已经开始，前一阶段的运动尚留尾声，前后交错。它反映了近代中国社会的急剧变化，反映了近代中国人民政治觉悟的迅速发展，标志着近代中国历史前进的基本脉络。"②

李时岳本人曾说，自己的提法与"三次高潮"论并非根本对立，只是部分修正和补充。有学者据此将其归为相对更重视革命的"后革命范式"。但早在"范式"争议出现之前，就有学者评论道："四个阶梯"论虽然还不能说是一个严整的规范（徐按：同样源自库恩的著作，是"范式"曾经的译法），但这一提法"以为资本主义发展开辟道路的各种斗争为线索，反映了中国近代社会资本主义化的趋向，目的在于以中国资本主义化的过程作为近代历史进程的本质内容。从这样的基本认识出发，对近代历史的一些重要事件的看法与传统规范当然不同，例如强调洋务运动的进步性，认为义和团运动是民族战争而不是一般意义上的农民革命等等。如果同意这样的修正和补充，多半就会导致放弃传统规范。""它对中国近代历史本质的看法与'三次高潮'的提法确实有所不同，由此提出的修正将导致放弃整个规范。"③ 也就是说，这种对中国近代史"主流"和"基本脉络"的新看法，对于原有解释体系而言，具有一定的颠覆性。后来的评论者也指出，"四个阶梯"论是对以"三次革命高潮"为标识的理论体系的强有力的挑战。④

这种新的解释取径出现之初，学术界正处在黄宗智所描述的"大家有一种需要新

---

① 黎澍：《1979年的中国历史学》，原载《中国历史年鉴》（1979年），后收入《黎澍自选集》，广东人民出版社1998年版，第123页。
② 李时岳：《从洋务、维新到资产阶级革命》，《历史研究》1980年第1期。
③ 张亦工：《中国近代史研究的规范问题》，《历史研究》1988年第3期。
④ 张海鹏、赵庆云：《试论刘大年的中国近代史研究》，《历史研究》2011年第3期。

的不同的东西（的）感觉，但尚未明确地说出需要什么样的新东西"的状态①，就当时中国近代史研究的状况而言，也可以说，是处在"新东西"已经出现，但尚无以归纳和命名的状态。科恩的《科学革命的结构》在20世纪80年代初翻译出版，恰逢其时地与史学研究的转向产生共振，为史学研究新趋向的概念化提供了适用工具，从而使这个从西方科学发展史中提炼出来的概念在中国当代史学研究中落地生根。

借用范式概念归纳中国近代史的新方向，不仅限于中国学者，美国的相关研究者也采用了同一概念。这一方面显示了"范式革命"的强大穿透力；另一方面则表明中国近代史研究面临的挑战具有普遍性。相关讨论的国际性在提升其学术意义的同时，无疑也增加了问题的复杂性。此点留待后文再讨论。在这里笔者想特别指出的是，中国学者张亦工很可能是最早从"范式"角度概括和评论历史研究状况的学者②，他的学术贡献却未引起相关讨论者的注意。此个案亦显示了近几十年来学术界汲取学术资源时的"眼光向外"倾向（张本身的学术资源同样来自"外"）。

1988年，张亦工已采用库恩的概念（当时的译名是"规范"）来概括中国近代史研究中的不同趋向。他敏锐地观察到，"近几年的研究情况表明，我们的近代史研究正处在研究规范发生某种变化的过渡时期"。"自1979年以来，我们研究近代史的传统规范已经面临一些新的规范性认识或理论挑战。关于近代史研究的目的、对象、方法，关于近代历史的本质和内容，关于历史和历史学的基本观念，众说纷纭，这使我们预感到一种重要的变化正在酝酿之中。""近几年来，由于社会环境变化和研究者的思想解放，近代史研究领域陆续出现了一些与传统规范有所不同的理论、原则或概念，它们还不称其为完整的规范，只能称为规范性的认识或理论，但是发展下去有可能在一定的条件下形成新的规范。"对于"传统规范"，笔者认为可以用一句话概括："从革命史的角度把握近代史"；对于正在形成的"新规范"，笔者尚未命名，且认为不止一种，譬如有些学者主张从社会史视角研究近代史，有些学者主张历史发展的"合力论"，都体现了与传统规范或多或少不同的思维方法。不过笔者明确指出，"四个阶梯"说是其中"影响比较大的一种"③。由此可见，后来发生的范式争论，在20世纪80年代末实际上已经呼之欲出了。

稍后两位海外中国史研究者（黄宗智、德里克）用中文发表的相关论文，结束了这种"无以名状"的状况，不但使"革命史范式"和"现代化范式"从此成为习见表达，而且指出中国近代史中存在"规范（范式）危机"。他们的文章在中国学术界引起极大关注，使业已存在的分歧明朗化、概念化，争议也随之出现。黄、德两人文章的学术背景或包含中美两国（黄），或主要针对美国学术界（德），并不专以中国的史学界

---

① ［美］黄宗智：《中国经济史中的悖论现象与当前的规范认识危机》，《史学理论研究》1993年第1期。

② 阿里夫·德里克教授在回复笔者询问的邮件中说，他在1978年出版的《革命与历史：中国马克思主义历史学的起源》一书中提到了"范式"，指的是"唯物史观"："如果唯物史观被视为一种如托马斯·库恩在解释科学知识的进步时所使用的'范式理论'，那么马克思主义对于史学的影响会更容易被评价。"直到20世纪90年代，他才明确提出"革命"和"现代化"两个范式的转换问题。他还说，其他美国历史学者（包括非中国史领域的学者）也没有更早使用这一概念。

③ 张亦工：《中国近代史研究的规范问题》，《历史研究》1988年第3期。

为对象,不过,由于他们所讨论的问题与当时中国史学界的状况产生了契合效应,两文不仅广泛传播,而且在中国学者中接受度极高,其间又出现并非不重要的理解偏差(主要指对德里克的文章),在一定程度上可以说,正是由于这一偏差,提升了问题的关注度,同时也提升了争论的尖锐度。

黄宗智的《中国经济史中的悖论现象与当前的规范认识危机》中文版发表于1993年,英文原文发表于1991年。中文版"编者按"指出,原文发表后"在美国理论界、史学界激起很大反响",可见美国的中国史学界同样面临重要转型。黄文将中美两国的中国近代史研究置于同样的"规范认识危机"中。他指出,在美国,学术界的理论困境是:"停滞的传统的中国"的旧观念及其派生的"冲击—反应"模式已不再具有影响力,而"近代早期中国"的新观念尚不足以成为支配性的模式。其间,中国史研究领域采用了似乎中立的"中华帝国晚期"来称呼明清时期,但此词过分强调了皇权在中国历史整体中的作用。在中国,则是"封建主义论"和"资本主义萌芽论"的相持不下,这使青年学者对两者都抱有怀疑,甚至不屑于再引用前辈们的这些模式,有的全盘搬来西方的、一个又一个的时髦方法,进一步扩大了代沟,这一情况本身就反映了中国学术界的规范认识危机。

黄宗智的文章并未直接针对"革命史范式"与"现代化范式",相反,他明确指出,他所指的"规范认识危机并非针对某一理论或模式,并非针对学术界的这一代或那一代,亦非针对中国模式或西方的学术研究"。他所理解的"规范"比一般学者宽泛得多,是指"为不同的或对立的模式和理论所共同承认的、不言自明的信念。这样的信念比起任何明白表达的模式和理论来,有着更广泛、更微妙的影响。它们的影响不仅在于引导我们去想什么,更在于不想什么"。[①] 他的分析是深刻的,所举例子也易于接受,典型的如"商品化必然导致近代化"这一贯穿于中美两国学界的"共同信念"。确实,研究者对于这样的联系习焉不察,往往把它看成是不言自明的,黄则提醒这样的"规范认识"是有问题的,他个人的研究也长期致力于解构这样的"信念",并屡有创获。

黄的"危机"说在中国学者中引起共鸣,而与范式争论更直接的则是德里克的文章。德里克在1995年发表的文章中明确将中国近代史学界的重要研究新趋向定义为"现代化范式",使张亦工所谓"正在酝酿之中"的"一种重要变化"找到了比较恰当的概念表述,也使相关学者明确了自我定位。因此,评论学术史的学者一般将范式之争追溯到这篇文章。

但是,迄今未引起注意的是,对德里克文章的解读存在两个重要的偏差。第一,将德文解读为针对中国史学界现状而作。其实,德里克更为关注的是美国的中国史研究。文章一开始即指出,"在最直接的意义上,我的讨论是针对美国当今的汉学界,在次要一些的程度上,它也与欧洲汉学界有关"。笔者称他虽然"强烈地感觉到,中国学者自己的中国近代史研究也同样存在着这些问题",但"由于这种感觉更多的是基于印象,

---

[①] [美]黄宗智:《中国经济史中的悖论现象与当前的规范认识危机》,《史学理论研究》1993年第1期。

而不是基于全面考察",他"将不对当代中国学者的近代史研究作直接的评论"①。不过,德里克学术上的谨慎似乎未被中国学者所重视,在借用概念的同时并未作必要的语境分析。第二,更为重要的误解是,认为德里克提出了中国近代史研究中"现代化范式"正在取代"革命史范式"(徐按:原文的译法是"革命范式")。这一成为后来"两个范式"之争主要焦点的提法,就德里克的原文而言,其实有相当的距离。德里克从"革命"和"现代化"两种解释途径的消长解读第二次世界大战之后美国的中国史研究,他指出,"现代化范式"在第二次世界大战之后"统治了美国与欧洲社会科学的思维,也支配了对中国的理解";到20世纪60年代后期,这一范式受到革命范式的挑战②,在随后的20年里"革命范式煊赫一时,以至现代化论者也觉得必须将革命(与社会主义)纳入现代化论之内,作为对资本主义的可能的替代发展模式"。20世纪80年代中期之后,同样由于现实环境的变化,革命范式受到美国学界质疑,相当程度上被抛弃,新的研究趋向接续了"现代化范式"的脉络。在德里克看来,与革命在历史叙述中丧失中心地位的同时,新的趋向因"不能含融贯通旧的中国近代史解释,甚至不愿正视它",尚不足以形成新的中心,"危机"由此而生,即"当前范式危机的根本是历史研究丧失了中心"。将这一危机解读为"革命史范式"的危机,至少是不全面的。而且,"现代化范式"也面临对历史事实和既往研究不能融会贯通而且"没有任何有分量的意识形态来挑战其霸权"的问题。德里克所谓"范式危机",正是指这种"缺乏挑战的状态"③。可以说,"范式危机"是史学界共同的危机。文章并未提出"中国的"近代史研究中"现代化范式"正在取代"革命史范式"的观点。

德里克从范式转换的视角总结美国的学术史,这一概括,为中国近代史学界提供了基本合用的观念工具,同时也引起了两个范式之间的争论。

二 "范式"之争的基本内容

"革命史范式"和"现代化范式"之间的争论,就"范式"竞争而言,形成交锋的主要有两点:第一,中国近代史是"一场革命史"还是"一场现代化史";第二,应当以"革命包容现代化"还是以"现代化包括革命"。以此为主要坐标,双方对于中国近代史的评价发生不少分歧,在"中国近代史的基本线索""民族独立与近代化的关系""改良与革命的关系"等问题上,均曾发生争论。可以说,近二三十年内,对中国近代史上的许多重要事件和重要历史人物,在"如何评价"的问题上均发生过争论,

---

① [美]德里克:《革命之后的史学:中国近代史研究中的当代危机》,《中国社会科学季刊》(香港)1995年春季卷。

② 德里克在这篇文章中未指出这一挑战的具体内容,只笼统说"由于全球范围的发展"。黄宗智在上引"规范认识危机"一文中明确指出与对越战的质疑有关,因为原来的主导范式("西方冲击"论,与德里克概括的"现代化"范式同义)被认为为帝国主义和美国干涉越南服务。他们两人在这个问题上的看法一致。他们共同参与创办的 Modern China(《近代中国》)虽创刊于1975年,但与越战引起的美国学术界的分裂直接相关。

③ [美]德里克:《革命之后的史学:中国近代史研究中的当代危机》,《中国社会科学季刊》(香港)1995年春季卷。

并形成不同的观点。本文的目的在于讨论"范式"本身的问题,对于实证层面的讨论不展开;另外,现实对近代史研究的影响有目共睹,近代史学界的争论从来存在不同方向的"溢出",这使观点聚焦产生困难,但本文将尽量在学术脉络上进行讨论。

（一）"一场革命史"还是"一场现代化史"

革命和现代化,无疑都是中国近代史的重要内容,两者是否有轻重之分? 孰轻孰重? 双方均认为自己的理解更为本质。

"一场革命史"的提法更多地出于其他学者的判定,而非持"革命史范式"学者的自我认定。被认为持"革命史范式"的学者指出,"革命史范式"这个概念"不是很准确",因为在"革命史范式"下产生的代表性史学著作,都决不仅仅是"一场革命史",更不"以农民战争为主线",这些著作在重点关注和重点叙述革命史的同时,都在不同程度上论述经济发展、社会变迁、文化嬗递、民族关系等内容,也没有忽略洋务运动、戊戌维新、辛亥革命。在这种叙述框架下,革命是"主线"和"基调",但不是"唯一"。不过,鉴于"革命史范式"的概括"反映了中国近代史学科体系的核心内容,且为许多学者所采用",在找到更为准确的提法以前,相关学者表示愿意采用这个提法。[1]

产生于革命和战争环境的革命史观,把阶级斗争和革命视为历史发展的基本动力和主线。范文澜在20世纪50年代曾经说:"历史的骨干是阶级斗争,现代革命史就是现代史的骨干,近代革命史就是近代史的骨干,近代史现代史阶段的划分基本上与革命史是一致的（单纯的中国资本主义发展史可以按自身的发展过程划分阶段）。"胡绳在这个时期认为,"把人民的革命斗争看作是中国近代史的基本内容,就能比较容易看清楚中国近代史各种政治力量和社会现象"[2]。"革命"无疑是中国近代史的第一个关键词。以革命史为基本线索,中国近代史研究的基本骨架被归纳为"八大事件""三次革命高潮"。

在"革命史范式"的研究框架中,帝国主义与中华民族的矛盾、封建主义与人民大众的矛盾,是中国近代社会的两大基本矛盾,争取民族独立以反对帝国主义、争取社会进步以反对封建主义,是近代社会发展的主要趋势,并以此作为评价历史事件、历史人物的主要标准和参照系。

相关学者对以革命史为中心叙述中国近代历史的正当性作了以下概括性阐述:"因为近代中国的时代基调是革命,从革命的视角审视,中国近代史上的政治、经济、军事、文化思想、社会变迁,以及中外关系的处理,区域发展,少数民族问题,阶级斗争的状况,无不或多或少与革命的进程、革命事业的成败相联系。一部中国近代史,如果抓住了这个基本线索,就能够顺藤摸瓜,厘清近代中国社会历史的各个方面。"[3]

以现代化为基本线索研究中国近代史的学者对于"现代化范式"这一归纳同样有所保留,认为"现代化不是一个理想的概念,容易产生歧义,或许有一天人们能找到

---

[1] 张海鹏:《20世纪中国近代史学科体系问题的探索》,《近代史研究》2005年第1期。
[2] 转引自张亦工《中国近代史研究的规范问题》,《历史研究》1988年第3期。
[3] 张海鹏:《20世纪中国近代史学科体系问题的探索》,《近代史研究》2005年第1期。

更好的概念取代它"①。从现代化理论的视角来看，"鸦片战争以来中国发生的极为错综复杂的变革都是围绕着从传统向现代过渡这个中心主题进行的，这是不以人们意志为转移的历史大趋势。有了这个中心主题，纲举目张，就不难探索近百年中国巨变的脉络和把握中国近现代史的复杂线索"②。"现代化范式"的内涵界定非常宽泛：近代史研究以"现代化"为基本概念；以"近代以来中国人为实现以工业化为核心的经济现代化；为争取民族独立和社会进步而从事的革命化（民族化）；为实现自由平等而进行的民主化；为争取社会文化进步而进行的理性化启蒙运动"等为基本框架；以现代生产力、经济发展、政治民主、社会进步、民族独立等为评判价值，纲举目张，来架构近代史的模式。这就是说，近代史就是一部一代代中国人探索、争取、实现这些价值标准的"现代化史"③。"20世纪中国史学最为显著的一个特征，是打破了支配古老的旧史学两千多年的传统循环史观，而改以接受从现代西方传来的各种进化史观、发展史观。面对席卷世界与中国的历史新潮流，越来越多的史学家立足于现世，将中国乃至整个世界的发展变革，将传统的以农业为主的社会向现代工业化社会的转变，这一通常被称为'现代化'的历史趋势和进程，作为史学研究的对象。从较广泛的意义上，完全可以把百年以来关于中国与世界现代发展变化的各种研究，统称之为'现代化研究'。"④

由中国近代史是否是"一场现代化史"的讨论，衍生出中国近代是否曾经出现过"真正意义上的现代化运动"的论辩。

持"现代化范式"的学者从"现代化"因素的产生、成长、波折、趋向建构中国近代史的基本脉络，这一基本认识从事实层面受到挑战，对方提出中国近代未曾出现过"真正意义上的现代化运动"。有学者指出，从作为现代化前提的经济现代化看，前80年，从洋务运动开始，先后创办的近代官办工业不过几十家（含军事工业），民办资本工业不过几百家；农业方面，传统的封建小农经济原封未动，实在谈不上有什么现代化运动。后30年，主要在抗日战争全面爆发的前几年，现代化经济虽有所发展，但工业产值不过占国民经济总产值的10%左右，而且是"传统的手工业与近代工业并存"，钢产量不过55.6万余吨，中国仍旧是一个粗放的传统农业大国，也称不上真正意义上的现代化运动。如果从政治上考察，中国近代确实出现了若干新事物，在不同程度上共同推动着近代中国的政治民主化、现代化进程。然而，对于这些政治运动，"新范式"的研究者评价并不一致，并未描绘出现代化发展的连贯图景⑤。从史学研究的实践看，则认为迄未出现有分量的依据"现代化范式"写成的中国近代史论著。

面对质疑，提倡"现代化范式"的学者列举了相关领域的研究成果，说明近代中国现代化研究的进展。如"开拓了诸如对近代中国商会、教会和教会学校的系统研究；

---

① 董正华：《从历史发展多线性到史学范式多样化——围绕"以一元多线论为基础的现代化范式"的讨论》，《史学月刊》2004年第5期。
② 罗荣渠：《走向现代化的中国道路——有关近百年中国大变革的一些理论问题》，《中国社会科学季刊》（香港）1996年冬季卷。
③ 周东华：《正确对待中国近代史研究的"现代化范式"和"革命范式"——与吴剑杰、龚书铎等先生商榷》，《社会科学论坛》2005年第5期。
④ 林被甸、董正华：《中国现代化研究的现状》，《中国特色社会主义研究》2003年第1期。
⑤ 吴剑杰：《关于近代史研究"新范式"的若干思考》，《近代史研究》2001年第2期。

对晚清新政、改革措施、代表人物的深入研究；中国现代化的区域研究；中外现代化进程比较研究；对世界史上现代化的起源与动力、阻力与中断、殖民主义与现代化、现代化的不同道路以及社会文化结构变迁的研究等许多新领域"；从研究成果的数量上看，则指出2003年前的20年中，"已经有了可观的成果。仅从中国近现代史领域来看，就已有近百部著作问世，涉及对中国现代化全过程和分阶段、分过程的研究，中国现代化的区域研究等，专题论文更是难以计数"①。

（二）"以革命包容现代化"还是"以现代化包括革命"

值得注意的是，范式论争的双方都对对方作了相当程度的肯定，并在自己的解释体系中为对方保留了一席之地。

主张用"革命史范式"研究中国近代史的学者并不笼统反对"从近代化或现代化的角度分析、考察中国近一百年来的历史"，因为"中国近代历史纷繁复杂，丰富多彩，从任何一个侧面或角度为视角去观察、研究它，都将是一种有益的探索"②。从现代化视角撰写的中国近代史论著，"用经中国学者改造过的现代化研究理论和方法，观察近代中国的历史，分析现代化事业在中国的迟滞、发展和曲折。这样的观察是有意义的，它使读者通过另一个视角看到了近代中国的历史"③。

问题在于，"现代化"视角只能作为"革命史范式"的补充和校正，而且，"革命史范式"可以而且应该包括现代化的视角和内容。相关学者明确提出，他们对"现代化范式"所不赞同者，"是以'现代化'作为更主要的视角来建构近代史研究'新范式'的理论框架，从而将近百年中国历史概括为'一场现代化史'，用以取代所谓'旧范式'及其基本认识"④。"如果不注意'革命史范式'的主导，纯粹以'现代化范式'分析、撰写中国近代史，就可能改铸、改写中国近代史，而使得中国近代史的基本面貌变得面目全非，令人不可捉摸了。这样的研究，新意是有的，但是脱离了历史真实的新意，将为智者所不取。"⑤

由于其与时代精神的高度合拍、对近代史事的高度解释能力以及针对性极强的资政功能，"革命史范式"在长时期中成为中国近代史研究的唯一范式。历史研究在这一范式之下所取得的成绩，为所有这一研究领域的研究者所共同承认。"现代化范式"肯定"革命史范式"在史学史上的合理性及其所取得的成就。"即使仅看对中国早期现代化历史的研究，本世纪30年代以后马克思主义史学家所达到的认识深度和广度，也是进化史观和各种'新史学'所无法比拟的。""现代化范式"对"革命史范式"的不满，在于"由于只存在一种研究规范，往往抑制了重要的不同学术见解，因而不利于学术研究的自由发展"。具体而言，"传统规范注意到的问题受到特别重视，一般都有比较深入的研究，而传统规范忽略的问题往往不被研究者注意，与传统规范有重要区别的学

---

① 董正华：《多种"范式"并存有益于史学的繁荣》，《史学理论研究》2003年第3期。
② 吴剑杰：《关于近代史研究"新范式"的若干思考》，《近代史研究》2001年第2期。
③ 张海鹏：《20世纪中国近代史学科体系问题的探索》，《近代史研究》2005年第1期。
④ 吴剑杰：《关于近代史研究"新范式"的若干思考》，《近代史研究》2001年第2期。
⑤ 张海鹏：《20世纪中国近代史学科体系问题的探索》，《近代史研究》2005年第1期。

术见解通常会受到排斥或抑制"。① 论者认为,单一的革命史视角导致"史学家观察的局限",从而"难免造成认识失误",这一失误可以归纳为以下两点:"其一,为了论证革命的合法性,把历史上曾经发生过的改革或'改良'统统否定了,即使当时尚无革命条件和革命力量。……其二,由于现实的革命仍然主要是农民革命和农民战争,于是将它直接与从陈胜吴广到太平天国的旧式农民起义、农民战争衔接,农民成为古往今来历史的主体、推动历史前进的主要动力。"② 他们认为,"现代化范式"更具包容性,主张把"革命史"看作中国现代化进程研究的重要组成部分,建立一种包括革命而不排斥革命的解释框架。

"现代化范式"有较强的理论建构意识,形成了包容性广泛的解释体系。这一理论的主要建构是:中国(也包括东亚各国)近代存在三大矛盾:殖民主义侵略和反殖民主义侵略的矛盾,资本主义新生产方式与古老的小农与手工业结合的生产方式的矛盾,以基督教文化为核心的现代工业——商业文明与以儒教文化为核心的农耕文明的矛盾。三大矛盾引发了四大趋向,即衰败化、半边缘化、革命化、现代化。遏制衰败化和半边缘化趋向的方法有两种:激进的革命手段和温和的自救运动,两者的目标都指向现代化。中国的现代化历程经历了几代人的艰苦奋斗,其间出现了三次局部断裂和三次模式转换。"以现代化为中心来研究中国近现代史,不同于以革命为中心来研究中国近现代史,必须重新建立一个包括革命在内而不是排斥革命的新的综合分析框架,必须以现代生产力、经济发展、政治民主、社会进步、国际性整合等综合标志对近一个半世纪的中国大变革给予新的客观定位。"③

这一"包括革命在内而不是排斥革命的新的综合分析框架",拓宽了史学家的视野与史学研究的领域,并且将社会学、经济学等学科的研究方法和成果融入史学,进一步实现了历史学的社会科学化和跨学科的研究,有利于对纷繁复杂的历史过程、历史现象进行多方位、多角度的思考。

三 范式并存与互济

前已述及,"革命"与"现代化"确是中国近代史的焦点问题和主要内容,因此,两种范式的相互包容具有客观的基础。参与争论的学者亦均尊重对方的成就并在各自的解释体系中为对方保留位置。而且,随着讨论的展开,在不同范式下进行研究的学者都进行了自我反省,并对原有解释进行了调整和完善。

"革命史范式"代表性学者的反思和重新建构相当自觉和努力。在"革命史范式"下进行研究的学者承认这种范式存在着一些缺陷,吴剑杰概括为,"研究对象的片面化,研究方法的单一化,研究思维的绝对化,研究理论的教条化,……这些都应当进行反思并加以纠正"④。在总结胡绳在中国近代史研究方面的贡献时,张海鹏有以下评语:

---

① 张亦工:《中国近代史研究的规范问题》,《历史研究》1988年第3期。
② 林被甸、董正华:《现代化研究在中国的兴起与发展》,《历史研究》1998年第5期。
③ 罗荣渠:《走向现代化的中国道路——有关近百年中国大变革的一些理论问题》,《中国社会科学季刊》(香港)1996年冬季卷。
④ 吴剑杰:《关于近代史研究"新范式"的若干思考》,《近代史研究》2001年第2期。

"胡绳所构建的理论框架以革命史为中国近代史的主干，以阶级斗争作为主线，显示了其理论的卓越之处，抓住了中国近代史最为本质核心的东西。但毋庸讳言，这个框架当然无法涵盖近代中国的所有内容，它对后来研究者的学术创新的制约也是存在的，虽然这绝非初创者的本意。主要表现在：由于过分强调从政治角度来铺叙中国近代史，对社会、经济、文化等方面则相对忽视；由于过分强调阶级斗争是历史发展的动力，势必会忽视生产力和其他社会力量对历史发展所起的作用，'结果是多元发展的历史成了一元化的线性公式'。"[1] 这些都是很深刻的自省。

在进行反思的同时，"革命史范式"致力于自我完善和自我更新，从而获得了强大的再生能力。在这一过程中，尤其需要提到胡绳、刘大年这两位"革命史范式"主要建构者的思考及其研究实践[2]。在《从鸦片战争到五四运动》1997年再版序言中，胡绳对于此时学界较为热衷的现代化问题作了系统论述。他认为，在中国近代史中，现代化也就是工业化和与工业化相伴随着的经济、政治和文化等各方面的变化。从19世纪后期到20世纪初期的中国，现代化就是资本主义化。他明确指出，以现代化为主题来叙述中国近代历史不失为一种可行的思路，而且很有意义。这自然不能理解为作者对革命史范式的放弃，因为接纳一个主题并不意味着必然放弃另一个主题。事实上，胡绳强调的是民族独立和现代化"两大课题"，对于这两大课题之间的关系，他的表述如下：现代化必须和民族独立问题联在一起，中国现代化不能离开独立的问题，民族独立是真正意义上的现代化的必要前提。以首先解决现代化为突破口来解除近代中国的恶性循环被证明只是一种不切实际的空想，只有先争取民族的解放和国家的独立，才能谈得到近代化的政治、经济、文化的建设。也就是说，民族独立是现代化的前提条件，而现代化是近代中国追求的目标。

刘大年很早就重视对经济史尤其是近代资本主义发展史的研究，晚年对近代史的基本内容和脉络多有精微阐发和独到见解，并尝试从新的角度对历史问题作出解释。他反复强调"民族独立"和"近代化"这"两个基本问题"，指出这两个问题具有密切的内在联系："民族独立与近代化，不是各自孤立的，它们紧密地联结在一起。没有民族独立，不能实现近代化；没有近代化，政治、经济、文化永远落后，不能实现真正的民族独立。中国人民百折不回追求民族独立，最终目的仍在追求国家的近代化。"[3] 与胡绳的"先后"说略有不同，刘大年更重视两者的互动，认为它们互为条件，并且把"革命"和"现代化"包纳到更高层次的"民族运动"中。他指出，"可以说中国近代史归根结底是一个民族运动，是具有两个内容的民族运动，从这个角度看历史，是不是更加切合历史实际一些"[4]。应当说，刘大年"整合""创新"了中国近代史研究的基本范式。虽然"民族运动"对两种范式的包纳尚未成为学界的广泛共识，但刘大年的努力显然超越了单纯革命史观或现代化史观的视角，"两个基本问题论"得到学界的高

---

[1] 张海鹏、赵庆云：《试论胡绳的中国近代史研究》，《历史研究》2008年第2期。
[2] 胡、刘晚年对相关问题的论述，见张海鹏、赵庆云《试论胡绳的中国近代史研究》《试论刘大年的中国近代史研究》，《历史研究》2008年第2期、2011年第3期。
[3] 刘大年：《抗日战争与中国近代史基本问题》，载《我亲历的抗日战争与研究》，中央文献出版社2000年版，第354—355页。
[4] 刘大年：《中国近代历史运动的主题》，《近代史研究》1996年第6期。

度认同。胡绳、刘大年这两位近代史大家晚年在学术上的不懈探索，以及以理服人的学者风范，对"范式"争论的健康发展起到了十分重要的作用，也为建设性的学术争鸣树立了典范。

在"革命史范式"进行自我调适和完善的同时，"现代化范式"也在修正自己的表述。董正华指出："由于史学家受主体认知能力的限制，所能获得的对历史整体的真知只能是相对的。这些都很让史学家困惑。合理的'解决'办法恐怕只有一个：承认不同见解、不同'范式'长期共存的正当性、合理性和合法性。"他明确表示："'现代化'不过是已有和将有的众多新'范式'之一而已。'现代化范式'不可能取代其他史学范式而自定或被定于一尊"，并呼吁"在围绕史学趋势、史学方法和史学研究'范式'的讨论中，需要一种宽容的、开放的心态和科学的、实事求是的态度"①。他在另一篇文章中对此加以详细申论，"总而言之，史学家所选择的众多路径、取向或'范式'，是可以兼容、互济的。不同的史学观点、史学流派相互间应当宽容、共处。对因理论和方法不同而出现的'分歧'，不必急于达成'一律'。史学研究不断涌现新的'范式'和多种'范式'并存，史学界出现不同的流派或'学派'，是史学走出'危机'和萧条而重新步入繁荣的征兆，也是有利于史学理论研究繁盛的好事"②。

可见，就主流而言，"革命史范式"实践了德里克所谓的范式"扩散"，而"现代化范式"也在追求范式共存，双方彼此包容的主张和见解，体现出这场讨论对中国近代史学科的建设性价值。

四 结语

从源头上看，无论从"革命"还是从"现代化"的角度书写中国近代史，都与解释现实和服务现实相关③，而"现实"的主要方面，是中国近代在内外交迫下国弱民穷的事实。"救亡"是双方的共同诉求，"革命"和"现代化"则被视为救亡的两大取径。即使在远离历史现场的海外中国近代史学界（此处主要指美国学术界，它在第二次世界大战之后的西方学术界起着主导作用），同样存在从革命史角度和从现代化角度解释中国近代史的不同流派。中国实行改革开放政策后，国家目标的调整影响了史学研究范式的变化。"范式"概念虽来自域外，针对的无疑是自身的问题，包括其中有意无意的"误读"，也显示了取用者或批评者的主体性。

用来源于自然科学史研究的"范式"概念界定人文学科的学术流派，显然具有局限性。科恩认为，范式的出现是学科成熟的标志，而一门成熟的学科只有一种主导性范式，"范式革命"即是以一种更具包容性的新范式取代解释能力已然不足的旧范式。他认为，在大多数社会科学学科中，尚未形成范式；在人文社会科学领域，绝不可能出现

---

① 董正华：《从历史发展多线性到史学范式多样化——围绕"以一元多线论为基础的现代化范式"的讨论》，《史学月刊》2004年第5期。
② 董正华：《多种"范式"并存有益于史学的繁荣》，《史学理论研究》2003年第3期。
③ 参见欧阳军喜《20世纪30年代两种中国近代史话语之比较》，《近代史研究》2002年第2期。

范式革命前后科学家眼中的"鸭子"变成"兔子"的情形①。显然,对于将"范式"概念引入历史学研究存在的问题,卷入"范式"之争的学者有其自觉。在"现代化范式"初现端倪时,张亦工即指出,"在中国近代史研究领域中,打破'一道而同风'的大一统局面,形成在马克思主义指导下的不同规范的并存和竞争,以促进近代史研究的繁荣和发展,深化人们对近代历史的认识,这是时代对历史学的要求,也是历史学自身发展的需要"②。张文意在鼓励竞争,丝毫没有"取代"之意。德里克在被认为引起了两个范式之争的《革命之后的史学》中明确表示:"显而易见的是,引导史学研究之范式的多样并存,正构成了使从不同观点理解历史成为可能的那种'民主的'开放性的根据。据此我认为,在史学领域,出现一种支配性范式是既无可能又不可欲的。"③ 十多年后,德里克再度就此问题发表看法,指出"在社会科学中,很难说一个可以取代另一个范式的范式就能解释更多的事件。即便可能有这样的情况,一个范式也并不容易被另一个范式所取代,而无论其在解释证据方面的超越性要求多么有可能令人信服"。就中国史学而言,讨论范式的"扩散"或许更有意义④。从新时期中国近代史研究的实践看,正是"扩散""并存""互济",而不是"取代""排斥""包括",不但成为范式之争双方的归趋,而且成就了史学研究的洋洋大观。

但不能因此认为,这种"扩散""并存""互济"可以自然而然地达到。既然称之为"范式",某种范式当然有其区别于其他范式的独特解释体系,新范式往往形成对旧范式的冲击和挑战,"并存"局面下也仍有"主导"的问题,加上人文学科的研究与现实形成紧密的互动,"相互接纳、彼此扩容"的达成并不容易。本文在最为化约的意义上讨论"范式"之争,而脱离社会整体环境讨论近代史研究中的宏观问题,不但不可能是完整的,而且不可能是准确的。但笔者仍然认为:范式之争的建设性价值应得到重视;持不同范式的学者之所以能够逐渐更注重范式的并存与互济,得益于整体上开放的社会环境,以及参与讨论的学者(尤其是代表性学者)的学术深度、学术远见以及对于学术立场的持守。

关于近代史研究"范式"的争论,是自20世纪80年代以来中国近代史学界持续时间较长而且关注度颇高的学术争论,这一争论所起的作用不可小视,它对于史学领域的拓展、史学内容的丰富、史学解释的多元,产生了积极影响。虽然不能把新开拓的领域所取得的成就都直接归功于"现代化范式"的采用,但"现代化范式"的运用,确实有助于这些成果的获得。而"革命史范式"在这场争论中获得了新的生命力。近年来,"新革命史"研究成果丰硕,对"革命"的关注重新返回近代史研究的中心视野。

---

① 这种情形与其说是由人文社会科学的"不成熟"导致的,不如说是由人文社会科学的特殊性引起的。在人文社会科学(以及特定的历史学)研究中,毕竟没有自然科学那样严格的有效性标准和验证过程,而且,历史学不可避免地受到史学家个人因素的影响,不可能像自然科学那样"客观"。参见德里克《革命之后的史学:中国近代史研究中的当代危机》,《中国社会科学季刊》(香港)1995年春季卷。

② 张亦工:《中国近代史研究的规范问题》,《历史研究》1988年第3期。

③ [美]德里克:《革命之后的史学:中国近代史研究中的当代危机》,《中国社会科学季刊》(香港)1995年春季卷。

④ [美]阿里夫·德里克:《欧洲中心霸权和民族主义之间的中国历史》,《近代史研究》2007年第2期。

事实上，离开"革命"，便无法全面贯通地阐述中国近代史。还有学者注意到，"革命史范式"自身的内涵也在变化，"阶级叙事"逐渐向"民族革命叙事"转移，而"民族革命"叙事对于各阶级的种种"现代化"努力能予以理性看待，与"现代化"叙事并不排斥，甚而可以兼容互通①。事实证明，这两种"范式"具有通过彼此的学术竞争和讨论相互扩展边界、相互接纳以丰富历史研究的内容和解释能力的弹性和空间，更有积极意义的是，融合两种范式的重要学术研究成果正在相继呈现。

我们也应该注意，除了"革命"和"现代化"这两种范式，中国近代史还存在从更多的侧面解读的必要性和可能性。事实上，直接卷入范式争论的学者并不多，更多的学者关注的是本学科长期被忽略或未被重视的方面，许多研究无论与"革命史范式"还是"现代化范式"都无直接的关联。近几十年来的中国近代史研究，理论论辩色彩在多数时间并不突出，更引人注目的是学者所谓"见之于行事"的实证研究取向。对于相关数据的分析表明，自20世纪末以来，学者对理论的兴趣持续减弱②，而范式的争论也已基本止歇。这既符合史学发展的阶段性需要，也为近代史学科获得更充分的学术性所必经。自然，理论的关切不会消除，范式争论也未尽充分，对于中国近代史的不同解读，今后还会在不同的历史语境下再度展开。不过，由于"范式"概念本身的局限性，以及随着时代的发展，学术研究的内容会越来越丰富，而其中继承的一面会日趋重要，相关理论讨论可能不会再在"范式"的名义下展开。

---

① 参见赵庆云《近代中国主叙事的源起、流变与重构——评李怀印〈重构近代中国〉》，《近代史研究》2015年第2期。

② 参见徐秀丽《从引证看中国近代史研究（1998—2007）》，《近代史研究》2009年第5期。

中日共同历史研究

步 平

根据中日两国政府间协议进行的中日共同历史研究，从 2006 年 12 月开始，历时三年于 2009 年 12 月结束了第一阶段的工作，并于次年 1 月公布了 16 个研究题目中的 13 个题目的研究结果。

一 中日共同历史研究的缘起

中国与日本是东亚地区的两个重要国家。在两千余年的东亚历史发展中，以中华文明为代表的亚洲大陆文明，同具有海洋文化特征的日本海岛文明间的文化交流十分频繁，相互间的影响也极大。但 19 世纪后半期到 20 世纪前半期，日本在东亚扩张，导致了强制吞并朝鲜实施殖民统治及对中国的侵略战争，同时也使日本陷入战争泥潭。

与前近代中日间尽管有过冲突但和平交往毕竟是主流的两千年历史相比，近代以来中日战争的数十年的历史不过是微不足道的瞬间。但是，中日之间发生在近代的战争，却对中日关系的发展产生了深刻的负面影响，以至在战争已经结束了 60 多年后的今天，那一负面的影响仍然深刻地制约和影响着当代的中日关系。特别是自 20 世纪 80 年代中期以来，以日本经济高速发展为背景，一些日本政治家强调日本的国际贡献而否认日本近代对朝鲜的殖民统治和侵略中国的战争责任，甚至纵容历史教科书否认侵略战争的性质和掩盖侵略历史事实，以参拜靖国神社的行动伤害战争被害国民众的感情，导致中日两国关系波折不断。自 20 世纪 90 年代以来，由于中国经济持续高速发展，近代以来日本领先的两国关系格局开始发生结构性变化。于是，日本的保守派政治家开始强调来自中国的威胁和压力，鼓动日本社会的焦虑感，导致历史研究领域也出现了以自由主义史观研究会为代表的修正主义倾向，历史问题对两国关系的负面影响逐渐表露出来。进入 21 世纪，时任日本首相小泉纯一郎连续 6 年参拜靖国神社，凸显了两国在历史认识问题上的分歧。虽然他在每次参拜后又都表示坚持"村山谈话"的原则，但还是使两国间关系急剧变冷。在 2005 年 8 月 15 日小泉参拜靖国神社后，终于使中日关系出现了"冰冻期"。这些情况证明：发生在近代以来中日之间的那一场战争和对于战争历史的认识，仍然是影响两国关系发展的重要因素之一。

2006 年 10 月，刚刚上任的日本首相安倍晋三表示：作为首相个人将遵循两个谈话的精神，即明确承认日本殖民统治及侵略的 1995 年"村山谈话"，以及承认日军强制妇女充当"慰安妇"的 1993 年河野洋平官房长官的谈话，向中国发出了希望打破被冰冻的两国关系的信号。接着，他在上任后不久即实现的访华期间，与中国政府首脑就"年内启动中日学术界共同历史研究"达成协议。

2006年11月,根据中日两国领导人之间达成的共识,两国外长间达成了中日共同历史研究的基本框架,即由中日两国各自成立由10名学者组成的委员会,设置"古代史"和"近现代史"两个小组,基于中日联合声明等三个政治文件的原则及正视历史、面向未来的精神,对中日二千多年交往史、近代不幸历史以及战后60年中日关系发展史的共同研究,加深对历史的客观认识,增进相互理解。

根据两国外长就中日共同历史研究达成的框架协议,中国社会科学院近代史研究所和日本国际问题研究所分别建立了事务局开始了筹备工作,而两国分别选择的10位学者也组成了共同研究委员会。

中日共同历史研究在开始阶段即确定了16个共同研究的题目(古代与中世纪历史的7个题目、近现代历史9个题目),决定由双方学者围绕上述题目分别对本国相应的研究现状进行归纳梳理,各自撰写论文,进而在论文的基础上进行讨论和修改,并就对方论文撰写相应的评论。所以,共同研究的方式是由"同一题目,交换意见,充分讨论,各自表述"四个环节构成的。

双方共同确定的研究题目是:
1. 古代东亚世界中的中日关系
2. 七世纪东亚国际秩序的创立
3. 十五世纪至十六世纪东亚国际秩序与中日关系
4. 思想、宗教的传播与变化
5. 人与物的移动
6. 中国人与日本人的相互认识
7. 中日政治社会构造的比较
8. 近代中日关系的开端
9. 对立与合作:走上不同道路的中日两国
10. 日本向大陆的扩张政策与中国国民革命运动
11. 从"九·一八"事变到"卢沟桥事变"
12. 日本的全面侵华战争与中国的全面抗日战争
13. 中日战争与太平洋战争
14. 从战争结束到中日邦交正常化
15. 新时期的中日关系
16. 中日历史认识与历史教育

二 中日历史问题的复杂性

为推动中日共同历史研究,日本首相安倍晋三曾表示:"相信历史学家会对历史问题给予准确的叙述。"政治家这样的表态可以理解为具有两个含义,一是认为产生历史问题的原因是历史学家尚未给予准确的论述;二是表明一旦历史学家对历史过程加以准确的论述,政治家将严格遵循历史学家的判断。

事实上,战后中日两国的学者,都已经对中日历史问题进行了许多研究。尽管尚存在诸多学术方面的分歧,但是在一些基本的政治判断方面,还是有相当多的研究成果。对若干重大事件的性质,也基本达成了一致的认识。如果政治家真的尊重历史学家的研究成果，按照历史学家的"准确的叙述"进行政治判断，历史问题不可能成为妨碍中日关系正常发展的因素。问题是包括安倍晋三在内，日本的一些政治家并没有真正尊重历史学家的判断，他们往往对历史问题进行不负责的表态[①]。

这种情况让人们意识到，解决历史问题其实并不仅仅是历史学者的责任。因为中日历史问题反映在政治判断、民众感情与学术研究三个不同的但又相互联系的层面上。

政治层面的问题，表现在政治家是否对近代发生在东亚的战争性质有明确的态度，对侵略战争还是"解放战争"、殖民主义统治还是"促进经济腾飞"等问题是否有清醒的判断。解决这一层面的问题，需要的是政治家对历史问题的原则性判断。以"村山谈话"为代表的日本政治家尽管表明了对日本发动侵略战争责任的正确判断，但是保守派与右派政治家的言论则完全否认上述的思考与反省。所以，同日本社会的和平力量一起，共同抵制保守派与右派政治家关于战争责任的错误的政治判断，是中日历史问题在政治层面始终需要面对的任务。认为历史问题可以完全交由历史学家处理，其实是一些政治家回避自己责任时候的遁词。

民众感情层面的问题，表现在由于历史体验的不同，不同国家民众的历史记忆存在的明显差异。一般来说，民众基于自身在战争中的被害而建立关于战争的历史记忆。如中国民众关于"南京大屠杀"、"731细菌部队"和"三光作战"的历史记忆，如韩国民众关于"从军慰安妇"、"殖民地支配"和"创氏改名"的历史记忆，如日本民众关于"广岛、长崎原子弹爆炸"、"东京大空袭"和"冲绳作战"的历史记忆。但在中国、韩国民众的历史记忆中，日本又是作为加害者出现的，如果加害国的民众强调自身的战争受害而加害意识缺失，就会产生与被害国民众对话困难的障碍。而政治家不断发出错误的历史判断，媒体不断煽风点火，则使民众层面的不同历史认识带上明显的感情因素。但是，对和平的期待与对战争危险的担心毕竟是民众间仍然能够通过不断深化的交流与对话达成相互的理解与谅解的基础，如果能够创造民众间就各自的历史记忆进行冷静对话的条件，民众感情层面的历史问题是可能解决的。

表现在学术层面的中日历史问题与上述政治与民众层面的问题有所不同。作为历史学者，一般来说是重视历史史料与历史事实的，这是历史学的学术原则使然。但是，来自不同国家的学者由于学术环境不同，学术经历各异，学术背景也有相当差别。首先是对历史资料的掌握与把握方面存在差异，而即使是面对同样的史料，是否需要辨误，用什么样的方式分析，表现在思维逻辑、研究方法等方面的差别也是很正常的。特别是在中日历史问题的研究中，对影响两国关系的各事件之间是否存在连续性，是否有因果关

[①] 例如，关于日本军队在战争中强征妇女作为军队"慰安妇"的问题，2007年3月1日，安倍晋三在日本国会回应说："'慰安妇'被强征没有根据，即使美国国会通过了慰安妇问题的议案，也不会道歉。"但是5日，安倍在参议院又表示继承"河野谈话"的精神。7日，安倍又呼应"思考日本前途和历史教育问题议员联盟会"的决议，表示要探讨"修改"河野谈话的"可能性"。在受到各方批评后，11日，安倍表示："'从军慰安妇'受到了心灵上的创伤，对于她们所遭受的痛苦，我由衷表示歉意。"然而，16日日本内阁公布的答辩书又称，"从政府发现的资料中找不到有关军方或官方曾进行所谓强征的直接记述"。这种反复无常的态度引起那些尚在人世的"慰安妇"本人及其所在国政府和国际社会的强烈不满，美国议员和多国政要也提出批评，荷兰、韩国等通过外交渠道要求日本作出解释。

系，也可能会因观察角度的不同而产生不同的结论。对于实证研究与政治性质判断的关系，是强调实证而忽视性质判断，或者仅仅提出政治判断而不进行深入扎实的实证研究，也是学术研究中需要讨论的问题。

学术研究的分歧固然会影响政治判断，但如果不是出于政治考虑故意掩盖或歪曲历史事实，历史学者间仍然可以对有分歧的问题交换意见，进行讨论。积极的学术讨论能够促使历史学者掌握更多的历史资料和扩展视野，修正不够科学和不够准确的结论，深化对历史问题的判断，从而为政治判断和民众的感情以正面的影响。所以，这是中日共同历史研究的主要意义所在。

政治判断、民众感情与学术研究虽处于不同层面，但又相互联系、相互影响，是两国间就历史问题进行对话困难与复杂的原因，中日共同历史研究则处于三个层面问题交错的位置。

三 对中日共同历史研究成果的评价

中日共同历史研究的第一阶段的研究报告在2010年1月发表。尽管中日两国都有人对共同研究的结果提出过批评意见，但总的来看，学术界和舆论界对这一研究成果的反应是冷静的，说明大多数人对学者进行的研究采取了信任和肯定的态度。

第一，中日共同历史研究为从政治层面定位影响中日关系的历史问题，提供了重要的学术根据，从而成为推动新时期中日关系发展的重要一步。

如前所述，由于对中日共同历史研究的期待是消除历史问题对中日关系发展的障碍，所以在这一问题上是否有突破，是检验共同研究成果的主要标准。

中方委员会从一开始就认为必须在共同研究中明确日本在近代向中国发动战争的侵略性质，同时应指出部分日本政治家否认侵略战争性质是导致中日历史问题产生的根本原因，这是涉及大是大非的原则问题。日本学者理解正是由于中国民众有痛苦的战争受害经历，所以非常关注对战争性质的判断，并且明确承认了侵略战争的性质，同时也提出双方因战争期间历史体验不同而产生有差异历史认识的现实问题。

近代史组的双方学者对中日战争的性质进行了充分讨论，在各自的论文中都明确指出：自1931年开始到1945年的中日间的战争是日本对中国的侵略战争，阐述了侵略战争给中国人民造成的巨大伤害与损失，表达了谴责侵略战争和维护和平的愿望。中方委员会认为：对侵略战争性质的认定是中日之间大是大非的原则问题，必须首先达成共识，然后才能开始学术研究。日方学者在研究成果中明确承认了日本军国主义对中国的侵略和给中国人民造成的巨大伤害，认为战争中因日军的种种非法行为造成的大量中国平民的牺牲，造成了深刻的战争伤痕，是构筑战后新的中日关系的障碍。日方学者的论文还认为：日本军队在中国犯下的包括南京大屠杀在内的暴行，强制征用劳工和妇女的性暴力，使用生物、化学武器等，都给中国人民带来了深刻的战争伤痕。

古代史组的双方学者也本着谦虚的态度，就历史认识进行坦率与公正的对话。两国学者都认为不能把古代与中世纪的中日两国关系简单地定位于和平相处，而把近代中日关系简单地定位于战争与冲突。但均认为学者间存在认识差异是正常现象，重要的是遵循实事求是的原则分析历史事实，不能满足于主观推测和判断。对于中日文化的相互影响与发展，日方学者重视中国文化的传播与影响，而中方学者对日本文化的独特性与创造性给予充分的评价,从而能够共同关注两国文化相互影响与相互激励的历史进程。

中日两国学者就历史问题达成的上述一致的认识具有相当重要的象征意义,特别是对在历史问题上持"双重标准",即表面上表示维护村山富市首相1995年的谈话精神,但实际上否认日本的侵略责任的日本政治家以约束。按照中日共同历史研究在开始的时候日本方面政治家的主张,今后政治家关于中日历史问题的表态,应当根据历史学家的结论。那么,此次共同研究的成果,理所当然地应成为今后日本政治家政治表态应遵循的原则。研究成果公布后,一些日本学者明确要求日本政治家应遵循自己的"尊重历史学家研究成果"的诺言,今后不应在历史问题上随便发表"妄言"[①]。

中日共同历史研究第一阶段结束后,虽然中日之间仍存在许多尚未解决的问题,但是利用历史问题做文章的日本政治家不得不有所收敛,而一些右翼学者对共同研究成果的攻击,则不再可能影响社会认识的主流。

第二,共同历史研究推动了两国学者间的相互理解,开创了不同国家间的历史学者进行深入交流的新局面,为民众间实行跨越国境的历史认识的建立提供了积极的资源。

在研究中,双方学者有共同的一点体会,那就是由于中日两国文化背景、历史经历和国情有很大不同,所以对历史的叙述和认识也存在差异。对于由于这一原因产生的差异,需要通过加强两国学术界及民间的交流来解决,而保持安静与冷静的学术气氛,可使双方在历史认识的交流中达到相互理解,获得更多的趋同,从而使"前事不忘,后事之师"的丰富历史内涵得以实现。

从学术研究的角度来看,双方对有关具体历史过程的描述、认识与判断,还存在相当多的分歧。不过,学术研究层面的这些问题,需要在扎扎实实的实证研究的基础上加以解决。如果没有分歧和差异,学术研究也就失去了存在的价值。在实证研究不充分,或者实证研究的基础条件不具备的情况下,存在不同认识和分歧是可以理解的。具体来说,在对侵略战争性质有基本共识的前提下,对具体过程的认识与判断,如战争原因的分析、侵略战争发生的必然性与具体事件的偶然性等问题,双方观察历史问题的角度及研究方法存在差异。在搞清历史事实的基础上,需要进一步就观察问题的角度和研究方法等进行交流。在这样的学术研究过程中,存在问题和差异是很正常的。

近年来,关于历史认识的国际对话是人们比较关注的题目。在欧洲,针对欧洲共同体,特别是欧洲联盟的建设,向整个欧洲社会提出了解决历史问题,即实现历史和解的课题。德国与法国、德国和波兰之间就历史教科书的合作研究与出版,就是国际较早进行历史共同研究的范例。德、法两国共用的高中历史教科书第一册《1945年后的欧洲与世界》(*Europe and the World since 1945*)[②] 于2006年夏季出版,到现在,全部三册教科书已经全部完成。尽管法国是德国最主要的受害国之一,尽管"协定"达成之后出版的教科书远非完美,但两国间在那之后没有出现过严重的教科书争议,也没有出现过因历史问题的争议而影响国家关系的现象。当然,这有赖于两国现实利益和未来目标的一致。

---

① [日]笠原十九司编:《戦争を知らない国民ための日中歴史認識——〈日中歴史共同研究〉を読む》,勉誠出版,2010年12月,第18页。

② Claudia Schneider, *The Japanese History Textbook Issue-Viewed through the Prism of European Experiences and the Current Situation in East Asia*.

欧洲在跨越国境的历史认识方面的努力也对亚洲各国思考建立跨越国境的历史认识提出了挑战。其实，近年来中日韩三国学者间也在为跨越国境的历史认识的建立进行着有意义的尝试与努力。东亚各国的多数历史学者和教师都已经注意在历史教育面向世界的方面进行积极的努力，新的历史教育都力图把本国的历史放到世界历史的背景下，以本国历史作为世界历史舞台上的一部分，尽量从世界范围的大视野审视本国历史的发展与变化。

包括部分媒体在内，民众关于学术研究的这种尊重客观事实和重视实证研究的方式，在理解上还需要时间，所以对于上述共同历史研究的结果还有许多不同认识，而从科学研究成果的角度看，上述共同研究仍有诸多值得修正和深入的地方。但是，就创造冷静安静的研究环境，建立相互理解的研究气氛，进而推动历史认识跨越国境的角度来看，包括中日共同历史研究的经验仍然是推动民众间实行跨越国境的历史认识的积极资源。

四　对研究报告学术角度的分析

2010年公布的中日共同历史研究报告由双方各13篇论文（1945年后的各3篇论文尚未公布）组成，文字将近60万。

第一，中日双方的学者对从古代到近代的中日文化交流的基本形态进行了客观、辩证的分析，分别提出了许多值得重视的观点。

古代中日文化的紧密关系是众所周知的事实，所以中方的研究报告认为古代中日之间的文化"流动"，从总体上说，当然是从强势的中国"流向"弱势的日本，并概括了十一个方面，包括：稻作农耕技术向日本列岛的传播，华夏移民迁徙日本列岛及各种技术对日本的影响，汉字及与文化建设有关的汉文典籍、文学作品等影响日本，佛教经典汉译本经朝鲜半岛进入日本，中国风格的佛教教派影响日本，与封建国家政治、法律、道德建设有关的伦理观念向日本的传播，等等。而日方的研究报告也认为："在二千年日中交流史中，在至七世纪时的古代，从山东半岛、朝鲜半岛渡朝鲜海峡、对马海峡成为主要途径。对马在中近世的重要性是作为国境之岛成为通朝据点。在对马藩宗家菩提寺万松院，行走在大杉包围的墓地，思忖着联系大陆与日本的对马的历史，在覆盖着海神神社的森林中体会到与大陆相连通的自然景观，重新认识了日本绝不是与大陆隔绝的世界。"

而进入近代以后，则以大量中国学生留学日本为契机，改变了文化的流向。留学生将在日本接受的西方学术传播到中国，而社会、经济、社会主义等大量日语词汇被引入中国，直到现在也被广泛使用[①]，导致19世纪90年代之后，以日本向中国输出文化成了主方向。近代中日文化交流则是近代两国关系之中最富有积极意义的一个层面。

不过，中日双方的研究也指出了另一侧面的问题，那就是：古代"日本文化的形成受到中国的强烈影响。但这并不等于说日本文化没有独自性"，不能将日本文化等同于中国文化，或者认为是中国文化的分支。中方的研究报告还明确指出日本文化的独自

[①]　吴玉章在《吴玉章回忆录》（中国青年出版社1978年版）中描写了在日本留学时，通过幸德秋水等的著作接触了社会主义思想的情形。

性,即主要体现在包容性和创造性两个方面。所谓包容性,是指日本文化善于将异体文化的优越之处集结于自身,不因学习其他先进文化而"数典忘祖";而所谓创造性,则是指日本人的勇于学习和善于创新。

日方的研究还特别指出中日双方对文化交流的认识差异:因为当时的日本单方面接受中国文化而没有左右中国社会发展的影响力,所以中国方面将中日交流史作为中外关系史之一进行研究。但接受了对自身发展具有不可估量影响的中国文化的日本,并没有将与中国的关系仅仅作为日中文化交流史来理解,而是将其放在东亚这一国际世界中来观察,从这个角度认识人与物的流动,以及思想与宗教的传播。日方的研究还分析了中日双方的认识产生差异的原因,即中日学者之间在中国史研究领域的交流远远超过日本史研究领域两国学者间的交流。所以日方的研究报告提出了突破"一国史观"的问题。

其实,在近代民族国家形成后,历史学研究关注从国民国家的立场对政治、经济、文化、外交关系进行观察,是与当时的经济社会的发展和对世界的认识程度相吻合的,也与同国民国家同时兴起的民族主义意识一致。当国民国家正在建立的过程中,特别是建立的过程遭受外来压力的时候,如近代初期日本遭遇过欧美势力的入侵,而中国遭到诸多资本主义、帝国主义国家入侵的时候,那时的民族主义的目标是民族独立与民族解放,而那时的历史学有必要从热爱民族国家的立场,确立民族国家的自信心和自豪感。如果说那就是"一国史观"的话,也有其在特殊历史阶段存在的必要性。当然,在经济全球化的趋势对民族国家的认同的冲击力越来越大的今天,在人类社会必须站在新的立场共同面对地球所遇到的资源、能源、气候、水、粮食等全球性问题的时候,历史学思考"一国史观"的负面问题,也是必要的。

第二,中日双方的研究报告在对历史发展的必然性与历史事件的偶然性的认识方面存在差异,而在研究过程中进行了学术交锋。

在关于"九·一八事变"的表述上,日方的研究报告重在叙述关东军参谋、司令部、陆军中央、日本政府与内阁在事变发生前后的活动。如作战参谋石原莞尔与高级参谋板垣征四郎的周密计划和构想;日本政府对军队的行动开始不同意,"甚至连陆军指导层的激进分子也没有同意占领满洲的方案",但最终又不得不无奈地承认当地军队的行动;政府并不积极支持"在满洲建立独立国家"的石原等的设想,却尝试"以直接交涉来解决事变",但是和平努力因受到日本国内强硬派的阻挠而毫无成效①。中方的研究报告则首先指出"'九·一八事变',是日本实施其大陆政策之'满蒙政策'的必然产物",其理由一是日本早已将中国的"满蒙地区"划在其利益线之内;二是关东军及军部已分别拟订了武力侵占中国东北的计划。论文根据日本关东军参谋部、陆军参谋本部制定的文件及陆军省、参谋本部关于情势的判断,证明日本占领中国东北是顺理成章的发展②。

关于"卢沟桥事变"的表述,日方的研究报告在叙述了枪击事件后,认为卢沟桥最初的枪击事件是"偶然发生的",参谋本部为防止事件扩大向驻屯军司令官下令"应避免继续行使武力",而且在最初的几天里,还通过外交途径来进行过接触。但由于陆军内部以军事课长田中新一和作战课长武藤章等"扩大派"主张趁机给中国军队以打

---

① 中日共同历史研究日方报告第二部第一章。
② 中日共同历史研究中方报告第二部第一章。

击，迫使国民政府转换抗日的姿态，一举解决日中问题的"一击论"占了上风，才导致事态扩大。当然，"政府和舆论都有责任"①。中方的研究报告同样叙述了枪击事件，指出"表面上看来，'卢沟桥事变'的发生是由日军演习时的'枪声'而引发的，……作为个案，它的发生可能具有偶然性"，但是研究报告又提出：日本驻屯军在丰台驻兵，本身就导致了与当地中国军队的矛盾与冲突，构成"卢沟桥事变"发生的动因。虽然日本内部存在着"扩大派"与"不扩大派"的争论，但从7月11日内阁公布《向华北派兵声明》后，所谓"不扩大派"的声音完全被扩大派的声音淹没，陆海军均做出了扩大战争的准备。"卢沟桥事变"发生后，中日两国虽然进行了短暂的交涉，但交涉期间，日本不间断地向中国派兵，迫使国民政府也派兵北上，很快导致了日本的全面侵华战争。因此，"从历史的演变过程来看，'卢沟桥事变'的发生又带有必然性"。②

参与共同历史研究的日方学者庄司润一郎先生曾有如下的概括："日本方面侧重于在对一个一个具体的'事实'进行研究的基础上，分析其客观的原因及决定的过程。所以，其研究结果认为在日中之间不仅仅只是战争，还存在各种各样的选择与可能性。而中国方面则侧重于近代中日关系的必然的发展趋势，从近代日本的'侵略'的计划性、一贯性与中国的抵抗的模式来理解历史。"③而中方首席委员步平认为：只有将这些表面看来似乎孤立、偶然的事件联系起来，才能够解释中日战争之所以不断扩大的内在逻辑性，才能对问题的性质有所把握，从而总结出有益的经验与教训。而且，这也是中日共同历史研究首先需要回答的问题。对于具体的历史事实无论多么具体的、详尽的叙述，都不能忽略那些看起来似乎并不相关的、表面上似乎孤立的事件之间的实际存在的联系，当然更不应强调某些事件之间的非连续性、偶然性与外因，而忽略对构成历史进程发生的根本性质的研究与分析④。

第三，关于实证研究与价值判断的关系，是双方学者在研究中经常接触并且有争议的问题。

中日共同历史研究开始的时候，两国媒体及多数民众关注的南京大屠杀遇难人数问题及"田中奏折"等问题，其实就涉及如何把握实证研究与价值判断的关系。

南京大屠杀事件发生的混乱是现代人很难想象的，导致留存到现在的记录极其片断。仅依据这些很不完整的历史资料，很难复原当时的历史状况，特别是很难准确地统计被害人的数量。以户籍统计的资料推论当时南京的人口数量，从而对被害人数进行推算，也有诸多不科学的成分⑤。在进行东京审判与南京审判之际，尽管已经尽力搜集了种种资料与证据，但仍不具备进行学术性的实证研究的时间与条件。所以两个法庭的判

---

① 中日共同历史研究日方报告第二部第二章。
② 中日共同历史研究中方报告第二部第二章。
③ [日] 庄司润一郎（日本防卫厅防卫研究所战史部上席研究官兼第1战史研究室长）：《〈日中歴史共同研究〉の展望》，《防衛研究所ニュース》2008年12月号。
④ 步平：《中日共同历史研究中的理论与方法问题》，《抗日战争研究》2011年第1期。
⑤ 有人称南京当时的人口统计不完善，估计只有25万人，这是不对的。据南京当地学者的研究，作为当时中国首都，南京存在户籍管理，到1937年5月，户籍人口101.6万人。淞沪抗战后，部分居民离开南京避难，但也有从上海等地逃亡来的居民。到日军占领前夕，南京城内至少有50多万居民，加上守城官兵11万多人及从上海、苏州方向汇聚来的数万难民，南京人口至少有60多万。

决书对南京大屠杀事件中的遇难人数分别记述为"20万以上"和"30万以上"。从理论上讲，追求更精确的数字，进行更严密的实证性研究都是必要的，但是能够进行那样实证研究的条件至今仍无大的改善，可以说否定两个审判书上数字的条件也不具备，所以历史学研究经常将审判书上的数字作为记述南京大屠杀遇难者人数的历史依据[①]。而对于实际数字的研究与追究，则是今后长期的任务，不可能一蹴而就。

不过，即使难以作出精确的统计数据，也并不妨碍对南京大屠杀性质的判断。无论如何，南京大屠杀都是一场巨大的浩劫，是严重违背人道主义的暴戾的行为。在此次中日共同历史研究中，南京大屠杀作为不可抹杀和掩盖的历史事实，受到了双方学者的重视，重点研究了日本军队对中国受害人（包括对平民的伤害、对妇女的性暴力、对俘虏的集体屠杀、对城市建筑与居民房屋的破坏）的残暴屠杀行为的具体情况；产生这样暴戾事件的原因与教训；围绕这一事件的历史认识产生分歧与争论的过程与原因等这样三个问题。

从学术研究的角度谴责这一暴行，并不是以价值判断取代实证研究。从战后国际关系发展的大局出发，数量问题并不能成为日本反省战争责任的障碍，当然更没有成为日本战后走和平道路的障碍。在这一问题上，应当注意的是两种倾向：一种是强调价值判断而轻视甚至反对进行扎实、科学的实证研究的倾向；另一种则是借实证研究不充分而否认价值判断的倾向，将南京大屠杀事实的认定和道义上的谴责故意转移到对数字的讨论，其实是在设置陷阱。中日共同研究报告公布后，完全否认南京大屠杀的日本右翼学者批判参与共同研究的日方学者"承认发生了大屠杀"，而中方学者也受到"没有坚持遇难者30万的数字"的批评，恰好说明了两种倾向的存在。

围绕"田中奏折"的讨论也很有代表性。

1927年日本的东方会议前后，"田中奏折"被作为文件在中国的报纸上披露出来。当时被指出在行文格式及所涉事件的叙述方面有较多漏洞，所以对其真实性一直存在争论。但是由于在那之后东亚发生的事态及日本的行动确实是与"田中奏折"中的表述一致，所以也被认为是证明日本侵华的计划性与一贯性的根据。甚至后来重光葵也承认："之后发生的东亚的事态，以及与之相伴的日本的行动，恰似以田中奏折（原文为'田中备忘录'）为教科书推行的，因此，也就难以拭去外国对此文书的疑惑。"[②] 也就是说，重光葵竭力否认"田中奏折"的存在，但是也认为日本对中国的实际侵略活动本身证明了其计划性与阶段性。这是问题的本质，而且已为中日两国学术界公认。

"田中奏折"本身作为文件是否存在，是应作为实证性的问题进行深入研究的。在确凿的证据提出之前，单纯以"田中奏折"的存在证明日本对中国侵略的计划性是武

[①] 东京国际军事法庭关于审判的判决书（1948年11月）指出："后来的估计显示，在日军占领后的最初六个星期内，南京城内和附近地区被屠杀的平民和俘虏的总数超过二十万。这一估计并不夸大其词，而是可以通过埋尸团体和其他组织提供的证据加以证实的。"南京军事法庭的审判判决书（1947年3月10日）指出："二十六年十二月十二日至同月二十一日，亦即在谷寿夫部队驻京之期间内，计于中华门外花神庙、宝塔桥、石观音、下关草鞋峡等处，我被俘军民被日军用机枪集体射杀并焚尸灭迹者，有单耀亭等十九万余人。此外，零星屠杀、其尸体经慈善机构收埋者十五万余具。被害总数达三十万人以上。"

[②] ［日］重光葵：《昭和的动乱》上卷，中央公论社1952年版，第33页。

断的,忽视了实证研究。科学的历史研究应当摒弃这种武断的做法。但是,综合分析日本从那时起直到1945年在中国的活动,并不能因"田中奏折"的真伪性存在问题而否认日本对中国的侵略确有计划性特征。"否定田中奏折意在否定田中外交的侵略性,想利用田中奏折伪造说,给田中义一带上免罪符",则是根本错误的①。

在"田中奏折"问题是否至今仍影响中日关系的问题上,双方的认识仍然存在分歧。因为日方学者认为迄今为止中日之间之所以存在严峻的历史认识分歧,很大程度上缘于"田中奏折",因为该奏折当时就是中国政府的"宣传外交"的产物。而这样一来,问题就又回到日本对华发动侵略战争的计划性和连续性的判断上。而对这一问题的讨论,即使是在学术界,也会持续很长的时间。

研究者通过历史遗留下来的材料与痕迹进行的实证研究在历史学研究中的基础性地位是不容置疑的。实证研究的基本前提是资料的真实可靠与全面完整,特别是对于包括数量等问题在内的诸多历史问题,为了使论证更具说服力,扎实的实证性研究是十分必要的。根据实证研究得出的论据可给予研究论点以最重要的学术支撑,才能使价值判断无可置疑。但历史研究不是历史资料的简单堆砌,而是历史学研究者利用其判断力进行思考的结果,历史学研究也需要价值判断,而实证研究的过程本身也包含了研究者的分析与判断。将实证研究与价值判断截然分开,甚至将其对立起来是不科学的。中日历史共同研究对历史理论与方法研究领域的影响,可能要在今后较长的时间里逐渐被人们所认识。

---

① [日]江口圭一:《田中奏折之真伪》,《日本史研究》1965年第80号。同稿收入江口圭一《日本帝国主义史论》,青木书店1975年版,第297—301页。

第二篇

学科综述

中国古代史研究综述*（2013）

邬文玲

中国古代史学科涵盖先秦至明清等多个断代史领域，据不完全统计，2013年度发表论文5000篇以上，出版专著和论文集600部以上，因此很难在有限的篇幅里全面呈现学科年度进展状况，这里仅以断代史为线索，各选择若干领域中有代表性的成果，略作陈述。囿于个人专业识见，必有不当之处，敬请谅解。

一 新资料的发现与整理公布

对于中国古代史研究来说，新资料的发现与整理公布，往往成为推进相关领域研究的基础。2013年度既有不少新资料的发现，也有很多新的整理与再整理成果出版，涉及甲骨文、金文、简牍、石刻、墓志、敦煌文献、黑水城文献、笔记、档案等。

甲骨文

宋镇豪、[俄]玛丽娅主编《俄罗斯国立爱米塔什博物馆藏殷墟甲骨》（上海古籍出版社）整理公布了俄罗斯圣彼得堡国立爱米塔什博物馆藏中国河南安阳殷墟出土甲骨200余片。黄天树主编《甲骨拼合三集》（学苑出版社）收录甲骨缀合成果共219则。

金文

董莲池《商周金文辞汇释》（共3卷，作家出版社）分题解、著录、器影、铭文拓片、铭文隶定、汇释、铭文释读七个方面对入选的各篇商周金文进行解读。汤志彪《三晋文字编》（共6册，作家出版社）对传世及新出土三晋文字资料进行了系统整理。王玉哲《宋代著录金文编》（天津古籍出版社）、毕秀洁《商代金文全编》（作家出版社）等皆是重要的整理成果。值得一提的是，2013年度还有大量金文资料随着考古发现而涌现，比如随州叶家山曾国墓地、南阳夏响铺两周之际鄂国墓地、临沂纪王崮莒国墓地等所出金文资料，在古文字、西周春秋史研究方面意义重大，大多能补充西周史实，改变原有结论，催生新的学术问题。

简牍

李学勤主编《清华大学藏战国竹简（肆）》（中西书局）整理公布《筮法》《别卦》《算表》三篇前所未见的文献。马承源主编《上海博物馆藏战国楚竹书（九）》（上海

---

* 本文的写作，承蒙中国社会科学院历史研究所苏辉、凌文超两位先生提供重要建议和相关资料。本文在写作过程中参考了《中国史研究动态》所刊发的2013年各断代史研究综述，以及中国社会科学院历史研究所各断代史研究室2013年学科动态报告，特此说明，并致谢忱！

古籍出版社）整理公布《成王为城濮之行》《灵王遂申》《陈公治兵》《举治王天下（五篇）》《邦人不称》《史蒥问于夫子》《卜书》七篇文献。朱汉民、陈松长主编《岳麓书院藏秦简（叁）》（上海辞书出版社）收录秦王政时代的奏谳司法文书《为狱等状四种》竹木简252枚。

北京大学出土文献研究所编《北京大学藏西汉竹书（贰）》（上海古籍出版社）收录北京大学藏西汉竹书《老子》的全部资料。湖北省文物考古研究所编《江陵凤凰山西汉简牍》（中华书局）收录20世纪70年代湖北江陵楚纪南城凤凰山6座汉墓所出634枚简牍，内容涉及赋税、徭役、户籍、借贷、贸易、遣策等。甘肃简牍博物馆等编《肩水金关汉简（贰）》（中西书局）收录金关汉简2334枚、《肩水金关汉简（叁）》（中西书局）收录金关汉简2056枚。长沙简牍博物馆等编《长沙走马楼三国吴简·竹简（柒）》（文物出版社）收录竹简6153枚。长沙市文物考古研究所《湖南长沙五一广场东汉简牍发掘简报》（《文物》2013年第6期）介绍了这批简牍的出土概况，并公布部分简牍的图版和释文。简牍总数达万余枚，绝大多数为官文书，有大量与司法相关的内容，其年代为东汉早中期和帝至安帝时期。

2013年度还新发现两批重要的简牍：一是湖南益阳兔子山遗址11口古井中出土简牍约1.3万枚，其年代横跨战国、秦、两汉直到三国孙吴时期，内容涉及政治、经济、司法等（李国斌《益阳兔子山遗址有惊世发现》，《湖南日报》2014年1月10日）。二是四川成都老官山汉墓出土木牍50余枚、竹简920余枚及人体经穴漆人像，内容大部分为医书，很可能是已失传的扁鹊学派的经典医书（成都文物考古研究所《成都"老官山"汉墓》，《中国文物报》2013年12月20日）。

石刻、墓志

王连龙《新见北朝墓志集释》（中国书籍出版社），太原市三晋文化研究会、晋阳古刻选编辑委员会编《晋阳古刻选·隋唐五代墓志》（文物出版社），毛阳光、余扶危编《洛阳流散唐代墓志汇编》（国家图书馆出版社），戴良佐编《西域碑铭录》（新疆人民出版社），山东石刻分类全集编委会编《山东石刻分类全集》（共8册，青岛出版社），王新英编《全金石刻文辑校》（吉林文史出版社），巴黎大学北京汉学研究所《汉代画象全集》（学苑出版社）。

敦煌文献

郝春文主编《英藏敦煌社会历史文献释录》第10卷（社会科学文献出版社），将英国国家图书馆收藏的全部汉文非佛教文献写本，按号释录成通行的繁体字，并对原件的错误加以校理，每件文书释文后附有校记和九十年来学术界有关该文书的研究文献索引。相关成果还有西北民族大学等编《英国国家图书馆藏敦煌西域藏文文献》第5册、《法国国家图书馆藏敦煌藏文文献》第14册、第15册（上海古籍出版社），方广锠《中国国家图书馆藏敦煌遗书总目录·新旧编号对照卷》（中国人民大学出版社），金滢坤《敦煌本"策府"与唐初社会——国图藏敦煌本"策府"研究》（《文献》第1期），陈丽萍《杏雨书屋藏〈秦妇吟〉残卷缀合及研究》（《隋唐辽宋金元史论丛》第3辑）等。

黑水城文献

俄罗斯科学院东方文献研究所等编《俄藏黑水城文献》（上海古籍出版社）在2013年度出版西夏文佛教部分的第20、21、22册。

笔记、档案

邓广铭、张希清《宋人文集篇目分类索引》（中华书局）收录宋代总集、别集及金石卷507种，凡得宋人各类文章篇目12万余条，按文体、篇目内容、笔画笔形逐级分类著录。相关成果还有朱易安等主编《全宋笔记》第六编（大象出版社）等。

钟鸣旦等编《徐家汇藏书楼明清天主教文献续编》（共34册，台北利氏学社影印），共收录明清中西人士所撰有关天主教的著作84种。中国第一历史档案馆编《清代军机处随手登记档》（共180册，国家图书馆出版社影印）收录嘉庆元年至宣统三年间军机处每日处理文档的原始登记簿，这些档案登记了皇帝谕旨和大臣奏折的梗概要点以及文书处理的结果，对于研究相关历史问题具有重要的史料价值。谭徐明主编《清代干旱档案史料》（中国书籍出版社）收集全国34个省区划范围的部分旱灾史料。尹全海等《中央政府赈济台湾文献·清代卷》（九州出版社）收集清政府赈济台湾相关原始文献的史料选编，包含起居注档案、兵部档案、户部档案、奏折等各种文献形式。相关成果还有英国亨利·埃利斯著、刘天路等译《阿美士德使团出使中国日志》（商务印书馆），李华川翻译清代本土神甫李安德用拉丁文所撰日记《〈李安德日记〉节译》（《清史论丛》2013年号）等。

二　先秦史

2013年度有关中国国家与文明起源问题、战国竹简与殷商史研究是先秦史研究中备受关注的领域，以往比较沉寂的西周史、战国史研究也有新的进展。

国家与文明起源

国家与文明起源问题一直是学界关注的焦点之一。王震中《中国古代国家的起源与王权的形成》（中国社会科学出版社）提出族权、军权与神权是王权的基本来源，中国国家起源和发展经历"邦国—王国—帝国"三个阶段的发展模式，认为夏商周三代属于中央国家和地方国家共同存在的复合制国家结构。也有学者对三个阶段发展模式提出质疑，比如袁建平《中国早期国家时期的邦国与方国》（《历史研究》第1期）则认为中国古代国家发展经历了"邦国—方国—王国—帝国"四个阶段，而不是"古国—方国—帝国"或"邦国—王国—帝国"三个阶段。相关研究成果还有秦守雍《中国文明的起源与中国文明大系》（万卷出版公司）、苏秉琦等《中国文明起源新探》（《东吴学术》第4期）、王珂《文明论的华夷观——中国民族思想的起源》（《原道》第1期）、[日]渡边信一郎《中国第一次古代帝国的形成——以龙山文化时期到汉代的聚落形态研究为视角》（《中国史研究》第4期）等。

甲骨文、金文与殷商史

在整理与综合研究的基础上，学界对甲骨文也加强了专题性研究。具隆会《甲骨文与殷商时代神灵崇拜研究》（中国社会科学出版社）根据甲骨文中祭祀材料，对殷商时代的自然神和祖先神崇拜进行了综合研究。邓飞《商代甲金文时间范畴研究》（人民出版社）从历史学和语言学等角度探讨商代人们对时间的认识、划分、表述和相关观念。宋镇豪《甲骨文与殷商史》新三辑（上海古籍出版社）刊发相关研究论文34篇，内容涉及甲骨文字考证、甲骨缀合及殷商史研究等多个方面。相关成果还有马保春、宋久成《中国最早的历史空间舞台：甲骨文地名体系概述》（学苑出版社）、王子杨《甲骨文字形类组差异现象研究》(中西书局)、陈炜湛《三鉴斋甲骨文论集》(上海古籍出版社)、李桂民《周原庙祭甲骨与"文王受命"公案》(《历史研究》第2期)等。

商代金文重在整理与综合研究。严志斌《商代青铜器铭文研究》(上海古籍出版社)采用分期分类的方式对存世的5454件商代青铜器铭文进行了全面整理,对铭文的字形字体、语法特点及商代的族氏、职官、诸妇、诸子的金文称谓,以及其反映的商代社会结构、宗法制度、方国地理等问题进行了深入探讨。王兰《商周金文形体结构研究》(线装书局)分析了金文的形体和结构的演变。

韦心滢《殷代商王国政治地理结构研究》(上海古籍出版社)将商王国政治地理空间分成王畿、近畿与边域三个层次,在此框架内探讨殷代商国的疆域、政治格局、统治方式、王国中央与周边方国的关系等问题,对商王国的政治结构和中国早期国家形态进行了全面的分析。张兴照《水上交通与商代文明》(《中国社会科学》第6期)认为水上交通与商代文明关系密切,从商代都城选址、战略要地的建构、军事征发到贡纳与贸易中,水运因素和水上交通都发挥了重要作用,正是水运之路推动着商代文明的自身发展与向外播衍。易德生《科技考古视野下的商王朝锡料来源与"金道锡行"》(《中国社会科学》第5期)尝试用异常铅来追溯锡铅多金属矿,从而来追溯锡料产地。他认为商王朝的青铜锡料可能主要来自江西或湖南,运输路线可能有两条:一是北线,主要由中条山铜矿区直接提供铜料;二是南线,主要从长江中游地区运输锡料及部分铜料,这可能就是远距离的、商王朝所谓的"金道锡行"。

西周史、战国史

西周金文的专题性研究加强,推进了西周史的相关问题研究。何景成《西周王朝政府的行政组织与运行机制》(光明日报出版社)从外服体制、行政区域、职官体系、官僚化进程、官员的官宦生涯等五个方面,探讨西周王朝政府的行政组织和运行机制。商艳涛《西周军事铭文研究》(华南理工大学出版社)立足于西周金文中的军事史料,对铭文所反映的西周军事组织、军事训练、征伐、俘获、征伐等问题进行讨论。相关论著还有姚晓娟《周代家臣制度研究》(中国社会科学出版社)、陈莉《周代贵族的艺术精神》(中国社会科学出版社)、张富祥《竹书纪年与夏商周年代研究》(中华书局)、朱凤瀚《论西周时期的"南国"》(《历史研究》第4期)等。

后晓荣《战国政区地理》(文物出版社)结合相关出土材料和文献资料,分别讨论战国七雄的政区地理,包括各国的疆域演变和郡县设置情况。苏辉《秦三晋纪年兵器研究》(上海古籍出版社)立足于秦三晋兵器铭文材料,从器形与考古类型分析、文字考释与辞铭格式、历史地理等方面入手,重新讨论了兵器分国及归属问题。张金光《战国秦汉社会经济形态新探》(商务印书馆)对战国秦的土地制度、赋役、经济等问题进行了深入研究,提出实践历史学、国家权力中心论、中国地权本体论、官社经济模式等概念和范畴,认为中国历史经历了邑社时代、官社时代、半官社时代、小农时代四个历史时期。相关研究论著还有李恒全《战国秦汉经济问题考论》(江苏人民出版社)、宋立民《春秋战国时期室内空间形态研究》(中国建筑工业出版社)、史党社《日出西山——秦人历史新探》(陕西人民出版社)等。

战国竹简

利用战国竹简研究中国古史以及先秦秦汉学术史,一直是学界的热点。陈剑《战国竹书论集》(上海古籍出版社)集合了作者近年在战国竹书方面的研究成果。何飞燕

《出土文字资料所见先秦秦汉祖先神崇拜的演变》（科学出版社）结合相关出土文字资料和传世文献，探讨先秦、秦汉时期祖先神崇拜的发展阶段和特点。李学勤《初识清华简》（中西书局）收录作者关于清华简研究的36篇著述。清华大学出土文献研究与保护中心编《清华简研究（第一辑）：〈清华大学藏战国竹简（壹）〉国际学术研讨会论文集》（中西书局）收录相关研究论文44篇。清华大学出土文献研究与保护中心编《出土文献》第三辑、第四辑（中西书局）各收录十余篇研究清华简的论文。《文物》第8期刊发了李学勤、廖明春、李均明等撰写的系列论文，分别对最新公布的清华大学藏战国竹简《筮法》《别卦》《算表》诸篇进行了研究。陈民镇《上甲微史迹传说钩沉——兼说清华简〈保训〉"微假中于河"》（《史学月刊》第4期），利用新发现的清华简材料对上甲微的事迹传说进行了研究，认为上甲微所"假"的"中"，即军队，与古本《竹书纪年》"假师于河伯"的记载相对应。相关论文还有李锐《由清华简〈系年〉谈战国初楚史年代的问题》（《史学史研究》第2期）、杜勇《从清华简〈说命〉看古书的反思》（《天津师范大学学报》第4期）等。

三 秦汉史

传统的政治史、制度史、法制史、社会史、简牍学仍然是2013年度秦汉史研究中成果比较突出的领域。在政治史和制度史领域中，研究者不再满足于政治事件的简单复原和各种制度的静态描述，而是力图从动态层面考察国家与社会之间的互动关系。同时也呈现出努力打通断代，从战国秦汉魏晋这一更长时段考察相关问题的趋势。但从整体研究来看，重西汉轻东汉的局面仍未能打破，东汉史研究依然比较薄弱。

政治史

黎明钊《辐辏与秩序：汉帝国地方社会研究》（香港中文大学出版社）着重探讨汉代地方权力集中到中央的过程，重建汉代政治和社会力量之间既对抗又合作的辩证关系。辛德勇《建元与改元：西汉新莽年号研究》（中华书局）分别对汉武帝时期年号纪年的启用、汉宣帝地节改元以及汉、新莽之际的年号和当时的政治、制度、思想、文化等诸多问题进行探讨。马孟龙《西汉侯国地理》（上海古籍出版社）结合传世文献和出土资料，对西汉近八百个侯国的地理方位进行考证，分析总结西汉侯国地域分布特征、发展演变的总体趋势。陈苏镇《两汉魏晋南北朝史探幽》（北京大学出版社）收录作者近二十多年来发表的论文，集中讨论了汉代《春秋》学、东汉政治、西汉王国和侯国制度等问题。相关论著还有刘太祥《汉代政治文明》（河南大学出版社），王健《汉和帝铲除窦宪集团考论》（《中国史研究》第3期），龚留柱、张信通《"汉家尧后"与两汉之际的天命之争——兼论中国古代的政治合法性问题》（《史学月刊》第10期），雷戈《王莽革命新论》（《人文杂志》第7期），赵凯《东汉顺帝"八使"巡行事件始末》（《南都学坛》第5期）等。

制度史

杨振红《从秦"邦"、"内史"的演变看战国秦汉时期郡县制的发展》（《中国史研究》第4期）从秦简中的"邦""内史"及其改称，探讨分封制向郡县制演变的进程。卜宪群、刘杨《秦汉日常秩序中的社会与行政关系初探——关于"自言"一词的解读》（《文史哲》第4期）从"自言"的起源、内容、形态、主体等层面，考察秦汉日常秩序下的社会与国家关系，指出秦汉社会秩序与行政秩序具有一元而非二元的基本特征。徐冲《〈续汉书·百官志〉与汉晋间的官制撰述——以"郡太守"条的辨证为中心》（《中华文史论丛》第4期）认为《续汉书·百官志》继承和发展了东汉后期以来崇重《周礼》的官制撰述新动向，在汉晋间的历史发展中具有重要意义。王爱清《秦汉基层等级身份秩序的确立与变迁——以赐民爵为中心》（《兰州学刊》第10期）认为随着民爵赐予在实际政治、经济权益赋予层面趋于萎缩，其在基层等级身份塑造中地位趋于下降，随之而来的是以财富为本的自然性而非政治性因素在基层等级身份领域作用的增强。

法制史

宋杰《汉代监狱制度研究》（中华书局）对汉代京师、中都官、郡国县乡和军队中的各种监狱组织及其职能、管理情况及历史渊源与演变作了考察和论证，总结出汉代监狱制度的历史特征与发展演变的某些规律。朱腾《渗入皇帝政治的经典之学——汉代儒家法思想的形态与实践》（中国政法大学出版社）讨论了汉代儒家法思想的形态、皇权观的变迁、儒学对皇权的正当性论证及约束、儒家经典与律令的关系、儒学社会化与郡县秩序等问题。相关论著还有张琮军《秦汉刑事证据制度研究》（中国政法大学出版社），张云霞等编《汉代治安研究》（哈尔滨地图出版社），曹旅宁《秦汉魏晋法制探微》（人民出版社），宋杰《如"伏剑"与"欧刀"——东周秦汉"隐戮"行刑方式的演变》（《中国史研究》第2期）、《汉代的秘密处决与政治暗杀——"隐诛"》（《史学月刊》第7期），王伟《辩汉律》（《史学月刊》第6期），张功《西汉〈商贾律〉探析》（《陕西师范大学学报》第6期），程政举《汉代诉讼程序考》（《法学评论》第2期），张朝阳《论汉代产生的"内省式民事纠纷解决机制"》（《华中科技大学学报》第1期）等。

社会史

彭卫《游侠与汉代社会》（安徽人民出版社）从社会风貌、精神世界、基本类型、地域格局、侠者精神与儒者气象等方面考察汉代游侠发展和演变的轨迹，并借此揭示帝制早期中国政治和社会的变迁。章启群《星空与帝国：秦汉思想史与占星学》（商务印书馆）认为秦汉之际之所以"大一统"观念及儒学占据国家政治思想领域的主导地位，与中国古来有之的占星学密不可分，因此将占星学作为关键字来重新勾勒秦汉之际的思想剧变。相关论著还有胥仕元《秦汉之际礼治与礼学研究》（人民出版社）、王利华《中国家庭史·先秦至南北朝时期》（人民出版社）、杨宁宁《春秋战国及秦汉之食客文化》（中国社会科学出版社）、张安福《汉唐屯垦与吐鲁番绿洲社会变迁研究》（中国农业出版社）、吴从祥《汉代女性礼教研究》（齐鲁书社）、季伟《汉代乐舞百戏考述》（河南大学出版社）、杨建生《春秋战国及秦汉妇女发式与发饰的初探》（《管子学刊》第1期）、魏永康《流变与传承——秦汉时期"伏日"考论》（《古代文明》第4期）、王颖竹等《略论秦汉至两宋时期的香料》（《文物》第5期）、臧知非《说"市井"——兼谈东周秦汉的城市空间结构与社会秩序》（《河北学刊》第1期）、王彦辉《秦汉时期的乡里控制与邑、聚变迁》（《史学月刊》第5期）、黄今言《汉代聚落形态试说》（《史学月刊》第9期）、黄宛峰《汉画孝子图的史料价值与思想史意义》（《南都学坛》第1期）、曹峰《出土文献视野下的黄老道家研究》（《中国社会科学》第2期）等。

简牍

里耶秦简、岳麓秦简、肩水金关汉简等新资料的公布，使得简牍与秦汉史研究的热潮得以持续高涨，涌现大量论著，涉及地方行政、法制、户籍制度等诸多领域。［日］富谷至著、刘恒武、孔李波译《文书行政的汉帝国》（江苏人民出版社）立足于简牍资料，深入剖析汉王朝的文书行政体系及运行机制，认为简牍这种书写材料成就了汉代的文书行政，而汉王朝集权帝制的确立与巩固很大程度上也归因于文书行政的贯彻实行。薛洪波《里耶秦简所见秦代"生分"》（《中国史研究》第 1 期），袁延胜、董明明《〈二年律令·户律〉"田合籍"辨》（《南都学坛》第 1 期），王彦辉《出土秦汉户籍简的类别及登记内容的演变》（《史学集刊》第 3 期），张荣强《读岳麓秦简论秦汉户籍制度》（《晋阳学刊》第 4 期），凌文超《走马楼吴简"小""大""老"研究中的若干问题》（《中国国家博物馆馆刊》第 11 期）等对户籍制度进行了探讨。相关论著还有杨剑虹《秦汉简牍研究存稿》（厦门大学出版社）、沈刚《长沙走马楼三国竹简研究》（社会科学文献出版社）等。中国社会科学院简帛研究中心编《简帛研究 2011》《简帛研究 2012》（广西师范大学出版社）和武汉大学简帛研究中心编《简帛》第 8 辑（上海古籍出版社）等专业集刊，以及许多核心期刊，皆刊载了多篇简牍研究论文，涉及战国简、秦简、汉简、吴简、晋简的文本解读、简册复原及相关历史问题的探讨，比如马怡《中国古代书写方式探源》（《文史》第 3 辑）、张俊民《悬泉汉简与班固〈汉书〉所引诏书文字的异同》（《文献》第 2 期）、戴卫红《从湖南省郴州苏仙桥遗址 J10 出土的晋简看西晋上计制度》（《中国社会科学院历史研究所学刊》第八集，商务印书馆）等。

四 魏晋南北朝史

除了传统的政治史、制度史研究重点外，社会史研究成为 2013 年度魏晋南北朝史领域的亮点，尤其注重利用碑刻墓志等资料，通过对家族个案的研究来探讨政治秩序、社会变迁、学术文化等相关历史问题。

政治史

朱子彦《汉魏禅代与三国政治》（东方出版中心）对汉魏禅代、三国军事集团、政治人物、党争、政治文化等提出新的阐释。王连儒《汉魏六朝琅琊王氏家族政治与婚姻文化研究》（中国社会科学出版社）讨论汉晋以来琅琊王氏家族政治历史、婚姻构成、学术文化、文学创作等诸多方面的内容，揭示这一时期士族群体在朝廷政治中的作用及其自身存续特点。王安泰《再造封建——魏晋南北朝的爵制与政治秩序》（台湾大学出版中心）从中国中古时期封建的意涵、封建体制的实践方式，以及政局与制度变迁等方面，考察了爵制与政治秩序的关系。［日］中村圭尔《六朝政治社会史研究》（汲古书院）对六朝政治体制与社会构造、官僚制与社会秩序进行了研究。胡阿祥《中国名号与中古地理探索》（生活·读书·新知三联书店）从中国古代名号、中古地理的独特视角出发，对先秦以至魏晋南北朝时期的中国历史进行剖析和解读。以人们日常生活中司空见惯的古代国号、名号、地名等为研究对象，力图将隐藏在其中的历史背景和历史意涵揭示出来。论文方面有程章灿《象阙与萧梁政权始建期的正统焦虑——读陆倕〈石阙铭〉》（《文史》第 2 辑）、魏斌《国山禅礼前夜》（《文史》第 2 辑）、廖基添

《慕容农与后燕兴衰——以"列人集团"为中心的考察》(《中华文史论丛》第4期)、李凭《北魏孝文昭皇后高氏梦迹考实》(《社会科学战线》第8期)、王永平《北魏孝文帝之南征战略及其相关争议考论》(《学术研究》第3期)、仇鹿鸣《高允与崔浩之死臆测——兼及对北魏前期政治史研究方法的一些反思》(《社会科学战线》第3期)、刘浦江《南北朝的历史遗产与隋唐时代的正统论》(《文史》第2辑)等。

制度史

专著方面,张兴成《两晋宗室制度研究》(上海古籍出版社)讨论两晋宗室封爵制度、王国职官制度、宗室管理制度、宗室入仕制度、任官制度,考察宗室制度的历史渊源、宗室制度与政治变迁的关系,分析宗室制度的时代特点、形成原因及历史影响。相关专著还有鲁力《魏晋南朝宗王问题研究》(武汉大学出版社)、王静《中古都城建城传说与政治文化》(社会科学文献出版社)等。论文方面,周文俊《西晋职官升迁与资位秩序》(《学术研究》第5期)指出,西晋官僚仕进主要依循由内官重要职位为中心构成的有别于九品官品的官资等级,在此基础上官资与官位处于不断融合的过程中。张鹤泉《西晋将军兼任都督诸军事问题的考察》(《河北学刊》第2期)认为西晋国家使都督诸军事的设置与将军号结合起来,实际都督诸军事是将军的兼任职,因而将军的品级可以体现都督诸军事的等级差别。杨恩玉《萧梁官班制渊源考辨》(《历史研究》第4期)认为萧梁将前代官职迁转的"选例""班例"加以归纳提炼,使其规范化、制度化、系统化,从而形成官班制,官班系由朝班演变发展而来。罗新《好太王碑与高句丽王号》(《中华文史论丛》第3期)认为最迟从广开土王时代开始,一个故去的高句丽王的正式王号应该包含三个部分:王陵所在地、谥号、官称,并指出长寿王之前的高句丽王生前都拥有源自内亚传统的王号,表明了高句丽官号制度的多元传统。

社会史

专著方面有刘春春《魏晋南北朝社会生活研究》(人民出版社)、吴怀东《曹氏家族与汉晋社会文化变迁》(安徽大学出版社)、孙艳庆《中古琅邪颜氏家族学术文化研究》(齐鲁书社)等。论文方面,尹波涛《北魏时期杨播家族建构祖先谱系过程初探——以墓志为中心》(《中国史研究》第4期)根据墓志撰述体例、形成路径、埋葬时间、祖先世系叙述的变化,初步勾勒出杨播家族构建祖先谱系的过程。陈爽《出土墓志所见中古谱牒探迹》(《中国史研究》第4期)认为出土墓志中一些位于首尾、志阴等特殊位置并以特殊行款书写的家族谱系记载,乃是墓主的家族谱牒的抄录或节录;引谱入志,以谱牒与志文互为补充,是中古时期墓志撰写的一种特定的体例格式。胡宝国《从会稽到建康——江左士人与皇权》(《文史》第2辑)揭示东晋南朝士人呈现出从会稽向建康集中的趋势,象征着士人再次彻底依附于皇权,士人向建康集中还影响着南方地方社会的政治形势。相关论著还有马新、齐涛《试论汉唐时代的宗姓与房分》(《中国史研究》第1期),杨军凯《北周史君墓双语铭文及相关问题》(《文物》第8期),周伟洲《北周莫仁相、莫仁诞父子墓志释解》(《考古与文物》第1期),王永平《高平檀氏家族与晋宋军政局势》(《阅江学刊》第1期),周能俊、胡阿祥《两晋南朝广陵高氏之兴衰》(《扬州大学学报》第2期),朱绍侯《东晋南朝王谢袁萧四大郡望兴衰试探》(《史学月刊》第9期),刘军《元举墓志与北魏迁洛宗室的士族化》(《史林》第3期),王娟、范兆飞《北魏鲜卑丧葬习俗考论》(《学术月刊》第9期),夏炎《中古野生动物资源的破坏——古代环境保护问题再认识》(《中国史研究》第3期),彭卫

《秦汉三国时代疾病初考》(《中国社科院历史所学刊》第八集,商务印书馆)等。

五 隋唐五代史

2013年度隋唐五代史领域政治史、制度史、法制史仍然是研究的重点,礼制与宗教信仰方面的成果也十分突出。在政治制度史的研究中尤其注重公文运作与地方行政、地方与中央的关系等问题。在相关历史问题的研究中注重对墓志、敦煌文献等新资料的运用,同时也有针对墓志的专门著作或论文集出版,比如杨向奎《唐代墓志义例研究》(岳麓书社),李鸿宾主编《中古墓志胡汉问题研究》(宁夏人民出版社),吕建中、胡戟主编《大唐西市博物馆藏墓志研究续一》(陕西师范大学出版社)等。

政治史

丁俊《李林甫研究》(凤凰出版社)对李林甫的功过是非进行了系统的讨论,重新解读了玄宗朝的诸多历史。王素《唐华文弘墓志中有关昆丘道行军的资料——今年新刊墓志所见隋唐西域史事考释之一》(《西域研究》第4期),利用《华文弘墓志》的记载,考证了唐讨龟兹之役中杨弘礼矫诏诛杀薛婆阿那支的史事。荣新江《大中十年唐朝遣使册立回鹘史事新证》(《敦煌研究》第3期),通过传世史籍、敦煌所出《张议潮变文》以及西安新出《李浔墓志》,对大中年间唐朝遣使册立回鹘,特别是使团被"背乱回鹘"劫夺国信的详细情形进行研究。李丹婕《承续还是革命——唐朝政权建立及其历史叙事》(《中华文史论丛》第3期)从武德、贞观两代对待隋朝的态度截然不同出发,考察了唐高祖、唐太宗在位期间历史发展中的具体而微的政治情境转折,呼应了特定历史背景下执政者的具体政治诉求。刘浦江《南北朝的历史遗产与隋唐时代的正统论》(《文史》第2辑),分析了隋唐时代正统论的诸种说法以及北朝正统论更受推崇的历史原因。《唐研究》第19卷收录了多篇政治史方面的论文,比如仇鹿鸣《权力与观众——德政碑所见唐代的中央与地方》、陆扬《论冯道的生涯——兼谈中古晚期政治文化中的边缘与核心》等。

制度史

何汝泉《唐财政三司使研究》(中华书局)从职官制度、财政经济以及相关历史人物等诸多方面对唐代最具代表性和重要性的三个财政使职:盐铁转运使、度支使和户部使进行了微观和宏观的深入探讨。张卫东《唐代刺史若干问题论稿》(大象出版社)对唐代刺史的选授、职权、地位以及刺史与区域社会变迁的关系等问题作了探讨。乔凤岐《隋唐地方行政与军防制度研究》(人民出版社)对隋、唐两朝推行均田制和府兵制时期的地方管理与军事驻防制度进行了重点考察。雷闻《牓文与唐代政令的传布》(《唐研究》第19卷)分析了榜文的类型、层级、物质形态、主要内容及其发布空间,揭示各种榜文在唐代日常政治生活中将各级政府的政令传递到基层地域社会个人的过程。王孙盈政《唐代"敕牒"考》(《中国史研究》第1期)认为由中书门下发敕牒的行用,改变了唐代王言的运行途径,反映出从唐前期至北宋行政运行体制演进过程中的公文运行特色。相关论文还有周鼎《从"国朝旧制"到"开元新制"——唐代宗室群体政治面貌的重塑》(《中华文史论丛》第4期)、徐畅《蠲符与唐宋间官人免课役的运作程序》(《文史》第2辑)、郭桂坤《唐代宗正进士考》(《北京大学学报》第4期)、王承文《唐代"南选"制度及相关问题新探索》(《唐研究》第19卷)、杜文玉《唐代地方州县勾检制度研究》(《唐史论丛》第 16 辑)、陈志坚《裴庭裕及第之年的再审视》(《中国史研究》第 3 期)、孙正军《官还是民：唐代三卫补吏称"释褐"小考》(《复旦学报》第 4 期)等。

法制史

钱大群《唐律与唐代法制考辨》(社会科学文献出版社)对隋唐时期的律令制度及其相关问题作了详细的研究。黄正建《唐代法律用语中的"款"和"辩"——以〈天圣令〉与吐鲁番出土文书为中心》(《文史》第 1 辑)，认为《天圣令》与吐鲁番文书中的"辩"是一种文体，而"款"指口供、供述，是口供内容的专称，到唐后期逐渐向文体转变。另文《有关唐武德年间修定律令史事的若干问题——唐代律令编纂编年考证之一》(《隋唐辽宋金元史论丛》第 3 辑)，考察了武德年间修订律令的次数、时间、过程与人员构成。赵晶《唐代〈道僧格〉再探——兼论〈天圣令·狱官令〉"僧道科法"条》(《华东政法大学学报》第 6 期)，梳理了学界关于唐代《道僧格》存在与否、制定时间及其与《祠部格》的关系等问题的探讨，并推测《道僧格》与《祠部格》之间为因唐格篇目嬗变而导致的继承关系。楼劲《隋无〈格〉、〈式〉考——关于隋代立法和法律体系的若干问题》(《历史研究》第 3 期)，认为隋代"格"与"式"的指称并非法律体系中的专有名词，当时尚未形成唐代那种《律》《令》《格》《式》并行的法律体系。张雨《新出唐胡演墓志与唐初司法政务》(《中华文史论丛》第 3 期)通过对唐初司法官员胡演墓志的梳理，探讨了唐初十二军制以及司法政务运行所涉及的唐代因帐管理、参与死刑覆议的两省官员范围等问题。

礼制

吴丽娱《敦煌书仪与礼法》(甘肃教育出版社)系统阐释了敦煌书仪和礼法的基本情况、发展脉络及其对社会的影响。吴羽《唐宋道教与世俗礼仪互动研究》(中国社会科学出版社)，从宋代国家的礼制与宫观、道教徒的身份定位与礼仪调适、道教与世俗礼制的隐性对话方面，考察唐宋之际道教与世俗礼仪间的互动关系。张树国《汉—唐国家祭祀形态与郊庙歌辞研究》(人民出版社)主要以《郊庙歌辞》及历代礼乐志中的正统雅乐作为研究对象，探讨国家祭祀形态与传统雅乐之间的关系。相关论文还有吴丽娱《再论 S.1725v 卷祭文与敦煌官方祭祀》(《隋唐辽宋金元史论丛》第 3 辑)、《"中祥"考——兼论中古丧制的祥忌遇闰与斋祭合一》(《敦煌吐鲁番研究》第 13 卷)、《论中古养老礼仪式的继承与兴衰——兼析上古宾礼之遗存废弃与皇帝的礼仪地位》(《文史》第 4 辑)，王铭《辇舆威仪：唐宋葬礼车舆仪制的等级性与世俗化》(《民俗研究》第 5 期)，王美华《承古、远古与变古适今：唐宋时期的家礼演变》(《辽宁大学学报》第 4 期)等。

宗教信仰

关于佛教的专著有王志鹏《敦煌佛教歌辞研究》(高等教育出版社)、张总《中国三阶教史》(社会科学文献出版社)、王早娟《唐代长安佛教文学》(商务印书馆)、石小英《八至十世纪敦煌尼僧研究》(人民出版社)、岳钰《唐代宗教造型艺术》(陕西人民出版社)等。论文集有白化文《敦煌学与佛教杂稿》(中华书局)、沈卫荣主编《汉藏佛学研究：文本、人物、图像和历史》(中国藏学出版社)等。关于道教的论著有刘屹《敦煌道经与中古道教》(甘肃教育出版社)，雷闻《新见程紫霄墓志与唐末五代的道教》(《隋唐辽宋金元史论丛》第 3 辑)、《唐洛阳大弘道观考》(载中国人民大学国学院主编《国学的传承与创新——冯其庸先生从事教学与科研六十周年庆贺学术文集》，上海古籍出版社）等。关于三夷教的著作有姚崇新等《敦煌三夷教与中古社会》（甘肃教育出版社）、张小贵《祆教史考论与述评》（兰州大学出版社）等。关于民间信仰，韩瑜《唐代小说与唐代民间信仰》（中国社会科学出版社）对民间信仰要素与唐小说发展繁荣之间的彼此关联作了梳理。孙英刚发表《"辛酉革命"说与龙朔改革：7—9世纪的纬学思想与东亚政治》（《史学月刊》第7期）、《无年号与改正朔：安史之乱中肃宗重塑正统的努力——兼论历法与中古政治之关系》（《人文杂志》第2期）、《佛教对阴阳灾异学说的化解：以地震与武周革命为中心》（《史林》第6期）、《神文时代：中古知识、信仰与政治世界之关联性》（《学术月刊》第10期）等系列论文，讨论中古时代的知识体系、信仰和现实政治之间的纠葛。

六 宋史

2013年度宋史领域主要围绕政治史、制度史、社会史展开，并掀起对宋代政治史研究方法与新视野的反思与讨论。

政治史

王瑞来《范吕解仇公案再探讨》（《历史研究》第1期）认为，无论是范纯仁所坚持的未解仇，还是欧阳修主张的解仇，都是不同认知层面上的事实；摆脱历史上二人是否解仇的纠结，透过宋代历史的大背景来审视范吕解仇公案以及后世展开的争论，由这一公案引出的历史事实如何认定、历史如何阐释的问题，则具有广泛意义上的方法论启示。方诚峰《元祐"调停"与宋哲宗绍述前夜》（《中华文史论丛》第4期）从宋哲宗元祐五年（1090）的"调停"事件入手，探讨哲宗朝政治从"更化"向绍述转变的政治体制、文化背景。黄宽重《"嘉定现象"的研究议题与资料》（《中国史研究》第2期）对宋史研究现状进行了深度思考，探讨了"嘉定现象"的概念及研究议题、研究资料与方法。相关论文还有王曾瑜、贾芳芳《陆游与汤思退、宋高宗——兼谈中国古代专制政权与士大夫的关系》等（《中华文史论丛》第4期），盛险峰《三教共相：宋代皇帝气象——以〈宋史〉本纪为中心的考察》（《安徽大学学报》第3期），王晴《李纲与蔡京父子关系考辨》（《浙江学刊》第5期）等。

制度史

专著有李昌宪《五代两宋时期政治制度研究》（生活·读书·新知三联书店）、《宋朝官品令与合班之制复原研究》（上海古籍出版社）、田志光《北宋宰辅政务决策与运作研究》（人民出版社）等。论文方面，张卫忠《北宋前期试衔研究》（《中国史研究》第1期）在与唐、五代比较的基础上，对北宋前期的试衔进行重新分类，并讨论其结构与功能的变化。周佳《北宋前期日朝的形成与运行》（《中国史研究》第2期）通过考察由君主亲自主持的、以垂拱殿早朝为核心的御殿听政活动，认为日朝的形成背后，既含有北宋创业君主防范壅蔽、独断政事与躬亲庶务的用心，也出于国初稳定统治秩序的特殊需要。相关论文还有王丽《唐宋试判制度试探——兼论唐宋选官制度的变化》（《文史哲》第6期）、丁义珏《北宋覆奏制度述论》（《中华文史论丛》第4期）、王化雨《北宋后期三省奏事班次考》（《北京大学学报》第2期）、李裕民《寻找唐宋科举制度变革的转折点》（《北京大学学报》第2期）等。

《文史》第4辑刊发了周佳《南宋基层文官履历文书考释——以浙江武义县南宋徐谓礼墓出土文书为例》、魏峰《宋代印纸批书试论——以新发现"徐谓礼文书"为例》、王宇《〈武义南宋徐谓礼文书〉与南宋地方官员管理制度的再认识——以知州的荐举和考课为例》等围绕徐谓礼文书展开的研究论文。张祎《中书、尚书省劄子与宋代皇权运作》(《历史研究》第5期)指出,中书劄子是北宋前期宰相机构中书门下处理日常政务、下达行政指令使用的一种文书形式;元丰以后,适应新的中枢体制,改为尚书省劄子,简称"省劄",它是宋代皇权强化背景下出现的新事物,其行用又助成了皇权政治的演进。曹家齐《两宋朝廷与岭南之间的文书传递》(《中国史研究》第3期)通过对两宋朝廷与岭南地区之间文书传递诸问题的考察,探讨了文书传递经行路线、具体方式、手段和效果等。

社会史

专著有[美]艾朗诺著、杜斐然等译《美的焦虑:北宋士大夫的审美思想与追求》(上海古籍出版社),朱德明《自古迄北宋时期浙江医药史》(中医古籍出版社),徐晓望《宋代福建史新编》(线装书局),谭平《惟蜀有才——宋代四川人才辈出的文化机理》(四川大学出版社),郑丞良《南宋明州先贤祠研究》(上海古籍出版社),谷更有等《唐宋时期的乡村控制与基层社会》(天津古籍出版社),程民生《宋代人口问题考察》(河南人民出版社),田欣《宋代商人家庭》(社会科学文献出版社),辛薇《南宋史及南宋都城临安研究续》(人民出版社)等。论文方面,邓小南《何澹与南宋龙泉何氏家族》(《北京大学学报》第2期)通过对其家族人物碑铭圹志及传世文献的结合分析,呈现何澹在特定时期中的"多面"形象。王善军《宋代宗族发展的区域差异及其原因》(《安徽史学》第1期)认为,宋代宗族处于明显的变动过程中,在不同区域内又表现出各自的特点;宗族发展的地区差异,其形成原因主要是唐中期以来社会经济关系发展的不平衡,传统政治观念和社会习俗的影响,人口迁徙带来的多种影响,以及地理环境和经济开发情况不同对宗族社会功能的不同要求。王鹤鸣《宋代家祠研究》(《安徽史学》第3期)论述了宋代宗族群体的形成、朝廷对宗庙制度的讨论、士庶祭祖出现新形式家祠的特点、朱熹《家礼》对民间祠堂发展产生的重要影响等问题,认为宋代家祠处于唐代家庙至明清宗族祠堂的过渡状态。刁培俊《官治、民治规范下村民的"自在生活"——宋朝村民生活世界初探》(《文史哲》第4期)认为,宋朝村落在"官治"与"民治"交织治理模式之下,社会秩序相对和谐。李华瑞撰写了《论宋代的自然灾害与荒政》(《首都师范大学学报》第2期)、《南宋地方社会管窥——以阳枋〈广安旱代赵守榜文〉为中心》(《西北师大学报》第3期)、《略论宋朝临灾救助的三项重要措施》(《淮阴师范学院学报》第1期)、《宋代地方官员与救荒》(《地方文化研究》第2期)等系列论文讨论宋代的灾害与荒政问题。陆敏珍《刑场画图:十一、十二世纪中国的人体解剖事件》(《历史研究》第4期)、陈昊《被遮蔽的"再造"——晚唐至北宋初医学群体的嬗变和医官身份的重构》(《中华文史论丛》第4期)等关于医疗方面的论文亦值得关注。

七 辽西夏金史

2013年度辽夏金史领域在政治史、制度史、经济史、契丹文与西夏文文献考释研究方面成果突出，在研究中注重利用碑刻、考古资料和契丹文、西夏文文献来考察相关历史问题。巫鸿、李清泉《宝山辽墓：材料与释读》（上海书画出版社）则明确提出对宝山辽墓进行研究的出发点是发掘它们自身的历史特殊性和主体性，尽量通过墓葬本身去探讨契丹人自身的丧葬习俗及思想观念，而不是以考古成果去证明以往中原汉人文献中的相关记载。

政治史

熊鸣琴《钦哀后家族与辽道宗朝党争考论》（《中国史研究》第2期）根据新出碑刻文献及相关研究，指出辽道宗懿德皇后（萧观音）、辽道宗惠妃、皇太子耶律浚之妃均出于钦哀后家族。但在道宗朝的党争之中，钦哀后家族各系并不是一个统一行动的政治群体。蒋金玲《辽代汉人的入仕与迁转》（《中国史研究》第3期）指出辽代汉人入仕的主要途径为科举与荫补，科举进身与荫补入仕者在起家官与官职迁转过程中均表现出明显的文武分途特征，而在高官阶段的迁转皆遵循由京府州长官、五京计使等升任南面宰执的升迁序列。杜建录《夏州拓跋部的几个问题——新出土唐五代宋初夏州拓跋政权墓志铭考释》（《西夏研究》第1期）根据近年在内蒙古自治区和陕西省发现的一批唐五代宋初时期夏州拓跋政权墓志，探讨了拓跋政权中的汉人士大夫与汉化问题、拓跋家族的婚姻关系、拓跋部的族属等。孙伯君《西夏文献中的帝、后称号》（《民族研究》第2期）系统梳理和考释了存世西夏文献中所涉西夏帝、后的尊号和称号。刘浦江《金朝初叶的国都问题——从部族体制向帝制王朝转型中的特殊政治生态》（《中国社会科学》第3期）指出金初长期保留辽上京的旧称，而作为一国之都的金上京会宁府，却一直被称为"御寨"，只是一个名义上的国都，都城的政治功能相当弱化。金朝初期的国都问题，是女真政权从部族体制向帝制王朝转型过程中存在的一种特殊政治生态。

制度史

马建红《辽代功臣封号探究》（《北方文物》第3期）探讨了辽代功臣封号实行的历史时期、对象以及级别和名称。杨军《辽朝南面官研究——以碑刻资料为中心》（《史学集刊》第3期）指出，根据碑刻复原的辽代南面官的散官系统，不同于唐代的实职官和北宋前期的寄禄官，辽朝并未实行三省六部制，南面朝官的主要权力机构为枢密院和中书省。韩光辉等《金代城市行政管理机构研究》（《中国史研究》第1期）考察了金代出现的专门管理诸京、府镇、防御州治所城市的警巡院、录事司和司候司等城市行政管理机构及其作为地方行政区划制度的功能。相关论文还有闫兴潘《翰林学士院与皇权的距离：金末益政院设立的制度史意义》（《北方民族大学学报》第3期），王雷等《金代吏员俸禄及相关问题研究》（《中国国家博物馆馆刊》第10期），何天明《辽代大林牙院探讨》（《内蒙古社会科学》第4期），赵玉英《金初勃极烈制度决策机制论略》（《北方论丛》第4期），关树东《金代的杂班官与元代的杂职官》（《隋唐辽宋金元史论丛》第三辑），孙久龙、王成名《金代盐使司职官特点》（《北方文物》第1期），孙佳《金代"治中"考略》（《辽金史论集》第十三辑），武玉环《金朝县级官吏的选任与考核》（《金上京文史论丛》第四辑）等。

经济史

史金波《黑水城出土西夏文租地契研究》（载四川大学历史文化学院编《吴天墀教授百年诞辰纪念文集》，四川人民出版社）译释了8件西夏文租地契，为西夏经济研究提供了新的资料。租地契直接反映当地社会经济、生活状况,真实地反映了寺庙地主对兼并土地的经营,土地租赁契约比卖地契约简略。崔红芬、文志勇《西夏寺院依附人口初探——以〈天盛律令〉为中心》(《西夏研究》第 1 期)利用西夏法典《天盛律令》及相关材料,并参考唐宋以及敦煌地区寺院寺户和常住百姓等研究成果,对西夏寺院依附人口的来源、管理及其赋役等情况进行了简要探析。关树东《金朝的水利和社会经济》(《辽金史论集》第十三辑)认为金代以治理黄河、开发运河、建设农田水利为主要内容的水利事业,对恢复、发展社会经济,保障人民生活发挥了一定的积极作用。治河本身是消极被动的,而发展航运和灌溉则是积极的。但在当时的科技和生产力水平下,治河成为首位的水利问题,其次是漕运,国家对农田水利的重视和投入是远远不够的。

契丹文、西夏文文献

《华西语文学刊》第八辑为"契丹学专辑",收录即实《简说契丹语的亲属称谓》、傅林《论契丹小字与回鹘文的关系及其文字改革》、唐均《契丹语"亥猪"考》等多篇契丹语研究论文。康鹏《契丹小字〈萧敌鲁副使墓志铭〉考释》(《辽金历史与考古》第 4 辑)通过对该墓志铭释读,发现墓主的五世祖即辽朝历史上著名的萧挞凛,并以此为突破口,厘清了该墓志所记载的墓主十代先祖的世系,并讨论了墓志所反映的契丹父子连名、父子同名、从兄弟同名以及收继婚等民族文化现象,纠正了前人的一些讹误。

史金波《英国国家图书馆藏西夏文军籍文书考释》(《文献》第 3 期)指出这些军籍文书是依照西夏政府的相关规定,对西夏社会基层以首领为单位各军抄详细登记的簿籍,记载着西夏黑水城(今属内蒙古自治区额济纳旗)地区下层军事组织真实而具体的情况,包括西夏军事组织细胞——军抄的人员、马匹、装备等详细内容,是了解西夏军事组织及其作用的宝贵资料。梁继红《武威藏西夏文〈五更转〉考释》(《敦煌研究》第 5 期)对武威藏西夏文《五更转》进行了全文译释,并与敦煌文献中的《五更转》和俄藏西夏文《五更转》作了比较,指出其差异。相关论文还有许生根《英藏黑水城出土西夏户籍租税账册文书初探》(《西夏研究》第 4 期),孙继民《黑水城所出西夏汉文入库账复原研究》(《宁夏社会科学》第 6 期),杜建录、于光建《武威藏西夏文〈志公大师十二时歌〉译释》(《西夏研究》第 2 期),王荣飞《甘肃省博物馆藏〈天庆寅年"七五会"集款单〉再研究》(《宁夏社会科学》第 5 期),杜建录《西夏光定十二年正月李春狗等扑买饼房契考释》(载四川大学历史文化学院编《吴天墀教授百年诞辰纪念文集》,四川人民出版社),彭向前《西夏文草书〈孝经传序〉吕惠卿系衔考》(同上)等。

八 蒙元史

2013 年度蒙元史领域在制度史、军事史、社会文化史、黑水城文献研究方面成果突出。与此同时,宋元明长时段研究也成为学界共识和努力方向。

制度史

张云《元朝中央政府治藏制度研究》(黑龙江教育出版社)以汉藏文史料为基础,对元朝治理西藏的各项制度和政策进行了系统而深入的研究。李治安《元明西藏"政教合一"制度与"活佛转世"制度》(《史学集刊》第 6 期)指出元代西藏的"政教合一"制度是元世祖与萨迦教主八思巴联合统治西藏的权宜性选择,"活佛转世"制度成为化解教派领袖继承纷争的通行办法,二者构成了西藏神权政体的两大支柱。马晓林《元代八思巴帝师祭祀研究》(《北大史学》第 18 辑)考察了八思巴帝师祭祀的设立过程、内容、原因、推广情况、帝师殿与蒙古字学的关系。另文《元朝太庙演变考——以室次为中心》(《历史研究》第 5 期)考察了元代室次建制的演变过程。刘晓《元代太庙制度三题》(《中国边疆民族研究》第七辑)从太庙建设、神主室次变迁和皇后配享等三个方面探讨了元代的太庙制度,指出太庙神主室次经历了"以西为上,依次向东""太祖居中、先右后左""太祖居中、左昭右穆"三个时期,神主的增撤与当时的政治背景变迁密切相关。关树东《金代的杂班官与元代的杂职官》(《隋唐辽宋金元史论丛》第三辑)考察了元代杂职官的源流、性质和特点。

军事史

宝玉柱《喀喇沁探源——元代宿卫与哈剌赤》(《西北民族大学学报》第 5 期)探讨了元代宿卫制度、钦察卫及其他卫军与哈剌赤的关系、哈剌赤的北撤路线。李治安《元中叶西北的"过川"及"过川军"新探》(《历史研究》第 2 期)指出"过川"中的"川"并非川蜀,而是"戈壁石川"之意。刘晓发表了系列相关论文:《也谈七十二万户军数——兼及壬子军籍与"新军"》(《元代文献与文化研究》第二辑)认为《元典章》中出现的"七十二万"户是太宗十三年汉地的总户数,壬子军籍即是以此为基数签发军户而正式确立的汉军军籍,此后陆续签发的军人则为新军。《元代军事史三题——〈元典章〉中出现的私走小路军、保甲丁壮军与通事军》(《中国史研究》第 2 期)指出《元典章》中出现的私走小路军、保甲丁壮军是蒙元政权对南宋作战过程中涌现出的部队,通事军则为南宋王朝从北方流亡者中征募的雇佣兵,南宋灭亡后,又为元朝征募,组建成军。还有两篇分别题为《元镇守平江"十字路万户府"考》(《隋唐辽宋金元史论丛》第三辑)、《元镇守武昌"平阳太原万户府"考——以万户郑氏为中心》(载四川大学历史文化学院编《吴天墀教授百年诞辰纪念文集》,四川人民出版社)。

社会文化史

专著有吴超《元代亦集乃路基层管理研究——以中国藏黑水城汉文文献为中心》(新华出版社),展龙《元明之际士大夫政治生态研究》(人民出版社),修晓波《元代的色目商人》(广东人民出版社),王岗《天师、帝师与元帝国》(安徽人民出版社),李鸣飞《蒙元时期的宗教变迁》(兰州大学出版社),李漫《元代传播考:概貌、问题及限度》(北京大学出版社),史甄陶《家学、经学和朱子学:以元代徽州学者胡一桂、胡炳文和陈栎为中心》(华东师范大学出版社),邱江宁《奎章阁文人群体与元代中期文学研究》(人民出版社)、《元代奎章阁与元代文坛》(中国社会科学出版社),崔志伟、忻平《元末明初松江文人群体研究》(上海大学出版社),余来明《元代科举与文学》(武汉大学出版社),程千帆《元代文学史》(武汉大学出版社),贾继用《元明之际江南诗人研究》(齐鲁书社),曹清《元代江苏绘画研究》(东南大学出版社),刘竞飞《赵孟頫与元代中期诗坛》(中国社会科学出版社),邹艳《月泉吟社研究》(人民出版社)等。论文方面,陈高华《元代文化名人与西湖》(《浙江学刊》第 3 期)考察了元代书画家、作家、僧道等文化名人与杭州西湖有关的文化活动。竺小恩《敦煌壁画中的蒙元服饰研究》（《浙江纺织服装职业技术学院学报》第 1 期）考察了敦煌蒙元时期壁画中男女供养人的服饰。王红梅《元代畏兀儿北斗信仰探析》（《民族论坛》第 5 期）根据吐鲁番所出《佛说北斗七星延命经》回鹘文印本及写本残片中编号为 U4709 的题记考察了畏兀人的北斗信仰，并探讨了藏传佛教对元代畏兀儿的影响。殷小平《唐元景教关系考述》（《西域研究》第 2 期）考察了景教从唐代到元代的历史变化。范立舟《元代白莲教的乡村生存及其与吃菜事魔和弥勒信仰的糅合》（《宗教学研究》第 4 期）探讨了白莲教在元代演变为仇视现实、制造政治与法律事件的异端宗教实体的原因。孙建平《元理学的"内圣外王"之道》（《原道》第 22 辑）指出，元代理学一方面在进学次第、知行观和经史观等方面强调"内圣"；另一方面对"外王"之道有所充实与拓展。

黑水城文献

孙继民《黑水城元代 Y1：W22 文书的性质与定名》（载四川大学历史文化学院编《吴天墀教授百年诞辰纪念文集》，四川人民出版社），认为 Y1：W22 号文书当是一件呈文的草稿。杜立晖《从黑水城文献看元代俸禄制度的运作》（《敦煌学辑刊》第 4 期）、《黑水城所出元代录事司文书考》（《文献》第 6 期）以黑水城文献 M1·0402 [F79：W46] 为中心，分别探讨了元代官吏俸禄制度的运作状况和黑水城文献中的录事司文书。相关论文还有杜建录、邓文韬《黑水城出土合伙契约再考释》（《西夏研究》第 4 期），潘洁《黑水城出土勘合文书种类考》（《内蒙古社会科学》第 5 期），陈朝辉、潘洁《黑水城出土元代文书押印制度初探》（《西夏研究》第 4 期），杨富学、张海娟《蒙古豳王家族与元代亦集乃路之关系》（《敦煌研究》第 3 期），张笑峰《元代亦集乃路的诉讼与审判制度研究——以黑水城出土文书为中心》（《元代文献与文化研究》第二辑），孔德翊《黑城文书所见亦集乃路自然灾害》（《西夏研究》第 2 期）。

九　明史

2013 年度明史领域在法律史、经济史、社会史、对外关系方面成果突出。对白银货币化问题的讨论是经济史研究中的热点，社会史研究中关注基层社会以及灾害与国家社会的关系，在对外关系方面则采取了全球史的视角。与此同时，在研究视野上，学界主张将明朝置于中国历史以及世界历史的整体背景中进行考察。万明《明代中国的国际地位》（《中国社会科学报》3 月 6 日）即在世界史视角下讨论明代中国的国际地位，考察明代中西交通由陆地至海上的转变，白银货币化推动中国走向世界，中国在 17 世纪中期以前的海上黄金时期等问题。

法律史

专著有尤陈俊《法律知识的文字传播：明清日用类书与社会日常生活》（上海人民出版社）、王亚军《明清徽商的诉讼研究》（安徽大学出版社）等。论文方面，吴艳红《国家政策与明代的律注实践》（《史学月刊》第 1 期）指出明后期巡按御史、提刑司实际承担了对私家律文注释的筛选，成为官方刊刻《大明律》律文注释的合法群体。解扬《刘执斋引律比附与明中叶对比附律的讨论》（《明史研究论丛》第 11 辑）从分析刘玉主张严刑的律学观入手，审视"引律比附"的内容，考述明代中期律学界对比附律的共识。赵克生《明代"淹禁"述论》（《中国史研究》第 2 期）考察了明代司法淹禁的人为、交通与制度因素，指出淹禁累累是明代司法实践的一种常态。阿风《"公私"文书与明代民事诉讼书证探析——以徽州诉讼文书为中心》（载［日］渡边义浩编《中国新出资料学的展开：第四回日本学者中国古代史论坛论文集》，汲古书院）讨论了明代民事诉讼文书的格式、内容及相关诉讼程序。柏桦主编《明清律例研究》（南开大学出版社）刊布多篇相关研究论文，内容涉及洪武年间《大明律》编纂与适用、明清州县狱囚暴动反狱等。

经济史

万明《明代浙江均平法考》（《中国史研究》第2期）借助目前已知明代江南赋役改革最完整的原始档案文书《钦依两浙均平录》孤本，指出均平法改革是赋役统一征银的早期阶段，也是白银货币化的进程，表明明代是现代货币财政及管理的开端。万明、侯官响《财政视角下的明代田赋折银征收——以〈万历会计录〉山西田赋资料为中心》（《文史哲》第1期）讨论了晚明中国发生的白银货币化的历史变化在山西地区的体现。相关论文还有赵毅、丁亮《从银、力差的变迁看明代均徭法的演化路径——以浙江地区为例》（《社会科学辑刊》第4期），侯鹏《明代地方财政的形成与扩张：以浙江"均平银"为中心的考察》（《历史档案》第3期），邱永志《明代货币结构的转变及其原因——以白银的货币性质为分析视角》（《南京大学学报》第5期），薛理禹《明代中后期的人丁与丁银——以江西为例的研究》（《明史研究论丛》第11辑），赵志浩《明代田赋"折征"到"征银"的转变》（《北方论丛》第1期）等。

社会史

牛建强《地方先贤祭祀的展开与明清国家权力的基层渗透》（《史学月刊》第4期）指出明后期与府县庙学结合的以乡贤、名宦对称的祠宇制度的推出，使乡贤祭祀更具规模化与制度化，从而进入新的历史阶段。黄忠鑫《明中后期浙江沿海"军图"初探》（《历史档案》第1期）指出明中后期浙江沿海州县为管辖军户，设置"军图"，是军管区与民政区冲突与协调在基层组织上的表现，反映了明中期以后图甲制演变的基本趋势。赵世瑜《赤桥村与明清晋祠在乡村网络中的角色》（《社会科学》第4期）指出晋祠是晋祠镇以及赤桥等毗邻村落所控制的象征资源，其因此获得"天赋水权"，在村落网中占据超然地位。商传《略论晚明的人文主义与社会转型》（《江西社会科学》第7期）指出官僚体制与小农经济使晚明追求个性化的人文主义思潮转变为社会纵欲思潮，缺乏人文精神的时代是不可能完成社会转型的。方志远《"冠带荣身"与明代国家动员——以正统至天顺年间赈灾助饷为中心》（《中国社会科学》第12期）指出正统至天顺年间，明朝为动员民众赈灾助饷，实行"冠带荣身"政策，但逐渐从应急变为敛财，遭到民众的抵制，反映出国家权力与社会财富之间逐渐发生"异势"，社会财富从被掠夺者变为俯视国家者。张兆裕《明后期地方士绅与灾蠲——灾荒背景下明代社会的政策诉求》（《明史研究论丛》第11辑）考察了明代地方士绅对于田赋征收与救荒关系的看法、灾蠲受到重视的原因，以及士绅为实现灾蠲所作的努力。李嘎《旱域水潦：明清黄土高原的城市水患与拒水之策——基于山西10座典型城市的考察》（《史林》第5期）考察了明清时期黄土高原官府与社会为防御水患、开发水利，构建起"社会网络"。

对外关系

专著有宋烜《明代浙江海防研究》（社会科学文献出版社）、陈春声《海陆交通与世界文明》（商务印书馆）、张西平等编《明清之际中外文化交流史研究新进展》

（外语教学与研究出版社）、朱莉丽《行观中国——日本使节眼中的明代社会》（复旦大学出版社）、刘芳亮《日本江户汉诗对明代诗歌的接受研究》（山东大学出版社）等。论文方面，孙竞昊《明清地方与国家视域中的"海洋"》（《求是学刊》第 1 期）指出明清内陆立国的帝制政权出于边疆安全、体制稳定之需要，采取保守之海洋政策。明后期的弛禁是迫于来自地方利益的要求，有利于中国经济楔入开始连为一体的世界市场链条。万明《晚明海洋意识的重构——"东矿西珍"与白银货币化研究》（《中国高校社会科学》第 4 期）指出明代东西洋概念及其变化表明 15 世纪郑和下西洋以后西洋凸显，16 世纪以后全球化开端，东洋凸显出来。东西洋贸易形成了"东矿西珍"格局，背后的助推力是白银货币化。另文《明人笔下的钓鱼岛：东海海上疆域形成的历史轨迹》（《北京联合大学学报》第 2 期）指出明代不仅是钓鱼岛命名定型的重要历史时期，也是钓鱼岛归属、中琉两国国界界定、中国海防体系建立与管辖范围确定，以及东海海上疆域形成的重要历史时期。胡铁球《明清海外贸易中的"歇家牙行"与海禁政策的调整》（《浙江学刊》第 6 期）指出为突破海禁政策，明代民间创造出新的商贸模式——"歇家牙行"，积聚了各类商人、基层组织、地方衙门、海防、税关等人员，推动了海禁政策的调整，很好地替代了市舶司的功能，为从"市舶司管理"转变为"海关管理"提供了社会条件。刘晓东《〈虔台倭纂〉的形成：从"地方经验"到"共有记忆"》（《历史研究》第 1 期）指出明代"倭患"发生地区的历史经验逐渐被"非倭患"地区接受而成为一种共有的历史记忆。

十 清史

政治史、经济史、社会史、文化史、民族与边疆问题研究是 2013 年度清史领域的重点，而关于清代学术思想方面的成果尤其突出，涌现出多部研究专著。在社会史研究中，基层社会的权力结构问题，受到学界关注。在研究相关历史问题时，注重对文书、档案、少数民族文献及外文文献的运用。对于学科理论与方法的反思，亦是 2013 年度清史领域的一大亮点，比如刘凤云《理论与方法的推陈出新：清史研究三十年》（《史学月刊》第 1 期），从范式转换、"新史学"的热议、"新清史"的争鸣、宏观与微观四个方面，分别对三十年来清代经济史研究的演进路径、社会史与文化史研究的新领地、中西学界的对话、政治史热点与研究视角的转换等进行了梳理和剖析。

政治史

杨珍《历程 制度 人——清朝皇权略探》（学苑出版社）充分利用满文档案资料，从清朝皇权的兴衰历程、清朝若干宫廷制度建立与变化、皇权发展历程与宫廷制度建立演变过程中政治人物的遭际等视角，对清朝皇权进行了全面系统的考察。林乾《康熙惩抑朋党与清代极权政治》（复旦大学出版社）按照康熙时期朋党集团发展及其衰败的时间顺序，将历史事件与制度变迁相结合，对贯穿康熙一朝的朋党现象进行了多视角的探析，指出康熙利用朋党集团之间的矛盾斗争以加强皇权。刘凤云《雍正朝清理地方钱粮亏空研究——兼论官僚政治中的利益关系》（《历史研究》第 2 期）认为雍正朝的清理钱粮亏空，是以确保国家利益为前提，针对财政亏空和吏治腐败，对官僚集团实施的一次经济上的大清查，这一过程反映了官僚政治中的诸多利益关系。罗冬阳《朝鲜使臣见闻记述之康雍史事考评——以争储及雍正继位为核心》（《东北师大学报》

第 2 期)、吴秀良《允禵更名与雍正继位问题再探讨》(《清史研究》第 3 期)、常建华《雍正帝打击太监魏珠原因新探——魏珠其人其事考》(《清史研究》第 3 期)、王海燕《清东陵"皇会"的创立和影响——兼论雍正与允禵的关系》(《东岳论丛》第 7 期)等则对雍正继位疑案提出了新的看法。

经济史

倪玉平《清代嘉道财政与社会》(商务印书馆)通过对嘉道时期财政岁入的分析研究，指出地丁、盐课和关税仍然是财政岁入的三大支柱，特别是地丁，依然是财政收入的主要来源，这反映出嘉道时期传统社会经济结构与清代前期没有太大变化。王德泰《清代前期钱币制度形态研究》(中国社会科学出版社)则将清代前期的铜钱制度作为研究对象，对制约与影响清代前期铜钱制度(钱币制度)发展变化的诸多因素进行了研究，并以此来揭示转型时期中国社会的发展变化。岁有生《清代州县经费研究》(大象出版社)从州县财政的地位、州县衙门经费、祭祀经费、恤政经费、工程经费、文教经费等方面，探讨了清代州县一级行政机构的财政运作。相关论文还有吴琦《清代漕粮截拨》(《中国社会经济史研究》第 1 期)、许光县《清代团体土地使用权探析》(《西北大学学报》第 5 期)、燕红忠《清代牙商及其特点》(《中国社会经济史研究》第 1 期)、彭恩《清代湖北经济开发与森林生态环境变迁》(《农业考古》第 1 期)、孟文科《清代秦巴山区汉人移民的生计模式及其转型》(《农业考古》第 2 期)等。

社会史

王云红《清代流放制度研究》(人民出版社)通过对流放制度与流放实践互动关系的考察，揭示了清代流放政策的有效性、灵活性及其面临的困境。张慧芝《天子脚下与殖民阴影——清代直隶地区的城市》(上海三联书店)考察了直隶省城镇近代化进程的大致脉络及其内部主要分区特征、"天子脚下"的地缘位置与直隶省城市近代化、"殖民阴影"的社会背景与直隶城市近代发展、以海河流域为核心的生态腹地与京、津等中心城市的发展等问题，探究了直隶省内城市从封建高峰向近代转型过程中的地域性特征。谢宇《清代皇陵堪舆考》(华龄出版社)从堪舆学角度，对清代皇陵建造地点的地形、地貌、景观、气候、生态等要素作了深入研究。马琦《国家资源——清代滇铜黔铅开发研究》(人民出版社)以国家和资源为视角，借助现代交通运输地理学的相关理论和方法，对滇铜、黔铅的开发与管控、运输地理等问题加以探讨，揭示了国家在资源开发过程中的地位和作用。

吴滔《清代广东梅菉镇的空间结构与社会组织》(《清史研究》第 2 期)探讨了从明清之交地方动乱到清中期以后社会秩序重组期间梅菉镇空间格局的形成过程和社会权力结构的演化轨迹，揭示出不同人群在这一特定时空中所结成的社会网络以及梅菉与更大区域之间的复杂关联。王日根、仲兆宏《明清以来苏闽宗族祠堂比较研究》(《安徽史学》第 3 期)认为明清以降中国境内宗族组织获得了巨大发展，与此相适应，民间社会倾力建设祠堂的积极性高涨，而明清时期的官府尤其是清政府对祠堂建设采取鼓励和劝导政策，将之视为社会稳定的基本条件。黄权生、罗美洁《明清麻城军事人口迁徙与"麻城孝感乡"的祖籍认同》(《湖北社会科学》第 1 期)认为四川的"麻城孝感乡"移民文化认同是经过元、明、清三代以麻城(孝感乡)的军事移民迁徙累加而形成的结果，这些军事移民活动促成了"麻城孝感乡"移民祖籍文化的认同。潘春辉《从人迁到外流：清代镇番移民研究》(《历史档案》第 1 期)探讨了清前期镇番县人口的移入与中后期人口的迁出现象,并对人口移入与迁出这一趋势的产生及其影响作了剖析,以期深化对清代西北地区的移民问题、边疆政策及环境变迁等问题的认识。渠桂萍《二十世纪前期中国基层政权代理人的"差役化"——兼与清代华北乡村社会比较》(《中国社会科学》第1期)对20世纪前期地方自治公职人员与清末"新政"之前的清代保甲长、里甲长、乡约等乡村控制组织权力主角加以比较,以此探寻传统历史的延续与回归问题,希望沿着中国乡村自有的发展轨迹构建"本土化"理论解释框架。

文化史

杨华《由"尊德性"而"道问学":学风转轨与清初孟学》(上海社会科学院出版社)在清初学风转轨的视野下,以孟学为研究对象,考察和剖析清初孟学研究与学风由"尊德性"而"道问学"转变的内在联系。该书还指出其不仅折射出传统学术在宋明理学与清学之间的转轨,而且隐含了清代学风的新走向,并在方法论和目的论上影响着中国传统学术的近代转型。柴德赓《清代学术史讲义》(商务印书馆)对清初学术和以全祖望、章学诚、赵翼、王鸣盛、钱大昕为代表的乾嘉史学,以及以吴、皖、扬州三派经学家为代表的不同地域学术在乾嘉间的分野等问题进行了阐述。王惠荣《晚清汉学群体与近代社会变迁》(中国社会科学出版社)从晚清汉学、汉学群体、汉学群体与社会变迁三个方面,探讨晚清汉学群体分布区域及学术特征、汉学家的思想取向与西学东渐、西潮冲击下汉学群体思想的发展演化、汉学群体的近代社会实践以及在近代社会中的历史作用等问题,指出晚清汉学群体与近代社会变迁之间是一种相互作用、彼此促进的关系。相关论著还有王汎森《权力的毛细管作用:清代的思想、学术与心态》(台北联经出版事业公司)、南炳文《明清考史录》(人民出版社)、陈居渊《汉学更新运动研究:清代学术新论》(凤凰出版社)、钟玉发《阮元学术思想研究》(中国社会科学出版社)、程尔奇《晚清汉学研究》(人民出版社)、谢贵安《清实录研究》(上海古籍出版社)、王蕾《清代藏书思想研究》(广西师范大学出版社)、陈祖武整理李光地《榕村全书》(福建人民出版社)、陈烈主编《小莽苍苍斋藏清代学者书札》(人民文学出版社)、张瑞龙《论十九世纪上半期理学在知识界的状况》(《清史研究》第1期)、杨自平《程廷祚"以经解经"的释〈易〉实践与易简哲学》(《清华学报》第2期)、林存阳《清中叶朝廷和基层旗人对满洲典礼的张扬》(《清史论丛》2013年号)、陈宝良《清初礼教秩序的重建与士大夫精神史的波折》(《浙江学刊》第2期)等。

民族与边疆史

陆韧、凌永忠《元明清西南边疆特殊政区研究》(人民出版社)通过对西南边疆地理环境和民族社会环境的全面考量,廓清了元明清时期西南边疆特殊政区的设置特点,从而有利于全面地认识西南边疆地区行政区域的历史发展演变与发展进程。乌云毕力格主编《满文档案与清代边疆和民族研究》(社会科学文献出版社),探讨了清代蒙、满、藏等民族史和蒙古、西藏、东北等边疆地区的相关历史问题。许新民《论清咸同起义以来云南土司治策——以承袭与改流为中心》(《云南师范大学学报》第1期)认为清咸同以来在云南地区所施行的改土归流政策,并非彻底革废土司,而是使土司"虚衔化",剥夺了土司原有的行政管理权。刘敏《清代至民国时期三江区域移民对赫哲族社会发展的影响》(《学术交流》第2期)认为汉族等民族的移居改变了这一区域的人口与民族结构、生态环境与语言环境、生产与生活方式、传统观念与习俗。许曾会《明清的民族政策与正史的民族观念》(《学习与探索》第1期)认为明清两朝威德兼施的民族政策对明清正史《元史》和《明史》的民族观念影响颇深，使之分别呈现出大民族主义和华夷一家的民族观念。

结语

综观2013年度的中国古代史研究，可以看到在许多领域都引入了新的研究视角，取得了新的进展，涌现出不少内容充实、见解新颖的论著，体现出文本解读与问题研究并重、实证研究与理论思考结合的特点。总体来看，政治史、制度史、法制史、社会文化史依然是各断代领域的研究重点，经济史、军事史、边疆与民族等方面的研究则相对薄弱。与此同时，虽然打通断代进行长时段研究已成为学界共识和努力方向，也出版了一些跨越断代的论著，但是更长时段的、历时态的通识性研究还不多见，需要进一步加强。

值得特别提及的是，由《中国史研究》杂志社创办、彭卫主编《历史学评论》刊物的推出，使得中国史学界向来比较缺失的学术评论与学术批评在2013年度有了实质性的改观。相信良好的学术评论机制也将会促使中国古代史领域产出更多高质量的论著。

辛亥革命百年史研究

张海鹏　赵庆云

辛亥革命史研究，与辛亥革命的发生几乎同步。经过几代学人的开拓垦殖，已发展得较为成熟。从研究者之众多、学术著述之丰富、社会影响之深远来看，辛亥革命史无疑已成为名副其实的"显学"。2011年是辛亥革命发生百周年，我们在这里回顾一下百年来的辛亥革命史研究。

一　辛亥革命史研究的起源

辛亥革命史研究的兴盛，不仅因为辛亥革命时期中国历史发生了千古未有的时代性转换，作为历史研究对象，其本身具有巨大的魅力；也因为辛亥革命对百年来中国社会发展的深刻影响，使其成为经久不衰的研究课题。百年来，有关辛亥革命的论著，可谓浩如烟海，难以一一缕述。但若细加寻绎，可以发现其鲜明的阶段性特点。

有关辛亥革命的撰述，始于1912年民国成立前后。最早以"辛亥革命"命名的史书，是署名渤海寿臣编的《辛亥革命始末记》（五族民报社1912年6月刊行）。在此前后，主要还有郭孝成所编《中国革命纪事本末》（商务印书馆1912年版）、顾乃斌撰《浙江革命记》（浙军第49旅司令部1912年印行）、胡石庵著《湖北革命实见记》（武昌大汉报社1912年印行）、谷钟秀所编《中华民国开国史》（泰东图书局1914年刊行）、曹亚伯著《武昌革命真史》（中华书局1927年刊行）等。总体说来，这些当代史撰述，虽然因缺乏历史纵深，难称真正意义的学术研究，但其辑录的原始史料，以及亲历者的视角感受，仍有其独到的学术价值。其前驱先路之功不能抹杀。

20世纪30年代以后，南京国民政府立足渐稳，即通过所掌握的政治文化资源，开始着手编纂国民党史。随后成立中国国民党党史史料委员会和国史馆。争夺辛亥革命的话语权事关现实政治中的"正统"地位，辛亥革命史被纳入国民党史范畴，并服务于其政权的合法性论证。过于强烈的意识形态属性，使真正意义的学术探讨仍多有窒碍。曹亚伯的《武昌革命真史》因突出湖北革命团体日知会的历史功绩就遭到国民党政府的查禁①。因而此后诸如郭真、左舜生等的辛亥革命著述，内容取舍大多以孙中山和同盟会为中心，不乏删改史实之处；价值评判则往往情感高于理性，过多的溢美之词予人文过饰非之感。这一时期比较重要的著作有邹鲁编著的《中国国民党史稿》、冯自由的

---

① 据陈恭禄言："近时忌讳繁多，历史书籍禁止出售者，据吾人所知有《清史稿》、《武昌革命真史》、《中山先生伦敦被难史料考订》。"据陈恭禄《近代中国史史料评论》，《武汉大学文哲季刊》1933年第3期。

《革命逸史》、罗香林著《国父家世源流考》等。这些著述虽不免时有粗疏之处,观点亦受局限,但其叙述分析均有独到之处,至今仍被研究者参考。《革命逸史》更成为台湾当局的辛亥革命叙述的主要资料来源①。在国民党官方史学里,甚至孙(中山)黄(兴)并列、稍微突出黄兴也是不被允许的。

国共两党早期领导人大多直接参加了辛亥革命。李大钊、陈独秀、毛泽东、吴玉章等中共领袖早年均曾有过对辛亥革命的反思和论述。毛泽东曾指出:辛亥革命的意义在于使人们"知道圣文神武的皇帝,也是可以倒去的。大逆不道的民主,也是可以建设的"。而其局限则在于:"辛亥革命乃留学生的发踪指示,哥老会的摇旗唤呐,新军和巡防营一些丘八的张弩拔剑所造成的,与我们民众的大多数毫无关系。②"

20世纪40年代末,出现了以唯物史观研究辛亥革命史的著作。其中以黎澍的《辛亥革命与袁世凯》(1948年由生活书店出版,1954年前后改订为《辛亥革命前后的中国政治》重新印行)、胡绳的《帝国主义与中国政治》为代表。黎著系统论述辛亥革命前后的史事,誉重一时。胡著将辛亥革命时期几种政治势力之间的错综关系予以厘清,并着重分析辛亥革命的成败得失。国民党人的辛亥革命著述着重史料,有时不免流于史料的罗列堆砌;胡绳、黎澍两著则皆以理论分析见长,然史料方面不免略显粗糙。

关于中国近代史的"近代化"话语与"革命"话语之争,于20世纪30年代已现端倪③,随着政治立场的不同,对于近代史上的史事的看法也出现分歧。然而就辛亥革命而论,国共双方则共识较多,尤其在史实叙述层面大同小异,都强调同盟会—国民党的正统地位,重视革命派而忽略立宪派。中共方面更强调同盟会—国民党未注重组织发动人民群众、未能坚决反对帝国主义,并将之作为辛亥革命失败的关键原因。

总体来说,清末革命派、国民党人和早期共产党人对辛亥革命的认识,积淀于辛亥革命史的研究之中,并形成一些思维定式,对1949年后海峡两岸的辛亥革命研究影响至为深远。时至今日,还有学者呼吁超越党派成见的束缚④。

二 辛亥革命史研究的发展

1954年由胡绳首倡、并在随后学界讨论中得到较多认同的"三次革命高潮"理论,将辛亥革命作为民族民主革命发展链条的一个重要环节,被置于自1840年以来中国重大革命历史事件的序列中,与太平天国运动、义和团运动并列为"三次革命高潮",无疑凸显了辛亥革命的重要地位。陈旭麓著《辛亥革命》(上海人民出版社1955年版)、胡绳武著《论中国资产阶级民主派的形成》(《复旦学报》1955年第2期),均受胡绳这一对辛亥革命的定位之影响。中国史学会在20世纪50年代编辑出版《中国近代史资料丛刊·辛亥革命》(8本),搜罗完备,选择精当,为研究者提供了史料基础。

在当时的认识框架中,辛亥革命研究就是以唯物史观为指导,以阶级分析为基本研

---

① 《黄克武谈台湾学界对辛亥革命的研究》,《东方早报》2011年7月12日。
② 毛泽东:《民众的大联合》,《毛泽东早期文稿》,湖南出版社1990年版,第389页。
③ 欧阳军喜:《20世纪30年代两种中国近代史话语之比较》,《近代史研究》2002年第2期。
④ 此点为严昌洪先生提出。参见马敏、王杰等《孙中山·辛亥革命研究回顾与前瞻》,《广东社会科学》2011年第1期。

究方法，以重大政治历史事件为中心，以经济、思想文化作为背景和铺垫，强调阶级关系、阶级斗争的探讨，着力突出群众尤其是下层农民群众的革命斗争。李达曾总结学界的辛亥革命研究状况："比较广泛地研究了辛亥革命时期的群众运动，肯定了人民群众的作用；研究了资产阶级的性格，揭露了资产阶级的软弱性；研究了清末立宪运动和立宪派的性质，进一步揭露了资产阶级上层对帝国主义和封建主义的依附性，以及他们政治上的反动性。"[①] 这段话基本归纳了在革命史研究模式之下，学界对辛亥革命这一历史事件的关注焦点及价值评判，反映出当时的研究格局。

1955年5月，周恩来总理提出"和平解放台湾"的政策；与此相应，同年孙中山逝世30周年，《人民日报》发表社论《纪念伟大的民主革命家——孙中山》，预示着某种新的趋向。1956年将"和平解放"台湾的政策在中共八大上正式确定下来。同年举行隆重纪念孙中山诞辰90周年活动，毛泽东发表《纪念孙中山先生》一文，予孙中山和辛亥革命以高度评价。毛泽东的论述成为研究辛亥革命的指针，辛亥革命史研究也因此在1956年一度出现短暂热潮，报刊上发表关于孙中山和辛亥革命的文章达200余篇。

经历1958年"史学革命"后，史学界以替曹操翻案为契机，开始对"史学革命"加以拨正，史学界的元气很快恢复。1961年适逢辛亥革命50周年，在隆重进行纪念庆典的同时，中国史学会和湖北省社联联合举办了以辛亥革命为主题的学术讨论会。会后出版《辛亥革命五十周年纪念论文集》（中华书局1962年版），收入论文32篇，近50万字。通过这次会议，涌现出一批后来成为辛亥革命研究中坚力量的中青年学者，而且开启逢十举行大型辛亥革命学术讨论会先例，对于推动辛亥革命史研究影响至为深远。

此次会议影响远及欧美、日本史学界。有学者总结道："近二十年来，欧美史学界的辛亥革命研究掀起了一个又一个学术研究高潮，而其直接的契机，盖出于我国一九六一年在武汉召开的辛亥革命五十周年纪念会。最近访华的美国学者高慕轲称这次纪念会为'关键性的转折'。美国的中国近代史专家芮玛丽（Mary Clabaugh Wright）说得更生动：'我们这批分散在世界各地的中国近代史研究工作者，面对着这些新发现罗列出来的例证，一开头不免有点吃惊，过后又热情满怀，信心十足。原来我们过去在课堂上讲、在教科书上写的关于二十世纪初中国的画像，几乎全部是错了的。'"[②] 日本学者也称之为"辛亥革命研究史之划时代的论文集"[③]。

毋庸讳言，中华人民共和国成立后大陆学者的研究，并未完全摆脱"正统史观"思维定式的束缚，以致中华人民共和国成立后大陆的辛亥革命研究被海外学者称为"新正统学派"[④]。黎澍也曾批评大陆中国近代史研究追随"国民党观点"，表现为"不充分地研究材料，人云亦云，国民党反对立宪派，也跟着反对立宪派，以领袖划线，以

---

① 李达：《辛亥革命五十周年学术讨论会开幕词》，载《辛亥革命五十周年纪念论文集》上册，中华书局1962年版，第6页。
② 沈自敏：《近二十年来欧美的辛亥革命研究》，《读书》1981年第10期。
③ 李金强：《辛亥革命的研究》，载《六十年来的中国近代史研究》（"中央研究院"近代史研究所特刊1）下册，"中央研究院"近代史研究所1989年版，第763页。
④ Winston Hsieh, *Historiography on the Revolution of 1911: A Critical Survey and a Selected Bibliography*, Stanrofd: Hoover Institution Press, 1975.

党派划线，不从历史实际出发"①。但不可否认，"十七年"间的辛亥革命史研究，还是体现出一些新的特点。

首先，视野有所拓展，关注重心下移。国民党人的辛亥革命史研究偏重精英。胡绳在1955年的中国近代史讲座中就强调指出：中华人民共和国成立前关于辛亥革命的论述，"抹杀了当时革命运动中群众的作用"，而"辛亥革命所以能够在历史上有那么大的意义，归根结底还是群众的力量"②。唯物史观对人民群众是历史主体的强调，对下层民众斗争的重视，使在以往历史著述中不见踪影的下层民众受到极大关注。辛亥革命史研究，也呈现关注重心下移的趋势，特别注重论述辛亥革命中农民、新军、会党的作用。一定程度上改变了中华人民共和国成立前以精英、领袖为中心的研究格局，丰富了辛亥革命史研究的内容。

由于草根民众并未留下多少文献资料，通过实地调查寻访获得一手资料在当时学界蔚成风气。如安徽科学分院历史研究室近代史组通过调查，完成《芜湖地区的辛亥革命》③。在邹鲁所著《中国国民党史稿》中，将川北革命派的革命活动归功于曾省斋一人的组织领导，南充师范学院师生经过调查，对蜀北军政府成立始末的革命群体作了详细叙述④。戴学稷所写《辛亥革命时期呼包地区的起义斗争》，是利用"过去二三年来调查搜集到的一些材料"写成。华中师院还进行了"辛亥革命前两湖会党的调查"⑤；扬州师院历史系自1957年起，即组织师生组成扬州师院乡土资料调查队，辗转各地进行辛亥革命时期的乡土历史调查，获得回忆录23件，采访记录10件，写成《辛亥革命时期无锡、常熟、江阴三县边区农农起义调查记》（《扬州师院学报》1960年第7期），完成"孙天生起义调查报告""千人会起义调查报告"，并在此基础上整理成《辛亥革命江苏地区史料》⑥一书，受到陈旭麓的高度肯定⑦。

其次，普遍运用阶级分析法。学者力图用阶级分析的方法透视辛亥革命时期的阶级斗争和阶级关系，透过纷繁复杂的历史现象背后去寻绎历史演进的真正动因，说明辛亥革命发生时的历史背景。较中华人民共和国成立前仅停留于历史表象的政治活动的记述，增加了理论分析的深度。例如，刘大年提交的论文《辛亥革命与反满问题》，运用阶级斗争观点分析反满问题。在此前超阶级的论述中，"反满"问题往往被看作种族斗争。此文则系统论证反满从来不是一个独立的运动，它在不同的时期服从不同阶级的利益。作者既不同意把辛亥革命看作汉族反对满族的国内民族革命，也不同意那种回避资

---

① 耿云志：《回忆黎澍同志》，载黎澍纪念文集编辑组编《黎澍十年祭》，中国社会科学出版社1998年版，第294页。

② 胡绳：《中国近代史绪论》，内部发行，第25、27页。

③ 安徽科学分院历史研究室近代史组：《芜湖地区的辛亥革命》，《安徽史学通讯》1959年第6期。

④ 南充师院中国近代史教研组：《蜀北军政府成立始末调查记》，载《辛亥革命回忆录》第3集，第287—293页。

⑤ 近代史研究所藏"辛亥革命五十周年讨论会档案"。

⑥ 《辛亥革命江苏地区史料·前言》，江苏人民出版社1961年版，第1—2页；蒋顺兴、祁龙威：《扬州师范学院历史系蒐辑辛亥革命革命江苏地区史料》，《历史研究》1961年第6期；近代史研究所藏"辛亥革命五十周年讨论会档案"。

⑦ 《一本有价值的辛亥革命地区史料》，《文汇报》1962年9月15日。

产阶级民主革命与反满关系的简单化看法。正是因为有阶级分析的思想武器，此文能够纵论数百年，其对于"反满"的基本乃至判断得到学界认可，乃至成为后来中苏史学论战中的重大问题之一①。

"文化大革命"开始后，"三次革命高潮"中的太平天国起义和义和团运动被片面拔高，辛亥革命则因其资产阶级"妥协性"遭到批判。对辛亥革命或革命党人作出任何肯定，都可能被扣上"'宣扬资产阶级高明（中心）论'或者'美化资产阶级、为剥削阶级辩护'"的幌子而大批特批。辛亥革命就此沦为史学研究者不敢轻易涉足的'险学'"②。

海峡对岸，史学界也相当重视辛亥革命研究，但在相当的时间内，基本上只是对南京国民政府时期辛亥革命研究的承袭："国史馆"与党史会仍作为辛亥革命研究的官方基干力量而发挥作用，"在思想内容上可说是'正统观念'，在方法上可说是'史料学派'的延续。当局视辛亥革命为其一党所得专享的荣耀，坚守数十年一以贯之的正统解释，对于非同盟会/国民党的人物，尤其是立宪派（包括在思想文化方面颇有建树的梁启超）一概予以冷漠"③。

20世纪60年代以后，中国台湾史学界开始与西方汉学有所交流，在研究理论方法上受到西方影响，辛亥革命史研究逐渐突破原有的研究格局，呈现新的气象，开始出现诸如立宪派、革命妇女、区域研究等新课题，"在研究思路和方法上，可说是出现了多元倾向对正统观念、解释学派对史料学派的分庭抗礼"④。

遗憾的是，由于政治和意识形态的对立，两岸学界处于隔绝状态，无法进行交流互动。在这段时期内，为追溯当代中国的起源，美国和日本对辛亥革命的研究也倾注了相当的热情，并运用社会科学的方法，取得了巨大进展。

三　辛亥革命史研究的繁荣

"文化大革命"结束以后，随着各个领域"拨乱反正"，辛亥革命研究大力肃清"左"的思潮的影响，重获生机，并迅速繁荣发展，且某种程度上引领了新时期的史学变革。

首先，研究力量集结，研究成果大量涌现。以中国社会科学院近代史所、华中师范大学历史研究所、中山大学孙中山研究所等学术机构为中坚，通过辛亥革命研究会、孙中山研究会等跨区域学术团体的组织推动，召开大型国际学术讨论会，创办《辛亥革命史丛刊》《辛亥革命研究动态》《孙中山研究论丛》等刊物，汇聚起一批志同道合的学术人才，构成颇具规模的学术网络，并进行大兵团协作，体现出单骑作战难以比拟的优势。在20世纪80年代初，大陆学界接连出版了三部辛亥革命通论性的大型著作，受

---

① 至1980年，齐赫文斯基在苏联《近现代史》第一期上发表《中国资产阶级民族主义——辛亥革命的思想体系》一文，指名批评刘大年写的《辛亥革命与反满问题》。
② 李润苍：《把历史的内容还给历史——批判"四人帮"把辛亥革命篡改为"儒法斗争"、"又一次高潮"的谬论》，《四川大学学报》1977年第4期。
③ 章开沅等：《国内外辛亥革命史研究综览》，湖北教育出版社1991年版，第234页。
④ 章开沅等：《国内外辛亥革命史研究综览》，第235页。

到海内外学界高度称许。其中,章开沅、林增平主编的3卷本《辛亥革命史》,内容全面、体例完整;金冲及、胡绳武著4卷本《辛亥革命史稿》史实详尽,彰显个性;李新主编的《中华民国史·中华民国的创立》(上下册)史料丰富,体系严整。三部著作各具特色,均为精品之作,是大陆辛亥革命研究成果的集中体现。就其宏观系统性而言,至今仍未见能超越者。此外,有关辛亥革命的著述如雨后春笋般涌现。据统计,1979—1989年十年间发表辛亥革命论文约有5300篇,为1949—1978年的十倍;① 其中1981年即达1200余篇。1990—1999年有约4400篇②。1981—2000年,20年间出版的有关辛亥革命的书籍超过350种③,呈现由宏大到专精的不断深化趋势。就成果之丰硕而论,中国史学任何其他分支领域都很难与之匹敌。

其次,从研究理论方法上,辛亥革命史研究有了新的突破。在思想解放的大背景下,不少学者开始对整个中国近代史的研究格局进行反思。刘大年着眼于回归唯物史观重视"物"——即经济基础——的本义,在1981年撰文呼吁以中国近代经济史研究作为深化近代史研究的突破口。其背后隐含的考量即在于突破革命史研究模式过于强调反帝反封建革命斗争的限制,将近代史研究的重心由生产关系转向更为基础的生产力④。在恢复唯物史观本义的前提下,重视资本主义、资产阶级的研究,实际上已开始突破此前单一的革命史研究视角,突出了近代以来生产力的发展在整个历史进程中的重要性。现代化作为一个观察辛亥革命的新视角被引入,虽然这一视角居于辅助与补充的地位,也未冠以"范式"之类醒目的名目,却导致对近代以来的资本主义、资产阶级评判尺度的变化,给辛亥革命史研究的理论方法带来了深远的影响。

1981年纪念辛亥革命70周年国际学术讨论会,以"辛亥革命时期的中国资产阶级"为主题,也体现了这种理论方法的调整和变革。在会议中,资产阶级、立宪派、立宪运动成为关注的重心,政治斗争史一枝独秀的局面也已然大有改观。不少学者从促进资本主义的发展、促进工业化进程这一角度来肯定辛亥革命的作用。此后,对立宪派历史作用的重新评估,大大促进了关于立宪派的研究。

由于现代化视角的引入,辛亥革命史研究逐渐突破了政治史、事件史的研究格局,辛亥革命前后的经济发展受到越来越多的关注,并进而拓展到思想、外交、文化等各个领域。辛亥革命史的研究视野大为开阔。20世纪80年代后期,一些研究者的关注重点转向了社会团体、社会风俗、社会结构、社会文化等领域,形成"从革命向社会转移"⑤。运用社会史的理论方法,能从更广阔的社会背景来审视辛亥革命的兴起与演进,对这场革命进行社会思想文化的深层剖析。

20世纪90年代以后,社会史研究呈现兴盛的态势,甚而被认为是"史学研究的一

---

① 《最近十年辛亥革命研究述评》,载武昌辛亥革命研究中心编《辛亥革命与近代中国》(1980—1989年论文集),湖北人民出版社1991年版,第10页。
② 严昌洪:《20世纪90年代中国大陆辛亥革命研究综述》,《理论月刊》2001年第10期。
③ 陈铮:《近二十年辛亥革命史研究著作和资料出版概述》,纪念辛亥革命九十周年国际学术讨论会论文。
④ 刘大年:《中国近代史研究从何处突破》,《光明日报》1981年2月17日。
⑤ 严昌洪、马敏:《20世纪的辛亥革命史研究》,《历史研究》2000年第3期。

种新范式",为所有史学研究提供"新的研究方法、新的研究态度和新的研究视角"①。社会史的方法视野以润物无声的方式影响着辛亥革命史研究。辛亥革命作为整体的"时期史"而非孤立的"事件史"来进行研究,已一定程度上成为学术界的共识。运用社会史的视野与方法,被认为是辛亥革命史葆有学术活力、获得学术突破的关键。有学者提出,辛亥革命史研究应从社会史角度,超越政治事件的局限,对之进行"整体""综合"的研究,使之形成"总体史""综合史"的格局,进而开辟出新局面②。

随着新文化史成为新的流行研究范式,辛亥革命史研究开始运用新文化史的理论方法,并形成政治文化史这一新的交叉研究领域。在大陆学界,这类成果目前虽然还不多,但已经引起相当的关注。2009年相继出版的《崇拜与记忆——孙中山符号的建构与传播》(南京大学出版社)、李恭忠《中山陵:一个现代政治符号的诞生》(社会科学文献出版社),均采用政治文化史的研究路径,将历史学与社会学、文化人类学相结合,将研究重点从孙中山的生前转向逝后,探讨孙中山形象的建构过程,揭示更为深广的政治、社会变迁。因其视角新颖、方法独特,给人耳目一新之感。

与此相关的是,近年来,对于辛亥革命如何被阐释和"记忆",成为一个新的研究热点,涌现出可观的研究成果,并出版了4卷本《辛亥革命的百年记忆与诠释》。③ 这一研究,从记忆史的新视角考察不同历史时期的不同派别、群体及个人对这次革命的记忆和诠释,并寻绎梳理其背后的影响因素,其所探讨的已不再是辛亥革命本身,而是百年来辛亥记忆的演变,因而将辛亥革命的研究时段向后延伸了百年。由于全新的问题意识和独特视角,产生出一系列新的研究课题,史料运用方面也有所突破,从而开拓出辛亥革命研究的一片新境。

现代化的引入,使辛亥革命研究获得一个新的视角,但随之而来的问题是,一些学人在矫枉过正的思维主导之下,对"革命"本身由反思而质疑,甚至完全否定。以现代化为唯一视角来看辛亥革命,"告别革命之说"兴盛一时。最有代表性的为李泽厚,他明确提出:"辛亥革命是搞糟了,是激进主义的结果。清朝的确是已经腐败的王朝,但是这个形式存在仍有很大意义,宁可慢慢来,通过当时立宪派所主张的改良来逼着它迈上现代化和'救亡'的道路;而一下子痛快地把它搞掉,反而糟了,必然军阀混战。"④ 视角变换后,此前一直被认为其弊在"不彻底"的辛亥革命,转而被指为过于"激进"。李泽厚的观点招致不少批评,但也有拥趸。

对于辛亥革命的总体评价,与现实社会政治思潮密切相关,史学界至今依然存在分歧。但回归当时的历史情境,认为革命的发生是各种因素综合作用的结果,有其必然性,并非人为制造的产物,还是学界的主流声音。辛亥革命的成功打开了近代中国进步的闸门,这一点是无法否认的。对革命的反思,也多在肯定其历史必然性的前提下进行。

辛亥革命的性质,是中外学者分歧的焦点问题,难以取得共识。1982年4月在美

---

① 参见赵世瑜《狂欢与日常——明清以来的庙会与民间社会》,生活·读书·新知三联书店2002年版,第438—468页。
② 严昌洪、马敏:《20世纪的辛亥革命史研究》,《历史研究》2000年第3期。
③ 罗福惠、朱英主编:《辛亥革命的百年记忆与诠释》,华中师范大学出版社2011年版。
④ 李泽厚、王德胜:《关于文化现状、道德重建的对话》,《东方》1994年第5期。

国举办的"辛亥革命与民国肇建"学术讨论会上,章开沅与中国台湾学者张玉法就辛亥革命性质问题公开交锋,并发表《关于辛亥革命性质问题——答台北学者》,全面回应了中国台湾学者"辛亥革命是全民革命"的挑战。作为这一争论当事者的张玉法先生对此反思道:"关于资产阶级民主革命的问题。这个议题两岸学者已经争论了几十年,没有什么焦点。在这个会后,我记得金冲及先生就对我说,实际上大家争来争去主要是名词之争,实质上的争论是不多的。我自己考虑了一下,可能是名词之争比较多。我当场答应他,以后再不就这个问题做争论了。"[1] 辛亥革命性质问题,马克思主义学者与非马克思主义和反马克思主义学者之间难以达成共识。经过长期的争论后,实际上搁置了这一争论。

由于1981年、1991年、2001年、2011年均召开十年一度的纪念辛亥革命国际学术讨论会,使辛亥革命研究成为海内外学人共同关注的"显学",并且在大陆学界持续保持了研究的热度。辛亥革命的学术会议与学科发展二者构成了某种良性互动:学术发展,使每一次辛亥革命学术讨论会呈现出新的景象,并成为学科继续向更高层次迈进的新起点。

中国台湾地区由于政治转型、本土化影响等因素,辛亥革命史研究在20世纪90年代以后呈现式微的趋势。1990—2000年中国台湾学者发表有关辛亥革命论文53篇,平均每年仅6篇;2000—2008年更减少为17篇,平均每年仅2篇[2]。

经过持续多年的学术积累,大陆学术界的辛亥革命史研究形成所谓"学术高原",进一步深入拓展难度加大。自21世纪以来,仍有不少学术团队与个人执着于辛亥革命研究,并且取得了相当丰硕的成果。张海鹏、李细珠所著《中国近代通史》第五卷《新政、立宪与辛亥革命》,以及章开沅、严昌洪主编《辛亥革命与中国政治发展》等通论性著作,吸收整合了学界新的研究成果,影响较大。至于专题研究,著作颇多,难以赘述。尤其是原来作为辛亥革命的背景和对立面而较少受到关注的"清末新政"专题,自21世纪以来成为各方关注、成果迭出的领域。此外,资料建设工作也颇有成效,章开沅等主编的《辛亥革命史资料新编》(8卷)(湖北人民出版社2006年)达510万字,补充了大量的外文档案,如日本外务省、法国外交部、英国外交部的稀见未刊文献。

2011年是辛亥革命百周年,再一次激发了史学界和整个社会对辛亥革命的热情,据不完全统计,2011年度以"辛亥革命"字样为标题的文章达1451篇;以辛亥革命为主题的文章达3260篇。此外还有大量相关著作、史料集出版,形成了自21世纪以来辛亥革命研究的空前盛况。

纪念辛亥百年之际,中国第一历史档案馆与海峡两岸出版交流中心合作,共同推出大型档案文献汇编《清宫辛亥革命档案汇编》(九州出版社2011年)。全书收录档案5700余件,计80册,是辛亥革命研究又一重要基础性文献汇集。同期中国台北"故宫

---

[1] (《在纪念辛亥革命90周年国际学术讨论会开幕式上的致词》,《新世纪的学术盛会——纪念辛亥革命90周年国际学术讨论会专辑》,第23页。)参见朱宗震《大视野下清末民初变革》,新华出版社2009年版,第7页。

[2] 朱英:《两岸辛亥革命史研究:兴盛与减缓》,《社会科学报》2010年12月30日;何卓恩:《台湾学界辛亥革命研究的承转盛隐》,《湖北大学学报》2011年第2期。

博物院"搜集整理 1000 余件，出版《清宫国民革命史料汇编》4 册。这些档案从革命的对立面看辛亥革命，为我们转换视角、全面审视和研究辛亥革命提供了文献支撑。

四　辛亥革命史研究的总结

历史是现在与过去的对话，回顾百年来辛亥革命史的研究历程，不难发现，不同时代的社会政治变迁深刻地影响了人们对辛亥革命的研究和评价，辛亥革命研究所运用的理论方法、问题意识，无不打上了时代的印记。

辛亥革命史起点较高，对研究者要求也更高。但由新材料新观念发现新问题只是学术研究的初级阶段，"接着做更接近大道正途，更能体现学术研究的深度和高度"①。如何进一步扩展和深化辛亥革命史研究，成为辛亥百年之际不少学人思考的问题。

综合诸多史家所贡献的真知灼见，以下几点极为关键。

第一，进一步深入挖掘史料。史料是史学研究的根基所在。辛亥革命时代，报纸杂志开始勃兴，留下的历史文献数量极丰，如今虽然已整理出版不少相关史料，但离竭泽而渔还有相当的距离。尤其对于流落海外的史料，需下大功夫加以搜集整理。

第二，从时间、空间两个维度，进一步拓展研究视野。将辛亥革命时期的历史，作为 19 世纪末 20 世纪初整个中国的历史作综合的研究，置于近代亚洲乃至世界的整体之中，作百年以上长时段的全程考察和分析②，才能真正以古今中外贯通的视野，以准确认识辛亥时期中西新旧的变换和纠葛。

第三，唯物史观是基本的指导思想。但唯物史观并不拒绝引用各种有利于学术研究取得进展的其他理论和方法。以开放的态度，引入新的理论方法。辛亥革命史研究不可能是独立、封闭的史学分支，其研究进展，均与理论方法的嬗变、创新息息相关。运用理论，重在融汇涵化，不拘泥于某一种具体的理论模式，既打破原有的思维定式，又切忌生搬硬套形成新的思想束缚。

辛亥革命研究目前已是百年之学，百年的历史沉淀，使研究者能够逐渐超脱情感的樊篱，更理性客观地研究、审视这一历史长河最为波澜壮阔之处。作为一门史学分支学科，研究的高潮与低落相间乃是常态，辛亥革命史能持续保持如此长久的热度已是奇迹。不过，辛亥革命的历史本身虽然已经凝固，对辛亥革命的研究和阐释则永远不会终结。而且在可见的将来，我们仍将从辛亥革命史中获取时代所需的思想资源，使学术与晚代构成良性互动，辛亥革命学脉传承至久远，可以想见。

---

①　桑兵：《辛亥革命研究的整体性问题》，《社会科学》2011 年第 2 期。
②　章开沅先生提出辛亥革命史研究的"三个一百年"，即 100 年历史背景，100 年的历史本身，未来 100 年的展望，都需要通盘研究。章开沅：《辛亥百年遐思》，《近代史研究》2011 年第 4 期。

新世纪以来的中华民国史研究

汪朝光

中华民国史研究是中国传统断代史研究的组成部分，在中国内地大体开始于1978年实行改革开放政策以后，历经30余年的发展，现已成为中国历史学研究中成果最多且最为活跃的学科领域之一。进入21世纪之后，民国史研究仍然保持着快速发展的势头，本文将简要介绍其十年来的基本研究概况，然内容只涉及中国内地学者的研究，而不涉及中国香港、澳门、台湾学者的研究①。

一　综合研究

1978年，由中国社会科学院近代史研究所民国史研究室编写的《民国人物传》第1卷出版，一般被认为是民国史学科起步的开端。1981年，民国史研究室主持编写的《中华民国史》第1编第1卷出版，成为民国史学科建立的奠基之作。从此以后，有关民国史研究的著作和史料开始大量出版，学术研究队伍迅速扩大，学术交流活动日渐频繁，民国史开始成为学界众所瞩目的新兴学科门类。

在民国史研究的宏观层面，通论性综合研究的主要代表作，是由中国社会科学院近代史研究所民国史研究室主持编写的《中华民国史》，全书共12卷16册，由中华书局自1981年开始陆续出版，并在2011年全部出齐。由民国史研究室主持编写的《中华民国史人物传》（8卷）和《中华民国史大事记》（12卷），亦在过往出版的基础上，经过修订扩充，2011年由中华书局再版推出。前者收录了民国时期有影响的政治、军事、外交、经济、文化等各界人物近千人的简明传记，后者则逐日撰述了民国时期发生的大事要事。这套《中华民国史》系列研究著作，由几代学者历近40年之功而完成，以其资料丰富可靠、叙事翔实全面、评论平实中肯、文字朴实流畅，而得到海内外学术界的高度关注与重视，代表了目前中国史学界研究民国史的水准，也为今后的民国史研究奠定了坚实的基础。

近年来出版的民国史综合研究著作还有张宪文主编的4卷本《中华民国史》（江苏人民出版社2006年版）和朱汉国、杨群主编的10卷本《中华民国史》，后者在形式上与其他著作有别，以论、传、志、表的形式概述民国史，更接近于中国传统史学形式。此外，由近代史研究所张海鹏主编的10卷本《中国近代通史》（江苏人民出版社2006

---

① 本文承中国社会科学院近代史研究所赵利栋、罗敏副研究员慨然惠允提供诸多资料，谨致衷心谢意。有关民国史研究在中国内地自起步到繁荣的历程，请参阅汪朝光《50年来的中华民国史研究》，《近代史研究》1999年第5期。

年版），其中亦有5卷研究的是民国时期的历史。上述这些著作，虽然都是通史性论著，但基本上仍以政治、外交、军事为论述的中心，经济、文化、思想、社会等方面的内容还有不足。

在民国史综合研究方面，还应该注意到学术讨论会的意义。近年来，每年都有若干次研究民国史的国际学术讨论会召开，其中综合性讨论会有2002年近代史所主办的"中华民国史国际学术讨论会"，2000年和2006年南京大学主办的第4、5届"中华民国史国际学术讨论会"，2004—2007年民国史研究室连续主办的"1910—1940年代的中国国际学术讨论会"，等等。这些会议的参加者来自海内外，研究领域较为宽泛，研究成果具有相当的前沿性，研究者可以从中观察目前海内外民国史研究的最新进展与研究动向及发展趋势，充分反映了民国史研究已经成为一门国际性学科的特色。

二 专题研究

就研究时段而言，民国史研究一般被划分为北京政府时期和南京国民政府时期，近年的研究重点更多在南京国民政府时期。就研究领域而言，政治、经济、军事、外交史为传统研究领域，近年来的研究成果仍然较多。同时，许多新的研究领域，如社会、文化、地域、城市史研究等等，正在不断吸引研究者的关注。就研究倾向而言，学者们本着自由讨论的精神，对民国史上的诸多问题，或提出新的观点，或修正原有看法，大大推进了对民国史的认识，而在方法论方面，亦呈多元发展的态势，其中基于实证的个案研究，仍为民国史研究的主体。就发表成果的形式而言，除了每年出版的诸多专门著作之外，研究论文的大量发表，亦为展示民国史专题研究成果的重要方面。有关民国史专题研究的论文发表数量甚多，论述主题包括了民国史的方方面面，散见于各学术期刊，难有确切的统计数字，其中以发表在《历史研究》《近代史研究》等刊物的论文较有影响力。以下仅就近年来在民国政治史研究方面的若干成果略予介绍。

国民党统治在民国时期的兴衰起落一向被学界所关注。北京大学王奇生对国民党组织制度史的系列研究，着重从国民党治党史的角度，以历史学研究为本，结合社会学和政治学的研究取向，深入考察了国民党的组织结构、党员构成、录用体制、党政关系、派系之争等问题，认为国民党在20世纪20年代中期改组后，其组织形态散漫如故；国民党在中央实行以党统政，在地方实行党政分开，党权在地方政治运作中日趋弱化，在很大程度上削弱了国民党的统治权威和基础，最终只能建立起弱势独裁的统治秩序。王奇生的研究还注意到通过20世纪20年代国民党的"国民革命"、共产党的"阶级革命"和青年党的"全民革命"而展现的当时三大政党党际互动的历史场景，并由此探讨近代中国思想价值观念中的革命话语和革命政治文化的建构①。南开大学的江沛等运用政治学理论研究国民党党国体制的源流、理念、实践、变异及其影响，认为这既是西方政党政治理念特别是苏俄政党体制进入中国政坛的结果，也是传统中国政治文化与西

---

① 王奇生：《党员、党权与党争：1924—1949年中国国民党的组织形态》，上海书店出版社2003年版；王奇生：《"革命"与"反革命"：社会文化视野下的民国政治》，社会科学文献出版社2010年版。

方现代政党体制及理念相互作用的产物①。

对于20世纪20年代中期国民革命的研究,学界过往比较多地从中共党史研究的视角出发,关注国共关系的演变以及南方革命政府方面的政治状况。近年的研究从当时的历史实际出发,注意到影响国民革命发生、发展过程的诸多因素,尤其是北方政府的政治状况。北京大学罗志田认为,当时中国政治的主要矛盾关系是"南北之争"而非国共之争,以此出发,他对影响国民革命的诸因素,如地缘文化、社会认同等问题进行了再检讨,认为南北之分的地缘文化观念、南北军事将领的新陈代谢、南新北旧的社会认同等,对北伐军的胜利和国民党统一全国颇有帮助,但亦因其分裂性因素而影响国民党其后对全国的统治,造成形式统一而人心不统一的局面。他还认为,国民党及其主义对北伐胜利有决定性的影响,而政治工作、苏俄援助和黄埔军校等因素所起的作用则是有限的②。四川大学的杨天宏对20世纪20年代中期南北关系的研究,有别于以往南方政府反对北方军阀的视角,注意到南北双方的争夺在"主义"之争的色彩之外,关键还在于双方对中央及地方政府控制权的争夺。对于民初国会政治迅速走向消亡的原因,已有研究成果大多偏重道德层面的分析,或以历史逻辑的探讨替代具体事实的分析,杨天宏则认为,国会衰亡除了人们通常所说的国会议员腐败、国民政治训练不够、军阀的蹂躏破坏外,尚与曹锟贿选后国会党派构成的变化,政治家对当下利益关怀的转移,以及当时国人政治思想日趋激进等政治语境有密切关系③。对于国民革命时期的群众运动,过往研究多从革命史的角度出发,复旦大学冯筱才对1925年五卅运动的研究,认为此次运动的扩大与北京政府的政治、外交策略相关,因此,近代中国的群众运动从来不是单纯的民意表达,忽略群众运动背后的力量,就无法理解近代中国群众运动的复杂内涵④。河北大学刘敬忠等则通过对冯玉祥及其国民军活动的研究,认为冯玉祥成立国民军并接受苏联的援助主要是基于军事上的实际需要,而国民军最终与北洋军阀的决裂,除了国共两党长期所做的工作之外,被直奉军阀逼迫的成分仍占很大比重,因此其转变的政治思想基础并不牢固⑤。

"陈独秀右倾机会主义"导致国民革命的失败,是过往史学界一直沿用的定论。中国社会科学院近代史研究所的唐宝林依据"共产国际、联共(布)与中国革命文献资料丛书"公布的原始档案资料,重新评价共产国际指导中国大革命的路线,认为中国大革命是在联共政治局和共产国际直接指导下进行的,其基本路线和方针、政策几乎全部来自莫斯科,并且由莫斯科派驻中国的代表、顾问监督执行,正是莫斯科的指导方针在1925年秋开始发生的右倾化转变,最后导致了大革命的失败⑥。

有关国共关系的研究,一直是学界关注的中心问题之一,近年来,北京大学杨奎松

---

① 江沛等:《中国国民党"党国"体制述评》,《安徽史学》2006年第1期。
② 罗志田:《乱世潜流:民族主义与民国政治》,上海古籍出版社2001年版;罗志田:《激变时代的文化与政治:从新文化运动到北伐》,北京大学出版社2006年版。
③ 杨天宏:《政党建置与民国政治走向》,社会科学文献出版社2008年版。
④ 冯筱才:《沪案交涉、五卅运动与一九二五年的执政府》,《历史研究》2004年第1期。
⑤ 刘敬忠、田伯伏:《国民军史纲》,人民出版社2004年版。
⑥ 唐宝林:《重评共产国际指导中国大革命的路线》,《历史研究》2000年第2期。

对20世纪20年代中后期国共关系以及国民党从联俄容共到分共清党演进过程的研究①，中国社会科学院近代史研究所邓野、汪朝光对抗战胜利前后国共关系的研究，诸如联合政府、国共谈判、政协会议、东北交涉等，都揭示出国共两党关系的复杂性、多样性及其受制于国内外形势发展的诸般面相，以及影响两党关系发展演变的各种因素，进而深化了人们对相关历史问题的认识②。

有关蒋介石的研究，一向被学者所关注，尤其是在蒋介石日记开放后，更是引起不少学者对蒋介石研究的浓厚兴趣。中国社会科学院近代史所杨天石始终关注蒋介石研究，大量利用新出资料，对于蒋介石一生的诸多方面作了较为全面的研究和解读，修正了不少成说，推进了对于蒋介石其人全面而深入的认识。他的研究成果不仅在学界引起诸多关注和讨论，也在大众阅读层面引发广泛的反响，有助于历史研究从庙堂走向大众，将历史研究的成果普及化，从而在以史为鉴方面起到应有的作用③。有两岸学者共同参加讨论和写作的《蒋介石的人际网络》（社会科学文献出版社2011年版），围绕蒋介石的家族、亲缘、地缘、同乡、同僚、爱情等关系，勾画出蒋介石人生的若干侧面，引起读者的关注。

对于民国时期知识分子群体的研究，已经成为学界关注的重点。作为自由派知识分子代表人物之一的胡适，中山大学的桑兵通过对1922年陈炯明事变后胡适与孙中山冲突的梳理和研究，认为胡适围绕这一事件的动向非但不表明他的反动，而恰恰是当时胡适"左"倾的例证，表明胡适在倾向社会主义和国民革命的过程中，一度与苏俄及中共走得相当近④。

三 影响民国史研究的几个因素

（一）资料因素

历史资料是史学研究的基础，近年来民国史研究的进展，首先得益于历史资料的大规模开放及获取之相对便利，如中国大陆各档案馆藏民国档案史料，中国台湾藏蒋中正档案和国民党档案，美国斯坦福、哥伦比亚、哈佛大学等藏民国人物档案，俄罗斯藏共产国际档案等，都已基本开放，大大有利于学者的研究⑤。前述学界对国民党、国共关系、蒋介石研究的进展，都受益于这些档案资料的开放。再如金以林对蒋介石和国民党

---

① 杨奎松：《国民党的联共与反共》，社会科学文献出版社2008年版。
② 邓野：《联合政府与一党训政——1944—1946年间国共政争》，《民国政治的逻辑》，社会科学文献出版社2003、2010年版；汪朝光：《1945—1949：国共政争与中国命运》，社会科学文献出版社2010年版。
③ 杨天石：《找寻真实的蒋介石》第1、2集，山西人民出版社2008年版、华文出版社2010年版。
④ 桑兵：《陈炯明事变前后的胡适与孙中山》，《近代史研究》2001年第3期。
⑤ 这些档案史料有的已刊布出版，如中国大陆翻译出版的《联共（布）、共产国际与中国国民革命运动（1920—1925）》、《联共（布）、共产国际与中国国民革命运动》（1926—1927）、《共产国际、联共（布）与中国革命文献资料选辑（1926—1927）》，北京图书馆出版社1997、1998年版；中国台湾编辑出版的《蒋中正总统档案事略稿本》《阎锡山档案要电录存》，等等。

派系之争的研究，依据的是中国台湾藏档①；陈红民对胡汉民的研究，依据的是美国哈佛燕京图书馆藏胡汉民档②；吴景平对民国财政金融史的研究，依据的是上海市档案馆藏档③。还应该注意的是，影印民国报刊史料及中国大陆各地编辑出版的大量地方民国史料，对于研究者也是非常有用的，而近年来有关民国史料电子资源的利用，正在大大突破以往研究者所处地域的局限性，将在很大程度上改变民国史研究的现状。在史料利用方面，目前对外国所藏外文史料的利用尚有欠缺，但对于治民国史的学者而言，根本的问题已不在于史料不足，而在于如何利用众多的史料切入合适的研究主题，以及如何从浩如烟海的史料中发现问题并解决问题。

（二）研究领域的拓展

过往的民国史研究，主要是政治、经济、军事、外交史等传统领域，近年来的研究领域则大大扩张，诸如社会史、文化史、地区史、制度史研究明显增多，其原因有研究理念的变化（由"外向"而"内向"，由"向上看"转为"向下看"），研究资料的拓展（地方史料、图片史料、影像史料等），大量新进研究人员和博硕士研究生对于论文的选题考虑，等等。如以往并不为学者重视的商民运动，近年来有较多的研究④。再如李里峰、鲁卫东、杨焕鹏对民国时期文官制度的研究，使我们认识到当时政府组织体制构成的特定方面⑤。研究者也对民国时期的地方基层政权建设给予较多的关注。魏光奇对清末至北洋时期地方行政制度的研究⑥，邱捷对民初广东乡村基层权力机构的研究⑦，王先明对中国乡制由自治取代保甲、再以复兴保甲而推进自治的历史过程的研究⑧，魏

---

① 金汉林：《国民党高层的派系政治》，社会科学文献出版社2009年版。
② 陈红民：《函电里的人际关系与政治：读哈佛—燕京图书馆民所藏"胡汉民往来函电稿"》，生活·读书·新知三联书店2003年版。
③ 吴景平：《江苏兼上海财政委员会述论》、《"九一八"事变至"一二八"事变期间的上海银行公会》，《近代史研究》2000年第1期、2002年第3期。
④ 冯筱才：《北伐前后的商民运动》，台湾商务印书馆股份有限公司2004年版；朱英：《商民运动研究》，北京大学出版社2011年版；霍新宾：《国共党争与阶级分野——广州国民政府时期工商关系的实证考察》，《安徽史学》2005年第5期；乔兆红：《大革命初期的商民协会与商民运动》，《文史哲》2005年第6期；李柏槐：《商民的利益集团：商民协会——成都与上海等地商民协会差异之比较》，《社会科学战线》2005年第1期。
⑤ 李里峰：《民国文官考试制度的运作成效》，《历史档案》2004年第1期；李里峰：《南京国民政府公务员考试制度的几个问题》，《史学月刊》2004年第1期；李里峰：《现代性及其限度：民国文官考试制度平议》，《安徽史学》2004年第4期；鲁卫东：《制度设计与实践的背离——北洋政府时期文官考试初探》，《安徽史学》2008年第1期；杨焕鹏：《论民国时期基层乡镇公务人员制度——以杭嘉湖地区为中心》，《南京社会科学》2008年第5期。
⑥ 魏光奇：《官治与自治——20世纪上半期的中国县治》，商务印书馆2004年版。
⑦ 邱捷：《民国初期广东乡村的基层权力机构》，《史学月刊》2003年第5期。
⑧ 王先明：《从自治到保甲：乡制重构中的历史回归问题——以20世纪三四十年代两湖乡村社会为范围》，《史学月刊》2008年第2期。

本权、陈益元对国民党政权为加强乡村控制而建立区乡政权的研究[1]，曹天忠对民国新县制中政治与教育合一演进过程的研究，都可以促进我们深入思考当时的地方基层社会结构及其作用、中央与地方关系等问题[2]。

一些以往历史研究者很少介入的领域，也被纳入研究视野。如王奇生对漫画与北伐关系的研究，陈蕴茜、李恭忠对中山陵建筑与政治关系的研究[3]，汪朝光对民国电影检查制度的研究，等等[4]。研究领域的拓展有助于使后人对民国历史的认识更趋全面而深入，也有助于后人对民国历史多重复杂面相的了解。

（三）研究趋向的转换

历史研究的基本方法，当然是基于史料的实证研究，然而，近年来的民国史研究，尤其是一些新进学者的研究，也较多运用社会科学的研究方法，注重问题的提出、框架的构建与理论的分析。如杨念群关于中国近代医疗卫生制度的研究，其中有不少篇幅牵涉民国时期，他引入社会学研究的方法，关注的不仅是医疗卫生制度的本身，而更多在于其蕴含的意味，如现代医疗制度的建立与中国传统文化与伦理以及其他现代体制如警察系统的关系，现代医疗制度对社会组织控制及市民日常生活的影响，国家权力经由医疗程序和身体控制的途径在其中所起的作用，等等[5]。民国史研究趋向的转换目前仍在继续中，未来可能有更多的成果，尤其是不少新进研究人员与研究生更注重于此。

四　研究中的不足

尽管民国史研究目前非常活跃，研究成果众多，但因其开展时间较晚以及种种因素的作用，研究仍有诸多不足之处，以下亦略举一二介绍之。

（一）缺少对话与讨论

目前的民国史研究，似乎更偏重于个案研究，选择前人较少触及的论题，使用过去未见运用的史料，其优处在于拓展研究领域，填补研究空白，而其劣处在于各说各话，缺乏交集与讨论。而且，对同一论题，除去一些应景式的研究外，一般情况下，学者不愿重复研究，尤其是新进学者更是如此。这也或多或少影响对相关问题的讨论。就笔者个人阅读所及，近年来同题讨论较多也较有意义的，是对1924年广州商团事件的研究。

---

[1]　魏本权：《基层政制与乡村社会结构的错离：以近代华北区制的变动为中心》，《中国农史》2008年第2期；陈益元：《民国时期国民党农村基层政权建设：制度与实践的脱节——以湖南醴陵县为中心的考察》，《中国农史》2008年第1期。

[2]　曹天忠：《新县制"政教合一"的演进和背景》，《近代史研究》2008年第4期。

[3]　王奇生：《北伐中的漫画与漫画中的北伐》，《南京大学学报》2004年第4期；陈蕴茜：《崇拜与记忆：孙中山符号的建构与传播》，南京大学出版社2009年版；李恭忠：《中山陵：一个现代政治符号的诞生》，社会科学文献出版社2009年版。

[4]　汪朝光：《影艺的政治——民国电影检查制度研究》，中国人民大学出版社2013年版。

[5]　杨念群：《再造病人——中西医冲突下的空间政治（1832—1985）》，中国人民大学出版社2006年版。

以往研究，主要是从广东政府和孙中山的角度观察。近年的研究，从广州商人团体的角度，探讨事件的前因后果，认为英国和南北军阀阴谋策动事件的传统说法，迄今缺乏有力的证据，而共产国际则是事件中居支配地位的因素之一；事件的发生与近代广东特殊的政治、社会背景以及商团发展的历史特点有直接关系[①]。

由于过去学术批评的泛政治化倾向，影响学者对学术批评的态度，加以学术批评可能引发的社会反响，学者们对学术批评多持谨慎态度，严肃的学术批评和讨论较少见到。近年所见的学术批评有对民国时期浙江省自治运动的讨论。冯筱才对浙江省自治运动提出了与前人有别的看法，而沈晓敏则认为，浙江省自治运动的失败，恰好证明前人关于军阀扼杀自治、文人主张在军人武力前的无效、军阀缺乏实施省宪的诚意等论点符合历史实际，不宜轻易推翻，并对冯文中的史料运用提出了自己的看法[②]。

（二）民国史研究的定位有待解决

民国史研究在中国内地学界一般被理解为对于民国时期统治阶级历史的研究，一定程度上是专史研究，而非通常意义的通史研究。由此带来的问题是，民国时期的一些历史事件和人物，未必都能纳入这样的研究框架之中，而且也不易得到充分的研究，如民国史研究和中共党史研究的关系。黄道炫对国共内战时期国共两党在江西苏区"围剿"与反"围剿"的研究，在广阔的历史背景下，侧重从社会史的角度，对"围剿"与反"围剿"战争作出新的解读[③]。邓野对北平和平解放前后傅作义政治转型的研究，认为傅作义的反正过程具有强烈的双重性，其两手准备的策略是为可能的再起留出余地，也是过渡时期特有的现象[④]。由于民国史研究的特殊性及其研究深度的不足，目前将民国史研究完全纳入通史体系的框架，或许条件还不够成熟，未来一段时间内，民国史研究作为专史和通史研究将会并存。随着时间的推移与研究的深入，民国史研究的定位及其研究体系和对象问题终将得到解决，并为民国史研究开拓更为广阔丰富的空间。

[①] 邱捷：《广州商团与商团事变——从商人团体的角度的再探讨》，《历史研究》2002年第2期；张洪武：《1924年广东商团与广东革命政府关系之嬗变》，《四川师范大学学报》2002年第1期；敖光旭：《共产国际与商团事件》，《中国社会科学》2003年第4期；敖光旭：《商人政府之梦——广东商团及大商团主义的历史考察》，《近代史研究》2003年第4期。

[②] 冯筱才：《理想与利益——浙江省宪自治运动新探》，《近代史研究》2001年第2期；沈晓敏：《也谈浙江省自治运动——兼与冯筱才先生商榷》，《史学月刊》2003年第10期。

[③] 黄道炫：《张力与限界：中央苏区的革命》，社会科学文献出版社2011年版。

[④] 邓野：《傅作义政治转型过程中的双重性》，《历史研究》2005年第5期。稍早之前，朱宗震已指出，"我们现在通常称傅作义在北平起义，但根据近几年公布的史料，当时毛泽东并没有同意给傅作义以'起义'的政治名义和地位。傅作义在北平和平解放后，还经过一段思索的过程，才表示接受中共的政治路线。当时，军事和政治斗争的环境很复杂，双方经过数年血战，要建立和平自然不是一件容易的事。事过境迁，后来容易把当年复杂的斗争简单化"。参见朱宗震《傅作义接受北平和平解决的政治性质初探》，载丁日初主编《近代中国》第7辑，上海立信会计出版社1997年版。

(三) 研究领域仍待进一步拓宽

虽然民国史的研究领域较前已大为拓宽，但目前仍有不少空白点，有些重要时段和问题，仍缺乏深入的研究。如关于北京政府时期的研究，已经出版了几本通论性著作①，在对民初国会政治方面的研究较前有明显的进展②，对当时外交关系的研究较为多面③，但在专题研究方面仍有不及，宏观方面缺少突破。北京政府时期的诸多事件和人物，至今还没有深入的研究，北京政府时期的诸多问题，至今也还缺乏合理的解读，如军阀政治与文官政治的关系，北京政府时期中国的社会、文化发展等问题，都很值得研究。再如，关于抗日战争的研究，多集中于抗日方面，而沦陷区的研究，尤其是沦陷区经济、社会、文化方面的研究较为缺乏。在这方面，近年来虽有一些研究成果出现，但仍远远不够④。关于国民党统治中国前十年的研究，尤其是在社会层面的研究，也还有不足之处。

五 研究趋向展望

尽管自21世纪以来中国内地的民国史研究成果与创见迭出，但其毕竟开展时间不长，研究成熟度不够，仍有许多亟待深入研究的领域与深入讨论的问题，如继续发掘与运用丰富的历史资料，开拓民国史研究的领域与范围，对民国史研究的重要问题提出新的见解，加强与海外民国史研究者的交流，等等。可以预期未来的研究趋向是：1. 民国史研究的传统领域——政治史、经济史、军事史、外交史等仍将得到众多研究者的关注，其中的研究薄弱环节将被不断弥补；社会史、文化史、制度史、区域史等新的研究领域，正在日渐成为研究者的关注重点，并将在未来得到更进一步的发展。2. 由于民国史研究起步较晚，空白甚多，加之研究风气的转变，个案研究在民国史研究中仍将占据重要地位，而个案研究的进展，对于民国史研究未来之宏观定位与把握有着重要意义。3. 注重问题的讨论，注重以小见大，使个案研究兼有订正史实与探究问题之意义。4. 随着民国史档案资料的日渐开放，尤其是海外所藏民国史资料被广为利用，对民国史研究是较大的推动因素。5. 大量博硕士学位论文选题，社会对历史研究的需求与认知的变化，都将在一定程度上推动民国史研究选题与取向的变化，而各种传媒将在其中起到相当的作用。

---

① 来新夏等：《北洋军阀史》，南开大学出版社2000年版；郭剑林等：《北洋政府简史》，天津古籍出版社2000年版；莫建来：《皖系军阀统治史稿》，天津古籍出版社2004年版；郑志廷、张秋山：《直系军阀史略》，人民出版社2007年版；苏智良等主编：《袁世凯与北洋军阀》，上海人民出版社2006年版。

② 严泉：《失败的遗产：中华首届国会制宪》，广西师范大学出版社2007年版；王建华：《夭折的合法反对：民初政党政治研究》，江苏人民出版社2011年版；熊秋良：《移植与嬗变：民国北京政府时期国会选举制度研究》，江苏人民出版社2011年版。

③ 金光耀等主编：《北洋时期的中国外交》，复旦大学出版社2006年版。

④ 余子道等：《汪伪政权全史》，上海人民出版社2006年版；王强：《汉奸组织新民会》，天津社科院出版社2006年版；刘敬忠：《华北日伪政权研究》，人民出版社2007年版；潘敏：《江苏日伪基层政权研究（1937—1945）》，上海人民出版社2006年版。

新民主主义革命史研究述评
（2002—2012）

刘晶芳

自 2002 年以来，由于大量档案史料的公布，也由于研究者理念方法的更新和研究能力的提高，新民主主义革命史的研究无论是在广度和深度上都有了较大的进展。

一　关于中国共产党的创建

中国共产党的建立是中国近代史上开天辟地的大事件。自此，中国的政治、经济、文化、社会的发展演变，无不与中国共产党密切相关。因其重要，中共创建史备受研究者关注。

在以往的中共创建史研究中，着重研究工人阶级的产生壮大和马克思主义的传播，说明中共的建立具备了阶级条件和思想条件，强调中共建立和历史必然性。而对其他影响中共成立的国际国内诸因素，特别是对共产国际、联共（布）的指导和帮助反映不足，进而未能客观具体地反映中共创建的艰难历程。近十年随着共产国际联共（布）与中国革命相关档案的大量公布，随着研究理念和方法的创新，中共创建史的研究有了较大进展。其中最值得肯定的是对中共是怎么建立起来的进行了全面研究。国内学者刘宋斌、姚金果著《中国共产党创建史》（福建人民出版社 2002 年版）和马连儒著《风云际会——中国共产党创始录》（中国社会科学出版社 2002 年版），日本学者石川祯浩著《中国共产党成立史》（中国社会科学出版社 2006 年版）等几部有代表性的著作，都充分利用了近年翻译出版的共产国际、联共（布）与中国革命档案史料，深入研究了共产国际、联共（布）和中共建党的关系。石川祯浩不仅充分利用俄罗斯解密档案和中国档案，而且充分利用了日本的档案史料，对共产国际、苏俄多渠道开展的对华工作作了系统的梳理和深入研究，对马克思主义在中国的传播途径、苏俄和共产国际与中国共产主义运动的关系、中国共产党成立时间及代表人数等诸多问题提出新见解。虽然在对中国共产党建立中内外因素作用的认识上，作者过多强调外因的作用，对中共产生的内因论述不够，但他的宽广视野、勇于创新的精神和细致的分析和考证功夫，对国内的研究者大有启发。综合近十年的研究，应当形成这样的认识，即中国共产党的成立是近现代中国革命发展的必然结果，起决定性作用的是内因。没有中国本身的土壤和条件，中国共产党是不可能在中国产生发展，领导中国革命取得胜利并执政至今的。但是也应当承认，没有共产国际和联共（布）的指导和帮助，中国共产党未必能在 1920—1921 年那样短的时间里迅速建立起来。

在中共创建史的研究中，建党前后的"问题与主义"论战和"社会主义"论战为研究者关注。在以往的研究中，多将"问题与主义"之争定性为马克思主义者与改良主义之间的斗争。近年来人们越来越多地冲破这种传统的看法，客观地认识那场争论。重新审视"问题与主义"之争，一些学者认为把它定性为"中国马克思主义者与反马克思主义者的第一次思想论战"并不准确。罗志田认为争论双方并不是根本对立的，在讨论理论和实践的关系上甚至是互补的①。胡适关于输入外来"主义"应该考虑适合中国国情的观念，在中国共产党人探索世界革命与中国革命的客观实际问题时也得到一定程度的呼应②。侯且岸认为所谓的"问题与主义"的纷争不过是当时进步知识分子内部一次对现代中国思想发展和中国历史命运的理性讨论。李大钊和胡适之间共识大于分歧，他们共同开创了如何使马克思主义中国化的思维史，是整个中国现代思想发展的一个不容忽视的界碑③。上述看法对深化这一问题的研究是有价值的。

对"社会主义"论战的认识也有了较大进展。这场论战对中国共产党正确认识和处理社会主义和资本主义的关系意义重大，影响深远。以往的党史著作在评述这场论战时，对张东荪、梁启超的主张完全否定，而对早期马克思主义者对张、梁的批判，则完全肯定。胡绳提出了非常新颖的见解。他认为梁、张对资本主义的认识是符合中国实际，切合中国社会发展要求的。他们的错误在于看不到帝国主义、封建主义是中国发展资本主义的最大障碍，因而反对进行反帝反封建的社会革命和政治革命，主张依靠资本家发展资本主义解决中国问题。早期马克思主义者对资本主义和社会主义的认识存在片面性。把资本主义看成是人类误入的一条"错路"，是空想社会主义的。无条件地坚决排斥任何在中国发展资本主义的意向，绝对拒绝考虑在资本主义极不发达的中国发展资本主义经济是否有利于国计民生的问题，是错误的。但是他们看到资本主义的弊端，揭露了资本主义制度是帝国主义侵略的根源，认识到必须用革命清除帝国主义和封建军阀这两大障碍，才能从根本上解决中国的问题，则是正确的④。王存奎对张东荪的主张作了较多的肯定，认为虽然受时代限制，他们对资本主义和社会主义的认识不免存在偏颇，但他们肯定资本主义作为生产力发展的必经阶段在当时中国社会的积极意义，反对急于实行对生产力水平极度落后的中国来说尚属海市蜃楼般的社会主义，这种在举国处于革命社会主义狂热形势下所持的理性态度是难能可贵。作者认为当时人们乐于接受社会主义思潮，是与中国特定的历史、社会和文化条件相适应的。人们对社会主义的认识往往只停留在它的平等理想上，在把社会主义作为社会改造方案时不能不带有一些急功近利的色彩⑤。

近年来，在中共创建史的研究中还存在不少有争议的问题。如对中国共产党成立的

---

① 罗志田：《整体改造和点滴改革："问题与主义"之争再认识之二》，《历史研究》2005年第5期。
② 罗志田：《外来主义与中国国情："问题与主义"之争再认识之三》，《南京大学学报》2005年第2期。
③ 侯且岸：《关于"问题与主义"之公案的历史还原》，《中国特色社会主义研究》2006年第6期。
④ 胡绳：《从五四运动到中华人民共和国成立》，社会科学文献出版社2001年版，第131—143页。
⑤ 王存奎：《反思五四时期的"社会主义"问题论战》，《徐州师范大学学报（哲学社会科学版）》2005年第4期。

时间,有的学者不认可传统的1921年建党说,认为是1920年建党①。1920年建党说,亦有6月建党、9月建党、11月建党等不同看法。有的学者坚持是1921年建党②。也有的学者认为党的成立是一个过程,即1920年2月"南陈北李,相约建党"是酝酿建党的启端,1920年6月上海发起组的建立是组织上筹建党的开始,到1921年召开中共一大正式成立③。笔者认为之所以发生分歧,主要是对具备什么条件才标志政党成立,以及1920年成立的上海党组织的性质和功能存在不同认识。此外,在一些具体问题上也存在不同认识。如上海革命局的性质是什么?中共一大前是否召开过三月代表会议?中共一大是8月1日④、8月2日⑤、8月3日⑥,还是8月5日结束的⑦?中共一大召开时的地方党组织到底有几个?长沙是否成立党组织?四川、南京、天津等地是否有党组织?这些争议问题长期存在,原因主要是档案史料缺乏,回忆录众说纷纭。此外,研究者的立场、理念和研究方法的差异,也是产生分歧的重要原因。这些问题的解决,还有待新材料的发掘和研究的深入。

二 关于国民革命失败的原因

1924—1927年的国民革命在中国民主革命史上具有重要地位。这一场国共合作进行,有各阶级阶层广泛参加的反帝反北洋军阀的大革命曾经取得了辉煌的胜利,但最终遭到了失败。对大革命失败的原因,以往的总结多归结于国民党反动派的叛变、以陈独秀为首的中共中央犯了右倾机会主义错误,以及共产国际的指导错误。其中最复杂、最难处理的是国共关系。以往的国共关系研究多从中共的角度,利用中共方面的史料进行,近年来一些学者尝试利用国民党方面的史料来研究国共关系。杨奎松较多地利用国民党方面的史料阐述了国民党从容共、联共、限共到反共的复杂变化,阐述了其政策策略形成和变化的原因,再现了其实施过程和效果⑧。从这一角度进行的国共关系研究,对深化中共与国民党关系的研究,客观评价党处理国共关系的得失,是十分有益的。在大革命时期国共关系的研究中,如何评价党内合作,是争论多、分歧大的问题。一种观点充分肯定"党内合作"策略,认为党内合作是当时能够为孙中山和国民党所接受的唯一合作方式,有利于两党共同努力,广泛发动群众,加速推进民主革命,同时既有利

---

① 曾长秋:《关于中国共产党成立及各地早期组织的考证》,《湘潭师范学院学报》2002年第3期。
② 李亮:《论中国共产党成立的时间问题》,《安庆师范学院学报(社会科学版)》2007年第4期。
③ 李三星:《再谈中国共产党成立的时间》,《党的文献》2002年第1期。
④ 刘鹏程:《再探中共"一大"闭幕时间》,《甘肃社会科学》2005年第4期;任武雄:《关于中共一大南湖会议日期的考证》,《上海革命史资料与研究》2007年第7期。
⑤ 王相箴:《中共一大闭幕日期考订》,《党的文献》2001年第3期。
⑥ 杨德勇:《中共一大8月5日闭幕商证》,《安徽理工大学学报(社会科学版)》2010年第2期。
⑦ 程金蛟:《中共一大闭幕于8月3日》,《甘肃社会科学》2004年第10期。
⑧ 杨奎松:《国民党的"联共"与"反共"》,社会科学文献出版社2008年版。

于国民党的改造和新生,又有利于共产党走上更广阔的政治舞台,得到锻炼和发展①。一种观点有限肯定,指出错误,认为历史地观察这一合作方式,既有相对的合理性,并在合作后带动了国共两党的大发展和中国大革命的掀起,取得了国民革命的新成果;也由于共产国际、苏俄代表认识与导向失当,使中共在合作后处于从属地位,客观上导致诸多矛盾迭起、胶着,最终引发国共合作破裂和大革命失败。有的学者认为党内合作战略是共产国际、中共党内不同意见和矛盾融会、和合的结果,体现了"和而不同"的文化精神,顺应了历史发展的大方向。但它并不是一个完美无缺的策划,因而导致实践中产生许多难以克服的问题②。还有一种观点是完全否定。有的学者认为大革命失败的原因虽是多方面的,但党内合作无疑是一个更直接的原因。因为争取国民党的领导权与帮助国民党改组,遵守国民党纪律与保持共产党的独立性,是一个二律背反的公式。这种合作形式,使中共争取国民党内的领导权,亦即争取对统一战线的领导权几乎变得完全不可能③。也有的学者认为"党内合作"违背了列宁的统一战线思想,混淆了阶级,限制了党的独立自主的发展,帮助国民党反动派壮大了力量,同时也消耗了陈独秀等人精力,助长了共产党依靠国民党的思想,最终导致了大革命的彻底失败④。从党的领导方面看,导致大革命失败主要是犯了右倾错误,近年也有学者认为除了右倾错误,也犯了"左"的错误。梁尚贤认为大革命高潮中湖南农运中的过火行为,给革命全局造成了不良影响,激起了两湖地区的反革命叛乱,从而加速了国共合作的破裂⑤。郭绪印则认为中国共产党上层的右倾错误与基层的"左"倾错误相交织,造成大革命的失败⑥。

三 关于革命根据地研究

近十年来在根据地研究方面取得了较大进展。研究者的治史理念发生变化,研究视野有了较大拓展。一些著作和论文打破了固化的革命史书写套路,由单一的"政策—效果"模式,即中共政权的政策演变、农民接受并获得了利益以及革命积极性提高的叙述方式,转变为对革命所涉及的所有重要环节的实证研究。阐释了革命为什么会发生,是怎样进行的,怎样影响了中国历史进程。

对各地武装起义和根据创建的研究,不再停留在中央的决策、各地党组织的部署和对起义过程的一般历史描述上,而是深入研究暴动的原因,解读农民对暴动的认识和参加暴动的过程,客观再现暴动的效果。经历了几千年封建社会的中国,宗族组织是农村中一个很大的社会力量。黄琨对1927—1929年中共暴动中的宗族组织作了开拓性的研

---

① 中共中央党史研究室:《中国共产党历史》第一卷上册,中共党史出版社2002年版。
② 李淼翔、刘宋斌:《中共三大学术研讨会述要》,《中共党史研究》2006年第5期。
③ 黄爱军:《试论"党内合作"的历史局限性——党内合作限制了中共对领导权的争取》,《安徽史学》2006年第4期。
④ 朱洪:《国共"党内合作"决定是正确的吗?——中共早期党史和陈独秀研究中的一个重大理论问题》,《安庆师范学院学报(社会科学版)》2011年第7期。
⑤ 梁尚贤:《湖南农民运动中"左"的错误及其影响》,《近代史研究》2006年第4期。
⑥ 郭绪印:《对北伐战争中"党内合作"与工农运动的再认识》,《探索与争鸣》2006年第11期。

究，认为在中共发动的武装暴动中，阶级意识并没有像我们想象的那样深入乡村社会。相反，它在乡村中的传播却受到一定程度的阻碍，当时有限的社会资源总量决定着农民很难摆脱家族文化的束缚。在中共领导的暴动中，宗族组织一直扮演着重要角色。它是一柄双刃剑，可以同中共暴动实现有限度的结合，有时也会给中共暴动设置人为的壁垒①。中国的苏维埃革命之所以能够迅速兴起，固然有它发生发展的历史条件，但也与共产党的坚强领导有直接关系。何友良对大革命失败后共产党如何迅速地把武装反抗国民党反动派的总方针贯彻到农村，动员农民掀起土地革命风暴的问题进行了研究，认为很大原因是中共决策层与农民之间，存在着一批有坚定的理想信念、富于献身精神和社会文化多重优势的地方领导群体。他们是中共中央的战略决策深入农村、转变为现实革命运动的中坚力量②。陈德军在对赣东北根据地的研究中，也令人信服地论证了本地身份的革命知识分子在农村革命中的作用③。

革命根据地是革命战争的依托，也是新中国的雏形，历来为研究者重视，取得了众多的研究成果。其中尤以余伯流、凌步机著《中央苏区史》引人注目。④ 近几年来，新的研究方法的引入，使根据地研究进一步深化。

红色政权能够存在和发展，全靠被压迫的广大劳苦群众的拥护和支持。其中出色的民众动员起了重要作用。杨会清对革命动员的模式进行了系统研究，勾勒了革命动员的逻辑结构，探讨了动员模式的深层机理。⑤ 张宏卿、肖文燕考察了查田运动中的民众动员，认为查田运动开创了一种动员模式，即通过阶级的话语表达，结合大多数农民具体权益的满足，通过党的基层组织，将传统的地方、血缘、宗法关系等内核创造性地转化为土地革命中的积极因素⑥。

在根据地建设的研究中，从社会史角度进行的研究十分引人注目。20世纪90年代开始陆续发表了一些论著，但有深度的成果不多。1996年当代中国出版社出版的何友良《中国苏维埃区域社会变动史》是质量较高的一部。近十年来有更多的研究者从这一角度作研究，取得了较为丰硕的成果。研究的内容涉及土地制度的变革、新的经济成分的出现和发展、民主政权的建立和建设、思想文化的除旧布新，以及社会团体及社会风俗的流变，全面反映了革命根据地的真实状况。其中的经验和教训，对当代中国的社会建设仍有很强的借鉴意义。

根据地土地改革是新民主主义革命史的重要内容。土地改革运动早期研究成果多侧重于共产党土地政策的演变以及在各地实施的总体情形，较少关注基层的微观土改实

---

① 黄琨：《中共暴动中的宗族组织（1927—1929）》，《史学月刊》2005年第8期。
② 何友良：《革命源起：农村革命中的早期领导群体》，《江西社会科学》2007年第3期；何友良：《农村革命展开中的地方领导群体》，《近代史研究》2009年第2期；何友良：《农村革命早期的外来领导者》，《中共党史研究》2009年第5期。
③ 陈德军：《乡村社会中的革命——以赣东北革命根据地为研究中心》，上海大学出版社2004年版。
④ 余伯流、凌步机：《中央苏区史》，江西人民出版社2001年版。
⑤ 杨会清：《革命动员视角下的苏区民主政治建设》，《中国井冈山干部学院学报》2010年第2期。
⑥ 张宏卿、肖文燕：《查田运动与中央苏区民众动员》，《江汉大学学报（人文科学版）》2008年第5期。

践。近年来随着社会学和政治学研究方法的运用，视野逐渐拓宽，视角下移，更多地从实践层面揭示了土地改革的细节。其中涉及土改运动中的权力运作、民众动员、行为机制、集体记忆等诸多内容，极大地丰富了土地改革的内容。

在十年内战时期土地革命研究方面，王明前以经济学中的平等与效率为视角，重述中央苏区土地革命的历史脉络，并对查田运动作出新的评价，认为无论是毛泽东主持中央苏区工作时推行的"抽多补少"和"抽肥补瘦"政策，还是中共中央领导中央苏区全面工作后实施的"没收富农土地，分给坏的劳动份地"政策，都是基于实地调查和实践总结之上的合理决策。查田运动，不仅是前期土地革命的继续与深入，更是一场进一步推进社会平等，同时兼顾经济效率的社会革命①。温锐、杨丽琼在肯定平分土地对迅速打破与废除苏区农村传统土地所有制度，推动整个农村的革命性变革具有决定性作用的同时，着重分析了"重新平分土地"对农民土地权益保障和"地权农有"政策的负面影响②。

在抗日战争时期减租减息的研究方面，黄正林从中共政策的调整、民众的动员和组织、佃权的保护、地权的转移以及社会变迁等方面，全面客观地反映了农村的减租运动③。王建国则从受益阶层、土地占有关系、阶级结构、农村借贷关系、乡村社会的政治状况等方面分析了减租减息对华中抗日根据地产生的复杂而深远的影响④。

在解放战争时期土地改革的研究方面，李里峰运用政治学原理研究了华北土改运动，分析了土改运动中的基本程序和动员手段，将其概括为运动式治理模式，并对其基本特征及其利弊得失作了探讨，揭示了乡村民众在这场翻天覆地的社会大变革中的思想、情感及行为对土改运动的实际运作和最终结果的影响⑤。杨奎松对战后初期中共土改政策的变动作了详细考察，认为"五四指示"的形成，与当时的战争形势并无直接关联。中共和平赎买地主土地的做法，并非是一种对外宣传手段，相反，它确曾是"五四指示"后中共土地改革政策演变过程中的一个有机组成部分⑥。陈周旺认为，中共为达到改变解放区乡村社会的权力结构，重建、巩固和强化党在乡村的组织化控制，从而为征兵、扩大军队兵源创造条件的目的，在土改中采取的一系列策略性行为，包括在其控制的中心区与边沿区采取不同的土地政策，在贫雇农路线和中农路线之间进行微妙平衡，使整个土改过程呈现出高度的复杂性⑦。

---

① 王明前：《平等与效率：中央革命根据地的土地革命与查田运动》，《党的文献》2010 年第 2 期。
② 温锐、杨丽琼：《中央苏区平分土地政策与农民权益保障的再认识》，《中共党史研究》2010 年第 5 期。
③ 黄正林：《地权、佃权、民众动员与减租运动——以陕甘宁边区减租减息运动为中心》，《抗日战争研究》2010 年第 2 期。
④ 王建国：《华中抗日根据地减租减息运动探析》，《中共党史研究》2010 年第 6 期。
⑤ 李里峰：《"运动"中的理性人——华北土改期间各阶层的形势判断和行为选择》，《近代史研究》2008 年第 1 期；李里峰：《运动式治理：一项关于土改的政治学分析》，《福建论坛（人文社会科学版）》2010 年第 4 期。
⑥ 杨奎松：《关于战后中共和平土改的尝试与可能问题》，《南京大学学报》2007 年第 5 期。
⑦ 陈周旺：《从"静悄悄的革命"到"闹革命"——国共内战前后的土改与征兵》，《开放时代》2010 年第 3 期。

革命根据地的新富农是在抗日根据地大量产生的。在党史研究中对土地革命战争时期党的富农政策研究较多，而对抗日战争和解放战争时期党的富农政策和富农经济的发展状况及在根据地经济中的地位、作用研究较少。苏少之考察了抗日战争到解放战争时期新富农政策的演变，总结出根据地新富农经济的五大特点，并对党对新富农的认识与政策作了评述。作者认为新富农政策，既是新民主主义经济理论在农村政策方面的具体化，也使新民主主义经济理论更加充实和完善。其中体现出的制定经济政策必须从国情出发，从有利于生产力出发，坚持效率优先、兼顾公平等思想，具有长期的指导意义。中华人民共和国成立后中国农村经济政策的得失利弊，都与是否坚持这个指导思想有关[①]。

在近年来的土地改革的研究中，一些学者不赞成传统的人口占不到10%地主占70%土地的看法，认为中国的土地集中程度并没有那么高。应当说，持这些看法的研究者是经过调查研究，持之有据的。但是中国经济发展不平衡决定土地占有情况不平衡，有的地方土地集中程度较高，有的地方土地则比较分散。即使在同一地区，土地集中的程度也是不一样的。但是从总体上说，土地制度极度不合理，有大量农民无地可耕或耕地不足，农村封建地租剥削严重障碍生产力发展却是一个不争的事实。如果占农村人口多数的贫苦农民没有土地要求，土地改革是不可能赢得广大农民的拥护，广泛开展起来的。

在根据地政治建设方面，张侃以1929—1934年的赣南闽西根据地基层政权建设为考察对象，揭示了中共是怎样改变基层社会控制力量，从血缘性宗族这种传统的基层控制模式转化为从上而下一体化的国家模型，达到国家建设目的的[②]。笑蜀考察了党内政治生活的变化和1935—1945年十年间陕甘宁边区的民主政治建设的艰难历程，充分肯定了边区政治、经济和文化生活中的民主特色[③]。厉有国从三个方面概括了"三三制"政权组织形式的创新之处[④]。吕波对陕甘宁边区"三三制"政权中的开明绅士问题作了详细考察，探讨了他们参加政权的原因和参与民主政权建设的主要形式[⑤]。

在社会建设方面，吕伟俊、岳宗福对党在民主革命各个时期的医疗、养老、伤残、失业、生育和家庭津贴等各方面社会保险立法作了考察，认为其范围相当广泛，为中华人民共和国保险制度的建立奠定了基础积累了经验[⑥]。作者对各个时期社会保险立法的内容叙述比较清楚，但缺乏对立法背景的说明和对法律绩效的评价。黄正林、秦燕对陕甘宁边区的社会生活、婚姻家庭变革中出现的法律与习俗、两性关系、新旧婚姻观念之

---

① 苏少之：《革命根据地新富农问题研究》，《近代史研究》2004年第1期。
② 张侃：《从宗族到国家：中国共产党早期的基层政权建设》，《福建论坛（人文社会科学版）》2002年第5期。
③ 笑蜀：《民主共和国的标本——陕甘宁边区十年变革记略》，《炎黄春秋》2006年第1期。
④ 厉有国：《"三三制"：中国共产党开发执政资源的伟大创举》，《理论导刊》2007年第5期。
⑤ 吕波：《开明绅士参与陕甘宁边区政权的原因探析》，《理论导刊》2007年第2期；吕波：《开明绅士参与陕甘宁边区民主政权建设的主要形式》，《延安大学学报（社会科学版）》2007年第1期。
⑥ 吕伟俊、岳宗福：《论中国共产党在新中国成立前领导的社会保险立法》，《山东大学学报（哲学社会科学版）》2005年第4期。

间的冲突进行了考察，深刻揭示了抗日根据地社会变革的复杂性①。刘轶强探讨了太行根据地医疗卫生体系的演变，指出这种全新的医疗卫生体系，对支持战争，改变传统的、落后的医疗卫生状况，对社会建设的重要的进步意义②。张帆、杨洪对抗战时期中共社团管理政策的演变进行了梳理，阐述了政策的内容，考察了实践的效果，肯定了其在动员民众抗战，凝聚建设力量，推动边区各项建设方面的作用③。

在根据地经济政策的研究方面，史新恒、夏松涛概括了晋察冀边区政府在增加对农业生产的投入，减轻农民生活负担，拓宽农民增收渠道等方面作出的决策，认为类似于当今学者大力提倡的"多予、少取和放活"的"三农"政策。④ 杨青较客观地描述了党的私营经济政策的变化和私人经济的发展⑤。但作者认为党关于私营工商业的政策是在抗日战争时期才提出并开始逐步形成的，恐怕是晚了些。实际上土地革命时期中央根据地后期已提出了奖励私人经济发展的政策。孙卫芳对根据地的劳资政策进行了研究，在对中国苏维埃区域劳资政策作了较多肯定的同时，对其中"左"的错误及其根源作了较为深入的分析，并充分肯定了解放战争时期党的"劳资两利"政策、劳资兼顾的合作分红制度、劳资双赢的争议处理办法，以及劳资协商的民主管理形式⑥。

在根据地肃反研究中，陕北肃反是争议较大的问题之一，几十年来众说纷纭。近年来大量出版的当事人的回忆录和传记，对陕北肃反的研究有促进作用，但也存在对一些事实叙述各异、自相矛盾，甚至失真的现象。李东朗对其中分歧较大的，如陕北肃反持续的时间、肃反的决策、肃反中的错杀、如何评价肃反领导人的自我纠错等问题进行考证，对当时肃反领导人朱理治的文集和传记中的一些说法作了辨析，有助于人们了解历史真相，深化研究⑦。罗惠兰不同意江西苏区肃AB团斗争"扩大化"说，认为完全不符合实际，而且在实践中是极其有害的，是使肃AB团与富田事变冤案难以彻底平反昭雪的重要原因。作者也不同意运动自始至终就是毛泽东一手导演的悲剧，没有毛泽东就没有这场错误的肃AB团运动的说法，认为赣西南1930年5—10月的肃AB团运动毛泽东没有介入。1930年10月至1932年年底，毛泽东作为红一方面军总前委书记是应负责任的。1931年后的肃AB团运动毛泽东不应负主要责任。⑧

---

① 黄正林：《抗日战争时期陕甘宁边区的社会生活》，《中共党史研究》2008年第6期；秦燕：《抗日战争时期陕甘宁边区的婚姻家庭变革》，《抗日战争研究》2004年第3期。
② 刘轶强：《革命与医疗——太行根据地医疗卫生体系的初步建立》，《史林》2006年第3期。
③ 张帆、杨洪：《抗战时期中共社团管理政策初探》，《党的文献》2010年第4期。
④ 史新恒、夏松涛：《试析抗战时期晋察冀边区的"三农"问题与政府对策》，《抗日战争研究》2010年第2期。
⑤ 杨青：《抗战时期党的私营工商业政策与抗日根据地的私营工商业》，《中共党史研究》2004年第1期。
⑥ 孙卫芳：《中国苏维埃区域劳资政策评析》，《广西社会科学》2009年第10期；孙卫芳：《解放战争时期中国共产党的"劳资两利"政策及其经验》，《前沿》2009年第11期。
⑦ 李东朗：《陕北肃反几则事实之考辨》，《党史研究与教学》2010年第5期。
⑧ 罗惠兰：《党内肃AB团"扩大化"之说新考》，《南昌大学学报（人文社会科学版）》2010年第3期；罗惠兰：《毛泽东与富田事变及肃AB团责任问题考辨》，《党史研究与教学》2010年第5期。

四　关于重大事件的研究

关于第五次反"围剿"

第五次反"围剿"是土地革命战争史的重要战役，也是中共党史上影响深远的大事件。以往对第五次反"围剿"失败原因的研究多集中在对军事路线的检讨上。黄道炫则侧重研究了军事指导以外的诸因素对战争的影响，客观地分析了国共双方成败得失的多方面原因。作者认为国民党吸取四次反"围剿"的教训，有针对性地制定战略战术并加以贯彻，是其获胜的主要原因。苏区物质、政治资源的短缺与破坏，则是中共在战争中遇到的难以逾越的障碍。因此，第五次反"围剿"的失败，除了党对军事指导上的错误外，这些因素也在相当大的程度上影响了战争的结局①。

关于福建事变

以往学术界对中共中央处理事变的决策是全盘否定的，对作出抉择的复杂背景、动机、目标缺乏深切的了解，对决策的具体历史过程描述很少。黄道炫在对临时中央对福建事变关系的评价上，没有采用通常的完全否定的看法，而是对中共与福建事变的关系作了具体的描述，对处理事变中中共决策的得失作了客观的分析。作者指出中共的认识是十分复杂的，并非自始至终采取排斥态度。事变发生后中共各级决策者心态十分复杂，实际决策也是谨慎有加。在政治上公开的表态中确有"左"的东西，但其真实态度是欲拒还迎。在军事上也做了些配合，只是由于力量对比过于悬殊，加上福建事变的领导人决策错误，使这种军事上的合作没有奏效。作者所论持之有据，分析中肯，颇有新意②。

关于西路军失败原因

经过几十年的研究，西路军的由来及西征经过已经基本清楚，但对西路军失败原因的认识仍是见仁见智。董汉河对西路军的组成和失败原因作了较为全面的分析，认为组建西路军是历史的合力和机缘造成的，导致西路军失败的原因是多方面的，也是历史的合力。包括对黄河以东红军主力的策应，耽误了西进的时间，消耗了西路军的实力；建立河西革命根据地是西路军无力同时完成的任务；西安事变后变幻莫测的国际国内形势对西路军的致命影响；敌我力量悬殊，且敌人力量有增无减，"拼战甚坚决"，西路军有耗无补，进退失据③。上述总结比较全面，但尚有未论及，且不应忽略的方面。若再能对共产国际援助的变化、西路军本身在执行打通路线的任务时处置上的得失作些分析，可能更全面。

关于抗战时期的民主宪政运动

闻黎明对1939年与1943年前后两次宪政运动的实际发起因素、不同的争取重点、

---

① 黄道炫：《第五次反"围剿"失败原因探析——不以中共军事政策为主线》，《近代史研究》2003年第5期。

② 黄道炫：《重析福建事变中共应对方针》，《近代史研究》2006年第6期。

③ 董汉河：《中国工农红军西路军七十周年祭——西路军的形成、失败及其价值和意义》，《甘肃社会科学》2007年第1期。

获得有形成果的三个方面进行了重新分析，形成了新认识①。李翠艳对第一次宪政运动中知识界开展的关于宪政与抗战的讨论作了较为详细的阐述，客观评价了正、反两类观点，同时对这次讨论的价值体现作了分析②。王建朗对这一时期国民党、共产党和美国对民主运动的影响作了较为深入的考察，认为从长远看，抗战时期国共双方在民主问题上的得失，已在某种程度上决定了未来中国的走向③。

关于延安整风

近年来延安整风的研究取得了较大的进展，学者们突破了以往研究的定势，提出了不少新的看法。李东朗认为，毛泽东发动延安整风的动机，是从夺取中国革命胜利的战略高度和反对党内存在的教条主义的迫切性考虑的；整风的目的是端正党的思想路线。延安整风对党的建设、对中国革命胜利的历史作用是非常显著的，把中华人民共和国成立后出现的某些错误归结于延安整风是不正确的④。

关于皖南事变

以往的研究中过多强调了事变前蒋介石国民党的阴谋和事变后美国的压力和国际舆论的作用。杨奎松提出了一些新的看法，认为事实上蒋介石国民党并未有过一个明确的旨在处心积虑消灭皖南新四军的阴谋。事变的发生与国民党坚持限制中共军队发展，要求其限期离开长江两岸北移冀察的强硬态度有关，也与中共中央必欲独立自主，坚持大力发展经营华中地区的政策有关，具有某种必然性。同时也有偶然性，即与中共拖延北移时间且选择一条出乎国民党意料的北移路线，国民党恰好在新四军逾期南下之日完成了围堵部署，封住了新四军南进东去道路的巧合有关。事变发生后，蒋介石也不曾有过要在更大范围对中共动武的计划。事实上并不存在美苏及国际舆论反对及日本进攻打乱国民党发动更大规模剿共战争阴谋的情况。中共中央受莫斯科影响，对国民党政策的估计及应付事变的态度也曾有一个复杂的变化过程⑤。

关于重庆谈判

重庆谈判作为抗战胜利到解放战争过渡时期的重大事件，是每一本党史通史都要谈及的。权威的看法认为重庆谈判的结果，是国民党政府接受中共提出的和平建国方针，确定召开各党派和无党派人士参加的政治协商会议，共商和平建国大计。因此是人民力量的一个胜利。邓野提出了不同的看法，认为重庆谈判是在对中共十分不利的政治背景下进行的。中日战争结束之际，由于美苏分别确认国民党政府的唯一合法地位，并分别决定由国民党接收日占区，改变了原有的国共力量对比，从而打断了原有的国共关系调整进程，迫使中国共产党收回了以大半国土和大半人口的政治代表的身份与蒋介石平行对话的姿态，重新将两党关系调整为上与下的关系，在此条件下，重庆谈判以收回联合政府要求作为政治基础，以交出解放区作为主题。结果互有胜负：蒋方面以政府的名义迫使中共收回民主联合政府，而中共则以维持现状的名义保住了解放区。就第二次国共

---

① 闻黎明：《抗日战争时期宪政运动若干问题的再研究》，《近代史研究》2006年第5期。
② 李翠艳：《1939—1940年知识界关于"宪政与抗战"的讨论及其价值体现》，《抗日战争研究》2006年第4期。
③ 王建朗：《浅议抗战时期民主进程中的几个问题》，《史学月刊》2004年第1期。
④ 李东朗：《延安整风四题之我见》，《党史研究与教学》2008年第1期。
⑤ 杨奎松：《皖南事变的发生、善后及结果》，《近代史研究》2003年第3期。

合作后期联合政府与一党训政这一政治主题看，重庆谈判的政治性质表现为，中共的联合政府口号在其推进过程中遭遇了一次严重的政治挫折①。

关于新民主主义革命的胜利和中华人民共和国的建立

这是新民主主义革命史上最大的事件。学者们对国民党政权败亡和新民主主义革命胜利的原因进行了深入探讨。金冲及以新民主主义革命史上的转折年——1947年为研究对象，考察了国民党政权怎样由强变弱，共产党领导的革命事业怎样由弱转强，深刻揭示了中国革命之所以能够取得全国胜利，根本的原因在于人心的向背，在于谁能得到中国大多数民众的支持这个历史的真谛②。汪朝光对1945—1949年中国的历史演进的研究，揭示了国民党失去中国的原因。作者认为国民党之所以失败，追根溯源在国民党既离开了民权主义，也离开了民生主义。既没能以减租或土地利益与农民，未能以立法保障与工人，亦未能以经济保护与中产以上之阶级，遂使政府成为不能解决人民问题之政府，党即成为不能解决人民问题之党，失去各阶层之同情与拥护。国民党败在失去人心③。高华则着重从军事方面分析了国民党失败的原因，认为在导致国民党失败的多种因素中，最重要的因素是军事。国民党的军事失败是最重要的失败，其他原因都是从这里派生出来的④。笔者认为对这一问题的研究可以从全局着眼，全面分析原因，也可以以某一时段或某一方面为研究对象展开，但最根本的无疑是人心向背，还是那句老话，得人心者得天下，失人心者失天下。

五　共产国际与中国革命关系研究

近十年来，随着《共产国际、联共（布）与中国革命关系档案资料丛书》的翻译出版，这方面的研究取得了重要进展。

一是拓展和深化了共产国际、联共（布）与大革命的研究。

姚金果、苏杭、杨云若运用新史料，对共产国际联共（布）制定中国大革命策略和政策的经过，实施过程中产生的积极和消极的影响，共产国际与联共（布）之间、共产国际代表和苏联顾问之间、共产国际代表和苏联顾问与中国国民党和共产党之间的关系等几乎所有重要问题进行了深入研究，阐述了新的见解，努力做到客观再现历史⑤。

二是对土地革命战争时期共产国际、联共（布）对中国革命指导的评价趋于客观全面。

以往对这一时期共产国际、联共（布）对中国革命关系的研究多集中在共产国际与三次"左"倾的关系上，且几乎都是否定的。近十年的研究能够客观全面地看待共产国际的作用，既指出它在对中国社会性质、革命性质、道路及苏维埃建设和红军指导

---

① 邓野：《论国共重庆谈判的政治性质》，《近代史研究》2005年第1期。
② 金冲及：《转折年代——中国的1947年》，生活·读书·新知三联书店2002年版。
③ 汪朝光：《1945—1949：国共政争与中国命运》，社会科学文献出版社2010年版。
④ 高华：《革命年代》，广东人民出版社2010年版。
⑤ 姚金果、苏杭、杨云若：《共产国际、联共（布）与中国大革命》，福建人民出版社2002年版；姚金果、苏杭：《读解中国大革命史》，福建人民出版社2006年版。

上的脱离中国实际的"左"的错误，也较多地看到其支持中国革命，对中国革命指导中正确的方面。如有的学者重新审视三大起义的决策，认为南昌起义和秋收起义从酝酿到起义都是在联共（布）、共产国际的指导下进行的，总的看，虽然有脱离中国实际的地方，但也给予中共很大帮助，为土地革命战争兴起作出了贡献①。对共产国际、联共（布）与中国红军的关系，曹力铁认为他们对中共创建自己的军队是高度重视的，在如何处理中共直接领导军队和维护国共合作，在如何建设军队上，既提出了一些正确的原则，又有许多脱离实际，甚至是相互矛盾的指示②。再如对共产国际与农村包围城市道路的关系的认识上，张喜德对共产国际对中共六大指导作了肯定的评价，认为已经放弃城市中心，主张农村中心③。刘晶芳则认为共产国际在中共六大上虽然再次肯定了红军和根据地，但并没有实现工作重心的转变。无论是共产国际领导人的谈话、报告，还是中共六大代表的发言，都还是主张城市中心的。中共六大后，中央在工作指导上也是以城市为中心部署工作的④。对共产国际与中共六届五中全会的关系，过去讲得不够清楚。凌步机认为在对毛泽东的安排上，并不是如有的学者所说，会前在博古提出的中央政治局委员候选名单中没有毛泽东，是国际代表将毛泽东的名字补了上去，并将毛泽东的政治局候补委员提升为政治局正式委员。新史料证明，在中共中央和共产国际的三次提名中，毛泽东都是中央政治局正式委员候选人⑤。在共产国际与王明上台的认识上，以往的研究多归结为米夫的作用。李东朗认为前述说法似嫌简单。实际上共产国际对王明的基本态度是既可信任又认为不堪重任。他被推上中共领导岗位有米夫大量活动的影子，但根本之点不在米夫，关键是因其在"立三路线"时期的表现⑥。关于袁文才、王佐被错杀与共产国际的关系，以往的研究只说到共产国际指导的中共六大的《苏维埃政权的组织问题决议案》确定的消灭土匪领袖的政策。陈胜华运用新史料，进一步分析了在这一政策形成中共产国际的作用⑦。

三是加强了对抗战和解放战争时期共产国际、联共（布）与中国革命的研究。

对共产国际对第二次国共合作期间的策略指导，学术界多给了否定的评价，认为之所以出现只联合不斗争的右倾错误，是苏联利益中心使然。徐玉凤给予较多肯定的评价，认为共产国际和苏共对统一战线策略指导说是正确的，但有一定的局限性。共产国际的出发点是为了保持中国抗日力量的不致分裂，从而有效地抵抗日本军国主义的侵略，使苏联避免陷入两线作战的困境。从客观效果上来说，这样做也是符合中华民族根本利益的，应该说是双赢的。在共产国际对皖南事变的指导上，对中共中央的建议总体

---

① 王新生：《联共（布）、共产国际与南昌起义》，《光明日报》2007年8月3日；蒋国海：《论共产国际与秋收起义》，《中共党史研究》2007年第5期。
② 曹力铁：《共产国际、联共（布）与中国工农红军的创建》，《江汉论坛》2007年第4期。
③ 张喜德：《共产国际对毛泽东农村包围城市道路理论形成的促进作用》，《探索与争鸣》2010年第9期。
④ 刘晶芳：《再探共产国际与中共六大对工作重心的认识》，《探索与争鸣》2008年第11期。
⑤ 凌步机：《共产国际与中共六届五中全会和福建事变》，《中国井冈山干部学院学报》2008年第5期。
⑥ 李东朗：《简论王明的"国际背景"》，《理论学刊》2008年第10期。
⑦ 陈胜华：《袁文才、王佐被错杀与共产国际》，《百年潮》2010年第10期。

上是正确的,对化解分裂危险,维护统一战线,实现中国抗日力量的团结是有利的①。

对抗战时期中共的反托派斗争与共产国际的关系,以往鲜有涉及。王新生对这一问题作了全面的考察和较深入的分析,认为其兴起与苏联的反托派斗争有直接关系。后来中国共产党曾先后两次打算调整对中国托派的政策,但是都被共产国际的指示和干预打断。中共接受了共产国际对托派的定性,但对其要求在内部大规模开展"肃托"斗争的指示,并没有机械地执行,因此没有发生像苏联那样大规模的清洗托派的情况。对中共在"反托"运动中出现的失误,共产国际应负主要责任,贯彻共产国际指示推动中共的"反托"运动走向高潮的王明、康生,应负直接责任②。

四是对战后苏联与中国关系作了较深入的研究。

沈志华梳理了抗战胜利后苏联对华政策的变化,分析了这种变化与中国内战的关系,论证了中国内战对世界冷战格局形成的影响③。薛衔天、刘成元对苏联进军东北与东北革命根据地的关系进行了研究,论述了中共经营东北的战略和苏联的东北安全战略、苏联与东北革命根据地的形成、辽沈战役与苏联关系等问题④。上述研究,有助于全面客观地认识复杂局面下中共决策变化的原因。三大战役结束后,斯大林是否曾劝阻解放军渡江,主张"划江而治"?是党史界长期争论至今仍存在严重分歧的问题。薛衔天认为"劝阻"说并非空穴来风。苏联驻华大使罗申从1948年春天起,不断向国民政府的官员和美国驻华大使等散布要在国共之间进行调停的信息。"劝阻"风源就是斯大林。毛泽东的判断没有错⑤。韩国学者金东吉根据他在俄罗斯查到的斯大林与毛泽东往来函电的原件以及其他原始文件的内容,认为斯大林确曾有过"劝阻渡江"之举⑥。2006年俄罗斯科学院齐赫文斯基《1949年1月斯大林与毛泽东的函电往来》⑦的译文在国内刊物登载后,否定"劝阻"说开始占据上风。

六 关于主要领导人生平思想研究

关于毛泽东新民主主义理论研究

毛泽东新民主主义理论研究取得较大进展。继20世纪90年代出版的王桧林主编的《中国新民主主义理论研究》和王占阳著《毛泽东的建国方略与当代中国的改革开放》后,十年来又出版了王占阳著《新民主主义与新社会主义:一种新社会主义的理论研究和历史研究(修订版)》(中国社会科学出版社2006年版),于光远著、韩钢诠注《"新民主主义社会论"的历史命运——读史笔记》(长江文艺出版社2005年版),刘晶

---

① 徐玉凤:《共产国际与第二次国共合作的形成与维持》,《理论学刊》2010年第3期;徐玉凤:《共产国际与中共应对皖南事变军事方针的调整》,《军事历史》2010年第2期。
② 王新生:《共产国际与中国抗战时期的反托洛茨基派运动》,《中共党史研究》2010年第11期。
③ 沈志华:《斯大林与中国内战的起源(1945—1946)》,《社会科学战线》2008年第10期。
④ 薛衔天、刘成元:《苏联与东北革命根据地》,《中共党史研究》2005年第1期。
⑤ 薛衔天:《"划江而治"的风源》,《党的文献》2004年第2期。
⑥ [韩]金东吉:《关于斯大林是否劝阻中共渡江问题再分析》,《党的文献》2006年第4期。
⑦ 齐赫文斯基的文章2004年发表在俄罗斯《近代和现代历史》杂志上,《当代中国史研究》2004年第6期登载了这篇文章的译文。

芳著《毛泽东新民主主义理论研究》（中共中央党校出版社2009年版）等学术价值较高的学术著作。

新民主主义社会论仍是毛泽东思想研究的难点和热点。于光远、韩钢对新民主主义社会论的提出、产生和放弃的历史过程、放弃的原因以及社会主义初级阶段论与新民主主义社会论的关系作了深入研究，提出了若干独到见解①。王占阳认为新民主主义社会论不是中华人民共和国成立后放弃的，而是在1946年全面内战爆发前后，毛泽东就开始由新民主主义自觉地转向新社会主义，在新中国成立前后形成了新社会主义理论，并以其为指导建立了初级社会主义国家②。刘晶芳着重从理论本身存在的局限性，分析了新民主主义社会理论过早放弃的原因③。李伟则认为毛泽东思想中根本就没有新民主主义社会论④。鲁振祥在已有研究的基础上，对毛泽东提出总路线过程中的若干关节点进行再考察。有助于对这一问题认识的细化和深化⑤。

关于陈独秀生平思想研究

21世纪前十年陈独秀仍是党史人物研究的热点。学者们充分利用新的档案史料，力求还原一个真实的陈独秀，着力挖掘他的思想中有价值的东西。

把陈独秀作为一个正面人物，一个对中国革命作出重大贡献的中共重要领导人来研究，已成为党史界的共识。但在对其评价上，仍有较大分歧。在对陈独秀的总体认识上，有两种有代表性的观点。一种观点认为对陈独秀应充分肯定，在中国近现代历史上，他至少有六大历史贡献、两大杰出成就，并为后人作出了一个杰出的表率。陈独秀也犯过错误。但他的错误主要来自共产国际，他不过是替罪羊而已。"托派"的主张也是一种探索，虽然是错误的探索。开除陈独秀党籍也是完全错误的，应该予以平反⑥。另一种观点认为陈独秀对中国革命作出过重大贡献，但也犯有严重错误。大革命失败，共产国际有重大责任，但陈独秀作为总书记，对大革命失败，在党内应负主要责任⑦。大革命后期陈独秀犯右倾机会主义错误，首先是他本人对中国革命一些基本问题的不正确认识直接发展的结果。"二次革命论"的观点，是导致他妥协退让的理论根据⑧。有的学者具体分析了陈独秀在处理与共产国际关系中的弱点，指出早期缺少作为一名党的

---

① 于光远著，韩钢诠注：《"新民主主义社会论"的历史命运——读史笔记》，长江文艺出版社2007年版。

② 王占阳：《新民主主义与新社会主义：一种新社会主义的理论研究和历史研究（修订版）》，中国社会科学出版社2006年版。

③ 刘晶芳：《继承、创新与局限——新民主主义社会论与马克思主义关系考析》，《中共党史研究》2010年第2期。

④ 李伟：《"新民主主义社会理论"不能成立》，《探索》2008年第4期。

⑤ 鲁振祥：《毛泽东与过渡时期总路线地提出：几个关节点的再思考》，《党的文献》2006年第5期。

⑥ 郭德宏：《陈独秀的历史地位应进一步肯定》，《安庆师范学院学报（社会科学版）》2005年第1期。

⑦ 中共中央党史研究室第一研究部：《中国共产党历史》第一卷，中共党史出版社2002年版，第273—282页。

⑧ 姚鸿、陈原：《用"三个代表"思想指导〈中国共产党历史〉第一卷编修——石仲泉同志答本刊记者问》，《百年潮》2002年第10期。

领袖应当具有的独立思考和决策能力，带有书生气，容易盲从。大革命失败陈独秀离开党的职务后迅速转向托派，有客观原因，但在主观上也暴露了其政治思想的不成熟性。晚年的"最后见解"囿于特定的历史背景及自身处境，既有其科学合理的内容，也有其粗糙谬误之处；既有深刻的理性思考，形成超前的思想意识，又有简单的感情用事，妄下断言，尤其是对苏联模式和苏联经验的全盘否定，更缺少科学性和有失公允①。以往的研究对成为马克思主义者之前的陈独秀思想多持否定态度。盖军对陈独秀早年接触和接受社会民主主义的历史，作了重新评价，认为其思想反映了资本主义变化的现实，也是符合中国实际的②。杨熙曼对大革命时期陈独秀在革命前途上提出的三种构想进行了考察，分析了不断变化的原因，较准确地再现了陈独秀的马克思主义理论修养和对中国国情的基本认识，反映了马克思主义中国化的艰难曲折历程③。邢和明认为陈独秀深受新经济政策的影响，从主张消灭资本主义转向提倡发展资本主义，主张通过国家资本主义向社会主义过渡，并且这种过渡"并非旦夕所能促成"，不能急于向"共产主义猛进"等观点至今仍没有过时，仍值得推崇。因此不应该再把陈独秀发展资本主义的思想冠以"二次革命论"加以批判④。祝彦认为其大革命时期的二次革命论是贯穿始终的。它既对国共合作的建立起了积极作用，也与大革命的失败不无内在的联系。他的重视资产阶级轻视无产阶级，绝不是共产国际强加的，在实际斗争中放弃与资产阶级争领导权，是因为他认为不必要去争⑤。储天虎对以往陈独秀研究中鲜有涉及的军事思想进行了研究并概括了特征，认为陈独秀作为上海工人第三次武装起义的主要决策者和指导者，作出了许多富有指导意义的战略构想和决策⑥。托陈取消派问题是陈独秀研究中的一个难点问题。《中国共产党历史》第一卷吸收近年来的研究成果，对斯大林、托洛茨基和陈独秀有关大革命失败的责任和对中国革命的性质、对象、形势、任务等基本问题的看法作了一分为二的分析和评价。

晚年陈独秀研究取得较大进展。阿明布和多方位、多层面剖析了陈独秀晚年的政治思想，指出在经历了肯定、否定、否定之否定后，陈独秀从接受托洛茨基主义到放弃托洛茨基主义，形成新"二次革命论"；从学习苏联经验到全面否定苏联经验，系统地提出了民主社会主义主张⑦。陈铁健对陈独秀自1931年至1942年的思想演进作了评述，认为提出了一些很有价值的思想。如他强调中国当前首要问题是发展资本主义生产力，认为"在科学社会主义看来，资本主义无论为功为罪，而毕竟是人类社会进化的必经的过程"，强调了民主问题的重要性，认为是"中国无产阶级夺取政权的革命之全部策

---

① 李颖：《陈独秀与共产国际关系述论》，《中共党史资料》2005年第4期。
② 盖军：《建党前陈独秀对社会主义的认识》，《安庆师范学院学报（社会科学版）》2008年第7期。
③ 杨熙曼：《陈独秀关于新民主主义共和国的构想》，《安庆师范学院学报（社会科学版）》2009年第10期。
④ 邢和明：《陈独秀"二次革命"与列宁新经济政策》，《党史研究与教学》2003年第3期。
⑤ 祝彦：《晚年陈独秀1927—1942》，人民出版社2006年版。
⑥ 储天虎：《陈独秀军事战略思想探析——以上海工人第三次武装起义为例》，《党史文苑》2009年第2期。
⑦ 阿明布和：《晚年陈独秀与苏联经验》，人民出版社2002年版。

略的基石"①。

关于王明生平思想研究

以往党史界在王明的评价上多是否定的，认为他先是犯了"左"倾冒险主义错误，后又犯了右倾投降主义错误。在21世纪近十年的王明研究中，客观地评价王明成为学者的共识。在对王明评价中的突破，集中在以下几个问题上。

首先是在抗日民族统一战线策略的酝酿和形成上，认为王明是起了积极作用的，在实践中效果也是好的，促进了由内战到抗战的策略转变，应予以充分肯定②。对1936年王明发表的一系列文章，认为在强调反日统一战线各党派在政治上和组织上的独立性，各武装力量的相对独立性以及国家政权的民主性质等方面，总的是正确的，但同时也包含右倾投降主义的萌芽③。

近年来党史研究者重新审视抗战初期王明犯右倾错误问题，得出一些新看法。田子渝认为王明与毛泽东在抗日民族统一战线的大政方针和基本原则上没有分歧，只是在某些具体问题上有不同看法。在中共六届六中全会上，共产国际肯定的中共一年来的政治路线，就是由王明1937年11月带回来的共产国际关于建立抗日民族统一战线的政治路线。会上毛泽东与王明在政策、思想层面上的分歧并没有直接交锋，而是采取"各自表述"，求同存异。毛泽东在为会议作的结论报告中，着重批判了"两个一切"，而会议依据毛泽东报告通过的决议，又强调了"两个一切"所阐述的主要观点④。李东朗对党史界通行的批评王明右倾的一些说法提出异议，认为通常以王明在1938年3月政治局会议上提出"确定和普遍地实行以运动战为主，配合以阵地战，辅之以游击战的战略方针"和7个"统一"为例，说明王明坚持右倾主张，与实际有误⑤。上述讨论的问题是党史上的一个重大问题，需要客观全面地研究史料，以求得出符合实际的结论。

王明中毒事件是王明在《中共五十年》一书中用大量文字描绘，并在长时间里造成重大影响的事件。丁晓平根据从一位民间收藏者手中发现的延安整风时期中共中央关于"王明中毒事件"调查的14份原始材料，完整、权威、翔实地记录了"王明中毒事件"的真实情况，以史实确证王明在《中共五十年》中诬蔑毛泽东"蓄意毒害王明"纯属谎言⑥。

七 关于史料的编辑出版

史料是历史研究的基础，史料的编辑和出版是推进新民主主义革命史研究的一项非常重要的基础性工作。近十年中最重要的成果是四个方面的史料的编辑和出版。

---

① 陈铁健：《走向最后的觉醒——抗日战争时期的陈独秀》，《史学月刊》2002年第4期。
② 刘晶芳：《王明与从内战到的策略转变》，《中共党史资料》2005年第4期。
③ 金怡顺、刘海燕：《王明与抗日民族统一战线方针的形成》，《安徽史学》2005年第6期。
④ 田子渝：《抗战初期中共中央长江局的再研究》，《抗日战争研究》2004年第1期。
⑤ 李东朗：《关于王明右倾错误的几点思考》，《党史研究与教学》2009年第5期。
⑥ 丁晓平：《尘封66年的"王明中毒事件"调查材料惊现民间》，《党史博览》2009年第12期。

一是共产国际与中国革命史料的翻译出版。中共中央党史研究室第一研究部译编的《共产国际、联共（布）与中国革命档案史料丛书》，继1997年出版了第一批6卷本之后，又出版了7—17卷（中共党史出版社2002、2007年版），收入了1927—1937年十年间共产国际、联共（布）在指导中国革命中的重大决策及实施的文献，为进一步深入研究土地革命战争史、中苏关系史、国共两党关系史、党与共产国际的关系等提供了极有价值的档案史料。

二是抗战史料的整理和出版。在反映历史全貌的大型史料书方面，张宪文主编、江苏人民出版社、凤凰出版社出版的《南京大屠杀史料集》总计55卷，近3000万字，无可辩驳地证实了南京大屠杀是侵华日军有预谋、有计划、有组织的暴行，为深入研究这一事件，提供了方便。与这套书类似的还有中央档案馆、中国第二历史档案馆、江西省社会科学院三家合作，谢忠厚主编《日本侵略华北罪行档案》（河北人民出版社2005年版）共10卷，300万字，全面记录了日军在华北实施大屠杀、建立集中营、制造无人区、奴役劳工、实施性暴力，进行细菌战、毒气战、文化侵略等种种罪行。专题史料有居之芬、庄建平主编《日本掠夺华北强制劳工档案史料集》（社会科学文献出版社2003年版），李秉刚主编《日本侵华时期辽宁万人坑调查》（社会科学文献出版社2004年版），纪学仁编著《侵华日军毒气战事例集：日军用毒1800例》（社会科学文献出版社2008年版）等。

三是会议史料的整理出版。如新民主主义时期中共在延安召开的第七次全国代表大会，出版了文件集、七大代表名录、《七大代表忆七大》、《七大代表在七大》等。

四是工人运动史料的编辑。刘明逵、唐玉良主编《中国近代工人阶级和工人运动》14册（中共中央党校出版社2002年版），中华全国总工会组织编纂的《中国工会运动史料全书》62卷（中国职工音像出版社2002电子版，另有部分其他出版社出版的纸质书）是历时多年，在广泛搜集史料的基础上，精编而成的大型史料书，对研究中国工人运动，深化党史研究具有重要价值。

综观近十年新民主主义革命史研究，在宽松的学术氛围中，更趋深入，取得较大进展。其中最引人注目的是研究视野的扩展和研究方法的创新，在同诸多交叉学科的合作研究中拓展新领域。在拓展新领域的同时，在研究的深度上有较大推进。由单纯的文本解读和一般的历史叙述，转向深入探讨历史背景以及丰富的社会经济和文化内容，揭示影响历史进程的深层次原因，尽量客观地反映真实的历史。

毋庸讳言，在研究取得进展的同时，也存在一些问题。比如，低水平的重复研究和对传统议题炒冷饭的现象仍然较多，高质量、有建树的研究成果不多，围绕党史研究中的热点、难点问题展开有价值的学术争鸣和问题探讨仍很欠缺，党史人物研究中确实存在为尊者讳和矫枉过正问题。在档案资料建设方面，与新民主主义革命史研究相关的档案，已经大量整理公布，但是还远不能满足研究发展的需求，迫切需要继续挖掘、整理、公布档案，并使之经常化、制度化。这里面，既有解密和整理编辑不够的问题，也有对大量已经发表公布的档案资料缺乏深入细致的钻研和利用不好的问题。在研究方法问题上，在继续坚持历史唯物主义的同时，如何科学有效地借鉴、运用其他人文社会科学学科和自然科学的研究方法，进行研究方法创新等，所有这些都需要研究者充分注意，加以解决。我们相信，只要坚持解放思想、实事求是的思想路线，真正做到"不唯书，不唯上，只唯实"，端正学风，加强党史研究的科学性，潜心钻研，新民主主义革命史研究在未来的岁月里就一定能够健康发展，取得更多更新的成果。

21世纪初期中国世界古代中世纪史研究综述

郭子林　郭小凌

21世纪初十多年中，中国世界古代中世纪史研究借势20世纪晚期的长足进步，继续向前发展。这种发展体现在论文、论著的数量与质量同步提高上。粗略统计，中国学人每年平均发表学术论文和论著等各类成果不低于150篇（部），选题涉及政治、经济、文化、宗教、社会生活、史学史等众多领域，涵盖的历史空间则包括新旧大陆，显示大国学人较为宏阔的世界视野，其中有不少成果已达到本学科较高的专业水准。

一　文集与全局性选题的重要论著

十多年间，老一辈学者中有一些学科带头人进行了个人学术史的整理工作，将他们多年的治史经验、心得汇集成册，以飨读者。他们分别为中国世界古代中世纪史的研究作出了杰出贡献，这些文集和专著不仅是个人心血的结晶，而且是创造学科研究史的实证。其中，王敦书的《贻书堂史集》（中华书局2003年版）收入作者多年来关于亚细亚生产方式、古希腊罗马史、日本史、二战史以及学科建设和史学史的重要研究成果。廖学盛的《廖学盛文集》（上海辞书出版社2005年版）集中阐发了作者关于亚细亚生产方式、希腊罗马奴隶制及其他相关问题的学术观点。刘文鹏的《埃及考古学》（生活·读书·新知三联书店2008年版）对史前至希腊罗马时期的埃及考古学进行全景式的梳理和研究。刘家和的《愚庵论史——刘家和自选集》（首都师范大学出版社2010年版）收录了作者数十年来的重要学术论文，集中反映了作者关于包括古希腊黑劳士在内的制度问题、比较视野下的世界史与中国史、史学与文化等方面的学术观点。马克垚的专著《封建经济政治概论》（人民出版社2010年版）是在其多篇论文基础上进行的专门研究，将中国与欧洲中世纪的封建经济和王权等问题作比较研究，探讨很多有关封建经济和政治的理论问题。2012年，东北师范大学古典所为了纪念中国著名史学家林志纯而出版的《日知文集》（5卷，高等教育出版社2012年版），收录了林先生1934—1999年的研究成果以及尚未刊发的论文论著，内容广泛涉及奴隶制、亚细亚生产方式、封建制、中西古典史学等重大理论问题。

中国学人还对一些重大问题进行集体攻关性质的学术研究。施治生、郭方主编《古代民主与共和制度》（中国社会科学出版社2002年版）和施治生、徐建新主编《古代国家的等级制度》（中国社会科学出版社2003年版）集中相关领域的专家学者对世界古代和中世纪史上两个共同关注的重大理论与实际问题——民主与共和、等级制度——展开深入讨论。2011—2012年，中国社会科学院世界历史所主持、集中国内研究院所和高校数十位专家学者、历时10年完成的39卷本《世界历史》（江西人民出版社2011、2012年版）出版，其中包括很多古代中世纪史方面的著作，例如刘欣如著《古代世界的物质文明》、徐建新等著《古代国家起源与早期发展》、侯建新等著《中古政治制度》、刘健等著《古代世界的民族与宗教》、郭方等著《中古时期的基督教与民族》、林梅村著《中亚民族与宗教》、易建平等著《战争与古代社会》、赵文洪等著《古代西方关于人的观念》、宋岘主编《古代东方思想文化》和纪宗安等著《十六世纪前的中国与世界》等，这些著作都对世界古代中世纪史研究领域的重大问题展开研讨。武寅、于沛、郭小凌、侯建新等主持，全国百余名学者参与的国家社科基金重大招标项目与中国社会科学院重大社科项目"剑桥古代史和新编剑桥中世纪史翻译工程"，将这部享誉国际学界的皇皇巨著引入中文书库，展现了中国学人不容低估的解读与研究实力，为世界古代中世纪史学科的进一步发展注入新的活力。

二　文明与国家起源领域

文明与国家起源问题因一手史料不足，理论推导的空间较大，一直是国内外学界争讼不朽的论题，进入21世纪仍然如此。陈启能、姜芃等著《世界文明通论——文明理论》（福建教育出版社2010年版）分析文明理论的发展过程，探讨文明的起源、发展和文明的形态等问题，具体阐述古代两河流域、埃及、印度、希腊罗马和中华文明。易建平在评价国外人类学家研究成果的基础上，着眼于部落联盟、酋邦、专制政治、早期社会和非专制政治等问题的解析（《部落联盟与酋邦——民主·专制·国家：起源问题比较研究》，社会科学文献出版社2004年版）。他还在近几年的文章里继续相关问题的探讨，在《从词源角度看"文明"与"国家"》（《历史研究》2010年第6期）中对"将文明与国家这两个概念区别开来"的观点表示质疑。在《文明起源研究中的"国家"与"社会"》（《历史研究》2012年第3期）中，探讨了"古代国家"与"早期国家"、"酋邦"与"分层社会"两对概念之间的差别以及它们各自蕴含的深层含义。荷兰学者亨利·J. M. 克莱森也对中国的早期国家研究感兴趣，其论文《从临时首领到最高酋长》（《历史研究》2012年第5期，郭子林译）对酋长、酋邦和早期国家的定义以及演变过程作了探讨。

中国学者还对古代世界国家起源的模式和特点进行深入研讨。《世界历史》2010年第3期发表了3篇学术论文，便是探讨这个问题的。徐建新研究日本古代国家形成史，指出日本古代国家是相对独立地由生活在日本列岛上的人们建立起来的，是在东亚世界历史发展的大背景下形成的，外部因素对日本古代国家的形成起了极大作用。金寿福强调古埃及早期统一国家漫长的产生过程中的多重因素，阐述了以希拉孔波利为中心的上埃及统治阶层由南向北进行扩张的基本脉络，指出贸易和文化交流在国家形成中所起的作用。黄洋重新审视西方学者将迈锡尼文明与城邦兴起割裂开来的主流观点，认为希腊城邦的兴起实际是迈锡尼王国解体之后希腊社会渐次演化的结果。

古代乃至近代早期历史上与国家起源有关的一些具体问题也得到我国学者的注意与研究。晏绍祥对荷马史诗及其所反映的社会经济、阶级结构等问题做了深入考察，认为荷马社会是阶级社会（《荷马社会研究》，上海三联书店2006年版）。俞金尧和刘健探讨城市起源问题，认为在农业文明时代，城市普遍由统治者的权力缔造，到中世纪晚期和近代早期，资本对城市命运产生越来越明显的影响（《权势创造城市——论农业时代的城市起源》，《杭州师范大学学报》2012 年第 5 期）。刘欣如考察西方学者关于印欧语系发源地的研究史和存在问题，认为该问题的研究证明游牧民族在人类历史的发展中扮演着重要角色（《从雅利安人到欧亚游牧民族》，《历史研究》2011 年第 6 期，刘健译）。沈坚对古色雷斯人的历史、居住范围、种族构成、社会制度、精神风貌以及历史影响等作深入考察（《古色雷斯人透视》，《历史研究》2002 年第 2 期）。齐嘉、曹维安追溯"罗斯"称谓的由来，指出东斯拉夫人在古罗斯国家的形成过程中起到奠基作用（《"罗斯"名称的起源与古罗斯国家的形成》，《历史研究》2012 年第 3 期）。王晋新从文明终结的角度关注文明形成，认为西罗马帝国覆亡开启了地中海周边西方文明、拜占庭文明和伊斯兰文明鼎足而立、彼此对峙的新文明空间格局（《古典文明的终结与地中海世界的裂变》，《东北师大学报》2010 年第 1 期）。郭方论述了 16 世纪英国国家机构与职能变革的意义，认为新财政制度、中央政府、司法系统对于英国近代国家的形成尤为重要（《英国近代国家的形成》，商务印书馆 2007 年版）。张炜、郭方以英国印刷媒介为研究对象，讨论了其在英国民族国家形成过程中的作用（《语言、印刷媒介与近代早期英国民族国家的形成》，《杭州师范大学学报》2009 年第 5 期）。

三 原始文献解读与古代中世纪史的重构

世界古代中世纪史得以重建的依据主要是众多古代文字史料，包括考古发现的铭文、古卷等文字史料；其次是考古出土的实物史料。鉴于此，对古代文字史料的研读就成为重构古代中世纪史的基本前提条件。由于历史局限，在 20 世纪大部分时间里，我国学界能够释读外国古史文献的学人还为数极少，这当然影响了研究成果的深度。但这一不足在 20 世纪末叶得到改善，进入 21 世纪以后，从各种死语言出发研究古代中世纪史已成为我国有关学界一个较为常见的现象。

例如，在西亚史研究领域，吴宇虹多年来指导学生进行古代西亚楔形文字的解读与研究工作，《古代两河流域楔形文字经典举要》（黑龙江人民出版社 2006 年版）便是他的代表性成果之一。他还在此基础上分析两河流域早期奴隶制和土地契约等社会与经济问题。《泥板上不朽的苏美尔文明》（北京大学出版社 2013 年版）集中探讨了苏美尔文明的历史、政治、经济、文化和社会生活。拱玉书的《升起来吧！像太阳一样》（昆仑出版社 2006 年版）在对苏美尔史诗《恩美卡与阿拉塔之王》加以解读的基础上，进行多角度分析。于殿利所著《巴比伦法的人本观》（生活·读书·新知三联书店 2011 年版）依据《汉谟拉比法典》的楔形字文本，研究巴比伦法律中的人本主义思想。李政的《赫梯条约研究》（昆仑出版社 2006 年版）则释读原始条约文献，并对赫梯条约的内容与类型进行了深入细致的分析。宋立宏的《古代的犹太铭文》（《历史研究》2005 年第 6 期）是对各种类型的古犹太铭文的全面考察。

在古埃及史研究领域，颜海英在《前王朝时期埃及的陶器刻画符号》（《世界历史》2006 年第 2 期）一文中研究考古发现的很多陶器上的符号，认为这些符号是古埃及文字的雏形。郭丹彤的专著《埃及与东地中海世界的交往》（社会科学文献出版社 2011 年版）在充分研读大量古埃及原始文献的基础上，探讨埃及与东地中海世界其他文明和地区在物质、宗教和文化等领域的多种交往。李晓东的《埃及历史铭文举要》（商务印书馆2007年版）收录和译注古埃及重要历史文献，探讨其史学意义。王海利的《失落的玛阿特》（北京大学出版社2013年版）对古埃及圣书体文字史料进行文学和史学问题的解析，发掘出一些新颖的内涵。史海波的《古代埃及教谕文学的名实问题》（《古代文明》2007年第3期），认为古埃及教谕文学是我们认识古埃及社会伦理思想的窗口。郭子林对古埃及塞德节及其与王权的关系进行研究，认为塞德节在王权的实施、维持和强化中发挥了重要作用（《古埃及的塞德节与王权》，《世界历史》2013年第1期）。葛会鹏考察了古埃及文献中的努比亚人形象及其表达出的历史信息（《古埃及文献中的努比亚人》，《古代文明》2013年第3期）。

研究希腊罗马史的学者也一直关注原始文献的解读和研究。张强译注10篇公元前5世纪雅典法令铭文，认为这些铭文集中反映出作为盟主之邦的雅典在政治、经济及司法等诸多方面对盟邦主权的肆意践踏（《公元前五世纪雅典法令铭文十篇译注》，《古代文明》2009年第2期）。杨巨平认为Soter Megas是受命于阎膏珍去"监领""天竺"的将军（《"Soter Megas"考辨》，《历史研究》2009年第4期）。张巍力图证明两则基于诗歌文本解读的社会史问题需要同时从思想史的角度加以衡量（《赫西奥德〈工作与时日〉中的社会史两则》，《历史研究》2010年第1期）。徐晓旭的《腓利二世——霸权与泛希腊主义》（华中师范大学出版社2009年版）依靠大量原始文献，研究马其顿腓力二世谋求希腊霸权的行动与泛希腊主义之间的互动关系。刘军从原始文献及其校勘版本中整理翻译出反映古斯巴达社会组织形式"奥巴"的19篇铭文（《斯巴达奥巴铭文译注》，《古代文明》2011年第1期）。吕厚量在阅读古希腊文《历史》和波斯史料《贝希斯顿铭文》的基础上，认为前者的史料很可能间接来自后者（《希罗多德波斯史及其对古希腊知识精英波斯观的塑造》，《历史研究》2014年第1期）。

在古代东北亚史研究领域，徐建新在《好太王碑拓本的研究》（日本东京堂2006年版）中，对国内外传世的好太王碑早期拓本进行详细调查，利用一手史料对碑文的释文、早期拓本的制作和传布、石灰补字的原因和性质、各时期拓本的编年方法等问题作出新探讨。他还在《中国新出〈集安高句丽碑〉试析》（《东北史地》2013年第3期）一文中，对2012年新发现的一块集安高句丽碑的释文、立碑年代、碑文内容和性质、碑文书法特征等作探讨和阐释。

很多中世纪史研究者也能够熟练地通过解读古语言原始文献进行学术研究。彭小瑜对中世纪拉丁语教会法文献有精深研究，对教会法进行全方位探讨（《教会法研究》，商务印书馆2003年版）。夏洞奇从奥古斯丁著述之拉丁原文入手，研讨奥古斯丁的思想（《尘世的权威：奥古斯丁的社会政治思想》，上海三联书店2007年版）。

四 政治制度史

中国学者对古代政治制度史的兴趣从来没有减弱，过去十几年里，集中于古代中世纪的政体和具体制度问题的探讨。

就前一个方面的论题而言，希腊罗马的民主与共和制继续得到研究。黄洋认为，雅典民主政治不是大革命的产物，而是通过长达一个半世纪的阶级斗争历程确立起来的（《"雅典革命"论与古典雅典政制的建构》，《历史研究》2012年第5期）。晏绍祥从危机与重建的角度审视雅典民主政治的发展历程（《雅典民主政治的危机与民主信仰的重建》,《史学集刊》2012年第1期)。李尚君论述公元前4世纪雅典的"激进民主制"(《公元前4世纪雅典的"激进民主制"》,《复旦学报》2009年第3期)。蒋保认为雅典民主政治是民众与政治领袖的共治(《民众的统治抑或奴隶主贵族阶级的寡头统治?》,《安徽史学》2009年第3期)。陈可风的《罗马共和宪政研究》(法律出版社2004年版)归纳和探讨罗马共和时期的政体和职官制度。

学者们还探讨与民主和共和制相关的具体问题。邵欣欣、郭小凌对雅典政治制度中的"Ostracism"进行考辨,指出"陶片放逐"的译法比"贝壳流放"更加合理(《是"陶片放逐"还是"贝壳放逐"?》,《史学集刊》2009年第2期)。崔丽娜论证了陶片放逐的具体运作过程(《陶片放逐制刍议》,《江西社会科学》2003年第9期)。张春梅研究雅典民主制度中的重要因素陪审法庭,认为陪审法庭地位的提高是"法律至上"思想付诸实践的产物(《权力制衡还是法律至上?》,《古代文明》2010年第4期)。邢颖以古代奥运会中的两个事件为例,讨论该赛会与希腊城邦的关系(《试论古代奥林匹克运动会中的城邦关系与城邦贵族》,《世界历史》2010年第1期)。胡玉娟对罗马早期平民起源的原因进行探析,推断当时罗马无法容纳大量外来被征服者,于是只有将他们变成介于自由民与奴隶之间的、集体依附于城邦的平民(《罗马早期平民问题研究》,北京师范大学出版社2002年版)。熊莹以公元20年的皮索案为例,分析了"除名毁忆"与罗马元首制初期政治文化的关系(《"除名毁忆"与罗马元首制初期的政治文化》,《历史研究》2009年第3期)。

王权问题是古代中世纪学者研讨的重点。在古代西亚北非地区王权的研究中,刘健考察苏美人城邦、乌尔第三王朝、巴比伦王朝等王权和专制国家的特点。他在《乌尔第三王朝专制国家的特点》(《中国社会科学院世界历史研究所学术文集》第7辑,社会科学文献出版社2011年版)一文中指出,乌尔第三王朝通过深化君权神授观念,确立王权神化观念,建立中央控制的管理和官僚体系以及社会等级体系,强化国家管理体制,进一步加强中央权力。郭子林认为古埃及托勒密王朝的专制主义具备了专制主义的所有特征,与古代世界其他文明的专制主义相比,具有自身特点(《论托勒密埃及的专制主义》,《世界历史》2008年第3期)。

王权问题也是我国中世纪史研究的重点问题之一。孟广林综合考察英国封建王权,在英国王权与贵族、王权与教会关系方面提出独到见解(《英国封建王权论稿》,人民出版社2002年版)。他还阐发塞瑟尔的"新君主制"学说(《历史研究》2004年第2期)。蔺志强考察中古英国幼主托孤与王权运作之间的关系(《中古英国的幼主托孤与王权运作》,《历史研究》2009年第2期)。于洪的《论布拉克顿的王权观念》(《世界历史》2009年第1期)指出布拉克顿的王权观念主要包括王权的合法性、国王的权能以及王权的有限性等三个方面。黄春高探讨法王路易六世积极伸张王权的现象及其重要意义(《国王们都有长长的手臂——法国路易六世时期的王权》,《历史研究》2006年第2期)。

在古代中世纪日本史研究领域,学者们也探讨国家政体问题。武寅论述日本天皇制的起源与特征,认为日本天皇制起源于日本古代社会,在经历了种种变迁之后,逐渐形成了三大基本要素,由这三大要素造就的天皇,成为日本政治文化的类图腾,天皇制也因之而成为日本政治制度的典型标志(《天皇制的起源及结构特征》,《历史研究》2012年第3期)。徐建新对古代日本邪马台时代的社会结构进行研讨,认为该时代的"大人""下户""奴婢"等社会结构中的分层状况不仅反映了阶级关系的发展,也是一种早期的社会等级划分(《古代日本身份等级的产生》,《日本学刊》2001年第4期)。王海燕探讨检非违使的形成与特征(《日本平安时代检非违使与律令制国家》,《历史研究》2013年第2期)。

除了上述两个比较集中讨论的问题,中国学人还探讨了古代中世纪历史上的法律、军事、外交和权力空间等问题。阎照祥认为中古盛期英国神判法是英国司法机构试图通过神的意志来裁定嫌疑人的司法程序和决断方式,具有残忍、荒谬等非理性特点(《中古盛期英国神判法析略》,《郑州大学学报》2010年第2期)。郭子林研究托勒密埃及的法律与司法实践,认为受法老时代埃及法律和希腊及西亚其他地区法律的影响,托勒密埃及分别实行适用于当地埃及人和外来移民的法律体系;两种法律体系处于事实上的和谐状态,在很大程度上维护弱者利益,保持社会稳定,但依然体现了国王的个人意志(《托勒密埃及的法律与司法实践》,《历史研究》2010年第4期)。徐松岩的《库纳克萨之战与"万人军"长征新论》(《世界历史》2008年第5期)指出,色诺芬对小居鲁士个人才德的描述明显言过其实。张晓校考察罗马军队与帝国边患的关系(《罗马军队与帝国边患》,《史学月刊》2009年第4期)。国洪更指出"拉科苏"士兵的出现及其功能的异化与亚述政局的变化密切相关(《亚述帝国的"拉科苏"士兵探析》,《世界历史》2012年第1期)。于向东考察越南阮朝的"外洋公务"问题(《西方入侵前夕越南阮朝的"外洋公务"》,《历史研究》2012年第1期)。刘耀春阐述了1000—1600年意大利政治体制变革与城市空间变换之间的互动关系(《意大利城市政治体制与权力空间的演变(1000—1600)》,《中国社会科学》2013年第5期)。

五 古代社会经济史研究

古代社会经济史研究方向在近十多年成果可观。在上古史领域,谢振玲、刘文鹏《罗马统治时期埃及的私人土地租约》(《历史研究》2009年第1期)对罗马统治时期埃及的私人土地租约进行考察,指出与法老时代相比,罗马统治时期埃及的土地发生了根本变化。李海峰对古巴比伦时期的土地租赁活动等进行深入分析(《古巴比伦时期土地租赁活动研究》,《世界历史》2009年第1期)。晏绍祥认为古风时代希腊的经济无论与工商业的联系多么密切,仍是农本经济(《古风时代希腊社会经济发展的几个问题》,《华中师范大学学报》2009年第3期)。汪洋的《罗马法上的土地制度》(中国法制出版社2012年版)从公法与私法两个层面归纳和整理涉及土地制度的罗马立法与法律实践。

在中世纪史领域,赵文洪在多篇论文里探讨中世纪欧洲的公地制度。他认为公地制度下财产权利的公共性,既表现于公地共同体在对外关系中,集体拥有和行使财产权利;又表现于共同体成员之间土地财产的混合,以及全体成员行使财产权利方式的集体性(《庄园法庭、村规民约与中世纪欧洲"公地共同体"》,《历史研究》2007年第4期;《公地制度中财产权利的公共性》,《世界历史》2009年第2期)。谢丰斋对自13世纪以来英国庄园农业中出现的"商品化"趋势作解读(《13世纪英国庄园农业"商品化"刍论》,《世界历史》2008年第5期)。陈志坚考察流行于中世纪英国的地产托管,认为它标志着个体地产主在摆脱土地上的各种封建束缚、争取对土地自由处置权的过程中取得了初步胜利(《为他人的利益而占有财产——中世纪英国的地产托管、封土保有与家产继承》,《历史研究》2009年第3期)。王超华研究了英国农业土地上的工人工资问题(《13—15世纪英国农业工人工资与领主自营地》,《世界历史》2012年第3期)。

社会转型问题是我国中世纪史研究的热点问题之一。侯建新发表了一系列论文和专著,认为农民特别是富裕农民的个人力量和经济活动是促使英国向资本主义过渡,并走上工业化道路的关键动因(《工业革命前英国农业生产与消费再评析》,《世界历史》2006年第4期;《资本主义起源新论》,生活·读书·新知三联书店2014年版)。黄春高却认为,富裕农民的存在并不直接导致资本主义(《15、16世纪英国农村工资劳动者的历史考察》,《北大史学》2004年第10期)。刘景华、崔洪建以东盎格利亚的转型为样本,考察英国从农业社会向工业社会的转变(《东盎格利亚道路:英国传统农业区的曲折转型》,《历史研究》2012年第3期)。赵立行从商人阶层形成和特许状对商业发展的作用等方面,考察欧洲社会转型问题(《商人阶层的形成与西欧社会的转型》,中国社会科学出版社2004年版;《"限制"还是"促进":特许状与欧洲中世纪商业》,《历史研究》2009年第6期)。赵秀荣的《1500—1700年英国商业与商人研究》(社会科学文献出版社2004年版),王加丰、张卫良的《西欧原工业化的兴起》(中国社会科学出版社2004年版)分别从商人阶层、资金流向、商人与政权的关系、原工业化等角度论述了工商业的转型。尹虹的《十六、十七世纪前期英国流民问题研究》(中国社会科学出版社2003年版)论述了16、17世纪英国流民产生的原因及政府对策。向荣认为过渡时期的英国贫困远没有以往史学家描述的那样严重(《英国"过渡时期"的贫困问题》,《历史研究》2004年第4期)。谷延方从城市化的角度考察社会转型问题,认为英国城市化是中世纪以来劳动力转移和城市现象发展的必然结果(《英国农村劳动力转移与城市化》,中央编译出版社2011年版)。

一些学者还从拓殖运动和赋税等角度研究中世纪的经济社会史。徐家玲讨论公元7—9世纪拜占庭的农业拓殖运动,认为它促进了中世纪东地中海各不同起源的民族之间的融合(《试论拜占庭的拓殖运动》,《世界历史》2009年第2期)。孙立田强调,维兰是新生产经营方式的重要推动力量(《中世纪英国维兰土地权利考察》,《世界历史》2006年第5期)。施诚认为,国王本应"靠自己过活",但在军事和行政开支剧增的压力下,国王的税收结构也发生了变化(《论中古英国"国王靠自己过活"的原则》,《世界历史》2003年第1期)。顾銮斋指出,中西中古社会的税赋结构存在巨大差异(《中西中古社会赋税结构演变的比较研究》,《世界历史》2003年第4期)。

六 宗教文化史

宗教作为文化的组成部分甚至是标志性部分,在近十多年继续引起我国学者的广泛注意。

令狐若明讨论了古埃及人的宗教信仰和埃及原始宗教的主要特点(《埃及前王朝时代的埋葬习俗》,《吉林大学学报》2007年第4期)。李模分析奥西里斯崇拜在古埃及兴起的原因(《论古埃及的奥西里斯崇拜》,《贵州社会科学》2013年第2期)以及古埃及宗教与政治制度的关系(《古埃及宗教与政治关系研究》,线装书局2013年版)。

赵克仁探讨古埃及人的亡灵崇拜，认为其蕴含着古埃及社会的大量信息（《古埃及亡灵崇拜的原因及其文化蕴涵》，《西亚非洲》2012年第5期）。姚卫群关注古印度的宗教问题，认为佛教与婆罗门教的善恶观念是各自理论体系中的重要组成部分（《佛教与婆罗门教善恶观念比较》，《宗教学研究》2006年第4期）。王以欣在《神话与历史：古希腊英雄故事的历史和文化内涵》（商务印书馆2006年版）中对古希腊英雄神话作系统、深入研究，利用神话材料观照社会历史之变迁。魏凤莲重新解读古希腊宗教神话中狄奥尼索斯和阿波罗的关系（《论狄奥尼索斯和阿波罗的关系》，《古代文明》2009年第2期）。田明的《罗马—拜占廷时代的埃及基督教史研究》（天津人民出版社2009年版）重点探讨了基督教在埃及的传播和隐修制度的建立等问题。

彭小瑜的《教会法研究》（商务印书馆2003年版）不仅详细分析教会法的历史、教会法学家的思想、教会法内部管理机制和教会法与国家的关系，还着力阐发教会法对非基督徒、非基督文化和异端的宽容，认为宽容是教会法的核心精神。朱孝远分析路德与诸侯领地政府、路德与农民战争的关系，诠释宗教改革运动的革命性和保守性，阐明转型时期德国市民运动的特点和性质（《关于德国宗教改革强化世俗政府问题的一些分析》，《历史教学》2012年第18期）。刘城考察教士的任职权和教义革命等问题，认为经过16世纪宗教改革，教士的职能、教会的纳税义务都发生了重大变化（《英国教会：从双重纳税义务走向单一纳税义务》，《历史研究》2002年第6期；《英国爱德华六世与伊丽莎白一世时代的神学教义革命》，《历史研究》2010年第2期）。陈文海从非宗教层面上分析中世纪教廷"封圣"数量减少的原因（《中世纪教廷"封圣"问题研究——对"封圣"过程的非宗教层面考察》，《中国社会科学》2002年第4期）。他还关注16世纪中叶的特兰特会议（《特兰特会议对教宗制度的矛盾态度》，《历史研究》2012年第1期），指出在该会议之后，以教宗为首的罗马教廷垄断了对会议文件进行解释的特权，会议颁布的那些制约性规定便不再提及。刘林海的《从互惠到利他——宗教改革时期基督教济贫观念的变化》（《北京师范大学学报》2008年第6期）一文认为，宗教改革时期的济贫改革从传统的以互惠为主要特征的功利性救济观转为以强调上帝之爱和基督徒之爱为主要特征的利他性救济观。李化成探讨黑死病时期西欧的鞭笞者运动的历史，审视当时西欧的信仰世界（《黑死病期间西欧的鞭笞者运动（1348—1349）》，《历史研究》2013年第1期）。

包括宗教在内的广义文化，也是近些年学者们研究的重要领域，不少成果值得关注。周启迪的著作《文物中的古埃及文明》（商务印书馆2012年版）用图文结合的方式，系统形象地阐述和解说古埃及文明的多维色谱。杨巨平通过对Yavanas的考证，探讨希腊文明与印度文明的融合问题（《希腊化还是印度化——"Yavanas"考》，《历史研究》2011年第6期）。陈恒的《希腊化研究》（商务印书馆2006年版）综合考察希腊化世界的历史与文化。吴晓群著《希腊思想与文化》（上海社会科学院出版社2009年版），具体论述个人的诗歌与公众的戏剧、贵族生活的范式及其变形、体育赛会的由来及其内容、希腊化时代的文化与思想等内容。祝宏俊将古希腊的"节制"思想置于具体历史情境中加以认识（《古希腊节制思想》，社会科学文献出版社2009年版）。苏振兴总结了古典时代希腊人教育思想转型的多方面因素（《古典时代希腊人教育思想转型之成因》，《首都师范大学学报》2009年第2期）。周春生提出了对莫尔乌托邦政治理念的新认识（《对莫尔乌托邦政治理念的新认识》，《上海师范大学学报》2009年第2

期）。邢来顺等发掘了马丁·路德民族思想的意义和价值（《马丁·路德民族思想研究》，《湖南师范大学社会科学学报》2013 年第 1 期）。

七　社会生活史

在过去的十余年里，中国古代中世纪史学者关于社会生活史的论述有一定规模。社会等级、阶层是这一时期社会生活史的研究重点之一。郭方认为 16 世纪的英国仍然是等级社会（《16 世纪英国社会的等级状况》，《首都师范大学学报》2002 年第 3 期）。赵文洪关注等级之间的平等与不平等，认为中世纪西欧社会是复杂的，不能简单地用三个等级、平等或不平等来概括中世纪西欧社会的等级特征（《中世纪西欧的平等观念》，《世界历史》2004 年第 1 期；《中世纪西欧三个等级的观念初探》，《史学月刊》2005 年第 5 期）。王亚平认为三个等级中变量最大的是农耕者阶层（《浅析中世纪西欧社会中的三个等级》，《世界历史》2006 年第 4 期）。李增洪探寻 13—15 世纪伦敦社会各阶层形成、发展的轨迹，分析影响中世纪城市社会阶层产生、发展的因素（《13—15 世纪伦敦社会各阶层分析》，中国社会科学出版社 2005 年版）。倪世光研究中世纪的骑士阶层，对骑士制度和骑士生活多有探讨，对于骑士武器装备、身份认证、生活方式等方面有较深认识（《西欧中世纪骑士的生活》，河北大学出版社 2004 年版；《中世纪骑士制度探究》，商务印书馆 2007 年版）。韩东育关注日本武士群体，从文化角度检视日本"武士道"的死亡价值观（《关于"武士道"死亡价值观的文化检视》，《历史研究》2009 年第4 期）。

在社会生活史的研究中，刘新成的《西欧中世纪社会史研究》（人民出版社 2006 年版）一书，集结多年研究成果，从理论、婚姻家庭、妇女生活、骑士生活、贵族生活等多个方面，较为系统地探讨中世纪的社会生活史。古代和中世纪的家庭婚姻以及妇女等个案也得到关注。金寿福研究古埃及妇女在神庙中的职能和地位，认为妇女地位在埃及神庙的提升是以服务于男性权力欲望和经济利益为前提的（《古代埃及妇女在神庙中的职能和地位》，《山东社会科学》2009 年第 1 期）。裔昭印以古希腊著名女诗人萨福为例，分析古希腊时期同性恋由褒到贬并最终被社会舆论所否定的历程（《萨福与古希腊女同性恋》，《史林》2009 年第 2 期）。俞金尧分析欧洲人家庭观念的演变，认为家庭组织的存在方式和人们的家庭观念始终与一定的社会经济条件相联系（《欧洲历史上家庭概念的演变及其特征》，《世界历史》2004 年第 4 期）。薄洁萍着重强调基督教会对中世纪世俗婚姻的限制和影响，但俗人对这一限制的遵循程度有所不同（《乱伦与禁忌：中世纪基督教会对世俗婚姻的限制》，《历史研究》2003 年第 6 期）。徐善伟对中世纪欧洲大学生的总花费及各项主要费用在其中所占的比例作了大致的估算，认为绝大部分大学生仍然是占人口极少数的富有阶层的子弟（《中世纪欧洲大学生学习及生活费用的考察》，《世界历史》2012 年第 1 期）。

八　中西比较与中西交通史

中西比较和中西交通史始终是中国学者悉心研究的领域。在 21 世纪初期，这些领域取得的研究成果可以用"不俗"二字来形容。

在中国古史学界，中西比较研究的最早倡导者和研究者是北京师范大学的刘家和先生，他指导的众多学生成为这一方向的生力军。杨巨平研究犬儒派哲学家及其思想的基础上，将犬儒学派思想同庄子学派思想相比较（《古希腊罗马犬儒现象研究》，人民出版社2002年版）。王大庆继续20世纪80年代的学术讨论，探讨古代中西方重农抑商问题，分析先秦与古希腊诸子的"本末观"之相同和差异之处（《本与末——古代中国与古代希腊经济思想比较研究》，商务印书馆2006年版）。胡玉娟考察中国商、周两代与古罗马王政时代对待战败族群政策的转变，认为这一共同现象表明两地当时都处于氏族社会向早期国家过渡阶段（《周初殷遗民与古罗马王政时代灭国迁民现象之比较》，载孟广林主编《历史比较研究的新视野》，吉林人民出版社2005年版）。

当然，国内其他学者也关注中西比较研究。宫秀华在研究罗马史的过程中，详细比较罗马的行省制与中国秦汉郡县制的异同（《罗马：从共和走向帝制》，东北师范大学出版社2002年版）。解光云在以古典雅典城市为主要研究对象的同时，将春秋战国时期的中国古代城市、印度"列国时代"的城市引入其中，尝试说明东、西古典文化的繁荣与城市发展的关系（《古典时期的雅典城市研究》，中国社会科学出版社2006年版）。

在中西交通史领域，中国学者近十年将焦点集中在丝绸之路和拜占庭与中国交往两个主题上。刘欣如探讨丝绸之路上的运输、交流与文化交换情况（Connections Across Eurosia, Transportation, Communication and Cultural Exchange on the Silk Roads, McGraw Hill Higher Education, 2007）。余太山的《早期丝绸之路文献研究》（上海人民出版社2009年版）对东方和西方有关丝绸之路的古文献资料进行细致考证、研究，以不同语种文献进行相互印证，确认东西交流的部分史实。杨共乐利用古希腊罗马史料和中国古籍材料，试图考证丝绸之路这一课题相关的具体问题。（《早期丝绸之路探微》，北京师范大学出版社2011年版）。陈志强关注拜占庭帝国与中国关系，从拜占庭和萨珊波斯金币入手，探讨交流的具体问题（《我国所见拜占庭铸币相关问题研究》，《考古学报》2004年第3期）。张绪山在《唐代拜占庭帝国遣使中国考略》（《世界历史》2010年第1期）一文中指出，唐代中国典籍保留了拜占庭向中国遣使的记载。魏国忠等论述古代日本与中国唐朝的地方政权渤海国在政治、经济、外交、文化等方面的交往（《渤海国史》，中国社会科学出版社2006年版）。孙泓研究了古代西域的音乐舞蹈借由中国传入朝鲜半岛及其产生的巨大影响（《5—14世纪西域音乐舞蹈在朝鲜半岛的传播和影响》，《朝鲜·韩国历史研究》第十一辑，延边大学出版社2011年版）。

九　史学史与史学理论

近年来，中国古代中世纪史学者继续在史学史领域努力耕耘。郭小凌、徐浩在《西方史学史》（于沛、郭小凌、徐浩著，高等教育出版社2011年版）中对世界古代和中世纪的重要史学思想和史学史进行整体性梳理和研讨。刘健从区域性"世界体系"的视角观察古代两河流域地区历史发展的脉络，研究西亚地区贸易文化交流体系中不断扩大的核心区范围，核心区与边缘区的关系及推动这个区域性"世界体系"发展的多样化因素（《"世界体系理论"与古代两河流域早期文明研究》，《史学理论研究》2006年第2期）。颜海英的《中国"埃及学之父"夏鼐》（《历史研究》2009年第6期）一文对我国埃及学领域第一位在国外获得埃及学学位并从事研究的学者夏鼐先生作学术回顾。王海利的《法老与学者——埃及学的历史》（北京师范大学出版社 2010 年版）梳理了埃及学的学术史。郭小凌对古典史家希罗多德进行考察，认为很多学者并没有真正读懂希罗多德的作品（《被误读的希罗多德》，《西学研究》第 1 辑，商务印书馆 2004 年版）。徐浩在《论古代希腊历史批判方法的演进》（《中国人民大学学报》2009 年第 2 期）一文中指出，希罗多德以探寻的方法进行历史写作，修昔底德则将历史批判方法提升到方法论的高度，历史批判方法和历史学最终形成。侯树栋对中世纪德意志政治史的研究进行回顾和反思，提出自己的诠释（《国家、王权与帝国：中古德意志政治史研究的回顾与反思》，《中国社会科学》2013 年第 2 期）。何元国梳理了自 20 世纪以来学界关于修昔底德形象的塑造过程（《科学的、客观的、超然的？》，《历史研究》2011 年第 1 期）。

晏绍祥复原了自 20 世纪初以来有关罗马共和国政治生活特点的争论，并注意到自 21 世纪以来古代史研究本身从政治、军事史等大题材向普通百姓日常生活等主题的转向（《显贵还是人民》，《历史研究》2008 年第 5 期；《古典历史的基础》，《历史研究》2012 年第 2 期）。他还在其著作《古典民主与共和传统》（上下卷，北京大学出版社 2013 年版）中，从史学史的角度，详细梳理和研究古典民主与共和制度的流变以及在现代社会的回响等问题。叶民的《最后的古典：阿米安与他陛下的晚期罗马帝国》（天津人民出版社 2004 年版）解读古典史家阿米安及其史学思想，说明古典文化在公元 4 世纪的罗马帝国依然根深蒂固。王成军将古罗马历史学家普鲁塔克与司马迁的传记史学观念进行全方位的比较（《中西古典史学的对话——司马迁与普鲁塔克传记史学观念之比较》，中国社会科学出版社 2009 年版）。梁洁的专著《撒路斯特史学思想研究》（中国社会科学出版社 2009 年版）论述罗马共和时期史家撒路斯特和其两部作品《喀提林阴谋》《朱古达战争》。褚新国研究波利比乌斯论撰史中的"失真"问题（《波利比乌斯历史思想初探》，《史学月刊》2013 年第 3 期）。

陈志强和武鹏以"查士丁尼瘟疫"研究为例，探讨现代拜占庭史学家的"失忆"现象（《现代拜占庭史学家的"失忆"现象》，《历史研究》2010 年第 3 期）。宋立宏对 20 世纪五六十年代出土的巴尔·科赫巴书信进行分析，指出犹太传统对巴尔·科赫巴的历史记忆具有高度选择性，书信本身就处于犹太集体的记忆视域之下，其意义是源于当下的（《犹太集体记忆视域下的巴尔·科赫巴书信》，《历史研究》2011 年第 2 期）。李隆国论述奥罗修与基督教史学的转型（《透过战争说和平：奥罗修与基督教史学的转型》，《历史研究》2009 年第 2 期）。

2011 年，我国学科体系进行局部调整，世界史学科与中国史、考古学并列为"一级学科"，为我国世界古代中世纪史的学科建设和学术研究提供了更大的空间和机遇。中国在国际舞台上扮演的重要角色，中国全面进步的现实与广泛的对外交往，需要古代中世纪世界史的研究在广度和深度方面有新的拓展。

首先，无论是上古史还是中古史领域，都存在一些薄弱环节，各个分支学科的研究队伍很不均衡，甚至出现大型分支学科的空白。譬如长达二三百万年的世界史前史研究领域，改革开放三十多年来几乎全军覆没，我们在世界史前考古与人类学、民族学的最新研究方面几乎乏善可陈，与中国史前考古的巨大成就形成鲜明落差。

在上古史领域，定向古希腊史或古典学的研究人员最多，发表的著述无论量与质都比较令人瞩目。而同样重要的古罗马史，从业人员便相对较少，这与古罗马的体量与论题的多样性、复杂性不相适应。在古代东方史领域，经过几代学人三十多年的艰苦奋斗、筚路蓝缕，埃及学、亚述学研究已成一定规模，但印度学和较小的赫梯学、埃伯拉学、早期基督教、犹太教等方向还缺乏人才。即使在古希腊史领域，一些方向的研究与人员也不尽如人意。

在中古史领域，英国史的研究队伍可以形容为一个强大的军团，拜占庭史也有了一定规模。但法国史、德国史、意大利史、俄国史、教会史等其他地区、国家、专题史方向的研究队伍便有所不足，不同时段、不同区域、不同专题的政治、经济、社会、文化史还有许多缺漏需要填补，也有一些死角需要清理。

其次，我国世界古代中世纪史的研究队伍还需进一步吸纳与培训专业基本技能，也就是在古文字学、文献学方面的释读能力。改革开放以来，学科的最大进步除了思想的解放之外，就是一批受过专业基本功训练的新生代学人有许多成为古代、中世纪史研究的带头人。但具有这种技能的人员数量与我国世界史学科的发展需求还不相适应。举一个例子，研究中西交通史或丝绸之路历史，中亚、西亚、南亚、地中海区域的死语言是入门的前提，这是一个"深水"领域，需要楔形文、吐火罗文、粟特文、怯卢文、波斯文、梵文、阿拉伯文等多重语言文献的支持与印证。而古语言文献的释读是我国学界的弱项。在这个领域中文文献已经做到了竭泽而渔，要取得进一步的发展，除了可资利用的考古材料之外，更多的工作需放在收集、整理与释读、分析更多的外国史料上面。

鉴于中国世界古代中世纪史的发展具有如此广阔的空间，鉴于三十多年来这个学科所取得的巨大进步以及所显示出来的后劲，我们有理由对这一学科的未来抱有高度乐观的态度。

《旧制度与大革命》及相关问题的研究综述

张 丽

2012年，托克维尔的《旧制度与大革命》在中国受到追捧。一时间此书销量迅速激增，市面上几次脱销。全国十几家出版社赶着组织发行《旧制度与大革命》的新译本。到2012年年底全国销售达20多万册，商务印书馆一个多月卖出十多万册。数十家权威媒体连载推荐，央视财经频道《对话》栏目于2013年1月组织座谈讨论此书的价值。

此书的热捧也推动了中国世界史学术界的深入研讨。2013年4月24日，《世界历史》编辑部、《史学理论研究》编辑部、中国国际文化书院、中国社会科学院老专家协会等单位在北京联合组织召开了《旧制度与大革命》专题学术研讨会。

2013年5月17日，上海社会科学院国际关系研究所和上海市世界史学会联合主办了"托克维尔与西方政治思想"的学术研讨会。据不完全统计，2013年学界发表相关文章300多篇。此外，教育部批准了以浙江大学为主的哲学社会科学研究重大课题项目"法国大革命历史档案整理与研究"，以便进一步深入探析法国大革命史。

现将2013年学界探讨的主要问题综述如下。

一 对《旧制度与大革命》一书的探析

法国大革命是国内外学术界持久弥新的课题，并且出版过大量的专著，其中，托克维尔的《旧制度与大革命》一书有着较大的影响。2013年，中国学界的热烈讨论主要集中在探讨此书的学术贡献，深化了对法国大革命史的研究。

张椿年认为，《旧制度与大革命》是托克维尔反思旧制度与大革命之间关系的研究成果。对于我们来说应该思考的是，为什么在繁荣时期会发生法国大革命这一现象？我们怎样看待法国大革命？从法国大革命中我们应该汲取什么有意义的东西？[①]

刘北成指出，我们读该书应该思考三个层面的问题。第一，托克维尔是怎样解释法国大革命的。他是第一个用历史叙事和历史哲学相结合的方法来研究法国大革命的学者。虽然他的家族在大革命时期遭受重大冲击，但是，他能够公正、客观地评价这一事件，因为他深刻认识到，王公贵族的独占统治已经难以为继，民主已经是不可抗拒的历史大潮。法国大革命具有不容否认的历史必然性和正当性。第二，他是处在什么背景下写这本书的。他写这本书时正是法国第二帝国时期。他对第二帝国的专制制度怀有强烈

---

① 任灵兰：《〈旧制度与大革命〉学术研讨会综述》，《世界历史》2013年第6期。

的仇恨。他抱着深刻的现实关怀去探究争取民主的革命如何最终导致帝制，这是他要探究和思考的问题。《旧制度与大革命》就是他在这个问题上的研究成果。第三，这部书对于中国的意义就是，从历史中寻找借鉴，思考如何走好我们的现代化之路。①

高毅认为，以该书的四个核心概念——旧制度、大革命、中央集权、政治自由——为支点，从嫉恨情绪的普遍滋长及其社会后果、文学政治的兴起和泛滥、王朝政府行政集权的自毁效应这三个方面，探讨托克维尔解说"旧制度何以引发大革命"这一问题，或许对我们有所启示。《旧制度与大革命》这本书的特殊贡献，可能是首次暗示了在现代化进程中避免革命动荡的某种可能的路径②。他指出，法国革命的政治文化特别追求的是平等价值的实现。为了追求平等，人们不惜牺牲个人自由。这种政治文化恰恰是从法国旧制度政治文化中蜕变出来的，这样他就首次指出了旧制度和大革命之间的内在联系。这是托克维尔非常重要的理论贡献，他由此开辟了大革命研究的新思路③。

许明龙对后人总结自该书的所谓"托克维尔定律"持不同的看法，即革命往往不是发生在民不聊生的时刻，而是在经济相对繁荣、改革已经取得若干进展的时刻。他认为，这仅仅是托克维尔对法国革命爆发时机的判断，并非普遍规律。就世界而言，美国独立战争、俄国十月革命都不能证明所谓的"托克维尔定律"。就中国而言，同样无法坐实这个定律。对于这场革命的原因，许明龙认为至少有两种说法他无法全然认同：其一，特权和治权在当时的法国处于分离状态，致使局面无法控制；其二，中央集权是引发革命的根本原因。他认为这种看法至少是把问题简单化了④。

高毅指出，托克维尔在写作《旧制度与大革命》时并无意构建什么"托克维尔悖论"。在他看来，导致旧制度崩溃的一切弊端归根到底都是旧制度政府行政集权造成的恶果。而使这场"大革命"最终得以实现的环境条件则是社会的全面碎裂⑤。

李宏图认为，更重要的是，该书并非仅仅是对法国大革命进行的社会学分析，更是对革命者要摧毁的"旧制度"，以及革命后"旧制度"又不断重建的现实而作出的历史性透视，这也是作为自由主义者的托克维尔留给后人弥足珍贵的思想遗产。阅读该书可以帮助理解托克维尔对法国革命历史的分析，以及对法兰西民族命运的解释⑥。今天，从国家治理的视角来考察，可以发现，如何解决国家与社会之间的关系，如何把握改革的节奏，以及在思想观念和话语体系上适应社会的变化将是解释法国革命的很好视角，也是历史的经验教训。

庞冠群指出，在《旧制度与大革命》中，托克维尔将整个社会四分五裂的现象看

---

① 任灵兰：《〈旧制度与大革命〉学术研讨会综述》，《世界历史》2013年第6期。
② 高毅：《〈旧制度与大革命〉探析》，《中国高校社会科学》2013年第5期。
③ 任灵兰：《〈旧制度与大革命〉学术研讨会综述》，《世界历史》2013年第6期。
④ 任灵兰：《启良：18世纪的法国"文学政治"何以成为可能——对托克维尔的一点批评》，《世界历史》2013年第5期。任灵兰：《〈旧制度与大革命〉学术研讨会综述》，《世界历史》2013年第6期。李宏图：《法国革命的历史分析——读托克维尔〈旧制度与大革命〉》，《历史教学问题》2013年第3期。庞冠群：《社会分裂抑或融合？——重审托克维尔的旧制度研究》，《浙江学刊》2014年第2期。任灵兰：《〈旧制度与大革命〉学术研讨会综述》，《世界历史》2013年第6期。
⑤ 高毅：《"托克维尔悖论"评析》，《世界历史》2013年第5期。
⑥ 李宏图：《法国革命的历史分析——读托克维尔〈旧制度与大革命〉》，《历史教学问题》2013年第3期。

作旧制度灭亡的致命弊病。然而，旧制度末年的法国社会也存在融合的一面。分裂与融合共同推动了革命的降临。结合当代学者的研究我们发现，托克维尔为19世纪中叶法国社会阶级仇恨深刻、政府专制、乡村落后、贵族制消亡等现象所苦恼，引发他去探究历史根源，这便决定了他以一种回溯性的视角建构旧制度，对相关问题的阐述存在偏颇①。

王涛认为，国内不少论者仅抓住《旧制度与大革命》的只言片语，将之用作影射现实、重述各自政治主张的修辞，而并未全面理解托克维尔在这部著作中最为核心的有关中央集权问题的思考。托克维尔揭示出，中央集权虽使法国崛起成为欧洲的强大国家，但中央集权的政治困境却导致了大革命。托克维尔对中央集权政治困境及其破解之道的思考，具有深刻的历史启示意义②。

许平认为，大革命最深的根源存在于以往的历史中。托克维尔所强调的，也是贯穿于全书的基本思想，是历史发展的连续性和反复性。正是这种超越阶级、超越时代的历史发展的辩证法，给后人以思想启迪，使得《旧制度与大革命》不朽③。

二 对托克维尔及大革命的研究

国内学者在以往对大革命及托克维尔研究的基础上进一步分析与之相关的问题。

乐启良认为，托克维尔在许多问题上是有偏颇的。他的思想有两个主要误区。其一，一味地害怕平等和反对激进社会变革的保守主义倾向。托克维尔虽然性格温和，可是对于任何触动财产私有制的观念，他都会变得气急败坏。其二，过于警惕中央集权，害怕国家权力的增长④。

郭健分析了托克维尔的民主思想内涵。他发现托克维尔视域中民主几乎与平等同义。同时自由、革命和专制构成了作为平等的民主的要素。在这种民主内在的矛盾中折射出托克维尔式民主概念的综合性，即民主是自由、革命和专制的统一体⑤。

顾銮斋指出，托克维尔的《论美国的民主》沿袭了西方学者的思路，探讨美国民主中的"多数"与"少数""民主暴政"等问题，提出了"多数的无限权威""民主政体立法不稳定"等概念和结论。但这些研究缺乏应有的缜密和确当，有些论述恐怕只是逻辑推理而难以符合实际，有关历史资料的使用也缺乏严谨性或历史感，一些分析甚至似是而非。而由于深存贵族心结，作者的理论还带有感情色彩。我们的使命则应是在继承他的思想精华的同时，弥补不足，修正错误，以一种建设性的新型理论设计，推动

---

① 庞冠群：《社会分裂抑或融合？——重审托克维尔的旧制度研究》，《浙江学刊》2014年第2期。
② 王涛：《中央集权的政治困境——再议托克维尔热之盲点》，《探索与争鸣》2013年第9期。
③ 许平：《托克维尔的〈旧制度与大革命〉是一本怎样的书》，《中国党政干部论坛》2013年第2期。
④ 乐启良：《18世纪的法国"文学政治"何以成为可能——对托克维尔的一点批评》，《世界历史》2013年第5期。
⑤ 郭健：《民主的多重面相——基于托克维尔视域中民主内涵的分析》，《长江论坛》2013年第3期。

当代政治的健康发展①。

郝海波将托克维尔与黑格尔的国家观进行比较,认为,这两位思想家都充分认识到这次革命在人类从传统国家向现代国家转型过程中的重要性。在批判与反思的过程中,两人都远离了启蒙思想建立在个人主观意志绝对自由原则之上的国家观念,反对公众以一般的抽象平等观念过度参与政治,导致国家制度破坏;都看到现代民主社会平等而又相互隔离的个人重新透过公共生活团结在一起的必要性,主张公民通过参与社会组织、地方自治团体等培养公共精神,建立参与公共生活的根基。不同之处是托克维尔在公共政治生活中主张采用代议制原则,黑格尔则力图限制选举代议制在公共生活中起作用的比重②。

黄艳红分析了法国革命中"资产阶级"的概念。他在介绍了国外马克思主义史学及修正主义史学对"资产阶级"概念的不同论述之后,认为,革命前夕的"资产阶级"仅可以被视为从第三等级向贵族过渡的一个阶层,整个阶层的本质在于享有一定的社会声望和荣誉,过上有别于普通劳动者的生活。这当然要求拥有一定的财产,但它与特定的生产方式并无关系③。

刘大明在研读原始档案资料之后认为,巴士底狱的传说由丑恶形象、专制象征和攻克巴士底狱三部分组成,是文人、旧制度及大革命共同建构的结果。梳理和探究巴士底狱及相关事件,有助于人们对法国社会转型的认识及对大革命政治文化演变的把握④。

作为尽人皆知的革命经典形象"无套裤汉"常指1792年之后活跃在法国革命舞台上的激进民众。张弛通过对基本史料的解析认为,"无套裤汉"这个身份起源于旧制度下的文人共和国,是底层文人的自嘲之词。旧制度末年,该词逐渐变成一种反特权的措辞。革命时期,"无套裤汉"的词义更是几经变化,皆与政治形势的动荡紧密相关。换言之,"谁是无套裤汉"这个问题,从一个侧面生动地反映了法国革命前后政治文化的变动⑤。

王薇研究了法国新闻自由的实践历程,指出,法国大革命时期的《人权宣言》中就有"新闻自由"的表述,被称为人类历史上第一个明确规定出版自由的正式文件。但是法国新闻自由并没有顺利在国内实施,法国大革命后政权更迭频繁,新闻自由时隐时现,直到1881年《出版自由法》才真正在法律上确定了法国的新闻自由⑥。

近十余年来,在国外学界,大革命中的暴力与恐怖研究再度成为热门课题。崇明认为,近年的恐怖研究通常以传统史学中形势论和意识形态论为主,注重旧制度暴力文化对大革命暴力及恐怖的影响。学者们认为,旧制度时期,人们的经济、社会、政治抗争

---

① 顾銮斋:《托克维尔的"多数"概念与"少数"心结》,《贵州社会科学》2013年第3期。
② 郝海波:《黑格尔与托克维尔国家观的局部比较:法国大革命引发的两种反思》,《浙江学刊》2013年第6期。
③ 黄艳红:《法国革命中的"资产阶级"概念辨析》,《史学理论研究》2013年第3期。
④ 刘大明:《巴士底狱的传说与真相——"专制主义象征"的建构过程》,《世界历史》2013年第5期。
⑤ 张弛:《谁是无套裤汉?——身份意识与法国革命前后政治文化变迁探析》,《世界历史》2013年第5期。
⑥ 王薇:《法国新闻自由实现的历程及其特点》,《新闻知识》2013年第10期。

反映了旧制度民众对权力的外在性理解。在革命中民众仍然以暴力来表达激进的社会诉求,试图迫使外在于他们的权力服务于他们的利益,而不是以民主和参与的方式对待权力。此外,行刑的公开和戏剧化为民众在革命中使用暴力提供了文化和心理准备。旧制度时期社会的日常暴力,冲突打斗、暴力游戏、虐杀动物等,直接塑造了民众的暴力倾向[1]。

董晓杰、夏立安重新解读了大革命时期的自然权利问题。他们提出,自然权利理论是近代自然法学说的重要组成部分,也是西方人权观念的理论基础。作为自然权利理论实践的法国大革命,它一方面体现了自然权利瓦解旧制度的理论价值;另一方面也显现出自然权利制度化的诸多问题。但是,自然权利理论具有内容不确定、逻辑不清等缺陷,在制度化的过程中容易产生诸多问题,尤其在法国大革命中表现出来的矛盾性使自然权利理论招致许多的批判[2]。

刘金源探讨了法国大革命对英国的影响,他认为,法国大革命是英国政治史上的分水岭,它造成18世纪末英国政治的保守化。大革命前夕,小皮特领导下的英国政府,为消除光荣革命后"旧制度"的积弊而走上渐进改革道路。随着法国大革命的爆发及其日益激进化,英国国内激进主义与保守主义两大派别在思想与实践层面的交锋也日趋激烈。英法战争爆发后,英国在政治上日趋保守,革命前的渐进改革戛然而止,政府转而采取高压政策,严厉打压国内激进主义运动,由此在政治上进入1688年光荣革命后最为保守的时代[3]。

刘大明研究了大革命时期的国民自卫军,认为,国民自卫军是法国大革命时期重要的民事和政治组织,巴黎国民自卫军的建立使传统的市民自卫组织的性质和作用都发生了变化。国民自卫军具有镇压和革命的双重职能;国民自卫军组织和管理是随大革命的进程逐渐演变的;大革命时期的国民自卫军"光荣"和"耻辱"并存。它虽然犯有严重错误,但为后世树立了革命的榜样[4]。

李佳颖探讨了大革命与戏剧的关系。他认为,法国大革命把戏剧舞台变成宣传革命理想的讲坛,而同时代的戏剧作品又成为革命忠实的记录者和推动者。法国大革命和同时代戏剧之间的相互影响[5]。

王书巍从原则与制度两个层面剖析了大革命对国际法的影响。它指出,法国大革命对国际法的影响是多方面的,它包括对国际法原则的影响,如人民主权原则、不干涉原则;也包括对具体的国际规则的影响,如领土法、国际河川制度、外交法、战争法等[6]。

张寒论述了法国大革命对拉丁美洲独立运动的影响。他认为,史学界在论述拉美独

---

[1] 崇明:《革命暴力与恐怖的旧制度渊源》,《史学理论研究》2013年第3期。
[2] 董晓杰、夏立安:《法国大革命:自然权利理论的实践与反思》,《浙江社会科学》2013年第10期。
[3] 刘金源:《论法国大革命时期英国政治的保守化》,《安徽史学》2013年第4期。
[4] 刘大明:《法国大革命时期的国民自卫军析论》,《衡阳师范学院学报》2013年第1期。
[5] 李佳颖:《"革命化"的戏剧与"戏剧化"的革命——浅谈法国大革命与同时代戏剧间的相互影响》,《法国研究》2013年第3期。
[6] 王书巍:《法国大革命对国际法的影响》,《经营管理者》2013年第16期。

立运动爆发的外部因素时，常常提到欧洲启蒙运动和拿破仑战争，而忽视了法国大革命本身的作用。实际上，启蒙运动正是借助了法国大革命的影响才在拉美地区得到广泛传播，而拿破仑战争则是法国大革命的组成部分。因而法国大革命是拉美独立运动爆发的重要推动力量①。

刘依平总结了西方学界对托克维尔的研究方法。他介绍说，西方理论界的相关研究路径大致可以归纳为四类：第一类致力于挖掘托克维尔思想的知识渊源；第二类将托克维尔置于西方政治思想史中来研究；第三类比较托克维尔与其他思想家的异同；第四类则是法国革命史学的视角②。

尚慧霞探讨了法国大革命研究范式的转移。她指出，长期以来，传统派解释在法国大革命的研究中一直占据着重要地位。20世纪50年代，修正派兴起，他们对法国大革命的传统史学进行了彻底的颠覆。她认为这种范式转移的原因主要为，20世纪上半期世界政治形势的变化及全球经济的发展。第二次世界大战后马克思主义及法国共产党对知识分子的影响，几乎从法国大革命发生之日起，就存在着关于发生的原因、意义、影响及性质的不同看法，这是法国关于大革命研究范式转变的学术背景③。

徐前进介绍了法国学界对革命时代卢梭观的解读方法，并指出，卢梭的思想有多样的可能性，各种政治诉求都能从中找到相关的依据，时有误读或曲解④。

李倩介绍了法国对大革命时期反革命史的研究。第一部全面研究法国大革命中的反革命的专著是戈德肖1961年出版的《反革命：学说和行动，1789—1804》。戈德肖认为，如果法国革命的影响在时限上不是只有10年，而是持续到19世纪50年代，那么，反革命亦涵盖了同样的时段和地域。而马丹则深入研究了大革命时期的大革命与反革命的关系。他认为，两者是互相滋养的，大革命和反革命无法离开对方而存在⑤。

赵挹彬评介了古德曼主编的文集。该文集是一部关于安托瓦内特王后与大革命的表象史或新文化史的力作。文集作者认为，重要的不是"复原"安特瓦内特这个人物，而是重在分析她与历史之间的互动与相互塑造。发挥作用的似乎更是关于她的"表象"。政治、艺术、文学、新闻领域对她的表象的构建反映出旧制度及大革命时期的政治文化传统，以及革命共和国的性别机制的男权性质⑥。

三 法国大革命与近代中国研究

自20世纪80年代以来，中国学术界已经基本勾勒出法国大革命在中国的传播历程，近代中国知识分子对法国大革命的不同认知和法国大革命思想对近代中国影响的研究成果颇丰。有学者认为，关于近代中国与法国大革命的研究具有重历史性叙述、个案

---

① 张寒：《法国大革命与拉丁美洲独立运动的兴起》，《黑龙江史志》2014年第1期。
② 刘依平：《西方托克维尔研究路径：文献述评》，《理论月刊》2013年第4期。
③ 尚慧霞：《论法国大革命研究范式的转移》，《佳木斯大学社会科学学报》2013年第6期。
④ 徐前进：《法国革命时代卢梭观的解读方法》，《史学理论研究》2013年第3期。
⑤ 李倩：《戈德肖与马丹的法国大革命中的反革命史研究》，《史学理论研究》2013年第3期。
⑥ 赵挹彬：《女性主义视野中的玛丽——安特瓦内特与法国大革命》，《史学理论研究》2013年第3期。

研究和价值判断的特点。近年来，辛亥革命与法国大革命的比较研究备受关注，此外，学界不断探索新领域。这也是2013年学界研究的特点。

勒伟、粟梦林介绍了自20世纪80年代以来中国学界关于法国大革命与近代中国的研究状况。20世纪初是法国大革命在中国传播的全盛时期，近代中国仁人志士主要通过译文、论著、小说等方式传播法国大革命，并粗略勾勒了他们对法国大革命的认知全貌。当代一些学者主要通过个案研究反映法国大革命对早期维新派、改良派和革命志士的思想影响[1]。

胡闻苏认为法国大革命作为18世纪末19世纪初世界性的事件。直到晚清"小说界革命"时才真正广为国人所知。其形象在进入当时最为流行的文体小说的过程中，经过了复杂的中西方文化角力的过程，受到提倡政治小说和历史小说思想影响的中国小说传统向法国大革命这一异国事件开放了主题，而融入中国小说的法国大革命形象又受到中国传统的题材和叙事模式的制约，并改变了传统模式的内涵，从中亦反映出晚清文学的总体特征[2]。

周福振分析了中国改良派对法国大革命与自由的思考，他认为，法国大革命高举自由的旗帜，沉重地打击了法国封建专制主义的压迫和剥削，不仅将自由传播到欧洲各国引起了欧洲革命，而且也传播到东方各国。但是，法国大革命中发生的惨剧令世人感到恐怖和不安。中国的改良派认为法国大革命以自由为号召有其原因，虽然取得了很多自由成果，但是，仍不免归于拿破仑专制，而中国不存在用法国式的大革命争取自由的条件[3]。

马勇在2011年出版的新书《1911年中国大革命》中认为，辛亥革命模仿法国大革命，这是学界的共识，因为孙中山的目标就是推翻君权、恢复民权，法国大革命就是如此。中国前半部分遵循这条道路，但后半部分没有按照法国这样走，避免了内战和血腥，把战争控制在有效的范围内，将政治斗争还原为谈判。这是中国智慧的体现，在这一点上，辛亥革命超越了法国大革命。

勒伟不赞成"辛亥革命超越法国大革命"的说法，认为世界革命先锋的法国的影响，事实上更为强大[4]。

章开沅在纪念法国大革命200周年时曾经发表文章将法国大革命与辛亥革命进行比较，阐述了法国大革命对辛亥革命的影响。他认为1898年，康有为最先向国人介绍了法国大革命。法国大革命对辛亥革命的影响，大体上可以归纳为以下三个方面。第一，思想方面。以自由平等的学说启发人民的觉悟。第二，纲领方面。辛亥革命时期，政治体制设计虽说大多参照美国，但实际上还是以法国为原型。第三，策略方面。向美国与法国学习斗争策略。接受法国大革命的经验，以学生作为革命的原动力。实行"中央

---

[1] 勒伟、粟孟林：《20世纪80年代以来关于法国大革命与近代中国的研究综述》，《前沿》2013年第20期。

[2] 胡闻苏：《晚清"小说界革命"语境下的法国大革命》，《现代中文学刊》2013年第6期。

[3] 周福振：《改良派对法国大革命与自由的思考——以〈新民丛报〉为考察对象》，《晋中学院学报》2014年第2期。

[4] 勒伟：《论"辛亥革命超越法国大革命"——兼与马勇教授商榷》，《雅安职业技术学院学报》2013年第2期。

革命"或"首都革命"①。

刘依平分析了康有为对大革命思想的认知。他指出,作为中国近代史上具有重要地位的思想者和政治实践家,康有为对法国大革命的认识对当时的政治和思想界都有着深远的影响。其认知既受限于时代,但也反映了其独特的应对变局之方式;同时,康有为已经颇具比较政治的视野;其对政治的改良观念其实与其对民权自由与革命之关系的认知有关;他对法国大革命的关注和思考客观上为时人之精神革命化作出了贡献。最后,思想者政治价值立场的歧异以及所处的智识氛围决定了他对法国大革命的态度,但无论何种面向,均可服务于对中国现状的清醒认知②。

程梦婧认为,法国《人权宣言》在晚清的影响与运用,都是极具价值和意义的。《人权宣言》自晚清传入中国以来,受到士人的广泛关注,先后出现了不同版本的中文译本,为人们初识《人权宣言》奠定了基础。同时,《人权宣言》不仅对晚清士人人权思想与法律制度的塑造产生了极为重要的影响,更在晚清的新政、修律、预备立宪以及革命过程中被广泛运用③。

从《旧制度与大革命》的讨论,我们可知法国大革命史始终是中国世界史学界的研究热点之一,并在不同时期,有不同的研究关注,反映出不同的时代特色。假以时日,法国大革命史研究还会有不断开拓,取得更多的研究成果。

---

① 章开沅:《法国大革命与辛亥革命——纪念法国大革命200周年》,《历史研究》1989年第4期。
② 刘依平:《康有为论法国大革命之浅析》,《学术界》2013年第7期。
③ 程梦婧:《法国〈人权宣言〉在晚清》,《西南政法大学》2013年第6期。

冷战国际史研究在中国（2001—2012）

沈志华

引言

20多年前，随着苏联解体和冷战的结束，一个时代终结了。然而，国际学术界却迎来了冷战史研究的黄金时期。以俄罗斯档案解密为契机，一系列前社会主义阵营的东欧国家档案也纷纷见之于世，加上原有的美国、英国、法国、德国、日本等国定期公开的历史档案，学者们可以通过大量的第一手材料更加真实地书写冷战时期的历史。所有这些构成了20世纪90年代冷战史研究在国际学界和中国学界异军突起的时代机遇[①]。

1991年，著名的美国威尔逊国际学者中心（The Cold War International History）建立了"冷战国际史"项目，同时创办了专业刊物《冷战国际史项目公报》（CWIHP Bulletin）。由此，国际学术界出现了一个以多国档案为基础、由多国学者参与的学术增长点。若以一言蔽之，新的冷战史研究的学术特征就是从史料收集、研究方法到成果形式等各方面体现出来的多边化和国际化，因此又被称为"冷战国际史"研究。

这一时期，在自身知识关怀的促使下，中国学者的研究领域已经有所扩展，除了继续关注美国对外政策和对华政策，许多研究者也开始涉足中苏关系、中英关系、美日关系以及朝鲜战争和越南战争等重大课题。其中特别受到国际学界关注的研究成果，主要体现在中美关系、中苏关系和朝鲜战争三个方面[②]。正是在这样的背景下，中国的冷战

[①] 其实，中国学者从20世纪80年代中期便开始了对冷战史的新研究，当时依据的档案文献是《美国对外关系文件》（Foreign Relations of the United States），研究的领域主要也是美国对外政策及中美关系。研究队伍以中国社会科学院美国研究所和北京大学国际关系学院为主力军，活跃在国际学界的有袁明、资中筠、陶文钊、章百家、王缉思、何迪、时殷弘、贾庆国等。

[②] 中国对美国政策方面包括了杨奎松：《1946年国共两党斗争与马歇尔调处》，《历史研究》1990年第5期；章百家：《抗日战争结束前后中国共产党对美国政策的演变》，《中共党史研究》1991年第1期；杨奎松：《华德事件与新中国对美政策的确定》，《历史研究》1994年第5期；牛军：《论新中国对美政策的形成》，《美国研究》1996年第4期。中苏关系研究方面包括了吴景平：《美国与1945年的中苏会谈》，《历史研究》1990年第1期；沈志华：《苏联出兵中国东北：目标和结果》，《历史研究》1994年第5期；薛衔天：《战后东北问题与中苏关系走向》，《近代史研究》1996年第1期；牛军：《论中苏同盟的起源》，《中国社会科学》1996年第2期；李丹慧：《1969年中苏边界冲突：缘起和结果》，《当代中国史研究》1996年第3期；沈志华：《中苏联盟与中国出兵朝鲜的决策》，《当代中国史研究》1996年第5期；沈志华、谢·冈察洛夫：《"中苏友好同盟互助条约"的签订：愿望和结果》，《中共党史研究》1998年第2、3期；李丹慧：《中苏关系与中国的援越抗美》，《当代中国史研究》1998年第3期；杨奎松：《走向破裂（1960—1963）：中共中央如何面对中苏关系危机》，《当代中国史研究》1998年第3期；沈志华：《中苏同盟与朝鲜战争研究》，广西师范大学出版社1999年版；杨奎松：《毛泽东与莫斯科的恩恩怨怨》，江西人民出版社1999年版。

史研究令人瞩目地迈进了新世纪。

对于中国冷战史新研究的状况，已有不少学者做过介绍。白建才和田华的研究讲述了20世纪最后十几年中国学者对冷战起源、朝鲜战争、柏林危机、越南战争、古巴导弹危机以及冷战终结等重大事件的研究概况①。夏亚峰则从研究机构、档案公布、研究成果及其影响、机遇与挑战几个方面重点概括了20世纪90年代以后中国的冷战史研究②。徐蓝从通史研究、资料建设、学术体系构建以及冷战起源研究、美国冷战战略、苏联东欧政策、亚洲冷战、冷战与发展中国家等方面对中国的冷战史研究加以详细介绍③。崔丕阐释了2005—2007年中国冷战史研究的进展情况、存在的问题及未来发展趋势，其结论是：中国的冷战史研究正在缩小与国际学术界的差距，但仍面临着如何统一现实政治关怀与学术创新、一些具有重大现实和学术价值的课题有待开发以及亟须加强多边关系研究等问题④。

限于篇幅，本文拟概略性地说明21世纪以来的中国冷战国际史研究的三个突出现象。

一 冷战史研究引起国家和社会的关注

在中国，以冷战国际史为专门研究方向的科研机构仅有成立于2001年的华东师范大学冷战史国际研究中心一家。中心的研究人员主要关注中苏关系、中朝关系、美日关系、中印关系、中越关系、中美关系以及美国与朝鲜半岛关系等若干领域。中心定期编辑出版《冷战国际史研究》，至2012年已出版12辑⑤。此外，为了及时反映国内外学术动态，中心还创办了"冷战国际史研究网"（www.coldwarchina.org），不定期地公布各国档案文献信息和国内外学术界的最新研究成果。除了华东师范大学外，以冷战史研究见长的还有北京大学（中美关系史与美国社会科学发展史）、东北师范大学（美国心理战战略与意识形态战、冷战与美国社会科学研究、美国对中国战略核武器发展的应对策略）、首都师范大学（冷战起源、中法关系）、陕西师范大学（美国隐蔽战战略）、南开大学（核武器问题、古巴导弹危机、美国对古巴政策）和武汉大学（美英关系、承认新中国问题）等高校。这些大学都培养了一批研究生，他们正日渐成为冷战史研究的中坚力量。

近年来，中国若干所高校陆续将冷战国际史多国档案收藏作为资料建设的主要方向之一。其中，最引人瞩目的是华东师范大学和首都师范大学。华东师范大学收藏的档案以美苏两国为主：美国档案中最为珍贵的是近2000卷有关美国冷战外交政策的缩微胶片；苏联档案的主题是中苏关系、朝鲜战争以及苏联与社会主义阵营其他国家间关系。

---

① 白建才、田华：《二十年来我国学术界对冷战史的研究》，《世界历史》1999年第2期。

② Yafeng, Xia, "The Study of Cold War International History in China: A Review of the Last Twenty Years," *Journal of Cold War Studies*, Vol. 10, No. 1 (Winter 2008), pp. 81 – 115. 中译文参见夏亚峰《冷战国际史研究在中国——对过去二十年研究的述评》，刘磊译，《冷战国际史研究》2008年第7辑。随后，任东来又对夏亚峰的介绍予以了补充，参见任东来《中国学者对冷战"其他问题"的研究：对夏亚峰教授文章的补充》，《冷战国际史研究》2010年第10辑。

③ 徐蓝：《战后国际关系史研究的成果与展望》，《历史研究》2008年第6期；《中国战后国际关系史研究30年》，《冷战国际史研究》2009年第8辑。

④ 崔丕：《中国学术界对国际冷战史研究的现状与课题》，《冷战国际史研究》2008年第6辑。

⑤ 该杂志为以书代刊的半年刊，属中文社会科学引文索引（CSSCI）来源期刊。

除此之外，华东师范大学还收藏了相当一部分东欧国家档案和中国外交部以及地方档案。与华东师范大学相比，首都师范大学收藏的档案种类更为多样，且与前者构成了明显的互补性。首都师范大学购买的档案文献侧重于英国、法国、德国、瑞士、意大利、比利时以及其他一些英联邦国家。这些档案对于未来中国的西欧国家冷战外交研究将起到巨大的推动作用。在冷战史研究资料建设方面还有一个值得特别注意的方面，那就是国家图书馆和部分高校购置了大型美国档案数据库《解密档案参考系统》（Declassified Document Reference System）和《数字化国家安全档案》（Digital National Security Archive）。目前，这两个电子数据库已成为中国学者研究美国冷战外交的主要文献源。

中国冷战史研究的进步离不开政府的重视和财力支持。近年来，冷战史研究成为中央和地方政府重点支持的学科发展方向之一。2006 年，教育部哲学社会科学研究重大课题攻关项目"冷战时期美国重大外交政策研究"分别在北京大学和华东师范大学立项，资助额度总计 80 万元。2011 年，首都师范大学徐蓝教授领衔的国家社会科学基金重大项目"20 世纪国际格局的演变与大国关系互动研究"立项，资助额度 60 万元。不仅如此，最近几年国家社会科学基金的后期资助项目、一般项目和青年项目中每年都有冷战史研究的课题，且大体上呈逐年递增的趋势①。各省的哲学社会科学基金立项亦是如此。例如，上海市哲学社会科学规划重大课题"俄国中苏关系档案的整理与研究（1945—1979）"项目，资助额度 20 万元；上海市哲学社会科学规划特别委托课题"东欧各国档案文献整理与研究"项目，资助额度 200 万元。

此外，中国的民间组织也开始进入冷战史研究资助者的行列，最引人注目的莫过于北京东城东方历史学会。自 1994 年开始，该学会（前身为中国史学会东方历史研究中心）便设立"东方历史学术文库"，资助出版历史学研究著作，至今已达 100 余部。从 2010 年

---

① 最明显的例子是 2012 年国家社会科学基金"世界史"类别的中标项目分布情况。"世界史"共有 56 个项目获得批准，其中 8 项属于冷战史研究领域，所占比例超过了以往的任何一年，赵学功（南开大学）："核武器与美国对外关系研究"（一般项目）；张小欣（暨南大学）："冷战视野下的区域发展——印（尼）马对抗与东盟建立（1963—1967）"（一般项目）；梁志（华东师范大学）："朝鲜半岛紧张局势与美韩信任危机研究（1953—1976）"（青年项目）；肖瑜（中山大学）："冷战初期的苏联与以色列关系研究（1948—1953）"（青年项目）；白交平（甘肃民族师范学院）："美国对拉丁美洲的冷战'治理'研究"（青年项目）；房建国（闽江学院）："美国与战后非洲非殖民化进程"（青年项目）；张维缜（暨南大学）："驻华美军研究（1945—1949）"（青年项目）；姚百慧（首都师范大学）："戴高乐第二次执政时期的美法关系（1958—1969）"（青年项目）。最近几年，有关冷战研究的国家社会科学基金项目如下：崔丕（华东师范大学）："冷战时期美日关系史研究"，2011 年（后期资助项目）；谢华（山西省委党校）："意识形态、经济因素与冷战新边疆：美国第四点计划研究"，2011 年（后期资助项目）；高慧开（华东政法大学）："中央情报局隐蔽战在美国外交中的作用研究"，2011 年（一般项目）；尤建设（许昌学院）："冷战时期美国对南亚援助研究"，2011 年（青年项目）；马德义（黑龙江大学）："冷战时期美国对韩政策研究"，2011 年（青年项目）；石斌（南京大学）："保罗·尼采与冷战时期美国国家安全战略（1944—1989）"，2010 年（一般项目）；王栋（北京大学）："冷战时期中美关系研究"，2010 年（青年项目）；于群（东北师范大学）："美国心理冷战战略研究（1945—1960）"，2009 年（一般项目）；邓红英（中南财经政法大学）："中印边界问题与印度对华政策"，2009 年（青年项目）；郑毅（北华大学）："吉田茂的帝国意识与对华政策观研究"，2008 年（一般项目）；姚昱（华南师范大学）："冷战期间美国对中国与不发达国家经济联系的认识与对策"，2008 年（青年项目）。

起，冷战史研究著作成为资助的重点之一。更为重要的是，为了推进学者在研究中使用第一手资料，学会每年都资助一些青年学者和博士研究生到国内各地甚至国外收集档案文献。

冷战史研究产出的大量高质量学术成果，特别是有关大国关系的探讨，引起了学界和社会的关注。例如，《美国对华情报解密档案（1948—1976）》①获得了"中国政府出版奖"提名奖和"上海图书奖"一等奖。《中苏关系史纲（1917—1991）》②一书获得了教育部"高等学校科学研究优秀成果奖（人文社会科学）"一等奖和上海市"哲学社会科学优秀成果奖"一等奖。此外，学者们还时常走出象牙塔，积极参与大众历史教育活动。例如，2011年上海卫视纪实频道《档案》栏目重磅推出"中苏外交档案解密"系列节目，邀请一批研究中苏关系的著名学者，利用档案文献解读冷战时期中苏关系发展历程中的重大历史事件，收视率很高。此外，朝鲜战争、中苏关系、台海危机、中美关系，也渐渐成为各级党校学习、干部强素质教育及社会上各种讲习班和学习班的重要内容。

二　新的研究方向和研究方法

近十余年来，在中苏关系、中美关系、中国外交等传统领域的研究不断深化的同时，中国学者也开辟了一些新的研究领域。

在社会主义国家间关系方面，近年来中朝关系受到中国学者的特别关注：宏观上，讨论了中朝同盟的形成及其演变历程③；微观上，讨论了中国对朝鲜经济援助、中朝边界问题以及朝鲜族在中朝边境的流动④。中国与其他社会主义国家间关系的研究也开始起步，如对来华实习生问题的讨论⑤，及对1956年波匈事件和中国与东欧关系的关注⑥。

---

① 沈志华、杨奎松主编：《美国对华情报解密档案（1948—1976）》，东方出版中心2009年版。
② 沈志华主编：《中苏关系史纲（1917—1991）》，新华出版社2007年版。
③ 沈志华：《"唇齿相依"还是"政治联姻"？——中朝同盟的建立及其延续（1946—1961）》，《"中央研究院"近代史研究所集刊》第63期（2009年3月）；《朝鲜战争初期苏中朝三角同盟的形成：以中俄解密档案为基础的研究》，《"国立"政治大学历史学报》第31期（2009年5月）。成晓河：《"主义"与"安全"之争：六十年代朝鲜与中、苏关系的演变》，《外交评论》2009年第2期。
④ 沈志华、董洁：《战后朝鲜重建与中国的经济援助（1954—1960）》，《中共党史研究》2011年第3期；董洁：《对在京朝鲜实习生的历史考察：基本状况及政策变化》，《华东师范大学学报》2011年第6期；梁志：《中朝经济合作的一个侧面——在沪朝鲜实习生的历史考察（1953—1959）》，"冷战时期的朝鲜半岛"学术研讨会论文，华东师范大学，2011年10月14—15日；沈志华、董洁：《中朝边界争议的解决（1950—64）》，《二十一世纪》2011年4月号；沈志华：《朝鲜族居民跨境流动：中国的对策及其结果（1950—1962）》，《史学月刊》2011年第11期；余伟民：《"延安派"在朝鲜革命中的浮沉——解读中朝关系的一条历史线索》，《中国社会科学内部文稿》2009年第1期。
⑤ 蒋华杰：《被胁迫的友谊——中国培训阿尔巴尼亚实习生的个案研究》，葛君：《"政治任务"下的技术培训：对在沪古巴实习生的历史考察（1962—1965）》，首都师范大学第一届"国际关系史青年论坛"会议论文，2011年3月19—20日。
⑥ 胡舶：《冷战阴影下的匈牙利事件：大国的应策与互动》，中国社会科学出版社2004年版；沈志华：《1956年十月危机：中国的角色和影响》，《历史研究》2005年第2期；郭洁：《美国对匈牙利十月危机的反应》，《国际政治研究》2009年第4期；李丹慧：《关于1960年代中国与东欧五国关系的若干问题——来自中国档案文献的新证据》，《俄罗斯研究》2011年第4期。

在冷战时期美国外交政策方面，学者们的目光聚焦于以下若干问题：美国对社会主义国家的贸易管制政策，其中既有以美国冷战战略为大背景对巴黎统筹委员会、中国委员会的兴衰史进行的通史性考察①，又有关于美国对中国和苏东国家的经济制裁政策的个案研究②；美国对第三世界国家和地区特别是韩国和中国台湾的经济援助政策，重点探究美援背后隐藏的意识形态竞争考虑③；美国的冷战心理战和隐蔽战战略，同样是从宏观的政策考察和微观的案例研究两方面入手④；美国的外层空间和极地政策，这项研

---

① 崔丕：《美国的冷战战略和巴黎统筹委员会、中国委员会（1945—1994）》，东北师范大学出版社2000年版，中华书局2005年再版；《美国"共同防卫援助统制法（1951）"的形成及其影响》，《历史研究》2002年第3期；《艾森豪威尔政府的东西方贸易管制政策》，《东北师大学报》1999年第2期；《美国经济遏制战略与高新技术转让限制》，《历史研究》2000年第1期。

② 郭又新：《1949—1954年美国对香港的经济防卫政策》，《东北师大学报》2000年第6期；邓峰：《美国对华贸易管制政策与日中贸易关系（1948—1958年）》，《东北亚论坛》2001年第3期；宫旭平：《论约翰逊政府时期美国对华贸易禁运政策的微调》，《东北师大学报》2004年第3期；刘子奎：《英美在对苏东国家出口控制上的冲突与合作（1961—1963）》，《史林》2009年第5期。

③ 政策演变方面的研究包括谢华：《对美国第四点计划的历史考察与分析》，《美国研究》2010年第2期；郭培清：《论艾森豪威尔政府对第三世界援助政策的演变》，《中国海洋大学学报》2004年第4期；刘国柱：《论艾森豪威尔第一届政府对外援助政策的调整》，《南开学报》2007年第5期；王慧英：《肯尼迪与美国对外经济援助》，中国社会科学出版社2007年版。对韩国和中国台湾经援政策的研究包括董向荣：《韩国起飞的外部动力——美国对韩国发展的影响（1945—1965）》，社会科学文献出版社2005年版；《美国对韩国的援助政策：缘起、演进与结果》，《世界历史》2004年第6期。梁志：《冷战与"民族国家建构"——韩国政治经济发展中的美国因素（1945—1987）》，社会科学文献出版社2011年版；《论艾森豪威尔政府对韩国的援助政策》，《美国研究》2001年第4期；《美国对外开发援助政策与韩国的经济"起飞"》，《当代韩国》2009年春季号。刘雅军：《美国对台湾的援助政策初探（1949—1953年）》，《当代中国史研究》2005年第6期。牛可：《美援与战后台湾的经济改造》，《美国研究》2002年第3期。

④ 隐蔽战战略的宏观考察包括白建才：《冷战初期美国"隐蔽行动"政策的制订》，《陕西师范大学学报》2003年第4期；《论冷战期间美国的"隐蔽行动"战略》，《世界历史》2005年第5期；《冷战期间美国对外"隐蔽行动"问题析论》，《世界历史》2010年第4期；《里根政府隐蔽行动政策文件的考察与解析》，《陕西师范大学学报》2008年第5期。微观研究包括白建才、代保平：《1956—1958年印度尼西亚外岛叛乱与美国的隐蔽行动》，《陕西师范大学学报》2007年第2期；赵学功：《简论肯尼迪政府对古巴的隐蔽行动计划》，《南开学报》2007年第5期；舒建中：《美国的"成功行动"计划：遏制政策与维护后院的隐蔽行动》，《世界历史》2008年第6期。心理战战略的宏观考察包括郭又新：《简析冷战初期美国政府对外宣传的转型》，《东南亚研究》2003年第3期；《从国际新闻署到美国新闻署——美国对外宣传机构的演变》，《东南亚研究》2004年第5期；《全民动员——艾森豪威尔政府的冷战宣传》，《历史教学》2010年第12期；《东西方文化交流与艾森豪威尔政府的冷战宣传攻势》，《俄罗斯研究》2007年第2期；《"争夺心灵和思想"——杜鲁门政府如何展开对"苏东国家"的冷战宣传》，载于群主编《美国国家安全与冷战战略》，中国社会科学出版社2006年版。微观研究包括于群：《美国对日本的心理战略计划项目初探（1951—1960）》，《东北师大学报》2005年第5期；《"特洛伊计划"——美国冷战心理宣传战略探微》，《东北师大学报》2007年第2期；《战后初期美国在伊朗开展的电影冷战宣传战略（1945—1953）》，载于群主编《美国国家安全与冷战战略》；《论美国在伊拉克进行的心理战（1945—1958）》，《东北师大学报》2010年第3期。汪婧：《斯大林逝世与美国的反应和政策》，《世界历史》2009年第2期；《"消磁"计划与美国对意大利的心理冷战战略》，《历史教学》2010年第10期。张杨：《"海外华人项目"与美国反华保台之心理战政策初探》，《东北师大学报》2010年第3期；《以宗教为冷战武器——艾森豪威尔政府对东南亚佛教国家的心理战》，《历史研究》2010年第4期。常贝贝：《冷战初期美国的海外图书馆项目与心理宣传战》，《东北师大学报》2010年第3期。

究明显突破了以往冷战史研究的地域限制①。

冷战中的核问题。冷战时期的国家间敌对状态不同于以往的突出特点之一就是核时代的到来，核武器的出现在很大程度上塑造着美苏两国对外战略的基本形态，规定着东西方对抗的最大限度。或许正因为如此，核武器才成为中国学者关注的重要方面，相关课题包括苏联援助中国发展核武器、朝鲜战争期间美国的核政策、美国对中国发展核武器的对策以及美国在西太平洋地区的核部署②。

冷战国际史研究的基本方法便是对当事国及相关国家档案的搜集和解读。20世纪80年代中期冷战国际史研究在中国萌芽之际，学者们主要利用的是美方档案，而且集中于《美国对外关系文件》这一纸质档案集。随着中国国际学术交流的日益频繁，渐渐地美国各档案馆馆藏未整理原始资料、缩微档案文献以及电子数据库一手档案都进入中国冷战史研究者的视野。不仅如此，90年代以后，若干位学者从中苏、美日、中美和美英等双边档案的互证研究入手，对冷战时期的大国关系进行了开创性的研究。更为值得留意的是，"冷战史新研究"倡导的多国多边档案对比研究在中国已然启动③。应该说，这种研究方法很有可能将指引未来中国冷战史研究的发展方向，根据在于：冷战时期，几乎所有的重大历史事件所涉及的国家和地区都不止两方。要想真正揭示这些重大历史事件的来龙去脉和深远影响，必须从多边着手予以全面考察；在中国，多国多边档案收藏的丰富程度已足以支撑三方或三方以上的档案研究；20世纪90年代末"冷战史新研究"的学术潮流在国际学术界兴起，中国学者加强与国外同行交流的前提之一就是在研究方法上与国际学术界接轨。

---

① 张杨：《新冷战前沿：美国外层空间政策研究（1945—1969）》，东北师范大学出版社2009年版；《试论艾森豪威尔政府时期的美国外层空间政策》，《世界历史》2004年第5期；《肯尼迪政府时期美国的外层空间政策》，《东北师大学报》2006年第1期；《太空自由——以历史视野解读美国太空战略》，《社会科学战线》2009年第6期。郭培清：《美国政府的南极洲政策与"南极条约"的形成》，《世界历史》2006年第1期。孙天竺：《冷战与美国军事利用南极政策（1945—1958）》，载于群主编《美国国家安全与冷战战略》。沈鹏：《美国的极地资源开发政策考察》，《国际政治研究》2012年第1期。

② 沈志华：《援助与限制：苏联与中国的核武器研制（1949—1960）》，《历史研究》2004年第3期。戴超武：《中国核武器的发展与中苏关系的破裂（1954—1962）》，《当代中国史研究》2001年第3、5期。赵学功：《核武器与美国对朝鲜战争的政策》，《历史研究》2006年第1期。詹欣：《中国导弹计划与美国情报部门的评估（1956—1976）》，《中共党史研究》2008年第1期。陈波：《日美同盟与冷战前期美国在日本本土及琉球群岛的核部署》，《日本学刊》2010年第4期；《冲绳返还与美国在西太平洋的核部署》，《国际观察》2010年第3期；《"威慑"与"禁忌"：艾森豪威尔政府在韩国的核部署》，《历史研究》2012年第2期。

③ 相关研究成果见沈志华《一九五六年十月危机：中国的角色和影响》，《历史研究》2005年第2期；《中国对东欧十月危机的反应和思考》，《史学月刊》2007年第1期。纪宗安、崔丕：《印度尼西亚债权国会议的缘起与影响》，《中国社会科学》2010年第6期。姚百慧：《论美国与中法建交的关系》，《世界历史》2010年第3期。梁志：《"普韦布洛"号危机决策与美国的国际危机管理》，《中国社会科学》2011年第6期；《1968年"普韦布洛"号危机初期的美苏交涉》，《俄罗斯研究》2011年第4期。

三　大量国外档案的整理和翻译

从20世纪80年代初开始，中国国际关系学界陆续编纂了一些外国档案资料。但此后相当长一段时间内，外国档案资料的翻译和整理工作始终只是少数几位学者关心的问题。2000年以后，情况发生了根本改观。

2002年出版的34卷本《苏联历史档案选编》[①]首先引起了学者关注。该文献集选取的档案包括会议记录、往来函电、电话记录、请示报告、回忆录、日记和私人信件等，涵盖了1917年到20世纪90年代初苏联内政外交的方方面面。其中，与冷战史研究相关的档案主要涉及苏联与东欧国家关系、苏联与古巴关系、工人党与共产党情报局的筹建、苏共二十大、匈牙利事件、柏林危机、古巴导弹危机、苏联与越南战争、苏联与"布拉格之春"、苏联与安哥拉运动、苏联出兵阿富汗等。另外，作为专题档案集，台湾"中央研究院"出版了《朝鲜战争：俄国档案馆的解密文件》（3卷本）[②]。

同一时间，在陶文钊和牛军的组织下，一批学者将《美国对外关系文件》中有关对华政策的重要档案按时间先后、分专题挑选出来译成中文。出于使内容尽量连贯完整的考虑，课题组还从《美国国务院公报》和《美国总统公开文件》中选取了若干件档案，并辅以少量中国和朝鲜文献。从2003年开始，这套《美国对华政策文件集（1949—1972）》（共3卷6册）陆续面世[③]。

2004年10月，沈志华、杨奎松、李丹慧和牛军四位中国学者赴华盛顿参加了美国国家情报委员会委托威尔逊国际学者中心主持召开的一次特别的学术会议，议题为讨论新近解密的中央情报局对华情报档案的价值和意义。归国后，沈志华、杨奎松一致认为美国对华情报档案极具研究价值，并很快组织几个高校的研究人员，从纸质档案集、电子数据库、缩微胶片、中央情报局电子阅览室搜集了6000余份美国对华情报档案。经仔细筛选，最终课题组从中挑选了500多份进行翻译。2009年，《美国对华情报解密档案（1948—1976）》（8卷15编）与读者见面[④]。

最近几年，张曙光和周建明从美国国家档案馆挑选了80份与台湾问题直接相关的尼克松总统原始文献加以编译，并以"中美'解冻'与台湾问题：尼克松外交文献选编"为题结集出版[⑤]。以上文件较为细致地展现了尼克松政府改变对华政策特别是调整台湾问题立场的主要考虑及其实践，再现了尼克松、基辛格和毛泽东、周恩来会谈前前后后的详细过程。对于研究中美和解时期台湾问题的中国学者而言，这

[①]　沈志华主编：《苏联历史档案选编》，社会科学文献出版社2002年版。
[②]　沈志华主编：《朝鲜战争：俄国档案馆的解密文件》，台湾"中央研究院"近代史研究所2003年版。
[③]　陶文钊主编：《美国对华政策文件集（1949—1972）》（共三卷），世界知识出版社2003—2005年版。
[④]　沈志华、杨奎松主编：《美国对华情报解密档案（1948—1976）》，东方出版中心2009年版。
[⑤]　张曙光、周建明：《中美"解冻"与台湾问题：尼克松外交文献选编》，香港中文大学出版社2008年版。

本档案集的价值极大①。

还需要特别指出的是,《冷战国际史研究》设立的"档案文献"栏目,每期都刊登一些珍稀的中国或外国原始文件,如第1辑的《赫鲁晓夫秘密报告是如何出笼的——俄国解密档案》,第2辑的《北京市与抗美援朝——北京市档案馆解密档案》《1958年台海危机中的美台关系——台湾解密档案节选》,第3辑的《有关中东十月战争后的部分历史文献——以色列解密档案》《日中民间交流之门的开启——日本解密档案》《第三野战军阵中日记选编——解放军档案馆解密档案》,第4辑的《苏联在波兰驻军问题的新证据——波兰解密档案》,第6辑的《抗美援朝期间上海医务工作者支前档案史料选》,第7辑的《战后巴勒斯坦问题英国外交文件——英国解密档案》,第8辑的《1956—1966年匈中关系的变化——来自匈牙利档案馆的有关材料》。尤其值得注意的是,该刊常围绕某一专题选编多国档案同时刊登,如第2辑《关于匈牙利事件的档案文献——俄国、匈牙利等国解密档案》,第7辑的《关于1957年1月周恩来出访苏、波、匈三国的档案文献》,第12辑的《中法建交多国档案选编(三)——法德澳解密档案》。这些档案文献的翻译发表已经或将会在很大程度上促使中国冷战史研究者从多国多边档案互证的角度去考察相关的历史事件。

最后,谈一下中国学者在冷战国际史研究中存在某些不足和需要改进之处。

第一,冷战时期美国外交政策研究仍然是中国冷战国际史研究的"大宗产品",从事其他方面研究的学者比例过低。之所以众多的中国学者特别是青年学者选择以冷战时期美国外交政策作为研究方向,主要原因在于:美国档案的公布较为完整,获取也相对容易;在中国,学习英语的人数远远超过学习其他外语语种的人数,阅读美国档案不存在语言障碍;冷战时期美国是具有全球影响的超级大国,后冷战时代中美关系又成为中国政府最为关注的双边关系之一,因此无论从学术还是从现实的角度考虑,美国都是最受中国冷战史研究者瞩目的国家。不过,在中国日益崛起的今天,学者的视野应该不断"扩张",研究也应该"面面俱到"。这不仅是学术发展的需要,也是国家发展的要求。

第二,多国多边档案的互证对比研究尚处于起步阶段。在中国,目前仅有极少数几位学者遵从多国多边档案的研究方法,而已收藏的大量俄罗斯、英国、法国、德国、澳大利亚和日本等国家的档案文献还没有得到充分利用。其中缘由一方面是利用某些国家的文献存在语言障碍;另一方面应该是在方法论层面上仍缺乏档案互证对比研究的意识。可以想见,未来若没有更多的学者加入多国多边档案研究的行列,中国的冷战国际史研究将很难以对等的姿态和高度与国际学术界交流对话,中国的冷战国际史研究在揭示冷战时期重大历史事件的"国际性"方面也必然存在重大欠缺。

第三,偏重政治、外交和军事史研究,而对社会、科学和文化方面的冷战研究重视不够。目前,从社会、科学和文化的角度研究冷战的中国学者仍为数不多,主要是北京大学、东北师范大学和华东师范大学等几所高校的教师和研究生在进行相关的探索,而更多的学者关注的仍是传统的政治、外交和军事史研究。当然,这些研究是十分必要

---

① 在档案集出版前,已有学者通过与编者的接触利用了这批文献。参见王伟男《中美关系中的台湾问题(1948—1982)》,山东人民出版社2007年版。

的，因为政治、外交和军事方面毕竟是东西方对抗时代的主流现象。但与此同时，正如著名冷战史研究者张曙光所言："由于冷战的原因，现代社会至少在12个方面（军事、外交、政治、法律、情报、经济、教育、科技、医药、体育、艺术和社会）发生了根本性变迁。"[1] 冷战的历史是极其丰富和鲜活的，队伍庞大的中国研究者也应当尽可能较为均衡地揭示冷战史的方方面面。

以上所说，一方面有赖于研究者自身扩大其学术关怀并能够知难而上；另一方面也需要国家从政策层面解决一些体制上的问题，如注重对小语种人才的培养，加强对基础学科的支持，鼓励对一些偏远或微观课题的立项，等等。

---

[1] 张曙光：《冷战国际史与国际关系理论的链接——构建中国国际关系研究体系的路径探索》，《世界经济与政治》2007年第2期。

中国大陆口述历史的发展现状述评

周新国

进入 21 世纪，国内口述史实践朝着更成熟方向迈进。在 20 世纪八九十年代发展的基础上，中国大陆口述史实践继续在口述访谈对象上进一步呈现开放性与多元化；在研究方法上，进一步采用现代口述史的理论与方法。从 20 世纪 90 年代到 2002 年全国一些报刊如《当代中国史研究》《光明日报》等分别开辟口述史学专栏，介绍口述史研究。特别值得注意的是，2004 年 12 月在扬州大学召开了大陆首届中华口述史学术讨论会，成立了"中华口述历史研究会"，对中国大陆口述史的概念、工作规范和法律规范进行了初步研讨，使中国大陆口述史朝着更规范的方向发展。随后又在江汉大学、四川成都召开了第二届、第三届中华口述史学术研讨会。

一 学术会议

（一）中国大陆首届中华口述史学术讨论会

2004 年 12 月 10—12 日，由中国社会科学院近代史研究所、当代中国研究所、江苏省社会科学院、江苏省社科联、扬州大学、《当代四川史研究》编辑部等单位发起，由扬州大学承办的"首届中华口述史高级论坛暨学科建设会议"在扬州大学召开。80 多位来自全国政协、教育部、新闻出版机构、科研机构和有关高校的专家、学者出席这次大会，其中既有国内享有盛誉的老一辈学者，也有当今学术界的中青年知名专家。

此次论坛对中国大陆口述史的研究进行了回顾与展望，交流了口述历史研究的工作经验；论坛还对口述史学的学科分类与建设深入探讨，涉及了口述历史的规范、标准、原则。此次论坛的一个重要成果就是成立了"中华口述历史研究会"，作为中国文化史学会的二级学会，通过了"中华口述历史研究会章程"，这必将有力推动中国大陆口述历史的学术研究的发展及其学科建设。

（二）江汉大学第二届中华口述史学术讨论会

2006 年 11 月 10—12 日，由中国社会科学院近代史所、中华口述历史研究会、江汉大学联合主办的"第三次东亚史料编纂机关国际学术会议暨中华口述历史国际学术讨论会"在江汉大学举行。中国近代史著名学者、华中师范大学教授章开沅，中国社会科学院近代史所副所长虞和平研究员，扬州大学副校长周新国教授，江汉大学副校长涂文学教授和韩国国史编纂委员会委员长柳永烈，日本东京大学史料编纂所所长保立道九，美国纽约中国近代口述史学会会长禤福辉以及来自中国港台、中国大陆高校、科研院所、新闻出版机关的专家学者共80余人参加研讨会。

在对口述史的研讨方面，学者们带来了各自近期的访谈研究成果和理论探讨文章，研讨期间学者们基本认同口述史包括三种不同层次的研究趋向，即作为"口述史料"的口述史和在此基础上加入文献考证而写成的"口述历史"以及在"历史记忆"层次上研究的口述史。作为2004年在扬州大学举行的首届中华口述史高级论坛暨学科建设会议的继续，此次会议关于中国口述史问题的讨论是对上次会议提出的主题"建立中国特色中国气魄的口述史学"的进一步深入。

(三) 四川成都第三届中华口述史学术讨论会

2010年11月21—23日，由中国社会科学院近代史研究所、四川省社会科学院、当代四川史编委会、中华口述历史研究会联合主办的"口述历史未来之路"论坛暨第三届全国口述历史学术研讨会在成都举行。来自全国包括政协、教育部、新闻出版机构、科研机构、高校、党史研究机构、地方志等部门，自然科学、近代史、当代史等学科的专家学者150多人参加了这次研讨会。

此次会议收到论文50多篇，内容包括中国口述历史的发展态势和未来之路、口述历史的学科建设、口述历史的学术规范、口述史和其他学科的区别与互补关系、口述史的魅力、口述史的特质、抗战口述史料、地方口述史料、"文化大革命"口述历史和口述史与抗震救灾等方面。这次论坛的主题是口述历史未来之路。会议就口述历史在中国的发展、口述历史的特点、规律及当前作好口述历史遇到的难题等问题进行了热烈的讨论。

二 口述史的实践成果

考察自21世纪初以来口述历史发展的现状，百度"口述历史"词条列举了如下实践成果：《中国知青口述史》（刘小萌，中国社会科学出版社2004年版）、《启功口述历史》（赵仁珪、章景怀，北京师范大学出版社2004年版）、《日军侵华集中营》（何天义，大象出版社2008年版）、《流亡：抗战时期东北流亡学生口述》（齐红深，大象出版社2008年版）、《山西抗战口述史》（张成德、孙丽萍主编，山西人民出版社2005年版）、《河北抗战"三亲"实录》（中共河北省委党史研究室主编，河北少年儿童出版社2005年版）、《一百个人的十年》（冯骥才，时代文艺出版社2003年版）、《文强口述自传》（刘延民，中国社会科学出版社2003年版）、《吴德口述：十年风雨纪事》（朱元石，当代中国出版社2004年版）、《这个世界会好吗——梁漱溟晚年口述》（艾恺，东方出版中心2006年版）、《雪域求法记：一个汉人喇嘛的口述史》（张健飞、杨念群，生活·读书·新知三联书店2003年版）。

这些成果所代表的是进入21世纪国内口述历史发展的热潮。而且这股热潮早已经跃出学术界囿于理论探讨的范围，早已经影响社会，进入社会。以媒体网络诸对口述历史的积极关注来看，这股潮流的特征至少体现在这样几个方面。

(一) 电视

中央电视台新闻频道设有《口述历史》栏目，在《大家》《见证》《面对面》等栏目中也采用了口述历史的方法，加入了口述史的内容，特别是由中央电视台新闻中心主办的纪念汶川地震特别节目《铭记》，口述历史，铭记灾难，引起了社会极大震动和反响。部分地方电视台如北京电视台、南京电视台、上海东方卫视等也纷纷把口述历史引入电视栏目。

凤凰卫视《口述历史》栏目，选取重大历史事件中的亲历者或见证人，采用人物访谈、本人叙事方式，"因事找人，因人找事"，或从历史亲历者口中重现观众最关心的历史往事，或聚焦重要历史人物、国家政要所亲身经历的事件等。该栏目一度以高收视率引起极大关注。《南方周末·2006年新年特刊》，将凤凰卫视《口述历史》，评为"致敬之年度电视栏目"。

从2002年起，崔永元开始策划制作《电影传奇》《我的长征》《我的祖国》《我的抗战》等电视纪录片，8年间共采访了3500多人，积累了600万分钟素材。羊城晚报记者采访崔永元，他说："这600万分钟就是一个庞大的口述历史资料库，我们将来想建立一个中国口述历史博物馆。""现在大家越来越淡忘历史——我们有过什么样的胜利，什么样的失败，什么样的灾难，什么样的痛苦，该就哪些方面的事情反思……这些问题统统都被边缘化了。现在一些年轻人，别说不能讲明白抗日战争的历史，就连'四人帮'是哪四个人都说不清楚，这样下去挺危险的！""我参观过日本、美国、加拿大的相关机构，我们的'口述历史库'甚至比不过人家的一个大学。我们的GDP赶超了别人，但对历史的敬重、敬仰、尊重、珍爱，却比不过别人！为什么大家不觉着这件事丢人呢？为什么不为这事发愁着急呢?！"

（二）网络

江苏民国春秋网《口述》栏目，设《名人口述》《后人相思》《老兵记忆》等专题，其中有《台湾老兵忆抗战劫难》《台湾老兵卜国同忆国军空军南京撤退》《台湾老兵缅怀抗战捐躯的战友》等，其口述专访《访民国老人梅吕素琳》《七旬老兵讲述金门对峙》《柏均和口述：袁家旧事》引起关注。

人民网文史类《口述历史》栏目，推出"'文革'期间轰动一时的'李震之死'"、"对话江青秘书阎长贵：八年秦城冤狱后'老实人'的悲壮结局"、"'文革'中的胡耀邦：被红卫兵用皮带抽得在地上打滚！"、"1976：我负责的'四人帮'抓捕行动"、"儿子眼中的章乃器：他是个顶天立地的人"、《张思之口述：审判"四人帮"，我为异端辩护》、《"文革"后的首次高考：陈平原的作文登上了〈人民日报〉》《杨瀚口述：祖父杨虎城的入党之谜》、《王鹤滨：毛泽东口吐粗话，使我感到震惊和不知所措》、《老兵亲历：中美军队在朝鲜战场上的第一次交锋》、《开国大典前的国宴，中央五大书记个个都是"海量"》等专题。

雅虎网文化类《口述历史》栏目，以《毛泽东当选主席缺一票，是谁没投票？》为题选摘自《百年潮》杂志2009年第9期，曾担任1949年政治协商会议筹备会秘书处副处长的王仲方谈"亲历中华人民共和国诞生过程"。以"晚清铁路国有化在当时肯定是对的"为题选编转载《时代周报》专访中国社会科学院近代史所研究员闵杰谈"铁路国有与晚清大变局"。

《老兵忆给张自忠清洗遗体：重伤七处胸部洞穿》一文转载自人民网。该文专访河南省泌阳县93岁高龄的郭荣昌，当年张自忠殉国后，身为排长的郭荣昌参加敢死队冒死抢回了他的遗骸，成为亲历那段历史的唯一幸存者。

（三）报刊

《三联生活周刊》，《口述历史》专栏，近年主要口述专题：1972：《跨过最辽阔海洋的握手》，2008：《我与父亲项英：两代人的沧桑往事》，2008：《父亲储安平之死》，2008：《高文彬：我所经历的东京大审判》，2008：《我的父亲郑君里》，2008：《最后的格格——金默玉》，2008：《我的公公陈立夫》，2007：《口述：我的父亲佟麟阁》，2007：《我的父亲卫立煌》，2007：《黄宗江：我的戏剧人生》，2007：《我的父亲罗家伦》，2007：《王天成：我所知道的毛岸英之死》，2007：《毓嶦：我所知道的溥仪》，2007：《赵炜：我的西花厅岁月》，2007：《周海婴眼中的鲁迅与许广平》，2007：《"四大家族"之宋氏家族的低调生活》。其中"传奇陈毅"（2009年5月20日），通过对陈昊苏、陈小鲁采访，撰文引述陈毅当年对儿女专门口述的自己早年经历。

瞭望杂志社《瞭望东方周刊》，近年也推出口述专题。其中《亲历者口述历史：我策反了国民党海军》一文由新华社播发。2010年4月，《瞭望东方周刊》记者刘芳采访整理，原国民党海军司令部人事署人事参谋陈志远口述，叙述陈志远参与策动过国民党海军军防第二舰队集体起义、海军驱逐舰永兴号、护航驱逐舰灵甫号及运输舰联荣号舰起义的经历。"我以为60几年前的事早就尘封起来了，没想到今天还能有艺术（电影《澳门1949》）来还原这段历史，我非常感激。"

（四）出版

伴随着这股媒体、网络带来的口述史的热潮，图书出版界出现了"图说史大出风头，口述史一枝独秀"的新格局，各种冠以"口述史"名目的出版物大量出版并畅销，新闻记者、社会调查者，甚至包括文学创作者，也把通过实地调查和人物采访形成的报告与经过文学加工的作品，称作"口述历史"，各出版社及杂志社以发行或刊载"口述历史"书刊为时尚。

就近年来以口述史为名公开发表的相关著述，至少可以概括为三个方面。

第一，社会学、人类学田野调查口述资料。

如余未人《走近鼓楼——侗族南部社区文化口述史》，以少数民族社会文化、风俗习惯为研究对象，从社会学或人类学的角度，采用口述访谈的方式，记录原生文化形态。其他还有，张晓的《西江苗族妇女口述史研究》、钟华主编的《大山的女儿：经验、新声和需要——山区妇女口述》、郭于华的《心灵的集体化：陕北骥村农业合作化的女性追忆》等。

第二，文学工作者用新闻采访的方式写作的口述作品。

如李辉的《摇荡的秋千——是是非非说周扬》，贺黎、杨健的《无罪释放——66位知识分子"五·七"干校告白》，以人物口述展开文学性叙事。其他还有，张建伟的《男人之隐——四十岁男人的生存现状访谈实录》、孟晓云的《非隐私访谈录——成功女性的独白》、志威的《中国底层访谈实录》、郑实等的《太平湖的记忆——老舍之死》等。

也包括一批学者名流口述自传。例如，陕西师范大学出版社出版的《大国学——季羡林口述史》《季羡林口述人生》，广西师范大学出版社出版的《箫声剑影

（一）——刘绪贻口述自传》，中国社会科学出版社陆续出版的《黄药眠口述自传》《舒芜口述自传》《文强口述自传》等"口述自传"丛书，北京大学出版社也先后推出了《风雨人生——萧乾口述自传》《小书生大时代——朱正口述自传》等"口述传记"丛书。其中，北京师范大学出版社出版的赵仁珪、章景怀著《启功口述历史》，口述者忆述本人人生经历，他人的采录，启功"讲出心底的痛"，"听到他讲述家族从盛清到晚清以至民国的经历，我们会深感到清朝的兴衰是一种历史的必然；听到他讲述自己辛勤学习和走入社会的过程，我们一方面会被他自强不息、顽强进取的精神所感动"。

第三，史学工作者用口述访谈整理的存史性口述史。

如中国社会科学院当代中国研究所采制的《共和国要事口述史》《吴德口述：十年风雨纪事》《从"童怀周"到审江青》《汪东兴回忆：毛泽东与林彪反革命集团的斗争》，以及湖南教育出版社出版的《20世纪中国科学口述史》丛书（第一辑）、孙丽萍主编的《口述大寨史——150位大寨人说大寨》（上下册），口述者以当事人身份，以叙述相关历史事件人物为主，以存口述史料。

在纪念中国人民抗日战争胜利60周年之际，山西人民出版社推出由山西省社会科学院历史所历时一年完成的《山西抗战口述史》，有重要意义。同时还有何天义等主编的《二战掳日中国劳工口述史》（1—5卷）和《日军侵华集中营》、张宪文等主编的《南京大屠杀口述史料》（1—50卷）、齐红深主编的《流亡：抗战时期东北流亡学生口述》，以及《河北抗战"三亲"实录》等。

定宜庄的《最后的记忆——十六位旗人妇女的口述历史》是口述史在社会史和妇女史领域用口述方法研究历史的最新成果，对以往文献资料以汉人为中心和以男人为中心的传统史学提出了挑战。

如果说，由于媒体、网络、出版等诸多方面的积极关注，口述史已经出现了热潮，那么，考察这股热潮，除去其"时尚""热闹"的表面，我们更应该注意到如下几个方面的趋向和特征。

第一，就口述史的影响来说，口述史被运用于史学研究以外更多的领域。

目前口述史的运用除了在政治史、社会史、妇女史等历史研究领域得到更多推广以外，在其他领域也有较多的应用。比如，档案学界应用口述史方法探讨"口述档案"理论与实践；党史、文史资料工作者也在尝试通过对当事人以录音录像方式进行文史资料的采集整理，并约定公开发表的时间，从而能在一定程度上打破传统文史资料采集主要以当事人撰写回忆录的局限。

第二，自下而上的民众口述史的形成出现。

如刘小萌《中国知青口述史》、李小江《20世纪中国妇女口述史：让女人自己说话——》丛书、定宜庄《老北京人的口述历史》、尔冬强《口述历史：尔冬强和108位茶客》以及《中国民间艺术传承人口述史》等，以专业访谈者策划访谈内容，普通民众口述，由访谈者记录整理出版。

2008年南方日报出版社出版的《口述历史：我的1976》，全书包括33个专题、20万字实录、160小时的录音、80个广州人的回忆。该书由广东省委党史研究室广州市委党史研究室和南方都市报联合主编。该书认为"1976是一个绕不开的年份，它带给这个民族的悲喜怎么书写都不为过。伟人去世、民众怒吼、唐山地震、乱权者走向末路……三十年了，很多事情已经有了定论，但是，依然有很多事情存在于我们的认知之外，在喧嚣中日渐面目模糊、似是而非。南方都市报试图以广州为原点，展现三十年前中国的一个切面。于是，有了《1976·广州口述史》，希望以口述历史的形式，收集、抢救、丰富更多鲜活的民间记忆"。

第三，就口述史发展的全国不同态势来说，目前北京、上海、吉林、江苏、浙江、四川、山西，大致形成了中国当代口述史研究的七个区域，各具特色。

北京是中国大陆开展口述史实践最早、实力最强、优势最明显的地区。中国社会科学院当代所当代中国出版社出版《当代中国口述史》丛书，目的主要为当代中国史研究提供可信的史料。目前已出吴德口述，朱元石等访谈、整理的《十年风雨纪事——我在北京工作的一些经历》，汪东兴回忆《毛泽东与林彪反革命集团的斗争》，汪文风著《从"童怀周"到审江青》，等等。王俊义、丁东主编《口述历史》丛书由中国社会科学出版社出版。左玉河主编的《中华口述历史丛书》由大象出版社出版。中国科学院自然科学研究所《中国科技史杂志》近年来开展的"口述科技史"研究工作越来越受到学术界的重视。北京大学、人民大学以及北京师范大学等高校多年来也一直在倡导和进行口述史研究。北京社会科学院研究员钟少华是国内较早倡导并以个人名义进行口述实践的口述史学的名人。

《上海口述历史》是上海社会科学院的重大项目，于1999年立项，已取得阶段性成果。上海师范大学中国"慰安妇"研究中心长期致力于对各地日军"慰安妇"受害者进行调查，记录其苦难的经历，填补历史的空白。作为国家社科项目、中国社会科学院中日关系史的结项成果《女殇——中国"慰安妇"的调查》已获得通过。另据2006年7月14日《新民周刊》报道，目前陈映芳等学者正准备开辟《上海棚户区口述史研究项目》，把口述史的焦点更向下对准下层民众，纪录研究棚户区居民群体的社会生活记忆。作为口述史研究的论坛，《史林》从2000年第3期起，推出了口述史研究专栏，陆续刊登口述史研究文章。

江苏省是中国大陆口述史研究的一个重要地区。扬州大学历史系20世纪50年代末60年代初该系师生即开始对辛亥革命时期江苏地区史料进行调查、采访，并出版了《辛亥江苏地区史料》；20世纪80年代末90年代初完成《辛亥革命江苏地区史料续编》；80年代初期，开始"侵华日军扬州万福桥大屠杀惨案"口述调查采访，倡议并建立侵华日军扬州万福桥大屠杀纪念碑；90年代末至2003年还陆续参与完成了《天南地北扬州人》《当代扬州人》和《扬州人》，并正在进行《辛亥前后民国名人后裔访谈》《当代中国佛教高僧访谈》等。以《扬州史志》和《扬州大学学报》等为阵地，陆续发表有关研究口述史理论与实践的文章，推动口述史学的开展，与中国社会科学院近代史所共同举办了中国大陆首次口述史学术讨论会，共同探讨有关口述史的理论、工作规范、法律规范、职业道德以及国内外口述史研究交流等方面情况。建立扬州口述史中心，开展区域口述史的访谈及理论研究。筹建江苏省口述史研究会，呼吁筹建中国口述史研究会，建立口述史档案馆或口述史博物馆或在各地档案馆、博物馆内建立口述史部。南京大学、南京师范大学以及南京大屠杀纪念馆分别开展了"南京大屠杀口述调查"，出版了《南京大屠杀史料》等。

四川社会科学院《当代史资料》从2000年起内部发行，主要刊登自1949年以来，社会、政治、经济、文化、学术等各方面的历史资料，以采访、口述、回忆、搜集、整理等形式为主，并设有"口述史研究"等专栏，开展了生机勃勃的对四川及西南地区的中华人民共和国成立以来有关进军大西南、土改、肃反、对私改造、"大跃进"、"四清"以及改革开放以来的口述史访谈,并对有关口述史理论作了探讨。四川省社会科学院和四川省政协一批领导积极推动当代口述史工作,尤其是对汶川大地震的口述史采访和抢救,保存了许多史料。

三 口述史理论的探讨

自21世纪以来,中国大陆出版的有影响有代表性的口述史理论译著主要有:周新国主编,中国社会科学出版社2005年版的《中国口述史的理论与实践》,[英]保罗·汤普逊著、覃方明等译,辽宁教育出版社2000年版的《过去的声音——口述史》,杨祥银著,中国社会科学出版社2004年版的《与历史对话——口述史学的理论与实践》,[美]唐纳德·里奇著,王芝芝、姚力译,当代中国出版社2006年版的《大家来做口述历史》。

中国大陆各类报纸杂志发表的口述史文章,约计为300篇。

这些著述论文,对推动中国大陆口述史理论研究起到了巨大作用,概括起来至少有以下几点。

(一)区分了"口述史料"和"口述历史"

不再在学理上强辩口述史应该是方法论上的"通过口述获得史料"还是史观变革意义上的"自下而上"构建新的历史,二者可以分别在不同的意义上同时存在,既可以是"口述史料",也可以是"口述历史"。荣维木在《关于口述历史研究中的概念界定》一文中认为,"口述史料,是从史料学的角度,特指史料留存的一个种类;口述历史,是从历史学的角度,特指表述历史的一个方式"。左玉河《方兴未艾的中国口述历史研究》一文则进一步明确提出,"口述史料是不需要加工的;但口述历史是必须经过整理者加工的。而这种加工,最重要的一项就是与文献史料比较后对受访者的口述进行了筛选"。对二者的探讨逐步趋同。

(二)口述史与历史学变革

2002年《光明日报》"口述史学"专栏讨论中,关于口述史的客观性、真实性问题还是主要话题,部分学者提到的口述史的"规模"问题,认为其实质关乎口述史的进一步发展。

朱志敏在《新视野》2006年第1期发表的《口述史学能否引发史学革命》一文认为,口述史"主要通过历史的亲历者或见证人用口头讲述来展示历史的方法。这种方式本身即可形成对历史片段或侧面的可信表述,因此就成为人们认识历史的一个途径。这是口述史可以促成历史学产生革命性变革含意的一个方面"。"口述史学的革命含义还表现在为社会史、民众史、社会心理史的开展创造有利条件。"而"口述史学能否真正推动史学的革命性进步,取决于口述史的科学性与规模。口述成果缺乏科学性,无以反映真实的历史,只可当成讲故事;规模不大,无力反映历史的丰富内涵,就达不到为社会史提供丰富材料的目的"。

其实,不管是经过加工的口述历史还是成为社会史、民众史、社会心理史的"历史",未必就等同于20世纪80年代当初引入西方口述史所强调的"新的历史构建"。口述史的进一步发展,有待于在更多的口述史实践中加以解决。拘泥于口述史的科学性而不去发展口述史本身就是不科学的,而离开中国的实际,妄谈口述史的"新的历史构建"变革意义也是不现实的。

(三) 关于建立中国特色中国气魄的口述史学

如何进一步发展当前的口述史,涉及口述史理论的中国化,也就是如何建立中国的口述史学。

2004年12月由中国社会科学院当代所、近代史所和扬州大学等单位发起的在扬州大学召开中国大陆中华口述史首届学术讨论会对有关口述史的理论和实践经过初步讨论形成了以下几点共识:第一,学术规范首先体现的是它的一般性即普遍性,要得到普遍认同,要有权威性;同时更要有中国特色,要适应中国国情,要把确立中国中国大陆口述史工作的规范、标准的目标与构建中国特色、中国风格的中国口述史学的目标统一起来。第二,确立中国大陆口述史工作的规范、标准是一个逐步完善的过程。第三,目前口述史正处于起步阶段,制定操作规范应该注意合法性、保密性、合理性等原则。

周新国在《当代中国史研究》2004年第4期发表的《构建中国特色、中国风格和中国气派的中国口述史学》一文提出了"构建中国特色中国风格和中国气魄的中国口述史学"。这里至少包括三层含义:其一,应当承认中国口述史是立足中国史学的历史根基与传统并结合当代史学发展新的理论,逐步创新逐步规范,成为有中国特色的中国口述史学;其二,中国口述史学应当既规范又包容,并在更多的实践中逐步形成,逐步完善,而不是一蹴而就;其三,我们应当朝这个目标迈进,不断实践不断总结,从而在理论和实践上形成口述史研究的一批又一批标志性成果。

显然,口述历史的理论研究,尚待进一步深入研究、完善。

四 中国大陆口述史研究的未来展望

(一) 建立中国特色的现代口述史问题

在21世纪的世界潮流中,历史科学将以崭新的面貌面向社会,面向大众,面向新技术、新科学,口述史学将在21世纪的史学建设中发挥更重要的作用,任重道远,前途辉煌。

构建中国口述史学工程是一项极其艰巨、复杂、浩大而又光荣的系统文化工程。从研究方法来说,它涉及历史学、社会学、民族学、民俗学、宗教学、法学等多个学科;从内容上看,它包括政治、军事、外交、经济、文化、科技、教育、民族、宗教和社会习俗等多个领域;从类型来说,包括老人、妇女、儿童、知识分子以及下岗职工等在内的社会各个阶层,甚至连同帮会、宗教以及当前社会中出现的贩毒、乞讨等各种社会现象,无一不是口述历史的对象。

从时间跨度上看,它不仅涉及从旧民主主义革命到新民主主义革命时期,而且关注中华人民共和国成立以来的政治、军事、经济、文化、科技、教育等多方面的内容;它不仅关注中华人民共和国成立后重大的历史事件,如土地改革、镇压反革命、抗美援朝、工商业改造、"三反"、"五反"、反右派斗争、"大跃进"、自然灾害、"四清"、社会主义教育运动、"文化大革命"以及改革开放等,而且也关注重要历史人物,如党和国家的高层领导人物,从毛泽东、刘少奇、周恩来、朱德等老一辈革命家到各个时期的领导人。

同时,它也关注普通的人民群众,如工人、农民、手工业者、私营企业主、科技人员、教师、艺术家以及其他各个行业人员等。与此同时,对这一时期的社会习俗、各阶层人民生活状况、民众心理等也予以关注,并特别注意抢救一些重大事件的参与者、决策者和经历者等重要人物的口述史料以及濒临绝迹和消失的特殊行业、特殊工艺、特殊人物的史料。

(二) 针对口述史研究进一步发展的建议

第一,进一步呼吁并推动"口述史理论与实践"列入国家专业目录中的历史门类的二级学科。

第二,中国大陆现有的博物馆、档案馆或图书馆中有条件的地方逐步建立口述史馆或口述史档案馆。

第三,对口述史研究项目建议在国家和省、市社科基金项目中给予更多立项,并对优秀成果给予相应奖励。国家有关部门,例如,全国或省市县区的党史办公室、文史资料办公室等,应当立项保障全国和地方口述史研究经费和人力支持,并鼓励逐步建立系统化的全国口述史工作者队伍,对具备条件的,今后有关部门应给予评定相应技术职称等。

第四,进一步开展与美国、新加坡、英国等国进行口述史研究的国际交流与合作,开展中国大陆与台港澳地区的口述史研究交流合作,进一步推动全国各地的口述史研究。

中国环境史研究综述（2011）*

梅雪芹　徐　畅　刘宏焘

环境史（Environmental History），是一种立足于研究不同时代人与自然的关系，以理解人类所处、所作和所思的历史，其思维习惯在于将人类与自然作为历史进程中并置的主体，同时考虑人类社会与自然环境的相互影响，其知识和术语体系实乃人文社会科学和自然科学的集大成。根据国际环境史学界的一般认识，环境史的主题可宽泛地分为三大类：（1）自然环境变迁及其对人类历史的影响；（2）人类活动与自然环境的关联及其影响和反作用；（3）人类关于自然环境的思想以及对待它的态度。以这一认识为指导，我们对 2011 年中国的环境史论著（含译作和在国内刊发的外稿）进行了较为详尽的收集、整理和归类，以下分四个专题概述之。

一　总论

2011 年，中国学者在环境史理论与方法、学科与教学以及史学史方面积极推进，不仅继续译介国外学者的相关著述，而且更为自觉地思考与探索相关问题，从而取得了突出的成绩。

（一）理论与方法

这一年，这方面有不少颇有分量的论著问世，它们就环境史的研究对象、视野和方法，以至具体研究领域的理论问题进行了论述。

关于环境史的研究对象，有两篇译文首先值得重视。一是侯文蕙翻译的美国学者唐纳德·沃斯特的《环境史研究的三个层面》[①]。该文问世于 1988 年，原题为《从事环境史》（Doing Environmental History），其关于环境史的三个层面的论述为众多环境史研究者所接受，已成为关于环境史研究对象的权威主张。二是王晓辉翻译的美国学者约翰·麦克尼尔的《环境史研究现状与回顾》[②]。该文认为，环境史即人类社会与其所赖以生存的自然界之间关系的历史，包括三个互相交叉、没有固定边界的研究领域，分别是物

---

* 本文是在梅雪芹指导下集体完成的。徐畅、刘宏焘、黄举维、廖莹、陈阳等 5 位同学参加了有关论著的搜集、整理工作；徐畅、刘宏焘共同完成了初稿的写作。在此基础上，梅雪芹重新撰写。虽然我们勉力为之，但疏漏、妄断在所难免，愿学界师友多加包涵。

① ［美］唐纳德·沃斯特：《环境史研究的三个层面》，《世界历史》2011 年第 4 期。
② ［美］约翰·麦克尼尔：《环境史研究现状与回顾》，王晓辉译，载刘新成主编《全球史评论》第四辑，中国社会科学出版社 2011 年版，第 3—49 页。

质环境史、政治环境史和文化环境史。

关于环境史的研究视野,许多学者倾向于大历史视角和全球视野,无论翻译或直接刊发的国外学者的文章还是中国学者的论文,都体现了这一点。孙岳翻译的弗雷德·斯皮尔的《大历史视角中的环境问题》①即提倡从大历史视角来研究环境问题,而所谓"大历史",指的则是从宇宙生成至今日的全部历史。张楠翻译的美国学者 J. 唐纳德·休斯的《全球环境史:长远视角的思考》②提出并思考了体现全球或世界环境史发展过程中的特点的四个最重要的主题:人口增长、地方社会掌控自身环境能力的下降、能源史和能源资源以及生物多样性的消失。夏天翻译的约翰·麦克尼尔的《世纪历史中的物种交流》③在全球维度上概述了从古至今植物、动物和病原体的交流和传播的历史。美国学者彭慕兰的《全球化与中国环境史》④强调"全球的"叙述能更好地反映中国人和其他非西方人的经验,使人们更好地认识中国环境史与别处的重要差异,从而有助于重新构建全球环境史。包茂红在《从环境史到新全球史》⑤中指出,现在西方环境史学界的有识之士开始重新思考环境史学的走向问题,希望能在克罗斯比等前辈学者开创的全球环境史宏观研究的基础上再出发。梅雪芹指出,环境史研究者应具有长时段视角和全方位意识,世界史视野下的环境史研究,是世界环境史和中国环境史健康发展的必由之路⑥。刘文明、陆伟芳等在分析艾尔弗雷德·克罗斯比和菲利普·费尔南德兹—阿迈斯托的治史思想和历史观念时,强调其全球视野与生态视角结合的特色⑦。即使提倡区域视角的学者也认为这一视角下的研究不同于简单的地方史;杨伟兵的《从区域视角深化西南环境史研究》⑧就秉持这种主张,认为西南环境史问题的思考与研究,不仅需积极深入西南各地,也要联系全国乃至全球的背景。

关于环境史的研究方法,2011 年中国学者集中论述了自然科学方法在环境史研究中的运用问题。李玉尚的《从计量看中国环境史研究手段》⑨思考和回答了环境史独特的研究手段是什么的问题,认为如果环境史以生态学为主要研究方法,计量就是其首先要考虑的方法之一,因为生态学的基本思路是讲求事物之间的联系,但要证明事物之间存在因果或者其他关系,则需要足够的证据或实现手段。方万鹏的《自然科学方法运

---

① [荷兰] 弗雷德·斯皮尔:《大历史视角中的环境问题》,孙岳译,载刘新成主编《全球史评论》第四辑,中国社会科学出版社 2012 年版,第 178—195 页。
② [美] J. 唐纳德·休斯:《全球环境史:长远视角的思考》,张楠译,载刘新成主编《全球史评论》第四辑,中国社会科学出版社 2012 年版,第 103—123 页。
③ [美] 约翰·麦克尼尔:《世界历史中的物种交流》,夏天译,载刘新成主编《全球史评论》第四辑,中国社会科学出版社 2012 年版,第 210—230 页。
④ Kenneth Pomeranz, *Globalization and Chinese Environmental History*,载戴建兵主编《环境史研究》第一辑,地质出版社 2011 年版,第 1—9 页。
⑤ 包茂红:《从环境史到新全球史》,《光明日报》2011 年 12 月 1 日。
⑥ 梅雪芹:《环境史研究叙论》,中国环境科学出版社 2011 年版,第 101—118 页。
⑦ 刘文明:《从全球视野与生态视角来考察历史——克罗斯比治史方法初探》,《史学理论研究》2011 年第 1 期;陆伟芳:《菲利普·费尔南德兹—阿迈斯托的历史观念——全球史与生态—环境史视角》,《江西师范大学学报(哲学社会科学版)》2011 年第 6 期。
⑧ 杨伟兵:《从区域视角深化西南环境史研究》,《中国社会科学报》2011 年 1 月 6 日。
⑨ 李玉尚:《从计量看中国环境史研究手段》,《中国社会科学报》2011 年 3 月 24 日。

用于历史研究的可能与限度——以环境史为中心的几点思考》[1] 探讨了自然科学方法入史的可能与限度问题,并从环境史的理论基础、研究方法和研究误区等方面作了分析。王建革的《自然与人文:华北平原生态环境史研究》[2] 指出,这一研究既要关注水、土壤、植被、聚落等环境要素,又要重视人与环境的关系史;环境要素变化的研究有较为刚性的自然科学尺度,而对人与环境关系的考察则是人文社会科学层面的;在生态环境史研究中,将各种资料与科学分析相结合,可以给出相对动态的史学描述。潘碧华的《先秦时期的三峡人居环境》[3] 是人居环境科学与考古学交叉研究的成果,对如何运用人居环境科学的理论研究早期聚落进行了理论探讨和实践摸索。贾珺的《英国地理学家伊恩·西蒙斯的环境史研究》[4] 则如书名所示,集中探讨了英国地理学家伊恩·西蒙斯的环境史研究,分析了西蒙斯研究中体现的大尺度思维及其对世界史叙事的启示。它的出版有助于对环境史学术多元化现象的了解,以及对环境史研究的跨学科方法的把握。

关于具体研究领域的理论问题,主要有孙岳翻译的埃德蒙德·鲁塞尔的《进化史学前景展望》[5],毛达的《城市环境史研究发展过程中的重要学术现象探析》[6],以及李卫民的《时代呼唤更成熟的中国灾荒史学——夏明方教授访谈录》[7]。鲁塞尔的文章强调了进化理论对理解环境史主课题也即大自然的价值。它鼓励史学家以进化生物学为工具从事历史研究,重点考察人类行为对其他物种生物数量的进化造成的影响及由此带来的对人类生活的反作用,以解决人为进化在人类历史中的作用问题。毛达的文章对城市环境史研究作了理论性的探讨,涉及这一领域近20年的发展中所出现的一些学术现象,包括城市是不是环境史研究对象的学术争论,城市环境史研究范式的转变,以及城市环境史研究的"内在论"和"外在论"两种方向。李卫民的文章则通过访谈的形式,整理了被采访者夏明方教授关于灾荒史研究的基本主张,尤其突出了他在这一研究面对生态环境、社会形势之变化所提出的更新更高的要求时,就其学科体系如何更加完备,研究方法如何进一步优化,其理论如何创新等问题所作的思考。

在2011年中国学者对环境史理论和方法的探讨中,梅雪芹的《环境史研究叙论》[8] 和侯甬坚的《历史地理学探索》第二集[9]是引人瞩目的。前者被收入作者主编的《环境史探索丛书》之中,是国内迄今第一部较为系统地探讨环境史理论与方法的作品,对环境史研究的兴起、其内容或主题、与环境的历史的区别、马克思主义在环境史研究中

---

[1] 方万鹏:《自然科学方法运用于历史研究的可能与限度——以环境史为中心的几点思考》,《学术研究》2011年第8期。
[2] 王建革:《自然与人文:华北平原生态环境史研究》,《中国社会科学报》2011年3月24日。
[3] 潘碧华:《先秦时期的三峡人居环境》,复旦大学出版社2011年版。
[4] 贾珺:《英国地理学家伊恩·西蒙斯的环境史研究》,中国环境科学出版社2011年版。
[5] [美]埃德蒙德·鲁塞尔:《进化史学前景展望》,载刘新成主编《全球史评论》第四辑,中国社会科学出版社2011年版,第150—177页。
[6] 毛达:《城市环境史研究发展过程中的重要学术现象探析》,《世界历史》2011年第3期。
[7] 李卫民:《时代呼唤更成熟的中国灾荒史学——夏明方教授访谈录》,《晋阳学刊》2011年第4期。
[8] 梅雪芹:《环境史研究叙论》,中国环境科学出版社2011年版。
[9] 侯甬坚:《历史地理学探索》第二集,中国社会科学出版社2011年版。

的意义、世界史视野、环境史中的人等问题进行了论述,同时梳理了中国环境史研究的发展脉络,提出了中国近现代环境史研究的一些课题,体现了作者多年相关研究和理论思考的特色。后者既是作者长期从事历史地理研究的结晶,也是他近年来积极拓展环境史研究的创新之作;其中"环境史审视"和"环境变迁研究"两部分,全面、具体地辨析了历史地理和环境史学科以及环境史研究与环境变迁研究之异同,深化了对环境史不同于历史地理学之特点的把握,有助于"了解当今的中国环境史之研究动向与达到的水准"。

(二)学科与教学

在这方面,既有中国学者对国外关于环境史教学和研究的译介,也有他们自身对环境史学科定位和教学的思考。

陈志坚翻译的美国学者乔治·弗蒂斯和琳达·L.埃薇的《美国的环境史教学:两种观点》①考察了美国的环境史教学问题,所关注的问题集中于环境史教学方案的设计方面。田婧翻译的欧洲学者马可·阿尔米耶罗和斯特凡尼亚·巴卡的《欧洲的环境史教学:对学科现状的初步调查及对未来的少许建议》②指出,在欧洲大陆和英国,环境史不属于典型的大学课程,通常被当作基础教学的一部分,尤其是在研究生阶段。环境史一般采用跨学科的教学风格,并普遍采用实地考察及视听工具。近年来出现了一些以暑期学校为代表的跨国性环境史教学。包茂红翻译的德国学者克利斯托夫·毛赫的《我们为什么要研究环境史》③特别指出环境史能给未来提供希望,因为它向我们展示了一系列叙述成功的保护生计和景观的前瞻性故事;而研究环境史的最大的好处就是让我们认识到自然和文化关系中的矛盾性,强调其他历史书写中没有注意到的盲点。

王利华的《环境史将给我们带来些什么》和《中国环境史教学和人才培养的现状与展望》④认为,中国史学史上的一个崭新时代即将到来,环境史是这个时代的主要标志之一,它将成为21世纪历史科学进一步开拓、发展的龙头;环境史为学生提供了思考人与自然关系的新视角,不仅有利于培养他们的环境变迁意识,亦有利于他们重新思考人类社会和文明的历史。

侯甬坚的《历史地理学、环境史学科之异同辨析》⑤认为历史地理学和环境史两者研究理路各存其道:前者归属地理学,重在地理变迁研究,后者归属历史学,取法于生态学和环境科学,重在人类与环境关系的研究;前者将人类活动作为驱动因子,后者将人类看成环境的一部分;前者以区域研究为主,后者以事件过程为主。两者学科定位不

---

① [美]乔治·弗蒂斯、[美]琳达·L.埃薇:《美国的环境史教学:两种观点》,陈志坚译,载刘新成主编《全球史评论》第四辑,第326—341页。
② [意]马可·阿尔米耶罗、[葡]斯特凡尼亚·巴卡:《欧洲的环境史教学:对学科现状的初步调查及对未来的少许建议》,田婧译,载刘新成主编《全球史评论》第四辑,第342—349页。
③ [德]克利斯托夫·毛赫:《我们为什么要研究环境史》,包茂红译,《光明日报》2011年12月1日。
④ 王利华:《环境史将给我们带来些什么》,载清华大学历史系、三联书店编辑部合编《清华历史讲堂三编》,生活·读书·新知三联书店2011年版,第91—109页;《中国环境史教学和人才培养的现状与展望》,载刘新成主编《全球史评论》第四辑,第309—325页。
⑤ 侯甬坚:《历史地理学、环境史学科之异同辨析》,《天津社会科学》2011年第1期。

同，但是相互借鉴之处甚多。

钞晓鸿的《环境史：学科交融与侧重（代总序）》认为，近四十年方兴未艾的"环境史"与之前考古、地质和古生物学使用并仍沿用的"环境史"及其研究不同，或可称为"新环境史"；它围绕着环境与社会的互动过程及人类思考，考察的是人类历史时期特别是地理大发现与工业革命以来的阶段。以这一认识为指导，他主持推出"环境与社会"丛书，以图为环境与社会研究特别是时下的"环境史"研究贡献力量。同时，他还具体结合明清以来的环境与社会经济史研究，在教学和人才培养中就相关问题进行讨论，以切实探讨中国环境史研究如何继承并开拓创新[①]。

梅雪芹的《环境史研究与当前中国世界史学科的发展》[②] 一文具体结合美国学者 J. 唐纳德·休斯对环境史作用的论述，指出环境史有助于世界史观念的转变、世界史研究领域的开拓以及世界史与现实需要之联系的加强，因而对于推动当前中国世界史学科的发展具有重要意义。

（三）史学史

2011 年，也有不少总结环境史发展历程的论文。如上文提及的约翰·麦克尼尔的《环境史研究现状与回顾》，即回顾了自 1970 年以来环境史的状况和演进，并描述了环境史研究从 19 世纪 70 年代至 2010 年的起源、发展和制度化。此外，高国荣的《环境史在欧洲的缘起、发展及其特点》[③]、陈浩的《拉丁美洲环境史研究述评》[④]、包茂红的《日本的环境史研究》[⑤]、戴建兵的《也谈中国环境史研究的学术史》[⑥] 以及梅雪芹的《改革开放以来中国环境史研究寻踪》[⑦] 等文章，分别对欧洲、拉丁美洲、日本和中国的环境史研究的兴起、发展和特点进行了梳理和介绍，滕海键的《美国环境政治史研究的兴起和发展》[⑧] 就美国环境政治史作了总结。

这些文章，或者在整体上对环境史的发展作全面概述，或者就某一地区或某一领域的研究状况作具体介绍，既有助于认识环境史的发展脉络，也有助于探索其发展走向。

二 自然环境变迁及其对人类历史的影响

自然环境变迁及其对人类历史的影响，又被称为物质环境史。2011 年，该领域的论著主要涉及气候、水域、疾病与医疗卫生、灾害与应对等。

[①] 钞晓鸿：《环境史：学科交融与侧重（代总序）》，收入《环境与社会》丛书；鲁西奇、林昌丈：《汉中三堰：明清时期汉中地区的堰渠水利与社会变迁》，中华书局 2011 年版，第 1—9 页；《论题：继承与创新——明清以来的环境与社会经济史研究》，《历史教学问题》2011 年第 4 期。
[②] 梅雪芹：《环境史研究与当前中国世界史学科的发展》，《河北学刊》2011 年第 1 期。
[③] 高国荣：《环境史在欧洲的缘起、发展及其特点》，《史学理论研究》2011 年第 3 期。
[④] 陈浩：《拉丁美洲环境史研究述评》，载刘新成主编《全球史评论》第四辑，第 80—102 页。
[⑤] 包茂红：《日本的环境史研究》，载刘新成主编《全球史评论》第四辑，第 50—79 页。
[⑥] 戴建兵：《也谈中国环境史研究的学术史》，载戴建兵主编《环境史研究》第一辑，第 76—81 页。
[⑦] 梅雪芹：《改革开放以来中国环境史研究寻踪》，《中国社会科学报》2011 年 4 月 14 日。
[⑧] 滕海键：《美国环境政治史研究的兴起和发展》，《史学理论研究》2011 年第 3 期。

(一) 气候及其影响

这方面主要涉及历史时期气候的重建、研究方法和气候对人类社会的影响等内容。

关于历史时期气候的重建,既有对较长时期的研究,也有对较短时期的研究。主要成果有王绍武等的《五帝时期(距今6—4千年)中国的气候》[1],聂顺新的《再论唐代长江上游地区的荔枝分布北界及其与气温波动的关系》[2],蓝勇的《采用物候学研究历史气候方法问题的讨论——答〈再论唐代长江上游地区的荔枝分布北界及其与气温波动的关系〉》[3],以及车群和李玉尚的《〈农政全书〉所反映的1600年前后气候突变》[4]。这些文章的特点在于,它们并非仅仅研究气候问题本身,而且将中华文明的发展和这片土地上的动植物分布或某地的自然风物等,与气候环境变化联系起来考察、认识。

从研究方法来看,上述论文主要运用了环境考古、历史文献分析、物候学、田野考察等研究方法,反映了环境史研究的跨学科特点以及运用多学科方法的必要性。从中也可以看出,历史文献分析是主要的研究方法,而对于它可能存在的区域局限性,潘晟的《礼仪、习俗与气候变迁和环境演变关系的思考》[5] 作出了分析,并指出,礼仪和习俗是一种值得在气候变迁以及环境演变研究中加以利用的对象,因为它们的形成往往与气候、环境有相当的关联,尤其是习俗或在习俗基础上发展而成的礼仪表现得更为显著。

气候对人类社会和历史的影响一直是存在着的,而气候在较短时期内的变化特别是气候突变所造成的影响,可以更为清晰地展现出来。崔建新、周尚哲的《河北及京津地区早中全新世文化的时空分布及其气候环境因素》[6],张永升的《唐代北方粮食生产环境之变迁初探》[7],尹伯成、赵红军的《公元11世纪后的气候变冷对宋以后经济发展的动态影响》[8],胡乐伟和吴宏岐的《明清小冰期的珠江三角洲农业及其对海外移民的影响》[9],金勇强的《气候变化对宋夏战事的影响再议》[10] 以及李忠明、张眏丽的《论

---

[1] 王绍武、闻新宇、黄建斌:《五帝时期(距今6—4千年)中国的气候》,《中国历史地理论丛》2011年第2辑。

[2] 聂顺新:《再论唐代长江上游地区的荔枝分布北界及其与气温波动的关系》,《中国历史地理论丛》2011年第1辑。

[3] 蓝勇:《采用物候学研究历史气候方法问题的讨论——答〈再论唐代长江上游地区的荔枝分布北界及其与气温波动的关系〉》,《中国历史地理论丛》2011年第2辑。

[4] 车群、李玉尚:《〈农政全书〉所反映的1600年前后气候突变》,《中国农史》2011年第1期。

[5] 潘晟:《礼仪、习俗与气候变迁和环境演变关系的思考》,《江汉论坛》2011年第8期。

[6] 崔建新、周尚哲:《河北及京津地区早中全新世文化的时空分布及其气候环境因素》,《中国历史地理论丛》2011年第4辑。

[7] 张永升:《唐代北方粮食生产环境之变迁初探》,《人文与社会》2011年第9期。

[8] 尹伯成、赵红军:《公元11世纪后的气候变冷对宋以后经济发展的动态影响》,《社会科学》2011年第12期。

[9] 胡乐伟、吴宏岐:《明清小冰期的珠江三角洲农业及其对海外移民的影响》,《农业考古》2011年第1期。

[10] 金勇强:《气候变化对宋夏战事的影响再议》,《宁夏社会科学》2011年第5期。

明清易代与气候变化之关系》①等文章，即具体分析了不同时期的气候变化对所涉时期的文化、农业经济与社会、政府治理、战事乃至朝代鼎革的影响，使人们认识到，气候变化不仅有鲜明的自然属性，还有重要的社会属性。

此外，王黎的《全球气候变化对国际安全的挑战和思考》②综述了近代以来人类对气候变化的科学探索，同时分析了国际社会面对全球气候变化这一非传统安全问题的认识，以及所采取的对策与合作，认为全球气候变化治理中同时存在着挑战与机遇。

（二）水域环境

水域环境不仅在人类生活中占有重要地位，而且是其他许多生物的栖息地。2011年，这方面既有关于河流环境的研究，也有关于海洋环境的研究。

关于河流环境的研究，有于君翻译的马克·乔克的《莱茵河：一部生态传记》③，朱士光的《清代黄河流域生态环境变化及其影响》④，王建革的《松江鲈鱼及其水文环境史研究》⑤，以及河北师范大学资环学院保护母亲河暑期社会实践队的《关于洨河污染现状调查研究》⑥。马克·乔克的著作第一次向人们真实地展现了莱茵河这条欧洲最重要河流的环境史，追溯了1815—2000年莱茵河的生命轨迹，重点关注这条河流转变为衰退的生物栖息地的原因和过程，以及自20世纪70年代以来人们企图恢复其原状的努力。朱士光的文章指出，清代黄河流域在气候趋于干冷的生态变化态势下，由于中下游人口剧增、人为活动强度增大，加以清廷对黄河下游治导与对中上游经济开发策略失当，致使黄河流域生态环境变化程度远超前代，其变化趋向是局部地区有所改善而总体恶化。王建革的文章通过对历史上关于松江鲈鱼的资料整理，具体分析了3—18世纪松江鲈鱼与江南水环境的关系，及其至明代绝种的原因。而河北师范大学的那份调查成果对洨河污染的现状和成因作了全面的分析。

关于海洋环境的研究，2011年出版了两部佳作，一是李玉尚的《海有丰歉：黄渤海的鱼类与环境变迁（1368—1958）》⑦；二是毛达的《海有崖岸：美国废弃物海洋处置活动研究（1870s—1930s）》⑧。如果说，李玉尚的著作是中国学者针对中国海洋生物种群历史的第一部著作，毛达的著作则是中国学者针对海洋污染历史的原创性研究。它们均具有很强的学术开拓性和前瞻性。

此外，丁一的《"源流派分"与"河网密切"——中国古地图中江南水系的两种绘

---

① 李忠明、张昳丽：《论明清易代与气候变化之关系》，《学海》2011年第5期。
② 王黎：《全球气候变化对国际安全的挑战和思考》，《史学集刊》2011年第3期。
③ ［美］马克·乔克：《莱茵河：一部生态传记》，于君译，中国环境科学出版社2011年版。
④ 朱士光：《清代黄河流域生态环境变化及其影响》，《黄河科技大学学报》2011年第2期。
⑤ 王建革：《松江鲈鱼及其水文环境史研究》，《陕西师范大学学报（哲学社会科学版）》2011年第5期。
⑥ 河北师范大学资环学院保护母亲河暑期社会实践队：《关于洨河污染现状调查研究》，载戴建兵主编《环境史研究》第一辑，第99—120页。
⑦ 李玉尚：《海有丰歉：黄渤海的鱼类与环境变迁（1368—1958）》，上海交通大学出版社2011年版。
⑧ 毛达：《海有崖岸：美国废弃物海洋处置活动研究（1870s—1930s）》，中国环境科学出版社2011年版。

法》① 这篇关于水系的地图学史研究的论文,也值得提及。该文从"混一图"系列的不同版本地图入手,追溯并探讨存在于元明清中国古地图中对于江南水系的两种对立绘法。第一种可称为"全国尺度绘法",第二种可称为"地方尺度绘法";后一种绘法更加强调江南本地人心目中的"泽国景观"。

(三) 疾病与医疗卫生

这方面的研究涉及历史时期的疫灾地理、疾病个案研究和医疗卫生等内容。

关于疫灾地理研究的成果,主要有龚胜生、刘卉的《北宋时期疫灾地理研究》② 和张全明的《南宋时期疫灾的时空分布及其特点》③。这两篇文章分别对北宋和南宋时期的疫灾频度、疫灾多发季节、疫灾地域分布状况以及同类区域的相似性和不同区域的差异性等问题,作了深入和具体的分析。

关于疾病的个案研究的成果,主要有左鹏的《"瘴气"之名与实商榷》④,李玉尚的《三江闸与1537年以来萧绍平原的姜片虫病》和《感潮区变化与青浦沿湖地区的血吸虫病——以任屯为中心》⑤,万振凡和万心的《环境史视野下的20世纪鄱阳湖区血吸虫病史研究》⑥,刘雪松的《清代云南鼠疫的环境史研究》⑦,李世安和李洪垒的《1820年前后中国流行性霍乱的爆发及其影响》⑧,单丽的《1902年广西霍乱大流行探析》⑨和《从1902年霍乱传播模式看清末北方社会》,刘文明的《1918年大流感的起源及其全球性传播》⑩,陈黎黎的《1980年代以来美国史学界尘肺病史研究述评》和《20世纪尘肺病在美国的发现、认知和治理历程考察》⑪,以及李化成的《论14世纪英国的聚落环境与黑死病传播》⑫。这些文章的内容涵盖瘴气(恶性疟疾)、姜片虫病、血吸虫病、鼠疫、霍乱、流感和尘肺病等多种疾病,大大丰富了我们对于单一疾病向环境灾害的转

---

① 丁一:《"源流派分"与"河网密切"——中国古地图中江南水系的两种绘法》,《中国历史地理论丛》2011年第3辑。
② 龚胜生、刘卉:《北宋时期疫灾地理研究》,《中国历史地理论丛》2011年第4辑。
③ 张全明:《南宋时期疫灾的时空分布及其特点》,《浙江学刊》2011年第2期。
④ 左鹏:《"瘴气"之名与实商榷》,《南开学报(哲学社会科学版)》2011年第5期。
⑤ 李玉尚:《三江闸与1537年以来萧绍平原的姜片虫病》,《中国农史》2011年第4期;《感潮区变化与青浦沿湖地区的血吸虫病——以任屯为中心》,《南开学报(哲学社会科学版)》2011年第5期。
⑥ 万振凡、万心:《环境史视野下的20世纪鄱阳湖区血吸虫病史研究》,《江西财经大学学报》2011年第3期。
⑦ 刘雪松:《清代云南鼠疫的环境史研究》,硕士学位论文,云南大学,2011年。
⑧ 李世安、李洪垒:《1820年前后中国流行性霍乱的爆发及其影响》,载戴建兵主编《环境史研究》第一辑,第30—43页。
⑨ 单丽:《1902年广西霍乱大流行探析》,《历史地理》第25辑,上海人民出版社2011年版,第50—60页;《从1902年霍乱传播模式看清末北方社会》,《中国历史地理论丛》2011年第4辑。
⑩ 刘文明:《1918年大流感的起源及其全球性传播》,载刘新成主编《全球史评论》第四辑,第296—306页。
⑪ 陈黎黎:《1980年代以来美国史学界尘肺病史研究述评》,《史学月刊》2011年第6期;《20世纪尘肺病在美国的发现、认知和治理历程考察》,博士学位论文,北京师范大学,2011年。
⑫ 李化成:《论14世纪英国的聚落环境与黑死病传播》,《世界历史》2011年第4期。

变及其社会影响、历史上的水利工程的生态后果、疫病流行与环境及其变迁的关系等问题的思考，尤其是对尘肺病这类职业病的危害与工作环境和人为因素之关系的认识。

医疗卫生是人类应对疾病的一种积极反应。在此方面，2011年的研究成果主要有李尚仁的《英法联军之役中的英国军事医疗》[①]和余新忠的《晚清的卫生行政与近代身体的形成——以卫生防疫为中心》[②]。前者探讨的是英法联军之役中英国军事医学的安排，其中涉及英国军医对于中国气候环境、卫生状况与流行疾病的记录观察与预防治疗等内容。后者考察了从传统到近代中国卫生防疫与身体之间关系的变化，以及卫生行政这一现代权力实现对国民监控的过程与特色，同时分析了这样的身体规训如何被接受的问题。

（四）灾害与应对

这方面的研究包括历史时期灾害状况、灾害对于社会的影响以及应对等内容，它们往往有机地交织在一起。其中，张健的《清代陕西兴安府雨涝灾害的消极影响与积极应对——兼及区域人地互动的重新审视》[③]是一篇较具综合性的论文。该文对清代陕西兴安府社会影响最严重的雨涝灾害进行深入考察，分析其年际和季节变化特征、消极影响与积极应对，在此基础上重新审视流民垦辟过度和水土流失加剧的互动过程，以此判定人地互动机理的区域表现，希图为合理评估人类经济行为给予环境变化的影响力提供历史数据。

侧重于灾害状况研究的主要成果，有钱璐、蓝勇的《历史时期长江三峡地区山地地质灾害的分布规律及特点》[④]，王元林、孟昭锋的《先秦两汉时期地质灾害的时空分布及政府应对》[⑤]，陈丽的《唐宋时期地震灾害发生的规律及其特点》[⑥]，杨邓旗的《明代重庆地区灾荒研究》[⑦]，白燕斌的《明代晋北地区的自然灾害与社会应对研究》[⑧]，以及刘统圳的《明清陕北灾荒研究》[⑨]。这些研究使人们可以比较完整地把握历史时期中国的灾害和灾荒及其社会影响的基本情况。

---

① 李尚仁：《英法联军之役中的英国军事医疗》，《"中央研究院"历史语言研究所集刊》，第82本，第三分，2011年。
② 余新忠：《晚清的卫生行政与近代身体的形成——以卫生防疫为中心》，《清史研究》2011年第3期。
③ 张健：《清代陕西兴安府雨涝灾害的消极影响与积极应对——兼及区域人地互动的重新审视》，《历史地理》第25辑，上海人民出版社2011年版，第38—49页。
④ 钱璐、蓝勇：《历史时期长江三峡地区山地地质灾害的分布规律及特点》，《三峡大学学报（人文社会科学版）》2011年第4期。
⑤ 王元林、孟昭锋：《先秦两汉时期地质灾害的时空分布及政府应对》，《陕西师范大学学报（哲学社会科学版）》2011年第3期。
⑥ 陈丽：《唐宋时期地震灾害发生的规律及其特点》，载戴建兵主编《环境史研究》第一辑，第154—166页。
⑦ 杨邓旗：《明代重庆地区灾荒研究》，硕士学位论文，重庆师范大学，2011年。
⑧ 白燕斌：《明代晋北地区的自然灾害与社会应对研究》，硕士学位论文，陕西师范大学，2011年。
⑨ 刘统圳：《明清陕北灾荒研究》，硕士学位论文，延安大学，2011年。

灾害或灾荒对人类社会的影响当然是多方面的，或者对物质环境产生影响，或者对人口、经济、社会关系、精神、民俗等产生影响；对此，除上述论文有所涉及外，还有多篇论文专门予以探究，它们分别是吴小伦的《黄河水患与清代开封的衰落》[1]、陈业新的《明清时期皖北地区灾害环境与社会变迁——以文武举士的变化为例》[2]、胡英泽的《灾荒与地权变化——清代至民国永济县小樊村黄河滩地册研究》[3]、袁仕洪的《贵州水旱灾害与乡村社会（1912—1926）》[4]、桑京京的《渭河下游历史时期洪涝灾害对社会经济发展影响研究》[5]、邹志伟的《西藏雪灾对高原牧业的影响探析（1824—1957）》[6]，以及王琼的《民国时期淮河灾害对皖北社会生态的影响》[7]。

在灾害应对方面，除了上述杨邓旗、白燕斌和刘统圳等的文章中的相关内容外，主要成果还有胡梦飞和杨绪敏的《论明代徐州地区黄河水患的治理及其灾后的应对》[8]、吴启琳的《明清时期丰城水灾与灾后社会应对》[9]、陈业新的《道光二十一年豫皖黄泛之灾与社会应对研究》[10]、申艳广等的《1933年的河北蝗灾与社会控制》[11]，以及覃婷婷的《1937年贵州旱灾与救济》[12]，它们具体探讨了不同时期政府和社会对水、旱、蝗灾等在内的多种自然灾害的应对及其成效乃至相关的观念等问题。

三　人类活动与自然环境的关联及其影响与反作用

人类活动，主要包括生产和生活两大领域，它们均与自然环境有着紧密的联系，且都会对自然环境产生影响并进一步促发反作用。就2011年的相关研究成果而言，可以从区域社会经济发展、土地利用与猎捕、水利与污水灌溉、森林变迁、工矿业、城市环

---

[1] 吴小伦：《黄河水患与清代开封的衰落》，《兰台世界》2011年第16期。
[2] 陈业新：《明清时期皖北地区灾害环境与社会变迁——以文武举士的变化为例》，《江汉论坛》2011年第1期。
[3] 胡英泽：《灾荒与地权变化——清代至民国永济县小樊村黄河滩地册研究》，《中国社会经济史研究》2011年第1期。
[4] 袁仕洪：《贵州水旱灾害与乡村社会（1912—1926）》，载欧阳恩良主编《天灾·人祸·善行：喀斯特环境下民国贵州经济社会发展诸问题研究》，中国社会科学出版社2011年版，第161—198页。
[5] 桑京京：《渭河下游历史时期洪涝灾害对社会经济发展影响研究》，硕士学位论文，陕西师范大学，2011年。
[6] 邹志伟：《西藏雪灾对高原牧业的影响探析（1824—1957）》，《西北大学学报（自然科学版）》2011年第6期。
[7] 王琼：《民国时期淮河灾害对皖北社会生态的影响》，硕士学位论文，安徽大学，2011年。
[8] 胡梦飞、杨绪敏：《论明代徐州地区黄河水患的治理及其灾后的应对》，《江苏社会科学》2011年第1期。
[9] 吴启琳：《明清时期丰城水灾与灾后社会应对》，《西南科技大学学报（哲学社会科学版）》2011年第1期。
[10] 陈业新：《道光二十一年豫皖黄泛之灾与社会应对研究》，《清史研究》2011年第2期。
[11] 申艳广、隋芳、王玲玲：《1933年的河北蝗灾与社会控制》，载戴建兵主编《环境史研究》第一辑，第181—194页。
[12] 覃婷婷：《1937年的贵州旱灾与救济》，载欧阳恩良主编《天灾·人祸·善行：喀斯特环境下民国贵州经济社会发展诸问题研究》，第199—235页。

境、环境政策与环保运动等方面予以分析。

(一) 区域社会经济发展

这方面的成果有多部著作和几篇论文,主要探讨了区域资源开发利用与社会经济发展之间的关系,同时阐述了区域社会经济发展所导致的环境变迁和环境问题。而所涉及的区域主要是中国及其各地,也包括国外少数地区和国家。

关于中国区域的著作主要有三部,分别是王玉茹和关永强翻译的美国学者马立博的《虎、米、丝、泥:帝制晚期华南的环境与经济》[①]、王东昕的《人与自然:20世纪怒江峡谷人地关系史》[②],以及张建民和鲁西奇主编的《历史时期长江中游地区人类活动与环境变迁专题研究》[③]。马立博的著作通过气候变迁、人口变动、商业化和国家政府的作用四个主要议题,在环境史语境中考察了明清时期岭南地区的环境条件怎样被人类所感知和适应以供应其生存所需,人类对华南环境又产生了怎样的影响等重大问题。王东昕的著作第一次系统研究了20世纪怒江峡谷的人地关系,尤其重视20世纪50年代以后因峡谷以外各种力量的涌入使当地传统的生产生活方式被改变而引发的人地之间的矛盾,认为这种矛盾使得当地的人、环境与文化都"付出了太过沉重的代价"。张建民和鲁西奇主编的著作是一部关于长江中游地区人类活动与环境变迁关系的专题研究论集,不仅一般地讨论了以"了解之同情"的态度考察历史时期人地关系演变的基本原则、出发点和意义以及相关的理论等问题,而且具体分析了历史时期该地区人地关系演变的阶段性及其多方面的表现。

讨论中国及其区域性问题的论文有施诚翻译的彭慕兰的《中国环境的变迁:1500—2000年》[④]、曾华璧的《释析十七世纪荷兰据台时期的环境探索与自然资源利用》[⑤]、刘伟的《河湟地区开发史研究》[⑥]、杨晓伟的《清代热河开垦政策的变化与地方环境变迁》[⑦]、张家炎的《移民运动、环境变迁与物质交流——清代及民国时期江汉平原与外地的关系》[⑧],以及吴晓军和董风云的《论近代甘肃生态环境变迁的社会根源与趋势》,它们对不同时期中国及其内部一些区域的人类活动与环境变迁的关联及相互影响问题作出了深入、具体的分析。

---

① [美]马立博:《虎、米、丝、泥:帝制晚期华南的环境与经济》,王玉茹、关永强译,江苏人民出版社2011年版。
② 王东昕:《人与自然:20世纪怒江峡谷人地关系史》,中国社会科学出版社2011年版。
③ 张建民、鲁西奇主编:《历史时期长江中游地区人类活动与环境变迁专题研究》,武汉大学出版社2011年版。
④ [美]彭慕兰:《中国环境的变迁:1500—2000年》,载刘新成主编《全球史评论》第四辑,第231—271页。
⑤ 曾华璧:《释析十七世纪荷兰据台时期的环境探索与自然资源利用》,《台湾史研究》2011年第18卷第1期。
⑥ 刘伟:《河湟地区开发史研究》,硕士学位论文,西北农林科技大学,2011年。
⑦ 杨晓伟:《清代热河开垦政策的变化与地方环境变迁》,载戴建兵主编《环境史研究》第一辑,第167—180页。
⑧ 张家炎:《移民运动、环境变迁与物质交流——清代及民国时期江汉平原与外地的关系》,《中国经济史研究》2011年第1期。

就国外而言，有两部译著和两篇译文。两部译著分别是王黎翻译的英国学者布雷恩·威廉·克拉普的《工业革命以来的英国环境史》[①]，以及包茂红翻译的英国学者威廉·贝纳特和彼得·科茨的《环境与历史：美国和南非驯化自然的比较》[②]，它们都是以对环境史的认识为指导，确定自己的研究内容和著述范围的。具体而言，前一部著作通过讨论英国工业革命以来空气、水源、土壤和噪声污染问题，具体地分析了经济增长过程中出现的负面影响，探讨了什么是建设性的经济增长模式。后一部著作通过比较研究方法，考察了美国和南非的经济文化变迁与生态系统之间的相互作用。

两篇译文分别是夏天翻译的美国学者克罗斯比的《新旧大陆的碰撞和融合：环境史的一个案例研究》，以及孙岳翻译的瑞典学者摩尔的《荷兰资本主义与欧洲的前沿：大17世纪人类对自然的征服》[③]。克罗斯比的文章认为，1492年之前美洲所发生过的许多事情与后哥伦布时代的一切至少同样影响深远，这包括美洲印第安人的粮食种植，以及他们在美洲许多大型哺乳动物的灭绝中起的作用；同时，它也指出了旧大陆的流行病对美洲印第安人的毁灭性影响。摩尔的文章从环境史的视角指出，17世纪作为欧洲强国的荷兰对世界霸权的获取，是人类历史上从未有过的一场世界生态革命。

（二）土地利用与猎捕

关于土地利用与生态环境变迁研究的成果，主要有关亚新的《清代辽西土地利用与生态环境变迁研究》[④]和赵珍的《清嘉道以来伯都讷围场土地资源再分配》[⑤]。关亚新的文章从清政府在不同时段对辽西采取的土地利用政策和土地利用形式的角度，分析了辽西生态环境从复苏发展到变化直至恶化的历史过程，试图从中管窥土地利用适应生态环境的经验，并吸取土地利用破坏生态环境的教训。赵珍的文章从环境史的角度，利用档案资料重新研究了位于吉林的伯都讷围场的开垦历史，指出其整个过程不仅涉及官民双方在资源分配中的利害关系，而且反映了国家权力所支配的资源环境的调控，认为国家权力和政策是环境系统发生改变的主要动力。

关于猎捕及其问题研究的成果，主要有聂传平的《辽金时期的皇家猎鹰——海东青（矛隼）》[⑥]和赵珍的《光绪时期盛京围场捕牲定制的困境》。聂传平的文章指出，辽金两代的皇帝为满足其游乐需要而捕捉海东青，在一定程度上破坏了海东青的野生种

---

① ［英］布雷恩·威廉·克拉普：《工业革命以来的英国环境史》，王黎译，中国环境科学出版社2011年版。
② ［英］威廉·贝纳特、［英］彼得·科茨：《环境与历史：美国和南非驯化自然的比较》，包茂红译，凤凰出版传媒集团2011年版。
③ ［美］艾尔弗雷德·W.克罗斯比：《新旧大陆的碰撞和融合：环境史的一个案例研究》，夏天译，载刘新成主编《全球史评论》第四辑，第199—209页；［瑞典］杰森·W.摩尔：《荷兰资本主义与欧洲的前沿：大17世纪人类对自然的征服》，孙岳译，载刘新成主编《全球史评论》第四辑，第272—295页。
④ 关亚新：《清代辽西土地利用与生态环境变迁研究》，博士学位论文，吉林大学，2011年。
⑤ 赵珍：《清嘉道以来伯都讷围场土地资源再分配》，《历史研究》2011年第4期；赵珍：《光绪时期盛京围场捕牲定制的困境》，《中国边疆史地研究》2011年第3期。
⑥ 聂传平：《辽金时期的皇家猎鹰——海东青（矛隼）》，硕士学位论文，陕西师范大学，2011年。

群数量和栖息环境，并因利用海东青捕猎而殃及其他野禽。同时，辽金两代设置专门机构饲养、训练海东青，使之成为与辽金社会的政治制度、民族关系和文化习俗发生联系的重要物种。赵珍的文章则特别考察了以"捕牲贡鲜"为主要职责的盛京围场，至光绪年间，因人口增加后的偷牲私砍以及逐渐展开的放垦围场，使得鹿群存活量急剧减少，捕牲制度陷入被动尴尬的困境。

（三）水利与污水灌溉

这方面的成果主要有鲁西奇的《"水利周期"与"王朝周期"：农田水利的兴废与王朝兴衰之间的关系》[1]，鲁西奇和林昌丈合著的《汉中三堰：明清时期汉中地区的堰渠水利与社会变迁》，谢湜的《十一世纪太湖地区的水利与水学》、《太湖以东的水利、水学与社会（12—14世纪）》和《明前期江南水利格局的整体转变及相关问题》[2]，钞晓鸿的《区域水利建设中的天地人——以乾隆初年崔纪推行井灌为中心》[3]，王培华的《清代新疆的争水矛盾及其原因——以镇迪道、阿克苏道、喀什道为例》和《清代新疆解决用水矛盾的多种措施——以镇迪道、阿克苏道、喀什道为例》[4]，吴建新的《明清时期广东山区的陂塘水利与生态环境》[5]，周亚的《明清以来晋南山麓平原地带的水利与社会——基于龙祠周边的考察》[6]，徐建平的《孙中山与华北水务问题研究》[7]，台湾学者张素玢的《浊水溪的历史难题》[8]，以及张同乐和姜书平的《20世纪50—80年代河北省污水灌溉问题探析》[9] 等。

上述成果范围广，内容丰富，涉及多种问题，包括与水利相关的历史阐释模式和中国传统水利史上"国家"与"社会"的关系问题，10—14世纪太湖地区的水利问题及与之相关的水利学说和社会的变化，明前期江南水利格局的转变及相关问题，区域水利建设中的天、地、人因素及其关系，清代新疆的争水矛盾及其原因和解决措施，明清广

---

[1] 鲁西奇：《"水利周期"与"王朝周期"：农田水利的兴废与王朝兴衰之间的关系》，《江汉论坛》2011年第8期。

[2] 谢湜：《十一世纪太湖地区的水利与水学》，《清华大学学报（哲学社会科学版）》2011年第3期；《太湖以东的水利、水学与社会（12—14世纪）》，《中国历史地理论丛》2011年第1辑；《明前期江南水利格局的整体转变及相关问题》，《史学集刊》2011年第4期。

[3] 钞晓鸿：《区域水利建设中的天地人——以乾隆初年崔纪推行井灌为中心》，《中国经济史研究》2011年第3期。

[4] 王培华：《清代新疆的争水矛盾及其原因——以镇迪道、阿克苏道、喀什道为例》，《广东社会科学》2011年第3期；《清代新疆解决用水矛盾的多种措施——以镇迪道、阿克苏道、喀什道为例》，《西域研究》2011年第2期。

[5] 吴建新：《明清时期广东山区的陂塘水利与生态环境》，《华北水利水电学院学报（社会科学版）》2011年第4期。

[6] 周亚：《明清以来晋南山麓平原地带的水利与社会——基于龙祠周边的考察》，《中国历史地理论丛》2011年第3辑。

[7] 徐建平：《孙中山与华北水务问题研究》，《河北师范大学学报（哲学社会科学版）》2011年第5期。

[8] 张素玢：《浊水溪的历史难题》，《台湾史研究》2011年第18卷第4期。

[9] 张同乐、姜书平：《20世纪50—80年代河北省污水灌溉问题探析》，载戴建兵主编《环境史研究》第一辑，第121—134页。

东山区陂塘水利与生态环境之间的关系,明清以来晋南山麓平原地带针对泉水与洪流两种地表水资源的水利建设活动,孙中山有关华北水务问题的认识和改革计划及其影响,台湾浊水溪开发300年来人为工程致使环境恶化的后果,以及污水灌溉问题,等等。对这些问题的探讨,无疑会加深人们对于水利或水务与国家、社会和环境本身的复杂关联性的认识,并为理解现实的水利建设和污水处理可能引发的问题提供历史的参考。

(四) 森林变迁

森林是人类社会赖以生存和发展的自然资源,森林变迁也是环境史考察的重要范畴。2011年,这方面的成果有3篇论文,分别是谢萍和倪根金的《明代海南森林变迁及原因分析》[1]、郭声波和吴理清的《明清广东东江流域森林变迁及其成因》[2],以及蓝勇等的《四川汉源县水井湾皇木采办遗迹考》[3]。

谢萍和倪根金的文章指出,在明代,随着统治者对海南岛进行的全面开发和利用,这一地区的森林遭到较为严重的破坏,导致当地的生态环境逐渐恶化;对明代海南森林变迁及其原因进行深入研究的结果表明,当前海南林业的发展,除了要适应当地特殊的热带地理和气候条件,更要加强对人为干扰因素的监控力度。郭声波和吴理清的文章主要探讨了明清时期东江流域的森林变迁情况,进而分析了发生变迁的原因,它们分别是农业发展对森林的侵蚀、工矿业发展对森林的破坏和人们日常生活中的木材消耗。该文还明确指出,森林资源变迁的原因是自然和社会两因素之叠加,而其中社会因素是主导力量,自然因素处于从属地位。蓝勇等的文章则通过考古发掘出的明代皇木采办所留圆木遗物,辨明了明清之际叶氏家族在汉源县皇木镇采办皇木的事实,认为现在长江上游地区海拔1500—3000米的中低山湿地草坡带,实际在500多年前仍多为以冷杉、云杉为主的针阔叶林与草甸混交景观。而导致其变化的原因,正是近500年来人类垦殖、皇木采办与商业砍伐等社会经济因素。

(五) 工矿业

2011年,与工矿业相关的环境史研究成果主要有两篇论文,分别是李志英的《民国时期范旭东企业集团的环境意识与实践》[4]和李娜的《帝国主义列强对北京门头沟煤矿掠夺所产生的环境问题研究》[5]。李志英的文章认为,范旭东企业遵循并实践中国传统的循环经济的理念,一方面将追求生产效益与关怀人的生命安全结合起来,另一方面还承担起一定的社会责任,关注工业废水的处理问题;同时,在多元文化碰撞的背景下呈现出古今中西环境观交汇的特征。李娜的文章将视线聚焦于近代北京门头沟地区,指出帝国主义列强在当地的煤炭开采不仅造成矿产资源的枯竭,植被环境破坏,还引发了

---

[1] 谢萍、倪根金:《明代海南森林变迁及原因分析》,《安徽农业科学》2011年第31期。
[2] 郭声波、吴理清:《明清广东东江流域森林变迁及其成因》,《江汉论坛》2011年第8期。
[3] 蓝勇、彭学斌、马剑:《四川汉源县水井湾皇木采办遗迹考》,《四川文物》2011年第2期。
[4] 李志英:《民国时期范旭东企业集团的环境意识与实践》,《南开学报(哲学社会科学版)》2011年第5期。
[5] 李娜:《帝国主义列强对北京门头沟煤矿掠夺所产生的环境问题研究》,载戴建兵主编《环境史研究》第一辑,第59—69页。

生态危机，致使当地自然灾害频发，甚至带来长时期的影响。

（六）城市环境

2011 年也有一些聚焦于城市和郊区开发及其问题的研究成果，涉及国内外的有关历史。首先，是侯甬坚的《历史地理学探索》第二集中"长安城初探"和"统万城考察"两部分所收录的多篇研究中国城市环境史的论文①，包括从自然史和人类史两个角度对西安城市历史演变的思考，对周秦汉隋唐在关中地区的建都实践的考察，以及对沙漠古都统万城城市史的梳理。这些文章立足于较长的时间尺度，综合各种社会和自然因素，全面地揭示一个城市的时代变迁，包括其环境史问题，从而丰富了对古代都城选建、迁徙、致毁因素的认识，并为思考现代城市建设如何因地制宜提供了珍贵的历史标本。

其次，高国荣等人翻译的亚当·罗姆的《乡村里的推土机——郊区住宅开发与美国环保主义的兴起》②（下文简称《乡村里的推土机》）。它特别分析了第二次世界大战后到 20 世纪 70 年代美国郊区普遍出现的大规模住宅开发所隐含的危机和冲突；这突出地表现为，在开发商使用新的土方机械移山填谷、清除植被而建起大批量令人欣喜的住宅的同时，洪水更频繁地暴发，土壤严重侵蚀，野生动物的数量急剧减少。于是，"仅仅在一代人之后，许多评论者就将郊区的蔓延视为一场环境灾难"③。这部著作在拓展美国环境史研究领域的同时，启发着人们更好地思考如何重新审视和评价人类的某些行为。

（七）环境政策与环保运动

这方面的研究多以美国的相关历史为对象，个别文章涉及英国和中国的内容。

关于美国资源政策的研究成果，主要有宋云伟的《美国自然资源政策史》④、付成双的《试论美国政府的西部资源政策及其环境影响》⑤，以及滕海键的《富兰克林·罗斯福政府的土地资源保护政策述析》⑥。其中，宋云伟的著作论述了美国自然资源政策从制定到执行的历史过程，探讨了土地、森林、矿产和水资源四个方面的内容。付成双的文章在分析美国政府的西部资源政策的影响时与以往发展和现代化视角下的评价不同，指出激励人们开发西部资源的政策将个人的贪欲释放出来，由此引发了资源的枯竭与浪费、环境的退化与破坏等问题。与此相反，滕海键的文章对富兰克林·罗斯福政府的土地资源保护政策赞赏有加，指出罗斯福将解决土地侵蚀问题，实行土地资源保护视

---

① 侯甬坚：《历史地理学探索》第二集，第 315—492 页。
② ［美］亚当·罗姆：《乡村里的推土机——郊区住宅开发与美国环保主义的兴起》，高国荣、孙群郎、耿晓明译，中国环境科学出版社 2011 年版。
③ ［美］亚当·罗姆：《乡村里的推土机——郊区住宅开发与美国环保主义的兴起》，高国荣、孙群郎、耿晓明译，中国环境科学出版社 2011 年版，第 2 页。
④ 宋云伟：《美国自然资源政策史》，香港社会科学出版社有限公司 2011 年版。
⑤ 付成双：《试论美国政府的西部资源政策及其环境影响》，《鄱阳湖学刊》2011 年第 2 期。
⑥ 滕海键：《富兰克林·罗斯福政府的土地资源保护政策述析》，《辽宁大学学报（哲学社会科学版）》2011 年第 5 期。

为"新政"的重要内容,由此采取的一系列措施有效地保护和改善了美国土地资源。

关于美国环保运动的研究成果,上述高国荣等翻译的《乡村里的推土机》是这方面的一部别具匠心的力作,它着力考察了向郊区大规模移居与环保运动的兴起——当代美国史中的两个重大事件之间的重要联系。除此之外,还有几篇相关论文,分别是侯深的《自然与城市的冲突与融合——〈园与森林〉所反映的美国城市生态环境观念》[①],高国荣的《美国环境正义运动的缘起、发展及其影响》《1980年代以来美国主流环保组织的体制化及其影响》和《美国环保运动与第三条道路》[②],李玲的《20世纪60年代美国环保思潮与环保运动》[③],以及齐建军的《美国生态保护的历史轨迹及对我国生态文明建设的启示》[④]。侯深的文章是一篇构思精巧的佳作,它以1888年创刊的一份解读城市与自然之关系的美国刊物为核心,不仅重新勾勒了美国环保运动与环保意识的发展脉络,而且重新思考了自然在城市以及城市化时代的位置。高国荣的三篇文章集中探讨了美国环保运动的形成、发展及影响等问题,李玲的文章分析了20世纪60年代前后美国环保思想和环保运动重心的差异,齐建军的文章分三个阶段考察了美国生态环境保护的历史轨迹、各时期的特点与成效。

涉及英国和中国环境政策的文章,分别是刘向阳的《1952年伦敦烟雾事件后英国政府的空气污染治理及其意义》和张同乐的《20世纪70、80年代河北省环保规制述论》[⑤]。刘向阳的文章论述了1952年伦敦烟雾事件以来英国空气污染治理的复杂历史,分析了其治理措施的成效和意义。张同乐的文章梳理了20世纪七八十年代河北省环保立法的过程,认为相关法律和制度建设为90年代以后的环保工作奠定了基础。

四 人类关于自然环境的思想以及对待它的态度

人类关于自然环境的思想以及对待它的态度,亦被称为环境思想文化史。2011年,中国学者在这一领域的研究成果颇为丰富;对此,可以从马克思主义生态或环境思想、中国古代环境思想、博物学思想和其他环境思想等方面来认识。

(一) 马克思主义生态或环境思想

这方面的研究成果包括一部译著和两篇论文。译著是张晓琼和侯晓滨翻译的《生

[①] 侯深:《自然与城市的冲突与融合——〈园与森林〉所反映的美国城市生态环境观念》,载清华大学历史系、三联书店编辑部合编《清华历史讲堂三编》,生活·读书·新知三联书店2011年版,第110—122页。

[②] 高国荣:《美国环境正义运动的缘起、发展及其影响》,《史学月刊》2011年第11期;《1980年代以来美国主流环保组织的体制化及其影响》,《陕西师范大学学报(哲学社会科学版)》2011年第6期;《美国环保运动与第三条道路》,《中国社会科学报》2011年9月20日。

[③] 李玲:《20世纪60年代美国环保思潮与环保运动》,硕士学位论文,兰州大学,2011年。

[④] 齐建军:《美国生态保护的历史轨迹及对我国生态文明建设的启示》,硕士学位论文,中共辽宁省委党校,2011年。

[⑤] 这两篇文章均收录于戴建兵主编的《环境史研究》第一辑,分别在第82—98页和第135—143页。

态与历史唯物主义》①。该书对马克思主义中的生态思想作了系统的探讨，对那些认为马克思主义不能恰当地解决环境问题的观点进行了反击，并为此回应了环保理论家对马克思的历史理论的批评，解释和重建了马克思的基本概念，特别指出"按需分配"的共产主义原则与生态上适度可行的生产发展并不冲突。

论文有包庆德和刘源的《评日本战后环境思想之研究——以日本马克思主义学者的研究为核心》以及《日本战后环境思想史中的"政治经济学时代"》②。前一篇文章以日本马克思主义学者的有关研究为核心，回顾并梳理了日本战后环境思想的研究状况，重点论述了三个方面的问题，即作为公害之研究基础的"生产关系说"，从政治经济学到哲学过渡的《日本公害论》，在价值层面上重新解读马克思思想并审视人与自然复杂关系进而解释环境问题等。后一篇文章回顾了战后日本环境思想史中的"政治经济学时代"，指出战后日本环境思想研究中的第一代问题——公害之所以与"政治经济学时代"相吻合，主要有几点原因，即马克思主义学者最早研究环境问题，研究者大多具有经济学背景，且日本学界的理论储备集中于政治经济学领域。这便是日本马克思主义环境思想之开端，其价值是应该得到历史的充分肯定的。

（二）中国古代环境思想

这方面的文章可分为两类，一类是从整体上把握相关思想；另一类则以古代的著作为基础展开对相关思想的考察。

第一类文章有李根蟠的《六观：中国传统可持续发展思想》③、王利华的《经济转型时期的资源危机与社会对策——对先秦山林川泽资源保护的重新评说》④、王俊才的《自然条件、经济模式与华夏民族早期环境意识刍议》⑤，以及冯文娟的《中国古代环境保护思想与立法》⑥。李根蟠的文章指出，为中华文明提供牢靠的物质基础的可持续发展的农业包含着丰富的生态智慧；它们体现为三才观、天时观、地力观、物性观、循环观和节用观等六观。王利华的文章重新评说了先秦山林川泽资源保护的思想与实践，揭示了其产生的历史背景；认为鉴于山林川泽资源日益凸显的经济重要性，不少思想家提出了资源保护、管理的主张，国家也在实践层面上不断强化对这些自然资源的管理控制。但由于背景的差异，这些思想和制度与现在的环境资源保护有着本质的差别。王俊才的文章认为，中国优越的自然条件与小农经济模式孕育出民众敬畏天地、感恩土地、情系山水的襟怀，这也造就了华夏民族天人合一的早期环境意识；而分散的生产者们的

---

① ［英］乔纳森·休斯：《生态与历史唯物主义》，张晓琼、侯晓滨译，铁省林校，江苏人民出版社2011年版。
② 包庆德、刘源：《评日本战后环境思想之研究——以日本马克思主义学者的研究为核心》，《哲学研究》2011年第10期；《日本战后环境思想史中的"政治经济学时代"》，《鄱阳湖学刊》2011年第6期。
③ 李根蟠：《六观：中国传统可持续发展思想》，《环境与生活》2011年第11期。
④ 王利华：《经济转型时期的资源危机与社会对策——对先秦山林川泽资源保护的重新评说》，《清华大学学报（哲学社会科学版）》2011年第3期。
⑤ 王俊才：《自然条件、经济模式与华夏民族早期环境意识刍议》，载戴建兵主编《环境史研究》第一辑，第144—153页。
⑥ 冯文娟：《中国古代环境保护思想与立法》，硕士学位论文，吉林大学，2011年。

实践与代代不断的精英们的总结、呼唤，则是华夏民族传统的人与天地自然和谐相处的环境意识的活水源头。冯文娟的文章将中国古代的环保思想具体分为"屠钓之禁"及"时令"思想、预防灾害的思想、"水积鱼聚，木茂鸟集"的环境整治思想、"倡俭戒奢"的环境资源节约思想、朴素的可持续发展的思想以及佛教戒律的"不杀生"等，认为它们在几个重要朝代对当时的环境立法产生了重要影响。

第二类文章有乔清举的《论儒家自然哲学的天道时序观及其生态意义——以〈易传〉为中心》[1]和黄淑贞等的《论〈管子〉生态环境保护的思想》[2]。前者以儒家经典《易传》为中心，探讨了儒家自然哲学的天道时序观及其生态意义，指出儒家思想中的天道观是有机的、内在的，人与自然是可以相互影响的；出于对于天道的这种认识，儒家思想在历史上产生了敬畏自然的生态态度。后者从《管子》一书探究两千多年前先秦知识分子对生态环境的认识，对生存土地的关怀，以及对自然资源保护的重视，进而揭橥《管子》保护自然和谐的生态观。

（三）博物学方面

博物学是以自然风物为研究对象的学科，它既对植物、动物、矿物等内容展开综合研究，又强调自然观察的方法，是承载环境历史知识的宝库。《广西民族大学学报》2011年第6期刊登了一组有关博物学的文章，包括江晓原的《中国文化中的博物学传统》、黄世杰和赵乃蓉的《中国古代博物学记事原则：宜物——以解读〈山海经〉中"建木"系壳斗科植物"甜槠"为例》、韦丹芳的《西南少数民族的植物知识与生存智慧——博物学的视角》、熊姣的《约翰·雷的博物学》，以及徐保军的《林奈的博物学："第二亚当"建构自然世界新秩序》。上述这些文章均可以被纳入环境史范畴加以讨论。

江晓原的文章以西晋张华《博物志》的内容为中心，讨论了博物学传统的表现形式，即山川地理、奇禽异兽、神话传说等，并对博物学传统的现实意义作了探讨，认为其可消解唯科学主义带来的负面影响。黄世杰和赵乃蓉的文章以《山海经》中记载的建木为例考察了中国古代博物学记事原则，指出中国古人的记事原则主要以身边常见的动植物取象类比，即"宜物"，这种思维对中国古代博物学的形成产生了重要的影响。韦丹芳的文章借鉴博物学视角，考察了西南少数民族的植物资源与传统医药、历法、信仰、生产及日常生活之间的关系，剖析了这些民族的植物知识体系，认为其中体现了他们尊重自然环境的一面，对之予以挖掘或许能为当地生态恢复与重建提供帮助。

熊姣和徐保军的文章可以说是从博物学视角审视博物学家的作品。熊文在指出传统科学史及相关研究的约翰·雷形象存在偏颇的基础上，尝试着以广博而不带偏见的眼光解读约翰·雷在具体历史情境中的工作，指出约翰·雷时代不存在科学，因此不能以现代科学的眼光来评判他的工作。徐文结合林奈所处的社会文化背景解析其建构自然界秩序的方式，指出林奈的分类学结束了自然世界的混乱局面，重构了生命世界和博物学世界的自然秩序，并被渗透到对医学的理解之中。而林奈的生态经济学理论也富有启

---

[1] 乔清举：《论儒家自然哲学的天道时序观及其生态意义——以〈易传〉为中心》，《周易研究》2011年第5期。

[2] 黄淑贞、陈美惠、吴丽娜：《论〈管子〉生态环境保护的思想》，《人文与社会》2011年第二卷第八期。

发性。

此外，周远方的《中国传统博物学的变迁及其特征》① 认为，中国博物学源于中国传统文化，受儒家思想影响较大，在内容上既包括自然世界的知识，又包括社会生活的人文知识，是和西方博物学既有联系，又有显著差异的另一种学术体系。袁剑翻译的美国学者范发迪的《清代在华的英国博物学家：科学、帝国与文化遭遇》② 探讨在华英国博物学家的科学活动是如何与博物学史、科学帝国主义以及中西关系相互联结的，其中涉及的实际标本、博物学图画和相关表达，在一定程度上可以使人们了解18、19世纪中国的动植物及其赖以生存的自然环境，以及中西方对它们的思想认识及其反映的文化观念的异同。

（四）其他环境思想

除了以上可具体归类的环境思想史论著外，2011年还有多篇不易具体归类的环境思想史论文，它们分别是赵九洲的《论环境复古主义》③，付成双的《现代环境主义视野下的"生态的印第安人"》《一个现代环境主义的神话——"生态的印第安人"假说辨析》和《试论近代机械主义自然观的非生态导向》④，龙迪勇的《试论生态思想中的"田园主义"》⑤，轩玉荣的《人与自然的"历时态"关系：从自然共同体、社会共同体到生态共同体》⑥，以及周呈奇的《战后台湾从经济增长到经济发展的思想变迁》⑦。这些文章或涉及欧美环境史的重要议题，或讨论人与自然关系的历史变迁，或分析经济增长和发展转变背后的思想流变，不仅反映了当代人对环境和人与环境关系的认识水平的提升，而且有利于人们认识当代思想观念中出现的人类对待自然的态度和方式的变化。

综观以上成果，可以发现，2011年中国的环境史研究呈现出如下一些特点：（1）理论译介和探讨与实证研究并重；（2）实证研究兼顾中外，以中国的环境史内容为主；（3）中国的环境史研究涉及的区域广泛，内容多样；（4）中国环境史研究的力量已大大增强，多学科的学者涉足环境史，新生代学人在茁壮成长。

同时，中国的环境史研究也存在一些问题，主要表现可归纳为这样几点，即对世界其他地区，尤其是美国以外地区的关注和研究不够，工矿业和城市环境史研究还很薄弱，中国近现代环境史研究未得到应有的重视，国人的环境史学术成果未能很好地兼顾学术性和可读性，像《乡村里的推土机》那种见解独到、发人深省的力

---

① 周远方：《中国传统博物学的变迁及其特征》，《科学技术哲学研究》2011年第5期。
② ［美］范发迪：《清代在华的英国博物学家：科学、帝国与文化遭遇》，袁剑译，中国人民大学出版社2011年版。
③ 赵九洲：《论环境复古主义》，《鄱阳湖学刊》2011年第5期。
④ 付成双：《现代环境主义视野下的"生态的印第安人"》，《历史研究》2011年第4期；付成双：《一个现代环境主义的神话——"生态的印第安人"假说辨析》，《绿叶》2011年第12期；付成双：《试论近代机械主义自然观的非生态导向》，载刘新成主编《全球史评论》第四辑，第135—149页。
⑤ 龙迪勇：《试论生态思想中的"田园主义"》，《鄱阳湖学刊》2011年第4期。
⑥ 轩玉荣：《人与自然的"历时态"关系：从自然共同体、社会共同体到生态共同体》，《安康学院学报》2011年第5期。
⑦ 周呈奇：《战后台湾从经济增长到经济发展的思想变迁》，《华人经济研究》2011年第1期。

作，以及《莱茵河：一部生态传记》那样叙事新颖、引人入胜的佳作，尚不多见。如果我们能在这些方面多下功夫，中国环境史研究的整体水平可望在短期内显著提升。

妇女/性别史学科发展综述
（2001—2010）

高世瑜　常建华

21世纪之初的十余年，对于中国的妇女与性别史研究可谓意义非凡：妇女史自20世纪80年代后期兴起后，开始进入兴盛和遍地开花阶段；随着90年代"社会性别"（gender）概念的引入，在妇女史研究的基础上，社会性别史研究逐渐兴起，并形成了"妇女/社会性别史"（或"妇女/性别史"）这一为学界普遍认可的表述方式。同时，如人们自90年代所期盼的那样，妇女/性别史研究已经由边缘而逐渐进入"主流"，成为一门新兴学科，不仅受到史学界的普遍认可与重视，并有一些在专业领域卓有建树的著名学者参与。

这十余年间发表的论著以及举办的各种学术活动难以尽数，无法一一列举；此外，由于其特殊性，这一学科与女性学、社会学、民族学、人类学、文化学以及政治、经济等几乎所有人文、社科学科都有交叉，难以严格划界。以下只能尽量侧重于史学方面，概述其大要。

一　学科发展概况

（一）研究论著

自21世纪初至2011年，中国内地出版的严格意义上的妇女与性别史著作、译著与论集，据笔者不完全统计，有近百种。至于社会史、女性学及妇女研究等著作中包含有关内容的就无以胜计了。

这些著作中既有学科理论探讨著作，也有专题研究论著以及论文集。理论著作如杜芳琴《引入社会性别：史学发展新趋势》《妇女学和妇女史的本土探索——社会性别视角和跨学科视野》、畅引婷《建构的历史与历史的建构》等。专题研究类有断代研究也有通论性著作，大体以断代研究为主。古史领域如常建华《婚姻内外的古代女性》、何俊萍《中国古代妇女与法律研究》、贺云翱《女性考古与女性遗产》、高新伟《凄艳的岁月——中国古代妇女的非正常生活》、王小健《中国古代性别结构的文化学分析》、张在舟《暧昧的历史——中国古代同性恋史》等；断代史研究如曹兆兰《金文与商周女性文化》、焦杰《性别视角下的易礼诗妇女观研究》、贺璋瑢《两性关系本乎阴阳：先秦儒家、道家经典中的性别意识研究》、崔锐《秦汉时期的女性观》、姚平《唐代妇女的生命历程》、陈弱水《隐蔽的光景——唐代的妇女文化与家庭生活》、张菁《唐代女性形象研究》、李晓培《唐代入道女性世界中的性别意识》、铁爱花《宋代士人阶层女性研究》、衣若兰《史学与性别：明史〈列女传〉与明代女性史之建构》、陈晓昀

《明代女性复仇故事的文化史考察》、阿风《明清时代妇女的地位与权利：以明清契约文书、诉讼档案为中心》、沈海梅《明清云南妇女生活研究》、杨晓辉《清朝中期妇女犯罪问题研究》等。清末至近现代史领域如夏晓虹《晚清女性与近代中国》，须藤瑞代、姚毅《中国女权概念的变迁：清末民初的人权和社会性别》，程郁《清至民国蓄妾习俗之变迁》，陶飞亚《性别与历史：近代中国妇女与基督教》，余华林《女性的重塑：民国城市妇女婚姻问题研究》，刘晶辉《民族、性别与阶层：伪满时期的"王道政治"》，蒋美华《20世纪中国女性角色变迁》等。妇女群体研究方面，张远《近代平津沪的城市京剧女演员（1900—1937）》，邵雍《中国近代妓女史》，安克强《上海妓女——19—20世纪中国的卖淫与性》，王雪萍《十六至十八世纪婢女生活状态研究》，陆德阳、王乃宁《社会的又一层面——中国近代女佣》，佟新《异化与抗争：中国女工工作史研究》等。专题性著作如水镜君、玛利亚·雅绍克《中国清真女寺史》，唐明《香国纪——中国闺阁文化简史》，李素平《女神、女丹、女道》等。此外，与民族学、文化学等学科交叉，以历史上各民族、地域妇女与性别风俗为主题的论著为数不少，如王怀林《寻找东女国：女性文化在丹巴到泸沽湖的历史投影》等。

论文集有邓小南等主编《唐宋妇女性与社会》，李小江等编著《历史、史学与性别》，王政、陈雁主编《百年中国女权思潮研究》，以上三种都是会议论文集。此外，李贞德、梁其姿主编《妇女与社会》，收录台湾学者妇女史论文代表作12篇。杜芳琴主编《中国历史中的妇女与性别》，邓小南、王政、游鉴明主编《中国妇女史读本》，则是因教学需要而编写或辑录的文集。

特别值得提出的是，2011年杭州出版社出版了中国社会科学院学部委员、著名历史学家陈高华先生与浙江大学妇女研究中心主任童芍素教授联合主编的多卷本《中国妇女通史》。此书以时代为序，自上古至近代，分为10卷，约500万字，论及妇女阶层状况、生活习俗、社会活动、文化贡献、教育状况、法律地位、女性观等诸方面，并配有上千幅文物图片，是迄今为止第一部全面系统阐述中国妇女历史及其地位和作用的大型学术著作，具有填补空白的重要意义。作者均为对于中国社会史、妇女史有着研究积累与成果的专家学者，保证了其学术质量，也决定了这套书的实证性特点。

以往涉猎较少的世界妇女史进入新世纪后收获颇丰，出版了裔昭印《古希腊的妇女——文化视域中的研究》、刘文明《文化变迁中的罗马女性》、杜学元《外国女子教育史》、贺璋瑢《神光下的西方女性》，以及有关欧洲、英国、法国、日本、华侨等妇女历史，基督教与妇女等方面的多种专著。其中裔昭印主编、多位学者合著的《西方妇女史》尤为引人瞩目，该书是国内第一本有关西方妇女的通史类著作，它以中国学者的独特视角，运用历史学、文化学和社会性别理论方法，对西方妇女的发展历程作了系统阐述，从不同侧面和视角展现了西方妇女的生活图景。

此外，一些海外学者的妇女史代表性著作由江苏人民出版社陆续翻译出版，包括高彦颐《闺塾师：明末清初江南的才女文化》《缠足——"金莲崇拜"盛极而衰的演变》、伊沛霞《内闱：宋代妇女的婚姻与生活》、曼素恩《缀珍录：十八世纪及其前后的中国妇女》、贺萧《危险的愉悦：20世纪上海的娼妓问题与现代性》、卢苇菁《矢志不渝：明清时期的贞女现象》、白馥兰《技术与性别——晚期帝制中国的权力经纬》、费侠莉《繁盛之阴：中国医学史中的性（960—1665）》等。

各类期刊发表的论文，按照南开大学中国社会史研究中心范围较为严格的搜集，

2001年至2011年，中国古代至近现代有关论文有1100余篇；而按照河南大学长期致力于妇女学资料工作的谢玉娥搜罗更广、涵括也更广泛的"中国妇女史、性别文化史研究"目录统计，自2003年至2010年，多达2000余篇（刊于"两性视野"网站）。总体看，平均每年有100篇至200篇相关论文问世。诸多论著的出现大约与近些年许多研究生尤其是女性研究生选取此新兴学科的课题有很大关系。

从论文选题看，几乎无所不包。时段上，从上古到近现代；地域上，从中国到外国、从中原到边疆；族类上，从汉族到少数民族，均有涉及。既有断代通论，也有对某民族、区域、国家以及阶层、群体的专论。随着研究领域开掘的日益广泛和深入，研究课题也日益走向细化，断代专题研究占据了主要地位。这些专题既包罗婚姻、家庭、著名人物等传统题目，也开发了许多以往研究不足或从未关注的领域，如妇女的政治行为与心态、经济活动与地位、赋税负担、法律地位、财产权利、宗教活动及观念、体育活动、户外活动、女性身体、医疗照顾、战争与性暴力、道德观、贞操文化、名人的女性观、妇女书写、妇女形象建构，等等。社会群体研究颇为兴盛，对于宫廷妇女、士人阶层妇女、女工商业主、比丘尼、保姆、婢女、妓女、女佣、女工等群体都有论述；地域与民族也受到关注，如对于山东等地域的妇女历史与文化，南诏、契丹、党项及其他边疆少数民族妇女历史的研究。近现代史较为集中的议题有近代及五四时期的妇女解放运动与女权思想、不缠足运动、女学、女报等。研究还涉及欧美、日本、韩国、南洋等国家和地区的妇女问题、妇女职业、女权运动及思潮，以及佛教、基督教、犹太教等宗教的女性观，等等。

研究方法大多属于以史实为主的实证性研究，这应该与中国的妇女/性别史大体脱胎于传统史学领域，而研究者及其导师也大多出身于传统史学界相关；但不少著作注意吸取女性学、社会性别理论以及社会学、民族学、人类学等各种理论方法，对于跨学科研究进行了尝试。

从作者姓名等提供的信息推断，这一领域或多或少仍存在"妇女史属于妇女"现象，但是近年已逐渐发生变化。尤其是妇女史走向性别史，可能使男性学者有了更多参与意识，有不少男性研究生选取相关课题，也有许多男性学者包括著名学者参与研究。2004年出版的王子今《古史性别研究丛稿》或可作为代表，这大约是新时期第一部男性史家撰著、以"性别"为题的中国古代史研究著作。接续其后，荣新江、陈平原两位著名学者的《隋唐长安：性别、记忆及其他》也表现出对于古史性别的关注。

随着妇女/性别史研究的发展，也不断有学者对于研究状况及论著等进行梳理与评述，对于研究者了解学科发展状况以及学科理论建设很有裨益。通论者如刘文明《"新妇女史"在中国大陆的兴起》、臧健《中国妇女史学研究综述（2001—2005）》《民国以来中国妇女史研究的反思》、杜芳琴《中国妇女史：从研究走向学科化百年回顾与评述》《三十年回眸：妇女/性别史研究和学科建设在中国大陆的发展》《中国妇女/性别史研究六十年述评：理论与方法》等。断代史有岳岭、张爱华《近20年秦汉妇女史研究综述》，张东华《近十余年来魏晋南北朝女性史研究述评》，付海妮《近十余年来宋代女性史研究探述》，郭海东《近十余年来明代妇女史研究综述》，詹学敏《十年来明代妇女研究综述（1999～2009）》，王传满《明清节烈妇女问题研究综述》，程郁《近二十年中国大陆清女性史研究综述》，郑永福、吕美颐《50年来的中国近代妇女史研究》，陈永祥、罗素敏《20世纪90年代以来的近代中国妇女史研究综述》，周蕾《近五年中国近代妇女史研究综述》等。这些文章不仅概述研究面貌,而且还进行理论方法探讨,作出深入分析评论。如臧健《民国以来中国妇女史研究的反思》,不仅揭示妇女史研究存在的得失利弊及学术观点的深层分歧,并将妇女史纳入中国史学曲折发展的大背景下观察,提出了独到见解。另如王雪萍《〈闺塾师〉与中国妇女史研究的方法论》、张德安《以两性的视角看历史——读曼素恩〈缀珍录:十八世纪及其前后的中国妇女〉》两篇书评,都对海外学者代表性著作提出了较为深刻的评论意见。

目前,中国内地尚无以妇女/性别史为主题的专门刊物,有关论文发表较为集中者,除全国妇联《妇女研究论丛》外,值得注意的还有女子学院的学报,如《中华女子学院学报》《山东女子学院学报》都专门辟有妇女史栏目。《山西师范大学学报》多年来以妇女史为特色栏目,十年间发表妇女与性别研究文章百余篇,其中包括大量妇女史论文。此外,可以说,妇女/性别史论文几乎遍布各种社科、史学期刊及高校学报。

(二) 研究机构与教学课程

自1987年郑州大学建立第一个妇女研究中心,20世纪90年代以来,各地高校及科研院所新建的妇女研究机构层出不穷。据统计,截至2001年,中国内地已有40多所高等院校成立了妇女研究中心(或学会);进入21世纪,又有多所高校建立了相关研究机构。著名者如北京大学中外妇女历史与文化研究中心、天津师范大学性别与社会发展研究中心(原妇女研究中心)、上海师范大学妇女史研究中心、大连大学妇女研究中心、云南社会科学院妇女研究中心等。这些机构或组织的研究范围几无例外地都包含有妇女史。它们不仅承担、开展了许多相关课题研究,而且促进了高校教学,同时培养出一批年轻的专业教学、研究人员,目前都活跃在相关领域中。

自20世纪90年代开始,已经有一些高校开设了妇女、性别史课程,进入21世纪后持续增加。目前,北京大学、天津师范大学、南开大学、复旦大学、华东师范大学、东北师范大学、陕西师范大学、大连大学、云南大学等都相继开设了妇女/社会性别史或相关课程。据胥莉《妇女和社会性别史课程建设与发展》(待刊)对46家具有历史学一级学科博士点的高校及科研院所开设的本科、硕博士课程的统计,自1995年至2010年,妇女/社会性别史课程由5门上升到62门,呈现快速增长态势。这还不包括许多史学类课程如婚姻家庭史、社会史、风俗史等有关妇女和性别的内容,以及女性学与社会性别课程中必然包括的历史层面内容。

课程门类、内容范围广泛,如历史文献与性别历史文化研究、中国古代社会性别史原典选读、中国妇女历史与传统文化、妇女与性别史、社会性别与女性生活史、中国古代妇女史、古代婚姻家庭史、宋元妇女与社会、近现代妇女史、近代中国社会性别与妇女史、中国近现代社会性别、女性口述史、中外女性史、世界女性史概论、欧洲历史上的妇女与家庭、西方妇女史、美国妇女史等。有代表性者如大连大学开设的"女性史研究概论""中国古代性别制度史""近代中国女性史""当代中国女性史""外国女性史研究",天津师范大学开设的"妇女与社会性别史导论:理论和方法""历史与文化——性别的视角""古代经典文本的性别解读",北京大学开设的"女性发展史"和"唐宋妇女史",陕西师大开设的"社会变迁与妇女生活史",以及中央民族大学蒙曼的"中国古代妇女史"公开课,等等。

根据教学需要,海内外学者还合作举办了师资培训班,并编写出版教材。21世纪初，在杜芳琴、王政主持下，由各断代史学者合作，撰写了第一部中国妇女史教材——《中国历史中的妇女与性别》，并于 2004 年出版。2011 年，邓小南、王政、游鉴明主编的《中国妇女史读本》出版，收入中国内地、台湾与美国三地学者各具特色的学术论文 19 篇，成为高校妇女史教学的重要辅助教材。

但需要注意的是，正如研究者所指出的，大量相关课程的开设并不表明妇女/社会性别史在高校教学中已取得主流地位，它们大多依附于史学的其他专业。

同时，北京大学、南开大学等 7 所高校先后设立妇女/社会性别史研究方向的硕士、博士点，招收研究生。由此，也诞生了一批视角新颖、选题多样的硕博学位论文。如《先秦女性社会地位研究》《礼教形成中的汉代妇女生活》《魏晋南北朝时期妇女的婚姻观念及生活》《唐宋女性出游与出游活动研究》《唐代上层妇女家庭社会生活研究》《唐代敦煌吐鲁番地区妇女生育问题试探》《唐代女性与父家的关系——以墓志为例》《宋代女性的佛教"空门生活"探微》《宋朝市民阶层妇女研究》《论宋代闺秀和名妓的女性意识觉醒》《明代女性碑传文与品官命妇研究》《礼与情：明代女性困厄之际的抉择》《明代女性的生存压力、社会压力与贞节观念》《明代守寡妇女生活研究》《明清时期山西商人妇女地位研究》，等等。

（三）学术活动

接续 21 世纪 90 年代，各地各高校多次举办规模不同的相关学术会议及其他学术活动。其中较为重要的如下。

北京大学中国古代史研究中心于 2001 年举办"唐宋妇女与历史学"国际研讨会，就 8 个议题展开研讨：（1）文本：性别的表现与解读；（2）女性书写：闺训与篇什；（3）生活：门内与户外；（4）图像：风格风貌；（5）性：身体与文化；（6）宗教：信仰与供奉；（7）性别意识：认同与错位；（8）变迁：性别与社会。会议论文涉及思想史、经济史、艺术史、家族史、医疗史、宗教史等，体现出对新资料、新视角的运用与批判。由于北京大学的特殊地位以及众多国内外著名学者的参加，此次会议颇为引人注目，被认为是妇女史研究进入史学界主流的标志之一。会议论文集《唐宋女性与社会》也成为各高校的常用辅助教材。

天津师范大学性别与社会发展研究中心（原妇女研究中心）承担了福特基金资助的"发展中国的妇女与社会性别学·妇女史子课题"项目，持续进行翻译引进、读书研讨、培训队伍、编写教材、出版专辑等多项学术活动。自 2004 年至 2010 年，举办多届以"妇女与社会性别史导论：理论和方法""中国古代典籍的社会性别解读"等为主题的读书研讨班；2007 年在山西举办了"性别历史实地考察与先秦经典读书会"暑期班；并与山西师范大学、中国人民大学合作举办了 2008、2009 年度妇女史学科建设研讨会。活动主要致力于学科建设，注重理论方法探讨与传统经典解读，以培养相关研究、教学人才。

大连大学性别研究中心于 2002 年召开了"历史、史学与性别"座谈会，邀请历史学、人类学学者参加，采用个人表述和自由论坛相结合的方式，就史学中的性别研究与妇女史研究相关问题进行讨论，双向推动传统史学与妇女史学科建设的进展。会后由《历史研究》发表了会议笔谈，并出版了同题书籍。

上海师范大学于 2002 年和 2010 年先后召开两次规模较大的国际学术研讨会。前者与日本中国女性史研究会合作，以"社会性别视野中的中国女性史"为题，主要从历史和文学两个领域探讨中国妇女与性别史诸方面，分别围绕"文本解读与社会性别意识""社会史中的性别维度""性别意识与女权运动"等方面进行讨论；并因应21世纪史学研究的多元化趋势，提倡借鉴相关理论与方法以深化历史研究。8年后，再次召开以"妇女史研究的理论和实践"为主题的研讨会，从理论与研究实践两方面进行回顾思考，对于方法论、理论本土化问题，不同视角、不同史料及话语、不同背景和领域的研究，传统与创新结合、理论与史料结合、国外经验与本土实践结合、研究与教学结合等问题，以及跨文化、跨学科、跨地域的研究方向等进行了讨论。

复旦大学历史系与美国密歇根大学妇女学中心于2004年合作举办"百年中国女权思潮研究国际学术研讨会"，就百年中国社会性别的变迁诸方面进行全方位的对话交流。其成果选粹以中英文分别在国内外出版。

香港浸会大学于2010年举办的"性别视野中的中国历史新貌：研究与教学经验交流会暨语录及书籍展览"别开生面，与会者通过性别视角分别观察中国历史上的政治、经济、法律、军事、医疗、地方、民族、性文化、思想、宗教、物质文化、文学、艺术、史学等面貌。会议注重探讨高校有关性别史的教学问题，如邓小南的《性别视野中的中国历史：中国古代政治史教学与研究浅谈》一文，便探讨了性别与政治史的教学问题。会议还举办了相关书籍与语录展览。

《中华女子学院学报》编辑部于2010年召开"我们如何作妇女史研究——理论、方法、史料和其他"研讨会。鉴于妇女史研究理论不够深入、方法不够多元，会议致力于促进多学科、跨学科合作，尝试引进新的理论方法，分为理论、方法、史料和专题四个单元进行讨论。

中华书局《文史知识》编辑部于2011年以"历史中的中国女性"为题，举办第一届《文史知识》论坛。主要议题包括儒家文化与女性、近代女权的兴起与发展、如何文史结合进行女性研究等。

首都师范大学中国近现代社会文化史研究中心2011年召开"二十世纪中国婚姻·家庭·性别·性伦文化学术研讨会"，讨论内容涉及性别研究方法、女性与性别观念的建构、民国的女性文化、女学生的政治参与等近现代史诸多议题。

此外，在福特基金会资助下，"妇女/社会性别学科发展网络"于2006年建成，附着于其下的"妇女史子网络"也于2007年至2010年开展活动，分别在太原、北京、天津举办5次子网络研讨会（以上天津师大学术活动中已有所介绍），就妇女史学科建设以及如何开展学术活动与交流等问题提出了一些思路与建议。

二　学科建设与理论探讨

妇女史作为一个新兴学科或研究领域，自20世纪80年代在社会史和妇女学兴起的双重背景下于中国大陆起步以及在此后的发展中，有关学科建设、理论的探讨始终未曾停歇过。

21世纪初的十余年间，学者们逐渐从学科初建时期注重引进西方女性学、妇女史理论，日益走向试图将其与本土研究相结合，并致力于建设中国的妇女/性别史学科理论。其中杜芳琴着力最多，她一直致力于中国妇女史的学科建设，试图将社会性别理论引进中国妇女史研究并进行本土化探索，期冀达到"学科化、本土化、主流化"的目标。继20世纪90年代之后，她撰著并与王政共同主编了多部相关理论著作、论集，如《引入社会性别：史学发展新趋势》《妇女学和妇女史的本土探索——社会性别视角和跨学科视野》《论妇女史的学科建设：历史进程与现实努力》《历史研究的性别维度与视角——兼谈妇女史、社会性别史与经济—社会史的关系》等。一方面引进国外妇女史学者有代表性的理论方法著述；另一方面探讨本土的学科建设。此外，裔昭印《妇女史研究的兴起与当代史学》、刘文明《"新妇女史"在中国大陆的兴起》和《困惑与思考：关于妇女史研究中的几个问题》、高世瑜《发展与困惑：新时期中国大陆的妇女史研究》、王小健《中国妇女史研究方法的反思与探索》、林小芳《妇女史对传统史学的启示》、秦晓红《声音、姿态与对话——妇女与社会性别史的理论构想》，以及海外著名学者贺萧、王政的《中国历史：社会性别分析的一个有用的范畴》等，都对学科理论提出了看法。

《历史研究》于2002年发表了以"历史、史学与性别"为题的一组笔谈。郭松义强调性别史研究在起步阶段更应着重于对具体史实的研究，提倡持有客观、平静的心态。商传提出，社会性别史与妇女史审视角度不同，将女性史转变而成为社会性别史不仅是方法论问题，更是观念问题。赵世瑜提倡引入历史人类学，从非文字遗存如田野收获与地方文献档案中发掘女性的历史记忆。定宜庄认为，妇女史引入"社会性别"概念，提供了一个理解和阐释历史的全新视角；应该尽量开拓史料收集范围，但不能置传统史学文献与优良传统于不顾。李伯重检讨中国妇女史研究存在自我封闭状态、两性对抗论思维，以外来理念重构历史而未能实事求是从史料出发等缺陷；认为应该进行理论探索，并融入主流学术之中。李小江关注当今西方女性主义的"话语霸权"与"后殖民"问题，担心gender作为一种西方主流话语进入而使中国历史被随意阐释；指出如何把两者结合起来，兼顾传统史学和性别研究的优势而避免各自的局限，是应该认真对待的问题。高世瑜对妇女史定义、发展与特色、研究与撰写、理论困惑等发表了看法。

《史学理论研究》于2004年第3期发表了"妇女史与社会性别的启示"一组文章。杜芳琴阐述了学科称谓和性质，认为性别维度和社会性别视角在史学界已成新趋势，但性别史研究仍应把妇女作为关注重点；"妇女—社会性别史"作为史学新的生长点，担负着对历史知识建构的全面审视和包容两性经验在内的新的历史知识建构的任务。裔昭印强调妇女史最重要的成就是把"社会性别"概念引入历史研究，并把它用作历史分析的一个基本范畴；这一新兴学科不仅其吸收的理论方法对史学深入发展具有启发作用，而且丰富扩大了史料来源，带来了史料革新。刘文明主要议论妇女史与社会性别史研究在史学研究中的定位问题，不赞成将社会性别史学科建成传统意义上的分支学科，认为应该是一种史学理论与方法；并提出应立足于本土历史与史料，归纳出规律，以构建方法论意义上的社会性别史学。李银河综合诸家观点，简述了远古时代和父权制时代两性地位的演变过程、男权制的发生及表现方式。郑永福、吕美颐着重论述社会性别理论对于妇女史研究的重要意义，认为将社会性别范畴引入历史研究，最佳切入点应是社会性别制度以及相关社会性别关系、社会性别秩序结构，由此才能使女性史研究走出肤浅与琐碎，女性的历史主体地位才有可能真正确立。

《郑州大学学报》于2009年刊发了"性别史研究相关问题探究"一组笔谈，包括游鉴明《口述历史与性别史研究》，吕美颐、郑永福《性别制度与社会规范》，侯杰

《文本分析与中国近现代性别史研究》，孙鹏《"再发现"与"文化建构"：拜占庭性别史研究》。2010年3月11日《中国社会科学报》组织也刊发了一组有关妇女史理论的笔谈。

以上诸文作者均为在这一领域取得一定成果的专家学者，讨论涉及学科建设的方方面面，由此也可见史学界及主流刊物对于这一新视角或新领域的接纳与重视。

关于学科称谓，目前学者们大体认同"妇女/社会性别（或性别）史"的表述方式。也有学者提出："妇女史"仍可以作为一种统称；"社会性别史"是用社会性别视角分析范畴和方法写历史，是妇女史的一种发展；"妇女/社会性别史"是提醒人们在用社会性别概念范畴研究历史的时候，避免出现"性别中立"而忽略了妇女①。

讨论更多集中在妇女/社会性别史的学科属性与性质，即它究竟是一个新学科抑或新视角、新方法、新范畴？还是史学（或社会史）的一个新增研究领域抑或研究对象？大体上说，较多汲取西方理论、从女性主义介入者更多强调其学科独立性以及与传统史学的切割，即认为它不是传统史学的分支或领域，而是一种全新方法、范畴或视角；不是在传统史学中添加有关内容，而是要使用社会性别视角或范畴重构整个历史。即主张所谓"女性主义史学"。而从传统史学介入者则多不愿割断它与传统史学的联系，无论从理论陈述还是实际研究看，都更倾向认同它是史学或社会史一脉。即属于所谓"新社会史"学派。当然二者也并未形成截然分立的两个阵营，即使是后者，也多认同它不只是社会史新增的研究领域或对象，更是一种新的研究方法或视角。

致力于学科建设的杜芳琴等学者明确主张前者，认为自20世纪90年代始，"妇女史学科意识的提升，告别了妇女史长期作为政治史、社会史附庸和商业卖点的尴尬地位而成为一个独立的学科领域。"强调妇女/性别史不是传统史学或社会史的一个分支，"而是在一定学理指导下的关于妇女的、为了妇女的、与妇女在一起研究的历史学与妇女学交叉的学科"。"它不只关注妇女的生活与命运，以及历史上两性之间的关系，同时还担负着对以往历史知识建构的全面审视和包括两性经验在内的新的历史知识建构的任务。因此，它应该成为整个历史研究中观察、分析、阐释的一个新视角和新方法。"故而必须作为独立学科进行建设。刘文明也认同"妇女史应是妇女学和历史学的交叉"的观点，更明确提出：社会性别史研究要取历史的"史"和女性学的"学"，"史"为材料，"学"为理论，由此构成"史学"，因而成为一种史学理论与方法；他还提出了"新妇女史"概念，认为它既不是西方意义上的女性主义妇女史，也不是作为社会史分支的妇女史，而是一门"在开放中吸收相关学科理论与方法而植根于中国土壤的新兴学科"②。有的学者进一步提出，这一新兴学科应该颠覆传统、突破主流史学男性话语的封锁和实证主义的束缚，并且反对所谓"客观""中立"原则。更多学者虽未明确论述学科定义，但都肯定"社会性别"概念作为史学研究方法、范畴的意义。上文已述，裔昭印认为妇女史最重要的成就是把社会性别概念用作历史分析的一个基本范畴；郑永福、吕美颐也认为社会性别理论的意义就在于推出了认识世界的新视角和新范畴。王小健则指出"社会性别"概念引入后，结果并不理想，人们更多地看成研究视角、研究

---

① 杜芳琴：《中国妇女/性别史研究六十年述评：理论与方法》，《中华女子学院学报》2009年第5期。

② 以上均见前引杜芳琴、刘文明诸文。

对象的改变，实际上应该是研究方法的突破；社会性别对妇女史研究的意义不仅是为了研究妇女而研究两性关系，而是探讨两性关系赖以存在的社会关系[①]。另有学者提出，妇女史不仅是为妇女所写的历史、关于妇女的历史或女性主义观点的历史，而且是性别观念和两性社会关系的历史。即更强调其涵括两性的一面，但大体仍属于社会史学派。与上述强调妇女/性别史与传统史学的分离甚至是对传统史学的挑战倾向明显有别的是，也有学者强调不能对外来女性主义、社会性别理论亦步亦趋，甚至试图以此建构中国历史，而必须重视中国史料与基础性研究工作，同时摸索中国历史的规律性，以建设本土的相关理论。如前引郭松义、定宜庄文都谈到了继承优良史学传统、重视传统史料等问题。这方面的论说也成为一种较强的声音。

随着学科的发展和讨论的深入，实际上两派学者殊途同归，如何使外来理论本土化日益受到关注，渐成重要议题。如侯杰、李净昉在为叶汉明妇女史著作所写书评中提出，中国学者要想真正认清中国性别历史与文化的各种面向，与西方学者平等对话，就应该从中国的性别历史与文化出发，建立起一套符合中国经验的研究范式。并特别强调，在西方经验中社会性别关系更多表现为冲突，而在中国虽然冲突长期存在，但共容与互动却是不容忽视的[②]。刘文明也持类似意见，认为欧美的女性主义流派、社会性别理论这种全球性话语，有的并不适用于中国，例如有关私人领域与公共领域的概念及其二元分析模式等理论；只有出自中国妇女经验总结的理论才更有解释力[③]。从总体倾向看，至21世纪，随着新一代史学研究者的成长，上述"女性主义史学"与"新社会史"的分野已日益模糊，研究者大体都认同，既不能无视和拒绝外来理论，也不应全盘照搬套用，故探讨理论的本土化成为学科发展的大趋势。

从方法论上说，引进女性学、社会学、民族学、人类学、考古学、民俗文化学、图像学、统计学等各种理论方法，进行跨学科研究已经成为潮流，许多著作都作了一定尝试。如姚霏《空间、角色与权力——女性与上海城市空间研究（1843—1911）》便借用了社会性别理论以及新文化史、图像学、地理学、人类学等方法，以审视近代转型时期上海特殊时空背景下的女性生活，具有一定的方法论意义。在近现代史领域，田野调查、口述史尤其受到重视，游鉴明《口述历史与性别史研究》、杨祥银《妇女史、口述历史与女性主义视角》都对其重要性、发展、方法等进行了专门论述。"中国20世纪妇女口述史计划"主持人李小江主编的《让女人自己说话》系列，包括"亲历战争""文化寻踪""民族叙事""独立历程"4种，便是这方面成果的代表。前引侯杰文还提倡运用文本分析法，提出自传、传记、回忆录、小说、日记、档案、方志、报刊、诗文、对联、传说、故事、民谣、戏剧、图画、雕像及宗教经典和宣传品等丰富多彩的文本有待搜集解读，这将使近现代社会性别史研究学科大有可为。

从史料角度说，搜罗范围大为扩大，传统文献外，简帛、卜辞、方志、神话传说、民族资料、考古遗存、器物、墓志、碑铭、出土文书，以及民歌、诗赋、小说、绘画、

---

① 王小健：《中国妇女史研究方法的反思与探索》，《西南大学学报》2008年第3期。
② 侯杰、李净昉：《探寻女性主体性——评叶汉明教授的〈主体的追寻——中国妇女史研究析论〉》，《妇女研究论丛》2007年第1期。
③ 刘文明：《困惑与思考：关于妇女史研究中的几个问题》，"妇女史研究的理论和实践"会议论文，上海师范大学，2010年。

图像等文学艺术作品无不受到关注。如以古文字演变、文学形象探讨历史上的妇女与两性观念成果众多、蔚为风尚。上述文本分析法实际上也同样是扩大了史料范围。也有论及传统文献史料价值的论文，如高世瑜《妇女史研究的瓶颈——关于史料鉴别问题》、陈超《论"四库"明人文集中女性碑传文的特征及其史料价值》、杜家骥《满族家谱对女性的记载及其社会史史料价值》等。

从选题看，上文所列研究论著已明显显示出学科深入发展的趋势：一是题目涉及领域前所未有地广泛，课题几乎无所不包；二是妇女地位、作用、贡献等笼统通论逐渐减少，细化、微观和个案研究日益增多。

值得注意的是，随着妇女史走向妇女/性别史，研究视角或范畴也明显扩大或转移。除了对妇女群体的关注与研究仍然持续外，历史上的社会性别结构、性别制度的建构等开始受到关注，相关研究也逐步开展起来。继20世纪90年代的研究如刘巨才《中国古代的社会性别制度及传统妇德》等之后，又有赵宇共《对中国史前社会性别制度起源的质疑》，杜芳琴《等级中的合和：西周礼制与性别制度》，高世瑜《唐律：中国古代性别制度的法典化》，吕美颐、郑永福《社会性别制度与史学研究》《性别制度与社会规范》等进行了初步探讨。此外，南京师范大学张菁主持完成了"唐宋时期社会性别制度研究"项目（2005—2007）。王小健《中国古代性别结构的文化学分析》一书则采用文化学方法，探讨历史上作用于两性关系的文化因素及对现实社会的影响，对男权社会建立的过程及其法则进行了探索，有所创新。

综上，21世纪之初的十余年间，这一新兴史学学科或领域正处于蓬勃发展时期，成绩引人瞩目，已经摆脱了妇女史研究初期的粗略概括描述与两性对抗、妇女受压迫—反抗的简单思维方式，以及"地位""作用""贡献"类宏大议题，形成了多元的视角、多彩的课题和广阔的研究范围。但是也存在明显不足：研究课题虽然涉及面极广、包罗万象，但论著质量良莠不齐，许多停留在陈述历史现象上，缺乏深入发掘，有明显突破者不多；学科理论建设虽然受到关注，但是或多或少存在脱节现象，即注重理论探讨者以其使用于研究的示范性成果不多，而从事实证研究者多半仍沿用传统史学方法，并不特别关注和采纳新的理论方法，或者只是作为标签罗列一些名词概念，并没有真正运用于研究中。此外，虽然妇女史从概念上已经走向妇女/社会性别史，但是从目前情况看，主要研究成果仍然以妇女群体史为主，对于社会性别、两性关系历史的研究仍是一个需要开拓和深入发掘的领域。

中国城市史研究综述（1979—2010）

熊月之　张　生

无论欧洲还是中国，城市的历史都很悠久。但是，在世界范围内，城市史作为历史学分支学科出现，是很晚近的事。学术界一般认为，城市史学是自20世纪60年代首先在西方发展起来的一个历史学分支学科[①]。在中国，城市史开始受到重视是在20世纪80年代，基本上与改革开放以后中国城市化提速同步。

一　中国城市史研究的缘起与发展

中国历史学中，对于城市历史的关注与记载有着悠久的传统，其渊源可追溯到古人对于都城、城市的记录和考察，《洛阳伽蓝记》《长安志》《唐两京城坊考》《东京梦华录》《武林旧事》等，均可归入广义的城市史著述。近代意义上的城市史研究起步于20世纪二三十年代。1926年，梁启超发表《中国都市小史》《中国之都市》等文，实开中国近代意义上的城市史研究之先声[②]。20世纪30年代，陶希圣、全汉昇等关于长安、古代行会制度的论文为城市史研究的起步[③]。侯仁之潜心于古代城市研究，其对于古都北京的研究，对后来古都学的兴起，起了重要作用。以柳亚子为馆长，以胡怀琛、蒯世勋、胡道静等为骨干的上海通志馆学者悉心搜集资料，进行上海城市史专题研究，于1934年、1935年各出版《上海市通志馆期刊》4期，涉及沿革、气象、地文、风土、公共租界、法租界、政治、党务、外交、实业、金融、工业、交通、文化、新闻、体育、学艺、人物、教育、社会事业等，资料翔实，考订细密，具有很高的学术价值，实开对于中国近代城市史研究之先河，后因抗日战争爆发而中断。抗日战争胜利后，通志馆于1945年9月恢复工作，1946年改组为上海市文献委员会，先后编写、出版《上海事物溯源》《上海外交史话》《上海城隍庙》《上海人口志略》《上海胜迹略》等著作。

1949年以后的前三十年，中国学者在城市史研究方面作了一些基础性工作。20世纪50年代至60年代中期，大陆学者或对洛阳汉唐城址进行开拓性勘查，对洛阳在汉唐

[①] 毛曦：《城市史学与中国古代城市研究》，《史学理论研究》2006年第2期。
[②] 梁启超：《中国都市小史》，《晨报》七周纪念增刊，1926年10月；《中国之都市》，载《史学与地学》第1、2期，1926年12月—1927年7月。
[③] 陶希圣：《西汉长安的市》，北平晨报历史周刊9期，1936年11月25日；全汉昇：《中国古代的行会制度及其起源》，《现代史学》第2卷第1、2期，1934年5月。

的形制变迁进行研究（阎文儒）；或对古代城市兴起与发展进行系统探索①，或对近代上海城市功能进行资料梳理和初步研究，编成《上海小刀会起义史料汇编》（1961年）、《辛亥革命在上海史料选辑》（1966年）、《五四运动在上海史料选辑》（1960年）、《南洋兄弟烟草公司史料》（1958年）、《大隆机器厂的产生、发展和改造》（1958年）、《上海解放前后物价资料汇编1921—1957》（1958年）、《恒丰纱厂的发生、发展与改造》（1958年）、《上海钱庄史料》（1960年）、《荣家企业史料》（1962年）、《上海民族毛纺织工业》（1963年）、《永安纺织印染公司》（1964年）、《上海民族机器工业》（1966年），资料都相当扎实，有很高的价值。有些资料，还包括了对历史事件当事人的访问、调查，为他书无法替代。这些研究均因"文化大革命"十年动乱而中断。同期，许倬云等台湾学者，探讨了周代都市的发展与商业的发达等问题②。

改革开放以后，随着城市化的迅速推进，中国城市史研究蓬勃开展，成就斐然。

这主要表现在如下三个方面。

其一，城市史论著量多面广。

据笔者统计，自1979年至2010年，国内出版的关于近代中国城市史的专著、资料集、论文集等共计2100多部③。以城市史、城市文化研究为主要内容的期刊逐渐增多，如天津的《城市史研究》（已刊25辑）、上海的《上海研究论丛》（已刊19辑）、《都市文化研究》、《上海档案史料研究》（已刊10辑）等。设在陕西师范大学的中国古都学会聚焦于古代都市的研究，已出版《中国古都研究》辑刊21辑。一些综合类历史研究的期刊上，与城市史研究相关的论文日渐增多。据笔者统计，自1986年至2010年，《历史研究》《中国史研究》《近代史研究》《史林》等八家主要综合历史类专业期刊中，共刊发城市史及相关研究文章525篇，占总数的3%。其中《史林》辟有"城市史研究"专栏，刊发的城市史相关论文最多，占总篇目的8%，《中国社会经济史研究》《史学月刊》也有5%和3%左右的城市论文。此外，《中国历史地理论丛》《中国边疆史地研究》等期刊也有大量与城市历史、地理研究相关的论文。

表1　　　　　　大陆综合历史类期刊所载城市史论文（1986—2010）

刊名	总记录（篇）	城市史研究篇目数量（以城市史相关的主题关键词检索）	百分比（%）
历史研究（1994—2010）	1636	32	2
中国史研究（1994—2010）	1375	22	2
近代史研究	2479	52	2
史林	2107	161	8
中国社会经济史研究	1418	68	5

---

① 代表性的成果如郑昌淦《关于中国古代城市兴起和发展的概况》，《教学与研究》1962年第2期。

② 许倬云：《周代都市的发展与商业的发达》，《史语所集刊》1977年48本2分册；杜正胜：《周秦城市的发展与特点》，《史语所集刊》1980年51本4分册。

③ 本数据以国家图书馆馆藏系统为基础检索统计而得。

续表

刊名	总记录（篇）	城市史研究篇目数量（以城市史相关的主题关键词检索）	百分比（%）
史学月刊	4793	123	3
史学集刊	1872	26	1
安徽史学	2556	41	2
总计	18236	525	3

注：本文数据取 1986 年为上限，即哲学社会科学"七五"规划"中国近代城市研究"课题开始。检索范围以中国期刊网为准，其中《历史研究》《中国史研究》仅见 1994 年后数据。

其二，城市史研究基地逐渐形成。

一般说来，国内各个城市的城市史研究均以本市的研究机构为依托。上海社会科学院历史研究所、四川大学城市研究所、天津社会科学院历史研究所等单位，均从 20 世纪 80 年代就从事城市史研究，承接多项国家哲学社会科学规划的城市史课题，汇聚了一批从事城市史研究的学者，已经成为国内研究城市史的重要基地。陕西师范大学充分发挥地缘优势，成为古都研究的基地。

近两年，上海社会科学院成立了中国城市史研究中心，历史研究所成立了城市史研究室，旨在整合城市史研究力量。配合上海世博会的召开，上海推出了一系列有关城市的专著①。

复旦大学、华东师范大学也纷纷设立上海史研究中心，开拓以上海为研究对象的城市史项目。武汉的江汉大学设立了城市研究所，其中主要课题也以城市史研究为主。

与此同步，以城市史研究为主题的学术讨论会此伏彼起，蔚然成风。从 1988 年到 2010 年，上海、重庆、武汉、天津、青岛等城市举行过多次比较大型的关于城市史的学术讨论会。

表 2 　　　　　　　　　中国城市史学术讨论会简表（1988—2010）

年份	举办地	会议名称	主办单位
1988 年 7 月	上海	租界与近代中国社会	上海社会科学院历史研究所、上海历史学会
1988 年 9 月	上海	近代上海城市研究国际学术讨论会	上海社会科学院
1989 年	重庆	第一届近代中国城市讨论会	重庆城市史课题组承办
1990 年	武汉	第二届近代中国城市讨论会	武汉城市史课题组承办
1991 年	天津	第三届近代中国城市讨论会	天津城市史课题组承办
1991 年 10 月	上海	城市研究与上海研究国际学术讨论会	上海研究中心

---

① 熊月之主编：《上海的外国文化地图》（共 8 册），上海文艺出版社 2009—2011 年版；《西风东渐：城市文化读本》，外语教学与研究出版社 2010 年版。

续表

年份	举办地	会议名称	主办单位
1993年8月	上海	城市进步、企业发展与中国现代化国际学术讨论会	上海社会科学院、美国加州大学伯克利分校、美国康奈尔大学
1996年8月	上海	近代中国城市发展史国际学术讨论会	上海社会科学院历史研究所、经济研究所、上海史研究中心
1998年	上海	中国近代城市史国际研讨会暨中国经济史学会年会	上海社会科学院
2002年9月	上海	上海史青年学者国际学术研讨会	上海社会科学院历史研究所、日本上海史研究会
2003年12月	上海	上海开埠160周年国际学术讨论会	上海社会科学院历史研究所、上海高校都市文化E—研究院合办
2004年9月	上海	历史与传统：中国之道、城市经验与上海进步	上海社会科学院等，为首届世界中国学分会场
2004年10月	上海	城市文化形象研讨会	上海社会科学院、澳门文化基金会
2005年8月	青岛	近代中国的"城市·乡村·民间文化"——首届中国近代社会史国际学术研讨会	中国社会科学院近代史研究所、青岛大学
2005年12月	上海	现代中国都市大众文化与社会变迁国际学术研讨会	华东师范大学等
2006年6月	天津	"城市空间与人"国际学术研讨会	天津市社会科学界联合会、今晚报、美国康奈尔大学等
2006年9月	上海	"近代中国城市发展与社会生活变迁"国际学术研讨会	上海社会科学院等，为第二届世界中国学分会场
2007年3月	上海	"近代城市发展与社会转型"学术研讨会	上海市档案馆、东华大学等
2007年7月	成都	近代中国城市大众文化史国际学术研讨会	《历史研究》杂志社、四川大学历史文化学院等
2007年12月	北京	"北京城市史研究的新探索——视角与方法"学术研讨会	中国社会科学院历史所社会史研究室
2008年9月	上海、杭州	近代中国城市社会史国际学术讨论会	上海社会科学院、杭州师范大学等，为第三届世界中国学分会场
2008年12月	上海	"上海故事：视觉叙事中的历史，记忆与城市"国际学术研讨会	华东师范大学思勉人文高等研究院等
2009年3月	上海、杭州、富阳	"都市繁荣：1500年来东亚城市生活史"的国际学术研讨会	复旦大学文史研究院、哈佛大学东亚系

续表

年份	举办地	会议名称	主办单位
2009年9月	上海	《上海城市社会生活史》新书发布会暨中国城市史研究讨论会	上海社会科学院历史研究所
2010年4月	成都	"隗瀛涛教授与中国近现代史、城市史研究"学术研讨会	四川大学城市研究所等
2010年11月	上海	"近代知识·职业·组织与社会变迁"国际学术讨论会	上海社会科学院历史研究所、美国加州大学伯克利分校东亚研究所

此外，中国社会科学院历史研究所主办的"比较城市史研究网"、四川大学城市研究所主办的"城市中国网"、上海社会科学院历史研究所网站、华东师范大学现代城市社会研究中心主办的"都市研究网"等城市研究相关网站，在交流研究信息，共享学术资源方面起了很好的作用，成为城市史研究兴盛的标志之一。

其三，城市志编撰蔚为壮观。

城市志是地方史的一部分。中国地方志以起源早、持续久、类型全、数量多而享誉世界，据《中国地方志联合目录》的统计，保存至今的宋至民国时期的方志就有8264种，11万余卷，占中国古籍的十分之一左右。1979年，改革开放伊始，中共中央、国务院就指示各地"编史修志，为历史研究服务"。胡乔木代表中央书记处在中国史学会成立大会上提出，要继承修志传统，要大声疾呼，予以提倡。1980年，修志工作开始在全国各地蓬勃开展。1985年，国务院发出关于加强地方志工作的文件。1986年，国务院召开第一次全国地方志工作会议。按照中央的要求，各省市自治区、各个城市都成立了地方志办公室。这是政府规定的文化项目，有经费，有人员，有资料，这极大地推动了地方史研究。截至2005年11月，全国31个省、自治区、直辖市（香港、澳门、台湾未统计）首轮省、市、县三级志书规划编纂6000余部，已出版5000余部。其中，省级志书规划2615部，已出版2176部，完成83.2%；市级志书规划288部，已出版261部，完成90.6%；县级志书规划2506部，已出版2371部，完成94.6%。全国省、市、县三级志书总共完成了规划任务的88.8%。同时，编辑出版4万多种部门志、行业志、乡镇志。

此外，国家新编《清史》中专设《城市志》，也推动了城市史的研究，《清代资源型城市研究》是其代表性成果之一[①]。

城市志不等于城市史。城市志以行政市为范围，城市史以城市实体的历史为研究对象，但毋庸置疑，城市志的主要部分，可以归入广义的城市史范畴。经过20多年的修志努力，可以说全国已经无市无志。即使是一些以县命名的地方志，其主体部分也是城市志内容。城市志一般说来，具备地方性、资料性、连续性、百科性特点。相当一些参加者熟谙地方典籍，了解风俗民情，更增强了这些志书的史料价值。这些城市、地方资料的搜集、整理和出版，为当代城市史研究提供了大量而丰富的研究线索与文献资料，

---

① 刘吕红：《清代资源型城市研究》，巴蜀书社2009年版。

是当今城市史研究取之不尽的富矿①。这是中国文化传统的发扬，也是欧美国家城市史研究中所不曾有的盛况。

二 中国城市起源、特征与分类研究

中国城市何时起源、特征如何，是研究中国古代城市史学者面临的首要问题。马克斯·韦伯在《中国宗教》与《城市》两书中，将西欧城市视为城市的理想类型，而中国城市则否。对韦伯而言，城市是现代西方特有的产物，是资本主义、理性精神、自由平等的理念及民主制度的体现，而中国城市在这方面则是失败的，韦伯将其原因归结为，政治体制的特性与中国的特殊社会结构。韦伯以欧洲城市为普适模式，断言中国历史上根本没有城市。针对韦伯的观点，中国学者在中国城市起源、发展特征问题上各有比较深入的探讨。

关于早期中国城市的起源问题，傅筑夫、张光直等持"防御说"②，强调政治、军事因素在城市起源中的作用。杨宽提出一种特殊的"防御说"，他考察了日本的古城后，主张"沟应是城的萌芽"③。有的学者提出"集市说"，认为城市是在市集的基础上兴起的，民间交换或经济交往频繁、固定的出现，使得人口的聚居成为可能。这种说法与西欧城市史家看法较为接近。此外，还有地利说、城乡差别说等④。近些年来，有学者以考古资料与古文献资料为基础，对中国古文明设都、都城选址、军事防御及规划布局制度等作了论述，其中对中国夏商时代施行主辅都制的论述在学术界属于首创⑤。

对于中国古代城市特征与分类问题，大陆学者傅筑夫、傅衣凌、李伯重和台湾学者赵冈等均有深入研究，成一家之言。

傅筑夫将中西封建时代的城市进行比较，揭示了中国与西欧古代城市及城市经济的特点，指出从古代到近代，中国的都城是统治阶级根据政治、军事需要而有目的有计划兴建的，从秦汉到明清，城市的性质结构的管理制度基本类似⑥。但从北宋开始，随着商品经济的发展，自古相沿的坊市制度被打破，城市结构和面貌开始与近代城市相类似。

傅衣凌破除了将前近代中国城市简单地分为政治性城市和经济性城市的做法，从经济的层面对明清城市的特点进行分类，划分为"开封型城市"和"苏杭型城市"两种类型；并指出工商业繁荣在"苏杭型城市"的形成与发展中起了重要作用。李伯重在此基础上提出，实际上存在第三种类型的城市，将其命名为"新兴工商业市镇型城市"，并用现代城市化研究的理论和方法，分析明清江南的城市化问题；进一步将明清江南城市分为两种类型："苏杭型"城市与"众星拱月型"城市，以及"新兴工商业市

---

① 来新夏：《中国地方志的史料价值及其利用》，《国家图书馆学刊》2005 年第 1 期。
② 张光直：《关于中国初期"城市"这个概念》，《文物》1985 年第 2 期。
③ 杨宽：《中国古代都市布局的探讨》，1983 年 7 月 19 日在河南省博物馆所作的学术报告。
④ 俞伟超：《中国古代都城规划的发展阶段性》，《文物》1985 年第 2 期。
⑤ 张国硕：《夏商时代都城制度研究》，河南人民出版社 2002 年版。
⑥ 傅筑夫：《中国古代城市在国民经济中的地位和作用》，载《中国经济史论丛》上册，生活·读书·新知三联书店 1980 年版，第 321—386 页。

镇型"城市与"群芳争艳型"城市①。

中国台湾学者赵冈将中国城市分为两大系统：一类是行政区划的各级治所，称为城郡，政治意义很强；另一类是治所以外的市镇。二者总合称为城市。赵冈对于古代城市居民的密度、城市人口数量及占全部人口比重等问题均作了深入的探讨。他指出中国城市发展经历了三个阶段：从城市起源到南宋为止，是第一阶段。此时期城市人口在全国总人口的比重逐渐上升，人口有向大都市集中的趋势，大都市规模迅速膨胀。南宋以后进入第二阶段，城市化进程停滞，城市人口比重日趋减少。城市人口不再向大都市集中，反而向农村靠拢，形成江南地区的众多市镇。19世纪中叶五口通商以后，城市化进程转入一个崭新阶段，沿海各大商埠相继开辟，现代化工业逐渐兴起，人口向沿海商埠集中，城市人口迅速回升②。

三 从秦汉至宋元城市研究

由于春秋战国时期城市的兴起与繁荣，学者对于秦汉时期的城市非常关注，大量的城址考古资料，为先秦城市的研究提供了坚实的基础③。虽然有学者提出，"中国古代社会，尤其是汉唐时代，并不存在一个完整的城市社会"④，但作为人类聚落的城市已然存在。《汉代城市研究》与《汉代城市社会》等书，是近年来关于秦汉城市研究中的力作，前者搜集了大量的文献与考古资料，在对汉代城市的分布及汉代城市人口比例研究方面，均有突破。后者受日本学者影响，深入地研究了汉代的聚落形态，并在此基础上，比较了汉代大小城市在结构和布局上的规律和差异。

魏晋、南北朝时期的城市研究相对薄弱。但近年也有对该时期的城市管理机制，治安管理，居民管理问题的专著问世⑤。有些研究著作从社会史的角度讨论了六朝时期以建业为代表的江南城市的繁荣景象⑥。

唐代时期的城市研究主要集中于两京。有学者对南北朝、隋唐士族向城市的迁徙及所带来的社会变迁作了详细研究⑦。宁欣的系列论文关注了唐代坊市制度破坏的渐进性，即街道在突破坊市制度中的作用，详细论述了"街"在坊市向街市转变过程中的

---

① 李伯重：《工业发展与城市变化：明中叶至清中叶的苏州》，《清史研究》2001年第3期，2002年第1、2期。李伯重、周春生主编：《江南的城市工业与地方文化》，清华大学出版社2004年版。
② 赵冈：《中国城市发展史论集》，新星出版社2006年版。
③ 张继海：《汉代城市社会》，社会科学文献出版社2006年版；周长山：《汉代城市研究》，人民出版社2001年版。
④ 马新：《两汉乡村社会史》，齐鲁书社1997年版，绪论第2—3页。
⑤ 任重、陈仪：《魏晋南北朝城市管理研究》，中国社会科学出版社2003年版。
⑥ 刘淑芬：《六朝的城市与社会》，台湾学生书局1992年版。
⑦ 韩昇：《南北朝隋唐士族向城市的迁徙与社会变迁》，《历史研究》2003年第4期。

作用，分析了"侵街"的表现①。

宋代城市研究成果集中于东京和江南城市。研究者认为，宋代是中国古代城市发展史上一个引人注目的转折期，不仅传统州县城市的发展形态发生重大变化，而且各种商业市镇大量兴起，在很大程度上改变了城市发展格局和等级体系。特别是在江南地区，这种城市变革表现得尤为明显，其许多方面具有典型性和代表性②。有研究者围绕宋代江南城镇发展概况、经济形态、社会形态三部分来展开论述，包括城镇的发展过程、基本类型、区域体系与特点、人口规模与居民结构、公共事业与社会保障等诸多方面，其中有不少方面是以往学术界研究宋代城市史时较少涉及和注意到的③。

元代在中国历史上持续时间不长，考古和历史工作者主要对元上都、大都和中都进行了发掘和研究，代表作有《元上都》《元上都研究》等④。

关于中国古代城市研究中，有突出贡献的还有史念海、杨宽等倡导的古都研究和城市建筑、制度研究。史念海在对周、秦、汉、唐古都进行考察后，于1983年发起组织中国古都学会，后来写就《中国古都概说》一书，将中国古都学定义为"研究我国古都的形成、发展、萧条或至于消失，或经改革成为新的城市的科学"。在其1998年编的《中国古都和文化》专辑中，论述了中国古都形成的因素、古都与自然关系，及唐代长安外郭街道及里坊的变迁等问题⑤。

杨宽的《中国古代都城制度史研究》，通过文献资料，对宫城、坊郭、城门、市场、街道等城市建筑与制度进行了开创性研究⑥。此外，刘敦桢主编《中国古代建筑史》从建筑学的角度，概述了历代城市主体建筑的结构、布局、形象及造园等，图文并茂⑦。

四 明清城市及江南市镇研究

明清时期城市研究是古代城市研究中相当活跃的领域。比较有影响的综合性著作有

---

① 宁欣：《街：城市社会的舞台——唐宋城市变革中的线形空间》，《文史哲》2006年第5期；《转型期的唐宋都城：城市经济社会空间之拓展》，《学术月刊》2006年第5期；其承担的"唐宋城市比较研究"与"唐宋都城社会结构研究"等研究课题，主要研究唐宋城市。专著方面，程存洁：《唐代城市史研究初篇》，中华书局2002年版。
② 周宝珠：《宋代东京研究》，河南大学出版社1992年版。
③ 陈国灿：《宋代江南城市研究》，中华书局2002年版。
④ 陈高华、史卫民：《元上都》，吉林教育出版社1988年版；叶新民：《元上都研究》，内蒙古大学出版社1998年版；详情可参见刘晓《元代都城史研究概述》，载［日］中村圭尔、辛德勇编《中日古代城市研究》，中国社会科学出版社2004年版，第184—203页。
⑤ 史念海：《中国古都和文化》，中华书局1998年版。
⑥ 杨宽：《中国古代都城制度史研究》，上海古籍出版社1993年版。
⑦ 此外还有王学理：《咸阳帝都记》，三秦出版社1999年版；曲英杰：《先秦都城复原研究》，黑龙江人民出版社1991年版；徐卫民：《秦都城研究》，陕西人民教育出版社2000年版；辛德勇：《隋唐两京丛考》，三秦出版社1992年版；杨鸿年：《隋唐两京考》，武汉大学出版社2000年版；姜波：《汉唐都城礼制建筑研究》，文物出版社2003年版；韩光辉：《北京历史人口地理》，北京大学出版社1996年版；侯仁之主编：《北京城市历史地理》，北京燕山出版社2000年版；尹君科等：《古代北京城市管理》，同心出版社2002年版，等等。

《明代城市研究》及《明清城市空间的文化探析》等①。

江南市镇在中国城市史研究中备受关注，研究成果满坑满谷，蔚为大观②。1964年，傅衣凌发表的《明清时代江南市镇经济的分析》，在"资本主义萌芽"研究框架下，最早直接涉足江南市镇研究。尽管他的开创性研究，因"文化大革命"而中断，但他提出的"专业市镇"概念，对后来的研究起了引领性作用。③ 1970年，台湾学者刘石吉对江南作了系统而全面的研究，并以"专业市镇"为核心概念，刊布了其成名作《明清时代江南地区的专业市镇》④。他将江南市镇划分为棉织业市镇、蚕桑业市镇、米粮市镇等类型，这种研究范式对20世纪80年代以来江南市镇研究有推波助澜的作用。台湾的李国祁、范毅军等随后也发表了相关论文。

20世纪80年代以后，有关明清江南市镇研究的论著，极其丰富⑤。樊树志、陈学文等注重江南市镇的实态研究，在汇集排比大量史料的基础上，对市镇的个案分析相当深入，令人赞叹。王家范、陈忠平、范金民、王卫平、朱小田、包伟民、单强、陈国灿、吴仁安、张海英等的研究，注重江南乡土生活、社会风气、慈善事业、会馆公所、商业市场等方面探讨，从多角度、多领域考察明清以来的江南市镇。其中，相当引人注目的是对于施坚雅模式的回应。

对于中国城镇城乡关系，美国学者施坚雅曾提出中心地理论，将城市空间层次的结构称为由经济中心地及其从属地区构成的社会经济层级，由A类、B类、C类和D类四个中心构成，由低到高，D类中心朝着C类中心，C类中心朝着B类中心，B类中心朝着A类中心，同下级中心相比，上级中心提供更为专门化的货物并相应地拥有更广阔的腹地，而中心与腹地所构成的地理空间在理论上应该是六边形区域体系，以此形式逐级向四周辐射⑥。中国学者一般认为这一模式颇有解释力，比如，王卫平在《明清时期江南城市史研究：以苏州为中心》中，就运用施坚雅这一理论，以市镇为中心地，将江南市场分为三个层级，即标准市场、中间市场与中心市场，作为各级市场中心地的市镇，也相应地分为标准市镇、中间市镇、中心市镇三个层次，得出的结论颇有说服力。但是，也有学者对此进行补充与修正。比如，王家范认为，从江南市镇与城市关系看，辐射不是严格遵循由低到高顺序的，因为江南市镇的形成，不是以府县城为中心向四周辐射，而往往在离府县城比较远、与邻府县交界的地区率先出现，其产生与农村经济的发展和需要有着极密切的关系。范金民以苏州府的市镇为典型分析后认为，各县各乡市

---

① 韩大成：《明代城市研究》，中国人民大学出版社1991年版；刘凤云：《明清城市空间的文化探析》，中央民族大学出版社2001年版；其他城市分论性的如，王卫平：《明清时期江南城市史研究：以苏州为中心》，人民出版社1999年版。
② 参见任放《20世纪明清市镇经济研究》，《历史研究》2001年第5期；范金民《明清江南城市文化研究举要（1976—2000年）》，《人文论丛》2003年卷。
③ 原载《历史教学》1964年第5期，后收入傅衣凌《明清社会经济史论文集》，人民出版社1982年版。
④ 台湾《食货月刊》复刊第8卷之6、7、8三期，后收入刘石吉《明清时代江南市镇研究》，中国社会科学出版社1987年版。
⑤ 参见范金民《明清江南城市文化研究举要（1976—2000年）》，《人文论丛》2003年卷。
⑥ [美]施坚雅：《中国封建社会晚期城市研究》，王旭等译，吉林教育出版社1991年版，第148页。

镇数量多少不一，规模大小不等，并不存在如施坚雅所说的以县治府治为中心的层层辐射的分布格局，也没有形成如人所说的等距离有规则的分布网络。县治大多不是经济中心，位置又往往偏居一隅，市镇也就不可能以所在县城为中心。苏州市镇只在它们所在的地区发挥经济辐射的作用，与或近或远的县治府治关系不大，因此并不呈现出村乡市、镇县府间进行商品交流的地理层次，苏州市镇如此，他府他县市镇大率如此。江南市镇的分布，既要受到水陆交通线的限制，又要受到各地经济结构的影响，不但各府各县之间极不均匀，多寡悬殊，即或一府一县之间也情形各异，很难一概而论，不能用某府某县或某地市镇的分布特征来简单概括整个江南地区市镇的分布状况。

五 单体城市、类型城市与区域城市研究

中国近代城市研究是从单体城市起步的，成果中九成以上是关于单体城市的[1]。

1979年，在成都举行的全国历史学规划会议上，已经论及近代城市史研究问题，并将上海城市史研究作为首批项目，交给上海社会科学院历史研究所承担。上海学者经过多年努力，后来出版了由唐振常主编的《上海史》。1986年，全国哲学社会科学规划会中国近代史学科组在讨论"七五"规划时，更加重视城市史研究，并决定先从上海、天津、重庆、武汉四个城市着手，之后，相继出版了关于四个城市的著作《近代上海城市研究》《近代天津城市史》《近代重庆城市史》《近代武汉城市史》。这几个规划项目，标志着中国史学界对城市史的高度重视，开创了新时期中国近代城市研究的先路。

此后，中国史学界关于单体城市史的研究，如雨后春笋，北京、成都、开封、洛阳、济南、广州、厦门、南京、苏州、无锡、南通、昆明、沈阳、大连、鞍山、宝鸡、本溪、自贡、长沙、邯郸、包头等城市都有相应的专著面世。其中，东部新兴城市和口岸城市所占比例较大，这与城市地位、研究力量、资料储备均有关系。香港、澳门在20世纪末回归祖国，关于这两个城市的史学著作在当时也有大量出版。

表3　　　　　　　　　　单体城市史研究著作录要（1983—2010）

书名	作者或主编	出版社	出版年份
重庆开埠史	隗瀛涛、周勇	重庆出版社	1983
上海近代史（上下）	刘惠吾	华东师范大学出版社	1985、1987
上海史	唐振常	上海人民出版社	1989
重庆：一个内陆城市的崛起	周勇	重庆出版社	1989
近代上海城市研究	张仲礼	上海人民出版社	1990
武汉城市发展轨迹	杨蒲林、皮明庥	天津社会科学院出版社	1990
近代重庆城市史	隗瀛涛	四川大学出版社	1991
邯郸近代城市史	郝良真、孙继民	测绘出版社	1992
近代天津城市史	罗澍伟	中国社会科学出版社	1993

---

[1] 何一民：《中国近代城市史研究述评》，《中华文化论坛》2000年第1期。

续表

书名	作者或主编	出版社	出版年份
近代武汉城市史	皮明庥	中国社会科学出版社	1993
开封城市史	程子良、李清银	社会科学文献出版社	1993
成都城市史	张学君、张莉红	成都出版社	1993
沈阳城市史	张志强	东北财经大学出版社	1993
北京通史	曹子西	中国书店出版社	1994
鞍山城市史	刘景玉、智喜君	社会科学文献出版社	1994
宝鸡城市史	王琪叔	社会科学文献出版社	1994
拉萨史	傅崇兰	中国社会科学出版社	1994
哈尔滨史略上篇	李士良	黑龙江人民出版社	1994
十九世纪的香港	余绳武	中华书局	1994
包头史稿	张贵	内蒙古大学出版社	1994—1997
本溪城市史	沈玉成	社会科学文献出版社	1995
自贡城市史	王仁远、陈然、曾凡英	社会科学文献出版社	1995
深圳城市史	邢凤麟	团结出版社	1996
近代大连城市经济研究	沈毅	辽宁古籍出版社	1996
广州简史	杨万秀、钟卓安	广东人民出版社	1996
香港的历史	刘蜀永	新华出版社	1996
香港史新编	王赓武	香港三联书店有限公司	1997
南通现代化：1895—1938	常宗虎	中国社会科学出版社	1998
上海通史	熊月之	上海人民出版社	1999
当代北京简史	周一兴	当代中国出版社	1999
汉口五百年	皮明庥、吴勇	湖北教育出版社	1999
明清时期江南城市史研究：以苏州为中心	王卫平	人民出版社	1999
苏州早期城市现代化研究	张海林	南京大学出版社	1999
澳门政治发展史	吴志良	上海社会科学院出版社	1999
澳门史	黄鸿钊	福建人民出版社	1999
澳门通史	黄启臣	广东教育出版社	1999
澳门历史与社会发展	邓开颂	珠海出版社	1999
传统城市的近代命运：清末民初安庆城市近代化研究	朱庆葆	安徽教育出版社	2001
变革与发展：中国内陆城市成都现代化研究	何一民	四川大学出版社	2002
空间与社会：近代天津城市的演变	刘海岩	天津社会科学院出版社	2003

续表

书名	作者或主编	出版社	出版年份
草原明珠：内蒙古主要城市由来	潘照东、刘俊宝	内蒙古人民出版社	2003
无锡通史	宋菊如、周解清	江苏人民出版社	2003
济南百年城市发展史：开埠以来的济南	党明德、林吉玲	齐鲁书社	2004
近代厦门城市发展史研究：1900—1937	周子峰	厦门大学出版社	2005
聊城通史	程玉海、李泉、王云	中华书局	2005
一个海风吹来的城市：早期澳门城市发展史研究	严忠明	广东人民出版社	2006
上海：一座现代化都市的编年史	熊月之等	上海书店出版社	2007
青岛早期城市现代化研究	任银睦	生活·读书·新知三联书店	2007
异质文化交织下的上海都市生活	熊月之	上海辞书出版社	2008
昆明城市史 第1卷	谢本书	云南大学出版社	2009
传统、机遇与变迁——南京城市现代化研究（1912—1937）	侯风云	人民出版社	2010
近代石家庄城市化研究（1901—1949）	李惠民	中华书局	2010
图说武汉城市史	涂文学等	武汉出版社	2010
宁波城市史	王瑞成等	宁波出版社	2010
昆明城市史 第2卷	郭红波等	云南民族出版社	2010

作为单体城市研究的延伸，20世纪90年代中期以后，城市研究向两个方面发展，一方面是向内的取向，对城市内部区域、人口、功能、结构的深入剖析，比如对上海宁波人（李瑊）、广东人（宋钻友）、福建人（高红霞）、苏北人的研究，对成都茶馆的研究（王笛），对城区史的研究（苏智良）；另一方面是向外的取向，编写城市通史。作为中国的"双城记"，通史编撰工作首先从北京、上海这两个城市开始。曹子西所主编的《北京通史》（全10卷），由北京市社会科学院学者编撰，叙述的时间，从远古时代至20世纪80年代末止；地域范围大体上以当前北京市行政区划为准，并参酌历代的城区、政区和历史地理环境变迁情况适当伸缩。熊月之主编的《上海通史》，凡15卷，叙述了从远古到当代的上海历史，重点是近代。北京、上海之后，杭州、宁波、无锡、重庆等地，也先后有通史类著作结集问世。其他已开始或正在进行通史编纂的有天津、苏州、武汉、广州、济南、青岛等城市。城市通史以作为行政区划的市境为范围，与以城市实体为研究对象城市史有重要区别，但其主体部分属于城市史，涉及城市区域、人

口、结构、功能、沿革等内容，建立在广泛的调查、翔实的资料基础上。城市通史的编撰，对城市史研究是有力的推动。

"八五"期间，国家哲学社会科学规划引导对不同类型城市的综合研究和区域城市研究，相关城市和高校、研究院所也加大对此类研究的支持力度，先后完成的有"中国近代不同类型城市综合研究""东南沿海城市与中国近代化研究""近代华北城市系统研究""山东城市史研究""北京与周围城市关系史""粤港澳城市互动研究"等[①]。因此，从20世纪90年代初起，中国大陆的近代城市史研究呈现单体城市研究与类型城市、区域城市研究并进共盛的局面。

1985年问世的傅崇兰所著《中国运河城市发展史》，从联系的角度系统研究了杭州、苏州等运河城市，是关于中国类型城市或城市带研究的先驱之作。

作为国家哲学社会科学"八五"规划重点课题的成果，《东南沿海城市与中国近代化》由上海社会科学院学者承担。该书紧扣东南沿海城市与中国近代化这一主题，就上海、宁波、福州、厦门、广州这五个东南沿海通商口岸城市进行多角度研究，认为这些城市各有特点、互有联系，在中国对外开放的格局下，形成许多共同的特点，其中最重要的一点是与中国对外开放的程度联系在一起，开放则兴，封闭则衰。

作为上海市哲学社会科学"九五"规划重点项目的《长江沿江城市与中国近代化》，以长江沿江城市为研究对象，内容涉及从宜宾起至上海的14个城市。分析在社会、经济、文化非均衡发展情况下，上海城市的开发与发展同沿江城市的联动关系，进而探讨沿江城市在中国近代化过程中的地位和作用[②]。

天津学者进行的"近代华北区域的城市系统"研究课题，较为关注区域内城市系统的演变和城市化的进程，认为在近代华北以北京为核心的传统区域城市系统走向瓦解，初步形成以北京和天津为中心的近代华北区域城市系统[③]。

王玲的《北京与周围城市关系史》，以北京为主体，将北京及其周围城市作为一个有机整体来研究，既自具特点又相互联系、相互影响、相互补充[④]。山东学者王守中、郭太松著的《近代山东城市变迁史》，对山东城市的布局、特点及其相互关系作了整体分析[⑤]。

戴鞍钢的《港口·城市·腹地》在研究理念上将城市与区域放在一起，代表着区域史与城市史研究结合的努力[⑥]。顾朝林等的《中国城市地理》对从秦汉到近代的城市发展作了综合论述，以相当篇幅论述近代城市的发展、城市规模变化、城镇分布等问题。书中关于近代中国部分城市（镇）1843—1936年的发展趋势的论述、从区域面积、

---

① 邓开颂：《粤港澳近代关系史》（广东人民出版社1996年版）、梁渭雄：《粤澳关系与澳门发展研究》（广东教育出版社1999年版）。

② 张仲礼、熊月之、沈祖炜主编：《长江沿江城市与中国近代化》，上海人民出版社2002年版。

③ 罗澍伟：《试论近代华北的区域城市系统》，《天津社会科学》1992年第6期；周俊旗：《关于近代区域城市系统研究的几个问题》，《天津社会科学》1994年第5期；张利民：《近代华北城市人口发展及其不平衡性》，《近代史研究》1998年第1期等等。

④ 王玲：《北京与周围城市关系史》，北京燕山出版社1988年版。

⑤ 王守中、郭太松：《近代山东城市变迁史》，山东教育出版社2001年版。

⑥ 戴鞍钢：《港口·城市·腹地——上海与长江流域经济关系的历史考察（1843—1913）》，复旦大学出版社1998年版。

城镇数、城镇网密度，城镇人口比重等具体指标进行长时段的分类详列，展示了不同区域、时段的城市的兴衰①。

六 "冲击—反应模式"与口岸城市研究

对于近代中国口岸城市史的研究，费正清等提出"西方冲击—中国回应"解释模式，即主要通过中国对西方冲击的回应来解释中国现实，口岸城市是冲击—回应的集中表现地。应该说，对于这些口岸城市，这个模式是很有解释力的，因为，研究结果表明，开埠通商对这几个城市来说，都或多或少地改变了这些城市的原先演变路径，改变了这些城市的功能，改变了这些城市与腹地及周边城市的关系，或大或小地影响了这些城市变化的速率。但是，通过对这几个分布在中国不同地区的口岸城市研究的结果也表明，对于西方冲击的回应，既与冲击力的强弱大小有关，更与这些城市所在地域的经济结构、人口特点、文化背景、时代因素有关。同样是西方冲击，但上海、天津、武汉、重庆的演变结果各不相同，各具特点。《近代上海城市研究》从经济、政治、社会、文化诸多方面研究了近代上海城市的变迁，从天时（时代因素）、地利（地域因素包括）、人和（移民人口）与格局（中外关系、华洋关系、沪宁关系即经济中心与政治中心关系）等角度，分析上海城市的变迁复杂因素②。

《近代天津城市史》按时期分篇，按专题分章，讨论了天津城市发展的特质。书中指出，一方面，开埠后天津九国租界并立，这在全国16个设有租界的城市中是独一无二的；另一方面，1860年的开埠使天津作为首都附庸格局被打破，天津逐渐脱离北京的控制，开辟了与华北各省商品交流的新网络，城市格局、功能都发生巨大变化，到了20世纪30年代，成为闻名全国的大都会。这样，作者便从历史的延续性与变异性、与首都关联度的变化、列强在天津的特殊态势等方面，表述了天津城市变迁的复杂因素③。

《近代重庆城市史》《近代武汉城市史》都从既是口岸城市，又是内陆城市角度出发，研究了这两个城市的变迁与特质④。《近代重庆城市史》从理论上对研究近代中国城市的目的、意义，近代中国城市史研究的主要内容和城市的分类等问题进行探讨，涉及重庆城市发展的原因与特点、近代化的过程等问题。作者认为，近代中国城市史研究的线索有两条，相互推进，相互制约，一条是近代城市化，一条是城市近代化，既研究城市内部矛盾运动，也研究城乡关系，在古代中国是城市乡村化，在近代中国则是乡村城市化，在一些地区城市近代化与乡村城市化并非同步进行。这就间接回应了冲击—反应模式，即单从传统与近代、中国与西方的矛盾运动是难以把握近代中国城市变迁实质的，必须从历史的、全面的、变动的关系中把握城市变迁实质。《近代武汉城市史》体例上与前者有相似之处，对于武汉成为近代中国区域性乃至全国性革命风暴中心提出了

---

① 顾朝林等：《中国城市地理》，商务印书馆1999年版。
② 张仲礼：《近代上海城市研究》，上海人民出版社1990年版。
③ 罗澍伟主编：《近代天津城市史》，中国社会科学出版社1993年版。
④ 隗瀛涛主编：《近代重庆城市史》，四川大学出版社1991年版。皮明庥主编：《近代武汉城市史》，中国社会科学出版社1993年版。

独到看法。作者特别强调武汉的地理区位、武汉城市在前近代时期的结构与功能、世界政治格局与中国政治格局变动对武汉的影响,说明武汉城市的特质。

上述关于上海、天津、重庆、武汉这四座城市的研究著作问世之时,正是冲击—反应模式为中国学术界广泛知晓、屡加讨论之时,其时反映冲击—反应模式的代表作《剑桥晚清中国史》中译本已经出版多年①,这四部著作的作者,显然不是不知道这一解释模式,但是,他们都没有从正面对这一模式提出讨论,其原因就是既有限地认同这一模式,又不满意这一模式,而是努力用历史的、全面的、变动的、辩证的观点来加以解释。

口岸城市在中国近代城市研究架构中有着重要的地位。近代中国"标准条约口岸"有59个②,上述四座口岸城市研究的解释框架和一些观点,对其他口岸城市有一定的借鉴作用。比如众多条约口岸设有租界,对条约口岸的研究,焦点之一是对租界的评价③。大陆学界在相当一段时间里,一说到租界,除简单描述租界的历史沿革,就是单向性地指斥其为"帝国主义侵华的桥头堡""国中之国""罪恶的渊薮""冒险家的乐园"等。在此方面,一些上海学者以晚清民主与革命、西学东渐、东西文化交流为突破口,讨论租界影响的复杂性④,资本主义国家一方面利用租界作为侵略中国的工具,另一方面也借其推行资本主义制度,传播资本主义思想文化,前者加深了中国的半殖民地化,不利于中国资本主义近代化的发展,后者在一定程度上刺激了中国的觉醒,加速了资本主义现代化进程。因此,对于租界的影响,必须进行全面的、历史的、辩证的分析。他们还进而从城市政治格局、中西文化差异、上海与全国关系方面,提出缝隙效应、示范效应、孤岛效应等命题,解释租界在中国产生复杂影响的原因⑤。这些观点,开启了对租界进行具体分析的进程,也把租界的研究推进到社会的层面,把租界放在社会、经济、政治过程中综合考察。这种分析,在一定意义上也是对冲击—反应模式的补充。

七 城市比较、通论性研究与中外学术互动

比较研究方面,总体来看,不同国家、不同区域、不同类型城市的研究都有,比较突出的有,20世纪90年代,上海学者进行了上海与香港的比较研究,上海学者与日本学者合作进行上海与横滨的比较研究⑥,厦门大学的王旭将美国中西部与中国东北部区

---

① 《剑桥晚清中国史》中译本由中国社会科学出版社1985年出版。
② 杜语:《近代中国通商口岸研究》,博士学位论文,中国社会科学院近代史研究所,1995年,第64—65页,转引自杨天宏《口岸开放与社会变革》,第397页。
③ 吴圳义:《上海租界问题》,台湾正中书局印行。尚克强、刘海岩主编:《天津租界社会研究》,天津人民出版社1996年版。
④ 熊月之:《论上海租界与晚清革命》,《学术季刊》1985年第3期;《论上海租界的双重影响》,《史林》1987年第3期;《上海租界与社会思想变迁》,《上海研究论丛》1989年第2辑。
⑤ 熊月之:《上海通史·导论》,上海人民出版社1999年版。
⑥ 《上海和横滨》联合编辑委员会、上海市档案馆编:《上海和横滨:近代亚洲两个开放城市》,华东师范大学出版社1997年版。

域进行比较研究①。这些都是在城市功能相同、相近的城市间进行的比较。邱国盛在2010年出版的著作,对20世纪北京和上海的发展进行了比较研究②。

在通论性著作中,隗瀛涛主编的《中国近代不同类型城市综合研究》,以城市转型为基本研究范式,并视城市的近代化为城市转型的同义语,是现代化研究范式下城市研究的典范之作。书中首先对中国城市化道路进行描述,指出市镇化是近代以前中国城市化的独特道路,而近代以来城市化道路出现转变。接着从传统城市的继承与演变、开埠通商与城市近代化、近代工业与城市发展、新式交通与城市发展四个方面阐述近代中国城市化的发展道路。③ 此外,宁越敏等《中国城市发展史》、虞和平《中国近代城市史》、曹洪涛等《中国近现代城市的发展》,都是关于近代城市发展各具特点的通论性著作。④

何一民在《中国城市史纲》中全面地论述了中国城市产生、发展的整体历程。将中国城市发展分为三个时期:从原始社会末期到春秋战国的"城市产生和初步发展时期",从秦代到清代鸦片战争前的"古典城市发展时期",鸦片战争到1949年的"传统城市向近代城市过渡时期"⑤。在《近代中国城市发展与社会变迁(1840—1949)》中,他将近代城市的发展置于近代社会变迁的全过程中来考察,重点探讨城市的发展所引起的社会变迁,以及社会变迁对城市发展的促进和制约作用⑥。他从近代中国城市的演变与城市发展动力机制的转变、近代中国城市化的进程、近代中国城市等级规模结构的演变与区域城市的发展、近代中国城市管理的现代化趋势、社会结构的演变、城乡关系的变迁、城市社会生活的变迁、城市婚姻与家庭的变迁等八个方面对近代中国城市进行综合考察,其对于中国衰落城市的归纳和总结也有独到之处。⑦

不同时期的城市有着不同的特点,不同时期的城市人有不同的生活。随着城市史研究的深入及法国年鉴学派影响的扩大,城市日常生活史日益受到学者的重视。其中,颇成规模的是湖南出版社出版、赵世瑜等编写的"中国古代城市生活长卷丛书",宏观地介绍了唐、宋、元、明、清历代城市生活⑧。台湾学者的"明清的城市文化与生活"研究计划也有较新成果问世⑨。

中国城市史是中国历史学的一个门类,它的发展、走向均受中国历史学整体态势、

---

① 王旭:《工业城市的发展周期及其阶段性特征——美国中西部与中国东北部比较》,《城市史研究》第13—14辑,天津古籍出版社1997年版。
② 邱国盛:《中国城市的双行线:二十世纪北京、上海发展比较研究》,巴蜀书社2010年版。
③ 隗瀛涛主编:《中国近代不同类型城市综合研究》,四川大学出版社1998年版。
④ 宁越敏等:《中国城市发展史》,安徽科技出版社1994年版;虞和平:《中国近代城市史》,生活·读书·新知三联书店1995年版;曹洪涛、刘金声:《中国近现代城市的发展》,中国城市出版社1998年版。
⑤ 何一民:《中国城市史纲》,四川大学出版社1994年版。
⑥ 何一民主编:《近代中国城市发展与社会变迁(1840—1949)》,科学出版社2004年版。
⑦ 何一民:《近代中国衰落城市研究》,巴蜀书社2007年版。
⑧ 黄新亚:《消逝的太阳——唐代城市生活长卷》;李春荣:《坊墙倒塌以后——宋代城市生活长卷》;史卫民:《都市中的游牧民——元代城市生活长卷》;陈宝良:《飘摇的传统——明代城市生活长卷》;赵世愉:《腐朽与神奇——清代城市生活长卷》,湖南出版社2006年版。
⑨ 李孝悌:《中国城市生活》,新星出版社2006年版。

发展、走向的制约与影响。改革开放以后，中国社会经济发展驶上快车道，城市化速度加快，文化空前繁荣，于是才有中国城市史研究的繁盛。历史学在中国本有悠久的传统，存史、资政、教化是此传统中的重要部分，因此，现代化与现代性、城市发展规律、公共领域、民众日常生活、文化交流冲突与融合，这些在一般中国历史学界经常讨论的议题，在城市史研究中都有反映。

中国城市史研究与国际学术界同类研究息息相关，既参与国际学术界的讨论，也回应他们提出的问题。海外学者关于中国城市史的研究成果，相当一部分都已经被翻译、介绍进中国。美国密歇根大学罗兹·墨菲的名著《上海：现代中国的钥匙》写于20世纪50年代，是城市史研究中现代化范式的典范，该书经上海社会科学院历史所学者译为中文，是海外学者城市史成果介绍到国内的较早尝试[①]。20世纪70年代中叶，施坚雅和伊懋可合著的《中华帝国晚期的城市》，包含施坚雅、芮沃寿、牟复礼、斯波义信、伊懋可等众多学者研究中国城市的论文，将区域体系方法应用于中国城市研究，经译为中文以后[②]，对中国学者有多方面的启发。20世纪八九十年代以后，国际同行与中国学界互动增多，既参与中国学术界的讨论，也回应了中国学术界提出的问题。加州大学伯克利、洛杉矶、圣芭芭拉等校区，德国海德堡大学汉学系，法国里昂第三大学汉学系等单位，成为中国城市史特别是上海史研究的重镇，白吉尔、魏斐德、裴宜理、高家龙、李欧梵、叶文心、韩起澜、贺萧、顾德曼、罗威廉、瓦格纳、叶凯蒂、安克强、毕可思等著名学者，都有在中国大陆作较长时间访问学者的经历，与中国大陆学者有广泛接触与交流，他们关于上海资产阶级、警察、上海歹土、纱厂女工、上海苏北人、上海帮会、上海学生运动的研究成果，均被译为中文发表，对于中国同行的研究有广泛而深入的影响。卢汉超、王笛一些大陆学者移居海外，更加广阔的学术视野、良好的资料基础，使得他们如虎添翼，成就斐然，发表了《霓虹灯外》《街头文化》等有影响力的城市研究著作[③]。上海社会科学院历史所推出的《上海史研究译丛》第一辑十二种，比较集中地展现了海外学者的研究成就。

他山之石，可以攻玉。中国城市史学界十分重视介绍、引进海外优秀研究成果，取得了一定成就，但也存在一些有待改进的地方。就译著选择来看，有不少著作，如罗兹·墨菲的后期名著《局外人》，此书方法论意义很强，虽已面世三十年，迄今仍尚未

---

① ［美］罗兹·墨菲：《上海：现代中国的钥匙》，上海人民出版社1986年版。
② ［美］施坚雅主编：《中华帝国晚期的城市》，叶光庭等译，中华书局2000年版。
③ 这方面著作相当丰富，主要有：［美］裴宜理《上海罢工——中国工人政治研究》，刘平译，江苏人民出版社2012年版；［美］贺萧《危险的愉悦——20世纪上海的娼妓问题与现代性》，韩敏中等译，江苏人民出版社2001、2003年版；［美］高家龙《大公司与关系网——中国境内的西方、日本和华商大企业（1880—1937）》，程麟荪译，上海社会科学院出版社2002年版；［美］高家龙《中国的大企业：烟草工业中的中外竞争（1890—1930）》，樊书华等译，商务印书馆2001年版；［美］李欧梵《上海摩登：一种新都市文化在中国，1930—1945》，毛尖译，北京大学出版社2001年版；［美］罗威廉《汉口：一个中国城市的商业和社会，1796—1889》，江溶等译，中国人民大学出版社2005年版；［美］梅尔清《清初扬州文化》，朱修春译，复旦大学出版社2004年版；［法］白吉尔《中国资产阶级的黄金时代，1911—1937》，张富强译，上海人民出版社1994年版；［法］安克强《上海妓女——19—20世纪中国的卖淫与性》，袁燮铭等译，上海古籍出版社2004年版；卢汉超《霓虹灯外——20世纪初日常生活中的上海》，上海古籍出版社2004年版；王笛《街头文化：成都公共空间、下层民众与地方政治》，中国人民大学出版社2006年版。

有中文译本①。还有关于苏州、北京、南通等城市史的很好研究成果,还没有介绍进来。就研究对象而言,与上海相关的著作被译介较多,而其他城市的研究著作略显不足。相较于对欧美学界中国城市史研究的重视和引入,我们对于日本学界的中国都市史研究的关注略显薄弱。日本学界有"比较都市史研究会"等一些组织,东洋学传统中一向重视中国的城市研究。20世纪二三十年代,那波利贞、宫崎市定探讨过中国社会权力结构与城市结构的关系。内藤湖南首创"唐宋变革论"以后,日本学者相应地提出从"城市革命"的概念来解读北宋时期的东京。80年代,唐代史研究会编写过《中国都市历史的研究》,90年代,森正夫主编的《江南市镇研究》集中反映了日本学界对于江南市镇的研究成果,伊原弘的《中国开封的生活与岁时——宋代城市生活绘卷》,以开封为个案,分析了宋代城市中的城市精英、社会救济、婚姻交往、公共墓地等有趣问题。近年出版的妹尾达彦的《长安的都市规划》、斯波义信的《中国都市史》、五井直弘的《中国古代的城郭与地域支配》等书,均在都市史研究若干问题或领域有所突破。② 以平田茂树为代表的日本宋史研究小组,将地域社会和共同体理论运用到宋代城市的研究之中,其成果也多有可以借鉴之处。③ 这些功力很深的关于中国城市史研究著作,还没有译介进来。

影响总是互相的。中国学者针对公共空间、市民社会等问题进行的研究,包括熊月之对上海张园、李德英对城市公园的研究④,乐正、忻平、李长莉对于城市社会心态、社会伦理的研究⑤,刘海岩对于城市贫民的研究⑥,苏智良对于城市黑社会的研究⑦,郭绪印等对于城市移民群体、同乡团体的研究⑧,都是国际学术界感兴趣的话题,尽管语境不同,但从中可以看出中外学术的互动。在资料掌握、理论分析、研究方法诸方面,

---

① 张笑川:《本土环境与西方冲击互动中的中国通商口岸——〈局外人:西方在印度和中国的经历〉述评》,《史林》2006年第1期。

② 唐代史研究会编:《中国都市の历史的研究》,刀水书房1988年版;[日]伊原弘:《中国开封の生活と岁时——宋代城市生活绘卷》,山川出版社1991年版;[日]森正夫主编:《江南デルタ市镇研究》,名古屋大学出版会,1992年;[日]妹尾达彦:《长安の都市规划》,讲谈社,2001年;[日]斯波义信:《中国都市史》,东京:东京大学出版会,2002年;[日]五井直弘:《中国古代の城郭と地域支配》,名著刊行会,2002年。

③ 《宋代の社会网路》,汲古书院,1998年。《宋代人の认识——相互性と日常空间》,汲古书院,2001年。

④ 熊月之:《张园:晚清上海一个公共空间研究》,《档案与史学》1996年第6期;熊月之:《晚清上海私园开放与公共空间拓展》,《学术月刊》1998年第8期;李德英:《城市公共空间与社会生活——以近代城市公园为例》,《城市史研究》,第19—20辑,天津社会科学院出版社2000年版。

⑤ 乐正:《近代上海人社会心态》,上海人民出版社1991年版;忻平:《从上海发现历史——现代化进程中的上海人及其社会生活(1927—1937)》,上海人民出版社1996年版;李长莉:《晚清上海社会的变迁——生活与伦理的近代化》,天津人民出版社2002年版。

⑥ 刘海岩:《近代华北自然灾害与天津边缘化的贫民阶层》,《天津师范大学学报》2004年第2期。

⑦ 苏智良:《近代上海黑社会研究》,浙江人民出版社1997年版。

⑧ 李瑊:《上海的宁波人》,上海人民出版社2000年版;陶水木:《浙江商帮与上海经济近代化研究(1840—1936)》上海三联书店2000年版;郭绪印:《老上海的同乡团体》,文汇出版社2003年版。

中外学者有互通有无、互相切磋方面，也有见仁见智方面，前述对施坚雅城镇体系分析模式的补充，对冲击—反应模式的补充，都反映了中国城市史学界既有国际眼光又自具特色、既延续传统又有时代特点。

八　城市精神与城市社会生活史研究

20世纪90年代中期，中国学者针对公共空间、市民社会理论，以近代城市公园、私家花园为主题进行了实证研究。有学者通过对上海张园这个特殊区域的研究指出，上海的标志性事件，包括革命的酝酿、组织的筹划、自治的讨论甚至上海意识形成，均与张园之类的公共空间的作用有密切关系[1]。其他类似的也有以晚清长江上游的公共领域为切入点，对汉口、成都等城市的社会组织变迁的研究[2]。

同时，学术界对城市社会生活、都市文化日渐表现出浓厚兴趣。有对于城市社会心态和社会伦理的研究[3]，有对于城市贫民的研究[4]，有对于城市黑社会的研究[5]，有对于城市移民群体、同乡团体的研究等[6]。上海有关学者对城市生活史研究大力开拓，其中，西方器物与城市文明研究等内容的相继开展，照相、唱片、自行车、缝纫机与社会变迁的关系，成为研究城市生活史的关注点[7]。

随着城市化的迅猛推进，许多城市建新拆旧，各种怀旧题材的"老城市"书籍应运而生[8]，这在某种程度上为城市史研究提供了形象、有趣的材料，拓展了城市史研究的路径。大量诞生于20世纪二三十年代上海的期刊，如《良友》《上海生活》《永安月

---

[1]　熊月之：《张园：晚清上海一个公共空间研究》，《档案与史学》1996年第6期；熊月之：《晚清上海私园开放与公共空间拓展》，《学术月刊》1998年第8期；李德英：《城市公共空间与社会生活——以近代城市公园为例》，《城市史研究》，第19—20辑，天津社会科学院出版社2000年版。

[2]　王笛：《晚清长江上游地区公共领域的发展》，《历史研究》1996年第1期。

[3]　乐正：《近代上海人社会心态》，上海人民出版社1991年版；忻平：《从上海发现历史——现代化进程中的上海人及其社会生活（1937—1937）》，上海人民出版社1996年版；李长莉：《晚清上海社会的变迁——生活与伦理的近代化》，天津人民出版社2002年版。

[4]　刘海岩：《近代华北自然灾害与天津边缘化的贫民阶层》，《天津师范大学学报》2004年第2期。

[5]　苏智良：《近代上海黑社会研究》，浙江人民出版社1997年版。

[6]　李瑊：《上海的宁波人》，上海人民出版社2000年版；陶水木：《浙江商帮与上海经济近代化研究（1840—1936）》，上海三联书店2000年版；郭绪印：《老上海的同乡团体》，文汇出版社2003年版。

[7]　上海社会科学院历史所的葛涛进行的"照相与唱片"，以及徐涛"自行车"等系列研究均属此类。

[8]　如上海文化出版社1998年出版《老上海丛书》，包括"建筑寻梦""交通揽胜""行业写真""体坛回眸""外侨辨踪"各卷。2003年，上海人民出版社也以"老上海文化生活丛书"为题推出了系列的小册子。北京燕山出版社于1996年出版了《北京旧闻丛书》，1999年又推出《老北京丛书》，囊括老北京的穿戴、出行、商市、吃喝、玩乐等专题。同年，四川文艺出版社则推出了《老成都》丛书。江苏美术出版社近年陆续推出了《老北京》《老南京》《老天津》《老西安》《老广州》《老昆明》《老杭州》《老武汉》等十几种老城市史书，均配有名家解说，可谓图文并茂。参见李玉《中国近代区域史研究综述》，《贵州师范大学学报》2002年第6期。

刊》等被重新校刊、翻印，一方面使普通读者领略了旧上海的摩登世界；另一方面又为专业工作者的研究打开了方便之门。

城市的主体是人。城市人作为一个流动着的生命集合体，有其特有的品格，特有的精神。对于城市的品格和精神，研究者无法从统计学角度去计算，也无法纯粹通过文献来考证，但是，能够靠经验、直觉去感受和品味，能够通过前人的直觉和品味去研究，鲁迅等在20世纪30年代就已经涉及。因此，关于城市研究中有一项内容就是关于城市品格和精神的提炼。在上述关于上海、天津、武汉、重庆、北京、南京、苏州的单体城市研究中，都有这方面的内容。杨东平的《城市季风》品评的是北京人与上海人，开此类研究之风气，其后，解读各城市人的作品层出不穷，包括易中天的《读城记》，解读的是北京人、上海人、广州人、厦门人、成都人等。一些新闻工作者怀着对居住家园的热爱，基于保护古城的公益心，也写出了如《城记》这样雅俗共赏的作品①。这些内容在客观上都对城市史研究起了推动作用。

由于地理环境不同，城市形成历史不同，人口来源不同，城市功能定位不同，不同城市的居民，往往呈现不同的精神风貌。研究不同城市的城市精神，研究同一城市不同时期城市精神的变迁，便成为城市研究中的重要内容。从20世纪90年代开始，上海等城市便开展关于城市精神的讨论。进入21世纪以后，这方面的讨论与研究更为频繁，成果更为丰硕。所谓城市精神，是指一个城市通过其市民行为方式（包括生活方式、生产方式、交往方式）、规章制度、文化艺术、伦理道德、城市景观等方面体现出来的共同的价值观念、心理导向，是植根于城市的历史、体现于城市的现实、引领着城市未来、区别于其他城市的灵魂。城市精神是在历史上形成与发展的，受城市所在的地理、历史、人文环境影响。城市精神，既有继承性，也有变异性，不同时期的城市精神可能有很大差异。一个城市的精神总是多方面的，有正面的，有负面的，也有中性的。对于城市的同一个精神，因评价人的立场、观点、情感、视角不同而见仁见智。因此，对于一个城市精神的概括，既是一种判断，也是一种选择，更是一种期盼②。

在城市现代化的过程中，许多城市学者都对自己的城市精神进行归纳与演绎。从北京、天津、重庆、广州、武汉、深圳、杭州、成都、西安、南宁、青岛、济南、大连、哈尔滨、无锡、台北、香港，到安庆、营口、胶州、邯郸、镇江、嘉兴，无不在讨论城市精神。其中，有些归纳相当传神，香港是东方之珠、世界名城，回归以后，董建华提出香港的城市精神是"自强不息，能屈能伸，勇猛进取，灵活应变，刻苦耐劳，永不言败"。深圳是改革开放以后崛起的新兴城市，也是中国发展最为迅速的城市之一，是移民比例很高的城市。1990年，深圳确立"开拓、创新、团结、奉献"为自己的城市精神，后来，深圳市委又将深圳城市精神丰富为："开拓创新，诚信守法，务实高效，团结奉献"，强调开拓，强调高效，强调团结，很符合深圳身份。杭州素有人间天堂之称，2002年杭州市委将杭州精神概括为"精致、和谐、大气、开放"。浙江学者认为，杭州精神在南宋以前是精致和谐、大气开放兼备。南宋后期开始，受偏安政治和文化影响，片面强调精致和谐，压制大气开放。面对新的发展，杭州更要有大气开放的时代精

---

① 王军：《城记》，生活·读书·新知三联书店2003年版。
② 熊月之等：《海纳百川——上海城市精神研究》，上海人民出版社2003年版。

神,更宽的胸怀和视野,更高的标准和要求,更大的气魄和手笔,更强的决心和力度。温州是中国民营经济特别发达的地方。温州人在1993年所提的温州精神是四"自",即"自强不息,自主改革,自担风险,自谋发展"。很有依自不依他的风范。敢闯天下、善闯天下的温州老百姓则称温州精神为"既能当老板,又能睡地板",生动而传神。南京城市精神被南京人概括为"开明开放,诚朴诚信,博爱博雅,创业创新"。南京曾是中华民国首都,是孙中山先生创立民国的地方,将孙中山先生一直信奉的"博爱"放在城市精神中,很见地方特色。苏州人对自己城市精神的概括,很有点苏州园林精致美观的特点,读起来吴侬软语味道也很浓,叫作"四千四万",即"吃尽千辛万苦,说尽千言万语,跋涉千山万水,历经千难万险"。东邻上海、西望南京的苏州,改革开放以来硬是一步一个脚印闯出一片新天地。苏州从一个历史上的文化消费城市跃升为全国经济发达地区之一。这个成就,举世瞩目,得来确实不容易。大连人足球踢得好,绿化搞得好,其城市精神的归纳,也透出一股英武之气,叫作"永不言败,求实创新,知难而上"。山城重庆将自己的城市精神定格为"诚信重庆、知识重庆、礼仪重庆、魅力重庆"。自古就有"南船北马,九省通衢"之称的苏北古城淮安,雄心勃勃地提出淮安精神是"团结、创新、实干、自强"。

2010年,上海世博会顺利召开,"城市,让生活更美好"的主题深入人心。与时代潮流呼应,上海城市社会生活史成为近些年国际、国内学术界都相当重视的课题。自20世纪80年代以来,世界不少国家和地区有数量可观的学者,发表和出版了数以百计的关于中国城市社会生活史的研究成果。美国的魏斐德、裴宜理、高家龙、叶文心、顾德曼、卢汉超,德国的瓦格纳、叶凯蒂,法国的白吉尔、安克强,澳大利亚的伊懋可、马丁、黎志刚,都有关于上海城市生活史的著作问世,涉及警察、帮会、士绅、商人、职员、工人、妓女、知识分子、公共空间等诸多方面。在国内学术界,除吴圳义、梁元生、苏智良、忻平等许多学者的专门成果外,《上海通史》的晚清、民国、当代部分,各有一卷专述城市社会史。近几年,上海社会科学院历史研究所以城市社会生活史为主要研究对象,《上海城市社会生活丛书》第一辑25册已全部出版[①]。

城市作为一个实体,集政治、经济、社会、文化、交通、建筑、生态于一体,无所不包。这一特性,决定了城市史研究作为一门学科,涉及地理学、历史学、社会学、经

[①] 这25册是:熊月之《异质文化交织下的上海都市生活》,金大陆《非常与正常——上海"文革"时期的社会生活》,叶中强《上海社会与文人生活(1843—1945)》,王敏《上海报人社会生活(1872—1949)》,陈同《近代社会变迁中的上海律师》,江文君《近代上海职员生活史》,马学强、张秀莉《出入于中西之间近代上海买办社会生活》,施扣柱《青春飞扬——近代上海学生生活》,宋钻友、张生等《上海工人生活研究(1843—1949)》,侯艳兴《上海女性自杀问题研究(1927—1937)》,阮清华《上海游民改造研究(1949—1958)》,葛涛《具像的历史——照相与近代上海社会生活》《唱片与近代上海社会生活》,汤水清《上海粮食计划供应与市民生活(1953—1956)》,陈祖恩《上海日侨社会生活史(1868—1945)》,王健《上海犹太人社会生活史》,汪之成《近代上海俄国侨民生活》,宋钻友《同乡组织与上海都市生活的适应》,白华山《上海政商互动研究(1927—1937)》,王敏等《近代上海城市公共空间(1843—1949)》,瞿骏《辛亥前后上海城市公共空间研究》,张生《上海居,大不易——近代上海房荒研究》,唐艳香、褚晓琦《近代上海饭店与菜场》,马军《舞厅·市政——上海百年娱乐生活的一页》,张笑川《近代上海闸北居民社会生活》,上海辞书出版社2008—2010年版。

济学、建筑学、政治学、人口学、生态学、统计学、文化人类学等社会科学和自然科学多门学科，要求研究者具有相当丰富的学识和极其广阔的视野。这也是城市史这门学科既有艰巨性又有吸引力的根源所在。从这个意义上说，中国城市史已经迈出了坚实的一步，取得了丰硕的成果，但以后的道路会更广阔，前景会更灿烂。

新世纪以来中国简帛的发现与研究

邬文玲

经过一个多世纪几代学人的共同努力，简帛学已经发展成为专门的学科。21世纪以来，不仅时有大宗简牍的发现，而且对新旧简帛资料的整理释读以及相关历史问题的研究皆取得诸多进展，可谓成绩斐然。本文拟从新出简帛与整理释读、旧出简帛的整理与再整理成果、专题研究等方面，对自21世纪以来的中国简帛学研究成就略作综述，遗漏和不当之处，敬祈教正。

一 新出简帛与整理释读

自21世纪以来，新发现了多批简牍资料，兹择其要者，对各地新出简牍资料及相关整理释读情况略作介绍。

（一）战国简

1. 湖北枣阳九连墩2号楚墓简牍，1359枚，皆为绘画，可能是乐谱、舞谱之类（湖北省文物考古研究所《湖北枣阳市九连墩楚墓》，《考古》2003年第7期）。
2. 河南信阳长台关7号楚墓竹简，皆为遣策（河南省文物考古研究所、信阳市文物工作队《河南信阳长台关七号楚墓发掘简报》，《文物》2004年第3期）。
3. 清华大学藏战国竹简，2500余枚（包括残片），包含至少63篇古代文献。2010—2014年，中西书局出版李学勤主编《清华大学藏战国竹简》（壹）（贰）（叁）（肆），公布了相关竹简的图版、释文，其余简牍尚在整理之中。

（二）秦简

1. 里耶秦简，37000余枚，系秦朝洞庭郡迁陵县政府档案。目前已整理出版一卷：湖南文物考古研究所《里耶秦简（壹）》（文物出版社2012年版），公布一号古井5、6、8层出土的简牍照片及释文。陈伟主编《里耶秦简牍校释（第一卷）》（武汉大学出版社2012年版）对《里耶秦简（壹）》的释文作了校订和注释。
2. 湖南大学岳麓书院藏秦简，2098枚，内容包括质日、为吏治官及黔首、占梦书、数书、奏谳书、秦律杂抄和秦令杂抄七大类。到2013年已整理出版3卷：朱汉民、陈松长主编《岳麓书院藏秦简》（壹）（贰）（叁）（上海辞书出版社2010、2011、2013年版）。
3. 北京大学藏秦简牍，794枚，以书籍类文献为主。《文物》2012年第6期刊发北京大学出土文献研究所《北京大学藏秦简牍室内发掘清理简报》《北京大学藏秦简牍概述》介绍了这批简牍的入藏、清理情况以及简牍的主要内容。同期刊发系列论文，公布了部分简牍的照片、释文，并对相关问题展开讨论。

（三）汉简

1. 额济纳汉简，500 余枚，主要为行政文书。魏坚主编《额济纳汉简》（广西师范大学出版社 2005 年版）公布了这批简牍的图版和释文。孙家洲主编《额济纳汉简释文校本》（文物出版社 2007 年版）对《额济纳汉简》的释文进行了校订，并收录 29 篇相关研究论文。

2. 湖北随州孔家坡汉简，约 800 枚，内容包括《日书》和《历日》。湖北省文物考古研究所、随州市考古队《随州孔家坡汉墓简牍》（文物出版社 2006 年版），公布了这批简牍的图版、释文及注释。

3. 甘肃武都赵坪村汉简，12 枚，王子今、申秦雁《陕西历史博物馆藏武都汉简》（《文物》2003 年第 4 期）公布了这批木简的照片、释文及考释。

4. 湖北荆州印台汉简，2360 余枚，内容包括文书、卒簿、历谱、编年记、日书、律令以及遣策、器籍、告地书等。郑忠华《印台墓地出土大批西汉简牍》（荆州博物馆《荆州重要考古发现》，文物出版社 2009 年版），公布了其中 24 枚汉简的照片。刘乐贤《印台汉简〈日书〉初探》（《文物》2009 年第 10 期）对已公布的 24 枚印台汉简的简文作了释读和分析，认为其内容均属日书。

5. 山东日照海曲汉墓简牍，43 枚，内容为遣策和视日。刘绍刚、郑同修《日照海曲简〈汉武帝后元二年视日〉研究》（《出土文献研究》第九辑，中华书局 2010 年版），公布了汉武帝视日简的全部释文及部分照片。刘绍刚、郑同修《日照海曲汉墓出土遣策概述》（《出土文献研究》第十二辑，中西书局 2014 年版）公布了遣策的图版及释文。

6. 湖南长沙走马楼西汉简牍，1 万余枚，其中有字简 2100 枚，系西汉武帝长沙国刘发之子刘庸在位时的行政文书，大部分属于司法文书。目前这批简牍尚在整理过程之中。有关介绍见长沙简牍博物馆、长沙市文物考古研究所联合发掘组《2003 年长沙走马楼西汉简牍重大考古发现》（《出土文献研究》第七辑，上海古籍出版社 2005 年版）。

7. 安徽天长纪庄汉墓木牍，34 枚，内容包括户口簿、算簿、书信、木刺、药方、礼单、账簿等。有关介绍见天长市文物管理所、天长市博物馆《安徽天长西汉墓发掘简报》（《文物》2006 年第 11 期），杨以平、乔国荣《天长西汉木牍述略》（《简帛研究二〇〇六》，广西师范大学出版社 2008 年版）。

8. 湖北荆州纪南松柏汉墓简牍，73 枚，内容包括遣书、簿册、叶（牒）书、法令、历谱、功劳记录及升调文书等。有关介绍见杨开勇、朱江松《湖北荆州纪南松柏汉墓发掘简报》（《文物》2008 年第 4 期），朱江松《罕见的松柏汉代木牍》（荆州博物馆《荆州重要考古发现》，文物出版社 2009 年版）。

9. 广州市南越国宫署遗址木简，100 余枚，内容主要是籍簿和法律文书。相关介绍见广州市文物考古研究所等《广州市南越国宫署遗址西汉木简发掘简报》（《考古》2006 年第 3 期），黄展岳《先秦秦汉考古论丛》（科学出版社 2008 年版）收录 33 枚木简的释文。

10. 湖北云梦睡虎地 77 号汉墓简牍，2137 枚，内容主要包括质日、日书、书籍、算术、法律五大类。有关介绍见湖北省文物考古研究所、云梦县博物馆《湖北云梦睡虎地 M77 发掘简报》(《江汉考古》2008 年第 4 期)。熊北生《云梦睡虎地 77 号西汉墓出土简牍的清理与编联》(《出土文献研究》第九辑，中华书局 2010 年版)公布了 J 组书籍简的释文及部分照片。

11. 湖北荆州谢家桥 1 号汉墓简牍，211 枚，内容为遣策和告地策。有关介绍见荆州博物馆《湖北荆州谢家桥一号汉墓发掘简报》(《文物》2009 年第 4 期)，杨开勇《谢家桥 1 号汉墓》(荆州博物馆《荆州重要考古发现》，文物出版社 2009 年版)。

12. 甘肃永昌水泉子汉简，1400 余枚，内容为日书和字书。有关介绍见甘肃省文物考古研究所《甘肃永昌水泉子汉墓发掘简报》，张存良、吴荭《水泉子汉简初识》(《文物》2009 年第 10 期)。张存良《水泉子七言本〈仓颉篇〉蠡测》(《出土文献研究》第九辑，中华书局 2010 年版)公布了《仓颉篇》简的照片、释文及考释。

13. 北京大学藏西汉竹书，3300 余枚，包含近 20 种古代文献。《文物》2011 年第 6 期刊发北京大学出土文献研究所《北京大学藏西汉竹书概说》介绍了这批简牍的整体情况。同期还刊发了系列论文，对这批竹书的主要内容分别作了阐述。2012 年，上海古籍出版社出版的北京大学出土文献研究所《北京大学藏西汉竹书（贰）》，公布北京大学藏西汉竹书《老子》的全部资料，包括图版、释文与注释。

14. 成都老官山汉墓简牍，970 余枚，大部分为医简，系已失传的扁鹊学派的经典医书。有关介绍见成都文物考古研究所《成都天回镇老官山汉墓》(《中国文物报》2013 年 12 月 20 日)。

15. 江苏连云港海州西汉墓木牍，8 枚，内容包括名谒和衣物疏。武可荣等《江苏连云港海州西汉墓发掘简报》(《文物》2012 年第 3 期)公布了这批木牍的照片及释文。

16. 湖南益阳兔子山遗址出土简牍，1.3 万余枚，多为官府档案，其年代横跨战国、秦、两汉直到三国孙吴时期，内容涉及政治、经济、司法等多个方面。有关介绍见李国斌《益阳兔子山遗址有惊世发现》(《湖南日报》2014 年 1 月 10 日)。

17. 湖南长沙东牌楼东汉简牍，426 枚，其中有字简 206 枚，无字简 220 枚，简牍内容大致可分为公文、私信、杂文书、习字及残简等五大类。长沙市文物考古研究所、中国文物研究所《长沙东牌楼东汉简牍》(文物出版社 2006 年版)，全部公布了这批简牍的照片、释文及注释。

18. 湖南长沙五一广场东汉简牍，1 万枚左右，以木牍居多，绝大多数为官文书，有大量与司法相关的内容。长沙市文物考古研究所《湖南长沙五一广场东汉简牍发掘简报》(《文物》2013 年第 6 期)介绍了这批简牍的发掘情况，并公布了部分简牍的照片及释文。《齐鲁学刊》2013 年第 4 期刊发了一组讨论和研究五一广场东汉简牍的文章。

(四) 吴简、晋简

1. 湖南郴州三国吴简，140 枚，内容包括簿籍类、文书类、书信类、记事类等。湖南省文物考古研究所、郴州市文物处《湖南郴州苏仙桥 J4 三国吴简》(《出土文献研究》第七辑，上海古籍出版社 2005 年版)，全面公布了这批三国吴简的照片及释文。

2. 湖南郴州西晋简，900 余枚，系西晋桂阳郡郡府文书档案。湖南省文物考古研究所、郴州市文物处《湖南郴州苏仙桥遗址发掘简报》(《湖南考古集刊》第八集,岳麓书社2009年版),公布了这批晋简的部分释文和照片。

3. 南京新出孙吴、西晋简牍,40余枚,内容主要涉及米粮缴纳、道教符祝等。《书法丛刊》2005年第3期简单介绍了木简的出土情况,并公布了部分木简的图版。

4. 玉门花海出土《晋律注》及衣物疏,《晋律注》纸文书贴在棺木盖板里侧,衣物疏9枚。张俊民《玉门花海出土〈晋律注〉》(《简帛研究2002、2003》,广西师范大学出版社2005年版)、《玉门花海出土〈晋律注〉概述》(《文物与考古》2010年第4期)两文介绍了《晋律注》的出土情况。曹旅宁、张俊民《玉门花海所出〈晋律注〉初步研究》(《法学研究》2010年第4期)探讨了《晋律注》的抄写年代、作者、篇目、捕律和诸侯律等若干问题。张俊民《甘肃玉门毕家滩出土的衣物疏初探》(《湖南省博物馆馆刊》第七辑,2010年)公布了衣物疏的照片及释文。

5. 江西南昌火车站东晋雷焯墓木刺,2枚。国家文物局主编《2006中国重要考古发现》(文物出版社2007年版)一书,以"江西南昌火车站东晋雷焯墓"为题作了报道和介绍。

二 旧出简帛的整理与再整理成果

由于种种原因,20世纪出土的部分简帛资料未能及时释读公布,自21世纪以来得以整理面世。同时,随着简帛资料的不断发现和深入研究,发现以往已经公布的一些简帛释文有许多未安之处,因此学界对部分旧出简帛的释文进行了再整理与校订,出版了不少成果。

(一) 战国简

1. 江陵砖瓦厂M370楚墓竹简,6枚,系司法文书。滕壬生、黄锡全《江陵砖瓦厂M370楚墓竹简》(《简帛研究2001》,广西师范大学出版社2001年版)介绍了竹简情况及文字内容。

2. 上海博物馆藏战国楚竹书,约1200枚,涉及80余种古书,内容以儒家、道家两家为主。2001—2013年,上海古籍出版社相继出版马承源主编《上海博物馆藏战国楚竹书》(一)至(九)等九册整理成果,公布了相关竹简的照片和释文。

3. 慈利楚简,1000余枚,内容属记事性古书,所记以吴、越为主,并附有议论。张春龙《慈利楚简概述》(《新出简帛研究》,文物出版社2004年版)公布了部分竹简释文,并对相关问题展开讨论。

4. 长沙仰天湖楚简,43枚,内容为遣策。湖南省博物馆等《长沙楚墓》(文物出版社2000年版)收录了这批竹简的全部释文、照片、摹本。

5. 长沙杨家湾楚简,72枚,记载器物名称。湖南省博物馆等《长沙楚墓》(文物出版社2000年版)收录了这批竹简的全部释文、照片、摹本。

6. 江陵九店楚简,300余枚,内容包括农作物称谓数量的记载,以及日书占卜类。湖北省考古研究所、北京大学中文系编《九店楚简》(中华书局2000年版),公布了竹简照片和释文,并对简文内容作了详尽的考证。

7. 河南新蔡葛陵楚简,1500余枚,内容包括墓主人平夜君成生前的占卜祭祷记录和记录随葬物品的遣策。河南省文物考古研究所编《新蔡葛陵楚墓》（大象出版社 2003 年版），公布了这批竹简的全部照片和释文。

（二）秦简

1. 天水放马滩秦简，460 枚，内容分为《日书》甲、乙种及《志怪故事》，另有木板地图 4 块。甘肃省文物考古研究所《天水放马滩秦简》（中华书局 2009 年版）公布了这批秦简的图版、释文。孙占宇《天水放马滩秦简集释》（甘肃文化出版社 2013 年版）对放马滩秦简甲乙种日书进行了再整理与研究。

2. 云梦龙岗秦简，150 余枚，内容主要是关于禁苑、驰道、弩道、甬道、马牛羊管理的规定，以及田赢赋税的法律。梁柱、刘信芳《云梦龙岗秦简》（科学出版社 1998 年版）公布了这批秦简的全部释文及照片。2001 年，中华书局出版中国文物研究所、湖北省文物考古研究所编《龙岗秦简》，对这批秦简作了重新整理，并附 5 篇论文，对龙岗简牍作专题讨论。

3. 江陵王家台秦简，800 余枚，主要内容为《归藏》《效律》《日书》《政事之常》《灾异占》等。另有竹牍 1 枚。王明钦《王家台秦墓竹简概述》（艾兰、邢文编《新出简帛研究》，文物出版社 2004 年版），详细介绍了该墓竹简的内容。

4. 江陵岳山秦简，2 枚，皆为木牍，内容系日书。有关介绍见湖北省江陵县文物局、荆州地区博物馆《江陵岳山秦汉墓》（《考古学报》2000 年第 4 期）。

5. 沙市周家台秦简，竹简 381 枚，木牍 1 枚，内容包括历谱、日书、病方等。湖北省荆州市周梁玉桥遗址博物馆《关沮秦汉墓简牍》（中华书局 2001 年版），公布了这批简牍的图版、释文及注解。

（三）汉简

1. 肩水金关汉简，1.2 万枚，内容包括文书、书籍、历书等三大类。至 2013 年已经公布了三卷：甘肃简牍博物馆等《肩水金关汉简》（壹）（贰）（叁）（中西书局 2011—2013 年版），收录相关竹简的照片及释文。

2. 敦煌悬泉汉简，3.5 万余枚，其中有字者 2.3 万余枚，另有帛书、纸文书及墙壁题记。简牍内容丰富，含有大量的诏书及各级官府的通行文书、律令、司法文书、簿籍、私信及典籍等。甘肃省文物考古研究所《甘肃敦煌汉代悬泉置遗址发掘简报》《敦煌汉简内容概述》《敦煌悬泉汉简释文选》（《文物》2000 年第 5 期），公布了部分简牍的情况。胡平生、张德芳《敦煌悬泉汉简释粹》（上海古籍出版社 2001 年版），刊布 357 件悬泉汉简（汉帛书、泥墙题记）的释文，并作校注。中国文物研究所、甘肃省文物考古研究所《敦煌悬泉月令诏条》（中华书局 2001 年版），收录了敦煌悬泉月令诏条的图版、释文、注释及有关论文。郝树声、张德芳《悬泉汉简研究》（甘肃文化出版社 2009 年版）以悬泉汉简资料为主，研究了两汉时期的驿置机构，纪年与时称，民族与交通，汉与西域、中亚、罗马的关系，同时公布了部分相关悬泉汉简释文，并作了校释。目前这批简牍尚在整理之中，部分简文资料可见于何双全、张德芳、张俊民等发表的相关论文中。

3. 长沙马王堆汉墓简牍，600 余枚，内容主要包括遣策和医书。湖南省博物馆、湖南省文物考古研究所《长沙马王堆二、三号汉墓》（文物出版社 2004 年版），收录了相关简牍资料。

4. 江陵凤凰山西汉简牍，634枚，内容主要涉及赋税、徭役、户籍、借贷、贸易等方面的经济文书，以及多份遣策。湖北省考古研究所《江陵凤凰山西汉简牍》（中华书局2012年版）公布了全部简牍的照片、摹本、释文和相关考古资料及研究资料。

5. 江陵张家山汉简，1600余枚，简文内容包括二年律令、奏谳书、盖庐、脉书、引书、算术书、历谱、遣策、日书等。张家山汉简247号汉墓竹简整理小组《张家山汉墓竹简［247号墓］》（文物出版社2001年版），公布了247号汉墓出土1236枚竹简的图版、释文及注释。2006年，文物出版社出版张家山汉简247号汉墓竹简整理小组《张家山汉墓竹简［247号墓］》释文修订本。2007年，上海古籍出版社出版彭浩等主编《二年律令与奏谳书》一书，辑录各家意见，对《二年律令》和《奏谳书》的释文进行再整理与解读。

6. 沙市萧家草场26号汉墓竹简，35枚，内容为遣策，所记随葬器物大部分与出土实物相合。湖北省荆州市周梁玉桥遗址博物馆《关沮秦汉墓简牍》（中华书局2001年版），公布了这批竹简的图版、释文及注解。

7. 西安汉未央宫遗址木简，115枚，内容涉及田地禾稿、柏杏李榆、疾病梦状、鸣击钟磬、祭祀鬼神等。中国社会科学院考古研究所《汉长安城未央宫——1980—1989年考古发掘报告》（中国大百科全书出版社1996年版），公布了这批木简的图版、摹本及释文。邢义田《汉长安未央宫前殿遗址出土木简的性质》（《大陆杂志》2000年第100卷第6期），对部分木简释文作了订正，指出这批木简的性质是关于祥瑞的记录，其时代属于王莽时期。胡平生《未央宫前殿遗址出土王莽简牍校释》（《出土文献研究》第六辑，上海古籍出版社2005年版），对这批木简的释文逐一重作校释。

8. 扬州仪征胥浦汉墓简牍，竹简17枚、木牍2枚、封检1枚。竹简中有16枚一编墓主临终遗嘱的简册，由两份文件合成，自名为"先令券书"。李解民《扬州仪征胥浦简书新考》（长沙市文物考古研究所《长沙三国吴简暨百年来简帛发现与研究国际学术研讨会论文集》，中华书局2005年版）重新调整和校订了"先令券书"简册的编联与释读。

9. 江陵高台18号汉墓木牍，4枚，内容涉及新安户人大女燕迁徙名数的文书和随葬器物清单遣策。湖北省荆州博物馆《荆州高台秦汉墓》（科学出版社2000年版）收录了这批简牍。

10. 沅陵虎溪山一号汉墓竹简，1336枚（段），内容包括三类：一是黄簿，记载西汉初年沅陵侯国的行政设置、吏员人数、户口人民、道路交通等。二是日书，有自署篇名《阎氏五胜》（也作阎氏五生）。三是美食方，记载大约155种烹制食物的方法。有关介绍见湖南省文物考古研究所等《沅陵虎溪山一号汉墓发掘简报》（《文物》2003年第1期），郭伟民《虎溪山一号汉墓葬制及出土竹简的初步研究》（艾兰、邢文编《新出简帛研究》，文物出版社2004年版）。张春龙《沅陵虎溪山汉简选》（《出土文献研究》第九辑，中华书局2010年版）公布了阎氏五生简和美食方简的部分释文和照片。

11. 安徽阜阳双古堆简牍，6000余枚，包含《诗经》《仓颉篇》《周易》等十余种古籍。其中《诗经》《仓颉》《万物》等释文早年已经公布。韩自强《阜阳汉简〈周易〉研究》（上海古籍出版社2004年版）公布了《周易》的释文。

12. 河北定县八角廊汉简，残损严重，经整理，内容有《论语》《儒家者言》《哀公问五义》《保傅传》《太公》《文子》《六韬》《六安王朝五凤二年正月起居记》《日书·占卜》等。《论语》《儒家者言》《文子》释文早年已经公布。《文物》2001年第5期刊载二文，河北省文物研究所定州汉墓竹简整理小组《定州西汉中山怀王墓竹简〈六韬〉的整理及其意义》、张守中《定州西汉中山怀王墓竹简〈六韬〉释文及校注》，公布了《六韬》的释文。

13. 山东临沂银雀山汉简，约5000枚，内容为《孙子兵法》《孙膑兵法》《守法守令等十三篇》等古书，以及《元光元年历谱》。计划分三辑公布这批简牍，1985年出版了第一辑。2010年，文物出版社出版银雀山汉墓竹简整理小组《银雀山汉墓竹简（贰）》，公布了"论政论兵之类"、"阴阳、时令、占候之类"及"其他类"竹简佚书的照片、释文及注释。

14. 湖南张家界古人堤简牍，90枚，年代属东汉时期，简文内容大致可分为汉律、医方、官府文书、书信及礼物谒、历日表、九九乘法表等六类。《中国历史文物》2003年第2期刊载湖南省文物考古研究所、中国文物研究所《湖南张家界古人堤遗址与出土简牍概述》《湖南张家界古人堤简牍释文与简注》，分别介绍出土简牍情况并公布了这批简牍的全部释文、注释及部分照片。

15. 香港中文大学文物馆藏简牍，259枚，其中空白简11枚，绝大部分为汉简，只有10枚战国楚简及1枚东晋木牍，内容包括古书、日书、遣策、簿籍、"松人"解除木牍等。陈松长《香港中文大学文物馆藏简牍》（香港中文大学文物馆2001年版）公布了这批简牍资料的全部图版、释文及考证。

（四）三国吴简

长沙走马楼三国吴简，总计有10万余枚，其中有字简7.2万余枚，带字痕3万余枚，另有4万余枚无字。这批简牍大部分属于孙吴临湘县或侯国的文书。其内容以户籍、各种名籍和赋税簿籍为主，也有官府的往来文书。1999年，文物出版社出版长沙市文物工作队等编《嘉禾吏民田家莂》，公布了第一批整理出来的大木简2141枚。2003—2013年，文物出版社陆续出版走马楼简牍整理组《长沙走马楼三国吴简·竹简》（壹）（贰）（叁）（肆）（柒）等五卷整理成果，公布了相关竹简的照片和释文。

此外，李零《上博楚简三篇校读记》（万卷楼图书有限公司2002年版）、《郭店楚简校读记（增订本）》（中国人民大学出版社2007年版），廖名春《郭店楚简老子校释》（清华大学出版社2003年版），刘钊《郭店楚简校释》（福建人民出版社2005年版），魏启鹏《简帛文献〈五行〉笺证》（中华书局2005年版），王子今《睡虎地秦简〈日书〉甲种疏证》（湖北教育出版社2003年版），中国简牍集成编辑委员会编《中国简牍集成》（一编）（二编）（敦煌文艺出版社2001、2005年版），陈伟等《楚地出土战国简册［十四种］》（经济科学出版社2009年版），张德芳《敦煌马圈湾汉简集释》（甘肃文化出版社2013），马怡、张荣强主编《居延新简释校》（天津古籍出版社2013年版）等对相关简牍进行了再整理研究。

三 专题研究

充分利用出土简帛资料研究相关历史问题，仍然是21世纪战国秦汉魏晋史研究所采取的主要路径,取得了多方面的进展,发表了大量论著。限于篇幅,这里仅举几个讨论比较集中的领域加以介绍。

(一) 学术思想史研究

早先围绕帛书、郭店楚简、上海博物馆藏战国楚竹书展开的先秦秦汉学术史、楚史研究热潮持续不断,新出清华大学藏战国竹简的陆续公布更是推波助澜,掀起了空前的学术高潮。《中国史研究》《中国哲学史》《简帛研究》《出土文献研究》《简帛》《出土文献》等杂志和集刊纷纷开辟专栏,登载相关研究文章。

大量简帛古书的面世,促使学者们重新检讨和反思先秦秦汉学术思想史,提出了重写学术史的命题。综论性的代表性论著有:李学勤《简帛佚籍与学术史》(江西教育出版社2001年版)、《重写学术史》(河北教育出版社2002年版),郭齐勇《儒学与儒学史新论》(台湾学生书局2002年版),杨朝明《儒家文献与早期儒学研究》(齐鲁书社2002年版),李零《简帛古书与学术源流》(生活·读书·新知三联书店2004年版),李学勤、林庆彰《新出土文献与先秦思想重构》(万卷楼图书公司2007年版),冯胜君《郭店简与上博简对比研究》(线装书局2007年版),李锐《简帛释证与学术思想研究论集》(台湾书房出版有限公司2008年版),曹峰《楚地出土文献与先秦思想研究》(台湾书房出版有限公司2010年版),李锐《新出简帛的学术探索》(北京师范大学出版社2010年版)、《战国秦汉时期的学派问题研究》(北京师范大学出版社2011年版),王中江《简帛文明与古代思想世界》(北京大学出版社2011年版),孔庆典《10世纪前中国纪历文化源流:以简帛为中心》(上海人民出版社2011年版),[美]夏含夷(Edward L. Shaughnessy)《兴与象:中国古代文化史论集》(上海古籍出版社2012年版),单育辰《楚地战国简帛与传世文献对读之研究》(中华书局2014年版)等。

除了综合性讨论之外,也有许多针对郭店楚简、上博楚简、楚史、清华简和帛书的专门性论著。关于郭店楚简研究,代表性论著有:丁四新《郭店楚墓竹简思想研究》(东方出版社2000年版),郭沂《郭店竹简与先秦学术思想》(上海教育出版社2001年版),庞朴《郭店楚简与早期儒学》(台湾古籍出版有限公司2002年版),丁原植《楚简儒家性情说研究》(万卷楼图书有限公司2002年版),李天虹《郭店竹简〈性自命出〉研究》(湖北教育出版社2003年版),金春峰《〈周易〉经传与郭店楚简思想新释》(中国言实出版社2004年版),[美]顾史考《郭店楚简先秦儒书宏微观》(台湾学生书局2006年版),梁涛《郭店竹简与思孟学派》(中国人民大学出版社2008年版)等。

关于上博楚简研究。代表性论著有:黄怀信《上海博物馆藏战国楚竹书〈诗论〉解义》(社会科学文献出版社2004年版),曹峰《上博楚简思想研究》(台北万卷楼图书股份有限公司2006年版),上海大学古代文明研究中心、清华大学思想文化研究所编《上博馆藏战国楚竹书研究》《上博馆藏战国楚竹书研究续编》(上海书店出版社2002年版)等。

关于战国楚史研究,代表性论著有:陈伟主编"楚地出土战国简册研究丛书"十种,包括吴良宝《战国楚简地名辑证》、曹建国《楚简与先秦〈诗〉学研究》、陈仁仁《战国楚竹书〈周易〉研究》、虞万里《上博馆藏楚竹书〈缁衣〉综合研究》、陈伟《新出楚简研读》、萧毅《楚简文字研究》、丁四新《郭店楚竹书老子校注》、李明晓

《战国楚简语法研究》、晏昌贵《巫鬼与淫祀》、宋华强《新蔡葛陵楚简初探》（上述均为武汉大学出版社 2010 年版），刘信芳《楚系简帛释例》（安徽大学出版社 2011 年版）、萧圣中《曾侯乙墓竹简释文补正暨车马制度研究》（科学出版社 2011 年版）、李天虹《楚国铜器与竹简文字研究》（湖北教育出版社 2012 年版）、杨华等《楚国礼仪制度研究》（湖北教育出版社 2012 年版）、郑威《楚国封君研究》（湖北教育出版社 2012 年版）、陈伟《楚简册概论》（湖北教育出版社 2012 年版）等。

关于清华简研究。已公布的清华简《尹至》《尹诰》《程寤》《保训》《耆夜》《金縢》《皇门》《祭公》《楚居》《系年》《傅说之命》《周公之琴舞》《芮良夫毖》《良臣》《祝辞》《赤鹄之集汤之屋》《筮法》《算表》等诸篇文献的释读、性质、年代及其所反映的学术史、古史、先秦史、楚史等问题都引起学界的广泛讨论。代表性论著有：刘国忠《走近清华简》（高等教育出版社 2011 年版）；清华大学出土文献研究与保护中心等编《古代简牍保护与整理研究》（中西书局 2012）辟有"清华简整理研究专题"，收录李学勤《清华简〈系年〉及有关古史问题》、刘国忠《从清华简〈金縢〉看传世本〈金縢〉的文本问题》、李守奎《论〈楚居〉中季连与鬻熊事迹的传说特征》等 33 篇相关论文；李学勤《初识清华简》（中西书局 2013 年版）收录作者关于清华简研究的 36 篇著述；清华大学出土文献研究与保护中心编《清华简研究（第一辑）——〈清华大学藏战国竹简（壹）〉国际学术研讨会论文集》（中西书局 2013 年版）收录 44 篇论文。

关于帛书研究。学界对于帛书《周易》《战国纵横家书》《黄帝书》等作了多方面的研究，代表性论著有李学勤《周易溯源》（巴蜀书社 2006 年版），廖名春《帛书〈易传〉初探》（台北文史哲出版社 1998 年版）、《帛书〈周易〉论集》（上海古籍出版社 2008 年版），梁韦弦《〈易〉学考论》（黑龙江人民出版社 2005 年版），王化平《帛书〈易传〉研究》（巴蜀书社 2007 年版），张政烺《马王堆帛书〈周易〉经传校读》（中华书局 2008 年版），魏启鹏《马王堆汉墓帛书〈黄帝书〉笺证》（中华书局 2004 年版），林静茉《帛书〈黄帝书〉研究》（台北花木兰文化出版社 2008 年版），[日]池田知久《池田知久简帛研究论集》（中华书局 2006 年版），陈松长《马王堆帛书〈刑德〉研究论稿》（台湾古籍出版有限公司 2001 年版），刘乐贤《马王堆天文书考释》（中山大学出版社 2004 年版），李零《楚帛书研究（十一种）》（中西书局 2014 年版）等。

在简帛古书与中国早期学术史的研究中，讨论和争议最为集中的问题之一，就是这些简帛文献的学派归属问题。比如关于郭店儒简的学派归属，学界最初有两种不同的看法。一是认为郭店儒简出于子思学派，比如庞朴《孔孟之间——郭店楚简的思想史地位》（《中国社会科学》1998 年第 5 期）认为郭店儒简属于思孟学派，是早期儒家心性学说的重要文献，它的出土补足了孔孟之间思想链条上缺失的一环。李学勤《先秦儒家著作的重大发现》（《中国哲学》第 20 辑，辽宁教育出版社 1999 年版）根据郭店楚墓的年代及竹简的内容，认为《缁衣》《五行》《鲁穆公》三篇为子思所作，并且肯定《成之闻之》《性自命出》《六德》《尊德义》与子思都有或多或少的关联，主张把它们称为《子思子》。二是否定郭店儒简与子思学派有关，比如李泽厚、陈来、郭齐勇等学者反对将郭店儒简多数归于《子思子》，认为它并未显示出所谓"思孟学派"的特色，应将它们看作类似于《礼记》的儒家总集或七十子后学部分言论与论文的汇编、集合①。

在这两种看法中,赞同郭店儒简出自子思学派的学者一度占据多数。但也有学者提出了强有力的反对意见,否定郭店儒简与子思学派的关系,动摇了"郭店儒简大部分或全部为子思所作"的看法。比如程元敏《〈礼记·中庸、坊记、缁衣〉非出于〈子思子〉考》(《张以仁先生七十秩寿庆论文集》,台北学生书局1999年版)主要否定子思作《缁衣》的传统说法,他认为从《意林》《文选注》引文看,《子思子》有,楚简《缁衣》亦有,是两文作者取材同,非直接从《子思子》引,郑樵《诗辩序·诗序辩》谓"'古者长民,衣服不二,从容有常,以齐其民',其文全出于《公孙尼子》",这段话既见于今本《缁衣》,又见于楚简本《缁衣》,三事合一,可证《缁衣》为刘瓛所作,与子思无关。李存山《"郭店竹简与思孟学派"复议》(郭齐勇主编《儒家文化研究》第一辑,生活·读书·新知三联书店2007年版)认为,郭店儒简不仅与思孟学派(以及曾子学派)相出入,而且它们内部之间也相出入。《五行》构建的道德体系是"仁、义、礼、知、圣",《六德》构建的道德体系是"圣、知、仁、义、忠、信",《忠信之道》又强调忠信是"仁之实""义之期",此三篇必非一人或内部关系较近的一个学派所作,因此郭店竹简儒家文献学派归属可能是分散的,不属于某一个学派。这两种说法通过对郭店儒简为子思所作关键证据的质疑,使学界对郭店儒简与子思关系的看法发生了根本性的转向,多数学者重新回到郭店儒简为七十子后学论集的说法上来,只承认《五行》《鲁穆公问子思》等少数篇章为子思所作。

不仅郭店儒简与《子思子》的关系存在争论,上博简《容成氏》《鬼神之明》等篇的学派属性也众说纷纭。由于出土简帛文献学派属性判断的复杂性和不确定性,一些学者认为儒家、道家、法家等是汉代以后制造出来的观念,然后倒置到先秦思想史上去的,比如李锐《论上博简〈鬼神之明〉篇的学派性质——兼说对文献学派属性判定的误区》(《湖北大学学报》2009年第1期)指出,用"六家""九流十家"判断学派,实际是拿《史记》《汉书》对诸子书的想象,来作讨论基础,却忘记这些子书多经过了刘向、刘歆父子的整理。

由此看来,对于出土简帛文献和中国早期学术史的研究,除了基础工作之外,尚需从方法论上进行反思②。

(二) 吏制与地方行政研究

吏制与地方行政史一直是秦汉政治史研究的重要主题之一,很多学者在这一领域中卓有建树,成果突出。随着简牍资料的不断出土和公布,秦汉地方行政史和吏制的研究得到进一步推进,关于郡县吏制、乡官里吏、吏户等问题都有广泛而深入的探讨。

关于郡县吏制。蔡万进《尹湾汉墓简牍论考》(台湾古籍出版有限公司2002年版)探讨了郡府属吏巡行视察制度、吏休制度和卒史署曹制度等问题。廖伯源《简牍与制

---

① 李泽厚:《初读郭店竹简印象记要》,《中国哲学》第21辑,辽宁教育出版社2000年版;陈来:《郭店简可称"荆门礼记"》,《人民政协报》1998年8月3日;郭齐勇:《郭店儒家简与孟子心性论》,《武汉大学学报》1999年第5期。
② 参见李均明等《当代中国简帛学研究》,中国社会科学出版社2011年版,第119—134页。

度——尹湾汉墓简牍官文书考证》（增订版）（广西师范大学出版社2005年版）指出西汉后期郡县属吏称谓存在着实际职务称谓与类别称谓之分的现象，给尹湾简中郡县属吏的类别称谓系统与实际职务称谓系统建立了对应关系，并在此基础上研究了西汉后期郡县属吏的等级划分情况。邹水杰《两汉县行政研究》（湖南人民出版社2008年版）分析了两汉县廷中的吏员设置和县级吏员在县级行政层级结构中的地位，认为县廷官吏是由县令长、丞尉和掾属三个层级组成的，县中诸事由县令长负总责，丞尉佐之，具体执行则由各个掾属分工合作。两汉县廷组织管理接近科层制的管理方式。相关论文还有于琨奇《尹湾汉墓简牍与西汉地方官制》（《中国史研究》2000年第2期）、侯旭东《传舍使用与汉帝国的日常统治》（《中国史研究》2008年第1期）等。

关于乡吏。除了郡县吏、乡吏的设置、职能等问题也备受关注。卜宪群《秦汉之际乡里吏员杂考——以里耶秦简为中心的探讨》（《南都学坛》2006年第1期）指出秦汉乡里吏员的设置有一个动态变化的过程。秦汉之际，国家在乡里基层社会建立了多层次、多系统的官僚管理网络，乡里吏员的秩次较以后秩次级别为高，乡啬夫的秩次从百廿石到二百石不等，要经过中央任命，里一级的领导人也要经由一定的程序由上级任命。王爱清《关于秦汉里与里吏的几个问题》（《社会科学辑刊》2006年第4期）也认为秦与西汉初里吏的选用权在县而非民选，由此保证了国家对基层社会的有力控制。臧知非《简牍所见汉代乡部的建制与职能》（《史学月刊》2006年第5期）认为汉代的乡因辖区和人口分为不同级别，其性质是县政权的分支机构；乡佐、游徼与乡有秩、啬夫并非是一一对应的辅吏与主吏的关系，而是同属县吏序列，受命县廷行使民政、司法等职责，是县政府行使其统治权力的基础。王彦辉《田啬夫、田典考释》（《东北师大学报》2010年第2期）认为秦及汉初国家在乡里设置两套平行的管理机构——乡部和田部，田部的吏员有田啬夫、田佐，里中有田典。陈伟《里耶秦简所见的"田"与"田官"》（《中国典籍与文化》2013年第4期）认为，从目前的资料来看，将田啬夫看作全县农事的主管官员，应该是最合理的判断；迁陵田官与仓、司空和各乡官无异，是隶属于迁陵县廷的一个官署。

关于"吏户"。随着走马楼吴简的公布，为多数学者所认同的"吏户"说受到质疑。黎虎《"吏户"献疑——从长沙走马楼吴简谈起》（《历史研究》2005年第3期）认为，吴简中的"吏"与"民"一起编制于基层乡里，同为国家编户齐民，其经济、政治等方面的权利、义务相同，而"吏"稍优于普通编户，并不存在独立的"吏户"。吴、蜀亡国时所献簿籍中的"吏"数为全国总户口数之内的吏员人数，并非另外之"吏户"。韩树峰《走马楼吴简中的"真吏"与"给吏"》（《吴简研究》第二辑，崇文书局2006年版）认为，"真吏"在官府中正式服役，是一种真正具有身份性的"吏"，"州吏""郡吏""县吏"可能是它的组成部分。"给吏"并不是"吏"，只是在官府临时服役的普通百姓，不具有表明身份的作用。"吏"正在逐渐走向卑微化，这一过程的终点将是"吏户"的形成。相关论文还有侯旭东《长沙走马楼三国吴简所见"乡"与"乡吏"》（《吴简研究》第一辑，崇文书局2004年版），王子今《走马楼简牍所见"吏"在城乡联系中的特殊作用》（《浙江社会科学》2005年第5期），凌文超《"真吏"别解》（《出土文献研究》第十二辑，中西书局2014年版）等。

（三）土地制度研究

土地制度研究一直是战国秦汉经济史领域的焦点之一，伴随着新出土资料的公布，先后引发了两次研究高潮。第一次高潮始于20世纪70年代末。睡虎地秦简、银雀山汉简、青川秦墓木牍等简牍释文公布以后，战国直至秦王朝统一时存在授田这一事实得到确认。但是，对于授田制是否是战国时期的基本土地制度，授田是国有还是私有土地性质等一系列问题，学界看法存在根本分歧。张家山汉简公布以后，由于《二年律令·户律》中有完整的关于田宅制度的律文，再度引发对土地制度问题的热议，掀起第二次高潮。关于这套制度的起源、实态、土地所有制性质、命名，以及它是否是秦汉时期基本的土地制度，所针对的人群，在此之外是否存在其他的土地制度，何时废止等问题，学界认识存在很大差异。主要有"名田制""授田制""限田制"三种解读方式。

第一，名田制。代表性论文有朱绍侯《吕后二年赐田宅制度试探——〈二年律令〉与军功爵制研究之二》（《史学月刊》2002年第12期）、《论汉初的名田（受田）制及其破坏》（《河南大学学报》2004年第1期），杨振红《秦汉"名田宅制"说》（《中国史研究》2003年第3期），于振波《张家山汉简中的名田制及其在汉代的实施情况》（《中国史研究》2004年第1期）、《简牍所见秦名田制蠡测》（《湖南大学学报》2004年第2期），王彦辉《论张家山汉简中的军功名田宅制度》（《东北师大学报》2004年第4期），贾丽英《汉代"名田宅制"与"田宅逾制"论说》（《史学月刊》2007年第1期）等。第二，授田制。代表性论文有高敏《从张家山汉简〈二年律令〉看西汉前期的土地制度》（《中国经济史研究》2003年第3期）、臧知非《西汉授田制度与田税征收方式新论》（《江海学刊》2003年第3期），朱红林《从张家山汉简看汉初国家授田制度的几个特点》（《江汉考古》2004年第3期），张金光《普遍授田制的终结与私有地权的形成——张家山汉简与秦简比较研究之一》（《历史研究》2007年第5期）等。第三，限田制。代表性论文有李恒全《汉代限田制说》（《史学月刊》2007年第9期）等。

长沙走马楼吴简《嘉禾吏民田家莂》公布之后，对于"田家莂"所涉及的土地性质以及"田家莂"中所见常限田、余力田、火种田的性质问题，引起了学界的讨论和关注。对于吴简所见土地性质及经营方式主要有"屯田说"和"佃田说"两种看法。持"屯田说"的代表性的论著有高敏《长沙走马楼简牍研究》（广西师范大学出版社2008年版），孟彦弘《〈吏民田家莂〉所录田地与汉晋间的民屯形式》（《中国社会科学院历史研究所学刊》第二集，商务印书馆2004年版）等。持"佃田说"的代表性论著有吴荣曾《孙吴佃田初探》（《长沙三国吴简暨百年来简帛发现与研究国际学术研讨会论文集》，中华书局2005年版），于振波《走马楼吴简所见佃田制度考略》（《湖南大学学报》2003年第6期）等。

（四）赋役制度研究

出土简牍资料极大地推动了赋役制度的研究，学界围绕秦汉时期的赋役种类、赋税征收方式等问题展开了讨论。

关于田税及征收方式。学界主要有两种看法：一些学者认为秦及西汉的田税征收方式为按户按顷计征，无论有无一顷之地都要交纳百亩田税。如黄今言《从张家山汉简看汉初的赋税征课制度》(《史学集刊》2007 年第 2 期)、臧知非《汉代田税"以顷计征"新证》(《江西师范大学学报》2003 年第 3 期)等。一些学者认为睡虎地秦简《田律》"入顷刍稾,以其受田之数,无垦不垦,顷入刍三石、稾二石"的规定是针对刍稿税的,田租征收则根据实际耕种的土地数量按亩课征。如李恒全《从张家山汉简看西汉以亩计征的田税征收方式》(《江海学刊》2007 年第 6 期)等。此外,学者们就田租、户赋等问题展开了讨论。如杨振红《龙岗秦简诸"田"、"租"简释义补正——结合张家山汉简看名田制的土地管理和田租征收》(《简帛研究二〇〇四》,广西师范大学出版社 2006 年版)、《从新出简牍看秦汉时期的田租征收》(《简帛》第三辑,上海古籍出版社 2008 年版),高敏《关于汉代有"户赋","质钱"及各种矿产税的新证》(《史学月刊》2003 年第 4 期),于振波《从简牍看汉代的户赋与刍稾税》(《故宫博物院院刊》2005 年第 2 期),朱德贵《从〈二年律令〉看汉代"户赋"和"以赀征赋"》(《晋阳学刊》2007 年第 5 期),邬文玲《里耶秦简所见"户赋"及相关问题琐议》(《简帛》第八辑,上海古籍出版社 2013 年版)等。

关于户调。长沙走马楼吴简中有许多"调麻""调布""调皮"的记载,引起学者们对吴国是否实行过户调制问题的关注和讨论。王素、宋少华、罗新《长沙走马楼简牍整理的新收获》(《文物》1999 年第 5 期)直接把吴简中所见的"调"称为"户调",并根据吴简披露当时户分九品,推测传世文献所记西晋特别于"平吴之后",又"制户调之式",首次采用"九品相通"原则,应该含有吴国的户调内容。对此,高敏《读长沙走马楼简牍札记之一》(《郑州大学学报》2000 年第 3 期)提出不同看法,认为孙吴时期无户调之制。王素对高敏的意见作了回应,他在《吴简所见"调"应是"户调"》(《历史研究》2001 年第 4 期)一文中重申了吴简所见的"调"为"户调"的看法。高敏再撰《长沙走马楼吴简中所见"调"的含义》(《中华文史论丛》2007 年第 1 期)一文与王素商榷,重申吴简中所见的"调"都非"户调"之"调"的意见。不过认为从有关竹简中可以窥探出孙吴时期实行的口钱、算赋制度有逐步向户调制转变的轨迹。于振波《走马楼吴简中的"调"》(《中国经济史研究》2004 年第 1 期)认为走马楼吴简中的"调"应该属于苛捐杂税性质,与曹魏实行的制度化之户调不同。相关论著还有杨际平《析长沙走马楼三国吴简中的"调"——兼谈户调制的起源》(《历史研究》2006 年第 3 期)、凌文超《走马楼吴简库布账簿体系整理与研究——兼论孙吴的户调》(《文史》2012 年第 1 期)等。

(五) 户籍制度研究

出土简牍包含不少关于户籍的实物资料,在很大程度上弥补了文献记载的不足,有力促进了秦汉三国的傅籍、户籍制度等问题的研究。

关于傅籍问题。一般认为傅籍指广义的役籍,包括更卒、正卒和戍卒在内的徭役兵役,傅籍的年龄即起役的年龄,也是成年的标志。如臧知非《秦汉"傅籍"制度与社会结构的变迁》(《人文杂志》2005 年第 1 期)。也有学者持不同意见,认为傅籍专指著籍为正卒,即在正卒兵籍上登记,而更卒徭役的始役年龄早于正卒兵役而和缴纳算赋的年龄相同为 15 岁。"正"指正卒兵役,包括一年屯戍(或卫士)兵役,一年力役即材官骑士的地方兵役。如张荣强《〈二年律令〉与汉代课役身分》(《中国史研究》2005 年第 2 期),杨振红《徭、戍为秦汉正卒基本义务说——更卒之役不是"徭"》

(《中华文史论丛》2010年第1期)等。

走马楼户籍简中登载各户家庭的结句简通常作"凡口若干事若干　算若干事若干",对于如何解释前后两个"事"的含义,学界有分歧。整理者最初推测"事"指简,即前一个"事"表示编造该户户籍所用的总简数,后一个"事"为书写缴纳算赋的家庭成员所用简数。[①] 这一看法后来受到了质疑。张荣强《说孙吴户籍简中的"事"》(《吴简研究》第一辑,崇文书局2004年版)认为前一个"事若干"指课役口数,与家口总数结合,后一个"事若干"指徭役,与缴纳算赋的人数结合。而课役人口是在该户家口总数内划定,徭役则是从缴纳算赋者中征发。于振波《"算"与"事"——走马楼户籍简所反映的算赋和徭役》(《汉学研究》2004年第22卷第2期)认为前一"事"当指有劳动能力的人,包括成年男女及有一定劳动能力的未成年女(或次丁),而后一"事"则指应当服役的人口。孟彦弘《吴简所见"事"义臆说》(《吴简研究》第一辑,崇文书局2004年版)指出"事"是指政府向百姓征收赋税、征发力役,包括百姓应当完成官府所要求他们承担的种种义务。吴简中所谓"口若干事若干",指该户有多少口,其中多少口服力役;"算若干事若干",是指应缴纳多少算而实际要缴纳多少算。杨振红《从出土"算"、"事"简看两汉三国吴时期的赋役结构——"算赋"非单一税目辨》(《中华文史论丛》2011年第1期)认为长沙吴简中的"口若干事若干"之"口"指户内家庭人口的总数。"算若干事若干"的"算"指有"算"义务的口数,"事"和天长汉简"事算"一样,指实际服"算"的口数。

关于户籍制度。张荣强《湖南里耶所出"秦代迁陵县南阳里户版"研究》(《北京师范大学学报》2008年第4期)指出,湖南里耶北护城壕所出户籍残简,分别著录壮男、壮女、小男、小女以及老男(女),与商鞅变法后秦国的户口统计方式基本一致。这种户版就是乡保存的户籍,也就是史籍中常常提到的"名数"。黎明钊《里耶秦简:户籍档案的探讨》(《中国史研究》2009年第2期)指出秦代曾经建立了一个严密的户籍制度,新出里耶秦简户籍简牍显示,秦并没有严格执行分异法,小家庭仍然是主导的家庭类型。陈絜《里耶"户籍简"与战国末期的基层社会》(《历史研究》2009年第5期)指出,里耶"户籍简"当为秦人侵吞楚国"青阳以西"之地后的产物,其编录年代或可定为战国末叶。相关论著还有李均明《张家山汉简所见规范人口管理的法律》[《政法论坛》(中国政法大学学报)2002年第5期],杨际平《秦汉户籍管理制度研究》(《中华文史论丛》2007年第1期),袁延胜《论东汉的户籍问题》(《中国史研究》2005年第1期),张荣强《长沙东牌楼东汉"户籍简"补说》(《中国史研究》2008年第4期)、《孙吴简中的户籍文书》(《历史研究》2006年第4期)、《走马楼户籍简中的"中"字注记》(《中国历史文物》2009年第5期)、《读岳麓秦简论秦汉户籍制度》(《晋阳学刊》2013年第4期),凌文超《走马楼吴简采集"户籍簿"复原整理与研究——兼论户籍簿的类型与功能》(《吴简研究》第三辑,中华书局2011年版),王彦辉《出土秦汉户籍简的类别及登记内容的演变》(《史学集刊》2013年第1期)等。

[①] 王素、宋少华、罗新:《长沙走马楼简牍整理的新收获》,《文物》1999年第5期。

（六）律令与司法研究

由于史料的匮乏，长期以来学界对战国秦汉法制史的研究只能依靠辑录的零星资料进行，进展甚微。20世纪随着云梦睡虎地秦简、龙岗秦简、包山楚简等大批法律简牍资料的出土公布，迅速掀起研究热潮。自21世纪以来，随着江陵张家山汉简《二年律令》和《奏谳书》的公布，又掀起了新的秦汉法律史研究热潮。代表性论著如下：

崔永东《金文简帛中的刑法思想》（清华大学出版社2000年版），于振波《秦汉法律与社会》（湖南人民出版社2000年版），张金光《秦制研究》（上海古籍出版社2004年版），阎晓军《出土文献与古代司法检验史研究》（文物出版社2005年版），曹旅宁《秦律新探》（中国社会科学出版社2002年版）、《张家山汉律研究》（中华书局2005年版），朱红林《张家山汉简〈二年律令〉研究》（黑龙江人民出版社2008年版），[日]冨谷至《秦汉刑罚制度研究》（广西师范大学出版社2006年版），蔡万进《张家山汉简〈奏谳书〉研究》（广西师范大学出版社2006年版），刘欣宁《由张家山汉简〈二年律令〉论汉初的继承制度》（台湾大学出版委员会2007年版），李力《"隶臣妾"身份再研究》（中国法制出版社2007年版），高恒《秦汉简牍中法制文书辑考》（社会科学文献出版社2008年版），曾加《张家山汉简法律思想研究》（商务印书馆2008年版），[日]籾山明《中国古代诉讼制度研究》（上海古籍出版社2009年版），杨振红《出土简牍与秦汉社会》（广西师范大学出版社2009年版），杨建《西汉初期津关制度研究》（上海古籍出版社2010年版），韩树峰《汉魏法律与社会：以简牍、文书为中心的考察》（社会科学文献出版社2011年版），张忠炜《秦汉律令法系研究初编》（社会科学文献出版社2012年版）等。此外还有大量的论文发表。讨论比较集中的议题包括张家山汉简《二年律令》年代问题、秦汉律令体系、刑罚体系、司法诉讼制度等。其中最引人注目的是关于秦汉律令体系的讨论。

张家山汉简《二年律令》中众多的律名与九章律的篇目不合，引起学者们对九章律以及汉律结构乃至律令体系的再次关注和讨论。目前有以下诸说：

第一，非萧何创设说。李振宏《萧何"作九章律"说质疑》（《历史研究》2005年第3期）认为萧何在汉初曾经条次律令，但这并不是所谓的《九章律》，《二年律令》才是萧何所创之律。"九章律"乃萧何创设之说，并没有事实根据，充其量是一种理想化的说法。

第二，九字泛指说。孟彦弘《秦汉法律体系的演变》（《历史研究》2005年第3期）认为所谓"汉律九章"，是在《法经》分类的基础上又增加了三类，同时也是泛指汉律篇章之多，而非实指汉律只有九个篇章。

第三，二级分类说。吴树平以秦律与商鞅六律的关系为切入点，主张竹简本秦律独立于六律之外的律目，在秦律编纂体系上的地位可以科目视之，但与构成秦律基本体系的六律不能列为同一层次；六律之外的法律不可能与六律取得同等地位，全部构成一"篇"，成为一大立法类别。[①] 杨振红《秦汉律篇二级分类说——论〈二年律令〉二十七种律均属九章》（《历史研究》2005年第6期）在认同此说的基础上，明确提出秦汉律二级分类说。认为张家山汉简《二年律令》以及传世文献中出现的凡不属于九章的

---

① 吴树平：《秦汉文献研究》，齐鲁书社1988年版，第71页。

律篇，应均是九章之下的二级律篇。另文《从〈二年律令〉的性质看汉代法典编纂修订与律令关系》（《中国史研究》2005年第4期）指出，九章律不仅是萧何作律的专称，而且也是汉王朝各个时期律典的泛称，在吕后二年，它指的就是"二年律令"。

第四，徐世虹《九章律再认识》（《沈家本与中国法律文化国际学术研讨会论文集》，中国法制出版社2005年版）则提出了新的看法，认为萧何"捃撷秦法"的方式主要有两种，一是不作改动，原样移植；二是有所改动，或者改重为轻，或者改轻为重。兴、厩、户三篇"事律"多是袭秦之制而非萧何新创。所谓"作律九章"是就秦律增减轻重，而非重新编纂法典并复加三篇。

四 结语

除了上举诸例之外，官制与爵制、官府文书与国家行政、军事制度与边塞防御体系、簿籍与财会制度、《日书》等数术文献与民间信仰、简帛书信与日常生活、历史地理、医药史、妇女史等领域，以及简帛学基础研究包括简牍制度、释文校订、文字研究、断简缀合、册书复原等都发表了不少专著和论文。限于篇幅，无法一一论列。

值得一提的是，除了简帛资料的整理公布与相关领域的研究之外，自21世纪以来，在简帛学的学科建设方面，也卓有成效。主要体现在以下几个方面。

第一，重视对简帛学基础理论、学术史和工具书的编撰。代表性的成果有李天虹《居延汉简簿籍分类研究》（科学出版社2003年版），李均明《秦汉简牍文书分类辑解》（文物出版社2009年版），张显成《简帛文献学通论》（中华书局2004年版），李宝通、黄兆宏《简牍学教程》（甘肃人民出版社2011年版），沈颂金《二十世纪简帛学研究》（学苑出版社2003年版），骈宇骞、段书安《二十世纪简帛综述》（文物出版社2006年版），甘肃省文物考古研究所、甘肃简牍保护中心《甘肃简牍百年论著目录》（甘肃文化出版社2008年版），李力《张家山247号墓汉简法律文献研究及其述评（1985.1—2008.12）》（东京外国语大学亚非言语文化研究所2009年版），郑有国《台湾简牍研究六十年》（福建人民出版社2011年版），李均明等《当代中国简帛学研究》（中国社会科学出版社2011年版），朱晓雪《包山楚简综述》（福建人民出版社2013年版），张守中《郭店楚简文字编》（文物出版社2000年版），汤余惠《战国文字编》（福建人民出版社2001年版），李守奎《楚文字编》（华东师范大学出版社2003年版），李守奎等《上海博物馆藏战国楚竹书（1—5）文字编》（作家出版社2007年版），沈刚《居延汉简语词汇释》（科学出版社2008年版），白于蓝《简牍帛书通假字字典》（福建人民出版社2008年版），刘信芳《楚简帛通假汇释》（高等教育出版社2011年版），白于蓝《战国秦汉简帛古书通假字汇纂》（福建人民出版社2012年版），徐在国《上博楚简文字声系（1—8）》（安徽大学出版社2013年版），沈建华、贾连翔编《清华大学藏战国竹简（1—3）文字编》（中西书局2014年版）等。

第二，新成立多家专门的简帛研究机构。早年的简帛研究机构只有中国文物研究所古文献研究室、中国社会科学院简帛研究中心、吉林大学古籍研究所、西北大学简牍研究所等数家，自21世纪以来新增了多家专门的简帛研究机构，比如2000年成立的华东师范大学中国文字研究与应用中心，2002年成立的长沙简牍博物馆，2005年成立的武汉大学简帛研究中心以及复旦大学出土文献与古文字研究中心，2007年成立的甘肃简牍保护研究中心，2009 年成立的清华大学出土文献研究与保护中心、北京大学出土文献研究所等。这些研究机构与团体的成立，不仅改变了以往简帛研究力量集中于少数专门机构和部门的状况，也推出了不少有分量的研究成果，同时为简帛学的发展培养出了许多优秀的青年学者。

第三，多本专门的简帛研究刊物连续刊出。早年创办的中国社会科学院简帛研究中心编《简帛研究》新出版 2001—2013 等 12 辑，中国文化遗产研究院编《出土文献研究》新出版 5—12 辑，西北师范大学历史系、甘肃文物考古研究所编《简牍学研究》新出版 3—5 辑。此外，自 21 世纪以来还新增加了几本简帛研究刊物，比如武汉大学简帛研究中心编《简帛》出版 1—8 辑，清华大学出土文献研究与保护中心编《出土文献》出版 1—4 辑等。这些专门的简帛研究集刊的持续出版，为简帛学的学术交流与发展提供了宝贵的平台。

虽然自 21 世纪以来中国简帛学在各个领域都取得了值得称道的成就，但同时仍然存在资料整理公布滞后、问题研究探讨细碎、盲目跟进新资料、理论反思建构不足等诸多问题。期待在今后的研究中，加强学术积淀，实现释读整理与问题研究并重、微观实证与宏观考察结合，充分挖掘和体现简帛资料的价值，进一步完善简帛学科建设。

第三篇

研究动态

新书评介

史学理论

【新文化史：历史学的"文化转向"】

周兵著，复旦大学出版社2012年版

该书是一部研究新文化史的史学专著，对20世纪七八十年代形成的当代西方史学的主流趋势——新文化史进行了深入研究。全书分上、下两编，上编从不同的方面总体分析新文化史的理论与方法，讨论"文化转向"在历史学中产生的深刻影响和重要变化；下编则将研究视线聚焦到彼得·伯克、林·亨特、娜塔莉·泽蒙·戴维斯、罗伯特·达恩顿、罗杰·夏蒂埃等5位具有代表性的新文化史家身上，作为个案，通过讨论他们具体的理论与研究实践，进一步说明新文化史的特点。该书从理论到实践、从综合性论述到个别研究相结合，对新文化史兴起这一历史学的"文化转向"的前因后果、理论来源、具体表现、代表人物及其成果进行了全面的论述和深入的分析。全书除导论和结语外，共有10章。上编包括5章：第一章《三个维度的转向》；第二章《转向：1980年代》；第三章《新文化史的三个理论来源》；第四章《微观史学与新文化史》；第五章《精彩纷呈的文化史》。下编包括5章：第六章《彼得·伯克与新文化史》；第七章《林·亨特与新文化史》；第八章《娜塔莉·泽蒙·戴维斯与新文化史》；第九章《罗伯特·达恩顿与新文化史》；第十章《罗杰·夏蒂埃与新文化史》。

综观该书，可以从以下几方面看出其特点。其一，关于新文化史，提出了新的观点。该书最重要的观点，即提出新文化史是西方史学的"第六次转折"的观点。作者指出，在"文化转向"之前，西方史学曾经发生过5次重大转折（张广智教授的观点）。分别为：第一次是公元前5世纪古希腊时代西方史学的创立；第二次是公元5世纪，从古典史学转向基督教神学史观；第三次是从文艺复兴开始，人文主义史学诞生；第四次发生于19世纪与20世纪之交；第五次发端于20世纪50年代前后。而作者认为，在20世纪七八十年代出现以新文化史兴起为标志的全方位的史学风气的转变，是西方史学的"第六次转折"。历史学的这一文化转向，具体体现在三个层面：第一，在西方史学主流中，出现了从社会史向新文化史的转向；第二，在文化史学科内部，发生了从传统文化史向新文化史的转向；第三，在历史学的其他分支领域中，也表现出由非文化向重视文化因素、运用文化分析的转向。

其二，综合性论述与个别研究相结合也是该书的突出特点。该书主要分两部分，第一部分是对新文化史的理论与方法进行全面阐述，涉及新文化史研究兴起的背景、史学中文化转向的表现、新文化史的理论来源、微观史研究及其他新文化史研究成果等。第二部分是对著名新文化史学家及研究成果进行剖析，他们是：彼得·伯克、林·亨特、娜塔莉·泽蒙·戴维斯、罗伯特·达恩顿、罗杰·夏蒂埃。综合性论述与个别研究的相结合，使得该书内容更加丰富、完整和深入。

其三，对于微观史学，提出了与众不同、具有启示意义的观点。微观史研究是新文化史研究中最具特色的部分，作者对微观史学的评论，有些内容是以往大多数关于微观史研究的讨论中不曾提及或展开的，如将微观史学分为"文化微观史"和"社会微观史"，即是一种新型的、更加细致的分类。而关于微观史研究与宏观历史研究的关系，认为两者应该是相互结合、相互补充而非对立。

其四，用辩证的态度看待新文化史。该书在赞赏新文化史研究成就的同时，也揭示了新文化史中存在的两大缺陷，即"文化"因素被过分夸大和"文化"概念被滥用。并认为，新文化史终将为未来的史学发展所超越。文化史同经济史、政治史、思想史、社会史一样，共同构成了人类对历史的总体的探知和认识的一部分，所有的这些研究取向都是平等的，并不存在孰优孰劣、孰先孰后和谁决定谁的关系。

（任灵兰）

中国古代史

【中国古代国家的起源与王权的形成】

王震中著，中国社会科学出版社2013年版

中国有五千多年的文明史，然而辉煌灿烂的中国文明是在什么时间、什么地方、经历了什么样的历程产生形成的？许多学术界前辈、国学大师都曾探讨过这一问题。先秦史、早期国家与文明起源研究领域，长期以来被视为文献史学与考古学的"结合部"。这一称谓意味着作为"结合部"的这一领域，在某种意义上属于学术研究中的薄弱环节。因研究对象处于史前和历史时代之间，在史前研究中处于主导地位的考古学话语系统，与文献史学基于传说追述的话语系统并存，构成了这一领域研究队伍各自为战、研究对象扑朔迷离、研究结论多具有不可验证性的特点。在多年来国内学界关于文明与国家起源、早期国家问题的学术研讨会上，由于学科背景的不同，与会的文献史学与考古学者或自说自话，或各执己见、相持不下。《中国古代国家的起源与王权的形成》作者采取多学科交叉结合的研究方法，广泛运用考古学、历史学、人类学的理论，系统整理、分析考古学发现材料，对传世典籍的种种古史传说试作整合解释，提出了一系列富于新意的理论观点，构建了一个全新的古史研究体系。这部力作是对作者近年来提出的"文明和国家起源路径的聚落三形态演进"说、进入国家社会之后所经过的"邦国—王国—帝国"说，以及"夏商周三代为复合制国家结构"说这些学术体系的系统展示和进一步深化、完善。理论创新与实证研究相结合，是该书最大的特色，其学术突破也是多方面的。

（赵庆云）

【中国历史的空间结构】

鲁西奇著，广西师范大学出版社2014年版

该书运用"空间"的观念与方法，思考"空间"对于中国历史发展的意义，分析中国历史发展的进程及其空间结构，可称为"空间维度下的历史分析"。全书分为"区域多样性""核心与边缘""城市与村庄"三大部分，分别讨论了"中国历史与文化的区域多样性""中国历史发展的五条区域性道路""中国历史上的三大经济地带及其变动""王朝的'核心区'及其变动""内地的边缘""'边缘'的'核心'""权力与城市空间""乡村聚落形态的演变及其区域差异"等主题，多角度、多层次地回答了"统一、多元中的中华帝国是如何可能的"这一宏大命题，得出了一些具有鲜明个性特点的认

识。尝试结合现代西方地理学的"空间""区域多样性""核心""边缘""乡村聚落演变"等理论来分析中国的历史发展，很多思考都是基于地理因素的。作者一开始就阐释了"空间"的力量和意义。贯穿全书的一个观点是中国历史发展存在"区域多样性"。承认"区域多样性"的事实，我们在看待中国历史发展或者在研究过程中，会打破固有的、统一的中国历史发展模式，各地区走过一个大致相同的发展道路的思维错误。空间是历史的舞台。作者以独特的视角思考"空间"对于中国历史发展的意义，分析中国历史发展的进程及其空间结构。

（赵庆云）

【清华大学藏战国竹简（肆）】

李学勤主编，中西书局 2013 年版

第四辑包括了一篇题作《筮法》的文献，记载了一种盛行于战国时代楚国、不同于《周易》的占筮方法。这篇文献保存良好，没有明显缺损，入藏清华时全篇大部仍维持原来成卷的状态。全篇文字分栏书写，并且附有插图和表格，体例犹如一幅帛书。简文详细记述占筮的原理和方法，包含大量以数字卦表现的占例。数字卦的形式与天星观、包山、葛陵等楚简中的实际占筮记录一致。其中八经卦的卦名类同于《归藏》，如坎皆作劳，震或作来（厘）等。为先秦三《易》的研究提供了重要线索。《筮法》还有将八卦分置八方的卦位图，在迄今所见《易》图中是最早的。还包括一篇题作《算表》的文献，数学史专家认为是目前发现最早的实用算具。《算表》填补了先秦数学文献的空白，不仅比目前能够见到的古代十进制乘法表年代都早，而且其数学与计算功能也超过了前几年发现的里耶秦简九九表和古代其他乘法表，在当时世界范围内也是相当先进的，是中国数学史乃至世界数学史上的一项重大发现。《算表》为春秋战国时期是中国传统数学的一个高潮，而且是第一个高潮提供了佐证，使国内外否定中国古代数学成就的虚无主义态度不攻自破。

（赵庆云）

【战国秦汉社会经济形态新探】

张金光著，商务印书馆 2013 年版

该书深入研究了战国秦社会经济形态，内容包括官社经济体制的根基、官社经济体制下的田间布置规划标准化体系制度、"邑"的社会政治经济实体性、周代的村社组织、《周礼》中的官社经济体制、孟子井田为官社经济体制说、秦的官社经济体制、战国秦汉的"社"与"社"会活动、官社体制下的农民道德政治经济学及赋税原理等。该书对国家掠夺性有深刻揭示，并由此而展开研究，将经济史与政治史结合而成一新的体系。这种有着强烈理论自觉和构建整体解释框架的努力的研究在秦汉史领域非常难得。该书还由此及彼地拓展为关于整个中国历史的、独立的自身社会经济体系的理论系统，在此系统中创造性地提出了符合中国历史实际的七个独一无二的理论范畴和概念，包括：实践历史学，国家权力中心论，中国地权本体论和中国历史自身的递进的、一以贯之的、向连续的四个历史时期：邑社时代、官社时代、半官社时代、"国家—个体"小农时代，等等。从中国历史内在的基本实践历史发展逻辑出发，揭示了中国历史自身固有规律。

（赵庆云）

【秦汉称谓研究】

王子今著，中国社会科学出版社 2014 年版

秦汉时期作为中国古代历史中的一个特殊阶段，由于经历了社会变动、政体新

创、文化交汇和民族融合，社会文化面貌发生了显著变化。社会称谓因此多有新生和复变。在秦汉历史进程中，政情军事变幻纷杂，多有"改易名号，随事称谓"情形。而由于区域出身、族群传统和思想渊源等文化基因的不同，也造成了社会称谓"品目参差，称谓非一"现象。当时的社会结构、社会组织和社会风貌都出现了历史性的重大变化，对于后来社会历史进程也有重要的影响。研究秦汉时期的社会称谓，对于深入认识当时的社会状况进而全面理解当时的历史文化，有不宜忽视的意义。该书试图通过对各种称谓指代者的职业身份、阶级关系、民族立场、社会地位、文化角色的考察，探索秦汉社会历史文化诸问题。

秦汉时期的称谓，有些虽然看似简单，但要提出真确的解说，却也需要认真考论。从《秦汉称谓研究》的篇目看，直接讨论的秦汉称谓有170种左右，然而对于秦汉社会通行的多种称谓而言，可以说仍百不及一。还有许多与秦汉社会称谓相关的问题有待探讨。

（赵庆云）

【器物图像与汉代信仰】

练春海著，生活·读书·新知三联书店2014年版

该书通过对汉代的器物，如熏炉、钱树、树灯、阳遂、铜镜、玉璧、武器、铜鼎等及其图像的讨论，带领读者从图像的背后了解汉代人们的信仰的根源。通过对这些细节的探究，帮助读者更好地理解那些文献失载的当时人们的精神生活的深层内涵。

（赵庆云）

【终极之典：中古丧葬制度研究】

吴丽娱著，中华书局2012年版

丧葬仪式或被当作人生结束之际的告别典礼，丧服和丧葬礼制体现人际关系和某些人生观的根本理念，可以认为是构建中国古代社会的基础之一，此项研究的意义早已超过了其本身，而与国家政治、社会习俗的方方面面发生着千丝万缕的联系。该书在前人研究和已复原唐朝《丧葬令》基础上，对丧葬礼制本身展开探讨。考虑到唐朝社会以皇帝和官僚为中心的特点，全书以讨论皇帝和官僚丧礼为主而更多围绕中晚唐制度进行，并力求对制度的渊源和发展脉络进行追踪。上编为皇帝（附后、太子）葬礼制度或言《国恤》的沿革以及丧葬礼的举办，分为上、下两个单元；下编一是丧葬礼令关系、与官员丧葬法式的探讨，二是官员葬礼和相关待遇的专题研究，分为上、中、下三个单元，内容所及主要是与《天圣令》和唐令有关的一些发现。

（赵庆云）

【天子文书 政令 信息沟通：以两汉魏晋南北朝为中心】

李浩著，复旦大学出版社2014年版

中古时期，皇帝主要通过文书的上传下达来实现对庞大帝国的有效统治。该书从现代秘书概念入手，依据史料和前人研究成果，反观古代秘书职能，详细界定了天子政务秘书、天子政务秘书机构、天子政务秘书系统等概念，深入探究在中国古代史上那些直接为皇帝服务、协助皇帝完成日常政务工作，并保证皇帝与大臣间政务信息畅通的公职小吏及其所属机构的渐进演变过程。从两汉到魏晋南北朝，天子政务秘书系统的机构和人员组成几经变换，其原因发人深思，其过程耐人寻味。开拓两汉魏晋南北朝政治制度演变研究的新视野，充实完善两汉魏晋南北朝秘书史的研究深度，是该书的要义所存。

（赵庆云）

【明清以来长江三角洲地区城镇地理与环境研究】

邹逸麟主编，商务印书馆2013年版

该书主要选编了三个方面的论文，共20篇：2010年由复旦大学历史地理研究中心和安徽师范大学历史与社会学院在芜湖联合主办的"明清长三角人文地理专题研究"学术讨论会上的部分论文；复旦大学"985工程"哲学社会科学创新基地项目"长三角城镇体系演变研究"和教育部人文社会科学研究基地重点项目"清代地理专题研究"研究团队的部分相关成果等。唐中期以降，长江中下游地区经济取得了长足发展，中国的经济重点开始转移到江南地区，也即今天的长三角地区，它包括上海、江苏南部和浙江东北部地区。这一地区的城镇早在唐代中晚期即已发轫，至明清时期，长三角地区的城镇十分繁荣，成为该地区经济的重要组成部分。随着该地区城镇的发展，它对该地区的城镇结构、城镇分布、交通网络、城镇的功能、地域景观，以及江南水网的变化都产生了显著的影响。该书旨在探讨城镇的发展与该地区地理环境的变化及其规律。

（赵庆云）

【桑干河流域历史城市地理研究】

孙靖国著，中国社会科学出版社2015年版

该书所研究的桑干河流域，其地理位置介于内外长城之间，在气候上处于暖温带半湿润区域向寒温带半干旱区域过渡，在经济上属于农牧交错地带。由于宜农宜牧，所以在历史时期，中原农耕政权和游牧民族都曾占据本地区。受其经济形态、开发水平和文化类型的影响，桑干河流域不同时期城市选址与分布格局呈现显著差别，对整个流域的开发及环境变迁都产生较大影响。该书以桑干河流域自西汉至清代的城市（包括治所城市和部分基层城邑）为研究对象，通过复原城址的确切位置，研究其与周边地理环境的关系，及城市分布的空间格局，并从政治、军事、经济形势的演变探讨城市的职能。

（赵庆云）

中国近代史

【晚清人物与史事】

马忠文著，北京师范大学出版社2015年版

百日维新过了近120年，戊戌变法史研究是否已经题无剩义？康有为是如何从籍籍无名迅速赢得光绪皇帝的信任的？晚清重臣张荫桓、翁同龢在戊戌变法前后为何一蹶不振？"戊戌六君子"被捕节点，政变后逃亡者王照是如何偷生又如何自首的？晚清一脉，上承秦汉以降王朝政治的余绪，下开数千年未有之大变局，可谓国史之关键转折。作者从爬梳档案、日记、函札、报刊入手，从关注张荫桓而介入戊戌变法史事考订，涉及康有为周围错综复杂的人事纠葛，以及王照、高燮曾、李盛铎、汪康年、"军机四章京"在戊戌年的活动，进而对李鸿章、张荫桓在旅大交涉中是否受贿和康有为在政治谋划中的行贿策略等最为隐秘的部分也进行了细致的剖析，兼顾慈禧与光绪之死及袁世凯、于右任诸人辛亥前后的行迹。文字灵动，考证精密，无疑会颠覆许多过去的成见，为戊戌变法史乃至晚清史辟一新境。

（赵庆云）

【从幕府到职官：清季外官制的转型与困扰】

关晓红著，生活·读书·新知三联书店2013年版

清末官制变革，将原来"内外相维"

格局改为上下贯注,是近代中国政体转型的重要内容。改制总体目标是仿效西方,由君主专制向君主立宪制过渡。清廷试图通过官制改革奠定立宪的官治基础,进而刷新吏治,提挈政纲、挽救危亡;可是改制反而导致统治秩序严重失范,社会矛盾急剧尖锐,促使清廷速亡。究其原因在于君臣上下只顾一己之私,阻挠及妨碍改革深化,不能回应社会各方面的利益诉求,结局也与他们的预期相去悬殊。该书引用大量未刊档案与清人文集、日记、书信,揭示了清季改制中新旧体制的复杂纠葛,折射出制度兴革与中西历史传统的缠绕,以及对后来政体设置的重大影响。

（赵庆云）

【戊戌变法的另面：张之洞档案阅读笔记】

茅海建著,上海古籍出版社2014年版

戊戌变法真像康、梁所说的那样吗?戊戌变法的主要推动者康有为、梁启超,政变后避往海外,完成一系列关于戊戌变法的著述,也成为后来研究戊戌变法的重要史料。毫无疑问,康、梁是当事人,他们的著述自然有着很高的价值,但他们著述的目的,不是为了探讨历史的真相,而是其政治斗争的需要,故在其著述中有着诸多作伪。康、梁作为政治活动家,此类行动自有其合理性,但给今日历史学家留下了疑难,若信之,必有误,若不信,又从何处去找戊戌变法的可靠史料？该书作者茅海建从新近披露的张之洞档案中试图还原戊戌变法的另一面。该书资料翔实,考据精深,很多细节引人入胜、故事性强。

（赵庆云）

【辛亥首义史】

冯天瑜、张笃勤著,湖北人民出版社2011年版

作为向辛亥百年贺礼的一部大部头学术著作,《辛亥首义史》力图从革命史和地方史相结合的角度,在宏阔又不失专深的历史视野下,详述辛亥首义发生的来龙去脉。

作者在注意吸收前人研究成果的同时,在理论驾驭、史实考证方面有进一步推展,既表达了对学术前辈的充分尊重,也展现了独有的学术思考和创见。

作者借鉴法国年鉴学派三种类型"时段"的理论,从结构、局势和事件的辩证关系剖析辛亥首义这一历史事变的生成机制,既细致入微地梳理1911—1912年发生的短时段革命剧变,还注意探究汉口开埠后,尤其是张之洞督鄂、主持湖北新政以来这一中时段社会变化对短时段革命事变的奠基作用,同时对长时段地理因素对革命事变的影响也给予充分关注。

与此同时,作者还自觉运用唯物史观的历史合力论,对辛亥首义发生前后的国内外政治形势,革命团体演变与革命力量聚集,革命派与立宪派、袁世凯集团、清廷满洲亲贵、西方列强等多种力量的角力与对决等,进行了深刻解析,指出辛亥首义作为中国近代史上划时代的历史事变,正是由以上无数个力相互作用的结果。

在此基础上,作者提出新解,认为辛亥首义是在共和旗帜下第一次成功的城市起义,展现了城市物质文明与精神文明突破专制帝制的近代性诉求,但是由于缺少农村变动的参与和配合,城市起义赢得的成就也就有限,辛亥首义留下了种种未竟之业和令人嗟叹的遗憾。

作者直采大量第一手史料,并以严谨、慎重的态度使用回忆史料,对辛亥首义切关宏旨的历史细节详细考证,澄清了很多讹误。如作者辨析"首义"词源,考察"辛亥武昌首义"得名自孙中山等人,自民初已成定说,并非首义诸人的自诩。而学界长期以来公认辛亥功勋中打响第一枪的是熊秉坤,作者采用内证与外证相结合的考据方法,对史料详加考辨,指

出打响首义第一枪的并非熊秉坤，而是共进会员、士兵程定国（正瀛）。同时作者也指出，虽然熊秉坤不是打响第一枪者，但是熊氏作为革命党人代表，是发难过程的重要组织者和代表人物，对首义贡献巨大，视其为辛亥首义彪炳千秋之功臣同样实至名归。

再如，学界一般将1904年7月在武昌成立的科学补习所视为辛亥首义前湖北革命团体的发端。作者经过周密考证，指出吴禄贞等在1903年5月发起主持的武昌花园山秘密聚会，虽然没有正式名称和组织形式，但是运动新军以实行抬营主义的策略正是在秘密聚会上提出，并付诸实际行动，对后继革命团体的形成和发展产生重要影响，因此花园山秘密聚会应是湖北革命团体的源头。此观点实发前人所未发。

又如谋略处是否真的是湖北军政府成立初期的军事指挥机构这一问题，学界至今尚未有定论。大部分论者持肯定观点。但有论者指出凌驾于参谋处的谋略处事实上并不存在，所谓"谋略处"，只是某些当事人对参谋部的误记。作者对原始文献考镜溯源，指出在10月11日至17日确实存在着一个发挥谋略军政要务的临时性指挥机构，这已被多位首义参加者、军政府当事人的追忆文字所确认，但是否确为谋略处名义，在未获直接文献证实之前，应该打上问号，不能妄下结论。显示了作者独立客观、实事求是的治学态度。

作者秉承一贯的微观辨析与宏观把握相结合，义理、考据、辞章三者相济的研究方法，寓宏大叙事中观照微观事件，于史料钩沉与剔抉间重构历史记忆。

作者充分利用丰富的影像数据，全书附有600余幅历史老照片插图，为读者提供了大量生动、具象的视觉信息，文图互证，对于了解辛亥首义故事大有裨益。

（柯　言）

【商民运动研究（1924—1930）】

朱英著，北京大学出版社2011年版

商民运动，乃是国民革命时期与农民运动、工人运动、学生运动和妇女运动并列的一种民众运动。其目标是通过动员"革命"的商人（通常指中小商人和工商从业者），来打击"反对革命"的商人（通常指买办和大商人），支持推进国民革命。长期以来，关于国民革命时期民众运动的研究，主要集中于农民、工人、学生及妇女运动方面，对国民党开展的商民运动则研究甚少。

在《商民运动研究》一书中，作者将商民运动与商人内部的分群与结社、国民党与商民运动的开展、商民运动兴衰与国民党的政治转向、商民协会与商会关系作为核心问题，深入讨论了商民运动在国民革命及训政建制之中的角色转变。其研究显示，与一般认为共产党与工农群众、国民党与地主及资产阶级更具有紧密的联系相比，国共两党在国民革命时期对于商人的判断其实立场相近，"商民中有不革命者，有可革命者"。1926年国民党二大通过的《商民运动决议案》，直指不革命者为买办商人、洋货商人、中外合作银行商人等与帝国主义存在密切关系者，号召商民打倒由少数大商人所控制之"旧商会"，成立革命性的"商民协会"取而代之。同年中共中央也通过了专门针对商人的《商人运动决议案》，确定商民运动之目标为动员中小商人反对买办商人。可见此时对商人群体内部划分革命属性是国共两党共同的策略，而且国民党在商民运动方面着力更多。

国民党党部、商民协会及商会之间关系的变化，反映出国民党民众运动的转向。自1924年国民党中央商民部设立，直至1930年国民党下令撤销商民协会、重新实施商会登记政策为止，以商民协会为中心的商民运动是民众运动的重要组成部分。商民运动的兴起、发展和转向的历程，商民协会与商会的对立与冲突，既体现出商人群体内部政治取向的分野，也直接与国共两党特别是国民党的政策转型有关。广东商民部的设立及商民协会的组建，推进了商民运动的起步。湖南、湖北商民运动则代表了商民运动扩展和发展期的组织特征。上海商民运动最后导致商民协会与商会的直接冲突达至顶峰，但当时已是商民协会的弱化时期。作者注意到，商民协会与商会的关系恶化，既与商民协会试图取代商会相关，亦与国民党地方党部要求取消商会相系。在南京国民政府建立之后，国民党中央一度试图平衡二者关系，使二者共存，但商民协会与地方党部仍坚持取消商会，导致更为激烈的商会存废之争，甚至引发上海总商会被毁风潮。面临生存危机，自晚清成立以来的商会爆发出极强的组织力。在国民党中央考虑由革命破坏转向训政建设的大势下，商民协会和地方党部继续革命的要求被搁置。国民党中央最终决定取消商民协会，保留商会。

在革命的叙事架构下，共产党往往被描述为民众运动的实践者和成功者，国民党则被描述为脱离民众运动的失败者。在更多时候，这一描述并无不确。但在国民革命时期，国民党在商民运动方面的表现揭示，国民党亦重视并试图动员民众，并在商民运动方面取得相当成就。当然，相较于共产党所领导的工农运动而言，其声势未显。国民党在商民运动不同进程中的政策，及在商民协会与商会之间的抉择，反映出国民党对于民众运动的复杂态度。在整体上，国民党是在由国民革命向训政体制转换。不过，在国民党中央向右转的时候，地方党部之态度未必与中央完全一致，国民党内的革命力量仍有所抗争。随着商民协会的解散，商会恢复了作为商人合法职业组织的垄断性地位，也意味着国民党与商人之间建立了新的政治关联。商民运动这一革命诉求下的政治插曲遂为新的社团法规下对民众的组织训练所替代。

（魏文享）

【中国苏区史】

余伯流、何友良主编，江西人民出版社2011年版

该书由江西省社会科学院"中国苏区史"重点学科组集体撰著，被列为国家"十二五"重点图书出版规划项目。

该书比较全面地记录了1927年夏到1937年抗战爆发前，中国共产党领导苏维埃运动、创建苏维埃区域和政权的历史。该书对十年苏维埃运动的发生、兴盛到转变的整体脉络，对井冈山、中央、鄂豫皖、湘鄂西、湘鄂赣、湘赣、闽浙赣、海陆丰、左右江、川陕、湘鄂川黔、西北、琼崖以及东江、闽东、通海如泰等苏区的建立、发展、建设到消转的基本过程，都在新的史料和认识基础上，作了全面系统的叙述和展现，使各块苏区在中国土地革命这个大格局中得到了较为恰当的反映，指出它们是中共和红军得以生存和发展的重要基地，是开辟中国革命道路的根本支点，共同支撑和担当着中国革命的阶段性战略任务。书中恢复使用"苏区""苏维埃运动"等当时术语，力求更为客观真实地反映和解读那一段曲折的历史。

该书资料丰富，博综史实与众论，注意吸纳最新出版的解密档案《共产国际、联共（布）与中国革命档案资料》，对各苏区广泛进行学术考察。书中对一些较深层的问题，如毛泽东引兵井冈山的决策、何为"李文林式"根据地、富田事变与共产国际的关系、苏区肃反问题、中华苏维埃共和国历史地位和作用、共产国际指导中国苏维埃运动的功过、鄂豫皖和川陕苏区的历史地位、红四方面军是否"擅自"放弃苏区等问题，以及对红四军"七大"与朱毛之争、宁都会议前后的毛

周关系、西路军失败的原因和责任等一些较为敏感的问题,进行了新的研究和论述。该书注重在时代和历史条件下考察中国苏维埃运动,既分析移植苏维埃制度的客观历史条件,考察全国各苏区内实行的苏维埃政策与实施的结果,也梳理期间的成绩与过失、经验与教训,客观评述十年苏维埃运动的历史作用和历史地位,以及苏维埃运动的深层次矛盾和历史局限,认为十年苏维埃运动目标宏大,内涵丰富,起伏曲折,兴替相接,是中国近代史的重要阶段和重要内容,对近现代历史和社会发展产生了重要影响。

该书贵在综合,注重创新,贯穿了整体历史和秉笔直书的学术理念,反映了苏区史研究的当前认识与水平,是中国苏区史研究的最新成果。著名党史专家石仲泉教授认为,该书填补了中国共产党史和苏区史研究的空白。

(柯　言)

【张力与限界：中央苏区的革命（1933—1934）】

黄道炫著,社会科学文献出版社2011年版

该书共有七章。第一章包括四方面内容：其一,赣南、闽西苏区成长为中央苏区的经过；其二,"九·一八"事变后,在共产国际指导下,中共中央（习称"临时中央"）开始纠正1927年以来的"左"的错误；其三,苏区的社会结构；其四,地缘政治,即中央苏区的外部政治环境。第二章论述了颇具独特性的中央苏区的党、政权、群众组织、红军、妇女、教育和宣传等诸方面情况。第三章叙述了国民党军为第五次"围剿"所进行的作战部署；并强调此次"围剿""七分政治"和"持久消耗"的特点,及由于南京政府全力"围剿"而给中央苏区造成空前的军事压力。第四章描述了中共对第五次反"围剿"所作的准备,并阐述了红军制定防御原则不得不然的理由。第五章讲的是中央苏区在消耗战之下面临的人力、物力空前紧张。第六章揭示了中央苏区在内外挤迫下出现的肃反扩大化、群众逃跑、红军士兵开小差等大量问题。第七章叙述了战争过程、国共两党对福建事变的应对及红军的战略转移。该书不重战争过程的细节描述,而以分析问题见长。具体而言,有以下几个突出特点：第一,指出虽然具体的权力结构和运作方式此后续有调整,但中共革命的几个重要原则,诸如武装斗争、群众路线、土地革命、社会再造等,在苏维埃时期已经牢固确立,由苏维埃革命开始,中共走上了武装夺取政权、革命建国的道路。换言之,作者将毛泽东等创建井冈山革命根据地、中共中央进入苏区、长征直至延安时期,视作一个不曾间断的连续过程,而未将毛泽东与王明等对立起来、割裂开来。第二,认为阶级分化、民生痛苦、政治腐败等传统说法都不足以解释为什么恰恰会在赣南、闽西这块土地上形成革命中心。在一个枪杆子里面出政权的时代,关于革命中心的解说,似乎不能简单停留在土地问题和民众反应中,苏维埃革命的源流,应该也可以有更广阔的来路。其中,国民党统治的分裂是观察国共"围剿"与反"围剿"战争始终不能忽视的基点。第三,革命的成败具有相对性和偶然性；革命的发展是波浪式的,有高潮就有低潮；苏维埃时期是一个中共成长壮大的时代,但远不是中共掌握政权的时代,超常的能量也无法突破可以做、可能做、不能做的限界。

(谢　维)

【交流与对抗：近代中日关系史论】

桑兵著,广西师范大学出版社2015年版

该书收录了作者有关中日关系的十余篇专题论文,《甲午战后的中日关系与留

日学生发端》围绕中日两国地位发生变化、文化交流的主要流向发生逆转之开端展开一系列考证；《"兴亚会"与戊戌庚子间的中日民间结盟》回溯了中日两国民间人士的首次正式联合，考察了中日两国民间人士对于中日关系的认识的变化和尝试联合的努力；《辛亥时期的变政与日本》进一步分析早在甲午战争之前十到二十年就开始占据东亚思想领域主导地位的日本"东学"，是如何深入影响了中国近代知识与制度的转型；《近代日本在华大众传播业》透过梳理近代日本在华大众传播业的发展，重新审视两次战争之间中日之间既冲突摩擦又交流互渗的稳定期。此外，作者还分别以梁启超、戴季陶、孙中山等个案为例，分析了戊戌辛亥之间，在国际格局和两国实力对比不断变化等种种复杂因素的影响下，他们对日态度的发展和变化脉络，丰富了我们对于日本在近代中国知识与制度转型中所起作用的认识。《近代中日关系研究的史料与史学》一篇则从方法论的高度探讨了近代中日研究的相关史料及研究方法。作者力求从取法和材料两方面提升中国中日关系研究的水准，以改变目前相关领域在国际学术界所处的不利地位。所选各题，均尽可能跳出近现代的界域，不受分科专门的局限，将各方各种相关记载比勘互证，由不同视角四面看山，从中日关系以及两国历史的长期发展考察具体问题的走向及变动。注意中日双方各自存在众多利益诉求各异的派系方面，并注意在近代东亚一体化的背景下，日本因素对于中国影响的复杂性，深层次揭示双方从交流走向对抗的渊源流变。

(赵庆云)

【跨越战后——日本的战争责任认识】

步平著，社会科学文献出版社 2011年版

日本的战争责任是指日本发动和实施侵略战争所导致的战争责任，以及由此衍生的相关责任问题。作者所言的日本战争责任认识，主要是指战后日本社会对在第二次世界大战时期谋划、发动、实施侵略战争的战争犯罪和由此对国内外应承担的政治、法律和道义责任，以及因日本政府没能妥善处理战争遗留问题而拖延至今的相关责任的认识。作者长期从事中日历史问题研究，且本身与日本和平团体、友好人士保持着广泛联系，直接参与他们的和平活动与和平教育实践，切身体会到战后日本的战争责任认识的变化与发展。这是作者在书中既展开学理分析，又进行实证研究的基础。

战后日本的战争责任认识，某种程度上属于社会学或思想史的范畴，其内容涉及战后日本不同的社会阶层，而同一阶层中不同社会集团的战争责任认识也有相当大的差异及变化。作者从日本战败投降之际日本人的精神崩溃开始写起，既检证了日本国内以"一亿总忏悔"论为代表的各种回避社会反省的所谓"战败责任"论，也认为东京审判对战时日军暴行的揭露从外部追究日本的战争责任是对日本人心灵的一次强烈冲击，更从日本民众主体意识的觉醒、知识分子的战争责任认识等方面，阐述了日本社会内部对战争责任的追究。作者认为需要重视包括拒绝"国家忠诚"和"悔恨的共同体"等知识分子关于战争责任的思考，因为其促使了战后日本社会各个阶层从内部开始反省本身的战争责任。

战后日本的战争责任认识，往往是站在自身"被害"的立场上思考战争责任，相对缺乏从加害角度反省战时日本对亚洲邻国造成巨大灾难的战争责任。20世纪六七十年代，以美军在越南战争中的暴行和反映战时日军在华暴行的《中国之旅》一书的出版为契机，日本国内出现了关于南京大屠杀的讨论，出现了家永三郎的教

科书诉讼运动，刺激了日本国民反省战时日本的加害责任。经抚顺战犯管理所改造的原日本战犯，在1957年成立了中国归还者联络会，出版反省战争责任的图书杂志，并现身说法，开展证言活动，引起了日本社会关于"犬死"（即无意义之死）的激烈辩论，促使日本社会的战争加害意识逐渐从盲目走向自觉。作者认为应充分关注日本社会的这一变化。

战后日本的战争责任认识虽发生了很大变化，但由于中日两国民众的战争体验不同、战后生活各异，以及国际环境所致的交流不畅和语境障碍等因素的影响，导致中日两国民众在战争责任认识方面仍存在相当的差异。尤其是日本右翼势力美化侵略战争的翻案逆流，更刺激了中国民众的历史记忆和民族感情。作者以1995年广岛和平纪念资料馆到美国国立航空宇宙博物馆的展览计划因美国退伍军人抗议而搁浅的事件为例，指出广岛不得不承受国家对于战争责任与历史认识暧昧的责任。继而，作者比较了南京大屠杀遇难同胞纪念馆与广岛和平纪念资料馆所体现的感情记忆，提出在战争责任认识的问题上，日本人应当从广岛走向南京，即必须了解侵略战争对中国人民造成的巨大灾难，认识到作为加害国国民的战争责任和战后责任；同时，呼吁中国人开阔胸襟，从南京走向广岛，从而使感情记忆跨越国境。

建立跨越国境的历史认识是说起来容易、做起来非常困难的事情，作者以德法和解、德波和解为例，论证了建立跨越国境的历史认识的必要性与可行性。作者根据参与建立东亚各国历史事实共有的经历，认为中日历史问题表现为政治、民众与学者三个相互交错的层面，提出了开展中日共同历史研究的三步走方案，从而使共同研究在日本侵略中国的战争性质及战争暴行问题上达成共识，具有非常重要的意义。作者在旁征博引的同时，还以亲身体会举例说明战后日本的战争责任认识的变化。从原日本战犯到大学教授，从耄耋老人到青年学子，一个个具体的事例既印证了作者的论点，也反映了作者为建立跨越国境的历史认识所作的努力与思考。

（徐志民）

【近代中国的知识与制度转型】

桑兵主编，经济科学出版社2013年版

该书分为概念、学科、教育、文化、制度5篇，共19章，分别探讨与主题密切相关的一部文化史、分科的学史与分科的历史、"教"与"育"的古今中外、近代中国国字号事物的命运、章程条文与社会常情及其变态等重大问题。概念篇以科学、美术、地方、少数民族为例，由史事展现概念的发生、演化进程及其含义的复杂；学科篇以考古学、中国哲学、北京大学政治学科的成立、中国"文化学"的学科建构以及中山大学人文学科的取向为例，显示以分科为科学的影响以及古今中外学问的不同条理系统的缠绕；教育篇分别考察了所谓私塾及私塾改良、学制改变对高等教育的影响、政教合一与乡村建设的复杂纠葛，可见以外来观念认识中国事务的偏差以及不同学说体制影响近代转型的详情；文化篇则从汉字、冠服、绘画、中医等改革，体察国人在把握民族性与国民性（或时代性）的尺度及其平衡关系方面的困扰；制度篇由改行预算制、邮政与驿传、铨选变更等方面检讨外来体制取代固有制度进程中的种种纠结变异。

（赵庆云）

【西学驱动与本土需求——民国时期"文化学"学科建构研究】

赵立彬著，社会科学文献出版社2014年版

该书介绍民国时期"文化学"的学

科建构，在近代中国知识转型的一般进程中，成为多少有些异样的特例。它以学术史的问题形式而展现近代文化思想变迁的多维面向。与其他现代学科在中国的境遇相比，"文化学"显示了异乎寻常的"发展"之势，这是近代以来在西学驱动下的民族自觉和文化自觉发展的结果。知识自觉（"文化学"的学科自觉）是文化自觉（民族意识觉醒和对中国文化历史地位的自觉）的派生，近代中国社会恰好提供了这一具体学科转型的土壤。

(赵庆云)

中国当代史

【《中国共产党历史》第二卷（1949—1978）】

中共中央党史研究室著，中共党史出版社 2011 年版

中共中央党史研究室负责的《中国共产党历史》第二卷历经 16 年的编写和修改于 2011 年 1 月出版。全书 98.8 万字，分为 4 编 31 章，记述了从 1949 年 10 月中华人民共和国成立到 1978 年 12 月中共十一届三中全会召开这 29 年的历史。

该书第一编反映的是中华人民共和国成立和向社会主义过渡的实现（1949 年 10 月—1956 年 9 月）这七年的历史。主要涉及提出中华人民共和国成立后的主要任务是变农业国为工业国，建立起高度统一的人民政权，实现了祖国大陆的统一，确立了以独立自主、平等为主要内容的新型外交关系，肃清了帝国主义在华势力，出台了以土地改革为龙头的各项社会政策，进行抗美援朝、抗美援越巩固了国防，恢复和发展国民经济，开始大规模进行经济建设，建立起基本的政治制度，实行三大改造形成了以公有制为基础的计划体制等问题。

该书第二编反映的是社会主义建设的全面展开和对中国特色社会主义道路的艰辛探索（1956 年 9 月—1966 年 5 月）这十年的历史。主要涉及十个方面的问题：中共八大提出了社会主义建设的路线方针政策，全党整风和反右派斗争，社会主义建设总路线和"大跃进"、人民公社化运动，从纠正"左"倾到反对右倾，对国民经济和社会政治关系的调整，中苏论战与中苏关系破裂，提出以反修防修为内容的阶级斗争为纲理论，克服困难自力更生，社会主义教育运动，三线建设。这一部分还单列一章对十年间中共取得的成就、积累的经验、探索中出现的曲折进行了分析总结。这段历史反映了中共探索社会主义建设道路明显存在理论准备不足的缺憾。

该书第三编反映的是十年"文化大革命"的历史。主要内容包括"文化大革命"的发动，全面夺权与中共九大召开，"斗、批、改"运动与搞战备，林彪集团覆灭，外交战略的转变带来外交关系的新局面，1975 年邓小平整顿，粉碎"四人帮"等七个方面。"文化大革命"是一场内乱，是中共探索社会主义建设道路走入歧途的表现。当然，对"文化大革命"的否定不等于要忽视和否定从 1966 年 5 月到 1976 年 10 月这十年间的进步和成就，如外交新局面的开拓、农业的稳定发展、高科技获得突破等。

该书第四编反映的是在徘徊中前进和实现伟大的历史转折（1976 年 10 月—1978 年 12 月）这两年多的历史。主要就揭批"四人帮"、恢复正常政治生活、现代化建设加快步伐、拨乱反正取得局部进展、"左"的方针的继续、真理标准问题大讨论、大规模出访和酝酿改革开放、中共十一届三中全会实现伟大历史转折等进行了阐述。这两年为走向改革开放和社会主义现代化建设新时期作了比较充分的准

备。该书对华国锋给予了较为客观的评价。最后该书还对中共领导社会主义革命和建设的伟大成就及基本经验进行了总结。

该书总的看有如下几个鲜明特点：第一，视野宽阔，内容丰富。该书在论述中共制定重大政策时，都会观照国际国内各种因素，非常注重政治、经济、文化、社会的相互作用。对于以往不太关注的新民主主义社会也给予了详细论述。第二，全面细致、评价客观。该书记述了这段历史上中共的几乎所有重大事件的来龙去脉，尤其是对中共重大决策的细节给予了披露。对一些事件的阐述、评价更加客观，如对林彪主持发出的"一号通令"，该书认为不是反革命活动；对高岗、饶漱石也不界定为反党集团，而是认为他们从事了分裂活动。第三，史料丰富，新材料多。该书的写作运用了大量新史料，尤其是自20世纪90年代以来公布的史料大多被吸收进来。新史料约占全部史料的一多半。第四，集体编著，质量可靠。该书不是个别史学家的专著，而是由中央部门负责、集体撰写，具有最高权威性的一部中共历史著作，代表了国内中共历史研究的最高水平。

（赵庆云）

【中华人民共和国史】

《中华人民共和国史》编写组，高等教育出版社2013年版

《中华人民共和国史》是中央马克思主义理论研究和建设工程重点编写教材。《中华人民共和国史》编者结合时代特点，吸收学术界最新研究成果，在查阅、参考大量历史文献资料的基础上，全面叙述1949年中华人民共和国成立以来的历史。该书坚持以马克思列宁主义、毛泽东思想和中国特色社会主义理论体系为指导；充分反映马克思主义中国化最新理论成果，力图编写一本具有中国特色、中国气派、中国风格的中华人民共和国史教材。

（赵庆云）

【当代中国史研究纵横谈】

程中原著，上海人民出版社2015年版

该书是一部关于国史研究理论、实践与方法的专题文集，选自作者20多年来发表的有关此课题的五六十篇文章和公开回答中外学者有关中华人民共和国史研究中遇到的几十个问题。这是一部浓缩了作者几十年学术成就及治学之道的集大成之作，很值得国史研究工作者认真一读。该书以实践经验回答中华人民共和国史研究的重大理论和方法问题。观点新颖、独到，内容有一定的广度、深度和高度。从广度来说，该书就国史研究编修的重要意义和指导思想，国史的主题、主线、主流，国史和党史的联系与区别，国史的特点，国史的分期等理论问题发表了作者的见解。作者又就在实践中有所领悟、有所体会的人物研究和传记写作问题，史料考证方法问题，对口述史的认识和做法等研究方法问题，谈了自己的看法，涉及的领域十分广泛。从深度和高度来说，作者就国史研究重大理论和方法问题提出的许多观点新颖、独到，具有一定的理论深度和政治高度。关于研究编修中华人民共和国史的重要意义和指导思想，作者系统梳理了从邓小平到习近平关于国史研究编修的重要论述和指示。作者认为，中国共产党领导中国人民为建设现代化社会主义强国而奋斗，这就是中华人民共和国史的主题。中国特色社会主义的奠基、开创和发展，构成中华人民共和国史的主线。中华人民共和国的历史是成功的历史，其主流是胜利、成绩和经验，但研究中华人民共和国史不应回避错误、挫折和失误。

（赵庆云）

【毛泽东对新中国的历史贡献】

李捷著，社会科学文献出版社 2015年版

该书作者从马克思主义发展、科学社会主义的发展、民族复兴、文明发展、世界文明发展五大坐标和创建中华人民共和国、确立社会主义基本制度、进行社会主义建设和适合中国国情的社会主义道路的探索三件大事论证了毛泽东的历史地位和伟大贡献；论述了毛泽东对社会主义建设规律不断探索继续推向前进的实践，形成了许多重要理论成果；肯定了毛泽东在历史关键时刻作出抗美援朝、加强国防现代化和搞"两弹一星"、推动中美关系正常化等重大决策，同时也没有回避"文化大革命"这一重大历史问题，用事实和理论分析，得到令人信服的回答，这是理论界至今很少涉及的，对于实事求是地总结历史经验有极其重要的意义。该书对澄清历史事实、回击对社会主义的歪曲、教育青少年都是很生动的教材。

（赵庆云）

【国步艰难——中国社会主义路径的五次选择】

萧冬连著，社会科学文献出版社 2013年版

该书对当代中国的历史轨迹作了一番系统逻辑梳理。作者认为，从执政党的建国方略、发展模式和基本政策角度考察，自 1949 年以来，中国社会主义的实践路径经历了五次选择，即实行新民主主义、效仿苏联模式、追寻赶超之路、发动继续革命和转向改革开放。中共的这些选择，在当时都有历史的、观念的因素起作用。而反击右派、发动"文化大革命"等事件，固然直接源于毛泽东的决断，也是制度与政治生态组成的复杂合力所致。通过这种梳理，为人们思考中国未来走向提供了某种历史经验的支持。

（赵庆云）

【中国共产党"三农"思想政策史（1921—2013）】

武力、郑有贵著，中国时代经济出版社 2013年版

该书分上、中、下三编，主要介绍了中国共产党自 1921 年成立始至 2013 年共 90 多年间，中国共产党关于农民、农村、农业问题的认识和政策的演变过程。作为第一本系统、全面论述中国共产党 92 年来认识和解决"三农"问题历史的专著，对于关心和研究"三农"问题的人们具有重要的价值。该书集专门史、通史和思想政策史三者于一身，对革命、建设和改革时期的"三农"思想政策进行了完整的梳理。社会主义初级阶段之所以是当代中国的最大国情、最大实际，最重要的一个原因就是中国的"三农"问题还没有得到很好的解决。要真正解决"三农"问题，关键是要靠科技，实现科技兴农，要加强合作化，在市场在资源配置中起决定性作用的基础上，充分发挥政府的主导和扶持作用，调动农民合作积极性，让城乡共享现代化成果。随着社会的发展，目前中国的"三农"问题进入了一个新的阶段。党的十八届三中全会提出了城乡一体化的改革思路，我们要积极探索在推进城乡一体化的进程中，在更高的水平上解决"三农"问题的新思路和新机制。

（赵庆云）

【中国共产党与当代中国文化发展研究】

杨凤城著，中共党史出版社 2013年版

该书是中共党史学界思考文化发展问题的一部力作。作者从执政党的视角出发，以文化为主线，由鲜明的问题意识引

领，在新中国 60 多年的历史时空下，纵论中国共产党执政以来的文化理论方针政策及文化发展历程，努力揭示中国共产党的文化观，深入总结中国共产党文化建设工作的历史经验，从而在当代中国文化研究领域彰显出中共党史学者的研究立场。一个鲜明特点，就是把党的文化建设工作置于党的执政历史空间中，探讨党的文化理论方针政策与党的文化建设实践之互动，力求"历史的理论化"与"理论的历史化"的有机统一。作者在中共执政历史视野下，考察当代中国文化发展诸问题时，既遵守论从史出的史学通则，又注重进行理论分析。作者在书中提出不少独到的观点和见解，如关于中华人民共和国成立初期党领导文化转型的动力机制、制度保障和一元化文化形态的分析；关于毛泽东提出的"双百方针"的评价；对于从 1957 年反右派斗争到"文化大革命"时期"左"倾文化理论及其危害性的反省；对于改革开放以来党的文化建设战略与布局的变迁过程的宏观考察；关于党的知识分子问题的由来和症结的考证及揭示，等等。其中，作者归纳总结的四条经验启示尤为深刻，即科学认识文化的结构和功能，尊重文化演进的特点和规律；科学认识政府、市场和社会在文化建设中的角色和作用；正确处理一元化指导思想、弘扬主旋律和多样化文化发展的关系；建立党与知识分子之间的良性互动关系。切实解决好这些问题，形成"具有中国特色的认知和处理方式"，将有助于深化对于文化发展问题的认知。

（赵庆云）

【中国共产党领导的文字改革】

王爱云著，人民日报出版社 2015 年版

中国共产党领导的文字改革既是近代以来中国历史发展的产物，又是中华人民共和国成立后建设社会主义的时代需要。该书以民主革命时期中国共产党领导开展的拉丁化新文字运动和中华人民共和国成立后所开展的三大文字改革任务，即整理和简化汉字、推广普通话、制定和推行《汉语拼音方案》为主要研究内容，梳理记述中国共产党成立 90 多年来关于文字改革的思想、政策和实践，展现中国共产党领导文字改革的壮阔曲折历程，在此基础上对文字改革特点、所取得的伟大成就和深远影响进行客观评价，并深刻总结文字改革中的缺点、不足和经验教训，以期对当前语言文字工作有所启发和启示。

（赵庆云）

【中国共产党治理新疆史】

朱培民等著，当代中国出版社 2015 年版

该书与其他有关当代新疆的著作最大的不同是，在叙述新疆整个历史发展进程中，确立当代新疆的历史地位。历史是不能割断的，今天的新疆是历史新疆的继承和发展，必须从新疆历史发展进程中，阐明当代新疆的历史定位。新疆政治建设、经济建设、文化建设、社会建设的成就均采用从古至今的叙述方法，可以清楚地看到历史发展和社会进步的轨迹。这里讲的新疆历史发展最好时期，是指新疆历史发展和社会进步达到史无前例的新高度，新疆政治、经济、文化、社会建设取得了举世公认的伟大成就。要从新疆历史发展进程中，阐明当代新疆的历史定位，必须有新的创意和设计，要尽量减少按时间来写带来的"阶段斗争为纲"的内容。该书以中国共产党治理新疆历史为主线和主题，采用六章和一个结束语的结构和布局。第一章《新疆各族人民选择了中国共产党》，清楚地展示了中国共产党在新疆的领导地位不是自封的，而是历史的必然、人民的选择。第二章《中国共产党

治理新疆的指导思想及其实践》，主要阐明毛泽东、邓小平、江泽民、胡锦涛治理新疆的方略，以及这些治疆方略在新疆贯彻执行的实践。第三章至第六章，分别从政治建设、经济建设、文化建设、社会建设四个方面，全面系统地阐明中华人民共和国成立60年来新疆取得的巨大成就、发生的天翻地覆的变化。特别着重阐述改革开放以来新疆所取得的重大成就。

（赵庆云）

【新中国口述史：1949—1978】

曲青山、高永中主编，中国人民大学出版社2015年版

该书以丰富的史料为基础，以口述历史、回忆录的形式，展现了中华人民共和国成立初期近三十年的重大决策和重大事件始末，以口述史的形式，让亲身经历和见证新中国历史的老领导、老同志追忆细节，真实、生动、具体地再现历史，为党史国史研究提供第一手资料，也为广大党员、干部、群众提供生动鲜活的新时期党史读本。该书由中央党史研究室主任曲青山主编，收录了陈锦华、王立诚、阎明复、邓力群、苏维民、李雪峰等50余位老领导、老同志的回忆录、口述历史，是研究这段历史的重要资料和宝贵财富。该书所访谈口述的都是我们党重要历史决策的见证者和重大历史事件的亲历者，是新中国历史的"活字典""活资料"。他们的亲历亲闻、所感所悟，既对改革开放前的历史充满深情和尊重，又对社会主义建设和探索中遭遇的挫折进行实事求是、深刻透彻的反思，体现了共产党人坚定的理想信念和对社会主义事业的深厚感情，表现了共产党人的坦荡胸怀和担当精神。他们通过思往追昔，以亲身经历、生动事例，形象阐明了历史、现实和未来是相通的，历史都是由昨天走到今天、再由今天走向明天的道理，深刻阐释了为什么改革开放前后两个历史时期不能互相否定，也无法人为割裂的真理。

（赵庆云）

世界史

【世界瘟疫史：疫病流行、应对措施及其对人类社会的影响】

王旭东、孟庆龙著，中国社会科学出版社2005年版

该书是中国学者研究世界瘟疫史的尝试之作，它依据世界历史上曾经发生过的一些重要疫病的史料，在前人研究的基础上对疫病的源起、流行或蔓延，人类社会的抗疫，疫病和抗疫给社会及历史进程带来的影响等三个方面，进行了比较全面细致的论述。全书24万字，由三个部分组成。第一编《打开的潘多拉魔盒》，作者以10章的篇幅阐述了历史上一些重大瘟疫的形成、病理原因、发病症候、流行病学特点、起源脉络、传播扩散或世界范围蔓延流行的轨迹，并就疫病与自然环境、人类社会行为之间的关系作了一定层面或范围的揭示。第二编《炼狱里的生死较量》，作者以9章的篇幅从不同疫病的角度阐述了从古至今人类抗疫的漫漫历程。第三编《在作用于社会中改变历史》，作者同样以9章的篇幅从不同疫病的角度阐述了其对人类社会发展所起的客观作用，以及这种作用对历史发展进程所产生的影响。作者通过大量历史事实，揭示了这些重大疫病影响历史的方方面面，勾勒出疫病这一历史要件在人类社会发展进程中不容忽视的客观作用，以供今人和后世警示借鉴。

作为一部医学社会史著作，该书主要有以下几方面特点：其一，视角独特，观点鲜明。该书不是专业技术类的医学史著作，而是一部将医学与历史相结合的医学

社会史著作。对于瘟疫的研究，作者并没有简单地停留在对历史上发生的疫病过程的描述上，而是着力探讨疫病对人类、对社会以及历史发展进程所产生的影响。其二，结构严谨，条理清晰。该书的研究对象是世界历史上发生过的重大疫病，这些疫病的发生和发展在时间上往往贯穿古今，空间上往往跨国跨洲，这种研究对象的特殊性和复杂性使得该论题不易把握，不过作者在书中紧紧围绕着"疫病流行、应对措施及其对人类社会的影响"这一主线展开论述，从而使该书显得结构严谨，条理清晰。其三，图文并茂，史料翔实。作者在论述中引用了古今中外关于瘟疫、麻风病、炭疽热、天花、梅毒、伤寒、黄热病、霍乱、脊髓灰质炎、鼠疫等数种疫病的大量文字及图片资料，较详尽地再现了世界历史上疫病的源起、流行及演变，人类同瘟疫的不懈抗争以及重大疫病对世界历史进程的影响。该书对研究医学社会史的学者有一定的参考作用。

（任灵兰）

【拜占庭帝国史】

陈志强著，商务印书馆 2003 年版

《拜占庭帝国史》是目前中国学者在该研究领域所取得的有代表性的研究成果。该书采用通史与专题史相结合的方法，全面介绍了拜占庭帝国的产生、发展、灭亡及主要特色。全书共计 9 章，其中前 8 章以时间为序，系统勾画了各个时代的军政大事及其影响；第 9 章则以拜占庭的社会生活为研究对象。此外，还包括 4 个附录和 1 个索引。总体上说，从第 1 章到第 8 章基本是通史写法，以王朝为线索，分别介绍了君士坦丁时代、查士丁尼时代、伊拉克略时代、毁坏圣像运动时代、马其顿王朝的统治、拜占庭帝国的衰落和十字军运动、尼西亚流亡政府、拜占庭末代王朝统治及灭亡。在这 8 章里，作者把军区制、《农业法》、查士丁尼的政策、文化救亡运动等专题性分析嵌入其中。第 9 章拜占庭社会生活则是专题性写法，以阶层为线索分门别类地介绍了拜占庭社会生活的各个层面，这些阶层包括皇族和贵族、农业和农民、教会和教士、军队和军人、商人和工匠、知识分子。

该书在中国拜占庭学研究方面体现了两个特点，一是语言方面，即通过语言掌握第一手资料并了解当今拜占庭研究的动态与趋向；二是在拜占庭研究领域体现中国特色。具体来讲，其一，致力于在前人研究和使用第一手资料的基础上，得出中国学者自己的结论。在拜占庭学领域，中国学者的先天不足在于受语言等因素的影响，缺乏第一手资料，其结果往往很难与国际学术界进行直接对话。《拜占庭帝国史》一书充分运用第一手资料，并作到了辨伪存真。这一点在作者关于《农业法》的研究方面有充分体现。作者对照不同版本，全面解读了 85 条《农业法》，大大扩充了以往我们从苏联史料中选择的仅有的 37 条法令；并根据《农业法》的条文对八九世纪拜占庭农村进行了较深入的分析，纠正了以往在苏联"社会发展史观"影响下对拜占庭"封建主义形态"的错误理解，得出了自己的结论。其二，作者立足于中国学者进行拜占庭研究的优势，关注历史发展进程中社会变迁与制度变迁间的密切关系。这方面，中国学者有两个优势：一是中国学者研究拜占庭帝国史很少被民族情感等问题纠缠，能够客观驾驭史料；二是中国古代与拜占庭的交往，由此可以进行发展比较研究。研究中，作者在以王朝兴衰为主线的同时，暗含了另一线索，即在每一章中基本都涉及了拜占庭帝国的经济、社会、文化的制度构建与变迁。比如，在对军区制的研究中，作者把社会变迁与制度变迁紧密结合进行论述，尤其强调军区制是拜占庭社会变迁的逻辑结果。另外，军区制又从两个方面推动了社会变迁。显然，这些研究有助于引发大家对如何制定公共政策、形成有效制度的思考。

（任灵兰）

【英国近代国家的形成——16世纪英国国家机构与职能的变革】

郭方著，商务印书馆2007年版

该书以都铎时期英国的政治制度变革为中心，较全面地论述了16世纪英国国家机构与职能的变革，进而阐明了英国近代国家形成的历史根源。书中各章具体论述了国家财政、枢密院、司法系统、地方政府、议会、教会、王权及社会等级在16世纪逐步产生实质性变革的进程，并对这些变革在近代西方国家形成中的重要历史作用进行了系统阐述。除了前言《试论从中世纪国家向近代国家过渡的基本条件》和最后的结语外，全书共计9章，探讨的主要问题是："革命性的变革：问题的提出与有关论著""变革的基本力量：新经济、新阶级、新人物的兴起""使政权的根基适应新经济结构：国家财政制度的改革""近代国家中央政府制度的发端：集中、精简与部门化的枢密院的形成""国家权力实施的环节与基础的改造：司法系统与地方政府的改革""代表新兴统治阶级力量与意志的最高权威：近代议会的开创""从封建社会的最高权威到完全从属国家政权的专门机构：教会改革""综述：英国都铎王朝王权的演变""16世纪英国社会等级状况例析"。

在从封闭型的自然经济社会向开放型的商品经济社会转变过程中，国家机构与职能的变革情况是世界历史上带有普遍性的问题，也始终吸引着历史学家的目光。该书从具体材料出发，就一系列具体问题深入研究，提出了许多富于启迪的观点，是经过多年不懈努力后写就的一部学术质量较高的著作。首先，对于国家的机构与职能由中世纪型向近代型转变的判断标准，各国学者先后提出了种种不同的观点，因此，对进入近代国家的标志历来较难取得一致意见。该书在参考众多学者提出的标准并结合16世纪英国与西欧的现实后，将历史学与政治学研究有机结合起来，从理论的高度提出了近现代国家所应具备的八项条件。对于该领域的研究来说，这是富有启迪和学术意义的工作。其次，该书对16世纪英国整体的经济与社会状况作了新的深入而细致的评估，对不同观点进行了仔细辨析，并进一步阐明了作者之所以选择这一时段进行立论的依据。最后，该书紧紧围绕国家机构与职能变革这一主题，较为全面系统地论述了英国政治制度的变化，从中可以了解国家财政制度、中央政府制度、司法系统与地方政府、近代议会、国家教会以及王权等多个方面的详细情况。可以说，这一关于英国政治制度史的全新力作对于该领域的研究具有一定的参考价值。

（任灵兰）

【英国土地制度史】

沈汉著，学林出版社2005年版

该书是中国学者关于英国土地制度研究的一部有代表性的学术成果，它以土地制度作为观察视角，对英国自中世纪以来的农业制度的发展变化进行了专门研究。在对若干旧说进行修正的同时，提出了自己关于该问题的新见解，尤其对于近代英国农业资本主义典型性问题的论述有其学术意义。全书凡16章，对从中世纪的土地占有制和耕作制度、土地保有权和各种身份的土地持有者、庄园制、租地农场的出现、新兴地主地产的兴起，然后到近代初期的土地关系、早期圈地运动、近代初期农业经济的发展水平、近代乡村经济组织、近代土地保有权结构和各种身份的土地持有者、后期圈地运动和土地共有权的衰落、近代地产经营方式：地主的工矿业活动和农业经营的二元结构、近代土地法的几个问题、土地经营的规模：小租佃农场和小土地所有者的衰落、中世纪以后英国土地经济发展的道路及若干理论思考等问题进行了比较全面的论述。

英国作为世界上最先完成工业革命的国家，长期以来也被人们视作资本主义农业发展的典型范例，甚至有的学者认为英国和欧洲的资本主义起源于农业。但该书作者的观点却与此不同，他认为英国农业史问题很复杂，不像以往认识的那样简单。如土地所有权、大地产内部的经营方式以及使用雇佣劳动的规模都需要仔细研究，资本主义时代英国农业经济的组织形式亦需要从实际情况出发加以概括，对于资本主义是否起源于农业的问题尚需讨论。作者在对庄园、租佃制、土地持有者、地产经营等个案进行分析研究的基础上，提出了英国从16世纪就开始出现农业三层式体系，以及关于英国经济在资本主义时代并没有实现资本主义的同质化、雇佣劳动关系也没有在各业劳动中全部形成的新观点。由此向国内学人展示了16世纪及其以后英国农业发展的曲折道路，进而对英国农业资本主义的典型性问题提出质疑并作出了自己的合理解释。该书对于研究中世纪和近代英国农业经济发展史有一定的参考价值。

（任灵兰）

【近现代英国农业资本主义的兴衰——农业与农民现代化的再探讨】

文礼朋著，中央编译出版社2013年版

该书通过理论与实际相结合，探讨了农业与农民现代化等重大理论问题，涉及小农经济在历史上的地位和作用，以及发展中国家农业现代化道路等问题。是一部富有创新性的学术著作，从理论上和实证上论述了英国近现代农业发展的轨迹，指出雇佣型大农场并不比农民家庭农场在生产效率上更具优势，近代英国出现的大地产、雇佣型大农场排斥小农家庭农场的农业现代化道路，只是特定历史条件下的产物，并不是普遍性的规律。该书除导论和结束语外，共计6章：第一章《近代以来关于小农家庭农场与雇佣型农场孰优孰劣的争论》；第二章《中古晚期英国农业雇佣生产方式兴衰的历史插曲》；第三章《16、17世纪英国农民分化的再考察》；第四章《18世纪中叶以前的英国自耕农农业革命》；第五章《19世纪70年代以前英国雇佣型大农场对家庭农场的排挤》；第六章《19世纪晚期以来英国及整个西方雇佣型大农场制度的衰落》。

该书认为，国际经济史学界主要利用恰亚诺夫的理论模式来解释自19世纪末以来西方国家雇佣农场的衰落不能令人信服，家庭式农业经营在农业中主导地位的确立应该主要从农业生产的技术特性来解释。作者指出，有关地主—农业资本家—农业雇佣工人的三层农业结构和大地产、大农场制度有利于农业进步和工业革命，有关农民的保守性，小农制是农业技术进步的障碍，小农制无法适应商品化的农业生产、无法为工业发展提供商品粮食，小农经济是专制主义的社会基础等诸如此类的说法，大多是从近代英法两国特定历史条件下的有限经验抽象出来的，并且是根据一种表面性的令人怀疑的因果关系抽象出来的。如果人们把考察的目光扩展到近代的北欧、新大陆、日本等地，扩展到包括英国和法国在内的自19世纪末以来的农业史，扩展到20世纪发展中国家和地区的历史，人们就会深刻地感受到这种叙述模式的缺陷。

该书的突出特点表现在以下几方面：其一，重视理论与实证的结合。该书涉及许多西方经济理论，如马克思主义经济理论、恰亚诺夫学说、农民道义经济学、理性小农学说等，作者在根据理论产生的时间、地点、条件进行解释和分析的同时，引用大量统计材料和前人权威研究著作中的材料，考虑各种材料的可靠性，反复核对，力求准确，在此基础上得出自己的看法和结论。

其二，该书在国内首次对近代英国及其他欧美国家农业资本主义雇佣经营的兴起及农业资本主义的衰落作出了新的解释。认为19世纪70年代以前英国和其他西欧、北美国家雇佣农场的兴盛，主要并非资本主义雇佣农场制度相对于家庭式农业经营的经济效率高，而是有其特殊的时代背景，是一种特定历史条件下的产物。随着雇佣农场兴盛的特定历史条件（粮食价格高涨和农业劳工价格低廉）在19世纪晚期的消失，西方资本主义国家的农业资本主义进入危机，走向衰落。而曾经被经典作家几乎判定死刑的家庭式农业经营，不仅没有被排挤，反而还比雇佣农场更有活力，占据了农业经营的主导地位。家庭农业经营方式也并没有像以往人们所认为的那样成为农业技术进步的障碍，而是实现了现代化。

其三，该书具有较强的论战性写作特点。由于该书的目的即在于质疑和反驳有关"雇佣农场排挤家庭农场"是农业现代化发展的"必然趋势"这一观点，所以每一章节中都以较大的篇幅对西方学者以往的各种观点进行评析，分析他们的利弊得失，并提出自己的看法和得出新的结论。由此，摆事实，讲道理，分析加批驳，论战的特点尤其突出。

其四，该书的写作具有较强的比较史学的特点，尽可能地把每一个时期英国的状况与同时代的其他国家进行比较，同时也将不同时期的情况进行比较，以便重新认识近代英国农业史。这种不局限于英国农业史的考察，使人们能够站在更加广阔的历史视野中来看待英国的经验，由此可以得出许多新的认识。

（任灵兰）

【墨索里尼与意大利法西斯】

陈祥超著，中国华侨出版社2004年版

《墨索里尼与意大利法西斯》是近年来中国学者在意大利法西斯研究领域所取得的有代表性的研究成果。作者基于对翔实的史料、包括丰富的第一手资料的掌握、分析，并且吸收、借鉴了大量国内外相关著作的研究成果，对意大利法西斯主义进行了比较全面、系统和深入的研究与论述；对意大利法西斯主义研究的不同学派、主要观点给予了评介；对法西斯主义研究中的有关重大问题提出了自己的学术观点；并对人们关注的问题和学术界长期争论的问题作出了较为信服的解答。全书40余万字，凡13章：第一章《绪论》；第二章《法西斯主义的崛起》；第三章《夺取政权之路》；第四章《一党专政的确立》；第五章《实行极权统治》；第六章《国家干预制经济》；第七章《职团主义与职团国家》；第八章《文化教育的法西斯化》；第九章《入侵埃塞俄比亚》；第十章《扩张主义外交》；第十一章《步入二次大战的深渊》；第十二章《覆灭与余波》；第十三章《新法西斯主义的兴起与泛滥》。最后附有3个附录：主要参考文件目录；主要意大利文参考书目；主要中文参考书目和后记。

法西斯主义渊源于意大利，研究意大利法西斯主义的历史与现状，有助于揭示法西斯专政以及第二次世界大战期间许多历史现象的本质及其规律，因此具有重要的理论价值和现实意义。该书作者长期致力于研究意大利法西斯主义，已积累了诸多学术成果，而该书更是其积20多年研究功力之代表作。作者站在当今时代的高度，以新的视野、新的角度深入探讨了意大利法西斯主义产生、发展、覆灭过程中的一系列重大问题，集历史性、学术性、知识性于一体，反映了当前中国学术界关于意大利法西斯主义研究的较高水平。

《墨索里尼与意大利法西斯》的学术贡献主要有三点：其一，对意大利法西斯思想和法西斯体制有其独到的见解和深入的论述。尤其对意大利的法西斯体制着墨最多，从政治、社会、经济、文教等方面剖析了意大利法西斯体制的结构、特征与本质。其二，该书较全面、系统地阐述和丰富的资料以及作者的深入研究有助于开展对法西斯主义，主要是德、意、日法西斯主义的比较研究。其三，该书特别设专章专门评述了第二次世界大战后意大利新法西斯主义的兴起和泛滥，以警示当今的人们应吸取历史教训，正视历史，面向未来。

（任灵兰）

【冷战时期美日关系史研究】

崔丕著，中央编译出版社2013年版

该书是一部关于冷战时期美日关系史研究的专题研究著作。作者全面利用自20世纪70年代以来美国、日本、英国等国政府陆续解密的历史档案，在多国多边解密档案互证研究的基础上，深入探讨在冷战这一特定历史时期内，美日关系在政治、外交、安全保障、经济领域的各种变化，深刻揭示了美日关系从敌国向盟国的转换和美日伙伴关系形成与发展的历史过程，对于科学认识当代美日关系演进的趋势及其对亚洲太平洋地区国际政治与国家关系的影响具有重要的学术价值。除绪论和结语外，全书分10章进行专题研究。第一章《美国对日单独媾和政策与日本的抉择》；第二章《美国与日本战争赔偿问题》；第三章《美国对日本南方领土与北方领土的政策》；第四章《美国对日经济复兴政策与中国》；第五章《美日共同防卫援助协定的起源与特色》；第六章《美日相互合作及安全保障条约的形成》；第七章《美国政府处理返还冲绳问题的思路与政策》；第八章《美日对中国研制核武器的认识与对策》；第九章《美日在东南亚的战略合作：印度尼西亚债权国会议的缘起与影响》；第十章《冷战转型期的美日关系：对东芝事件的历史考察》。在这10项专题性研究中，前四章的专题研究旨在揭示美日关系从敌国向盟国转换的历史进程，后六章的专题研究旨在揭示美日战略伙伴关系形成与发展的历史进程。同时，揭示美日关系与东北亚区域冷战态势和美日关系与东南亚区域冷战态势之间的内在联系。

20世纪下半叶，国际政治与国际关系发展的最显著特征莫过于东西方之间的冷战，它对整个世界格局产生了重大影响。在国际学术界，通常将这一历史时期称为"冷战时期"。因此，对冷战时期的美日关系史进行研究具有重要的学术价值和现实意义。该书的主要特点表现在以下几方面。

其一，该书不是关于冷战时期美日关系史研究的通史性著作，而是一部专题性研究论著。作者选取了冷战时期美日关系史研究领域中的10项重大课题，对冷战时期美日关系史中的重大事件、美日关系史研究前沿领域相对薄弱的地方，以及国际学术界存在争论的问题展开深入细致的研究，使之成为一部有关冷战时期美日关系史研究的优秀专题性论著。

其二，该书对冷战时期美日关系史的研究，不仅有助于我们从比较史学研究的视野下审视中苏同盟关系的兴衰，而且有助于我们深化对亚洲冷战和冷战时期东西方联盟政治发展规律的认识，有助于我们科学地揭示后冷战时期亚洲国际政治经济关系发展的趋势。作者认为，亚洲冷战在其结构、特征、发展方式等方面都表现出不同于欧洲冷战的特征。在亚洲，冷战与热战交替出现，集团利益与国家利益之间的冲突异常激烈，东西方意识形态对抗与亚洲地区内部的地缘政治对抗并存；冷战与革命、冷战与非殖民化、冷战与发展主义等多种矛盾交织在一起。应当说，亚洲冷战进程中的上述种种矛盾，无一不与美日关系的变化息息相关。

其三，该书的研究是建立在丰富而扎实的史料基础上进行的。多国解密档案资源是冷战时期美日关系史研究的前提和基础，作者所依据的史料主要为美、日、英等政府的有关解密档案，并采取批判性地研究和利用多国多边史料的态度，充分利用两国或多国解密档案进行互证研究。该书正是在将多国解密档案资源与国际学术界已有研究成果结合的基础上，认识到该研究领域仍存在许多重要历史事实需要重新认定、许多重要课题需要深入探索，从而展开了这种缜密、深入的专题性研究，而作者深厚的史学功底和扎实的史料基础使该书成为有关冷战史研究的又一优秀学术成果。

（任灵兰）

【美国城市郊区化研究】

孙群郎著，商务印书馆2005年版

该书是中国学者第一部系统研究美国城市郊区化的代表性著作。该书围绕美国城市郊区化的明显阶段性特征近代和现代两大阶段，对美国城市郊区化的起源、近代城市郊区化的原因和进程、现代城市郊区化的动因和进程、郊区化对社会及环境的影响进行了系统而全面的研究。该书分为上、中、下三编，上编"美国城市郊区化的起源及近代城市的郊区化"，主要对美国近代城市的郊区化进行了探讨。上编包括三章：美国城市郊区化的起源；美国近代城市郊区化的原因；美国近代城市郊区化的进程。中编"美国现代城市郊区化的动因及历史进程"，考察了美国现代城市的郊区化与大都市区空间结构的变化。中编包括三章：美国现代城市郊区化的动因；美国现代城市郊区化的历史进程；郊区化与美国大都市区的变迁。下编"郊区化对美国社会和生态环境的影响"，主要论述了郊区化对美国社会及环境产生的直接和间接的影响，诸如，郊区化对大都市区政府体制的影响、郊区化对阶级关系和种族关系的影响、郊区化对可持续发展的影响。下编也包括三章：郊区化与美国大都市区政府体制改革；郊区化对美国阶级和种族关系的影响；美国城市的郊区化与可持续发展。

《美国城市郊区化研究》是作者在这个领域反复探索的阶段性总结，在中国城市化研究的原有基础上取得了一些实质性的进展。它拓宽了城市研究的领域，使城市研究更具活力，可以说，是中国关于美国城市化研究的一个新起点。该书的突出特点是结构紧凑、脉络清晰、条分缕析、字斟句酌、逻辑性和理论性较强，对主要问题和概念都有明确的界定和分析。同时，该书在许多方面有可圈可点之处，其一，与以往观点不同，作者提出美国城市郊区化起源于19世纪早期，即美国工业化和城市化初期，认为是伴随着城市公共交通的出现而产生的一种现象。其二，认为城市化与郊区化是"向心运动"和"离心运动"的辩证关系；认为历史的发展不是单线的，而是多维的，集中与分散交错进行的城市与郊区的发展呈现出多维发展模式。其三，在具体论述中，不仅仅局限于美国，而是与欧洲城市郊区化进行比较。其四，注意并归纳了现代城市郊区化的几个新特点，尤其注意到在20世纪20年代以后通勤模式发生的新变化。其五，在郊区化对美国阶级和种族关系的影响方面的剖析也有一定的独创性。总之，该书是一部在美国城市郊区化研究领域有所创见的学术专著。

（任灵兰）

【中外文化交流史】

何芳川主编，国际文化出版公司2008年版

该书是继1987年周一良先生主编的《中外文化交流史》之后，中国又一部按国别、地区反映中国与外部世界两千年文化交流的大型综合性著作。全书分上、下两卷，近100万字，由19位各学科带头人执笔而成。为了增强全书的历史连续性和整体性，该书采用了分篇论述与总体勾勒相结合的方法，依地区由近及远分篇立章。先东北亚、东南亚、南亚，而后西亚、非洲，最后是欧洲、美洲，大体符合中国历史上对外交往的先后序列。同时，每个地区数国再组成一篇。中国—东北亚篇包括：中韩（朝）文化交流，中日文化交流；中国—东南亚、南亚篇包括：中国与越南、老挝、柬埔寨的文化交流，中泰文化交流，中缅文化交流，中国印度尼西亚文化交流，中印文化交流；中国—西亚—非洲篇包括：中国与伊朗文化交流，中国与阿拉伯世界文化交流，中非文化交流；中国—欧洲篇包括：中法文化交往历史启示录，历史上中德民族的文化交汇，18世纪中英文化与政治交往，中俄文化交流，中国与西班牙——文学的交流与互动；中国—美洲篇包括：中国与拉丁美洲的文化交流，中国文化在美国的早期传播及其影响。与此同时，在总论中增设了历史勾勒篇，它包括三个阶段：历史上的中外文化交流——两汉魏晋南北朝时期，历史上的中外文化交流——隋唐至明清时期，西学东渐与欧洲科学在中国的传播（1582—1793），就中外文化交流的历史总体发展给予综合叙述。这样，有点有面，点面结合，古今相联，使全书构成了一个有机整体。

该书在继承和吸收周一良先生主编本的学术特长外，又具有自己的特色。其一，该书是以全球文明的大视角来揭示人类文明发展的大势，由此展示中外文化交流历史图像的多彩画面。这里讲的全球文明的"大视角"是相对于各色各样的"自我为中心"的狭隘文明观而言的。其二，该书在展现中外文化交流历史图像多彩画面的同时，着力反映中国对外交流史上以和平友好为主题的特色。其三，该书集北京大学人文学科的优势，吸纳一些中国社会科学院的同人共同努力完成。它是不同学科专家学者集体劳动的结晶，是一次学术大协作的结果。其四，该书最大的特点，是提出了在文化交流史研究中一些值得深入探讨的理论问题，如，第一，文化交流中的接受与拒斥问题；第二，文化交流中的"误读"现象；第三，文化交流中的融合与改造问题，等等。可以说，该书是中外文化交流史研究领域一部具有继承和开创之功的高质量的学术成果，在中外文化交流史论述的深度和广度上都有新的拓展。

（任灵兰）

考古

【牛河梁：红山文化遗址发掘报告（1983—2003年度）】

辽宁省文物考古研究所编著，文物出版社2012年版

该书属于考古发掘大报告，全面系统地公布了著名的红山文化遗址牛河梁自1983年至2003年考古发掘资料及相关研究资料。该书分上、中、下三册，共分8章，上册包含前三章，中册为后五章，下册为图版，另外单附第二、五、十六地点遗迹总平面图。第一章是总述，包括遗址地理位置与自然环境、历史沿革与古代遗

存、发现发掘经过与遗址保护、发掘与整理方法、女神庙遗址及相关遗迹调查与试掘等内容;第二章为第二地点考古发掘资料,包括一号冢、二号冢、三号冢、四号冢、五号冢等五大墓冢的概况、地层堆积、出土遗物、墓葬分述等详细资料以及六号冢的墓葬与出土物,还对第二地点保护工程建设区域内的考古发掘也予以公布;第三章是第三地点的发掘资料,包括积石冢概况、遗迹遗物、冢体堆积、墓葬分述以及其环沟情况等详细资料;第四章是第五地点的发掘资料,包括第五地点的概括、下层遗存、下层积石冢、祭祀坑、上层积石冢等丰富内容;第五章是第十六地点的发掘资料,包括其概况、红山文化遗存、夏家店下层文化遗存等考古资料;第六章是遗址区内采集到的13件红山文化玉器资料的公布;第七章是综合与讨论,涉及遗址地点分期、积石冢特征、出土玉器、遗址群以及牛河梁遗址在红山文化中的地位等相关分析与研究;第八章是多学科综合研究情况,包括环境、人骨、DNA、动物、石料、玉器技术以及出土墙皮等自然科技手段的检测分析;最后附有表格及牛河梁遗址考古大事记。

此外,该书为方便阅读查找,各地点的插图包括线图单独编号,各自起讫,并在插图号前加各地点遗址编号以示区别,如第一地点插图编号为N1图一、N1图二,等等;而相关图版则将各地点出土的遗迹遗物照片集中编列,连续编号;各地点的遗迹遗物却均单独编号。这使得该书整体上更便于阅读与材料使用。

以牛河梁遗址为代表的红山文化是中国史前时期十分重要的一支考古学文化,牛河梁考古大报告刊布资料丰富、翔实、全面、系统,可称鸿篇巨制,该书的出版必会进一步推进牛河梁以及红山文化相关问题的深入研究。

(高江涛)

【秦始皇帝陵园考古研究】

段清波著,北京大学出版社2011年版

1998—2008年,段清波任秦始皇陵考古队队长,通过几年的田野考古勘探,基本究明了秦始皇帝陵园内外城的东西城门及"三出阙"遗址形制,探明了地宫地下阻排水系统,新发现陵区20多座陪葬坑、6座与秦始皇帝陵园有关的高等级秦墓,对陵园之内石质铠甲坑、百戏俑坑、文官俑坑及陵园附近青铜水禽坑等进行了考古发掘。对于上述大量田野考古工作,他及时主持整理、编写了1999年、2000年和2001—2003年3部《秦始皇帝陵园考古报告》,其间也发表了多篇相关学术论文。该书是他10年来从事秦始皇帝陵园考古工作的阶段性总结。

全书分为十章。第一章绪论部分对该书中的相关概念进行了界定,介绍了秦始皇帝陵园的考古发现简史、主要发现、研究概况、研究理论及技术路线等。在此基础之上,在接下来的各章中,对秦始皇帝陵区自然环境与文化遗存分布关系、秦始皇帝陵园排阻水工程、秦始皇帝陵建造时间、秦始皇帝陵封土、秦陵地宫水银、秦始皇帝陵墓道、秦始皇帝陵园三出阙、秦始皇帝陵园的外藏系统、皇帝理念下的秦始皇帝陵园等问题进行了研究。文后还有两个附录,分别为"科技视野下的秦始皇帝陵——'863'计划中的秦陵考古遥感与地球物理综合探查技术""上焦村秦墓主人疑非始皇子女说"。

刘庆柱先生在该书"序"中给予高度评价。他指出,秦始皇陵及其兵马俑的考古发现,成为20世纪后半叶中国乃至世界最重要的考古发现之一,其中秦始皇帝陵园考古发现与研究在秦始皇陵考古研究中,无疑占有极为重要的学术地位。而秦始皇帝陵园考古发现与研究,尤以近年来的考古工作收获最丰。《秦始皇帝陵园考古研究》恰恰就是近年来关于秦始皇帝陵园考古发现研究的重要著作。该书在秦始皇帝陵园研究诸多方面有所创新，如对于秦始皇帝陵的营建时间、秦始皇帝陵的封土高度、历史文献记载秦始皇帝陵"穿三泉""下锢三泉"等问题都提出了新的解释。这些将推动秦始皇帝陵园的考古研究，为秦始皇陵的文化遗产保护事业提供坚实的科学基础。

（洪石）

【六朝墓葬的考古学研究】

韦正著，北京大学出版社 2011 年版

该书汇集了对中国南方出土的三国至南朝四百余年间的墓葬资料，并全面系统地进行了考古学研究。包括六章，分别为分布和分区、分期、墓葬形制研究、随葬品研究、墓葬制度研究、文化交流研究。后有信息丰富的附表。

该书全面收集了南方六朝时期墓葬资料，是一部全面研究六朝墓葬的考古学专著。该书基础是作者博士学位论文，其特点是名师指导严格、基础构架扎实、拓展研究成果斐然。可贵的是，作为学位论文通过之后，作者没有匆忙出版，后经近十年积淀与修改方结集出版。

在考古学研究中涉及南方六朝墓葬的学术成果不可谓不多，但是两种现状无法回避，其一是关于六朝墓葬研究的选题多较具体，其实质研究是落脚于一个省地的考古资料，研究资料、学术成果虽新，但难以全面阐释中国南方六朝墓葬文化的时空变化规律；其二是综合性研究论文囿于篇幅所限，不可能全面分析六朝墓葬资料，同时这方面的宏观研究近年又趋于沉寂。

《六朝墓葬的考古学研究》正是在这样的形势下出版的一部考古学研究著作，作者立足于曾经长年工作的六朝文化之中心地区南京的考古资料，有研究实践、亦见研究心得。鉴于六朝墓葬文化内涵的复杂性，该书首先在空间上划分了长江下游地区等 6 大区域，在分区前提下进行了时代演进的分期研究。书中完成的 6 个地区的 12 幅墓葬型式演化图表、随葬陶瓷器型式演化图表，汇集了作者对六朝墓葬在时空演进方面的观点，便于今后深度考古学研讨。

该书的综合研究部分汇集了作者博士学位论文完成之后的学术研究成果，通过对于六朝墓葬出土资料的考古学研究与文献史学研究的结合，作者试图揭示考古学现象在历史进程中折射的更丰富抑或更真实的信息。这方面的内容使得该书不仅仅对于考古学专业，同时对于历史学、艺术史学等专业更具有可读性。该书信息量大，综合资料多，书后附表对于六朝墓葬中"纪年墓葬""附表新定时代墓葬""墓主身份可考墓葬"分类集成，成为六朝墓葬再研究的新平台。

然而该书第二章考古学研究中的图表未统一比例尺，这对于利用图表分析的其他学者既不直观，又易误导。此外，内容丰富的附表资料与该书墓葬分类、分期成果亦无直接联系。全书第六章之后亦有戛然而止之感，这些亦成缺憾。

（朱岩石）

【昆山绰墩遗址】

苏州市考古研究所编著，文物出版社 2011 年版

绰墩遗址于 1998—2004 年进行前后 6 次发掘，共计发掘面积 3393 平方米，该书即为历次发掘资料的披露。正文共分 5 章，第一章《概述》部分介绍遗址所在地的地理环境和历史沿革、遗址概况和发掘经过、资料整理与报告编写等相关内容。第二章《地层堆积》依次对遗址发掘范围内Ⅰ—Ⅳ、Ⅵ工作区的地层堆积情

况进行介绍。第三章《文化遗存》从"建筑遗迹""灰坑、水井、水田""墓葬"等方面分节叙述，每节按照时间顺序，对从马家浜文化至唐宋时期的不同阶段遗迹现象进行介绍，节末专设"小结"对本节所述遗迹的总体面貌和特点作分析与概括。第四章《文化遗物》依时代顺序，对马家浜、崧泽、良渚、马桥等考古学文化以及东周、唐宋时期的遗物进行详尽介绍。第五章《结语》分别讨论了该遗址各考古学文化的初步分期、马家浜文化时期的稻作农业、崧泽文化分期与崧泽文化墓地、居住址与原始聚落等内容，提出报告者的初步看法。此外，《附表》部分除了灰坑、墓葬、水井、水田等的登记表之外，还有各考古学文化的陶器分期表；《附录》则为一组有关绰墩遗址古水稻、古环境等的研究论文和报告。

总体来看，该书资料详尽、科学客观，在体例、内容等方面多有创新。在体例编排上，与时下发掘报告常常按照遗址所含不同考古学文化的顺序依次介绍遗迹、遗物的情况不同，该报告先将遗址内涵分为"文化遗存"和"文化遗物"两大部分，再在此框架下按照"建筑遗迹""灰坑"等不同类别依次进行从马家浜、崧泽、良渚到马桥、东周乃至唐宋时期的内容报告。这个特点充分考虑到遗址本身所具有的独特性与重要性。绰墩遗址在诸如居住迹象、水稻、灰坑等新石器时代文化遗迹方面资料丰富，是对目前较为欠缺的包括马家浜水田、良渚时期居址等太湖新石器时代遗址内涵方面的极大补充。同时，太湖地区新石器时代遗址多以某阶段考古文化为主体，少见如绰墩这样包含从马家浜、崧泽、良渚到马桥、东周等不同时期完整发展的文化内涵。如此连续的发展序列对太湖地区新石器及青铜时代文化框架的构建、补充和完善具有相当重要的意义。该书采取以遗迹、遗物为纬，以时代顺序为经的编写体例，使遗址所具有"专门史""通史"意味的独特性得到最大限度的展示。此外在内容的编写上，该书除了将历次发掘出土的资料进行科学、客观、全面的整理和报告之外，还在文后附上丰富的有关该遗址水稻、动植物遗存、古环境等方面的系列研究论文，使读者对绰墩遗址的研究进展状况一目了然，凸显了该书资料性与研究性兼具的特色。

（曹　骏）

【余岗楚墓】

湖北襄阳市文物考古研究所编著，科学出版社2011年版

该书属于大型考古发掘报告，全面系统地公布了湖北省襄阳市襄樊区北部一处自然岗地余岗发现的179座楚墓。书分上、下两册，正文六章474页，其中有插图462幅，正文后附有7个墓葬统计表，附录1篇研究文章及2篇检测报告。下册最后附重要墓葬的遗迹遗物彩版52页，黑白图版119页。第一章为概述，主要是对襄阳地区的地理环境、考古学楚文化分布状况、墓地概况及发掘经过、资料整理及报告编写进行了简要叙述；第二章为墓葬综述，介绍墓葬的分布情况并对所有楚墓进行分类；第三章是随葬品介绍与分析，按不同质地、用途对出土的陶器、铜器、漆木竹器、玉石器分型分式介绍；第四章为分期与年代，通过随葬品组合型式与序列发展演进的逻辑分析，并借助已发表楚墓的分期研究成果，对余岗楚墓进行分期断代；第五章为墓葬实录，按墓葬的编号顺序，尽量客观、翔实地报道所有墓葬的材料，并配有平剖面图与出土器物图；第六章为余论，是编著者对余岗楚墓的一些初步认识与研究成果，包括余岗楚墓的等级性质、埋葬规律、文化特征及文化因素分析。附录主要是余岗墓地楚式青铜礼器分期研究、出土部分玉器的无损分

析检测报告与部分出土文物的检测报告。

该书对墓葬材料的公布详细、全面、系统，虽然墓地发现墓葬众多，考古材料必然繁杂，但编著者厘清各类墓葬，历时5年刻苦工作，最终以"实录"的形式把发现的179座墓葬全部地尽可能地公布资料信息，而不像以往有些报告限于墓葬众多就仅公布部分保存较好出土物丰富的个别墓葬，使考古资料有重大缺陷，十分不利于对材料的深入科学研究。

考古发掘资料的公布或者编撰成书的形式近些年有一定的改变，一般的报告多是先报道发现的遗迹，对不同质地种类详细叙述遗物并分型分式，进一步分期探讨年代，最后作一些综述，此类报告准确地说是资料的拣选公布，更重要的是这种报告容易让非专业的其他研究人员迷惑于复杂的型式划分与分期排队。该书的编排虽然有型式划分与分期排队的叙述，但同时又原始的纯资料性质的公布了墓葬材料，这就使读者既看到了原始材料，又有编著者自己型式划分与分期分类的研究成果以参考，当然读者也可依据原始材料提出自己不同的型式与分期研究，这样对考古报告材料的使用方便且客观。当然该书在这一方面也有一点不足，就是章节编排略作调整，最好把墓葬实录放在前面报道，然后再进行编者自己的墓葬分类、随葬品型式划分与分期排队的初步研究。此外，值得一提的是，该书将墓葬分为三大类六小类，而不是简单的大、中、小的划分，十分详细，为其他报告所不多见，值得肯定。

（高江涛）

【关山辽墓】

辽宁省文物考古研究所编著，文物出版社2011年版

《关山辽墓》详细地介绍了每座墓葬的形制、壁画、出土遗物等情况，并对墓志内容进行初步考释，探讨了萧和家族兴衰史。还对墓葬年代、墓地选址与布局、壁画题材等作了初步分析。该报告资料翔实，对于研究辽代考古和历史具有较高的学术价值。

关山辽墓群位于辽宁省阜新蒙古族自治县大巴镇车新村北部的山洼内（原关山种畜场二道沟鹿场），是较为重要的辽代贵族家族墓。关山墓群共包括9座墓，分布在两个相邻的山洼内。东南的山洼名"王坟沟"，内有3座墓，编号为M1—M3；西北的山洼名"马掌洼"，内有6座墓葬，编号为M4—M9。两个山洼独自成区，相距约500米。墓地发现于2000年冬。2001—2002年，辽宁省文物考古研究所对两处墓地进行了考古发掘。

9座墓均为类屋式墓，朝东南向。王坟沟墓地三座墓均为砖筑单室墓，穹隆顶。一号墓（M1）由墓道、天井、墓门、甬道和八角形墓室组成。甬道两侧下部各有一个"凸"字形小壁龛。墓室最宽5.3米、进深3.4米、高3.3米。壁画仅见于墓门过洞两侧，绘有"对弈图"和"修道图"。此墓曾出萧德温墓志。二号墓（M2）和三号墓（M3）由墓道、墓门、甬道和八角形墓室组成。二号墓室最宽4.6米、进深5米、高5米。地面铺砖，原有木棺，发现2个头骨。甬道中部出土石墓志一合，志石上刻萧德恭墓志，志盖内面刻萧德恭妻耶律氏墓志。出土影青瓷器、白釉瓷器和铜丝网络残片等。三号墓室最宽5.5米、进深5.5米、高4.9米。墓道两壁、墓门和门洞两壁有壁画。甬道中部出土萧知行墓志一合。残存影青瓷片和白瓷片。

马掌洼墓地的6座墓规模均较大。四号墓（M4）和五号墓（M5）均是砖石混筑多室墓，由墓道、天井、墓门、甬道、左右耳室和八角形主室组成。四号墓室最宽6.4米、进深6.1米、高5.9米。未发

现葬具和人骨。墓道和天井两壁、墓门正面和门洞两壁有壁画。甬道中部出土秦国太妃耶律氏墓志一方，为萧和夫妇合葬墓。残存有白釉瓷器、影青瓷器、玻璃器等。五号墓室最宽4.8米、进深5.1米、残高3米。未发现葬具和人骨。墓道两壁、墓门正面和甬道两壁有壁画。主室发现一柱石经幢。还残存白釉瓷片等。七号墓（M7）是砖筑多室墓，由墓道、墓门、前室、左右耳室和近方形后室组成。后室边长3.9米、高4.8米。墓道、墓门和墓门过洞有壁画。出土青釉瓷器、银马具、铜器、铁器等。六号墓（M6）和八号墓（M8）均是砖筑单身墓，由墓道、天井、墓门、甬道和八角形墓室组成。六号墓室最宽5.4米、进深5米、高4.5米。墓室后部有长方形砖棺床。八号墓室最宽4.7米、进深5米、残高3.3米。墓室发现一柱石经幢。有散落人骨。墓道两壁有壁画。出土白釉瓷器和影青瓷器，以及铜、铁、骨器等。九号墓是砖筑多室墓，由墓道、墓门、左右耳室和八角形主室组成。主室最宽5.7米、进深6米、高4.8米。发现头骨一个。墓道、墓门和墓门过洞有壁画。出土梁国太妃耶律氏志铭一合。复原数十件影青瓷器。

考古发掘共发现了4合墓志铭（5篇汉文和1篇契丹小字）。依此可知，这是辽代中晚期十分重要的外戚——萧和家族墓地。纪年墓瓷器具有标尺作用，墓志内容增补了《辽史》的内容，具有重要的学术价值。

（董新林）

【四川邛崃龙兴寺：2005—2006年考古发掘报告】

成都文物考古研究所、邛崃市文物管理局编著，文物出版社2011年版

该报告共分七章，主要介绍遗址概况、地层堆积、遗迹现象、出土遗物，最后一章系作者对遗址的初步认识与研究。附录部分介绍了龙兴寺遗址上发现的晚期买地券、邛崃市文物局旧藏龙兴寺遗址出土相关遗物、邛崃龙兴寺遗址出土陶瓷器的初步研究。

邛崃龙兴寺遗址位于四川省成都市西南75千米的邛崃市西侧河边。唐代时邛崃为邛州，是西南军事重镇，也是唐朝与南诏、大理、吐蕃等进行商贸交易的通道要冲。公元705年，武则天还政于时为太子的唐中宗李显，中宗下诏在全国各州创立中兴寺、观，寓意大唐中兴。公元707年，武则天崩，中宗正式即位，为避讳，全国各州中兴寺均更名为龙兴寺。龙兴寺作为邛崃地区规模颇大的寺院，影响较大，在中晚唐年间达到了鼎盛。

龙兴寺遗址自1947年以来不断出土唐代佛教造像、经幢等遗物，其中许多带有龙兴寺的寺名以及永隆、贞元、太和、会昌、大中、咸通等唐代年号。2000—2001年，成都文物考古研究所、四川大学博物馆、邛崃文管所等联合考古队对该寺址进行了勘探，2005—2006年进行了抢救性发掘，发现了唐代至南宋末期的五期寺院建筑遗迹：唐末五代重建的砖塔，根据出土石铭推测可能是经楼所在；罗汉殿基保存完好，为北宋末到南宋时期使用的建筑；四合院建筑基址建筑和使用年代为南宋时期；其他还有佛像埋藏坑、僧房、水井、僧墓等大量遗迹。大规模的考古发掘基本弄清了唐代龙兴寺的修筑地点、废弃原因及宋代寺院与唐龙兴寺的关系，使得在地下湮没千余年的龙兴寺面貌逐渐清晰起来。寺址还出土了具有唐代特色的佛像、弟子像、菩萨像、石经幢、石经版建筑构件以及陶瓷生活用器等大量遗物，其中十余件石雕像表面施釉的现象较为罕见。出土瓷器的窑口主要为邛窑，还有龙泉窑、耀州窑、景德镇窑、定窑、建窑等。

该报告是四川地区佛教寺院遗址的首部考古发掘报告，图文并茂，多方位、客观、翔实地对发现的遗迹和遗物作了细致的报告，还原了其历史轮廓。该报告与1958年出版的《四川邛崃唐代龙兴寺石刻》（中国古典艺术出版社）、四川大学博物馆石刻艺术馆所藏龙兴寺石刻材料一起，为我们了解唐宋时期龙兴寺的兴盛衰落历史提供了丰富而翔实的实物资料。

（龚国强）

【随州金鸡岭】

湖北省文物考古研究所、随州市博物馆编著，科学出版社2011年版

该书属于大型考古发掘报告，系统地报道了湖北省随州市曾都区金鸡岭遗址屈家岭文化早期至石家河文化晚期丰富的考古资料。全书分7章，正文279页，其中插图253幅，插表11个，后附表4个并附录1份植硅石分析鉴定报告，最后附彩版18页，黑白版照片62页。第一章为遗址所在的自然环境和发掘工作经过；第二章是文化堆积与层位关系，按四个象限区举例介绍了典型探方的地层堆积情况与层位及遗迹单位间的叠压打破关系；第三章具体介绍了遗址发现的各类重要遗迹，包括房址、灶、窑址、烧土层堆积、灰土层堆积、黄沙层堆积、黄土层堆积、黏土堆积、灰坑、灰沟及柱洞等生产生活类遗迹资料，此外还介绍了发现的土坑墓与瓮棺葬；第四章为遗物，为该书的重点内容，遗物按质地分类公布了发掘出土的陶器、石器、玉器与孔雀石，每一小节都按器类详述；第五章为遗址的文化划分与分期，分为屈家岭与石家河两种文化和两个时期；第六章为文化特征与文化因素分析，分为屈家岭文化第一、二、三期与石家河第一、二、三期，共六个时期，并介绍其文化特征及其演变和各期包含的文化因素；第七章重点叙述了遗址屈家岭文化与石家河文化时期的聚落结构，并考察了其环境变迁与人地关系。

该书较为详细地公布了金鸡岭遗址的考古发掘资料，而该遗址是随州目前发现的面积最大的新石器时代遗址，在整个随枣走廊区域内也是一处十分重要的遗址，显然为这一地区史前史的研究提供了非常丰富的第一手资料。更为重要的是，遗址从屈家岭文化早期一直延续到石家河晚期，并可细分为连续发展的6个时期，这就丰富了这一地区考古学文化谱系或文化序列的进一步研究，具有重要的学术意义。从聚落形态考古的角度看，遗址属于新石器时代晚期一处重要的聚落，而且这一时期该聚落的兴衰演变与聚落历时变化比较清楚，成为这一时期该区域聚落形态考古的一处典型遗址，同时也为整个长江流域史前社会文明化进程的考察提供了十分重要的资料。此外，值得一提的是，该书编者还将考古发现的一些重要堆积如烧土层堆积、黄沙层堆积等单列出来给予较为详细的介绍（这类遗存限于认识的原因在以往或其他报告中往往忽略不提）因此该做法十分值得借鉴与学习。

（高江涛）

【西夏六号陵】

宁夏文物考古研究所、银川西夏陵区管理处编著，科学出版社2013年版

西夏王陵是西夏王朝（1038—1227年）的皇家陵寝，是中国现存规模最大、地面遗迹最丰富的帝王陵园之一，有"东方金字塔"之称。1988年公布为全国重点文物保护单位，2011年国家文物局将西夏陵申报世界文化遗产作为2015年重点扶持项目。

西夏王陵位于宁夏回族自治区银川市西夏区贺兰山东麓，东距银川市兴庆区（西夏都城兴庆府所在地）约30千米。

陵区内共发现帝陵9座、陪葬墓250余座，陵区所在地段由于山洪长年冲刷，形成四个自然区域，其中六号陵位于第三区。

该报告全面详细介绍了西夏六号王陵考古发掘资料，同时对地宫资料在简报基础上进行了重新梳理和补充修改，使得六号陵资料得以完整重现。报告共分11章：绪论、角台、外城墙、阙台、碑亭、月城、陵城、献殿、陵台、地宫和结语，分别对陵园各组成部分的地层堆积、建筑结构和出土遗物等进行了详细介绍。文末还附有西夏陵陵主考、月城柱槽统计表、陵城柱槽统计表和枓木洞统计表。

该报告的发表对于研究西夏时期乃至中国古代帝陵制度具有重要意义，其中出土的带西夏文字的残碑对西夏史研究也具有重要意义。美中不足的是，报告在章节划分上过于烦琐，王陵地面遗迹部分被肢解编写成第二章至第九章；而在结语部分又将重点集中于建筑结构、建筑材料、墓葬形制和陵主问题上，对陵园整体布局的讨论比较欠缺。报告中提供的陵园平面布局图比例也偏小，对于陵主问题的讨论主要证据集中于文献和碑文上，仍属一家之言。

（沈丽华）

【新疆史前晚期社会的考古学研究】

郭物著，上海古籍出版社2012年版

该书研究的对象是新疆史前晚期的古代文化遗存，主要是青铜时代至早期铁器时代，约为公元前2000—前100年，重点是青铜时代末期至早期铁器时代，约为公元前13世纪—前2世纪。在全面收集了新疆一个多世纪以来的调查、发掘资料和研究论文的基础上，该书构建出新疆三个主要地区青铜时代晚期到早期铁器时代考古学文化的分期与年代，并进行了地方类型的划分和文化渊源的探讨，对内部和外部考古学文化之间的关系作出了相应分析。在上述基础上，还探讨了新疆地区史前文化与社会的演进变迁，即从畜牧—农耕经济的社会变迁为北疆草原游牧行国和南疆绿洲城郭国家的历史过程。根据考古发现的实物资料，初步复原了汉武帝开通丝绸之路、经营西域之前的新疆历史。

该成果在新疆史前考古学研究领域，早期中西文化交流方面具有重要的学术价值和意义，为寻找更早的考古学文化提供思路和线索，为青铜时代早期文化的研究奠定了基础，从而带动新疆史前考古学文化的系统研究。与此同时，还为探讨汉代三十六个城郭国家的形成以及同汉王朝的互动等问题奠定了基础。该书同时还具有重要的现实意义。史前考古资料证明，新疆自古以来就是周边多民族不断迁入、聚居、融合的地区，新疆自古以来就是新的外来人群不断涵化老的土著人群，成为新的土著人群的地区，其人种、社会经济、宗教和文化的发展是一个持续叠加、涵化、变异和变迁的过程。总之，这是一本集资料性、研究性和现实性为一体的优秀著作，具有重要的学术意义。

该书2011年获得国家社会科学基金的出版资助，入选国家哲学社会科学成果文库。2013年入选国家新闻出版广电总局主办的第四届"三个一百"原创图书出版工程人文社科类图书。

（郭物）

【郑州小双桥——1990—2000年考古发掘报告】

河南省文物考古研究所编著，科学出版社2012年版

该书是一部全面系统介绍郑州小双桥商代遗址考古发掘收获的专题性学术报告。

郑州小双桥遗址位于河南省郑州市西北郊邙山南麓，1990—2000年，河南省文物考古研究所等对其进行调查、勘探和大面积发掘，取得重要收获。此报告就是对小双桥遗址十年的调查、勘探、发掘及多年研究的总结。全书除绪言共有六章，绪言介绍了遗址的位置、发掘及研究概况，还有报告的编写等。第一章介绍遗址的调查和试掘情况，第二章是遗址的分区和地层，第三章是文化遗迹，第四章是文化遗物，第五章是朱书文字和刻画符号，第六章是结语。该报告不仅包含丰富的第一手田野考古调查及发掘资料，同时还在综合分析发掘对象的前提下提出了独特的学术观点。全面系统发表了调查、试掘和考古发掘资料；重点介绍了遗址核心区域的祭祀类遗存；在对出土文化遗物的介绍中，选择典型单位，全面介绍各类出土遗物，以便了解不同类型遗迹的年代和功能；突出了朱书文字和陶器表面刻划符号的学术意义；对遗址的年代和性质有比较明确的定位。

初步结论：一是小双桥遗址文化内涵比较单纯，堆积时间较短，遗址年代大致相当于商代中期，即郑州商城白家庄期；二是遗址规模大，文化内涵规格高，很可能是一处商代都邑遗址。小双桥遗址的发现与发掘，拉近了郑州商城早期商文化与安阳殷墟晚商文化之间的距离，在一定程度上填补了商代中期考古研究的空白；三是数量丰富、类别齐全的祭祀遗存，为我们探讨商代贵族的精神生活和祭祀礼仪提供了实物资料；四是遗址出土的数量丰富的文化遗物是了解商代中期文化面貌的基础，也是推定遗址年代和文化分期的依据；五是对遗址分布范围的确认和中心区的分区，也使得推断商代都邑遗址的平面布局和设计规划成为可能。

（宋国定）

【史前中国的艺术浪潮：庙底沟文化彩陶研究】

王仁湘著，文物出版社2011年版

该书系统整理研究全部庙底沟文化彩陶资料，在分类和演变研究基础上，提出彩陶象征性的认识，特别指出庙底沟文化彩陶存在一个鱼纹象征系统。根据十多类主要纹饰的分布范围与传播过程，指出六千年前中国曾出现过一次艺术浪潮，浪潮所及区域文化明显趋同，这是中国文明起源的文化基础，这也正是后来一统帝国出现的基础。该书全面收集了庙底沟文化彩陶的考古资料，按照作者自己的评判标准对庙底沟彩陶纹样进行分类，更多地从原始艺术的角度分析这些纹饰，揭示出庙底沟文化彩陶艺术原理，即连续、对比、对称、动感与地纹表现法，这些正是艺术心理学中的精髓——秩序感。这在已有的中国史前彩陶研究中是难得一见的。作者提出的"双关彩陶""反地彩陶"手法和"西阴纹"母题皆具有独到见解。作者提出观物取象、得意忘象、无象之象这三个彩陶纹样象征意义发展的境界，构成"大鱼纹象征纹饰系统"，是迄今为止对庙底沟文化彩陶象征性最深入和独到的系统研究。作者充分注意到庙底沟文化彩陶的播散，不仅是艺术形式的播散，更是彩陶艺术中所蕴含的那些不朽精神的传播。但是，实际上庙底沟文化彩陶的传播，艺术的动力可能不是最根本的，非庙底沟文化的周边文化更未必一定信仰庙底沟文化"大鱼纹象征意义"。作为彩陶传播的受体，周边考古学文化接受庙底沟文化彩陶的原因可能非常复杂，更有可能是作为受体的周边文化，将部分庙底沟文化彩陶纹样改变为本文化能够认同的象征意义而接受，纹饰虽同，其象征的精神意义早已改变。作者虽然注意到"双关彩陶""反地彩陶"的表现手法，也充分分析了彩陶纹样的动感，却没有深入探讨彩陶的观者在观看彩陶纹样时的精神状态。事实上，"双关彩陶""反地彩陶"表现方法，更使观者产生视力错觉甚至幻觉，纹饰动感刺激观者视觉而促进心理的律动，这些都暗示观者在观看彩陶时很可能处在兴奋、晕眩甚至幻觉的状态，"双关彩陶""反地彩陶"与动感纹饰，才能与进入幻觉状态的观者产生互动，实现心灵的交流。

（罗　明）

【中国出土壁画全集】

徐光冀主编，科学出版社 2012 年版

中国古代遗址和墓葬中出土的壁画内容丰富多彩，是研究古代社会极为宝贵的图像资料。但是因为出土环境、文物保护科技手段局限等原因，20 世纪五六十年代发掘出土的壁画实物较少保存至今。因此照片、摹本成为重要的学术资料。《中国出土壁画全集》全面收集经考古发掘出土的秦汉至明清时期壁画 2153 幅，其中 80% 为首次大型彩版面世，涉及全国 25 个省市区壁画 364 处，其中墓葬壁画 337 处，遗址壁画 27 处。全书根据各省市区出土壁画的数量和状况，以省市区为单位，共分 10 册，其中如陕西出土壁画数量最多编为两册，河北、山西、内蒙古、山东、河南各编一册，辽宁、吉林、黑龙江三省合编一册，甘肃、宁夏、新疆三省区合编一册，北京、江苏、浙江、福建、江西、湖北、广东、重庆、四川、云南、西藏十一省市区合编一册。

全书在第一册设前言、出土壁画分布示意图、出土壁画分布地点及时代一览表。每册各有概述、凡例，图片按时代排序，同一时代内，将有明确纪年的排列在前。每幅壁画均注明名称、年代、尺寸、出土时间、出土地点、保存状况和存放地点，以及方向和位置，并作简要文字说明，以方便读者查阅。

该书是第一次组织全国省级文物考古单位将各省区考古发掘出土的各时期重要壁画系统整理，并结集出版。全书系统展示了中国各地不同历史时期壁画的概貌及其艺术风格。壁画内容涉及中国古代生活的各个方面，其绘画风格多样，时代特征鲜明，具有较高的学术研究和艺术鉴赏价值。该书为研究中国古代历史提供了珍贵、系统的图像资料。

（沈丽华）

【中国青铜器综论】

朱凤瀚著，上海古籍出版社 2009 年版

《中国青铜器综述》是一部全面系统研究中国青铜器的专著，全书分上、中、下三册，共分十四章，2439 页，目录 21 页，插图 178 幅，附图 1109 幅，彩版 48 页，16 开。内容分上、下编论述，上编为通论，从青铜器的起源、发现和研究谈起，对历来各家的青铜器分类与定名作了科学的分析，确定了比较科学、合乎用途和器型的分类，并对青铜器的纹饰、铭文、铸造与加工、仿造、伪造与鉴别都作了精辟的阐释。下编分论分别对二里头文化的青铜器、商代青铜器、西周青铜器、春秋青铜器、战国青铜器以及东周时期边远地区的青铜器按时代、地域、礼器制度进行综合研究。

该书综合考古、收藏、科技、美术众多领域成就，对中国青铜器学科作全面回顾并系统研究，是朱凤瀚先生在 1995 年专著《古代中国青铜器》的基础上，广泛吸收之后近二十年有关青铜器新发现与新成果，不断补充、订正而形成的一部近三百万字的巨著，是目前系统研究中国青铜器必备参考书籍。

该书最大的特点不是简单的青铜器

阐述，而是以考古学为基本依据和基本方法的研究类专著。十分重视青铜器出土背景、分期、分型方式以及分地域的研究，并进一步探讨了青铜器的制作工艺、装饰、辨伪等内容，结合自然科技、美术史、古文字、历史学等多学科研究成果，进行了多层次、多角度的综合深入研究。

（高江涛）

学术会议

【首届"世界考古·上海论坛"在上海举行】

2013年8月23日,首届"世界考古·上海论坛"在上海中国艺术宫(即上海世博会中国馆)的艺术剧场隆重开幕。全球范围内重大田野考古和研究成果评选是"世界考古·上海论坛"的重要组成部分,评选强调新思想、新理念和创新性,强调对当今世界和人类共同未来的重要性,以此推进考古学研究水平的提高和知识创新,提高公众对考古学重要性的认识,促进对世界考古资源和文化遗产的保护,推动更加广泛的国际交流与合作。

入选的重大田野考古发现名单:

1. 危地马拉塞哇遗址的早期祭祀遗迹和玛雅文明起源
2. 印度南部历史早期手工业暨贸易中心库都马纳遗址的考古发掘
3. 乌拉尔最古老的冶金祭祀场所
4. 埃及吉萨金字塔城聚落考古
5. 寻找消失的文明:良渚古城考古新发现
6. 秘鲁亚马孙河上游古代神庙的考古研究
7. 土耳其东南哥贝克力石阵:巨石神庙和新石器革命
8. 墨西哥特奥蒂瓦坎庙宇建筑所体现的世界观和社会史
9. 石峁:公元前两千纪中国北方石城
10. 追踪迈锡尼拉科尼亚的统治者:迈锡尼王国宫殿聚落的发掘

入选的重大考古研究成果名单:

1. 中国西南晚更新世—全新世过渡时期古老型人类的发现
2. 复杂社会初始阶段规律性的差异
3. 缔造社会不平等:君主制、奴隶制和帝制的根基
4. 柬埔寨吴哥:巨型低密度城市化进程
5. 南高加索库拉河流域新石器时代人地关系研究
6. 吴哥文明的起源
7. 美国西南古代村庄聚落的历史生态动力机制
8. 秘鲁特鲁希略太阳神庙和月亮神庙的考古调查
9. 中华文明探源工程研究

每个项目进行学术汇报之后,大会还进行了"古代文明的比较考古学"主题演讲、公众考古讲座和圆桌会议。

(庞小霞)

【中国考古学会第十五次年会在石家庄召开】

2012年11月22—23日,中国考古学会第十五次年会在河北省石家庄市召开。此次年会由河北省文物局协办,由河北省文物研究所承办。中国考古学会第五届理事会理事长张忠培,副理事长王巍、童明康、赵辉,名誉理事石兴邦、黄景略,以及来自全国约50个团体会员单位、包括58位理事的210多位代表出席了会议。时任中国文物学会理事长、故宫博物院院长单霁翔,河北省人民政府特邀咨询孙士彬到会祝贺。大会开幕式由王巍主持,孙士彬、单霁翔、童明康、张忠培先后在开幕式上讲话。此次年会的主题为"环渤海考古学研究"和"其他考古学问题"。会议收到论文或论文提要139篇,

分为6个组进行学术交流，分别由宋建与王炜林、刘绪与栾丰实、郑同修与霍巍、塔拉与田立坤、孙新民与乔梁、杨林与邹后曦召集主持各分组会议，有103位代表在分组会上进行了学术交流。戴向明、刘绪、霍巍、田立坤、乔梁、杨林分别在23日上午的大会闭幕式上汇报了各个组的学术交流与讨论情况。张忠培理事长在大会闭幕式上作总结讲话。23日下午召开了"中国考古学会第五届理事会第三次全体会议"，有47位理事出席了会议。会议由时任秘书长陈星灿主持，由时任副理事长王巍作《中国考古学会第五届常务理事会工作报告》，请理事会讨论并原则通过，理事会还以举手表决的方式授权此届常务理事会筹备拟于2013年10月在西安召开"中国考古学会第六届全国会员大会"。将在西安召开的"中国考古学会第六届全国会员大会"的主题定为"全球视野下的古代中国——以周秦汉唐为中心"。会议还原则通过了《关于加强学风建设》的倡议书。中国考古学会年会在河北省召开，这是第一次，而以环渤海考古为主题的考古学会议，自1986年由苏秉琦提出以来，先后在山东、大连、石家庄、天津举行了5次，这次是第6次召开。会后，大会组织代表分别考察曲阳北岳庙、田庄古墓、清西陵，以及邢台内邱邢窑、赵王城址、临漳邺城址。

（谷　丛）

【中国考古学会第十六次年会暨第六届会员代表大会在西安召开】

2013年10月24—27日，由中国考古学会主办、陕西省文物局协办、陕西省考古研究院承办的中国考古学会第十六次年会暨第六届会员代表大会在西安召开，来自全国的200多名考古工作者参加了会议。中国考古学会名誉理事长宿白、时任国家文物局局长励小捷向大会发来了贺信。时任陕西省文物局副局长刘云辉、时任故宫博物院院长单霁翔、时任中国考古学会理事长张忠培先后发表了致辞。时任国家文物局副局长童明康分别就大遗址考古、大型古墓葬的保护工作、考古发现成果的宣传和考古工作经费的管理等几个方面发表了重要讲话。

会议的主题是"全球视野下的古代中国——以周秦汉唐为中心"，来自全国各地的考古同人分别就史前考古、商周考古、秦汉考古和隋唐考古展开研讨。大会共收到论文170余篇，先后有120余位代表进行了小组发言，最后还推举出10位代表向大会作了主题报告，内容涉及古代文明起源、古代农业、都城、陵墓、墓葬建筑、石窟寺、建筑技术、动物考古、聚落考古、文物研究以及中外比较考古等诸多方面。

26—27日召开的中国考古学会第六届会员代表大会，讨论并原则通过赵辉作的代表资格审查报告，王巍作的第五届理事会工作报告和陈星灿作的有关《中国考古学会章程》修订报告，在之后进行的中国考古学会第六届会员代表大会和第六届理事会上，经过分组酝酿推荐、主席团讨论，全体代表和理事分别投票选举产生了126名中国考古学会第六届理事会理事、19位中国考古学会第六届理事会常务理事及理事长、副理事长和秘书长。王巍任理事长，童明康、赵辉和李季分别任副理事长，陈星灿任秘书长。

（谷　丛）

【"农业起源与传播国际学术研讨会暨中国植物考古学新进展学术会议"在济南召开】

2013年10月18—20日，由山东大学文化遗产研究院和历史文化学院主办的"农业起源与传播国际学术研讨会暨中国植物考古学新进展学术会议"在山东大学中心校区顺利举行。来自加拿大、美国、日本和国内高校科研机构等单位的五十余位代表参加了此次会议。会议论文涉及的植物遗存材料，覆盖了江淮、西北与西南、华北与东北、新疆等地区；植物遗存分析类别包括木炭、种子和果实、植硅体、淀粉粒以及稳定同位素等。与会代表就东亚地区农业起源与传播、单个物种的驯化与早期传播、植物考古研究理论与方法、中国植物考古学最新研究成果等问题展开讨论。

（陈雪香）

【"中国古代史研究前沿论坛：理论·方法·学科"学术研讨会在杭州举行】

2013年10月12—13日，由浙江大学中国古代史研究所和《中国史研究》《中国史研究动态》编辑部联合主办的，"中国古代史研究前沿论坛：理论·方法·学科"学术研讨会在杭州举行。来自高校、研究所、历史专业学术期刊和社会人文学科综合性杂志的学人50余人与会。

河南大学历史学院教授李振宏发表了题为《中国古代史研究的突破寄望于历史观的创新》的报告，阐述了中国古代史研究的历史观在近现代经历了从进化论到唯物史观的转变，现在唯物史观仍处于不断的发展中，其创新可以从两个研究中窥其一斑：其一是吴于廑先生的研究，强调整体史观，注重横纵向两方面的发展；其二是刘泽华先生提出的王权主义理论，突破了以往研究中对经济基础的片面强调，对政治因素在历史进程中的作用给予了必要的重视。最后李振宏强调了历史观的创新对中国古代史研究的重要意义。中国社会科学院历史研究所研究员、《中国史研究》主编彭卫发表了题为《近十年来中国古代史研究的发展趋向》的报告，指出近十年来中国古代史研究的趋势主要体现在以下几点：第一，新资料的刊布促使研究取得了新的进展，某些领域动摇、改变了传统的看法，某些研究则在历史细节上更为深化；第二，传统课题与新兴课题的并行发展；第三，对研究理念与学科建设积极进行思考。此外，彭卫还指出了近十年来中国古代史研究中存在的主要问题：理论思考能力的缺乏；问题意识淡薄；学术评论未能有效开展；合理解读新材料方面有待完善。清华大学教授、《清华大学学报》常务副主编仲伟民发表了题为《当前史学评价中存在的问题》的报告，认为包括历史学在内的人文社会科学的评价体系存在着弊端，主要体现在如下几点：一是SCI、SSCI等学术评价体系存在问题，这是与国际接轨中产生的弊端，片面地将英文化等同于国际化，在一定程度上伤害了中国传统的学术；二是盲目崇拜中国社会科学院的期刊，学报类期刊得不到应有的重视；三是用数量标准来衡量学术水平带有片面性，应提倡代表作制度的推广；四是学术评价中存在外行评价的情况，不少学术机构，乃至学术委员会都欠缺同行评议的功能；五是以刊评文的现象比较普遍，把论文质量和刊物水平混为一谈。浙江大学古代史研究所教授孙竞昊发表了题为《明清江南区域史研究的检讨与展望》的报告，反思了以往研究存在的局限，主张从长时段对江南区域史进行重新梳理和深入考察。中国社会科学院世界历史研究所副研究员吴英发表了题为《重新解读唯物史观》的报告，认为在当代的历史研究中，各种史观并立，唯物史观处于边缘化的地位，应予以重新解读，其可能性如下：一是唯物史观存在被片面性解读的情况，如多用来为革命论证、片面强调五形态而忽略其中的三形态说、对国家的片面理解等；二是唯物史观存在被简单化的倾向，如对线性规律、阶级斗争的过分强调；三是深入挖掘的意识与能力仍不足。

12日下午的会议内容主要是两场历史专业学术期刊的介绍，分别由浙江大学中国古代史研究所的杨雨蕾和鲍永军副教授主持，这些期刊包括：《中国史研究动态》《史学月刊》《学术月刊》《求是学刊》《中国经济史研究》《中国史研究》《史学理论研究》《清华大学学报》《浙江学刊》《浙江社会科学》《浙江档案》《浙江大学学报》。期刊的主编或编辑都简要介绍了刊物的办刊宗旨、审稿程序及对投稿的要求，等等。

在12日的会议中，报告结束后都留有互动讨论的时间，气氛十分活跃，尤其是与会的学生，不仅针对专题报告中感兴趣的话题，而且对各期刊的要求以及写作技巧等问题，积极提问，表达见解。最后，彭卫致闭幕词，认为这是一次别开生面的会议，尤其难得的是期刊编辑部的同人直接与作者群体近距离接触，深刻了解了作者的需求，解答了困惑，加强了两者间的联系。

（赵庆云）

【"第六届日中学者中国古代史论坛"在日本东京举行】

由日本东方学会与中国社会科学院历史研究所共同主办的"第六届日中学者中国古代史论坛"于2014年5月24日在日本东京的日本教育会馆举行，该届论坛的主题是：现阶段中国史的时代划分——结合历史学、思想史、文学。来自中国、日本从事中国古代史研究的专家、学者共计70余人参加了论坛。

论坛分全体大会和第一分会场、第二分会场三个部分进行。上午的全体大会，时任日本东方学会东京支部部长、中国山东大学教授池田知久在主旨发言中指出：从20世纪50年代开始，日本学界就曾经针对中国古代史的分期问题展开过热烈的讨论，而今时隔六十余载，在新的世纪、新的时代背景下，日中学者聚集在这里，重新讨论中国古代史的分期问题，必将碰撞出更多新的理论探索与思考，必将对今后中国古代史研究的发展和走向起到推进和引导的作用。

在全体会上，时任中国社会科学院历史研究所所长助理楼劲研究员围绕"为什么制定法运动开启于魏晋时期"这一命题，从其背景、内涵等方面进行了翔实论证，作了题为《法律儒家化与魏晋以来的"制定法运动"》的演讲；时为日本中央大学教授的妹尾达彦针对现阶段历史学时代划分的必要性、时代划分的基准进行了论述，并以4—7世纪游牧民族的迁移带给欧亚大陆的冲击为例，作了题为《人类史与东亚史的时期划分》的演讲；来自中国澳门大学的汤开建教授作了题为《明韶州同知刘承范〈利玛传〉的发现、内容及其价值》的演讲，从《利玛传》与民国甲寅《刘氏族谱》的关系、《利玛传》作者刘承范其人、刘承范《利玛传》内容的史实勘同、刘承范《利玛传》的史料价值与学术意义等四个方面展开了探讨。

下午的演讲分为两个分会场，第一分会场由驹泽大学准教授石井仁主持，中国社会科学院历史研究所的宋艳萍副研究员、刘洪波编审的演讲题目分别是：《论"尧母门"对西汉中后期政治格局以及政治史观的影响》《阴阳五行观念与魏晋南北朝时期禳灾、减灾》。来自中国东北师范大学王彦辉教授的演讲题目是《秦汉聚落形态研究——兼议宫崎市定的"中国都市国家论"》；中山大学王承文教授的演讲题目是《汉晋道教"静室"与斋戒制度的渊源考释》；首都师范大学刘屹教授的演讲题目是《道教"灵宝"传统的历史嬗变》；陕西师范大学黄寿成教授的演讲题目是《西魏政权建立之初的宇文泰集团》；来自日本早稻田大学的渡边义浩教授、二松学舍大学的牧角悦子教授的演讲题目分别是《"古典中国"的形成与展开》《中国文学史当中的近代》。

第二分会场由国际日本文化研究中心的伊东贵之教授和中国社会科学院历史研究所所长助理楼劲研究员主持。中国社会科学院历史研究所的梁建国助理研究员、阿风研究员、汪学群研究员的演讲题目分别是《人口、空间与功能——城市化视野下的北宋东京城市形态》《崇士重商：宋代以来徽州人的四民观——以隆庆刊〈珰溪金氏族谱〉为中心》《试论明代思想的历史阶段特色》。来自中国南京师范大学李天石教授的演讲题目是《从身份制度看中国中古社会的变迁》；厦门大学陈支平教授的演讲题目是《唐宋变革与明清实践——以朱子学、理学为例》；北京师范大学韩格平教授的演讲题目是《元人诗序中的元人诗学观》。来自日本的明治大学气贺泽保规教授、东京大学小岛毅教授的演讲题目分别是《内藤湖南的时代划分论》《从思想史看宋代的近世论》。

中国社会科学院历史研究所与日本东方学会自2009年在北京举办了首届中日学者中国古代史论坛，为中日学者开启了一个能够持续进行学术交流的窗口，每年由中国社会科学院历史研究所与日本东方学会商榷，确定一个共同关注的主题。在两国的相关研究机构和学者的大力支持和踊跃参与下，目前，中国古代史论坛已经在中日两国成为具有较大影响力的学术品牌。

（赵庆云）

【中国社会科学论坛——"第三届中国古文献与传统文化国际学术研讨会"在北京举行】

2014年12月13—16日由中国社会科学院历史研究所、香港理工大学中国文化学系、北京师范大学古籍与传统文化研究院联合主办的中国社会科学论坛——"第三届中国古文献与传统文化国际学术研讨会"在北京举行。来自国内外20个学术研究机构的近50名学者，围绕中国传统文献和新发现文献以及历史文献学的学科建设等问题，展开了广泛而深入的研讨。此次研讨会有两大亮点：一是促进了从事传统文献研究与新出土文献研究学者的交流。许多新发现的资料，如甲骨、简牍、黑水城文书、金石资料、档案资料等，无论是对资料本身的考释，还是用以论证和解决问题，都极大丰富了文献研究的范围和内涵。二是促进了侧重古代文学作品的古文献研究者与侧重于历史文献研究者的交流。研讨的文献中，不仅涵盖了经史子集，而且涉及子弟书等民间说唱资料。会议还对近30年来的文献整理、研究和出版情况进行了回顾，就如何推进相关研究和学科发展进行了交流。这一国际学术研讨会由上述三家单位联合发起并轮流主办。中国社会科学院历史研究所为此正在筹划组建历史文献研究中心，整合全所乃至中国社会科学院研究力量，推动历史文献研究工作的开展和深入。

（赵庆云）

【"早期丝绸之路暨早期秦文化"国际学术研讨会在兰州召开】

2012年8月18—22日，由甘肃省文物局主办，甘肃省文物考古研究所、陕西省考古研究院、中国国家博物馆、北京大学考古文博学院与考古研究院、西北大学文化遗产研究院等单位联合承办的"早期丝绸之路暨早期秦文化"国际学术研讨会在兰州召开。来自国内外的150多位专家参加为期4天的会议，与会专家学者围绕早期丝绸之路、早期秦文化等主题，以主题发言、分组讨论等形式，深入探讨交流了早期丝绸之路和早期秦文化研究成果。此次研讨会共收到论文60余篇，有考古学研究，也有出土简牍文献、早期农业与畜牧业、早期冶金遗址、动物骨骼研究，还有欧亚草原文化因素分析、早期秦人金属制作技术、欧亚大陆早期铁器、丝绸之路上的马车等课题研究，涉及早期丝绸之路和早期秦文化的各个方面。在研讨会期间，与会专家学者还实地考察了甘谷毛家坪遗址、清水李崖遗址、张家川马家塬墓地考古工地，参观了麦积山石窟、天水市博物馆、伏羲庙等文博单位。

（潘玉灵）

【"明代宫廷史学术研讨会"在故宫博物院召开】

2014年11月13—14日，两年一度的明代宫廷史学术研讨会在故宫博物院召开。单霁翔、商传、毛佩琦、卜宪群、黄雪寅作了大会发言，对近些年来的明代宫廷史研究作了评述，并对未来的研究提出了建议与希望。

刘晓东、年旭《选秀民间与联姻勋畎亩：洪武朝宫廷政治史之一面》认为选秀民间与联姻勋畎亩并不等同，前者是作为女官所需选，后者是为后妃预备。因为联姻勋旧政策的存在，选秀民间并不轻易施行。后来二者走向融合，从这一过程可以看出洪武朝宫廷政治史的另一种发展线索。崔靖《小议明代后宫中的异族妃嫔》认为明初因为政治原因征选了一批蒙古、高丽女子入宫，宣宗之后就不再选异族女子入宫。异族妃嫔从出现到消失从表象上看只是后宫制度的变化，但在本质上却是明、蒙、朝三方势力不断变化的结果。陶金、喻晓《明堂式道教建筑的原创——明世宗内心世界之具象表达》尝试探索明世宗创作明堂式道教建筑的初衷，并借此探寻其独特的内心世界。陈支平《隆武帝及其后宫史事拾遗》认为隆武帝的北伐亲征之举不顾现实，不切实际；文章还考察了隆武帝的后宫及曾后干政的情况，认为以往学者所主张的隆武帝个人生活品德甚为俭朴自律的评述也不完全符合实际。此外尚有陶金和喻晓《明堂式道教建筑的原创——明世宗内心世界之具象表达》、李燮平《明代太后宫殿的起源与变化多》、许晓东《12—17世纪中国与伊斯兰玉雕艺术的相互影响》、何孝荣《明武宗自号大宝法王、大庆法王及大护国保安寺考析》、齐畅《明代安南宦官在华行迹研究——以宣德朝为中心》、赵晶《明代宫廷画家入值体例探析》、苏新红《明代内库的皇室财政专属化演变》、赵树国《明后期宫廷的涉外活动》。许冰彬《朱瞻基与宣德年间的漕运政策》梳理了朱瞻基与明初漕运的关系，探讨了其治理运河与管理漕运的措施与理念，并分析了其对后世的影响。吴滔、易嘉碧《明代漕船制度的演变》认为以成化十五年为界，清江造船厂的船费经历了由征收本色到折银购买、工匠由亲身上工到上交匠役银的过程，与16世纪明代财政体制的转变趋势大体一致。李泉、王云《明代的皇木运输与运河交通》考察了明代皇木的采办及运输，认为皇木运输使运河的某些河段拥堵不堪，影响了漕运及其他船只的正常通行，沿途征发夫役也加重了运河沿线民众的负担。周致元《明代贡茶的几个问题》考察了明代贡茶的来源、渠道、数量，认为贡茶破坏了茶业生产、引发了社会矛盾，加剧了政治危机。

闭幕式上，专家学者们都认为近十多年来故宫博物院为国内外同人提供了宽阔的、巨大的平台，使国内外专家能联手展开研究，而且成果丰厚。故宫的领导则表示今后会尽全力搭建更好的研究平台，继续推动明代宫廷史研究进一步深入。

（赵庆云）

【"纪念辛亥革命100周年"国际学术研讨会在武汉举行】

2011年10月12—15日,"纪念辛亥革命100周年"国际学术研讨会于武汉市东湖宾馆举行。该会议由中国社会科学院和湖北省政府联合主办,中国史学会、中国社会科学院近代史研究所和湖北省社会科学界联合会承办,此次会议的主题是"辛亥革命与百年中国"。参加开幕式的中外学者共有180余人,其中,中国大陆学者130余人,中国香港、澳门、台湾地区学者20人,来自新加坡、日本、韩国、蒙古、澳大利亚、法国、俄罗斯及美国的学者计30人,组委会还特别邀请了14位75岁以上的著名老专家与会,以感谢他们对推动辛亥革命史研究作出的杰出贡献。此次研讨会是继纪念辛亥革命70周年、80周年、90周年国际学术讨论会之后,在武汉市东湖之滨举行的第四次学术盛会。前三次纪念大会的主题分别是"辛亥革命与中国资产阶级""辛亥革命与近代中国""辛亥革命与20世纪的中国"。在主题报告中,海内外专家学者从《辛亥百年遐思》《西方社会主义与民生主义的形成》《东亚之"共和"国的诞生——辛亥革命的历史意义》《反思辛亥革命——以1911年为重点》《试论辛亥革命的历史意义与历史遗产》等角度从宏观的历史层面阐述辛亥革命的意义,为百年后当前中国的现实问题提供历史的鉴镜。研讨会分4个小组展开讨论,分组讨论会历时3天,共有36场之多。与会专家学者就辛亥前后的政治、经济、思想、文化等方面的重要问题、辛亥革命涉外问题与国际社会、孙中山先生及相关历史人物研究、中国社会自辛亥革命以来的进步与发展及辛亥革命百年来的学术史研究等专题展开深入研讨。会议获得圆满成功,在海内外学术界和社会上引起了很大的反响。

(柯 言)

【"纪念胡适诞辰120周年"国际学术研讨会在南京召开】

2011年4月17—18日,"纪念胡适诞辰120周年"国际学术研讨会在南京大学举行,该会由胡适研究会、南京大学中华民国史研究中心、中国近代思想研究中心联合主办,来自美国、日本、俄罗斯和中国台湾、中国香港地区及大陆多所高等学校和研究机构的胡适研究专家共60余人出席,提交论文34篇。会议回顾了自改革开放以来胡适研究所走过的道路,总结了三十余年来胡适研究取得的巨大成绩,30年来,中国大陆学者研究胡适的论文已超过2000篇,出版的具有学术价值的专著早已超过百种,以各种名目汇编出版的胡适著作不下几百种,《胡适研究丛刊》《胡适研究论丛》《胡适研究通讯》等受到广泛欢迎。与此同时,海外出现了很多研究胡适的学者,推出了一些有分量的研究成果,海内外学者的交流也越来越多。会议提交的论文,围绕胡适与新文化运动,胡适与近代思想,胡适在哲学、史学、文学等诸多领域的贡献,以及胡适的科学观、自由观等问题,胡适与若干重要民国人物的复杂关系等多个论题展开了深入讨论,见解新颖、气氛热烈,水准很高。有学者指出,胡适是一位在学术、教育等诸多领域作出开创性贡献的学者,未来还有继续深入探讨的广阔空间。

(彭春凌)

【"第二届近代文化与近代中国学术研讨会"在北京举行】

2011年4月23—24日,"第二届近代文化与近代中国学术研讨会"在北京举行,会议由北京师范大学中国近现代史研究中心和《近代史研究》编辑部联合举办，来自国内外的 80 余位近代文化史研究者参加了会议。2007 年 6 月 30 日—7 月 2 日，北京师范大学中国近代文化研究中心曾主办过第一届"近代文化与近代中国"大型学术研讨会，延续了 20 世纪 80 年代中期关于中国近代文化史研究两次全国性学术会议的传统。首届会议与会学者即有百余人，提交学术论文 70 余篇，涉及诸如近代文化与社会、近现代文化思潮、学术、教育、宗教、社会风俗、人物及社会群体研究等方面的问题。第二届会议深刻总结了 30 年来近代文化研究取得的成果，并就以下数个议题展开讨论。第一，近代文化研究的理论基石。与会学者强调唯物史观的基础地位，通过分析民初史学在治史方法、内容和研究范式方面的新创造、新变化，说明唯物史观在中国迅速传播有其历史必然性，倡导处理好社会存在决定社会意识这一原则与个人生活环境、生活状态的关系，加强宗教文化及思想家组合的研究。第二，近代中西文化的关系，尤其是从五四新文化运动到马克思主义的发展。与会者就中国思想界对西方文明认知的深化过程、晚清湖湘理学群体、新文化运动中个人主义与世界化观念的价值、西哲来华讲学、马克思主义进入中国的背景等问题展开讨论。第三，话语转换与近代文化变迁的关系。学者探讨了自然科学、国际法新词汇、近代民族、国民、公民等观念传入的影响，中英、中日之间的文化传译问题以及话语转换中文化媒介的价值。第四，国家、社会和文化的变迁，学者们围绕康有为、刘师培、王闿运等涉及的近代经学、政治、宗教、教育对文化的影响，日常生活空间、近代史家史学、中医存废、妇女解放、近代戏曲等问题进行了热烈的讨论。

（彭春凌）

【"全球史、文明史学术回顾与世界史学科建设高层论坛"在杭州召开】

2012 年 11 月 16—18 日，由北京大学历史系、《史学理论研究》编辑部和杭州师范大学历史系共同主办的"全球史、文明史学术回顾与世界史学科建设高层论坛"在杭州召开。来自北京大学、首都师范大学、南开大学、南京大学、浙江大学、武汉大学等十余所高校，以及《世界历史》、《史学月刊》、中国社会科学出版社的三十余位专家学者参加了会议。杭州师范大学校长叶高翔教授、首都师范大学校长刘新成教授、北京大学历史系主任高毅教授在开幕式上致辞。此次论坛的主题为"全球史、文明史的回顾和世界史学科建设"，与会学者围绕"全球史、文明史研究"和"世界史学科建设"两个主题展开了广泛的交流和讨论。

关于全球史、文明史的讨论。文明史观发端于德国历史学家斯宾格勒，集大成于英国史学家汤因比。文明史观强调长时段的历史变迁，强调历史对个人的影响以及个人对历史的影响。而全球史观兴起于 20 世纪下半叶的美国，它的特征之一是对欧洲中心论的批判，全球史观的兴起与当前经济全球化的发展密切相关。此次论坛即以全球史、文明史中的一些问题展开深入的讨论。

北京大学高毅教授指出，面对欧洲启蒙运动被说成"现代社会种种弊端的总根源"这种片面的认识，我们必须要认清启蒙运动内在的复杂性和矛盾性。在启蒙运动中，实际上存在着三大矛盾：其一，工具理性和价值理性的矛盾；其二，理智与情感（信仰）的矛盾；其三，自由与平等的矛盾。北京大学彭小瑜教授以教会法为例，以法制史为入手点，对西方文明的复杂性进行了探索。他认为，在教会法的研究中可以发现很多关于家庭、财产等问题的规定，这些在表面上非常清晰的规定，在中世纪的实际生活中充当的角色却是值得探讨的。这提醒我们，在中世纪欧洲文明史的发展过程中，多线发展的探索是必要的。北京大学黄洋教授通过对希腊文明的思考进而指出，在早期希腊文明中，多元文明是一个政治口号。西方学者将希腊文明建构成为西方文明的根源，而事实上，迈锡尼文明是东方式的。杭州师范大学马丁教授认为，面对复杂的民族关系，瑞士进行了一系列循序渐进的改革，正确地处理了民族矛盾，在形成民族国家的同时，也成为解决民族矛盾的典范。可以说，瑞士的民族融合历程即是瑞士文明史的形成过程。南京师范大学姜守明教授从查理一世的"宗教革新"政策角度，探究了英国革命与民族国家形成之间的关系，从而可以深刻地认识英国革命的性质。南京大学沈汉教授以文明史研究的理论方法比较为论题中心，比较和辨析了几个著名史家的研究方法及其著作。在宏观研究方法方面，他辨析了汤因比和斯宾格勒的差异，认为斯宾格勒《西方的衰落》的方法论价值远高于汤因比的《历史研究》。在微观研究方法方面，他比较了波科克和斯金纳的研究，认为波科克的《古代宪政和封建法——17世纪英国历史思想研究》相较于斯金纳的研究更加有意义。

杭州师范大学傅幼玲老师以古代中华文明与古希腊文明为例，从全球史视域来看古代东西方文明的特征，指出古代东西方文明的同与不同，强调了注重研究各区域之间的相互关联和相互影响的积极意义，而这也是全球史研究的一个必然内容。南开大学陈志强教授提出了何谓"全球史"以及全球史的问题意识，以此反驳西欧史观，并认为广义全球史是一种方法，是以全球史的视野来展开学术研究。天津师范大学刘景华教授认为，随着全球史和文明史研究的不断深入，在发展的同时也出现了一些不足，主要是缺乏理论分析和理论构建，研究体系总给人以空洞之感。他认为，将人类学理论引入全球史研究是十分必要的，这种引入已经在很多国家的实际研究中可以见到。

关于世界史学科建设问题的讨论。刘新成教授介绍了首都师范大学在世界史学科建设中的一些经验与教训，提出学科建设中存在的一些问题，如宏观视野的缺乏，研究队伍的体量不够，人才跨学科知识的不足，以及国际对话的欠缺等。南开大学马世力教授指出，现在中国的史学界缺少专业的史学评论队伍，而如何实现学术评论队伍的专业化，也是历史教学中亟须解决的问题。他建议在大学中开设专门的学术评论课程，将国外相关的理论和研究进行一定程度的介绍。武汉大学陈勇教授指出，现在高校历史学科的学生在学习过程中反映出的一个突出问题即是教材内容的单薄。他在改进历史教材方面提出：首先，要丰富和充实历史变迁过程以及历史情节本身。其次，丰富历史教学的层次和内容，适当加入对国外相关研究成果的介绍和思考，增强世界史教材的吸引力。最后，适当地穿插核心的史料插图、地图和年表，编写适合不同层次学生的参考文献和导引，引入国外优秀的世界史、文明史的教材。华中师范大学邢来顺教授指出，"全球史"的研究者一方面反对欧洲中心论；另一方面又在运用西方的话语权，而"文明史观"又会常常忽略各个文明的张力。如何能更好地发挥各种史观的优点，是世界史学科建设的关键。北京大学董正华教授指出，世界史学科应该是分门别类的。全球史，要从整体史观走向历史的"细部"研究。首先，在世界史学科教学过程中应强调"全球史"的问题意识，并明确教学的中心任务是解释世界体系的形成与发展。从另一个角度来讲，全球史观是整个教学过程中的灵魂，同时也是全球史的关键。其次，要发展历史的细化研究。但是必须强调的是，这种"细化"的研究必须在全球史"整体主义"的指导下开展才能发挥其应有的意义。浙江大学吕一民教授结合自己的工作和经验，建议世界史学科也和中国史学科一样，应从原著入手，倡导阅读和使用原始材料。

（任灵兰）

【"第九届全国青年世界史工作者代表学术研讨会"在满洲里召开】

2013年8月10—12日，由中国社会科学院世界历史研究所《世界历史》编辑部主办，内蒙古大学满洲里学院俄罗斯研究中心承办的"第九届全国青年世界史工作者代表学术研讨会"在内蒙古满洲里市召开。来自全国38个高校、研究机构的70多位专家及青年学者参加了此次研讨会，提交会议论文50多篇。在"多维视域下的世界历史研究"会议主题下，与会学者围绕着选题"唯物史观与世界史研究""世界各文明区域的政治、经济、社会和文化交往""近代以来各国的社会、经济和政治变革""海洋文化与海洋战略的历史考察""各国金融体制的演变及其政策"展开了广泛而深入的探讨。会议分两部分进行，前一部分特邀专家作大会主题报告，后一部分召开小组研讨会展开讨论。

会议由《世界历史》编辑部主任张丽主持，时任中国社会科学院副院长武寅研究员致开幕词。武寅分析了世界史学科升级为一级学科后所面临的机遇与挑战，指出当今国际政治经济形势的变化推动了对世界史研究的需求，并阐述了世界史研究中人才与平台的关系，要求青年学者不断开拓新的研究阵地和研究对象，加强对诸如拉丁美洲和非洲等薄弱地区的研究。

特邀专家所作的主题报告，如南开大学杨栋梁教授的《20世纪末日本不良债权问题的起因及其解决途径》、云南大学吕昭义教授的《有关中印边界研究的若干问题》、福建师范大学王晓德教授的《20世纪二三十年代欧洲知识精英的美国观》、外交学院陈奉林教授的《古代西太平洋贸易网与东方历史研究》，以及中国社会科学院世界历史研究所俞金尧研究员的《时间与历史学》，无论是从微观角度还是宏观角度、无论是具体问题研究还是理论问题探讨，都立足于一点，即基础研究与应用研究相结合，重视史学研究中的现实关怀。

大会主题报告后，与会青年学者代表主要在以下几方面展开探讨：近代西方史学理论、史学思想及史学论争，世界古代中世纪的王权、宗教与社会，近代西方的政治、经济、文化与社会，亚洲、非洲、拉丁美洲研究，世界与中国，海洋史研究，冷战时期的现代国际关系。从探讨的内容看，世界史研究呈现出由点到面、再由面到点的特点，世界史研究的主题和领域也从横向转向纵深发展。

综观往届的全国青年世界史工作者代表学术研讨会，此次研讨会无论是提交论文的质量还是选题的新意，无论是研究的广度还是深度，无论是史料的翔实还是论证的缜密，都有了显著的提高和改变，反映出中国的世界史研究正朝向可喜的方向发展。概而言之，取得这样的成绩可归因于：第一，国家对世界史学科的重视，特别是世界史升级为一级学科后极大地鼓舞了士气，调动了积极性。第二，研究经费的大量投入，使学者们一则可以心无旁骛集中精力进行学术研究；二则有充足的资金可以广泛开展与国外院校的合作，或联合培养学生，或进行学术交流，这一切既开阔了视野，又培养了后备人才。第三，学术平台的搭建，如大量的学术交流会、研讨会的举办，学术期刊的提升，等等。

但是在取得成绩的同时，我们也应看到世界史研究中存在的不足：一是研究的不平衡状况，亚非拉研究还很薄弱；二是跨学科研究、比较研究还较缺乏；三是历史哲学、史学理论的掌握和运用远远不够；四是学术研究中的争鸣、论辩、商榷较少；五是在国际世界史学术领域，中国的学术话语权尚未充分体现。不过现在已有一些改变，如北京大学牵头的"中英英国史学术交流研讨会"已召开两届，期待以后其他研究领域的学者能积极跟进。

（任灵兰）

【"中国世界现代史研究会2013年常务理事会暨西南片区学术年会"在昆明召开】

2013年7月19—22日，由中国世界现代史研究会主办、中国世界现代史研究会西南分会筹办、云南师范大学历史与行政学院和曲靖师范学院人文学院共同承办的"中国世界现代史研究会2013年常务理事会暨西南片区学术年会"在云南师范大学召开，来自全国10省（市）区的五十余位学者参加了此次学术研讨会。会议主要围绕着东南亚、南亚研究和世界史学科建设问题，就以下几个问题：关于大国与东南亚、南亚关系研究，关于东南亚国家的政治经济研究，关于东南亚、南亚民族与中国西南民族关系研究，关于学科调整背景下世界史学科建设问题研究，展开了广泛而深入的讨论。

大国与东南亚、南亚关系问题是此次会议讨论的热点问题。关于大国与东南亚关系，学者们围绕日本东盟外交政策的特征、美国对缅甸政策的两难选择、奥巴马政府对缅政策的调整等问题进行了交流。关于大国与南亚国家的关系，则主要关注的是中国与印度的关系问题。有学者认为，影响中印关系的主要问题有两个：一是西藏问题；二是边界问题。在中印关系进入全新发展阶段之时，需要两国的政治家、普通民众用超越民族主义的广阔胸怀与眼光来看待和处理两国关系，增进互信，排除障碍，共建两国关系发展的未来前景。

关于东南亚国家的政治经济研究，学者们从金融危机与印度尼西亚政治、东南亚国家的土地问题等方面进行了探讨。有学者阐述了金融危机对于资本主义国家而言并非纯粹坏事的观点，认为金融危机迫使资本主义国家进行政治、经济改革，从而促使社会的进步与发展。还有学者认为，殖民地时期形成的土地所有制对当代东南亚国家的发展产生了很大影响，如缅甸和菲律宾，这种大地主土地所有制是制约缅甸和菲律宾经济发展与社会进步的根源。

关于东南亚、南亚民族与中国西南民族关系问题，学者们主要围绕跨境民族与国家关系问题、东南亚的华人问题展开讨论，并认为，跨境民族具有"民族成员"和"国家公民"的双重身份，这种双重身份容易造成国家政治分隔力和民族向心力的交互作用。而英国殖民时期的缅甸华人不同于南洋华人社会"闽粤两帮天下"的格局，而是形成了由滇、闽、粤三个各自为政但又相互影响的系统，并有各自的自治机构。

关于世界现代史学科建设问题，学者们认为应加强以下问题的研究：全球史理论体系的研究；区域史研究，尤其是民族问题、中国周边地区问题、一体化问题是区域史研究的重要领域；随着新史料的出现，对大国史如苏联、东欧史的研究应更加关注；中国史、世界史学科应该联合展开对某些问题的研究；从比较视角、现代化视角、文化圈视角来进行世界史研究。

（任灵兰）

【第十三届国史学术年会在北京召开】

2013年9月24—25日，在深入贯彻党的十八大精神特别是习近平总书记一系列重要论述之际，在隆重纪念毛泽东同志诞辰120周年之时，由当代中国研究所与中华人民共和国国史学会联合举办的主题为"中国特色社会主义与毛泽东的奠基和探索"的第十三届国史学术年会在北京召开。此次年会恰逢其时，具有特别重要的意义。全国政协原副主席、中国社会科学院原院长、中华人民共和国国史学会会长陈奎元出席。时任中国社会科学院副院长、当代中国研究所所长、国史学会副会长李捷致开幕词。

李捷在开幕词中指出，党的十八大精神，说一千道一万，归结为一句话，就是坚持和发展中国特色社会主义。中国特色社会主义，是科学社会主义理论逻辑与中国社会发展进步历史逻辑的高度统一。它是从中国近代以来为民族独立、人民解放不断奋斗不断求索中萌发的，是以新中国的创立和巩固、社会主义革命的成功与社会主义根本制度的确立、适合中国国情的社会主义建设道路的艰辛探索为起点、为根基的。

中共中央文献研究室原主任逄先知作了题为《毛泽东的历史功绩》的讲话，着重阐述了毛泽东在新中国的创建、毛泽东思想的创立两个方面的历史功绩。出席学术研讨会的还有，中共中央文献研究室原主任滕文生，中共中央党校原常务副校长虞云耀，中共中央党史研究室原副主任沙健孙，中国社会科学院原副院长、当代中国研究所原所长、国史学会常务副会长朱佳木，中共中央党史研究室原副主任、国史学会副会长张启华，北京大学原副校长梁柱，当代中国研究所副所长武力，以及来自全国各地的90多位专家学者参加了会议。时任当代中国研究所副所长、国史学会秘书长张星星主持开幕式。

此次会议共入选论文72篇，集中围绕中国特色社会主义与毛泽东的奠基和探索，分别从政治、经济、文化、社会、国防、外交和党的建设等方面进行深入研究和总结。

（赵庆云）

【第十五届国史学术年会在北京举行】

2015年9月23—24日，由中国社会科学院当代中国研究所和中华人民共和国国史学会共同主办的以"改革开放与中国特色社会主义"为主题的第十五届国史学术年会在北京举行。中国社会科学院原副院长、当代所原所长、国史学会会长朱佳木在会上作题为《国史研究工作要重视同历史虚无主义思潮的斗争》的讲话。时任当代所副所长、国史学会秘书长张星星主持开幕式并作题为《深化改革开放史研究，增强中国特色社会主义信念》的讲话。

朱佳木在讲话中指出，党的十八大后，以习近平同志为总书记的党中央高度重视意识形态领域的斗争，尤其重视对历史虚无主义的批判。国史研究者要进一步提升自身水平，要继续发挥咨政育人护国的作用，要为社会主义核心价值体系建设作贡献。

张星星在发言中说，从改革开放史所占的历史分量来看，中国改革开放史已经成为国史、党史、马克思主义中国化历史中最主要的部分，是国史、党史、马克思主义中国化史等学科发展和创新的最重要内容。中国改革开放事业的成功开拓和辉煌成就，又对国史研究提出了许多新的时代课题。国史工作者有责任也有义务以改革创新精神推进和深化中国改革开放史研究，要努力拓宽中国改革开放史的研究视野，准确把握中国改革开放史的历史主流，紧紧围绕中国特色社会主义的时代主题，深入总结中国改革开放的宝贵经验，科学分析改革开放进程中遇到的新问题，不断拓展中国改革开放史的研究领域。

来自全国各地高校和科研机构的近60名入选论文作者和国史学会代表，围绕改革开放与中国特色社会主义的主题，从多角度进行了深入研讨。

（赵庆云）

【"国史研究话语权建设"学术研讨会在北京召开】

为推进国史学科体系和话语体系建设，增强国史研究宣传、教育和传播能力，中国社会科学院世界社会主义研究中心和当代中国研究所新中国历史经验研究中心于2014年4月16日在北京联合举办了主题为"国史研究话语权建设"的学术研讨会。会议围绕主题，在回顾和总结改革开放以来国史研究的发展历程、主要成就和基本经验的基础上，从多方面多角度深入探讨了国史研究话语权建设的理论与实践意义、面临的挑战与存在的突出问题，国史研究话语权的基本内涵与时代特征，国史研究对外传播能力和话语体系建设，以及经济全球化、信息化条件下如何掌握并增强国史研究话语体系的主导权和影响力等一系列理论与实践问题。

研讨会会期一天，分别由时任当代中国研究所副所长张星星、王灵桂主持。来自历史学界、党史国史学界和其他相关学科领域，以及新闻报刊和学术期刊界的20多位专家学者与会。

与会学者认为，国史研究是我们党的思想理论建设的重要工作，担负着为国家写史、为人民立传的政治使命与学术责任。中华人民共和国成立特别是改革开放以来，我们党高度重视党史国史研究事业，用以坚持和巩固马克思主义在我国意识形态领域的指导地位，激发全国各族人民以爱国主义为核心的民族精神和以改革创新为核心的时代精神，增强中国特色社会主义的道路自信、理论自信和制度自信。面对来自国内外的各种挑战与考验，离不开我们对舆论的引导和掌握，对话语权的拥有和增强，对意识形态安全的维护和保障。

与会学者表示，要把国史放在中华文明五千年历史、中国近代百年历史的基础上，放在世界史发展潮流和大国兴衰的历史规律上来研究和认识。要通过国史研究话语权建设，科学揭示国史的主题与主线、主流与本质，深刻阐明中国道路、中国经验、中国制度的成功经验和鲜明特色，为中国特色社会主义事业的发展营造积极的中国形象和有利的国际舆论环境。

（赵庆云）

【第七届"陈云与当代中国"学术研讨会在延安举行】

2013年6月23—24日，由中国社会科学院当代中国研究所、中国延安干部学院、陈云纪念馆、中华人民共和国国史学会等单位联合举办的主题为"陈云的党建思想与全面提高党的建设科学化水平"的第七届"陈云与当代中国"学术研讨会在陕西延安举行。时任全国政协副主席陈元，时任中国社会科学院副院长、当代中国研究所所长、国史学会副会长李捷，原中国社会科学院副院长、当代中国研究所原所长、国史学会常务副会长朱佳木，时任中纪委驻中国科学院纪检组组长王庭大，时任陕西省政协副主席祝作利等人出席开幕式并讲话。原国家安全部部长、国史学会顾问许永跃，时任陕西省委常委、延安市委书记姚引良，时任中共上海市委宣传部副部长朱英磊，陈云纪念馆馆长徐建平以及陈云同志的子女、亲属和来自全国各地的90多位与会专家学者出席了会议。开幕式由中国延安干部学院常务副院长陈燕楠主持。

李捷在致辞中指出，在全党深入贯彻

落实党的十八大精神、认真开展党的群众路线教育实践活动的今天，举行这次以陈云同志党的建设思想为主题的学术研讨会，具有十分重要的意义。朱佳木在题为《深入研究和大力宣传陈云的执政党党风建设思想》的发言中指出，把陈云同志自延安时代到中华人民共和国成立再到改革开放时期的论述贯通起来，就会看到陈云所说的执政党党风，并不仅仅指党的作风，同时也指党的思想、党的纪律；所说的要抓紧执政党党风问题，也主要不是指办案，更多的是指对党员特别是党的各级领导干部在思想上、纪律上、作风上的从严要求。

此次学术研讨会共有特邀论文4篇，入选论文60篇，这些文章从不同的方面阐释了陈云党建思想的历史和现实意义。在闭幕式上，朱佳木致闭幕词，时任中国社会科学院当代中国研究所副所长、国史学会秘书长张星星作学术总结。会议期间，全体与会代表还出席了《风云岁月——陈云在延安》专题展揭幕仪式。

（赵庆云）

第四篇

史家介绍

当代史家

龚书铎

2011年11月9日，中国共产党优秀党员，著名马克思主义史学家、教育家，北京师范大学历史学院教授龚书铎先生，因病医治无效，在北京逝世。龚书铎教授信仰坚定，学养深厚，桃李满园。他在史坛辛勤耕耘六十余载，在中国近代史、近代文化史研究和教学方面建树卓著。斗星陨落，大木倾颓，他的离去是中国史学界的重大损失。但他心血化成的思想和文章则不可磨灭，它们已融入当代中国史学，并以其鲜明的个性和崇高的精神风采铸成了身后的丰碑。

龚书铎，原名王国顺，1929年3月21日出生于福建省泉州市一个自由职业者家庭。少年时期生活窘迫、坎坷，几度辍学。高中肄业后，做过晋江县乡村小学教员。1947年8月，考入台湾省立师范学院史地系学习。1949年春，因参加学生运动，被关押进台湾警备司令部，一周后获释。1949年5月，由于局势动荡，被迫中止学业，返回家乡，担任晋江县立东湖完全小学教员。1950年3月，转入北京师范大学历史系二年级学习。1952年8月毕业，留校工作，历任助教、讲师、副教授、教授，是国务院学位办批准的第三批博士生导师。1983年，他接替白寿彝先生，连续两届出任北京师范大学历史系主任，并从1989年起，兼任史学研究所所长。

龚书铎教授还先后兼任第三、四届国务院学位委员会历史学科评议组召集人、全国哲学社会科学规划中国历史组副组长、中国史学会副会长、北京市历史学会会长、北京市社会科学联合会常委、国家清史编纂委员会委员、北京市太平天国史研究会理事，中华人民共和国史历史学会理事，中国抗日战争史研究会理事，中华炎黄文化研究会理事，中国现代文化研究会理事等职。此外，还多年担任中国社会科学院近代史所、中国人民大学清史所、华中师范大学中国近代史所等单位的学术委员。

龚书铎教授在中国近代史、近代文化史研究领域作出了开拓性贡献，他是中国新时期中国近代史和近代文化史学科重要的领军人物之一。

早在20世纪60年代，刚过而立之年的龚书铎教授就参加了由著名历史学家翦伯赞、郑天挺教授任总主编的《中国通史参考资料》的编选工作，担任《近代部分》（上、下册）主编。这套资料影响深远，是中华人民共和国近代史学科建设的重要基石。"文化大革命"刚结束，他与李侃、李时岳教授等著名近代史专家合作，编写了面向全国高等院校的《中国近代史》教科书。这部教材适应了新时期教学科研工作的需要，受到高校师生的普遍欢迎，被学界公认是新时期以来影响最大的一部中国近代史教科书。该教材先后出了5版，印刷数十次，发行达200余万册，有力地推进了中国近代史学科的建设，荣获第三届国家教委优秀教材一等奖，并被教育部指定为"面向21世纪课程教材"。80年代，他还参加了白寿彝教授主持的22卷本、被誉为"20世纪中国史学压轴之作"的皇皇巨著——《中国通史》的编纂，主编《中国通史·近代前编（1840—1919）》。

20世纪80年代，中国近代文化史研究再度兴起，龚书铎教授是最重要的倡导者和组织者之一，是中国运用马克思主义观点来研究中国近代文化史的著名学者。1983年，长沙召开全国历史学科"六五"规划会议，明确把文化史纳入学科规划，决定在上海、北京分别编辑出版"中国文化史丛书"和"中华近代文化史丛书"。龚书铎教授是"中华近代文化史丛书"的主持人。80年代，学界正是以该丛书编委会的名义，在郑州、长沙分别召开了第一、二届全国中国近代文化史学术研讨会，推动了中国近代文化史学科建设。

1985年，他在《历史研究》发表《近代中国文化结构的变化》等系列论文，从文化的特性而不是仅从政治标准来研究文化，受到史学界重视。1988年，他的论文结集《中国近代文化探索》出版。该书有力论证了中国近代文化史的学术地位，系统分析了中国近代文化的特点、性质、结构、派别等核心问题，扼要阐述了传统文化在近代中国的演变、西学的传播、中西文化关系，以及近代各时段的主要文化事项。对于尚处于起步阶段的中国近代文化史研究而言，他的这些带有全局性的研究，为中国近代文化史学科在新时期的发展奠定了理论基石，作用不可替代。

与此同时，在他的组织下，北京师范大学历史系中国近代史教研室调整研究方向，部分青年教师由政治史转向文化史；1984年，正式创立了全国高校第一个中国近代文化史专门研究机构——中国近代文化史研究室；1986年，被批准设立了第一个以近代文化史为研究方向的博士点；2004年，中国近代文化史研究团队入选北京师范大学人文社会科学创新研究群体，并扩大规模，组建了中国近代文化研究中心。北京师范大学的中国近代文化史研究在全国独树一帜，成绩斐然，被时任中国史学会会长的李文海教授誉为"全国中国近代文化史研究的一座重镇"。

20世纪90年代，龚书铎教授主持完成了教育部博士点基金"七五"规划项目"中国近代文化史"。结项成果《中国近代文化概论》（中华书局1997年版）出版后，受到学界广泛关注，并入选教育部推荐的"研究生教学用书"。他在书中强调，文化不能离开诸如哲学、史学、文学等具体领域，但文化也不仅仅是各个具体领域的简单组合，文化与政治、经济相互制约相互影响，各个具体领域也是相互影响相互渗透，具体性论述与宏观综合性研究都不可或缺。该书为近代文化史研究进一步走向深入搭建了平台。同期，他还主持并主编了北京市社会科学基金"九五"重点课题《中国文化发展通史》（8卷300多万字），对中国文化史作全面梳理和总结。

进入21世纪，龚书铎教授将研究重点集中到学术史。2007年，他带领学术团队完成了教育部重大项目"清代理学研究"，出版了3卷本著作《清代理学史》。该书首次系统论述了清代二百多年间理学的历史，成为继侯外庐主编的《宋明理学史》之后，又一部研究理学发展史的重要著作。有学者评论说，该书的意义超出了理学史本身，它从中国固有文化传统的角度为观察和研究清代以来的历史提供了坐标系。作为标志性成果，该书先后荣获第二届中国出版政府奖图书奖、北京市第十届优秀学术成果奖和国家新闻出版总署第二届"三个一百原创图书工程"奖。与此同时，他进一步深化近代文化史研究，并对自己近30年来的学术成果进行总结和提炼，结集出版了《社会变革与文化趋向——中国近代文化研究》（当代中国史学家文库之一）、《求是室文集》（两卷本）等。

龚书铎教授长期坚守教学一线，重视教学改革和课程建设，培养了大批高素质人才。他在担任历史系主任期间，积极推进历史学的教学改革，开展课程建设，为培养高素质史学人才探索新路。从20世纪50年代起，中国高等师范院校的历史教学基本上是照搬苏联模式。改革开放后，著名历史学家白寿彝教授率先在北京师范大学历史系进行教学改革，压缩通史课，增开选修课，完善学生的知识结构。1983—1991年，龚书铎教授继续推动了白先生倡导的这项教学改革，并将其引向深入。这项改革取得的重要成果，为北京师范大学历史学科之后的发展，奠定了极其重要的基础，对全国师范院校的历史教学产生了重大影响，并荣获国家级优秀教学成果奖（1989年）。1988年，他被评为北京市劳动模范。1990年，被全国总工会授予"全国优秀教育工作者"称号和五一劳动奖章。同时，在他的率领下，从20世纪80年代开始，中国近代史教研室在全国较早为本科生开设中国近代文化史必选课，招收中国近代文化史方向的硕士生、博士生，形成了涵盖本科生、硕士生、博士生的课程体系和教学模式，为中国近代文化史学科培养了大批人才。中国近代文化史课程改革，2005年获国家级教学成果奖二等奖。

龚书铎教授执教逾60年，始终把教书育人放在最为重要的位置。他指导学生，严谨，认真，有法度。他高度重视学风建设和品德教育，引导学生形成正确的世界观和历史观。每年新生入学，他所讲的第一课，总是要求学生先学做人，加强思想品德修养，形成严谨学风，遵循学术规范，甘坐冷板凳。他为国家培养了数量众多的高素质人才。经他指导的47名博士生和21名硕士生（包括外国留学生5人），许多已成长为教授、研究员，不少人还成为重点大学或科研院所的学术骨干、学科带头人。

龚书铎教授一生追求真理，勇于坚持原则，是一位自觉坚持和捍卫马克思主义的著名历史学家和教育家。他一贯主张，史学研究应该坚持马克思主义的指导地位，坚持唯物史观，史学工作者应该把所学服务于社会。改革开放以来，对于思想界出现的否定马克思主义、否定中国革命历史的错误思潮与倾向，他旗帜鲜明地予以批评与抵制。他认为，要澄清事实，辨清方向，引导青年一代信奉和坚持马克思主义，很多问题需要结合历史，才能从根源上解释清楚。为此，他承担了"对否定中国近现代革命史错误思潮的评析"等国家哲学社会科学规划项目，参与发起了"中国近现代史研究的历史和方法论""唯物史观与社会科学研究"等学术讨论会，在《人民日报》发表了《坚持以马克思主义指导史学研究》（1996年8月27日）、《正确评价五四新文化运动》（1999年5月6日）等多篇长文，与人合作出版了《历史的回答——中国近代史研究中的几个原则问题》《走什么路——关于中国近现代历史上若干重大是非问题》等著作，批驳了否定马克思主义、否认中国革命历史的种种错误言论。这对于澄清思想理论界的混乱认识，起到了积极作用，在海内外产生了较大反响。

龚书铎教授的学术成就，得到了党和国家的充分肯定。1999年，《正确评价五四新文化运动》一文荣获中宣部"五个一工程"奖。2001年夏，他应党中央国务院邀请，作为哲学社会科学专家代表，赴北戴河参加休假活动，受到江泽民等党和国家领导人的接见。2003年后，他受邀为国家广播电视总局重大革命和历史题材影视剧领导小组成员。2004年，他受聘为中共中央"马克思主义理论研究和建设工程"的《史学概论》组成员。2005年，他被中宣部、教育部任命为全国大学生思想政治理论课重点教材《中国近现代史纲要》课题组召集人。同年，《龚书铎自选集》入选中宣部"学习理论文库"。

（张昭军）

何兹全

何兹全（1911年9月7日—2011年2月15日），原名何思九，字子全，后改名兹全。山东菏泽人，中国著名历史学家、教育家，北京师范大学资深教授，全国古籍整理出版规划领导小组顾问，中国先秦史学会、魏晋南北朝史学会等学会顾问，点校本二十四史及清史稿修订工程学术顾问，中华书局学术顾问，北京大学历史学系兼职教授，中国人民大学国学院学术顾问，山东聊城大学名誉教授，山东理工大学文化学院名誉院长、兼职教授。

1927年国民革命高潮之际，何兹全先生的心随着北伐进军而沸腾，并加入国民党改组派，受到当时被认为真正继承了孙中山三民主义的国民党左派的影响，他也成为三民主义的信徒，开始探索祖国民主、富强之路。1931年考入北京大学史学系学习，生活费用和教育费用完全由其堂兄何思源供给。在北大上学期间，他师从傅斯年、陶希圣、钱穆等著名学者，其中受陶希圣影响最大。他确定以中国社会经济史为主要研究领域，即是受陶的影响。陶希圣后来投奔汪伪政权，何兹全先生在大是大非的问题上有定见，与陶分道扬镳，坚持留在重庆，认为"离开重庆这个基础，只有投降，没有和平"。

傅斯年是何兹全先生的同乡，亦为何先生走上学术之路的关键人物。1935年从北大毕业后，傅斯年即约他去"中央研究院"历史语言研究所工作。他却未能抓住这次机缘，而是选择赴日本留学，翌年因病回国。抗日战争爆发前后，他任职于《教育短波》和《政论》杂志，撰文分析国内外形势，指出：必须丢掉和平幻想，以全民抗战求得民族解放。并决心以笔杆子唤起民众，投身抗战事业。1939—1940年接受中英康款董事会的专款资助，在中央大学历史系研究魏晋南北朝史，并在该系讲授"中国通史"课程。1941—1944年任国民党中央训练委员会编审。1944年10月，时任国民党山东省主席的何思源来到重庆，劝他一起回山东做官；同时傅斯年也欢迎他入史语所作研究。随着国民党独裁本质的暴露，他的政治理想破灭，在彷徨与痛苦中，他选择重返书斋，进入"中央研究院"历史语言研究所当一名助理研究员。

重新进入历史研究领域后，他潜心学术研究。为了将中国古代史和欧洲史进行比较研究，1947年他远赴美国，就读于纽约哥伦比亚大学，主修欧洲古代史。后在霍普金斯大学培祇国际学院工作。在此期间，受霍普金斯大学资助，协助弗朗西斯教授将范文澜著《中国通史简编》翻译为英文。他在留学的日子里，也密切关注国内局势的发展，关心民族命运。1950年他放弃了在美国工作的优厚待遇，拒绝了傅斯年请他去台湾"史语所"工作的邀请，毅然回国。回国后一直在北京师范大学任教，历任北京师范大学历史系副主任、北京师范大学魏晋南北朝史研究所所长等职，成为国家重点学科北京师范大学中国古代史研究中心学术带头人。

何兹全先生热爱祖国。20世纪50年代回国后，适逢抗美援朝，他将自己多年积攒下来的19两黄金捐献给国家。抗美援朝的胜利，表现了中华民族的英雄气概，也使他更加坚定了对于在中国共产党领导下实现民族复兴的信念。

20世纪80年代改革开放后，他心情舒畅，信心满怀，积极要求加入中国共产党，1983年他的入党申请终于被批准，感到无比欣喜。他的自传《爱国一书生——八十五自述》，回顾80多年的学术人生，他自觉将自身的前途与祖国的命运联系在一起，充分体现出对祖国和民族的深切情感和高度的历史责任感。他对自己人生的评价是："我这个人的好处是有理想，有事业心，有抱负，很想为国家为人民做点事，'天下兴亡，匹夫有责'的思想对我很有影响，一辈子做学问，一辈子不忘情国家。"

1995年，何兹全先生接受台湾"史语所"的邀请，赴台参加"傅斯年先生百龄纪念学术研讨会"，并应邀赴新竹市为台湾"清华大学"人文社会学院思想文化史的研究生作了题为"中国文化六讲"的学术报告，从历史的角度弘扬中华文化。该报告后来结集为《中国文化六讲》一书出版。

何兹全先生从事历史研究，注意抓大的问题，着重研究三个领域：中国社会史、汉唐佛教寺院经济，以及汉唐兵制。他是国内魏晋封建说首倡者和始终坚持者，第一个以丰富的史料为基础提出魏晋封建说。正如他在自述中所说："汉魏之际，社会经济有变化，这大约是研究这段历史的人都能看到的，因为这是历史事实。但认识到这变化是由古代到封建的社会形态的变化，而又给他以系统的理论说明，并以可靠的历史文献证成其说的，大约我是第一人。"中华人民共和国成立后，史学界对古史分期问题展开了热烈讨论。范文澜的西周封建说、郭沫若的春秋战国之际封建说是影响最广的两派观点，相持不下。在"百家争鸣、百花齐放"口号的感召之下，何兹全先生撰写《关于中国古代社会的几个问题》（《文史哲》1956年第8期），提出"东汉以来，奴隶制向封建制的过渡和封建社会的成立"，并主要从自然经济和依附关系即生产关系的演变角度论证魏晋时期中国社会性质的变化。在此后的学术生涯中他不断丰富、深化这一观点，数十年从未动摇。在"文化大革命"的特殊时代背景之下，他因为坚持魏晋封建说，被攻击为"食货余孽"，并被当作国民党反动派、反动学术权威揪出来批斗。但他历经坎坷而无悔。

他还着重研究佛教寺院经济史。20世纪30年代还在北京大学史学系求学时，他就以《中古时代之中国佛教寺院》的长篇学术论文崭露头角，受到汤用彤与陶希圣的赞许。该文就佛教的输入与佛教之兴起，寺院的发展及兴盛等7个方面展开探讨，是中国寺院经济史的开山之作。1936—1937年，他曾撰成《中国中古寺院经济史》一书，可惜在兵荒马乱中手稿遗失。20世纪80年代，又发表《佛教经律中关于寺院财产的规定》和《佛教经律中关于僧尼私有财产的规定》，把寺院经济的研究引向深入。

他还潜心于汉唐兵制史的研究，多有创见。1935年在《食货》第1卷第11期发表《三国时期国家的三种领民》，是为汉唐兵制研究之肇始。此后又发表《魏晋南朝的兵制》《魏晋的中军》两篇力作，20世纪80年代后陆续发表《孙吴的兵制》《府兵制前的北朝兵制》《十六国时的兵制》等论文，对世兵制、魏晋中军、孙吴兵制、十六国兵制和府兵制前的北朝兵制诸问题进行了深入探讨，填补了魏晋南北朝兵制史研究的空白，也丰富了陈寅恪先生对府兵制问题研究的论点。

《中国古代社会》一书，是他多年研究古代社会及古代向中世纪演变的重要成果，也是他史学成就和史学理论的代表作。该书时限上自原始社会末期，下至魏晋。著者依据大量的史料，从国家形态、社会政治和经济结构诸方面的发展变化综合论述了中国社会从原始氏族部落、早期国家到封建社会的发展和衍变的历程,全面探讨了中国社会的整体历史面貌及其来龙去脉,对西周封建说、春秋战国之际封建说、亚细亚型东方社会说提出不同意见,被誉为汉魏封建说的"扛鼎之作",对汉魏封建说作了系统、全面的总结。而且该书的意义不止于古史分期,其更大的成就在于,用丰富的史料综合论述了中国社会从原始氏族部落、早期国家、古代社会到封建社会的发展和演化的过程,具体论述中多有创见。

何兹全先生坚持学习马克思主义,以唯物史观为研究的指导。其研究每道人之所未道,一生学问事业贯穿了"创新"二字,为历史学界所推重。他在中学时代就接触马克思主义书籍,大学以后认真攻读马克思主义经典著作,为接受马克思主义唯物史观奠定基础。对此他有一段自述:"在我读过的书中,对我影响最大的是恩格斯的《家庭、私有制和国家的起源》和《德国农民战争》,其次是考茨基的《基督教之基础》。这些书使我懂得,研究任何历史问题,都要从当时的整个时代、社会出发,都要从历史发展的大形势出发。任何历史现象,从纵的方面说,都是历史发展长河中的一点;从横的方面说,都是当时全面形势中的一环。"他注重将马克思唯物史观融会贯通在自己的学术研究之中,娴熟地应用唯物的历史观分析史料,创立新说。其丰硕的研究著作无不体现出马克思主义理论的感召力与分析深度。

他继承了中国史学重材料、重考证的传统,又受西方史学思想包括马克思主义史学思想的影响,重视从宏观、微观看问题,又从发展角度看问题、全面看问题,形成宏观与微观并重、理论与材料并重的风格。对于著述、立论,他重视创始性和突破性。代表作有《中国古代社会》和《中国文化六讲》。

(赵庆云)

季羡林

季羡林(1911—2009),字希逋,笔名齐奘,1911年8月6日出生于山东省清平县(今聊城地区临清市)官庄的一个农民家庭。国际著名东方学家、语言学家、文学家、教育家、佛学家、历史学家、社会活动家,其研究领域包括印度古代语言、吐火罗文、印度古代文学、印度佛教史、中国佛教史、中亚佛教史、糖史、中外文化交流史、中西文化之差异与共性、美学和中国古代文艺理论、德国及西方文学、比较文学及民间文学、散文及杂文创作。其涉猎之广,创获之丰,令人高山仰止,是学贯中西的一代宗师,在海内外享有盛誉,影响十分深广。

季羡林自幼家境清贫,但勤奋好学,打下了坚实的文史底子。1923年,季羡林考入济南正谊中学,1930年考入清华大学西洋文学系,主修德国文学,兼修英、法文学,师从吴宓、叶公超。1934年以论文 The Early Poems of Holderlin(薛德林的早期诗歌)获清华大学文学学士学位。应母校山东省立济南高中校长宋还吾先生之邀,回母校任国文教员。

1935年考取清华大学与德国的交换研究生,9月赴德国哥廷根(Goettingen)大学学习,主修印度学。先后师从瓦尔德史米特(Waldschmidt)教授、西克(Sieg)教授,学习梵文、巴利文、吐火罗文、俄文、南斯拉夫文、阿拉伯文等。1937年开始兼任哥廷根大学汉学系讲师。1941年以研究佛教混合梵语的论文《〈大事〉偈颂部分的限定动词的变位》获哥廷根大学哲学博士学位。该论文拓宽了混合梵文形态学的研究领域,大大推进了混合梵语的研究,获得了很高评价,后来收入《印度古代语言论集》(中国社会科学出版社1982年版)。随后他在西方学术界具有极高权威的国际一流学术刊物《哥廷根科学院院刊·语言学和历史学分卷》和《德国东方学会会刊》，接连发表几篇对佛教混合梵语、佛教史和对吐火罗语研究有重要贡献的论文，在国际梵文学界引起轩然大波，争论长达半个世纪。这些论文奠定了他在印度古代语言研究领域的学术地位。

由于"第二次世界大战"爆发，他回国无望，滞留德国。1937—1945年，他利用在哥廷根大学汉学系任讲师的机会，从浩如烟海的中国古籍、特别是笔记小说和《大藏经》中收集积累了大量与佛教史、中印文化交流史相关的史料。1945年战争结束后，他假道瑞士回国。1946年秋，经陈寅恪向胡适、傅斯年推荐，被破格聘为北京大学教授，创建东方语言文学系并担任系主任，开创了中国真正现代意义上的东方学研究。他着重研究佛教史和中印文化关系史，发表了一系列富有学术创见的论文。

1949年中华人民共和国成立后，他被评为一级教授，继续担任系主任至1983年。他也积极参与各种社会活动，参加教授会的组织和领导工作，担任北京大学工会主席。1950年加入中国民主同盟。1956年加入中国共产党，同年任中国科学院哲学社会科学部委员。1954年、1959年、1964年当选为第二届、第三届、第四届全国政协委员。并以中国文化使者的身份先后出访印度、缅甸、民主德国、苏联、伊拉克、埃及、叙利亚等国家。"文化大革命"中受到"四人帮"及其北大爪牙的迫害。1978年复出，担任北京大学副校长、中国社会科学院与北京大学合办的南亚研究所所长。1983年，当选为第六届全国人大常务委员会委员。1984年南亚研究所分设，季羡林改任北京大学南亚东南亚研究所所长。1988年，任中国文化书院院务委员会主席，并曾以学者身份先后出访德国、日本、泰国。

他还担任中国外国文学学会会长、国务院学位委员会委员、中国东方文化研究会会长、中国民族古文字学会名誉会长、中国语言学会会长、中国外语教学研究会会长、中国亚非学会会长、中国高等教育学会副会长、中国敦煌吐鲁番学会会长、中国作家协会理事、中国史学会常务理事等职。著作汇编成《季羡林文集》，共24卷，1999年获第四届国家图书奖。其内容极为丰富，包括印度古代语言、中印文化关系、印度历史与文化、中国文化和东方文化、佛教、比较文学与民间文学、糖史、吐火罗文、散文、序跋以及梵文与其他语种文学作品的翻译。

印度文化对中国许多民族文化产生了相当深远的影响，但以往中国对这一问题的研究较为欠缺，季羡林先生以极大热情和坚韧的毅力，数十年潜心研究，在中印文化关系史的研究上开拓，取得了令世人瞩目的丰硕成果，也达到了这一研究领域的学术巅峰。

季羡林先生在语言学、文化学、历史学、佛教学、印度学和比较文学等诸多领域都建树卓著。他精通梵语、巴利语、吐火罗语、英语、德语、法语、俄语等多种语言，是世界上仅有的几位从事吐火罗语研究的学者之一。他从语言入手研究佛教史。1948年在《"中央研究院"历史语言研究所集刊》发表《浮屠与佛》，40年后的1989年又写了《再谈"浮屠"与"佛"》。考证了"浮屠"一词与"佛"字的来源，进而从"浮屠"与"佛"的关系考察佛教传入中国的途径和时间。他从梵文和中亚古语研究入手，揭示西域这一中间地带在中西文化交流中所起的重要作用。其将语言学与历史学结合在一起的研究方法取径，为后来的西域研究者提供了示范。自1982年开始，他花费了近20年时间，对新疆焉耆出土的吐火罗文《弥勒会见记剧本》进行释读，并用中文和英文在国内外出版专著和发表论文。

从1944年到1990年的近50年时间里，他潜心于印度古代语言的研究，将印度中世语言变化规律的研究与印度佛教史的研究结合起来，开辟了研究印度佛教史的新途径。20世纪80年代，他主持编撰的《大唐西域记校注》是国内西域史研究的重要成果，获得全国首届古籍整理图书奖。他为《大唐西域记校注》写了长达10万字的前言，对唐代初期中国的情况、印度6—7世纪时的社会政治状况、佛教的发展演变、佛经翻译史、唐初中印交通情况等问题作了全面系统的论述，从非同寻常的深度和广度论述玄奘这一佛教史上的杰出人物与当时社会之互动关系。体现出极为深厚的史学功力。

1992年11月被授予印度研究梵文的最高学府瓦拉纳西大学"最高荣誉褒扬状"。1997年他主编的《东方语言学史》获第三届国家图书奖。

他对糖史的研究，缘于一个偶然的机会得到一张伯希和从敦煌藏经洞拿走的残卷，正面写着一段佛经，背面写着印度造糖法。文化交流是一直萦绕于他脑际的最重要的问题，得此残卷惊喜欲狂，决心破解这一科技文化谜题。他70岁开始研究"糖史"，首先撰写出论文《蔗糖的制造在中国始于何时》，指出中国在唐代以前已经能够自制蔗糖，在以后的长时间内，中印在制糖方面还是互相学习的。1982年，又写了一篇《对〈一张有关印度制糖法传入中国的敦煌残卷〉的一点补充》。到了1983年，又写了篇《古代印度砂糖的制造和使用》。1987年撰写《cīnī问题——中印文化交流的一个例证》，探讨中国白砂糖传入印度的问题。他在史料搜集上下了绝大的披砂炼金的功夫。年逾八旬后，他仍埋首于北京大学图书馆，奋发昂扬，诚不知老之将至。他自己回忆："从1993年至1994年用了差不多两年的时间，除了礼拜天休息外，每天来回跋涉五六里路跑一趟北大图书馆，风雨无阻，寒暑不辍。我面对汪洋浩瀚的《四库全书》和插架盈楼的书山书海，枯坐在那里，夏天要忍受书库三十五六摄氏度的酷暑，挥汗如雨，耐心地看下去。有时候偶尔碰到一条有用的资料，便欣喜如获至宝。但有时候也枯坐半个上午，把白内障尚不严重的双眼累得个'一佛出世，二佛升天'，却找不到一条有用的材料，嗒然拖着疲惫的双腿，走回家来。"历时17年潜心研究，终于在1996年完成长达83万字的《糖史》皇皇巨著。这本书超越了中印文化关系的范围，从糖这种微不足道的日常食品入手，考察糖的传播过程，展示了古代中国、印度、波斯、阿拉伯、埃及、东南亚，以及欧、美、非三洲和这些地区文化交流传播的历史轨迹，具有十分重要的学术意义。

关于中国文化对印度的影响，也是他关注的一个重点内容。他对纸和造纸法传入印度的历史、蚕丝传入印度的历史，以及佛教倒流向印度的现象，都作了深入的探讨，发表相关论文20余篇，对该领域有前驱先路的奠基之功。

对于中西文化这一重大问题，他也有自己的深刻认识和独到思考，并积极参与国内东西方文化问题的讨论。他提出：对西方文化应采取"一不拒绝、二不盲从"的态度，强调"文化交流是人类进步的主要动力之一。人类必须互相学习，取长补短，才能不断前进，而人类进步的最终目标必然是某一种形式的大同之域"。他将人类文化分为四个体系：中国文化体系，印度文化体系，阿拉伯伊斯兰文化体系，自古希腊、罗马至今的欧美文化体系，而前三者共同组成东方文化体系。他为东方民族的振兴和东方文化的复兴呐喊，指出，东西方"两大文化体系之间的关系也是互相学习的，仅就目前来看，统治世界的是西方文化。但是从历史上来看，二者的关系是三十年河东，三十年河西"。他的这一见解引起强烈反响，可谓对长期以来居统治地位的"欧洲中心主义"的一种反拨。

作为文学翻译家，他翻译了大量梵语著作和德、英等国经典，尤其是印度两大史诗之一《罗摩衍那》和印度古代文学经典《沙恭达罗》等，并撰写了大量的研究著作。他也因此被中国翻译协会授予"翻译文化终身成就奖"。

从20世纪80年代后期开始，他极力倡导东方文化研究，主编大型文化丛书《东方文化集成》，5000余种，800余册。他十分关心祖国古代典籍的保存和抢救工作，在20世纪90年代亲自担任《四库全书存目丛书》总编辑。

季羡林先生还体现出极强的知识分子责任感。虽历经坎坷，仍然坚持自己的信仰，敢说真话，直抒己见。2008年，他将积攒下来的百万元稿费捐赠给北京大学，设立"北京大学季羡林奖助学金"。2008年5月向四川汶川灾区捐赠20万元。

季羡林先生在大陆被许多人尊重，并被一些人奉为中国大陆的"国学大师""学界泰斗""国宝"。他自己对这些头衔不以为然，"三辞桂冠"，"还了我一个自由自在身"。

季羡林先生在学术上取得如此高的成就，一因其天分高，二因其极为勤奋，三则因其不愿步趋西方学者的主体意识。1946年他甫回归即撰文呼吁："介绍外国学者的研究成绩，当然有极大的价值，而且是刻不容缓的，对这些介绍人我们都应有很大的尊敬。然而这究竟是跟着别人走。我们不应该自安于追踪别人，我们也要去研究，让外国学者也跟我们走。"时至今日，他的这些话依然发人深省。

(赵庆云)

李文海

2013年6月7日，中国共产党优秀党员，中国著名历史学家、教育家，中国人民大学原校长李文海教授，因病医治无效，在北京逝世，享年81岁。

1932年年初的农历腊月二十三，李文海出生于江苏省无锡县秦巷镇倪巷村。1949年5月从私立无锡中学高中毕业，同年9月到无锡陡门小学任教，11月起先后在中共前州区委、苏南农村工作团二队工作，从事减租减息、土地改革、"三反"、"五反"等运动。1952年2月加入中国共产党。同年9月入中国人民大学历史研究班学习，1955年7月毕业后留校任教。1971年1月调到北京市工作，先后任中共北京市委宣传组理论组副组长、宣传部副部长。1979年8月，调回中国人民大学工作，先后担任清史研究所副所长、所长。1983年9月调入历史系，先后任历史系副主任、主任兼党总支书记。1985年9月任中国人民大学副校长。1986年被评为教授。1987年9月起任中国人民大学党委书记兼副校长。1990年被国务院学位委员会批准为博士生导师。1990年荣获"有突出贡献的中青年专家"称号，1991年开始享受政府特殊津贴。1994年6月任中国人民大学校长。2009年获评中国人民大学首批一级教授。

李文海教授是中共十四大、十五大代表，第十四届中央纪律检查委员会委员，第九届全国人大代表，曾任中国史学会会长、国务院学位委员会历史学科评议组组长、中央马克思主义理论研究和建设工程首席专家、国家社科基金历史学学科评议组组长、教育部历史学教学指导委员会主任、教育部中国特色社会主义理论体系研究中心主任、中共党史学会副会长、中华人民共和国国史学会副会长、中国高等教育学会副会长、中国延安精神研究会副会长，是国家社科基金中国史学科组组长、教育部人文社会科学重点研究基地中国人民大学清史研究所学术委员会主任。他先后荣获"全国优秀党务工作者""全国普通高等学校优秀思想政治工作者"称号，被北京市授予"依靠教职工办好学校的先进党委书记、校长"称号。

李文海教授信仰坚定，学养深厚，著作等身。在从教的近六十年里，他在中国近代史研究、灾荒史研究、高等教育、全国历史学规划与发展、清史纂修等方面作出了不可磨灭的突出贡献。他先后撰写和主持撰写的著作有：《伟大的革命先行者孙中山》《义和团运动史事要录》《太平天国社会风情》《近代中国灾荒纪年》《近代中国灾荒纪年续编》《灾荒与饥馑：1840—1919》《中国近代十大灾荒》《世纪之交的晚清社会》《南窗谈往》《历史并不遥远》《李文海自选集》《从民族沉沦到民族振兴》《清代官德丛谈》等。主编及合编的著作有：《清通鉴》、《清史编年》、《清代人物传稿》（下编第三、五卷）、《中国近代爱国主义论纲》、《戊戌变法》、《民国时期社会调查丛编》、《民国时期社会调查丛编》（二编）、《中国荒政书集成》等。发表各类论文百余篇。先后获得国家图书奖2次，教育部人文社会科学优秀论著奖1次，并多次获得北京市哲学社会科学优秀成果一等奖及精神文明建设"五个一工程"奖等奖项。

李文海教授是近代中国社会史研究的重要探索者。他对太平天国社会风气习俗的细致考察和潜心研究，对义和团时期社会心理的深刻揭示和独特分析，对戊戌维新时期政治改革与社会变动的专题论述和历史评价等，具有开创性和探索性。

"文化大革命"结束至20世纪80年代中期，传统政治史研究仍然是近代史学界关注的重点。太平天国、戊戌维新、义和团运动和辛亥革命等领域的政治和思想史研究十分繁荣。李文海教授对以上研究内容均进行了系统、深入的探讨，发表了一批有分量的论著。特别是他对义和团运动的研究，成绩尤为显著，并因此被推举为中国义和团研究会的第二、第三任会长。但他并未将视野局限在传统政治史研究的范围之内，而是较早注意对近代社会生活、社会组织、社会心态问题的研究。在他看来，这不仅是认知丰富复杂历史现象的内在需要，也能够加强人们对重大政治问题的深入理解。早在20世纪80年代，他就写过《论太平天国的丧葬改革》和有关太平天国妇女生活等方面的论文。1987年，他进而发表了4万余字的长文《太平天国统治区社会风习素描》，后来又以此为基础扩写成专著《太平天国社会风情》，在内地和台湾出版。这不仅为今人生动、准确地勾画出一幅太平天国社会生活的全景图像，而且对这些现象予以简明清晰的历史说明，有助于人们对太平天国运动本质的了解。

李文海教授对近代中国社会心理的研究也起步较早。他在1986年发表在《近代史研究》第5期上的《义和团运动时期社会心理的分析》一文，堪称这方面的代表作。同探索太平天国社会风习一样，他最初决定分析义和团运动时期的社会心理，也是不满足当时义和团研究"多数文章都是从政治斗争的角度去进行分析"，他自觉转换视角，试图从社会心理角度对义和团运动作出新的审视。此文发表时，曾给近代史学界同行以耳目一新之感，对近代中国社会心理研究的开展，起到了很好的示范效应与推动作用。

李文海教授对近代中国社会状况的研究并不限于以上方面。他在近代中国社会灾荒、社会组织等方面也很有研究。如关于社会组织，他曾发表《戊戌维新时期的学会组织》一文。这是大陆学界最早研究这一新兴社会组织的学术论文，在国内曾经产生广泛影响。

李文海教授贡献最大的学术领域，无疑是中国近代灾荒史。他是这一领域当之无愧的拓荒者。20世纪80年代中期，当他开始灾荒史研究时，这一领域的研究还几乎是一片荒芜。在研究群体众多、研究基础深厚的中国近代史领域能有所深耕和拓展，已非易事，而要开辟新的研究领域则更为艰难。这需要研究者既具眼光、又有魄力才行。李文海教授基于现实生活中灾害问题的严重后果，以及在研究近代史过程中所接触到的大量灾荒史资料，敏锐地意识到近代中国灾荒史研究的史学价值和现实意义，遂于1987年组织了一个近代灾荒史研究课题组，开始了对这一领域艰难的拓荒。1988年，他在《中国人民大学学报》发表《论中国近代灾荒研究》一文，呼吁学界开展灾荒史研究。在李文海教授的领导下，课题组新老成员经过多年持之以恒的努力，推出了一批在海内外灾害学界产生重大而深远影响的灾荒史研究论著。如《近代中国灾荒纪年》（1990年）、《灾荒与饥馑：1840—1919》（1991年）、《近代中国灾荒纪年续编》（1993年）、《中国近代十大灾荒》（1994年），率先在学界勾勒出中国近代灾荒历史的完整轮廓。在中国近代灾荒史的过程中，李文海教授并没有就灾害谈灾害，而是在搞清楚灾荒状貌的基础上，特别注意揭示灾荒与近代中国社会的稳定与发展之间的关系，与重大政治事件发生、演化的历史关系，即从自然现象与社会现象相互作用的角度重新解释近代中国历史上一系列重大事件。为此，他撰写过不少视角独特、富有启发性的学术论文。如《甲午战争与灾荒》《清末灾荒与辛亥革命》《近代中国灾荒与社会生活》等。

以李文海教授为首的灾荒史研究课题组还十分注重对灾荒史资料进行收集、整理、点校与汇编的基础性工作。世纪之交，李文海教授领导下的课题组为继续推进中国灾荒史研究，深入总结中国历代救灾经验，为现代化建设提供历史借鉴，决定系统整理、抢救中国历史上存留下来的珍贵救荒文献。这项工作以《中国荒政全书》（第一、二辑，北京古籍出版社2003年版）为始，终以《中国荒政书集成》（全12册，天津古籍出版社2010年版）的出版而告成厥功。在李文海教授的领导与亲身参与下，编者经过十余年辛劳，从汗牛充栋、散佚各地的历史典籍中厘剔爬梳，蒐集到汉至清末现存荒政书411部，辑佚书目65部，共476部，其中清代368部；另有译著或外国人编撰的中文著述15部。《中国荒政书集成》从中选录187种，共计1300余万字，对先前出版的《中国荒政全书》亦多有修订和增补，为深化和拓展中国灾荒史研究提供了坚实的资料基石。这套书被学界誉为"当今海内外第一部系统、完备的中国荒政资料汇编"，并荣获2010年度全国优秀古籍图书奖一等奖。

李文海教授对中国近代灾荒史研究的开拓与深耕，源于他关注社会现实的治学理念。中国知识分子研究学问一向有着经世致用的优良传统。李文海教授很好地继承了这一传统。在历史研究方面，他素来主张研究者要有一种现实感，要有意识地去关注和探讨那些与现实生活密切相关，并能给现实生活以启迪的历史问题，以发掘出深沉的历史智慧益泽于世人，只有这样，史学研究的社会功能才能得到更好地体现和发挥。在他看来，"任何一门科学，哪怕是最深奥的学问，如果不同丰富鲜活的社会生活发生紧密的联系，不同广大群众发生密切的关联，就不可能有生命力"。史学发展同样也不例外。当然，这种观照现实的史学研究，与那种不尊重历史真实和历史规律的所谓"为政治服务",是毫无共同之处的。后者根本就不属于真正的历史研究,因而也就谈不上为现实提供有益的历史借鉴。

正是基于这种强烈的社会现实关怀,李文海教授开始了对中国近代灾荒史的探索研究。而他的有关研究成果备受社会瞩目的结果,反过来也证明了此种学术关怀的正确性。1997年,江泽民主席邀请八位著名史学家讨论有关历史问题,李文海教授所讲的题目就是《近代中国灾荒与社会稳定》。1998年,中国发生百年不遇的大水灾,引起人们对于近代以来中国自然灾害发生特征和规律的深刻反思,李文海教授多次应新华社、中央电视台等媒体的约请,就近代以来灾荒问题的历史教训发表研究心得,给予人们以历史的启迪。

跨入新世纪后,面对频发的自然灾害与生态环境恶化等问题,李文海教授呼吁进一步加强灾荒史学科建设,加深和拓展灾荒史研究,提倡重视五个方面的"结合":一是社会科学工作者同自然科学工作者的结合;二是学术研究的开拓创新同历史资料的发掘整理的结合;三是基础研究同应用研究的结合;四是中外学者的结合;五是学术工作者同实际工作者的结合。

李文海教授关注社会现实的治学理念不独体现在中国灾荒史研究上,而是渗透于其史学研究的各个领域。他还倡导史学成果的表述和传播也应满足社会生活和人民群众的需要,反复呼吁史学工作者要善于跨越史学圈,更好地面向时代,面向社会,面向大众,重视为全社会提供对于当前社会生活有借鉴意义的历史认知,提倡史学表述要更加"生动一些、形象一些",以便让更多的人能够喜爱阅读历史著作,能够从中获取历史智慧。李文海教授在这一方面身体力行,如他对近代中国爱国主义的研究,对戊戌维新时期改革与反改革斗争的剖析,并主编了《中国近代不平等条约书系》等。后者出版以后,受到读者的普遍欢迎,曾一版再版(再版时丛书改名为《世纪噩梦》),1994年荣获北京市第三届哲学社会科学优秀成果二等奖。李文海教授还强调,历史学是一门基础性的人文学科,因此,决不能要求任何一个研究课题都同现实生活有直接的关联。有一些研究方向和研究课题,同现实有一定距离,但对于学科发展却有重要意义。对于这样的研究成果,应该给予十分重视和尊重。强调史学关注现实,一定要防止简单化、绝对化,急功近利的态度是有害于学术发展的。

进入古稀之年后,李文海教授立下一个少写长文、多写短文的心愿,并对清代政治文明进行研究,撰写发表了大量短小精悍、脍炙人口的随笔、杂文。2012年8月,他将这些陆续发表的有关清代政治伦理的文章结集出版,书名为《清代官德丛谈》。该书从传统政治文明中发掘出至今仍有借鉴意义的珍贵历史遗产,充分反映了普通老百姓对清明政治的冀求与向往,既有很好的学术性,又有很强的现实性。李文海教授此举仍根源于他对如何更好发挥史学社会功能的思考与尝试。在他看来,与其让"消费历史"或"戏说历史"的影视故事或文艺作品影响广大群众对历史的认知,不如史学工作者积极行动起来,更加努力地写出一些能为广大群众所接受、喜爱的东西。直到去世前夕,李文海教授还继续着这样的工作,这就是为世人所熟知的那篇绝笔——《〈聊斋志异〉描绘的官场百态》。

李文海教授曾长期担任高校领导,并兼任众多重要的社会职务,了解人文社会科学研究现状,高度重视人文社会科学的学科地位、历史学的功能等问题,发表了许多发人深思的观点,产生了广泛的社会影响。他还积极谋划、组织推动全国历史学的发展,并针对中国近代史研究中一些有争议的重要理论问题和学风问题，态度鲜明地表达了自己的观点和意见，体现了一个马克思主义史学家的远见卓识和高度的社会责任感。

自20世纪90年代以来，由于诸多原因，社会上轻视人文社会科学的现象越来越重，特别是文史哲等基础性人文学科面临着日益突出的发展困难。时任中国人民大学校长的李文海教授更多地思考人文社会科学的命运及其学科发展问题。1994年年初至1996年，他先后在《人民日报》《求是》等报纸杂志上发表了《文科高教如何面对社会主义市场经济》《重视基础文科的建设》《人文社会科学要更好地为经济与社会协调发展服务》等文章，一方面积极思考人文社会科学如何摆脱困境、适应时代发展需要的问题；另一方面也呼吁社会理解人文社会科学的价值、重视其地位和作用。李文海教授言之谆谆，切中时弊，他的建言受到有关部门的关注和重视，产生了广泛的社会回响。在"2000年著名大学校长论坛"上，他那篇充满激情的《让人文社会科学成为知识经济发展的巨大推动力》的演讲，更是激起了无数关心人文社会科学前途命运者的强烈共鸣。

作为一个历史学家，李文海教授对人文社会科学价值的弘扬，更多地体现在对其重要分支——历史学功能问题的高度重视和反复阐述上。在他看来，历史学的功能主要体现在认知功能、教育功能、传承功能三个方面。认知功能就是通过对丰富复杂的社会历史现象，加以总结概括，提炼出一些规律性的认识，使我们能够从历史中汲取治国理政的政治智慧。教育功能，就是借鉴历史的经验教训。历史是一部最生动、最深刻的教科书。通过学习历史，让大家在许多涉及对国家、社会、民族及个人的重大问题上，辨是非，明得失，弃恶扬善。传承功能，就是中华民族的优良传统和灿烂文化，通过一代又一代人的不懈努力，不断继承、发扬、创造、发展，保持历史的延续性和创新性。只有通过研究历史、学习历史，才能了解和懂得自古以来中国人民创造的灿烂历史文化，继承中华民族在漫长历史发展进程中形成的优良传统，从中汲取思想精华，在继承中华文明的基础上建设社会主义新文化。历史无法割断，今天的现实就是昨天历史的延续和发展，"如果忘记了自己的历史，就不可能深刻地了解现在和正确地走向未来"。关于历史研究的重要意义，李文海教授曾写过一段简明扼要、富有哲理的总结式论断："不要拒绝历史，因为历史给我们以智慧；不要忘记历史，因为忘记历史意味着对事业的背叛；不要漠视历史，否则将受到历史的惩罚；不要割断历史，因为完全否定昨天也就将失去明天。"

李文海教授长期任职于中国史学会，曾担任中国史学会第五届、第六届、第七届理事会理事，第六届理事会副会长，第七届理事会会长（2004—2009），为推动中国历史学事业的发展作出了杰出贡献。

自2004年担任中国史学会会长之后，李文海教授继续上一任会长所规划的各项工作，坚持了中国史学会团结全国史学工作者，开展学术活动与进行中外交流，促进历史科学发展和繁荣的宗旨。凡史学界的大事都例行在会长会议上讨论。在他的领导下，中国史学会在国内主持了一系列重要的学术研讨会，推动了中国历史学的发展。

在李文海教授担任会长期间，作为一项重要的任务，就是推动了与国际历史学会的沟通与合作。国际历史学会由欧洲的历史学家创建于1896年，每5年召开一次国际历史科学大会，除两次世界大战期间曾中断外，其他时间都如期召开。中国学者在1949年以前与国际历史科学大会的联系不多，20世纪30年代，胡适等曾出席过，以后就没有人参加了。1949年中华人民共和国成立初期，我们长期没有与国际历史学会联系过。经过艰苦努力，中国史学会于1982年成为国际历史学会的国家级会员。1980年首次组团出席在布加勒斯特召开的国际历史科学大会。中国史学会十分希望在中国举办国际历史科学大会。

2004年后，在李文海教授的大力支持下，中国史学会加强了与国际历史学会的沟通合作。首先是中国史学会派出代表团参加了2005年在澳大利亚悉尼举办的国际历史科学大会第20次会议，中国史学会派出了以张海鹏同志为团长的20多人的代表团。此后，中国史学会于2007年在中国社会科学院举办了国际历史学会的代表大会，各成员国代表约100人出席，李文海教授致开幕词，张海鹏同志等就中国历史学的某个领域的发展提出报告，引起与会者的热烈反响。中国史学会组团出席2010年在阿姆斯特丹举办的第21届国际历史科学大会，也是在李文海教授主持的第七届理事会会长会议上决定的。

在李文海教授主持下，中国史学会以2007年在中国举办的国际历史学会代表大会学术报告为基础，遴选22个专题，邀请国内更多学者撰写30年来学术发展综述，编辑出版了《中国历史学三十年》一书，对中国历史学各学科的发展状况作了综述性的概括。

中国史学会目前所做的第22届国际历史科学大会的筹备工作，实际上发端于上一届李文海教授做会长期间所奠定的基础。在第七届理事会与第八届理事会交接期间，李文海教授特别指出，第八届理事会要把开好第22届国际历史科学大会作为主要任务。继任中国史学会会长的张海鹏同志认为："如果没有李文海教授的支持，我们可能不会做下去。"

李文海教授非常关注国内史学界的动向，特别关注国内史学界的健康发展，对史学界一些非马克思主义、反马克思主义的声音保持高度警惕，对历史虚无主义等错误观点进行了批评。

1995年6月，在李文海教授的主持下，"中国近现代史研究的历史观和方法论"研讨会在中国人民大学成功举办。他在发言中强调，史学研究应该有正确的历史观和方法论，还要有健康的学术争鸣的气氛。1996年，李文海教授又联合教育部高等学校社会科学发展研究中心，召开了"五四运动与二十世纪中国的历史道路"学术研讨会，在北京举办了"中国近代（1840—1949）重大历史是非问题"系列讲座。这几次学术活动的成果后来汇集成《走什么路——关于中国近现代历史上的若干重大是非问题》一书（沙健孙、龚书铎主编，山东人民出版社1997年版），书名即李文海教授在讨论中提出的。

2003年，电视连续剧《走向共和》热播，一时间似乎好评如潮。这时，李文海教授与几位著名历史学家挺身而出，振聋发聩地指出，这是一部严重歪曲历史的电视剧。他们的尖锐而又有理有据的批评引起了各方面的高度重视，扭转了错误的舆论导向。同年8月12日，《光明日报》发表了金冲及、龚书铎、李文海教授的长篇论文《中国是怎样走向共和的？》。李文海教授与龚书铎、梁柱教授共同主编的《近代中国是怎样走向共和的——大型电视剧〈走向共和〉引发的思考》一书于当年出版，为这场事关重大原则问题的论争留下了宝贵的历史记录。2005年1月，在教育部高等学校社会科学发展研究中心召开的研讨会上，李文海教授与龚书铎、沙健孙、梁柱几位教授围绕"近现代中国历史研究与历史虚无主义思潮"展开深入讨论，会议纪要发表于 2005 年 3 月 15 日的《光明日报》，《警惕历史虚无主义思潮》的标题十分引人注目。

自 1952 年 9 月进入中国人民大学历史研究班学习，李文海教授就与清史研究、清史纂修结下了不解之缘。作为清史研究所的一名教师，他曾多次撰文强调加强清史研究、开展清史纂修的重要性，并为之投入大量心血。

清史纂修是党中央三代领导集体制定的国家文化战略，也是当代中国历史学家继承"易代修史"学术传统的神圣使命。中华人民共和国成立以后，由于条件限制，修史动议多次被提起，又反复被搁置。一直在清史研究所任教的李文海教授，虽然教学任务繁重、学校行政事务繁忙，但他从未将心中的修史梦想片刻忘怀。一方面，他教书育人，为清史纂修培养学术力量、积蓄人才。另一方面，他和所内外专家一起，整理清代档案文献资料，撰写清史研究论著，开创学科研究领域，积极为清史纂修进行全方位的学术积累。

自 20 世纪 80 年代以来，李文海教授分别与林增平教授、孔祥吉教授共同主编《清代人物传稿（下编）》第 3 卷、第 5 卷（辽宁人民出版社 1987、1989 年版）。1999 年，他与戴逸教授主编的《清通鉴》（22 册、660 万字）由山西人民出版社出版。2000 年，由李文海教授任主编，历时二十年编纂的《清史编年》（12 册、600 余万字）由中国人民大学出版社全部出齐。这些成果都为日后清史纂修做了很好的前期准备。

进入 21 世纪，随着国家经济文化的发展，国力日益增强，纂修清史的条件基本成熟。2001 年 3 月 5—15 日，第九届全国人大四次会议在北京召开，作为人大代表，李文海教授提交了《关于纂修大清史》的重要提案，引起了广泛社会反响。4 月 5 日，清史编纂座谈会在中国人民大学举行，李文海教授参加会议并发言，与会专家学者达成共识：积极组织力量，迅速启动纂修大型清史的文化工程。翌日，他与季羡林教授、戴逸教授等 13 位专家学者，联名向中央领导建议纂修清史。4 月 14 日，他与戴逸教授在《人民日报》发表署名文章《一代盛事、旷世巨典——关于大型清史的编纂》，重点阐述清史纂修的重大意义和新修清史框架设计，这些都为清史纂修做了很好的舆论宣传。2002 年 8 月 13 日，党中央、国务院批准了由文化部报送的《〈清史〉纂修工作方案》，作出了纂修清史的重大决定。同年 10 月，由专家学者组成的清史编纂委员会正式成立，戴逸教授任编委会主任，李文海教授是编委会首批 25 位委员之一。

清史纂修工程启动后，李文海教授以百倍的热情，积极投入工作，建言献策、撰文著说、奔走呼号，为确定新修清史体裁体例、制定稿件质量评审规则与要求、倡行责任制等重要问题的讨论与落实作出了自己独到的贡献。

2006 年，随着清史工程主体项目立项任务的基本完成及各项目撰写工作的展开，需要一个部门协助编委会主任、副主任开展审稿工作。由戴逸主任提议，经编委会讨论通过，3 月 30 日，编审组宣告成立。李文海教授和北京师范大学龚书铎教授、中国人民大学王思治教授、中华书局陈铮编审成为最早的成员。编审组主要开展一审验收工作，对已经提交的主体项目的 90 余部书稿，聘请专家评审，出具鉴定意见，为二级组进一步提升书稿质量提供参考。此外，编审组还对清史工程若干重大问题，正式向编委会领导提交书面建议。如《关于加强责任制的几个问题》《关于清史重大学术问题的处理意见》《关于做好通纪编写提纲工作的建议》《关于做好审稿、定稿工作的建议》《编审组关于做好新修清史三审工作的一些思考和建议》等，并就某些专项问题，通过书面或口头的方式，提出建议。以上每一项工作的开展，无不凝聚着李文海教授的心血与智慧。

在清史编纂委员会工作期间，李文海教授始终以大局为重，只要工作需要，他都乐于奉献。2004年1月，为及时出版清史专题研究的最新学术成果，受戴逸主任委托，由李文海教授牵头，组织成立清史《研究丛刊》编委会，使《研究丛刊》成为清史工程同学术界联通和交流的桥梁与平台。十年来，在他的主持和丛刊编委会专家的共同努力下，先后评审书稿68部，已出版29种34册，在学术界产生了较大影响。其中，《清代理学史》荣获中国新闻出版领域的最高奖——第二届中国出版政府奖，成为学术精品。

2012年9月、10月，李文海教授因心脏病突发两次入院治疗。出院后，虽然身体状况一直未能完全康复，但他依然关心清史纂修工作。2013年6月5日，他原本计划去医院就诊，但因编委会召开审改工作会议，遂将看病计划改期，抱病参会。为了不错过任何一位专家的汇报，整整三个小时，他没有离开过会场。午间，他与戴逸教授共同进餐，两位共事近60年的白发师生，就清史三审如何开展等问题，进行了深入细致的交谈。两位已届耄耋之年的史学大家，为清史纂修殚精竭虑、操心不已的情景，感人尤深。这是李文海教授有生之年最后一次参加会议。"春蚕到死丝方尽，蜡炬成灰泪始干"，李文海教授为他挚爱的清史纂修事业鞠躬尽瘁、死而后已。

李文海教授将自己的一生奉献给了党的高等教育事业和他所热爱的历史学。他襟怀坦白，廉洁奉公，严于律己，表现出共产党人的崇高品格。他博学睿智，谦虚儒雅，宽厚待人，深受史学同行的尊敬和教职工的爱戴。李文海教授的不幸逝世是中国史学界、教育界的重大损失。他的崇高品格和卓越贡献，为后人永远铭记。

（李光伟）

吴承明

吴承明先生（1917—2011），河北滦县人，享誉海内外的中国经济史学家。1932年考入北洋工学院预科，1934年入清华大学化学系，后转经济系，并成为"一二·九"运动学生领袖之一；1936年秋转考入北京大学史学系，习修孟森、郑天挺、钱穆等名师课程。"七·七事变"后，他积极投身抗日救亡运动，1938年冬到昆明西南联大复学，得以面聆陈寅恪、姚丛吾诸师教诲，同时坚持"经济救国"理想。1940年毕业后供职于重庆中央银行经济研究处，兼任《新蜀报》主笔等职。1943年冬留学美国哥伦比亚大学商学院，成绩优异并荣获"金钥匙奖"，1946年获得硕士学位。同年作为著名经济学家库兹涅茨（1971年诺贝尔经济学奖得主）的助手并归国，任资源委员会经济研究处专门委员。1947年年初任上海中央信托局信托处襄理，兼任上海交通大学、东吴大学等校教授。中华人民共和国成立后，他就职于中央外资企业局、工商行政管理局等单位。1958年主持"资本主义经济改造研究室"工作，1977年起专任中国社会科学院经济研究所研究员，先后担任学术委员会委员、研究生院博士生导师，兼任南开大学博士生导师。1980年任日本东京大学客员研究员，1986年任美国加州理工学院客座教授。他先后兼任中国经济史学会会长、中华全国工商联特约顾问等。1991年获国务院颁发的政府特殊津贴，2006年被授予中国社会科学院首批"荣誉学部委员"。

吴承明先生一生追求科学、崇尚真理，学贯中西、古今融通。其治学重在理论探索，且史论互证、著述甚丰，成就卓著；作为经济学理论与经济史研究结合的典范，其学术贡献无可替代，深受海内外学者的敬重。这与他深厚的文史功底和西方名校的系统教育分不开，也是他博学勤思严谨治学所致，更是其主张各家并存、求实创新学术精神的体现。

吴承明先生倾力最多的是三卷本《中国资本主义发展史》。20世纪60年代周恩来总理提出为实现"马克思主义政治经济学的中国化"，应编写《中国资本主义发展史》。该工作因"文化大革命"而中断，直到改革开放才正式开展，由许涤新和吴承明任主编。第1卷《中国资本主义的萌芽》，第2卷《旧民主主义革命时期的中国资本主义》，第3卷《新民主主义革命时期的中国资本主义》。此逾二百万字的巨著，由许涤新撰"总序"，全书配487张统计图表，20多位学者历十几个春秋才完成，人民出版社在1985—1993年出齐。从撰著体例和主要内容的规划，到执笔"导论"等重要部分的写作，再到统稿以至重写的巨量工作，无不凝聚着吴先生的心血。他认为自己的研究贡献主要有三：一是近代中国资本集成的估计；二是近代中国工农业和交通运输业总产值的估计；三是近代中国国内市场商品量的估计。此书面世后好评如潮，确为中国经济史学的里程碑，受到国内外同行的重视、评介和引用，而且获得多种奖项并不断再版。

市场问题的研究是吴先生的重要新探。20世纪80年代，他便系统估算中国近代市场的演变，整理出1840—1869—1894—1908—1920—1936年间五个时段的国内市场商品量估计。为了长时段考察市场，1983年起他陆续发表论明代、清代、近代市场的系列论文，从人口和耕地、田价和物价、货币和白银流通、财政和商税等方面，深入研究明清和近代市场长周期性的兴衰演变，产生很大影响，1986年法国名家贾永吉撰文《吴承明的国内统一市场形成观》予以推介。吴先生治学的一个重要特征，就是不满足于经济实况的考证复原而要深入透析现象进行理论阐释，《市场理论和市场史》《试论交换经济史》等文，均是其市场理论的创新尝试。他的市场研究以中国现代化为背景，认为现代化是近代经济史无法绕开的问题。他在《早期中国近代化过程中的内部和外部因素》中，提出中国"内部能动因素"论，并通过《近代中国工业化的道路》等文予以论证；继而又写了《论二元经济》等论文，从理论上探讨不发达经济走向现代化的道路。

吴先生的研究多居国内外领先地位，其治学方法新颖独到，理论追求伴随始终。《关于研究中国近代经济史的意见》《中国近代经济史若干问题的思考》以及《谈封建主义二题》等，不仅提出"近代封建主义"新概念，而且予古代封建主义新的研究价值，这与其"广义政治经济学"研究相关，因封建经济在中国产生最早、历史最长，颇具政治经济学研究的典型意义。在《论广义政治经济学》和《中国封建经济史和广义政治经济学》等论文中，他力倡研究"中国封建主义政治经济学"。在商业资本、市场和交换理论、中国现代化理论以及广义政治经济学、经济史学方法论等重要领域，他都作出了前无古人的新探。尤其是，他非常关注西方经济学的发展动态，并运用其中适宜的方法研究中国经济史，所撰《经济学理论与经济史研究》成为影响至深的经典，其治学也被公认是两者结合的楷模。

吴先生真正做到了"通古今之变"且涵融中外，其研究重心在近代，却贯通明清并上溯宋代，进而考察整个中国经济史。他任《中国大百科全书·经济学》卷"中国经济史"部分主编，在所撰万余字"中国经济史"词条及后来为多卷本《中国经济通史》所作"总序"中，均对几千年中国经济发展史进行系统总结。他治史之"今"不限于注重当今中外学术理论与思潮，更落实到当代经济史研究之中。他和董志凯主编的《中华人民共和国经济史 1949—1952》，独具一手档案资料优势，从人与自然的关系延伸到人与人的社会关系，并加强新民主主义经济体制的理论分析。在研究时段外，其研究内容从生产到流通再到市场，进而超出传统"经济"概念，对社会结构、制度变迁、思想文化进行系统深入研究。

吴先生的历史观是"发展论"，以"苟日新，日日新，又日新"为志，其治学明显凸显一个"新"字！要求作研究要有新材料、新方法、新观点或新理论，包括对以往成果不断修正；而创新要建立在实证研究基础之上，系统研究要先作专题，专著要以论文为基础，"由小而精到大而博"。在方法论上，他的"史无定法"十分著名。中国史学即有类似方法，而他赋予其治经济史学的具体内容，并阐释了根据研究对象和具体问题选择适用的各种方法。他提出应当历史地看待经济学的发展，其另一个很有影响的论点是"源流之说"——"在经济史研究中，一切经济学理论都应视为方法论"，"经济史应当成为经济学的源，而不是它的流"。因为经济史为经济学提供材料拓宽视域，在时光演进中经济学也成为"史"的一部分。他还有许多精辟新论，给人的习惯思维以冲击震撼，如"合乎历史发展规律的未必就是好的"，举出奴隶制的出现就是如此；再如"萌芽不一定非成大树"，像资本主义萌芽就可能只是"萌芽"等，振聋发聩启人深思。

"经济史：历史观与方法论"承载着他晚年炉火纯青已臻化境的研究志趣，更是其科研特色与学理思辨的高度显现。20世纪末，在"经济史学的理论与前沿"讲座中，他多次系统讲授相关问题，赢得经久不息的掌声和"发自每个听课者心底深处对大师的敬重和仰慕"。但他从不认为自己是"大师""泰斗"等，而发自内心地自称"小人物"，做的是"小事情"。在90寿辰前夕，他的同名专著出版，也是其较满意的最后一部书。"结束语"概括其研究经济史学的思维理路为"历史—经济—制度—社会—文化思想"，特别强调"经济史首先是史"，并强调百家争鸣，学术才有进步。他的"史无定法"与"源流之说"及其理论方法和研究成果，不仅凝聚成令人高山仰止的学术丰碑，而且广为后学所领悟、接受和传播。

吴先生被评为"影响新中国经济建设的百位经济学家"，成果选入"中国百名经济学家理论贡献精要"，他被认为是中国经济史学界执大旗、插路标的人。若无坚实功底和与时俱进，不可能在学术日新月异中执旗导向。他晚年越发重视思想文化，认为经济发展—制度改革—社会变迁中最高层次上都要受思想文化的制衡。他提出研究中国经济史更不能忽视中国经济思想，其经典《经济学理论与经济史研究》开篇列举"富国、富民思想，田制、赋税思想，义利论、本末论、奢俭论等思想，在研究中国经济史中无疑是很重要的"。西方经济学有局限，要总结中国经济学，中国经济思想史十分重要。吴先生攀登的是学术巅峰，创造出的也是生命奇迹。直至逝世前的2011年春，他还发表两文：一篇是《经济研究》2011年第2期吴承明、叶坦《一部承前启后的中国经济史杰作》；另一篇是2011年5月刊出的《全要素分析方法与中国经济史研究》。不能再作科研的日子，在他看来是没有意义的。——这，就是一个真正的学者的人生。

吴先生一生淡泊名利与世无争，平易近人乐天知命，他待人以诚、识人唯长，"不以物喜，不以己悲"。他的科学精神、博大襟怀与谦逊态度令人肃然起敬；他的仁厚品格与大家风范感人至深，永远值得我们学习！

（叶　坦）

知名学者

陈连开（1933—2010.4.19），湖南攸县人，曾任中南民族学院（中南民族大学前身）预科教员，1956年考入中央民族学院（后改名为中央民族大学）历史系，1961年毕业后留校任教，"文化大革命"时期到中央民族学院研究部工作，"文化大革命"后重回历史系，历任讲师、副教授、教授，1992年享受国务院政府特殊津贴，1998年年底退休。民族文化交流研究所兼职研究员、中国民族史学会副会长。主要致力于中国民族史和民族教育的研究，编著有《我国少数民族对祖国历史的贡献》（1983年）、《中华民族研究初探》（1994年）、《中国民族史纲要》（1999年）、《中国近现代民族史》（合编，2011年），参加编写《〈中国历史地图集〉释文汇编·东北卷》（谭其骧主编，1988年）、《中华民族多元一体格局》（费孝通主编，1989年）、《中华民族研究新探索》（费孝通主编，1991年）、《中国民族史》（王钟翰主编，1994年）等。他的论文包括《论中国历史上的疆域与民族》《汉族的形成与发展》《关于中华民族的含义和起源的初步探讨》《关于中华民族结构的学术新体系——中华民族多元一体格局理论的评述》《中华民族的自在发展》《论中华文明起源及其早期发展的基本特点》等，重要论文后收入《求同初阶》一书。他的研究对中华民族多元一体格局理论的发展作出了重要贡献。

（周海建）

陈诗启（1915—2012.4.16），出生于福建德化县赤水镇，1937年考入厦门大学历史系，1941年毕业后曾担任中学校长，1945年回厦门大学任行政工作，1953年调入历史系任教，1961年任副教授，1982年评为教授，1986年退休，1992年享受国务院政府特殊津贴。中国海关史研究中心主任，中国海关学会理事。最初从事明代经济史研究，1959年转入中国近代经济史研究，专长中国近代海关史研究，著作有《明代官手工业的研究》（1958年）、《中国近代海关史问题初探》（1987年）、《中国近代海关史（晚清部分）》（1993年）、《中国近代海关史（民国部分）》（1999年）、《中国近代海关史》（2002年）、《从明代官手工业到中国近代海关史研究》（2004年）等。主持编写《中国近代海关地名录（英汉对照）》《中国近代海关名词及常用语英汉对照》《中国近代海关机构职衔名称英汉对照》《中国近代海关常用词语英汉对照宝典》（合编）等，论文包括《明代的工匠制度》《明代的灶户和盐的生产》《论中国近代海关行政的几个特点》《中国近代海关海务部门的设立和海务工作的设施》《论清末税务处的设立和海关隶属关系的改变》《中国海关与引水问题》《从总税务司职位的争夺看中国近代海关的作用》《南京政府的关税行政改革》等，以丰硕的成果推动了中国近代海关史等领域的研究。

（周海建）

陈文华（1935—2014.5.14），出生于福建省厦门市，1958年毕业于厦门大学历史系。曾任江西省社会科学院副院长、首席研究员、中国农业历史学会副会长，中国科技史学会副理事长，第八届、第九届全国政协委员。曾为江西省茶叶协会名誉会长、江西省中国茶文化研究中心主任、中国国际茶文化研究会高级顾问、中华茶人联谊会高级顾问、中国茶叶流通协会高级顾问、华侨茶叶发展基金会高级顾问、浙江林业大学茶文化学院客座教授。他1981年创办《农业考古》杂志并任主编，系中国"农业考古学"学科创始人，被日本考古学界称为"中国农业考古第一人"。著有《论农业考古》《中国稻作的起源》《中国古代农业科技史图谱》《中国农业考古图录》《中国古代农业文明史》等著作。1988年被国家人事部授予"国家级有突出贡献专家"称号。1991年又在《农业考古》杂志上开办《中国茶文化专号》（已出版43辑）。

（赵庆云）

董楚平（1934—2014.11.2），原名董昭寿，玉环市人。1948年1月考入温州中学，中华人民共和国成立后转入玉环中学（今楚门中学），后被保送到温州师范学校（现温州大学）读书。1955年1月，董楚平先后被分配在温州二中等学校工作。1956年，他把第一篇史学论文寄给《人民日报》总编辑邓拓，内容是在斯大林著作上发现的漏洞。论文得到邓拓的赏识和推荐，发表在历史学界最权威的刊物《历史研究》。后为浙江省社会科学院研究员，曾任国际越文化研究中心常务副主任、中国百越民族史研究会副会长。在吴越文化研究、农民战争史研究、金文集释、古典文献译注等方面皆有造诣。1979年春他完成论文《生产力是历史发展的根本动力》，发表于《光明日报》，并由此引发关于历史发展动力问题的讨论。1979年到1982年，他共撰写了13篇有关农民战争的论文，被《人民日报》《新华文摘》频频转载与介绍。他的吴越文化研究，是文献学、训诂学、考古学、古文字学的综合交叉。代表著作有《楚辞译注》《吴越文化新探》《吴越徐舒金文集释》等。1993年获国务院突出贡献证书与特殊津贴。

（赵庆云）

高　敏（1927—2014.1.8），湖南桃江县人，中共党员。1949年考入湖南大学历史系本科研习历史科学，后转入武汉大学历史系本科学习，1958年武汉大学研究生毕业。先后担任郑州大学历史系副主任、《史学月刊》副主编及郑州市社科联副主席等职。1984年起任郑州大学历史研究所所长、教授、博士生导师。并任河南省对外文化交流协会理事、河南省古籍整理出版规划领导小组副组长、中国秦汉史学会会长、中国魏晋南北朝史学会常务理事、中国唐史学会理事、中国农战史学会理事、中国经济史学会理事等。他长期从事秦汉史、魏晋南北朝史与隋唐史的教学与研究，侧重经济史、兵制史、官制史、农战史与简牍学的研究。著有《云梦秦简初探》及《增订本》、《秦汉史论集》、《秦汉魏晋南北朝土地制度研究》、《魏晋南北朝社会经济史探讨》、《魏晋南北朝兵制研究》及《简牍研究入门》、《秦汉史探讨》等书，主编多卷本《中国通史·秦汉》卷、《奸臣传》、《隐士传》、《诸葛亮的故事》。其论著先后获得国家级奖两次，国家教委全国高校文科优秀科研成果奖两次，省级一等奖六次和二等奖四次。1989年被全国总工会评为全国教育系统劳动模范，1990年获河南省首批优秀专家称号，被人事部评为有突出贡献的中青年专家，享受国务院政府特殊津贴。

（赵庆云）

郭豫明（1934—2001.10.20），广东潮阳人，1957年毕业于北京师范大学历史系，后至上海师范大学历史系工作，历任讲师、副教授、教授、中国近代社会研究所所长、空军政治学院兼职教授、上海市太平天国史研究会会长。1982年7月，在日本横滨市立大学讲学，1989年10月，赴日本大东文化大学讲学。主要从事太平天国史、捻军起义史、上海小刀会起义史和辛亥革命史的教学和科研，著有《洪秀全》（1978年）、《捻军起义》（1979年）、《上海小刀会起义史》（1993年）、《赖文光 张宗禹》（1994年）、《太平天国与捻军》（1996年）、《捻军史》（2001年）等，主编《中国近代史教程》（华东师范大学出版社1993年版），参加编写《中国近代史词典》（上海辞书出版社1982年版）、《太平天国历史地图集》（中国地图出版社1989年版）、《太平天国大辞典》（中国社会科学出版社1995年版），他的论文包括《东、西捻军究竟于何时何地分军》《辛亥革命期间的上海群众运动》《洋务运动的发端与太平天国》《略谈太平天国的对外贸易》《西方传教士与上海小刀会起义》《上海"泥城之战"》《上海的租界与小刀会起义》《上海小刀会的军事组织与军事斗争》《清代捻党滋长初探》《1876年皖北宿州等地捻党起义》《太平天国与捻军关系述略》等，论证有力，见解独到。

（周海建）

胡　滨（1927—1996.10.28），江西清江（今樟树市）人，原名胡福彩，1950年考入清华大学研究生院中国近代国际关系史专业，1952年毕业后到东北师范大学历史系工作，1956年调至山东师范学院（后改名山东师范大学）历史系，1979年任研究生导师，1980年被评为教授，1987年到青岛大学任教，1992年享受国务院政府特殊津贴。山东省历史学会副理事长、青岛历史学会会长。主要从事中国近代史的研究、翻译和教学，论著有《戊戌变法》（1956年）、《十九世纪末叶帝国主义争夺中国权益史》（1957年）、《中国近代改良主义思想》（1964年）等，译作包括《列强对华外交（1894—1900）》《英国蓝皮书有关义和团运动资料选译》《英国蓝皮书有关辛亥革命资料选译》《英国档案有关鸦片战争资料选译》等，主编《西方文化与近代中国》。他对洋务运动史的研究有着重要贡献，与他人合著有《从闭关到开放——晚清"洋务"热透视》，以及《论李鸿章的洋务思想》《李鸿章和轮船招商局》等多篇论文，个人代表性论文有《张之洞与洋务运动》《论晚清的江南制造总局》《从开平矿务局看官督商办企业的历史作用》《论上海机器织布局》《洋务运动与中国近代化》《从洋务运动看中国近代化早期的特点》《关于左宗棠的评价问题》等，通过客观严谨的分析，提出了新颖的思路和见解。

（周海建）

姜　铎（1915—2001.4.27），江苏丹阳人，原名姜泰南，曾用名蒋立（参加革命后的化名），1935年无锡国学专修学校肄业，后长期参加革命工作，1949年参加上海接管工作，任上海市劳动局处长等职，1957年调入中国科学院上海经济研究所（1958年9月与上海历史研究所等合组上海社会科学院），1981年被评为研究员，1985年离休，后继续担任该所特聘研究员。主要从事中国近代经济史的研究，组织编写《上海解放前后物价资料汇编（1921年—1957年）》（1958年）、《江南造船厂厂史（1865—1949.5）》（1983年），与他人合作编著《中国近代经济史论文集》（1981年）、《旧中国的买办阶级》（1982年）、《中国近代经济史论丛》（1988年）、《旧中国民族资产阶级》（1990年）等。专注于洋务运动史研究，20世纪60年代初发表的《试论洋务运动对民族资本的促进作用》等论文曾引发全国性热议，论文包括《略论洋务派经济活动的若干特点》、《论洋务运动引进西方近代技术的经验教训》（合著）、《论江南制造局》、《中日甲午战争与洋务运动》、《略论洋务企业的性质》、《福州船政局与江南制造局在旧中国生产发展之比较》、《慈禧与洋务运动》、《洋务运动与津、穗、汉、沪四城的早期近代化》、《洋务运动与晚清政局》、《晚清海关与洋务运动》、《洋务运动研究的回顾》等，论文主要收入《姜铎文存》一书。

（周海建）

来新夏（1923—2014.3.31），浙江萧山人。1942就读于辅仁大学历史系，1946年毕业。在天津担任中学教师。天津解放后，被选送到北京华北大学第二部学习。同年9月，分配至范文澜先生主持的历史研究室读研究生，主攻中国近代史。在范文澜、荣孟源等人直接指导下，完成了《太平天国的商业政策》论文，并参与整理北洋军阀档案。不久应南开大学历史系主任吴廷璆教授之邀，赴南开大学历史系任教。历任南开大学历史学教授、校务委员、图书馆馆长、出版社社长兼总编辑、图书馆学情报学系主任等职。2014年3月31日在天津去世，享年91岁。他一生主要从事古典目录学及中国近代史研究，同时在历史学、文献学、目录学、方志学、鸦片战争史、北洋军阀史、图书事业史以及清人笔记研究等领域，均有专著存世。自称"享受寂寞""学而不厌"，对古代图书馆事业史、藏书史、目录学史等专业有深入研究，成果斐然。著有《中国古代图书事业史概要》《中国古代图书事业史》《中国近代图书事业史》等。历史学、方志学领域有《河北方志提要》、《方志学概论》、《北洋军阀》资料丛刊、《中国地方志纵览》、《中国近代史述丛》、《北洋军阀史》、《林则徐年谱新编》等。

（赵庆云）

刘望龄（1935—1998.11.24），江西瑞金人，1957年毕业于华中师范学院（今华中师范大学）历史系，毕业后留校长期从事教学和科研工作，1985年晋升为教授，1992年调入广东省社会科学院孙中山研究所，任中华民国史研究中心副主任等职。中南民族学院历史系兼职教授，武昌起义纪念馆兼职研究员，瑞金县志顾问。主要从事中国近代政治史、湖北近代新闻史、辛亥革命史和孙中山研究，编著有《辛亥革命后帝制复辟和反复辟斗争》（1975年）、《辛亥革命大事录》（1981年）、《黑血·金鼓——辛亥前后湖北报刊史事长编》（1991年）、《辛亥首义与时论思潮详录》（2011年），参与编写三卷本《辛亥革命史》（人民出版社1980年版）、《辛亥革命辞典》（武汉出版社1991年版）等，与他人组编《苏州商会档案丛编》第一辑、《国内外辛亥革命史研究综览》、《辛亥风云与近代中国》、《孙中山与近代社会》等。主要论文有《辛亥前后的武汉报纸》《评〈中华民国临时约法〉》《日本在汉的舆论宣传与思想近代化——以〈汉报〉为中心》《湖北的舆论导向与武昌起义的成败》《张之洞与湖北报刊》《孙中山：民族民主革命的伟大先导——辛亥革命的世界性涵义》《一块被遗忘的思想领地——孙中山题词论析》等，通过新的视角和实证的方法拓宽了相关研究的思路。

（周海建）

宁　可（1928—2014.2.18），湖南浏阳人，著名历史学家和杰出的教育工作者。1951年毕业于北京大学史学系。1953年起在首都师范大学历史系任教，曾任图书馆副主任、历史系副主任、代主任等职，并曾参与《历史研究》的复刊工作。1983年起为博士生导师。1984年起任中国文化书院导师。1988年被评为北京市有突出贡献专家。1991年享受国务院政府特殊津贴。还担任中国史学会理事、中国敦煌吐鲁番学会副会长兼秘书长，以及中国唐史学会、中国敦煌吐鲁番学会、中国炎黄文化研究会、文史杂志顾问。他拿出毕生积蓄，设立"成庆华—宁可学术奖励基金"，每年都对历史学院在中国史方面取得突出成绩的学生给予奖励。宁可长期从事中国古代经济史、隋唐五代史、敦煌学、史学理论的教学和研究工作，造诣高深。著有《宁可史学论集》《历史学的理论和方法》《敦煌的历史和文化》《敦煌社邑文书辑校》，其中《敦煌社邑文书辑校》曾获北京市第五届哲学社会科学一等奖。主编和参加主编《中国经济发展史》《中国经济史·隋唐五代卷》《中华五千年纪事本末》《中华文化通志——地域文化典》《英藏敦煌文献》《敦煌学大辞典》《中国大百科全书·中国历史·秦汉史部分》等。

（赵庆云）

戚其章（1925—2012.10.7），出生于山东省威海卫城里，1948年毕业于南京中央大学机械工程系，1949年参加革命，先后在华东军政大学、中国人民解放军第三高级步兵学校担任教员，1952年改事历史学研究，先治中国古代史，曾发表《关于西周社会性质的问题》等论文，20世纪50年代末转向中国近代史研究，1979年调入山东省社会科学院历史所，1987年评为研究员，1991年享受国务院政府特殊津贴。中国义和团研究会理事、山东省历史学会名誉会长，研究涉及中国近代史的多个领域，精深于甲午战争史的研究，著有《中日甲午威海之战》（1962年）、《北洋舰队》（1981年）、《中日甲午战争史论丛》（1983年）、《甲午战争与近代社会》（1990年）、《甲午战争史》、《甲午战争国际关系史》（1994年）、《晚清海军兴衰史》（1998年）、《国际法视角下的甲午战争》（2001年）等，研究全面、论述深刻，学术著作《走向甲午》系统总结了他的甲午战争研究，并试图做到以史为鉴，他主编有《中日战争》（中国近代史资料丛刊续编，中华书局1989—1996年版）、《齐鲁百年风云录》（1990年），与他人合编《晚清教案纪事》（1990年）、《甲午战争与近代中国和世界》（1995年）等，辑校有《李秉衡集》，论文包括《论庚子大沽口之战》《甲午战争赔款问题考实》等近200篇，论证严谨，持之有据。他关于史学理论和方法等问题的思考，收入逝后出版的《习史思辨录》一书。

（周海建）

祁龙威（1922—2013.11.24），江苏常熟人。1941年考进东吴大学物理系，太平洋战争爆发后停学，师从金松岑治经史考据学，1947年肄业，同年进入上海法学院任教，转行从事文史研究，后任教于震旦大学、上海法政学院等校，1957年8月调入苏北师范专科学校（扬州师范学院前身），曾任扬州师范学院历史系教授、系主任，博士生导师，扬州大学历史系教授，扬州市历史学会会长等，1995年4月退休。主要从事清代学术史、太平天国史和辛亥革命史研究，著有《太平天国史学导论》（1989年）、《太平天国经籍志》（1993年）、《考证学集林》（2003年）、《张謇日记笺注选存》（2007年）、《龙威读书录》（2010年）等，编纂整理《漏网喁鱼集 海角续编》（校注）、《辛亥革命江苏地区史料》、《洪秀全选集》、《洪仁玕选集》等，与他人合编《清代扬州学术研究》（台北学生书局2001年版）等，主持纂修《清史·朴学志》。他的论文包括《乾嘉史学初探》《从〈报恩牌坊碑序〉问题略论当前研究太平天国史工作中的偏向》《石达开官爵考》《前后清流的悲剧》《帝党与戊戌变法》《论清末的铁路风潮》《梁启超与清代学术史》等，重要论文后收入《祁龙威学术论文选》一书，常以精研的考证学功底"能见人所不能见，能言人所不能言"（戴逸语）。

（周海建）

石　泉（1918—2005.5.4），祖籍安徽贵池，毕业于燕京大学历史系，其后考入燕京大学研究院，师从陈寅恪。中华人民共和国成立后，长期在武汉大学进行历史地理和中国古代史的教学与研究。主要研究领域为中国古代历史地理，其中尤以对荆楚历史地理的研究见长。在荆楚史地研究过程中，他认为先秦至六朝齐梁时期本地区一系列相互关联的重要城邑山川湖泽位置并非如流行说法所认定的那样，分布在长江边，而当在汉水中游地区；其后又从正面论证楚郢都及其后继城市江陵以及邻近的古沮、漳二水下游皆在汉水中游西岸宜城县南境，而非在长江边今江陵县北一带。代表性专著为《古代荆楚地理新探》，该著作诸多观点见解独到，其核心文章包括《楚郢都、秦汉至齐梁江陵城故址新探》《齐梁以前古沮漳源流新探》《从春秋吴师入郢之役看古代荆楚地理》《古鄢、淮、涑水及宜城、中庐、县故址新探——兼论楚皇城遗址不是楚郢都、汉宜城县》《古竟陵城故址新探》《云杜、绿林故址新探》等，对于古代荆楚地区很多著名地点的确切位置进行了重新讨论，使学界对古代荆楚历史地理的认识发生了巨大的变化。

（王　悦）

田昌五（1925—2001.10.6），祖籍河南郾城县，1945年曾参加抗日远征军赴印、缅抗日，1947年考入北京大学历史系，毕业后曾先后工作于北京大学、中国科学院历史所、山东大学。主要研究领域为中国古代社会形态和分期、农民战争史、封建社会经济结构、中国古代思想文化史及史学理论等。作为老一批历史唯物主义史观的运用者，其在20世纪五六十年代就亚细亚生产方式问题的研究中认为，马克思的亚细亚生产方式理论的主要内容是农村公社，而不是一个确切的社会形态概念，该观点影响广泛。改革开放以后，田昌五系统提出中国古代社会形态说，即"中国古代社会的本质特征是宗族奴隶制，国家形态是宗族城邦；春秋时期宗族奴隶制瓦解，至战国变法运动的结束而形成了封建专制国家"，这一观点发展了郭沫若首创的战国封建论而自成体系。其在该方面的主要研究成果有《古代社会形态研究》《古代社会形态析论》《古代社会断代新论》《中国古代社会发展史论》《中华文化起源志》《中国历史体系新论》《周秦社会结构研究》等。在同一时期对农民战争问题的研究中，田昌五在唯物史观的指导下，探讨了农民命运同社会结构变动之间的关系，主要研究成果有《中国农民革命史》（第一卷）。在封建社会经济史方面，合编了《中国封建社会经济史》四卷。

（王　悦）

田余庆（1924—2014.12.25），湖南省湘阴县人，出生于陕西省南郑县。

1950年毕业于北京大学历史系，同年加入中国共产党。历任北京大学讲师、教授、历史系主任，国务院古籍整理出版规划小组成员，国务院学位委员会第二届学科评议组成员。兼任国务院学术委员会历史学科评议组成员、国务院古籍整理与出版规划小组成员、《中国大百科全书·中国历史》编辑委员会委员等职。1985—1986年在美国斯坦福大学讲学。田余庆先生早年从事中华民国史、中国近代史研究工作，曾与金毓黻合编《太平天国史料》，并参加编辑《中国近代史资料丛刊》。后长期专注于中国古代史，对魏晋南北朝政治史尤有研究。田余庆的主要学术成就在秦汉和魏晋南北朝的政治史研究方面。他治学严谨精密，视野开阔，能在翔实考证的基础上，以小见大，提出独到的史学见解，从而勾勒出一代政治变迁的重大线索，解决一些重大的历史问题。他的研究多创新之见，发人之所未发。其力作《东晋门阀政治》通过对东晋王、马关系形成的复杂过程，郗鉴的独特作用，诸士族门阀的发展和彼此替代，北府兵始末，流民问题，诸桓与司马皇权的关系，太原王氏的政治作用、代表次等士族的各种政治力量的消长升沉等关键问题的考析，对中国中古士族政治的内涵和演变提出了系统的论证和新解，其分析方法和结论比较集中地反映了他的学术风格与独到史识，受到了高度评价。另著有《秦汉魏晋史探微》《拓跋史探》。

（赵庆云）

王思治（1929—2012.3.13），祖籍四川自贡，毕业于四川大学历史系、中国人民大学研究生班，长期执教于中国人民大学。主要研究领域为古史分期和清史。20世纪五六十年代，他从事先秦两汉史的研究，研究重点在于两汉社会性质方面，他是两汉奴隶社会说和魏晋封建论的代表者，著有《两汉社会性质问题及其他》。20世纪70年代以后将研究重点转向清史方面，着重于清代官僚政治、专制主义中央集权与清代社会、清前期历史地位研究。在清朝历史地位的评价方面，王思治认为应该坚持客观的态度，从世界历史的范围内来观察明清之际的历史，并且肯定清王朝在结束分裂、加强统一等问题上的历史贡献；同时，他还认为应该弱化对清朝民族矛盾的认识。此外，在清朝皇位继承制度、清朝社会宗法与封建制度的关系、明清战争、承德避暑山庄、清朝少数民族政策及国家统一问题、明清之际历史人物评价、明清文字狱、乾隆后期马嘎尔尼使团来华、清代中俄关系、两淮盐商的盛衰等问题上均有涉猎，其代表性成果有《清史论稿》《康熙事典》《清代通史·康熙卷》等，对清史研究的发展作出了重要贡献。

（王　悦）

隗瀛涛（1930—2007.1.14），出生于重庆开县城郊水南桥隗家院子（今汉丰镇三中村），著名历史学家。他于1950年年初参加工作，1953年考入四川大学历史系，1957年毕业留校任教，历任历史系讲师、副教授、教授、博士生导师。1984—1988年任四川大学副校长，曾任四川省政协第四届、第六届、第七届常委，1983—2005年出任四川省文史研究馆馆长，此外他还担任四川省历史学会会长、四川大学城市研究中心主任、中国史学会理事、国家社会科学基金中国历史评审组成员、教育部哲学社会科学咨询委员会委员。他毕生致力于历史教学与科研工作，在中国近代史、特别是辛亥革命与保路运动史研究领域成果丰硕，多有创新。1980年起，作为中国地方史研究的重要开拓者之一，对推动四川近代史、巴蜀文化史、地方志的编纂与研究作出了重要的贡献。代表作有《四川保路运动》、《辛亥革命》（中）、《近代中国城市不同类型研究》、《邹容》等。1991年8月出版67万字的《近代重庆城市史》，是中华人民共和国成立以来第一部研究中国近代城市史的专著，填补了中国近代史研究的一大空白，史学界给予高度评价。

（赵庆云）

吴　泽（1913—2005.8.6），祖籍江苏武进，1937年毕业于中国大学经济系，从事马克思主义理论的学习，是使用唯物史观研究中国古代史的早期学者。抗战期间曾先后执教于大夏大学、朝阳法学院，并先后出版了《中国历史研究法》《中国原始社会史》《中国历史简编》《中国历史大系·古代史》（又名《殷代奴隶制社会史》）等著作，这些成果是其以马克思主义唯物史观为指导对中国古代史进行研究的先声，并为其以后研究马克思主义东方理论作了准备。抗战结束后加入中国共产党，中华人民共和国成立后参与了大夏大学的接收以及将大夏大学和光华大学合并为华东师范大学的工作。20世纪50年代开始，吴泽将研究重点放在了马克思主义东方学理论方面，发表有《亚细亚生产方式问题研究》《古代公社与公社所有制诸形态》，进一步推动了马克思主义体系下中国史学的研究。"文化大革命"结束后，除了继续马克思主义东方学理论的研究外，还在华侨史、客家学、通俗史等方面进行拓荒性工作，这一阶段的主要成果有，主编《中国历史大辞典》，著有《东方社会经济形态史论》，2002年四卷本《吴泽文集》出版。

（王　悦）

杨宝成（1939—2014.11.7），江苏镇江人，是国内外颇有影响的考古学家。1958年8月考入北京大学历史系，入学后选择考古专业，系统而全面地学习了中国考古学的专业知识，得到宿白、邹衡等先生的教诲，且受到严格的田野考古技能与方法的训练，奠定了坚实的考古研究基础。1963年7月进入中国科学院考古研究所（今中国社会科学院考古研究所）工作，长期坚持在田野考古一线，主要从事殷墟发掘与研究工作。1986年10月调入武汉大学历史学院考古系，先后被聘为副教授、教授、博士生导师。1990—1998年担任历史学院考古系主任。2001年10月，他主持中法合作项目南阳龚营遗址的发掘工作，当时已62岁，坚持每天上工地。他的主要学术著作有《殷墟文化研究》《殷墟青铜器》《殷墟考古发现与研究》《湖北考古发现与研究》等，这些成果都以观点新颖、逻辑严密著称。此外，他还发表了一系列很有影响的论文。如《从商代祭祀坑看商代奴隶社会的人牲》一文对人牲问题进行了系统研究，辨明了人殉与人祭的区别，指出人牲的身份性质。《殷代青铜礼器的分期与组合》一文，认为陶器与铜器的演化规律绝不相同，将殷墟青铜器划分为三期，成为殷墟青铜器分期中的主流观点之一。概而言之，他将前半生献给了安阳殷墟，后半生献给了武汉大学考古系和湖北地区文物考古事业。

（唐际根）

杨翼骧（1918—2003.2.22），山东金乡县人，西南联大历史系毕业，曾执教于北京大学，后长期在南开大学进行中国史学史领域的教学和研究，并终身致力于该领域。其代表性著作为《中国史学史资料编年》三册，该成果涵盖了先秦、两宋、元明的史学史内容，反映了作者毕生的治学理念和研究心得，其中有关于史学编纂的八则"例言"：一是关于编纂内容和目的；二是关于年代书写方法；三是资料取舍原则；四是关于地理书的处置；五是所录史家活动范围的界限；六是关于编者按语（多系考证之语）对有关年代的说明；七是关于史家著作无法考定年代的处理方法；八是关于史家生卒年的处置通例。这一成果概括了史学史研究的大致内容，为后世史学史的研究树立了基础和榜样。其他成果还有《秦汉史纲要》《中国历史大辞典·史学史卷》《学忍堂文集》，体现了作者对书写的历史和事实的历史之间辩证关系的认识。

（王　悦）

张德信（1940—2009.12.11），陕西丹凤人，毕业于西北大学中国语言文学系，后长期在中国社会科学院近代史研究所从事研究工作，主要研究领域为明史。具体研究方向可分为五个方面，第一个方面是明代官僚制度研究，对明代的铨选、科举进行了研究，在其代表作《明代职官年表》中，他对从中书省、内阁官员到布政使、按察使，再到镇守总兵官、提学官、会试考官等几乎所有的明代官职及其作用进行了梳理，其在该方面的著作还包括《明朝典章制度》等；第二个方面是明代宗藩制度研究，主要致力于明代分封制度以及诸王与政治、经济和军事的关系，代表性文章为《明代分封制度论述》；第三方面为明代田土管理研究，涉及明代田土管理系统和军屯数额，代表性文章为《明初军屯数额的历史考察》；第四个方面为明代人物研究，包括对洪武皇帝、崇祯皇帝、戚继光等人的论述，并著有《崇祯皇帝大传》；第五个方面为明朝对外关系研究，主要考察了明朝和日本、朝鲜、葡萄牙的交流关系，著有《明代倭寇与海防建设》等文章。此外，张德信长期负责中国明史学会工作，为中国明史领域的学术发展作出了贡献。

（王　悦）

张守常（1921—2012.4.6），山东高唐人，毕业于北京大学历史系。长期执教于北京师范大学，并从事中国近代史、中国近代史料学、历史教学法领域的研究，其中尤以近代农民战争、北洋军阀史、近代史料编辑方面的建树最多。在近代农民战争研究领域内，张守常开启了对太平天国北伐战争史的研究，根据自己50年的积累，整理出《太平天国北伐史资料选编》，并出版了《太平军北伐史》，为太平军北伐史的研究奠定了基础。同时，在北洋军阀史的研究方面，亦有颇多成果，其撰写的北洋军阀当政史，构成了中华书局版《中国近代史》的重要组成部分。在近代史资料的整理方面，因小学、考据、校勘等功力深厚，多有建树，编纂有《中国通史参考资料·近代部分》，辑刊出版有《中国近世谣谚》，为近代史史料编纂领域的杰作，也为后来的史料编纂工作提供了借鉴。在其早期着力的历史教学领域，张守常多有理论成果，并将之推广到课堂上，为历史教学法的发展作出了一定贡献。

（王　悦）

张之恒（1938—2010.12.28），江苏省丹徒县人，1964南京大学历史学系毕业留系任教，1972年南京大学成立考古专业，张之恒先生作为该专业的第一批教师，从事史前考古的教学和研究，历任助教、讲师、副教授、教授，博士生导师。张之恒教授是南京大学考古专业的创办人之一，对南京大学的考古学学科建设作出了重大贡献。除了承担大量课堂教学任务，他还长期坚持在田野考古第一线，参加多处遗址的发掘工作。他一生投入了大量精力编写专业教材。《中国新石器时代文化》《中国考古学通论》都是很受赞誉的教材，并均出版了修订本。张先生还和他人合编《中国旧石器时代考古》《夏商周考古》等教材。此外，张之恒教授著有《长江下游的新石器时代文化》，主编《文物鉴定指南》《农业的起源和发展》等。其发表专业学术论文80余篇，在中国考古学尤其史前考古研究领域有较深的造诣。他最早在课堂上结合中国的考古发现讲授前陶新石器时代文化，发表《试论前陶新石器时代文化》（1985年）、《华南地区的前陶新石器时代文化》（1985年）等论文。他的《关于我国东南沿海地区印纹陶的探讨》（1979年）、《试论我国东南沿海地区的印纹陶》（1981年）以及《关于我国东部沿海地区新石器时代文化系统的区分》（1981年）等文至今仍是研究该地区印纹陶和史前文化的重要参考。

（刘兴林）

赵其昌（1926—2010.12.14），河北省安国县人。1953年北京大学历史系考古专业毕业。随后即被分配至北京市的文物系统工作，先后在北京市文物调查研究组、北京市文物工作队和首都博物馆任职，曾任明定陵考古发掘队队长和首都博物馆馆长。第六届、第七届北京市政协委员，第八届、第九届北京市政协文史资料委员会特邀委员，北京市对外友协理事，中国博物馆学会理事，北京市博物馆学会常务理事，北京史研究会副会长，明十三陵明代帝陵研究会名誉会长等。赵其昌先生在多个学术研究领域都有重要贡献。其中最突出的是明定陵的发掘与研究。赵其昌主编的发掘报告《定陵》出版后，受到国内外学术界的广泛好评，曾获得中国社会科学院首届优秀科研成果奖及夏鼐考古学研究成果奖。与他人共同完成的《明实录北京史料》为北京地区的历史研究作出又一重要贡献。赵其昌曾致力于北京地区历史地理的研究，根据实地考察，探索古代蓟城（特别是前期蓟城）的地理位置；根据北京城乡出土墓志等石刻资料，考证唐幽州村乡、唐辽昌平乡里，以及金中都城坊等，取得令人信服的成果。还曾发表过一系列关于北京文物史迹的文章，提出延庆县发现的古崖居应为五代时期"奚王牙帐"的独到看法。他的各方面论作于2008年汇编为《京华集》出版。

（吴梦麟　刘精义）

朱维铮（1936—2012.3.10），祖籍江苏无锡。毕业于复旦大学历史系中国古代史专业并终身执教于复旦大学。在中国经学史、中国思想文化史、中国学术史、中国史学史、中西文化交流史和中国近代史多个领域有重要建树。在经学史方面，朱维铮整理编辑了《周予同经学史论著选集》《儒藏》，出版了《如数独尊的转折过程》《中国经学与中国文化》等著作。《中国经学史十讲》为其代表作，他认为经学演变有明显的"学随术变"的特征，且经学史与中国边疆历史有复杂而密切的联系。在中国文化史领域，其有奠基之功。合编的《中国文化史丛书》及著作《走出中世纪》为其在中国思想文化史领域的代表作之一。他尝试从文化史的角度解释中国晚近社会的变化，在当时的学术领域，具有整体超越性的意义。在中国史学史领域，朱维铮讲求"实事求是，信而有征"。2005年，领衔承担课题"中国史学的历史进程"，著有《史学史三题》《历史编纂学：过程与形态》等。在中西文化交流史领域，朱维铮重视在华传教士对西方思想的传播变化的影响，成为中国晚近思想文化史研究的新切入点，编有《基督教与近代文化》。在晚清及近代学术史领域，注重对康有为、章太炎的研究，著有《求索真文明：晚清学术史论》，并选编《章太炎选集》。

（王　悦）

朱宗震（1941—2011.5.12），出生于江苏省川沙县城（现为上海市浦东新区川沙镇），1959年入复旦大学历史系读书，1964年大学毕业后，进入中国科学院近代史研究所工作。1987年5月评为副研究员，1992年享受国务院政府特殊津贴，1993年8月评为研究员，2001年2月退休。南京大学中华民国史研究中心与中国人民大学历史系客座教授、张謇研究中心特约研究员。主要从事中华民国史研究，在民国初年的政坛风云与解放战争时期的国共政争研究中有很深的造诣。论著《民国初年政坛风云》（1990年）、《孙中山在民国初年的决策研究》（1991年）、《中华民国史》第三编第六卷（与陶文钊合著，中华书局2000年版）史料扎实、分析缜密。他与人合著《蔡锷》（1993年）、《陈铭枢》（1996年），编纂有《民初政争与二次革命》（上海人民出版社1983年版）、《孙中山全集》（合编，中华书局1982—1984年版）。他的论文包括《试论革命党人在民初政争中的策略》《袁世凯政府的币制改革》《程德全和民初政潮》《试论解放军挺进中原的战略地位》《先打黄维决策过程考辨》等，重要论文收入《孤独集》和《史学方法与学术批评》两书。通俗性著作《真假共和》反映了他立意求真创新的治学趋向，《大视野下清末民初变》则对其宏观见解作了简明扼要的系统梳理。

（柯　言）

第五篇

中国史学会概况

中国史学会中外学术交流

赵庆云

2011年9月12日,国际史学会秘书长罗伯特·弗兰克(Robert Frank)教授来访,与张海鹏会长、王建朗秘书长就2015年在山东济南召开第22届国际历史科学大会筹备工作的相关事宜进行了讨论。弗兰克充分肯定了中国史学会的前期组织工作。2011年11月14日,国际史学会会长玛丽亚·希特拉(Marjatta Hietala)教授来华,就2015年国际历史科学大会相关事宜与中国史学会会长张海鹏和秘书长王建朗交换意见。弗兰克、希特拉分别在张海鹏、徐蓝和王建朗陪同下到山东济南进行实地考察,与山东大学有关人士举行座谈。通过考察,他们打消了原先的一些顾虑,对济南的环境和山东方面举办会议的决心给予高度评价,对2015年成功举办国际历史科学大会充满信心。中国社会科学院副院长武寅分别会见了弗兰克、希特拉。2011年11月5—6日,中国史学会与清华大学、日本神奈川大学联合举办的"辛亥革命与亚洲"国际学术研讨会在日本横滨召开。

2012年9月5日,由中国史学会会长张海鹏,中国史学会秘书长、中国社会科学院近代史研究所所长王建朗,国际史学会执委会委员、美国研究所研究员陶文钊,中国社会科学院国际合作局国际处处长吴波龙,山东大学历史文化学院副院长杨加深等人组成的中国史学会代表团赴匈牙利首都布达佩斯,参加了为期三天的国际史学会代表大会。

2013年6月15日,兼任俄罗斯历史学会主席的俄罗斯国家杜马主席纳雷什金在杜马大楼六楼小会议室接见了中国史学会秘书长王建朗率领的中国史学会代表团。

2013年10月22日,由国际历史学会主办、中国史学会和山东大学承办的"'区域文化与齐鲁文明'学术研讨会暨国际史学会执行局会议"在山东济南召开。该执行局会议每两年召开一次,此届系首次在中国召开,其重要议题就是为2015年"第22届国际历史科学大会"在济南召开作相关筹备,中国史学会代表、山东大学代表与国际历史学会执行局成员商讨了2015年大会具体事宜。

2013年11月23—24日,"1943:战后新格局的奠基"国际学术研讨会暨中国史学会与俄罗斯历史学会合作备忘录签字仪式在北京隆重举行。此次研讨会由中国史学会、俄罗斯历史学会联合主办,中国社会科学院近代史研究所承办。来自俄罗斯、美国、德国、奥地利、中国大陆及中国台湾地区的数十位专家学者与会,就会议主题展开深入研讨。

2014年9月17日,由中国社会科学院和山东省人民政府联合主办,中国史学会、中国社会科学院近代史研究所、山东省社会科学界联合会和威海市人民政府承办的"甲午战争与东亚历史进程——纪念甲午战争120周年"国际学术研讨会在甲午战争纪念地山东省威海市蓝天宾馆隆重开幕。来自中国大陆、香港、澳门和台湾地区，以及日本、韩国和新加坡的150余名专家学者与会。时任中国社会科学院院长、党组书记王伟光，时任中国社会科学院副院长李培林，时任山东省副省长季缃绮出席开幕式。

2015年1月21日，第22届国际历史科学大会新闻发布会在山东大学举行。山东大学向全世界展示了这届大会的形象标识。中国社会科学院与山东省人民政府签署了筹备工作备忘录，并成立由中国社会科学院、山东省人民政府和山东大学三方共同组成的"第22届国际历史科学大会筹备工作小组"。

2015年8月23—29日，第22届国际历史科学大会在山东济南成功召开。大会引起全球范围历史学家的广泛关注。国家主席习近平专门为大会发来贺信。习近平在贺信中指出：历史学是一切社会科学的基础，承担着"究天人之际，通古今之变"的使命。中共中央政治局委员、国务院副总理刘延东出席开幕式，宣读习近平主席贺信并致辞。国际史学会主席希特拉、时任中国史学会会长张海鹏、时任山东省省长郭树清、时任中国社会科学院院长王伟光出席开幕式并致辞。此届大会参会人数达到2600余人，其中外宾900多人，来自90个国家和地区。参会学者来源国别之多创历届大会之最。大会设置四大主题："全球化视野下的中国""书写情感的历史""世界史中的革命：比较和联系""历史学的数字化转向"。以"全球视野下的中国"作为首场报告主题，体现了国际历史学会、全球历史学家对中国的重视；同时围绕这一主题为中国史学家和其他不同国家、不同党派的史学家提供平等讨论的平台，也充分显示了中国马克思主义史学的理论自信与学术自信，学者们从全球的角度分析中国历史，以及中国在全球化和多元世界中所发挥的直接和间接影响。

大会还安排了27场专题讨论、18场联合讨论、19场圆桌会议、国际历史学会17个附属组织和2个直属组织相关会议及其他会议。各类会议共计185场。在由国际历史学会各成员组织负责举行的四场主题大会及64场讨论会中，由中国学者担任会议主持或者联合主持，并由中国史学会协办的会议包括主题会议一场、分场会议9场。

大会讨论议题十分丰富，范围广泛，涉及政治、经济贸易、历史旅游、公共史学与博物馆、文化遗产、妇女、婴儿、婚姻、家政、宗教、音乐、足球、海洋及研究理论方法等。大会侧重新技术新方法在史学研究领域的运用，新课题在史学研究领域的拓展。其间恰逢世界反法西斯战争暨中国抗日战争胜利70周年纪念活动，与会学者指出，西方学术界对于中国在第二次世界大战中所遭受的损失及所作出的贡献缺少应有重视。

为体现会议举办地的历史与文化特征，本届大会除济南主会场外，还在济南章丘、青岛、济宁、泰安、淄博、聊城分设6个卫星会议。扩大了齐鲁文化与儒家文明在世界上的影响。

此届大会还有两个奖项的首次设立和颁发。一个是由瑞士积家手表制造商赞助的"国际历史学会——积家历史学奖"，其获得者是法国历史学家格鲁津斯基。另一个则是由山东大学提议，并经国际历史学会代表大会表决通过的"国际历史科学大会——山东大学优秀青年历史学家奖"，以奖掖青年学者。

第 22 届国际历史学会主席希特拉在闭幕式上宣读了新一届理事会和顾问成员名单。中国史学会理事、中国社会科学院研究员陶文钊成为新一届大会顾问之一。同时，大会宣布波兰城市波兹南将接棒济南，承办 2020 年第 23 届国际历史科学大会。

2015 年 9 月中国史学会与俄罗斯历史学会合作，双方联合举办纪念第二次世界大战胜利 70 周年学术讨论会。9 月 5—6 日，"中俄纪念抗日战争与世界反法西斯战争胜利 70 周年国际学术研讨会"在重庆召开。这是 2015 年中俄两国共同举办"纪念第二次世界大战暨反法西斯战争胜利 70 周年系列活动"之一。来自俄罗斯、美国、日本、韩国、荷兰、澳大利亚、丹麦、新加坡，以及中国大陆、中国台湾和中国香港地区的 100 余名专家学者齐集一堂，以中国人民抗日战争胜利的国际因素为主题，进行了学术交流与讨论，共同纪念中国人民抗日战争暨世界反法西斯战争胜利 70 周年。研讨会先后收到论文上百篇，最终遴选出参会论文 64 篇。

出席开幕式的嘉宾有时任中国史学会会长、中国社会科学院学部委员、近代史研究所研究员张海鹏，俄罗斯历史学会秘书长、国家杜马分析局局长彼得罗夫，西南大学副校长靳玉乐教授，时任重庆市委抗战工程办公室主任、重庆市社科联副主席、中国抗战大后方研究协同创新中心主任周勇教授，台湾中国文化大学陈鹏仁教授，韩国新罗大学裴京汉教授，重庆红岩联线文化发展管理中心副主任雷莹女士。开幕式由时任中国社会科学院近代史研究所副所长汪朝光研究员主持。

张海鹏在致辞中介绍了此次学术研讨会的缘起。他说，这次会议是中俄双方为落实习近平主席、李克强总理访问俄罗斯时与俄罗斯领导人达成的共识而安排的，会议经中央办公厅"抗战胜利 70 周年纪念活动领导小组办公室"批准，是中俄历史学会共同举办的第三次学术讨论会。这次会议以中国人民抗日战争胜利及其国际因素为主题。

与会学者一致认为，中俄两国共同纪念第二次世界大战胜利 70 周年具有重要意义。俄罗斯历史学会秘书长彼得罗夫表示，这不仅是纪念中俄两国艰苦斗争换来的成果，而且是促进相互了解、守住历史真相和巩固双方友谊的过程。"中俄两国付出了沉重代价才获得胜利，两国历史学家必须携起手来，共同保护历史记忆，避免战争悲剧重演。"俄罗斯人文大学校长比沃瓦尔教授认为，在共同抗击法西斯的斗争中，中俄两国形成了具有"战略伙伴关系"性质的特殊关系。

中国史学会动态

赵庆云

主要工作情况

1. 2010年，就2011年纪念辛亥革命100周年国际学术讨论会的具体筹备工作，中国史学会同湖北省社科联先后召开4次联席会议进行磋商。

2. 2010年8月21—29日，中国史学会组织的中国历史学家代表团出席了在荷兰阿姆斯特丹举办的第21届国际历史科学大会。中国代表团在此次大会的工作重点放在了申办2015年在济南召开国际历史科学大会的申办权上。8月22日，中国史学会秘书长王建朗在国际历史学会代表大会上代表中国史学会正式提出了申办要求。8月24日中午，中国史学会在阿姆斯特丹大学举办招待会，招待国际历史学会执行局成员和各国代表。张海鹏会长在招待会上作了10分钟演讲，播放了中国史学会制作的申办宣传视频，陶文钊理事代表中国史学会回答了各国代表的提问。26日，国际历史学会进行了投票表决，有8票反对，5票弃权，36票赞成，赞成票超过了三分之二。8月28日在第21届国际历史科学大会闭幕式上，新任国际历史学会主席向全体与会者宣布，2015年8月将在中国济南举办第22届国际历史科学大会。

3. 2011年，中国史学会组织各地学者就2015年国际史学大会的会议主题及各分会场的议题提出建议。在广泛征求意见的基础上，召开了由部分会长及在京学者参加的议题讨论会，确定了向国际史学会提出的会议三大主题及20个分会议题建议，并于2011年年底前报送国际史学会。

4. 2011年中国史学会开通网站，置于"近代中国研究网"之下，及时反映史学会的情况。《中国历史学年鉴》也成立了编辑委员会，并在6月、9月、11月先后召开3次编委会会议，就2002—2010年卷（合卷，上下册）、2011年卷《中国历史学年鉴》的编写工作作了充分讨论和具体部署。2013年，中国史学会建立独立网站。

5. 2012年主要进行第22届国际历史科学大会的各项筹备工作。通过慎重讨论，集思广益，中国史学会向国际史学会提交了有关第22届国际历史科学大会主题及各项议题的设想。由国际史学会最终确定了会议开幕式主题、会议的四大主题，以及各分会场议题。提议由徐蓝、张柏春等7位中国学者担任7个分会场的主持人，得到国际史学会的认可。山东大学通过招标方式进行大会的网站建设，已于2013年3月底开通2015年国际历史科学大会英文网站。

6. 2013年5月5日下午2时，中国史学会第八届理事会第五次会长会议在当代中国研究所召开。

7. 2013年6月15日，兼任俄罗斯历史学会主席的俄罗斯国家杜马主席纳雷什金在杜马大楼六楼小会议室接见了中国史学会秘书长王建朗率领的中国史学会代表团。

8. 2014年5月10日下午2时，中国史学会第八届理事会第六次会长会议在近代史研究所召开。

9. 2014年11月7日晚8时，中国史学会第八届理事会第七次会长会议在华中师范大学桂苑宾馆会议室召开。会议首先由秘书长王建朗汇报中国史学会单位会员负责人座谈会筹备情况，并将初步拟定的《中国史学会第九届理事会及理事产生办法的建议》《关于中国史学会第九届理事会理事候选人名额分配方案的建议》《关于中国史学界第九次代表大会代表名额及产生办法的建议》三个文件提交讨论。与会者经过认真讨论，就2015年召开中国史学界第九次代表大会的相关事项达成了共识。

10. 2014年11月8日上午，中国史学会第八届理事会单位会员负责人座谈会在华中师范大学桂苑宾馆一楼报告厅召开。中国史学会领导以及全国各省（市）史学会单位会员负责人共计66人与会。此次座谈会的召开，是为了加强单位会员之间的联系，交流单位会员工作经验，同时为2015年召开中国史学界第九次代表大会做准备。

11. 2015年5月16日，第22届国际历史科学大会百日倒计时新闻发布会在山东大学举行。时任中国史学会会长张海鹏，时任山东大学校长张荣出席发布会并致辞。时任国际历史学会执行局委员陶文钊，时任中国史学会秘书长、中国社会科学院近代史研究所所长王建朗，以及来自中国社会科学院、北京大学、清华大学、中国人民大学、复旦大学、四川大学等高校的学者、嘉宾共200余人参加了发布会。

主要学术活动

1. 2009年7月17日上午，中国史学会在首都师范大学国际文化大厦举办了纪念中国史学会成立六十周年座谈会。中国史学界60余位在京专家学者出席了座谈会。时任中国史学会会长张海鹏，副会长郑师渠、徐蓝出席了会议。

2. 2009年8月，中国史学会与中华人民共和国国史学会合办纪念中华人民共和国成立60周年学术研讨会。

3. 2010年10月17—19日，由中国史学会、山东大学、上海大学、中国义和团研究会联合主办的纪念义和团运动110周年国际学术讨论会在山东大学举行，来自英国、德国、俄罗斯、美国、澳大利亚和中国台湾及中国大陆的学者90余人参加了会议。

4. 2011年6月25日，中国史学会与国史学会联合举办的"庆祝中国共产党成立90周年暨纪念《关于建国以来党的若干历史问题的决议》通过30周年学术座谈会"在北京召开。

5. 2011年10月11—16日，中国史学会与中国社会科学院近代史研究所、湖北省社会科学界联合会、武昌辛亥革命研究中心联合承办的"纪念辛亥革命100周年"国际学术研讨会在武汉举行。此次会议的主题为："辛亥革命与百年中国"。来自海内外的专家学者近200人参加学术讨论。

6. 2012年2月25日下午，中国史学会第八届理事会第四次会长会议在近代史研究所召开。主要讨论2015年国际历史科学大会筹备事宜。确定其开幕式主题为：文明：传承与对话。

7. 2012年10月19日，以"历史进程中的中国与世界"为主题的首届中国历史学博士后论坛在北京举行。论坛由中国史学会与中国社会科学院、全国博士后管理委员会共同主办，来自全国24个省、市、自治区的科研和教学机构的130位历史学领域的专家及博士后汇聚一堂，交流切磋。

8. 2012年12月13—16日，由中国史学会主办、中山大学历史学系承办的第五届全国青年史学工作者会议于在中山大学举行。此次会议以"因应与对话：中国史学与当代国际史学"为主题，经各省、市、自治区史学会推荐，80多名来自全国各高校和研究机构的优秀青年学者应邀参加会议并作学术报告。

9. 2014年9月17日，由中国社会科学院和山东省人民政府联合主办，中国史学会、中国社会科学院近代史研究所、山东省社会科学界联合会和威海市人民政府承办的"甲午战争与东亚历史进程——纪念甲午战争120周年"国际学术研讨会在甲午战争纪念地山东省威海市蓝天宾馆隆重开幕。来自中国大陆、中国香港、中国澳门和中国台湾地区，以及日本、韩国和新加坡的150余名专家学者与会。中国社会科学院院长、党组书记王伟光，中国社会科学院副院长李培林，山东省副省长季缃绮出席开幕式。

主要学术成果

1. 2008年，中国史学会组织编撰的《中国历史学30年》出版。

2. 2009年4月7日，中国史学会编纂的《中国历史学年鉴》2000年卷在生活·读书·新知三联书店出版。

3. 2009年9月1日，以中国史学会名义（张海鹏执笔）撰写的《中华人民共和国成立的伟大历史意义》一文，在《人民日报》（理论版）发表，中宣部党建杂志社编辑的《学习》活页文选2009年第27期、中国社会科学院《学习与参阅》2009年第20期分别转载。这篇文章是人民日报理论部约写的纪念中华人民共和国成立60周年重点文章之一。

4. 2014年2月，中国史学会编纂的《中国历史学年鉴》2001—2010年合卷（上下册）由社会科学文献出版社出版。

第六篇

重大考古发现

2012 年

【河北内丘邢窑遗址】

发掘地点位于内丘县城西关村南部。完成10米×10米探方12个，发现北朝至唐代窑炉11座，灰坑140座，灰沟6条，井34眼，墓葬22座，出土瓷器和窑具残片20万件（片）以上，完整和可复原器物2000多件，有砖、瓦、陶、素烧、三彩、瓷、铜、铁、骨以及窑具等。

11座窑炉成四组分布在发掘区内，其最大特点是成组的窑皆共用窑前工作坑，坑深2.95米—3.5米不等，工作坑内有丰富的废弃堆积，其中一座为唐代，其余为隋代。灰坑140座，有圆形、长方形、方形、不规则形几种，壁、底多不规则。大小、深浅不一，废弃年代在北朝晚期到唐代。灰沟6条，时代为隋、唐、明、清。井34座，皆圆形，废弃年代从北朝到明清。墓葬22座，洞室墓为主，另有少量瓦棺和土坑墓，年代从北朝至明清。

遗物丰富，以窑前工作坑和灰坑、灰沟出土为主。北齐至隋初遗物以碗为大宗，另有钵、高足盘、瓶、罐、盆等，釉色以青和青中泛黄为主。窑具有大量的三角支钉、喇叭形窑柱和少量的筒形窑柱等，伴有较多的砖、瓦、瓦当、陶盆、陶罐残片。隋晚期瓷器明显变化是化妆土普遍使用，器形也有明显变化，伴有更多的砖、瓦、瓦当、瓦当模子以及陶盆、陶罐等。唐代白瓷和细白瓷明显增多，出现较多的大型化器物，三彩片发现较多。

此次发掘的重要收获首先是发现的窑炉年代早，完整度较高，布局模式罕见，多窑共用窑前工作坑，是研究早期邢窑窑炉难得的资料。其次是早期灰坑群和丰富遗物的出土，是邢窑历次发掘中的首次，也是该区域制瓷窑炉可上推至北朝时期的重要证据。

隋三彩是邢窑发现的首次，瓷胎，胎色浅粉或白，单色釉外壁绿色，内壁浅黄，两色釉为黄、绿，釉下施有一层白色化妆土。没有发现成形器，大致为碗、钵类。

另外"高""上""大"唐代刻款瓷器残片、隋代灰坑中铁渣堆积、唐代灰坑中较多的素烧残片、唐代水井中多层密檐石塔明器的出土等，都对邢窑瓷器的时代判定很有帮助。

（王会民　胡　强）

【河南栾川孙家洞旧石器时代遗址】

孙家洞遗址位于河南省洛阳市栾川县栾川乡湾滩村哼呼崖的断崖上，北边紧挨伊河，具体坐标为北纬33°47′50.0″，东经111°41′38.0″，海拔为691米。原有洞口朝北，呈扁长形椭圆状，宽2.65米，高0.7米，但是较难出入，而现在进出的洞口则是由山体裂隙扩展而来，宽0.2米—0.85米、高1.7米，在原有洞口下方7米处。该洞穴内部构造复杂、高低不平，可以分为前后两个空间。

2008年第三次全国文物普查时，栾川县文物管理所对孙家洞进行了调查，发现了大量动物化石。由于孙家洞被当地老百姓破坏严重，洛阳市文物考古研究院决定对该洞穴进行抢救性考古发掘。第一步工作是对被老百姓破坏后堆积到洞口外的土堆的淘洗，发现了很多的动物化石。有鹿、牛、羊、熊、鬣狗、野猪、豪猪、犀及鼯科小型动物的牙齿化石，同时还发现鹿角及动物骨骼化石。由于在淘洗过程中发现了大量的动物化石，于是我们决定在洞穴内进行考古发掘。

由于洞穴构造和堆积情况复杂，洞内角砾和土都胶结成一体，我们暂时选取前厅其中一个剖面做初步发掘。至发掘结束，该遗址中有明确地层的标本为9699件，包括动物化石、石制品、人牙化石等，而淘洗和采集的没有明确地层的标本则数以万计。

石制品数量较少，类型有石核、石片和断块。其中石核包括单台面石核、双台面石核、盘状石核和砸击石核，石片主要是不完整石片，包括裂片和断片。原料主要为脉石英，少量的石英砂岩和岩浆岩。打片方法以锤击法为主，可能存在砸击技术。由于标本有限，也未发现加工成器的石制品，文化性质尚不清楚。

动物化石十分丰富，初步鉴定出来的种类有中国鬣狗、熊、大熊猫、狼、獾、肿骨大角鹿、葛氏斑鹿、麂子、李氏野猪、牛、梅氏犀以及刺猬、仓鼠等小哺乳类。该遗址中有典型的中更新世时期的动物种属，年代可能与北京猿人遗址相当。由于大部分标本比较破碎，且与沉积物胶结在一起，对所有种属系统的测量和观察尚待化石的清理和分类工作完成才能进行。

孙家洞遗址目前发现的6颗古人类牙齿化石，经过初步鉴定，包括1颗下门齿，3颗下臼齿，1颗上前臼齿，1颗上臼齿。从牙齿发育看存在幼年个体；从牙齿大小和形态看，有不同于现代人的原始特征。人牙化石的详细情况在进一步研究中。

孙家洞遗址是一处重要的旧石器时代早期遗址，出土的石制品虽然较少，但是它表明了古人类曾在这里进行过生产生活活动，初步展现了旧石器时代早期的文化面貌。栾川地处中国南北地理分界线附近，是气候和自然环境的过渡地带，该区域是人类迁徙演化和动物群交流的通道，为研究过渡区域动物群面貌、动物地理区系演化、古环境变迁提供了重要的信息。遗址出土了人类牙齿化石，是河南省境内首次在考古发掘中有明确地层出土的中更新世时期古人类牙齿化石，对于近年来国际古人类学界直立人演化和现代人起源的研究有着重要作用，也为研究古人类的个体发育及系统演化问题提供了化石依据；遗址动物化石的大量发现和研究不仅有助于遗址周边区域古环境的分析与重建，同时通过现代埋藏学和动物考古学方面的深入探讨，必将为研究古人类生存模式、栖居形态以及群体组织等国际动物考古学热点问题的探讨作出积极贡献。

（司马国红）

【陕西神木石峁遗址】

石峁遗址位于陕西省榆林市神木县高家堡镇洞川沟附近的山梁上，地处黄河支流秃尾河及其支流洞川沟交汇处，为国家重点文物保护单位。

2012年度重点发掘了外城东门遗址。清理揭露的上、下两层地面遗迹和数量丰富的陶片标本表明，外城东门的使用年代可以分为早、晚两期，分别相当于龙山晚期和夏代。

石峁城址外城东门位于外城东北部，处在遗址区域内最高点，门道东北向，面积2500余平方米。由"U"形"外瓮城"、包石夯土墩台、曲尺形"内瓮城"、门塾等部分组成，这些设施以宽约9米的"『"形门道连接。

"外瓮城"平面呈U形，将门道完全遮蔽，但与门道入口处的两座墩台之间并未完全连接，南北两端留有通道。解剖表明，龙山晚期修筑外城东门时有一层黑褐色地基铺垫层。该层内发现摆放24颗人头骨的遗迹两处，一处位于照壁墙外侧，一处位于门道入口处靠近北墩台。

夯土墩台以门道为界置于南北两侧，均为长方形，外围以石块包砌，内为夯打密实的夯土，夯层明显、条块清晰、土质坚硬。夯土外围包砌一周石墙，暂称"主墙"，主墙墙体上发现有一些排列有序的孔洞，其内有圆形朽木痕迹，这些朽木深入石墙内部，周围敷满草拌泥。紧贴东部主墙外侧还有一道石墙，将墩台东侧主墙以及东部两拐角完全包砌，暂名"护墙"。护墙之下有一道宽1.2米—1.5米与墙体走向一致的石块平砌长方形平面，形似"散水"。墩台朝向门道一侧的主墙上分别砌筑出3道平行分布的南北向短墙，隔出4间似为"门塾"的空间，南北各2间，完全对称，个别还有灶址残留，或为门塾类建筑设施。墩台两端与外城城墙相连，沿墩台所在山脊朝东北和西南方向延伸而去。

2012年度对石峁外城东门址的考古发掘，确认了体量巨大、结构复杂、构筑技术成熟的门址、石城墙、城门墩台等重要遗迹，出土了玉器、壁画及大量龙山晚期至夏时期的陶器残片、石器、骨器等重要遗物。石峁石城面积在400万平方米以上，其规模大于同时代的良渚遗址、陶寺遗址等已知城址，当是目前所见中国史前时期最大的城址。

结合地层关系及出土遗物，初步认定石峁城址最早当修建于龙山中期，兴盛于龙山晚期，夏早期毁弃，属于我国北方地区一个超大型中心聚落。规模宏大的石砌城墙与以往发现的数量庞大的石峁玉器，显示出石峁遗址在北方文化圈中的核心地位。发掘工作不仅为石峁玉器的年代、文化性质等问题的研究提供了科学的背景，更对进一步理解"古文化、古城、古国"框架下的早期文明格局具有重要意义。

（孙周勇）

【新疆温泉阿敦乔鲁遗址与墓地】

阿敦乔鲁遗址及墓地位于新疆维吾尔自治区博尔塔拉蒙古自治州温泉县，2012年由阿敦乔鲁项目组对遗址和墓地进行了大面积的发掘工作，共发掘了3座相互连属的房址和9座墓葬。全部发掘面积近1500平方米。获得了一批陶器、石器、石人以及铜器小件、包金耳环等珍贵遗物。

阿敦乔鲁遗址与墓地是近年来新疆发现的重要的青铜器时期的遗存，其年代测定为公元前19世纪至公元前17世纪，属于青铜器时代早期，填补了新疆青铜器时代早期遗址的空白，为揭示出西天山地区青铜器时代遗址的具体面貌提供了一批全新的、重要的材料。从遗迹的建筑规模及建筑特色等方面看，阿敦乔鲁遗址很可能是博尔塔拉河流域具有中心性质的祭祀或举行重要仪式活动的场所，显示出了很高的文明程度。阿敦乔鲁考古工作的意义还在于首次在新疆确认了相互关联的早期青铜器时代的遗址和墓地的共时性，为探索欧亚草原地带的古代社会发展阶段提供了重要的参考资料，显示了其在西天山乃至中亚地区早期青铜器时代遗存中的重要位置，提升了对新疆及中亚地区青铜器时代考古学文化深度和广度的认知。

（丛德新）

【贵州遵义海龙囤遗址】

海龙囤遗址位于贵州省遵义市老城西北约20千米的龙岩山巅，又称龙岩囤，是一处宋明时期的"土司"城堡遗址。其行政区划属遵义市汇川区高坪镇海龙囤村双龙组。遗址三面环溪，一面衔山，仅东西各有仄径可上下，地势十分险要。

遵义旧属播州，公元9—17世纪为杨氏所据，世守其土达724年，至末代土司杨应龙时传27代30世，即30人先后出任播州统领。根据现有文献，海龙囤始建于杨氏第15世杨文主播时的宋宝祐五年（1257），而毁于明万历二十八年（1600）的平播之役，至今仍较为完整地保持着明末废弃时的格局。

1999年秋，对海龙囤及其周边诸囤进行了一次较为系统的调查，并对"新王宫"和"老王宫"遗址进行小规模试掘。现已探明环囤有约6千米长的石墙，其围合的面积达1.59平方千米。囤东有铜柱、铁柱、飞虎（三十六步）、飞龙、朝天、飞凤（五凤楼）六关，囤西有后关、西关、万安三关，均大石筑就。囤东朝天、飞龙两关遗有杨应龙手书榜额，知其分别建于万历二十三年（1595）和二十四年（1596）；囤西三关两两围合的封闭空间（瓮城），各称土城、月城。囤顶平阔，"老王宫"和"新王宫"，是其中两组最大的建筑群，面积均在2万平方米左右。此外尚有"金银库"、"四角亭"、采石场、校场坝和"绣花楼"等遗迹。

2012年度是在已有成果的基础上展开的，选择"新王宫"遗址进行重点突破；最后结合"新王宫"的发掘成果，在海龙囤及其周边展开重点针对窑址和采石场的调查和清理，以明确建囤所需砖瓦和石料的来源；同时对"老王宫"遗址进行小规模试掘，以解决其年代问题。

通过发掘，对"新王宫"的性质、年代及其建筑过程有了新的认识。"新王宫"实质上是一处土司衙署，它具有中轴线、大堂居中、前朝后寝等特点，与衙署的布局一致；而明代文献中亦明确称其为"衙""衙院""衙宇"等。"新王宫"是一组明代建筑群，从出土遗物看，其在嘉靖、万历时期达到鼎盛，最后毁弃于万历年间的大火。修建过程中，石材、砖瓦等建筑材料均就近取用。

海龙囤是一处融保卫国家利益与维护土司家族利益于一体，集关堡山城与土司衙署于一身的土司城堡。它是在抗蒙背景下由南宋朝廷和播州杨氏共同修建的防御工事，却在明末成为地方势力对抗中央王朝的大本营。从南宋中期开始，穆家川（今遵义老城）一直便是杨氏统领播州的政治中枢，而不久之后修建的海龙囤与之并行不悖，前者为平原城，偏重于政治，后者为山城，偏重于军事，它们一起构成了播州杨氏完备的城邑体系。这处设有衙署的军事屯堡，是中国西南规模最大、保存最好、延续时间最长的土司城堡，它"利用地形、融入地形"的建筑特点，对中国西南同期以及后来的同类建筑产生了深远影响。

海龙囤见证了我国少数民族地区政策由唐宋时期的羁縻之制到元明时期土司制度再到明代开始的"改土归流"的完整变迁，它的发掘为从考古学的角度推进中国土司制度和文化的研究，探讨中央与地方的互动关系提供了新的材料和视角。换言之，其对隋唐推行羁縻之制以来，中央如何开发、经营与管理少数民族地区，边地又是如何逐步汉化而与华夏渐趋一体等问题的深化有着积极的意义。它的发掘还可能引发考古学界新的学术关注点，即将视线从中原的、早期的遗存更多地投向边地的、民族的、晚期的遗存中来，从而拓展考古研究的领域。（李飞 彭万）

2013年

【江苏扬州曹庄隋唐墓（隋炀帝墓）】

2013年3月，在江苏省扬州市西湖镇司徒村曹庄中星海上紫郡房地产建设项目中发现两座砖室墓（编号2013YCM1、M2）。

M1由墓道、甬道、主墓室、东耳室、西耳室五部分组成，用砖与隋江都宫城城墙砖相同。出土"故隋炀帝墓志"1

合，还出土了玉器、铜器、陶器、漆器等遗物近200件（套），其中蹀躞金玉带是带具系统中的最高等级，是目前国内唯一一件最完整的十三环蹀躞带。两颗牙齿鉴定年龄约50岁。根据出土的高规格随葬品，结合文献记载与牙齿鉴定结果，确定墓主人是隋炀帝杨广。

M2由墓道、甬道、主墓室、东耳室、西耳室五部分组成。在主墓室倒塌淤积土中发现了少量的龙纹砖与莲瓣纹砖。随葬文物丰富，清理出陶器、瓷器、铜器、漆木器、铁器、玉器等600余件（套）。其中青铜编钟、编磬是迄今国内唯一的隋唐时期的实物。人骨和牙齿鉴定为年龄大于56岁、身高约1.5米的老年女性个体。通过出土的高等级文物，结合文献记载与人骨鉴定的结果，判断M2墓主人是隋炀帝夫人萧后。

考古发掘确认扬州曹庄隋唐墓葬为隋炀帝墓、萧后墓，是隋炀帝杨广与萧后的最后埋葬之地，印证了历史文献的记载。隋炀帝墓的最终确定和出土的一批高等级文物，为研究隋唐时期历史、政治、经济、文化等提供了第一手的科学资料；为研究隋唐高等级墓葬形制提供了实证资料；丰富了扬州城遗址的内涵，有利于促进扬州城国家大遗址的保护利用。

（束家平）

【河南洛阳新安汉函谷关遗址】

汉函谷关遗址位于洛阳市新安县东，地处秦岭山脉东段的峡谷之中，始建于公元前114年。为配合函谷关遗址保护规划的制定和丝绸之路申遗工作，洛阳考古研究院对遗址进行了考古调查和发掘。勘探总面积约13.9万平方米，发现夯土墙17条，古道路2条，夯土台2座，活动面9处，并对凤凰山和青龙山上的夯土长墙进行了勘探。发掘面积3325平方米，揭露了城墙、道路和建筑遗址等重要遗迹，关城布局基本明晰。

关城东墙：位于望气台南侧，向南延伸至皂涧河北岸，与关城南墙相交。发掘长度44.8米。东墙气势宏伟，保存较好。北部用夯土修筑，南侧靠近皂涧河的位置用石头砌筑。夯筑部分由台基和墙体组成，台基东西宽32米，高2.8米，东西两侧以阶梯式逐渐向上递收，顶部为平台。墙体位于台基之上，东西宽22米，残高1.1米—4米。城墙南侧部分用青质砂岩垒砌，宽度22米。东墙经过修补，可分为早晚两期。在东墙附近还发现了护堤、城墙排水渠及马道等重要遗迹。

关城南墙：依皂涧河修筑，勘探发现长度约150米，宽度8米—18米。经过解剖，南墙为夹心墙，南北两端各有宽约1米的夯土墙，夯土质量好，中间部分夯土质量较差。

建筑遗址：发掘面积900平方米。共发现二期建筑，均为东汉时期。第一期建筑发现有通道、活动面、排水渠等遗迹。第二期建筑保存较差，仅发现四处夯土基槽和零星分布的柱础石，墙体部分被破坏。

古道路：共两条，编号分别是L1、L2。L1位于遗址中部，东西向贯穿遗址。勘探发现长度约370米。路土厚度达2.3米，从西汉建关时一直沿用到现代。L2位于遗址南侧，勘探发现长度约360米，宽度10米—15.7米，路土厚度约0.4米，时代为东周到西汉初期，是建关前古道，建关后被关城东墙阻断而废弃。

遗址出土遗物以陶制建筑材料为主，包括瓦当、筒瓦、板瓦、空心砖、方砖、条砖及建筑构件。其中以板瓦居多，筒瓦次之。出土陶器、瓷器、铁器、铜器等共250余件，钱币108枚。

根据目前的考古工作，可以看出汉函谷关遗址是一处东西狭长的小型城邑，城墙、道路和建筑遗址等要素均已发现。关城卡在峡谷之中,关城东墙与南北山上的夯土长墙相连接,达到军事防御和控制交通的目的。关城中部的古道路东西向贯穿关城,是唯一的通关道路;遗址南部、皂涧河北岸是主要的生活区。根据出土遗物和对遗迹的解剖,可以确定关城东墙、鸡鸣望气二台及台基西侧夯土墙为西汉建关是修建,关城南墙为汉代增建。

汉函谷关遗址的考古发现具有非常重要的学术价值。在以往的考古工作中,对关隘的研究工作一直非常匮乏,并且集中在边关,对地位如此重要的内关进行系统的考古工作更是第一次。此次发现,为秦汉关隘制度的研究提供了重要的参考资料,也为函谷关遗址的保护提供了重要依据。

(王咸秋 严 辉 赵菲菲)

【湖北随州文峰塔东周曾国墓地】

随州文峰塔墓地属于湖北省随州市文峰塔社区所属工程,位于义地岗墓地的东南部,工作中心区南距交通大道480米、北距迎宾大道200米。北纬31°42′30.63″,东经113°23′11.35″,海拔高度82米。

此次对该墓地发掘属于抢救性发掘,先后共发掘墓葬66座,其中土坑墓54座、砖室墓12座,车马坑2座,马坑1座。土坑墓皆为长方形或方形,大部分为东西向。其中,有3座大型墓葬发现有腰坑,坑内或葬狗,或葬陶器。

此次发掘最大的一座墓葬为M18,墓坑平面呈亚字形,长方形阶梯墓道位于墓的南部,墓道残长6.6米,墓道阶梯共15级。墓口南北长16.6米,东西宽15.6米,墓口至墓底深9米,墓坑四周设有三级台阶。葬具为木质,棺椁部分得以保存,可区分为一椁三棺,分东、南、西、北、中五室,棺室居中。其中,北、西、南、中四室仅存少量随葬品,棺内未见人骨和随葬品,葬式不明。值得庆幸的是,唯东室未被盗掘,出土有鼎、簋、簠、鬲、鉴、方壶等70余件铜器。椁底设有"井"字形的垫木10根。在椁底板下的中部偏北处挖有一圆形腰坑,坑内放置陶罐1件。另在墓坑的东、北、西三面各有一2米×2米的器物葬坑,坑深7.6米。根据器物形制及打破关系,M18的年代应为战国中期。在该墓附坑所出土的两件铜缶上皆见有"曾侯丙之赴缶硪以为长事"的铭文,根据墓葬规模和出土铭文推断,M18应为一代曾侯墓葬,墓主为曾侯丙,其年代略晚于曾侯乙墓。

所发掘的2座车马坑和1座马坑,由于离现地表不深,保存都不太好,车皆为整体随葬,皆为两轮独辕。其中,1号车马坑为2马驾,从位置看应归属M43号墓,2号车马坑为4马驾,应归属M29;马坑1座,坑内共葬马8具,由于附近没有与之对应的墓葬,其归属无法确指,可能属于墓地的祭祀坑。

除上述土坑墓外,此次还发掘了12座砖室墓,皆为小型,保存皆不好,全都被早期盗扰过,未见券顶,有的仅存底部。大多未见随葬品。除1座为东汉时期,残存少量瓷器外,其余皆为宋明清时期。

此次发掘所出铜、陶、瓷、漆木、骨、皮革、玉石等各类质地的文物1027件套,其中铜器577件,铜器器类主要有鼎、簋、簠、方壶、缶、甗、鉴、盘、匜等。部分铜器上有铭文,铭文有"曾""曾子""曾公子"及"曾孙""曾大工尹""曾大司马"等,根据铭文可知,土坑墓葬大多为东周曾国贵族墓葬。

文峰塔墓地是湖北省考古研究所于近年来在随州所发掘的又一个重要的考古工地,此次发掘所获遗物众多,创造多个首例,其学术价值在于以下几方面。

第一，首次在随州境内科学地、完整地揭示了一批春秋中晚期至战国早期的曾国墓葬，并出土了大批带有曾字铜器的铭文。对于判定墓葬国属及墓主身份具有重大的学术价值。曾、楚墓葬的同时发现，对确立楚灭曾的确切年代提供了重要的考古年代学依据。

第二，首次在随州境内发现了曾国的车马坑，已清理的3座车马坑为2马驾和4马驾。对认识和揭示春秋曾国车马殉葬制度提供了重要实物依据。

第三，新发现了一座战国曾侯丙墓，其年代略晚于曾侯乙墓，这是继曾侯乙墓和叶家山西周曾侯墓地发掘后所发现的又一代曾侯墓。对揭示曾国政治中心的变迁及重构曾国历史具有重大学术价值。同时，曾侯丙墓的发现将撼动长期以来人们对曾侯乙私名含义的结论，同时将引起学术界对中国古代日名问题已有认识的重新思考。

第四，首次在荆州甚至湖北省发现了东周时期亚字形的墓葬。根据墓葬规模和出土曾侯铭文，可判定文峰塔墓地应为春秋晚至战国的曾侯墓地。

第五，首次发现了春秋中晚期曾国青铜器失蜡法铸造法直接证据。在M33出土的一件青铜盘的铜梗上发现了众多清楚的蜡流痕迹，这一不可颠覆的新发现，使得迄今纷争不已的失蜡法铸造法有了一个定说。

第六，首次发现了随国铜器。在M21中除出土了一批带曾字铭文的铜器外，同时还发现了一件带有"随"字的铭文的铜器，铭文为"随大司马嘉有之行戈"。随字在此无疑作国名，这是新中国成立以来经科学发掘出土的第一件随国铜器。随国铜器出于曾孙邵的墓葬中，为曾即随说增添了又一重要的新证据。

（黄凤春　郭长江）

【湖南益阳兔子山遗址】

兔子山遗址位于湖南省益阳市赫山区三里桥铁铺岭社区，遗址所在地原为赫山区粮食局粮食仓库和油脂厂生产车间，北距滨江路约250米，西距甘宁路约100米，东距铁铺岭巷约60米，南临原油脂厂职工住宅区，位处资水与兰溪河交汇处一条东北至西南走向的龙形山冈（铁铺岭）上，兔子山位处岗地最东北部的龙首位置，海拔约45米。兔子山遗址为铁铺岭城址的中心部位，铁铺岭城址于20世纪80年代第二次全国文物普查时发现，1997年益阳市人民政府将其公布为益阳市重点文物保护单位，2000年立碑公示。由于历年来城市基本建设的破坏，该城址保存状况较差。

此次考古发掘面积1000平方米，共清理古井16口，灰坑56个，灰沟7条，房屋建筑遗存9处。除J2、J10、J11、J12、J14未出土简牍之外，其余12口水井都出土了数量不等的简牍，初步统计总数达1.3万余枚，其中J3出土简牍数量最多，8000余枚，J6次之，1000余枚。从出土简牍的埋藏情况来看，大多数井的简牍与其他出土物混杂在一起，估计当时是作为垃圾陆续丢入的；也有部分古井（如J3）的简牍比较集中，且基本保持着成捆的状态，估计当时是集中处理的。从简牍的时代来看，从战国经秦、两汉直到三国孙吴时期，其中以两汉时期简牍数量最多。从简牍的内容来看，主要为战国至孙吴时期益阳县衙文书档案。在已经清洗、释读的简牍中，J8出土的一件木觚和J9出土的一枚木牍最为引人注目。J8出土的木觚上有"张楚之岁"字样，这是第一次出土关于张楚政权的考古资料，为研究张楚政权的性质和秦末汉初的历史提供了十分重要的资料。J9出土的木牍即上面提到的秦二世即位时的文告，其部分内容可与北京大学藏西汉简牍中的

《赵正书》互相印证，对于研究秦二世其人和秦代历史具有十分重要的价值。这次发掘为继马王堆汉墓、里耶秦简之后湖南省的又一重大考古发现。除出土大量不同时期的简牍之外，古井内还出土了大量板瓦、筒瓦、瓦当、空心砖、长条砖、陶瓷器、漆木器、铁器、铜器、动植物标本、木质生产工具等不同材质文物。

此次发掘意义重大。首先是明确了兔子山遗址、铁铺岭城址及益阳故城县衙遗址的性质及其历史价值，它们是益阳城市文化之根；二是最为引人注目的大批量简牍弥足珍贵，简牍内容丰富，弥补了文献记载的不足，是研究战国秦汉至三国时期益阳历史的珍贵实物资料；三是城址内与简牍共出的砖瓦、陶瓷等其他材质的文物也十分丰富，由于有准确出土单位与简牍纪年，这一批文物将为建立益阳物质文化历史序列提供精准的实物标本。鉴于该遗址的重要价值，相关文物部门已编制保护规划拟对遗址出土标本及本体进行专题保护。

（张兴国）

【陕西西安西汉渭桥遗址】

渭桥遗址位于西安市北郊汉长安城遗址北侧渭河故道，2012年4月在鱼塘挖沙中暴露木桩，测量确定其南对汉长安城北侧城门厨城门，编号"厨城门一号桥"。之后，相继发现"洛城门桥"、"厨城门二号桥"、"厨城门三号桥"及"王家堡桥"、"厨城门四号桥"及"厨城门五号桥"等共3组7座渭桥。

厨城门一号桥，正南1200米左右为长安城厨城门遗址，正北3000米左右为今渭河南岸大堤，东距离洛城门桥约1700米。发掘确定，厨城门一号桥为南北向木梁柱桥，横跨于东西向的渭河之上，以自南向北第二组桥桩东、西两侧桥桩测量，桥桩外皮间宽约15.4米（约合秦汉六丈六尺）。厨城门一号桥的北端经勘探、发掘确定，位于今发掘区南端向北约200米处，南端据物探及早期测绘资料，暂定于唐家村北旧皂河河道附近，南北估计长约880米。

厨城门一号桥桥桩均木质，残长6.2米—8.8米，周长0.5米—1.5米。该桥使用时间较长，应经多次维修、续建。一号桥还清理出土大量青石、砂岩质等多种形状与规格不等的大型石构件。较多石构件上有一处或多处刻字或墨书题记，内容多为编号、人名。在清理直接埋藏石块的粗砂层时，出土"康熙通宝"铜钱，据此及同出青花瓷片判断，发掘区至迟到康熙时仍在渭河主河道范围之内，尚未淤积成滩。

经鉴定，一号桥桥桩用材主要有侧柏属、云杉属、冷杉属、桢楠属、香椿属等树种。而对石构件上白灰及一组桥桩测年分析，石构件白灰为战国晚期至西汉早期。桥桩样品中南排多为杉木（云杉属、冷杉属）的桥桩相当于西汉中期至东汉初期，北侧一排多为侧柏属桥桩年代相当于东汉至魏晋时期。

厨城门三号桥位于厨城门一号桥东约200米，为南北向木梁柱桥，东、西两侧桥桩间宽约8.3米，南、北两排桥桩间距6米—7米。受发掘区南北现代建筑及垃圾影响，桥梁长度暂且不详。经鉴定，三号桥桥桩用材多为硬木松类。^{14}C测年揭示，三号桥相当于唐代。

厨城门四号桥位于一号桥西约40米，受场地限制，目前仅清理出南、北两排桥桩5根，东西向桥桩分布宽仅4米（暂无法确定桥宽），南、北两排桥桩中心距约5.2米。^{14}C测年显示，桥大体为战国晚期。

洛城门桥南750米为长安城北墙东侧城门洛城门，北3500米左右为今渭河南岸大堤，亦为南北向木梁柱桥，东西两侧桥桩之间约15米，发掘区内已发现东西3排桥桩，相邻两排桥桩间距9米—10米。受场地所限，桥长尚待确定。^{14}C测年显示，桥大体相当于西汉晚期至东汉早期。

渭桥遗址的发现地西安，是周、秦、汉、唐的都城所在，秦始皇都城规划既谓"渭水贯都，以象天汉；横桥南渡，以法牵牛"。在汉高祖刘邦定都长安，惠帝建设城墙后，渭河桥梁即成为京师的重要津梁。而受长安城西、南存在以建章宫等宫观为核心的上林苑影响，长安城形成东、北两向交通格局，故城北渭桥为北向、西向交通关键。汉文帝入京继位大统、张骞出使西域、南匈奴单于归顺入京等一系列事件均发生于渭桥。从发掘看，厨城门一号桥体量巨大，为同时期全世界最大的木梁柱桥，是丝绸之路从汉长安城出发的第一座桥梁，填补了桥梁学研究空白。"康熙通宝"等清代遗物的发现，揭示出渭河河道西安段的大规模北移应不超过康熙时代，对渭河变迁史、关中环境史的复原研究均具有重要价值。

(刘　瑞)

【陕西宝鸡石鼓山商周墓地】

石鼓山墓地位于陕西省宝鸡市区正南的渭河南岸台地上，是2012年6月石鼓山村民建房时偶然发现的。之后，省、市、区三级考古文博单位即组成联合考古队，在详细调查与全面钻探的基础上，连续两年进行发掘，共清理墓葬15座，出土了各类文物共计230余件（组）。其中，多达92件的青铜礼器与23组铭文及族徽符号，特别引人瞩目。这不仅是中国古代青铜文化又一次精彩的亮相，也堪称陕西乃至全国商周考古的一次重要发现。

钻探表明，墓地南北长约800米，东西约300米。根据墓葬聚散程度，整个墓地可划分为北区和西南区，呈现"大稀疏、小聚集"的分布态势。墓葬均为长方形竖穴土圹，按规模大小，可分为中型和小型两类：小型墓的墓室面积均不足3平方米，两区各有5座；中型墓墓室面积13平方米以上，共3座仅见于北区，大体呈西北——东南一线分布，依次为M3、M4、M9。另外，北区还有2座形制、规模不明者。

所有墓葬均南北向，多数墓室口小底大，墓底有熟土"二层台"，个别小墓为生土二层台；中型墓有数量不等的壁龛。木质葬具或一棺，或一椁一棺，或一椁两棺。葬式可辨者均为仰身直肢，墓主头朝地势较高的方位，即朝向台地中脊。小型墓大多于头端二层台上随葬一两件陶器，或单鬲、单罐，或1鬲1罐，极少见青铜器。随葬陶鬲均为高领袋足鬲。而本次发掘备受关注的两座中型墓（M3与M4），随葬品种类丰富，数量多，尤以铜器为最，多出于壁龛内。

M3有6个壁龛，5个内出土青铜礼器14类31件，计有鼎、簋、卣各6件，禁、斗各2件，甗、彝、罍、壶、尊、觯、盉、爵、盘各1件；M4壁龛8个，出土青铜礼器10类52件，包括簋16、鼎15、壶2、甗4、甑2、罍4、簠2、尊2、盘1、盂2件。两墓北壁西端壁龛各出1件高领袋足鬲。另，M3二层台及椁室顶部随葬有兵器、车马器及其他小件遗物。棺内均随葬有少量玉器。此两墓相距不远，墓向一致，规模相若，形制相同，出土器物种类与摆放位置接近。凡此表明，两座墓葬的关系密切。两墓均出土见"臣辰先"铭文铜器，更进一步支持这一判断。

精彩夺目的是出土的92件青铜礼器。不仅数量多，种类丰富，而且铸工精湛，装饰绮丽，也不乏形制新颖、造型异特之器，皆弥足珍贵。如禁、簠、四耳簋、圆腹簋、方座簋、牺尊等都极具特色。更重要的是，这些铜器上发现了包括"户""亞羌""史母庚"等23组铭文及符号。总体而言，这批青铜器具有浓厚的商器因素，但又略有差异。从组合上看，少酒器，而食器突出，体现出一种重食轻酒的文化特色。

根据随葬陶器与铜器特征判断，墓葬年代集中于商末周初。该墓地既有如M3、M4这样规模大、随葬品丰富的中型墓，还有较多规模小、随葬品少的小型墓，显示出一般平民与高级贵族两个层级的人群结构。两座中型墓，也是高领袋足鬲文化迄今为止最高等级的墓葬。高领袋足鬲伴同大量青铜器集群性出土于墓地，在宝鸡地区还是第一次。同时，发掘的数座同时期灰坑，内涵亦以高领袋足鬲为主，弥补了以往这类居址遗存甚少的缺憾。这有力支持了以前根据零散而多见的信息所作的、此类鬲代表的是姜姓族团考古学文化的观点；同时，改变了以往高领袋足鬲不可能晚到西周的观点。

居址与墓地俱全，聚落基本要素完整，由此确认这里当是一处商周时期聚落（封国或采邑），为描绘西周特别是周初政治地理增添了浓墨重彩的一笔。

该墓地的发现与发掘，为该区域姜姓戎人与姬姓周人的交融与变迁研究提供了较为系统的考古资料，对于深入研究宝鸡地区乃至周原、关中地区商周之际姜戎考古学文化，西周考古学文化的面貌意义重大。

（王占奎　丁　岩）

【四川成都老官山西汉木椁墓】

墓葬位于成都市金牛区天回镇土门社区卫生站东，蓉都大道侧，当地小地名俗称"老官山"。4座墓葬由南向北分布在蓉都大道西侧车道上，相距在南北长约50米，东西宽约10米的范围内。均为竖穴土坑木椁墓，其结构、大小、方向相近。方向为南北向，椁室长5米—7米、宽3米—4.5米、高2米—2.2米，多数墓葬有底箱，椁内放置一具或两具木棺。椁室内部及木棺均髹黑、红漆。共出土遗物620余件，其中陶器130余件，器形有罐、鼎、盆、钵、瓮、壶、井、灶等；漆器240余件，器形有耳杯、奁、几、盘、盒、木俑、马等；木器140余件，器形有璧、杖、器座、案、半圆形器、织机模型等；铜器（含钱币）100件，器形有弩机、带钩、扣饰、半两和五铢钱币等；另有少量铁器、竹编器、草（棕）编器等，在M1还出土10余件木牍、M2出土玉质印章、M3出土900余支（编号数量）竹简及人体经穴漆俑。M4出土4件竹木制织机模型。

从墓葬的形制和出土的器物我们初步判断墓葬的年代为西汉中期偏早，为一有较高身份地位墓主的木椁墓墓地，从目前已知墓葬的分布情况分析，该地点有可能是西汉时期墓葬分布的重要区域，现发掘的墓葬地处为此墓地东南边缘位置。

出土大量西汉时期简牍为四川地区首次发现，目前初步统计清理出木牍十余件（编号）、竹简920余支（编号），字迹清晰、书写流畅、绝大多数简牍均保存完整，多数竹简可分清册序，初步推测有10种不同书籍，现已知内容有遣册、医书，其中医书内容有制药、医方、病理等内容。这一发现使成都地区成为我国又一处重要汉代简牍出土地，对于推动汉代简牍研究特别是医史、医学研究具有重大意义。

出土西汉无缺损的完整人体经穴髹漆人像，人像高约14厘米，五官、肢体刻画准确，白色或红色描绘的经络线条和穴点清晰可见，不同部位还阴刻"心、肺……"等小字，应是迄今我国发现的最早、最完整的经络穴人像，同墓还出有铁杵、铁臼等与中医学有关器物，对于认识我国汉代医学的发展水平具有重要意义。

出土4架完整西汉织机模型，一大三小，还伴出有彩绘织工木俑。是迄今我国发现的唯一有出土单位的汉代织机模型，也是我国唯一完整出土的竹木制织机模型，对于我国汉代纺织工业的研究意义重大。

（谢　涛）

2014 年

【北京延庆大庄科辽代矿冶遗址群】
大庄科矿冶遗址群位于北京市延庆县大庄科乡，南距北京市区70千米，地处延庆县东南部深山区，燕山山脉腹地。

延庆大庄科矿冶遗址群主要由矿山、冶炼、居住及作坊遗址等构成，分布区域主要位于水泉沟、铁炉村、汉家川、慈母川等地。考古调查、勘探及发掘取得了重要成果，发现了从采矿到冶炼的遗迹，并且找到了冶铁工匠工作、生活、居住的地方，遗址类型比较系统、丰富。

通过考古调查及勘探工作，发现矿山五处，分别为榆木沟矿山、东三岔矿山、香屯矿山、东王庄矿山、慈母川矿山。发现冶炼遗址四处，分别为水泉沟冶炼遗址、汉家川冶炼遗址、铁炉村冶炼遗址、慈母川冶炼遗址。发现居住及作坊遗址三处，分别为水泉沟居住及作坊遗址、铁炉村居住及作坊遗址、汉家川居住及作坊遗址。这其中，水泉沟的生产链条较为齐备。在遗址群中居于核心的位置。

遗址群所在的大庄科乡矿产资源十分丰富。现已探明的有铁、锌、石英石、白云石、钼、金、铜和大量的花岗岩。现已开采的品种有铁、锌、石英石、花岗岩等。

矿冶遗址群开采铁矿石的矿洞及部分露天采矿遗迹分布在山脚及半山坡范围内。矿山周边地形切割较为严重，地表径流排水较好，水流通畅，乡域水资源丰富。丰富的水资源不仅为矿石的运输提供便利，同时对于冶炼过程中的用水以及矿冶管理机构、冶炼工匠的饮用水源提供了便利。

以发掘清理的水泉沟冶铁炉Y3为例来说明冶铁炉的基本结构。冶铁炉为竖炉，开口高于地面，中部外弧，横截面近圆形。冶铁炉主要由炉腹、炉腰、炉门、出铁口、出渣口、鼓风口、前后工作面等组成。

通过考古调查、勘探已发现生活及作坊遗址3处。目前已发掘清理水泉沟生活及作坊遗址1处，位于冶铁炉遗址东北侧。

出土器物主要有矿石、铁块、炉渣、铁箭镞、铁刀、石碾盘、石碾子等。建筑材料主要有石块、灰陶板瓦、兽面纹瓦当、长条形沟纹砖等。生活用品主要有瓷碗、酱釉罐、陶罐、砚台、铜钱、纺轮等。

房屋破坏较为严重，只残存着用石块砌成的部分房基以及部分柱础石等。房屋均为地面起墙的建筑，房址平面形状一般呈方形或长方形。

作坊遗址区发现车辙和道路遗迹。路面上共清理出10条车辙。道路呈南北走向，向南可抵达水泉沟冶炼炉遗址，向北可抵达汉家川冶炼区。

炒钢炉6座，炒钢炉呈椭圆形。炉底留有一层铁渣，底部垫有石块，石块呈红色。

中国古代生铁冶炼及生铁制钢技术是世界公认的重大发明创造，中国在西周晚期开始进入早期铁器时代之初或许已经冶炼和使用生铁，并于战国至秦汉时期形成了以生铁冶炼为基础的一整套钢铁冶金技术体系，奠定了中华闻名发展壮大的物质基础。但无论在生铁冶炼炉型结构、炒钢制品的判定等技术方面，还是在冶铁作坊的聚落形态、生产组织管理等方面的研究仍有较多空白。北京延庆大庄科辽宋时期冶铁遗址群的调查和发掘，发现了迄今保存最为完好的冶铁竖炉和一系列采矿、铸造和炒钢遗存，以及冶铁工匠的生活设施和遗物，获取了整个冶铁制钢工艺流程和生产组织管理方面的信息。本项工作使用多种测绘技术对遗址进行空间信息采集，针对冶金遗址发掘、保护和展示问题，制定了详细的发掘、采样、实验室检测分析、文物保护和展示方案并有效实施，根据炉型结构和炉壁、炉渣等冶炼遗物检测分析结果，开展了生铁冶炼计算机仿真研究和冶铁实验考古操作，真正做到了多学科交叉融合。

大庄科遗址群是目前中国发现的保存状态最完好的冶铁遗址，也是目前国内发现的辽代矿冶遗存中保存冶铁炉最多、且炉体保存相对完好的冶铁场所，其炉内结构完好，鼓风口清晰可见。发掘所揭示的炉型结构为正确认识中国古代冶铁高炉的炉型结构演变提供了弥足珍贵的资料。炼炉遗址群的发现为炼炉结构的复原和演变研究提供了最新最完整的实物证据。遗址群中的水泉沟遗址是一处集冶铁和制钢工艺于一身的完整的钢铁生产遗址，除发现四个生铁冶炼炉之外，还在生铁冶炼炉边发现炒炼炉多处，表明该遗址实现了生铁冶炼和炒钢工艺的联合运行。大庄科遗址群地近中原，其冶铁技术应与同时期中原冶铁技术有密切的联系。对遗址群的深入研究，对揭示中原同时期的冶铁技术及冶铁技术向东北亚地区的传播都有重要价值。大庄科矿冶遗址群发掘为开展辽代冶铁技术研究乃至中国古代冶金史研究提供了极为宝贵的考古材料，是中国钢铁冶金考古一个新的里程碑。

（刘乃涛）

【浙江上虞禁山早期越窑遗址】

禁山早期越窑遗址位于绍兴市上虞区上浦镇大善村，这里是曹娥江中下游地区，不仅是成熟青瓷的起源地，同时也是汉六朝成熟青瓷的生产中心。

该项目是"瓷之源"课题的重要组成部分，探索成熟青瓷的起源；同时推动整个窑址群的保护、考古遗址公园的建设与浙江青瓷申报世界文化遗产工作。相关工作包括区域内窑址的系统调查与重点窑址的有计划发掘两部分。

调查新发现窑址60多处，时代基本集中在东汉时期，这样该区域内调查确认窑址200余处，其中东汉时期窑址近90处、三国西晋时期窑址60余处。为建立成熟青瓷起源过程提供了丰富的资料。

2014年度发掘面积800平方米，揭露了包括窑炉、灰坑、灰沟等在内的丰富遗迹现象，并出土了大量高质量成熟青瓷器。

禁山窑址位于一处南北向狭窄山谷中：窑场入口处开阔而平坦，是遗迹最丰富的区域，为作坊区；烧成区域位于两侧山坡上，共修建龙窑炉3条；窑炉群之间山谷的最深处，是废品与窑业废渣的倾倒处。窑场的整体布局科学合理。

3条窑炉均为龙窑，保存较为完整，由火膛、窑床、排烟室三部分组成，并且在窑床的坡度、长度、装烧的窑具等方面，有一个不断成熟完善的过程，代表了从东汉到三国、西晋时期窑业技术的不断提高的发展过程。

出土的产品标本均为成熟青瓷器，种类丰富，包括樽、簋、洗、盆、灯、罐等近30种器型，胎釉质量高，装饰华丽，制作与装烧工艺成熟而高超，代表了成熟青瓷发展的第一个高峰。

禁山窑址的发掘的重要意义如下。

第一，汉代新瓷器类型的发现。上虞地区是成熟青瓷的起源地，而成熟青瓷的出现又以小仙坛窑址的产品为标志。禁山窑址产品与小仙坛窑址存在着较大的区别，是一个全新的成熟青瓷类型。

第二，再现东汉—西晋时期完整的窑炉发展过程。禁山三条龙窑保存较为完整，并且在长度、坡度、装烧工具、产品等方面存在着一定的区别，代表了东汉至三国西晋不同时期的装烧工艺完整发展过程。在同一窑址内发现不同时期的窑炉遗迹，这在早期越窑青瓷的发展史上尚属首次。

第三，较完整半地穴式窑炉的发现。禁山Y2不仅是目前已知的早期龙窑炉中保存较深，同时也是保存结构较完整的一条，从其保存深度来看，该窑炉应该是主体大部分构建于地下的半地穴式三段式龙窑，对于龙窑早期发展阶段的认识具有重要的意义。

第四，单体间隔具的发明与改进。单体间隔具是以禁山为代表窑场的重大发明，并在实际使用中不断改进。它的使用极大地提高了装烧量，且对于釉面损伤大为减小，为器物内底大量装饰的出现提供了可能。

第五，高质量青瓷的发现。禁山窑址发掘出土的大量形式丰富的青瓷产品：胎体细腻致密；青绿色釉莹润饱满；器形规整；造型复杂多样；装饰华丽繁缛；装烧工艺成熟。许多高质量的大型器物主要出土于南京一带的大型墓葬与城址中，是为南京地区的社会上层专门烧造。

总之，禁山窑址除发现成序列的窑炉群外，在发掘区内还发现了丰富的遗迹现象，对于探索当时整个窑场的布局，具有重要的意义。禁山窑址堆积丰厚，持续时间长，从地层叠压上解决了东汉、三国、西晋三个时间段的前后发展过程，为认识青瓷在东汉起源后向三国西晋第一个高峰的发展这一前后重大转折过程提供了考古学上可靠的依据。

（郑建明）

【河南郑州东赵遗址】

东赵遗址位于河南省郑州市西郊的高新区沟赵乡赵村（东赵）南、中原区须水镇董岗村西北，两家单位联合对东赵遗址进行了连续性考古发掘与勘探。

经过近三年的考古工作，东赵遗址累计发掘面积近6000平方米，勘探面积达70万平方米。取得了一系列重大考古收获。

首先，在东赵遗址发现大、中、小三座城址。东赵小城位于东赵遗址的东北部，城址方向为北偏东5°。经过勘探可知东赵小城平面基本为方形，长150米，面积2.2万平方米。因受土地平整影响，小城城墙仅存有基槽部分，墙体破坏殆尽，城壕尚大多存在。小城东北角被现代取土全部破坏，我们在小城东、北以及南墙都进行了解剖。经过解剖可知墙基宽4米左右，保留最深处近1.5米；基槽内夯土土质较为紧密，土色均为浅黄色，夯层较为清晰，层厚为5厘米—8厘米，但夯窝较为模糊。城壕宽5米—6米，深3米—5米，壕沟底部均为淤土堆积。三处解剖沟显示，城墙基槽均被二里头一期沟打破，因此，我们判断小城于二里头一期时废弃。同时，在小城东墙基槽内发现的陶器均为龙山晚期，而在南墙与北墙基槽内包含有较多的新砦期陶片，与小城同期的壕沟内出土陶片均为新砦期，因此我们判定小城始建年代为新砦期。

东赵中城基本位于东赵遗址中部，城址方向为北偏东10°。中城基本成梯形，南城墙东西长256米，北城墙长150米，南北长350米，面积7.2万平方米。东赵遗址地貌为南高北低，根据解剖可知中城当时是依地势而建，城墙基槽呈现南浅北深状况。解剖可知中城墙基被二里头四期沟打破，城址当在二里头四期时废弃；中城东、南、北墙基基槽内包含的陶片年代均为二里头二期，同时，城址使用时期的壕沟底部出土陶片亦呈二里头二期的特征。此外，中城城垣内外分布有大量二里头二期晚段、三期早段的遗存，综上我们判定中城始建于二里头二期，兴盛于二里头二期晚三期早，废弃于二里头四期。

东赵大城破坏较严重，其北城垣保留较少，结合勘探确定大城整体形状呈横长方形，城址方向为北偏东15°，东西长约1000米，南北宽600米，面积60万平方米。大城年代为东周战国时期。

其次，二里头时期城址（中城）内发现几处特殊遗存。圆形地穴式遗存在中城中部偏东区域，发现了较为集中的二里头时期的灰坑，这批灰坑形制均为圆形，直径介于2米—3.5米之间，填土多为质地紧密的红黏土，坑底基本处于同一水平面上。坑壁、底较为规整，且均为袋状，年代为二里头二期晚段，处于中城繁盛阶段，经过解剖在部分坑内发现完整的猪骨架、石铲、未成年人骨架、龟壳等。该类遗存如此集中存在，是该时期第一次发现，具有重要意义。

发现集中出土卜骨的祭祀坑H342，平面近圆形，打破小城北城墙基槽，坑内出土近20块卜骨，卜骨系牛肩胛骨，灼痕明显，性质应为祭祀坑，年代为二里头二期，这是目前发现的二里头时期单个遗迹出土卜骨最多的单位，具有重要意义。

首见二里头时期城墙内奠基遗存，在中城南墙基槽内发现一孩童骨骸，似与祭祀活动相关，这类现象在同时期其他遗址中未见。

再次，发现商代大型建筑基址。商代大型建筑基址位于中城东南角，经勘探与发掘确认该建筑基址为回廊式建筑，东西长75米，南北长约40米，围成面积3000平方米。H99和H100打破建筑基址，H99和H100均为二里岗下层晚段，建筑基址包含物时代为二里岗下层早段，其下叠压二里头晚期文化层，因此，该建筑年代上限为二里岗下层早段，下限为二里岗下层晚段。

最后发现丰富的夏商时期文化遗存。东赵遗址目前清理的灰坑近500个，勘探水井近100个，清理12个，其他有墓葬、陶窑、水池等。灰坑形制多样，有圆形、长方形、不规则形等，灰坑性质主要有生活垃圾坑、祭祀坑、窖穴等，年代跨新寨、二里头、二里岗、西周等几个时期。

东赵遗址出土大量文化遗物，以陶器为主，有相当数量的石器，发现少量骨、蚌器。陶器以灰陶为主，有夹砂、泥质之分，器类多样，主要有深腹罐、花边罐、捏口罐、盆、甑、矮领瓮、小口高领罐、附加堆纹缸、觚、鬲、大口尊、豆、斝、碗等。石器以生产工具为主，主要有铲、斧、刀、镰等；骨器有骨匕、骨簪等；蚌器有刀、镰等。发现有商周时期的贝币。因发掘面积有限，目前尚未发现铜、玉器。

东赵遗址文化内涵十分丰富，遗存年代跨龙山文化晚期、新寨期、二里头文化一至四期、早商二里岗期、两周时期，年代序列完整，其中以二里头、二里岗时期文化遗存最为丰富；受发掘面积及后期破坏影响，龙山文化、新寨期、两周文化遗存较少。

（张家强）

【湖北枣阳郭家庙东周曾国墓地】

郭家庙墓地位于湖北省枣阳市吴店镇东赵湖村，地处汉水支流滚河北岸、随枣走廊的入口处，为湖北省重点文物保护单位，其中心位置为北纬31°58′20″，东经112°50′53″，海拔高程110米，墓地分布在两个相对独立的山冈上，北冈为郭家庙墓区，南冈为曹门湾墓区，总面积达120万平方米以上。郭家庙墓区于2002年进行了发掘，共清理曾伯陭墓等墓葬20余座。

2014年度联合对曹门湾墓区进行了发掘。此次共清理西周晚期至春秋早期墓葬29座、车坑1座、马坑2座、车马坑1座，共出土铜、漆木、玉石、金、银、锡、陶、骨、皮革等各类质地文物1003件（套），包括青铜器744余件（套）、玉器93件、陶器44件、漆木器88件，其中鼎、盘等有"曾子"铭文。该墓区为一处曾国公墓地，以位于岗地最高处的国君墓M1和陪葬的大型车坑、马坑为中心，其余中、小型墓葬有序分布于M1的西侧、南侧。1982年在M1南面的耕土层曾经采集一铜戈，铭文为"曾侯羊白秉戈"。

M1为带斜坡单墓道岩坑墓，东西向，一椁二棺。墓室长11米，宽8.5米，深8米。墓道与墓室同宽，长10米，自东向西逐渐倾斜，邻近墓室处渐收为一平台，形制特别。该墓早期被盗扰，但椁室保存较好，未发现分室现象。器物摆放有一定规律：椁室内西北部为车马器，北部为礼乐器，南部为兵器，东部仅存豆、盒等漆木器及金玉器，疑原有大型青铜礼器被盗，出土文物总数达700余件（套）。出土的音乐文物最具特色，主要有钟、磬、鼓、瑟及钟架、磬架、建鼓架。钟、磬架横梁均为两端圆雕龙首，通体浮雕彩绘变形龙纹；钟、磬架立柱（即虡）均为圆、浮雕相结合的龙凤合体的羽人形象；钟、磬、建鼓架的底座（即跗）为通体彩绘垂鳞纹圆雕凤鸟造型。瑟尾彩绘浮雕龙纹，3个枘孔、17个弦孔清晰可见，为瑟的早期形态，并发现瑟柱6个。建鼓贯柱（即楹）高3.31米，彩绘蟠虺纹。瑟、建鼓以及钟、磬架是迄今发现最早的实物。墓内出土弓、矰矢、缴线轴的组合，是迄今所见最早的成套弋射用具。墓内出有一枚墨色块状物，经检测含碳12%—15%，可书写，也为考古所见最早的人工书写颜料，可能为墨的早期形态。

发现的大量金属饰件，如金银合金虎形饰（含金量约87%）、铜虎形饰等，采用了锤锻、模锻、冲孔等工艺，为目前我国考古发现的最早采用这些工艺的实证。铜虎形饰采用了鎏金工艺，是我国最早的鎏金实物，银鱼是中原及其周边地区发现的最早银制品。

M1陪葬的大型车坑、马坑，为目前发现的曾国最大车坑、马坑。车坑长32.7米，宽4米，葬车28辆。车辆呈东西纵列式摆放，车舆、毂、辐、轮、辕、衡等结构清楚，共出土軎、毂饰、辕首饰、辕末饰、銮铃等车器约122件（套）。首次在车坑边沿发现柱洞，其中北沿14个、南沿2个，推测车坑填埋前其上建有类似为车棚的建筑，起保护车的作用，可能与"诸侯五日而殡、五月而葬"的礼制有关；马坑长9米，宽8米，深2米，葬马49匹以上，所有马头排列多见两个一组。

清理中型墓共22座，可分两类，一类稍大，如M5、M9、M30，墓口长5米—7米、宽4米—5米，葬具为一椁二棺，附葬有车马坑；一类长4米—5米、宽约3米，形制为一椁一棺。其中M10、M13各出铜鼎1件，鼎内壁分别有"曾子□（泽）""曾子寿"字样铭文，M22出土鼎1、盘1、匜1、簠2，鼎内壁有"□（尼）君鲜"字样铭文，盘内底有"旁伯"字样铭文。小型墓6座，为一椁一棺或单棺，多带侧壁龛，龛中放置一组陶器，器类有鬲、豆、罐、壶等。

发掘期间还调查了周台遗址、忠义寨城址，发现二者包含有西周晚期至春秋早期的文化遗存，同时根据郭家庙墓地与它们的位置关系推测这两处遗址可能为这一时期的曾国都城。

郭家庙墓地为春秋早期曾国国君墓地，与叶家山西周早期曾侯墓地、文峰塔曾国墓地、擂鼓墩曾国墓群共同构建了曾国考古学的年代序列，为研究曾国历史与周代封国制度提供了重要资料。

（方　勤　胡　刚）

【贵州遵义新蒲播州杨氏土司墓地】

新蒲杨氏土司墓地位于遵义市东北侧约20千米的新蒲新区新蒲村官堰组，地处乌江支流湘江上游的仁江（亦称洪江）西岸，其中杨烈墓（第29世）发现较早，1982年即被公布为贵州省文物保护单位。由于正在建设中的中桥水库蓄水将淹没该墓地，2012年8月，贵州省文物考古研究所会同遵义市文物管理部门，对水库淹没区进行了文物调查、勘探工作，在杨烈墓东南侧约200米处新发现一大型石室墓（当时称挨河古墓，后清理证实系明代第一代土司杨铿夫妇墓）和其他相关遗迹。为了保护这些文化遗产，经国家文物局批准，2013年4月—2014年11月，贵州省文物考古研究所在中国社会科学院考古研究所的指导下，对遵义新蒲杨氏土司墓地进行了近两年的大规模发掘，清理播州杨氏土司墓葬3座，除M1（杨烈墓）外，M2（杨铿墓）和M3（杨价墓）均系新发现，尤其M3系未遭盗掘的双室并列之土坑木椁墓，属形制特殊且保存完整的大型高等级大墓，墓内出土大量造型精美的金银器及相关随葬品，是贵州土司考古继海龙屯遗址之后的重大突破。

M1系播州杨氏第29世土司杨烈夫妇墓。墓葬位于整个墓地的最北端，与杨价墓紧邻。该墓多次被盗，1998年年初曾进行过简单的抢救性清理。墓葬由墓园、墓前石刻、墓室三部分构成。墓园平面形制呈不规则三角形，垣墙宽0.7米，周长约420米，用泥灰岩方石垒砌，石质顶，仅门址处有较多的瓦当、滴水等建筑构件堆积。墓前有石翁仲、拜台及墓碑。杨烈墓为大型同坟异穴双石室合葬墓，男女室并列，结构基本相同。在男女墓室底下均发现有腰坑石，均已被盗。

M2系杨氏第21世即明初第一代播州土司杨铿夫妇墓，为泥灰岩石砌筑的大型同坟异穴三室合葬墓。墓室结构、大小相同，仅墓门、墓顶装饰略有差异，墓室间以隔墙，墓门外两侧护墙为八字形土墙。由前室、墓门和后室组成。前室与墓室之间为墓门，墓门外横陈封门条石和顶门石。

墓葬早年被盗，仅在墓室填土内清理出陶骑马俑、铜香炉、铜镜残片、玉叶和料珠等遗物，共52件（套）。

在该墓中室前3米、南室前2米处中轴线上，各出土墓志铭1合。墓志均阴刻篆书志盖和楷书志文，涂朱，从"明故亚中大夫播州宣慰使司宣慰使杨公墓志铭"志盖可知中室墓主是播州杨氏21世杨铿，志文约3000字，记录了杨氏家史及杨铿生平、功绩等。男女室墓志的出土，不仅准确认定墓主为杨铿夫妇，而且根据墓志中其子杨升将其葬在"洪江原左"和先祖"威灵英烈侯"墓右侧的记载，我们通过对附近地区的详细钻探，最终发现并发掘了杨价墓。

M3该墓东南距杨烈墓仅约10米，杨烈墓的墓园墙垣多处叠压并破坏该墓墓园。根据杨铿墓志关于其祖先"威灵英烈侯"杨价墓位置的明确指向，M3出土金银器呈现的鲜明宋代特征，以及出土器物上"己亥季春，都统使衙公用""雄威郎制使公用"等铭刻，参照历史文献关于杨价"诏授雄威都统制"的记载，我们推断该墓即是播州杨氏第14世杨价夫妇墓。

杨价墓墓园垣墙主体前方后圆，周长442米，在墓前方中轴线处设门址，在中轴线位置往前端又延伸了一段长130米、呈半围合状的墙，墙宽2米。杨价墓垣墙用黏土岩板材构筑，在墙的内外侧，每隔约1.2米竖立一根立柱，立柱间横叠石板，形成外墙，中间填土，立柱上段装饰如意云头纹雕刻。垣墙两侧发现大量瓦砾堆积，应是瓦顶。

杨价夫妇墓是一座带墓道、双室并列的大型土坑木椁墓。墓道残长约20米，宽约5米。两墓室大小相同，单个墓室平面呈甲字形，长约8.5米，宽6米。中间有长17.5米，宽2米的生土隔梁。

椁室位于墓室正中，素面，由枕木、椁底板、南北侧板、东西端板和盖板7部分构成，平面呈长方形，男室长5.3米，宽2.7米，高1.8米。女室长4.6米，宽2.8米，残高1.06米。经鉴定，椁室全用珍贵的楠木构筑。椁室底部有陶质腰坑。

棺椁之间目前已经出土随葬器物80余件。女室头箱出土金银器7件，男室头箱出土31件金银器和1件玉器（单耳杯）。男室右侧棺椁间出土了鎏金双鱼银洗、温碗、执壶各1件，烛台2件，还发现了大量髹漆皮甲胄片；左侧棺椁间出土了环首金柄铁刀（带金鞘）、木胎包银皮盾、弓箭、银壶等。在棺前还有3件长方形漆木器，性质不明。男女室木棺部位均发现有金棺钉、银棺钉、铁棺环及银饰件等。男室木棺上方还发现绶带痕迹，但纺织物已朽，只见散落棺上的狮子戏球金牌、圆形金牌、银铃等饰件。

遵义新蒲播州杨氏土司墓地的发现与发掘，有许多重要的新突破。

第一，系统揭露出杨氏土司墓地的墓园格局，不仅为寻找其他杨氏土司墓地的墓园提供了重要参照，还依三座墓葬及墓垣的相互关系，使我们逐步认识播州杨氏土司的丧葬制度和习俗成为可能。

第二，丰富和完善了播州杨氏土司墓葬的序列，且墓主跨越了杨氏统领播州、受封播州土司和即将覆灭的主要时期，一定程度上反映了杨氏从宋代封建领主到元明土司的演变过程，对贵州乃至整个西南地区土司制度及其文化特性的研究有着重要意义。

第三，杨价夫妇合葬墓，是目前发现的播州杨氏唯一的土坑木椁墓，区别于以往土坑石椁墓，丰富了播州杨氏墓葬类型；而且该墓也是业已发掘的唯一未经盗扰的杨氏墓葬，目前已在头箱和棺椁间出土精美金银器80余件，是深入认识南宋时期的丧葬礼仪和宋代金银器制作工艺、艺术及交流的重要材料。

第四，该墓地是目前唯一已全面发掘的播州杨氏土司墓地，墓地布局清楚，墓主等级身份及关系都很明晰，年代跨越宋末至明末，为宋元明考古提供了重要的新资料。

第五，杨价墓及其墓垣的确定，为海龙囤一期城墙及养马城年代的确定提供了重要参照，即从三地建筑工艺及出土遗物的一致性来看，海龙囤一期城与养马城均系南宋遗存，填补了贵州唐宋时期考古的诸多空白。

（周必素　彭　万）

2015年

【辽宁"丹东一号"清代沉船（致远舰）水下考古】

辽宁"丹东一号"沉船位于丹东市西南50多千米黄海北部海域，为配合丹东港的海洋红港建设，两家单位对基建海域的水下文化遗产展开调查工作，通过物探勘察、潜水探摸、抽沙清理等工作，最终在24米的海底找到并确认清北洋水师的致远舰。

舰体情况，沉船埋于粉砂质的淤泥下，海床面只零星露出一些钢材，覆盖着层层的渔网。通过抽沙清淤，沿两侧舷边将舰体上部分边廓大体清理出来，舰体残骸达60多米长（长度还未到艏端），9

米—10米宽。舷侧钢板受泥土挤压略有弯曲，材质炒钢锻打，钢板间使用铆钉连接。右舷前部发现数道横向钢板，为水密隔舱。穹甲在右舷前部、舯后部均有发现，舯后部穹甲以三层钢板铆接，厚达10厘米，穹甲倾斜度较大，明显还未到舱室顶部。该处紧临一个破损锅炉，呈圆桶状倒卧，锅炉一端有密集的过水管孔洞。锅炉内堆积的全是煤炭，清理深度近2米，仍未见底。艉部的左侧保存较好，弧形，当前仅清理近1米深，其外侧钢板上结满死去的海蛎壳，揭示泥沙将舰体逐渐淤埋的过程，鱼雷引信即发现于此。右后侧近艉部保存较差，残损较大。

沉舰整体受损较重，舱内淤满泥沙，从残存的锅炉高度与舯部穹甲看，泥中舰体残存高度已位于水线以下，按舱室结构已是底舱，即动力机舱的位置，高度已不到完整底舱室的顶部。舰体周边散落着钢板、锅炉配件、炮弹等物品，原位于水线上的物品，如舷窗、加特林机枪也有发现，应为爆炸时向四周抛撒所致。

舰体绝大部分区域均发现有火烧痕迹，过火面积较大，从艏部、右舷到艉部均有烧焦的痕迹，这些区域只能保存下不易燃烧的金属类构件。

出水文物，历次调查提取水下文物计180余件，另有65枚清代铜钱。按质地有银、铜、铁、木、瓷、玻璃、皮革等类，用途涉及船体构件、舰载武器、搭载的官兵生活物品等。

船体构件及内饰物，包括锅炉阀门、舷窗、铜质标牌、铜锁、电灯罩、衣帽钩、木滑轮等。其中，方形舷窗共发现4扇，尺寸约50厘米，在正中安装圆形舷窗玻璃，上端配有微弧出的窗檐，近底端有两枚元宝形固定螺栓。

致远舰的多种舰载武器在"丹东一号"沉船遗址中均有发现，包括8英寸主炮管残片、鱼雷引信、152毫米炮弹、57毫米炮弹、47毫米炮弹、37毫米炮弹、加特林机枪及子弹、毛瑟枪子弹等。此外还发现数枚马蒂尼·亨利步枪子弹、左轮手枪子弹等。其中，加特林机枪全长116厘米，保存较完好，并附带可旋转托架，前端见呈圆形排列的十根枪管。机枪铭牌尚存，铸有武器名称（GATLING GUN）、公司名称（SIR W.G ARMSTRONG MITCHELL & Co. LIMITED）、口径（0.45）、型号（1886）、产地（NEW CASTLE ON TYNE）等信息。鱼雷引信全长58厘米，前端呈圆锥形，翅钢枪已为凝结块，后端药筒呈细长管状，内装药棉。鱼雷引信发现于艉部，供艉部配备的一具鱼雷管使用。

搭载人员的生活物品包括茶杯、瓷盘、鞋底、皮带、木梳、鼻烟壶、印章及一些钱币等。其中，白瓷餐盘为宽平沿浅盘型制，盘心饰篆书"致远"二字，外圈为字母，上半圈为"CHIH YüAN"，下半圈为英文"THE IMPERIAL CHINESE NAVY"，组合成一个圆形徽标。另发现一件盘心下凹的白瓷小托盘及一把与瓷盘配套使用的银勺，盘心与勺柄上均带同样的"致远"圆形徽标。

1984年9月17日，中日爆发甲午海战，在交战的黄海北部先后沉灭扬威、超勇、致远、经远四艘军舰。通过比对沉船遗址残存的1600吨铁质体量（磁力物探结果）、水下发现的穹甲钢板、独特的方形舷窗（仅安装于致远舰、靖远舰艉楼各舱室）、主要武器配备，以及带"致远舰"文字款识的餐具等考古实物资料，并结合甲午海战档案、北洋海军档案和海域当地的口述史料综合判定，"丹东一号"沉船为致远舰。

辽宁"丹东一号"清代沉船（致远舰）水下考古调查为中国近代史、甲午海战史和世界舰船技术史的研究提供了十分珍贵的实物资料，也为多种物探设备、三维摄影拼接技术在水下考古中的综合运用积累丰富经验，并有助于推进我国领海范围内近代钢铁沉舰的文物保护工作。

(周春水)

【江西南昌西汉海昏侯刘贺墓】

刘贺墓园位于江西省南昌市新建区大塘坪乡观西村老裘村民小组东北约500米的墩墩山上，以海昏侯刘贺墓和侯夫人墓为中心建成，共占地4.6万平方米，由园墙、门、门阙、两座主墓和七座袝葬墓、寝、祠堂及园寺吏舍等建筑构成，内有完善的道路系统和排水设施。刘贺墓和侯夫人两座主墓位于面积达4000平方米的长方形土台之上，分别建有高大的覆斗形封土，同茔异穴，占据了墓园最高亢、中心的位置，两墓前分别建有各自的寝，共用一座祠堂。其东、北两侧为七座袝葬的家族成员墓，考古发掘证实，每座袝葬墓前均有寝。

海昏侯刘贺墓由墓葬本体及其西侧的一个车马坑组成。车马坑为真车马陪葬坑，出土实用高等级安车5辆，马匹20匹，出土青铜车马器3000余件。侯墓本体规模宏大，上有高达7米的覆斗形封土，下有甲字形墓穴，墓穴内建有面积达400平方米的方形木结构椁室。

椁室设计严密、建筑科学。椁室承重的椁侧板均榫卯结构，椁室内并有木桩支护。椁侧板与墓壁之间的熟土二层台宽约1.2米，采用砂、木炭、黏土分层夯筑而成。椁顶板上面用木炭、砂、白胶泥封护，厚约0.7米。椁板上刻有工匠的姓氏、编号等文字和记号。墓道南部与椁室相连区域用竹编护壁。椁底板上一般都铺有一层竹席或草席。墓穴由主椁室、过道、回廊形藏椁和甬道构成。主椁室位于中央，周围环绕以回廊形藏椁，在主椁室与藏椁之间辟有过道，将主椁室与藏椁分隔开。甬道位于椁室南部中央，其南、北两端用门与主椁室和墓道相通。主椁室高约3.4米，高出其周围回廊形藏椁0.4米—0.5米，面积约50平方米，由东、西室两部分构成，被隔墙分开，中间为门道。其中东室宽约3.7米，南部东、西两侧为窗，中间为门；西室宽约2.9米，南部西侧为窗，东侧为门，门宽约1.4米。初步分析，东、西室南部数量众多的豪华随葬品大部分与日常起居用具有关。藏椁按功能区分，北藏椁自西向东分为衣笥库、钱库、粮库、乐器库、酒具库。西藏椁从北往南分为武库、文书档案库、娱乐用器库。东藏椁主要为厨具库（"食官"库）。甬道主要为乐车库。甬道东、西两侧的南藏椁为车马库。

棺柩位于主椁室的东室东北部，其侧出有帷帐帐钩，使用内、外两重棺，与主椁室、过道、回廊形藏椁共同构成五重棺椁形式，和周代以来"天子棺椁七重，诸侯五重，大夫三重，士再重"的棺椁制度相符合。其中外棺南北长约3.71米、东西宽约1.44米、残高0.46米—0.96米，根据倒塌前领板，后挡板的高度，推测棺柩原高度约为1.36米。棺床高约0.26米，下安4个木轮。外棺盖上有漆画痕迹，并放置三把玉具剑。内棺盖上彩绘漆画，并有纺织品痕迹。内、外棺之间的南部随葬大量金器、精美玉器和漆器。内棺里面最南侧有数个贴金漆盒，贴金漆盒的北侧为头南足北的墓主人遗骸。残存墓主人牙齿和腹部的食物残留。其中，遗骸头部有镶玉璧的漆面罩，头部及其以下依次可见玉枕和数块大小不等的玉璧；腰部有玉具剑、书刀各一把以及带钩、佩玉等；同时发现写有"刘贺"名字的玉印一枚；遗骸下有包金的丝缕琉璃席，琉璃席下等距离按五枚一排规律放置金饼约20组。

通过对海昏侯刘贺墓园周边5平方千米区域的考古调查和勘探，发现了以紫金城城址、历代海昏侯墓园、贵族和平民墓地等为核心的海昏侯国一系列重要遗存。结合文献记载，基本确认面积达3.6平方千米的紫金城址即为汉代海昏侯都城，紫金城城址西面和南面为几代海昏侯的墓葬区、贵族和平民墓地。

2011—2015年的考古工作，取得了重大的阶段性成果。共勘探面积约400万平方米，发掘面积约1万平方米。出土了金器、青铜器、铁器、玉器、漆木器、纺织品、陶瓷器、竹简、木牍等珍贵文物1万余件。

约5000枚竹简和近百版木牍的出土，使多种古代文献2000年后重见天日，是我国简牍发现史上的又一次重大发现，也是江西考古史上的首次发现。初步清理情况，其内容大约包括《悼亡赋》《论语》《易经》《礼记》《医书》《五色食胜》等部分。其中《悼亡赋》中出现描写冢墓的文字等；《易经》的经文首先解释卦名的含义，然后自《象》传以下的内容与选择类《日书》类似，它虽然在排序上与传世《易经》相同，但又在内容上和传世《易经》差别较大；《医书》的内容与养生和房中术有关，它在马王堆帛书《天下至道谈》中记述的"八道"之上，增加"虚""实"二者而成为"十道"；《五色食胜》记述是以五种颜色代表相应食物，类比于"五行"相生相克的方术类内容。木牍大约包括遣策类的签牌和奏牍。签牌是系在竹木笥或漆箱上的标签，上面写有盛器的编号及所盛物品的名称和数量等；奏牍是墓主人上奏皇帝、皇太后的奏章副本。

出土的整套乐器，包括两架编钟、一架编磬、琴、瑟、排箫、笙和众多的伎乐俑，形象再现了西汉列侯的用乐制度；出土的偶车马特别是两辆偶乐车与实用安车，为西汉列侯的车舆、出行制度作了全新的诠释；出土的大量青铜、漆皮陶酒器和厨具，特别是带有"昌邑食官""籍田"等文字的青铜鼎、灯，反映了西汉时期的"食官"系统和"重农"的祭祀制度。出土的十余吨、约200万枚五铢钱，反映了西汉王朝的"赙赠"制度。主椁室和主棺柩出土的马蹄金和麟趾金、金板等，共478枚，这批金器的出土是我国汉墓考古史上保存最完整、数量最集中的一次发现。大量工艺精湛的错金银、包金、鎏金铜器，如车马器、乐器、博山炉、连枝灯、雁鱼灯、鼎、染炉、火锅、蒸馏器、铜镜、铜镇等；玉器，如透雕龙、虎、凤纹饰的韘形佩、玉璧、玉环、玉剑具、组玉佩、玉耳杯、玉印等；图案精美的漆器，如绘制孔子及其弟子画像和记载他们生平的漆屏风、围棋盘、耳杯、扣银边的漆盘、贴金片的漆奁、漆樽、镶玉石和玛瑙的几案等；均显示出西汉时期手工业高超的工艺水平，再现了西汉时期高等级贵族的奢华生活，是西汉列侯"事死如事生"的典型标本。特别是带有器物制造者名字、机构、器物大小、重量、用工、原料用量、制造时间等文字的漆器、铜器和椁板，反映了春秋战国以来手工业生产的"物勒工名"制度。另外在一件青铜豆形灯座上，清晰刻有"南昌"二字，这是关于"南昌"城的最早、最珍贵实物资料。

在海昏侯刘贺墓园的发掘和保护过程中，中国社会科学院考古研究所、中国国家博物馆、北京大学、荆州文物保护中心等参与了实验室考古、植物考古、动物考古、纺织品、金属器、漆木器、简牍、漆皮陶等文物保护方案设计与实施。地理信息系统（GIS系统）、航空拍摄、三维扫描、延时摄影、数据库建设等数字化采集和记录工作，在整个考古和保护过程中得到广泛运用。

考古发掘和研究表明南昌西汉海昏侯刘贺墓园是我国迄今发现的保存最好、结构最完整、功能布局最清晰、拥有最完备祭祀体系的西汉列侯墓园，对于研究西汉列侯的园寝制度价值巨大；南昌西汉海昏侯刘贺墓园是我国长江以南地区发现的唯一一座带有真车马陪葬坑的墓葬。南昌西汉海昏侯刘贺墓本体规模宏大，椁室设计严密、结构复杂、功能清晰明确，是西汉中晚期列侯等级墓室的典型标本，对于研究、认识西汉列侯等级葬制具有重大价值；迄今已出土的1万余件文物，形象再现了西汉时期高等级贵族的生活，具有极高的历史价值、艺术价值和科学价值；以紫金城城址、历代海昏侯墓园、贵族和平民墓地等为核心的海昏侯国一系列重要遗存，共同构成了一个完整的大遗址单元，这是我国目前发现的面积最大、保存最好、内涵最丰富的汉代侯国聚落遗址，是重要的国家级历史文化遗产，具有重大研究和展示利用价值。

南昌西汉海昏侯墓地处文献记载中的西汉昌邑王（海昏侯）刘贺的封地，历史背景清楚。发现的实用车马陪葬坑出土了雕刻精美纹饰鎏金、错银青铜车马器，与《后汉书·舆服志》所载"龙首衔轭"的"王青盖车"相似。墓园内还发现了多处等级很高的礼制性建筑基址。出土了大量带有"食官""脯酢""籍田""海""南昌""昌邑二年造""昌邑九年造""昌邑十一年造""元康三年十月""元康四年六月"等文字的漆器、青铜器、印章和"海昏侯贺""海昏侯夫人"的木牍，尤其是在内棺发现了刘贺的玉质私印，证明墓主就是西汉第一代海昏侯刘贺。

（徐长青　王上海）

【陕西宝鸡周原遗址】

为了进一步深化对周原遗址聚落结构的研究，探索先周到西周时期中心都邑的城市布局，由陕西省考古研究院、中国社会科学院考古研究所、北京大学考古文博学院联合组成周原考古队，再次对周原遗址进行考古发掘。发掘工作从2014年9月开始按照工作计划，我们选择在包括凤雏、贺家、礼村、董家等约150万平方米的西周遗存分布集中区进行了大规模勘探，发现了一系列重要遗迹，基本廓清了该区域地下遗存的分布情况。在此基础上，对新发现的夯土基址、车马坑、墓地及池渠遗迹进行了发掘，取得了关于周原遗址的一些新收获、新认识。

首次发现西周时期可能具备社祀功能的大型夯土基址。2014年9月至2015年1月，在1976年发掘的凤雏甲组建筑南约40米处，发现了一处大型夯土基址，编号为凤雏三号基址。基址坐北朝南，现存部分平面呈"回"字形，由北面的主体台基、东西两侧的台基、南面门塾的台基和中间的长方形庭院组成。东西长约58米、南北长约48米，总面积约2800平方米，是目前所见规模最大的西周时期单体建筑。庭院东西宽27.6米、南北长25.7米。在庭院的中部偏西处有一长方形铺石遗迹，其南北长4.8米、东西宽4.0米，高出庭院原始地面0.14米。铺石的北侧正中树立一块长方体立石。立石通高1.89米，地面以上残存部分高0.41米，地下部分高1.48米。立石有基座，基座上南、北两面略内收，四角呈直角内凹，截面为"亞"字形。此类由大立石和铺石组合而成的遗迹现象为西周考古中首次发现。依据文献记载，该类遗迹可能是西周时期的"社祀"遗存。若该种推测成立的话，其所属的凤雏三号建筑则可以视作西周时期的一处"社宫"遗址。

发现了一座埋有以往罕见青铜轮牙马车的车马坑。车马坑位于建筑基址南侧。坑南北长4.3米，东西宽3.2米，内埋一车，推测驾四马。局部清理后发现车轮之牙为青铜浇铸而成，由四节组成，其径约

1.6米。车軎、车辖、衡饰上的纹饰皆为绿松石镶嵌而成，这种做法以往罕见。该车可谓迄今为止发现的西周时期最为豪华的车。出于文物保护的需要，车马坑已整体打包吊装回实验室清理。

基于对周原遗址聚落结构的理解，我们于2015年7月启动了对遗址内外水网系统的调查、钻探与发掘。目前，在以凤雏和召陈两个大型建筑基址分布区为中心的周边范围内，新发现了1处可能和蓄水有关的大面积淤土遗迹、5条东西向和2条南北向系由人工开挖的沟渠遗迹。

大型淤土遗迹东北起于扶风山底村北的自然冲沟旁，北沿王家、庞家村南向西南延伸，南经房家、刘家、周家村南，西南止于乔家沟和朱家沟交汇处的南堡城。长度约2500米，最宽处逾500米，平均宽度约300米，总面积约75万平方米。据勘探可知，淤土中央最深处约8.5米，四周较浅，深2米—3米，底部断面呈锅底状。通过测量，淤土遗迹现地表为东北高，西南底，中间地表略低于南北两侧的地表高度。考虑到淤土是中间深、两边浅的锅底状，所以淤土范围内最初或为一个低洼地带。周原遗址处于山前洪积扇，北高南低，形成局部洼陷的低洼地带的可能性很小。因此，这个大面积的淤土遗迹有可能是人工开挖造成的，也许是一处蓄水的给水设施。在一条探沟的淤土底部发现了一片夹砂连裆鬲口沿残片，具有西周早期风格，说明了淤土遗迹的年代上限不早于西周。另外，还发现了汉代灰坑叠压且打破淤土的现象，因此淤土的年代下限应早于西汉。周原遗址西周遗存的北界恰好位于淤土范围以南，而北边基本不见西周遗存。从以上几点我们初步推测，该淤土遗迹的形成年代应为西周时期。

总之，凤雏三号建筑基址及其内立石、铺石遗迹的发现，丰富了遗址内西周遗存种类，虽无法最终确定为"社祀"遗存，但为探讨西周社会礼仪活动提供了重要线索。周原遗址内水网系统工作的初步开展，为寻找聚落内具有人文地理界标性质的遗迹，提供了工作思路和方法借鉴，为进一步深化聚落布局结构的研究提供了新的立足点。

（王占奎）

【云南江川甘棠箐旧石器时代遗址】

遗址位于江川县路居镇上龙潭村西南约1.5千米，抚仙湖南岸，地层为古湖滨沼泽相沉积。发掘面积50平方米，发掘平均深度6米左右，地层堆积连续且清晰，共划分了20层位，其中14—19层为文化层，厚度近3米。

发现一处用火遗存，其木柴向心堆积，木柴近中心部位碳化严重，火塘中心积碳。此种类型的用火遗存，在我国旧石器早期遗址中为首次发现。

出土石制品共有25153件，其中石核658件、石片564件、初级砸击断块102件、石器192件、废品（含断块、断片和碎屑等）23637件。石制品以小型为主。石制品岩性多为硅质岩和石英岩。砸击法是生产石器毛坯的主要方法，而绝大多数石器则用锤击法加工制作。石器的类型包括刮削器、凹缺器、尖状器、雕刻器等，其中以刮削器占绝对主体。石制品特征与周口店第1地点、泥河湾早期旧石器遗址为代表的华北小型石器早期文化传统有相似之处，与华南其他地区以大型砾石石器为主要工具组合的技术和文化传统存在较大差异。

遗址出土了20多件骨、角制品和数十件木制品，其加工形态多为尖、铲状。骨器用锤击法加工，木器用刮削法加工。由于木制品是有机材质，易腐难存，在国外旧石器早期遗址中内仅有零星发现，在国内是首次发现。

遗址动、植物化石保存较好，种类丰

富。动物化石有大哺乳动物、小哺乳动物、鸟类、爬行类和软体动物化石。部分化石上保存有动物咬痕和人类切割和敲砸痕迹。植物化石有腐木、碳化木和植物种子化石。种子化石初步鉴定有25科，31属，其中包含有松子、葡萄等人类可食用的果实化石。

哺乳动物组合与元谋动物群极为相似，其地质时代可能为早更新世。遗址原始的石器工业面貌也符合这一时代特征。

甘棠箐遗址为古人类生产、生活的综合性原地埋藏遗址，是云南省继元谋人遗址之后发现的又一个旧石器时代早期文化遗址。遗址地层清楚且有多个文化层位，文化遗存和伴生动、植物遗存丰富，文化面貌原始而独特，埋藏与保存状况极佳，对研究早期人类生存模式、人类起源与演化历史、古环境背景具有独特的价值与意义。

（刘建辉）

【海南东南部沿海地区新石器时代遗存】

海南东南部沿海地区主要包括海南省万宁市、陵水黎族自治县、三亚市东部海岸地带。当地为砂质海岸地貌，常年受风浪、潮汐的影响，形成多个潟湖、海湾等相对独立又相互连通的地理小单元，其内海、陆生生物资源丰富，颇适于古人繁衍生息。

2012年3月，中国社会科学院考古研究所与海南省博物馆（海南省文物考古研究所）联合在海南岛开展考古调查，发现陵水桥山、莲子湾等重要遗址。2012年12月—2016年1月先后发掘了陵水桥山、莲子湾以及三亚英墩三处遗址，并在周边开展调查，发现了30余处史前遗址。

根据英墩、莲子湾、桥山等遗址的地层叠压关系及出土遗物特征，可初步建立起海南东南部沿海地区史前文化发展的基本框架。

一、英墩遗址

位于三亚市海棠区江林村东约1500米，地处海棠湾沿岸沙堤南部，东距海岸线约280米，西濒铁炉港。沙堤以西有大片低地，原应系潟湖，后干涸成陆。因疏通河道及修路，遗址略受破坏。遗址现存南北长约300米、东西宽约50米，面积约15000平方米。遗址存在丰厚的贝壳堆积，且出土遗物丰富，罕见于海南岛乃至华南地区。

英墩遗址的文化遗存根据文化内涵及堆积关系可分为早、晚两期。

早期遗存所出陶器主要有夹粗砂陶、夹细砂陶两系。夹粗砂陶陶色多红褐，亦见灰褐，陶胎一般较厚，夹砂甚多，砂粒粗大，陶质疏松，器表有灼烧、烟熏痕迹，器型为平底盘形釜。夹细砂陶陶色以褐、黄褐为主，陶胎较薄，夹砂量较少，砂粒较细，陶质较硬，常施绳纹，偶见复合篦划纹，器型见罐、钵、杯等。石器以有肩石器为主，另出土石锤、砺石等。出有大量的贝壳、鱼骨、兽骨等水陆生动物遗存。早期遗存是英墩遗址的主要遗存，具有明确、独特的文化内涵，即为"英墩文化遗存"。

晚期遗存出土遗物以陶片为主，均泥质，陶胎较薄，黄或灰黑色，陶质较硬，火候较高，施红、红褐色陶衣，并磨光，可辨器型有卷沿罐等。卷沿罐的唇部多见锯齿纹；腹部施一带细绳纹。英墩晚期遗存与莲子湾遗存、桥山早期遗存相当。

二、莲子湾遗址

位于陵水黎族自治县黎安镇大墩村西南约3500米，地处南湾岭和尖岭相夹的沙堤，内有低地，原系潟湖。遗址以东有淡水河流经。

莲子湾遗址出土的陶器分夹粗砂陶与泥质陶两系。夹粗砂陶多褐色，陶胎较厚，夹大量粗砂，器表有灼烧、烟熏痕迹，器型均为釜。泥质陶陶色有红、橙黄、红褐、褐、白等，陶胎较薄，陶质较硬，施陶衣，并磨光，制作精致，多见细绳纹，部分器物的口部饰锯齿纹，器型有折沿罐、卷沿罐、钵、碗、圈足盘、尊、杯等。莲子湾遗址出土大量有肩石器。出土少量人类骨骼残片。出土大量贝壳、鱼骨、兽骨等水陆生动物遗存。

莲子湾遗存与英墩晚期遗存、桥山早期遗存相当。

三、桥山遗址

位于陵水黎族自治县新村镇桐海村北约2000米的沙丘之上，遗址地处桐栖港的西北岸，淡水河经遗址之北入港。遗址所在沙丘被田间小路及冲沟分为东、西两部分（Ⅰ、Ⅱ两区），面积约5万平方米，为海南地区迄今发现的最大的史前遗址之一。遗址堆积之丰厚、遗物之丰富、保存之完好在整个华南地区都极为罕见。

遗址堆积可分为3层。其中，第1层为现代耕土层；第2层为黄色沙土层，出土少量瓷片、陶片；第3层层面为"活动面"，其上大面积密集分布陶器、石器等遗物；第3层系文化层，黄褐色沙土，结构稍紧，出土陶器和石器，其下为生土。

桥山遗址第3层出土陶片分为夹粗砂陶与泥质陶两系：夹粗砂陶均褐色，陶胎较厚，夹大量粗砂，陶质疏松；泥质陶陶色以红、褐为主，陶胎较薄，陶质较硬，施陶衣并磨光，多见细绳纹，部分器物口部饰锯齿纹，可辨器型有卷沿罐、圈足盘、尊等。石器以有肩石器为主。桥山遗址早期遗存与英墩晚期遗存、莲子湾遗存相当。

桥山遗址第3层层面是一种独立的特殊堆积单位或埋藏情景，与第3层可明确区分。层面上遗物大面积紧密分布，最厚处达20厘米—30厘米，彼此相互层压，几无空隙。推测遗物系古人因某种目的露天放置于此，可能系某种特殊活动所遗留。这种现象鲜见于其他地区，对探讨海南古代人类的行为模式具有重要意义。

在遗址Ⅰ区发现墓葬1座。开口于第2层下。平面略呈圆角长方形，长约130厘米，宽约50厘米。出土头骨残片和部分胫骨，保存状况较差。头朝西南，面向不详，直肢葬。未见随葬品。填土出夹砂红陶片，与第3层层面所出相同。墓葬四周环绕着8个柱洞，推测柱洞与墓葬共生，墓葬之上原似应有建筑。

第3层层面所出陶器均夹砂，陶色以红褐、黄褐为主，陶质较为疏松，大多素面，器型有钵形釜、盘口罐、凹沿罐、簋、杯等。出土算珠形陶纺轮（网坠？）。另发现一件婴儿左陶脚模。石器以梯形的石斧/锛为主。晚期遗存是桥山遗址的主要遗存，具有明确、独特的文化内涵，即为"桥山文化遗存"。

以往，海南史前考古的基础相对薄弱，学界对其认识甚少。目前经考古调查和发掘，发现了英墩、莲子湾、桥山三种全新的、内涵有异的新石器时代文化遗存，获得了丰富的文化及自然遗存，为全面地认识其文化面貌与性质，提供了重要的实物资料，填补了诸多空白。

分析英墩、莲子湾、桥山三遗址的层位关系及文化内涵，可初步构建起海南东南部沿海地区的编年序列。在英墩遗址我们发现了英墩遗存早于莲子湾遗存（即英墩晚期遗存）的地层叠压关系。而在桥山遗址则存在莲子湾遗存（即桥山早期）早于桥山遗存的明确的地层证据。如此就首次建立起"英墩文化遗存"→"莲子湾文化遗存"→"桥山文化遗存"的基本年代框架，为构建海南史前考古学文化谱系提供了重要的、关键的证据。

同时,桥山遗址出土了海南首座史前墓葬,并出土人类遗骸,将为研究海南先民的体质特征、DNA信息等提供支持。莲子湾、英墩遗址出土了丰富的海、陆生动物遗存,为了解当时的自然环境及人类生计方式提供了重要资料。

(傅宪国)

第七篇

其 他

第三届中国出版政府奖·图书奖（2014年）

中共中央党史研究室：《中国共产党历史》第2卷（1949—1978）
汤一介、李中华主编：《中国儒学史》
宋镇豪主编：《商代史》
郝维民、齐木德道尔吉总主编：《内蒙古通史》
赖永海主编：《中国佛教通史》
《中国人民解放军军史》编写组：《中国人民解放军军史》
王伟光主编：《社会主义通史》
《中华人民共和国国家历史地图集》编纂委员会：《中华人民共和国国家历史地图集》第1册
李新总编：《中华民国史》

第八篇

论文选刊

论西周时期的"南国"

朱凤瀚[*]

摘　要：西周时期周人所称"南国"的性质是西周政治地理与民族关系史研究的重要课题。在时人观念中，"南国"与"南土"二者有别。"南土"是周王国南方的国土，在其南部边域地区设有"侯"之类具有军事防卫职能的长官。"南国"则更在其南，大致在今淮水流域、南阳盆地南部与汉淮间平原一带。西周早期，周人曾力图掌控与经营南国西部区域中的汉淮间地区，但以昭王南征荆楚失败而告终。南国的东部区域为淮水流域，即淮夷各邦的聚居区，是周王朝以军事强制手段搜刮其重要经济资源与人力资源之所在，整个西周中晚期，周王朝为控制这块区域多次与淮夷发生战争，但终西周之世，周人亦并未能实现对该地常规化的、有效的行政管理。"南国"不宜被理解为周人之国土，它大体上可以认为是西周王国的附属区。

关键词：西周王朝　南国　南土　淮夷

西周金文与文献中常见"南国"之称，这一地理区域在西周时期始终受到周王朝的高度重视，与整个西周历史的发展密不可分。"南国"在周人的政治地理观念中是一个什么样的概念？在西周政治地理结构中属于何种性质的区域？"南国"到底是否为周王朝的国土？这些问题对于西周历史研究极为重要，以往治西周金文与西周历史的学者在有关论著中亦多有涉及，但从正面专门考察该问题的文章尚不多见，而且在理解上彼此间实有较大差异。下面试从几个角度谈一下对这个重要问题的认识，以就证于方家。

一　"南国"与淮夷

南夷生活于"南国"，见于周厉王自制的器物㝬钟。其铭文有曰：

> 王肇遹省文武堇（勤）疆土，南或（国）艮孳敢各（陷）处我土。王辜伐其至，扑伐厥都，艮孳乃遣閒来逆卲王，南尸（夷）、东尸（夷）具（俱）见廿又六邦。（《集成》260）[①]

---

[*] 朱凤瀚，北京大学中国古代史研究中心教授。
[①] 中国社会科学院考古研究所：《殷周金文集成》，中华书局1984—1994年版。本文简称《集成》。

这里明确称呼被厉王遣兵征讨的"𢦏孳"是"南国𢦏孳",按此语义,此"𢦏孳"应该是生活于"南国"区域内的族群。铭文下边言因攻陷周之国土而招致王征伐后,表示服从、俱见厉王的有南夷、东夷,则此南国"𢦏孳"应当即是其中的"南夷"。依笔者的理解,"𢦏孳"应是对南夷族群的鄙称,是指被征服后要服事于西周王朝之"孳"(义近于蕃民、番民),类似于十七年询簋中的"服夷"。① 由此铭我们即可断定,对周王朝时叛时服的南夷确实住于周人所谓"南国"中,而且有其政治实体性组织——也许已具有早期国家形态,因为铭文言及周厉王"扑伐厥都"。这种早期国家形态的政治实体在当时被周人称为"邦",即此铭文中所见"廿又六邦"之"邦"。我们可以推测,南夷、东夷此二十六邦中,至少有相当一部分是属于南夷的,而且其中会有不少是在南国内。

有助于更深入地揭示南夷(或称南淮夷、淮南夷)与南国关系的,② 是与䞴钟铭文所记史实有关的下列诸器铭。

王征南淮尸(夷),伐角津,伐桐、遹,翏生从。(翏生盨,《集成》4459)
王南征,伐角、僪,唯还自征,在矿。(噩侯驭方鼎,《集成》2810)
佳(惟)王九月初吉庚午,王出自成周,南征,伐𢦏子(孳)䍙、桐、𠭯(遹)。(伯𧊒父簋)③

此三器铭所言,皆为王亲征,所伐地点亦近同,很可能即是同一次战役。而且伯𧊒父簋铭亦言王亲自南征𢦏孳,与上引周厉王钟铭所言王扑伐𢦏孳亦当是同一场战事。这样的话,则䞴钟铭文所言南夷即翏生盨铭文所言南淮夷,钟铭所言扑伐𢦏孳之都,也就是南淮夷当时的都城,即应在上引铭文讲到的角(角津)、桐、遹一带,其具体位置,笔者曾推测在今江苏西北部,淮水与泗水交汇处,今洪泽湖周边地区。④

从䞴钟铭文看,这场战事表面上是由于"南国𢦏孳"先陷处周人之土而引起的,周

---

① 参见朱凤瀚《由伯𧊒父簋铭再论周厉王征淮夷》,《古文字研究》第27辑,中华书局2008年版,第192、193页。

② 关于淮水流域夷人族群,在金文中有"淮夷""南淮夷""淮南夷"及"南夷"诸称,对于这些名称所指,学者间有不同意见,笔者以为这些名称其实应该均是指称同一族群(或者有亲族关系的族群的集合,亦可称作族团),这一点由相关铜器铭文的词句即可推知。"南夷"即"南淮夷",详见下文。参以下器铭:属西周晚期的应侯见(视)工簋铭文曰:"王令应侯正(征)伐淮南尸(夷)毛,休,克扑伐南尸(夷),我孚(俘)戈。"(首阳斋、上海博物馆、香港中文大学文物馆编:《首阳吉金》,上海古籍出版社2008年版,第112—114页)王所令是征伐"淮南夷",其结果是"休,克扑伐南尸(夷)",即顺利地征伐了"南夷",可见所称"淮南夷"即"南夷"。"淮南夷"应是表示此南夷在南方的淮水流域,不是指淮水以南的夷,实即"南淮夷"。"淮南夷"与"南淮夷"自然可通称为"淮夷"。

③ 参见朱凤瀚《由伯𧊒父簋铭再论周厉王征淮夷》,《古文字研究》第27辑,第192、198页。此铭中"桐"前一字,李家浩释作"䍙",并指出,此簋铭中的"䍙",即翏生簋、噩侯鼎铭文中作为地名的"角",䍙、角古音近,可通用,是同一地名的不同写法。参见李家浩《读金文札记两则》,《古文字研究》第28辑,中华书局2010年版,第246—248页。

④ 朱凤瀚:《由伯𧊒父簋铭再论周厉王征淮夷》,《古文字研究》第27辑,第194、195页。

厉王出兵镇压之，直接打到其都城，作为南夷的"艮孳"遂通过"遣閒"，即派中间人在"艮孳"与西周王朝间说和，①并带动了由于受到震撼而表示归顺的东夷，共二十六邦来拜见厉王。上述器铭中角、桐、遹虽是地名，但也有可能同时是处于南淮夷都城核心区域的几个邦名。

从上述分析可以得知，西周晚期淮夷主要居住区域与其势力中心，应在南国范围内，而且淮夷当时是以若干具政治实体性质的"邦"聚合起来的一个大族群（或称族团）。因此，如果认为当时淮夷不在南国内，将南国说成是周之国土似乎是不妥的。

从西周文献看，不仅明确可知淮夷属于南国，而且长期以军事力量威胁周人的还有另一族群，它在西周中期后也生活于南国之淮水流域，此即《诗经·大雅·常武》中所讲到的"徐方"。据《诗序》，此诗为"召穆公美宣王也"，旨在歌颂宣王时征伐徐方之战事。诗中曰："赫赫明明，王命卿士。南仲大祖，大师皇父。整我六师，以修我戎。既敬既戒，惠此南国。"末两句是讲，六师既已警惕，既已戒备，将要"惠此南国"，郑玄笺曰："警戒六军之众，以惠淮浦之旁国，谓敕以无暴掠为之害也。"孔颖达疏亦曰："施仁爱之心于此南方淮浦之傍国，无得暴掠为民之害。"②所以这样讲，是因为此诗所记六师要征伐的是徐方，如诗所言是"濯征徐国"。徐国的地理位置，在诗中讲得很清楚，如言"王谓尹氏，命程伯休文。左右陈行，戒我师旅，率彼淮浦，省此徐土"。浦，水滨。"率彼淮浦"，即"循着那淮水的水滨"。"省"即省视，巡查。可见"徐土"即在淮浦，亦即在淮水沿岸。诗中还言王师"铺敦淮濆，仍执丑虏"。"截彼淮浦，王师之所"都证明当时徐方确在淮浦，亦即在淮水流域。其具体位置，则有可能在上文所言淮夷所处之洞庭湖区域以西。《太平御览》卷305兵部引《纪年》曰："周穆王四十七年，伐纡，大起九师，东至于九江，比鼋以为梁。"朱右曾《汲冢纪年存真》云："'纡'当作'紓'，形近而讹。"③从"予"得声的字如"序""杼"等与徐声韵并同，是"紓"可读作"徐"，此说可信。典籍确有周穆王伐徐之记载。《史记·秦本纪》："徐偃王作乱，造父为缪王御，长驱归周，一日千里以救乱。"《赵世家》："而徐偃王反，缪王日驰千里马，攻徐偃王大破之。"④徐偃王与周穆王不是同时代的人，早有学者指出，但穆王时有伐徐之事则未必是虚构。《纪年》既曰穆王征徐"东至于九江"，则此"九江"之所在，即今安徽寿县一带。⑤而寿县正在洪泽湖以西、淮水南岸，与《常武》所云当时徐方位于淮水之滨的地理位置相合。

综言之，西周晚期时徐方可能即在淮夷盘踞之洪泽湖区域以西，亦属淮水流域的今安徽淮南地区寿县一带。《常武》既言王师征伐之，会"惠此南国"，消除徐国带给南

---

① 朱凤瀚：《由伯䊵父簋铭再论周厉王征淮夷》，《古文字研究》第27辑，第193页。
② 毛亨传，郑玄笺，孔颖达疏：《毛诗正义》，阮元校刻：《十三经注疏》，中华书局1980年版，第576页。
③ 方诗铭、王修龄：《古本竹书纪年辑证》，上海古籍出版社2005年版，第52、53页。按，现所见古本《纪年》中此所征伐之国名多有异文，或曰"楚"，或曰"大越"，但楚在西周晚期时势力似还未达到能在淮水流域威胁周王朝的地步。徐旭生亦指出"楚在熊渠以前，势力还很微弱，不能为中国患"。（参见徐旭生《中国古史的传说时代》，广西师范大学出版社2003年版，第202页）
④ 《史记》，中华书局1982年版，第175页。
⑤ 徐旭生虽未展开讨论此"九江"地望，但亦说纡（徐）"又与秦汉的九江郡相近"，实际上也是倾向于将此"九江"定在今寿县一带。（参见徐旭生《中国古史的传说时代》，第202页）

国的灾害，亦即郑笺、孔疏所云惠及淮浦旁国，是郑、孔皆认为淮浦之国皆属"南国"，可见处于淮浦之徐国自然也在"南国"范围内。从上举西周金文及文献提供的史实来看，终西周之世，淮夷及徐方等族群与西周王朝的大小战事始终未断，因此，如认为淮夷、徐方所在的"南国"已被周人视为自己的国土，这种看法是值得商榷的。

所谓"国土"，亦即国家可以在那里行使主权的区域。西周金文反映出来的情况是，周王朝似并未能对不时反叛的淮夷、徐方等族群聚集的"南国"实现有效的主权管辖，包括在"南国"建立常设的行政管理机构。

西周时周人所谓"南国"的区域较广阔，笔者曾综合金文资料记录的周人与淮夷等在"南国"内活动的若干地块，推测其地理范围，应东起今江苏北部，经今安徽北部、河南南部之信阳地区南部，西抵今河南西南部之南阳地区南部，西南抵今湖北北部地区，大致即在今江苏和安徽境内之淮水流域、今河南境内之淮水以南地区、南阳盆地南部与今湖北北部之汉淮间平原一带。① 在这样一个地理范围内，其中的居民自然不只是上述在淮水流域的淮夷（或称淮南夷、南淮夷）及徐方，上述淮水流域之淮夷聚居地区可以称为"南国"的东部区。在这一区域内淮夷势力较为强大，故迄今未见到西周王朝在此区域内设置过侯国。至于"南国"的西部区，今湖北北部汉淮间平原，则是西周早期周王朝经营的重点，详见下文。

二 "南国"与"南土"

前引周厉王狱钟铭文曰："王肇遹省文武堇（勤）疆土，南或（国）艮孳敢各（陷）处我土。""敢各（陷）处我土"，即是言"胆敢使我土陷落（于其手）而居处之"。由此可见，周厉王所云"艮孳"（即淮夷）所占领之"我土"，应非淮夷原来所居处之地（不是上文所述淮水流域之洪泽湖地区）。而且从文义上也可以体会到，此"我土"应不在南国范围内，而是"文武堇（勤）疆土"的一部分，即当初文王、武王所开创、经营之地，在周王朝实行有效统治的基本版图内。因此，可以说周人心目中的"我土"还是与"南国"有空间差距的。二者间的地理界限，虽然未必有后世那种国境线似的形式，二者的边域具有犬牙交错的分布态势，但还是应依各自势力控制区域的范围而有个大致的区划，而且在周人的观念中，二者实有政治地理概念上的差别。

约宣王时的驹父盨盖铭文记载，南仲邦父命令驹父"即南诸侯，逵（率）高父见淮夷"（《集成》4464）。"南诸侯"是西周王朝在其南土边域为防止南国淮夷等异族侵犯而设立的若干"侯"，"侯"在西周时是驻守边域的军事长官，② 驹父先"即南诸侯"，是说先抵达南土边域上的诸侯，再率其中的高父去"见淮夷"，可见淮夷居住地

---

① 参见朱凤瀚《柞伯鼎与周公南征》，《文物》2006年第5期，此处略有修订。以上区域皆在长江以北，汉水以东。《诗经·小雅·四月》言"滔滔江汉，南国之纪"，诸家对此句解释多有不同。疑"纪"在此当读作"极"（纪，见母之部字；极，群母职部字。二字声母极近，韵母为阴入相谐），《广韵》："纪，极也"，是说滔滔江汉是南国之至。此义与下面的诗句"尽瘁以仕，宁莫我有"之"尽"上有字义之联系。

② 参见朱凤瀚《关于西周封国君主称谓的几点认识》，陕西韩城出土芮国文物暨周代封国考古学研究国际学术研讨会论文，2012年8月。

必已在诸侯所在之外，即是在周人南土之外。

淮夷北上所据周人之"我土"，自然亦即周人所谓"南土"。"南土"一词亦见于《诗经·大雅·崧高》。在此篇诗中，不仅言及"南土"，而且言及"南国""南邦"，分析一下有关诗句，对于理解周人之"南国"的观念也是很有必要的。《崧高》诗末言"吉甫作诵，其诗孔硕，其风肆好，以赠申伯"，知是君吉甫赠申伯之诗。周宣王封申伯于谢（在今河南南阳东南），此地是在淮水上游之西北，汉水以东，南临上文所述西周"南国"地理范围的西部。现将与本文所论有关的诗句摘录于下，并依序对有关字句作简释。

（一）"于邑于谢，南国是式"。"于邑于谢"是往建邑于谢。式，诸家多释为"法"，郑玄笺云："南方之国皆统理施其法度。"孔颖达正义曰："令往作邑于谢之地，以统理南方之国，于是施其法度以治之。"① 郑玄、孔颖达皆将"南国"解释为"南方之国"，而且明确指出，建申国于谢，是为了使之施其法度以统理南国。正如许倬云所说"周宣王以申镇南国"。② 这也即是说，申本身并非属于"南国"。③

（二）"登是南邦"。毛传曰："登，成也。"是言建成此南邦。申在周王畿之南，故称之为"南邦"。诗用"南邦"称申国，以区别于"南国"（南方之国）的概念。

（三）"王命申伯，式是南邦"。式，法也，其义同上。是，此也。"式是南邦"，是言建上述之南国之式于此南邦。

（四）"我图尔居，莫如南土"。郑笺云："我谋女之所处，无如南土之最善。"如此，则申国所在之谢邑，今之南阳一带，是在周人所谓"南土"范围内。

（五）"往近王舅，南土是保"。毛传曰："近，已也。申伯，宣王之舅也。"郑笺云："近，辞也，声如彼记之子之记。"朱熹《诗集传》曰："郑音记，按《说文》从辵从丌，今从斤误。""南土是保"，郑笺云："保，守也，安也。"是，则也，④ 是言南土因申伯封于谢而得以受到保护。此既是一句感慨的话，又有勉励之意。

《崧高》诗，还言及因申伯受封入于谢，"徒御啴啴"，即徒兵与车兵队伍盛大，故使"周邦咸喜"，因为"戎有良翰"，"翰"即"榦"。⑤

从上引《崧高》诗句的文义看，周人称自己领土即实行有效的政治管辖的区域为"土"，"南土"是其在南方的领土。申伯所受封之谢邑尚在南土内，所建申国属于周之

---

① 本节所引《诗经》及传、笺、疏参见毛亨传，郑玄笺，孔颖达疏《毛诗正义》，阮元校刻：《十三经注疏》，第 566、567 页。

② 许倬云：《西周史》，生活·读书·新知三联书店 1994 年版，第 152 页。

③ 按，毛传曰："谢，周之南国也。"对于这种解释，上引郑笺与孔颖达之正义似皆未赞同之。孔颖达正义曰："经言'南国'者，谓谢旁诸国。解其谢邑而得南国法之，故云谢是'周之南国'也。杜预云申国在南阳宛县，是在洛邑之南边。"此虽表面上不破传解，但实为纠正郑笺。当然，或者亦可以理解为申之国土已在"南国"区域中。类似于西周早期将 甶（曾）、噩、厉等侯置于南国中，以为控制南国之手段。但即使可以这样理解，申亦并未像甶（曾）、噩、厉那样，深入南国较远，而是近于周人南土之边域。

④ 参见王引之《经传释词》，岳麓书社 1984 年版，第 202 页。

⑤ "周邦"，郑笺云："遍也"。朱熹《诗集传》则释为"周人"（朱熹：《诗集传》，上海古籍出版社 1980 年版，第 213 页），当以朱熹说为是。"戎"，郑笺云："犹女也"，即"汝也"。但由文义看，"戎"似释作戎事为好。

"南邦",并非属"南国"。在此诗中,"南国""南土""南邦"是不同的概念,不可以相互替代。在谢邑建成申这一周之南邦,正是为了"南国是式",即如郑玄笺与孔颖达疏所云,是依靠其施其法度,以统理南方之国。"式"的所施用者是"南国",而对于"周邦"来说,新建立的此申国是其防卫南方蛮夷的"良靲"。仅从上引獣钟铭文与《崧高》诗,也可知周人视为"南邦"之国皆属于"周邦",位于其南土内。而在南土南部边域上的封国既是周王朝防卫"南国"诸异族的屏藩,也是其力图治理南国的重要据点。

与"南邦"一词有关的资料亦见于西周晚期的青铜器士百父盨。其铭文曰:"唯王廿又三年八月,王命士百父殷南邦君者(诸)侯,乃易(赐)马。王命文曰:□道于小南。佳(惟)五月初吉,还至于成周,乍(作)旅盨,用对王休。"① "殷"在西周金文中凡几见,均为王派使臣慰问之意。② 这里言王命令文(应即士百父名)去慰问南邦君、诸侯,南邦君、诸侯即是诸南邦之君与在南土南部边域上之诸侯,均属于西周王朝册命的畿外封君。其中"诸侯"是受王命为"侯"者,即驻扎于南土边域、有自己封土的担负守卫边域职责的军事长官。"□道于小南"之"道",在这里当读为"蹈",行也,践也。"□"通作"率",在此当读作"循",《诗经·大雅·緜》:"率西水浒,至于岐下",毛传:"率,循也。"循是顺行之义,所以"□道于小南"亦即是"循着(诸南邦之君封国的次序)行于小南区域中"。"小南"之称当近于《诗经·小雅·大东》之"小东大东"之"小东"的称呼。"大东"亦见《诗经·鲁颂·閟宫》"泰山岩岩,鲁邦所詹,奄有龟蒙,遂荒大东,至于海邦,淮夷来同。"郑玄笺云:"大东,极东。"孔颖达疏云:"泰山之高岩岩然,鲁之邦境所至也。鲁境又同有龟山、蒙山,遂包有极东之地,至于近海之国。"③ 可见郑、孔之意,"大东"是龟山、蒙山以东区域,东及于海滨。诗云"遂荒大东,至于海邦,淮夷来同",毛传"荒,奄也",是据有之意,此言鲁国领土东边能覆盖至海滨,显然与从史料与考古资料可推测的西周时鲁国实际的领域有违,只是一种夸大、颂扬之词。如此则"小东",应是相对"大东"而言,

---

① 张光裕:《西周士百父盨铭所见史事试释》,《古文字与古代史》第 1 辑,台北:"中研院"历史语言研究所,2007 年,第 214、221 页。"士百父"之"百"字在拓片上不清晰,李学勤读作"智"(参见李学勤《文盨与周宣王中兴》,《文博》2008 年第 2 期),今暂从之。

② 例如小臣传簋铭文曰:"王在莽京,令师田父殷成周年"(《集成》4206),翮卣铭文曰:"唯明保殷成周"(《集成》5400)。"殷"或作"寴",如士上卣铭文曰"王令士上眔史寅寴于成周,眚(穀)百生豚,眔赏卣、鬯、贝"(《集成》5421),又如豐卣铭文曰"王在成周,令豐寴大矩,大矩赐豐金、贝"(《集成》5403)。《周礼·春官·大宗伯》言"以宾礼亲邦国⋯⋯殷见曰同⋯⋯殷覜曰视",此"殷见""殷覜",是诸侯朝王,或使卿来聘。又,《秋官·大行人》:"殷同以施天下之政。"郑玄笺:"殷同者,六服尽朝。"(郑玄注,贾公彦疏:《周礼注疏》,阮元校刻:《十三经注疏》,第 759、760、890 页)但《周礼》中所讲的"殷见""殷覜""殷同",皆是诸侯(或卿)来朝见王。上引西周器铭中则是王派使臣代表王朝去殷成周(所殷者实际主要是指成周内殷遗民贵族)或殷某人,其用法似与以上文献用法有别。"殷"在这些器铭中,皆应是一种受王命所行的上对下的慰劳、安抚之礼仪。其取"殷"为名,也许是取"殷"有"盛"义,意指此种礼仪之隆盛,或是表示情感之亲切。(张光裕亦认为:"其中因涉礼容之盛,故得以'殷'言之也",参见张光裕《西周士百父盨铭所见史事试释》,《古文字与古代史》第 1 辑,第 213—222 页)

③ 毛亨传,郑玄笺,孔颖达疏:《毛诗正义》,阮元校刻:《十三经注疏》,第 617 页。

指鲁国所在,其东境抵龟山、蒙山一带。① 综言之,似可认为鲁与其北边齐的领域连成一片是西周王国之东土,是"小东"。"小东"再往东至于海滨则是"大东"。士㝬父盨铭文记王命"□道于小南",即命之"循行于小南区域",联系铭文上文,小南亦即是西周王朝之南土。而相对于"小南",当时似亦应该有"大南"概念,指"小南"之南边的南国。周人所云"南土"与"南国"在地理位置上的分别,实际上也正可以由上述周王朝分封于南土之南部边域上的一些重要封国的地理位置来大致划分。依现有考古与古文字资料可以落实其地理位置的南土南部边域上的封国,自西向东有:曾、噩(约在今湖北随州)、厉(随州北)、吕(今河南南阳)、申(今河南唐河以北)、应(今河南平顶山西)、滕、薛(均在山东滕州)、蔡(今河南上蔡西南)。以上封国的君主,在西周时期均称"某(国名)侯",这与他们的身份是王朝封于边域上的军事驻防长官相合。与西周王朝在周初欲着力经营南国西部汉淮间的形势有关,曾、噩、厉等位于今湖北北部汉东区域的封国已深入"南国"西部区域内,其余位于今河南的西周封国均多数在淮水以北,少数在淮水南岸。在这些封国以南的今江苏北部、安徽北部、河南信阳、南阳以南,已无西周封国,而这些区域正对应于上文所云西周时的"南国"范围内。

周人用"南土"之类以方向加"土"的词汇来称自己王国南部的国土,此种命名方式,颇近于殷墟甲骨卜辞中所见商人所称的"南土""北土""东土""西土"。卜辞卜此四土是否"受年",则四土必是商王国之国土。在这点上,周人与商人有共同的语言习惯。②

三 西周早期对"南国"西部区域汉淮间平原的经营

西周早期时,在"南国"西部之汉淮间地区,即今湖北北部,周王朝曾试图由所谓随枣走廊南下,将王朝的国土扩大至长江流域。其中一项重要举措,即在随枣走廊一带册封诸侯,建立一些小的侯国,比较有代表性的,如为金文研究者所熟知的"噩侯"。厉王时的噩侯驭方,在上文所引铭文记述过的厉王南征淮夷后返师驻于坏时,还曾"纳豊(醴)于王",并与王行射礼,受到周王的礼遇与赏赐(噩侯驭方鼎铭,《集成》2010)。而且,由噩侯作王姞媵簋铭文(《集成》3928—3930)可知噩侯还曾与周王室通婚。但为时不长,噩侯驭方即行叛周,"率南淮尸(夷)、东尸(夷)广伐南或

---

① 傅斯年《大东小东说》亦据《诗经·鲁颂·閟宫》,认为"大东"所在,是"泰山山脉迤南各地,今山东境济南泰安迤南,或兼及泰山东部。则周公勘定之东,当是小东,地则秦汉以来所谓东郡者也"。(傅斯年:《大东小东说》,《"中央研究院"历史语言研究所集刊》2本1分册,1930年,第101—109页)其"小东"说可信。"大东"说,东仅及泰山东部,似与诗意"至于海邦"不尽合,"大东"应更向东及于海滨。

② 《左传》昭公九年记"王使詹桓伯辞于晋"曰:"我自夏以后稷,魏、骀、芮、岐、毕,吾西土也。及武王克商,蒲姑、商奄,吾东土也;巴、濮、楚、邓,吾南土也;肃慎、燕、亳,吾北土也。吾何迩封之有。"(杜预注,孔颖达疏:《春秋左传正义》,阮元校刻:《十三经注疏》,第2056页)此段话中,云克商后周之东土较接近史实,言北土抵达肃慎,显然与今日所见文献、古文字、考古资料失之过远。同样,所言巴、濮、楚在西周时皆属周人"南土",也明显失之过远,似不可尽信,夹有东周时人的夸大。但值得注意的是,所言"南土"也不包括淮水流域。

（国）、东或（国）"，并因而被周人镇压（禹鼎铭，《集成》2833）。厉王时，噩国属地可能已近于淮水流域，故才能带领淮夷及东夷反叛。①但在西周早期时，噩的位置应位于今湖北随州。这已为2007年发现的随州安居羊子山噩国墓地与出土的噩侯诸器所证明。②2011年，在其东约25千米的叶家山又发现西周早期的㠱（曾）侯墓地。③这两次重要发现证明，早在西周早期，周王朝即曾在今随州册封了噩侯与㠱（曾）侯。此外，西周早期在随州北还有厉侯，见于岐山出土的大保玉戈铭。噩属姞姓，有"噩侯作王姞媵簋"（《集成》3928—3930）为证。从现有资料看，亦不能肯定㠱即是后来东周时的姬姓之曾。值得思考的是，"侯"在西周时期并非爵位，而是设置在周王朝边域地区的军事官职，担负着防卫与周王朝敌对的异族及扩张其版图的职责。因此，西周早期在已近于长江流域的今随州一带即已有若干由周王朝册封的侯国，这表明一个事实，即周王朝在克商不久，就确立了控制南国西部区域江汉间平原的战略部署。

但直到西周早期偏晚的昭王时期，今随州一带仍应属于周人称为"南国"的区域内。昭王时所谓"安州六器"中的中甗铭文言"王令中先省南国，贯行，𢼸（设）应在曾。……中省自方、邓，造□邦，在噩𠂤师"（《集成》949），中方鼎铭文曰"隹（惟）王令南宫伐反虎方之年，王令中先省南或（国），贯行，𢼸（设）王应在夔陴真山"（《集成》2751、2752）。与此二器同时、现藏日本出光美术馆的静方鼎铭文曰："唯十月甲子王在宗周，令师中㠱静省南或（国）□，𢼸（设）应。八月初吉庚申至，告于成周。月既望丁丑，王在成周大室，令静曰'卑（俾）女（汝）□𠂤在㠱（曾）、噩𠂤'。"④

此三器铭文记载的是昭王在亲自南征江汉之前，命令中"先省南国贯行"，命静"先省南国"，以及为王在王所要经过的地方"设应"。⑤至于"王令中先省南国贯行"，唐兰译文作"王令中先巡视南国经行的道路"（中甗），"王命令中先去视察南方经行的

---

① 有助于证明噩国在西周晚期即离开随州，北迁接近淮水流域的，是2012年5月在河南南阳市区东北夏饷铺发掘、清理的春秋早期噩侯墓地。据简报（《南水北调中线工程南阳夏饷铺鄂国贵族墓地发掘成果》，《中国文物报》2013年1月4日，第8版），属于大型墓（墓口南北长6米以上，宽5米以上）的M1多出铭有"噩侯夫人"的铜器，表明此墓可能即噩侯夫人墓。从两座夫妻异穴大型合葬墓M6、M5出土的有铭青铜器可知，M6是噩侯墓，M5是夫人（噩姜）墓，墓地中的中型墓的墓主人有可能是噩侯近亲公室成员。南阳位于汉水东部，靠近淮水上游，当然，此墓可否早到西周晚期或更早，尚待资料的全部公布。由禹鼎铭可知，厉王在噩侯驭方反叛后，下令西六𠂤、殷八𠂤征伐噩侯驭方，要"勿遗寿幼"。但六𠂤、八𠂤的征伐未能奏效，禹受武公命终"隻（获）噩君驭方。"被擒获后并未绝其祀，噩国仍作为侯国存留，但位于南阳，已在周人南土边域内，处于西周王朝的管控之下。《汉书·地理志》记南阳郡有西鄂县（《汉书》卷28上《地理志上》，中华书局1962年版，第1563、1564页），今南阳北夏饷铺噩国墓地，证实了西鄂与噩国的关系，即因是噩国故地而得名，"鄂"是"噩"的同音假借字。
② 随州市博物馆编：《随州出土文物精粹》，文物出版社2009年版，第19—33页。
③ 湖北省文物考古研究所、随州市博物馆：《湖北随州叶家山西周墓地发掘简报》，《文物》2011年第11期。
④ 徐天进：《日本出光美术馆收藏的静方鼎》，《文物》1998年第5期。
⑤ "应"可读作"居"，此"设居"应是为王南行在旅途中所经地点设置临时性行宫、别馆。

道路"（中方鼎），① 李学勤读作"王令中先，省南国贯行"，认为"贯行"是路名。②黄盛璋读作"王令中先省南国，贯行"，认为"贯行即开路"。③ 笔者同意黄先生读法，"贯行"是指通贯其行程，"按照现在话说，即先行为王南下打前站，作准备"。④

但不论作何种读法，基本事实是，"贯行""设应"，均应是在"省南国"过程中完成的，所"设应"的地点，必亦在"南国"内。中甗铭文还记史儿以王命，命中在南下"省南国"途中，出使"大小邦"。中在此途中经过"方"（一说即今河南方城）、邓（邓，一说在今湖北襄樊西北，但西周时是否在此尚未能证实）及"洀（？）"等邦，然后在"噩𠂤（师）𠂤"。如果"方"还不属于"南国"，那么邓与噩，肯定即在"南国"范围内。依上述，噩在随州，曾（曾）亦在随州，厉在随州北不远，这就证明了直到昭王时噩、曾（曾）、厉三个侯国作为周王朝扩张领土的先锋均已深入周人观念中的"南国"内。但是，昭王在自身南下前，要派臣属"先省南国"，使贯通其行程，要沿途为之设行宫，皆表明直至昭王时，此"南国"西部区域并没有完全在周人有效的控制之下，无论交通、安全性均要通过"先省"才能保障。这也就是说，今湖北北部的所谓"随枣走廊"一带并没有真正具有西周王朝的国土状态。

这种情况也说明，西周王朝自早期即力图将"南国"西部汉淮间平原地区完全并入其南土的努力，直至昭王时仍未能完全实现。而且这种努力以昭王南征荆楚时"丧六师于汉"，"王南巡不返"⑤ 亡于汉水的结果告终，所以在昭王后，即进入西周中期后，周王朝对"南国"西部区域的经营更加力不从心，渐渐松懈下去。

与此种历史背景相应的是，随枣走廊一带，考古发现的反映周文化南下的西周文化遗存，"主要属于西周中期偏晚之前"。学者因此推测"联系历史文献记载的昭王南征以及相应时期青铜器铭文记载的南征，暗示出周人在西周中期之后对随枣走廊以东以西地区的失控"。⑥

这种失控状态，不仅导致西周时"南国"区域之西部地区终未能顺利地转化为西周王朝的领土，而且造成西周晚期后，此一区域内原来作为周人政治、军事势力前沿据点的某些侯国渐与西周王朝脱离。最典型的例子，即是前述厉王时噩侯驭方的反叛。而如上文所引《诗经·大雅·崧高》表述的周宣王徒封申侯至今河南南阳东南之谢时，从王朝到南土的诸周邦，皆将申国作为镇压"南国"、安保南土的希望，也反映出至此时，原来施加于"南国"西部区域的若干周人侯国的政治、军事影响力早已微弱，甚至不复存在，周人的政治、军事势力基本退守至今豫西南，"南国"的西部区域与西周王朝的关系实日益淡化、疏远。

---

① 唐兰：《西周青铜器铭文分代史征》，"四十三，中甗"、"四十二，中方鼎"，中华书局1986年版，第285、283页。
② 李学勤：《静方鼎补释》，《夏商周年代学札记》，辽宁大学出版社1999年版，第76页。
③ 黄盛璋：《关于柞伯鼎关键问题质疑解难》，《中原文物》2011年第5期。
④ 参见《湖北随州叶家山西周墓地笔谈》中朱凤瀚文，《文物》2011年第11期。
⑤ 《初学记》卷7《地部下》引《纪年》，《太平御览》卷874《咎征部》引《纪年》，方诗铭、王修龄：《古本竹书纪年辑证》，第46页。
⑥ 参见《湖北随州叶家山西周墓地笔谈》中张昌平文，《文物》2011年第11期。

四 "南国"的政治地理性质

按照上文论述,从严格意义上的"国土"概念来看,西周时期周人所谓的"南国"并非可以称作周王朝的国土,而是仅存在于那一特定历史时期内,同周王朝有密切关系的政治地理区域。西周金文中经常讲到,因为淮夷"广伐南国"(或及"东国"),造成周王命令周人贵族征伐淮夷。① 这表明"南国"虽不在周王国领土范围内,但周王朝要动用武力保护这块区域不被淮夷全部控制,保障"南国"的安定。周王朝所以如此重视这块区域,最根本的原因,应该在于"南国"对西周王朝具有不可替代的经济支撑作用。

关于这点,有以下西周晚期金文资料可以证明。

> 王令甲政(征)䚄成周四方賣(责)至于南淮尸(夷)。淮尸(夷)旧我帛晦人,毋敢不出其帛、其賣(责)。其进人、其贮,毋敢不即师、即市。敢不用令则即井(刑)扑伐。其佳(惟)我者(诸)侯百生(姓),厥贮毋不即市,毋敢或入蛮(蛮)贮,则亦井(刑)。(兮甲盘,《集成》10174)②

> 王若曰:"师寰,叀(粤)淮尸(夷)繇我帛晦臣,今敢博厥众叚(暇),反厥工吏,弗速(迹)我东鄘(国)。"(师寰簋,《集成》4314)

> 佳(惟)王十又八年正月,南中(仲)邦父命驹父即南者(诸)侯,逩(帅)高父见南淮夷,厥取厥服,堇(谨)夷俗。茅(遂)不敢不敬畏王命,逆见

---

① 学者或因铭文言淮夷"广伐南国"而认为淮夷不在南国内,但淮夷虽自身即在"南国"范围内,而南国范围相当辽阔,淮夷仅为居住于其中之若干族群中之一主要族群,言其"广伐南国",实即是言淮夷要通过征伐控制整个南国,征服居住于其中的其他族群,这自然会使其壮大势力,直接威胁到周人南土安全,并使南国内的族群均摆脱周王朝的控制,严重影响周人的利益,故周王朝对此甚为紧张。

② "淮夷旧我帛晦人",帛,从贝白声,其异体字作帛(参见乖伯簋,《集成》4331),应读作"帛",即丝织品。晦,诸家多读为贿,《玉篇》晦同贿,贿、贿音近字通,贿,《玉篇》:"赠送财。"《仪礼·聘礼》:"贿用束纺。"郑玄注:"贿,予人财之言也。"所以"淮夷旧我帛晦人",即是说淮夷是向周王朝贡纳帛的人。师寰簋铭文更称淮夷为"臣",属鄙称。《荀子·富国》:"皆使衣食百用出入相掩。"杨倞注:"出,出财也。"賣即责,在此应读作"积"。朱骏声《说文通训定声》曰"禾谷之聚曰积"。《诗经·大雅·公刘》:"乃积乃仓。""积"更广义的意思,不仅指称谷物,而是指刍米菜薪,参见《左传》僖公三十三年"不腆敝邑为从者之淹,居则具一日之积,行则备一夕之卫。"杜预注。言"其进人"之所进献之人,固然也可能如诸家所云包括有承担力役之人,但也可能如白川静所指出的,是像师酉簋铭文中所见在王朝内服役的诸夷,师询簋铭文中所见的作为家臣一种的"夷□三百人"之类的人(《金文通荥》"一九一,兮甲盘",神户:白鹤美术馆,1962—1984年,辑3下,第792页)。兮甲盘铭所言勒令淮夷"其进人、其贮,毋敢不即师、即市",是言凡进人必要在"师"进行,师应当是西周王朝在周本土与淮夷聚居地交界处所驻军之所。"贮"字解释从高明说。(参见高明《西周金文贮字资料整理和研究》,《高明论著选集》,科学出版社2001年版,第127—136页)《广韵》:"赌,贮也。",《玉篇》:"赌,卖也。""贮"本义是贮存货物,但在字义上也有买卖与交换之意。"其贮"毋敢不"即市",是要求淮夷在作商品买卖或交换时,必须要在西周王朝指定的市场进行。

我，厥献厥服。我乃至于淮，小大邦亡敢不刈（？）具（俱）逆王命。① （驹父盨盖，《集成》4464）

上引铭文表明，西周王朝长久以来均是将"南国"，确切地说是将"南国"内的主要族群之一——淮夷，当作王朝赖以生存的重要经济与人力资源之所在。其从淮夷获取这些资源的方式有两种，一种方式是完全依赖军事力量所造成的政治上的压迫，对淮夷"小大邦"实行超经济的强制，用武力强迫其贡纳物品与人力（所贡物品，从金文信息看主要是布帛等丝织品与粮食及农产品和土特产；所贡人力有可能用作为王朝服力役者与王室、大贵族家族内的下层家臣及奴仆，在铭文中将这种人力的被掠夺称为"进"），或临时性的有专门目的之征取（例如上引驹父盨盖铭所表达的那样，在铭文中称之为"取"——与殷墟甲骨刻辞中所见商王朝向属邦征取资财时用的词相同）；另一种方式是民间性的商业性质的买卖或交换，这种买卖或交换在铭文中称为"贮"。"贮"是双向的，不仅淮夷卖其商品给周人，而且周人之诸侯、百姓应该亦可向淮夷出卖物品。

从兮甲盘铭文还可知，周人各邦国同南国之淮夷进行商业活动必须通过王朝指定的"市"进行（应该有相应的征税制度），是西周王朝控制淮夷经济资源与走向，保证西周王朝利益的主要手段。此类"市"应该在周人"南土"与"南国"两块政治地理区域的交界处，现在还没有材料可以指明其数量与具体地点。再有一点值得注意的是，兮甲盘铭文中规定淮夷"进人"必须要通过周王朝军事组织的驻屯地"師"来进行。这透露出一条非常重要的史实，即周王朝在南土边域专设有防卫淮夷等异族的驻屯军，也许包括设在地域上的侯国军队。

从上述情况看，西周王朝对"南国"东部区域内的淮夷族群有着紧密的经济依赖关系，而且兮甲盘铭中明确说明"王令兮甲征觱成周四方责至于南淮夷"，是对淮夷的经济盘剥已被规定为王朝重要的常规性的政治行为。正因为如此，周王朝高度重视"南国"区域内政治形势的稳定，铭文中多见王亲自或令臣属"省南国"，并多次用军队征伐手段来保证这种稳定。透过周人青铜器铭文中周人贵族对王朝强盛的赞颂与自我夸耀的语句，仍然可以看到，实际上周人对作为"南国"中最重要的族群淮夷的军事控制并非十分有效。自西周中期始，直至西周晚期，周王朝虽在边界上有驻屯军以防卫淮夷，但淮夷对西周王朝间的大小战争似未间断。而且，在"南国"东部区域的淮水中下游流域，迄今未能确证有周王朝派驻的诸侯，犹如上述西周早期经营南国西部汉水东部区域那样，这也表明在淮夷所聚居的"南国"东部区域，周王朝并未能依赖常设行政机构实行过有效的、常规性的统治，每当淮夷用军事力量进行反抗时，周王朝只能采取专门出动军事武装不定时地给予军事征伐的方式来镇压。

既然就严格的概念而言，"南国"不能认为属西周王朝的领土，那么应该如何定位"南国"的政治地理性质呢？"南国"亦并非周人的殖民地，特别是"南国"的东部区

---

① "谨夷俗"，即要注意不违反淮夷之习俗。"厥敢厥服"与"厥献厥服"相对应。所谓"献"自然是在周王朝强索性质的"取"之下的行为。"服"在这里既可以"取"又可以"献"，应是具体的物质，或即某类特定的服饰之类，《山海经·西山经》："是司帝之百服"，郭璞注："服，器服也"（郝懿行：《山海经笺疏》，台北艺文印书馆2009年版，第73页），故这里的"服"当是具土产性质的淮夷生产物。

域即淮夷聚居区，并未有周人贵族的封土，也未见有周王朝在此区域内设置有行政区域与机构，驻派有行政官吏与军事长官。虽然在"南国"的西部区域，例如上文所述今湖北北部随枣走廊一带，周王朝在西周早期曾有于此封建侯国的举措，但其终未能有效控制这一区域，且此种局面亦只维持到西周早期末叶，西周中期以后周人势力已渐失控于该地区。所以，"南国"从整体上看，是一块最终亦未能纳入西周王朝得以实行有效统治的国土版图内，而又长期被周人压制、盘剥的地区。对于这样一块区域，似可以考虑称其为西周王朝的"附属区"。① 而且应该说明，这种"附属区"之"附属"最主要是经济意义上。"南国"内以淮夷为代表的族群，虽在政治与军事上长久受周王朝压制，但并未在政治上完全听从于周王朝，故多有军事抗争之举。

最后还有一个问题，即如何理解"南国"一词，才更符合西周人当时的观念。唐兰在20世纪30年代考释周厉王𫲗钟时，曾云："周人称南国，犹云南域、南疆。盖周民族与其他民族交壤之地也。"② 笔者认为这应该是今人研究所给出的各种解释中，最贴近周人观念的解释。唐先生所指出的周民族与其他民族交壤的状况也是极有见地，对今天研究这个问题极有启发。"南域""南疆"虽有与他国、他地区交接地段的意思（唐先生称周民族与其他民族"交壤"当也有这个意思），特别是在早期国家阶段，疆界相对后来的国家比较宽松与模糊，所以这种说法相当有道理。然而这样讲又似可以使人将"南国"理解为西周王朝南部的边域。而且从当时的族群地理分布看，周人所称"南国"是一个东西、南北较为宽阔的地域，还是与"疆域"的概念有差别。③ 所以唐兰的说法虽相当有道理，但似还未能尽合周人之意。上文在引用《诗经·大雅·崧高》时曾提及，对于西周诗篇中的"南国"，郑玄在笺中，孔颖达在其正义中，均有一个极通俗的解释，即是理解为"南方之国"，其意亦即"南方诸国"。这个说法虽简单，但好像更为接近西周人的观念。"淮夷"等在南国生活的族群，在金文中可以见到当有数十个小大邦，其中较大的邦，很可能已具有某种古代国家的形式，所以汉唐人将周人语

---

① 现代汉语有"附属国"一词，其词义是指名义上保有一定的主权，但在经济与政治方面以某种形式从属于其他国家的国家。参见中国社会科学院语言研究所词典编辑室编《现代汉语词典》，商务印书馆2005年版。此借用这一概念。

② 唐兰：《周王𫲗钟考》，《故宫博物院年刊》，1936年7月。

③ 《礼记·乐记》记孔子为宾牟贾讲表现武王克殷之武舞之程序，曰："且夫武，始而北出，再成而灭商，三成而南，四成而南国是疆，五成而分，周公左，召公右，六成复缀，以崇天子。""成"，郑玄注解释曰："犹奏也。每奏武曲一终为一成。"（郑玄注，孔颖达疏：《礼记正义》，阮元校刻：《十三经注疏》，第1542页。句断参考朱彬撰，饶振农点校《礼记训纂》，中华书局1996年版，第595、596页）参考郑注及孔颖达疏，此六成舞是：第一成，舞者先从南排左侧第一位而北上，至北排左侧第一位，即全舞之第二位；第二成，舞者由北排之第二位，向东行至北排右侧的第三位，象征东进克殷；第三成，即"三成而南"是说舞者从北排右侧的第三位南下至南排右侧的第四位，表示武王克殷后领兵南下；第四成"南国是疆"，"是"在此即"于是"，"疆"在这里应是"竟"的意思，《诗经·豳风·七月》："万寿无疆"，毛传曰："疆，竟也"，"竟"亦即"境"，亦同于"界"。《诗经·小雅·信南山》："我疆我理"，朱熹《诗集传》曰："疆者，为之大界也"，所以此"南国是疆"是说南国成了周王朝领土之南境，亦即是说周王朝南界已抵达南国，与"南国"接壤。学者或以为此句"表示南方诸国都收入了国界"，把这里的"疆"理解为"疆土""疆域"。这样理解似乎是不妥当的，终西周之世，周人也未能将上述地域广阔的南土纳入受周王朝有效治理的王国领域内。

言中的"南国"解释为"南方之国"实不无道理。当然,这个问题还需要再深入考虑。

限于篇幅与资料,本应与"南国"同时作研究的应该还有西周金文与文献中见到的"东国",未能在本文中讨论。但"东国"与"南国"在西周时期对于周王朝来说有共同的政治地理性质,应无疑问,本文对"南国"政治地理性质的理解也应适合于"东国"。①

如本文在开头时所言,对于西周时期周人所称"南国"政治地理性质的研究,是西周历史研究的重要课题,从本文所讨论的内容也可进一步看到,这个问题的明朗化,不仅有助于正确认识西周时期的政治地理格局及与之相关的早期国家形态,有助于了解西周王朝的经济政策与民族关系,同时也有助于正确阐释当时的若干重大历史事件。

(原载《历史研究》2013 年第 4 期)

---

① 在目前所能见到的文献与西周金文资料中,能有助于具体深入地考察当时周人所谓"东国"的资料不如"南国"充实。从西周金文看,"东国"内的主要居民似即是被国人统称作"东夷"或"戎"的若干族群。穆王时期的班簋铭文(《集成》4341)言"王令毛公以邦冢君、士(徒)驭、或人伐东国㾓戎,三年静东国","㾓戎"冠以"东国",可知㾓戎应该是东夷中一支,本身即居住于"东国"内。像上文所述生活于"南国"的淮夷曾"广伐南国"即控制整个南国区域一样,可能是穆王时㾓戎军事力量强盛,有控制"东国"的趋势,严重影响了周王朝在东国的利益,并威逼周王朝东土,故而王令执政大臣毛公率周人武装以三年时间镇压了㾓戎,达到"静东国"的局面。西周中期偏晚的史密簋铭文言"㪊南夷卢、虎会杞夷、舟夷、雚不所,广伐东国",可知杞夷、舟夷不是"南夷",而应即是生活于"东国"内的"东夷"的两支。(张懋镕:《安康出土的史密簋及其意义》,《古文字与青铜器论集》,科学出版社 2002 年版,第 25 页)约西周厉王时的晋侯苏钟铭文记录了厉王"亲遹(巡)省东国、南国",令晋侯东伐"㚬夷"(马承源:《晋侯稣编钟》,《中国青铜器研究》,上海古籍出版社 2002 年版,第 313—331 页),学者多认为"㚬夷"即属风姓之宿,亦是居住于"东国"的东夷一支。可见"东国"是周人称为"东夷"的若干族群主要居住区,周王朝对此一区域内东夷若干族群的政策应与上文所述对淮夷的政策是相同的。"东国"与"南国"一样,亦是西周王朝在东方的附庸区。"东夷"与"淮夷"不仅有种姓上的渊源关系,而且在西周晚期时,二者由于有相同的政治地位与共同的利益,故常会联合起来,用武力与周人争夺对整个"南国""东国"区域的控制权,凡几见于西周金文。

从"民本"到"君本"

——试论先秦时期专制王权观念的形成

晁福林[*]

摘　要："民本"思想的出现和发展有一个过程，最初只是统治者重民、爱民的一些说法，并没有达到"以民为本"的地步。我们现在提到的远古时代的相关辞语，只是春秋战国时人的述古之作中借远古衣袍所包装的自己的理念。在商周时代以神或宗法为主的时候，重民理念只是一缕微弱的思想之光。直到春秋时代的社会思想中，"民"才差可与"神"比肩。春秋战国之际，"民本"理念形成并在社会上成为一种有影响的社会理念。其时，"君本"思想的强大身影已经矗立其后。战国时期的"民本"思想经由"君本"而成为专制王权理念的一个思想因素。

关键词：先秦　王权　民本　君本

先秦思想家们的"民本思想"之花，温情脉脉而令人艳羡，但是观其发展，却成为冷冰冰的"专制王权"观念的一个思想因素。何以如此，确实是值得深思的一个问题。或以为先秦时期的"民本思想"是走向近代民主理念的基础。愚则以为它实即走向了"君本"，为君主专制开辟了道路。就其影响而言，秦的一统天下及秦汉迭兴，与先秦时期从"民本"到"君本"的这个转变所体现的王权专制观念的发展有一定关系。关于先秦时期的"民本思想"，历为学界关注，专家所论甚多，如梁启超《先秦政治思想史》、金耀基《中国民本思想史》、刘泽华《中国古代政治思想史·先秦卷》对于先秦时期的"民本思想"都有重要论析[①]，近年，张分田先生从民本思想在中国古代政治学说中的核心地位，以及它与帝制的根本法则和其历史价值等方面进行了精到的剖析[②]。这些成果为"民本思想"的进一步研究奠定了基础。愚在学习的过程中感到有些问题尚有拾遗补阙的余地，特撰此文，希望能够从其历史走向的角度梳理其源流，进行长时段的考察。不揣菲陋，试作讨论如下。

---

[*] 晁福林，北京师范大学历史学院教授。

[①] 梁启超：《先秦政治思想史》，东方出版社1996年版。金耀基：《中国民本思想史》，台北：商务印书馆1993年版。刘泽华：《中国古代政治思想史·先秦卷》，浙江人民出版社1996年版。

[②] 张分田：《论中国古代政治调节理念——民本思想在中国古代政治学说中的核心地位》（《天津社会科学》2007年第2期）、《儒家的民本思想与帝制的根本法则》（《文史哲》2008年第6期）、《论"中国古典模式"的政治学说体系》（《天津师范大学学报》2013年第3期）等。

一 一缕微弱的光：重民思想的出现

商周时期神权强大，尤以商代为甚。从西周开始，社会理念中出现了一些重民的因素。较早的先秦时期的文献所载对于"民"的作用的重视之语，应当是"民本"思想的滥觞。周卿祭公谋父曾经比较商周两代对于神、民的认识，并将这一点作为武王灭商的一个重要原因。他说：

> 武王昭前之光明，而加之以慈和，事神保民，莫弗欣喜。商王帝辛，大恶于民。庶民不忍，欣戴武王，以致戎于商牧。是先王非务武也，勤恤民隐而除其害也。①

这里所谓的"民隐"，指民众的苦痛。周武王能够抚恤民众痛苦，能够"事神保民"，相比之下，商纣王却"大恶于民"。祭公谋父显然把"保民"认作周武王取得成功的关键之举。

周人虽然重视"保民"，但对于"事神"也并不放弃。东周襄王时期的卿士富辰曾谓"祥，所以事神也；仁，所以保民也"，为什么要提出这两项呢？是因为"不祥则福不降，不仁则民不至"②，事神可以得到吉祥，保民可以显示君主的仁爱而让民众归服。神赐的吉祥与民众的拥戴，在富辰之语中可谓不分轩轾。周穆王时期祭公谋父所说的"事神保民"③，可以说是有周一代所奉行的基本理念之一。

上古时代的重民思想虽说是"民本"思想的源头，但是两者之间还有着不短的距离。标准的"民本"理念是民为邦本，即承认民众是国家的根本。上古时代的重民思想则并没有达到这个高度，那个时期还没有民为邦本的观念出现。

我们先来分析一些常常被引用的材料。《尚书·康诰》与《尚书·多士》篇谓：

> 天畏棐忱，民情大可见。
> 惟我下民秉为，惟天明畏。

这两条辞语，第一条谓天的威严不可料知，唯可见到的就是民情。第二条谓周得天命，是因为我们民众顺从教化（"秉为"），是因为上天明察而威严（"天明畏"）。若以为这就是"民本"思想的表现，愚以为似乎估计过高。周诰的这两段话表明，周初政治理念中重要的还是颂扬天命，强调"天"的权威（"明畏"），只是指出了天意难知、民情可见而已。这两段话里面，虽然指出了关注民情以及民众顺从天意的重要，但是并没有天随民愿的概念寓于其中，把它和春秋战国时期出现的"民本"思想等同起来，似不可取。

---

① 《国语·周语》上。
② 《国语·周语》中。
③ 《国语·周语》上。

值得我们再探讨的是《尚书·皋陶谟》的下面这段话：

> 天聪明自我民聪明；天明畏自我民明威。

这段话的意思是说，民是天之耳目，天的明察与威严与民相同①。这两句话所突出的是"天命"与君德。后来，孟子引《泰誓》之语"天视自我民视，天听自我民听"②，不啻为"天聪明自我民聪明"的翻版。说这两句话是皋陶之语，其实，《皋陶谟》篇是战国时代儒家的述古之作③。这两句话固然有皋陶的史影，但具体辞语则应当是后人所为，不可断定其为夏以前时代的观念。

纵观上古时代文献所载，与《尚书·皋陶谟》篇所说"天聪明"之语颇为近似的还有下面这段话：

> 民之所欲，天必从之。④

这段话前一段意思是天随人愿。它出自《尚书·泰誓》。我们应当说一下此篇的成书问题。此篇不见于今文《尚书》。西汉时壁内所出别本《泰誓》，因其中有"白鱼入于王舟""赤乌覆王屋"等休祥之事，与汉代笃信谶纬之风相合，故汉儒多有言之者。先秦秦汉时期的《泰誓》篇的原貌今已不可见。先秦古书，如《左传》《国语》《墨子》《礼记·坊记》《荀子》《管子》等所称引的《泰誓》的一些辞语，当是古本《泰誓》遗珠。汉时流传的《泰誓》，马融谓其"后得"，孔颖达谓"马融惟言'后得'，不知何时得之"⑤，今亦不可得见。今所见伪古文《尚书·泰誓》是魏晋时伪作。古本《泰誓》当是西周春秋时期的述史之作，"民之所欲，天必从之"，为《左传》《国语》所引，当为古本《泰誓》之语。可以视为西周春秋时人的理念。

《皋陶谟》和《泰誓》的这些语言表达了"民"的意愿的重要，是西周时期文献所载重民思想的典型表达。对于强大的神权理念而言，这些重民的辞语固然是一个进步，但也应当看到它还有相当的局限性。这类言辞所表达的中心思想强调了"民情""民欲"，可是并没有说它的重要性超过了天、神。西周时期延续了商代以神为主的传

---

① 《皋陶谟》"明畏"，历来释解多谓显善而惩恶，有增字解经之嫌。愚以为其意当指内心明察与外表威严，杨筠如谓"明、威相对成义"（《尚书覈诂》，陕西人民出版社2005年版，第57页），不附加善恶观念，是正确的。

② 《孟子·万章》上篇引《泰誓》。伪古文《尚书》将此语纳入《泰誓》中篇。

③ 对于这个问题专家所论甚多，如张西堂举四证论定此篇之作"至早在战国末年"（《尚书引论》，陕西人民出版社1958年版，第180页）。屈万里说"本篇文体、习用语及思想，皆与《尧典》相似，疑与《尧典》同时（或稍后）著成。《孟子》书有'禹闻善言则拜'之语，当即本篇'禹拜昌言'之语而言。本篇之著成，"当在孟子之前"（《尚书·今注今译》，台北：联经出版社1973年版，第21页）。刘起釪说此篇"是儒家就所搜集得的资料运用自己的德教思想加工编写成的"（《尚书校释译论》，中华书局2005年版，第432页）。

④ 此语见《左传》襄公三十一年和昭公元年，《国语·周语》中及《国语·郑语》引《泰誓》。伪古文《尚书》将此语纳入《泰誓》上篇。

⑤ 孔颖达：《尚书·正义》卷五。

统,并未有根本格局的变化。商代重神,甚至残民以事神。出现于《尚书·商书》诸篇里的"民",多被称为"憸民",这些"民"自作不善而"民中绝命",并且相互争斗,"小民方兴,相为敌雠",这些"民"还不敬天神,甚至"攘窃神祇之牺牷牲用"①,等等,这些"小民"的德行实在乏善可陈。西周时期尊天敬神,尤其尊崇祖先神灵。周人认为是上天革了殷命,这是周王朝立国的终极依据。周人崇敬天神,企盼祖先神灵庇佑和赐福,这类辞语充斥于如今所能见到的数量众多的彝铭文字。西周时期固然出现了一些重民言辞,如"人无于水监,当于民监"②、"天聪明自我民聪明"等,但和铺天盖地的尊天敬神的理念相比,这些重民的辞语只能算是有识之士所发出的微弱呼唤。

二 神、民并举:春秋时代重民理念的发展

春秋时期的思想家和有识之士,往往纠结于天神与人民二者之间的关系。他们一方面要继承传统而颂扬天神的权威,另一方面又强调民的影响,其目的是让君主将政治理念从重天重神转向重人重民。最著名的例子有以下几个:

其一,鲁桓公的时候,楚伐随,随贤臣季梁劝告随侯重民而修战备,说道:

> 夫民,神之主也。是以圣王先成民而后致力于神……故务其三时,修其五教,亲其九族,以致其禋祀,于是乎民和而神降之福。③

季梁所言"民,神之主也",是一个备受称赞的命题,他提出民众是神的主宰("神之主"),这是社会理念的一大进步。在社会理念的范畴内,神虽然没有退出,但依季梁的说法则应当是"先成民而后致力于神",先致力于民事,再致力于神事。然而,君主致力于民事的目的却还是向"神"证明在君的治理下民众生活得很好("民和"),证明君主值得神予以信任,所以神才会降下福佑。从季梁的这段话里,可以看出,民事虽说在前,但神事的重要却一点也不逊于民事。

其二,鲁庄公的时候,著名的齐、鲁长勺之战以前,曹刿向鲁庄公询问鲁国应战的准备,鲁庄公说祭神时态度诚实,"牺牲玉帛,弗敢加也,必以信"。曹刿即指出这只是小信,神不会降下福佑。待鲁庄公说出对民众负责的"小大之狱,虽不能察,必以情"这一项的时候,曹刿才肯定鲁国"可以一战"④。在曹刿看来,民众的拥戴(而非神之赐福)才是鲁国可以制胜的关键。

其三,鲁文公的时候,邾国占卜迁都之事,结果是若迁都就会对民有利而对君不利,邾文公说:"苟利于民,孤之利也。天生民而树之君,以利之也。民既利之,孤必

---

① 见《尚书》的《盘庚》《高宗肜日》《微子》等篇。
② 《尚书·酒诰》。
③ 《左传》桓公六年。比季梁之语还要稍晚一点提出这个命题的是宋卿司马子鱼,他反对用人牲祭社神,说:"民,神之主也。用人,其谁飨之。"(《左传》僖公十九年)
④ 《左传》庄公十年。

与焉。"① 邾文公决定迁都,显然把"民之利"摆在了君之利以上。

其四,鲁庄公的时候,传说有"神"降临于莘地,虢国的君主派人前往祭祷,虢国贤臣史嚚即指出:"虢其亡乎!吾闻之,国将兴,听于民;将亡,听于神。神聪明正直而壹者也,依人而行。"② 他认为神要以人的意志为转移("依人而行"),如果只信神而不信人,那就一定会亡国。在史嚚看来,国君听从民众的意见,国家才会兴旺。而在虢国的君主看来还是应当笃信于神。

其五,鲁昭公的时候,郑人请求采用占星家裨灶关于郑国将发生火灾的预言以防止火灾,郑国执政之卿子产说:"天道远,人道迩,非所及也,何以知之。灶焉知天道?是亦多言矣,岂不或信?"③ 子产不信裨灶所言,实际上是对天道有所怀疑,子产因此没有采纳众人的建议。子产所言,比较了天道与人道,认为人道因为距离社会现实较近而应当受到重视。

春秋时人重视"民"的言论和事例,我们还可以从史载中找出不少。其特点一般是有识之士抨击或谏劝佞神的君主,要他们将关注的重点从神移向民。民之所以受到重视,与其在社会的影响日盛有直接关系。民众力量渐巨,这是自西周后期以来的社会现实。周厉王的暴虐导致"万民弗忍,居王于彘"④,成为西周后期国人暴动及共和行政的直接动因。春秋各国君主因为虐民而被驱逐出国,或被杀之事,每每见于史载,卿大夫之间的斗争也多以民众舆论导向为利器。春秋时期弑君之事频发,可说是前无古人、后无来者的事。明清之际大儒王夫之曾经就弑君事件比较春秋与战国的区别,他说:

> "孔子作《春秋》而乱臣贼子惧",非虚说也。春秋二百四二年之间……有妾妇之小人,而无枭獍之大逆。⑤

为什么春秋有"弑君"而战国无"大逆"呢?最重要的原因当然是宗法分封之制于春秋之世的颓废和卿大夫阶层的勃兴。但国君所不能控制的民众力量的强盛也是重要因素。权卿挟民众之势而觊觎君权成为春秋时期的常态。春秋后期鲁昭公被三桓逼出国外,晋国的史墨评论此事谓:"鲁君世从其失,季氏世修其勤。民忘君矣!虽死于外,其谁矜之。"⑥ 显然,史墨认为鲁国民众的意愿才是此事最重要的原因。

"天道远,人道迩",子产所言虽为卓识,诚如梁启超所说"此论可以代表当时贤士大夫之心理"⑦,但这并不意味着"天道"已经远离社会而去。天和鬼神仍然占据着社会观念的主导地位。鲁国宗伯夏父弗忌在祭典上破坏了昭穆次序,鲁大夫展禽即批评

---

① 左传文公十三年。像邾文公这样以"利于民"为重的事例还见于春秋后期的宋景公,《吕氏春秋·制乐》篇载,星相家建议宋景公将荧惑(即作为凶星的火星)所警示的祸患移于民或移于年成收获,宋景公拒绝了这个建议,说:"岁害则民饥,民饥必死。为人君而杀其民以自活也,其谁以我为君乎?"(《史记·宋世家》亦载此事而稍简)
② 《左传》庄公三十二年。
③ 《左传》昭公十八年。
④ 《左传》昭公二十六年。
⑤ 王夫之:《读四书大全说》卷八,中华书局1975年版,第587页。
⑥ 《左传》昭公三十二年。
⑦ 梁启超:《先秦政治思想史》,第34页。

他，说他"犯鬼道二，犯人道二"①，所以必遭祸殃。在展禽看来，"鬼道"当属不可移易之准则。和"鬼"比起来，"天"应当算是神灵世界中的巨擘，其地位在春秋时期也和神一样，虽然地位下降，但依然有较大影响。郑文公贱妾因为"梦天使与己兰"②，所以其子终为郑君。晋大夫赵婴因"梦天使谓己祭余"③，赵婴果然因祭天而得以逃亡国外，从而免遭杀戮。周卿单襄公指出遵奉天道是周的不可废弃的传统，谓

> 先王之令有之曰："天道赏善而罚淫，故凡我造国，无从非彝，无即慆淫，各守尔典，以承天休。"④

所谓"先王之令"，即自周文王、武王以来的传统理念。这个理念中"天道"居于首位，它可以赐国家和下民以福佑（"天休"）。春秋战国时人常言天道，并且把其内涵从天神向自然靠拢和转化。郭店楚简《语丛》一谓："察天道以（化）民气。"⑤尽管这个天道有一定的"自然"之意，但它依然有强调天神之明察与影响力的理念存在于其间。

鬼神在春秋时期的社会信仰中依然有重大而普遍的影响，墨子对于鬼神的社会影响有一段集中的论述。他说：

> 尝若鬼神之能赏贤如罚暴也。盖本施之国家，施之万民，实所以治国家、利万民之道也……故鬼神之明，不可为幽闲广泽，山林深谷，鬼神之明必知之。鬼神之罚，不可为富贵众强，勇力强武，坚甲利兵，鬼神之罚必胜之。⑥

按照墨子所论，可以说鬼神无处不在，无时无处不明察秋毫，上至国家下至民众无不在鬼神的眼光之内而被监视。墨子著《明鬼》篇列举历史与现实的诸多事例来论证"鬼神之明"的可信及其对于社会的重要。这应当是当时社会占主导地位的社会观念的反映。孔子把"畏天命"⑦列为"三畏"之首，可见天命影响之巨大。虽然"民"为神之主，但神人关系的基本格局却依然如故，远见卓识如季梁者还是肯定"民和而神降之福"，是神赐福于民，而非相反。就连著名的子产也还是相信鬼神，认为人死之后"能为鬼""为厉"⑧。总之，春秋时期依然是一个天神威严、鬼影憧憧的时代。和西周时期有识之士的关于"重民"的微弱呼吁相比，可以说春秋时期的"重民"思想已经

---

① 《国语·鲁语》上。
② 《左传》宣公三年。
③ 《左传》成公五年。按，汉代王符《潜天巫列》引此事说明不可信天神，谓"赵婴祭天而速灭"[（清）汪继培笺，彭铎校正：《潜夫论笺校正》，中华书局1997年版，第303页]，将逃亡国外，误认为是灭亡。
④ 《国语·周语》中。
⑤ 武汉大学简帛研究中心、荆门市博物馆编著：《楚地出土战国简册合集》（一），文物出版社2011年版，第141页。
⑥ 《墨子·明鬼》下。
⑦ 《论语·季氏》。
⑧ 《左传》昭公七年。

形成了一股有影响的社会思潮。对于社会观念的变迁而言,这不能不说是一个巨大的历史进步。重民理念兴起于先进的思想家和有识之士中间,并非社会观念的共识。就社会观念的整体而言,若以神、民并举来概括春秋时代的社会理念,当庶几近之。

三 "民本":"君本"思想之影

西周春秋时期的"重民""爱民"思想,是"民本"思想之源,但还算不上真正的"民本"理念。真正的"民本"理念的表达是"民惟邦本",它见于伪古文《尚书·五子之歌》,值得我们深入辨析。这段话是:

> 皇祖有训:民可近,不可下。民惟邦本,本固邦宁。予视天下,愚夫愚妇,一能胜予。一人三失,怨岂在明,不见是图。予临兆民,懔乎若朽索之驭六马。为人上者,奈何不敬?

依照《五子之歌》所说,发布训辞的"皇祖"指大禹。《五子之歌》述夏初太康失国的时候,他的五个弟弟和母亲在洛水北岸等待,五个弟弟各自作歌一首而述其志,上引这段话是五歌之首。其内容是讲君主治民之法,主体内容有二:一是对于民众可以亲近,但不可过度而失掉自己的国君身份;二是要敬重"兆民",有危机感,就像用朽腐的缰绳来驾驭六匹马那样时时小心。能够提出"民惟邦本"这一极富生命力的命题,把民众于国家政权中的地位提升到"根本"的高度来认识,实是传统的"重民"理念的一大进展。

要说明"民惟邦本"这一理念出现的时代,就必须对《尚书·五子之歌》篇的成书问题加以讨论。《左传》襄公四年谓:"《夏训》有之曰:'有穷后羿。'"此语见《五子之歌》,孔颖达指出:"述大禹之戒以作歌,其一曰《皇祖有训》,是大禹立言以训后,故传谓此书为《夏训》也。"[①] 显然,这段话原本当属《夏训》,盖战国时人述古而写夏史时才有《五子之歌》一篇。《五子之歌》述此事谓:"太康尸位以逸豫,灭厥德,黎民咸贰。乃盘游无度,畋于有洛之表,十旬弗反。有穷后羿,因民弗忍,距于河。厥弟五人,御其母以从,徯于洛之汭。"《史记·夏本纪》述太康失国事谓"太康失国,昆弟五人须于洛汭,用《五子之歌》"。《史记集解》引孔安国说谓:"盘于游田,不恤民事,为羿所逐,不得反国。太康五弟与其母待太康于洛水之北,怨其不反,故作歌。"孔安国、司马迁所言太康失国事与《五子之歌》相合而与《左传》襄公四年所载后羿"因夏民以代夏政"事相距较远,可以推测,《夏本纪》载此事是以《五子之歌》为依据的,而未取《左传》之说。专家曾据《五子之歌》因在汉儒著作里未被称引而断定其为伪书[②],此说虽不误。但从《夏本纪》述此事的情况看,或可推测先秦时实有《五子之歌》,是战国时人的述古之作。正因为司马迁见到过《五子之歌》,故《夏本纪》不仅载有《五子之歌》之名,而且述有太康失国之事。同样的道理,也正因为孔安国见过是篇,所以其述史亦与《五子之歌》相同。愚以为战国时人作《五子之

---

① 孔颖达《春秋左传正义》卷二九。
② 蒋善国:《尚书综述》,上海古籍出版社1988年版,第318页。

歌》时取太康失国史事，并取《夏训》之训诫辞语，连缀成篇，《五子之歌》非必为梅赜所向壁虚拟①。"民惟邦本"之语虽然可能出自所谓的"夏训"，但其内容却不可能是夏代思想，而当是战国时人在"重民"思潮影响下所创制的辞语。

"重民"思想在先秦时期政治理念中的地位不断上升，春秋后期以降，不断有先进的思想家把民众的地位升至国家之根本的位置。可以说，在这个时候，区别于一般的"重民"思想的"民本"理念才正式形成。春秋后期关于"民本"这一理念的典型表达出自齐国的大政治家思想家晏婴，他在回答晋国叔向关于"处乱世其行正曲"的问题时说：

> 婴闻之，卑而不失尊，曲而不失正者，以民为本也。苟持民矣，安有遗道！苟遗民矣，安有正行焉！②

晏婴这段话的意思是说，假若自己地位卑下而不失尊严、社会邪曲时自己不失方正的德行，那就要坚持以民众为国家的根本。如果能够坚持以民为本，哪里能遗失正道呢；如果抛弃了以民为本，哪里能有方正的德行呢。《尚书·五子之歌》的"民惟邦本"与《晏子春秋》所载晏子所谓"以民为本"，可以视为先秦时期"民本"理念的典型命题③。

关于"民本"理念的两个典型表达，除了"民惟邦本"和"以民为本"之外，还有就是孟子所说的：

> 民为贵，社稷次之，君为轻。是故得乎丘民而为天子。④

孟子这里所说的"贵""次""轻"皆指价值的重要性质而言。孟子比较了民众、国家政权、君主三者的重要性，并且在这三者的比较中，将民众作为价值最为重要者，而君主的价值是最末位的。"民贵君轻"理念可以说是"民为邦本"理念的另一种表达。孟子的"民为贵"之说，比之于传统的"民为邦本"有一个重要的进步，那就是命题当中没有让"君"缺失。"君"的出现是"民本"理论的一个进步。只有"君"的出现，才使人们在价值的天平上明显地看到"民"的分量。

---

① 关于伪古文《尚书》成书，是一个重大而繁难的大问题，愚学力不够，不能作出深入论析，此处仅就《五子之歌》一篇的成书，略谈粗浅看法，以供专家参考。
② 《晏子春秋·内篇·问下》。
③ 后世循此而论者，如《淮南子·主术》"民者，国之本也"，董仲舒《春秋繁露》说："天之生民，非为王也；而天立王，以为民也。故其德足以安乐民者，天予之，其恶足以贼害民者，天夺之。"《三国志·吴书·贺邵传》"夫民者，国之本"，《明太宗皇帝宝训》卷二"国之本在民"，《四库全书提要·子部总叙》"民，国之本也"。"民本"理念自先秦至明清，世代皆有述论，流传之悠远，于此可见。
④ 《孟子·尽心》下。

"民惟邦本"①，这个命题在中国古代历史上不断地被诠释、被演绎，成为社会舆论的亮点，每每见诸历代皇朝文诰和官员奏章。这里可以仅举一例，以概其余。元武宗的时候，委任章律为江浙行省平章，皇帝给他的训辞里即谓："民为邦本，无民何以为国！汝其上体朕心，下爱斯民。"②可以说，"民为邦本"的理念不仅为先进的思想所坚持所阐述，而且历代皇帝，若非特别残暴和低能者，也能够接受，还有奉之若神明者。"民本"理念是我国古代政治理论的精华。"民本"理念可以衍化出爱民、裕民、富民、利民等多种有利于民众的表达辞语，历代王朝的统治者若如此爱民，以民为本，固然是好事，和盘剥残害民众的劣行相比有天渊之别。然而，应当指出的是，"以民为本"理念与关爱民众只是一种治术，其终极目的是为君主献策。这是"民本"理念生而俱来的底色。我们可以通过分析"民本"理念的典型表述的三个材料来讨论这个问题。

首先，提出"民惟邦本"的《五子之歌》篇明谓"民可近，不可下……予临兆民，懔乎若朽索之驭六马"，于此，让我们可以一览无遗看到的是君主对民众的戒惧心理。作为君主，为什么对于民众既要亲近，又要戒惧呢？这是因为普通民众虽然在君主看来多是愚夫愚妇，但却不会完全驯服，有时候也会掀翻车辆，把御手和车上的君主摔下来。按照《五子之歌》所云"民惟邦本"之论，民众是国家的根本，只是说明他们是国家的、为君主所驾驭的基本群众，所以必须予以重视。这里的"民"即像驾车之马匹一样，是君主所驾驭的力量，所驱使的工具。以驭马来比喻君主统治民众，为战国时所常用。如《孔子家语》卷六载孔子语即谓："古者天子以内史为左右手，以德法为衔勒，以百官为辔，以刑罚为策，以万民为马，故御天下数百年而不失。"《管子·形势解》篇亦谓："造父，善驭马者也，善视其马，节其饮食，度量马力，审其足走，故能取远道而马不罢。明主犹造父也，善治其民。"荀子讲君道，明谓君道即"治国驭民"，指出"马骇舆，则君子不安舆；庶人骇政，则君子不安位。马骇舆，则莫若静之；庶人骇政，则莫若惠之"③。韩非子说闻名于天下的驭手叫王良，"尧、舜亦治民之王良"④。由此可见，《五子之歌》所谓的"予临兆民，懔乎若朽索之驭六马"的辞语产生于这个时代应当是顺理成章的事情。

其次，晏婴的"以民为本"之论，是他与作为晋国三朝重臣的叔向讨论如何处乱世之道的话，叔向的问题是："正行则民遗，曲行则道废。正行而遗民乎？与持民而遗道乎？"⑤坚持公正办事就会失去民众拥护，邪曲行事就会使道义废弃。这种时候，该如何做呢？是失去民众，抑或是失去道义呢？晏婴的回答是必须坚持以民为本。只有这样做才能够既不失民心，又不失正道。叔向和晏婴分别是晋、齐两个大国有影响的与国

---

① "民惟邦本"的"惟"字当依《玉篇》训为"为也"，王引之曾引《尚书·皋陶谟》"共惟帝臣"以证之（《经传释词》卷三，岳麓书社1985年版，第56页）。"民惟邦本"的"惟"字，亦当如是。春秋时期还有"以人为本"的命题，与"民惟邦本"相近，此语出自《管子·霸形》"霸王之所始也，以人为本，本理则国固，本乱则国危"。

② （清）毕沅：《续资治通鉴》卷一九七，中华书局1957年版，第5377页。

③ 《荀子·君道》、《荀子·王制》。

④ 《韩非子·难势》。

⑤ 这段话里的"正行"，专家或解为行为正直；或解为秉承上意。当以前解近是。这段话里的"与"，王引之《经传释词》训为"如"，苏舆释为"抑"，吴则虞以为苏说是（《晏子春秋集释》卷四，中华书局1962年版，第282页）。

君关系密切的卿大夫，他们讨论的问题实质是臣道，亦为协助君主的治民之术。

复次，孟子"民为贵"之论的思想光辉往往掩盖其背后的实质。朱熹倒是看出了其中的奥妙。他说："国以民为本，社稷亦为民而立，而君之尊，又系于二者之存亡，故其轻重如此。"[1] 朱熹所说"君之尊又系于二者之存亡"，正道出了关键。民之"贵"和社稷的"次之"（比较"贵"）都是"君之尊"的铺垫。民之为"贵"，贵就贵在可以使君"尊"。"君为轻"，指的是君主个人的力量比之民众为轻，从使君位尊崇这个角度看，民众的力量胜于君主个人的力量。孟子的理论中，君位之尊崇与君主个人力量的低下，这两者并不相左。明清之际大儒王夫之曾经比较民、社稷、君三者之轻重，指出：

> 孟子所云"民为贵，社稷次之，君为轻"者，以天子之驭诸侯而言也……"得乎丘民而为天子"，则为天下神人之主，奉民之好恶以进退天下之诸侯而立其社稷……王所奉者民心，而诸侯社稷一唯王之建置，则其重轻审矣。[2]

在王夫之看来，君主只要得民心，便可以命诸侯、置社稷，使己位得尊，此即"民贵君轻"说的关键。《吕氏春秋·爱类》说所谓"人主有能以民为务者，则天下归之"，正符合"民贵君轻"之意。孟子之说虽然没有把民众视为君主的工具，但却从另一角度阐释了民众与君主之间的辩证关系。

民本思想的价值趋向所指固然有关爱民众、使民众受益的因素，但最终目的还是在于维护君权，巩固君主的统治。后世从"民为贵"的理念出发，常常强调天为民而生君[3]，但却不提民与君的关系。其实早在春秋中期就已经有远见卓识者明确地讲出民、君关系的肯綮。这就是晋之贤臣师旷的一段话。这段话是师旷对于卫君被逐出国之事的评论，晋君认为卫国民众把国君赶走，这件事做得太过分了，师旷的看法与晋君不同，他说道：

> 或者其君实甚。良君将赏善而刑淫，养民如子。盖之如天，容之如地。民奉其君，爱之如父母，仰之如日月，敬之如神明，畏之如雷霆。其可出乎？夫君，神之主而民之望也。若困民之主，匮神乏祀，百姓绝望，社稷无主，将安用之？弗去何为！天生民而立之君，使司牧之，勿使失性。有君而为之贰，使师保之，勿使过度……天之爱民甚矣，岂其使一人肆于民上，以从其淫，而弃天地之性？必不然矣。[4]

在师旷看来，不良的君主应当被民众赶走，这很正常。民众可以撤换君主，这正是

---

[1] 朱熹：《四书章句集注·孟子集注》卷一四，中华书局1983年版，第367页。
[2] 王夫之：《读四书大全说》卷一〇，第746页。
[3] 《荀子·大略》："天之生民，非为君也；天之立君，以为民也。"《春秋繁露·尧舜不擅移汤武不专杀》："天之生民，非为王也；而天立王，以为民也。"《汉书·文帝纪》："天生民，为之置君以养治之。"等，是皆为例。
[4] 《左传》襄公十四年。

"民本"思想的一个精华,一个亮点,确实非同凡响,历来专家对此给予高度评价是完全正确的[①]。使百姓"绝望"的暴虐之君被废弃,这固然意味着民众有一定的权力,但是在正常的情况下,君主则代表着天意,是天为芸芸众生设立了君主,就像为马群设置牧马人一样,君主是奉天命而放牧芸芸众生("使司牧之"),并且委派了"师保"来辅佐君主放牧。君主如何"牧民",成为历代统治者关注的中心问题之一。《管子》一书的首篇即称为《牧民》,并且《管子》一书讲了许多"牧民"之法,如谓:"凡牧民者,欲民之可御;欲民之可御,则法不可不审;法者,将立朝廷者也;将立朝廷者,则爵服不可不贵也。""上不行君令,下不合于乡里,变更自为,易国之成俗者,命之曰不牧之民。不牧之民,绳之外也,绳之外诛。""主牧万民,治天下,莅百官,主之常也。"[②]驾驭民众可以说是"民本"思想的主线,君主重视民众,这和牧马人、驭手重视马群、马匹是一样的道理。君主"爱民"如同牧羊人喜爱自己的羊群,牧马人喜爱自己的马群。不听君主命令者就是"不牧之民",就要被诛杀("绳之外诛")。从《尚书·五子之歌》以"驭六马"喻君治兆民,到师旷所说君对民的"司牧",再到《管子》所强调的"牧民","民本"思想中的这条以驾驭民众为核心的线索应当说是比较明显的。我们还应当注意到师旷这段话里与春秋前期卓识之士所提出的"民为神主"这样著名命题的完全不同的说法,他认为"君,神之主而民之望也",君不仅是"神"之主,而且是民众的景仰和希望之所在,君的主宰地位于此可见。

以"君"为本的理念,没有在先进的思想家的言论中频繁出现,这并不意味着社会舆论对于君主的轻视。所有阐释"民本"理念的辞语中,如果"君主"之辞缺失,那么君主的概念也会隐藏在这段辞语的背后,可以说在实际的逻辑中,"君本"是常在的价值指向,"民本"理念并没有超逸出其范围。

四 一步之遥:从"君本"理念到专制王权观念的构建

战国时期的新君主,与西周春秋时期的周天子与各诸侯国君主的一个很大区别是君主个人手中的权力远胜于以前。以前的君主往往受到宗法分封体系下所形成的卿权的掣肘,所以春秋时期诸侯国君主被废被逐之事不绝于史载,而战国时期的新君主的地位则较以前强大得多,这是废分封、行郡县的结果,也是实行授田制之后将井田制下的农夫变成国家直接控制的自耕农民的结果。战国时期,政治理念中"君本"的理念也逐渐发生了一些变化。"君本"理念的核心是坚持君主是国家的根本,社会政治的一切权力围绕君主而展开。战国后期的专制王权理念则把"君本"的内涵发展到极致。

首先,帝号的创建。从名号上讲,战国时期的君主已经明显看到周天子不经"革命"就已经自然沉沦,所以无须再用"革命"的手段将"天子"这个尊号夺归己有,战国七强的国君先后称"王",已与作为"天子"的周王平起平坐。后来,又以"帝"为称,以示比"王"更高一级。苏秦游说秦惠王时吹捧秦惠王,谓其"可以并诸侯,

---

[①] 梁启超说师旷之语表现了"对于人民积极负责之精神"(《先秦政治思想史》,第37页),刘泽华说师旷之语表明"赶跑暴君是合乎天理的,君主肆意横行必将受到处罚(《中国政治思想史·先秦卷》,第56页)。

[②] 依次见《管子·权修》《管子·法法》《管子·形势解》。

吞天下，称帝而治"①。也有术士劝说燕王与秦、赵并立，"秦为西帝，燕为北帝，赵为中帝，立三帝以令于天下"②。秦昭王和齐湣王并峙为西帝、东帝。战国中后期诸子则往往径以"帝王"言说各国君主。战国中后期这股称"王"称"帝"的潮流，是各国君主急于扩张权力的表现。战国时期述史之作中也就时常出现上古时代的"帝"如何关爱"民"的说法，例如说黄帝"抚万民"（安抚万民）；帝颛顼"治气以教民"（观察五行之气，教民播种）；帝喾"顺天之义，知民之急……抚教万民而利诲之"③（顺从天义，知道民众困难，安抚和教育民众趋利避害）；帝尧"协和万邦，黎民于变时雍"④（帝尧能够协调和顺天下的邦族，民众们拥戴帝尧都变行和善）；帝舜"使禹敷土，主名山川，以利于民"，派皋陶主察狱讼之事，"知民之情"，派契主司徒之事，"教民孝友"；帝禹爱护民众"为民父母"⑤"因民之欲，会天地之利夫，是以近者悦治，而远者自至"⑥。舜出身低微，孔子说他是"爱民之民"⑦。"爱民"的君主居高临下，恩赐于民。比较而言，民只能感恩戴德。正如《吕氏春秋·荡兵》篇所说，"民之说（悦）也，若孝子之见慈亲也，若饥者之见美食"。总之，在述上古历史的时候上古诸帝的伟大功绩之内总有爱民之举在内。战国时期的述史之作给上古帝王加上爱民的光环，固然有远古史影为据，但也是在为"民本"理念张目，也有其为新君主登上历史舞台造势的效果。"民本"理念正是在这里找到与专制王权观念的结合点。

其次，论证君主的权威性。从"民本"和"君本"理念升发出来的思想之一是君主权威之广泛。孟子曾向梁惠王进言，让他"一怒而安天下之民"⑧，孟子所提出的理论根据就是《尚书·泰誓》所言"天降下民，作之君，作之师"。为什么君主一怒就可以安天下之民呢？那是因为君主是上天所派遣的"君"（"作之君"），君主行使权力乃是天经地义的事情，所以君主的情绪必然影响天下，于是君主也可以威风凛凛。关于君主权威之广泛性，《管子·版法解》的说法相当典型，是篇谓："凡人君者，覆载万民而兼有之，烛临万族而事使之；是故以天地日月四时为主为质，以治天下，天覆而无外也。"这个说法很合乎老子的"四大"之说。老子谓："道大，天大，地大，王大。域中有四大，而王处一。"⑨ 就社会而言，老子说的道、天、地这三大皆为虚置，唯有"王"才是现实存在。君主之治兼有天下，正是《管子·版法解》所谓的"天覆而无外"，天底下的事都归君主所管辖，君主权力范围之广，可谓无以复加，甚而至于人世之外的神，也唯君主之马首是瞻。在君、神、人这三者的关系上，战国时期楚国学者鹖

---

① 《战国策·秦策》一。
② 马王堆汉墓帛书《战国纵横家书·谓燕王章》，文物出版社1976年版，第85页。
③ 《大戴礼记·五帝德》。
④ 《尚书·尧典》。
⑤ 《大戴礼记·五帝德》。
⑥ 上博简《容成氏》第19简，马承源主编：《上海博物馆藏战国楚竹书》（二），上海古籍出版社2002年版，第264页。
⑦ 上博简《子羔》第7简，马承源主编：《上海博物馆藏战国楚竹书》（二），第191页。
⑧ 《孟子·梁惠王》下。
⑨ 《老子》第二十二章。郭店楚简《老子》甲本第22简所载与传世本一致，唯有个别字的不同，即传世本的"域"，简本作"国"。

冠子曾谓"君也者，端神明者也，神明者，以人为本者也"①。所谓"端神明者"意即引出神明者，这个人就是"君"，君就是可以领导以人为本的神明的人，其权威性自不待多言。君主权威性的另一个表现是其地位的不可挑战。战国时人每谓"天无二日，国无二君"②，以"天无二日"所喻指的乃是国（或土）没有两个最高权威，即国家的君主只能是唯一的。只要对比一下春秋时人所谓的"有君而为之贰"就可以明显体会到"国无二君"所强调的关键之所在。西周后期所出现的"溥天之下，莫非王土。率土之滨，莫非王臣"③。春秋时期曾经被人引而述之，但战国时期则少有人提及④，代之而用的则是"天无二日，土无二王"。战国时期的新君主已经不留恋周王之尊，而是要搜取更大的尊荣。"天无二日，土无二王，国无二君"⑤，这种新的社会理念，正适应了这个转变。重视"民本"的思想家与有识之士同时又强调君主的权威性，二者之间并无龃龉。

再次，驾驭民众是专制观念的核心内容之一。在战国时期的王权专制思想里，"驭民"与"爱民"二者密切相连。其典型的表述，见于《荀子·王制》篇，是篇谓：

> 马骇舆，则君子不安舆；庶人骇政，则君子不安位。马骇舆，则莫若静之；庶人骇政，则莫若惠之。选贤良，举笃敬，兴孝弟，收孤寡，补贫穷。如是，则庶人安政矣。庶人安政，然后君子安位。《传》曰："君者、舟也，庶人者、水也；水则载舟，水则覆舟。"此之谓也。故君人者，欲安，则莫若平政爱民矣。

荀子认为对于君主而言，最需要的是政治平稳，平稳的基本条件就是要让"庶人安政"，若此即可风平浪静，君主之舟便可以安全。要想"庶人安政"必须"爱民"。也可以说"爱民"就是君主统治稳固之源。先秦时期的"民本"思想中，关于君民关系的比喻，较早者有驭手与马匹，此外非常著名的就是舟、水之喻，提出此喻的最早文献是《荀子》，荀子提到舟、水之喻说是出自《传》⑥，可见在荀子之前社会上就有了这种说法。不过深入阐释此喻的内涵，并且明确将此喻和"民本"理念联系一体的首推

---

① 《鹖冠子·博选》。关于"端"之意，近人吴世拱谓："端，引出也，神明，出万物者也。"（转引自黄怀信《鹖冠子汇校集注》，中华书局2004年版，第5页）

② 《大戴礼记·本命》。稍有不同的表达是谓"土无二王"（《礼记·曾子问》《礼记·坊记》《礼记·丧服四制》）或"民无二王"（《孟子·万章》上）。

③ 《诗经·小雅·北山》。

④ 战国时期咸丘蒙曾经引此诗句，请孟子解释舜何以以其父瞽叟为臣的问题，孟子说："孝子之至，莫大乎尊亲；尊亲之至，莫大乎以天下养。为天子父，尊之至也；以天下养，养之至也。"舜已经给予其父最大的尊荣和孝养。在孟子眼里，"天子"之尊远非殷周之"王"相比拟，对于当时社会上有人拘泥于"溥天之下，莫非王土；率土之滨，莫非王臣"的说法，并不赞成。后来，集法家大成的韩非子亦对于此诗句取不赞成的态度，谓："信若诗之言也，是舜出则臣其君，人则臣其父、妾其母、妻其主女也。"（陈奇猷：《韩非子新校注》卷二〇，上海古籍出版社2000年版，第1154页）。

⑤ 《礼记·丧服四制》。

⑥ 《荀子·哀公》和《新序·杂事》将舟水之喻归之于孔子，《王制》所说的《传》有可能是述孔子此意的七十子后学的著作。

荀子。荀子还说过"君者，民之原也""君者，国之隆也"①的话，同样表达了他的"民本"思想的关键就在于突出"君"的本原至高无上的地位，而"民"则是从属的卑下的地位。

"民本"理念的核心是提醒君主要重视民众，对于民众施仁政，要以人为本、以民为本。这当然比对民众施暴政要强得多。但是"民本"理念中并没有关于民众权力的表达，儒学大师们胆怯地说过一些赞扬汤武革命除去暴君的话，但革掉暴君之命的事要由受天命的君主（如汤、武）来做，并非由民众起来自己做。在受命之君治理天下的时候，民众只有感恩戴德绝对服从君主的责任，而没有个人的任何权力，天是君主的，地是君主的，就连民众的"命"，也是君主的②。和以前笼统地讲"民"不同，战国时期为专制王权谋划的政治理念里面，将民分为好、坏不同的类别，用苛法严刑所惩罚的是"猾民""奸民""愚赣窳惰之民""贪利之民""不令之民""比周之民"③等。

专制君主所关注的是无限扩大手中的权力，用以驾驭控制民众，使得"万民一从"④，《管子·牧民》谓"御民之辔，在上之所贵"，君主所看重的"御民之辔"是什么呢？从根本上说就是限制民众的自由。按照专制王权理念，民众没有居住迁徙的自由，不同职业的人，须分开居住，"不可使杂处，杂处则其言哤，其事乱""禁迁徙、止流民"⑤；民众没有随意乘车和选择服饰的自由，"散民不敢服杂采，百工商贾不得服长鬈貂，刑余戮民不敢服绋，不敢畜连乘车"⑥；民众的思想和言论被统治者钳制，韩非子敌视以儒家为代表的"文学之士"，说他们"疑当世之法而贰人主之心"⑦，是国家的蠹虫，因此必须加以禁绝。

韩非子对于传统的重民思想，传统的"得民心者得天下"的理念做了新的解释。他说："今不知治者必曰：'得民之心。'欲得民之心而可以为治，则是伊尹、管仲无所用也，将听民而已矣。"⑧他认为苛法严刑恰恰是爱民之本，说道：

> 圣人之治民，度于本，不从其欲，期于利民而已。故其与之刑，非所以恶民，爱之本也。⑨

---

① 《荀子·君道》《荀子·致士》。类似的比喻还见于《荀子·君道》所谓"君者仪也，民者景也，仪正而景正。君者槃也，民者水也，槃圆而水圆。君者盂也，盂方而水方"。这些喻指都强调了君为民本、民众应顺从于君。

② 《管子·权修》篇谓"操民之命，朝不可以无政"。君主的朝政就是为了要掌控"民之命"。汉代有"为百姓请命"（《史记·淮阴侯列传》）的话，后世演成"为民请命"。这固然是在替民众说话，但其前提是命在君主手中，所以要向君主请民之命。先秦时期的专制王权观念中已有民命为君所赐的内容。

③ 依次见《韩非子·扬权》《管子·立政》《韩非子·南面》《吕氏春秋·节丧》《韩非子·说颖》《管子·幼官》

④ 《韩非子·扬权》。

⑤ 《管子·小匡》《管子·四时》。

⑥ 《管子·立政》。

⑦ 《韩非子·五蠹》。

⑧ 《韩非子·显学》。

⑨ 《韩非子·心度》。

在韩非子看来,"民心"是不可信从的("不从其欲"),只有刑罚才是真正的爱民("爱之本也")。按照这个逻辑,传统的"民本"思想融入于专制王权理念,是很自然而顺畅的事情。

五 余论

先秦时代的"民本"理念有两个基本点,一是充分估计民众在国家政治中的价值;一是强调统治者施仁政于民众。"民本"理念的积极的人文关怀是传统文化的精华。"民本"理念植根于氏族宗法思想。关于君、民关系,战国时期的儒家曾谓"君犹父也"①。五四运动时期的启蒙思想家吴虞说:"孝之范围,无所不包,家族制度之与专制政治,遂胶固而不可以分析。"② 宗法理念中子辈对长辈的"孝",必然转化为国家理念中臣民对于君主的"忠"。家国同构是我国古代政治的重要特点之一,君主爱民如子,是为美谈。这样的明君,对于民众而言,不能说不好,但"民本"理念中所强调的仅仅在于君主关爱民众,其间并没有赋民众以权力的因素。战国后期的为君主专制造势的理论,之所以能够轻而易举地把"民本"思想纳入其轨道,是因为"民本"理念中并不赋民以权。就拿民众发表意见的权利而言,春秋时期,明智的统治者还能不毁"乡校",让民众有一个可以议论"执政之善否"③的场所。而战国后期的理论家则力主农战而反对"谈说",视批评时政为"高言伪议"④,把民众发表意见的权利彻底否定。

专制王权的出现至少要有两个支柱,一是制度保证;二是舆论准备。战国后期的各国君主不乏十分优秀者,但是,"把权力赋予人等于引狼入室,因为欲望具有兽性,纵然最优秀者,一旦大权在握,总倾向于被欲望的激情所腐烛"⑤,没有制度的控制,没有舆论的监督,君主膨胀自己手中的专制权力就会势不可挡。正由于"民本"理念的核心在于要让君主关注民众,让君主"以民为本",所以其实质与"君本"理念是一致的,经由"君本"而融入专制王权思想自然也是其题中应有之义。如果非要说先秦时期的"民本"理念与近代以来的民主观念相联系,愚以为其距离之远不啻云泥。

甫一平定天下,秦王政所做的第一件大事就是令群臣"议帝号",群臣吹捧他"兴义兵,诛残贼,平天下,海内为郡县,法令由一统,自上古以来未尝有,五帝所不及"。在自定"始皇帝"尊号之后,他多次巡幸天下的刻石文字,皆以罗列"皇帝"之功为能事。夏商周三代开国之君为政权寻找合理性的时候,每每搬出天命为依据,其中以周武王所说的"革殷受天明命"⑥最为典型。秦始皇则只字不提天命,只是颂扬自己的丰功伟业。他还摆出救世主的姿态,说自己感慨于"天下共苦战斗不休",所以才兴兵而残贼,并且"亲巡远方黎民",为天下民众操劳,"皇帝之功,勤劳本事。农除末,

---

① 《语丛》三第1简。《郭店楚墓竹简》,文物出版社1998年版,第209页。
② 吴虞:《家族制度为专制主义之根据论》,《吴虞文录》,黄山书社2008年版,第3页。
③ 《左传》襄公三十一年。
④ 《商君书·农战》。
⑤ [古希腊]亚里士多德:《政治学》,吴寿彭译,商务印书馆1965年版,第169页。
⑥ 《逸周书·克殷解》。

黔首是富。普天之下抟心揖志"①，其爱民之意溢于言表。作为集专制君权大成的代表，秦始皇不仅不反对"民本"思想，而且十分顺当地将其拿来作为专制权力的形成的理由。中国古代的专制君主无不将自己打扮为救民出水火的救世主，秦始皇正开此例。秦以后，"民本"理念在漫长的古代社会中不绝如缕，显现着先进思想家和有识之士的思想光辉，但是同时它也每与专制君权相伴，为君主专制涂抹上一些柔和的理论色彩。

（原载《中国史研究》2013 年第 4 期）

---

① 本段引用文句，皆见《史记·秦始皇本纪》。

十六国的华夏化："史相"与"史实"之间

胡 鸿[*]

摘 要：现存史料中看到的十六国，是经过历史书写的层层润饰和过滤之后的"史相"。崔鸿以著有国史为选择标准编纂《十六国春秋》，注定入选的都是相当程度上接受了华夏帝国政治文化的政权。而十六国的国史撰述本身，已经通过种种手法塑造其君主和政权的华夏正统形象，比如它们将君主塑造成华夏文化素养深厚，且生而具有华夏圣王的种种神异和奇表的人物；又通过"模式化叙述"，巧妙地将十六国历史与汉魏历史融合为一。这些史书呈现出的十六国的"史相"，既是与史实有别的假象，也折射出十六国政权积极利用华夏历史资源来实现自我华夏化的真实努力。

关键词：十六国 史学撰述 华夏化

一 "十六国"及其华夏化"史相"的反思

西晋末年的八王之乱中，北方的各种非华夏势力被发动起来，最终他们脱离司马氏诸王的控制，攻陷了洛阳。华夏的晋帝国退守南方，北方从此开始了被史家称为"五胡十六国"的时期。正如这一名称所显示的，学者一般从族群的视角去把握此时期的历史，从而得出匈奴、鲜卑、羯、氐、羌等族群相继兴盛与扩大又衰落而消失的图景。因为族群被看作这一时期历史的主体行动者，所以族群间的融合，如汉化、胡化、华夏化、鲜卑化等成为重点关注的问题。而解释这些变化，主要从语言（胡语和汉语）、姓氏（胡姓和汉姓）、生产生活方式（游牧与农耕）、社会组织（部族与编户齐民）、官僚制度（胡制与汉制）等方面进行。从这一路径进行的研究已经积累了非常丰富的成果，构成了我们对五胡十六国史的基本认识。

然而必须承认，十六国中没有一个政权是由单一族群组成的。即使是各国的统治集团，在族群意义上也是多元的，这一点也为众多学者所注意。如吕一飞指出，汉赵国的政治结构虽以南匈奴五部之众为核心，仍以"其他胡族"尤其是人口众多的氐、羌为准核心，再争取晋人大族的支持。[①] 陈勇从对刘聪麟嘉二年（317）刘乂案的政治史研究出发，指出匈奴与氐羌的联盟是汉赵立国的政治基础，而这一联盟因刘乂案而瓦解成为汉政权由盛而衰的转折点。[②] 氐羌在石赵政权中依然占有重要地位，从蒲洪、姚弋仲受到石虎的优礼不难推知。而且以蒲氏和姚氏为首的枋头、滠头集团本身也不是单一族

---

[*] 胡鸿，武汉大学历史学院副教授。
[①] 吕一飞：《匈奴汉国的政治与氐羌》，《历史研究》2001 年第 2 期。
[②] 陈勇：《汉国匈奴与氐人联盟的解体——以刘乂案为中心》，《历史研究》2008 年第 4 期。

群的，苻氏集团中有南安羌，姚氏集团中有略阳氐。① 前秦在淝水之战后一蹶不振，主要是由国内的异族势力如慕容鲜卑等的反叛造成，而慕容垂借以复国的力量中丁零翟斌发挥了重要作用，也不能说仅凭鲜卑一族之力。刘聪时创立的以单于台系统管理"六夷"，从而实现"胡汉分治"的制度，为石赵、前燕、前秦等众多政权所继承，也说明各国都有数量众多的"六夷"需要特别管理。② 在此意义上，如将汉赵称为匈奴国家，将前燕称为鲜卑国家，或将前秦称作氐族国家，都是非常不准确的。另外，被泛称为五胡的匈奴、鲜卑、氐、羌等并不以族群集团为单位进行活动，匈奴除了政治组织明确的"五部"之外，尚有众多"杂胡"与刘渊集团毫无关系，比如屠各路松多就曾起兵与刘曜对抗；③ 被冠以鲜卑之名的部落分布于从辽东到河西的广大地区，即使地域邻近如秃发、乞伏、吐谷浑，也始终处于势同水火的对立状态，并未因"族属"而产生任何认同感；仇池杨氏虽为氐族，终难免为苻坚所灭，落得民徙而地空的命运；当姚氏自立反秦之时，同为羌人的雷恶地却效力于苻登。以上种种都说明族群不是历史活动的主体，不能天然地作为历史学、至少不能是政治史分析的对象。

那么这时期的历史活动主体是什么呢？仍然是大小不同的各级政治体。可被观察到的一切历史活动，都是以政治体而非文化意义上的族群为单位进行的。其小者如石勒最初的"十八骑"，大者如苻坚混一北方的大帝国，只要具有一定的政治组织，就可以作为一个拥有自身利益诉求并可将其表达出来的活动主体。在急剧变化的局势中，大大小小的政治集团之间展开军事的、政治的竞争，有些逐步壮大，从一个数百人的小团体成长为帝国级政治体，另一些则在同一过程中被吞并、消灭，被整合进那些取得成功的政治体中。高级政治体在一定的条件下，也会分崩离析，重新分裂为众多各自独立的较小型政治体。中小型政治体可以以部落、军阀等多种形式存在，但最高级政治体帝国，其制度和相应的政治文化则已有成熟的模板，那就是秦汉魏晋一脉相承且大体稳定的华夏帝国。后起的中级政治体在向高级演进的过程中，一般会袭用此现成模板——虽然未必能一步到位而出现许多变形，因为创制全新的制度和政治文化需要漫长的时间和苛刻的条件，并非随时随地都可能的。建立和完善一个华夏帝国式政治体的过程，可以称为政治体的华夏化。在文化领域，政治体首先关注的是对其统治合法性的论证。袭用汉晋帝国模式的政治体，面对着一套写满华夷秩序符号的政治文化传统，他们要论证自身的统治合法性，最终不得不牵涉到华夏或非华夏的身份认同问题。从这个意义上说，族群意

---

① 参看罗新《枋头、滠头两集团的凝成与前秦、后秦的建立》，《原学》1998年第6辑。

② 关于十六国"胡汉二重体制"的研究极多，自陈寅恪、唐长孺、周一良、内田吟风等学者以下，观点略同，即单于台系统管理六夷，皇帝为首的汉式官僚机构管理汉人；前者使用军事编制，主要从事征战，后者主要从事耕织生产。黄烈最先对此说提出质疑，他认为"匈奴五部"与匈奴其他的部分不同，五部民不应属于单于左右辅所管的六夷范围，而应属于左右司隶所管的民户范围，与汉族人同属编户齐民。因此这一制度促成了五部结构的解体（见黄烈《中国古代民族史研究》第3章《南匈奴的变化和消失》，人民出版社1987年版，第201—205页）。陈勇也同意此说，并提供了更丰富的证据。他认为这套制度不仅是"胡汉分治"，还应该视为"胡胡分治"。但对于"汉人"在这种制度下的位置，陈勇文并未做出回答（见陈勇《汉赵国胡与屠各异同考——兼说汉赵国的胡汉分治》，收入其著《汉赵史论稿——匈奴屠各建国的政治史考察》，商务印书馆2009年版，第130—162页）。黄烈与陈勇的论述，都有助于揭示十六国政权被"胡汉二元论"掩盖的更多元的族群结构。

③ 事见《晋书》卷一〇三《刘曜载记》，中华书局点校本1974年版，第2685页。

义上的华夏化不过是政治体华夏化的一个阶段或后果,故而华夏化的进程也应放在政治体的框架中去解释。这就是本文采取的政治体视角。

从政治体视角来看,既然此一时期有数量众多、规模不等的政治体在活动,为何仅有"十六国"受到特别重视呢?学界普遍认为"十六国"的概念来自崔鸿《十六国春秋》。崔鸿所作《呈奏〈十六国春秋〉表》言:"自晋永宁以后,虽所在称兵,竞自尊树,而能建邦命氏成为战国者,十有六家。"① 崔鸿的标准是"建邦命氏",即建立独立的国家级政治体。他以"战国"来比拟这些政权,又以"家"来称呼各政权的核心统治集团。如甘怀真所指出的,中古观念中的"家"即指一种以君臣关系凝聚的大型政治集团。② 所以崔鸿的撰述是以各国政治体为对象的,不是以族群。在《呈奏〈十六国春秋〉表》和现存《十六国春秋》佚文中,崔鸿都表现出淡化族群的倾向。他在表文开头言"臣闻帝王之兴……必有驱除……故战国纷纭,年过十纪,而汉祖夷殄群豪,开四百之业",是为了将西晋灭亡后至北魏道武帝称帝之间的"八十余年"定为战国,即看作北魏的"驱除"。因此反而需要强调这些"驱除"都是建立在"中国"的政权,就像战国一样,而淡化其夷狄的色彩。直到魏收才有意在刘渊、石勒等人传目上冠以"匈奴""羯胡"等字样,构成《魏书》"僭伪附庸"诸传。

尽管如此,崔鸿的标准还是多少令人费解的。若以政治体规模和稳定程度为标准,前仇池国、后仇池国、吐谷浑等,存在时间远长于十六国中的任何一个政权,政治体规模也不小于南凉、西凉,为什么没有被写入崔鸿的书里?若以占据两汉魏晋华夏帝国的旧土为标准,则仇池国一度控制的武都、阴平二郡一直在帝国疆域之内。若以政权覆灭后土地入魏而论,则成汉不当被计入。这些抵牾之处说明崔鸿在选择写作的对象时,应有另外的标准。《崔鸿传》在叙述他的著述动机时写道:

> 以刘渊、石勒、慕容儁、苻健、慕容垂、姚苌、慕容德、赫连屈孑、张轨、李雄、吕光、乞伏国仁、秃发乌孤、李暠、沮渠蒙逊、冯跋等,并因世故,跨僭一方,各有国书,未有统一,鸿乃撰为《十六国春秋》,勒成百卷,因其旧记,时有增损褒贬焉。③

其中"各有国书""因其旧记"两条特别值得注目,这说明崔鸿的著述对象是已经修撰了"国书"且其"旧记"能够被搜集到的政权。十六国诸政权的国史修撰情况,根据刘知几在《史通》的《古今正史》和《史官建置》两篇中所举,④ 辅以《隋书·

---

① 《魏书》卷六七《崔鸿传》,中华书局标点本1974年版,第1503页。《呈奏〈十六国春秋〉表》是严可均定的标题,原名不详。据《崔鸿传》,这篇表文并未上奏给宣武帝,而是崔鸿利用修起居注的职权,违规放进("妄载")起居注里的。另可参看 [日] 梶山智史《崔鸿『十六国春秋』の成立について》,《明大アジア史論集》10,2005年。

② 甘怀真:《从天下国家的观点论中国中古的朝代》,《中国中古史研究:中国中古史青年学者联谊会会刊》第2卷,中华书局2011年版,第3—22页。

③ 《魏书》卷六七《崔鸿传》,第1502页。

④ (唐) 刘知几撰,(清) 浦起龙释:《史通通释》卷一一《史官建置》、卷一二《古今正史》,上海古籍出版社1978年版,第312—313、358—360页。

经籍志》霸史类的著录,① 再参以其他史料，可以知其大略。如下表所示：

表1　　　　　　　　　　　　　十六国国史一览表

政权	在位君主	《史通》提到的修史者和史书	《隋志》等著录
汉赵	刘聪	公师彧《高祖（刘渊）本纪》、功臣传二十人	
	刘曜	和苞《汉赵记》	和苞《汉赵记》
后赵	石勒	徐光、宗历、傅畅、郑愔等；《上党国记》《起居注》《赵书》	
		后燕田融、宋郭仲产、王度；《邺都记》《赵书》等	田融《赵书》，王度《二石传》《二石伪治时事》
前燕		《起居注》，杜辅全《燕纪》	
后燕	慕容垂	董统《后书》	
		申秀，范亨《燕书》	范亨《燕书》 封懿《燕书》②
南燕	慕容德、超	王景晖"二主起居注"，《南燕录》	王景晖《南燕录》 张诠《南燕录》 游览先生《南燕书》
成汉	李势	常璩《汉书》（《蜀李书》）《华阳国志》	常璩《汉之书》《华阳国志》
前凉	张骏	边浏，索绥《凉国春秋》	张谘《凉记》，刘晒《凉记》，喻归《西河记》
	张重华	刘庆《凉记》，索晖《凉书》，刘晒《凉书》	
前秦	苻坚	赵渊、车敬、梁熙、韦谭、董谊	何仲熙《秦书》 裴景仁《秦记》
		赵整、车频、裴景仁《秦记》	
后秦		马僧虔、卫隆景并著《秦史》 姚和都《秦纪》	姚和都《秦纪》
夏	赫连勃勃、昌	赵思群、张渊	
西凉		或当代所书，或他邦所录	刘晒《敦煌实录》
西秦			
后凉		段龟龙	段龟龙《凉记》
北凉		宗钦《凉记》	《凉书》，高道让《凉书》
南凉	秃发乌孤	郭韶	
		失名	《托跋凉录》
北燕		韩显宗	高闾《燕志》（实韩显宗撰）

资料来源：刘知几《史通》卷一一《史官建置》、卷一二《古今正史》；《隋书》卷三三《经籍志二》。

---

① 《隋书》卷三三《经籍志二》，中华书局点校本1973年版，第962—963页。另可参看金毓黻《中国史学史》第4章所列十六国史表，河北教育出版社2000年版，第92—94页。

② 封懿撰《燕书》，见《魏书》卷三二本传第760页所载，《史通》和《隋志》均未提及。参看金毓黻《中国史学史》，第92页。

表1中修史者时代明确的,则与在位君主同列一栏,由此不难看出绝大多数政权都修撰了当代国史,有些君主还修了起居注。表中一些无法与某个君主同列的撰史者,其实仍是任职于该政权的,比如《燕书》作者范亨《隋志》标为"伪燕尚书",《秦纪》作者姚和都实为姚泓从弟,是后秦政权的重要人物,而段龟龙则是"伪凉著作佐郎"。他们署名的史书即使不是在职时官方组织撰述的,也是在国灭之后依据某种起居注或实录追撰,说它们在很大程度上反映了十六国政权的自我叙述,应不致大错。上表所列是今天所知的十六国旧史,崔鸿所见的应不止于此,他说"各有国书",并非夸张。崔鸿在《呈奏〈十六国春秋〉表》中自云"始自景明之初,搜集诸国旧史,属迁京甫尔,率多分散,求之公私,驱驰数岁",说明诸国旧史是他撰写《十六国春秋》的基础史料,缺少这些他的著述就无法进行。其中《蜀录》收集资料的曲折尤可作为佐证:

> 商校大略,著《春秋》百篇。至三年之末,草成九十五卷。唯常璩所撰李雄父子据蜀时书,寻访不获,所以未及缮成,辍笔私求,七载于今。此书本江南撰录,恐中国所无,非臣私力所能终得。其起兵僭号,事之始末,乃亦颇有,但不得此书,惧简略不成。久思陈奏,乞敕缘边求采,但愚贱无因,不敢轻辄。①

崔鸿因为尚未收集到常璩所撰《汉之书》,竟至辍笔以求。如果没有此书,关于成汉的资料就会变得过于简略,与其他各录的撰述风格不合。这也从反面说明其他各录都是以详细的国史为基础撰写的,"因其旧记,时有增损褒贬"之言不虚。根据崔鸿之子崔子元的上奏,崔鸿直到魏正光三年(522)才终于购得常璩《汉之书》,前后搁笔等待了12年的时间。崔鸿执着地寻购《汉之书》,不是因为在他的观念中成汉是十六国史不可缺少的一部分,而是他知道常璩这本著述的存在。他的目标对象既是所有已有旧史的政权,自然不愿放弃成汉。从他的上表文来看,最初计划的《十六国春秋》为100卷本,正始三年(506)完成了95卷,因未得常璩书,特为《蜀录》留下了五卷的空白。

说崔鸿根据已有的旧史来确定撰述范围,还有一条材料必须做出解释。《隋书·经籍志二》"霸史"类著录各国史书24种,其中除了《天启纪》和《吐谷浑记》以外,都不出"十六国"的范围。②《天启纪》乃"记梁元帝子谓据湘州事",可以不论。唯《吐谷浑记》若是吐谷浑的国史,崔鸿为何不据以撰写《吐谷浑录》呢?首先,《吐谷浑记》归入霸史类或许是不准确的。据《经籍志》,《吐谷浑记》的作者是宋新亭侯段国,此人在《宋书》中未见提及,姚振宗亦云"其始末未详"③。《水经注》《初学记》《太平御览》中皆引过段国《沙州记》,因吐谷浑阿豺自号沙州刺史,论者以为即《隋志》著录之《吐谷浑记》,清人张澍据此辑出二十余条。从张澍辑本来看,《沙州记》实为使臣行记的性质,如其中有这样两条:

> 六月二十六日,发龙涸。昼夜肃肃常寒,不复得脱襦袴。将从七十二人,面尽

---

① 《魏书》卷六七《崔鸿传》,第1504页。
② 《隋书》卷三三《经籍志二》,第963页。
③ (清)姚振宗:《隋书经籍志考证》卷一四《史部》四"霸史"类,收入《二十五史补编》第4册,中华书局1956年版,第5293页。

黎黑，口唇青渁。（辑自《太平御览》）

自龙涸至大浸川，一千九百里。夜肃肃常有风寒。七月雨便是雪，遥望四山，皓然皆白。（辑自《太平御览》）①

这两条明显是使臣记录行程及沿途见闻的文字，与《隋志》归入地理类的诸"行记""风俗记"更为接近，绝非一国之"霸史"。吐谷浑国可能没有自己修撰的国史，南朝诸史的《吐谷浑传》，其史源应即来自《沙州记》这样的使臣行记，故其风格更接近《史记·匈奴列传》。《魏书·吐谷浑传》原阙，今本补自《北史》，主要内容与《宋书》《南齐书》同源，仅在魏太武帝时期以下加入北魏与吐谷浑之间的册封、通使、战争等内容。这些都印证了吐谷浑自己没有留下"国史"，关于它的信息基本来自他国使臣的记录。其次，吐谷浑终北魏一代始终独立存在，不能作为北魏受命的"驱除"，这或是崔鸿不将吐谷浑列入十六国的另一个原因。加之吐谷浑占据的地域处在汉晋华夏帝国直接管辖范围之外，故而吐谷浑在北魏的帝国秩序中得以被视为现存的"四夷"之一，而不是已往跨僭一方而终于覆灭的"驱除"。

崔鸿既然是以"国""家""建邦命氏"的政治体视角来看待十六国史，又仅著录已有"霸史"的十六个政权，这两个标准是否有关联呢？答案是肯定的。如学者已经反复论述的，在汉晋华夏帝国旧壤建立的"五胡十六国"政权，随着政治体规模的扩大，普遍袭用两汉魏晋的官僚制度来组织政府，② 运用华夏式的礼乐制度来进行各

---

① 张澍辑：《沙州记》，《丛书集成初编》，中华书局1985年版，第2页。
② 这里需再说明一下所谓"胡汉双重体制"的问题。有些学者认为前赵、后赵等国实行的大单于制度代表了匈奴政治传统，是胡族制度的体现。然而这只是一种表象。如前文所引述的，黄烈、陈勇等都已证明了单于台系统统领的"六夷"不包括屠各、羯等本族人。谷川道雄的观点更值得注意，他指出两赵的大单于制度中单于元辅、左右辅以及其下的都尉、部司等，都是官僚制下的职位，它们与草原帝国的政治制度有本质的区别，反而"与魏晋时期的五部制颇有相通之处"（见［日］谷川道雄：《隋唐帝国形成史论》，李济沧译，上海古籍出版社2004年版，第38页）。这一判断极有见地，十六国政权中实行的单于台制度，其直接来源正是汉末魏晋五部南匈奴的政治制度。两汉魏晋华夏帝国中原本就有管理非华夏异族的职官体系。在另一篇论文中，谷川道雄又指出，东汉时南匈奴已经被置于"汉帝国中的匈奴国家"这样的二重构造下，之后的五胡国家，可以理解为翻转此二重构造的产物（见［日］谷川道雄著，李明仁译《五胡十六国》，收入郑钦仁、李明仁译著《征服王朝论文集》，台北：稻乡出版社2002年版，第215页）。二重构造没变，变化的是匈奴五部在此二重构造中的地位。汉赵国家的主体制度依然是汉晋华夏帝国的制度。另一方面，复杂之处在于，华夏皇帝制度的外表下常常包裹着草原传统的躯干，谷川认为塞外匈奴国家的军事体制，体现在以皇帝为中心由皇太子、诸王所实行的对国家军队的管理之中（见［日］谷川道雄：《隋唐帝国形成史论》，李济沧译，第40页）。三崎良章也指出后燕的官僚制度中始终存在草原传统的"宗室封建制"的影响（见［日］三崎良章《五胡十六国の基礎の研究》第4章，第89—95页）。北魏早期也出现过类似的问题，利用普遍封爵来弥补官僚制度的不完备，同时实现从内亚名号传统向华夏式官爵制度的转变（详见胡鸿《北魏初期的爵本位社会及其历史书写——以〈魏书·官氏志〉为中心》，《历史研究》2012年第4期）。

种仪式①，在论证政权的合法性时，也利用华夏原有的符号系统，如祥瑞、图谶、德运，等等。甚至利用华夏传统的天文星占和史书编撰体例来论证自身的正统地位。② 可以说这些政权都是采用了汉晋政治文化的帝国，用崔鸿的说法便是"建邦命氏"。而在华夏的政治文化传统中，修史关系到本政权的历史形象和现实合法性，是一个帝国必须进行的事业之一。那些修撰了国史的政权，更可视为奉行华夏帝国政治文化的政权，而它们的国史书写，又将进一步强化作为华夏式帝国的形象。崔鸿的两个标准——"各有国书"和"建邦命氏"，正是在此语境下，统一为一个标准，即是否为华夏式帝国政治体。崔鸿从当时的诸多政治体中挑出拥有史学撰述的华夏式帝国政治体，构建了"十六国"的历史图景，这一选择本身相当于对历史进行了一次"华夏化过滤"。

另一方面，如前文所述，"十六国"霸史大多是当朝修撰的国史，或者是以起居注、实录等当代史料为基础，由该政权旧人追述的，他们传达了该政权自己的声音。十六国君主大多重视修史，南凉在十六国中算是距离华夏文化核心区较远的一个，而秃发乌孤"始定霸基，欲造国纪，以其参军郭韶为国纪祭酒，使撰录时事"③；石虎刊削徐光等人所撰的石勒史事，为了"使勒功业不传"；苻坚因为在赵渊等所撰的史书中看到苟太后幸李威事，"怒而焚其本"④；赫连勃勃占领长安以后，召见隐士韦祖思，既而嫌其恭惧过礼，是"以非类"视己，并言"我今未死，汝犹不以我为帝王，吾死之后，汝辈弄笔，当置吾何地"⑤，遂杀之。"汝辈弄笔"正说明赫连勃勃担心自己在史书上的形象。以上诸例皆可见十六国君主对于史书中呈现的"史相"的重视。在政治文化的隐性要求和君主的直接干涉下，这些用中文写成的"十六国"霸史，使用了大量的叙述策略来掩饰本政权及其君主非华夏的一面，而突出强调其华夏化的言论、政策和制度，下几节将作详细证明。这可以看作在崔鸿之前已经完成的第一次"华夏化过滤"。经过这样的两次过滤，史料中呈现的十六国"史相"必然与"史实"之间有了相当的距离。现代学者再根据崔鸿整理的十六国"史相"去论证"五胡的华夏化"，不免又进行了第三次过滤。这样似乎陷入一个循环论证，使得"十六国的华夏化"这一论断建立在重重过滤的"史相"而非"史实"的基础上。

那么如何才能跳出循环论证的陷阱呢？第一步应该从认识十六国的"史相"与"史实"的距离开始。这就要对十六国史料的性质、形成过程以及叙事风格等进行分析，以避免简单地从史料推导出史实的错误，为进一步分析史实奠定基础。这绝不是说十六国的华夏化仅是虚构的幻象，毕竟有关制度和重大事件的记载是基本可信的，但是在一些叙述细节上仍有不少虚构或拔高，只有对这种叙述偏向有清醒认识，才能更准确

---

① 阎步克钩稽了十六国冕服制度的相关史料，发现石勒、石虎、慕容儁等不仅遵用晋代的冕服制度，而且对冠服的细节十分认真进行推敲。见阎步克《服周之冕——〈周礼〉六冕礼制的兴衰变异》第8章，中华书局2009年版，第278—280页。另外，十六国史料中反复出现的"依汉魏故事""如魏晋故事""依霍光辅汉故事"等说法，不仅仅是一个名义上的合法化，也涉及具体的礼仪标准。

② 胡鸿：《星空中的华夷秩序——两汉至南北朝时期有关华夷的星占言说》，《文史》2014年第1辑；胡鸿：《中古前期有关异族的知识建构——正史异族传的基础性研究》，《中国中古史研究：中国中古史青年学者联谊会会刊》第4卷待刊稿。

③ 见《史通通释》卷一一《史官建置》，第313页。

④ 见《史通通释》卷一二《古今正史》，第358—359页。

⑤ 见《晋书》卷一三〇《赫连勃勃载记》，第3209页。

地理解十六国华夏化的真实进程。另一方面,十六国史料最初的来源是各政权的国史,它们对本政权"华夏化形象"的记述,本身就是这些政治体接受华夏帝国政治文化的表现之一,本身就是华夏化的重要一步。以下第二、三节即对十六国史中的华夏式帝王形象这一最重要的"史相"进行分析,第四节进而讨论十六国如何复制前代华夏史书的某些叙事模式,以此具体说明十六国"史相"与"史实"的距离和关联,作为对上述设想的一个实践。

二 十六国"史相"辨析之一:"僭伪诸君有文学"

赵翼在《廿二史札记》中立有"僭伪诸君有文学"一条,专论十六国中的非华夏君主的文化素养。文虽略长,但搜罗材料堪称齐备,故具引如下:

> 晋载记诸僭伪之君,虽非中国人,亦多有文学。刘渊少好学,习《毛诗》、京氏《易》、马氏《尚书》,尤好《左氏春秋》,孙、吴兵法。《史》、《汉》、诸子,无不综览。尝鄙隋、陆无武,绛、灌无文。一物不知,以为君子所耻。其子刘和亦好学,习《毛诗》、《左氏春秋》、郑氏《易》。和弟宣,师事孙炎,沈精积思,不舍昼夜。尝读《汉书》至《萧何》、《邓禹传》,未尝不反覆咏之。刘聪幼而聪悟,博士朱纪大奇之,年十四,究通经史,兼综百家之言。工草隶,善属文,著述怀诗百余篇,赋颂五十余篇。刘曜读书,志于广览,不精思章句,亦善属文,工草隶。小时避难,从崔岳质通疑滞。既即位,立太学于长乐宫,立小学于未央宫,简民间俊秀千五百人,选朝廷宿儒教之。慕容皝尚经学,善天文。即位后,立东庠于旧宫,赐大臣子弟为官学生,亲自临考。自造《太上章》以代《急就》。又著《典诫》十五篇,以教胄子。慕容儁亦博观图书。后慕容宝亦善属文,崇儒学。苻坚八岁,向其祖洪请师就学,洪曰:"汝氐人,乃求学耶。"及长,博学多才艺。既即位,一月三临太学,谓躬自奖励,庶周、孔之微言不坠,诸非正道者悉屏之。自永嘉之乱,庠序无闻,至是学校渐兴。苻登长而折节,博览书传。姚兴为太子时,与范勗等讲经籍,不以兵难废业。时姜龛、淳于岐等皆耆儒硕德,门徒各数百人,兴听政之暇,辄引龛等讲论。姚泓博学善谈论,尤好诗咏。王尚、段章以儒术,胡义周、夏侯稚以文学,皆尝游集。淳于岐疾,泓亲往问疾,拜于床下。李流少好学。李庠才兼文武,曾举秀异科。沮渠蒙逊博涉群史,晓天文。赫连勃勃闻刘裕遣使来,预命皇甫徽为答书,默诵之,召裕使至前,口授舍人为书,裕见其文曰:"吾不如也。"此皆生于戎羌,以用武为急,而仍兼文学如此,人亦何可轻量哉。①

赵翼所举,在《晋书·载记》中都有据可查。除了沮渠蒙逊和赫连勃勃的事例稍嫌单薄,上列君主的"文学"大多有细节性的事实支持,如所习之经、所从之师、所著之文、所兴之学等,看起来是确凿可信的。这些材料常被现代学者引用来说明五胡十六国政权在文化上的"汉化"。若仔细分析,《载记》叙述了"十六国"中的14国的历史

---

① (清)赵翼撰,王树民校证:《廿二史札记校证》卷八,中华书局1984年版,第164—165页。

(比通常所说的16国少了华夏势力建立的前凉、西凉两个政权),赵翼列举的人物分别属于其中汉赵、前燕、后燕、前秦、后秦、成汉、北凉、夏8个政权,《载记》中为君主立传的后赵、后凉、西秦、北燕、南凉、南燕6个政权未见提及。前凉、西凉的君主既为公认的华夏人物,北燕冯跋也自称华夏,均可置之不论,南燕与后燕一脉相承也可推而言之,那么没提到的只剩下后赵、后凉、西秦、南凉。为什么赵翼不提他们?不妨从这四国的记载开始分析。

(一) 后赵石氏

石勒虽号称羯胡部落小率之子,但从其幼年经历看实处于普通非华夏编户的地位。此后他一度沦落为田客与奴隶,还有过"两胡一枷"被执卖山东的遭遇。[①] 他没有机会像刘渊父子一样从师读经,《世说新语》明言"石勒不知书",事实上连他的华夏式姓名"石勒"都是起兵以后牧率汲桑取的,石勒在华夏经典文化上的素养几近空白。或许出于这个原因,赵翼没将石勒列入"有文学"之列。

然而细读《石勒载记》,又不难找出石勒"有文学"的一些证据。当石勒得知刘曜停授殊礼,撤销对自己的赵王加封之时,怒而下令,其文中即有"孤惟事君之体当资舜求瞽瞍之义"[②] 一句;其后假意辞让群臣上尊号之请的诏书中,也有"昔周文以三分之重,犹服事殷朝;小白居一匡之盛,而尊崇周室。况国家道隆殷周,孤德卑二伯哉"之语(第2730页)。当然,这些诏令文书出于词臣之手,尚不能直接代表石勒的才学。然《载记》中又有如下情节:

> 勒因飨高句丽、宇文屋孤使,酒酣,谓徐光曰:"朕方自古开基何等主也?"对曰:"陛下神武筹略迈于高皇,雄艺卓荦超绝魏祖,自三王已来无可比也,其轩辕之亚乎。"勒笑曰:"人岂不自知,卿言亦以太过。朕若逢高皇,当北面而事之,与韩彭竞鞭而争先耳。脱遇光武,当并驱于中原,未知鹿死谁手。大丈夫行事当礌礌落落,如日月皎然,终不能如曹孟德、司马仲达父子,欺他孤儿寡妇,狐媚以取天下也。朕当在二刘之间耳,轩辕岂所拟乎!"其群臣皆顿首称万岁。(第2749页)

此段记述若为实录,则石勒在宴会上即兴说出的话,没有词臣代笔的可能,只能说明他对两汉魏晋的历史不仅熟知,而且有自己的思考。按照《载记》的叙事,石勒的历史知识大概是听来的:

> 勒雅好文学,虽在军旅,常令儒生读史书而听之,每以其意论古帝王善恶,朝贤儒士听者莫不归美焉。尝使人读《汉书》,闻郦食其劝立六国后,大惊曰:"此法当失,何得遂成天下!"至留侯谏,乃曰:"赖有此耳。"其天资英达如此。(第

[①] 参看唐长孺《晋代北境各族"变乱"性质及五胡政权在中国的统治》,收入《唐长孺文集》第1册《魏晋南北朝史论丛》,中华书局2011年版,第145页。

[②] 《晋书》卷一〇四《石勒载记上》,第2729页。本文以下部分将大量使用《晋书·载记》的材料,为免冗繁,仅在文中以括号标明页码,不再出页下注。

2741 页）

此段亦见于《世说新语·识鉴篇》：

> 石勒不知书，使人读汉书。闻郦食其劝立六国后，刻印将授之，大惊曰："此法当失，云何得遂有天下？"至留侯谏，乃曰："赖有此耳！"①

比较两段材料不难发现，《载记》删去了"石勒不知书"五字，易以"勒雅好文学"。"好"与"善"意义有别，但毕竟将他与"文学"关联起来。又隐以"虽在军旅"来解释何以不自己阅览而使人讲读，以进一步掩盖其"不知书"的痕迹。在这段叙事之前，《载记》写道："勒亲临大小学，考诸学生经义，尤高者赏帛有差"。这是利用同样的模糊手法，给人以石勒亲自考校经义的印象。不仅如此，《载记》中多处叙述石勒尊礼儒臣、招引贤良、在中央与地方兴立学校的举动，与赵翼所举的刘曜、慕容皝、苻坚无异。石勒又为其太子弘取字"大雅"，使其"受经于杜嘏，诵律于续咸"（第2752页）。总之，《石勒载记》展示给读者的石勒，虽少无学术可称，但长而好学尊儒，随着地位的逐步升高，言谈举止中的华夏文化素养也随之增长，最终完成了从羯胡小率、田客牧奴到华夏帝王的转变历程。

（二）后凉吕氏

后凉的建立者氐人吕光，《载记》言其"不乐读书，唯好鹰马"（第3053页）。或即由此赵翼不将他列入"有文学"之君。然而《载记》中至少可以举出三例，旨在描写吕光具有较高的文化素养。其一在破龟兹时：

> 光入其城，大飨将士，赋诗言志。见其宫室壮丽，命参军京兆段业著《龟兹宫赋》以讥之。（第3055页）

其二：

> 光后宴群僚，酒酣，语及政事。时刑法峻重，参军段业进曰："严刑重宪，非明王之义也。"光曰："商鞅之法至峻，而兼诸侯；吴起之术无亲，而荆蛮以霸，何也？"业曰："明公受天眷命，方君临四海，景行尧舜，犹惧有弊，奈何欲以商申之末法临道义之神州，岂此州士女所望于明公哉！"光改容谢之，于是下令责躬，及崇宽简之政。（第3058页）

其三：

> 著作郎段业以光未能扬清激浊，使贤愚殊贯，因疗疾于天梯山，作表志诗

---

① 见徐震堮《世说新语校笺》卷中，中华书局1984年版，第216页。同条刘孝标注引邓粲《晋纪》曰："石勒手不能书，目不识字，每于军中令人诵读，听之皆解其意。"

《九叹》、《七讽》十六篇以讽焉。光览而悦之。(第3059页)

在第一段记述中,没有明言赋诗者是否包括吕光本人,但从他主持这一仪式性的举动来看,至少他是想展示自己"有文学"的一面。第二例颇似上文中石勒评论古帝王的场景,也是在必须即兴发言的酒宴上,故而同样显示出他对古代治国学说的熟悉。而借助段业之口,尧、舜作为帝王最高典范的地位得以重新确认,与石勒自言"轩辕岂所拟乎"一样,史籍借此表现出"五胡"君主们对儒家塑造的华夏古圣王及其背后的政治文化的认可。第三例再次表明吕光具有解读诗歌中微妙的"表志""讽喻"的能力。被赵翼标为"有文学"的姚兴,也曾因为好田猎,引起京兆杜诞著《风草诗》、冯翊相云作《德猎赋》的讽谏,"兴皆览而善之"(第2983页)。吕光在此事上的表现与姚兴无异。这些用诗赋讽谏的传统,即使不追溯到《诗经》的《国风》,至少也可以在"司马相如——汉武帝"以及"扬雄——汉成帝"的史事中找到原型。不只是对诗赋的解读能力,而是这种"诗赋讽谏——览而悦之"的行为本身,就已经起到塑造华夏式贤明君主的作用。

(三) 西秦乞伏氏与南凉秃发氏

乞伏氏与秃发氏进入华夏文化圈的时间比较晚,在建立政权之后,也仅仅占据着原华夏帝国中较为边缘的地带。乞伏氏将本族的族源追溯至乞伏可汗祐铎莫何,传说他是大如陵阜的巨虫所化,也就意味着自他以上的世系已不可知亦无须追溯,即他被看作乞伏部的始祖。这位乞伏可汗不过是活动于西晋泰始年间的人物。秃发氏所追溯的先世谱系中,确切可考的英雄人物是树机能,而树机能之祖父寿阗,即被看作因寢生而获得"秃发"姓氏的人物,即本部族的得名始于此时。寿阗之父匹孤,便是本族记忆中第一位姓名可知的人物。树机能是泰始年间陇西的风云人物,上推至寿阗,应该活动于汉魏之际。乞伏部族记忆中的始祖乞伏可汗祐铎莫何出生于从大漠南迁的路上,其后的祖谱跳跃至"祐邻",他"率户五千迁于夏缘,部众稍盛"(第3113页)。此句中"夏缘"二字,若为地名则史籍中仅此一见,无法考证其方位。故有学者将缘字下属,仅以夏为地名,并以赫连勃勃建夏及北魏夏州为据指此为河套以南之地。① 此说难以成立,首先"缘部众稍盛"文辞不通,其次用后代出现的地名来解释之前的事件也不妥当。林幹认为夏缘不是确切的地名,而是"接近中原的边缘地区"②。这一思路更有道理,但与其说接近中原,不如说这里的夏就指代华夏帝国,也就是指他们从塞外进入华夏的边缘地带了,这一地区很可能就是河套以南。祐邻代表的是乞伏部对"入塞"的记忆。而秃发部始祖匹孤也是"率其部自塞北迁于河西"的人物。总而言之,后来的乞伏与秃发两部族的历史记忆,都将起点设定于迁入华夏边缘地区的时段,其始祖则被设定为率领迁徙的人物。这种对塞外历史的"结构性失忆",是华夏化以后的历史想象,其中对入

---

① 周伟洲:《南凉与西秦》第2编第1章,陕西人民出版社1987年版,第118页。
② 林幹:《鲜卑拓跋、秃发、乞伏三部的早期历史及其南迁路线的初步探索》,收入林幹、再思著《东胡乌桓鲜卑研究与附论》,内蒙古大学出版社1995年版,第87页。

塞时间的记忆，反映了两部进入华夏地域时间较短的事实。①

乞伏与秃发二部，不仅接触华夏文化的时间和机会有限，而且有史料表明秃发部仍保持着游牧的社会和军事组织。秃发利鹿孤的将领镒勿崘曾说："昔我先君肇自幽朔，被发左衽，无冠冕之仪，迁徙不常，无城邑之制，用能中分天下，威振殊境。今建大号，诚顺天心。然宁居乐土，非贻厥之规；仓府粟帛，生敌人之志"（《秃发利鹿孤载记》，第3145页），因此建议放弃城居。他们在战争中热衷于掳掠牛羊和人口（即"徙民"），也体现了游牧社会的战争习惯。乞伏部的情况与秃发不会相差太远。史料中所见的两国人物，除了占领州郡之后吸纳的华夏人物，基本都没有华夏式姓名，其国君姓名皆为音译无疑。《魏书》与《晋书》中的乞伏炽磐及其子慕末，在《宋书·大沮渠蒙逊传》中被称为"乞佛炽槃""茂蔓"②。聂溦萌注意到《宋书》此传以沮渠北凉为中心撰述淝水之战后西北地区各政权的历史，而北凉沮渠茂虔曾献书刘宋，由此推测《大沮渠蒙逊传》就是以茂虔献书中的北凉国史《凉书》为基础写成的。③ 其说可从。如此则"乞佛""茂蔓"等为北凉一方的译写。音译常无定字，也说明通行于西北的不是他们的华夏式姓名，而是某种胡语的发音，只有到要写成文字时才取汉字来对音。更为复杂的是"秃发"，秃发与拓跋乃同音异写，自钱大昕以来学者已无异议。《隋书·经籍志》有《讬跋凉录》十卷（第963页），《旧唐书·经籍志》作《拓跋凉录》（第1993页），被认为是南凉国史。因而南凉官方认定的译名不是"秃发"而是"讬跋"。姚薇元认为"秃发"乃魏收所改，④罗新更将其推前到孝文帝时代，指出其后崔鸿作《十六国春秋》已尽写作"秃发"。⑤ 事实上，在《宋书·大沮渠蒙逊传》中已经出现了"西平虏秃发傉檀"的名字，目前没有发现版本异文，如上所论这可能是沮渠北凉国史中的贬义译写，因而崔鸿所为或许只是借用了《凉书》中已有的做法。总之，秃发南凉与乞伏西秦一样，姓名的译写在当时尚不固定。这一点也说明了他们接触华夏文化不深。正是因为这样显著的事实，《载记》中对乞伏和秃发君主的直接描述从未涉及其"文学"，仅仅是"雄武"（乞伏乾归）、"骁勇善骑射"（乞伏可汗讬铎莫何）、"勇果英毅"（乞伏炽磐）、"壮果"（树机能）等体现武勇的字句，最多加上"权略过人"（乞伏炽磐）、"有才略"（秃发傉檀）等，然谋略与"文学"仍然没有直接关系。这些源自本国史臣之手的描述再次表明，西秦与南凉的君主在华夏式文化素养上，的确乏善可陈。赵翼当然洞见及此，故而列举"有文学"诸君主时没有提及西秦和南凉。

然而，读过《晋书》中乞伏、秃发诸国君《载记》的人一定会注意到，西秦、南凉两国的君臣谈吐儒雅，甚至动辄引经据典，不让苻姚而远过二石。如乞伏益州战败，

---

① 这里说的两部，指的是拥有书写历史记忆权力的乞伏西秦与秃发南凉的统治集团。迁徙无疑发生过，只是这里的迁徙路线和英雄谱系都只是某一部族集团的记忆，融入西秦、南凉政权的其他部族、人群可能有完全不同的来历，但在失去历史书写权力的情况下，他们的历史湮没在了统治集团讲述的历史中。

② 《宋书》卷九八《大沮渠蒙逊传》，中华书局点校本1974年版，第2415页。

③ 见聂溦萌《三崎良章〈五胡十六国の基礎的研究〉》，《中国中古史研究：中国中古史青年学者联谊会会刊》第2卷，第273—275页。

④ 姚薇元：《北朝胡姓考》，中华书局1962年版，第239页。

⑤ 罗新：《论拓跋鲜卑之得名》，收入氏著《中古北族名号研究》，北京大学出版社2009年版，第62页。

乾归引咎自责，史言：

> 乾归曰："孤违蹇叔，以至于此。将士何为，孤之罪也。"（第3118页）

"孤违蹇叔"是出自《左传》的典故。秦穆公不顾蹇叔的劝阻派遣军队远袭郑国，不克，更在归途遭到晋军的伏击，致使三帅被俘。三人被释放回秦国时，秦穆公"素服郊次，乡师而哭，曰：'孤违蹇叔，以辱二三子，孤之罪也。'不替孟明，曰：'孤之过也，大夫何罪？且吾不以一眚掩大德。'"① 此处乾归派遣乞伏益州出征姜乳，也受到边芮、王松寿等大臣的谏阻，但他执意而为，终于导致益州战败的后果，这一事件的确与崤之战的故事有相似之处。只是乞伏乾归脱口而出《左传》中的典故，而且用得如此恰当，岂非甚有文学的明证？在另一个场合，乾归对诸将说"昔曹孟德败袁本初于官渡，陆伯言摧刘玄德于白帝，皆以权略取之，岂在众乎。光虽举全州之军，而无经远之算，不足惮也"（第3119页）。又显示出对汉末三国历史的熟悉。

再举南凉秃发傉檀的例子。当为质于秃发政权的乞伏炽磐逃归被执回时，秃发傉檀阻止利鹿孤杀炽磐，说道："臣子逃归君父，振古通义，故魏武善关羽之奔，秦昭恕顷襄之逝。炽磐虽逃叛，孝心可嘉，宜垂全宥以弘海岳之量。"（第3148页）这里也是脱口而出两个典故，"魏武善关羽之奔"见于《三国志·关羽传》，广为人知，但"秦昭恕顷襄之逝"则大有问题。据《史记》，楚怀王被秦国扣留，太子自齐国归而立为顷襄王，并非逃归。而楚怀王欲自秦国逃归，中途被追回，这与炽磐被执颇为相似，但怀王不久即死于秦，故无"恕"事可言。其后楚顷襄王之太子完又为质于秦，顷襄王病，太子在黄歇（春申君）的谋划下成功逃归楚国，后即位为考烈王。秦昭王始欲杀黄歇，在其相应侯建议下最终无罪而归之，这符合"秦昭""恕""逝"三个要素，但逃亡的人是楚太子完而非顷襄王。② 或许因为这里面涉及数次与秦、楚有关的逃亡事件，读者久之不免记忆淆乱。用来关联乞伏炽磐的被执和被宽恕的"秦昭恕顷襄之逝"，糅合了楚怀王的逃亡被执、顷襄王的成功归国、楚太子完的"逝"以及秦昭王对此事件的"恕"等复杂的元素。作为一个用典修辞，它无疑是错误的，因为"秦昭恕顷襄之逝"从来不曾发生过。但想要犯这样的错误，至少需要知道与秦楚两国有关的这三次逃亡——尽管记忆有些混乱。这一错误本身反而显示了说话人对战国历史的丰富知识，《载记》中此人竟是戎马一生的秃发傉檀，不得不令人怀疑其真实性。

傉檀曾在与姚兴凉州主簿宗敞的对话中引用"《诗》云：'中心藏之，何日忘之'"来表达对其父宗蘷的怀念，之后又说"卿鲁子敬之俦，恨不与卿共成大业耳"。（第3148页）这里不仅提到鲁肃，且"恨不与卿共成大业耳"亦绝类陈寿笔下刘备对田豫所说的"恨不与君共成大事也"③。面责其湟河太守文支时，傉檀说"二兄英姿早世，吾以不才嗣统，不能负荷大业，颠狈如是，胡颜视世，虽存若陨。庶凭子鲜存卫，藉文种复吴，卿之谓也"（第3155页）。又是一连用了两个春秋时的典故。傉檀对春秋战国

---

① 见杨伯峻《春秋左传注》僖公三十三年，中华书局1981年版，第500—501页。
② 《史记》卷四〇《楚世家》，中华书局点校本1959年版，第1728—1729页；卷七八《春申君列传》，第2393—2394页。
③ 《三国志》卷二六《魏书·田豫传》，中华书局点校本1971年版，第726页。

和汉末三国史事的谙熟，又可通过他与姚兴史臣的会面得到印证：

> 俘檀与宗论六国从横之规，三家战争之略，远言天命废兴，近陈人事成败，机变无穷，辞致清辩。宗出而叹曰："命世大才、经纶名教者，不必华宗夏士；拨烦理乱、澄气济世者，亦未必《八索》、《九丘》。《五经》之外，冠冕之表，复自有人。"（第3151页）

所谓"六国""三家"之事，正好可以概括上面俘檀引经据典的范围。春秋战国与汉末三国是华夏历史上群雄逐鹿的时期，与十六国所处的时代有诸多相似之处，五胡诸君主如果想要了解华夏的历史，或"以史为鉴"，则这两个时代的历史最有实用价值。他们可能的确通过种种途径获得了一些相关的知识。另一方面，修史者如果想要用历史典故来比附当下，也自然会首选六国、三家时的人与事。

以上详细分析了赵翼没有言及的后赵、后凉、西秦、南凉四国君主是否有文学的问题。其结果是矛盾的：一方面，有诸多史料支持赵翼的常识性判断，即这些君主的华夏文化素养不高；另一方面，在史料记载的对话、诏令中，他们又常常口出雅言，动引经史，显示出对华夏经史典籍的熟悉，给人留下"有文学"的印象。熟知史书形成过程的赵翼当然不会轻易将史料当成史实，故而对《载记》塑造的十六国君主形象，采取了怀疑与甄别的态度。他在这对矛盾的史相中选择了相信前者，后面那些文雅之辞或被归为史臣重重润色的结果。从上述分析来看，尤其是乞伏、秃发诸君主，其儒雅程度很显然被严重夸大了，而且其润饰的手法都十分接近。赵翼的判断是合理的。那么是谁在润色这些君主的儒雅形象呢？

前面第一节中已经论述了十六国各政权撰述国史的情况，可惜这总计达数十种的"霸史"皆已无完书流传。清人汤球曾辑18种"霸史"佚文为《三十国春秋辑本》。[①] 最近日本又有《五胡十六国霸史辑佚》一书出版，[②] 这是日本五胡研究会众学者历时19年集体工作的成果，收集佚文1940条，搜罗得十分细致，可以认为霸史佚文的辑录已基本完成。霸史佚文有助于我们了解十六国国史的原貌，也确认了《晋书载记》《十六国春秋》与十六国国史的因袭关系。自撰的"国史"是集中体现一个政权塑造自身形象的文本，十六国"霸史"所具有的国史性质，也保留到了《十六国春秋》与《晋书载记》之中。在十六国国史零碎不全的情况下，《晋书载记》和《十六国春秋》成为我们探讨十六国政权历史书写的最主要材料。特别是其中具有溢美性质的言辞，与其说出于唐代史官或者北魏崔鸿之手，毋宁说是十六国政权的史官苦心润色的结果。

因此，我们可以暂时放下五胡诸君主是否有文学以及赵翼的真伪鉴定是否正确的问题，转而将秃发、乞伏等君主的"文学素养"看作一种有意塑造的"史相"。姑且不管它是否与"史实"相符，至少它代表了史书撰写者的意图。而如第一部分所述，这些

---

① 见（清）汤球辑，吴振清校注《三十国春秋辑本》，天津古籍出版社2009年版。下简称汤球《辑本》。

② ［日］五胡の会编：《五胡十六国霸史辑佚》，东京，燎原书店，2012年。下简称《霸史辑佚》。本文下面涉及的十六国史料，很多直接或间接得自本书以及上注《辑本》，除了文字有异需要考订以外，仅引原始出处如《太平御览》《初学记》等，不再注《辑佚》和《辑本》的页码。

史书的撰写者往往是仕宦于该政权的官僚，有些史书还是在君主命令之下写作的，这种历史书写意图也应是统治者所认可的，甚至就是他们意志的体现。进而，赵翼所列举的刘渊、苻坚、姚泓等人固然拥有真正的华夏文化修养，但是他们的文化修养以及尊儒兴学的行动被特意强调，也是给我们留下"有文学"印象的重要因素。尽管与"史实"的相符度可能较高，它仍然是一种有意塑造的"史相"。

三 十六国"史相"辨析之二：君主的诞载之异与奇表之异

十六国史料所呈现的君主"史相"，除了具有华夏文化素养以外，还有很多其他的特征。其中较为显著的，是他们出生时的神异和长大后体貌的奇特。借助《北堂书钞·帝王部》的标目，可称为诞载之异与奇表之异。可是他们既与常人有异，互相之间却大有共同点，更重要的是，他们的神异与奇表几乎都能在历代华夏帝王的"神异库"中找到对应者。

在出生之前，诸国的君主已经具备许多相似之处。如：

> 刘渊：(刘)豹妻呼延氏，魏嘉平中祈子于龙门，俄而有一大鱼，顶有二角，炘鬐跃鳞而至祭所，久之乃去。……其夜梦旦所见鱼变为人，左手把一物，大如半鸡子，光景非常，授呼延氏，曰："此是日精，服之生贵子。"寤而告豹，豹曰："吉征也。"(第2645页)
>
> 刘聪：聪之在孕也，张氏梦日入怀。寤而以告，元海曰："此吉征也，慎勿言。"(第2657页)
>
> 慕容德：母公孙氏梦日入脐中，昼寝而生德。(第3161页)

此三例所言都是"帝王"感生之事，且都与梦和日有关，不管是吞服日精，还是日入怀入脐，要点都是太阳进入了其母的身体。太阳是帝王的象征，这种神异始见于汉武帝，其母为景帝王夫人，"男方在身时，王美人梦日入其怀"[1]。其后多有追随者，如孙坚妻吴氏"夫人孕而梦月入其怀，既而生策。及权在孕，又梦日入其怀"[2]。与梦日不同者，仍有梦神与梦大蛇两种：

> 苻坚：其母苟氏尝游漳水，祈子于西门豹祠，其夜梦与神交，因而有孕。(第2883页)
>
> 李雄：罗氏因汲水，忽然如寐，又梦大蛇绕其身，遂有孕。(第3035页)

这两者看似不同。然车频《秦书》记苻坚母之事曰："苻坚母苟氏浴漳水，经西门豹祠，归，夜梦若有龙蛇感己，遂怀孕而生坚。"[3] 所以《载记》中所云之神，即是龙蛇。这让人想起汉高祖刘邦之母的故事。《史记·高祖本纪》："其先刘媪尝息大泽之陂，梦

---

[1] 《史记》卷四九《外戚世家》，第1975页。
[2] 见《三国志》卷五〇《吴书·妃嫔传》，第1195页。
[3] 《太平御览》卷三六〇引车频《秦书》，中华书局影印本1960年版，第1659页。

与神遇。是时雷电晦冥，太公往视，则见蛟龙于其上。已而有身，遂产高祖"（第341页）。刘媪自梦所见为神，太公所见则龙蛇，苻坚、李雄事皆本于此可知。

感种种神异而受孕之后，多位十六国君主都被记录为孕期超长。刘渊13个月，刘聪15个月，苻坚12个月，李雄14个月。孕期超长也是华夏古圣王的特征，"二十月黄帝生"、"十四月生帝尧"①。这些观念在西汉时期已经广为流行，汉武帝钩弋夫人孕昭帝，"任身十四月乃生，上曰：'闻尧十四月而生，今钩弋亦然。'乃命其所生门曰尧母门"②。孕期超长被认为是吉验，《论衡》言黄帝"性与人异，故在母之体留多十月"③。汉武帝立钩弋子（昭帝）为太子的一个理由是"感其生与众异"，也是这种观念的体现。

帝王出生之时，记载中往往有神异，十六国君主也不例外。最突出的是"神光"：

刘聪：夜有白光之异。（第2657页）
石勒：生时赤光满室，白气自天属于中庭。（第2707页）
苻坚：有神光自天烛其庭。（第2883页）（车频《秦书》：初生，有赤光流其室。④）
吕光：夜有神光之异，故以光为名。（第3053页）

神光之异不见于东汉之前的帝王，第一个拥有此项神异的是汉光武帝。《后汉书·光武帝纪》"论曰"："建平元年十二月甲子夜生光武于县舍，有赤光照室中。"李贤注引《东观记》曰："光照堂中，尽明如昼。"⑤ 其后附会者转多，如"高贵乡公初生，有光气照耀室屋，其后即大位"⑥。晋元帝"生于洛阳，有神光之异，一室尽明"⑦，又如宋武帝刘裕"始生之夜，有神光照室"⑧。十六国诸君亦对神光之瑞颇有偏好，表明这一点上，他们共享了同一种有关"正统天子"的观念。

与出生有关的另一神异是身上有文字：

刘渊：左手文有其名。（第2645页）⑨

---

① 《北堂书钞》卷一《诞载三》，孔氏三十三万卷堂影宋本，第3页。黄帝在孕月数有多种说法，此处所引二十月与《论衡·吉验篇》同，除此之外，《史记》卷一《五帝本纪》《正义》云"二十四月而生"（第2页），而《宋书》卷二七《符瑞志》言"二十五月而生"（第760页）。"尧十四月而生"，诸家无异说。
② 《汉书》卷九七上《外戚传上》，中华书局点校本1962年版，第3956页。
③ （汉）王充：《论衡》卷二《吉验篇》，上海人民出版社1974年版，第29页。
④ 《世说新语·识鉴》刘孝标注引车频《秦书》，见徐震堮《世说新语校笺》卷中，第223页。
⑤ 《后汉书》卷一下《光武帝纪下》，中华书局点校本1965年版，第86页。
⑥ 《宋书》卷二七《符瑞志》，第779页。
⑦ 《晋书》卷六《元帝纪》，第143页。
⑧ 《宋书》卷二七《符瑞志》，第783页。
⑨ 又《太平御览》卷三七〇引《三十六国春秋》（或为《十六国春秋》之误）曰："渊生而左手有文曰渊，遂以命之。"（第1704页）同书卷一一九引《十六国春秋·前赵录》："渊生左手有文曰渊海，遂以名焉"（第574页）。

符坚：背有赤文，隐起成字，曰"草付臣又土王咸阳"。（第2883页）①

在汉晋华夏的知识体系中，出生时手有文字的人物，最早的是舜。《孝经援神契》曰："舜龙颜大口，手握褒。"曹魏博士宋均注云"握褒，手中有褒字。喻从劳苦受褒饰，致大祚也"②。《孝经援神契》成书年代不详，但其上限不早于西汉成帝时期。因此这里虞舜握褒的说法，以及宋均的解释，很可能来自更早形成的晋国始封君唐叔虞的故事。《史记》载："初，武王与叔虞母会时，梦天谓武王曰：'余命女生子，名虞，余与之唐。'及生子，文在其手曰'虞'，故遂因命之曰虞。"③刘渊因手有文字而得名，与唐叔虞极为相似。刘渊的汉国定都平阳，魏晋时匈奴五部尽在古晋国之地，很可能刘渊因此有意模仿了一个与晋国有关的神异故事。符坚之事，暂无更早的原型可考。在他之后，同属前秦统治集团的吕光，借鉴这种手法制造了另一个神异：吕光征西域围攻龟兹城时，"左臂内脉起成字，文曰：'巨霸'"（第3055页）。身有文字当是受到符坚等的启发，而文字的内容"巨霸"尚有其他来源。王莽天凤六年（19），凤夜连率韩博上言"有奇士，长丈，大十围，来至臣府，曰欲奋击胡虏。自谓巨毋霸"。王莽字巨君，晋灼言"巨毋霸"乃"讽言毋得篡盗而霸"之意，故而王莽恶之，征博下狱，弃市。④吕光的"巨霸"，似是将"巨毋霸"反其意而用之，且击胡虏亦与围龟兹相合。至于吕光与"巨"的关联，大约是因为他身长八尺四寸，按晋代一尺为0.24米保守换算，他的身高至少有2米。⑤即使在当代，这一身高也可称为"巨"了。

十六国君主中，吕光的身高还不是最高的。最高的刘曜身长九尺三寸，约合2.23米；姚襄与赫连勃勃同样是八尺五寸，约合2.04米。姚苌曾说"吾不如亡兄有四：身长八尺五寸，臂垂过膝，人望而畏之，一也"（第2971页）。刘渊与吕光一样是八尺四寸。李雄八尺三寸。慕容氏诸帝都是长人，慕容廆"幼而魁岸，身长八尺"，慕容皝"七尺八寸"，皝之子慕容儁"身长八尺二寸，资貌魁伟"、慕容德"年未弱冠，身长八尺二寸，资貌雄伟"、慕容垂"身长七尺七寸，手垂过膝"。有记录的最矮的是石虎，

---

① 又《太平御览》卷三七一引车频《秦书》曰："苻坚生，肩背皆赤色，隐起若篆文付，因为苻氏"，"又曰：坚背文曰草付之祥，因为苻氏"（第1711页）。前秦的史书和《载记》中以"苻"姓起于苻坚背上的篆文。其实不然，氐人中的"苻"姓早已有之，三国时蜀后主建兴十四年（236）即有"徙武都氐王苻健及氐民四百余户于广都"之事（见《三国志》卷三三《蜀书·后主传》，第897页；又见卷四三《蜀书·张嶷传》，第1051页）。而魏青龙三年（235）降魏的氐王苻双应即苻健之弟（见《晋书》卷一《宣帝纪》，第9页）。蒲、苻同音，皆为氐语的译写，洪将"蒲"改为"苻"，可能为迎合谶语，也可谓有成例可据。

② （唐）徐坚等：《初学记》卷九《总叙帝王·事对》"手握褒"条引，中华书局2004年版，第206—207页。

③ 《史记》卷三九《晋世家》，第1635页。初见于《左传》昭公元年，见杨伯峻《春秋左传注》，第1218页。

④ 《汉书》卷九九下《王莽传下》，第4157页。

⑤ 汉尺约为0.23米，魏晋以下逐渐增长，魏尺增至0.241米，而东晋时的尺已长0.245米。参看杨宽《中国历代尺度考》，河南省计量局主编：《中国古代度量衡论文集》，中州古籍出版社1990年版，第65—68页。

长七尺五寸。① 华夏古圣先王也多是身材伟岸之人，尧身长十尺、② 禹长九尺九寸、③ 汤九尺、④ 周文王八尺二寸、⑤ 孔子九尺六寸、⑥ 秦始皇八尺六寸、⑦ 项羽八尺二寸、⑧ 汉高祖刘邦七尺八寸、⑨ 汉昭帝八尺二寸、⑩ 刘备七尺五寸（一说七尺七寸）。⑪ 这些数字大多有异说，除了孔子、项羽、汉昭帝、刘备等可信度略高，其他明显不可信。上古帝王的身高，多出于《河图》或《帝王世纪》，《河图》为汉儒造作之纬书自不待言，《帝王世纪》乃西晋皇甫谧所作，也是综合了汉魏以来的谶纬学说而写成的上古史。⑫ 毋宁说出于这些书的身高数据，都是编造出来的。尧作为第一圣王，其身高十尺也是最高的，纵有些书中将周文王与孔子的身高拔高到十尺，终不能成为主流学说。此类编造身高唯一的意义，在于反映了汉晋时期人们理想中的圣贤帝王应该具有超出常人的身高，即"形貌魁伟"。十六国诸君主的身高，按记录都很高，最低的石虎亦与刘备持平。但必须注意到，如石勒、苻坚、姚苌等人的身高没有记载，或许就是不足以达到"魁伟"的标准，正如大多数华夏帝王的身高也无记录一样。这种选择性的记录说明，五胡十六国的国史撰述在对君主形象中身高一项进行记录时，遵循了汉晋以来华夏为"受命天子"所设定的标准，不达标准的宁可不记。更有甚者，这些记录下的身高数字也未必是完全真实的，以慕容家族诸人为例：

1. 慕容皝：身长七尺八寸，龙颜版齿。（第2815页）
   汉高祖：身长七尺八寸，隆准而龙颜。⑬
2. 慕容垂：身长七尺七寸，手垂过膝。（第3077页）
   刘备：身长七尺七寸，垂手过膝。⑭
3. 慕容德：身长八尺二寸，额有日角偃月重文。（第3161页），
   周文王：高长八尺二寸，日角鸟鼻。⑮

---

① 见《太平御览》卷三八六"健"条引《石虎别传》，第1786页。
② 《宋书》卷二七《符瑞志上》，第761页。
③ 《宋书》卷二七《符瑞志上》，第763页。另一说为"九尺二寸"，如《史记》卷二《夏本纪》《正义》引《帝王纪》，第49页。
④ 《宋书》卷二七《符瑞志上》，第761页。
⑤ 《史记》卷四《周本纪》《正义》引《雒书灵准听》，第116页。另一说见同注引《帝王世纪》："文王龙颜虎肩，身长十尺，胸有四乳。"《宋书》卷二七《符瑞志》取《帝王世纪》之说。
⑥ 《史记》卷四七《孔子世家》，第1909页。另《太平御览》卷三七七引《春秋演孔图》曰："孔子长十尺，大九围，坐如蹲龙，立如牵牛，就之如昂，望之如斗。"（第1740页）
⑦ 《太平御览》卷八六引《河图》，第407页。
⑧ 《汉书》卷三一《项籍传》，第1796页。
⑨ 《史记》卷八《高祖本纪》《正义》引《河图》，第342页。
⑩ 《汉书》卷九七上《外戚传上》，第3964页。
⑪ 《三国志》卷三二《蜀书·先主传》，第871页。一说为七尺七寸，见《宋书》卷二七《符瑞志上》，第779页。
⑫ 参见徐宗元辑《帝王世纪辑存》，中华书局1964年版。
⑬ 《史记》卷八《高祖本纪》，第342页。
⑭ 《宋书》卷二七《符瑞志上》，第779页。
⑮ 《史记》卷四《周本纪》《正义》引《雒书灵准听》，第116页。

这些数字和体貌特征双重巧合，而且全都出现在慕容氏家族中，实在有些令人难以置信。与其说是真实记录，不如说是对照传说中华夏帝王的体貌进行的附会。

按这一思路还可发现，"垂手过膝"也是受到重视的帝王之相。不只刘备垂手过膝，晋武帝司马炎也有这一特征。当司马炎的晋王太子地位有动摇的危险时，何曾于司马昭前"固争"："中抚军聪明神武，有超世之才。发委地，手过膝，此非人臣之相也。"① 这当然是一场表演，但是"发委地，手过膝，非人臣之相"应当是当时非常流行的观念。十六国君主中仅"垂手过膝"的就有刘曜、苻坚、姚襄、慕容垂四人。此后南北朝双方在需要进行"天命所归"的论证时，不乏强调君主这一相貌特征的例子，如陈霸先、宇文泰皆是。②

十六国政权的君主有称皇帝和称王之别，而且一些君主在称帝之前曾有一个长期的藩王阶段。他们的相貌特征，相应地也有"帝王"与"霸主"两种不同的建构方向。吕光就是一个很好的例子，当他围攻龟兹之时，尚没有取苻坚而代之的想法，最多不过留在西域做半独立的藩王，除了临死前短暂地称"太上皇帝"，吕光的正式名号只是"天王"。所以他的神异宣传是"左臂内脉起成字，文曰：'巨霸'"，志止于霸王而已。他的体貌特异处还有"目重瞳子"，这让人想到项羽，③而项羽是华夏传统中"霸王"的典型。此一时期明确自比于项羽的人物还有吐谷浑首领吐延，他"长七尺八寸，雄姿魁杰，羌虏惮之，号曰项羽"④。

另一个霸者特有的神异为十六国君主所看重者，为"寤生"，即其母在熟睡中分娩，醒后方觉已生一儿。这一神异最初发生在春秋初年郑庄公身上，"庄公寤生，惊姜氏，故名曰寤生，遂恶之"⑤。郑庄公是春秋年间第一位可以称为"伯"（同霸）的人物，具有重要的地位。关于"寤生"，杜预注"寐寤而庄公已生，故惊而恶之"⑥，然而杜注并非唯一的解释，《史记·郑世家》言"生之难"⑦，后人因此解寤为逜或牾，即脚先出而难产⑧，应劭《风俗通》言"俗说儿坠地便能开目视者，谓之寤生"⑨，都与杜注不同。但是作为西晋时人，杜预注应该代表了魏晋时期的知识，与后人力求与常理相合不同，在谶纬盛行的时代风气下，他们追求的正是不合常理的神异性解释。所以十六国史料中出现"寤生"或"昼寝而生"，无一例外地取与杜预注相同的意义。十六国君主或其先世寤生者有：

---

① 《晋书》卷三《武帝纪》，第49页。
② 见《陈书》卷一《高祖纪》，中华书局点校本1972年版，第1页。《周书》卷一《高祖纪上》，中华书局点校本1971年版，第2页。
③ 《史记》卷七《项羽本纪》"太史公曰"，第338页。
④ 《晋书》卷九七《吐谷浑传》，第2538页。有趣的是，七尺八寸的身高则与刘邦相同。
⑤ 见杨伯峻《春秋左传注》隐公元年，第10页。
⑥ 《十三经注疏》，中华书局影印本1980年版，第1715页。
⑦ 《史记》卷四二《郑世家》，第1795页。
⑧ 此说见（明）焦竑《焦氏笔乘续集》卷五"寤生"条，上海古籍出版社1986年版，第331页。清人黄生《义府》，朱骏声《说文通训定声》亦主此说，见马固钢《说"寤生"、"昼寝"及其他》，《湘潭大学学报》1991年第3期。杨伯峻也同意这种解释。
⑨ 《太平御览》卷三六一"产"条引《风俗通》，第1663页。

蒲洪：其母姜氏因寝产洪，惊悸而瘖。①

秃发乌孤七世祖寿阗：寿阗之在孕也，母梦一老父被发左衽乘白马谓曰："尔夫虽西移，终当东返至京，必生贵男，长为人主。"言终胎动而瘖，后因寝生寿阗被中，因以秃发为号，寿阗为名。②

慕容德：母公孙夫人，晋咸康中昼寝生德，左右以告，方瘖而起。既生，似郑庄公。曰："长大必有大德"。遂以德为名。③

慕容德的记载中出现了郑庄公，说明"瘖生"的神异正是以郑庄公为原型的。蒲洪臣于石虎，秃发氏始终未能称帝，而慕容德为觊少子，本无缘继承皇位，因而此三人皆被定位为"霸"。霸既可以是号令天下的实际领袖如项羽，亦可以是尊奉王室的强大诸侯如齐桓公、晋文公。华夏传统中微妙的"霸"，也成为十六国君主在塑造自身形象时使用的符号。

以上分析了十六国君主的诞载之异与奇表之异，发现他们是高度模式化的。十六国君主的种种奇异之处，都能在华夏历史上帝王圣贤的"奇异库"中找到。这些神异原本是华夏帝王们专属的符号，在建构应天受命的理想君主形象时，十六国的帝王与他们的史臣们，没有更多的素材可资利用，他们所用的论证正统性和合法性的全部符号资源都来自"历史"，而且只能是华夏帝国的"历史"。之所以加上引号，是因为这种有关华夏帝王的"历史"，诸如尧高十丈、文王四乳之类，自身也不是真实的，只是作为一种观念或者符号体系而存在。由于在华夏帝国的政治生活中，尤其是禅代之际的合法性宣传中占有重要地位，这套符号体系成为华夏政治文化的一部分。十六国的非华夏君主们的种种奇异特征或许不全是杜撰的，比如从身高一项来看，也存在着选择性记录的问题，但选择的标准仍然是华夏帝王的"奇异库"。由于这些史书大多脱胎于十六国的国史，也就是十六国实际政治中进行的正统性宣传的一部分，它们说明了这些君主所期待的自身形象正是华夏圣王。与之形成对比的是，那些没有在华夏文化圈建立政权的异族的君主神异传说，如夫余和高句丽的祖先东明王的传说、高车的狼生传说等，则无法在华夏帝王的"奇异库"中找到相似的元素。

更有甚者，班彪《王命论》言汉高祖之受天命，有五条理由，其中前三条是"帝尧之苗裔""体貌多奇异""神武有征应"④，后两条正是本节所论的诞载之异和奇表之异，他们所表达的是同一政治文化传统。既然后两条被接受，第一条的血统标准是否也会被考虑呢？当我们看到《慕容廆载记》说"有熊氏之苗裔"（第2803页）、《苻洪载记》云"其先有扈之苗裔"；《姚弋仲载记》称"禹封舜少子于西戎，世为羌酋"（第2957页）；赫连勃勃在统万城南刻石云"我皇祖大禹"（第3210页）；等等，应该不会太意外吧。族群意识中最重要的祖源认同，就这样以华夏帝国的政治文化为媒介构建出

---

① 《太平御览》卷三六一"产"条引《十六国春秋》，第1662页。

② 《太平御览》卷三六一"产"条引《十六国春秋》，第1662页。《晋书》卷一二六《秃发乌孤载记》同此而言略，但多"鲜卑谓被为秃发"一句。（第3141页）

③ 《太平御览》卷三六一"产"条引《十六国春秋》，第1662页。

④ （梁）萧统编，（唐）李善注：《文选》卷五二《班叔皮王命论》，中华书局1986年版，第2266页。

来了。

四 十六国"史相"辨析之三：模式化叙事举例

除了正面塑造华夏式君主形象以外，十六国的史学书写还使用更为隐晦的方式将本国历史写成"华夏"的历史，最集中地体现在"模式化叙事"中。以下举几个例子进行说明。

（一）石勒征刘曜

《石勒载记》记石勒赴洛阳征刘曜时有这样一段：

> 勒统步骑四万赴金墉，济自大堨。先是，流澌风猛，军至，冰泮清和，济毕，流澌大至，勒以为神灵之助也，命曰灵昌津。勒顾谓徐光曰："曜盛兵成皋关，上计也；阻洛水，其次也；坐守洛阳者成擒也。"诸军集于成皋，步卒六万，骑二万七千。勒见曜无守军，大悦，举手指天，又自指额曰："天也。"（第2744—2745页）

这样一段充满细节的描写，包含三个板块，值得逐个进行分析。第一个板块是石勒从灵昌津渡黄河，原本流澌风猛，流澌即流动的冰块，随风漂在迅疾的河水中，令舟船难以行驶。曹操诗云"流澌浮漂，舟船行难"①，即指此。大风也是渡河的重要障碍。但石勒到达之后，"冰泮"，即浮冰竟然消解，或者是流量忽然大减，大风也停息变得"清和"。等到军队渡河完毕，大规模的流澌又出现了。因为有此神异，石勒命名此处为灵昌津。此事是真是假，今天无从考证，但是仅从情节和叙事手法而言，它与光武帝渡滹沱河的故事极为神似。刘秀在蓟为王郎所购，慌乱中向南逃亡，《东观汉记·王霸传》记曰：

> 光武发邯郸，晨夜驰骛，传闻王郎兵在后，吏士惶恐。南至下曲阳呼沱河，导吏还言河水流澌，无船，不可渡。官属益惧，畏为王郎所及。上不然也，遣王霸往视之，实然。王霸恐惊众，虽不可渡，且临水止，尚可为阻。即还曰"冰坚可渡"。士众大喜。上笑曰："果妄言也。"比至河，河流澌已合可履……遂得渡。渡未毕军，冰解。②

此故事亦见于《宋书·符瑞志上》，编列在光武帝的其他种种神异之中。与石勒渡河的故事略为不同的是，刘秀没有船，要靠河水结冰才能让车马过河。但是君王受到上天庇佑，使得面前的河流瞬间从不可渡变为可渡，这一点两个故事是完全一致的。刘秀渡滹沱河的故事，流传很广。北魏孝文帝曾脱口而出"昔刘秀将济，呼沱为之冰合"③。李

---

① 见《宋书》卷二一《乐志三》，第619页。
② （汉）刘珍等撰，吴树平校注：《东观汉记校注》，中州古籍出版社1987年版，第364页。
③ 《魏书》卷三〇《楼毅传》，第718页。

贤《后汉书注》还说，"光武所度处，今俗犹谓之危度口"①。"危度口"一名不见于正史，不知出现于何时，若石勒命名"灵昌津"时已经存在，则可能成为他的灵感来源。这一类天子渡河的故事，还见于北魏道武帝追击慕容宝之时：

> 十月，宝烧船夜遁。是时，河冰未成，宝谓太祖不能度，故不设斥候。十一月，天暴风寒，冰合。帝进军济河……急追之。②

因为这次黄河突然冰合，拓跋珪军队意外而至，遂至慕容宝有参合陂的惨败。类似事件再见于北魏太武帝拓跋焘征赫连昌时：

> 冬十月丁巳，车驾西伐，幸云中，临君子津。会天暴寒，数日冰结。③

拓跋部两次利用出人意料的冰合取得战争的主动权。这些记事如果都是真实的，原因应当是拓跋部掌握了一种使流澌变为坚冰的技术，早在昭成帝时期，就有这样的记载：

> 帝征卫辰。时河冰未成，帝乃以苇絙约澌，俄然冰合，犹未能坚，乃散苇于上，冰草相结，如浮桥焉。④

道武帝和太武帝能够让河水在适当的时候冰合，可能就是使用这种技术做到的。但是在史书的叙事中，却似乎是上天相助，而非假手人力，故而是有意自我神化的结果。以上所述从刘秀到拓跋焘的渡河故事，或许不乏真实的成分，但是同一神异化母题的重复再现，说明它们至少是采取了一种"模式化叙事"的形式。因此，在这个文本链条中的《石勒载记》的渡河故事，也应看作是一种"模式化叙述"。

上引《石勒载记》的第二部分是他对谋臣徐光分析局势的话。我们不能否认石勒具有出色的谋略，只是他说这句话的表达形式又有先例可循，石勒对徐光说：

> 曜盛兵成皋关，上计也。阻洛水，其次也。坐守洛阳者，成擒也。

而干宝《晋纪》记景初二年（238）司马懿征公孙渊，行前曾对魏明帝说：

> 渊弃城预走，上计也；据辽水拒大军，其次也；坐守襄平，此为成禽耳。⑤

石勒与干宝为同时代人，恐怕没有机会读到《晋纪》。只是《晋纪》此条一定有更早的史源。为石勒撰《起居注》者恰有徐光，此事的最初记录者应该是他。而徐光或许读

---

① 《后汉书》卷一《光武帝纪》，第13页。
② 《魏书》卷九五《慕容垂传》，第2067页。
③ 《魏书》卷四上《世祖纪上》，第71页。
④ 《魏书》卷一《序纪》，第15页。
⑤ 《三国志》卷三《魏书·明帝纪》裴注引干宝《晋纪》，第111页。

过作为《晋纪》史源的某种史书。另外，《载记》的文字与徐光的原始撰述之间又经历了田融、郭仲产、崔鸿等中间环节，每一个环节都有润饰改写的可能。总之一个不识字的羯人，说出与司马懿说过的几乎一模一样的话，无论如何也应视为修史者润色词句的结果。

引文的第三部分描写了一个非常形象的画面：

> 诸军集于成皋……勒见曜无守军，大悦，举手指天，又自指额曰："天也。"

在魏晋及以前的华夏文献中，我尚未找到与此类似的描写，那么或许可以认为这是对石勒当时行为的实录。但是在沈约笔下的刘裕做出了类似的行为：

> 初公将行，议者以为贼闻大军远出，必不敢战，若不断大岘，当坚守广固，刘粟清野，以绝三军之资，非唯难以有功，将不能自反。公曰："我揣之熟矣。鲜卑贪，不及远计，进利克获，退惜粟苗。谓我孤军远入，不能持久，不过进据临朐，退守广固。我一得入岘，则人无退心，驱必死之众，向怀贰之虏，何忧不克。彼不能清野固守，为诸君保之。"公既入岘，举手指天曰："吾事济矣。"①

刘裕远征南燕与石勒征刘曜有很多近似之处，在战争之前的谋划中，他们都为敌人划定了上中下三计。等到军队到了第一道防线，也就是他们分析的上计应当设防的第一险关，而没有遇到守军，便感到事情已经成功了大半。在这样的瞬间，刘裕竟然做出了与石勒一模一样的动作"举手指天"。这只是一个巧合吗？沈约《宋书》较之十六国诸霸史为晚出，但南朝文宗沈约应当不至于去模仿石赵的历史写作。所以这两条史料之间可以排除互相模仿的关系。那么它们何以如此相似，如果不是巧合的话，只有可能是拥有共同的模板——一个早于两者的权威文本。只是这个文本目前尚不能确定，也可能已经失传了。

（二）石勒哭张宾

《石勒载记附张宾传》载：

> 及卒，勒亲临哭之，哀恸左右，赠散骑常侍、右光禄大夫、仪同三司，谥曰景。将葬，送于正阳门，望之流涕，顾左右曰："天欲不成吾事邪，何夺吾右侯之早也。"程遐代为右长史，勒每与遐议，有所不合，辄叹曰："右侯舍我去，令我与此辈共事，岂非酷乎。"因流涕弥日。（第2756页）

张宾是石勒的谋主，"机不虚发，算无遗策，成勒之基业，皆宾之勋也"。他的去世，石勒的哀痛可想而知。石勒的感情虽然真挚，但这段材料他说的话却不一定是实录。《三国志》里有一段与之非常类似：

---

① 《宋书》卷一《武帝纪上》，第15页。

> 初，太和中，中护军蒋济上疏曰"宜遵古封禅"。诏曰："闻济斯言，使吾汗出流足。"事寝历岁，后遂议修之，使隆撰其礼仪。帝闻隆没，叹息曰："天不欲成吾事，高堂生舍我亡也。"①

高堂隆的去世，使得魏明帝的封禅大计遇到了困难，所以说"天不欲成吾事"。石勒的话恐怕是从此句化用而来，"天不欲成吾事"扩展为"天欲不成吾事邪，何夺吾右侯之早也"，"高堂生舍我亡也"替换为"右侯舍我去"。也可能《三国志》这一段话所依据的某种曹魏国史的文本与《载记》中石勒的话更为接近，今已无法确考。值得注意的是，《载记》中石勒的这段话，本身就成为十六国北朝的历史文本中反复出现的一个"模式化叙事"。《苻生载记附苻雄传》：

> 及卒，健哭之欧血，曰："天不欲吾定四海邪？何夺元才之速也。"（第2880页）

《苻坚载记下附王猛传》：

> 比敛，三临，谓太子宏曰："天不欲使吾平一六合邪？何夺吾景略之速也。"（第2933页）

《姚襄载记》：

> 俄而亮卒，襄哭之甚恸，曰："天将不欲成吾事乎？王亮舍我去也。"（第2963页）

《苻坚传》与《王猛传》的叙述与石勒哭张宾一段的相似性至为明显，《姚襄载记》则可能直接仿拟自《三国志》。苻、姚两个政治集团都曾臣服于石氏，且被迁徙于关东。他们与石赵政权有着千丝万缕的联系，② 史学书写上的相似也是其中之一。此后北方史学撰述中仍可见这一"模式化叙述"，如《周书·萧詧传附王操传》记萧詧为王操举哀时写道："（萧詧）流涕谓其群臣曰：'天不使吾平荡江表，何夺吾贤相之速也。'"③《苏绰传》写送苏绰之丧归葬武功时，宇文泰也说道"方欲共定天下，不幸遂舍我去，奈何"④。值得注意的是，类似的叙事没有出现在南朝的史书中。

（三）其他例子

十六国史书暗中运用旧史的模式化叙事以塑造人物或政权形象的例子还有很多。最

---

① 《三国志》卷二五《魏书·高堂隆传》，第717页。
② 苻秦在五德历运上承石赵之水德而为木行，也是两者关系深厚的表现。参看罗新《十六国北朝的五德历运问题》，《中国史研究》2004年第3期。
③ 《周书》卷四八《萧詧传》，第870页。
④ 《周书》卷二三《苏绰传》，第394页。

后再举三证。《刘曜载记》言:

> （曜）常轻侮吴、邓，而自比乐毅、萧、曹，时人莫之许也，惟聪每曰："永明、世祖、魏武之流，何数公足道哉！"（第2683页）

作为匈奴贵族的刘曜，轻侮与自比的对象都是华夏历史上人物，而不是冒顿、呼韩邪之类的匈奴英雄，这是值得注意的。汉赵贵族以两汉的名臣自比，亦见于刘宣，史言其"每读《汉书》，至《萧何》、《邓禹传》，未曾不反覆咏之，曰：'大丈夫若遭二祖，终不令二公独擅美于前矣'"（第2653页）。更重要的是，在叙事的句式和文字上，这一段非常明显地仿拟了《三国志》卷三五《蜀书·诸葛亮传》：

> 每自比于管仲、乐毅，时人莫之许也。惟博陵崔州平、颍川徐庶元直与亮友善，谓为信然。①

刘曜身在魏晋时期，大约是知道诸葛亮的事迹的，不排除他在行为上有模仿的可能。但史书的叙事仍成于史臣之手，是他们选择了使用《三国志》中的句式。

第二个例子来自南燕的史料，但说话人是后秦的姚兴。南燕使臣韩范是姚兴的布衣旧交，在两人一番引经据典的外交辞令大战之后，姚兴败下阵来，说了一句：

> 吾久不见贾生，自谓过之，今不及矣。（第3179页）

这是一句明显的用典，原句出自《史记·屈原贾生列传》：

> 上因感鬼神事，而问鬼神之本。贾生因具道所以然之状。至夜半，文帝前席。既罢，曰："吾久不见贾生，自以为过之，今不及也。"②（第2502页）

姚兴的话既然出自《慕容超载记》，当是本于南燕使臣韩范的记录而来。韩范在借贾谊的典故夸耀自己，同时也不觉让姚兴当了一回汉文帝。

最后一个例子来自秃发南凉。秃发政权的三位君主为兄终弟及，这在草原游牧政权中是屡见不鲜的。但是，为了在史籍中维持华夏政权的形象，需要在华夏认可的历史中找到依据。《秃发利鹿孤载记》中借助使臣梁明与段业的对话，为本政权的继承制度做出解释：

> 使记室监麴梁明聘于段业。业曰："贵主先王创业启运，功高先世，宜为国之太祖，有子何以不立？"梁明曰："有子羌奴，先王之命也。"业曰："昔成王弱龄，周召作宰；汉昭八岁，金霍夹辅。虽嗣子冲幼，而二叔休明，左提右挈，不亦可乎？"明曰："宋宣能以国让，《春秋》美之。孙伯符委事仲谋，终开有吴之业。且

---

① 《三国志》卷三五《蜀书·诸葛亮传》，第911页。
② 《史记》卷八四《屈原贾生列传》，第2502页。

兄终弟及，殷汤之制也，亦圣人之格言，万代之通式，何必胤己为是，绍兄为非。"业曰："美哉！使乎之义也。"（第3144页）

面对段业以华夏的父死子继传统相诘问，梁明找出传位于弟的宋宣公、孙策为据，又以殷汤之制为言，机智地回答了这个问题。这是秃发氏君主只进行了一次兄弟相传，所以可以援引宋宣公、孙策的成例。等到秃发傉檀再次以弟继兄，上面的两个典故就不再适合了。于是，《傉檀载记》言：

傉檀少机警，有才略。其父奇之，谓诸子曰："傉檀明识干艺，非汝等辈也。"是以诸兄不以授子，欲传之于傉檀。（第3147—3148页）

这样的叙事很容易让人想起春秋时吴国季札和他兄长们的故事。《史记》载：

寿梦有子四人，长曰诸樊，次曰余祭，次曰余眛，次曰季札。季札贤，而寿梦欲立之，季札让不可，于是乃立长子诸樊，摄行事当国……王诸樊卒，有命授弟余祭，欲传以次，必致国于季札而止，以称先王寿梦之意，且嘉季札之义，兄弟皆欲致国，令以渐至焉……王余眛卒，欲以授弟季札。季札让，逃去。[①]

除了季札逃去的结果与傉檀即位不同，之前的情节非常相似。都是父亲赏识幼子，于是兄长们故意不传位给自己的儿子，而是兄弟依次相传，目的是让最小的弟弟能继承王位。王明珂认为季札让国的故事，是对太伯奔吴传说的有意重演，用这种方式宣称吴国的确是太伯的后裔。[②] 季札是否有意重演太伯故事，不是本文所要讨论的问题，但可以肯定的是，秃发傉檀兄弟相传的行为一定不是在模仿时空上都很遥远的吴国，这样的一个叙事模式，是掌握华夏历史知识的史臣精心选择的。事实上，匈奴在汉宣帝时代的呼韩邪单于以下，单于位相继在其子之间传递，兄终弟及，共传了六任，持续近80年。[③] 此事载于《汉书》，必为修史者所熟悉。南凉的使者与史臣舍近求远，无论在外交辞令还是国史撰写中，都有意不提背景与时间都较接近的西汉后期匈奴的兄终弟及，而远追至春秋甚至殷商的华夏传统，这是非常耐人寻味的。

如上所举的模式化叙事，其要义在于通过复制华夏史书已有的叙事，让人在读十六国北朝的历史时，自然联想到秦汉魏晋的类似事件。从而在不知不觉间，将十六国北朝的历史当作秦汉魏晋华夏帝国历史的自然延续。第三部分中的帝王神异，同样是有选择地模仿华夏历史上帝王的神异，因此它也应该被看作一种模式化叙事。以此反观第二部分所提出的十六国君主是否"有文学"的问题，即可明了君主的"有文学""尚儒学"

[①] 《史记》卷三一《吴太伯世家》，第1449—1461页。

[②] 王明珂：《华夏边缘：历史记忆与族群认同》，社会科学文献出版社2006年版，第175—177页。

[③] 呼韩邪卒时，"立雕陶莫皋，约令传国与弟"，见《汉书》卷九四下《匈奴传下》，第3807页。对此时期兄终弟及制的研究可参看内田吟风《北アジア史研究·匈奴篇》，京都，同朋舍，1975年，第214—218页。

如同"有神异"一样，主要也是史学文本上使用模式化叙事的结果，其实质是利用专属华夏帝王的符号，来塑造十六国君主作为华夏帝王的"史相"。一方面，用这些史料直接得出十六国君主华夏文化修养深厚，不免低估了史料文本与史实之间的距离；另一方面，这些不断模仿、复制的文本得以产生，正透露出十六国政权的政治文化并未远离华夏帝国的传统。这些文本与政治文化氛围一起，塑造着君主、统治阶级和整个社会的文化认同，最终将史书文本中的"历史"变成历史，让十六国北朝重回华夏帝国的轨道。

（原载《中国史研究》2015 年第 1 期）

唐代的化外与化内*

王义康**

摘　要：唐律化外、化内的区分应以政治归属来判断，化内包括内地与归属唐的周边蕃夷地区是唐的疆域所在。化内、化外为唐帝国的境内与境外，相当于现代法律意义上的国内与国外。唐律引入化外概念对文化版图与政治版图做出区分；引入化内概念则是从国家主权意义上赋予多民族国家——唐帝国或中国以一个具体的范畴。

关键词：唐代　唐律　化外　化内

化外、化内是唐律中的用语。关于化外人，20世纪初期，日本学者根据近代国家的观念认为是外国人。① 清末学者沈家本曾将唐律"化外人相犯"条文与清代适用于境内民族的法律中共同之处予以类比。在"化外人有犯"条的注释中说："此条本《唐律》。唯唐有同类、异类之分，明删之。则同类相犯亦以法律论矣。今蒙古人自相犯，有专用蒙古例者，颇合《唐律》各依本俗法之意。"② 沈家本的论述并没有影响中国学者关于化外人的理解，继日本学者之后，一些学者根据现代国家的观念，仍然将唐律中的化外人比定为外国人。③ 由于中日学者均是从近现代法学角度做出的判断，历史文献方面的论证明显不足；且化内、化外是一组相对应的概念，此前未界定化内人的确切内涵，关于化外人的界定难免给后人留出思考余地。

近年来，关于唐律中"化外人相犯"条文又引起人们关注。至于化外人是否能等

---

* 本文为国家社会科学基金项目（项目号07BZS021）的阶段性成果。拙文获益于审稿专家建设性的修改意见，谨此致谢。

** 王义康，中国社会科学院中国边疆史地研究中心研究员。

① ［日］中田薰：《唐代法律中外国人的地位》，氏著：《法制史论集》第3辑下，岩波书店1943年版，第1361—1392页。

② 沈家本：《历代刑法考》，中华书局1985年版，第1806页。

③ 参见钱大群《唐律与唐代法律体系研究》，南京大学出版社1996年版，第54页。蔡墩铭：《唐律与近世刑事立法之比较研究》，"中国学术著作奖助委员会"，1968年，第37页；刘俊文《唐律疏议笺解》，中华书局1996年版，第478—481页。

同于现代国籍法中的外国人,有学者持谨慎态度。① 有学者重新界定化外人,② 一是以文化为标准区分化内、化外,③ 二是承认唐律以文化为标准界定化外人的同时,又采用国籍标准限定化外人的外延,④ 两者均认为化外人包括外国人和部分唐周边少数民族,包括唐羁縻州地区。后来,有学者在前两种判断标准的基础上提出户籍是区分化内、化外的标准,认为化内人是直属于中国皇帝的郡县区域内的编户之民,化外人则属郡县外的"蕃夷之国";化内即国内,化外即国外。⑤ 判断标准虽异,结论相同,也是将纳入唐统治体制的蕃夷划为化外。

古代涉及四夷关系的词语在不同环境中往往表述的内涵非一,反映的是不同层面的问题。这种现象并非稀见。⑥ 化外、化内的概念出现于唐律,化外又为后世所沿用,唐、明律中表述的内涵已不相同。如果仅就唐律化外、化内而言,笔者经过再三思考,觉得以文化抑或国籍、户籍作为判断化内、化外的标准,背离了基本史实,结论难以成立,多属臆测。厘清唐律化内、化外的内涵,不仅有助于正确理解华夷观盛行背景下唐王朝与四夷的关系,而且有助于推进对唐代多民族国家体制的认识。

一 唐律关于化内、化外的条文及相关问题

唐律涉及化内、化外的条文有四款,现将其中三款相关内容迻录如下。

---

① 参见陈惠馨《唐律"化外人相犯"条及化内人与化外人间的法律关系》,高明士主编:《唐代身分法制研究——以唐律名例律为中心》,五南图书出版股份有限公司,2003年,第5、28页。
② 参见蒋蓓妮《关于唐王朝化外人涵义的探讨》,《现代商贸工业》2008年第8期;苏钦:《唐明律"化外人"条辨析——兼论中国古代各民族法律文化的冲突和融合》,《法学研究》1996年第5期;寻丽琴:《浅谈"化外人"》,《社会与法制》2010年第10期;赵君:《〈唐律疏议〉"化外人"再探讨》,《法制与社会》2010年第22期;张淼淼:《唐代化外人的法律地位述论》,硕士学位论文,苏州大学法学院,2010年。
③ 参见邹敏《关于唐律"化外人相犯"条的再思考》,《贵州民族研究》2006年第5期。
④ 参见沈寿文《〈唐律疏议〉"化外人"辨析》,《云南大学学报》2006年第3期。
⑤ 参见甘怀真《从〈唐律〉化外人规定看唐代国籍制度》,《早期中国史研究》第3卷第2期 2011年12月。
⑥ 如《史记》《汉书》所谓"西南夷请吏"是指西汉在西南夷设置郡县,委派官吏进行管理。至唐代"请吏"一词一方面沿袭前史本义,另一方面用法扩大至与邻蕃或邻国的交往。如有"日本请吏"之说。(参见张秀明《对旄人奏散判》,《全唐文》卷397,中华书局2001年版,第4049页)唐版图不及日本,不存在对其置郡县、委派官吏管理的问题,所谓请吏指日本与唐通贡而已,若以前史比定其意,则谬之千里。如本文所引"内附"或"内属",在《史记》《汉书》往往指周边诸族或地区纳入西汉的统治序列,而在唐四夷内附内涵呈现多重。本文所提"声教所暨"也可表述不同的问题。又如西汉"属国"是管理归汉蛮夷的设施,至东汉属国演变为类似郡一级的行政区划。至清代所谓"属国"往往指册封朝贡而又不在清帝国版图内的蕃国。化外、化内出现于唐律,自有其特定的内涵,因此本文仅限于唐律层面内涵的探讨。

1. 《唐律疏议》（以下有时简称《疏议》）卷6《名例》"化外人相犯"：

诸化外人，同类自相犯者，各依本俗法；异类相犯者，以法律论。
［疏］议曰：化外人，谓蕃夷之国，别立君长者，各有风俗，法制不同。其有同类自相犯者，须问本国之制，依其俗法断之。异类相犯者，若高丽之与百济相犯之类，皆以国家法律，论定刑名。

2. 《唐律疏议》卷8《卫禁》"越度缘边关塞"：

诸越度缘边关塞者，徒二年。共化外人私相交易，若取与者，一尺徒二年半，三疋加一等，十五疋加役流。
［疏］议曰：缘边关塞，以隔华夷。其有越度此关塞者，得徒二年。以马越度，准上条"减人二等"，合徒一年。余畜又减二等，杖九十。但以缘边关塞，越罪故重。若从关门私度人畜，各与余关罪同。若共化外蕃人私相交易，谓市买博易，或取蕃人之物及将物与蕃人，计赃一尺徒二年半，三疋加一等，十五疋加役流。

3. 《唐律疏议》卷16《擅兴》"征讨告贼消息"：

诸密有征讨，而告贼消息者，斩；妻、子流二千里。其非征讨，而作间谍；若化外人来为间谍，或传书信与化内人，并受及知情容止者，并绞。
［疏］议曰：或伺贼间隙，密期征讨，乃有奸人告贼消息者，斩；妻、子流二千里。其非征讨，而作间谍者，间谓往来，谍谓觇候，传通国家消息以报贼徒；化外人来为间谍者，谓声教之外，四夷之人，私入国内，往来觇候者；或传书信与化内人，并受化外书信，知情客止停藏者，并绞。①

上述唐律条文中的说法颇值得关注。

关于化外人之间发生法律纠纷时，如何处置有明确规定；关于化外人如何界定，《疏议》只给出蕃夷国人为化外人，如高丽、百济等蕃夷国人。唐律"化外人相犯"敦煌出土文书有抄件，为永徽律。② 唐高宗永徽时，唐尚未征服、占领高丽、百济。因此，唐律颁布时诸如高丽、百济等蕃夷国与唐的关系及其性质，应是确定化外、化外人的重要线索。

唐律中化内与化外是一种相对应的用语。《疏议》已明确给出化外人为诸如唐占领前的高丽、百济等蕃夷国人，无疑化外人是蕃人，然而上引唐律"越度缘边关塞"条文的《疏议》部分又详述与"化外蕃人"私相交易的处罚原则。如此，蕃人是否也有化内与化外之分；若无，唐律何必画蛇添足将其称为化外蕃人。这是否隐喻着化内人中包括归属唐的蕃人，若能证实，关于化内、化外是以文化或户籍为标准区分的说法自然

---

① 长孙无忌等：《唐律疏议》，刘俊文点校，中华书局1983年版，第133、177、307页。
② 刘俊文：《敦煌吐鲁番唐代法制文书考释》，中华书局1989年版，第33页。

冰消。

此外，上引唐律"征讨告贼消息"中疏议部分在解释处罚原则时说明："化外人来为间谍者，谓声教之外。"据此，所谓"化外"即为"声教之外"，唐声教不及之处。那么，它的反面解释"化内"是否为"声教之内"？即唐声教所及之处。如是，声教所及所指及范围又是如何？以下循此逐一探讨。

二 唐与周边四夷关系及帝国构成

确定唐律化内、化外的界限及内涵，首先要明确唐与四夷的关系以及唐帝国的构成。唐代四夷与唐建立关系通常称为内附或内属。由于四夷内附与唐建立的关系不同，政治归属非一，可以分为以下六种关系，归为两种不同类型。

（一）通贡

贞观二十年（646）正月，"吐谷浑、吐蕃、高丽、石国，三月，西蕃似擊国王、瑟匿国，闰三月，悉立国、章求拔国、俱兰国，并遣使贡献。章求拔国或云章揭拔，本西羌种也，在悉立西南，闻悉立内附，其王罗利多菩伽遣使因悉立以朝献"。[1] 章求拔与东天竺接壤，附于东天竺；悉立位于吐蕃西南，吐蕃强大后，"羁属吐蕃"。[2] 贞观二十年，唐统治不及葱岭以西、以南，所谓悉立、章求拔国内附只是与唐建立联系。朝贡是诸侯对周天子所尽义务，之后被推及王朝与周边国家的关系上，唐代的大食、日本，南海、南亚诸国被视为朝贡国，均是如此。

（二）亲属或兼君臣

贞观时唐与吐蕃和亲，吐蕃赞普上表称太宗为"天子"，以"奴""臣""子婿"自称。[3] 赞普与唐太宗个人关系为甥舅，两国关系为君臣。高宗永徽以后，由于吐蕃势力不断增强，与唐在西域、青海等地发生了连绵不断的战争。开元初，吐蕃自恃兵强，"求敌国之礼"，要求与唐成为对等关系。开元十五年（727），玄宗准备继续大规模讨伐，张说主张"许其稽颡内属"。[4] 吐蕃由于在战场上连连失败，也主动提出求和。于是玄宗遣使吐蕃，赞普遣使朝贡，上表称玄宗为舅，以甥自称，并愿修好，"自是吐蕃复款附"。[5] 赞普的表文具有法律效力，表明为了达成和解，唐放弃让吐蕃公开称臣，最终双方约定两国以舅甥关系相处。至于此种关系的性质，唐诏书有明确说明。唐代宗给吐蕃赞普的敕书言，"朕共赞普，代为与国"，"凡我二国"。[6] 唐德宗给吐蕃赞普书

---

[1] 《册府元龟》卷970《外臣部·朝贡三》，中华书局2003年版，第11399页。
[2] 《新唐书》卷221上《西域传上》，中华书局1991年版，第6240页。
[3] 《旧唐书》卷196上《吐蕃传上》，中华书局1975年版，第5222页；《新唐书》卷216上《吐蕃传上》，第6074页。
[4] 《旧唐书》卷196上《吐蕃传上》，第5229页。
[5] 《资治通鉴》卷213，玄宗开元十八年，中华书局1956年版，第6791页。
[6] 独孤及：《敕与吐蕃赞普书》，《全唐文》卷384，第3903—3904页。

则言："国家与大蕃，亲则舅甥，义则邻援。"① 虽然唐与吐蕃为舅甥，有尊卑之分，但两者是同时代的邻国关系。

以亲属或兼以君臣关系与唐相处的邻蕃尚有后突厥与天宝以后的回纥。后突厥是东突厥降户叛唐后建立的政权。在奚、契丹叛乱之际，后突厥默啜主动请求为武太后子，既而接受武周册封，成为蕃臣，② 以便获得武周对突厥降户复国独立事实的承认，并乘机从武周谋取物质利益。后突厥毗伽可汗继位后，为了避免与唐发生正面冲突，与唐玄宗结成父子之国。毗伽可汗虽以子事玄宗，③ 但是玄宗给毗伽可汗信中希望他能仿效奚、契丹等与唐建立关系，④ 表明二者之间的关系不同于唐与奚、契丹的关系。开元四年奚、契丹重新附唐，唐为其置府州。玄宗援引奚、契丹例说明，虽然其时唐与后突厥结成父子、君臣关系，但是仍为唐邻蕃，非如奚、契丹为唐统治体制内蕃夷。天宝时回纥崛起，取代后突厥统治漠北。回纥为了取得统治的合法性，接受唐册封，而唐也承认回纥统治漠北的既成事实，以此结成君臣关系，唐将回纥置于从属地位。安史之乱后，唐国力失坠，在两国关系中的地位下降，与回纥一度由君臣转变为兄弟之国。唐德宗时，唐出于制御吐蕃的目的，回纥骨咄禄可汗出于稳定国内局势及巩固汗位的需要，求娶唐公主，双方达成协议，回纥向唐称臣，可汗为唐德宗子，⑤ 恢复了唐在两国关系中的地位。虽然天宝以后唐与漠北回纥关系屡有变化，但是直至灭亡前一直为唐邻国。⑥

（三）册封朝贡

唐高祖武德七年（624）二月，"高句丽遣使内附，受正朔，请班历"。⑦ 高祖同时遣使册封高丽王为辽东郡王、百济王为带方郡王、新罗王为乐浪郡王。⑧ 既而高祖认为何必令其称臣，有大臣告诫高祖："辽东之地，周为箕子之国，汉家玄菟郡耳！魏晋以前，近在提封之内，不可许以不臣。且中国之于夷狄，犹太阳之对列星，礼无降尊，俯同藩服。"⑨ 在大臣看来，高丽之地本是汉玄菟郡，魏晋以前是中原王朝统治的版图，不能不让其称臣。从华夏中心论的角度出发，高丽更应列为藩服，臣事于唐。所谓高丽内附，只是奉唐正朔、求唐颁历，受唐册封，向唐进贡。这种关系的基本性质诏书说明为"二国通好"。⑩ 虽然唐授予高丽、百济、新罗王爵位、官职的形式一如唐国内大臣，但并不在唐王朝统治范围之内，只是确立了唐与周边国家之间的尊卑等级关系，并将其贬为从属地位的体现。

---

① 陆贽：《赐吐蕃将书》，《全唐文》卷464，第4739页。
② 张说：《为河内郡王武懿宗平冀州贼契丹等露布》，《文苑英华》卷647，中华书局2001年版，第3329页。
③ 《册府元龟》卷975《外臣部·褒异三》，第11455页。
④ 《册府元龟》卷980《外臣部·通好》载："今契丹、奚等，输款入朝，皆封郡王，各赐公主，放归所部，以息其人。卿若能来，此是成例。"（第11511页）
⑤ 《资治通鉴》卷233，德宗贞元三年，第7505页。
⑥ 《旧唐书》卷146《萧昕传》，第3962页。
⑦ 《册府元龟》卷977《外臣部·降附》，第11479页。
⑧ 《资治通鉴》卷190，高祖武德七年二月，第5976页；《旧唐书》卷1《高祖纪》，第14页。
⑨ 《旧唐书》卷149上《高丽传》，第5321页。
⑩ 《册府元龟》卷170《帝王部·来远》，第2050页。

此外，贞观三年唐为了联合薛延陀灭东突厥，册立夷男为可汗，承认其在漠北的统治。贞观年间，西突厥在分裂过程中各派为了增强实力，取得地位的合法性，也要求唐册封其为可汗。[1] 尽管唐通过册封与其确立君臣名分，在两国关系中将其置于从属地位，然而唐在征服薛延陀、西突厥政权前并未改变其政治归属。

(四) 羁縻州

唐代羁縻州设置的背景复杂，地域广大。在东方，唐灭高丽、百济后于其地置府州统治。在东北地区，突厥强大时奚、契丹诸族附属于突厥，薛延陀统治漠北后东北诸族部分又附属薛延陀。唐灭突厥后东北诸族部分内附，直至薛延陀灭亡，唐彻底取代了漠北游牧族在东北诸族中的统治权，将府州推及奚、契丹等族本部。漠北铁勒诸部在薛延陀灭亡后内附，唐在诸部中列置府州分而治之。在西方，龟兹、于阗、焉耆、疏勒与西突厥属部处密、处月、葛逻禄等，以及西突厥诸部、昭武九姓诸国、西域十六国内附，是唐在削弱西突厥过程中，乃至于消灭阿史那贺鲁后，逐步取得了在西突厥属部、属国及本部的统治权，置府州进行管理。党项诸部是在东突厥衰弱乃至灭亡，以及唐平定吐谷浑之际归属于唐。东突厥内附是在颉利可汗败亡后唐将其迁入内地州安置。岭南、剑南、江南地区少数族内附置府州，则是唐王朝建立后继前朝对郡县内的少数族重新实现其统治，或继续向郡县边缘开拓。

以周边内附部落、民族或国家设置羁縻府州，两唐书《地理志》多有记载，特别是《新唐书·地理志》专辟一卷，比较完整地开列羁縻府州的总目，部分述及其沿革。此种记述体例表明了内附后唐设置羁縻府州的部族或国家的属性，以及与上述三种周边关系的不同。

春秋时期产生了夷夏之辨的观念。两唐书《四夷传》记述的对象，近至秦汉设置郡县以来在郡县内与华共处的夷、僚、蛮，即秦汉传统版图的内地夷，远至从传闻中得知的西方世界（如今天西亚、北非等地）的夷。这种不以唐王朝政治体为限，将不同地区、不同归属的蛮夷归为一类的记述方式，显然是文化分野的体现。而两唐书《地理志》的性质则不同，它记载的是唐王朝的行政区划、统治范围所属。虽然在管理方式上以周边内附诸族设置的羁縻州与正州有差异，但是两唐书将羁縻州载入《地理志》，表明它与正州的性质是相同的，它们都是唐王朝的行政区划，是行施统治权力的区域。它们隶属边州都督、都护，归属于唐。

尽管如此，新罗却是一个例外。虽然唐高宗龙朔三年（663）以新罗为鸡林州大都督府，但是不在唐边州都督府、都护府统摄之列，不属于唐版图，所以两唐书《地理志》不予录列。这与唐在中亚昭武九姓地区所置府州名目两唐书《地理志》失载不同。唐平定西突厥叛乱后，"其所役属诸胡国，皆置州府，西尽波斯，并隶安西都护府"。[2] 唐以中亚诸胡国所置府州隶属安西都护府是清楚的。相反，唐授予新罗府号并未改变其

---

[1] 杜佑：《通典》卷199《边防十五》，王文锦等点校，中华书局2003年版，第5457页；吴玉贵：《突厥汗国与隋唐关系史研究》，中国社会科学出版社1998年版，第293—298页。

[2] 《唐会要》卷73《安西都护府》，中华书局1998年版，第1323页。

政权属性，府号只是一个与唐有朝贡关系的邻国的别称。① 今人将鸡林州都督府及属州列入河北道，② 实属误解。唐代的道是监察区域，鸡林州都督府不在唐版图之内，自不在河北道监察范围之内。以为鸡林州都督府由唐统辖，③ 更属误解。虽然唐后期由平卢节度使押领新罗，但那只是负责新罗朝贡事务，④ 而非新罗隶属平卢节度使。

（五）以内附部落置正州

此为唐安置内附部落的方式之一。典型如剑南道西部的当、悉、拓、静、真、恭、维、翼、保、霸等十州，他们是以郡县缘边的生羌、党项部落分置。虽为正州，但部落首领世为刺史、司马。⑤

（六）迁入内地

东突厥灭亡后，降众入居长安者近万家。⑥ 唐对内迁四夷大多设府州安置，然而雍州无蕃州建制。可见将归降四夷迁入内地州，由所在州直接管理也是安置内附部落的方式之一。

以内附部落置正州或迁入内地由所在州管理，相对于羁縻州唐对其统治更为直接。因此，唐以周边内附诸族置羁縻州、正州或迁入内地后他们归属于唐，他们与唐建立的关系属于唐国家内政的范畴。

综上所述，周边四夷内附与唐结成的关系有多种形式。根据其政治归属，可分为两种类型。第一种类型包括前三种，即唐与四夷建立的通贡、亲属或兼君臣、册封朝贡关系，属于唐与邻国、邻蕃之间的关系；第二种类型包括后三种，则是唐与纳入其统治体制内四夷之间的关系，属于帝国内政的范畴。唐帝国则由华夏本土与纳入唐统治体制的四夷地区构成，或者说由正州与羁縻州以及不同形式归属唐的四夷构成。

三 化内、化外与唐帝国的境内、境外

明确唐与四夷关系及帝国构成后，唐代化内、化外的界限及内涵也就愈发清晰。

唐永徽律既然以当时尚未灭亡的高丽、百济等蕃夷国举例，说明化外人中不同蕃夷国人相犯是如何处理的，那么诸如此类与唐有册封朝贡关系、具备君臣形式而又不在唐版图内的蕃夷国，应是唐律确定化外的界线。依此类推，界限外其他诸如与唐结成舅甥

---

① 参见谭其骧《唐代羁縻州述论》，氏著：《长水集·续编》，人民出版社1994年版，第164页。
② 参见刘统《唐代羁縻府州研究》，西北大学出版社1998年版，第174—176页。
③ 参见都兴智《唐政权与朝鲜半岛的关系述论》，《史学集刊》2001年第3期。
④ 参见拙文《唐代羁縻府州研究评述》，《中国史学》第20卷（魏晋隋唐史专号），朋友书店2010年版，第69页。
⑤ 《旧唐书》卷41《地理志四》，第1072—1075页；《新唐书》卷42《地理志六》，第1084—1088页；乐史：《太平寰宇记》卷78《剑南西道七》，王文楚等点校，中华书局2007年版，第1576—1577页；卷80《剑南西道九》，第1612—1623页；卷81《剑南西道十》，第1637—1640页；李吉甫：《元和郡县图志》卷32《剑南道中》，贺次君等点校，中华书局2005年版，第816、820页。
⑥ 吴兢撰，谢保成集校：《贞观政要集校》，中华书局2009年版，第499页。

关系的吐蕃，父子关系的后突厥，先后为君臣、兄弟、父子关系的回鹘等，以及与唐有通贡关系的国家，应均属化外。唐律化外是指唐境外。

唐律"化外"为"声教之外"，唐声教不及之处。而羁縻州隶属边州都督、都护府，归属唐，而且永徽以前唐在东北、漠北、西北的党项、西南等地已经大量设置，它们恰处于永徽律确定化外界线的册封朝贡蕃夷国之内，是"声教所暨"，而且"著于令式"。两相参照，唐代的羁縻州属化内。化内包括唐正州与羁縻州地区，为唐帝国的统治区域。蕃人是对四夷的泛称，化内人中包括归属唐的蕃人，故而唐律相应地引入"化外蕃人"一词明确处罚的对象。唐律化内是指唐境内，包括唐统治区域内蕃夷。

上述推论是否成立，正确理解"声教所暨"也是关键所在。谭其骧认为"声教所暨"是不着边际的虚辞，① 但是"声教之外"为唐律术语，"声教所暨"又为唐令式术语，应该不是虚辞，只是在不同的表述环境中，内涵与外延不同而已。唐人贾耽以为殷商以后历代疆域的范围益发明确，统一王朝秦、两汉、晋、隋、唐中，"声教所及，惟唐为大"，唐盛时府州北至铁勒骨利干，西至波斯。② 所说"声教所暨"是指版图疆域范围所及，其中包括羁縻州。建中三年（782）一度中止西南蛮数羁縻州朝贺，诸州以其与牂牁"同被声教"为由而提出申诉，③ 也可佐证归属唐的蕃夷为声教所暨。至于声教的具体内容，宋代王钦臣曾有说明。宋代收复西部疆土，辟为郡县，使其为"封内"，羁縻蕃夷以"中国法教"，具体包括军队、刑法、置吏、赋役、宗教、诗书等方面。④ 中国法教即中国声教。唐代针对纳入统治体制的蕃夷在不同地区、不同程度实施上述中国法教，宋人所说是对前代经验的总结。周边四夷归属王朝后，与内地同为王朝统治区域，同是声教所及或政令、法令所及地区；但王朝针对统治区域内蕃夷推行政令、法令又不同于内地的行政制度。司马光述及天宝元年（742）唐统治区域时，也将之区分为两类，"天下声教所被之州三百三十一，羁縻之州八百。"⑤ 正是基于后者。显然，贾耽、王钦臣与司马光所说声教所暨不是同一层面的问题，贾、王以政治所属判断，司马光则是以羁縻州有别于内地行政制度判断，但是他并不否认羁縻州归属唐的事实。唐律既以不在其版图内的蕃夷国为界限划定化外，与之相对应，唐律所谓"声教之外"即为唐版图之外；声教所暨之处则为化内，包括内地与归属唐的周边四夷，而非司马光所说狭义的声教所暨仅指唐内地。唐律化外、化内的区分是以政治所属判断，当前将纳入唐统治体制的四夷划为化外，其实质正是基于唐统治区域内四夷有别于内地行政制度而做出的判断，与唐律宗旨恰恰是相悖的。

上述认识可从《元丰九域志》及日本古代律令中得到进一步证实。

北宋王存编修的《元丰九域志》本源于《唐十道图》。北宋是继唐之后又一统一中原的王朝，但是北宋的疆域较之唐后期尚有所收缩，较之盛唐更是无法企及。王存编修北宋地理总志，既要反映元丰之制，又要表明唐宋继承的合法性，因而在《唐十道图》

---

① 谭其骧：《唐代羁縻州述论》，氏著：《长水集·续编》，第135页。
② 《旧唐书》卷138《贾耽传》，第3785页。
③ 《旧唐书》卷197《西南蛮传》，第5275页。
④ 王钦臣：《广仁禅院碑》，张维、鸿汀编：《陇右金石录》卷3，甘肃省文献征集委员会校印，1943年，第37—38页。
⑤ 《资治通鉴》卷215，玄宗天宝元年正月，第6847页。

的基础上备载北宋元丰年间行政区划，除昭明北宋王朝正朔所及之外，又保留了唐代行政区划的规制，再现其全貌。全书内容分为四部分，第一部分记载宋王朝所辖的府州军监，始于四京、次列二十三路；第二部分省废军州，或原为唐代的正州或羁縻州，或为宋初建制，省废后并入第一部分北宋现行府州；第四部分基本上是唐在剑南、江南、岭南所置羁縻州。以上三部分是北宋王朝实际统治的区域。而第三部分则截然不同，所记化外州是已不在北宋王朝统治下的唐代州。其实这些州并非在北宋时丧失，而是唐五代时已陆续不在王朝统治范围内。这对于厘清唐代化内、化外的内涵至关重要。

《元丰九域志》所记河北路的化外州，除幽州、易州、涿州、檀州、平州、蓟州、营州、辽州在唐为正州外，慎州、燕州、归顺州、师州、顺州、瑞州在唐为羁縻州。安东都护府，其下注"领羁縻十四州"，是为平高丽后所置州，而州都督府漏记。幽州，其下注"领羁縻州六"。营州，其下注"领羁縻十四州"，其中应包括在奚、契丹本部设置的羁縻州。陕西路的化外州为唐关内道、陇右道州，其中灵州、夏州、银州、盐州、胜州、宥州属关内道，安西大都护府、庭州、凉州、沙州、鄯州、瓜州、西州、廓州、会州、宕州、叠州、甘州、肃州、伊州、洮阳州、建康州、镇州属陇右道。安西大都护府，其下注"领龟兹、毗沙、疏勒、焉耆、月氏、条支、修鲜、波斯八部落"。此八部落实际上在唐为八羁縻都督府，其下还置有羁縻州，范围从安西四镇至葱岭以西吐火罗地区。河东路化外州为唐河东道州及大都护府。其中云州、应州、新州、蔚州、妫州、朔州、寰州、儒州、毅州在唐为正州。虽然安北、单于、镇北三大都护府下仅注所领县，但将三大都护府同时开列，实际上是考虑到终唐一代北部边疆管理规制的沿革与变迁。① 安北、单于大都护府在唐前期一度统领大漠南北的羁縻州。利州路的化外州为唐剑南道州，其中扶州、翼州、当州、悉州、恭州、柘州、真州、保州、静州为唐初以来陆续以生羌部落所置的正州。② 松州除领县外，领有二十五羁縻州。夔州路化外州为唐江南西道州，其中思州、费州、播州、夷州、西高州（唐珍州）、业州（唐奖州之误）在唐为正州，牂州、充州、庄州、琰州在唐为羁縻州。广南路化外州为唐岭南道安南都护府所领州，其中交州、峰州、瀼州、严州、田州、爱州、骧州、陆州、福禄州、长州、粤州、汤州、林州、景州、环州、平琴州、演州、山州、古州、琳州在唐为正州，武安、德化、郎茫州在唐为羁縻州。③

《元丰九域志》在化外州中列举的羁縻州东起高丽，西至吐火罗地区，南至唐安南都护府。尽管没有悉数列出唐在此区域置羁縻州的细目，但却将不在北宋版图内的唐代正州与羁縻州归为化外州。这使我们得出反面的解释：无论是东起高丽、百济，北至漠北，西至吐火罗地区，唐灭高丽、百济、东西突厥、薛延陀后其部落或属国、属部内属所置羁縻州，还是唐王朝建立后在西南、岭南秦汉旧疆内重新实现统治或进一步开拓而夷僚内属所置羁縻州，当由唐统治时，它们与正州均属化内。北宋元丰年间离唐亡为时不远，王存编修《元丰九域志》时唐代相关资料依然存在，他将不在宋版图内的唐羁

---

① 参见严耕望《唐代安北单于两都护府考》，氏著：《唐代交通图考》第 1 卷《京都关内区》，上海古籍出版社 2007 年版，第 323—340 页。

② 生、熟蕃非指化内、化外。所谓蕃夷生、熟之分，非以其归属来区分，往往在于王朝统治程度深浅的区别。此点笔者在相关文中已阐明。

③ 王存：《元丰九域志》，王文楚、魏嵩山点校，中华书局 1984 年版，第 485—487 页。

縻州列为化外州，相较于唐律以不在唐版图的蕃夷国划定化外，两者宗旨相同。显然，他是根据唐代法律遗文做出的判断。由此可以得出两点认识：其一，唐律化内、化外的区分是以政治归属来判断；其二，唐律所谓的化内与化外范围随着王朝的盛衰、版图的盈缩而变动，即两者之间的界线是随时变动的。终唐一代，化内根据不同时段唐实际控制版图而确定，始终在变动，这应是唐律未明确化内具体范围的缘故。然而不可否认的是当周边诸族纳入唐统治体制后即为化内。

化内、化外也见于日本律令。日本的大宝、养老令以唐永徽令为直接蓝本，养老令通过《令义解》《令集解》大体流传至今。[①] 与唐同时代的日本将中国、华夏、华夷等观念原原本本地输入，并与岛内虾狄、隼人以及周边国家缔结不同的关系。日本养老令规定："凡化外奴婢，自来投国者，悉放为良，即附籍贯。本主虽先来投国，亦不得认。若是境外之人，先于化内充贱，其二等以上亲，后来投化者，听赎为良。"[②] 化外即境外。《令集解》则云："答：邻国者大唐，蕃国者新罗也。朱云：宣蕃国辞，谓我化内，来时宣辞耳。"[③] 即日本国内相对于蕃国自称化内。西嶋定生指出，当时日本自称的华夏、华土、中国是指日本国内，以及朝廷所直辖的国都地区或隼人与西南诸岛等地区，日本指称的蕃国（外国）并不包括在内。这与下文所述唐将内地与周边羁縻州地区同视为中国是一致的。西嶋定生又指出日本律令中天皇直辖的国郡即华夏，其周围有夷狄即虾狄与隼人。在此界限内是日本国家的领域，界限外则是外国，[④] 外国又可分为邻国与蕃国。其中邻国是与日本对等之国；蕃国是服属于日本国之国。[⑤] 这相当于养老令所说的化外、境外。日本律令将日本国内区分为华夏与夷狄，与下文所述唐在文化观念上将国内区分为华夏与夷狄也是一致的。另外，唐代日本与周边关系的多重性及国家的构成，与我们以上分析的唐与周边四夷关系的多重性及唐帝国的构成大体一致。显然，日本将其朝廷直辖区域与周边夷狄界定为"化内"是输入唐永徽律令的结果，反之证明唐律中的化内包括归属唐的诸蕃及羁縻州地区。中国古代国家文化上强调华夷观，但政治上又不排除四夷成为帝国成员的特性，为日本在构建律令制国家过程中所继承。

综上所述，无论是《元丰九域志》还是现存的日本律令，都直接或间接证明，唐律化内包括内地与归属唐的周边蕃夷地区，化内是疆域所在，化内与化外是指唐帝国的境内与境外，相当于现代法律意义的国内与国外。化内、化外的区分是以政治归属来判断，而不是以文化或户籍为标准来判断。

---

① ［日］池田温：《唐令与日本令——〈唐令拾遗补〉编纂集议》，霍存福、丁相顺译，《比较法研究》1994年第1期。

② 转引自［日］仁井田陞《唐令拾遗》，东京大学出版社1964年版，第264页。

③ ［日］惟宗直本：《令集解》辅31《公式令一·诏书》，［日］黑板胜美主编：《新订增补国史大系》第24辅，吉川弘文馆1994年版，第774页。

④ 中国古代的外国与近现代的外国是不同概念。古代外国泛指四夷，包括王朝统治区域内蛮夷，不以中国古代王朝或国家统治区域为限，是一文化概念。近现代外国指中华民国、中华人民共和国以外其他政治体，是一政治概念（拙稿：《中国古代的外国与外臣考》，待刊）。西嶋定生此处所称外国相当于现代汉语中的外国。

⑤ ［日］西嶋定生：《遣唐使与国书》，《"中央研究院"第二届国际汉学会议论文集·历史与考古组》（下册），大进印刷有限公司，1989年，第688、691、697页。

汉律无存，唐律中关于处理化外人的法律条文为《宋刑统》全盘继承，《大明律》也规定了化外人犯罪的处理原则。南宋贳治子作《唐律释文》与《宋刑统》相辅，他注释"化外人同类相犯""异类相犯"基本依据唐律"疏议"与《宋刑统》"疏议"，其对象为王化之外"各有君长"的蕃夷国人。① 宋律化外、化外人内涵沿袭唐律。明律中虽有化外一词，但唐律化外人与明代法律注释家解释的明律化外人是有区别的。②《大明律》缺乏类似唐律"疏议"之类的官方注释，今人所见为明代法律家的注释，其中的化外人归纳起来大致指两类人：一类为明朝治内族裔，如土官、土吏，以及归附来降的蕃夷，他们均是明朝的子民；另一类为明境外蕃夷。《大明律》注释家又说"化外人即四夷人"，化外人为华夏以外的四夷，意味着他们理解的化外人中包括明朝境外蕃夷。③ 明律化外人包括明朝统治区域内四夷与境外四夷，化外的界定是以文化为标准判断，与唐律官方解释的化外已有本质区别。

四 边疆地区与内地同为唐朝境域

唐在法律上是将归属唐的周边地区与内地同视为化内。以羁縻州为例，两唐书《地理志》又将羁縻州与正州同视为行政区划，显然归属唐的周边地区与内地有同质的一面，这种同质性具体来说体现在两个方面。

唐在统一周边地区或征服周边政权后，周边诸族内附属唐，虽然因俗而治，不同于内地行政制度，但是周边诸族属地的性质发生变化，并入唐境域内，原则上成为政治共同体"中国"的一部分。

贞观四年灭东突厥，"斥土界至于大漠"，④ 原东突厥部分领地成为唐领土。贞观二十一年灭薛延陀后，铁勒诸部内属，"请同编列，并为州郡。收其瀚海，尽入提封"。⑤ 漠北成为唐的疆域。永徽元年（650）唐军攻灭突厥别部车鼻可汗，所统诸部内附，以其地置府州。又分置单于、瀚海二都护府统领漠南、漠北的部落，于是，"突厥尽为封疆之臣"，⑥ 即突厥与其属部都成为唐疆域内的蕃臣。周边诸族纳入唐统治体制其属地原则上视同内地。回纥"归心中国"，"置瀚海都督，列于内地"。⑦ 这是沿袭西汉旧制。元人王恽言："西南夷汉尝郡县之，设官料民，俾同内地，此其时也。"⑧ 西汉在西南夷置郡县，由中央派遣守令管理，西南夷首领成为郡县内的封侯、邑君。唐以铁勒诸

---

① 长孙无忌等：《唐律疏议》附录《王元亮重编〈唐律释文〉》，第629页。
② 参见张显清、林金树《明代政治史》，广西师范大学出版社2003年版，第726—727页。
③ 参见李运通《明朝涉外法律研究》，硕士学位论文，山东师范大学历史系，2010年，第42页。
④ 《通典》卷197《边防十三·突厥上》，第5411页。
⑤ 《旧唐书》卷199下《铁勒传》，第5348页。
⑥ 《通典》卷198《边防一四·突厥中》，第5433页；《资治通鉴》卷199，高宗永徽元年九月，第6271—6272页。
⑦ 李德裕：《李卫公会昌一品集》卷9《代刘沔与回鹘宰相颉干伽思书》，商务印书馆1936年版，第61页。
⑧ 王恽：《秋涧集》卷50《兀良氏先庙碑》，景印摛藻堂《四库全书荟要》"集部·别集类"，世界书局，第54册，第401—423页。

部置府州，都督、刺史由部落首领担任，乃至世袭。尽管统治方式有别，但其性质同于内地，均属汉唐王朝。

在东方，"高宗时，平高丽、百济，辽海已东，皆为州，俄而复叛不入提封"。① 是说安东都护府后撤，高丽、百济百姓内迁，原高丽、百济故地部分被新罗蚕食，其地已非唐之疆土。但是反过来说，唐灭高丽、百济，以其地为府州纳入版图，该地即由永徽律中的化外转变为化内。

在西北、西域地区，由于唐势力的扩展，"前王之所未伏，尽为臣妾，秦汉之封域，得议其土境"，② 上述区域的属性发生变化。

隋代征服吐谷浑以后在其地置郡县，唐代征服吐谷浑后重新择立可汗，保留其原有部落联盟政权的组织形式。贞观十年，吐谷浑"请颁正朔，愿入提封"，③ 被纳入唐版图。武后时吐蕃要求与唐分割西突厥故地，郭元振建议，"宜还汉吐浑诸部及青海故地，即俟斤部落当以与蕃"。④ 此议旨在搪塞吐蕃，但也说明吐蕃攻取的吐谷浑部落及青海地为唐属部、属地。

唐开拓西域的重要步骤是设立伊、西、庭三州。伊州，贞观四年石国首领石万年率七城内属置。⑤ 其背景是东突厥颉利汗败亡，惧而降唐。西州，贞观十四年八月灭麴氏高昌，唐以其地置西州作为直辖领土，翌年在此置安西都护府。庭州，高昌灭亡，西突厥部众惧而降唐，以其地为庭州，后又置北庭都护府。⑥ 庭州辖境随着西突厥诸部内属而扩大。⑦ 道宣述及上述地区时说"今为塞内"。⑧ 由于伊、西、庭三州的设立，高昌、西突厥属地，成为唐塞内之地。

显庆二年（657）十一月，唐平贺鲁叛乱，"唐之州县极西海"。⑨ 藏文史料记载："（西）直大食国以下均为唐［庭］辖土。"⑩ 在吐蕃看来，西突厥故地及属国均成为唐领土，与大食毗邻。吐火罗与粟特地区间的重要关隘——铁门关不同时期的归属，典型反映了上述地区属性的变化。玄奘从羯霜那国（史国）至睹货罗国时铁门关为"突厥之关塞"。⑪ 道宣生活于公元596—667年，他记羯霜那国（史国）境内的铁门关为"汉

---

① 《旧唐书》卷38《地理志一》，第1385页。
② 《旧唐书》卷196上《吐蕃传上》，第5236页。
③ 宋敏求编：《唐大诏令集》卷129《宥吐谷浑制》，中华书局2008年版，第700页。
④ 《通典》卷190《边防六·吐蕃》，第5176页。
⑤ 唐耕耦、陆宏基编：《敦煌社会经济文献真迹释录》第1辑，书目文献出版社1986年版，第39页。
⑥ 《通典》卷174《州郡四》，第4559页。
⑦ ［日］松田寿男：《古代天山历史地理学研究》，陈俊谋译，中央民族学院出版社1987年版，第385页。
⑧ 道宣：《释迦方志》卷上《遗迹篇》，范祥雍点校，中华书局1983年版，第23页。
⑨ 《新唐书》卷111《苏定方传》，第4138页。
⑩ 王尧、陈践译注：《敦煌本吐蕃历史文书》，民族出版社1992年版，第166页。
⑪ 慧立、彦悰：《大慈恩寺三藏法师传》卷2《起阿耆国终羯若鞠阇国》，［日］高楠顺次郎等编：《大正新修大藏经》第50册，新文丰出版公司，1983年，第228页。

塞之西门"；① 又说铁门关为"汉之西屏"。② 玄奘西行时唐统治不及西域，道宣称铁门关为汉塞、汉西屏，显然是因为唐在西突厥故地及其属部、属国设置府州的缘故。

葱岭西南的小勃律，开元初玄宗以其地为绥远军。天宝六年，唐改其国号为归仁，置归仁军，募兵镇守。③ 欧阳修将小勃律与高昌、龟兹、焉耆、薛延陀故地并列为唐边土。④ 虽然唐在小勃律未建行政设施，但小勃律隶属安西都护府，与成为正州的高昌，以及为羁縻州的龟兹、焉耆、漠北铁勒等，都为唐领土。

周边地区属性的变化，使其成为"中国"政治共同体的一部分。唐代中国固然有文化概念的一面，南宋贯治子在解释《唐律疏议》时说："中华者，中国也。亲被王教，自属中国，衣冠威仪，习俗孝悌，居身礼义，故谓之中华。非同夷狄之俗：被发左衽，雕体文身之俗也。"⑤ 但同时，唐代中国包括内地与边疆的统一政治体的观念在进一步强化。

党项诸部在大业末年隋内乱中开始兴盛起来。贞观三年，唐北方劲敌突厥的衰落促使其内附，唐先后在其地置府州，"自是从河首大碛（积）石山已东，并为中国之境"。⑥ 政治共同体的中国扩展至党项地区。

西域自纳入唐版图后通常被称为中国或大唐西境。天竺僧人善无畏因"中国有缘"，前往大唐传法。开元四年起程，其经行路线，"发中天竺，历至迦湿弥罗国——至乌苌国——至雪山天池——路出吐蕃，与商旅同次——至中国西境——至西州——出玉门塞表"。⑦ 前一"中国"指大唐，善无畏入唐时葱岭以西地区已不在唐的控制之下，安西都护府实际控制范围只至葱岭山中的渴盘陀。⑧ 善无畏穿过播密川商道至"中国西境"，则是至安西都护府所辖于阗、疏勒、龟兹、焉耆地区。

西域石西南有药杀水，"入中国谓之珍珠河"。碎叶，"出安西西北千里所，得勃达岭，南抵中国，北突骑施南鄙也，西南直葱岭赢二千里。水南流者经中国入于海，北流者经胡入于海"。⑨ 勃达岭即是现在的别迭里达坂。⑩ 珍珠河与拨换河发源于勃达岭东西两侧。所谓南北流向二河应分别指碎叶水与拨换河。⑪ 上述是将药杀水上游、珍珠河以东地区，勃达岭以南、以东地区称为中国，正是塔里木盆地安西都护府所在地。杜环《经行记》有类似记载，"（勃达）岭南是大唐北界"。⑫ 可见"中国"也是政治体大唐

---

① 道宣：《释迦方志》卷上《遗迹篇》，第23页。
② 道宣：《续高僧传》卷4《京大慈恩寺释玄奘传》，[日]高楠顺次郎等编：《大正新修大藏经》第50册，第447页。
③ 《新唐书》卷221下《小勃律传》，第6251页。
④ 《新唐书》卷53《食货志三》，第1373页。
⑤ 长孙无忌等：《唐律疏议》附录《王元亮重编〈唐律释文〉》，第626页。
⑥ 《唐会要》卷98《党项传》，第1756页。
⑦ 李华：《东都圣善寺无畏三藏碑》，《全唐文》卷319，第3238—3239页。
⑧ 参见王小甫《唐吐蕃大食政治关系史》，北京大学出版社1992年版，第150页。
⑨ 《新唐书》卷221上《西域传下》，第6346页。
⑩ 孟凡人：《简论唐代"热海道"上的绫山与勃达岭——别迭里达坂调查札记》，《历史地理》第8辑，上海人民出版社1990年版，第235页。
⑪ 谭其骧主编：《中国历史地图集》第5册，中国地图出版社1996年版，图63—64。
⑫ 《通典》卷195《边防九·西戎五》，第5275页。

的代称。

开元二十七年以后，唐又将西突厥及突骑施余部置于安西都护府统治下。① 天宝七年北庭节度使率军至碎叶平叛，"伐安西"，② 当时碎叶仍为安西都护府的辖区。怛罗斯战役后这种情况并未改变，封常清任安西、北庭节度使时，在"所管四镇境"拔汗那采办进奉物，③ 中亚昭武九姓中的拔汗那仍在安西都护府管辖之内。至于西突厥，即使安史之乱后一段时间，其故地的部落仍属安西都护府管辖。④ 然而《经行记》与《新唐书》为何将勃达岭以南称大唐或中国、以北称突骑施，个中原因是唐在西突厥的统治形式不同于勃达岭以南的安西四镇地区，以示区别。当述及大唐境域时，这种区别又消失。司马光描述天宝十二年的大唐西境："是时中国盛强，自安远门西尽唐境万二千里。"胡三省认为自长安城以西12000里的西部疆域包括唐在西域的属国、属部。⑤ 关于天宝时唐西境所至，其他文献也有类似记载。⑥ 四镇都督府中最西的疏勒都督府距离长安有9000余里，⑦ 唐长安城至其西境12000里远过葱岭，葱岭以西部分以及西突厥地是包括在内的。此时葱岭以西部分胡国，虽然表面上与唐是朝贡册封关系，和新罗与唐关系在表现形式上无异，但是前者由安西都护府统领，归属唐，仍是帝国辖境的一部分。

将归属唐的周边地区视为中国一部分的观念，也出现在中亚、西亚人的著述中。9世纪阿拉伯地理学家所撰《道里邦国志》记载通往东方的道里：怛罗斯、下拔塞干、俱兰、米尔奇、阿史不来、弩支卡特、大城萨里克、突骑施汗庭、纳瓦卡特、科帕勒、上拔塞干，又说"该城（指上拔塞干——引者注）为中国边界"。⑧ 10世纪阿拉伯地理学家所撰《税册》有同样的记载。⑨ 科帕勒即碎叶，上拔塞干位于热海（伊塞克湖）南岸。此线路上碎叶西还有千泉，俱兰也在碎叶西。唐灭苏禄余部后，玄宗册立阿史那昕为十姓可汗，于天宝元年派军护送他上任，行经碎叶俱兰城，可见俱兰是唐西部的军政据点之一。唐在西突厥五弩失毕阿悉吉、拔塞干部落中置有千泉、俱兰、颉利都督府。⑩ 《道里诸国志》所记上述路线均在西突厥五弩失毕部驻牧范围内，所以称上拔塞干为"中国边界"。说明在阿拉伯人的眼中，唐周边诸族地区进入唐统治体制即为政治共同体中国的一部分。

---

① 沙畹：《西突厥史料》，冯承钧译，中华书局2004年版，第271页。
② 《新唐书》卷221下《西域传下》，第6246页。
③ 张谓：《进娑罗树枝状》，《全唐文》卷375，第3806页。
④ 陆贽：《赐安西管内黄姓纛官铁券文》，《全唐文》卷464，第4746页。
⑤ 《资治通鉴》卷216，玄宗天宝十二年，第6919页。
⑥ 《三宝感应要略》卷中载："唐天宝元年壬子，西蕃大石（食）、康五国，来侵安西国。其年二月十一日，奏请兵，玄宗诏发兵师，计一万余里，累月方到。"（［日］高楠顺次郎等编：《大正新修大藏经》第51册，第846页）
⑦ 《新唐书》卷221《西域传上》，第6233页。
⑧ 伊本·胡尔达兹比赫：《道里邦国志》，宋岘译注，中华书局2001年版，第32、219页。
⑨ 转引自张广达《碎叶今地考》，氏著：《西域史地丛稿初编》，上海古籍出版社1995年版，第6页。
⑩ 陈国灿：《唐乾陵石人像及其衔名的研究》，林幹编：《突厥与回纥历史论文选集》，中华书局1987年版，第390、391页。

将归属唐的周边地区概视为中国，集中反映在新疆人马合木·喀什噶里在11世纪70年代编撰的《突厥语大词典》中。该书在对"桃花石"的释义中，将"中国"分为三部分：上秦为宋朝，中秦为契丹，下秦为喀喇汗王朝统治的喀什噶尔。实际上反映了当时中亚地区人们的普遍认识。① 北宋统治区域大体为唐代中国本土，喀喇汗王朝统治区域为安西、北庭都护府地。"契丹国自唐太宗置都督、刺史，武后加以王封，玄宗置经略使，始有唐官爵矣。其后习闻河北藩镇受唐官名，于是太师、太保、司徒、司空施于部族。"② 契丹为唐代的羁縻州地，辽可以说是在唐统治体制内发育成长起来的政权。11世纪中亚地区人对分裂时期中国的整体认识，实际上是源于中国为唐帝国境内华夏与边疆诸族政治共同体的历史记忆。这表明一旦进入唐统治体制后，周边民族也自认为是中国这一政治共同体的成员。

五　边疆诸族与内地居民同为唐国家百姓

唐代边疆与内地同质性的另一方面体现在边疆诸族的身份上。周边地区被纳入唐统治体制后，原则上周边诸族与内地华夏民同为唐国家百姓。

先说在本土内附后成为唐新统治区域的部族。贞观二十二年，以铁勒诸部为府州，诸部给朝廷上表则以唐"百姓"自许。③ 百姓是唐法令中规定的良人。西突厥属唐以后，郭元振曾言："十姓诸部，与论种类不同"，"复为我编人，积有年岁"。④ 和田出土的汉文行政公文称于阗当地胡族居民为百姓。⑤ 这些公文显示，安西节度使下属军镇要向当地胡族居民尽相应的职责，胡族居民作为唐朝百姓也要向安西节度使承担相应的赋役。唐高宗龙朔年间的公文书中，无论是朝廷的敕令，还是来自金满洲的报告及葛逻禄首领的陈状，均称滞留在金满洲境内大漠州都督府的葛逻禄部众为百姓。⑥ 小勃律纳入唐版图后，唐玄宗在敕书中明确指出小勃律归唐是"国家百姓"，⑦ 警告吐蕃赞普不要对其有所图谋。

贞观二十一年薛延陀灭亡，其役属的东北诸族转归于唐治下。此年六月唐太宗派人前往漠北，同新置的燕然等府都督商议，赎取铁勒所掠沿边居民，发送回原籍。同时室韦、乌罗护、靺鞨等三部中被薛延陀掳掠的人口，"亦令为其赎取"。⑧ 这一事件表明，室韦、乌罗护、靺鞨等附唐后其部民即为唐属民。开元十二年唐玄宗出降公主于奚、契丹藩王，赐绢8万段，玄宗诏令均平赐绢，奚、契丹部落首领与部民则是以唐官员、士

---

① 张广达：《关于马合木·喀什噶里的〈突厥语词汇〉与见于此书的圆形地图》，氏著：《西域史地丛稿初编》，第71页。
② 《辽史》卷47《百官志三》，中华书局1974年版，第771页。
③ 《册府元龟》卷170《帝王部·来远》，第2052页。
④ 《通典》卷190《边防六·吐蕃》，第5174页。
⑤ 张广达、荣新江：《〈唐大历三年三月典成铣牒〉跋》，《于阗史丛考》，上海书店1993年版，第140—154页；张广达、荣新江：《圣彼得堡藏和田出土汉文文书考释》，《敦煌吐鲁番研究》第6卷，北京大学出版社2002年版，第221—241页。
⑥ 荣新江等编：《新获吐鲁番出土文献》，中华书局2008年版，第309—325页。
⑦ 张九龄：《敕吐蕃赞普书》，《全唐文》卷287，第2906页。
⑧ 《册府元龟》卷42《帝王部·仁慈》，第478页。

兵、百姓的身份受赏。①

党项自贞观年间陆续内附,"请同编户"。唐武宗会昌四年(844)诏书强调党项自内附后,"为我赤子,编于黔黎",②告诫党项诸部既是百姓则须遵守国家典章。吐蕃崛起以后,党项诸部受到侵逼,保留府州建制迁往陇右道东部及关内道。元和五年(810)五月,"盐州奏:渭北党项拓跋公政等一十三府连状称,管渭北押下帐幕牧放,经今十五余年在盐州界,今准敕割属夏州,情愿依前在盐州充百姓"。③迁往内地正州的党项部民,唐以属地管理原则,又成为所在州百姓。

岭南、剑南地区是中原王朝的传统版图,虽然秦汉以来就设置郡县,但由于种种原因,历代王朝对岭南、剑南始终处于不断开拓、深化统治的过程中。唐朝建立后,剑南、岭南一些郡县的边缘仍然生活着不在郡县管辖范围内或郡县统治程度尚浅的蛮僚。唐以其部落置蕃州,使其隶属于所在州府,成为所在州府百姓。如唐代磨些蛮,"本姚州部落百姓";丰巴蛮,"本出寓州百姓","心长向国"。④寓州陷于吐蕃后,丰巴蛮属吐蕃,但曾为唐寓州百姓的记忆犹深。南北朝后期的南宁州(今云南地区)为爨氏土长所控制,唐建国后爨氏土长内附,唐承认既成事实,在爨地分置羁縻州,以爨氏首领为都督、刺史。开元时玄宗曾告诫当时分属安南都护府与姚州、戎州都督府的爨地羁縻州首领刺史、县令等,"虽在僻远,各有部落,俱属国家,并识王化"。⑤爨地民为唐国家百姓。

所谓编户是指在郡县登记户籍的百姓。在郡县登籍是王朝百姓身份的标志,但并非唯一标准。唐敬宗时规定客户不在郡县附籍,是否附籍也是采取自愿的办法。⑥可见即使汉人也不全是郡县编户百姓,但仍是王朝百姓。国家编籍造册的主要目的是便于赋役的征收与征发。羁縻州通常不直接向国家承担赋役,无须统一要求登记户籍,不能因此忽视或否定其唐国家百姓的身份。

如果说以上铁勒诸部、西突厥、小勃律、内迁的党项诸部内附后,称其为编户或百姓只是原则上明确其唐百姓的身份属性,那么内迁唐正州境内的诸族一般情况下要在所在州县附籍成为严格意义的编户齐民。

东突厥灭亡后,选拔酋长为军将者五百人,"入长安自籍者数千户"。⑦内迁后的东突厥部落无论是在边州或入籍长安均成为大唐百姓。阿史那忠是沙钵略可汗之孙,"其先代人,今为京兆之万年人"。⑧降唐的代北可汗后裔生前已是附籍雍州万年县的百姓。突厥可汗家族成员降唐后多因功而陪葬昭陵,昭陵附近有阿史(那)村,⑨聚落出现显

---

① 《册府元龟》卷975《外臣部·褒异二》,第11449页。
② 《册府元龟》卷996《外臣部·责让》,第11697页。
③ 《册府元龟》卷977《外臣部·降附》,第11483页。
④ 赵吕甫:《云南志校释》卷4《名类》,中国社会科学出版社1986年版,第154、174页。
⑤ 张九龄:《敕安南首领爨仁哲等书》,《全唐文》卷287,第2913页。
⑥ 《全唐文》卷68《优恤客户敕》,第716页。
⑦ 《新唐书》卷140上《突厥上》,第6038页。
⑧ 崔行功:《阿史那忠墓志》,吴钢主编:《全唐文补遗》第1辑,三秦出版社1994年版,第50页。
⑨ 赵崡撰:《石墨镌华》卷7,附录2《游九嵕》,知不足斋丛书刊本,中国东方文化研究会历史文化分会编:《历代碑志丛书》第2册,江苏古籍出版社1998年版,第470页。

然是附籍州县的结果。内迁唐缘边正州突厥降户也以所在正州为籍贯。阿史那哲高祖为染干（启民可汗），曾祖为处罗可汗。① 其祖摸末单于郁射设唐初率所部万余家归附。② 单于都护府下桑乾都督府所属郁射州是以郁射设命名，所谓哲为云中郡人沿袭了郁射设归唐后以迁居地为籍贯的做法。贞观六年铁勒契苾部酋长何力率众内附，唐将其部落安置于凉州境内，自此出自阴山的契苾氏，籍贯成为凉州。③ 后来何力子孙因出仕迁徙，凉州姑臧成为郡望，京兆万年、洛州永昌又为其籍贯。④ 高丽人高玄内迁后，"家贯西京，编名赤县"，⑤ 成为京兆万年县人。武则天圣历二年（699）吐蕃论氏家族降唐，论氏子孙附籍银州与京兆之间。⑥

以上是部落酋长内迁后的情况，对于部民来说也要附贯为所在地百姓。开元二年，后突厥默啜可汗之婿率部归降，"许于泽潞州编附"。⑦ 六胡州是以突厥降户中的胡部所置，置州当初兰池胡已是如同华夏百姓的编籍之民，⑧ 故而以其所置宥州有户籍口数登记。此外，脱离东北诸族本部迁入营州、幽州境内以府州形式安置的部落有两组不同年份的户数、口数。迁入关内道经制州境内的蕃州也多有户口统计数。表明这些内迁部落是要附贯编籍的。

唐代赋予边疆内附民的百姓身份不仅仅是先秦以来"率土皆臣"的思想理念，他们虽然有别于汉人百姓，但也承担象征国家百姓的相应义务，又享受象征国家百姓的相应待遇。

敦煌发现的公文书中有两件立功公验上分别钤有盐泊都督府、黎渠州的印章。盐泊都督府以西突厥胡禄屋阙部置，黎渠州或以为龟兹都督府下辖州。⑨ 唐代军中将士作战立功后，在未得到兵部发给勋告之前，要发给公验以为日后凭证。两羁縻州印盖在立功公验上，说明唐在法律上赋予羁縻州地方政府的职能，并且发挥着实际功能。另一件所记内容为神龙至景云年间对安西四镇守军兵募授勋的情况。碛西诸军兵募籍贯分布极为广泛，其中不仅有来自唐十道中八道的正州兵募，而且有来自羁縻州的兵募，包括河北道幽州境内羁縻州、关内道六胡州的兵募，更有龟兹、波斯兵募。⑩ 龟兹，显庆三年唐以为都督府，龟兹兵募来自陇右道龟兹都督府。波斯，龙朔元年（651）唐以疾陵城为波斯都督府，授卑路斯为都督。景龙二年（708），泥涅师入朝，后病死长安，"而部众

---

① 《阿史那哲墓志》，吴钢主编：《全唐文补遗》第5辑，三秦出版社1998年版，第338页。
② 《阿史那勿施墓志》，吴钢主编：《全唐文补遗》第2辑，三秦出版社1995年版，第455页。
③ 《契苾夫人墓志》，《全唐文补遗》第2辑，第442页。
④ 《契苾嵩墓志》，吴钢主编：《全唐文补遗》第6辑，三秦出版社1999年版，第413页；娄师德：《契苾明墓志》，《全唐文》卷178，第1897页。
⑤ 《高玄墓志》，《全唐文补遗》第2辑，第318页。
⑥ 吕元膺：《骠骑大将军论公神道碑铭》，《全唐文》卷479，第4891页。
⑦ 《册府元龟》卷170《外臣部·来远》，2053页。
⑧ 《册府元龟》卷986《外臣部·征讨五》，第11584页。
⑨ 刘安志：《敦煌所出张君义文书与唐景龙年间西域政局之变化》，武汉大学魏晋南北朝隋唐史研究室编：《魏晋南北朝隋唐史资料》第21辑，武汉大学出版社2004年版，第280页。
⑩ 朱雷：《跋敦煌所出〈唐中宗景云二年张君义勋告〉》，氏著：《敦煌吐鲁番文书论丛》，甘肃人民出版社2000年版，第238—242页。

犹存"。① 波斯兵募为唐从波斯都督府泥涅师余众中征集的士兵。兵募是征发制兵役,②为州县百姓应尽的义务,与召募制下职业雇佣兵的性质迥异。唐从幽州至西域广阔的羁縻州地区及全国范围内诸道正州征发兵募,说明在法律上要求纳入唐统治体制的蕃夷以国家百姓的身份承担相应的义务。垂拱元年(685)来自昭武九姓与吐火罗地区的居民申请过所的案卷表明,商人若在所经地区官府申请通行证,无论是羁縻州还是正州,只要有当地百姓为其担保,即可获得批准。③ 唐在法律上赋予二者身份相同的功效,中亚诸国居民作为羁縻州百姓身份等同于唐内地百姓。④ 虽然唐代羁縻州制度有别于内地行政制度,但是它与内地正州同为唐政令、法令所及地区。这是归属唐的蕃夷与化外册封朝贡蕃夷国之间的本质区别,也是前者被视为化内的必要条件。

六 唐代边疆的二重性

周边四夷纳入唐统治体制后,政治上成为中国或华夏的一部分,但是在华夷观支配下,从文化视角他们又属于蛮夷。这种双重性由来已久。

秦在征服临近蛮夷地区后于其地设郡,并于郡内设置臣邦。⑤ 秦律曰:"臣邦人不安其主长而欲去夏者,勿许。可(何)为夏?欲去秦属是谓夏。"后二"夏"为"去夏"之省称。⑥ "去夏"是指离开秦国的属境或脱离秦国的统治。秦自认为夏,并将其统治下的臣邦也纳入夏的范围之内。从法律上确定秦国的内地与秦国统治的周边属邦为华夏,华夏为秦内地与周边臣邦的政治共同体。秦律又曰:"可(何)谓'真'?臣邦父母产子及产它邦而谓真。可(何)谓夏子?臣邦父夏母谓殴(也)。"⑦ 只有隶属秦国的周边诸族的父母所生子才能认定为少数民族,父为隶属秦国的周边诸族人、母为秦人所生子即为"夏子"。虽然旨在确定何为臣邦子与夏子,但是不难看出,从文化分野周边臣邦人与内地秦人相比又属于夷的范畴。秦律以帝国为背景,从文化与政治、民族与国家的意义上赋予华夏一个具体的范畴,从制度上开启了中国历史上两千多年中央集权制时代多民族国家体制的先河。

唐代将边疆与内地均视为中国的同时,又从文化观念上区分为中华、中国、华夏与四夷。⑧ 这种二重性不仅反映在观念上,而且也体现在制度上。

在朝贡制度方面,已成为唐王朝或中国一部分的周边诸族,由于属于夷的一部分,

---

① 《旧唐书》卷148《波斯传》,第5313页。又见《新唐书》卷221下《波斯传》,第6259页。《旧唐书》记裴行俭护送复国为卑路斯,误。
② 唐长孺:《魏晋南北朝隋唐史三论》,武汉大学出版社1993年版,第412—413页。
③ 国家文物局古文献研究室、新疆维吾尔自治区博物馆、武汉大学历史系编:《吐鲁番出土文书》第7册,中华书局1986年版,第88—94页。
④ [日]荒川正晴:《唐帝国和粟特人的交易活动》,陈海涛译,《敦煌研究》2002年第3期。
⑤ [日]工藤元男:《睡虎地秦墓竹简の属邦律をめぐって》,《東洋史研究》1984年第43卷1号,第81页。
⑥ 睡虎地秦墓竹简整理小组编:《睡虎地秦墓竹简》,文物出版社1990年版,第135页。
⑦ 睡虎地秦墓竹简整理小组编:《睡虎地秦墓竹简》,第135页。
⑧ 《新唐书》卷199《徐坚传》,第5662页;《旧唐书》卷89《狄仁杰传》,第2890—2891页。此例较多,不一一列举。

有向中国皇帝进贡、纳质的义务，因而他们又与属性不同的夷被视为同类。如《唐六典》所记朝贡七十余蕃中，其中一部分为唐羁縻州，但是他们与境外大食、日本等同被确定为朝贡国。① 此外，《唐六典》记载唐十道中七道的职责，关内道，"远夷则控北蕃突厥之朝贡焉"；河南道，"远夷则控海东新罗、日本之贡献焉"；河北道，"远夷则控契丹、奚、靺鞨、室韦之贡献焉"；陇右道，"远夷则控西域胡戎之贡献焉"；江南道，"远夷则控五溪之蛮"；剑南道，"远夷则控西洱河群蛮之贡献焉"；岭南道，"其远夷则控百越及林邑、扶南之贡献焉"。② 朝贡诸蕃中，既有秦汉以来王朝传统版图内的五溪蛮、岭南的百越，又有唐代开拓版图内的东北诸族及西域胡戎，也有境外北蕃后突厥，东方的新罗、日本，南海的林邑、扶南诸国。《唐六典》规定上述诸蕃上京朝贡，境内蕃夷由其所在道负责，境外蕃夷则由其初入唐境的道负责，不同归属的蕃夷朝贡统一由相关诸道负责。在职官设置方面，唐中央主要由鸿胪寺处理境内外蕃夷的事务，其职责之一是管理质子。③ 于阗为唐毗沙都督府，其地为安西四镇之一。僧智严，姓尉迟氏，本于阗国质子，神龙二年（706）前，"隶鸿胪寺，授右领军卫大将军上柱国，封金满郡公"。④ 新罗质子也为"鸿胪寺籍"。⑤ 唐境内属国质子，与境外蕃国质子均由鸿胪寺管理。在法律方面，如果说化内、化外是针对不同政治归属群体制定的条文，关于蕃人的条文则是根据文化所属制定的。唐律引入"化外蕃人"一词，说明其他涉及蕃人的条文则是适用于唐境内、境外四夷的条款。

另一方面，从国家主权意义上讲，四夷归属唐王朝后是中国或唐帝国的一部分，如羁縻州唐代典章制度中又将列入行政区划。《唐六典》记载关内道经制州二十二，"其原、庆、灵、夏、延又管诸蕃落降者，为羁縻州"；河北道经制州二十五，"其幽、营、安东各管羁縻州"；陇右道经制州二十一，"其秦、凉、鄯、洮、北庭、安西、甘、岷又管羁縻州"；江南道经制州五十一，"黔中又管羁縻州"；剑南道经制州三十三，"其黎、戎、泸、茂、松、巂、姚又管羁縻州，静、柘、翼、悉、维五州并管羌夷"；岭南道经制州七十，"其五府又管羁縻州"。⑥ 这应是所谓羁縻州"著于令式"，《唐书·地理志》将其与正州同视为行政区划基于唐代制度的规定。如论者所说，唐帝国表面上由行政组织都督府、州统一形成，实际上内部并立着不同的两个世界，这是胡汉共存的统治方式。⑦ 确切地说，唐帝国由华夷构成，政治上华夷一体，同属中国，而从文化视角由华夷两个文化体构成。⑧ 关于唐代羁縻州，有学者认为唐王朝从未将当地的异文化

---

① 李林甫等撰：《唐六典》卷4《尚书礼部》，陈仲夫点校，中华书局2005年版，第129页。
② 《唐六典》卷3《尚书户部》，第65—72页。
③ 黎虎：《汉唐外交制度史》，兰州大学出版社1998年版，第334页。
④ 《宋高僧传》卷3《唐京师奉恩寺智严传》，高楠顺次郎等编：《大正新修大藏经》第50册，第720页。
⑤ 《新唐书》卷220《新罗传》，第6206页。
⑥ 《唐六典》卷3《尚书户部》，第65—72页。
⑦ 参见［日］谷川道雄《世界帝国的形成》，耿立群译，稻乡出版社1998年版，第210—211页。
⑧ 参见钱穆《中国文化史导论》，商务印书馆1994年版，第23页。

集团看成是"中国"的一部分,[①] 显然缺乏对唐代边疆二重性的认识。唐代将其与正州列为化内正是基于此种政治因素,而非文化因素。

总　结

　　唐律化内、化外的区分以政治归属来判断,为唐帝国的境内与境外,相当于现代法律意义的国内、国外。然而由于王朝的盛衰、版图的盈缩,化外、化内的范围是变动的,这是唐律未明确化内具体范围的缘故。虽然终唐一代无固定不变之化内,但不可否认当周边诸族属唐后即为化内。唐将内地与边疆地区同视为化内,周边地区纳入唐统治体制后诸族属地的性质发生变化,成为唐境域,原则上为政治共同体的中国的一部分;边疆诸族与内地百姓同为唐百姓。诸族属唐后因俗而治,有别于内地地方行政制度,但为唐政令、法令所及地区。唐代边疆周边地区具有二重性,从国家主权意义上,纳入唐统治体制的周边诸族为唐王朝或政治共同体中国的一部分;但从文化分野视角区分仍属于夷的一部分。然而周边诸族列为化内是由政治归属决定,而非文化因素。

　　唐律出现的化内、化外,在古代华夷观念演变史及多民族国家体制的发展史上具有重要意义。春秋时期产生华夷观之际,在思想理论上率土皆臣的观念得到强化,但是思想理念上的疆域是无限的,而现实中包括四夷在内的政治疆域是有限的。唐律引入化外概念,以版图外藩属为界线,在法律上划定了帝国与藩属、邻国之间的疆界,对文化版图与政治版图做出区分,明确了帝国的境内与境外。其次,战国后期秦律从文化与政治、民族与国家的意义上赋予夏或华夏以一个具体的范畴,唐继承了秦开启的多民族国家体制,同时唐律引入化内概念,则是从国家主权意义上赋予拥有中华文化的华夏族与内地以及非华夏文化的周边诸族与边疆的多民族国家——唐帝国或中国以一个具体的范畴。

(原载《历史研究》2014 年第 5 期)

[①] 参见王柯《民族与国家——中国多民族统一国家思想的系谱》,冯谊光译,中国社会科学出版社 2001 年版,第 115 页。

元明革命的民族主义想象

刘浦江[*]

摘　要：元明鼎革的性质主要是由阶级矛盾引起的政治革命和社会革命，而并非像人们过去惯常理解的那样是一场民族革命。明中叶以后，在长期面临"北虏"之患的时代背景下，元明鼎革的历史记忆被重新唤起，并且自然而然地被解读为一场"驱逐胡虏，恢复中华"的民族革命。明人对于蒙元王朝正统地位的认识与评价，也经历了一个从肯定到否定的转变过程。清末反满排满的时代氛围，使元明嬗代呈现出愈益浓厚的民族革命色彩，而明太祖则被塑造为一位伟大的民族英雄。一切历史都是当代史，元明革命的民族主义想象再次向我们诠释了这一命题。

关键词：元明革命　明太祖　华夷观念　民族主义　《谕中原檄》

一　引言：如何认识元明革命的性质？

在今日历史学家眼中，元明嬗代无非是一次普通的改朝换代而已，与其他王朝兴替相比较，似乎并没有什么特殊的意义。然而这种历史观念并非自来如此。自明中叶以后，尤其是清末民初以降，人们久已习惯于将元明鼎革视为一场伟大的民族革命。1906年，孙中山在《民报》创刊周年纪念会的演说中宣称："明太祖驱除蒙古，恢复中国，民族革命已经做成。"[①] 同年，《民报》第五号卷首刊载朱元璋像，称之为"中国大民族革命伟人"。[②] 辛亥革命胜利后，孙中山亲率南京临时政府官员隆重公祭明孝陵，更是肯定明太祖民族革命事业的一个重要象征。当然，这种认识不仅限于政治家，在很长一个时期里，元明民族革命的性质俨然已经成为史学界的学术定论，而最能反映这一普遍思维定式的，则莫过于20世纪上半叶的各种历史教科书。

1939年，钱穆在《国史大纲》引论中指出，中国历史上的下层革命鲜有进步意义，唯秦末刘项之争和元明革命算是例外，"明祖崛起，扫除胡尘，光复故土，亦可谓一个上进的转变"[③]。即将朱元璋"扫除胡尘，光复故土"之举视为元明鼎革进步意义之所在。金毓黻写成于1941年的《中国史》，称朱元璋建立明朝是"汉族的复国运动"，又

---

[*] 刘浦江，北京大学中国古代中心教授。
[①] 孙中山：《在东京〈民报〉创刊周年庆祝大会的演说》，《孙中山全集》第1卷，中华书局1981年版，第325页。
[②] 见《民报》第5号，1906年6月26日。
[③] 钱穆：《国史大纲》（修订本）上册，商务印书馆1996年版，第12页。

谓"明太祖推翻了蒙古人的统治,为汉族重光,所以他也是我们历史上的民族英雄"。①吕思勉的名著《中国通史》第四十六章的主题是元明嬗代,题之为《汉族的光复事业》,②显然也是将其定位为民族革命。直至20世纪50年代,李洵在东北师范大学讲授明清史的课堂讲义中仍然沿袭这种传统观点,称朱元璋在元明之际"成为一个勇敢的民族斗争战士";当写到徐达攻克大都时,作者有这样一段评价:"自石敬瑭割燕云于契丹,沦陷了四百三十年的名都燕京又光复了……汉族人民反元民族斗争胜利的完成了。"③以上种种都表明了这样一个事实,元明鼎革的民族革命性质乃是那个时代历史学家的一种极为普遍的认知。

不过,自20世纪30年代始,就不断有学者对这一似乎是理所当然的结论进行质疑和反思。最早提出异议的是吴晗,他在1936年发表的《元帝国之崩溃与明之建国》一文中指出,元末群雄起事,"动机是民众不堪经济的、政治的压迫而要求政权的让与,最后才一转而喊出民族革命的口号……表面上,尽管是揭出政治的民族的解放口号,而在实质上却完全是农民和地主的斗争"。从他这段话来看,显然是将元明鼎革的性质定义为阶级斗争而非民族革命。但同时他又认为,韩山童、刘福通起事之初,假托为赵宋后裔,把这次革命解释为宋的复国运动,后来朱元璋"从复宋的旧口号扩充放大为民族革命的口号,从恢复一家一系的帝统扩大到争取整个民族的自由,明显的指示出这次革命是民族与民族的战争",似又倾向于主张民族革命说。④因此,吴晗对于元明革命性质虽已有新的认识,但他的观点还略显含混和矛盾。更值得注意的是蒙思明1938年在燕京大学完成的硕士论文《元代社会阶级制度》,该书对元明革命性质进行了相当深入的讨论。蒙思明认为,元明鼎革是由阶级矛盾引起的社会革命而非族群矛盾引起的种族革命,并从元末革命之原因与目标,民变领袖人物之身份,抗拒革命者之主力等方面来论证其观点。指出元明革命"以阶级斗争发其端",而"以种族斗争终其局","历来治史者之均以民族革命目元末之民变者,盖皆由结果而断定其性质者也。要之,元末之革命运动,虽不免有若干之民族矛盾,而民族矛盾之非革命之主因则可断言"。⑤蒙思明与吴晗的观点较为接近,但其结论更为严密和明确。1949年以后,有些学者基于阶级斗争的历史观念,主张元末社会的主要矛盾是阶级矛盾而非民族矛盾,元末农民起义的性质是农民革命战争而非民族战争。⑥其看法虽与前人相近,而出发点则有所不同。

---

① 金毓黻:《中国史》,正中书局1942年版,第77、79页。
② 吕思勉:《中国通史》下册,开明书店1944年版,第500—505页。
③ 李洵:《明清史》,人民出版社1956年版,第22、25页。
④ 吴晗:《元帝国之崩溃与明之建国》,原载《清华学报》11卷2期,1936年4月;收入《吴晗史学论著选集》第2卷,人民出版社1986年版,第81—138页。
⑤ 蒙思明:《元代社会阶级制度》,中华书局1980年版,参见第五章《元代阶级制度之崩溃》。以上引文见第226、233页。此书1938年初版有一作者自序,其中也说道:"元末革命,蜂起云涌,虽结果成于驱逐蒙人,而发轫则基于贫民乏食;故参与革命者皆贫苦农民,初无抗元之口号,而拒抗革命者,亦汉人富室,而非蒙人豢养之官军;殆绝非纯粹汉人反抗蒙人之种族革命如一般之所解释者。"见《燕京学报》专号之一六《元代社会阶级制度》,哈佛燕京学社,1938年5月。中华书局版卷端所载系作者1962年重写的自序,故无此段文字。
⑥ 参见丁国范《元末社会诸矛盾的分析》,《南京大学学报》1963年第1期;陈得芝:《元代江南之地主阶级》,《元史及北方民族史研究集刊》第7期,1983年。

日本学者宫崎市定在讨论元明变革论时也涉及元明革命的性质问题。元明鼎革作为民族革命的象征，常常被拿来与辛亥革命相比较，在他看来，这两者之间其实有很大的区别，后者确实具有强烈的民族革命色彩，而前者则不然。与其说元明鼎革是一场民族革命，毋宁说它更多表现出阶级斗争的性质。辛亥革命的成功，知识分子起了关键作用，但元末民变时士人不屑参加叛军，叛军也很少利用士人，这是元明革命攘夷色彩淡薄的一个重要原因。① 这一见解与吴晗、蒙思明等人的观点颇有相通之处，值得我们重视。

早年力倡元明民族革命论的钱穆，后来也对此问题进行了认真的反思。在他晚年所写的《读明初开国诸臣诗文集》一文中，得出的竟完全是另一种印象：

> 胡元入主，最为中国史上惊心动魄一大变，元人用兵得国之残暴，其立制行政之多所剧变，而中国全境沦于异族统治之下，亦为前史所未遇。未及百年，乱者四起，明祖以平民崛起为天子，为汉高以下所仅有，读史者岂不曰驱除胡虏，重光中华，其在当时，上下欢欣鼓舞之情当如何？而夷考其实，当时群士大夫之心情，乃及一时从龙佐命诸名臣，其内心所蕴，乃有大不如后人读史者之所想象。②

钱穆从明初开国诸臣诗文中所看到的汉族士人的真实心境，与他过去对元明革命的认识大相径庭，这对他是一个很大的刺激。尤其让他难以理解的，是明初士人普遍具有的遗民心态："明祖开国，虽曰复汉唐之旧统，光华夏之文物，后人重其为民族革命。然在当时文学从龙诸臣，意想似殊不然。或则心存鞑庭，或则意蔑新朝。虽经明祖多方敦迫，大率怯于进而勇于退。"③ 虽然很不情愿，但钱穆不得不承认明初汉族士人颇多故国旧主之思而昧于《春秋》大义的事实。

后人的研究进一步佐证了钱穆的这种印象。劳延煊据元明之际士人诗作之所见，指出明初士人皆以蒙元为正统王朝，在时人诗赋中常常可以看到对于元朝的拳拳故国之思。④ 郑克晟注意到，元末明初的江南士人，不论是伊始依附张士诚吴政权者，或加入朱明政权者，乃至超脱于元末群雄之间者，他们的政治态度有一个值得注意的共同点，即都在不同程度上怀念元朝。⑤ 近年萧启庆就元明之际士人的政治选择做过一个很有意义的统计，在列入统计对象的元明之际进士144人中，"忠元"型计87人，占60.4%；"背元"型计45人，占31.3%；"隐遁"型计12人，占8.3%。统计结果表明，"忠元"型进士远多于"背元"者，且以汉人和南人为主。作者据此认为，元明易代之际，

---

① ［日］宫崎市定：《洪武から永樂へ：初期明朝政權の性格》，原载《東洋史研究》27卷4号，1969年3月；收入《宫崎市定全集》第13册，岩波书店1992年版，第40—65页。该文的主旨是论证元明之间的连续性多于断裂性，作者认为，正是由于元明鼎革并非民族革命性质，才得以形成这样的结果。
② 钱穆：《读明初开国诸臣诗文集》，原载《新亚学报》6卷2期，1964年8月。收入同氏《中国学术思想史论丛》第6册，生活·读书·新知三联书店2009年版，第86页。
③ 钱穆：《读明初开国诸臣诗文集续篇》，《中国学术思想史论丛》第6册，第197页。
④ 劳延煊：《元明之际诗中的评论》，《陶希圣先生八秩荣庆论文集》，食货出版社1979年版，第145—163页。
⑤ 郑克晟：《元末的江南士人与社会》，《东南文化》1990年第4期。

决定士人政治抉择的主要因素是"君臣大义"而非"夷夏之辨"。① 这为我们重新认识元明革命的性质提供了一个新的视角。

综上所述,近半个多世纪以来,中外历史学家已经逐渐认识到这样一个事实:元明鼎革的性质主要是由阶级矛盾引起的政治革命和社会革命,而并非像人们过去惯常理解的那样是一场民族革命。那么,我们想要进一步追问的是,自明朝直至近代,元明嬗代所带有的非常浓厚的民族革命色彩究竟是如何被后人涂抹上去的呢?这就是本文试图回答的问题。

二 "驱逐胡虏,恢复中华":被重新唤起的元明革命记忆

在一般人印象中,明朝似乎是中国历史上华夷观念最为强烈的一个时代,但这种时代氛围并非肇始于明初。事实上,明朝开国君臣对于蒙元王朝常怀感念之情,太祖朱元璋就自称"朕本农家,乐生于有元之世"②。又谓"元世祖肇基朔漠,入统中华,生民赖以安靖七十余年"③。洪武三年(1370)六月,中书省以左副将军李文忠所奏捷音榜谕天下,太祖见榜文中有不逊之词,遂责备宰相说:"元虽夷狄,然君主中国且将百年,朕与卿等父母皆赖其生养。元之兴亡,自是气运,于朕何预?"④《明史》卷三《太祖纪赞》在总结明初施政方针时,称其对待前朝的政策是"加恩胜国",也是基本符合事实的。朱元璋称帝建国后,总是强调他的天下不是取自元朝手中,而是得自群雄之手,他曾对朝廷臣僚做过这样一番表白:"(元末)盗贼蜂起,群雄角逐,窃据州郡。朕不得已,起兵欲图自全,及兵力日盛,乃东征西讨,削除渠魁,开拓疆域。当是时,天下已非元氏有矣……朕取天下于群雄之手,不在元氏之手。"⑤ 显然没有把元朝视为复仇对象的意思,何曾有什么"民族革命"的气氛?从当时的记载来看,明初士人其实很少关注华夷之辨这一类的话题。钱穆特别留意明初开国诸臣的民族主义论调,结果非常失望地发现,其实他们"心中笔下,并无夷夏之别",诗文中谈及元明革命时,"皆仅言开国,不及攘夷"。⑥ 这种情形让他颇为愤激,觉得对此难以理解:"所谓民族大义,光复汉唐旧统,诚千载难遭一机会,而明初诸儒似无此想。"⑦ 但这确实反映了明初士人的真实心态。

明人民族情绪之高涨,大抵是15世纪中叶以后的事情,这与当时的内外形势和民族冲突自然有直接的因果关系。明朝长期面临的"北虏"之患,是导致民族矛盾激化的主要根源,其中正统十四年(1449)的土木之变和嘉靖二十九年(1550)的庚戌之

---

① 萧启庆:《元明之际士人的多元政治抉择:以各族进士为中心》,《台大历史学报》2003年第32期。收入同氏《元代的族群文化与科举》,联经出版公司2008年版,第264—269页。
② 《太祖实录》卷五三,洪武三年六月丁丑,"中央研究院"史语所校印本《明实录》第2册,1962年,第1044页。
③ 《明史》卷三三二《西域四·别失八里传》,中华书局1984年版,第28册,第8606页。
④ 《太祖实录》卷五三,洪武三年六月癸酉,《明实录》第2册,第1041页。
⑤ 《太祖实录》卷五三,洪武三年六月丁丑,《明实录》第2册,第1046页。又《元史》所附宋濂洪武三年十月所作《目录后记》,亦谓"钦惟皇上龙飞江左,取天下于群雄之手"云云。
⑥ 钱穆:《读明初开国诸臣诗文集》,《中国学术思想史论丛》第6册,第131、152页。
⑦ 钱穆:《读明初开国诸臣诗文集续篇》,《中国学术思想史论丛》第6册,第200页。

变,更是明蒙关系恶化的两个标志性事件。当汉民族遭遇异族威胁、民族矛盾非常尖锐之际,往往就是华夷之辨大行其道的时候。正是在这一特定的历史背景之下,尘封已久的元明鼎革的历史记忆得以被重新唤起,并且自然而然地被解读为一场光复华夏的民族革命。

历来将元明鼎革视为民族革命的一个最重要的标志,便是朱元璋在至正二十七年(1367)十月遣徐达北伐时发布的《谕中原檄》,檄文中有一段文字被后人反复提及:

> 自古帝王临御天下,中国居内以制夷狄,夷狄居外以奉中国,未闻以夷狄居中国治天下者也……古云胡虏无百年之运,验之今日,信乎不谬。当此之时,天运循环,中原气盛,亿兆之中,当降生圣人,驱逐胡虏,恢复中华,立纲陈纪,救济斯民。①

在后人看来,这篇檄文具有十分强烈的象征意义,其中"驱逐胡虏,恢复中华"一语,更是被后人赋予了极为鲜明的民族革命寓意。钱穆谓元明"易代之际,而正式提出中国夷狄之大辨者,今可考见,惟此一文"②。萧公权亦称此檄"明揭攘夷之口号……实为二千年中创见之民族革命宣言,而亦中国最先表现之民族国家观念"。③ 这些认识由来有自,可谓久已深入人心。从明代文献来看,大约自弘治(1488—1505)以后,这篇檄文开始受到士人的强烈推崇,先后被收入程敏政《皇明文衡》、佚名《皇明诏令》、高岱《鸿猷录》、④ 黄训《皇明名臣经济录》、⑤ 王世贞《弇山堂别集》⑥ 以及王锡爵、沈一贯辑《增定国朝馆课经世宏辞》⑦ 等书。尤其是《皇明文衡》和《皇明诏令》两书收录此文的情况,细微处颇堪玩味。

这篇檄文最初见于《太祖实录》,首称"檄谕齐鲁、河洛、燕蓟、秦晋之人曰"云云,未记作者及篇名。弘治间,程敏政在编辑明人总集《皇明文衡》时收入此文,题为《谕中原檄》,作者署名为宋濂。⑧ 取与《实录》对勘,知此本有若干文字脱误,恐

---

① 《太祖实录》卷二六,吴元年(1367)十月丙寅,《明实录》第1册,第401—402页。
② 钱穆:《读明初开国诸臣诗文集》,《中国学术思想史论丛》第6册,第11页。按钱谦益《国初群雄事略》卷五《夏明玉珍传》谓徐寿辉至正十三年遣人招徕明玉珍时,有"期逐胡虏,以靖中夏"的说辞(中华书局1982年版,第112页),但此言显然不具有《谕中原檄》那样的象征意义,故不曾为后人注意。
③ 萧公权:《中国政治思想史》,新星出版社2005年版,第356页。
④ 高岱:《鸿猷录》卷五《北伐中原》,上海古籍出版社1992年版,第87—88页。末有作者史论曰:"我圣祖谕中原一檄,词严而义正,理直而气昌,虽《大诰》、《牧誓》何加焉!"
⑤ 黄训:《皇明名臣经济录》卷一,台北文海出版社影印明嘉靖刻本第1册,1984年,第9—13页。
⑥ 王世贞:《弇山堂别集》卷八五《诏令杂考一》,中华书局1985年版,第4册,第1617—1618页。
⑦ 王锡爵、沈一贯辑:《增定国朝馆课经世宏辞》卷一,《四库禁毁书丛刊》影印万历十八年周曰校万卷楼刻本,集部第92册,北京出版社1997年版,第24页。按此书题为《高皇帝谕中原诏》,系一节本。
⑧ 程敏政:《皇明文衡》卷一,《四部丛刊》本,叶1a—2a。按:此文作者实非宋濂,说详下文。

系辗转传抄者。目前看来，这大概是该文最早引起明代士人的特别关注，后来诸本大都出自这一系统。值得注意的是，《谕中原檄》被冠于《皇明文衡》一书之首，我想这恐怕不会是偶然为之。更能说明问题的是《皇明诏令》。该书编者佚名，所收诏令下限至嘉靖十八年（1539）三月，是年八月付梓。全书篇目皆依时序先后排列，唯《谕中原檄》一文例外。该书编者将此文置于卷一首篇，虽未标注年月，但据《太祖实录》知其在吴王元年十月丙寅；而下一篇《遇变省躬旨》题下标注为"吴王元年八月二十四日"，时间在前，却列于其后，可见编者确是有意要将《谕中原檄》冠于全书之首。① 从以上两书收录此文的情况来看，《谕中原檄》显然已被明朝中后期士人视为元明民族革命的一个重要象征。

有意思的是，后来《皇明文衡》《皇明名臣经济录》和《弇山堂别集》在被清人收入《四库全书》时，其中所载《谕中原檄》又都被四库馆臣心照不宣地删去了。我在乾隆四十七年编成的《军机处奏准抽毁书目》中，找到了馆臣对《明名臣经济录》一书的审查意见："查此录系明陈九德删次……自明初迄正德末而止。中间惟宋濂《谕中原檄》及他文内词意偏谬者应行删毁外，其余尚无干碍，应请毋庸全毁。"② 此段文字明确透露了四库馆臣忌讳《谕中原檄》的消息，这从另一个方面反映出后人对此文特有的民族主义印记的一种固有印象。

自15世纪中叶以后，明朝士人开始对元明革命进行重新解读。成书于成化十七年（1481）的丘濬《世史正纲》，在洪武元年正月"太祖即皇帝位，复中国之统，国号曰大明"条下有一段十分激昂的议论：

> 自有天地以来，中国未尝一日而无统也。虽五胡乱华，而晋祚犹存；辽金僭号，而宋系不断。未有中国之统尽绝，而皆夷狄之归，如元之世者也。三纲既沦，九法亦斁，天地于是乎易位，日月于是乎晦冥，阴浊用事，迟迟至于九十三年之久！中国之人，渐染其俗，日与之化，身其氏名，口其言语，家其伦类，忘其身之为华，十室而八九矣。不有圣君者出，乘天心之所厌，驱其类而荡涤之，中国尚得为中国乎哉？③

在明代士人中，丘濬算得上是一位激进的民族主义者，其狭隘的华夷观念在《世史正纲》一书中表现得淋漓尽致。他把历代王朝分为华夏纯全之世、华夏割据之世、华夷分裂之世、华夷混乱之世以及夷狄纯全之世，所谓"夷狄纯全之世"者，专指从南宋

---

① 见《皇明诏令》卷一，《四库全书存目丛书》影印明嘉靖十八年傅凤翔初刻本，史部第58册，齐鲁书社1996年版，第15—16页。又据台北文海出版社1984年影印嘉靖刻本，卷一前两篇分别是龙凤十二年（1366）十一月《讨张士诚令》和同年十二月二十四日《抚谕浙西吏民令》，第三篇才是《谕中原檄》。此本目录卷三后有"嘉靖二十七年正月浙江布政使司校补"的字样，知非初刻本，其卷一前两篇文献乃系后人所补，有违编者之本意。

② （清）姚觐元辑：《清代禁毁书目四种》，商务印书馆1937年版，第89页。

③ 丘濬：《世史正纲》卷三二《明世史》，《四库全书存目丛书》影印嘉靖四十二年孙应鳌刻本，史部第6册，第631页。

覆亡到朱明复国之间的93年，"世道至此，坏乱极矣"！① 因此在他看来，元明鼎革毫无疑问就是一场"驱逐胡虏，恢复中华"的史无前例的民族革命。

明朝后期，士人的民族情绪愈益亢奋，对于元明革命的意义也有更为极端的阐发。如明末儒者徐奋鹏在讨论历代正闰问题时，至以为三代以下除本朝之外皆无正统可言，"独我太祖高皇帝起自宇内风烟之中，迅扫胡腥，再开天地。故宋龙门颂其功高万古，得国之正，则所以上承唐虞三代以来之正统者，惟我明而已。以此方之，则谓汉、唐、宋皆闰位可也"②。这里所称"宋龙门"是指宋濂（宋濂号"龙门子"）。查此说之出处，见于宋濂洪武七年所撰《〈大明日历〉序》，该文在歌颂太祖开国之功时有这样一段话："然挺生于南服而致一统华夷之盛，自天开地辟以来，惟皇上为然，其功高万古，一也；元季绎骚，奋起于民间以图自全，初无黄屋左纛之念，继悯生民涂炭，始取土地群雄之手而安辑之，较之于古如汉高帝，其得国之正，二也。"③ 仔细看看这段文字，哪里有把太祖"功高万古，得国之正"归之于其"攘夷"之功的意思？徐氏曲解宋濂的本意，称太祖"迅扫胡腥，再开天地"，故论其"得国之正"，独得比肩于三代之正统云云，则是将元明之际的民族革命意义推衍到了极致。

不难想象，在这样一种时代氛围之下，明朝中后期社会中普遍弥漫着一股仇恨蒙古的民族情绪。尤其是嘉靖以后，因明蒙冲突加剧，这种情形愈发明显。据说明世宗"苦虏之扰，最厌见夷狄字面……世庙晚年，每写夷狄字必极小，凡诏旨及章疏皆然，盖欲尊中国卑外夷也"④。陈垣先生将此类因厌憎而生的避忌归入"恶意避讳例"。⑤ 世宗的这种心态无疑是很有代表性的，从中可以折射出一个时代的表情。

明人笔记中的某些传说相当真实地流露了这种民族情绪。李诩《戒庵老人漫笔》有这样一条记载："余家先世分关中，写吴原年、洪武原年，俱不用'元'字。想国初恶胜国之号而避之，故民间相习如此。史书无所考见，姑记之以询之熟典故者焉。"⑥《万历野获编》也有类似的说法："尝见故老云，国初历日，自洪武以前，俱书本年支干，不用元旧号。又贸易文契，如吴元年、洪武元年，俱以'原'字代'元'字。盖又民间追恨蒙古，不欲书其国号。如南宋写'金'字俱作'今'字，曾见宋列帝御书及妃后翰墨皆然，则又不共戴天仇也。"⑦ 有学者指出，这其实是明人的一个误解。明初确实多有讳"元"字而更名者，实系避朱元璋名讳，如潘元明或作潘原明，李士元更名李善长，秦元之或作秦原之，夏元吉或作夏原吉，侯元善或作侯原善、侯善，李元明或作李原明，王元章或作王原章，等等。明代中后期笔记中之所以会出现上述误解，主要原因有二：第一，明朝避讳不严，《万历野获编·补遗》卷二"命名禁字"条说："避讳一事，古今最重而本朝最轻。如太祖旧名单一字，及后御讳下一字，当时即不

---

① 《世史正纲》卷三一《元世史》，史部第6册，第600页。
② 徐奋鹏：《徐笔峒先生文集》卷八《古今正统辨》，北京大学图书馆藏明刻本，叶4a—4b。
③ 《翰苑续集》卷五，见《宋濂全集》第2册，浙江古籍出版社1999年版，第874页。
④ 沈德符：《万历野获编》卷二"触忌"，中华书局1997年版，上册，第57页。
⑤ 陈垣：《史讳举例》，上海书店出版社1997年版，第25—27页。
⑥ 李诩：《戒庵老人漫笔》卷一"国初讳用元字"，中华书局1982年版，第14页。按"分关"指分家析产的文书，知此系作者亲眼所见。
⑦ 《万历野获编·补遗》卷一"年号别称"，下册，第799页。

避。"故李诩、沈德符没有想到这一层是并不奇怪的。第二,《戒庵老人漫笔》和《万历野获编》成书于嘉靖、万历间,由于嘉靖时期俺答汗给明朝带来的严重边患,令明人对鞑靼深恶痛绝,在这样的时代背景下,有人误以为明初讳改元字是"恶胜国之号而避之",实在是顺理成章的事情。①

上述误解并非孤例,其实在时代更早的明人笔记中已有类似的情况。陆容《菽园杂记》卷三记有这样一个故事:"国初,江岸善崩,土人谓有水兽曰猪婆龙者,搜抉其下而然。适朝廷访求其故,人以猪与国姓同音,讳之,乃嫁祸于鼋。上以鼋与元同音,益恶之,于是下令捕鼋。大江中鼋无大小,索捕殆尽。"陆容是成化二年进士,此书则成于弘治年间,我对他讲述的这个"国初"故事的真实性不无怀疑。所谓"上以鼋与元同音"者,此"元"当是指元朝,这个故事想必也是中明时人在仇恨蒙古时代氛围之下的一种想象。

还有一个例子可能也与此类误解有关。代表初始之意的"元"字,自明以后多写作"原",何以如此?明代文献中缺乏相关记载。乾嘉学者郝懿行对此有一个推断:"论事所起,或言元起,或言元来,或言元故,或言元旧,皆是也。今人为书,元俱作原字……推厥所由,盖起于前明初造,事涉元朝,文字簿书率皆易元为原。"② 照此说法,似乎亦可理解为明初人因憎恶或避忌元朝而讳改为"原",这一理解大概仍是源自明朝中后期以后的仇元心理。今人甚至更附会为明太祖顾忌元朝卷土重来,故讳称"元来"之类的说法云云。顾炎武则提出了另一种推论:"元者,本也。本官曰元官,本籍曰元籍,本来曰元来。唐、宋人多此语,后人以'原'字代之,不知何解……或以为洪武中臣下有称元任官者,嫌于元朝之官,故改此字。"③ 意谓明初称"元任官"易被误解为在元朝所任官职,恐有贰臣之嫌,故改作"原"。这一推论似较为可信。总之,"元"之改为"原",不大可能是由于明初人憎恶元朝的缘故。

从洪武间以元世祖入祀历代帝王庙,到嘉靖黜祀元世祖,明人对蒙元态度的前后变化,在明朝的庙祀制度中看得十分清楚。明南京历代帝王庙始建于洪武六年,据正德《明会典》说,"祭三皇至元世祖凡十六位,皆开基创业、有功德于民之主"。④ 而万历《明会典》对历代帝王庙的祭祀格局有如下具体描述:"庙同堂异室:中一室祀三皇;东一室五帝;西一室三王;又东一室汉高祖、光武、隋文帝;又西一室唐太宗、宋太祖、元世祖。凡五室十七帝。"⑤ 两书所记入祀帝王略有出入,前者称16人,后者称17人。其实最初入祀者实为17人,洪武二十一年,历代帝王庙大火,次年改建新庙于钦天山之阳,并罢祀隋文帝,故正德《明会典》记为16人。宋讷在为此次重建新庙所撰《敕建历代帝王庙碑》中,对于入祀帝王的选择标准提供了这样一个解释:

---

① 张和平:《明初讳元说析辨》,《明史研究》第1辑,黄山书社1991年版,第260—268页。
② 郝懿行:《晋宋书故》"元由"条,《丛书集成初编》本,第10—11页。
③ 《日知录》卷三二"元"条,见黄汝成《日知录集释》下册,上海古籍出版社2006年版,第1827页。
④ 正德《明会典》卷八四"礼部四三·祭祀五·祭历代帝王",台北商务印书馆影印文渊阁四库全书本,第617册,第788页。
⑤ 万历《明会典》卷九一"群祀一·历代帝王",《续修四库全书》,第790册,上海古籍出版社2002年版,第596页。

> 正名定统，肇自三皇，继以五帝，曰三王、曰两汉、曰唐、曰宋、曰元，受命代兴，或禅或继，功相比，德相侔……皇帝王之继作，汉唐宋之迭兴，以至于元，皆能混一寰宇，绍正大统，以承天休而为民极，右之序之，不亦宜乎。秦、晋及隋，视其功德，不能无愧，故黜而不与。①

明朝历代帝王庙的入祀标准相当严格，洪武二十二年重建的历代帝王庙，总共只有16人得以列入庙祀，其中秦汉以下帝王仅有汉、唐、宋、元四朝，汉高祖、汉光武、唐太宗、宋太祖、元世祖五人而已。按照宋讷的说法，这些帝王入祀帝王庙的主要标准是"混一寰宇，绍正大统"，但秦、晋、隋诸帝则因其功德有愧而不得入，甚至一度列入庙祀的隋文帝后来也被罢黜。然而就在秦汉以后有幸入祀的五位帝王中，居然包括一位出自异族王朝的君主元世祖！由此可以看出，明初君臣对于蒙元一朝似毫无恶感可言。

永乐迁都北京后，无意另建帝王庙，或于南郊从祀，或命南京太常寺于本庙祭祀。嘉靖九年，始议新建历代帝王庙。次年，翰林修撰姚涞上疏"请罢元世祖祀"，称蒙元"为中国之大仇耻……我太祖高皇帝，声罪而汛扫之，廓中国之妖氛，雪中国之仇耻"，而今若在胡元故都崇祀元世祖，尤为不可。② 事下礼部覆议，礼官以为元世祖入祀帝王庙，"载在祀典，百余年于兹矣，宜遵旧制，庙祀如故"，"上竟从部议"。③ 于是，嘉靖十一年（1532）在阜城门内保安寺故址建成的历代帝王庙，仍然维持原先十六位神主的格局，庙祀帝王位次一如南京之旧。

然而这种局面未能维持多久，又出现了更为强烈的反对声音。嘉靖二十四年（1545），礼科右给事中陈棐两度上疏，极言当黜祀元世祖以正祀典。其疏文字冗长，略无伦次，但其中最要害的是下面这段话：

> 胡元为中国之所当驱，是中国决非胡元之所当居矣；中国非胡元之所当居，是胡元决非中国之所当祀矣。故必除胡君之祀，而后驱胡之功彰。今欲存胡君之祀者，顾不自小圣祖驱胡之功耶……臣固知祀忽必烈于帝王庙者，非皇祖之本心也，是则当黜也。④

陈棐力倡严夷夏之大防，并将黜祀元世祖的主张与标举"驱逐胡虏，恢复中华"的元明革命联系在一起，反复强调"必除胡君之祀"乃是为了彰显太祖驱胡攘夷之功。在朝野内外充满仇元气息的嘉靖时代，这种说辞无疑是最能煽动君臣上下的民族情绪的。

---

① 宋讷：《西隐集》卷七《敕建历代帝王庙碑》，台北商务印书馆影印文渊阁四库全书本，第1225册，第908—909页。
② 姚涞：《论元世祖不当与古帝王同祀疏》，《明经世文编》卷二四一，中华书局影印本，第3册，1962年，第2517页。
③ 焦竑：《玉堂丛语》卷三"礼乐"，中华书局1981年版，第93—94页。
④ 陈棐：《陈文冈先生文集》卷一一《除胡邪正祀典疏》，《四库全书存目丛书》影印明万历九年陈心文刻本，集部第103册，第682页。第二次上疏题为《以闰月明闰位申论胡祀当黜之疏》，见《陈文冈先生文集》卷一二，第686—688页。该文集所收章疏皆无篇名，此处从赵克生先生所拟，参见氏著《明朝嘉靖时期国家祭礼改制》，社会科学文献出版社2006年版，第138—141页。

后来的结果可想而知：世宗以此疏"下礼部，集廷臣议，如棐奏。上曰：'元本胡夷，又甚于五季者，帝王庙并墓祭俱黜罢。'棐复言，帝王庙已撤胡元之祀，而庙在两京者亦宜撤去之，又请改两京庙祀碑文并毁销元君臣神主。下礼部议，复俱报可"①。自洪武以来入祀历代帝王庙近二百年的元世祖，至此最终遭到罢黜。不仅如此，同时"并罢从祀木华黎等五人"②。对于嘉靖黜祀元世祖君臣，当时人的解释是："至世宗并元君臣俱去之，时恨虏寇入犯，用汉武帝诅匈奴故事也。"③说到底，还是嘉靖间边患日重、民族矛盾激化所造成的结果。这是明蒙关系史上的一个标志性事件，较之明初，明人对于蒙元的政治态度可以说发生了一百八十度的转变。

嘉靖间孔庙罢祀曾经仕元的吴澄，与帝王庙黜祀元世祖君臣可谓如出一辙。宣德十年（1435），元朝大儒吴澄"从祀孔子庙庭"。④半个多世纪以后，士大夫中开始出现反对声音。弘治三年（1490），南京国子监祭酒谢铎上书条陈六事，其三为"正祀典"，对吴澄从祀孔庙提出质疑：

> 若临川郡公吴澄，著述虽不为不多，行检则不无可议。生长于淳祐，贡举于咸淳。受宋之恩者已如此其久；为国子司业，为翰林学士，历元之官者乃如彼其荣。出处，圣贤之大节；夷夏，古今之大防。处中国而居然夷狄，忘君亲而不耻仇虏。迹其所为，曾不及洛邑之顽民，何敢望首阳之高士。⑤

表面看来，谢铎的指责似乎主要是针对吴澄身为南宋遗民而出仕蒙元的"君臣之义"名节问题，实际上他最在意的却是"夷夏之防"，所谓"夷夏古今之大防，处中国而居然夷狄"云云，才是他反对吴澄从祀孔庙的真正原因。弘治十四年，时任礼部右侍郎的谢铎再次上疏请罢吴澄从祀。⑥礼部"请再集廷议"，侍郎焦芳支持谢铎的主张："草庐先生（即吴澄）苦心著述，虽若有功，而出处大节则真有可议，铎言不当从祀是已。"但因礼部尚书傅瀚持反对意见，"澄遂仍旧从祀"。⑦嘉靖九年，孔庙祀典改制，更定从祀诸名儒，背负仕元污名的吴澄自然难逃被黜祀的命运，而且这回没有再引起任

---

① 《世宗实录》卷二九六，嘉靖二十四年二月庚子，《明实录》第44册，第5652页。
② （明）佚名：《太常续考》卷五《历代帝王事宜》，台北商务印书馆影印文渊阁《四库全书》本，第599册，第205页。"木华黎"，四库馆臣作"穆呼哩"，今据《钦定元史语解》卷一〇回改。据《明史》卷五〇《礼志四》"历代帝王陵庙"，洪武二十一年以历代名臣三十七人"从祀于东西庑"，其中就包括木华黎等元臣五人。
③ 《万历野获编》卷一"帝王配享"，上册，第3页。
④ 《英宗实录》卷四，宣德十年四月壬戌，《明实录》第13册，第89页。
⑤ 谢铎：《桃溪净稿》卷二五《论教化六事疏》，《四库全书存目丛书》影印明正德十六年台州知府顾璘刻本，集部第38册，第438页。
⑥ 参见谢铎《维持风教疏》，《桃溪净稿》卷二七，第447页。
⑦ 《孝宗实录》卷一七三，弘治十四年四月壬午，《明实录》第31册，第3145—3147页。又《明史》卷一六三《谢铎传》记此事始末，谓谢铎弘治三年上言六事，"请进宋儒杨时而罢吴澄，礼部尚书傅瀚持之，乃进时而澄祀如故"。而据《明史》卷一八四《傅瀚传》，知傅瀚于弘治十三年始"代徐琼为礼部尚书"。可知《谢铎传》所记不确，误将其前后两次建言罢吴澄从祀孔庙事混为一谈。

何争议，世宗对首辅张璁说："至如吴澄者罪已昭昭然，何待别议！"① 吴澄最终被驱逐出圣贤庙廷，与嘉靖间仇恨蒙古的时代氛围显然大有关系。②

三 从"正统"到"变统"：明人蒙元史观之嬗变

随着明朝所面临的内外形势及时代环境的变化，明人对于蒙元王朝正统地位的认识与评价，也经历了一个从肯定到否定的转变过程。若与上文谈到的明朝中后期对元明革命的重新解读联系起来看，可以更为清晰地看出这场正统之辨背后隐含的华夷语境的变迁。

明朝初叶，对于蒙元王朝的正统地位一贯是给予明确承认的。早在朱元璋称帝之前发布的《谕中原檄》中，虽然声称"自古帝王临御天下，中国居内以制夷狄，夷狄居外以奉中国，未闻以夷狄居中国治天下者也"，但接下来却说："自宋祚倾移，元以北狄入主中国，四海内外，罔不臣服，此岂人力，实乃天授。"③ 宣称元朝王权"天授"，无异于承认其入主中国的正当性。在洪武元年正月颁布的《即位诏》中，明太祖也公然表明了他对前朝正统地位的认可："朕惟中国之君，自宋运既终，天命真人于沙漠，入中国为天下主，传及子孙，百有余年。"④ 将元世祖称为"天命真人"，依然认为其政权的合法性来自于天授王权。直至成祖朝，类似说法仍可见于明朝官方文献。永乐四年（1406），明朝遣使致书鞑靼可汗鬼力赤，其中说道："昔者天命宋主天下，历十余世，天厌其德，命元世祖皇帝代之，元数世之后，天又厌之，命我太祖皇帝君主天下。此皆天命，岂人力之所能也。"⑤ 鬼力赤于建文四年（1402）取代北元，自立为鞑靼部可汗。明朝写给他的这封国书无非是想说明，自太祖朱元璋取代蒙元以后，天命即已转移到明朝一方；同时也明确指出，当初元世祖取代宋朝亦系天命之所归。——这与朱元璋在《谕中原檄》和《即位诏》中的说法简直如出一辙。另外，上文说到洪武六年以元世祖入祀历代帝王庙，也是明初承认元朝正统的一个明确信号。

明朝前期所修的两部元史，同样可以反映出当时朝野对元朝地位的肯定性评价。成书于洪武初年的官修《元史》，完全是将蒙元当作中国历史上的正统王朝来看待的，与后来《续资治通鉴纲目》《历代通鉴纂要》等编年体史书在南宋亡国以后始以元朝纪年所不同的是，《元史》一书将元朝历史上溯到了成吉思汗建立的大蒙古国，故首卷即为《太祖纪》。宋濂等人对于蒙元历史的这种处理办法，遭到了后人的严厉批评。嘉靖间，周复俊撰《元史弼违》二卷，即专以纠驳《元史》的书法义例为目的，指出"宋宁宗开禧二年（1206），史臣大书元太祖，与宋宁宗并称"，因谓"是书也贱夏尊夷，乱名

---

① 张璁：《谕对录》卷二二，嘉靖九年十月二十四日"谕张元辅"条，北京大学图书馆藏明刻本，叶26b。
② 参见赵克生《明朝嘉靖时期国家祭礼改制》，第182—184页。
③ 《太祖实录》卷二六，吴元年十月丙寅，《明实录》第1册，第401页。
④ 《全明文》卷一，上海古籍出版社1992年版，第1册，第2页。
⑤ 《太宗实录》卷五二，永乐四年三月辛丑，《明实录》第7册，第778页。

没实,蔑万古帝王之正统,紊万世是非之公议"。① 由此可见,明人蒙元史观的前后差异竟是如此之大相径庭。明朝前期还有一部编年体的元史,这就是胡粹中的《元史续编》。该书撰成于永乐元年,所谓"续编",是指续陈桱《通鉴续编》,故记事始于元世祖至元十三年(1276),编年系月,大书分注,全仿《通鉴纲目》之例。此书秉承明初官方承认元朝正统地位的态度,坚持书顺帝年号直至至正二十八年(1368)而止。

这种蒙元史观亦体现在普及性的历史读物中。初刻于宣德七年(1432)的刘剡《资治通鉴节要续编》,是明朝前中期最为流行的一部历史教科书,屡次增修或重刻,至今尚能见到十余种翻刻本。② 此书三十卷,卷一至二六为《宋纪》,卷二七至三〇为《元纪》。卷首宣德四年张光启序即表明了该书的正统观:"以宋为统,辽金分书之,元则直续宋统。"③ 其《凡例》更明确交代了此书的书法义例,一则说:"元灭金、夏,有中国,而犹分注其年,系于宋统之下者,明天命之未绝也。"另一则说:"元自世祖至元己卯灭宋方大书,承大统也。"④ 卷二七《元纪》自世祖至元十六年己卯(1279)大书元朝纪年,该卷卷首世祖皇帝标目下说:"在位三十五年,承正统。"由此可见,此书主张元承宋统的正统谱系,明确承认元朝的正统地位,与明初官方的蒙元史观是完全吻合的。

明初正统论最看重的是"混一寰宇"之大一统,而明中叶以后的华夷之辨则强调的是正统之"正",这种思潮滥觞于方孝孺。早在明初,方孝孺就在《释统》一文中首倡"变统"之说:

> 天下有正统一,变统三。三代,正统也。如汉如唐如宋,虽不敢几乎三代,然其主皆有恤民之心,则亦圣人之徒也,附之以正统……奚谓变统?取之不以正,如晋、宋、齐、梁之君,使全有天下,亦不可为正矣;守之不以仁义,戕虐乎生民,如秦与隋,使传数百年,亦不可为正矣;夷狄而僭中国,女后而据天位,治如苻坚,才如武氏,亦不可继统矣。⑤

此文撰于洪武七年,方氏时年十八。⑥ 这里说的"变统三",应是指取之不以正、守之不以仁义以及夷狄、女后继统者。后来他又更明确地将"变统"归纳为以下三类情况:

---

① 周复俊:《元史弼违》卷上,《丛书集成续编》,第277册,新文丰出版公司1989年版,第97页。
② 参见钱茂伟《明代史学编年考》,中国文联出版公司2000年版,第10—122页。
③ 《增修附注资治通鉴节要续编大全》,北京大学图书馆藏明弘治十年杨氏清江书堂刻本,叶2b—3a。
④ 《增修附注资治通鉴节要续编大全》,叶4b。这里有一个误解需要澄清。左桂秋《明代通鉴学研究》(中国海洋大学出版社2009年版,第109页)认为,《资治通鉴节要续编》本以元朝直承宋统,成化二十年(1484)重刊本《凡例》称"元灭金、夏,有中国,而犹分注其年,系于宋统之下者,明天命之未绝也",可知已取消元的正统地位,将其系于宋统之下云云。按此《凡例》出自原作者之手,以元"系于宋统之下者",乃是指宋亡之前,并没有否定元朝正统的意思。
⑤ 方孝孺:《逊志斋集》卷二《释统上》,《四部丛刊》本,叶3a。
⑥ 参见胡梦琪《方孝孺年谱》,陕西人民出版社1988年版,第19—20页。

"吾尝妄论之曰：有天下而不可比于正统者三，篡臣也、贼后也、夷狄也。"① 方氏论正统，看重的是"正"而不是"统"，尤其值得注意的是，这是明人最早强调华夷之防的正统论。但方氏的主张在当时显然并不受待见，他在《后正统论》一文后有跋云："自予为此文，未尝出以示人，人之闻此言者，咸訾笑予以为狂，或阴诋诟之。其谓然者，独予师太史公（按指宋濂）与金华胡公翰而已。"② 方氏"变统"说在明初之所以遭人"訾笑"和"诋诟"，主要就是因为他在元朝正统问题上所持有的不同见解，他后来曾明确谈到这一点："予尝论正统，以为有天下而不可为正统者三，篡臣、女主、夷狄也。篡臣、女主之不得与于正统，古已有之，惟夷狄之全有四海，创见于近世，故学者多疑焉。"③ 所谓"夷狄之全有四海，创见于近世"云云，即指元朝而言。正是因为元朝的正统地位在明初得到朝野内外的普遍肯定，所以方孝孺这种不合时宜的见解在当时还很难为人们所接受。

然而让方孝孺没有想到的是，当时过境迁之后，他提出的"变统"说却对后来明人的正统观念产生了十分深远的影响，以至于饶宗颐先生将其与欧阳修《正统论》相提并论："方氏《释统》之作，足与欧阳修媲美，实为正统论之后殿。"④ 这一评价并不过分。

土木之变以后，明人民族情绪持续高涨，华夷之辨开始兴起，方孝孺的正统论在这种新的时代氛围下理所当然地成为明朝士人最倚重的思想资源。丘濬成化间所作《世史正纲》，代表着明人蒙元史观的一个重要变化。"是书本明方孝孺《释统》之意，专明正统"，⑤ 明确提出否定元朝正统的主张。丘濬曾参与官修《续资治通鉴纲目》一书的编纂，对该书仍然沿袭元朝正统的书法很不满意，于是退而私撰《世史正纲》。关于此书的著作旨趣，其门人费闇《世史正纲后序》说得很明白："世道之大者，其要有三：曰世、曰国、曰家。世主华夷而言，要必华内而夷外；国主君臣而言，要必君令而臣共；家主父子而言，要必父传而子继……而其极至，尤在于严内夏外夷之限，以为万世大防，故以《世史》为名。"⑥ 这是一部充满了华夷之辨的历史著作，而其正统观念则深受方孝孺的影响。如丘濬在解释朱子《通鉴纲目》对辽朝耶律德光"以死书之"的《春秋》笔法时，有一段值得注意的议论："后人议元者，乃欲以其混一中国，而进之汉唐之间，何所见耶？且忽必烈之于（耶律）德光，同一夷种也，但得中国地有广狭耳。徒以其得地广狭而高下之，是以功利论事也，岂《春秋》意哉？"⑦ 很显然，丘濬全盘接受了方孝孺重"正"而不重"统"的价值观念，并以之作为否定元朝正统地位的一个重要理据。

---

① 《逊志斋集》卷二《后正统论》，叶 10a。
② 《逊志斋集》卷二，叶 13a。
③ 方孝孺：《逊志斋集》卷一八《题桐庐二孙先生墓文后》，叶 11b。
④ 见饶宗颐《中国史学上之正统论》，上海远东出版社 1996 年版，第 58 页。
⑤ 《四库全书总目》卷四八史部四编年类存目《世史正纲》提要，中华书局影印浙江书局本 2003 年版，上册，第 433 页。
⑥ 费闇：《世史正纲后序》，《四库全书存目丛书》，史部第 6 册，第 633 页。明人正是在严夷夏大防这一点上对此书称誉之至，至有"《春秋》之后有朱氏，而《纲目》之后有丘氏也"的评价，见胡应麟《少室山房笔丛》卷一三《乙部史书占毕一》，中华书局 1958 年版，上册，第 179 页。
⑦ 丘濬：《世史正纲》卷二二《五季世史》，《四库全书存目丛书》，史部第 6 册，第 488 页。

不过，尽管方孝孺提出的"变统"说自成化以后已经得到许多士人的认同，但明朝中叶的某些官修史书仍在继续沿袭传统的蒙元史观。如成化间官修的《续资治通鉴纲目》就是一个典型的例子。成化九年，敕纂《宋元资治通鉴纲目》；十二年书成，更名《续资治通鉴纲目》。关于此书所持的正统观念，商辂《进续资治通鉴纲目表》有明确的表述："若胡元之主中华，尤世运之丁极否。冠履倒置，天地晦冥，三纲既沦，九法亦斁。第已成混一之势，矧复延七八之传，故不得已大书其年，亦未尝无外夷之意。"① 进书表虽对元朝多有指斥，但因其有"混一寰宇"之大一统天下，故仍不得不尊为正统。《凡例》也谈到此书的纂修义例："凡夷狄干统，中国正统未绝，犹系之中国；及夷狄全有天下（原注：谓元世祖），中国统绝，然后以统系之。"② 故该书卷二三自元世祖至元十七年（1280）始以元朝纪年。与明朝前期诸宋元史相比较，此书虽已有夷夏之防的意识，但仍以"夷狄全有天下"作为承认其政权合法性的基本依据。

另一个例子是正德二年（1507）李东阳等奉敕纂修的《历代通鉴纂要》。此书编纂之初，担任编修副总裁的国子祭酒谢铎曾致函李东阳，力主废去元之正统："《纲目》于吕后、新莽之年，皆冠以甲子而分书之。当其时，天下之统未尝不合于一，特贼后、篡臣不可比于正统，故不得而不分书之耳。贼后、篡臣既不可为统，而夷狄如元，独可以为统乎？此《纲目》之所未书，正今日之所当正也。"③ 谢铎否定元朝正统的主要理论依据，依然是来自于方孝孺的"变统"说。有学者仅仅根据谢铎的这通书信，就得出"《历代通鉴纂要》是明代第一部将元排除在正统之外的官方史书"的结论，④ 未免有点造次。按此书《凡例》云："凡正统，书帝号于元年之上；其非正统及无统者，则分书于甲子之下。"⑤ 卷八九自元世祖至元十七年以下皆以元朝帝号书于年号之上，正与《凡例》所阐释的"正统"书法相吻合。又卷九二末有一段按语，谓所记元朝事"统系、书法则仍《续纲目》之旧云"，⑥ 意谓此书有关元朝正统的义例一仍商辂《续资治通鉴纲目》之旧。由此可知，谢铎的上述建议当时并未得到采纳，此书仍然维系了传统的元朝正统论。

明人蒙元史观的根本转变，元朝正统体系被彻底颠覆，乃是嘉靖以后的事情。成书于嘉靖二十五年的王洙《宋史质》，最能代表彼时士人竭力否定蒙元正统的强烈态度。此书本是明人重修《宋史》之一，但因作者主张"胡元者，赵宋之闰位"，⑦ 故亦附记元朝一代事。作者将两宋诸帝本纪列为《天王正纪》，而将元朝列为《天王闰纪》，末有作者按语曰："按《通鉴》及《续纲目》俱以宋元并称，祖宗号谥，视历代帝王无异。今《史质》削'大元'之号，而以闰纪名；去世祖皇帝等谥，而直书忽必烈等名；

---

① 商辂等：《续资治通鉴纲目》卷首《进续资治通鉴纲目表》，北京大学图书馆藏万历二十八年苏州朱夑元刻本，叶8a—8b。
② 商辂等：《续资治通鉴纲目》卷首《凡例》，叶12b—13a。
③ 谢铎：《与李西涯论历代通鉴纂要》，《明文海》卷一七四，中华书局1987年版，第2册，第1739页。
④ 左桂秋：《明代通鉴学研究》，第110—111页。
⑤ 《历代通鉴纂要》卷首《凡例》，《四库未收书辑刊》影印清光绪二十三年广雅书局刻本，第4辑第12册，北京出版社2000年版，第4页。
⑥ 《历代通鉴纂要》卷九二，《四库未收书辑刊》，第4辑第13册。第833页。
⑦ 王洙：《宋史质》卷首《史质叙略》，大化书局影印嘉靖刻本1977年版，第3页。

芟除其至元、大德等元，而概以一年、二年纪事。何哉？曰：所以辨人类而明天道也。"① 这段话的针对性很明确，主要就是为了纠正《历代通鉴纂要》和《续资治通鉴纲目》两部官修史书尊元朝为正统的传统观念。为了彻底否定蒙元正统，王洙甚至径以明统继宋，"于宋益王之末，即以明太祖之高祖追称德祖元皇帝者承宋统；大德三年，以太祖之曾祖追称懿祖恒皇帝者继之；延祐四年，以太祖之祖追称熙祖裕皇帝者继之；后至元五年，以太祖之父追称仁祖淳皇帝者继之；至正十一年，即以为明之元年"②。可以说，这是明人对元朝正统地位所给予的最彻底的否定。

自15世纪中叶以后，蒙元正统之辨已成为明代士人华夷观念的一种惯用表达方式，而对明初蒙元史观的批判和清算，则在这场正统之辨中主导了士人阶层的主流话语。由此我们不难理解，为何明朝中后期士人有关元明革命的记忆与历史真相相去甚远。

四 一切历史都是当代史：清末民初人眼中的元明革命

明代士人对元明革命的重新解读，奠定了后来历史书写的基本框架，而清末反满排满的时代思潮，则使元明嬗代呈现出愈益浓厚的民族革命色彩。清末革命党人从一开始就以"光复中华"相号召，故推翻蒙元政权的明太祖理所当然地成为他们的精神偶像。可想而知，将明朝的建立定性为一场"驱逐胡虏，恢复中华"的伟大民族革命，对他们来说有着多么重要的现实意义。

以孙中山为代表的清末革命党人，其反清口号的提出及革命纲领的逐步形成，即是直接受到明太祖《谕中原檄》的启示。1893年，孙中山与陆皓东、郑士良等聚会于广州广雅书局内的南园抗风轩，首次提出要建立一个以"驱除鞑虏，恢复华夏"为宗旨的革命团体；③ 次年在檀香山创立兴中会，其誓词为"驱除鞑虏，恢复中华，创立合众政府"；1903年，孙中山在日本东京创办青山军事学校时，又提出"驱除鞑虏，恢复中华，创立民国，平均地权"的口号；④ 1905年中国同盟会成立时，遂以此十六字口号作为同盟会誓词，形成中国资产阶级民族民主革命纲领；同年，在《民报》发刊词中将其归结为民族、民权、民生三民主义。关于三民主义中的民族主义，以上各个版本的表述虽有所不同，但显然都是《谕中原檄》"驱逐胡虏，恢复中华"一语之翻版。而辛亥革命之前，在三民主义所标举的民族革命、政治革命、社会革命三者之中，又始终是以民族革命为核心的。

清末革命党人对于明太祖《谕中原檄》的极力推崇，在刘成禺《太平天国战史》一书中表现得最为明显。此书在戊午年《真天命太平天国》檄文后，有一段作者的议论："自明太祖传檄驱胡，汉遗民得重见汉官威仪者，传诵弗衰，几与六经媲。尊严汉族，光复武功之盛，即斯可见，而流风遗韵，沁渍于人心。读是檄者，每不胜低徊之情

---

① 王洙：《宋史质》卷一三《天王闰纪》，第85页。
② 《四库全书总目》卷五〇史部别史类存目，《宋史质》提要，中华书局1965年版，上册，第454页。
③ 冯自由：《中华民国开国前革命史》，广西师范大学出版社2011年版，第2页。
④ 冯自由：《革命逸史》第3集"同盟会四大纲领及三民主义溯源"，中华书局1987年版，第198—201页。

甚矣，高曾矩矱，启迪后人者深也。"① 刘成禺（1875—1952），字禹生，笔名汉公，早年加入兴中会，为辛亥革命元老。《太平天国战史》经孙中山提议编撰，成书于1903年，并由孙中山亲自作序。刘成禺在此书中借题发挥，对明太祖《谕中原檄》称颂之不遗余力，至以谓"几与六经媲"云云。其所以如此，无非是因为它首倡"驱逐胡虏，恢复中华"的民族革命口号，因而在清末革命党人的眼中具有极为重要的象征意义。

　　上文说过，《谕中原檄》作者不详，程敏政《皇明文衡》始署名为宋濂。② 又张自烈《与宋潜溪论学禁书》有曰："仆闻执事掌记注，司代言，备朝廷顾问。凡政事兴厘，制诏详略，宜竭诚匡拂，使行之当时而无弊，传之累叶而可久，然后称职胜任，足为后世法。近观《谕中原檄》，声明大义，遐迩服膺，虽文辞冗靡，小疵不足为执事玷……"③ 据文义判断，显然作者认定《谕中原檄》出自宋濂之手。按张自烈乃明末清初人，其《芑山诗文集》卷一、卷二的卷目分别题为《与古人书》之一、二，其致书对象包括自韩、柳至明初诸名贤，《与宋潜溪论学禁书》就是这样的一篇拟作。张自烈以宋濂为《谕中原檄》作者，其依据恐怕也无非是《皇明文衡》而已。然而自明初至清末，历代编刻的各种宋濂文集不下十余种，均无《谕中原檄》一文；唯宣统三年（1911）金华府学教授孙锵刻本《宋文宪公全集》始将该文补入，其文字与《明文衡》皆同，篇末注其出处为"明刻选本"，盖即指程敏政《皇明文衡》。④ 后人亦多以为此文出宋濂之手，如萧公权《中国政治思想史》说："相传檄文作者为宋濂。方（孝孺）尝学于宋，其民族思想或得自师授。然檄不见今本《宋文宪全集》，集中亦鲜含有民族观念之文字，或均为四库馆臣删去欤？"⑤ 吴晗《朱元璋传》亦以为此文果为宋濂所作。⑥ 其实程敏政之署名宋濂是靠不住的。据孙锵《宋文宪公年谱》，宋濂于至正二十五年（1365）四月返金华乡居，直至洪武元年四月"复自潜溪还"；其间至正二十五年八月丁父忧，二十七年冬"服阕"。⑦ 然据《太祖实录》，知《谕中原檄》发布于吴元年（即至正二十七年）十月丙寅，而此时宋濂并不在朱元璋幕中，因此这篇檄文显然不可能出自其手。笔者的关注点在于，尽管程敏政《皇明文衡》已将《谕中原檄》作者署名为宋濂，但明清人所编多种宋濂文集并未据以收入此文，直至清末刊刻的《宋文宪公全集》始将该文补入，恐怕不是出于偶然，我想这与《谕中原檄》在清末受到的高度关注是分不开的。

　　在清末排满运动中，元明鼎革的民族革命性质常常被人们刻意加以强调。1903年，

---

① 汉公（即刘成禺）：《太平天国战史》，中华书局1911年版，后编第13页。
② 除此之外，笔者所见明代文献中，黄训《皇明名臣经济录》及王锡爵、沈一贯辑《增定国朝馆课经世宏辞》所收此文亦题为宋濂，此二书皆取自《皇明文衡》。
③ 张自烈：《芑山诗文集》卷二，《豫章丛书》本，叶16a。
④ 今人重编的《宋濂全集》所收《谕中原檄》一文，即据《宋文宪公全集》辑补。见罗月霞主编《宋濂全集》第4册，浙江古籍出版社1999年版，第2216—2217页。
⑤ 萧公权：《中国政治思想史》，第356页。这里所称的《宋文宪全集》，当是指嘉庆十五年严刻本《宋文宪公全集》。按萧氏疑《谕中原檄》为四库馆臣所删，此说无据。《四库全书》所收《文宪集》系以嘉靖间韩叔阳刻《宋学士全集》为底本，此本亦无《谕中原檄》。
⑥ 吴晗：《朱元璋传》，百花文艺出版社2000年版，第139页。
⑦ 孙锵：《宋文宪公年谱》，原附孙刻本《宋文宪公全集》后，见《宋濂全集》第4册，第2708—2710页。

章太炎在为邹容《革命军》所作序中，对"革命"的概念进行辨析："抑吾闻之：同族相代，谓之革命；异族攘窃，谓之灭亡。改制同族，谓之革命；驱逐异族，谓之光复。今中国既灭亡于逆胡，所当谋者光复也，非革命云尔。"① 后来他又在《民报》第8号上撰文重申"革命"与"光复"的区别："吾所谓革命者，非'革命'也，曰'光复'也。光复中国之种族也，光复中国之州郡也，光复中国之政权也。"② 在章太炎看来，"革命"一词不足以彰显"驱逐鞑虏、恢复中华"的民族革命性质，因此需要改用一个专门的词汇来加以指称，是即所谓"光复"者也。在当时革命党人的心目中，无论是元明鼎革还是清末排满运动，论其性质都属于光复而非革命。

孙中山也曾在各种不同场合多次强调明朝驱逐蒙元所具有的种族革命性质，如1906年在《中国同盟会革命方略》中指出："前代革命，如有明及太平天国，只以驱除光复自任。"③ 当谈及元明革命性质时，孙中山与章太炎的关键词完全相同，他笔下的"光复"也是专指种族革命而言。1913年，孙中山《在东京中国留学生欢迎会的演说》中说："迨至明朝，驱逐元胡，创种族革命。"④ 值得注意的是这个"创"字，孙中山特别强调是明太祖"开创"了种族革命，这种观念给后人留下了根深蒂固的影响。1928年，白崇禧在为《太平天国诗文钞》所作的序中还有这样的说法："《易》曰：'汤武革命，顺乎天而应乎人。'此为中国革命之所自始。自秦汉以至明清，皆属政治革命，无所谓种族革命也，种族革命起于朱元璋。"⑤ 这里所称的政治革命与种族革命，即分别相当于章太炎所说的"革命"和"光复"。而"种族革命起于朱元璋"的说法，正是辛亥革命前后民族革命的鼓吹者们所具有的一种共识。⑥

早在孙中山创立兴中会以前，就已将朱元璋、洪秀全二人尊奉为历史上的民族革命英雄，而前者更因胜利达成了"驱逐胡虏，恢复中华"的伟大革命目标而受到格外的尊崇。孙中山说："明太祖驱除蒙古，恢复中国，民族革命已经做成。"⑦ 对于以推翻清朝政权为首要目标的革命派来说，明太祖不啻于为他们提供了一个强大的精神支柱。1906年，《民报》第五号卷首同时刊载朱元璋、洪秀全、孙中山三人像，题为"中国大民族革命伟人肖像"。⑧ 这当然是为了表明孙中山民族主义的历史渊源及其与朱、洪二

---

① 见邹容《革命军》，中华书局1971年版，第3页。
② 章炳麟：《革命之道德》，原载《民报》第8号，1906年10月。收入张枬、王忍之编《辛亥革命前十年间时论选集》第2卷上册，生活·读书·新知三联书店1978年版，第510页。
③ 《孙中山全集》第1卷，第296页。
④ 《孙中山全集》第3卷，中华书局1984年版，第23页。
⑤ 罗邕、沈祖基辑：《太平天国诗文钞》上册，文海出版社影印本1971年版，第9页。此书卷首有蒋介石、于右任、白崇禧三序，皆着力强调元明嬗代及太平天国的种族革命性质，而尤以白序最为典型。
⑥ 清末革命党人有关元明革命的民族主义想象，在当时的民间社会也引起了很大反响。陈学霖先生指出，清末民初民间盛传"八月十五杀鞑子"的故事，其实并无史实根据，乃是当时排满思潮下人们附会出来的推翻蒙元政权的传说。参见氏著《刘伯温与"八月十五杀鞑子"故事考溯》，原载《"中央研究院"近代史研究所集刊》第46期，2004年12月，第1—51页。收入《明初的人物、史事与传说》，北京大学出版社2010年版，第144—182页。
⑦ 孙中山：《在东京〈民报〉创刊周年庆祝大会的演说》，《孙中山全集》第1卷，第325页。
⑧ 见《民报》第5号，1906年6月26日。

人一脉相承的关系,① 同时也说明朱元璋已经成为革命党人顶礼膜拜的对象。有一个故事很能说明问题。据说袁世凯民国初年"尝得明太祖画像一幅,悬之密室,朔望顶礼,并私祝太祖在天之灵,祐其平定天下,复兴汉业,意至诚恳"②。可见在清末民初的政治家心目中,明太祖几乎已经到了被神化的地步。

清末资产阶级革命家对明太祖在精神上的顶礼膜拜,最具有象征意义的一件事情,莫过于孙中山在辛亥革命胜利后的拜谒明陵。1912年2月15日,孙中山在清帝宣布退位后三天,携南京临时政府官员公祭明孝陵,并以他个人的名义发表了两个文告,一是《祭明太祖文》,一是《谒明太祖陵文》。谒陵文说:"维有明失祀之二百六十有七年,中华民国始建。越四十有二日,清帝退位,共和巩立,民国统一,永无僭乱。越三日,国民公仆、临时大总统孙文,谨率国务卿士、文武将吏祗谒大明太祖高皇帝之陵而祝以文。"③ 两篇文告的内容大同小异,都是以明太祖民族革命事业的继承者身份,向太祖高皇帝在天之灵报告"光复中华"已大功告成的消息。我们知道,三民主义中的民族主义是连接孙中山与明太祖之间的精神纽带,而今这个他为之奋斗多年的目标终因辛亥革命的胜利而得以实现;在他看来,清帝退位、民国建立与明太祖"驱逐胡虏,恢复中华"的民族革命的成功,其性质毫无二致,其意义可以相提并论,是以特意昭告于明太祖陵前。

清末革命党人对明太祖民族英雄形象的塑造,其影响一直延续到20世纪三四十年代。1935年3月,国民政府为"提高民族意识",规定每年清明日为"民族扫墓节",由国府派员前往祭扫中华民族始祖黄帝陵。④ 次年4月,经邵元冲、于右任、戴传贤三人提议,国民政府决定将明太祖陵列入民族扫墓节祭扫范围。1936年4月3日发布的国民政府训令第319号,转引了邵元冲等人的提议内容:

> 明太祖为民族光复之伟人,功勋灿然,故总理于中华民国元年元旦政府成立之日,亲率文武官吏及本党同志恭谒明陵,举行建国告成典礼,示民以光复之大义,意至深远。今孝陵近在京市,毗连总理陵墓,当此中央提倡民族复兴之际,所有春季孝陵祭典,亦应决定由中央及国府两方面一并派遣代表敬谨举行,并以大禹劳身为民史实,及明太祖光复伟迹,广事宣传,于提倡勤劳风气、振作民族精神者,

---

① 对于辛亥革命的民族革命传统,直至半个多世纪以后,简又文先生还有这样的阐释:"朱明之覆元复国,太平天国之讨满兴汉,与国父倡导的国民革命之打倒满清而建立民国,是六百年来我国一脉相承之民族革命运动。其间虽有成有败,而革命的意义与性质之重要则同一。"(《再论太平天国与民族主义》,《大陆杂志》39卷第3期,1969年8月)

② 刘成禺:《洪宪纪事诗本事簿注》卷一,见《洪宪纪事诗三种》,上海古籍出版社1983年版,第106页。

③ 《谒明太祖陵文》,《孙中山全集》第2卷,中华书局1982年版,第96页。《祭明太祖文》见本卷第94—95页。有关此次拜谒明陵的详情,可参看居正《祭明孝陵》,见《居正文集·梅川日记》,华中师范大学出版社1989年版,第84—85页。

④ 参见郭辉《抗战时期民族扫墓节与民族精神的建构》,《史学月刊》2012年第4期。

关系至大。①

在国难深重的 30 年代，祭扫明太祖陵自然有其特殊的寄寓与象征。提议者希望借此来达到"振作民族精神"的目的，不仅是考虑到明太祖的民族英雄形象久已深入人心，同时还因为孙中山当年拜谒明陵留给后人的历史记忆更强化了明太祖陵所具有的民族象征意义。

1936 年 4 月 5 日，国民政府举行了隆重的祭谒明孝陵典礼，由国民政府主席林森主祭，时任行政院院长蒋介石、军事委员会副委员长冯玉祥等陪祭。② 林森《祭明孝陵文》曰："惟帝天授智勇，奄奠寰区，奋民族之威灵，复黄炎之疆域。"③ 其主调依然是颂扬明太祖"驱逐胡虏，恢复中华"的民族革命胜利，以因应当时力倡民族复兴、凝聚民族精神的现实需要。

抗日战争时期，在救亡的时代主题下，明太祖再次引起人们的关注。方觉慧 1940 年所撰《明太祖革命武功记》，对朱元璋的民族革命胜利给予了极高的评价："太祖奋起淮甸，兴师北伐，驱逐胡虏，卒能恢复中华，蔚成大业。夫汤武以诸侯而革君主之命，太祖以匹夫而革胡元之命，其武功不在汤武下矣。"④ 将元明革命与汤武革命相提并论，主要是看重它所具有的种族革命开创之功。蒋介石为该书作序，也极力表彰明太祖光复华夏的伟业："明祖崛起草莱，志期匡复，收揽豪俊，剪刈群雄，十五年间，遂成光复华夏之大业。"方觉慧是早期同盟会会员，一生出入军政两界，他为何要在此时撰写这部《明太祖革命武功记》呢？卷首《编纂经过》对此作了详细解释："溯自九一八事变以还，忠志之士，每引宋明致亡之轶事，警惕国人，以期精诚团结，共赴国难，挽救危亡，其用心可谓良苦矣。然此不过一时之激励，徒供嗟叹恸哭而已。何若将明太祖革命武功，及其恢复中华之史实，详加阐扬，俾得以提高国民自尊自信之决心……此余编纂《明太祖革命武功记》之动机也。"⑤ 方觉慧之所以要在抗战时期撰写此书，无非是想借助明太祖的民族英雄形象来激励国人，以"提高国民自尊自信之决心"。在抗日战争这样一个特殊的历史时期，明太祖又一次充当了国人的精神偶像。

有一个误解颇能说明明太祖在国人心目中所具有的民族主义符号意味。抗战时期，曾有不少人撰文讨论战后应建都何地的问题。1943 年，朱文长提出建都兰州的主张，他在文中推测孙中山当初主张建都南京的理由，谓南京"是扫灭胡元、克复汉土的民族英雄朱元璋复国的根据地，巍巍的明孝陵正象征着民族魂"，认为这可能是民初建都

---

① 1936 年 4 月 3 日《国民政府训令第 319 号》"中央政治委员会函为关于民族扫墓典礼应列入祭谒禹陵及明太祖陵一案决议办法令仰转饬遵照由"，见《国民政府公报》第 2014 号，1936 年 4 月 6 日，国民政府文官处印铸局印行，第 3 页。
② 有关此次祭典的报道见《民族扫墓节国府致祭明孝陵》，《申报》1936 年 4 月 6 日。
③ 《林公子超遗集》，"国史馆"1966 年版，第 476 页。
④ 方觉慧：《明太祖革命武功记》卷首《编纂义例》，国学书局 1940 年版，叶 1a—1b。
⑤ 方觉慧：《明太祖革命武功记》，叶 7b。

南京的一个重要原因。^① 这是一个没有根据的猜测。其实在辛亥革命前孙中山比较倾向于建都武昌，并不主张建都南京，民国初之所以主张定都南京或武昌，主要是基于反对袁世凯定都北京的考虑。^② 虽然朱文长的说法只是后人一种想当然的解释，但笔者感兴趣的是这种想当然背后的观念预设，由此可以看出清末革命党人对明太祖民族英雄形象的塑造是何等的成功，明孝陵已经被上升到了"民族魂"的高度！

一切历史都是当代史，有关元明革命的民族主义想象以及明太祖民族英雄形象的塑造，再次向我们诠释了这一命题。

（原载《中国史研究》2014 年第 3 期）

---

① 朱文长：《战后应建都兰州》，《东方杂志》39 卷 16 号，1943 年 10 月 30 日。美国学者芮玛丽（Mary Clabaugh Wright）亦称"民国定都南京是明朝合法性的证明"（见芮玛丽《同治中兴：中国保守主义的最后抵抗（1862—1874）》，房德邻等译，中国社会科学出版社 2002 年版，第 379 页），可见这是一个很普遍的误解。

② 参见苏全有《孙中山与建都设置问题》，《天府新论》2004 年第 2 期。

朝贡制度与东亚地区传统国际秩序

——以 16—19 世纪的明清王朝为中心

陈尚胜[*]

摘　要：东亚地区传统国际秩序应称"封贡体系"较为周全。封贡关系的要义在于"事大"与"字小"。从中国明清王朝与朝鲜、琉球、越南等属国关系看，朝贡制度也是双边贸易、文化交流、边疆管控以及司法合作的基本机制，而在属国遭遇国家安全危机时，作为"上国"的明清王朝也积极进行政治外交和军事上的援救行动。不过，朝贡制度旨在建立"上国"与"属国"之间的主从关系，各个"属国"之间并没有围绕"上国"而形成合作联盟。因此，它在近代难以抗衡运用条约体系的西方列强以及日本在东亚地区的扩张。

关键词：朝贡　册封　朝鲜　琉球　越南　日本

本文所说的"东亚地区"，是指历史上使用汉字文化的中国、朝鲜（韩国）、日本以及越南诸国。学术界对于这一地区传统国际秩序的研究，肇始于美国学者费正清（John Fairbank）。1963 年和 1965 年，他在美国先后组织过两次国际学术研讨会，分别讨论"东亚的国际秩序"和"中国的世界秩序"问题，并将"朝贡"制度作为分析东亚国际秩序和中国的世界秩序的基本模式。[①] 此后，"朝贡"制度逐渐成为西方学术界研究清朝以至整个中国传统对外关系的主流分析模式。[②] 近年间，我国学者也比较关注

---

[*] 陈尚胜，山东大学历史文化学院教授。

[①] 关于两次会议的主要论文，会后由 John K. Fairbank 编辑出版：*The Chinese World Order: Traditional China's Foreign Relations*, Harvard University Press, 1968。在这本论文集中收有 Hae - Jong Chun, Ta - tuan Ch'en, Truong Buu Lam, Joseph Fletcher, John E. Wills, Jr., David Farquhar 等人讨论清朝与朝鲜、清朝与琉球、清朝与越南、清朝与中亚、清朝与荷兰关系以及清朝对蒙古政策等方面的论文。近年，中国学者杜继东先生已将此论文集翻译成汉文，并由中国社会科学出版社于 2010 年出版。

[②] 关于这一方面的论著，可参见 Cranmer - Byng, J. L, "The Chinese Perception of a World Order", *International Journal* 24 - 1 (1969) pp. 166 - 171; Nigel Cameron, *Barbarians and Mandarins* (《外夷与官员》), University of Chicago Press, 1970; Morris Rossabi, *China and Inner Asia: From 1368 to the Present Day*, Pica Books (New York), 1975; Sarasin Virphol, *Tribute and Profit: Sino - Siamese Trade, 1652 - 1853*, Harvard University Press, 1977; Jonathan Spence and John Wills Jr. eds., *From Ming to Qing: Conquest, Region and Continuity in Seventeenth - Century China*, Yale University Press, 1979; Key - Hiuk Kim, *The Last Phase of the East Asian World Order: Korea, Japan, and the Chinese Empire, 1860 - 1882*, University of California Press, 1981; Aubery Singer, *The Lion and the Dragon: The Story of the First British Embassy to the Court of the Emperor Qianlong in Perking 1792—1794*, Baxrie & Jenkins, 1992; Robert Bikers, ed. *Ritual and Diplomacy: The Macartney Mission to China 1792—1794*, The British Association of Chinese Studies and Wellsweep Press, 1993。

并撰文讨论,而且,人们不仅关注它的"历史性"内涵,还特别重视它在"现代性"背景下的转换。① 不过,东亚地区传统国际秩序是否由"朝贡"制度所构建,除了人们通常考察的中国封建王朝在与东亚邻国交往过程中推行"朝贡"制度的史实外,我们有必要关注朝鲜、日本以及越南诸国在地区国际事务中是否认同并采用这种交往模式。如果上述诸国认同并采用这种"朝贡"制度的交往模式,我们还应就朝贡制度对于东亚地区传统国际秩序尤其是地区安全有无保障作用进行考察。我认为,这些都是关乎它的"历史性"与"现代性"的重要问题。因此,本文拟以与现代紧密关联的16—19世纪为中心,对明清王朝如何通过朝贡制度机制处理与周邻国家的双边关系和地区安全问题进行讨论。

一 古代东亚邻国对朝贡制度的认同问题

对于学界多数人把"朝贡"制度视为古代中国与周邻诸国政治关系的基本模式的看法,近年有学者结合古代中国与东南亚诸国关系撰文提出批评,认为中国古代朝贡制度是一种虚幻的联结,更多时候只是中国封建王朝的一厢情愿而已。② 因此,我们很有必要考察作为东亚地区的朝鲜、日本、越南以及琉球诸国,对于中国封建王朝实行朝贡制度的反应和接受情况。

作为一种涉外制度的"朝贡制度",③ 它究竟肇始于何时?从史书记载来看,可知开始于西汉初期。据《史记》记载,南越王赵佗,本为秦朝南海郡龙川县令,后趁秦末之乱而自立为南越王。刘邦"定天下,为中国劳苦,故释佗弗诛。汉十一年,遣陆贾因立佗为南越王,与剖符通使,和集百越,毋为南边患害,与长沙接境"。④《汉书》中也记载,高祖"使陆贾即授玺绶,它(佗)稽首称臣"。⑤ 武帝初期,南越王还遣其太子入长安宿卫。而武帝后期,南越国王室请求内属,其身份也由汉朝的"外臣"转化为"内臣"。

在朝鲜半岛,据《史记》记载,燕人卫满于西汉初年率众破朝鲜而自立为王。"会孝惠高后天下初定,辽东太守即约满为外臣,保塞外蛮夷无使盗边,诸蛮夷君长欲入见天子,勿得禁止。以闻,上许之。以故满得兵威财物侵降其旁小邑。"⑥ 文中的"约",

---

① 本文所说的东亚地区传统国际秩序,是指在接受西方"条约体系"之前的以"朝贡制度"及"封贡关系"为核心的国际秩序。参见尚会鹏《"伦人"与"天下"——解读以朝贡体系为核心的古代东亚国际秩序》,《国际政治研究》2009年第2期;[韩]郑容和:《从周边视角来看朝贡关系——朝鲜王朝对朝贡体系的认识和利用》,《国际政治研究》2006年第1期;付百臣:《略论日本在东亚朝贡体系中的角色和作用》,《社会科学战线》2007年第6期;周方银、高程主编:《东亚秩序:观念、制度与战略》,社会科学文献出版社2012年版。
② 庄国土:《略论朝贡制度的虚幻:以古代中国与东南亚的朝贡关系为例》,《南洋问题研究》2005年第3期。
③ "朝贡"制度,源于诸侯觐见周天子并向周天子进献贡品。后来,开始用于境内"藩臣"以及境外"藩臣"对中原地区封建王朝皇帝的觐见和进献活动。本文专门讨论境外范围的"藩臣"。
④ 《史记》卷113《南越列传》。
⑤ 《汉书》卷1下《高帝本纪》。
⑥ 《史记》卷115《朝鲜列传》。

据高明士解释,当为"券书"言语之约。① 由此可见,在汉惠帝以及吕后执政时期,汉朝通过与卫氏朝鲜的"券书"言语之约,使朝鲜国王成为"外臣"。而作为"外臣"的重要义务,不仅自身要派遣使者向汉朝皇帝朝贡,而且也不能阻拦周邻"蛮夷君长"朝见汉朝"天子"。公元前2世纪末,由于人口之争而双方互相暗杀对方边将,汉武帝兴兵消灭卫氏政权,在朝鲜半岛北部设置乐浪等四郡。② 而朝鲜半岛南部的韩人部落,也因此服属汉朝与曹魏的乐浪郡,"四时朝谒";"自服印绶、衣帻千有余人。"③ 两晋南北朝以及隋唐时期,朝鲜半岛出现了高句丽、百济和新罗三个政权。公元427年迁都到朝鲜半岛北部的高句丽,曾先后向前燕、后燕、东晋、北魏、南朝各政权、东魏、北齐、陈、隋、唐等朝贡,并获得这些政权的册封;位于汉江流域的百济,也先后向东晋和南朝宋、齐、梁、陈等政权以及隋朝、唐朝朝贡,并受到这些政权的册封;而偏居朝鲜半岛东南部的新罗,则先后向南朝的宋、齐、梁以及北齐政权和隋朝、唐朝朝贡,也受到相应的册封。④ 新罗和唐朝也保持着频繁的朝贡。⑤ 高丽王朝统治朝鲜半岛时期,也先后向后唐、后晋、后汉、后周、北宋、辽朝、金朝、元朝以及明朝称臣朝贡,其国王则相应受到这些政权的册封。⑥ 李成桂夺取政权后,即遣使明朝"请更国号",提出"朝鲜"与"和宁"两个国号方案,由明太祖确定为"朝鲜"。此后,朝鲜"贡献,岁辄四五至焉"。⑦ 清初,皇太极曾要求朝鲜断绝与明朝的朝贡往来,在朝鲜拒绝后即对该国发动战争,从而用武力迫使朝鲜放弃明朝并向其称臣。清朝定都北京后,为消除以前的战争阴影,对朝鲜主动加强了"怀柔"政策,而朝鲜每年定期向清朝派遣"三节使团"(指春节、冬至、皇帝生日三节),直至19世纪末一直向清朝朝贡。1894年清朝在甲午战争中战败,日本通过《马关条约》废止了朝鲜向清朝修贡典礼。⑧ 上述考察表明,朝鲜半岛上的政权接受了中国封建王朝的"朝贡"模式,并以"属国"的身份开展相互间的政治往来。

非但如此,朝鲜半岛上的政权,也将"朝贡"制度运用于周边弱小部落,用以构筑自己的周边秩序。早在汉武帝统治之初,朝鲜半岛上的卫氏政权,就曾"得以兵威财物侵降其旁小邑,真番、临屯皆来服属,方数千里"。⑨ 高丽政权也曾以女真等部落为招抚对象,并一度开展由这些部落向他们"朝贡"的政治往来。⑩ 高丽末期更是趁元明鼎革而东北地区王朝管理失控之际,积极推行北进的拓疆政策,大力招纳女真各部作

---

① 参见高明士《天下秩序与文化圈的探索——以东亚古代的政治与教育为中心》,上海古籍出版社2008年版,第76页。
② 参见《汉书》卷95《朝鲜传》。
③ 《三国志》卷30《东夷传》。
④ 参见陈尚胜《分裂时代的外交竞争——魏晋南北朝时期的中韩关系述评》,北京大学韩国学研究中心:《韩国学论文集》第6辑,新华出版社1997年版。
⑤ 参见《旧唐书》卷199上《东夷列传》。
⑥ 参见《高丽史》卷1至卷46《世家》。
⑦ 《明史》卷320《朝鲜传》。
⑧ 王铁崖:《中外旧约章汇编》第一册,生活·读书·新知三联书店1957年版,第614页。
⑨ 《汉书》卷95《朝鲜传》。
⑩ 参见[朝]李万运《增补文献备考》卷171至卷173《交聘考》,韩国明文堂1959年版。

为自己的藩屏。① 此后的朝鲜王朝仍然继承了这一政策，大力招抚女真人并使他们向自己朝贡，直至努尔哈赤的建州女真势力兴起才改变这种政治关系结构。② 同时，朝鲜还曾对海外的对马、琉球王国等政权，采用"朝贡"制度模式开展政治交往，力图构筑自己在海外世界的藩属体系。③

日本则是在汉武帝于朝鲜半岛设立乐浪等四郡以后，开始与汉朝进行政治交往。据史记载，"乐浪海中有倭人，分为百余国，以岁时来献见云"。④在东汉建国之初的"中元二年，倭奴国奉贡朝贺，使人自称大夫，倭国之极南界也，光武赐以印绶"。⑤ 十分难得的是，东汉光武帝赐予倭奴王的这枚金印，1784年竟被发现于日本北九州的志贺岛，印文为"汉委奴国王"。⑥ 它表明，日本早在公元前后，即已接受了汉朝的朝贡制度。此后，日本近畿的邪马台国对中国曹魏政权，飞鸟时代（600—710）、奈良时代（710—794）以及平安时代（794—1184）初期的倭国对中国的唐朝，皆有定期的朝贡。⑦ 只是平安时代中后期以及镰仓幕府（1069—1333）统治时期，日本未向中国的宋朝和元朝进行朝贡。但到南北朝时期（1334—1392）以及室町幕府时期（1392—1573），日本又对明朝开展朝贡往来。⑧

不过，日本进入安土桃山时代（1573—1600）以后，不仅再未向中国明朝以及清朝称臣进贡，而且其关白丰臣秀吉也曾运用朝贡制度来构建日本的华夷秩序。⑨ 1588年，丰臣秀吉通过萨摩藩岛津义久送达文书给琉球国王尚永："方今天下一统，海内向风，而独琉球不供职。关白方命水军，将屠汝国。及今时，宜遣使谢罪，轮贡修职，则国永宁，兹特告示。"⑩ 显然，这是丰臣秀吉要求琉球国王向自己朝贡。1591年秋，丰臣秀吉又委托商人带书到吕宋："自壮岁领国家，不历十年而不遗弹丸黑子之地，域中悉统一也。由之三韩、琉球远邦异域，款塞来享。今也欲征大明国，盖非吾所为，天所授也。如其国者（按：此指吕宋），未通聘礼，故先虽欲使群卒讨其地，原田孙七郎以商船之便，时来往此，故绍介近臣曰：某早到其国，而备可说本朝发船之趋，然则可解辨献筐云。不出帷幄，而决胜千里者，古人至言也。故听褐夫言，暂不命将士，来春可营九州肥前。不移时日，可偃幡而来服。若匍匐膝行于迟延者，速可加征伐者必矣。勿

---

① 参见《高丽史》卷如《恭让王世家》。
② 参见于晓光《明朝与朝鲜围绕女真人的交涉问题研究（1368—1619）》，博士学位论文，山东大学，2006年。
③ 参见 Kenneth R. Robinson, "Centering the King Chosŏn: Aspects of Korean Maritime Diplomacy, 1392 – 1592", *the Journal of Asian Studies* 59, no. 1（February 2000），pp. 109 – 125。
④ 《汉书》卷28下《地理志下》。
⑤ 《后汉书》卷85《东夷列传》。
⑥ 参见［日］木宫泰彦《日中文化交流史》，胡锡年译，商务印书馆1980年版，第12页。
⑦ 参见《三国志》卷30《东夷传》；《旧唐书》卷199上《东夷列传》。
⑧ 参见《明史》卷322《日本传》。
⑨ 参见陈文寿《近世初期日本与华夷秩序研究》，香港社会科学出版社2002年版，第33—55页。
⑩ 伴信友：《中外经纬传》。转引自郑樑生《明日关系史研究》，东京雄山阁1995年版，第455页。

悔，不宣。"① 由此来看，他还希望把吕宋招纳到朝贡日本的藩属国中。1592 年，丰臣秀吉又招谕台湾高山国："夫日轮所照临，至海岳、山川、草木、禽虫，悉莫不爱他恩光也。予际欲处慈母胞胎之时，有瑞梦，其夜巳日光满室，室中如画，诸人不胜警惧。相士相聚，占筮之曰：及壮年，辉德色于四海，冠盖相望；结辙于道，争先而服从矣。朝鲜囡者，自往代于本朝，有牛耳盟，久背其约。况又予欲征大明之日，有反谋，此故诸将伐之。国王出奔，贼付一炬也。闻事已急，大明出数十万援兵，虽及战斗，终依不得其利。来敕使本邦肥之前州而乞降，由之筑数十个城营，收兵于朝鲜城中庆尚道，而屡决真伪也。如南蛮、琉球者，年年献土宜，海陆通舟车，而仰我德光。其国（按：指高山国）未入幕中，不庭之罪弥天。虽然，不知四方成享，则非其地疏志，故原田氏奉使命而发船。若是不来朝，可令诸将攻伐之。生长万物者日也，杜渴万物者亦日也。思不具。"② 丰臣秀吉在这份国书中，运用了儒学的天命观来招谕外国，自称上承天命统一日本，而海外诸国也要秉承天命向他朝贡。他同时还向海外国家宣称，自己已发兵征讨大明，胜利指日可待。显然，丰臣秀吉是要在东亚地区建立以日本为中心的国际关系秩序。

事实上，丰臣秀吉正是在 1592—1598 年间发动了侵略朝鲜的文禄—庆长之役（朝鲜称为壬辰—丁酉倭乱，明朝称为援救朝鲜之役），③ 企图以朝鲜为跳板而进攻明朝。丰臣秀吉在战争过程中，甚至还提出过占领中国以后的"大唐关白"人选。④ 然而，丰臣秀吉本人却因发动这场战争未能如愿而一命呜呼。不久，德川家康在日本成为征夷大将军，灭丰臣遗族，建立起江户幕府。德川家康鉴于丰臣氏发动的侵朝战争失败，不得不改变对外扩张目标。1609 年春，江户幕府通过萨摩藩加强了对琉球王国的军事行动，迫使琉球国王尚宁向萨摩藩称臣进贡。其实，德川家康的外藩国家目标并不仅仅是琉球，他还希望"朝鲜入贡，琉球称臣，安南、交趾、占城、暹罗、吕宋、西洋、柬埔寨等，蛮夷之君长酋帅，各无不上书输宾"。⑤ 显然，丰臣氏在东亚地区构建以日本为中心的国际秩序目标，已为德川氏所继承。

越南自脱离中国封建王朝管辖而独立建国后，也对中国各王朝称臣纳贡。公元 10 世纪初，交州土豪曲承美趁唐末五代割据之乱，自称节度使据有安南，后来曲氏虽被南汉将领所擒，但交州却陷入战乱。939 年，据有交州的吴权击败南汉军队，"置百官，制朝仪、定服色"，⑥ 从此安南开始独立建国。安南独立后，曾先后有丁朝（968—980 年）、前黎朝（980—1009 年）、李朝（1009—1225 年）、陈朝（1225—1400 年）、胡朝（1400—1407 年）、后黎朝（1428—1789 年）、西山政权（1789—1801 年）、阮朝

---

① ［日］村上直次郎：《吕宋の入贡を促したゐ秀吉の書翰たついて》，《史学杂志》第 36 编第 5 号。转引自郑樑生《明日关系史研究》，第 462 页。
② ［日］菅政友：《豊太閤贈台湾文》，《大 A 洲杂志》第二十七号。转引自郑樑生《明日关系史研究》，第 463 页。
③ 参见樊树志《万历年间的朝鲜战争》，《复旦学报》2003 年第 6 期。
④ ［日］福尾猛市郎监修：《日本史史料集成》，第一学习社 1980 年版，第 160 页。
⑤ 京都史迹会编：《林羅山文集》，弘文社 1930 年版，第 130 页。
⑥ 陈荆和编校：《大越史记全书》外纪卷 5，东京大学东洋文化研究所附属东洋学文献中心 1984 年版，第 169—176 页。

(1802—1945年)政权,皆以"朝贡"的方式与宋朝、元朝、明朝、清朝开展政治往来。而且,"越南"作为国名,也是清朝对阮朝国王册封的结果。据史书记载,"该国长请锡新封,陈明该国系先有越裳之地,今并有安南,不愿忘其世守,吁恳仍以'南越'名国。经疆吏据情入告,部臣议驳,以'南越'命名,与徼外封域未协。特念其叩关内附,敬抒悃忱,命用'越南'二字,以越字冠于上,仍其先世疆域;以南字列于下,表其新锡藩封。"①

越南历代王朝不仅完全采用了"朝贡"制度与中国各代王朝开展官方往来,而且其也以"朝贡"模式开展与周邻弱小部落和国家的政治交往,以建立自己的区域秩序。如阮朝鼎盛时曾对外称,"缅甸附边则却之,万象有难则救之,多汉、南掌、火舍,慕爱义来臣,勉之以保境安民。至于洋外诸夷,如英吉利、富浪沙,于清、暹罗所傲视者,亦皆闻风而臣服。"②

与上述三国相比较,琉球王国加入对中国封建王朝"朝贡"的队伍中时间相对较晚。直到明朝洪武五年(1372),明太祖派遣杨载诏谕琉球来朝,琉球遂派人前来明朝进贡。③ 从此,琉球王室被明朝以及后来的清朝规定为二年一贡,但琉球却不断以"探贡""接贡"等名义加派船只入闽,直到光绪五年(1879)其被日本吞并为止。琉球王室之所以积极入贡,无疑缘于重要的经济利益(财政)和政治利益(国家安全)。④ 其实,基于政治利益和经济利益的考量,也并非琉球王国所独有。从朝鲜、越南历代政权方面看,通过"朝贡"的方式与中国封建王朝发展政治关系,可以得到实力强大的中国封建王朝的政治认可,既可以维护自身的生存,也可以从外部空间获得该王权在本国统治的合法性。有人还认为是为了从中国获得贸易机会,⑤ 其实从宋朝、辽朝、金朝、元朝以及清朝所实施的商民互市制度看,这些国家也可以通过民间渠道得到这种贸易机会。显然,它不能成为朝鲜和越南各政权为了获取贸易机会而对中国封建王朝进行"朝贡"的理由。只有日本对隋唐王朝的朝贡,缘于引进中国文化以进行社会变革的需求;而室町幕府对于明朝的朝贡,则在于追逐自己的财政经济利益,⑥ 而一旦中日民间海上贸易开通,日本对中国封建王朝的"朝贡"也就难以为继。由此可见,中国封建王朝所推行的"朝贡"制度体系,在古代东亚邻国中得以采纳,朝、日、越、琉各国所采纳的原因也不完全相同。也正是如此,日本于16世纪就已摆脱了中国封建王朝的"朝贡"体系,而琉球、越南和朝鲜三国则分别在日本以及法国的外力作用下,被迫终结了他们对清朝的"朝贡"。

---

① 《清仁宗实录》卷115,嘉庆八年六月己丑。
② [越南]潘叔直辑:《国史遗编·明命政要·柔远》,香港中文大学新亚研究所1965年版,第312页。转引自韩东育《"华夷秩序"的东亚构架与自解体内情》,复旦大学文史研究院编:《从周边看中国》,中华书局2009年版,第82页。
③ 参见《明太祖实录》卷71,洪武五年正月甲子;卷77,洪武五年十二月壬寅。
④ 参见[日]宫田俊彦《琉明·琉清交涉史研究》,东京文献出版1996年版,第277—284页;谢必震:《明清中琉航海贸易研究》,海洋出版社2004年版,第54—65、155—159页。
⑤ 王存纲、刘涵:《朝贡体系下古代东亚秩序形成与维系的内在逻辑》,《国际安全研究》2013年第4期。
⑥ 参见张声振、郭洪茂《中日关系史》第一册,社会科学文献出版社2006年版,第104—107、312页。

二 朝贡制度与封贡关系

上节考察表明，朝鲜、日本、越南等国政权都曾不同程度地接受中国封建王朝的册封，而 16—19 世纪的朝鲜、日本、越南等国政权在与周边弱小国家交往过程中，也曾运用"朝贡"制度来构建自己的国际秩序。那么，对于以朝贡制度来构建的东亚地区传统国际秩序的名称应如何表达呢？对此，学界在名称表达方面目前并不一致，有不少学者使用"朝贡体系"的概念；[①] 也有学者称为"华夷秩序"，[②] 或者称为"华夏秩序"；[③] 而日本学者在回应"朝贡贸易体系"理论过程中还提出过"互市体系"论；[④] 也有人提出为"天朝体制"论。[⑤] 显然，要讨论东亚地区的传统国际秩序问题，名称问题也有必要进行讨论。

所谓东亚地区传统国际秩序，我认为应是指古代东亚诸国在交往过程中形成的相对稳定的关系模式、结构和状态，尤其是它的关系结构和周邻各国关系所要达到的良好状态。多数学者所主张的"朝贡体系"论，虽然抓住了"朝贡制度"作为中国封建王朝开展与东亚邻国政治关系的主要模式，但它仅仅是着眼于这个地区主要国家的涉外核心制度，却没有表达出古代中国封建王朝与周邻国家政权之间的传统政治关系结构。这里所说的"关系"，当指两个以上事物的关联。显然，"朝贡体系"论中的"朝贡"，只是点明了周邻国家对中国封建王朝的单向性活动，未能表达出中国与周邻国家之间的主要政治关系。

顺便指出，不少论著常把在"朝贡"主导下的中国与周邻国家间的政治关系，概称为"宗藩关系"。如果不考虑某个特定时段情况，将它视为一种常态，其实也未必符合历史实际。所谓"宗"即是"宗主国"的简称，而"藩"则是"藩属国"的简称。尽管历史文献中一直把向中国封建王朝进行"朝贡"的国家称为"藩邦""藩属"或"属国"，但中国封建王朝在"藩属"国面前一般却是自称"天朝"，而"藩属"国则称中国封建王朝为"上国"，却没有称呼为"宗主国"。所谓"宗主国"，本是人们对近代在亚非拉地区进行殖民统治国家的一些西方国家的称呼。因为这些西方国家曾宣布自己对其殖民地国家在政治上享有统治权力，这种权力被称为"宗主权"。因此，人们常把近代西方国家与其殖民地国家的关系称为"宗藩关系"。而从"宗藩关系"的名称

[①] 关于"朝贡体系"，最初为费正清（J. K. Fairbank）、杨联陞提出，但只限于清朝涉外事务（可参见 J. K. Fairbank "On the Ch'ing Tributary System", *Journal of Asiatic Studies*, Vol. 6, No. 2, 1941）。后来，滨下武志提出"朝贡贸易体系"论以解释亚洲的贸易网络（参见滨下武志《近代中国的国际契机：朝贡贸易体系与近代亚洲经济圈》，朱荫贵译，中国社会科学出版社 1999 年版），学术界因此多用此概念讨论东亚地区的传统国际秩序。

[②] 参见何芳川《"华夷秩序"论》，《北京大学学报》1998 年第 6 期；韩东育：《"华夷秩序"的东亚构架与自解体内情》，复旦大学文史研究院编：《从周边看中国》，第 74—90 页。

[③] 参见黄枝连《亚洲的华夏秩序：中国与亚洲国家关系形态论》，中国人民大学出版社 1992 年版。

[④] 参见［日］岩井茂树《16—18 世纪东亚的国际商业与互市体制》，日本大阪经济法科大学亚细亚研究所：《东亚研究》第 46 号（2006 年）。

[⑤] 参见［日］檀上宽《明代海禁＝朝贡系统和华夷秩序》，京都大学学术出版会 2013 年版。

和性质的双重角度考虑，我们若使用它来表示在"朝贡"制度主导下的中国与周邻国家间政治关系，则不符合中国历史实际，因为历史上中国封建王朝在大多数时间范围内并不干预属国的内政（按：袁世凯在作为"钦差大臣"派驻朝鲜期间，曾有强化上国主导权的倾向，但这不是中国历史的常态）。此外，与"朝贡体系"相近的"藩属体系"论，① 也只是点明了中国封建王朝对于周边秩序状态的追求，却未表达出东亚地区传统秩序的关系结构。

"华夷秩序"论，尽管考虑到关系的两方，不过"华"与"夷"的概念从本质上只是认知问题，即如何认识"我者"与"他者"，却不能准确地表达出两个国家之间涉外行为的模式、结构和状态。与此相近的"华夏秩序"论，虽然在一定程度上也表达出中国封建王朝的主导性意识形态，而这种意识形态可能在一定程度上也为其他东亚邻国所接受，但它如"华夷秩序"论一样，却未能从本质上表达出东亚诸国相互关系的主要行为模式和结构。

"互市体系"论，虽然揭示出宋代及其以后中国与外国关系的一种模式，但它仅仅是一种经济关系模式，而忽略甚至回避了这种经济关系制度安排的政治性前提。而地区间的国际秩序，从本质上讲是国家与国家间的政治关系。

"天朝体制"论的提出，是鉴于"朝贡体系"论与"互市体系"论各自的偏颇和不足，意在统合两者，但它的缺陷仍是仅仅着眼于中国封建王朝，尽管中国封建王朝在地区国际秩序中一直处于支配地位，但这一概念却未能兼顾其他国家在相互关系结构的另一端情况。而且，"天朝体制"作为中国封建王朝对外关系用语和概念，只是在清朝乾隆至咸丰时期的有限时段使用，其含义兼有"制度"和"权威"等意义。② 显然，用一个短时期用语并且语义不定的概念来表达长时段中国封建王朝对外关系模式也不恰当。

既然东亚地区传统国际秩序主要是指这些国家尤其是中国与邻国之间政治交往的主要关系模式与结构，我认为，还是应该从中国封建王朝开展与东亚邻国政治关系主要模式——"朝贡"制度入手，来考察它们之间所形成的关系结构。一般来说，中国封建王朝在追求周邻国家来中国"朝贡"时，往往采取"册封"和"回赐"的方式予以回应。其中，"册封"是奠定双方关系的上下尊卑名分，而"回赐"则是上国对藩属国家王朝的经济奖赏。正是通过这种"册封"和"朝贡"双向活动的关联，中国封建王朝与周邻国家才结成了相互之间的政治关系，从而达到他们所期待的周边地区国际关系秩序。因此，东亚地区传统国际秩序的主要结构，是中国封建王朝通过朝贡制度与周边邻国所形成的"册封—朝贡关系"体系。所以，它的名称应称为"册封—朝贡关系"体系，简称为"封贡体系"。

---

① "藩属体系"是李大龙先生提出的中国古代疆域形成理论。参见李大龙《汉唐藩属体制研究》，中国社会科学出版社2006年版；李大龙：《不同藩属体系的重组与王朝疆域的形成》，《中国边疆史地研究》2006年第1期；李大龙：《关于藩属体制的几个理论问题——对中国古代疆域理论发展的理论阐释》，《学习与探索》2007年第4期。
② 参见陈尚胜《〈清实录〉中的"天朝体制"考论》，马明达、纪宗安主编：《暨南史学》第九辑，广西师范大学出版社2014年版。

三　朝贡制度与双边事务解决机制

据《清会典》记载："顺治元年定，外国朝贡以表文、方物为凭，该督抚查照的实，方准具题入贡。康熙五年题准，凡外国奏疏不得交付前往使臣带来，令专差官交该督抚转奏。六年定，外国投文到该督抚，该督抚即开阅原文议题。凡禁例：顺治元年定，凡外国人送该督抚礼物永行禁止。康熙六年题准，凡督抚、提镇等官不许擅自移文外国。"[①] 按：上述政令的具体内容则是，外国朝贡使团来华时，相关朝贡表文必须首先交由入境口岸的地方督抚，并由他们转奏朝廷。此外，外国在朝贡事务外，遇事还可另外投送公文给相邻的中国边地督抚，并由中国边地督抚开拆阅读原公文的具体内容，再具体商议回复内容并奏报朝廷。

根据朝鲜文献《同文汇考》记载，清朝与朝鲜之间凡涉两国关系的具体事务，遇事皆随时派遣官员前往对方送达"咨"文，以通报情况并合作解决。[②] 清朝咨文一般由礼部发出，有时户部、兵部也因所管事务而向朝鲜发送咨文；朝鲜咨文则以国王名义送出，称送达咨文的使臣为"赍咨行"，[③] 以别于正式使节（包括定期的冬至使、贺正使、圣节使和不定期的谢恩行、奏请行、进贺行、陈慰行、进香行、问安行等）。朝鲜赍咨官通常由精通中文的司译院官员或由较低等级的武官担任，其官品低于正式使节。与正式使节承载着清鲜政治关系礼仪使命之不同，赍咨官则承担着两国具体事务的通报使命，包括朝鲜请求历书、双边贸易、会勘边界、边境地区越境犯罪、海洋越境捕捞、海难救助等事务。

中朝边境地区的跨境犯罪问题，是清朝与朝鲜双方咨文通报与协商的重要内容。顺治时期对于朝鲜人越境采参和狩猎，一经发现即由户部发咨文通知该国，并专派敕使进入朝鲜交涉。[④] 不久，顺治帝还曾颁敕朝鲜告知："盗参事小，封疆事大，若弗禁约，后犯必多。"[⑤] 而对于朝鲜人越境杀人等重大刑事案件，一般是由礼部咨告朝鲜，朝鲜则派赍咨官携国王咨文具体介绍情况。在得到皇帝颁旨后，双方派遣官员在凤凰城或在盛京会审，或在朝鲜境内由朝鲜官员自行审判。[⑥]

对于中国渔民越境至朝鲜沿海捕鱼事件，朝鲜也多次派遣赍咨官告知清朝礼部，并由清朝廷责令地方官府查实处置。如康熙四十年（1701）二月，朝鲜来使咨告：中国渔船侵扰其沿海地方。礼部获知后规定并告知朝鲜国王：嗣后如有中国渔采并贸易之人至朝鲜并侵扰该国地方者，请朝鲜国查验中国渔船的船票、人数、姓名、籍贯，一一开

---

① 雍正《大清会典》卷104《礼部·朝贡通例》，《大清五朝会典》本，线装书局2007年版。
② ［朝鲜］承政院：《同文汇考》，韩国国史编纂委员会1978年影印本。
③ 关于朝鲜赍咨行问题，参见岳阳《清鲜关系中的朝鲜赍咨行研究》，硕士学位论文，山东大学，2010年。
④ 《同文汇考·原编》卷49《犯越一》。
⑤ 《清世祖实录》卷70，顺治九年十一月乙亥。
⑥ 参见柳岳武《清代中期以前中朝宗藩关系下的司法运作之研究》，《福建师范大学学报》2007年第2期；王燕杰：《试析乾隆二十九年的盛京会审——兼论盛京会审与凤凰城会审的差异》，《社会科学辑刊》2011年第4期。

出写明通报礼部,再由礼部转告中国渔民原籍地方官府,由地方官府对这些侵扰朝鲜的渔民从重治罪。① 六月,朝鲜国王送"咨文"通告清朝礼部,在其西部长渊府等沿海地区,先后发现来自登州福山、奉天金州等地渔船往来出没。于是,礼部通知山东、奉天等地官员严肃查处。次年,山东、奉天两地查实,礼部也咨告朝鲜国王,相关"犯人等杖责,地方官罚俸"。②

清朝在开放"海禁"后,礼部还曾专门以"咨文"告知朝鲜,"凡遇漂到者,有船则从海放遣,无船则领付凤城,以为式"。③ 文中所谓"漂到者",是指中国出海商民发生海难事件后漂流到朝鲜者,船存者直接帮助他们从海上回国,无船者则送交到中国凤凰城。事实上,朝鲜对于该国所发现的中国海难船民,在船只仍可维修的情况下则帮助修葺帆船,并资助衣粮予以遣返;而对无法修复破损船只的漂流难民,则由政府出资收买其货,并登记海难商人的姓名、年岁、居住地、随身货物等,派专人送至凤凰城交付清朝,并以朝鲜国王名义致咨文给清朝礼部予以通报。④ 而清朝也曾规定,凡遇外国海难漂民,先由沿海发现之地施以援救,动用公银资其衣粮,修理船只遣返回国,并归还其所带货物。而对于无船可渡的朝鲜海难漂民的遣返安排,则由地方官查实身份,发现省份的按察司予以复审再转送礼部。礼部也要咨文告知朝鲜国王,并将其难民交由朝鲜朝贡使团带回国内;在没有朝鲜使团抵京的朝贡制度与东亚地区传统国际秩序月份,礼部则直接派员护送至朝鲜义州交接。⑤

出于体恤藩属国民众的情怀,清朝对于个别地方发生的抢劫朝鲜海难漂民财物案件,则采取坚决措施抓捕罪犯。如道光十一年(1831)二月曾有朝鲜海难商船漂至浙江黄岩县境内,货物遭少数村民哄抢。黄岩县知县靳琨闻讯后,即派人接朝鲜难民至县城内安顿,将剩余货物一并封存。同时,靳琨又派衙役抓获抢匪王彝赏等五人,从抢匪家中搜出布匹等物,一并交付朝鲜难民认领。而道光皇帝在接到闽浙总督孙尔准的上奏后,即颁旨对朝鲜难民加以抚恤,而对尚未追回的被抢物件,责令黄岩县先行按数赔付,损坏船只则就地变卖作价,一并交与朝鲜难民收领。不久,漂流到黄岩的朝鲜难民在地方官员的轮流护送下进京,清朝礼部将朝鲜漂流难民救济情况以"咨文"通告朝鲜国王,并将这些朝鲜难民交由在京的朝鲜朝贡使团带回该国。⑥

在琉球王国编辑的《历代宝案》中,其第一集收录有1424—1696年琉球王国与周邻国家(中国、日本、朝鲜、暹罗、满剌加、爪哇、苏门答腊等国)的外交文书,其

---

① 参见《同文汇考·原编》卷60《犯越十二》;《朝鲜王朝肃宗实录》卷35,二十七年三月丙辰,本文所据版本为韩国国史编纂委员会网站标点本(http://sillok.history.go.kr/)。

② 《同文汇考·原编》卷60《犯越十二》。

③ 《朝鲜王朝肃宗实录》卷20,十五年二月辛亥。按:据该条记载,此事发生在丁卯年夏,即康熙二十六年。

④ 参见《朝鲜王朝肃宗实录》卷40,肃宗三十年十月癸未;卷50下,肃宗三十七年十一月丙戌。

⑤ 参见(光绪朝)《清会典事例》卷513,中华书局1991年版;汤熙勇:《清顺治至乾隆时期中国救助朝鲜海南船及漂流民的方法》,《中国海洋发展史论文集》第八辑,"中央研究院"中山人文社会科学研究所2002年版,第105—172页。

⑥ 《清宣宗实录》卷186,道光十一年三月壬午;中国第一历史档案馆编:《清代中朝关系档案史料续编》,中国档案出版社1998年版,第146—147页。

中主要为与中国明清王朝的往来文件。其卷一至卷三专门收录明清两代皇帝颁发琉球国王的诏敕，卷十二至卷十五则收录琉球国王给中国皇帝的表奏，显示出朝贡制度的基本礼仪。而该书卷四至卷七则收录有明清王朝礼部给琉球国王的咨文，卷八至卷十一则是福建布政使司等机构给琉球国王的咨文，卷十六至卷二十三则是琉球国王给礼部以及福建布政使司的咨文。显然，两国"咨文"文件所占篇幅更多。而咨文的内容，除了通告相关朝贡事务外，主要是双方通报相关贸易事务、航海及海难事件、海洋犯罪案件、倭寇情报及回复等。而第二集则收录1697—1858年间的外交文书，第三集收集1859—1867年间的外交文书。这两集与第一集不同，是将诏敕、表奏和咨文按时间先后编排。尽管如此，琉球国王与清朝礼部、福建布政使司之间的咨文仍占主要篇幅，咨文除前面所涉内容外，还包括夷情（英法等国情况）通报及回复情况。[1]

万历三十年（1602）由浙江提刑按察司发给琉球国王的一件咨文，则为调查该省官兵在近海所捕获的琉球人。当年，浙江官兵曾捕获在近海活动的琉球人熊普达等人，浙江官员认为他们有海盗行为嫌疑。经过审讯，"夷犯供词既屡支凿，情伪终难悬断。如果真正岛倭，法当悬首蒿街，用杜窥伺，自无异词。若果琉球所遣，何无文引可凭？既系差探封贡而来，何故杂以真倭数名？衣仗又系倭物，且当官兵追捕，何不请命乞哀，而敢操戈相向？意者阳为探听，阴为入犯，容或有之，讵可仓卒听信堕彼狡谋……况今春讯届期，海寇到处劫掠，不正浙省为然。如或海寇托言探贡以嫁祸于琉球，或琉球各岛乘机合谋以委罪于海寇，事属海外难以逾度，委应详为查明，庶便区处"。兵部要求"浙江抚按衙门将熊普达等暂为监候，并咨礼部将琉球陪臣（按：指琉球进贡使臣）蔡奎等速由浙江回将各犯详加认识。如系真倭，即照原议区处；若果的系琉球所差，交付陪臣顺带回国"。后经浙江琉球使臣蔡奎及通事梁顺等人辨认，确认熊普达等人为琉球国人。因此，浙江官府将熊普达等人移交蔡奎使团带回本国，并"给以咨文听其查明具奏"。[2] 明朝在沿海海盗活动频繁的环境下，对于所捕有海盗嫌疑的琉球国人，及时组织琉球国朝贡使团成员进行辨认甄别，并将整个过程以咨文形式通报给琉球国王，说明朝贡制度已成为两国进行双边关系合作的基本机制。

明朝对于不良军人破坏琉球朝贡的犯罪行为，也曾采取措施予严惩，并将相关情况咨告给琉球国王。如万历二十七年（1599），"福建等处承宣布政司为申明官兵惨掠事案照：先奉军门都御史金批该本司呈，详查得琉球国正义大夫使者、通事等官金仕历等进贡回至浙江丹阳县蓼花桥地方，被哨官侯成美等乘机劫掠财物，捏作正倭投县，转送沈游击申解浙江军门刘，连人押发温州府，署印罗同知审明。拟侯成美依白昼抢夺人财物伤人为首者斩罪，赃物追给明白等，缘由奉批。侯成美劫掠贡夷，既经浙省衙门明正典刑已当，厥辜即便，移文该国慰安夷心，用示天朝柔远之意，缴奉此拟合就行为此备由移咨贵国，烦为查照施行至咨者"。[3] 显然，朝贡制度为中琉两国司法合作提供了重要保障。

清朝与安南黎朝建立封贡关系后，两广总督、云贵总督等也曾以"咨文"形式与

---

[1]《历代宝案》，台湾大学1972年影印本。按：台湾大学影印本共十五册，其中第一集为前两册，第二集为第三册至第十四册，第三集为第十五册。
[2]《历代宝案》第一册卷8，第254—262页。
[3]《历代宝案》第一册卷8，第249页。

安南国王磋商两国边境贸易事务甚至两国勘界事务。雍正初期，安南禄平州土官与广西思陵州那窝村土司发生土地纷争，广西巡抚李绂以"咨文"与安南国王，纷争随即得到平息。① 而云南开化府所属普园等寨一百余里土地，也因银铜矿产而为安南人所占。云南总督高其倬遂派员前往边境调查并上奏朝廷，同时咨告安南国王。而安南国王在收到高其倬咨文后，即派兵前往边境驻守。高其倬奏报称，若收回旧疆，安南必会抗拒，但封疆大臣，必以朝廷境土为重。未料雍正帝予以制止，"治天下之道，以分疆与柔远较，则柔远为尤重。而柔远之道，以畏威与怀德较，则怀德为尤重……安南国我朝廷累世恭顺，深为可嘉，方当奖励，何必与争明季久失区区弹丸之地乎？且其地如果有利，则天朝岂与小邦争利？如无利，则何必争矣。朕居心惟以至公至正，视中外皆赤子。况两地接壤，最宜善处，以安静怀集之，非徒安彼民，亦所以安吾民也"。② 正是在雍正帝的怀柔思想指导下，清朝与安南黎朝不久就划定了两国边界。这也表明，朝贡制度不仅是当时双边事务通报的基本渠道，也是解决双边关系并进行边疆事务合作的重要机制。

四　朝贡制度与属国安全

中国封建王朝之所以采用"朝贡"制度开展对外交往，从汉朝最初推行的情况看，无论是它使用于南越国还是卫氏朝鲜，还是运用于西域地区，它都带有构建自身周边安全秩序的战略意图。③ 而从最后一个中国封建王朝清朝在周边国家推行朝贡制度的情况看，它也带有构建自身防御体系的直接目的。④ 若从东亚地区国际关系角度考虑，中国封建王朝所推行的朝贡制度对于区域国际秩序又发挥着何种作用呢？我们知道，封贡关系的要义在于"事大"与"字小"。所谓"事大"，是对朝贡方（属国）而言，它应该臣服于"大国"（上国）；所谓"字小"，是对册封方（上国）而言，它应该爱护"小国"（朝贡国）。因此，我们还有必要从属国的安全角度，来考察明清王朝是否承担了保护属国安全的责任。

先以朝鲜为例，朝鲜宣祖王二十五年（1592年）四月十三日，日本太阁丰臣秀吉派军三十万人从对马岛出发渡海，十四日在釜山登陆，开始大规模入侵朝鲜。⑤ 月底，日军迫近朝鲜王京。五月一日，朝鲜宣祖王一行前往开城避难，即有逃入中国之意，为其臣柳成龙所劝阻。⑥ 五月二日，朝鲜决定向明朝兵部送咨文告急。⑦ 十日，明朝兵部在得到朝鲜国王咨文后，即开始在辽东和山东等地做御倭战争准备。⑧ 六月二日，明神

---

① 参见《广西巡抚李绂奏督臣已行文安南国王折》，《宫中档雍正朝奏折》第三辑，台北"故宫博物院"1978年版，第562页。
② 《云南总督高其倬奏报交趾旧界详细情形折·附雍正上谕》，《宫中档雍正朝奏折》第三辑，第771—772页。
③ 参见《汉书》卷95《南粤朝鲜传》，卷96《西域传》。
④ 参见陈尚胜《试论清前期封贡体系的基本特征》，《清史研究》2010年第2期。
⑤ 《朝鲜王朝宣祖修正实录》卷26，二十五年四月癸卯。
⑥ 《朝鲜王朝宣祖修正实录》卷26，二十五年五月庚申。
⑦ 《朝鲜王朝宣祖修正实录》卷26，二十五年五月辛酉。
⑧ 《明神宗实录》卷248，万历二十年五月己巳。

宗"令辽东抚镇发精兵二枝,应援朝鲜,仍发银二万解赴彼国犒军,赐国王大红纻丝二表里慰劳之。仍发年例银二十万两,给辽镇备用"①。辽东都司所派遣的两支先遣部队,其将领分别为戴朝弁、史儒。"七月,游击史儒等师至平壤,不谙地利,且霖雨,马奔逸不止,儒战死。副总兵祖承训统兵三千余,渡鸭绿江援之,仅以身免。报至,朝议震动,以宋应昌为经略,员外刘黄裳、主事袁黄赞画军前。"②同时,明朝对于因为溃败而抗日信念不强的宣祖王,颁诏谕其不可坐等丧失国土,而要"集兵固守,控险隘以图恢复",等待"天兵"(指明朝军队。当时明朝自称"天朝",故有"天兵"之称)救援。③八月,明朝派遣行人薛藩前往朝鲜,"奉敕宣谕朝鲜",④以此鼓励朝鲜君臣抗日意志,并任命都督李如松为援朝御倭战争总兵官。在明朝大军尚未进入朝鲜抗倭期间,明朝兵部尚书石星曾任命浙江平民沈惟敬与日本和谈,以便为援朝战争的各种准备赢得时间。⑤ 在此和谈期间(1592年9月至10月),明朝方面明确拒绝了日本方面提出的分割朝鲜的方案。⑥ 十二月下旬,李如松率明朝大军渡江,并于次年正月相继取得平壤大捷和开城胜利,但在进军至王京附近的碧蹄馆之战中受挫,和谈再起。然而,当日本方面再次提出分割朝鲜四道(京畿、忠清、全罗、庆尚)的要求后,明朝方面仍断然拒绝,坚决维护朝鲜的国土完整。⑦ 1597年,日本水陆两军十六万人再次卷土重侵朝鲜,明朝将对日主和的兵部尚书石星撤职,任命邢玠为兵部尚书并令他总督朝鲜御倭全局军政事务,麻贵为备倭大将军,都御史杨镐为经略负责朝鲜军务,统率七万大军入朝作战,至1598年12月终于将日军完全逐出朝鲜。而明朝能够前后坚持七年,大量出兵调饷援救朝鲜,正是基于"字小"(上国应保护属国)和辽东安全保障的双重考量。⑧ 面对明朝派遣大军进入,朝鲜王朝内部也有人担心明朝趁机占领其国。而明朝为了使朝鲜君臣消除顾虑,在战争结束后便及时做出了从朝鲜撤军的决定,以"庶不负抚危字小之仁矣"。⑨

鸦片战争后,西方国家开始向朝鲜扩张,清朝即以朝鲜为属国的理由,从外交上对朝鲜给予安全支持。同治四年(1865),法国驻华公使伯洛内(H. de Bellonet)密告清朝总理各国事务衙门(以下简称"总署"),该国传教士欲往朝鲜传教,请行文知照。总署答称:"朝鲜虽系属国,向只遵奉正朔,岁时朝贡,所有该国愿否奉教,非中国所

---

① 《明神宗实录》卷249,万历二十年六月庚寅。
② (清)谷应泰:《明史纪事本末》卷62《援朝鲜》,中华书局1977年版。
③ 《明神宗实录》卷250,万历二十年七月己未。
④ 《明神宗实录》卷251,万历二十年八月壬辰。
⑤ 参见陈尚胜《壬辰战争之际明朝与朝鲜对日外交的比较——以明朝沈惟敬与朝鲜僧侣四溟为中心》,复旦大学《韩国研究论丛》第十八辑,世界知识出版社2008年版,第329—354页。
⑥ 参见[韩]李完范《朝鲜的壬辰倭乱与明朝和日本的和谈》,陈尚胜主编:《儒家文明与中韩传统关系》,山东大学出版社2008年版,第149—176页。
⑦ 参见[韩]李完范《朝鲜的壬辰倭乱与明朝和日本的和谈》,陈尚胜主编:《儒家文明与中韩传统关系》。
⑧ 陈尚胜:《字小与国家利益:对于明朝就朝鲜壬辰倭乱所做反应的透视》,《社会科学辑刊》2008年第1期。
⑨ 《明神宗实录》卷329,万历二十六年十二月庚午。

能勉强，碍难遽尔行文，并劝其无庸前往。"① 同治五年（1866）六月，伯洛内又照会总署称，本年三月间朝鲜因禁天主教而杀害该国传教士九人，法国拟兴师讨伐，中国不能过问。总署随即照复法国公使：朝鲜若有杀害法国传教士等事，宜先行据理查询，不必遽启兵端。② 八月，同治帝谕礼部知照朝鲜，"事关军务，朝鲜自应妥为处置，不可稍有大意，贻误事机"。③ 然而，当年九月，法国军舰还是侵入朝鲜汉江口，并在江华岛登陆实施抢劫，制造了"丙寅洋扰"（因该年为干支纪年的"丙寅"年）事件。

此后，清朝还帮助朝鲜与美国交涉。同治七年（1868）二月，美国使臣卫廉士（S. W. Williams）照会清朝总署称：前年八月间，美国商船在朝鲜搁浅，船员死亡殆尽。念美中两国多年和好，冀请转告朝鲜，详述本国商民在该国被害之由。④ 于是，同治帝饬礼部以咨文转告朝鲜国王，妥筹办理。⑤ 六月，李熙遣使携咨文，向礼部通报往时美国船在鲜滋扰情形。⑥ 同治十年（1871）四月，美国未理清朝劝阻，以七艘兵舰开进汉江并炮击沿岸朝鲜守军，制造了"辛未洋扰"事件。此时，美国等西方国家就朝鲜问题与清朝交涉，"大意皆以中国属国为词，美国思欲借属国二字，令中国势压朝鲜以遂其谋；朝鲜亦思借属国二字，请中国力制美国以资庇护"。⑦ 然而，清朝此时已无力与法、美等西方国家相抗衡。

日本明治维新政府建立后，"征韩"论就在日本政界形成。最初，长洲藩士木户孝允就向政府建议，应与中国和朝鲜建立邦交。木户孝允甚至提出，"如果朝鲜顽固不恭，日本应可举兵膺惩。"1868年11月，日本通过传统的日朝通交途径，由对马藩主宗义达派遣使节前往釜山递交日本天皇国书。而朝鲜掌管对日交涉的官员安俊卿，看到日本国书中有"天皇""朝廷"和"敕"等文字，认为它含有把朝鲜视为日本藩国的意义，坚持不肯接受。而朝鲜拒收日本天皇国书，也使"征韩"论在日本朝野持续发酵。一些人认为，日本若不向海外发展就不能图强；日本不先下手占领朝鲜，西洋国家也将下手；征韩还可以为国内不得志的废藩藩主寻找到出路。⑧ 1875年，日本在朝鲜拒绝其不平等的外交文书后，即派遣"云扬"号军舰入侵汉江，迫使朝鲜与其签订《朝日修好条约》（又称《江华条约》）。该约载明日本承认朝鲜为自主之邦，两国互派使臣，朝鲜向日本商人开放仁川、元山两个口岸准其通商。⑨

如何应对日本以及西方国家对朝鲜的扩张，这不仅是朝鲜君臣争论的热点，也是与朝鲜保持有密切封贡关系的清朝政府官员极为关注的问题。早在同治六年（1867）二月十五日，总署就把从报纸中获悉日本将要进攻朝鲜的消息上奏同治帝："今新闻纸所载日本又欲发兵前往，朝鲜平日与日本有无往来，曾不结有嫌隙，中国无从得其详细。

---

① 郭廷以、李毓澍主编：《清季中日韩关系史料》第二卷，"中央研究院"近代史研究所1972年版，第29页。
② 郭廷以、李毓澍主编：《清季中日韩关系史料》第二卷，第28页。
③ 中国第一历史档案馆编：《清代中朝关系档案史料续编》，第343页。
④ 郭廷以、李毓澍主编：《清季中日韩关系史料》第二卷，第93—94页。
⑤ 郭廷以、李毓澍主编：《清季中日韩关系史料》第二卷，第98页。
⑥ 郭廷以、李毓澍主编：《清季中日韩关系史料》第二卷，第101—105页。
⑦ 郭廷以、李毓澍主编：《清季中日韩关系史料》第二卷，第246页。
⑧ 参见陈志奇《中国近代外交史》，下册，南天书局2003年版，第653—654页。
⑨ 《朝鲜王朝高宗实录》卷13，十三年二月乙丑。

且日本之于中国，既无朝贡，又不通商，与各国在京者情形不同，无从探悉事之虚实。原未便据为凭信，但既经各处新闻纸刊刻传播，事涉中外，殊有关系。相应请旨饬下礼部，可否密咨朝鲜国王访查明确，防患未萌，以便妥为办理之处。"① 此议得到同治帝同意，并"训示遵行"。② 三月初七日，朝鲜咨复清朝礼部："敝邦与日本通好既久，凡有事端，辄为咨报。其说之全没着落，理应烛毕无余，固不足多辨。"③ 然而，清朝对于朝鲜的安全处境和闭关锁国政策极为担心，尤其是在光绪帝即位以后。光绪五年（1879）七月，总署奏称："泰西各国欲与朝鲜通商，事关大局……日本、朝鲜积不相能，将来日本恃其兵力，逞志朝鲜，西洋各国群起而谋其后，皆在意计之中。各国既欲与朝鲜通商，倘藉此通好修约，庶几可以息事，俾无意外之虞。惟该国政教禁令，亦难强以所不欲。朝廷不便以此明示朝鲜，而顾念藩封又不能置之不问。"光绪帝根据总署奏请而得知"李鸿章与朝鲜使臣李裕元（按：李裕元时为朝鲜领议政。他当初作为朝鲜使臣途经永平府时，曾致书直隶总督李鸿章表达景仰之情；而李鸿章则回书以日本与朝鲜疆宇相望，嘱朝鲜应时加防备）曾经通信，略及交邻之意，自可乘机婉为开导。在该督必不肯轻与藩服使臣往来通问，而大局所关亦当权衡轻重"。因此谕令："著李鸿章查照本年五月间丁日昌所陈各节，作为该督之意转致朝鲜，俾得未雨绸缪，潜弭外患。"④ 文中所称"丁日昌所陈各节"，是指前福建巡抚丁日昌于光绪五年四月所上的《海防应办事宜十六条》。他在此条议中称，"朝鲜不得已而与日本立约，不如统与泰西各国立约。日本有吞噬朝鲜之心，泰西无灭绝人国之例。将来两国启衅，有约之国皆得起而议其非，日本不致无所忌惮。"⑤ 李鸿章深以为是，其意也从提醒朝鲜防日防俄，转为劝导朝鲜与西洋各国立约以牵制日、俄。⑥ 光绪五年七月九日，李鸿章在给李裕元的信中称："日本比年以来，北图贵国，南吞琉球。近闻日本派战舰久驻釜山浦外，设有反复，中国即竭力相助，也恐远而不及事。尤可虑者，日本既聘西人教其水陆兵法，又谄事泰西各国，藉其势以侮邻邦。往岁西人欲往贵国通商，虽见拒而意未释。万一日本阴结英法美诸邦，诱以开埠之利，行其拓土之谋，贵国隐忧莫大焉。中国识者以为，援救于事后，莫如代筹于事前。贵国既不得已与日本立约，通商之事已开其端。为今之计，宜用以毒攻毒、以敌制敌之策，乘机与泰西各国立约，藉以牵制日本。"⑦ 在清朝政府以及李鸿章的劝导之下，朝鲜对外通商的态度也有所变化，并于光绪八年至十年间

---

① 郭廷以、李毓澍主编：《清季中日韩关系史料》第二卷，第51—52页。
② 中国第一历史档案馆编：《清代中朝关系档案史料续编》，第374页。
③ 郭廷以、李毓澍主编：《清季中日韩关系史料》第二卷，第64—65页。
④ 郭廷以、李毓澍主编：《清季中日韩关系史料》第二卷，第361页。文中所称李鸿章与李裕元通信之事，指李裕元在光绪四年十二月致信李鸿章，李鸿章也在光绪五年七月初九日回复李裕元。参见《清季中日韩关系史料》第二卷，第364—369页。另外，韩国民族文化推进委员会编辑的《韩国文集丛刊》第315册所收李裕元《嘉梧藁略 I》（韩国首尔，2003年）中，也收有他们两人往来信件。
⑤ 中国史学会主编：《中国近代史资料丛刊·洋务运动》第二册，上海人民出版社1961年版，第395页。
⑥ 郭廷以、李毓澍主编：《清季中日韩关系史料》第二卷，第363页。
⑦ 郭廷以、李毓澍主编：《清季中日韩关系史料》第二卷，第366—369页。

先后与美国、中国、英国、德国、意大利、俄国等国签订通商条约。① 这表明，清朝在自身实力不济的情况下，企图以朝鲜与各国签约来使西方各国与日本等势力相互制约，从而来确保朝鲜国家安全。② 尽管朝鲜王朝最后仍为日本所吞并，但清朝对于自己的藩属朝鲜王朝，还是尽力履行了自己维护朝鲜安全的义务。

琉球国王在遭遇法国扩张时，也曾通过咨文通报给福建布政使司："法国有借端生事之心，初欲结好并贸易，次求格外保护，后要传天主教。"③ 福建地方官员随即奏报于道光帝："琉球为天朝属国，称臣奉贡，最为恭顺。此次法国兵船突入其境，以通和、传教为词。该国王以素受中国丕冒之恩，再三辞却，更见其始终恪守臣节。我皇上为华夷共主，该国王既将此事源委备咨藩司，恳请转详，自不容置之不论。"清廷决定，法国侵扰琉球一事，由两广总督耆英向已来广东的法国使臣拉萼呢提出交涉。并向法国申明："中法商约既经定议，自不应再至天朝属国别生事端。"④ 而在光绪元年（1875）日本宣布"琉球处分"并准备吞并琉球王国时，清廷即指令驻日公使何如璋展开对日交涉。光绪四年九月，何如璋照会日本外务卿寺岛宗则："琉球国于咸丰年间与美、法、荷诸国缔约，其所用皆为吾国年号历朔，故欧美诸国无不知琉球为我国属国者。然今突闻贵国有禁其贡项我国之举，我政府以为日本堂堂大国，谅不肯背邻交、欺弱国，为此不信不义无情无理之事。"⑤ 寺岛宗则拒绝接受清使照会。光绪五年，日本又在琉球"废藩置县"，清朝加强了与日本的交涉，并请美国前总统格兰特（Ulysses Simpson Grant）居间调停。最后，清朝也因实力不济而未能阻止日本吞并琉球王国。

越南的情况也有些类似。1802年，原来一直在安南南方自立的后黎朝权臣阮福映，举兵北伐并消灭了定都于升龙（今河内）的西山阮氏政权，开始称帝并建元"嘉隆"，是为阮朝世祖。该年年底，阮福映就遣使向清朝朝贡并请改定国名。清朝遂定其国号为"越南"，并册封阮福映为越南国王。从此，清朝与阮朝之间也建立起政治上的封贡关系。同治（1862—1874）初期，广西的天地会余党进入越南活动。阮朝向清朝请兵平乱，清朝以越南"久列藩封"，派遣苏子文、冯子材统兵进入越南配合越南军队共同夹击天地会余党。⑥ 此时，法国也利用以前阮福映曾寻求其支持为名，不仅在越南南圻（指南方地域，越南曾将其国土分为南、中、北三圻）进行侵略扩张，而且在北圻（指北方地域）为红河通航权而与越南交战，迫使越南与其签订《和平同盟条约》。法国通过条约不仅得到了南圻统治权，还得到在北圻诸港通商权以及领事裁判权，而且规定越

---

① 参见郭廷以、李毓澍主编《清季中日韩关系史料》第二卷，第552、679、694页；第三卷，第967—970页；《朝鲜王朝实录·高宗实录》卷20，二十年十月甲戌；卷21，二十一年闰五月丁未、二十一年闰五月戊午。
② 参见陈尚胜《李鸿章与朝鲜对西方的缔约开放》，《山东大学学报》1990年第2期。
③ 《历代宝案》别集《佛英情状》，第十五册，第8737—8739页。
④ 节选自（清）文庆、贾桢、宝鋆等编《筹办夷务始末》道光朝卷73，道光二十四年十一月丙子（《续修四库全书》第416册，上海古籍出版社1994—2002年版，第31—33页）。并参见张存武《中国对西方窥伺琉球的反应：1840—1860》，《"中央研究院"近代史研究所集刊》第16期。
⑤ 《日本外交文书》第11卷，第271—272页。转引自咸其章《日本吞并琉球与中日关于球案的交涉》，《济南教育学院学报》2000年第5期。
⑥ 《清穆宗实录》卷245，七年十月癸酉，并参见《大南实录》正编第四纪卷36，嗣德二十年三月；卷38，嗣德二十一年二月、嗣德二十一年四月，东京庆应义塾大学语学研究所1961年版。

南不可遵服他国。① 不过，越南国王仍对清朝皇帝恪守藩臣之礼，继续遣使朝贡。光绪四年（1878），越南北部发生农民起义，国王阮福蒔遣使请求清朝出兵相助，光绪帝谕令冯子材督军前往越南进剿，以靖藩封。② 而法国也已向越南北圻出兵，清朝出使英法大臣曾纪泽闻悉，即与法国就越南的中国属国地位问题展开交涉。③ 光绪八年（1882），法国从南圻派兵北上，与越军交战，河内失陷。清朝为保藩固圉，调刘永福所部黑旗军前往越南抗法。不过，随着战事发展，清廷意在主和，并由李鸿章与法国驻华公使签订《中法越南条约》，承认越南接受法国保护。

以上考察表明，明清王朝为保护属国曾在政治外交甚至军事层面上倾力援助，因此明清王朝所主导的封贡关系是维护东亚地区国际秩序稳定的主要机制。如果说在前近代明清王朝应付区域内国家对于地区秩序挑战还是胜算在握的话，那么到了近代其应付西方列强和日本维新政府对邻国的扩张却已力不从心了。因此，中国封建王朝在东亚地区以封贡关系所主导的国际秩序，也不得不让位于西方列强所主导的国际秩序。

五　余论

明清王朝在东亚地区所构建的封贡关系体系，在与近代西方列强对抗时迅速消解，究其原因，一是由于清朝以及周邻属国自身缺乏实力，二是由于西方列强合谋对华侵略扩张。以西方国家所构建的国际关系体系为镜，凸现封贡体系自身的结构性缺陷。中国封建王朝通过朝贡制度所构建的封贡体系，旨在构建同心圆，而所建立的上国与属国之间关系完全立足于单边关系，各个属国与上国之间并没有形成有效的联盟，各个属国之间并没有围绕上国的核心而就国家安全事务开展合作和相互支持。所以，这种本质上属于单边关系的封贡体系，也就不能抗衡以满足相互需求为目的的多国合作的条约体系。于是，传统的封贡体系的结构性缺陷，实在难以提供现代东亚的地区安全和国际秩序稳定的需要。

不过，我们也应当看到，作为维护东亚地区传统国际秩序重要机制的封贡体系，虽然存在着上国与属国之间的礼仪不平等，但上国对属国的内政却不会轻易予以干预，所以它能够在较长时间内维系区域内国家间的和平与国际秩序的稳定。而且，封贡关系也成为明清王朝与周邻国家进行双边事务合作的基本机制，彼此可以进行相互贸易和文化交流，甚至边疆地区管控以及打击跨境犯罪的司法合作。另外，明清王朝在与东亚邻国缔结封贡关系后，作为上国一直本着抚危"字小"的立场，确实承担起保护藩属国家安全的义务。它的最后结局也从另一个层面昭示，要确保中国所在东亚区域安全和国际秩序稳定，不仅要有怀远以德、仁和邻邦、共享太平的良好理念和操守，也要有反应及时的双边以及多边关系事务处理机制，还应有厚实的军事力量以应对敌对力量的挑战与扩张。

（原载《中国边疆史地研究》2015 年第 2 期）

---

① 参见中国史学会主编《中法战争》，第一册，上海人民出版社 1957 年版，第 379—387 页。
② 参见郭廷以、王聿均主编《中法越南交涉档》，第一册，"中央研究院"近代史研究所 1962 年版，第 91、122 页。
③ 参见邵循正《中法越南关系始末》，河北教育出版社 2000 年版，第 3—9、75—77 页。

中外条约关系与晚清法律的变化[*]

李育民[**]

摘　要：鸦片战争后建立的中外条约关系，打破了单一法律体制的局面，成为晚清法律变化的一个基本因素。条约规定与国内法规的相互转换，是法律变迁的一种特殊形式，具有显著的半殖民地特征，同时又在一定程度上为法制建设提供了借鉴。《大清律例》的些微修改，反映清政府法律变革的滞后，以及条约关系对晚清法律的双重影响。久已弃置的"八议"之法虽被再度启用，但终被取消，在中国法制史上结束了它的使命。条约关系促使清政府借鉴和吸收西方法律，建立较为完整的"中外通行"近代法律体系，同时又存在各种局限和弊端。

关键词：条约　关系　晚清　法律

条约属于国际法范畴，对清政府而言，这是一种新的法律形式。鸦片战争后，随着中外不平等条约关系的建立，传统单一的法律体制局面被打破，形成复杂的法律关系。列强用暴力将条约强加给中国，赋予它们各种新的权利，改变了清政府原有的国内法规。如领事裁判权使《大清律例》中的"化外人有犯"律条成为一纸空文，其他条约如协定关税、租界制度、允许传教等，亦导致有损主权的各种异变。条约关系不仅使既有律例出现变异，还引起新的国内法的产生，成为晚清法律变化的一个基本因素。这一变化体现了不平等条约关系下中国的半殖民地性质，同时又迫使清政府进行司法改革。中国由此形成国际法和国内法两类法规并存混杂的格局，并引致中国法体系的变化。学术界对中外条约与晚清司法改革均作了不少研究，[①] 但对两者的关系，尤其是中外条约对晚清法律变化的影响，尚缺乏系统全面的专题讨论。本文拟对条约关系对晚清法律变

---

[*] 本文系国家社科基金重大项目"近代中外条约关系通史"（项目号 14ZDB045）、一般项目"晚清中外条约关系研究"（项目号 07BZS033）阶段成果。匿名外审专家提出宝贵修改意见，谨此致谢。

[**] 李育民，湖南师范大学历史文化学院教授。

[①] 研究中外条约的著作，如李文海、匡继先主编：《中国近代不平等条约书系》，中国人民大学出版社 1993 年版；郭卫东：《不平等条约与近代中国》，高等教育出版社 1993 年版；李育民：《近代中国的条约制度》，湖南师范大学出版社 1995 年版；王建朗：《中国废除不平等条约的历程》，江西人民出版社 2000 年版；侯中军：《近代中国的不平等条约——关于评判标准的讨论》，上海书店出版社 2012 年版，等等。研究清代法律及清末司法改革的著作，如张晋藩：《中国法律的传统与近代转型》，法律出版社 1997 年版；张晋藩总主编：《中国法制通史》第 8、9 卷，法律出版社 1999 年版；张生：《中国近代民法法典化研究》，中国政法大学出版社 2004 年版；张仁善：《礼·法·社会——清代法律转型与社会变迁》，天津古籍出版社 2001 年版，等等。

化的影响，尤其是有着典型意义的事项作一剖析，以冀了解这一时期法律嬗变的轨迹及特征，由此更深入认识列强侵略对中国司法主权的损害，以及中国法律由此而发生的变化和走向国际化的特殊路径，从中获取有益的启示。

一　条约规定与国内法规的转换

中外条约作为一种新的法律规范，从法源来看，主要是被列强强行纳入的不平等片面特权。此外还包括与国内法存在某种联系的条款，在一定程度上体现了国内法对条约的影响。前者某些内容需由国内法作具体补充，后者亦存在再度转为国内法的情况。这两种不同的转换，反映了两类法律规范的相互关系及其实施状况，在某种意义上揭示了晚清法律变化的趋向。

条约之所以具有拘束力，"是因为有一公认的国际习惯法规则，要求缔约国履行它们的条约义务"。[①] 与此同时，一个在国际上已经生效的条约，其规定在各国国内予以执行，"以得到各国国内法的接受为前提条件"。[②] 参以法律位阶的分析视角，在与国内法的关系问题上，国际条约具有优先地位。因为，一个主权国家在涉及履行其依据国际法所承担的国际义务时，"不得以国内法律规范为理由而予以拒绝"。当一国国内立法涉及国际法律规范时，凡为该主权国家参加或认可的国际条约或国际惯例，"对国内法律规范也具有拘束力，国内法律规范不得与该国际条约或国际惯例相抵触。"[③] 根据国际法，如果国际法与国内法相冲突，公认的原则是，国家应担负其"违反国际法的责任"。就这一点而言，可以说，"国际法是优于国内法的"。晚清时期，由于列强的强权政治，条约实际居于优于所有国内法的地位。在实践中，通过"转化"，条约规定被"纳入到国内法律体系"之中，"成为国内法律"，或"具有国内法律的效力"。[④] 作为封建专制国家，晚清时期的中外条约，以皇帝谕旨为依据，转为国内法规。一般来说，条约的效力只与各缔约国有关，而"与它们的人民无关"。然而，"如果条约包含关于各缔约国的人民、法院、官吏等的权利和义务，各缔约国就必须按照本国国内法采取必要步骤"。[⑤] 另外，有的条约规定只是大纲性的，不够详细、精密，"所以也须以立法作补充规定"。[⑥] 晚清时期的中外条约，不少属于上述情况，由此引起国内法的变化。

条约规定转换为国内法，分为不同类型：某些事项，相关条款较为简略，却无另订实施细则的规定。如传教问题，是否订立具体的国内法规，清政府经历了从被动到主动的过程。咸丰元年（1851），两江总督陆建瀛拟订《内地民人习教章程》，咸丰帝接奏后谕令，"原约所有者无庸再为申说"，"不必分别条款，豫定成规"，要求"饬属自行

[①] 周鲠生：《国际法》下册，商务印书馆1976年版，第650页。
[②] 李浩培：《条约法概论》，法律出版社1987年版，第380页。
[③] 葛洪义主编：《法理学》，中国政法大学出版社2012年，第298页。
[④] 王铁崖：《国际法引论》，北京大学出版社1998年版，第192、199页。
[⑤] ［英］劳特派特修订：《奥本海国际法》上卷，第2分册，王铁崖、陈体强译，商务印书馆1989年版，第343页。
[⑥] 李浩培：《条约法概论》，第386页。

办理"。① 显然，清政府没有另订相应法规的打算，而是将此问题交给地方官权宜处理。经第二次鸦片战争，列强攫取在内地传教的条约特权，迄天津教案发生，清政府的态度转向积极。奕訢等奏称："传教一事，载在条约，条约未能更改，而其中又未立有详细章程。兼之各省办理教案，于缓急轻重间，亦有未尽合宜之处，以至屡次滋事。"鉴此，他采纳曾国藩等人的奏议，拟定传教章程八条，"先后通行各国使臣商办"。② 然"各国均以条约所无，不能应允，遂令良法美意经久无成"。③ 再如教堂在内地置买地产，条约未规定实施细则，清政府拟另订章程弥补，因法国强烈反对，只好放弃。④

与此类似，有些经贸事项，条约仅有纲要式或原则性条款。例如，中英《天津条约》规定"长江一带各口，英商船只俱可通商"，⑤ 但无具体细则。奕訢奏请制定《长江通商章程》，咸丰帝降谕："所有一切章程，必须按照条约，与之妥为商定。"其进出口应纳税饷，"亦须明定章程，免致税课亏短"。⑥ 随后颁布《长江各口通商暂订章程》，并一再修改。此类章程虽属国内法规，却不能独立自主颁行，须与各国商议，取得同意。

另有一些事项，条约本身不够明晰具体，但有另订章程的规定，清政府可据此制定国内法规。例如，《北京条约》允许外人在华招工，又规定中方可与英方"查照各口地方情形，会定章程"。⑦ 同治五年，奕訢与英法公使商订《续定招工章程条约》，然两国政府不同意某些条款，拒绝批准。奕訢声明，"总理衙门有责任保护出洋作工的中国人，因而制定现在行之有效的章程"。⑧ 清政府将其"作为国家法律公布施行"，尽管英法要求修改，但"为中国坚决拒绝"，"这个章程作为中国自己的法律付诸实施了"。⑨

还有一种类型是清政府为保障列强条约权利而颁行的法规，并由此产生新的罪名。例如，《天津条约》允许外人到内地游历、通商，并规定须保护传教士，清政府为此颁行相应法规。同治四年，某英人被江西地方官羁押，同治帝降谕："当按照条约办理，

---

① 《著两江总督陆建瀛等将所拟习教章程咨行内地不必照会洋人事上谕》，咸丰元年闰八月初一日，中国第一历史档案馆、福建师范大学历史系合编：《清末教案》第 1 册，中华书局 1996 年版，第 134 页。
② 《恭亲王等又奏》，同治十年（1871）七月乙巳，宝鋆等纂修：《筹办夷务始末·同治朝》卷 82，故宫博物院抄本，1930 年影印本，第 11 页 b—12 页 a。
③ 《总署奏议复御史陈请定教案章程折》，光绪二十二年（1896），北洋洋务局纂辑：《约章成案汇览》乙篇，卷 34 上《传教门》，上海点石斋，光绪三十一年，第 2 页 a。
④ 参见"给法国公使施阿兰照会"，光绪二十一年十月初八日，"中央研究院"近代史研究所编：《教务教案档》第 5 辑第 1 册，台北："中央研究院"近代史研究所，1977 年，第 258 页上栏。
⑤ 中英《天津条约》，咸丰八年五月十六日，王铁崖编：《中外旧约章汇编》第 1 册，生活·读书·新知三联书店 1957 年版，第 97 页。
⑥ 《文宗显皇帝实录》卷 333，咸丰十年十月庚辰，《清实录》第 44 册，中华书局 1987 年影印本，第 974 页下栏。
⑦ 中英《续增条约》，咸丰十年九月十一日，王铁崖编：《中外旧约章汇编》第 1 册，第 145 页。
⑧ 坎贝尔：《中国的移民》，陈泽宪译，陈翰笙主编：《华工出国史料》第 4 辑，中华书局 1981 年版，第 394 页。
⑨ "英国驻德大使欧都·罗素勋爵致伯尔比文"，1874 年 4 月 20 日，陈翰笙主编：《华工出国史料》第 2 辑，中华书局 1980 年版，第 473 页。

何得率行羁禁"，"别经查出，必将该地方官从重治罪"。① 光绪二年又降谕："如有违约侵陵伤害情事，即惟该省大小官吏是问。"② 此外，清政府还频频颁布上谕，保护传教士在内地传教。进而，将地方文武官员保护不力、酿成重案的失职行为，明确定为"公罪"。③ 又制定地方官分担教案赔款规章，继南洋大臣刘坤一奏明由关道、知县按月分赔后，奕䜣等奏请扩大分赔范围，"由该管督、抚、藩、臬、道及府、厅、州、县分年按成偿还归公"，殊批"依议"。④ 此外，对鼓动民众排外、散发匿名揭帖等，也设立"有碍邦交"的新罪名。光绪十七年降谕，"倘有匿名揭帖，造言惑众，即行严密查拿，从重治罪。"⑤ 总理衙门又通咨各省，谓：此等谣传"有碍邦交"，"拿获审实，即行正法"。⑥ 清末制定《大清新刑律》，将此类案件明确定为"国交罪"，编纂者称为"最新之立法例也"。⑦

国内法转变为条约规定，亦有各种类项。此类国内法纳入条约规定后，其中有些事项经过补充，成为新的国内法。这一转换主要有以下方面。

关于货物进出口法规。如禁止出口的商品，《大清律例》规定：禁止将马牛、军需、铁货、铜钱、缎疋、绸绢、丝绵等，"私出外境货卖"。米谷、豆麦、杂粮等，不许"偷运外洋"。⑧ 制造弹药的主要原料硫磺、焰硝等，也一并禁止出口，此外还禁止鸦片输入。鸦片战争后所订条约，对此作了笼统规定，即"中国例禁不准携带进口、出口之货物"。又规定，携带鸦片，"听中国地方官自行办理治罪"。⑨ 第二次鸦片战争后所订条约，除对某些物品进出口作了变通，如鸦片"准其进口"之外，对其他违禁品加以明确规定。如免税货物，乾隆帝统治时期即曾降谕，"珍珠宝石，概不准征收税课，著为令"。⑩ 应课重税的奢侈品从此免税，此外，米、麦等粮食进口亦免税。这些原则亦纳入中外条约，且范围扩展，大大增加了免税品目。

关于严禁走私法规。根据《增易防范夷人章程》，禁止"私卖税货"，"私相买

---

① 《穆宗毅皇帝实录》卷152，同治四年八月乙卯，《清实录》第48册，中华书局1987年影印本，第556页下栏。

② 《德宗景皇帝实录》卷37，光绪二年七月戊子，《清实录》第52册，中华书局1987年影印本，第535页下栏。

③ 《恭亲王奕䜣等奏为遵议御史陈其璋严定教案处分折》，光绪二十二年四月十二日，中国第一历史档案馆、福建师范大学历史系合编：《清末教案》第2册，中华书局1998年版，第644—645页。

④ 《恭亲王奕䜣等奏请嗣后遇教案赔款应由督抚等分年偿还片》，光绪二十二年四月十二日，中国第一历史档案馆、福建师范大学历史系合编：《清末教案》第2册，第645页。

⑤ 《德宗景皇帝实录》卷297，光绪十七年五月庚午，《清实录》第55册，中华书局1987年影印本，第936页上栏。

⑥ 《查禁匿名揭帖》，光绪十七年十二月，李刚己辑录：《教务纪略》卷3下《章程》，南洋官报局，光绪三十一年，第14页b—15页a。

⑦ 《刑律分则草案》，上海商务印书馆编译所编纂：《大清新法令（1901—1911）》第1卷，李秀清等点校，商务印书馆2010年版，第531页。

⑧ 《大清律例》，张荣铮等点校，天津古籍出版社1993年版，第327—328、336—337页。

⑨ 中美《五口贸易章程：海关税则》，道光二十四年（1844）五月十八日，王铁崖编：《中外旧约章汇编》第1册，第52、56页。

⑩ 《高宗纯皇帝实录》卷1201，乾隆四十九年三月甲寅，《清实录》第24册，中华书局1986年影印本，第70页下栏。

卖",违者"即行拿解究办";无海关印照的外洋货物,"即属私货,照例究办,船货入官"。① 中外条约对此作了明确的规定:英商在华贸易处所限定在五港口,"不准赴他处港口,亦不许华民在他处港口串同私相贸易"。英商如背约或不服禁令,"任凭中国员弁连船连货一并抄取入官,英官不得争论"。② 并对各种违约走私及其处罚订有条款,进一步丰富了鸦片战争前的缉私法规。

关于禁止拐卖人口法规。《大清律例》有"略人略卖人"条目,对拐卖人口订有详细条例。③ 中外条约对严禁拐卖人口亦作规定。《北京条约》允许外人在华招工,同时为"保全"华工,限以"华民情甘出口"的条件。随后中西《和好贸易条约》规定:"不得收留中国逃人及另有拐卖不法情事。"如有此类情弊,一经中国地方官知会领事官,"即行查出送还中国究办,不得措留。"④ 其他如中美、中秘条约等均订有相关条款。

关于涉外债务法规。道光十一年,两广总督李鸿宾等奏准《防范夷商规条》,纠补由官保赔,由行商分赔的旧例,规定:拖欠夷商银两,"未经报明者,即不赔缴,控告亦不申理"。应偿尾欠银两,若逾期不偿,"过后始行控追者,不为申理"。⑤ 这一新定债务处理法规,鸦片战争后进行调整并纳入中外条约。列强强行要求清政府偿还商欠,其理由是中国实行公行制度。《南京条约》废除公行制度,这一理由便不存在,中英条约规定:"彼此代为着追,均不代为保偿。"⑥ 中美《望厦条约》和中法《黄埔条约》,以及后来的《天津条约》,亦作同样规定。

诸如此类由国内法规转换的条约规定,是清政府维护国家经济秩序和治安的最低需要。本来,此类国内法无须转变为条约规定,由于列强享有限制中国主权的领事裁判权,从而导致这一结果。正是因为各条约订有领事裁判权条款,以致"那些散见于《大清律例》和各关现行章规和细则中的中国缉私法的规定","不能适用于享有这种治外法权地位的外国船舶和外国商人",才不得不把"所谓的协定缉私法的那些规定","载在条约之中"。然而,这种转换"没有能够制止走私","中国法律和条约规定一概被置之不理"。而"根据常识和正义的要求",对这一违法违约的行为,需要"加以管制"。⑦ 因此,此类缉私法规转换为条约规定之后,仍需订立具体的实施细则,再次转换为国内法规。如《会讯船货入官章程》,在与英使商议后,总理衙门又作少许修改,

---

① 《增易防范夷人章程》,道光十五年二月初十日,佐佐木正哉编:《鸦片战争前中英交涉文书》,台北:文海出版社,1977年影印本,第55页。
② 中英《五日通商附粘善后通商条款》,道光二十三年八月十五日,王铁崖编:《中外旧约章汇编》第1册,第35页。
③ 《大清律例》,第415—420页。
④ 中西《和好贸易条约》,同治三年九月初十日,王铁崖编:《中外旧约章汇编》第1册,第220页。
⑤ 《两广总督李鸿宾监督中祥疏》,道光十一年二月,梁廷枏等纂:《粤海关志》卷229,台北:文海出版社,1975年影印本,第25页a。
⑥ 中英《五口通商附粘善后条款》,道光二十三年八月十五日,王铁崖编:《中外旧约章汇编》第1册,第35页。
⑦ [英]莱特:《中国关税沿革史》,姚曾廙译,生活·读书·新知三联书店1958年版,第34、44页。

并征求意见。随后咨行南、北洋大臣,"通饬各关道监督等,一律试行"。①

条约规定与国内法规的相互转换,所涉事项较为复杂,除上述之外,还有大量民事问题。这种转换主要限于涉外法规领域,反映了鸦片战争之后中国法律的变迁。这种特殊形式的法律变迁,产生了畸形的涉外法规,具有显著的半殖民地性质。美使西华德(George F. Seward)声称:我们不能否认,中国政府有权对一切涉及其主权范围内的事项制定规章。但是,他们制定或提出的所有规章,凡是和本国侨民有关的,或是违反条约规定,或是繁重和不必要的,我们可以"审查""反对""建议撤消或修改"。② 正唯如此,此类条约规定转换为国内法规时,中国不能自主行使国家权力,除《长江通商章程》之外,《会讯船货入官章程》更典型地反映了这一性质。根据条约,缉私章程实施细则的制定权和实施权属于中国,英商罚款及船货入官,"皆应归中国收办"。③ 然而,该章程由中外协商产生,因此被称为"特殊的协定"。④ 其内容,则根据英国法律解释,纳入领事裁判权的原则。其他方面也是如此。即使按照国际私法原则,"应适用中国法律"的地产事项,中国也往往丧失这一权利。⑤ 此外,条约中某些对等条款,实际执行中也大相径庭。例如,根据条约应互相追诉的华洋债务,"每见华人负外人之债,虽为数仅十数元之不等,而起诉也,判决也,押追也,无不取盈以去。而洋人欠华人之款,则虽盈千累万,能诉追得直者十无一二"。⑥ 不平等条约关系使中国丧失了一个主权国家应有的独立地位。

另一方面,这种转换又在一定程度上为中国的法制建设提供了借鉴。例如,《续定招工章程条约》为近代中国的第一个移民法规,打破了清政府此前对海外华侨漠不关心的旧习,开启保护本国侨民、符合国际惯例的国内立法。又如,《会讯船货入官章程》在形式上引入西方审判制度,采用公开讯问的方式,且允许上控。尽管这一制度存在"很明显"的种种弊窦,但"有个会讯形式,聊胜于无","对商人的违章是有一些拘束作用的"。⑦ 这对于摆脱封建旧例、建立近代通商制度,具有一定的借鉴作用。

二 条约规定与《大清律例》的修改

随着条约关系的建立,清代基本法律《大清律例》在清末改革之前作了某些修改,主要包括删改禁教律例与解除海禁。相对于中外法律关系的重大变动,尤其是涉外问题

---

① 《议定船货人官推广会讯章程》,同治七年闰四月二十九日,徐宗亮编:《通商约章类纂》卷13,天津官书局,光绪十二年,第46页a。

② "Mr. Seward to Mr. Evarts," March 16, 1880, *Papers Relating to the Foreign Relations of the United States*, Washington, D. C.: Government Printing Office, 1880, p. 239.

③ 中英《天津条约》,咸丰八年五月十六日,王铁崖编:《中外旧约章汇编》第1册,第102页。

④ [英]莱特:《中国关税沿革史》,王绍坊译,生活·读书·新知三联书店1957年版,第34页。

⑤ [美]威罗贝:《外人在华特权和利益》,第383—384页。

⑥ 姚之鹤编:《华洋诉讼例案汇编》上册,商务印书馆1915年版,第316页。

⑦ 陈诗启:《英商否认海关洋员关于走私违章处分的管辖权和〈会讯船货入官章程〉的制定》,《厦门大学学报》1987年第1期。

剧增，这一修改可谓微不足道。清政府法律变革滞后，在新的、复杂的中外格局中，缺乏必要的因应之策。

禁教始于康熙时期，嘉庆年间《大清律例》增加禁教条例，并于道光十八年"改定"。根据条例，西洋人在内地传习天主教，"为首者，拟绞立决"；其传教煽惑者，"拟绞监候"；并严禁西洋人在内地置买产业。① 鸦片战争后随着条约的订立，这一条例也进行了修改。先是美、法通过《望厦条约》和《黄埔条约》，为其在华侨民取得在通商口岸的习教权。接着，耆英应法方要求，数次奏请解禁，道光帝降谕允准，并同意"给还"教堂。第二次鸦片战争后，基督教获得在内地传教的条约特权，"凡奉教之人，皆全获保佑身家，其会同礼拜诵经等事概听其便"；"入内地传教之人，地方官务必厚待保护"；"向来所有或写、或刻奉禁天主教各明文，无论何处，概行宽免"。②

根据上谕和相关条约，《大清律例》的禁教条文实际上已经失效，但咸丰二年修律时未作删改。《天津条约》签订后，民教冲突愈益激烈，列强态度更为强硬，迫使清政府修改《大清律例》中的相关条例。奕䜣于同治元年奏请修改律例，并根据法方意见，提出将条约中"概行宽免"改为"革除"，③ 得到允准。然由于《大清律例》尚未删改，地方官仍以为据。同治二年，法使照会总理衙门，谓"地方官等查及律例一书，仍有旧列禁习天主教之条"，要求"实革旧例不用"。④ 奕䜣复照作出保证，嗣后如修新例，"将旧例所载全行删去"，⑤ 刑部亦定当年五月二十四日开馆纂修则例。然延至同治六年，修例尚未完成，市面上流行的《大清律例》仍为旧版。法使兰盟（Charles de Lallemand）致函总理衙门，出示同治二年新镌《律例刑案统纂集成》，要求"不准又用从前和约所废之例"。总理衙门催问刑部，刑部答称：所示律书，"系属坊间刷印私本"，"并非官板新例"。表示行文各省，"毋得仍旧刷印同治二年新镌字样，以免歧异"。⑥ 直至同治九年完成修律，删除天主教治罪条例，并另条规定："凡奉天主教之人，其会同礼拜诵经等事，概听其便，皆免查禁，所有从前或刻或写奉禁天主教各明文，概行删除。"⑦

《大清律例》修改后，民间仍然流行旧版律书。同治十一年，英使威妥玛（Thomas Francis Wade）照会总理衙门，提出《大清律例》禁止传教各条，"至今自未删撤，直

---

① 《大清律例》，第282页。
② 中法《天津条约》，咸丰八年五月十七日，王铁崖编：《中外旧约章汇编》第1册，第107页。
③ 《恭亲王奕䜣等奏为请旨再饬各督抚持平办理教民事件折》，同治元年三月初六日，中国第一历史档案馆、福建师范大学历史系合编：《清末教案》第1册，第215页。
④ "法国照会"，同治二年五月十三日，"中央研究院"近代史研究所编：《教务教案档》第1辑第1册，台北："中央研究院"近代史研究所1974年版，第49页上栏—下栏。
⑤ "给法国照会"，同治二年五月十七日，"中央研究院"近代史研究所编：《教务教案档》第1辑第1册，第50页上栏。
⑥ "刑部文"，同治六年七月初二日，"中央研究院"近代史研究所编：《教务教案档》第2辑第1册，台北："中央研究院"近代史研究所1974年版，第11页上栏。
⑦ 湖北谳局汇辑：《大清律例汇辑便览》卷16《礼律·祭祀》，同治十一年刻本，第17页b下栏。

省府县未明条约,只以旧板例文为据"。① 迄至光绪二十一年,民间书坊仍刻印修律前的未删改版本,京师和各省均有"出书者"。法使施阿兰(Auguste Gérard)照会总理衙门,要求按照约章,"一体销毁"。总理衙门复照告知,"此例久已奏准删除在案","同治以后,刑部并未复刻"。② 同时又咨行各省督抚,要求"饬令各府州县地方出示晓谕,各城乡书坊将坊刻律例书内所载禁习天主教各节,一律查明销毁,以符约章"。③ 至此,《大清律例》中禁教条例的修改,通行全国各省。

除删改禁教条例之外,《大清律例》还有一个重要变化,即解除海禁。海禁始于清初,其后虽有松动,基本原则没有改变。顺治四年(1647)颁布的《大清律集解附例》订有"私出外境及违禁下海"律文,禁止民人私自出洋贸易。顺治帝降谕:"严禁商民船只,私自出海。"其后又规定于《大清律例》,且有具体条例。④ 康熙五十六年(1717),不许商船前往南洋吕宋、噶罗吧等处贸易。迄雍正五年(1727),谕准开放海外贸易,同时又进一步控制民人出洋,"从前逗留外洋之人,不准回籍"。⑤ 乾隆时期,实行更严厉的海禁政策。《大清律例》增加条例:"康熙五十六年以前出洋者,令各船户出具保结,准其搭船回籍"。"定例之后,仍有托故不归,复偷渡私回者,一经拿获,即行请旨正法。"⑥ 乾隆十四年,刑部奉旨以交结外国等罪名,将私自出洋20余年后回国的陈怡老发边远充军,银货、船只入官。如此严厉处置回籍华侨,正是为了禁止出洋。

这一严厉的海禁法令,自鸦片战争后开始受到冲击。《南京条约》第1条规定:嗣后中英两国人民"各住他国者必受该国保佑身家全安"。⑦ 其时清政府没有保护海外华人的意识,这主要是为了保障在华英人的安全,而从法律上讲,却与清政府禁止出洋的律条发生抵触。其后经过第二次鸦片战争,列强获得更为明确的条约权利,从根本上打破了海禁律例。

英法联军占领广州期间,向广东地方官员施加压力,迫使他们颁布告示允许华人出洋。两广总督劳崇光照会美全权公使华若翰(John E. Ward)表示,"自愿出洋者,应听其便",⑧ 并制定招工章程十二条。广东这一新政策,突破《大清律例》的限制,但未得到清政府的认可,尚无法律依据。通过《北京条约》,列强达到这一目的,该约第

---

① "英国公使威妥玛照会",同治十一年二月初一日,"中央研究院"近代史研究所编:《教务教案档》第3辑第1册,台北:"中央研究院"近代史研究所1975年版,第49页上栏。
② "给法国公使施阿兰照会",光绪二十一年六月初十日,"中央研究院"近代史研究所编:《教务教案档》第5辑第1册,第210页下栏。
③ 《通行革除禁教明文》,光绪二十一年八月初五日,李刚己辑录:《教务纪略》卷3下《章程》,第16页b。
④ 《大清律例》,第327—328页。
⑤ 《世宗宪皇帝实录》卷58,雍正五年六月丁未,《清实录》第7册,中华书局1985年影印本,第892页下栏。
⑥ 《大清律例》,第332页。
⑦ 中英《江宁条约》,道光二十二年七月二十四日,王铁崖编:《中外旧约章汇编》第1册,第30页。
⑧ 《劳崇光致华若翰照会》,咸丰十年正月二十七日,朱士嘉编:《美国迫害华工史料》,中华书局1958年版,第27页。

5款规定:"凡有华民情甘出口,或在英国所属各处,或在外洋别地承工,俱准与英民立约为凭,下英国船只,毫无禁阻。"① 随后其他条约,也有类似规定。

随着条约的订立,清政府确认了华人出洋的合法性,故而对《大清律例》进行了修改。但其直接起因并非针对出洋禁令,而是抑制拐卖人口出洋。这一现象早已存在,鸦片战争后达到高潮,允许出洋载入条约之后,愈益猖獗。鉴于广东"情节特重",两广总督毛鸿宾等上奏,提出要"明定罪名"。②刑部议复认为,拐卖人口"与英、法条约情甘出口之事迥不相同,自应严定罪名",并照毛鸿宾等奏,修改律例。③同治九年将其纳入《大清律例》,增加条例:"内地奸民及在洋行充当通事买办,设计诱骗愚民,雇与洋人承工。其受雇之人,并非情甘出口,因被拐卖威逼",只要"诱拐已成,为首斩立决,为从绞立决"。"其华民情甘出口,在英、法等国所属各处承工者,仍准其立约,赴通商各口下船,毫无禁阻。"④

新增条例包括两项内容,一是从严打击拐卖人口犯罪,二是将条约规定转为律例条文,明确允许华民出洋承工。这一条例打破了顺治以来禁止出洋的律令,是《大清律例》的又一重要变化。然而,由于禁止回国的律令没有取消,这一条例在法律上并未从根本上解决国人出洋问题。同治十三年,沈葆桢奏请取消《大清律例》禁内地民人渡台及私入番境的条例,光绪帝降谕允准。虽然这只是针对台湾一地,但却对全面解除禁止回国旧例起了先导作用。随着驻外使节的派遣,清政府对海外华侨重要性的认识不断加深,这一问题便被提上议事日程。光绪十九年,驻新加坡总领事黄遵宪上书驻英公使薛福成,提出解除禁令,谓:南洋华侨不能归国,推原其故,是由于"中国旧例,有不准出番华民回籍各条"。当今"邻交已订,海禁久弛,与往昔情形,截然不同","必须大张晓谕,将旧例革除,庶华民耳目一新,往来自便"。⑤

薛福成接书后,奏请取消出洋华人不准回国的禁条。他指出,清初海禁"时势为之",现在形势发生变化,"势不能闭关独治"。中国陆续与各国立约通商,允许华民出洋,且"设领事官以保护之"。再者,"中国渐有人满之患,遂不得不导佣工以扩生计"。从实际来看,"前例已不废而自废,不删而自删"。他引述黄遵宪禀报的华侨现状,从理财"保富"和安民"怀远"角度,阐述废除旧例的必要性。并肯定谕准沈葆桢豁除不准偷渡台湾旧例之奏,"迄今海内交口称便",认为出洋华民事同一律,请求朝廷"严议保护出洋华民良法,并声明旧例已改,以杜吏民诈扰之端"。⑥总理衙门奉

---

① 中英《续增条约》,咸丰十年九月十一日,王铁崖编:《中外旧约章汇编》第1册,第145页。
② 《办理盗犯有须变通例文折》,同治三年八月初一日,毛承麟编:《毛尚书奏稿》,台北:文海出版社1971年影印本,第35页b—36页a。
③ 《刑部咨总理衙门请如毛鸿宾所奏将略卖人口罪犯处斩文》,同治三年十月初五日,陈翰笙主编:《华工出国史料汇编》第1辑,第1册,第51—52页。
④ 湖北谳局汇辑:《大清律例汇辑便览》卷25《刑律贼盗下·略人略卖人》,同治十一年刻本,第57页b下栏—58页b下栏。
⑤ 黄遵宪:《上薛公使书》,光绪十九年,吴振清等编校整理:《黄遵宪集》下卷,天津人民出版社2003年版,第563—564页。
⑥ 《使英薛福成奏请申明新章豁除旧禁以护商民折》,光绪十九年七月初十日,王彦威辑、王亮编:《清季外交史料》卷87,外交史料编纂处,1935年,第15页a—17页a。

旨议奏，称：应请如所奏，"将私出外境之例酌拟删改"，申明"新章既定，旧禁已除"。嗣后，海外"良善"商民，一概准由出使大臣或领事官给予护照，"任其回国谋生置业，与内地人民一律看待"；并"听其随时经商出洋，毋得仍前藉端讹索，违者按律惩治"。① 光绪帝降旨，"如所请行"。② 至此，清政府完成废除禁止出洋旧例的法律程序。

《大清律例》所作修改，反映了条约关系对晚清法律的双重影响。一方面，列强违背国际法，强使中国承担基督教在华传教的义务，从而使晚清法律具有显著的半殖民地色彩。即使从国际人权法角度来看，虽然人民有宗教信仰自由，但这种自由并不包括传教自由。③ 根据国际法，"除了人身和财产的保护以及法院对外国人根据当地国法律所享受的权利必须予以平等保护之外，每一个国家可自由决定对外国人的待遇"。例如，"一个国家可以禁止外国人从事某种职业或行业"。④ 显然，一个国家无权要求他国接受传播某种信仰的传教士，通过条约强迫中国承诺允许西方教会在华传教并予以保护的义务，"无异是割让了各国照例保留作为己有的那些国内立法方面的主权"。⑤

另一方面，删除海禁条例，确立允许海外移民的法律制度，符合国际惯例，有助于社会发展。打破这一禁令之初，英使卜鲁斯（Frederick Bruce）谓，"这在中国的行政制度中是件新奇而重要的发展"，"这等于事实上承认他们的法律必须顺应社会变革和文明进步"。⑥ 这一变化改变了清政府漠视华侨权利的陈腐观念，转而实施保护海外侨民的政策。在订立允许出洋法规的过程中，清政府逐渐形成将海外侨民视为本国子民的意识，并依据国际惯例制定更为完善的法规。宣统元年（1909），为抵制荷属殖民地"议准华侨入籍之案"的"羁縻笼络之谋"，农工商部尚书溥颋等奏请速订国籍法，获得谕允。随即清政府拟订并颁布《大清国籍条例》，初步建立了国际上通行的国籍管理法规，为保护海外华侨提供了法律依据。

三 "八议"之法的再启与取消

晚清法律的变化，还有一个重要现象，即久已弃置的"八议"之法被再度启用。随着条约关系的建立和发展，涉外案件尤其是教案频发，清政府重拾"八议"，以维护天朝体制，抵制列强。其企望虽一时奏效，但遭到列强反对，"八议"终被取消，在中国法制史上结束了其使命。

封建时代，皇室、贵族、官僚享有司法特权，即所谓议亲、议故、议贤、议能、议

---

① 《总署奏遵议薛福成请申明新章豁除海禁旧例折》，光绪十九年八月初四日，王彦威辑、王亮编：《清季外交史料》卷87，第22页a。
② 《德宗景皇帝实录》卷327，光绪十九年八月癸丑，《清实录》第56册，中华书局1987年影印本，第201页上栏。
③ 参见刘正峰《论传教管制的国际法渊源》，《理论月刊》2013年第4期。
④ [英]劳特派特修订：《奥本海国际法》上卷，第2分册，第174页。
⑤ [美]泰勒·丹涅特：《美国人在东亚》，姚曾廙译，商务印书馆1959年版，第477页。
⑥ 《英国驻华公使卜鲁斯致马姆兹伯里文》，1859年5月3日，陈翰笙主编：《华工出国史料》第2辑，第182页。

功、议贵、议勤、议宾的"八议"制度。"八议"源于西周的"八辟",至唐代更为周密完备,形成一项系统的具体制度。随着专制统治的加强,"八议"应用范围不断缩小,甚至载而不用。明代"虽载八议之条,乃戒治狱官勿许引用"。① 清代亦等同虚设,雍正帝谕曰:"我朝律例,于此条虽具载其文,而实未尝照此例行者。"如果亲故功贤等人之有罪者,"故为屈法以示优容","尚可谓之公平乎?"故特颁谕旨,"俾天下晓然于此律之不可为训"。② 无疑,《大清律例》尽管仍有"八议"律目,但"徒有其名"。③ 鸦片战争后,清王朝仍实行这一执法方针,在处理弃城失守的清军将领时,未参用"八议"律条。曾屡次立功的浙江提督余步云一再临阵溃逃,经严讯定拟,"虽朝廷原有议功之典",仍"即行正法"。④ 道光帝降谕:"只缘国法具在,朕亦无可如何耳。""若失地偷生之辈,其治罪与否,视其平素居官之贤否以为准则,有是理乎?能服天下乎?"⑤ 咸丰帝明确表示,"虽从前著有微劳,亦不能稍从末减"。⑥

显然,罹法之功臣不能享受"议功"优待,"八议"之法有名无实。然在处理涉外案件之时,清政府却一反常例,以"八议"之法为依据。第二次鸦片战争结束不久,发生了一件涉外大案,即贵州教案,围绕涉案大吏的处罚,清政府抬出"八议"之法。

同治元年,法使哥士耆(Michel Alexandre Kleczkowski)指控贵州提督田兴恕等处斩法国传教士文乃耳和教民,清廷谕令"访查确实",并强调,田兴恕为专阃大员,即使确有其事,朝廷亦断不肯稍徇外国之情,"有损国体"。⑦ 这是清政府处理该案的方针,其中心是减轻或免除对田兴恕的处罚。随即,哥士耆要求将田兴恕等解京,"押赴市曹斩首,以彰显戮"。⑧ 恭亲王奕訢复照拒绝,谓:查照中国律例,杀人者抵命,是对平民而言。若系大臣,按中国"向来定法","非罪大恶极,交九卿详议佥同",即使是我历朝大皇帝,"亦不敢恃九重之威福,而遽加杀戮"。⑨ 奕訢所言"定法",即"八议"之法,清廷予以肯定,"止许赔偿,不为抵罪"。⑩ 四川总督骆秉章直接搬出"八议","我朝从未轻戮大臣,自古原有议功之典","即田兴恕妄杀教人,万分理屈,亦

---

① 《古律有荫减荫赎》,钱大昕:《十驾斋养新录》卷6,上海书店出版社1983年版,第142—143页。
② 《世宗宪皇帝实录》卷67,雍正六年三月丙子,《清实录》第7册,第1028页b—1029页a。
③ 胡星桥、邓又天主编:《读例存疑点注》,中国人民公安大学出版社1994年版,第18页。
④ 《大学士九卿科道奏为遵旨详议余步云应请旨即行正法折》,道光二十二年十二月二十四日,中国第一历史档案馆编:《鸦片战争档案史料》六,天津古籍出版社1992年版,第756页。
⑤ 《宣宗成皇帝实录》卷388,道光二十三年正月丙辰,《清实录》第38册,中华书局1986年影印本,第971页下栏。
⑥ 《文宗显皇帝实录》卷86,咸丰三年二月己亥,《清实录》第41册,中华书局1986年影印本,第120页下栏。
⑦ 《穆宗毅皇帝实录》卷29,同治元年五月甲辰,《清实录》第45册,中华书局1987年影印本,第783页上栏。
⑧ 《法使为拟送贵州教案应办条款事致奕訢照会》,同治元年十一月十八日,中国第一历史档案馆、福建师范大学历史系合编:《清末教案》第1册,第284页。
⑨ "给法国哥士耆照会",同治元年十一月二十四日,"中央研究院"近代史研究所编:《教务教案档》第1辑第3册,第1376页下栏。
⑩ 《穆宗毅皇帝实录》卷50,同治元年十一月丁丑,《清实录》第45册,第1384页上栏。

必原其从前力战之功，于责惩之中，量从末减。"①

哥士耆复照表示不能接受"八议"之法，谓：本国文传教士被田兴恕等杀害，贵亲王"不肯令其抵偿"，"力为庇护"，无非是"以夷人视本国，以属国待本国"。如果杀人抵命系指平民，"大臣又当别论"，田兴恕自应在"议贵"之条，"此等法度，本国何能曲从？"田兴恕并不是本国传教士的长官，"杀人者死，何异平民"。因此，"田兴恕如不抵偿，本国万万不能依允"。本来，他还在考虑是否坚持要求抵命，然奕䜣提出大臣别于平民的律法，促使他坚定决心，"保护本国"，"保护欧罗巴诸国各人在此交涉之道"。田兴恕"显违和约，妄杀无辜"，"必须抵命"，"实无法可为宽免"，"若不如此办理，必于大局有碍"。②

中法两国在案件核心问题上出现分歧，交涉一度陷入僵局。同治二年四月，法国新任驻华公使柏尔德密（Jules Berthemy）来京履任，态度强硬，声言该案"一言而决"。英使卜鲁斯又以此事为"中国背约，薄待外国之证"，声称各国"已联为一气"。面对这一形势，奕䜣认为，若不切实结案，两国将会走向"决裂"，提出"按律定拟"，"以成信谳而服远人"。③奕䜣向柏尔德密明确表示，可以按照他的要求，"早为办结"。④

就在清政府准备作出妥协之际，事情出现转机。接办此案的劳崇光和张亮基，遵照奕䜣指示，设法与贵州天主教主教胡缚理（Louis Faurie）"调协"。⑤胡缚理"口气渐活"，柏尔德密的态度也发生变化。奕䜣甚为欣喜，"得此一线转机，原非意料所敢期"。⑥于是，劳、张审明定拟，于同治三年九月二十四日奏请结案，其中根据"八议"之法，提出田兴恕的处理意见，谓：田兴恕自应"从重定拟"，然彼"从戎十年，转战数省，聿著勤劳"，本在"议功"之列，可"免其一死"，发往新疆，充当苦差。⑦奕䜣等遵旨覆议后告知法使，法使表示"愿照中国办法"。⑧

清政府启用本已搁置的"八议"之法，减等处罚田兴恕，以对外维护天朝体制和天朝体面。奕䜣奏称，田兴恕"各种罪案，毫无疑义"，"即立置重典，亦属情真罪当，毫无屈抑"。但提督大员为外国传教士抵命，对于国家体制，"实属关系非轻"。他承

---

① "四川总督骆秉章函"，同治二年二月初九日，"中央研究院"近代史研究所编：《教务教案档》第1辑第3册，第1416页下栏。

② "法国哥士耆照会"，同治元年十二月初一日，"中央研究院"近代史研究所编：《教务教案档》第1辑第3册，第1387页下栏—1390页上栏。

③ "恭亲王等奏"，同治二年四月戊戌，宝鋆等纂修：《筹办夷务始末·同治朝》卷15，第42页b—43页b。

④ "给法国照会"，同治二年四月二十四日，"中央研究院"近代史研究所编：《教务教案档》第1辑第3册，第1423页下栏。

⑤ 张祖佑原辑、林绍年鉴订：《张惠肃公年谱》卷6，文海出版社1971年影印本，第18页b。

⑥ "恭亲王等又奏"，同治二年十月丁酉，宝鋆等纂修：《筹办夷务始末·同治朝》卷21，第53页a—54页b。

⑦ 《云贵总督劳崇光等奏陈将已革提督田兴恕等分别审明定拟折》，同治三年九月二十四日，中国第一历史档案馆、福建师范大学历史系合编：《清末教案》第1册，第415页。

⑧ 《恭亲王奕䜣等奏为遵议田兴恕等罪名请照劳崇光等所拟议结折》，同治四年三月初二日，中国第一历史档案馆、福建师范大学历史系合编：《清末教案》第1册，第432页。

认,"减等议结"如此重案,"未免情重法轻"。① 奕䜣亦认为"八议"之法理由不足。他曾致函劳崇光,坦承"索抵索赔,不得尽谓外国人无理"。此说与交涉时所持立场不同,奕䜣叮嘱劳崇光,"千万勿将此件宣播一字"。② 早已弃置不用的"八议"之法受到垂青,是因"牵涉外国之案",为维护"中国体制",不得不"曲予矜全"。③ 胡缚理评论说,清政府"完全不是"出于"仁慈、怜悯",而是不想看到中国官员为杀害欧洲人而抵命的"不体面的局面"。④

迫于列强压力,清政府顾惜"天朝"体面的观念逐渐发生变化。成都将军崇实主张,"处外国之道","必以信义",条约所载,不可"等诸具文",须严谕"再加申儆"。凡规定于和议条约之中者,不论是官是民,"如敢异议,即以显违诏旨论"。⑤ 劳崇光更将田兴恕譬犹"几上茶瓯",认为"去之与几无伤"。如果因为"不允所请",外人将几一并去之,"瓯固终不保,所失不更大耶?"⑥ 因此,不能为顾惜田兴恕一人,"授外邦以口实,贻误大局"。对于因涉及外国人而搬用"八议"之法,减等处罚,他明确提出异议,奏称:田兴恕犯下种种罪戾,均应"从严惩治",不能因从前"稍有微劳"而"曲为宽贷",尤其不能因妄杀教民而"转从末减"。⑦

光绪元年的马嘉理案,清政府在交涉中未再强调"八议"之法,英方则提出宽免涉案官员。案发后,郭嵩焘以云南巡抚岑毓英"意存掩护","诿其罪于野人",请旨"交部严加议处"。⑧ 办理此案的李鸿章,开始拟将涉案的李珍国等"请旨酌予减等发落"。英使威妥玛提出"宽免罪名",认为"按英国例法评议,仍似难称信谳"。此案系岑毓英指使,"今既不惩办岑毓英与腾越官绅,断不可专办李珍国与野匪"。再则,英方通过此案勒索新的特权,已为清政府所允,因而提出"倘仅责其既往,莫若保其将来"。⑨ 李鸿章认为,英使既为李珍国等犯"请免罪名",岑毓英"原有应得之咎",亦可"加恩免议"。同时又提出"倘遇有外国官民被戕之事",迅即查明,严缉凶犯,勒

---

① 《恭亲王奕䜣等奏为请伤成都将军崇实等将田兴恕等即行起解片》,同治四年三月初二日,中国第一历史档案馆、福建师范大学历史系合编:《清末教案》第1册,第433—434页。
② "致前两广总督劳崇光函",同治元年十一月二十日,"中央研究院"近代史研究所编:《教务教案档》第1辑第3册,第1372页下栏。
③ 《著湖南巡抚恽世临派员将田兴恕押解入川事上谕》,同治三年二月十二日,中国第一历史档案馆、福建师范大学历史系合编:《清末教案》第1册,第399页。
④ 《阿波罗尼亚主教和贵州宗座代牧主教胡缚理致教廷传信部枢机们的书简》,1863年9月8日,中国第一历史档案馆、福建师范大学历史系合编:《清末教案》第4册,中华书局2000年版,第133页。
⑤ "成都将军崇实函",同治元年十一月二十八日,"中央研究院"近代史研究所编:《教务教案档》第1辑第3册,第1383页上栏。
⑥ 张祖佑原辑、林绍年鉴订:《张惠肃公年谱》卷6,第18页b。
⑦ "云贵总督劳崇光等奏",同治二年七月十五日,"中央研究院"近代史研究所编:《教务教案档》第1辑第3册,第1427页上栏。
⑧ 《奏参岑毓英不谙事理酿成戕杀英官重案折》,光绪元年十一月,杨坚校补:《郭嵩焘奏稿》,岳麓书社1983年版,第348页。
⑨ 《请宽宥李珍国等片》,光绪二年七月二十七日;《请出示保护远人折》,光绪二年七月二十七日,顾廷龙、戴逸主编:《李鸿章全集》第7册,安徽教育出版社2008年版,第157、155页。

限办结。若"任意迁延虚饰","致开边衅,立予重惩"。① 光绪三年,郭嵩焘再次提出,"天津毁拆教堂,伤毙领事,云南戕害翻译官,凶犯应抵罪,失察之地方官亦应议处"。②

至庚子事变,与郭嵩焘持相同见解的官员增多。太常寺卿袁昶明确主张严惩祸首,"不得援议贵议亲,为之末减"。③ 李鸿章、张之洞、刘坤一、袁世凯等封疆大吏联名上奏,请求明降谕旨,惩处庄亲王载勋等王大臣,"以谢天下,以昭圣德"。④ 清廷降谕:"诸王大臣等纵庇拳匪,启衅友邦,以致贻忧宗社,乘舆播迁","亟应分别重轻,加以惩处"。⑤ 随后在列强要求"惩凶"的压力下,清政府大范围处置王公大臣和各级官吏,"八议"之法遭受沉重摧挫。清末修律,废除"八议"制度,即使皇族,亦不能享有司法特权。《大清新刑律》仅有侵犯皇室一章,"惟危害皇帝缌麻以上之亲,略为加重,其余宗室并觉罗,概与凡民等论,亦数千年一大变格也"。⑥

四 建立"中外通行"的法律体系

迄至 20 世纪前,条约关系对晚清法律的影响,主要限于涉外司法领域,整个法律体系并无大的改变。条约关系的建立和发展,促使清政府借鉴西方法律形式,建立"中外通行"的法律体系。经庚子事变,延续数千年以治内为主的封建法系,转向适应内外形势变化的新格局。

作为明确方针,"中外通行"于清末提出,酝酿于第二次鸦片战争后。同治年间,清政府"预筹修约",便萌生这一想法。总理衙门章京周家楣提出,"定一公例,凡系交涉之案彼此照办,以得其平"。⑦ 所谓"公例",即中外双方共守的律例。英使阿礼国(Rutherford Alcock)在修约照会中提出"定一通商律例",清政府"表示满意",⑧ 认为

---

① 《请饬官吏讲求条约片》,光绪二年七月二十七日,顾廷龙、戴逸主编:《李鸿章全集》第7册,第156页。

② 《请纂成通商则例折》,光绪三年八月二十七日,杨坚校补:《郭嵩焘奏稿》,第382页。

③ 《太常寺卿袁昶奏大臣信崇邪术请严惩祸首折》,光绪二十六年六月二十六日,王彦威辑、王亮编:《清季外交史料》卷143,第25页b。

④ 《李鸿章等密陈事机万紧请先将统率团民之王大臣分别惩处由》,光绪二十六年八月二十二日,中国第一历史档案馆编:《庚子事变清宫档案汇编》9,中国人民大学出版社2003年版,第47页上栏。

⑤ 《德宗景皇帝实录》卷470,光绪二十六年闰八月辛丑,《清实录》第58册,中华书局1987年影印本,第169页上栏。

⑥ 刘锦藻:《清朝续文献通考》第3册,卷249《刑八》,商务印书馆1936年版,第9953页上栏。

⑦ 《总署奏拟纂通商则例以资信守折》,光绪三年九月二十五日,王彦威辑、王亮编:《清季外交史料》卷11,第29页b。

⑧ "Minute of the Seventh Meeting of the Commission," May 4, 1868, *British Document on Foreign Affairs*, Part 1, Series E, V20, Frederick, MD.: University Publications of America, 1989, p. 224.

"甚为有益",同意商办。① 中英双方取得一致意见,并载入《新定条约》第9款:"议由两国会同商定通商律例"。② 该约为英国政府否定后,清政府仍继续筹划准备。同治十年,李鸿章组织整理南、北洋相关卷档,以期将来"修换新约","议订通商律例"时,作为"参考"。③

光绪元年"滇案"发生后,赫德建议,建立审判中外混合案件的"共同程序",实行会审制度,审理中外混合案件。他倾向一种"共同的法典""共同的程序""共同的处分方法",以及"一种共同的法庭"。④ 显然,这个方案体现了较为明确的"中外通行"意涵,总理衙门认为,"所议自可采取"。但颇多顾虑而未采纳,仍然"审慎图维,相机筹议"。光绪三年,驻英公使郭嵩焘重提赫德方案,奏请参核各国律法,"纂定通商则例一书"。总理衙门提出,欲订"中外共守律例",难以实行,须"另为筹办",目前要广购翻译"各国律例诸书","分类纂辑"。⑤ 清政府同意这一意见,降谕:"纂修通商则例一书,齐中外之律例,为交涉之准绳,在今日实为要务。"令出使大臣"广译各国律例",南、北洋大臣"一体纂辑",以便"纂订成书"。⑥

筹备过程中,薛福成于光绪五年再次提出借鉴赫德方案,设立"理案衙门"。"定一通行之讯法,通行之罪名","参用中西律例","即专用洋法亦可"。⑦ 他认为须采用西方法律,"舍是无他术",阐发"中外通行"的基本方向。光绪七年,翰林院侍讲学士陈宝琛主张"参合中西律意,订一公允章程",并推行于各州郡。⑧ 迄至戊戌变法,康有为上书光绪帝,奏请"采罗马及英、美、德、法、日本之律,重定施行"。⑨ 出使美、日、秘鲁大臣伍廷芳也奏请"变通成法",修订法律,"采各国通行之律,折中定议,勒为通商律例一书"。⑩

可见,在清末司法改革之前,不少大吏产生并形成较为明确的"中外通行"修律

---

① "复英国公使修约二十九款",同治七年十二月,宝鋆等纂修:《筹办夷务始末·同治朝》卷63,第32页b。

② 中英《新定条约》,同治八年九月十八日,王铁崖编:《中外旧约章汇编》第1册,第309页。

③ 《凌焕集录通商成案片》,同治十年十月十一日,顾廷龙、戴逸主编:《李鸿章全集》第4册,第421页。

④ 《总税务司条陈改善对外关系》,一八七六年一月二十三日,马士:《中华帝国对外关系史》第2卷,附录(四),张汇文等译,商务印书馆1963年版,第518—521页。

⑤ 《总署奏拟纂通商则例以资信守折》,光绪三年九月二十五日,王彦威辑、王亮编:《清季外交史料》卷11,第29页b—30页b。

⑥ 《德宗景皇帝实录》卷58,光绪三年九月丁丑,《清实录》第52册,第801页下栏—802页上栏。

⑦ 《筹洋刍议》(1879),徐素华选注:《筹洋刍议——薛福成集》,辽宁人民出版社1994年版,第57页。

⑧ 《条陈讲求洋务六事折》,光绪七年闰七月,陈宝琛:《沧趣楼诗文集》下册,上海古籍出版社2006年版,第810页。

⑨ 《上清帝第六书》,一八九八年一月二十九日,汤志钧编:《康有为政论集》上册,中华书局1981年版,第215页。

⑩ 《奏请变通成法折》,一八九八年二月十日,丁贤俊等编:《伍廷芳集》上册,中华书局1993年版,第47、50页。

思路。经庚子事变，随着条约关系观念的逐渐形成，清政府对西律的态度发生重大转变。清政府下诏维新，要"浑融中外之迹"，学"西学之本源"，"取外国之长"，"去中国之短"。① 张之洞认为，如果仅仅"整顿中法"，在传统体制中讨出路，不可能"自强久存"，提出"变西法"，"酌改律例"。② 于是，清政府启动已中止30余年的修律程序，明确宣布"中外通行"方针，降谕：为治之道，尤贵"因时制宜"，今昔情势不同，"非参酌适中，不能推行尽善。"令查取各国通行律例，"开馆编纂"，"总期切实平允，中外通行"。③ 此上谕是清末司法改革的动员令，确立了借鉴西方法律的基本方针。据此，沈家本等以"模范列强为宗旨"，④ 按照西方法律原则改造封建旧律。

"中外通行"方针之下的改革中，改变列强凭借条约建立的畸形法律关系，收回领事裁判权，是清政府的基本考量。同治年间，周家楣便认为，"中外办罪，生死出入，不得其平"，由此提出"将中外命案定一公例"。⑤ 光绪时期，这一思路更为清晰。李鸿章指出，"洋人归领事管辖，不归地方官管理，于公法最为不合。"⑥ 康有为认为，"吾国法律，与万国异，故治外法权，不能收复。"⑦ 在中英商约谈判中，清政府正式提出领事裁判权问题。各国列强希望用西方法律改造中国旧律，当张之洞向英方要求，在中国的法律修改之后，"外国人一律受中国法律的管辖"，即为马凯所接受。于是双方同意在新订通商续约中添加一条，即：中国"深欲整顿本国律例以期与各西国律例改同一律"，英国则"允愿尽力协助，以成此举"，当相关事宜"皆臻妥善"，即"允弃其治外法权"。⑧ 收回领事裁判权成为清末法律改革的目标，"中外通行"修律方针由此发生重要变化。此前的通商律例方案，仍然保留领事裁判权，具有折中过渡性质。现在朝臣疆吏以此为主调，"凡言新律之可行者，多以收回裁判权为据"。⑨ 伍廷芳等人一再表示，"以收回治外法权为宗旨"，⑩ 阐释了效法西方法律、建立"中外通行"法律体系的基本理由。

条约关系下对外开放的扩大，经贸新局面的出现，又冲击了诸法合体的观念和格

---

① 《谕》，光绪二十六年十二月丁未，朱寿朋编：《光绪朝东华录》（四），张静庐等校点，中华书局1958年版，第4601页。

② 《致江宁刘制台》，光绪二十七年二月十二日，苑书义等主编；《张之洞全集》第10册，河北人民出版社1998年版，第8534页。

③ 《谕》，光绪二十八年二月癸巳，朱寿朋编：《光绪朝东华录》（五），第4833页。

④ 《修订法律大臣沈家本等奏请编定现行刑律以立推行新律基础折》，光绪三十四年正月二十九日，故宫博物院明清档案部编：《清末筹备立宪档案史料》下册，中华书局1979年版，第852页。

⑤ 《总署奏拟纂通商则例以资信守折》，光绪三年九月二十五日，王彦威辑、王亮编：《清季外交史料》卷11，第29页a—b。

⑥ 《复曾劼刚星使》，光绪五年九月初五日，顾廷龙、戴逸主编：《李鸿章全集》第32册，第488页。

⑦ 《请开制度局议行新政折》，一八九八年八月三十日前，汤志钧编：《康有为政论集》上册，第352页。

⑧ "马凯在武昌纱厂与张之洞等会议简记"，1902年7月17日，中国近代经济史资料丛刊编辑委员会主编：《辛丑和约订立以后的商约谈判》，中华书局1994年版，第137、139页。

⑨ 崔云松：《新刑律争论之感言》，《国风报》1910年第30号。

⑩ 《伍廷芳等奏》，光绪三十一年九月丁亥，朱寿朋编：《光绪朝东华录》（五），第5413页。

局，推动司法改革向更广的领域展开，建立完整的"中外通行"法律体系。列强通过条约攫取大量政治、经济特权，中国亦兴办不少新事业，由此产生的法律问题愈益广泛，尤其是出现大量民事诉讼。相关条约缺乏具体规范，而以治内为主的国内法，完全不能适应这一变化。光绪三年，郭嵩焘便指出，"仅恃通商条约为交接之准，而条约定自洋人，专详通商事例，于诸口情状皆所未详，每遇中外人民交涉事件，轻重缓急，无可依循。""遇有辩论事故，无例案之可援，观望周章，动为所持"。其原因在于，"中国本无通商成案，一切屈意为之"。洋商到处"与中国人民错居，交涉纷繁，绝非通商条约所能尽其事例"。鉴此，郭嵩焘奏请纂辑通商则例，使所有涉外案件"有所依据"，以免"遇事张皇，推宕留难，多生枝节"。①

郭嵩焘此言，揭示了条约关系下法规建设的滞后和缺失，导致涉外诉讼和中外关系的困境。甲午战争后，列强进一步侵入中国经济领域，这一现象尤为严重。康有为奏言：中国名义上是一个国家，而土地、商务、银行、铁路、轮船等，"惟敌之命，听客取求"，以致"虽无亡之形，而有亡之实"。这是由于"笃守旧法而不知变，处列国竞争之世而行一统垂裳之法"。他提出：民法、民律、商法、市则、舶则、讼律、军律、国际公法等各种法律，西方各国皆极详明。中国"既不能闭关绝市，则通商交际势不能不概予通行"，主张"采定各律，以定率从"。② 庚子之后，刘坤一、张之洞在"江楚会奏"声言：近数年来，各国"知我于此等事务尚无定章，外国情形未能尽悉，乘机愚我攘利侵权"。他们建议博采各国律书，"为中国编纂简明矿律、路律、商律、交涉、刑律"，"颁行天下，一体遵守"。③ 宣示"中外通行"的上谕亦指出，近来"地利日兴，商务日广"，诸如矿律、路律、商律等各类律法，"皆应妥议专条"。④

编纂民法的建议明确提出，并付诸实施，由此推动对国际私法的了解和关注。大理院正卿张仁黼奏称："中国法律，惟刑法一种"，"法律既不完备，而刑法与民法不分，尤为外人所指摘"。他进而解析国内法与国际法、公法与私法，以及国际公法与国际私法等法律的区别。⑤ 民政部奏请制定民律，亦阐明各种法律的区别。其后所拟民律草案，以"注重世界最普通之法则"为第一项宗旨，因为，"瀛海交通于今为盛，凡都邑、巨埠，无一非商战之场"。而按照国际私法，"向据其人之本国法办理"。若"一遇相互之诉讼，彼执大同之成规，我守拘墟之旧习，利害相去，不可以道里计"。因此，编订民律，"为拯斯弊"，"悉采用普通之制，以均彼我而保公平"。⑥ 显然，制定民律的首要目的，便是在条约关系的新形势下，运用国际私法来处理涉外民事纠纷，维护自身权益。

---

① 《请纂成通商则例折》，光绪三年八月二十七日，杨坚校补：《郭嵩焘奏稿》，第381—383页。
② 《上清帝第六书》，光绪二十四年正月初八日，汤志钧编：《康有为政论集》上册，第211、212、215页。
③ 《遵旨筹议变法谨拟采用西法十一条折》，光绪二十七年六月初五日，苑书义等主编：《张之洞全集》第2册，第1441、1442页。
④ 《谕》，光绪二十八年二月癸巳，朱寿朋编：《光绪朝东华录》（五），第4833页。
⑤ 《大理院正卿张仁黼奏修订法律请派大臣会订折》，光绪三十三年五月初一日，故宫博物院明清档案部编：《清末筹备立宪档案史料》下册，第835页。
⑥ 《修订法律大臣俞廉三等奏编辑民律前三编草案告成缮册呈览折》，宣统三年九月初五日，故宫博物院明清档案部编：《清末筹备立宪档案史料》下册，第912页。

由上可见，清末建立"中外通行"法律体系的司法改革，相当程度上是迫于条约关系的压力而进行的，并非自主革新。时人撰文："吾国编订法典之原动力，本含有外交上意味，则不可不与各国立法例相比较。"① 这一外在因素，给清末司法改革带来双重影响。一方面，改革中大刀阔斧引进西方资产阶级的法律思想和原则，对封建旧律进行改造，初步建立较为完整的近代法律体系。清末民初法学家秦瑞玠评说新刑律，"贯通中外，为现时最新最完备之法典"。② 另一方面，由于过于注重与外国接轨，尤其是受制于条约体制，又在某种程度上忽视本国国情，使得这一改革存在种种弊窦。从其涉外内容来看，新刑律设立"国交罪"，对保护外国条约特权作了详尽规定。例如，关于杀伤外国外交代表的处罚，"较对于常人加一等"。③ 有些条款系清末修律所首创，国外尚无成例，不少内外大臣主张不应入律，但编纂者认为，"关于国交之罪名，系属最近发达之理，不能纯以中外成例为言"。④ 如何处理条约规定与刑律的关系，亦有待进一步斟酌。草案第8条规定：如国际上有特别条约、法规或惯例，"仍从条约、法规或惯例办理"。⑤ 此条引起很大争议，或认为，刑法与国际法不同，"本自截然两物"，各有独立性质，若"牵此入彼，实为大谬"，"在学理上亦有未妥"，且对中国国权体面"大有损伤"。⑥ 编纂者没有考虑到中国的废约需要及其法律依据，人们担心，"将来提议收回法权，彼转可援引我内国法之明认，以为口实。而条约改正之交涉益难，不得谓非本律此条之失"。⑦

"中外通行"方针侧重于"外"，重在引进外国法律，编纂者对中国国情不免有所忽视。礼教派曾群起反对，其维护封建礼教的主张虽不可取，而注重民情风俗等意见则值得肯定。当时坚执"法律论与礼教论不宜混合"之说的董康，民国时期则批评"起草者富于知新，昧于温故"，"致令削足就屦"。⑧ 从《大清民律草案》来看，虽也"求最适于中国民情之法则"，但更为"注重世界最普通之法则"，"原本后出最精之法理"。他们认为，"学问乃世界所公"，"各国法律愈后出者，最为世人注目"，强调"采用各国新制"。⑨ 在这一指导思想下，尽管作过民事调查，草案却没有很好地容纳本国民事习惯，当时便遭到猛烈抨击。民国初年，北京政府曾两次提出援用该草案，均因法学界

---

① 陶保霖：《论编订法典之主义》，《法政杂志》1911年第2期。
② 秦瑞玠：《新刑律释义》，"绪论"，商务印书馆1925年版，第24页。
③ 《刑律分则草案》，上海商务印书馆编译所编纂，李秀清等点校：《大清新法令》第1卷，商务印书馆2010年版，第532页。
④ 沈家本等编：《修正刑律案语》第2编，修订法律馆，宣统元年，第12页b。
⑤ 《刑律草案》，上海商务印书馆编译所编纂：《大清新法令（1901—1911）》第1卷，第470页。
⑥ 宪政编查馆编：《刑律草案签注》，转引自高汉成《签注视野下的大清刑律草案研究》，中国社会科学出版社2007年版，第159页。
⑦ 秦瑞玠：《新刑律释义》，第30页。
⑧ 《刑法宜注重礼教之刍议》，何勤华等编：《董康法学文集》，中国政法大学出版社2005年版，第626、631页。
⑨ 《修订法律大臣俞廉三等奏编辑民律前三编草案告成缮册呈览折》，宣统三年九月初五日，故宫博物院明清档案部编：《清末筹备立宪档案史料》下册，第912—913页。

反对而放弃,最终成为废案。①

总之,清末司法法律变革具有重要意义,如刘锦藻所言,"尽废纲常礼教","此中华数千年未有之奇变,非止一代一朝之因革损益而已也"。② 但在不平等条约关系的约束下,改革又存在种种不足和弊端,难以独立自主地制定"一代之法典"。编纂者以外交需要和条约现实等理由进行辩解,也不免"牵法律于事实之中",③ 自觉不自觉地步入他们自己所否定的思路。

结　语

晚清是中国法律史上特殊而又重要的历史阶段,中西冲突,新旧交替,开始了从传统到近代的变迁转型,而列强用暴力建立的条约关系则是促使这一变化的外在因素。可以庚子事变为界,将这一变化分为前后两个主要阶段。

前一阶段,晚清法律的变化,体现为被动适应条约关系下的局部调整。某些原有的国内涉外法规,为条约规定所取代。两者又相互转换,出现多种形式,所谓"著为约章,垂诸令典","其文多具于译署及各海关郡县之有司"。④ 条约关系打乱了清王朝的法律体系,造成半殖民地性质的重大变异,已定型的律例法体系转为新形式的律令法体系。这是条约规定与国内法规相互交混的过渡性法体系。为适应中国的半殖民地、半封建社会需要,《大清律例》不得不进行些微修改;又自同治九年后中止了五年一小修、十年一大修的修律制度,反映了清政府法律变革的严重滞后和消极应对及措置无方。正唯如此,被束之高阁的"八议"之法,又一度被作为维持天朝体制、抵制列强侵略的武器,但终不能适应中外关系的新格局而昙花一现,名实俱亡。

后一阶段,经过甲午战争和庚子事变的创巨痛深,清政府由被动走向主动,开始从整体上调整条约关系下畸形的法律状态,试图建立统一的法律体系,以收回司法主权。因条约关系产生的种种经济、社会问题,缺乏相应的国内法规可以"依循",更导致中国各种权益的丧失。为适应中外关系和中国社会的新格局,中止30余年的修律程序在更广范围重新启动,清政府全面革新以治内为主要内容的封建旧律,建立"中外通行"的法律体系。例如,区分实体法和程序法,制定刑法、民法暨诉讼法,以及其他部门法,包括商业、工矿业等经济立法,等等。"中外通行"构想是一种新的法律秩序,既与《大清律例》为主体的法律体系不同,也与鸦片战争后条约规定与国内法规交混并存的格局大异其趣。它引进西方法律原则,改变以刑为主、诸法合体的传统架构,建立诸法并重、诸法分立的近代体系,开始与世界法律相衔接,呈现了与旧法系不同的新面貌;改革又"以收回治外法权为宗旨",旨在恢复司法主权,匡正条约关系下中国法律的紊乱失序状态。

但是,晚清法律的变化是条约关系约制和刺激下的急就章,并非国内社会、经济发

---

① 参见张生《中国近代民法典化研究》,第108页。
② 刘锦藻:《清朝续文献通考》第3册,卷248《刑七》,第9943页上栏。
③ 沈家本等编:《修正刑律案语》第1编,第11页b。
④ 松寿:《交涉约案摘要序》,光绪庚子,王鹏九编:《交涉约案摘要》卷首,光绪间刻本,第1页a—b。

展到相应程度的自然革新，不可避免存在种种局限和弊端。尤其是，由于条约关系是列强用暴力强加给中国的不平等的国际秩序，导致这一变化充斥着浓重的半殖民地色彩。列强在华条约特权通过国内法获得认可和维护，由此以法律形式确认了中国半殖民地的国家地位，又使得清末法律改革具有的近代性质黯然失色。独立自主是建立近代民族国家的根本前提，亦是构筑近代法律体系的基本要素。毋庸置疑，不平等条约关系虽在客观上刺激了晚清法律的革新和进步，但却限制和阻碍了中国独立自主地走向法律近代化。这正是近代中国的困窘所在，只有改变不平等条约关系，中国法律才能真正实现从传统到近代的转型。

（原载《历史研究》2015 年第 2 期）

晚清的"共和"表述*

李恭忠**

摘　要：晚清时期"Republic/共和"概念的输入与接受，既是知识领域的跨文化互动问题，也是政治领域的现实行动选择问题。鸦片战争之后，中国人对西方共和概念的了解长期呈现名与实依违不定的特征。19世纪80年代初期，近代意义上的"共和"一词通过日文传入中国。1898—1902年间，梁启超等人经由日文著述对西方政体分类知识进行系统介绍，近代共和概念由此迅速流行开来，与革命潮流互为推演，并逐渐与中国古典"共和"划清界限。此后以梁启超和孙中山为代表，分别形成了两种竞争性的"共和"表述，前者侧重于知识和学理探讨，主张缓行共和；后者强调实际行动，主张跨越式速行共和。知识领域的问题与政治领域的问题相互交织，使西方共和概念的输入呈现为实与名的疏离。民初，"共和"成为耳熟能详的新名词，但制度移植的效果未能符合预期，以至于逐渐遭到质疑和批判。

关键词：共和　概念史　孙中山　梁启超

辛亥革命期间，"共和"一词曾经与"民主"一道风行一时。革命之后的一个世纪里，"民主"持续成为学术界和公众关注的焦点，"共和"则显得"门前冷落鞍马稀"。虽然几乎所有关于中国近代民主发展史的论著多少都会涉及"共和"[1]，宽泛意义上的"民主共和"也屡屡被人论及，但针对近代中国共和概念变迁问题的专门探讨较为少见。直至近十余年来，受欧美理论界古典共和主义复兴潮流影响，中国法学界、政治学界开始重新关注"共和"，试图发掘、弘扬这一"古老而伟大的传统"[2]。史学界不约

---

* 本文撰写过程中，孙江教授和陈力卫教授提供了重要帮助。《近代史研究》编辑部及匿名审稿人提供了富有启发性的修改意见。论文初稿曾经提交韩国高丽大学亚细亚问题研究所2011年10月7—8日举办的"东亚'共和'的受容与变容"国际学术讨论会，承蒙评论人韩国中央大学李春馥教授提出宝贵批评。谨此一并致谢。

** 李恭忠，南京大学中华民国史研究中心副教授。

[1] 早期代表性成果有熊月之著《中国近代民主思想史》（上海人民出版社1986年版），最新成果有闾小波著《近代中国民主观念之生成与流变——一项观念史的考察》（江苏人民出版社2011年版）。

[2] 天成：《论共和国——重申一个古老而伟大的传统》，王焱编：《宪政主义与现代国家》，生活·读书·新知三联书店2003年版。另参见刘训练《共和主义的复兴》，马德普主编：《中西政治文化论丛》第4辑，天津人民出版社2004年版；张凤阳：《共和传统的历史叙事》，《中国社会科学》2008年第4期。

而同也开始重新关注孙中山、梁启超、章太炎等人共和思想的内涵及其与中西政治思想的关系,或者与概念史研究潮流互为呼应①探讨"民主""共和""革命"等概念在近代东亚的翻译和传播过程。②

已有研究呈现了近代共和概念演变的大致路径:"共和"本是一个古汉语词汇,被近代日本人借用来翻译 republic 一词,清末民初又作为一个新概念从日本回流中国。在前贤研究基础上,本文尝试从"名"与"实"关系这一视角出发③,对近代共和概念在晚清时期的输入与接受情况作一专门梳理,希望能对如下问题有所补充:西方共和制度作为一种外来事物,鸦片战争之后如何与东方既有的知识资源对接;19世纪80年代以后,特别是1898—1902年间,共和概念具体如何传入中国,又如何与"共和行政"这一中国古典含义区别开来;1903年以后共和概念在中国的进一步传播,如何与政治领域的行动选择互为纠缠④,这种互动又对共和概念在民初的理解和接受情况产生了什么影响。

一 西方共和传统的名与实

与现代汉语词汇"共和国"对应的英语 republic 源于拉丁文 res publica,后者又与古希腊文 πολιτεία 密切相关。πολιτεία、res publica 在西方古典政治学说中具有多重内涵,从柏拉图、亚里士多德到西塞罗,这两个名词既可作为国家、宪法、政体的泛称,

---

① 关于概念史研究的兴起和旨趣,参见黄兴涛《近代中国新名词的思想史意义发微》,《开放时代》2003年第4期;黄兴涛《清末民初新名词新概念的"现代性"问题》,《天津社会科学》2005年第4期;孙江《语言学转变之后的中国新史学》,孙江主编:《新史学》第2卷《概念·文本·方法》,中华书局2008年版。

② 熊月之:《晚清几个政治词汇的翻译与使用》,《史林》1999年第1期;熊月之:《自由、民主、总统三词在近代中国之翻译与使用》,《百年》1999年5月号;熊月之:《理解的困难与表达的偏差——晚清中国对美国总统制的解读》,《史林》2007年第1期;方维规:《东西洋考"自主之理"——19世纪"议会"、"民主"、"共和"等西方概念之中译、嬗变与使用》,《中外法学》2000年第3期;谢放:《戊戌前后国人对"民权"、"民主"的认知》,《二十一世纪》总第65期,2001年6月;狭间直树:《对中国近代"民主"与"共和"观念的考察》,中国史学会:《辛亥革命与二十世纪的中国》,中央文献出版社2002年版;冯天瑜:《"革命"、"共和":清民之际政治中间概念的形成》,《武汉大学学报》2002年第1期;冯天瑜:《新语探源:中西日文化互动与近代汉字术语生成》,中华书局2004年版;皮后锋:《严复评传》,南京大学出版社2006年版;金观涛、刘青峰:《观念史研究:中国现代重要政治术语的形成》,法律出版社2009年版;陈力卫:《近代中日概念的形成及其相互影响——以"民主"与"共和"为例》,《东亚观念史集刊》第1期,政大出版社2011年版。

③ 名与实作为中国本土逻辑学和认识论传统中的一对核心范畴,在墨子那里得到了集中阐述,"名"指概念、名称、词语,"实"指客观事实、事物对象的基本特征(邢兆良:《墨子评传》,南京大学出版社1993年版,第315—317页)。"名"与"实"后来经常在更加宽泛的意义上被对举使用,成为一种描述性的两分框架,既可以用来描述虚名与实际之间的差异,也可以用来描述形式与内涵、表象与本质之间的距离。本文借鉴这一传统的描述性框架,以便大致呈现"共和"概念在晚清中国的演变轨迹。这一框架的缺陷是不够精细,尚不足以用作分析模型。

④ 限于篇幅,关于辛亥革命前夕的共和表述,本文将以梁启超和孙中山这两个代表人物作为探讨重点。

又可作为一种混合政体的专称。伴随着从 πολιτεία、res publica 到 republic 的概念变化①，其内涵也从古典时代国家、宪法、政体的泛称，逐渐转变为近代以来特定政体类型的专称。

亚里士多德以统治权的归属和利益导向为标准，提出了三类基本政体及其变体：（1）一人统治，以全邦利益为依归即为君主政体，其变体则为僭主政体，只以个人利益为依归；（2）少数统治，以全邦利益为依归即为贵族政体，其变体则为寡头政体，只以富户的利益为依归；（3）多数统治，以全邦利益为依归即为 πολιτεία（politeia），其变体则为 χλοκρατία（ochlocracy），只以穷人的利益为依归。对于第三类政体 πολιτεία，亚里士多德立足于古希腊城邦公民自治的经验基础，阐述了它作为一种混合政体类型的内涵。他主张"最好把政体保持在中间形式"，"在混合政体中应有三项同等重要的因素——自由出身、财富和才德"。兼顾财富和自由出身两个要素、倾向于多数主义的混合政体，可称为 πολιτεία。②

关于上述前两类政体，后人基本无甚分歧。然而第三类政体 πολιτεία 这一名称，却给后人带来了概念上的麻烦。亚里士多德《政治学》一书大量使用该词泛指政制、政府、宪法、政体③，但在这里，他却使用该词作为特定政体类型的名称。古罗马政治家西塞罗将该词译为拉丁文 res publica，仍然保留了既作为国家和一般政体泛称，又作为特定政体类型专称的内涵。④ 近代以来，随着 res publica 演变为 republic 并逐渐成为特定政体类型的专称（详后），πολιτεία 也多被直接译为 republic。明末清初，耶稣会士高一志撰写的《平治西学》一书率先提到了亚里士多德关于政体的分类，并根据拉丁文将亚氏所说第三类政体译为"民众之政"。⑤ 1899 年，梁启超根据日文著述，将 πολιτεία 及其变体转译为"合众政治"与"乱民政治"⑥，1902 年又译为"民主政体（polity or democracy）"与"暴民政体（ochlocracy）"⑦；严复 1906 年根据英文著作译述《政治讲义》，分别将其译为"民主，波理地"与"庶政，德谟括拉寺"⑧；后来吴寿彭根据希腊文重新翻译亚里士多德《政治学》，则分别将其译为"共和政体""平民政

---

① 此外还有一条概念演变的线索，即从 πολιτεία、res publica 到 constitution、参见徐国栋《宪法一词的西文起源及其演进考》，《法学家》2011 年第 4 期。这两条线索之间的互动关系，值得进一步探讨。

② ［古希腊］亚里士多德：《政治学》，吴寿彭译，商务印书馆 1965 年版，第 133—134、135、198、199、200、207、311—312 页。其中，王政又分五种，最弱的一种为斯巴达式无治权、依法为政的终身军事统帅，或者世袭或者公举，有点类似于近代以来的虚君制。甚至不能算是君主政体的一种（［古希腊］亚里士多德：《政治学》，第 167 页）。

③ ［古希腊］亚里士多德：《政治学》，第 479—480 页。

④ 徐国栋：《宪法一词的西文起源及其演进考》，《法学家》2011 年第 4 期。

⑤ 此点承黄兴涛教授见示，谨此致谢。

⑥ 《国家论卷一》，《清议报》第 23 册，1899 年 8 月 6 日，台北：成文出版社 1967 年影印版，第 3 册，第 1509 页（本文引用《清议报》页码均依影印版，后文不另注）。

⑦ 中国之新民：《亚里士多德之学说》，《新民丛报》第 20 号，1902 年 11 月 14 日，第 22、23 页。

⑧ 王栻主编：《严复集》，中华书局 1986 年版，第 1257 页。

体"①，并成为当代中文语境里的流行译名。

在柏拉图、亚里士多德政体分类学说的基础上，西塞罗阐述了与 res publica 之名对应的混合政体之实。"国家乃人民之事业"（res publica res populi），而人民则是"基于法权的一致和利益的共同而结合起来的人们的集合体"。理想的 res publica，应该"由王政的、贵族的和人民的这三种政体适当地混合而成"；"最好是国家包含可以说是卓越的王政因素，同时把一些事情分出托付给显贵的权威，把另一些事情留给民众们协商和决定"。② 这种混合模式的现实样本，就是古罗马共和国中期的制度，具体包括法治、分权、制衡、任期制、直接选举制，以及政治领导人的美德，等等。③ 当然，与亚里士多德所说的 πολιτεία 一样，res publica 也离不开两个经验前提，即小规模的政治共同体（城邦）和公民自治传统。

可见，从亚里士多德到西塞罗，πολιτεία 和 res publica 这两个古典词汇，在专指一种混合政体的方面而言，二者既有连续性，又发生了变化。一方面，πολιτεία 和 res publica 都强调兼顾贫与富、少数与多数，在很大程度上具有了平民主义、公民参政、群众统治的内涵，从而为后来西方语境中 republic 之名与 democracy 之实的交叠以及这两个词汇之间的纠缠不清埋下了伏笔。另一方面，从 πολιτεία 到 res publica 的变化也很明显。亚里士多德所说的 πολιτεία 并不包含王政或君主政体因素，西塞罗所阐述的 res publica 却包容了王政的要素，从而为近代西方"共和"与"有限君主制"或者"立宪君主制"在实际内涵上的趋近提供了理论渊源。

近代以来，随着民族国家建国潮流的兴起，拉丁文 res publica 逐渐衍生出 republiche、republic、république、republiek 等西文词汇。就其专指特定政体类型的义项而言，这些词汇在内涵上逐渐偏离了西塞罗的解释，部分回归亚里士多德的思考方向，也就是从包容王政要素重新走向与君主政体完全分离。16 世纪，马基雅维利在《君王论》的开篇就将共和国（Republiche）与君主制（Prencipati）当作两种不同的基本政体类型相提并论。④ 到了 18 世纪，英文单词 republic、commonwealth 的含义已经基本定型，都去除了君主制的内涵。⑤ 在 18 世纪孟德斯鸠那里，république 也成为与君主制区别开来的政体类型的专称："政体有三种：共和政体、君主政体、专制政体……共和政体是全体人民或仅仅一部分人民握有最高权力的政体；君主政体是由单独一个人执政，不过遵照固定的和确立了的法律；专制政体是既无法律又无规章，由单独一个人按照一己的意志与反复无常的性情领导一切。"⑥ 至此，作为一种政体类型的西方近代共和概念，从"名"的层面而言与君主制划清了界限。

然而，西方近代共和概念对应的制度之"实"的变化，又加剧了 republic 与其他相

---

① ［古希腊］亚里士多德：《政治学》，第 133—134 页。
② ［古罗马］西塞罗：《论共和国 论法律》，王焕生译，中国政法大学出版社 1997 年版，第 39、60、83、100 页。
③ 施治生：《西塞罗的共和国政治理论》，《史学理论研究》1998 年第 1 期。
④ Niccolò Machiavelli, *IL Prencipe*, 1584, p. 3. http://books.google.com.hk/books? id = GLw6AAAAcAAJ, 2012 年 11 月 27 日登录。
⑤ 刘训练：《共和考辨》，《政治学研究》2008 年第 1 期。
⑥ ［法］孟德斯鸠：《论法的精神》，张雁深译，商务印书馆 1983 年版，第 7—8 页。

关概念的纠缠关系。在不同于古典城邦的情境下，美国在"合众建国"过程中继承了西方古典共和制度的意涵，基于美国市镇自治的传统和各州自为治理的现实，以代议制民主取代了古典的直接民主，并且引入了宪政框架。① 这套以地方自治为基础，以宪法、选举、分权制衡、任期制为特征的复合共和制度，成为近代共和制度的模板。这样一来，democracy 与 republic 概念的内涵之间有了更加密切的交叠，两个词语经常被混同使用。由此，西方共和概念本身的"名"与"实"之辨，更加不易厘清。在近代以来该概念的跨文化移植过程中，这个问题显得尤为棘手。

二 初识共和：实与名的脱节

对于近代中国人而言，"republic/共和"是一个全新的外来事物。因此，中国知识人对它的了解不是"循名责实"，而是先触及零散的事实，而后在概念上混淆不清。至于学理层面的探讨，在很长时期内都付之阙如。

1. 初遇共和之实的陌生感

学术界讨论近代中国人对于西方民主政治（包括共和体制）的最初认识，多以鸦片战争之后的林则徐、魏源、徐继畬等人为样本②，因为他们较早接触了关于西方近代民主制度的信息，特别是关于美国的总统、选举和议会制度的新鲜信息。③ 当然，这些新鲜信息的获得，主要借助了外国传教士这一中介。④

林则徐主持编译的《四洲志》作为一部翻译作品，打开了中国人了解西方世界的视窗。该书详细介绍了美国的政治制度，提到了"勃列西领"（即总统）、"衮额里士"（即国会）、"西那多"（即参议员）、"里勃里先特底甫"（即众议员）等一系列陌生的名词，并且评论说：美国"总无终身世系之事"，"虽不立国王，仅设总领，而国政操之舆论，所言必施行，有害必上闻，事简政速，令行禁止，与贤辟所治无异。此又变封建、郡县官家之局，而自成世界者。"⑤

梁廷枏《合省国说》（1844 年）序文中对美国的政治制度颇为赞赏："彼自立国以来，凡一国之赏罚、禁令，咸于民定其议，而后择人以守之。未有统领，先有国法……统领限年而易，殆如中国之命吏，虽有善者，终未尝以人变法……盖取所谓视听自民之茫无可据者，至是乃彰明较著而行之，实事求是而证之。"⑥ 不过，梁廷枏认为这种制度只能在特殊的时间出现于美国这一特殊空间和人群当中，无法为其他国家所仿效。

徐继畬的《瀛寰志略》（1848 年）对"米利坚合众国"的总统制度也有详细叙述，

---

① 关于美国建国之初的复合共和体制，参见文森特·奥斯特罗姆《复合共和制的政治理论》，毛寿龙译，上海三联书店 1999 年版。
② 1837 年 5 月，《东西洋考每月统计传》提到，美国"居民不服王君，而每省良民立公会，自选人才忠烈缙绅，代庶民政治修举"。见潘光哲《晚清士人对英国政治制度的认识（1830—1856）》，台北《政治大学历史学报》总第 17 期，2000 年 5 月。不过，这种描述还很简略，且在士大夫当中影响有限。
③ 参见熊月之《中国近代民主思想史》。
④ 王立新：《美国传教士与鸦片战争后的"开眼看世界"思潮》，《美国研究》1997 年第 2 期。
⑤ 林则徐：《四洲志》，华夏出版社 2002 年版，第 146—147、155 页。
⑥ 梁廷枏：《合省国说序》，《海国四说》，中华书局 1993 年版，第 50 页。

并且评论说："米利坚，政最简……合众国以为国，幅员万里，不设王侯之号，不循世及之规，公器付之公论，创古今未有之局，一何奇也。"① 徐继畬还将华盛顿与中国历史上的陈胜、吴广、曹操、刘备进行比较，突出表彰他不以国家为私产、不称王位、不传子孙的高尚品德，认为这种风范与中国古老的天下为公理想非常契合。

上述文字中传达的关于美国政治体制的信息，主要是国家元首的任期制和权力限制、投票选举制、议会制度、法治原则，以及政治领袖应该具有的高尚品质。这些信息汇总起来可以构成一幅共和制度的基本图像。直至民国初年，中国人对于西方共和制度的基本印象依然如此。

另外，魏源编纂、1852 年刊行的百卷本《海国图志》，收录了澳门葡萄牙人玛吉士 1847 年刊印的《新释地理备考全书》中的一段话："欧罗巴中所有诸国，政治纷繁，各从其度。或国王自为专主者，或国主与群臣共议者，或无国君，惟立家宰执政者。"② 这是近代知识人对西方不同政体类型的最初认识，不过仍是现象的描述，尚未及于政治学概念论说的层次。

总的来说，近代中国人最初接触西方共和制度时，难免援引儒家传统的知识资源，比如民本、德政、天下为公等作为参照。诚如有学者指出，这是"戴着中国古代贤人政治的视镜"来观察西方政治制度③，或者说"中国固有的思想资源……被转化为理解西方民主传统的触媒"。④ 他们尚不了解西方的政体分类知识和 republic 概念，因而只能介绍、描述具体的制度表象，却不知如何为之命名。"自成世界""古今未有之局""一何奇也"等评论文字，既可以形容西方共和制度的独特性，更表达了他们对这种制度的陌生感。

2. "民主"与 Republic 的对译和混淆

鸦片战争之后，外国传教士和中国人编撰的英汉字典已经较为清楚地给出了 republic 一词的中文释义，比如《英华韵府历阶》（1844 年）释为"合省国"，《英华字典》（1866 年）释为"众政之国""公共之政"，《华英字典集成》（1882 年）释为"合众出治之国""公同之政"，但在 19 世纪的很长时间里，这些说法并未得到普及。⑤ 在这种情况下，晚清中国人对于 republic 概念的认知和表述，很长时期内都以"民主"一词作为媒介，并且往往与 democracy 的内涵混同在一起。

已有研究注意到，传教士丁韪良（W. A. P. Martin）1864 年主持翻译的美国人惠顿（H. Wheaton）所著《万国公法》一书，既用"民主"一词来指 democracy，也多次在

---

① 徐继畬：《瀛寰志略》第 9 卷，道光庚戌年版，第 33—35 页。
② 转引见潘光哲《晚清士人对英国政治制度的认识（1830—1856）》，《政治大学历史学报》总第 17 期，2000 年 5 月，第 158—159 页。
③ 冯天瑜：《新语探源：中西日文化互动与近代汉字术语生成》，第 546—548 页。
④ 潘光哲：《晚清士人对英国政治制度的认识（1830—1856）》，《政治大学历史学报》总第 17 期，2000 年 5 月，第 169 页。
⑤ 方维规：《东西洋考"自主之理"——19 世纪"议会"、"民主"、"共和"等西方概念之中译、嬗变与使用》，《中外法学》2000 年第 3 期。

"民为主"的意义上使用该词来指称一种不同于君主国的政体类型。① 从具体语境来看,"民主"一词与 republic 之间的对应关系非常明显。以下是《万国公法》中一些译文与原文的比对,分别涉及共和政体的基本形态以及遣使、缔约等不同方面:

> 美国合邦之大法,保各邦永归**民主**。(And the constitution of the United States of America guaranties to each state of the federal union a **republican** form of government.)②
>
> 遣发第一等钦差,惟君主之国或**民主之大国**方可。(The right of sending ambassadors is exclusively confined to crowned heads, the great **republics**, and other states entitled to royal honours.)③.
>
> 君主之国,则盟约归君掌握;**民主之国**,则首领或国会、或理事部院均可任其权焉。(In absolute, and even in constitutional monarchies, it is usually vested in the reigning sovereign. In **republics**, the chief magistrate, senate, or executive council is in-trusted with the exercise of this sovereign power.)④

由上可见,丁韪良所说的数例"民主",不是偏正结构意义上的"民之主"(即中国古典的含义),而是主谓结构⑤意义上的"民做主",或者是主谓宾结构意义上的"民主国"。不管是主谓结构还是主谓宾结构意义上的"民主",都是与"君做主""君主国"相对而言的,是对近代西方相对于君主制而言的 republic 意涵的吸纳和简练表达。

经由《万国公法》的传播效应,中国人开始在"民主""君主"的名称之下接触和运用西方关于政体分类以及共和政体特征的知识。已有的研究表明,《万国公法》中文本出版后,"民主"一词逐渐成为中国出使外国人员用以表述不同于君主制的政体类型的通行术语。⑥ 改革派思想家郑观应、王韬,也都使用"民主"一词来指称西方的共和政体。王韬的说法最清楚:"泰西之立国有三:一曰君主之国,一曰民主之国,一曰君民共主之国……如法、如瑞、如美等,则为民主之国,其称尊号曰伯理玺天德,即中国之所谓统领也……国家有事,下之议院,众以为可行则行,不可则止,统领但总其大

---

① 熊月之:《中国近代民主思想史》,第 10 页;熊月之:《晚清几个政治词汇的翻译与使用》,《史林》1999 年第 1 期;方维规:《东西洋考"自主之理"——19 世纪"议会"、"民主"、"共和"等西方概念之中译、嬗变与使用》,《中外法学》2000 年第 3 期。

② 丁韪良译:《万国公法》第 2 卷,同治三年京都崇实馆版(以下各卷同),第 13 页;Henry Wheaton, *Elements of International law*, London: 1836, p. 96. http://books.google.com.hk/books?id=GKdJAAAAcAAJ, 2012 年 11 月 27 日登录。

③ 丁韪良译:《万国公法》第 3 卷,第 3 页;Henry Wheaton, *Elements of International Law*, p. 171.

④ 丁韪良译:《万国公法》第 3 卷,第 14 页;Henry Wheaton, *Elements of International Law*, p. 185.

⑤ 关于"民主"一词在偏正结构和主谓结构上的用法区别,见[意]马西尼《现代汉语词汇的形成——十九世纪汉语外来词研究》,黄河清译,汉语大辞典出版社 1997 年版,第 172—173 页。

⑥ 熊月之:《晚清几个政治词汇的翻译与使用》,《史林》1999 年第 1 期。

成而已,此民主也。"① 显然,王韬这里描述的"民主之国",正是名为"民主"、实为republic 的政体类型。只不过在他看来,这种"民为主"的政体并非最理想的选择,只有"君民共主"政体才是首选。直到19世纪90年代,"民主"一词依然经常被用来表述republic,即无世袭君主、国家元首由人民直接或间接选举。比如,1890年薛福成作为出使大臣向法国总统呈递国书,第一句话就是"大清国大皇帝问大法民主国大伯理玺天德好"。②

共和制度长期被冠以"民主"之名,导致近代以来中文语境里"共和"与"民主"这两个概念长期纠缠不清。已有的研究表明,近代中日概念史上都存在这一现象。③ 那么应当如何理解丁韪良以来这种"误译"?一方面,如前所述,在西方的语境中,从 πολιτεία、res public 到 republic,一直都在很大程度上包含了 democracy 的内涵,以至于概念之间纠缠不清。惠顿的《万国公法》英文原著中也是如此,republic、democracy、democratic republic 相互混用。另一方面,这一现象体现了西方共和传统东渐时与中国人既有知识资源对接的困难。《万国公法》中文版的译者署名为丁韪良,实际参与翻译者还包括一批中国人,例如江宁何师孟、通州李大文、大兴张炜、定海曹景荣等。④ 面对全然不同于中国的西方政制,他们已有的"知识仓库"中尚无相应的概念。⑤ 中国历史上没有"共和国"的事例,只有两千多年"君为主"的传统,以及儒家学者关于君权如何配置、君—臣关系和君—民关系等问题的断续讨论,大致形成了"君—民"两分的思考框架。近代西方共和制度的一个明显特征就是无"君",这与中国的君权制度形成了极大反差。面对这种情况,当时知识人在"君—民"两分的思考框架下,很容易从"民"这一端来理解这种新鲜的共和制度。中国古时已有偏正结构意义上的"民主"一词,其中的"主"字原本是名词。古汉语名词用作动词的情况很常见,"民主"一词转为主谓结构,用来表述无"君"的共和制度,亦属自然。

三 共和输入:名与实的对接

"共和"为儒家经典中已有的词汇,从司马迁开始一般解释为西周末年厉王出奔,周、召二公"共和行政"⑥,也有人解释为共伯和摄政。⑦ 但近代意义上的"共和"词汇是在19世纪80年代初期从日本传入中国的。戊戌之后的四五年里,经由梁启超为代表的一批知识人的介绍,西方政体分类知识得以系统输入中国。此后,以孙中山为代表,少数直接受过英美教育、对西方政治制度有所体验的中国人,也开始以"共和"

---

① 王韬:《弢园文录外编·重民下》,中华书局1959年版,第22—23页。
② 薛福成:《出使英法义比四国日记》第1卷,光绪壬辰年版,第42页,见《庸盦全集》(2),台北:华文书局股份有限公司1971年影印版,第857页。
③ 陈力卫:《近代中日概念的形成及其相互影响——以"民主"与"共和"为例》,《东亚观念史集刊》第1期,政大出版社2011年版。
④ 丁韪良译:《万国公法》,"凡例",第1页。
⑤ 关于"知识仓库"对于近代中西知识互动的意义,见潘光哲《追索晚清阅读史的一些想法——"知识仓库"、"思想资源"与"概念变迁"》,《新史学》第16卷第3期,2005年9月。
⑥ 《附释音春秋左传注疏》第52卷,嘉庆二十年南昌府学重刊宋本十三经注疏本。
⑦ 《春秋左传注解辨误》下卷,明万历刻本。

来表达自己的民权追求。在多方合力下,"共和"作为一个近代概念逐渐在中文语境里传播开来。

1. 甲午以前近代"共和"语汇的传入和使用

已有的研究表明,以汉字"共和"对译英语 republic,最早是由日本学者完成的。19 世纪 80 年代,这种译法正式进入了日英辞典。1882 年,大筑拙藏翻译的《惠顿氏万国公法》,开始用"共和政治"替代之前来自中国的译语"民主之国"。到了 19 世纪八九十年代之交,一系列西方政治学著作相继被翻译成日文,作为政体意义上的"共和""共和政治"在日语中得到广泛使用。与此同时,"民主"一词的含义则从原先表示政体,扩大到表示一种制度、主义和精神,与"共和"概念在内涵上保持着密切相关性。①

最迟至 1882 年,近代意义上的"共和"一词已通过日文传入中国,随后得到了零星使用。1882 年 12 月 22 日,《申报》的"东报杂录"栏目提到,日本栖川亲王巡游"至法国附近之共和国,该国大统领先期预备迎迓之"。② 1884 年,《申报》转载日本报纸的消息:法国左派批评"政府所施政略,未经两院议允,用兵东洋……非共和政治之本意","直使向定宪制为废文"。③ 1886 年,《申报》一篇文章提到法国的"共和党"。④ 1888 年,《申报》从日本报纸转载了"瑞西共和国大统领"逝世的消息。⑤ 1889 年,《申报》上一则短文提到:"南美共和国名埃秦他英,欧州人民皆视之为乐土,移家往住者纷纷不绝……诚海外桃源欤!"⑥

然而,直至戊戌前后,中文语境里的"共和"一词尚未完全发展为一个近代概念。首先,它往往作为一个孤立的外来新词汇在中文语境里出现,未能与其他政治学术语共同构成一幅清晰的概念图景,难免令读者(受众)感到莫名其妙。其次,它与 republic 的对应关系尚未完全确立,"民主"依然是 republic 的通行译法。1893 年,驻美公使崔国因日记记载:"美国为民主之国,总统断不能与民争胜。"⑦ 1898 年黄遵宪《日本国志》云:"有一人专制,称为君主者;有庶人议政,称为民主者;有上与下分任事权,称为君民共主者。"⑧ 再次,作为一个古汉语词汇,"共和行政"这一古典含义,在中国知识人当中依然有强大影响。1882 年 2 月,"共和考"仍被宁波辨志文会列为史学兼掌故科题目之一。⑨ 1893 年,上海求志书院史学科的夏季试题中也出现了"共和考"。⑩ "尧舜之禅让、共和之并治",依然被视为中国古代罕有的善政。⑪

---

① 陈力卫:《近代中日概念的形成及其相互影响——以"民主"与"共和"为例》,《东亚观念史集刊》第 1 期,政大出版社 2011 年版。
② 《东报杂录》,《申报》,1882 年 12 月 22 日,第 2 版。
③ 《扶桑杂志》,《申报》,1884 年 11 月 7 日,第 3 版。
④ 《论法国党祸》,《申报》,1886 年 4 月 27 日,第 1 版。
⑤ 《东报汇译》,《申报》,1888 年 12 月 19 日,第 2 版。
⑥ 《海外桃源》,《申报》,1889 年 4 月 30 日,第 2 版。
⑦ 崔国因著,刘发清、胡贯中点注:《出使美日秘日记》,黄山书社 1988 年版,第 607 页。
⑧ 黄遵宪:《日本国志》第 1 卷,光绪二十四年上海图书集成印书局印行,第 1 页。
⑨ 《宁郡辨志文会二月分题目》,《申报》,1882 年 3 月 24 日,第 2 版。
⑩ 《上海求志书院癸巳夏季题目》,《申报》,1893 年 7 月 15 日,第 2 版。
⑪ 《论宜通民情》,《申报》,1887 年 5 月 1 日,第 1 版。

2. 戊戌之后的学理输入与共和概念的流行

1898—1902 年间，言论先锋梁启超长期流亡日本，同时中国留日学生逐渐增多。他们通过日文书刊翻译、介绍了大量西方的人文、社会科学知识（包括政治学知识），形成一股蔚为壮观的知识潮流。借助梁氏言论的巨大影响力，近代共和学说在中国知识人当中逐渐传播开来，"共和"作为与 republic 对应的新概念也广为流行。

1898 年 12 月 23 日，梁启超主持的《清议报》创刊号在横滨出版，开始连载日本著名政治小说《佳人奇遇》，旨在借助小说的感染力来影响舆论、促进中国的政治变革。① 小说第一卷以某日本志士邂逅西班牙和爱尔兰美女的浪漫故事为引子，敷陈了西班牙、墨西哥、法国政治制度变革的曲折历程，译文中反复出现"共和""民政共和""共和党""议院"等词汇。② 小说虽然力图宣扬君主立宪制度，但客观上构筑了一幅新鲜的概念图景和具体的文本语境，从而有助于读者对"共和"这一新词汇进行理解。

1899 年 4 月 10 日开始，《清议报》断续连载德国学者伯伦知理《国家论》卷一的译文。③ 这本书结合欧洲国家发展的历史，讨论了国家的含义、立国的依据和条件、国家之建立沿革及亡灭、立国之渊源、国家的目的，旁及近世以来关于国家的各派学说，包括社会契约论，等等。该书第一章"国家之改革"提到："今举政学家之著名者略述之……所论分为共和、专制、立宪三种，各不相同也。"④ "北美利加之民，脱英国束缚，立代议共和政府，自称合众国。"⑤ 断续连载于《清议报》各册的《国家论》译文，1902 年被编辑为《清议报全编》第 3 辑，由横滨新民社印行单行本，在中国知识人当中进一步传播开来。

1899 年 4 月，梁启超在《清议报》上发表译作《各国宪法异同论》，介绍了共和制度的一些基本内容，比如国会制度、国家元首制度，以及君主和大统领在军事、宣战、媾和、缔约、复议法律、召集与解散国会等方面的职权差异。文章前言明确告诉读者："宪法者，欧语称为孔士九嵩，其义盖谓可为国家一切法律根本之大典也。故苟凡属国家之大典，无论其为专制政体（旧译为君主之国），为立宪政体（旧译为君官共主之国），为共和政体（旧译为民主之国），似皆可称为宪法。"⑥ 括号中的话，是梁启超对新旧译名的解释。这里明确将"共和"作为政体类型的一种介绍给中国人，并且明确指出，它就是以往经常提及的"民主之国"。这样，19 世纪后期流行的"君主之国""民主之国""君民共主之国"政体三分法，在梁启超这里变成了另一套全新的类型。以往政体分类的关注点在于谁做主，而梁氏分类的关注点则落在宪法的有无上。⑦

---

① 当时梁启超的日文水平还很有限，但小说的日文原著以华丽典雅的诗化汉文体见长，大量使用了中国式的诗文、典故、人物和景色描写（黎跃进：《简论东海散士及其代表作〈佳人奇遇〉》，《日本研究》2006 年第 3 期），因而梁启超阅读起来容易找到熟悉的感觉。

② 《佳人奇遇卷一》，《清议报》第 2 册，1899 年 1 月 2 日，第 123—128 页。

③ 关于中译本的来源，法国学者巴斯蒂和日本学者狭间直树认为依据吾妻兵治的日译本，郑匡民对《国家论》一书不同日译本进行了比较，更倾向于认为依据平田东助的日译本（郑匡民：《梁启超启蒙思想的东学背景》，上海书店 2003 年版，第 232—234 页）。

④ 《国家论卷一》，《清议报》第 11 册，1899 年 4 月 10 日，第 692 页。

⑤ 《国家论卷一》，《清议报》第 15 册，1899 年 5 月 20 日，第 955 页。

⑥ 新会梁任译：《各国宪法异同论》，《清议报》第 12 册，1899 年 4 月 20 日，第 747 页。

⑦ 闾小波：《近代中国民主观念之生成与流变——一项观念史的考察》，第 178 页。

1899年12月，梁启超在《清议报》上发表《蒙的斯鸠之学说》一文，介绍了孟德斯鸠关于政体的分类："蒙氏又分各国之政体为三大类，曰专制政体，曰立君政体，曰共和政体。而于共和政体中复分两种，一曰贵族政体，二曰平民政体，后世谈政体者，多祖述其说。""凡邦国之初立也，人民皆惧伏乎君主之威制之下，不能少伸其自由权，是谓专制政体。及民智大开，不复置尊立君，惟相与议定法律而共遵之，是谓共和政体。此二者，其体裁正相反。"专制政体的特征是"君主肆意所欲，绝无一定之法律"，"君主惟务以武力威吓其民"，"必禁遏一切新奇议论"，"守一二陈腐之主义"，"以使民畏惧为宗旨，虽美其名曰辑和万民，实则斩伤元气，必至举其所赖以立国之大本而尽失之"；立宪政体的特征是"威力与法律并行"，君权稍微得到贵族的制约。① 但文中没有对共和政体作具体介绍，文末注明"未完"。

1902年三四月间，梁启超又在《新民丛报》上发表《法理学大家孟德斯鸠之学说》一文，除了重复两年多以前那篇文章中关于专制政体和立君政体（此时已称之为立宪政体）的内容，还详细介绍了共和政体主权在民的特征："若夫共和政治，则人人皆治人者，人人皆治于人者……而其本旨之最要者，则人民皆自定法律、自选官吏，无论立法、行法，其主权皆国民自握之，而不容或丧者也。"他对孟德斯鸠"共和国尚德"这一观点尤其叹服，并且解释说："其所谓德者，非如道学家之所恒言，非如宗教家之所劝化，亦曰爱国家、尚平等之公德而已。"②

梁启超不仅办报纸、写文章，还办学校、教学生，直接传播西学知识。1899年9月，梁启超创办的东京高等大同学校正式开学，他既任校长又任教员，开设的课程即包括政治学、泰西学案等，向学生们传播卢梭、孟德斯鸠等人的政治学说。③ 除了梁启超，其他留日学生也致力于将近代意义上的共和概念介绍给中国人。1900年，留学生戢元丞等人在日本东京创办《译书汇编》月刊，致力于编译西方的政治学名著，孟德斯鸠关于法律和政体的学说，也是该刊介绍的重要内容。④

经过学理层面的系统输入，到1902年以后，"共和"与republic之间的对译关系逐渐固定下来，作为一个概念而不仅仅是孤立的词汇，为越来越多的新知识人乃至士大夫精英所了解和接受，甚至成为士子们应试的必备知识。1902年湖北乡试，第二场第一题即为"俄主专制，英主立宪，美主共和，政策之宗旨不同，国民之感受顷异，试为抉其利病得失之数策"。⑤ 同年，张百熙考查京师大学堂师范馆学生，其中外国史题目也包括如下内容："福禄尔特之说，多排宗教；卢梭之说，多主共和。二氏之说，皆圆密欤？抑有可攻之懈？"⑥

值得注意的是，"共和"与republic的对译关系确定下来的同时，它与"民主"（democracy）一词在内涵上的关联依然很密切。如前所述，这两个概念在英文和日文当

---

① 任公：《蒙的斯鸠之学说》，《清议报》第32册，1899年12月13日，第2071—2078页。
② 中国之新民：《法理学大家孟德斯鸠之学说》，《新民丛报》第4号，1902年3月24日，第19、20页。
③ 李喜所、元青：《梁启超传》，人民出版社1993年版，第139页。
④ 冯自由：《革命逸史》第3集，中华书局1981年版，第143页。
⑤ 《湖北乡试二场题》，《申报》，1902年9月20日，第1—2版。
⑥ 《大学试题二志》，《申报》，1902年12月5日，第2版。

中具有高度关联性，经由日文进入中文以后，也常被当作一对相互联系的概念来使用。1901—1902年间，梁启超介绍卢梭的自由民权主张时多处使用"民主"一词，称他为"近世真民主主义开山之祖"，并引述其结论说："凡政体之合于真理者，惟民主之制为然耳。"① 严复在1903年出版的一系列西学译著，也将"共和"与"民主"相提并论。他将穆勒《论自由》一书提及的 the best government 译为"民主共和"，并在《法意》中添加按语："民主者，治制之极盛也"，"民主者，天下至精之制也"。②

盛宣怀的例子显示了"共和"与"民主"这对关联概念的影响力。1902年11月，盛宣怀奏陈南洋公学翻译外国书籍的选择原则，提到了新的共和概念以及相关政体知识："泰西政俗流别不同，有君主专制之政治，有君主宪法之政治，有民权共和之政治，有民权专制之政治。美民主而共和，法民主而专制，其法律议论判然，与中夏殊风。英之宪法，略近尊严顾国体，亦与我不同。惟德意志自毕士马以来，尊崇帝国，裁抑民权，画然有整齐严肃之风，日本法之，以成明治二十年以后之政绩。俄虽号称君主专制之国，其法律多效自法人，制度与国体参差，故邦本杌陧，而世有内乱，不若德日之巩固也。较量国体，惟德日与我相同，亦惟德日之法与我适宜而可用。"③ 对于如何借鉴各国的政法制度，盛宣怀显得胸有成竹，他的自信显然又与对这些新概念的掌握和运用有关。

3. 近代共和概念与中国古典"共和"的分离

随着近代共和概念的流行，它与中国古典"共和"的区别也变得清晰。

日本学者最初借用古汉语"共和"一词对译荷兰语 Republiek（即英文 republic），参考了中国古典"共和"的内涵。1845年前后，箕省吾根据荷兰的地理书籍编写《坤舆图识》时，碰到荷兰语 Republiek，求证辞典后得知是指非君主制的政体，但仍然无从转译，于是咨询宿儒大槻盘溪。后者说，国无君主乃是有变，比如中国古代周王出逃，周、召二公协力主政14年，史称"共和"，因此无国王之政体宜可称作"共和政治"。④ 此后，汉字"共和"逐渐成为日语当中 republic 一词的习惯译法。

严格说来，大槻盘溪的解释有点牵强。周公、召公"共和行政"，儒家的经典解释是"虽偶无君……而礼义不废"⑤，即本有君主制度，但君主临时缺席；这与非君主制、根本没有国王的政体有实质性差异。大槻的例子与其说表明中国古典"共和"约略体现了"公""共""和"三层意蕴，从而具有与西方近代"共和"概念相通和对接的内在基础⑥，还不如说置身于中西知识交汇格局之下、较早开眼看世界的近代知识人，在

---

① 《民约论巨子卢梭之学说》，《新民丛报》第12号，1902年7月19日，第16页。
② 皮后锋：《严复评传》，第514页。
③ 《工部侍郎盛杏荪少司空奏陈南洋公学译书纲要折》，《申报》，1902年11月20日，第2版。
④ 陈力卫：《近代中日概念的形成及其相互影响——以"民主"与"共和"为例》，《东亚观念史集刊》第1期，政大出版社2011年版。
⑤ 《论语注疏》第3卷，第2页。
⑥ 冯天瑜：《新语探源：中西日文化互动与近代汉字术语生成》，第549页。冯天瑜先生关于"共和"一词在近代中国生成与流变情况的研究，采用了刘军宁作为一个无时空的理想类型而提出的共和概念，即认为"共和"理念包含"公""共""和"三层意蕴（刘军宁：《共和·民主·宪政——自由主义思想研究》，上海三联书店1998年版，第105页），侧重于从古今演绎、中西对接的理路展开分析，强调"共和行政"这一中国古典内涵与西方 republic/共和概念之间的相通。

理解和诠释西方共和概念时，难免以自身所属的文化体系为本位，援引东方传统的知识资源作为参照。① 当然，"共和行政"这一东方事例很难被化约为"原始民主"，进而与近代意义上的"民主共和"在逻辑上连接起来。事实上，大槻之后的日本学者在谈论"共和""共和政治"时，也不再将其与中国古典的"共和行政"联系在一起。

"共和"作为新式概念从日本传入以后，它与古汉语"共和"的区别也为时人所关注。严复明确指出，古汉语"共和"一词是指大臣暂时代摄君权的事例，并未形成一种制度，与"异乎今之共和"的西方"公治之制"，"其实无一似者"；"今之共和非东方所旧有也"。② 他更愿意在中国古典而非近代意义上使用该词。当代学者注意到③，《天演论》里有一则严复自己的按语："夫主治者，或独据全权之君主；或数贤监国，若周共和；或合通国之权，如泰西之民主。其制虽异，其权实均，亦各有推行之利与弊。"④

与此相应，严复1903年集中出版的一系列西学译著基本不使用"共和"一词，而试图另起炉灶，采用"民主""公治""公产"等汉语字词来对译republic、republican、commonwealth等英文词汇；尤其是《群学肄言》，英文原著中republic、republican共出现7次，但严复译著中或省略，或改译，绝不使用"共和"二字。⑤ 严译《法意》一书，同样以自创的名词来指称孟德斯鸠所说的政体类型："治国政府，其形质有三：曰公治，曰君主，曰专制……公治之制，更分二别：曰庶建，曰贤政。庶建乃真民主，以通国全体之民，操其无上主权者也。贤政者，以一部分之国民，操其无上主权者也。"⑥ "公治"即republic，"庶建"即democracy，"贤政"即aristocracy。

严复这种译法虽然古雅，但却曲高和寡，不如梁启超的译笔那样雅俗共赏。结果，"公治"远不如"共和"那样流行，以至于严复自己也不时在文章和书信中使用近代意义上的"共和"一词。⑦ 1906年出版的《商务书馆英华字典》收录词条如下："Republic 共和政治、民政国、共治国；Republican 共和国的、共和政治的、共和党、民政党。"⑧

当然，中国古典"共和"没有完全被遗忘，但已与近代共和概念泾渭分明。武昌起义爆发后不久，劳乃宣出于对共和革命的抵制，在《民是报》发表了《共和正解》

---

① 与此相似，明治时期日本学者长与专斋，也有意采用《庄子》当中原本意指个人养生的"卫生"这一古汉语词汇，来翻译意指国家日益致力于增进和监控国民健康的sanitary、hygiene等新概念，从而使译笔显得"高雅而意味无穷"。见Ruth Rogaski, *Hygienic Modernity: Meanings of Health and Disease in Treaty - Port China* (University of California Press, 2004), pp. 136 - 137。
② 转见皮后锋《严复评传》，第147、148页。清末民初报人刘成禺据传闻称，严复认为"共和"在《汉书》中为第十四等女官的名称，地位卑微，不宜署为国号。皮后锋教授指出，刘成禺此说为孤证，不足为据。
③ 皮后锋《严复评传》，第148页。
④ 《天演论手稿·卷上·卮言十六》，王栻主编：《严复集》，第1433—1434、1353页。
⑤ 皮后锋：《严复评传》，第149、477页。
⑥ [法]孟德斯鸠：《孟德斯鸠法意》上册，严复译，商务印书馆1981年版，第11—12页。
⑦ 皮后锋：《严复评传》，第149、597页。
⑧ 陈力卫：《近代中日概念的形成及其相互影响——以"民主"与"共和"为例》，《东亚观念史集刊》第1期，政大出版社2011年版。

一文,认为中国历史上"共和"的本义是"君幼不能行政,公卿相与和而修政事",将"共和"理解为民主政体乃是"谬解",而将其理解为君主政体才是"正解";中国只能实行"正解之共和",而不能实行"谬解之共和"。① 劳乃宣的诠释随即遭到反驳。《进步》杂志刊登了一篇题为《共和解》的随笔,言简意赅地阐述了共和概念的含义:"共和政体,英语谓之利泼白利克 Republic 政体,大旨为无君主,而或由少数或由多数行政,均得以共和称。若纯粹的共和,则必如瑞士与北美,方足以副厥名焉。"② 文中还扼要介绍了中国古代的"共和",指出那只是"摄政之事,绝非今日之共和政体"。

四　共和落地：实与名的疏离

在 19 世纪末 20 世纪初救亡图存的呼声愈益高涨的背景下,西方共和概念的输入与现实制度变革的吁求密切交织,"共和"尚未得到充分的学理探讨,就成为优先选择的行动方案,迅速在中国的政治制度框架和大众观念土壤中落地。但在此过程中,"共和"之实与名之间再度呈现疏离倾向。

1. 共和概念与革命潮流互为推演

共和概念传入中国以后,不仅在知识领域逐渐流行,而且与"革命"潮流互为推演。

最初介绍西方的政体类型知识时,梁启超对共和政体的倾向性非常明显。孟德斯鸠在三种政体当中最为推崇英国式君主立宪,梁启超对此表示不以为然。他征引卢梭的观点,批评孟德斯鸠"未知民政之真精神";又征引美国的体制,批评孟德斯鸠"未达法治之大原"。在梁启超看来,孟德斯鸠"未真知平等之义","心醉英风太甚,而不知英国此等现象乃过渡时代不得不然,非政治之极则也"。③

梁启超倾心于美国式的共和政体,一度鼓吹暴力革命。1899 年 10 月,梁启超在文章中公开鼓吹"快刀断乱麻,一拳碎黄鹤"。④ 1900 年 1 月 30 日午夜,梁启超乘船从檀香山前往美国本土途中,即兴写下了一首《二十世纪太平洋歌》,表达了"誓将适彼世界共和政体之祖国,问政求学观其光"的热切向往。⑤ 此后,梁启超撰写了《拟讨专制政体檄》一文,对中国传统政治制度发起酣畅淋漓的批判:"我辈实不可复生息于专制政体之下,我辈实不忍复生息于专制政体之下。专制政体者,我辈之公敌也,大仇也!有专制则无我辈,有我辈则无专制。"⑥ 1902 年 9 月,梁启超在《新民丛报》上撰文反驳"今日之中国,必不可以言共和,必不可以言议院,必不可以言自治"之类的说法,认为

---

① 《桐乡劳先生(乃宣)遗稿》第 1 卷,丁卯冬日桐乡卢氏校刊,沈云龙主编:《近代中国史料丛刊》(36),文海出版社 1969 年版。
② 丽海:《丽海堂随笔·共和解》,《进步》第 4 期,1912 年 2 月,第 1 页(文页)。
③ 中国之新民:《法理学大家孟德斯鸠之学说》,《新民丛报》第 5 号,1902 年 4 月 8 日,第 15—16 页。
④ 任公:《破坏主义》,《清议报》第 30 册,1899 年 10 月 15 日,第 1938 页。
⑤ 任公:《二十世纪太平洋歌》,《新民丛报》第 1 号,1902 年 2 月 8 日,第 109 页。
⑥ 梁启超:《拟讨专制政体檄》,李华兴编:《梁启超选集》,上海人民出版社 1984 年版,第 380 页。

这种观点其实是想让中国继续维持"数千年专制之治"。① 1902 年 11 月，梁启超还在《新民丛报》上撰文批判中国的专制政体："专制政体者，实数千年来破家亡国之总根原也。"他提醒当时的统治者和一般中国人：专制政体在当今世界已经没法存在下去，如果试图以人力来抗拒"理势"，那就好比以卵击石、螳臂当车，自不量力。②

随着共和概念的逐渐流行，革命派也明确采用"共和"一词来表述自己的民权革命主张。1903 年，邹容出版《革命军》一书，猛力抨击"数千年种种之专制政体"，替代的选项则是革命，号召以美国为蓝本，建立"中华共和国"。全书以两句口号结尾："中华共和国万岁！中华共和国四万万同胞的自由万岁！"③ 随着这本书的畅销，作为"专制"对立面的"共和"概念，在中国得到了更为广泛的传播，并成为革命派的鲜明旗帜。

1903 年 12 月，孙中山在檀香山发表演说，正式提出"共和革命"纲领："我们必要倾覆满洲政府，建设民国。革命成功之日，效法美国选举总统，废除专制，实行共和。""中华民族必将使其四亿人民的力量奋起并永远推翻满清王朝。然后将建立共和政体，因为中国各大行省有如美利坚合众国诸州，我们所需要的是一位治理众人之事的总统。"1904 年 8 月，孙中山撰写《支那问题真解》，提出将"满洲往日专制政体，变为支那共和之政体"。④ 1905 年 11 月，中国同盟会机关报《民报》创刊号发表陈天华的文章，明确提出："苟革彼膻秽残恶旧政府之命，而求夫最美最宜之政体，亦宜莫共和若。"⑤ 1906 年 4 月，胡汉民发表文章，详细解释《民报》所持的六大主义，提出"反乎专制政体""建设共和政体"。⑥ 1906 年 12 月，孙中山在东京《民报》创刊周年

---

① 中国之新民：《新民说十四·论合群》，《新民丛报》第 16 号，1902 年 9 月 16 日，第 7 页。
② 中国之新民：《论专制政体有百害于君主而无一利》，《新民丛报》第 21 号，1902 年 11 月 30 日，第 15、16、32 页。
③ 邹容：《革命军》，周永林编：《邹容文集》，重庆出版社 1983 年版，第 41、72、73、74 页。
④ 《孙中山全集》第 1 卷，中华书局 1981 年版，第 226、227、241 页。一般认为，1894 年兴中会成立时即已明确了"驱除鞑虏，恢复中华，创立合众政府"这一目标。据日本领事报告，1895 年 3 月、4 月，孙中山两次在日本驻香港领事面前提到起义成功后"使两广独立为共和国"的构想（［日］狭间直树：《对中国近代"民主"与"共和"观念的考察》，《辛亥革命与二十世纪的中国》，第 1589 页）。1897 年 8 月，孙中山与宫崎寅藏、平山周谈话时表示："余以人群自治为政治之极则，故于政治之精神，执共和主义"；"共和政治"是"政体之极则"，主张"豪杰之士起而倒清虏之政府"，"联邦共和之名之下，其夙著声望者使为一部之长，以尽其材，然后建中央政府以贺［驾］驭之，而作联邦之枢纽"（《孙中山全集》第 1 卷，第 172—173 页）。值得注意的是，这些记载都是日本人留下的。当时日文"共和政治"一词既可对应英文 republic，也可对应 federal government。如中村敬宇 1873 年翻译的《共和政治》一书，英文原著即为 *The Federal Government*。从 1895 年广州起义的实际构想来看，孙中山并未明确提出以建立共和政体为目标（史扶邻：《孙中山与中国革命的起源》，中国社会科学出版社 1981 年版，第 37、64—65 页）。细审兴中会誓词及 1897 年谈话，甲午前后孙中山对"共和"的理解，可能更偏重于"联邦主义"（Federalism）、联邦建国，而不是"共和主义"（Republicanism）、民权宪政。他早年揭橥的颇具种族色彩的武装斗争路线，与"共和革命"容或有所差异。戊戌之后几年里，随着抨击君主专制、力倡民权共和思潮的兴起，孙中山从中吸取思想营养，对"共和"的理解乃逐渐偏重于"民权"方面。
⑤ 思黄：《论中国宜改创民主政体》，《民报》第 1 号，1905 年 11 月 26 日，第 41 页。
⑥ 汉民：《民报之六大主义》，《民报》第 3 号，1906 年 4 月 5 日，第 9 页。

纪念大会上发表演讲,再次提到"中国数千年都是君主专制政体",因此要仿效当时法兰西的例子,建立"民主立宪政体"。①

2. 共和阶段论与条件论

来势汹汹的民权共和思潮,引起了保守人士的批判。1902年11月,《申报》刊载一篇文章,批评当年湖北乡试士子多受"君民平等之邪说"影响,并指出美国以民权著称,但贤明的林肯、麦根来却"被弑于乱党",可见共和政治之弊难以估量。② 1903年8月,武昌某小学开学,署理湖广总督端方亲临训话,告诫学生不要"浮薄忘本,张自由之狂谈,慕共和之治体"。③ 湖南巡抚赵尔巽也提醒湖南高等学堂学生不要盲目追随民权自由、共和政体之说,而应重视中国国民素质不高的现实。④ 也有人试图"和稀泥",认为专制、共和、立宪各有所宜、各有其弊,中国折中了三种政体类型,"未尝有共和之号",却"暗合于民主之制度","不共和而共和,不专制而专制,不立宪而立宪","非泰西所能望其项背"。⑤

改革派代表人物康有为、梁启超,则试图从学理层面讨论共和政体的现实适应性问题。1902年春,康有为撰写《论语注》一书,糅合西方进化论与传统儒学三世说,阐述了下列观点:"升平世则行立宪之政,太平世则行共和之政……由独人而渐立酋长,由酋长而渐正君臣,由君主而渐为立宪,由立宪而渐为共和……进化有渐,因革有由,验之万国,莫不同风。"⑥ 康有为并不否认共和制度是最好的制度,但他强调政治制度的演进有阶段性,即由野蛮走向专制,由专制走向立宪,再由立宪走向共和,不能以人力强求。这种渐进式的共和表述,可以概括为共和阶段论。

一度鼓吹过共和政治、对共和革命思潮的流行起过重要推动作用的梁启超,此时思想也发生了很大转变。他着重阐述了"共和条件论",与乃师的"共和阶段论"相互呼应。

梁启超在1902年11月发表的《亚里士多德之学说》一文,已经受亚氏关于民主政体(democracy)蜕变之后回归君主政体的说法影响,结合古罗马共和国恺撒、法国拿破仑和拿破仑三世回归君主制的实例,深感"民智民德之程度,未至于可以为民主之域而贸然行之,此最险事!言政治者不可不熟鉴也"。⑦ 对欧洲学者论著的进一步研读,对美国政治的实地考察,加上师友康有为、黄遵宪等人的规劝⑧,梁启超对于欧洲共和制度得以确立的历史和社会条件、共和是否适合当时中国国情等问题有了全新认识。

1903年年底梁启超游历美国结束,撰写了《新大陆游记》一书,记载了在美国考察的感受。他特别留意到,美国共和政治发达的基础在于"市制之自治",而中国只有

---

① 《孙中山全集》第1卷,第325页。
② 《君权民权释义》,《申报》,1902年11月17日,第1版。
③ 《告诫学生》,《申报》,1903年9月25日,第2版。
④ 《湖南巡抚赵大中丞劝诫高等学堂肄业生文》,《申报》,1903年7月27日,第2—3版。
⑤ 《君主之国、民主之国、君民共主之国得失利弊论》,《申报》,1903年11月29日,第1版。
⑥ 康有为:《论语注》第2卷,中华书局1984年版,第17、28页。
⑦ 中国之新民:《亚里士多德之学说》,《新民丛报》第21号,1902年11月30日,第10页。
⑧ 张朋园:《梁启超与清季革命》,"中央研究院"近代史研究所1999年版,第123、129页。

"族制之自治"。他细致考察了旧金山华侨社会，结合国内人民的情况，将中国人的缺点概括如下：一是有族民资格而无市民资格；二是有村落思想而无国家思想；三是只能受专制而不能享自由；四是无高尚之目的。他的结论是，从大多数人的程度来看，中国当时还不具备成立共和政体的条件。①

与此同时，梁启超在《新民丛报》上发表《政治学大家伯伦知理之学说》一文，着重介绍德国学者伯伦知理和波仑哈克关于共和政体的分析。伯伦知理分析了近代法国、美国和瑞士共和政治的成败经验，认为共和政体顺利运行的前提是人民接受完整的教育、具有圆满的共和品德；否则实行共和政体不但不能收到良好效果，反而可能导致暴民政治乃至亡国。波仑哈克比较了近代美国、法国、南美和中美洲诸国的共和历史，认为共和制度的成功须以人民具有自治习惯、养成自治能力为前提。"专制"历史悠久、人民缺乏自治习惯的国家倘若匆忙实行共和制度，只会导致一团混乱，终将回归"民主专制政体"，近代法国和南美各国的"共和"历史就是典型例证。波仑哈克强调："因于习惯而得共和政体者常安，因于革命而得共和政体者常危。"两位德国学者的学说，让梁启超看到了自己以前所鼓吹的共和，其实是无源之水、无本之木："共和国民应有之资格，我同胞虽一不具，且历史上遗传性习，适与彼成反比例……稽之历史，乃将不得幸福而得乱亡；征诸理论，乃将不得自由而得专制。"他不禁感到后怕："吾心醉共和政体也有年，国中爱国蹀躞之士之一部分，其与吾相印契而心醉共和政体者，亦既有年。乃吾今读伯、波两博士之所论，不禁冷水浇背，一旦尽失其所据，皇皇然不知何途之从而可也。"因此，梁启超不得不沉痛地向共和告别："呜呼！共和！共和！吾不忍再污点汝之美名，使后之论政体者，复添一佐证焉以诅咒汝。吾与汝长别矣！"②

梁启超的共和条件论，在后代学者看来虽然不无袭用日文论著之嫌③，但却显示了一条由共和之"名"进而深入探讨共和之"实"的路径。他沿着"循名责实"的方向，尝试着从学理层面展开细致探讨，进行东西政治制度的横向比较，开始触及西方共和传统的历史、文化与社会根基。

无独有偶，严复也在大约同一时期表达了与梁启超类似的观点，而且比梁启超更见学理深度。严复的思想主要来自对斯宾塞《群学肄言》、穆勒《群己权界论》、甄克斯《社会通诠》以及孟德斯鸠《法意》等西文学术著作的直接研读和翻译。基于这些著作中传达的理论观点，尤其是《群学肄言》提供的关于墨西哥、南美诸国以及美、法两个大国政治制度演变的知识，结合自己对中国民众素质的观察，严复一再强调政治制度演变的渐进性和长期性，反对通过暴力革命从君主专制跳跃式实行民主共和。④

3. 共和跨越论及优选论

在孙中山为代表的革命派看来，共和阶段论根本没有道理，共和条件论也不足为

---

① 梁启超：《饮冰室丛著第十二种·新大陆游记》，上海：商务印书馆1916年版，第194—199页。
② 中国之新民：《政治学大家伯伦知理之学说》，《新民丛报》第38、39号合本，1903年10月4日，第35—48页。
③ [法]巴斯蒂：《中国近代国家观念溯源——关于伯伦知理〈国家论〉的翻译》，《近代史研究》1997年第4期。
④ 皮后锋：《严复评传》，第150—159页。

信，在文明交汇、有不同方案可资选择的时代，政治制度的变革无须拘泥于自然演进的轨道，而应该"取法乎上"，选择最新式的东西。对于正在追求政治制度变革的中国而言，共和就是最优的选择。这就是共和跨越论及优选论，也可以简单概括为共和速成论。

孙中山灵活运用来自欧洲的知识资源来反驳共和阶段论，努力证明"共和"应该是优先选择。1904年1月，他撰写长篇文章，对檀香山保皇派报刊主笔陈某的观点进行批判："不知天下之事，其为破天荒者则然耳，若世间已有其事，且行之已收大效者，则我可以取法而为后来居上也。"他又以交通工具为例：中国从来没有火车，最近才开始制造，都是采用最新的式样；可是，如果按照保皇派的逻辑，那么中国目前还处在起步阶段，就应当采用英美国家几十年前的老产品，然后逐渐更新，最后才可以采用目前的新式火车，这样才符合进化的顺序。孙中山然后反问：世界上怎么有这种道理？人世间怎么会有这样愚蠢的人？他还指出：当前中国依然处于"专制之时代"，不管是追求君主立宪还是追求共和，都势必要经过一次破坏；既然经过强力的破坏，那么君主立宪也好，共和也好，就可以任由自己选择了。在这种情况下，为什么不选择最终的结果，而要选择过渡状态的政体呢？在孙中山看来，后者才是"一劳永逸之计"。①

1905年8月13日，孙中山在东京中国留学生欢迎大会上发表演说，再次详细阐述了"民主大共和国"作为优先选择方案的观点。他反驳共和阶段论说："我们中国的前途如修铁路，然此时若修铁路，还是用最初发明的汽车，还是用近日改良最利便之汽车，此虽妇孺亦明其利钝。所以君主立宪之不合用于中国，不待智者而后决。"孙中山以一种革命浪漫主义的姿态，坚决主张跨越式变革，跳过君主立宪制度，从速直接建立共和制度。在他看来，这就是"取法乎上"。他认为："若我们今日改革的思想不取法乎上，则不过徒救一时，是万不能永久太平的……若此时不取法他现世最文明的，还取法他那文明过渡时代以前的吗？我们决不要随天演的变更，定要为人事的变更，其进步方速。兄弟愿诸君救中国，要从高尚的下手，万莫取法乎中，以贻我四万万同胞子子孙孙的后祸。"对于康有为、梁启超等人的共和条件不足论，孙中山将美国南方及檀香山的情况与中国进行比较，据此进行反驳："我们人民的程度比各国还要高些。兄弟由日本过太平洋到米国，路经檀香山，此地百年前不过一野蛮地方，有一英人至此，土人还要食他，后来与外人交通，由野蛮一跃而为共和。我们中国人的程度岂反比不上檀香山的土民吗？后至米国的南七省，此地因养黑奴，北米人心不服，势颇骚然，因而交战五六年，南败北胜，放黑奴三百万为自由民。我们中国人的程度又反不如米国的黑奴吗？我们清夜自思，不把我们中国造起一个二十世纪头等的共和国来，是将自己连檀香山的土民、南米的黑奴都看作不如了。"②孙中山显然坚信，中国人并不缺乏共和国民的资格，即便能力上暂时尚不充分，也可以在追求共和的革命过程中培养起来。

孙中山这种跨越式的共和速成论，在革命派当中是一种共识。在与梁启超的论战中，其他人也表达了与孙中山类似的观点。陈天华认为，日本能够在40年里赶上欧美，一跃成为世界强国，中国也可以采取"特别之速成法"，"五年小成，七年大成"。③胡

---

① 《孙中山全集》第1卷，第236—237页。
② 《孙中山全集》第1卷，第280—282页。
③ 思黄：《论中国宜改创民主政体》，《民报》第1号，1905年11月26日，第44页。

汉民也认为，以当前中国的政治形势而言，革命是不可避免的，既然如此，就"不可不实行至公至良之政体"，免得将来还要再次进行改革；他并且批评梁启超歪曲中国历史，认为历史证明汉人恰恰具有实行共和的条件。① 汪精卫则与梁启超一样，援引伯伦知理和波仑哈克的国家学说，并且展开学理辨析，在此基础上对梁启超的共和条件论展开批判。② 总体而言，革命派主张快刀斩乱麻，坚持中国可以而且应该走跨越式道路，直接移植最先进的政治制度——共和制。

4. "共和"的凯旋和悬置

孙中山等人的跨越式共和优选论，在梁启超看来并不符合逻辑。1906 年 1—3 月，梁启超在《新民丛报》连载《开明专制论》一文。他反驳革命派说，国家不同于具体的机械，乃是人类心理的集合体，需要从"人""地""时"三个要素，也就是具体的时空环境和行为主体出发，才能对某种政治制度的优劣做出评判，离开此三要素漫谈孰优孰劣，只是"梦呓之言"；至于革命派宣称政治制度的取舍可以像交通工具的改良那样简单，可以在短短十几年、二十年内养成西方人数百年间自然形成的共和国民资格，则是大言欺人，或者是自欺欺人。梁启超批评革命派热切鼓吹共和，却没能从理论和历史方面给出有力证明。他再次详细征引了波仑哈克关于共和政体必以人民自治习惯为前提的论述，比较了各国的经验和中国的情况，得出结论说："国民有可以行议院政治之能力者，即其可以为共和国民之资格者也……今日中国国民，未有可以行议院政治之能力者也……故今日中国国民，非有可以为共和国民之资格者也；今日中国政治，非可采用共和立宪制者也。"③

梁启超上述观点一经发表，自然遭到了革命派的批判。面对革命派的文字攻势，1906 年 4 月，梁启超又在《新民丛报》予以回应，从理论、历史和现实等方面详细阐述了自己的观点："一曰，未有共和资格之国，万不能行共和立宪；二曰，今日中国国民，实未有共和资格；三曰，共和资格，非可以短期之岁月养成；四曰，革命军倥偬骚扰时代，必不适于养成共和资格。"他强调："共和之真精神，在自治秩序而富于公益心。国民心理而能如是者，则共和不期成而自成，美国是也；或且无共和之名而有其实，英国是也……自由、平等，固共和精神之一部分，然必与自治心、公益心相和合，乃成完全之共和心理。"梁启超还注意到，当时"自命为忠于共和主义之人""闻共和而好之者"，都抛开自治、公益，片面谈论自由、平等。在他看来，他们其实"绝未知共和为何物"，这种心理"先已不适于共和"。④

不过，孙中山和革命派专注于直接的革命行动，已经无心与梁启超继续展开学理辩论，也不把严复的书生之见放在眼里。⑤

孙中山和革命派无视现实条件而欲速行共和，此"共和"是怎样一种目标？中国

---

① 汉民：《民报之六大主义》，《民报》第 3 号，1906 年 4 月 5 日，第 10、11 页。
② 孙宏云：《汪精卫、梁启超"革命"论战的政治学背景》，《历史研究》2004 年第 5 期。
③ 饮冰：《开明专制论》，《新民丛报》第 4 年第 3 号（原第 75 号），1906 年 2 月 23 日，第 25—26、33、38 页。
④ 饮冰：《答某报第四号对于本报之驳论》，《新民丛报》第 4 年第 7 号（原第 79 号），1906 年 4 月 24 日，第 20、33—34 页。
⑤ 皮后锋：《严复大传》，福建人民出版社 2003 年版，第 356—359 页。

同盟会确立了16字纲领"驱除鞑虏、恢复中华,创立民国,平均地权",对于何为"民国",孙中山和黄兴等人在1906年制定的《中国同盟会革命方略》这样解释说:"今者由平民革命以建国民政府。凡为国民皆平等以有参政权。大总统由国民公举。议会以国民公举之议员构成之。制定中华民国宪法,人人共守。敢有帝制自为者,天下共击之。"① 由此可见,革命派对于共和的构想,最明确、最具体的就是坚决打倒"帝制"。在与改良派论战过程中,革命派"共和"话语的焦点逐渐集中于以"革命"破除"专制"这一笼统的口号,以及"排满"、废除帝制这一具体目标;相比之下,如何在有着两千多年帝制传统的辽阔国土上建设一套合宜的共和制度、真正贯彻民权,这个问题还缺乏深入细致的考虑。

随着政治形势的快速变化,清王朝的统治迅速垮台。值此维系中华统一秩序的帝制趋于瓦解、新的多民族国家亟须整合之际,原本专心致志于打倒清王朝的孙中山和革命派,在具体建国方案方面的准备不足凸显出来。而立宪派对此却有所构思。早在1903年,梁启超就提出了"以汉人为中心","合汉、合满、合蒙、合回、合苗、合藏,组成一大民族"的思路。② 1907年,杨度继之提出"五族合一"构想③;到了1911年年底,张謇等人正式提出汉、满、蒙、回、藏"五族共和"建议。④ 在这种情况下,革命派不得不吸收这一建议,"共和"的焦点于是从武力排满变成五个族群联合建国。及至民国成立、袁世凯上台后,在复杂的政治格局之下,"共和"的焦点又变成如何与袁世凯为代表的强大保守力量斗争,尽量维护任期制总统这一形式要素,坚决防止君主之"名"再度复活。

这样,民初的"共和"成了一个略显含混的概念,越来越偏重于共和之"名",即无君的政体;却逐渐疏远了 republic 之"实",即公共精神的培养和宪政民主制度的完善。"共和"一词在中国流行开来,几乎成为口头禅,但其制度和精神内涵却尚未为国人所理解,更遑论付诸实施。结果,"共和"由令人憧憬的目标,很快变成令人失望、招致质疑乃至批判的对象。1913年9月,林纾痛感于"共和"有名无实,写了一首讽刺意味的诗歌《共和实在好》:"共和实在好,人伦道德一起扫!……四维五教不必言,但说造反尤专门……得了幸财犹怒嗔,托言举事为国民……全以捣乱为自由……如此瞎闹何时休。"⑤ 严复也对"所谓共和"深感失望,认为"共和万万无当于中国"。⑥ 守旧名士辜鸿铭干脆将民初四处奔走的政客与沿街拉客的妓女相提并论,认为"不废共和政体,国不可一日安也"。⑦ 至于曾经的革命者,武昌起义领导人之一蔡济民发出如下

---

① 《孙中山全集》第1卷,第284、297页。
② 中国之新民:《政治学大家伯伦知理之学说》,《新民丛报》第38、39号合本,1903年10月4日,第33页。
③ 黄兴涛:《现代"中华民族"观念的最初形成——兼论辛亥革命与中华民族认同之关系》,《浙江社会科学》2002年第1期。
④ [日]村田雄二郎:《孙中山与辛亥革命时期的"五族共和"论》,《广东社会科学》2004年第5期。
⑤ 张俊才:《林纾评传》,南开大学出版社1992年版,第176页。
⑥ 皮后锋:《严复评传》,第144、160页。
⑦ 读易老人(辜鸿铭):《纲常名教定国论》,黄兴涛等译:《辜鸿铭文集》(下),海南出版社1996年版,第262页。

感慨:"无量头颅无量血,可怜购得假共和。"[1] 到了20世纪20年代初期,就连孙中山也认为"现在的中华民国只有一块假招牌"[2],"徒有民国之名,毫无民国之实"[3],打算从根本处入手"把国家再造一次"。[4] 孙中山身故之后,国民党打着他的旗号实施"党国"体制,"共和"事实上被束之高阁。

五 结语

"republic/共和"概念在晚清的传播,体现了西方共和传统与中国本土知识资源在近代中西文明交汇背景下的艰难对接。这一对接过程,既是知识领域的概念输入和转化问题,又是政治领域的行动选择问题。

一方面,晚清知识人对西方共和概念的了解和表述,首先是一个知识领域的跨文化互动问题。共和作为一种来自西方的古老传统,"名"与"实"之间的关系本来就很微妙。面对这一陌生而复杂的传统,当时人免不了援引本土传统知识资源作为参照和对应。在这种情况下,他们对西方共和概念的认识长期呈现名与实依违不定的特征。日本知识人最早采用汉字"共和"来翻译 republic 一词。19 世纪 80 年代初期,近代意义上的汉字"共和"词汇通过日文中介传入中国。戊戌维新失败之后的几年里,梁启超等人又借助于日文书刊,对作为一种政体类型的共和概念以及相关学说作了系统介绍。到了 1903 年前后,近代共和概念已在中文语境中流行开来,与革命潮流互为推演,并逐渐与中国古典"共和"划清了界限。

另一方面,来自西方的共和概念在中国的辗转传入,又是在救亡图存的急迫形势下匆匆展开的,从一开始就未停留在学理层面,而是与现实政治领域的吁求紧密相连。由此,汉字"共和"与英文 republic 的名实对接,就不仅仅是知识领域的跨文化互动问题,还是政治领域的"yes or no"问题。"共和"表述日益呈现为两条相互竞争的路径。作为改革派代表人物的梁启超,一度鼓吹直接的革命行动,但很快回归言论家、启蒙者的角色,尽量持稳健态度,侧重于从学理层面探究共和概念的要义,更多考虑到西方共和传统与中国社会文化的适应性问题,在行动方面主张缓行共和。作为革命派代表人物的孙中山,则始终以行动家自任,相对于知识和学理而言,他更强调实际行动,追求跨越式的政治变革,主张速行共和。

知识领域的问题与政治领域的问题交织在一起,使得西方共和传统在中国的输入呈现为概念与制度的落差,或者说"名"与"实"的疏离。一方面,共和概念的传播过程颇为迅速,两种相互竞争的"共和"表述一度互为映衬,"共和"迅速成为辛亥前后令人耳熟能详的新名词。虽有个别守旧人士搬出"共和行政"这一中国古典来诠释 republic,却并不妨碍略显含混的近代共和概念迅速确立其在现代中国政治话语体系当中不容置疑的地位。另一方面,由于文化传统、社会现实以及发展时序等方面的巨大差异,西方共和制度的移植过程不如革命派当初想象的那样顺利,未能达到预期效果,以

---

[1] 熊月之:《中国近代民主思想史》,第481页。
[2] 《孙中山全集》第5卷,中华书局1985年版,第262页。
[3] 《孙中山全集》第8卷,中华书局1986年版,第280页。
[4] 《孙中山全集》第9卷,中华书局1986年版,第97页。

至于被视为"假共和",甚至原本持乐观态度的孙中山也彻底感到失望。一度在清末"共和"话语竞争中落于下风的梁启超等人的共和表述,尤其是关于共和条件论的分析,此时反而令人深思。

(原载《近代史研究》2013 年第 1 期)

蒋介石与政学系

金以林[*]

摘 要：政学系是蒋介石统治时期所依靠的一支重要力量，但其成员结构始终众说纷纭；而人们对政学系的诸多观察，更多的是源于其政治对手的言说。因此，考察其组织轮廓，往往需要勾勒出国民党各派系之间的人物谱系。政学系初期，党内各派因反对杨永泰个人，而将其周围的一群朋友冠以"政学系"之名。如果说此时的杨永泰还有伐异之举，稍符派系之说，后期则无人能担此任。杨永泰死前10个月形成的中央政府新内阁，是所谓政学系的成熟期。他们的核心人物是黄郛，成员大都是有欧美留学背景的教育、金融界专业人士，有一定的治国能力，与杨永泰并无多少交集。由于这批行政官僚无派无系、位居高位且由学而仕，符合政学系的人物描述，故旁人多以政学系视之，而这些人也多因同声相求，愿与其他被视作政学系之人相往来，两种过程，交错为用，共成政学系之名。政学系不仅满足了蒋介石政权建设的需要，也改变了国民党"一党专政"的权力结构。

关键词：蒋介石 政学系 杨永泰 黄郛 国民党派系

1946年7月国共和谈期间，周恩来与一位美国教授谈话时，对国民党权力结构归纳道："国民党的最后决定权是操在蒋介石的手中，但蒋也不是孤立的，而是受他下面各集团影响的。每一个集团都在他之下，都非操有全部的权力。这权力是分割的，如党务操在CC系的手中，财务操在宋、孔的手中，军事操在黄埔系的手中，行政方面则政学系的势力较大。这样各集团都是只有一部分权力，而在他们的全体之上则是蒋，造成蒋的政权。同时每一个集团都对蒋有影响。"[①]

周恩来对蒋政权的分析，不仅代表中共的认识，也得到当时社会各界的普遍认同。在蒋介石控制下的各政治派系中，CC系和黄埔系有着明确的组织形态；孔祥熙、宋子文与蒋是牢不可破的姻亲关系；而政学系究竟由哪些成员组成，始终众说纷纭。尽管事实上并没有一个明确的组织称为政学系，但除所谓的政学系成员之外，其他各派势力都

---

[*] 金以林，中国社会科学院近代史研究所研究员。
[①] 《中国不要成为一国的工具，应同一切盟国保持友好关系》（1946年7月9日），中共中央文献研究室、中共南京市委员会编：《周恩来一九四六年谈判文选》，中央文献出版社1996年版，第535页。

一口认定有一个政学系，甚至连美国国务院 1949 年公布的《白皮书》中也持这样的观点。① 因此，长期以来在很多人心中形成了一个若明若暗的谜团。本文主要利用民国时期与政学系相关的人物日记、年谱及回忆录等文献，试图梳理政学系源流和主要人物谱系，同时探讨它在蒋介石政权中的地位和作用，以及同 CC 系、黄埔系之间的矛盾关系等。②

为什么叫政学系？

"政学系"这一名称，完全是因杨永泰（畅卿）个人经历而得名。

民国初年，李根源在北京创办了一个政治团体，称之为"政学会"。其成员大多是国会议员，杨永泰也是其中一员。1918 年广东军政府时期，李、杨等政学会要角联络旧桂系，逼孙中山辞去"大元帅"，改为七总裁制，孙中山被迫离开广州赴上海。李根源、杨永泰等人由此与国民党交恶。此后，杨永泰一直游走于南北政府之间。蒋介石日记第一次提到杨永泰，就是在孙中山离开广州的 1918 年 7 月，蒋对杨的态度完全是负面的："今日见岑春煊通电，知其已于二日到粤，将就总裁职，呜呼，此老不死，国亡无日矣，粤省自杨永泰为财政厅长，钮永建为兵工厂监督，李根源为边防督办，李烈钧为边防总司令，大权皆落于岑派之手，作恶更甚。"③ 然而，这样一个为蒋所不齿的杨永泰又是如何在日后成为蒋的心腹？这离不开一个人，即蒋介石的盟兄——黄郛（膺白）。

1924 年年底，黄郛协助冯玉祥发动北京政变，囚禁总统曹锟，出任摄政内阁总理，第二次直奉战争以直系失败告终。不久，段祺瑞、孙中山分别入京共商国是。可惜孙中山于 1925 年 3 月去世，段祺瑞成立临时执政府，任命梁士诒为财政善后委员会委员长，黄郛、杨永泰为副委员长。④ 杨永泰开始与黄郛共事。

1927 年南京国民政府成立后，经黄郛介绍，杨永泰结识蒋介石。那年 7 月 5 日，蒋在日记中写道："下午往访（钱）新之、膺白，会杨君永泰。"⑤ 此时的杨永泰在蒋介石眼中不再是九年前"作恶更甚"的"帮凶"，而称其为"君"了。但杨主要还是协助黄郛工作。1928 年黄郛因济南事件辞职引退后，杨永泰正式为蒋介石服务。

在投靠蒋介石最初的几年，杨永泰并没有获得具体的实权。他一度想在立法院谋个

---

① 熊式辉著，汪朝辉编校：《海桑集——熊式辉回忆录（1907—1949）》，明镜出版社 2008 年版，第 657 页。

② 有关政学系的研究已有很多，其中代表性的成果，有孙彩霞《新旧政学系》（华夏文化出版社 1997 版）、唐德刚《政学系探源》（《观察》2008 年第 1 期）、赵英兰《论南京国民政府时期的新政学系》（《史学集刊》1995 年第 3 期）、王水勤《浅论政学系的兴衰及其特点》（《学术论坛》1993 年第 1 期）、李宜春《国民党新政学系述论》（《贵州社会科学》2007 年第 7 期）、林绪武《政学会与新政学系研究的回顾与展望》（《历史教学》2007 年第 9 期）等。上述研究很少使用近年来新公布的海外文献资料。

③ 《蒋介石日记》（手稿），1918 年 7 月 4 日，原件藏美国斯坦福大学胡佛研究所档案馆，本文所引日记为中国社会科学院近代史研究所档案馆藏抄件，下同。

④ 沈云龙编著：《黄膺白先生年谱长编》上册，联经出版事业公司 1976 年版，第 232 页。

⑤ 《蒋介石日记》（手稿），1927 年 7 月 5 日。

"委员"的职位,时任立法院院长的胡汉民坚决拒绝,并公开表示:"杨某昔曾反对孙总理及陷害同志,吾焉能用之?"① 因此,杨根本无法进入南京的"党国"中枢,他主要的工作是给蒋介石当谋士,协助蒋收买各地反蒋实力派。例如,1929年蒋桂战争中,杨替蒋收买桂系俞作柏;1931年宁粤对峙期间,杨"奉命赴香港秘密工作,对西南加以分化运动"。②

1932年年初蒋介石第二次下野再次复出后,原本坚决反对杨永泰的党国大佬胡汉民一时脱离南京中央,为杨永泰提供了新的机会。他随蒋介石赴汉口主持鄂豫皖三省"剿共"军事。针对"剿共"问题,杨永泰提出一套系统的"三分军事、七分政治"理论,得到蒋的认可,遂被任命为三省"剿共"司令部秘书长,不久又被任命为军事委员会南昌行营秘书长,全权总揽"剿共区域"的政治事务,包括人事任免。据CC系领袖陈立夫回忆:

> 要知道杨永泰是怎样一个人,从政学系的领袖李根源对杨的批评可以见之。李在苏州作寓公时对人家说:"杨永泰好比我们云南的烟土,吸了它觉得很舒服,上了瘾就不容易摆脱它了,吸久了就会中毒。"杨是一位道地的政客,他见蒋先生时,常对于重要问题,携带了正面和反面两种方案,他先探探蒋先生的意思,如果蒋先生偏向正面的,他就呈上正面的方案;反之则呈上反面的方案,以迎合蒋先生之意旨。③

1935年年底国民党五全大会后,蒋介石兼任行政院长。鉴于杨永泰出色的行政能力,蒋介石任命他为湖北省政府主席。

以杨永泰的经历与资历来看,在国民党内既没有历史渊源,又没有战功,投蒋之后短短数年,便得到信任且升任封疆大吏,这自然引起跟随蒋介石一起打天下的CC系势力的排斥。他们原本自视为"蒋家天下陈家党",怎能任由杨永泰随意干涉地方干部的任免。据黄埔干将康泽回忆:杨永泰"这套办法,旨在增强各级行政力量,用以镇压共产党的活动,是他的意图的一面;而另一面则是在削弱CC系的作用和力量。陈立夫对此曾大为不满,有一次他和我在由九江到南京的轮船上,向我讲了许多批评政学系,攻击杨永泰的话"。④ 陈立夫对此也不讳言,并公开表示:"其实在他(指杨永泰——引者注)来之前,蒋先生用的都是年龄较轻的人,他来了之后就开始用老年人,也开始用非国民党籍的人。"⑤

此后,凡是同杨永泰接近,包括与杨并不熟悉但与国民党缺乏历史渊源而获得较高

---

① 蒋永敬编著:《民国胡展堂先生汉民年谱》,台北:商务印书馆1981年版,第435页。
② 周佛海:《盛衰阅尽话沧桑》,《陈公博周佛海回忆录合编》,春秋出版社1971年版,第210页。另据刘叔模回忆,杨永泰"到香港的任务,是收买余汉谋的"。见刘叔模《一九三一年宁粤合作期间我的内幕活动》,全国政协文史资料研究委员会编:《文史资料选辑》第17辑,中华书局1961年版,第128页。
③ 陈立夫:《成败之鉴》,正中书局1994年版,第171页。
④ 《康泽自述》,团结出版社2012年版,第226页。
⑤ 陈立夫:《成败之鉴》,第166页。

政治权势的人，都被党内各派势力（无论是反蒋派还是拥蒋派）视为竞争对手和共同的敌人。而反对他们的最佳理由，就是借口杨永泰在历史上曾反对过总理孙中山，且冠以"政学系"的名义加以打击。

除杨永泰外，最无可争议的政学系领袖人物就是与杨关系密切的张群（岳军）和熊式辉（天翼）两人。但他们始终都不承认"政学系"的名号。1946年8月，张群在美国同康泽谈到党内派系问题时曾说道："人家都说我们是政学系，其实我们并没有什么组织，我们只有一批朋友，这批朋友多少有些能力和经验。"[①] 对张群的这种解释，陈立夫也承认："事实上政学系是没有正式组织，但他们的组成分子都保持很密切的联系，他们不做低层工作。他们将力量集中在高层，尽力研究蒋先生、研究汪先生，想尽办法来逢迎领袖及他身边重要的人，这一做法目的是赢取信任和好感，然后再运用这些权势去实现他们的计划和他们的目标——取得重要而正式的官位及发财。"[②] "据国民党的传统说法，政学系的成员没有'简任'以下的小官。所以它是个'有将无兵'的团体。他们只与高级的政敌，决胜于千里之外；而不在大学的学生宿舍，或小职员的公共食堂内，对人家横眉竖眼地表示特殊惹人讨厌。所以政学系给予一般人的印象便是这一团体是一大批做大官、享厚禄的'治世能臣'的组织。"[③]

对上述评论，熊式辉的自白更是印证了这一观点：

"政学系"之一名词，乃由"政学会"强牵出来的。"政学会"原是民国初年北京国会议员李根源等所创立，杨永泰当时亦确是其中一分子，民国二十年间，杨任南昌行营秘书长，余为参谋长，朝夕相处，外间乃将余牵扯及，亦指为旧政学会中人。张群与杨素相善，更指为政学会重要分子，此外凡未有其他派别色彩，而常与余等稍多接触者，如吴铁城、陈仪、王世杰、翁文灏、张嘉璈、何廉等等，亦莫不加政学系之头衔。究竟"政学系"三字是由何处产生？是自何人呼出？至今尤未分明，或疑为乃共产党所制造，用以分化政府方面各干部。[④]

熊式辉提到的这些人大都被视为政学系的要角，这大体是无误的。但将"政学系"这一称呼归罪于共产党，明显与事实不符。

"政学系"这一名称，最早来自国民党内。1931年宁粤对峙前后，汪精卫、胡汉民等党内反蒋势力在广州公开发表通电，历数蒋氏四大罪状，其中一条就是起用"政学会"的杨永泰。[⑤] 当杨还没有位居高位时，他仅仅被视为历史上的政学会的一员。自从他出任南昌行营秘书长后，就被黄埔系、CC系等称为"政学系"了。1936年11月，杨永泰遇刺身亡后，蒋介石一度想调熊式辉接任湖北省政府主席。当时随蒋介石在前线"剿共"的黄埔将领陈诚，在一封家书中就直接将杨永泰、熊式辉称为"政学系"，并表达了自己的不满："委座拟以天翼调鄂，一因畅卿所用者均政学系，如他人主鄂，人

---

① 《康泽自述》，第137页。
② 陈立夫：《成败之鉴》，第172页。
③ 唐德刚：《政学系探源》，《观察》2008年第1期。
④ 熊式辉：《海桑集》，第656—657页。
⑤ 《邓林萧古之卅电》，上海《民国日报》，1931年5月4日，第1张第3版。

事易起纠纷；二以日本外交比较，以亲日派系容易应付。委座之用心可谓苦矣。惟以非有组织不能有地位，及非亲日不能为主席，实可考虑。又畅卿抚恤金，委座已批拾万元，以国家经费及过去有功者之比较，似不无失当之处。"①

蒋介石为什么要用政学系？

在国民党内，蒋介石的地位本不高，他起家就是靠黄埔军校。通过黄埔建军，他当上北伐军总司令，依靠他在军事方面的才华，完成北伐。从此，他成为国民党内无可替代的军事领袖，牢牢掌握军权，终此一生。但是，在"党权"高于一切的党国体制下，自孙中山逝世后，汪精卫、胡汉民被视为当然的继承人，成为"党权"的代言人。

1927年南京国民政府成立后，虽然蒋介石一度出任国府主席，可他并没有建立起一个巩固的南京政权。在国民党的训政体制下，他主要仍是依靠军权打击汪精卫、西山会议派等公开挑战他的党内反对派和地方实力派。因此，在先后爆发的蒋桂战争、中原大战期间，他基本无暇顾及中央政府的政权建设。而帮他料理后方的主要是行政院长谭延闿和立法院长胡汉民两人。与此同时，他还重点扶持以陈果夫、陈立夫为首的CC系，寄希望于依靠CC系的势力控制"党权"。

1930年9月，就在蒋介石取得中原大战胜利之时，行政院长谭延闿去世，11月，蒋介石兼任行政院长。尽管蒋介石一时击败了汪精卫代表的"党权"和阎锡山等地方实力派的联合反抗，但很快又同南京的另一位"党权"代表胡汉民矛盾激化，一度将胡汉民软禁在南京汤山。这件事引起国民党内更大的分裂——宁粤对峙，最终导致蒋介石二次下野。

考察蒋介石两次下野的最核心因素，主要是来自国民党内的反对派，可见在南京政府成立后的最初五年，他对党权的控制是非常有限的。而他两次复出的主要因素，则是依靠他所掌握的"军权"，这在国民党内无人能比，也是国民党的需要，因为第一次复出是要靠蒋介石的军权来完成北伐，统一中国；第二次复出是面对一·二八淞沪抗战，要依靠他对抗外侮。

1932年年初，蒋介石成功分化了汪精卫、胡汉民的反蒋联合阵营后，再次与汪精卫合作，重掌政权。此后，国民党内公开的武装反蒋运动告一段落，蒋介石开始关注政权建设。他在反思此前自己两次下野的教训时总结道："无干部、无组织、无情报"是"革命失败"的重要原因。而对"智识阶级"的忽视和"教育界仍操于反动者之手"，更是上述因素造成的恶果。② 此前，蒋主要依靠的力量是两批年轻人，即替他打江山的年轻军事干部黄埔系和负责巩固他在党内地位的CC系。此后，他开始重视干部队伍的建设，逐步将目光扩展到国民党以外的社会精英中，特别是教育界学有所长者和有一定政权管理能力的旧官僚，从而改变了国民党政权的政治生态。③

然而，在"以党治国"体制下，南京中央政权仍摆脱不了胡汉民或汪精卫代表的

---

① 《陈诚先生书信集·家书》下，"国史馆"2006年版，第407—408页。
② 《蒋介石日记》（手稿），1931年12月22日。
③ 有关此问题可参考拙文《蒋介石的1932年》，汪朝光主编《蒋介石的人际网络》，社会科学文献出版社2011年版。

国民党正统"党权",蒋介石必须在汪、胡之间选择一个合作伙伴。蒋介石再次复出后,将行政院院长的位子让给汪精卫,自己只出任军事委员会委员长,因此对中央政府的人事任免和政权建设,不得不对汪精卫有所依赖或妥协,唯有军权和财权(汪精卫内阁的军政部长是何应钦、财政部长是宋子文、孔祥熙),他牢牢掌握,绝不退让。此外,他在军事委员会之下成立国防设计委员会,以此名义延揽一批党外人士,特别是教育界的精英,以此储备干部,随时为己所用。

此后的三年间,南京的行政院大致由汪精卫做主,蒋介石的工作重心主要在"剿共"和对日交涉两方面。蒋任命杨永泰和黄郛分别担任南昌行营秘书长和行政院驻平政务整理委员会委员长,协助他解决当务之急。在这两个领域,汪精卫主管的行政院很难插手。

1935年11月1日,在国民党四届六中全会开幕式上,汪精卫意外被刺,不久即出国养病,胡汉民又远在欧洲游历,南京中央政府暂时出现了由蒋介石一人控制的局面。在不久后召开的国民党五全大会上,蒋介石将象征最高"党权"和最高"政权"的国民党中常会、中政会主席分别让给胡汉民和汪精卫,自己仅兼两会副主席,但却再次接掌了负责实权的行政院。

这时,蒋介石面临的最大问题是政权建设中人才匮乏。针对国民党五全大会上的选举,蒋在11月23日的日记中痛苦地写道:"此次选举,幼稚者争名,老病者腐败,卒使名实相反,似此选举,使本党不仅亡国,必招灭种之罪,思之苦痛悲惨!"12月4日,五届一中全会期间,蒋"为党政人事,几使脑筋刺痛"。① 蒋所称的"幼稚者",大都是指他年轻的部下CC系和黄埔系,虽然他们对蒋的忠诚无须怀疑,但能力不足以负责政权建设;所谓的"老病者"则大都是与国民党有深厚渊源并多次参加过反蒋运动的党内大佬们,包括西山会议派、汪派、胡派。他们此前在"党权"方面都是蒋介石的竞争对手;而党内支持他的元老,又都不为蒋介石所信赖。早在南京国民政府成立之初,蒋介石就曾在日记中对支持他的戴季陶、张静江、谭延闿评价道:"季怯,而静硬,组默,皆有病也";特别是"与静江兄谈天,格格不入,为之心碎"。② 无奈,蒋介石只能将目光扩展到那些不可能挑战自己的党外人士。这些人不但有一定的执政经验和专业才能,还暂无派系纠葛。

1935年年底组成的新一届内阁成员如下:

　　院长:蒋介石(原汪精卫)
　　副院长:孔祥熙连任
　　秘书长:翁文灏(原褚民谊)
　　政务处长:彭学沛连任仅三个月,由蒋廷黻继任
　　内政部长:蒋作宾(原甘乃光代理)
　　外交部长:张群(原汪精卫兼)
　　军政部长:何应钦连任
　　海军部长:陈绍宽连任

---

① 《蒋中正总统五记·困勉记》上,"国史馆"2011年版,第479、481页。
② 《蒋介石日记》(手稿),1927年1月29日、3月5日。

财政部长：孔祥熙连任
交通部长：顾孟余，俞飞鹏代理（原朱家骅）
铁道部长：张嘉璈（原顾孟余）
实业部长：吴鼎昌（原陈公博），常务次长谷正纲（次年改任周诒春）
教育部长：王世杰，常务次长钱昌照

新内阁中的成员，几乎清一色是被视为政学系的要角，如翁文灏、蒋廷黻、张群、张嘉璈、吴鼎昌，还有继任不久的王世杰，此前他们同国民党的关系都相对疏远。留任的阁员，也只属于此前汪内阁无法掌控的军权和财权部门。这自然引起党内反对派的不满，也令绝对忠诚于蒋的CC系、黄埔系的年轻人不服。时任国民党中央监察委员会秘书长的王子壮在日记中曾记："自一中全会后，号称容纳各派的行政院各部，相继成立，主持其事者显然为政学系之一般人。犹忆一中全会时，张溥泉（张继——引者注）先生慨华北之紧张，欲谒蒋有所陈述而竟不得见，于是于会中（12月5日第三次会）痛切陈词，除责各派之纷歧外，并直陈人欲知中国政局之真像，非至中国银行楼上探听不可，是真奇谈等语。所谓中国银行楼上者，即杨永泰、张群、吴铁城等之所在，政治上为蒋先生运筹帷幄之所也。"①

"欲知中国政局之真像"，不是在号称党权高于一切的中央党部，而"非至中国银行楼上探听不可"。此话出于局内人之口，可见党内对政学系的不满程度，但蒋介石对来自党内的诸多反对之声并不以为然。他在12月10日的日记中写道："近日改组行政院以来，凡亲近之人，于人选，多表示不满，几乎视余为人人可得而欺侮者，真使余脑筋刺痛。"但他又不无自豪地表示："行政院各部人选，皆以才德为主，尤以引用党外人才之政策告成；虽内部多不谓然，但竟能贯彻主张，是亦最近之成功也。"②

政学系都有些什么人？

讨论政学系都有哪些人，最绕不过的核心人物就是黄郛。可以说黄郛是政学系真正的灵魂人物。无论是时人公认的政学系要角，还是很少被纳入视野的一般成员，都与黄郛有着千丝万缕的联系。

1928年济南事变后，黄郛辞去国民政府外交部长职务，下野赋闲。自1929年元旦开始，他取其夫妇（黄膺白、沈亦云）名字的最后一字，以"白云山馆主人"的名义留下一部日记，一直记到他去世。这部日记第一周中记到的交往人物，即可大致勾勒出政学系的人际关系网络。

1月2日，颜骏人自津来会，午后杨畅卿及炎之夫妇来谈。
1月3日，早餐后出访孙慕韩、于右任、张镕西诸君；又孟和、郑女士毓秀、孔廉白诸君来会；晚熊司令天翼邀饮，同座有朱益智、邵力子及各家属。盖熊、

---

① 《王子壮日记》第3册，1936年1月14日，"中央研究院"近代史研究所2001年版，第15—16页。

② 《蒋中正总统五记·困勉记》上，第482、484页。

朱、邵及我四人皆济案中之共患难者，而我与熊、朱三人骑马出南门之情况，至今回首，思之犹历历在目也。

1月4日，午后熊天翼君来谈上海特别市事，意甚恳挚，乃出前数日因此事致岳军弟函稿与阅，彼始了然于我之地位……晚间焕章来电（党家庄别后已八阅月而未通只字），请出主持导淮事，忽嘱担任沪事，忽又邀我赴宁，政府中人之不接洽不致密，真是出人意外。

1月5日，午后杨畅卿来谈，乃共商定复焕章电。

1月6日，晨起练拳剑后得介石来一歌电……傍晚遂复一电。

1月7日，早餐后文钦来谈三点：一，出处要慎；二，私交要顾；三，国事不能放手。颇可参考……访熊天翼于其私邸（紧邻），彼又哓哓劝出任上海市不已。

1月8日，晚间六时半宴客如下：颜骏人、孙慕韩、周季〔寄〕梅、张镕西、杨畅卿、张公权、林理源、陶孟和、朱炎之、金纯孺。餐后杂谈新约及财政等各端，至十一时散。①

从黄郛一周日记中涉及的人物，我们大致可以总结出与其交往密切的几种政治势力。

一是张群、熊式辉、杨永泰。这三人被称为政学系的核心人物。

二是国民党内派系色彩不浓的党国元老，如于右任、邵力子、朱培德（益之，黄郛日记中称"益智"）。再有一位就是与黄郛关系密切的冯玉祥（焕章）。

三是北洋旧人，包括政界和金融界两部分。政界有颜惠庆（骏人）、孙宝琦（慕韩）、张耀曾（镕西）；金融界的有张嘉璈（公权）。

四是教育界的陶孟和、周诒春（寄梅）等。

先谈第一组人同蒋介石的关系。黄郛、蒋介石、张群三人是结拜兄弟。1926年，蒋介石率部北伐前，特地招他的盟弟张群前来效力，任命张群为北伐军总司令部总参议。北伐军占领江西后，蒋介石又请他的盟兄黄郛协助北伐军底定东南。黄郛一到南昌，即通过中国银行"透支100万元供国民革命军军饷"。② 另外，冯玉祥领导的国民军之所以支持蒋介石，可以说黄郛也是功不可没。但黄郛始终没有加入国民党。1927年5月，南京国民政府成立不久，蒋介石任命黄郛为上海特别市市长。8月，蒋介石第一次下野时，黄郛也辞去市长一职。张群则陪同蒋介石赴日本，蒋介石与日本首相田中义一会谈时的翻译就是张群。③ 1928年蒋介石复出后任命黄郛为外交部长。济南惨案发生后，黄郛负责处理善后，张群则赴日本协助。在处理济南惨案的过程中，黄郛代蒋受过，引起国人不满而辞职下野，蒋则任命张群为上海特别市市长，熊式辉为上海特别市警备司令。1936年黄郛病逝后，所有政学系成员与蒋的关系大都由张群继承。在公认为政学系的诸多人物中，能够长期得到蒋介石的信任，并唯一与蒋善始善终的就是张群。

---

① 《黄郛日记》第1册，1929年1月2—8日，原件藏美国斯坦福大学胡佛研究所档案馆，本文所引用的为中国社会科学院近代史研究所藏复印件，下同。
② 沈云龙编著：《黄膺白先生年谱长编》上册，第267页。
③ 张群口述，陈香梅笔记：《张岳公闲话往事》，传记文学出版社1978年版，第37页。

第二组人物，在国民党内虽有一定的历史地位，但派系色彩不浓。其中最重要的一个原因，就是同以孙中山为首的粤籍国民党人的历史渊源不够深厚。虽然他们并没有被视为政学系成员，但此后大都同政学系保持着良好的关系。

此外，还有一些准政学系成员，如河南省政府主席刘镇华因与杨永泰关系密切而被视为政学系；陈仪（浙江人，曾出任浙江、福建省政府主席、台湾行政长官）、吴铁城（中原大战时随张群赴东北说服张学良，此后接张群任上海市长）、黄绍竑（虽是桂系出身，中原大战后与李宗仁、白崇禧和平分手，投靠蒋介石，先后担任广西善后督办、内政部长、浙江省政府主席）等人。他们大都官至省主席，资历老，有一定的行政能力，与传统粤籍国民党领袖没有渊源。因此，常被年轻一代的黄埔、CC系或党内反蒋派视为准政学系成员。

第三组人物，主要是北洋旧人，基本上与南京国民政府没有任何关系。其中颜惠庆、孙宝琦、张耀曾三人都曾官至北洋政府内阁总理，颜、孙两人出任过外交总长，张耀曾当过司法总长和北大教授。他们都是因为与黄郛的关系，开始接近南京政权。特别是自1931年九·一八事变后，面对民族危机，蒋介石在解决对日交涉时，不得不依靠这批外交界的专才，陆续聘请颜惠庆、顾维钧等人为"对日特种委员会"委员。据颜回忆，委员会由宋子文负责，"我与宋氏尚属初次见面"。[①] 第二年，颜、顾两人正式加入南京政府工作。这里有一个有趣的现象，外交界的这批北洋旧人，却很少被视为政学系成员。

这一组中另一个重要人物是金融界的张嘉璈。蒋介石领导下的南京政权之所以能击败胡汉民、汪精卫等国民党内的广东帮，很重要的原因就是蒋介石得到了江浙财阀的支持。这其中的核心人物就是张嘉璈。以往学界对蒋介石与江浙资本家的研究已有很多，细细考察，我们不难发现蒋介石同民族资本的联系，主要集中在金融资本方面，很少有工商资本。特别是在南京中央政权对国家金融尚未控制之时，更加看重和依赖金融资本。

中国的金融资本，主要是在第一次世界大战前后发展起来的。当时最著名的银行莫过于"北四行"和"南五行"。"北四行"的中坚是盐业银行和金城银行，核心人物就是两行总经理吴鼎昌和周作民。"南五行"的核心是中国银行和交通银行。张嘉璈、钱永铭分任两行总经理。因此，时人称北四行主持人是"清一色的政学系正统的金融资本"，南五行为"政学系官僚资本的核心"。[②] 他们在北洋时代即与黄郛有着密切的往来。蒋介石能同他们建立联系，黄郛功不可没。

1927年3月，蒋介石率北伐军占领上海不久，即依靠黄郛引荐，结识了这批金融资本家。3月26日，蒋介石在日记中曾记道："（吴）稚晖、（李）石曾、（蔡）孑民（元培）、膺白诸同志来见，谈党务。（虞）洽卿、（陈）光甫、（钱）新之、（陈）蔼士兄来谈财政委员会之组织。"[③] 正是有了这一批人的大力支持，蒋介石才有本钱同武汉

[①] 颜惠庆著，姚崧龄译：《颜惠庆自传》，传记文学出版社1989年版，第165页。
[②] 转引自孙彩霞《新旧政学系》，第242页。
[③] 《蒋介石日记》（手稿），1927年3月26日。

方面对抗。1928年1月，蒋介石得以复出的一个重要原因，就是得到了江浙财团的支持。①

第四组教育界人士。他们与蒋介石和政学系的关系，以往的研究非常不足。黄郛在此同样起了非常重要的穿针引线作用。特别是黄郛日记中提到的陶孟和，对此后政学系的形成贡献最大，他向蒋介石推荐了两个著名人物：翁文灏和吴鼎昌。

提到陶孟和，不能不提钱昌照。他们两人和黄郛是连襟，关系自然密切。陶和钱两人前后毕业于英国伦敦政经学院。黄郛出任南京国民政府外交部长时，钱昌照经妻兄沈怡推荐，开始给黄郛当机要秘书。"当时黄郛打算让陶孟和当外交部次长，陶孟和是一个学者，不愿搞政府实际工作，推荐蒋廷黻。"② 蒋也不愿担任，黄郛后来找杨永泰等人才组成班底。1928年济南事变后，黄郛辞去外交部长，经张群介绍，钱昌照任国府主席蒋介石的秘书，负责"处理经济、教育和外交的文件"，"蒋每天下午见客，我（钱昌照——引者注）都陪同"。1930年春，钱曾代表蒋介石到北平处理清华大学因反对CC系吴南轩任校长而引发的学潮。后经陶孟和推荐，钱昌照报告蒋介石提名翁文灏代理清华校长，从此结识翁文灏。③ 1930年，蒋介石一度兼任教育部长，先后任命陈布雷和钱昌照两人为教育部次长。1932年国防设计委员会成立时，钱昌照为蒋介石"联系了许多知识分子"。此外，陶孟和还特别推荐吴鼎昌，称其"能说善道，甚有用"。钱即请吴"同蒋见面，讲经济问题。吴讲起话来滔滔不绝，显示了他的才干"。"从那时起，蒋很看重吴。吴在北方办银行，有蒋作后台，对他很有利。吴背后还有《大公报》，蒋当然很感兴趣。吴还介绍何廉同蒋在庐山见面。"④ 与此同时，钱昌照还介绍翁文灏给蒋介石授课，蒋介石在日记中讲道："翁讲中国煤铁矿业之质量……中正梦之今日始醒，甚恨研究之晚"；"翁实有学有识之人才，不可多得也"。⑤

钱昌照还向蒋介石推荐了王世杰。王世杰同钱是伦敦政经学院的同学。钱任教育部次长时，王世杰是武汉大学校长。他每次来南京都找钱昌照帮忙解决学校困难。据钱昌照回忆，"汪精卫担任行政院长时，提出一个阁员名单，讨论时只有蒋、汪和我三人。名单大体可行，只有所提教育部长褚民谊，蒋不赞成，因为褚当时名声不好，不宜当教育部长。蒋考虑改换一个人。我说如果换一个同汪合不来的人，是不行的，我想到王世杰同汪还不坏，因此就建议由王世杰做教育部长。"⑥

在第四组名单中，还有周诒春。他毕业于圣约翰大学，是美国耶鲁大学硕士。1912年南京临时政府成立时，周一度担任过孙中山的英文秘书。1913年任清华学堂校长，为清华的迅速崛起奠定了良好的基础。他还代理过燕京大学校长。20世纪20年代初，周先后任中孚银行北京分行经理、全国财政整理委员会秘书长等职，当选过北洋时代的国会议员。在此期间与吴鼎昌建立了深厚的友谊，之后长期追随吴鼎昌。吴鼎昌经陶孟

---

① 据蒋介石日记载："与新之、子文、咏霓、樵峰谈财政"；"与银行界谈财政至六时，困难殊甚，而子文等以为有如此情状，尚称客气也"。《蒋介石日记》（手稿），1927年12月25、26日。
② 《钱昌照回忆录》，中国文史出版社1998年版，第22页。
③ 《钱昌照回忆录》，第25、29页。
④ 《钱昌照回忆录》，第146—147页。
⑤ 《蒋介石日记》（手稿），1932年6月17、19日。
⑥ 《钱昌照回忆录》，第143页。

和介绍参加国府,任实业部长,周任常务副部长;后吴任贵州省政府主席,周任省府委员兼财政厅长,直到抗战胜利。周诒春和陶孟和两人还有一个共同的重要职务,即中华文化教育基金委员会董事,周还一度担任基金会总干事。该基金会主要负责美国退还庚款的分配,在教育界影响重大。1932 年以后,教育界众多精英加入政府工作,多是通过周、陶两人介绍给钱昌照,再引荐给蒋介石这样一条直接有效的途径。

经陶孟和、钱昌照的引荐,1932 年翁文灏和吴鼎昌同时加入国民政府军事委员会新成立的国防设计委员会,翁文灏任秘书长。能将翁延揽纳入政府工作,蒋介石相当得意,他曾在日记中写道:"以翁最有阅历,亦有能力,可喜也。"① 1935 年年底,蒋介石出任行政院长,即任命翁文灏为秘书长,吴鼎昌为实业部长。此后陆续加入南京中央政府工作的,还有清华大学教授蒋廷黻和南开大学教授何廉。

蒋廷黻是《独立评论》的创办者和三编委之一(其他两人是丁文江和胡适),《独立评论》创办于九·一八事变后,蒋廷黻撰写了大量时政文章,同时还为《大公报》撰稿。据蒋廷黻回忆:"我们与《大公报》间从来没有默契,更谈不上正式的合作,但事实上是共守相同的原则。我在《独立评论》和《大公报》上发表的文章引起很多人的注意,其中包括蒋委员长。1933 年夏季,他约我到长江中部避暑胜地牯岭去谈话。促成此事的是《大公报》的发行人吴鼎昌和蒋的亲信干部钱昌照……因为他们两人都未说明是谁安排我和蒋见面的,所以我认为是他们二人共同安排的。"和蒋廷黻一同上牯岭的还有何廉,参加会谈时除了蒋介石的秘书外,"只有吴鼎昌一人在座"。翁文灏担任行政院秘书长后,蒋介石即任命蒋廷黻为行政院政务处长。② 次年蒋廷黻出任驻苏联大使,即由何廉接任行政院政务处长一职。③

何廉与蒋廷黻是留美同学,又曾是南开大学的同事。1929 年蒋廷黻去清华任教。第二年何廉在南开创办经济研究所。经济研究所设有独立的董事会,董事长是颜惠庆,董事中有许多国内金融界的头面人物,如张嘉璈等人。据何廉回忆:"对于研究所支持贡献最大的组织,有华北的'四大'商业银行——金城银行、盐业银行、大陆银行和中南银行——在这些银行的经理之中有很多是我本人的朋友。"④ 而吴鼎昌和周作民就是前两家银行的总经理。

上述四类人中,前两类已是蒋介石的幕僚;后两类涉及的外交、金融、教育界等众多人物,都是蒋介石政权所急需的专业人才。1932 年蒋介石总结下野教训时,就曾在日记中写道:"失败为外交与教育之大意,而对于该两方人才亦毫不接近搜罗,而对于国内之策划,与国外之交际,亦无专人贡献,此为招怨之大者也。此后对于外交、教育与财政人才,应十分收揽,对于策划之士亦应注重。"⑤ 与黄郛交往密切的这批人,正是蒋政权建设最需要的人才。

教育界的这批精英之所以参加政府工作,还有一个重要的原因,就是九·一八事变后面对民族危机,知识界一度围绕"民主与独裁"展开争论。参与这场争论者,大都

---

① 《蒋介石日记》(手稿),1932 年 7 月 25 日。
② 《蒋廷黻回忆录》,岳麓书社 2003 年版,第 151、153 页。
③ 《何廉回忆录》,中国文史出版社 1988 年版,第 85 页。
④ 《何廉回忆录》,第 48 页。
⑤ 《蒋介石日记》(手稿),1932 年 3 月 20 日。

有英美留学背景，是"受过民主政治极久的熏陶"的大学教授们①，论战双方的代表人物刚好就是《独立评论》的创办人，蒋廷黻、丁文江是"独裁"派的代表，胡适、陶孟和是"民主"派的代表。

为什么这样一群具有"独立精神"的自由主义者会分裂为两派，其中一派还选择支持独裁与专制？看似不可理喻，事实上并不是他们对民主价值的追求发生了改变，而是他们在内忧外患的民族危机面前，寻求了不同的"救国"之道。正如胡适在1935年元旦发表的《一年来关于民治与独裁的讨论》一文中所言："这个问题的发生，当然是因为这三年的国难时期中一般人不能不感觉到国家统一政权的迫切，所以有些人就自然想寻出一条统一的捷径。"挑起这场争论的是蒋廷黻在《独立评论》第80号上发表的《革命与专制》一文，"他的主旨是反对革命的，所以他很沉痛地指出，革命的动机无论如何纯洁，结果往往连累国家失地丧权"。因此他主张"必须先用专制来做到'建国'，然后可以'用国来谋幸福'"。②蒋廷黻等人倡导的"专制建国"主张，同蒋介石此时推行的"攘外安内"政策，刚好不谋而合，并得到蒋介石的赏识，于是这一派纷纷参加政府工作。知识界的两派精英虽然观点不同，但并没有从此分道扬镳，他们的分歧只是选择方式的不同，终极目的是一致的。抗战全面爆发后，胡适等主张民主的一派，也纷纷加入政府工作，为抵抗日本侵略贡献一己之力。

事实上，这批教育、外交、金融界的精英，无论在朝在野，彼此间的联系都是相当密切的。在此仅以1932年成立的"中国太平洋国际学会"为例。该学会以倡导国民外交，抵抗日本侵略为宗旨，其十余年来仅有的数十名会员中几乎囊括了上述精英，胡适、丁文江、周诒春、徐新六、吴鼎昌、何廉、陈光甫、蒋梦麟、陶孟和、王云五、张嘉璈、周作民、颜惠庆、黄郛、钱永铭、董显光、钱端升、周鲠生等人都是该会会员或执行委员。③

政学系是如何控制政权的？

从政学系的发展脉络看，可以分为两个阶段：

第一阶段是政学系的形成期，大致从1932年年初"蒋汪合流"到1935年年底国民党五全大会期间，核心人物是黄郛，而在外间影响最大的则是杨永泰。

黄郛虽然终身没有加入国民党，但他是辛亥元勋，又同陈其美、蒋介石是拜盟兄弟，所以国民党内的反对势力，特别是CC系的二陈不敢把黄视为打击的主要目标，而是聚焦到杨永泰身上，甚至在党内一度传播"军事北伐、政治南伐"之说，借此表达对这批人的不满。尽管黄郛等人早在南京国民政府成立前后，即参加政府工作，并得到蒋介石的信任，但他们大都远离南京中央，出任封疆大吏。此外，黄郛、熊式辉、张群等人都有留日背景，在20世纪30年代民族危亡时期，被党内反对派和其他政治势力视

---

① 钱端升：《民主政治乎？极权国家乎？》，《东方杂志》第31卷第1号，1934年1月1日。

② 胡适：《一年来关于民治与独裁的讨论》，《东方杂志》第32卷第1号，1935年1月1日。胡适此文的论战对象蒋廷黻、钱端升、吴景超等人不久都参加了政府的工作。

③ 张静：《中国太平洋国际学会研究（1925—1945）》，社会科学文献出版社2012年版，第209—210页。

为亲日派，加以打击。

此时，政学系诸人对政权的控制，主要局限在地方政府，特别是杨永泰，为实现"七分政治、三分军事"，首先在"剿共"区域改革原有行政结构，在省与县之间增设行政督察专员制，并在其他各省也相继推行。为增强南昌行营辖区的行政效率，杨规定"分区设署"（指在县长以下增设区长）、"合署办公"（指省政府），并裁减各级国民党党部工作人员。这些行政专员人选的任命和裁减，多是由杨永泰签请，以蒋介石名义交到各省执行。一度南京中央政府所能控制的"河南、湖北、湖南、江西、安徽、江苏、浙江、福建、山东和陕西十个省政府的用人行政都直接听命于南昌行营。1934年2月、3月间还召集过一次十省高级行政人员会议，南昌行营第二厅（厅长为杨永泰——引者注）俨然成为实际上的行政院"。[①] 此外，委员长侍从室这一机构的设置和运行方式，也由杨永泰向蒋介石提出并付诸实施。正是因为他有着极强的办事能力，深得蒋的赞许和信任。

在众多口述回忆史料中，熊式辉的亲信王又庸，被普遍认为是这一时期政学系的中层骨干。王曾先后追随熊式辉出任过江西省民政厅长、战后东北行营民政部长。王又庸在回忆这一时期的政学系时曾写道：

> 这个集团的特点是……没有任何组织形式，它的活动全部体现在三个主要人物——杨永泰、熊式辉、张群以及他们的几个手下人的勾结或"单干"的活动之中……曾有人粗作估计，说这批人数有40人左右，可能是大致不差的。有人说，杨永泰死后，新政学系分子逐渐减少了，这是可能的；另一方面，它的上层分子则逐渐增加，也是事实。[②]

因此，笔者认为，"政学系"完全因杨永泰个人而得名，大致从1933年杨永泰出任军事委员会南昌行营秘书长开始被传播。而这一时期杨永泰、熊式辉等人所任命的一批官吏，官职最大者也不过是省民政厅长一类的职务，他们此后虽然仍同政学系其他成员保持着一定的关系，但很少再有升迁的机会，对中央政府的政策制定和具体运作也没有太大的影响，且与此后的政学系成员交集不多。

政学系的第二阶段，自1935年年底国民政府改组到1949年国民党败退台湾。此后，其成员大都脱离政府，四散海外。

国民党五全大会，是蒋介石第一次在没有汪精卫、胡汉民参与的情况下主持召开的全国代表大会。"此次全会以决定政治、党部各负责人选，异常令人注意。"[③] 大会结束后，蒋介石接掌行政院长，全面改组政府，吸收了一大批同黄郛有着千丝万缕关系的财界、学界精英。"汪、胡各派除汪先生略有保留外（闻顾亦不就），果夫、立夫竟未能丝毫与闻。"参加此次全会并对CC系抱有同情之心的王子壮在日记中一度将新政府视

---

① 王又庸：《关于"新政学系"及其主要人物》，全国政协文史资料委员会编：《中华文史资料文库》第8卷，中国文史出版社1996年版，第87页。
② 王又庸：《关于"新政学系"及其主要人物》，《中华文史资料文库》第8卷，第88、89页。
③ 《王子壮日记》第2册，1935年12月2日，"中央研究院"近代史研究所2001年版，第524页。

为与政学系关系密切的"混合的亲日政府",并认为新政府的"杨(永泰)等适能代为计划亲日以免目前之危者,因乃见重于蒋"。① 他的这一判断在当时国民党内相当普遍。或许是为了平衡与 CC 系的关系,蒋介石并没有让杨永泰加入中央政府。五全大会后,蒋任命杨永泰为湖北省政府主席。

杨永泰上任不到一年即遇刺身亡,不久黄郛因病去世。此后十余年间,被视为政学系上层骨干的主要成员变化不大。他们大都具有一定的治国能力和专业知识,与国民党缺乏渊源但受到蒋介石重用。因此,党内各派势力对其一概以"政学系"视之,并加以反对。正是上述诸多因素导致他们彼此间更为相互依靠,关系密切,很快在南京政权内部形成了一股新兴力量。而接替黄郛,代蒋介石负责联系这批人物的正是他俩的盟弟张群。从此,张群成了政学系无人替代的核心。

那么,此时的政学系又是如何控制中央政府的呢?

据时任行政院政务处长蒋廷黻回忆:"那年,正式院会改在周二上午举行,非正式会议(欲称小型院会),于周五下午在委员长官邸举行。小型院会中只有孔祥熙、张群、吴鼎昌、张嘉璈、王世杰、何应钦、翁文灏和我出席。秘书及书记人员均不得列席。""在院会中,因为每个与会的人均有机会发言,而时间有限,发言人绝不可浪费时间,言词要清楚,简单扼要,而且要争取他人的好感。所有的话都是讲给院长听的,因为最后的决定不是表决的,而是由院长个人决行的。依照法律和传统,中国行政院的部会首长颇似美国的国务卿,而不像英国的阁员。"②

从上述人员中不难看出,行政院的核心会议——小型会议除何应钦、孔祥熙外,几乎成了政学系的聚会。而何、孔两人在国民党内没有一个以他们为首的相对严密的组织系统,相对不易同政学系形成对抗。尽管这批部会首长没有表决权,但"所有的话都是讲给院长听的"。因此,政学系是最有可能影响蒋介石的,甚至可以操纵政权以及人事任免。此外,为了"争取他人的好感",政学系成员在涉及政府重大问题前,事先都充分交换意见。在此仅摘录几段时任行政院秘书长的翁文灏的日记:1936 年 2 月 22 日,"与吴达诠(即吴鼎昌)、蒋廷黻谈六年计画工作方法";1936 年 5 月 23 日,"访吴达诠、周寄梅……谈预算事,报告于蒋";1937 年 1 月 12 日,"与何淬廉(何廉)会宴张公权、吴达诠、钱乙藜(钱昌照)、熊天翼、吴景超,会谈经济建设之必要"。③ 可见在讨论重大问题之前,政学系成员之间大都先进行了详细的内部沟通,再呈报蒋介石,寻求支持。

1936 年 8 月,蒋介石任命蒋廷黻为驻苏大使。接任政务处长的是蒋廷黻的朋友何廉。何廉上任不久,在"一次行政院的非正式会议上",蒋介石交给何廉的第一项任务是要他研究:"一,现有政府中负责经济建设的机构;二,当前政府在经济建设中的工作;三,政府的财政收入和支出。"经过深入调查,何廉发现尽管行政院下设实业部、交通部、铁道部等,但同时还有张静江负责的全国建设委员会、宋子文控制的全国经济

---

① 《王子壮日记》第 2 册,1935 年 12 月 12 日,第 535—537 页。
② 《蒋廷黻回忆录》,第 191、198 页。
③ 翁文灏著,李学通等整理:《翁文灏日记》,中华书局 2010 年版,第 20、47、108 页。吴景超,美国芝加哥大学博士,清华大学教授、教务长,1935 年后长期追随翁文灏参加国民政府,先后任行政院参事、经济部秘书等职。1947 年重返清华任教。

委员会，以及由蒋介石兼任委员长的资源委员会（秘书长是翁文灏）。上述三"部"、三"会"分别负责国家建设，彼此之间毫无协调，"例如，公路建设是全国经济委员会的事，交通部虽说理论上负责，实则什么也管不着。公用事业理应属于实业部处理，但始终集中在全国建设委员会手上。"为此，何廉建议将三会取消，将其职能并入新的机构。① 据何廉回忆："我把此事和内阁中我最合得来的三位部长吴鼎昌、张嘉璈和张群说了说。张群显得合作而开明，他和委员长过从甚密，是四位所谓把兄弟中最年轻的一个，看来张是明确地支持我的设想的。三人都对我的建议表示很大的关心。""我和内阁的许多成员进行过讨论，只有财政部是例外。他们始终不合作。"不久因西安事变爆发，何廉的计划暂时停滞。② 不过，从此事的具体操作过程中，不难看出政学系对政权的影响力度和控制能力。

西安事变和平解决后，蒋介石一度回奉化老家休养。1937 年 1 月，汪精卫从法国回到南京准备出席国民党五届三中全会，期间赴奉化与蒋介石会面，向蒋表示"甚欲主持经济"。③ 这自然引起政学系诸人的紧张。因为在"党国体制"下，政府的任何重大决策，都需要经过国民党中央全会的通过才可付诸实行。而在南京中央的政学系诸人除张群外均非党员，无权出席会议。何廉对此曾回忆道："那时委员长还在奉化。翁文灏和我以及一些其他的部长如张嘉璈、吴鼎昌等这些政府里的'装饰品'们，并不清楚幕后究竟是怎么回事。"④

于是，政学系诸公加紧活动。1 月 12 日晚，翁文灏"与何淬廉会宴张公权、吴达诠、钱乙藜、熊天翼、吴景超，会谈经济建设之必要"。两天后，翁文灏亲赴奉化见蒋，建议"扩大经济建设，并有一定组织"。⑤ 18 日，经过翁、何等人的游说，熊式辉也赴溪口同蒋介石"谈经济建设及汪精卫先生意见"。蒋介石听后即命熊式辉"立即起草"相关文件，熊式辉回答道："俟回京后与关系诸人商办。"第二天蒋再指示熊"经济建设方案原则，又谈及社会及经济人才问题"。熊式辉一到上海，"即约卢作孚（时任国民政府军委会水陆运输管理委员会主任）、杜重远（记者）、张嘉璈、王又庸（时任四川省民政厅长）、张君劢（国社党主席）等八人"，"谈经济建设问题"。⑥ 24 日，翁文灏再与何廉"宴请熊天翼、吴达诠、张公权、卢作孚等，讨论经济事业之组织。吴拟于军委会内设经济署，连系其他各部会"。⑦ 27 日，蒋介石亲笔致函翁文灏，"嘱速拟办法，三中全会后颁发"。⑧ 31 日，蒋介石在日记中记道："精卫热心经济，其实非其所长，人事甚难安置。"⑨ 2 月 12 日，熊式辉"赴京出席三中全会，拟携经济建设方案就便与关系方面再加审定后呈送蒋公"。⑩ 22 日，全会通过《中国经济建设方案》。

---

① 《何廉回忆录》，第 99、104 页。
② 《何廉回忆录》，第 105、111 页。
③ 《蒋中正总统五记·困勉记》下，第 541 页。
④ 《何廉回忆录》，第 123 页。
⑤ 《翁文灏日记》，1937 年 1 月 12、14 日，第 108 页。
⑥ 熊式辉：《海桑集》，第 199 页。
⑦ 《翁文灏日记》，1937 年 1 月 24 日，第 111 页。
⑧ 李学通：《翁文灏年谱》，山东教育出版社 2005 年版，第 129 页。
⑨ 《蒋介石日记》（手稿），1937 年 1 月 31 日；《蒋中正总统五记·困勉记》下，第 541 页。
⑩ 熊式辉：《海桑集》，第 199 页。

这年年底，国防最高委员会决议将实业部改组为经济部，并最终按照何廉当初的设计，将建设委员会全部、经济委员会的一部，以及军事委员会第三、四两部，工矿、农产两调整委员会、资源委员会及财政部之粮食运销局等并入经济部。任命翁文灏为部长、何廉为常务次长。① 原实业部长吴鼎昌转任贵州省政府主席。

抗战爆发后，国民政府迁都重庆，国家经济中心由沿海移到西南。此后，政学系为控制经济命脉，特成立"西南经济建设研究所"。据翁文灏日记载：其"董事会会议，到者张岳军、张公权、川康滇黔四省主席代表。追认张公权、何淬廉为所长、岳军、公权及余为基金保管委员"。此后，"西南经建研究所开会，张岳军言，分别计划川康经济事已奉蒋批准。"②

尽管政学系并没有明确的组织，但彼此之间互为奥援，事前相互商量，事后相互提携，使他们能与国民党内其他派系相抗衡，并控制政权。再有一例，抗战胜利前夕，1945 年 8 月 14 日蒋介石任命尚在苏联的熊式辉为东北行营主任，负责接收东北。20 日熊式辉回国当天，即"分别访吴鼎昌、张群、吴铁城、张治中等接谈受命东北事"。21 日"何廉交来东北人士调查名单及行政长官公署编制"。22 日"与张群、沈鸿烈、何廉谈组织行营、东北省份重划、经济主管人选等问题。由张群代发电致犹在美国之张嘉璈速驾"。24 日"约会吴鼎昌、张群、沈鸿烈等商谈主席交下各方荐举东北各省人选名册"。26 日"王世杰来谈东北各项有关接收问题"。③ 由此可见，自熊式辉接任东北行营主任后，他第一时间约见的人几乎都是政学系的成员，通过政学系成员间的相互推荐，以求控制人事任免等大政方针。

政学系与 CC 系、黄埔系

蒋介石打下天下后，政权建设中人才严重匮乏，以 CC 系为首的众多党务人员感慨："既然很难找到那么多适当的人员来分担组织党部与组织政府，则何以不让省市党部委员同时兼任省市政府官吏，而要向外去求才呢？"④ 这种认识，在国民党内很有市场。国民党对外标榜"以党治国"，党内各派系自然不愿权力旁落。

1935 年，王子壮的日记中，记录了自己对杨永泰等人的观察和对政学系同蒋介石关系的思考，非常生动地展现了国民党内部分人士对所谓政学系的认识。现摘录如下：

> 兹就所闻概记于下，杨本为政学系健将，活动于北方政界既有年，对于政治方面确有若干之应付方法而为党人所不及者。故自日祸、共祸相迫而至，蒋处于应付维艰之境。杨得贡其所见以博蒋之欢，尤于整理豫鄂皖等省之政治、财政，颇有计画，蒋乃倚为左右手。杨于是得随其发展之计谋，如江西之熊式辉、湖北之张群、应付日本之黄郛俱予沆瀣一气。因其历史上与国民党之不相容，乃定"拥蒋毁党"

---

① 张朋园、沈怀玉合编：《国民政府职官年表（1925—1949）》第 1 册，"中央研究院"近代史研究所 1987 年版，第 230 页。
② 《翁文灏日记》，1939 年 3 月 6 日、9 月 8 日，第 315、368 页。
③ 熊式辉：《海桑集》，第 488—489 页。
④ 陈立夫：《成败之鉴》，第 151 页。

之政策,故对于剿匪各省之党务,莫不尽其拆台之能事(今日之党团虽属无用,且多纠纷,但现在本党为"以党治国",当谋所以改善之法,而不宜摧残之也)。

然为蒋所信任,在中央负党务责任之陈果夫、陈立夫对此亦曾为各种之设计,迄今为止并无若何成功。兹举一二:如去年立夫先生介绍若干重要省市党部负责之委员为蒋之秘书,以备蒋之咨询。但为时不久为杨永泰建议改为设计委员,均不得逞,纷纷告归。后又使陈布雷追随蒋之左右,原拟以之充秘书长,以陈与蒋有旧,向为蒋服文字之劳者也。但以陈之为人,器识不大。蒋之与杨信赖尤深,计不得逞。陈仍不过为蒋之机要秘书而已。以故政学系将"力事扩充以谋篡窃本党"之论时得而闻。

于此有一问题,即蒋与杨之信任关系为何种性质?一说以杨为政客,计画甚周,现为培植羽毛时期,一方面在此时期竭力交结重要军人(如顾祝同等业已声气相通)及黄埔学生,迨至羽毛丰满,即行揭开真面,以毁党而成为彼之天下;其次,则以为蒋之用人,向能用其所长而绝不能为人所买,以其独断之性,固一英雄主义之人物也。彼最初对于共党密切合作,然至必要时,断然予以清除,即其明证。蒋之对杨以目前环境需要,彼来协助,故毅然信任之。然果如见其有不逞之图,自然可立即排除。此种见解,老先生如丁(惟汾)、叶(楚伧),盖仍作如是之观察也。余以二者所见均有可能。

不过,政学系与共党相较,有不同者。以共党声势虽大,彼等始终破坏本党及蒋个人,盖属显然。而政学系则附蒋以发展,彼之作用乃在由彼等拥蒋以活动政治,根本端在排挤本党。然以蒋与党有如此深远之关系,且彼个人有相当之宗法社会思想,谓其将随杨的主张去党,亦似无可能。不过杨如得计,可任意排除党中人物,以随其操纵把持之计,似属可能也。①

王子壮的上述分析,是站在维护国民党"党权"立场上,且完全针对杨永泰个人。事实上1936年杨永泰遇刺身亡后,政学系并未消亡,所控制的"政权"实力反而越来越大。可见杨永泰只是政学系成员之一,且因其早年参加北洋"政学会"而为党内反对派找到一个借口,从而成就了"政学系"之名。政学系之所以遭到党内各派系的反对,其核心还是因为这些派系都认为他们对"党国"并无多大贡献,却来分享政权,且势力不断坐大,这在掌握"党权"和"军权"的CC系和黄埔系看来,无疑是分割了他们的权力。

对此等议论,陈立夫深以为然:"在训政时期,党具有议会的功能,中央党部与国民大会相当,地方党部与地方议会相当。如果是这样,党肯花钱付给党员,使他们收入与政府同级人员相等,这样我们党里会有好的人员来管理政府;否则,党不给予党务工作人员必要的薪津,而要求党务工作人员在自顾自给的原则下工作,这是不切实际的……其结果,有能力的人员将转入政府服务,那么,另一种制度将会产生:党将与政府相抗,而不是督导政府。"甚至早在1931年宁粤对峙之初,陈立夫即以为:"临时约法的施行将会提高人民的地位而降低了党的地位,政学系自然赞成利用人民的地位去直

---

① 《王子壮日记》第2册,1935年4月12日,第291—293页。

接减低国民党的权力，间接用以和胡汉民对抗。"①

然而，约法尚未起草完毕，黄郛等人即从胡汉民被扣这一事件中明白，蒋介石要的约法并非他们希望的约法。据黄郛日记载：1931年3月25日，"畅卿由宁归，谈国民会议及约法两事已早失去精神，将来必有名无实"。②黄郛对《约法》的评论，颇耐人寻味。这也间接印证了王子壮指责政学系"拥蒋毁党"一说，并非完全捕风捉影。自黄郛、杨永泰去世后，政学系的其他成员则不再具备所谓"拥蒋毁党"的能力和资历了。

国民党五全大会后，尽管蒋介石暂时排除了汪精卫、胡汉民在中央政府的势力，建立了一个以政学系为主的内阁，但党内反对派为了打击政学系，马上转向尚在海外的胡汉民，再次发起"迎胡回国运动"。虽然他们同胡汉民的主张并非一致，但胡汉民强调的"党权高于一切"的主张，正是他们对付政学系最有力的武器。据王子壮观察："行政院既如此告成，党内诸派均为不满，二位陈先生（指CC）之消极为一明证，其他诸元老多同此感想，迎胡声浪之所以响彻云霄，足以见各方面之不满现状者，欲持胡以改造现局之趋势……二位陈先生之不满现状者，以胡之来，亦可坚强一己之自信，故最近之将来，胡先生既必然来京，对于彼之主张意见，及能否有冲破现局之能力，实有予以最大注意之必要。"③可惜的是，胡汉民回国不久即因病去世。这反而加强了蒋介石个人在党内的地位，有效抑制了反对者企图借胡抗杨的声音。

不过，长期以来，政学系成员不仅从能力上看不起这批年轻党务工作者，对国民党组织的作用也不以为然。一次，熊式辉与蒋介石讨论"党政关系调整"时，曾"陈述近日感想所及者四事：一、党的性质不明，因此党的运用不当；二、党员身分不明，因此党部成衙门，党员成官吏；三、水流湿、火就燥。党的工作，应该帮政府，为湿为燥；四、党的组织不适于其工作"。他的这番言论，深得蒋的"嘉许"，并"令速以书面条陈"。④

抗战爆发后，黄埔势力迅速崛起，他们不断希望染指政权建设，加大对政学系的挑战。1938年年初，蒋介石为集中财力、物力抵抗日本侵略，拟成立资源委员会，重点发展重工业。在讨论该会组织条例时，黄埔系也想在新机构中分掌权力。在人事任免上，"何应钦对资委会表示不满，讲应聘军人为委员"。⑤但蒋介石没有接受何的意见，而是任命翁文灏为委员长，将资源委员会完全交由翁办理。翁随后"派钱昌照为资源委员会副主任委员，沈怡为主任秘书兼工业处长"。⑥沈怡是黄郛的妻弟。资源委员会不仅抵制来自军方何应钦的要求，对CC系控制的党务系统也同样是不买账。据钱昌照回忆：

  过去在国民党时代有一句话，叫做"蒋家的天下，陈家的党"，意思是说，党

---

① 陈立夫：《成败之鉴》，第152、168页。
② 《黄郛日记》第6册，1931年3月25日。
③ 《王子壮日记》第3册，1936年1月14日，第15—16页。
④ 熊式辉：《海桑集》，第221—222页。
⑤ 《翁文灏日记》，1938年2月15日，第761页。
⑥ 《翁文灏日记》，1938年3月2日，第218页。

部的权抓在陈家手里。我在国防设计委员会以及后来的资源委员会时期,在成立机关党部这个问题上也一直和陈矛盾着。在1944年以前,党部方面前后有过三次要我们在资源委员会机关内成立党部,我都拒绝……到了1944年,国民党开始筹办六中全会大会(应为六全大会——引者注)选举,所有重要机关都要设立国民党党部,资委会乃被迫在会内成立第78区党部。我本人未参加此党部工作,只是嘱咐吴兆洪、戴世英等:好好安排,好好应付,不让资委会受到CC影响……后来我见蒋,说明我们多年来未成立党部,怕二陈插进来,把事业弄乱等等情况。他唯唯。①

蒋介石之所以对政学系如此信任,一个很关键的因素,就是政学系没有像CC系、黄埔系那样建立一套明确的组织架构。虽然政学系成员间彼此相互照顾,但基本没有建立基层组织,且绝对忠于蒋介石个人。

在政学系的众多成员中,并非都不想建立一个牢固的组织。1935年年底蒋介石改组行政院后,江西省政府主席熊式辉就想结合内阁中的政学系成员组成一核心机构。据翁文灏日记,1936年5月,"熊天翼来谈组织其'智囊团'事"。②尽管熊式辉在国民党五全大会上被增补为中央执行委员,但政学系的诸多成员均非国民党党员,在党国体制下,他深感很难充分掌控政局,所以想成立"智囊团"。某次他参加国民党中央全会后,觉得党国的重大方针"一切皆由中央党部组织领导,余个人无何单独建议,故少发言,鸣亦形成孤掌。平日服务于地方,对中央事固不甚清楚,而一般会议若无组织的运用,个人除尽其一分子之凑数外,不易发挥任何作用,尤以现在党的作风为然"。但政学系的其他成员,对熊式辉的建议多不以为然。会后不久,熊式辉赴抵贵阳会晤省主席吴鼎昌,吴即提醒熊:"对中央议论太直率。此与中央及地方俱无益处,多言宜戒。"并明确告诉熊:"地方不宜造成小领袖,贵州尤应为此。"熊式辉反省后意识到吴鼎昌所言"诚有至理"。③

政学系的其他成员大都同吴鼎昌态度一致,翁文灏就曾在日记中写道:"余全为国家工作,以蒋为唯一领袖,绝未加入任何系派(如CC、HH、TV、CH)。"④而政学系的核心人物张群更是"熟知蒋对自己属下最忌有二:(1)援有私人,自成系统,或造成小集团,利用政治机会,与蒋对抗;或朋分利润,令蒋受到损失。(2)贪污"。当时,"众友评岳军,只能呼为蒋之使女而不得称为如夫人,以如夫人尚有恃宠撒娇时,而张并此无之,惟知唯唯诺诺,蒋欲如何便如何,无一丝违抗。"⑤张群对蒋介石的态度,更令熊式辉组织"智囊团"的想法落空。

---

① 《钱昌照回忆录》,第125—126页。
② 《翁文灏日记》,1936年5月18日,第45页。
③ 熊式辉:《海桑集》,第241、246页。
④ 《翁文灏日记》,1942年4月10日,第761页。
⑤ 冯若飞:《张群其人》,全国政协文史资料委员会编:《中华文史资料文库》第10卷,中国文史出版社1996年版,第1371页。

结　语

与蒋介石有过近距离接触的何廉曾这样评价蒋介石：

> 委员长是个可以共事的好人。他十分耿直，也非常坦率……他给我的印象是：迫切要新鲜的主意，尽管是否把这个主意付诸实施是另一回事……他认识人，也懂得用人。但是他不懂得制度和使用制度。我和他谈问题时，一谈到许多事情该制度化的时候，他的注意力就会向别处转移。我对他有这样的感觉，从根本上说，他不是个现代的人，基本上属于孔子传统思想影响下的人。他办起事来首先是靠人和个人接触以及关系等等，而不是靠制度。①

政学系的这批人，刚好契合了蒋介石的上述要求。相较于 CC 系和黄埔系，政学系没有明确的层级架构和组织依托，体系松散，外延广阔；同时，他们又大多拥有良好的西方教育背景，具备较高的行政组织能力和人脉关系；他们彼此因政见相似而同声相求，因地位相近而相互照应。

政学系的职能及蒋介石与政学系之间的关系，大致可总结如下几点：

第一，政学系主要帮助蒋介石有效运行中央政府各部会职能（除个别出任封疆大吏），特别在国际交涉、财政金融和教育领域，依靠自己的专业知识为蒋介石出谋划策，分忧解难。其工作完全不涉及军事和党务。其成员大多是国民政府的"特任"官，由于没有基层组织，很少有"简任"以下的小官。自 20 世纪 30 年代中期形成以来，其成员基本没有太大变化。政学系很少有"小"官僚，他们通过影响蒋介石，来影响政局的发展和人事安排。

第二，承担党国体制的政治设计，为重大人事任免向蒋介石提供意见。如在江西"剿共"时期，杨永泰出任南昌行营秘书长，熊式辉为南昌行营参谋长；军事委员会下设的国防设计委员会，其成员大多来自教育界；抗战爆发后成立的国民参政会秘书长王世杰、吴鼎昌在抗战后期先后任国民政府文官长兼国民党中央设计局秘书长、总统府秘书长等。此外，熊式辉也担任过中央设计局秘书长，张群更是出任过中政会秘书长、国防最高委员会秘书长等多项重要的幕僚职务。

第三，协助蒋介石同国民党党外政治团体和中共沟通。政学系的这批成员无论是教育、金融界人士还是北洋旧官僚，本质上大都对国民党一党专政体制不以为然，而是相对乐见国民党能开放政权，从而导致他们同国民党内的其他派系矛盾重重。抗战爆发后特别是在战后，当蒋介石需要同国民参政会或政协其他团体以及中共沟通时，政学系大都主动承担这项工作。

关于政学系，众说纷纭，一个重要原因，就是党内有"众说"。我们对政学系的诸多观察，都来源于其政治对手的言说，所以政学系的组织轮廓往往需要先勾勒其他派系后，方能得出。很多人未得政学系好处，反不小心触了其他派系的霉头，抢了其他人的风头，就被戴上这顶帽子。如果说前期的杨永泰还有伐异之举，稍符派系之说，后期则

---

① 《何廉回忆录》，第 117 页。

无人能担此任。换言之,往往是无派无系之行政官僚,位居高位且由学而仕,符合政学系的人员描述,故人多以政学系视之,而这些人也多因同声相求,愿与其他被认作政学系之人相往来、共取暖,两种过程,交错为用,共成政学系之名。

而政学系的尴尬,很大程度上正反映了蒋介石的尴尬、国民党的尴尬。行政权力在国民党统治期间,是一个不断受觊觎、被践踏、遭蚕食的领域。党、军似乎都很有理由主政,前者有理论基础(以党治国),后者以枪杆子为依托。但以党统政,党同伐异;以军领政,藩镇隐现。蒋介石不得不为平衡两方,而靠一帮和其面和而心不一定和的行政官僚,撑起这一残缺的领域。政学系虽曰有黄郛为灵魂人物,但黄郛更似"共主"。如果说政学系,尤其是后期的政学系有所谓的领袖,只有蒋介石可堪此名,张群不过是为其穿针引线的"使女"。

政学系的一大特点,就是学者型官僚。从"政学系"三个字来分析,恰好是"由政助学,引学辅政",能够给予蒋介石本人和其部下力所不及的帮助。而学者治政的一大特点,就是尚清流不尚党谋。所以政学系吸引蒋的,是其工具层面的行政才干,而非价值层面的高山流水,双方其实缺乏共事的强固基础,相互利用,而非相互认同。

1949年蒋介石败退大陆后,政学系成员真正随蒋撤至台湾的并不多。他们在政治上既反对国民党独裁,也不认同共产党专政,且台湾舞台太小,蒋介石也不再需要这批中央大员,因此他们大多移居海外。只有张群、王世杰一直追随蒋介石,并得到一定重用。

从此,政学系之名不再延续。

(原载《近代史研究》2014年第6期)

权能分担与社会整合[*]
——国家与社会关系视野下的苏区社团

何友良[**]

摘　要：苏区社团是中共革命构建新社会战略中的重要创置，也是国家权力深入乡村的另一种路径。它通过主动转移一部分权力和职能，使社团成为有限权能分担的社会共同体，与乡村政权互为依存和补充，在动员组织民众、变革社会结构、建立新意识形态和人民对国家权力的认同、实现民众利益与乡村治理的宏大目标中发挥作用。苏区社团与乡村政权的创置和实践，开创了中共重新整合与治理乡村社会的新模式。

关键词：苏区　社团　乡村政权　治理　社会重建

中共土地革命在推倒原有社会制度的同时，致力于建立与其体制相适应的社会新结构，苏区群众性社会团体作为一项重要社会建置，很快遍布苏区乡村各地。苏区社团组织的建立，在苏维埃政权与个体民众之间，搭建了沟通的桥梁，填补了废除士绅和宗族制度后的一些社会功能，也成为扩大农民政治参与、重建乡村社会和促成新型国家权力有效深入乡村的重要渠道，对中共的政治动员、乡村治理和社会革命等目标的实现，发挥了很大作用。

涉及苏区社团组织的研究已有不少。不过这些研究多偏重于苏区单个社团的研究介绍或长时段社团史的考察，较少从社会整合或国家与社会关系的角度，综合论述土地革命时期的社团组织。[①] 非常明显的是，苏区社团的组建，是中共及其政权在社会重建中

---

[*] 本文初稿提交由《近代史研究》杂志社和华中师范大学中国近代史研究所共同举办的第三期中国近代史论坛"中国近代民间组织与国家学术研讨会"（武汉，2013 年 9 月）。

[**] 何友良，江西师范大学苏区振兴研究院教授，中共江西省委党史研究室研究员。

[①] 主要论著，有黄冬娅《解放前苏维埃区域的社会控制——以农会为个案的分析》（香港《二十一世纪》网络版，2002 年 12 月号），唐正芒《论土地革命战争时期的雇农工会》（《党的文献》2007 年第 6 期），郑运成《20 世纪三四十年代的贫农团研究》（硕士学位论文，河南师范大学历史文化学院，2009 年），张文标、戴莉萍《中央苏区群团建设探析》（《党史文苑》2009 年第 11 期），李敏、陈宇《川陕革命根据地党对群众团体工作的领导》（《中共山西省委党校学报》2011 年第 2 期），郭海霞《浅谈中共早期农会组织建设》（人民网，2011 年 12 月 4 日），陈小腊《土地革命时期中共领导的农会组织研究》（硕士学位论文，浙江农林大学马克思主义学院，2012 年），张庆杭《中央苏区时期群众组织研究》（《鸡西大学学报》2012 年第 11 期），以及何友良《中国苏维埃区域社会变动史》（当代中国出版社 1996 年版）、《苏区制度、社会和民众研究》（社会科学文献出版社 2012 年版）、《苏区社会格局中的社团组织》（《地方文化研究》2013 年第 1 期）等。有关苏区史、社团史和工运、妇运、青运史如《中央苏区史》《中国苏区史》《江西工人运动史》等著作中也有社团的介绍。

的一种主动的制度安排和权能转移,是国家权力深入乡村的制度体现。但与国家权力自上而下逐步深入乡村的近代一般趋向不同,在进行土地革命的地区,中共首先在乡村建立基层政权和社会组织,自下而上地实现权力构建与社会整合。这个过程及其特点怎样;局部执政的中共如何认识战争环境下社团组织的必要性,规制和定位苏区的社团组织;苏区社团组织如何分担相应的权能,与社会重建、党政权力和民众形成了什么样的关系,为乡村治理和社会变迁提供了什么新形式新经验,都有深入研究的必要。

一 强调群众自愿,更是制度安排

土地革命是中共在国民革命失败后,引用苏俄的办法和制度,在南方部分农村进行的社会革命。为了实现创建新制度、新国家的革命目标,中共在推翻社会旧制、改变乡村旧的关系时,面临如何重建乡村社会、组织高度分散的农民的问题。在民众中建立政治组织、社会团体,成为苏维埃制度中与建立乡村政权并重的一项重要任务。

在暴动和创建革命政权时就要注重群众组织的思想,最早来自共产国际的指示。在1928年2月的决议中,共产国际执行委员会"特别指示中国共产党",要注意加紧工农群众工作,"必须竭力加紧组织工会的群众工作","必须加紧建立和扩大农民组织的工作(农民协会,农民委员会等等)",认为这在现时对于中国共产党比任何时候都要重要。[①]

中共立即表示接受并切实执行这一指示,将争取群众、建立群众组织以及巩固并健全党的组织,列为"最重要的工作"和"斗争胜利的必须条件"。[②] 在中共六大上,进一步明确规定,在现在革命的阶段,共产党主要的策略,应该是创设绝大多数被残余封建势力剥削的农民群众的统一战线,特别是尽量扩大并巩固农民协会的组织。"农民协会的组织,必须尽可能的民主化,极力纠正以党来委派农协委员的办法,使农协成为真正的群众的组织。"[③] 随着中共六大精神的贯彻,社团组织在苏区各地相继建立起来。因此,建立苏区社团组织,是在革命发生并打破旧的社会结构后,中共在苏区各地普遍实行的一项制度性社会组织建构,是一项主动的社会行为。这一制度性安排,表明中共进一步坚持和发展民众组合和动员的新方式,是苏区内群众性社团组织大量出现的主要原因。

苏区社团组织的组建主要有两种方式:一种是由国民革命时期的社团延伸而来,在苏区建立时沿用了其名称、精神和办法,主要有工会、青年团、妇女组织、儿童团、互济会等;另一种是苏区建立后成立的组织,主要有贫农团、反帝大同盟、拥苏大同盟、赤卫队、各种合作社等,属于土地革命中的新创建者。其中,反帝大同盟是因呼应反帝斗争和抵抗日本侵略而兴起,拥苏大同盟是因援苏而兴建,赤卫队、合作社是为地方自卫和经济发展而组织,这些社团的创建主要是出于形势需要。而贫农团这一苏区人数最

---

① 《共产国际关于中国问题的议决案》(1928年2月25日),中央档案馆编:《中共中央文件选集》第4册,中共中央党校出版社1989年版,第760页。
② 《中央通告第四十四号——关于共产国际执委会二月会议中国问题决议案》(1928年4月30日),《中共中央文件选集》第4册,第175页。
③ 《农民运动决议案》(1928年7月9日),《中共中央文件选集》第4册,第357、360页。

多、最具代表性的农民社团的组建，则有更多的综合因素。

以往容易将农民协会、农民委员会认作贫农团的前身，其实并无这种内在联系。农民协会兴起于国民革命时期，在国民党武力分共后遭到摧残，只在中共发动革命或管控的乡村秘密或公开存在。但此时其性质已不是群众性社团组织，而是一种暴动的发动组织以及在革命委员会或苏维埃成立前的临时过渡机构。当作为临时政权的革命委员会和正式政权的苏维埃成立后，农民协会必须取消。因此，大约到1929年各地相继成立革命委员会或苏维埃后，农民协会在苏区内就不存在了。至于农民委员会，这个名称来自苏联，是十月革命后苏联在农村实行的推翻和取代富农政权的一项制度设置。1929年6月，共产国际一度要中共照搬，因此在这时的文献中，曾使用"农民委员会"这一称呼。但在个别地方，如鄂东北苏区的黄安、麻城、光山，也一度自发成立农民委员会，它"等于苏维埃作用，直接处理农民日常事务"①，并不是群众性的社团组织。在共产国际改变指示后，农民委员会的名称很快在1930年就被停止使用。②

贫农团的名称最早出现在1930年6月19日，出自一份共产国际给中共中央的电报。在电报中，国际指示"除雇农工会外，请在苏区着手成立贫农团，贫农团应将苏维埃的一切措施用来为贫农和中农的利益服务"。③ 这是共产国际对中国苏区主要社团组织的一个新认定，中共中央对此的反应是立即接受。在8月底9月初的指令中，中共中央已要求地方组织"建立县乡苏维埃，实行土地革命并建立职工会、雇农工会、贫农团等群众组织"④，特别是"须在每乡将贫农群众组织起来"，即"须以乡为单位"建立贫农团。⑤

苏区社团组织初具规模地建立，有两个重要标志。一是1930年10月，中共中央政治局做出关于苏维埃区域的目前工作计划。这是一个全面规划苏区工作的指导性计划，对苏区后来的发展产生了重要影响。在该计划中，苏区的群众组织与群众工作，被列为第7项重要任务，强调"在苏区的群众组织问题中，最中心的是如何加强无产阶级的组织力量与无产阶级和乡村贫农的结合"，而"首先就需要注意到苏区城镇工人乡村手

---

① 《鄂东北特委何玉林给中央的报告——黄麻地区政治、经济、军事状况，组织、宣传、工运、农运工作情况及今后意见》（1929年5月7日），中央档案馆等编：《鄂豫皖苏区革命历史文件汇集》甲5，1986年印行，第58页。

② 在1929年6月7日《共产国际执行委员会与中国共产党书》中，共产国际指示中共要实际解决农民群众的组织问题，要建立农村无产阶级之独立的组织，同时要组织革命的农民委员会，使之成为农民群众（首先是贫农）革命斗争的下层机关，以反对地主、高利贷、豪绅、富农等。

③ 《共产国际执行委员会东方书记处给中共中央的电报》（1930年6月19日于莫斯科），中共中央党史研究室第一编研部译：《共产国际、联共（布）与中国革命档案资料丛书》第9卷，中央文献出版社2002年版，第175页。

④ 《中央关于再度占领长沙的战略与策略给长江局并转湘省委、湘鄂赣前委及行委的信》（1930年8月29日），江西省委党史研究室等编：《中央革命根据地历史资料文库·党的系统》（2），中央文献出版社、江西人民出版社2011年版，第1053页。

⑤ 《加紧准备全国苏维埃代表大会的工作》（中共中央通知，1930年9月23日），《中央革命根据地历史资料文献·党的系统》（2），第1094页。

工业工人苦力的工会的组织,雇农工会的发展以及贫农团的创立"。① 二是1931年1月,中共苏区中央局在江西宁都成立。作为中共在苏区的最高组织,中央局对全苏区党的工作进行总体部署,将"发展扩大群众组织,主要的是建立苏区阶级工会和雇农工会、贫农团组织,以及反帝大同盟及互济会等,以加强群众斗争的力量和发展"②,作为9项主要工作之一。由此,苏区社团组织在已有基础上更加快速地发展。

兴建社团组织并非中共的创造。早在民国初期,人们对于组织政党社团,已经相当熟悉。中共的创造,一是将其深入运用到乡村和普通农民;二是将其融入苏维埃社会制度,使之成为农村革命后新兴的一种社会构成。而将这两者付诸实行,关键又在采取了组织推进和群众自愿相结合的原则。

按照中共苏区中央局的规定,贫农团可由共产党和雇农工会以及最积极的贫农分子来发起,加入贫农团采取"自愿的原则,一切男女老幼贫农均可以参加",而不应采取按户派人的方式。③ 也就是说,发起、组建贫农团是一种组织行为,而是否加入则由贫农群众自愿选择。而到县、区基层组织,则将这种两相结合的办法发挥到极致。例如苏区崇义县委,指令县、区苏维埃政权派出特派员到乡村,"务须于一礼拜内成立贫农团"。其办法是特派员到后,先在一村中,找出一个工作积极、忠实可靠的贫农,将其本村所有的贫农团结起来,组织贫农小组;在此基础上,再召集各村贫农小组开一次全乡贫农大会,正式成立贫农团,并要求妇女贫农及青年贫农,都要加入贫农团。④ 因此,所谓组织行为,其实带有某种强制色彩;而自愿原则,也只是对一部分人而言。除了像崇义这样要求贫农中的妇女和青年都要加入的做法,在其他地方还有要求雇农、农村党员必须加入等规定。由此一来,组建苏区农村社团出于制度安排的意味就更明显。

二 权能的授予与"柱石"的定位

苏区的社团,在党政职能分工上,主要是作为群众组织归入"党的群众工作"大类,由党组织管辖。因此,各种社团的性质、职能、权限和地位,以及它们与党、与苏维埃政权的关系,主要也是由党的组织来规范和定位的。这些规范和定位,体现在各种指示、通告、会议决议和社团组织纲要、章程等文献中。

(一)组织形态

苏区的社团在组织形态上大体呈现两种形式。一种是拥有从中央组织到基层组织的

---

① 《中央政治局关于苏维埃区域目前工作计划》(1930年10月24日),中央档案馆编:《中共中央文件选集》第6册,中共中央党校出版社1986年版,第451页。
② 《中共苏区中央局通告第一号——苏维埃区域中央局的成立及其任务》(1931年1月15日),《中央革命根据地历史资料文库·党的系统》(2),第1339页。
③ 中共苏区中央局:《贫农团组织及工作大纲》(1932年1月8日),江西省委党史研究室等编:《中央革命根据地历史资料文库·党的系统》(3),中央文献出版社、江西人民出版社2011年版,第1974页。
④ 《中共崇义县委通知(第一号)——崇义目前环境分析和目前实际工作决议案》(1931年7月21日),中央档案馆等编:《江西革命历史文件汇集(1931年)》,1988年印行,第123—124页。

层级领导体系，形成自上而下的垂直组织系统。工会就属于这种形式。在苏区，工会最初是从基层发展起来的，随着苏维埃政权的建立，"各县各区各乡都有工会的组织"①，乡设小组，区设区工会，县设县工会。1930年冬，江西省苏区首先成立省级总工会。1931年3月，中华全国总工会中央苏区执行局在江西富田成立，定位为全国各苏区工会的统一领导机关。各大苏区的省级总工会（职工联合会）和各大产业的行业总工会，也相继建立，形成覆盖全苏区的组织网络。1933年1月，中华全国总工会由上海迁到瑞金，与全总苏区执行局合并，改称中华全国总工会苏区中央执行局，进一步形成中央、省、县、区、乡的完整组织体系。其他组织如青年团、少先队、儿童团、反帝大同盟、拥苏大同盟（1933年年初合并为反帝拥苏大同盟）、革命互济会等，也都像工会一样，建立从中央到乡村的垂直组织系统。由上到下的纵向统辖体系，为各社团整合会员、形成整体性社会力量，提供了制度上的优势。

唯有贫农团的组织形态与其他社团不同，它是一种只限于乡村而无上级机构的基层社团组织。按照规定，贫农团在组织结构上，"不要全省、全县、全区的系统组织，只是按乡的单位"来组织②，即乡设贫农团，村设小组，只有乡村两级，十分简单。乡贫农团受乡苏维埃领导，团内由全体会员大会推选主任一名，较大的乡或事务多的贫农团推选3人组织委员会，由委员会推选主任一名，负责处理全乡贫农团大会闭会后的一切事务，办公地点设在乡苏机关内，也"力求简单"。③ 但在苏区各社团中，贫农团在规模上较大，人数较多，其成员不仅仅是贫农及其家属，也包括雇农、苦力及手工业工人。仅据苏区江西省1933年对其16县中的10县统计，贫农团会员即有257078人。因此，贫农团的组织形式相当独特，它只限于乡村，凸显地方性和小区域性的特点，同时也限制了其纵向和横向的社会联系。这种设置出于什么考虑，目前尚未见具体文献说明。

（二）政治定位

中共对苏区社团的定位一直很高。这种定位主要是从两个方面进行的。一是依其社会属性定位，社团在苏区社会中被定位为"群众组织"，"是一种社会团体的组织"。④这是从社会组织的构成上进行的定位，是最基本的定位。因此，中共指出，赤色工会、雇农工会、贫农团与反帝同盟的建立，要成为巩固苏区有力的组织基础。⑤ 也就是说，社团是苏区在政权系统之外的社会基础组织。

二是依其政治属性定位，社团被推重为苏区政权和社会的柱石、枢纽、骨干、靠

---

① 欧阳钦：《中央苏维埃区域报告》（1931年9月3日），江西省档案馆等编：《中央革命根据地史料选编》上，江西人民出版社1982年版，第381页。

② 中共苏区中央局：《贫农团组织及工作大纲》（1932年1月8日）。《中央革命根据地历史资料文库·党的系统》（3），第1974—1975页。

③ 《湘赣边苏区贫农团暂行组织法》（1931年8月28日），党史资料征集协作小组编：《湘赣革命根据地》上，中共党史资料出版社1990年版，第88页。

④ 《中央政治局关于苏维埃区域目前工作计划》（1930年10月24日），《中共中央文件选集》第6册，第454页。

⑤ 《苏维埃区域红五月运动的工作决议案》（1931年3月21日中央常委会通过），中央档案馆编：《中共中央文件选集》第7册，中央党校出版社1986年版，第200页。

手、助力、支柱等。这是从其社会功能、政治意义上进行的定位，是注重本质的定位。最权威的说法，首先来自中共中央政治局："一切工会要成为城镇苏维埃政权的柱石，要成为工农劳动群众拥护苏维埃政权反抗帝国主义国民党军阀进攻运动的领导者，要成为输送工人干部到红军中去［的］枢纽"；贫农团"与雇农工会同成为乡村苏维埃政权的柱石"。① 这就是说，工会和贫农团，都被定位为苏维埃政权的"柱石"。这是中共对共产国际指示的重要发展。苏区的最高政权机关与党的定位相同，如在1931年11月召开的中华工农兵苏维埃第一次全国代表大会，宣布"雇农工会，苦力工会，贫农团，是必要的团体"，认为这些组织"是苏维埃实现土地革命的坚固柱石"。② 此外，各苏区地方党组织，按照中央的口径，也都强调社团的地位。如苏区江西省委强调："工会是苏维埃的柱石，贫农团是苏维埃的有力靠手，革命互济会、反帝拥苏同盟和女工农妇代表会等团体，对于苏维埃也是有大的助力，苏维埃政权必须与上述团体特别是工会、贫农团发生最密切的联系。"③ 在赣东北苏区，决议认定工会工作应放在第一等位置，而贫农团"是农村革命基本的组织，是农村苏维埃的柱石"。④ 在川陕苏区，贫农团被认为是土地革命运动的坚决执行者，是苏维埃政权在农村中的坚固柱石。⑤

对社团组织的如此定位，表明中共对社团在苏区革命和社会运行中的作用有着很高的期望。尤其是，与此相匹配的权能授予则将对社团组织的定位和期望，进一步转化为制度的规范。

（三）权能授予

所谓权能，即权力与职能。中共党政组织在安排和鼓励建立社团的同时，明确授予其一部分相应的权能，即将一部分社会权力、政府权力和社会事务，转移给社团组织。这一点直接关系到社团组织作用的发挥。

鉴于苏区社团较多，这里只以最重要的工会和贫农团为例，考察在特定的制度安排下，苏区内部部分权能向社团组织的转移。

无论从哪个角度说，工会都是苏区最重要的社团，被授予的权力和职能也最大。综合有关决议、通告和工会组织法等规定，工会被授予的权能主要有以下几方面。

在政治领导方面，主要为实现无产阶级在苏区的领导作用，如在苏维埃各种会议中表达工会的政治主张并起领导作用；积极地提出优秀分子到苏维埃、红军中做领导工作，征调工人到红军中去，彻底实行无产阶级的领导权，从各方面帮助苏维埃国家机关的巩固，如帮助苏维埃政府武装工人，组织工人的赤卫队，动员群众参加到红军和赤卫

---

① 《中央政治局关于苏维埃区域目前工作计划》（1930年10月24日），《中共中央文件选集》第6册，第452、454页。

② 《中华苏维埃共和国土地法——中华工农兵苏维埃第一次全国代表大会通过》（1931年11月），江西省档案馆等编：《中央革命根据地史料选编》下册，江西人民出版社1982年版，第462页。

③ 《江西省第二次工农兵代表大会决议案》（1933年12月28日），中央档案馆等编：《江西革命历史文件汇集（1933—1934年）》，1992年印行，第356页。

④ 《中共赣东北特委第三次执委会决议案》（1931年3月28日），中共福建省委党史研究室等编：《闽浙皖赣革命根据地》上，中共党史出版社1991年版，第270、272页。

⑤ 《贫农团、雇工会、少年先锋队、儿童团组织法》（1933年），刘昌福、叶绪惠编：《川陕苏区报刊资料选编》，四川省社会科学院出版社1987年版，第401页。

队中去，帮助红军的运输，征收粮食，监视和肃清反革命分子，巩固红军后方和苏维埃区域；工会的下层基本组织工会小组、雇农小组参加贫农团并在其中起领导作用，因为雇农工会"是实现无产阶级在现时民主革命中的领导权的重要工具之一"；领导农民的土地革命和反富农斗争，"坚决的领导和组织农民彻底平分土地，拥护贫农和中农的利益"。此外，工会的权能还包括扩大工会组织和民主化生活；在各级工会中设立青工部、女工部，规定青工女工特殊要求的纲领，加紧青工女工的工作；帮助扩大少年先锋队、儿童团的组织；扩大对工人的宣传教育工作和工会干部的教育培训；等等。①

在生产监督和领导权方面，主要包括在私营企业中，由工会组织监督生产委员会，对私人企业、店主实行监督（主要是要求厂主店东报告企业的生产量及营业状况，防止或揭发厂主店东的怠工、投机、破坏金融、紊乱市场和破坏苏维埃经济等行为），并学习管理生产；在苏区的国营企业中，则要"拥护无产阶级的经济利益，同时还必须提出积极的发展和巩固苏维埃的工业的任务"，参加到苏维埃工业的领导地位中去。

在维护工人利益方面，主要包括领导工人的经济斗争，争取和维护工人阶级的实际利益，根本改善工人阶级的生活状况，如制定各种产业、各种职业部门的斗争纲领，提出工作八小时，增加工资，劳动保险，失业救济，与雇主订立集体合同、劳动合同，发动工人向雇主斗争，乃至实行罢工斗争，要求彻底实行劳动法，使每个苏区工人，在工会的领导下从斗争中得到一切日常生活的改善。同时，工会帮助苏维埃政府切实保障工人的利益，如注意失业工人的工作，帮助苏维埃想各种方法来解决失业工人的生活问题等。

总的来说，对工会的权利和职能的授予，涉及面相当广泛，而且带有极强的制度刚性，它们与实现无产阶级的领导权，实现工人阶级的解放和无产阶级的奋斗目标的政治纲领，使工会成为"巩固苏维埃最重要的柱石"的政治定位，是一致的。

当然，中共对工会的权能边界及其与政权的关系，也进行了相应的规范。苏区中央局成立之初，即曾批评在工会与苏维埃关系上存在两个主要错误：一是认为工会是工人阶级的组织，苏维埃是农民群众的组织，而把工会与苏维埃政权对立起来，认为两者是平等的机关；二是认为工会是政权的附属机关，苏维埃政府可对工会下命令，而无形中取消了工会的独立组织性质。中央局进而明确规定，党是苏维埃及工会的指导者，通过党团（即后来改称的"党组"）实行党的领导；苏维埃政府是工农群众的联合政府，是政权执行机关，代表工农执行权力，因此，工会和其他群众团体应绝对遵守苏维埃法令，领导其群众来拥护政府和政府法令，并赞助政府一切法令的实现，苏维埃政府对群众团体违反法令的行为有权进行干预，工会是苏维埃政府下的革命团体，"不能超越自

---

① 详见《工会组织法》（1930年7月15日），《中央革命根据地史料选编》下，第698—704页；《中央政治局关于苏维埃区域目前工作计划》（1930年10月24日），《中共中央文件选集》第6册，第447—453页；《苏区中央局关于工会运动与工作路线的通告》（1931年3月1日，通告第十七号），中共中央书记处编：《六大以来》下，人民出版社1981年版，第442—447页；《中央关于苏区赤色工会的任务和目前的工作决议》（1931年12月21日），《中共中央文件选集》第7册，第558—566页；等等。

己的职能之外侵犯政府一切行政事项"。① 1931年3月1日发布的《苏区中央局关于工会运动与工作路线的通告》对此进一步重申，并再次明确了工会的前述主要权能。

与工会相比，贫农团被授予的权能要小得多，而且经历了一个逐渐减缩的过程。

最初，贫农团的规则缺乏统一规制，由各地党政或军队自行确定，因此其被授予的权能不完全一样，但一般都较大，中央、赣东北、湘赣、湘鄂西等苏区都是如此。例如湘赣苏区1931年秋颁发的《贫农团暂行组织法》，曾授予贫农团10项工作，作出5项与政府关系的规定，在5项与政府关系的规定中，除了第二、第四条为贫农团应受乡村苏维埃政府的指导、应号召全体会员执行苏维埃一切法令外，其余三条分别为：贫农团有经常讨论苏维埃工作意见提交苏维埃讨论执行之权，有经常监督苏维埃工作和经济收支之权，有提出自己的候补名单参加苏维埃政府之权。② 类似的权能授予相当宽泛，显然过大，甚至有将贫农团视为乡村准政权、第二政权之嫌。若照此实行，有引发乡村政、团冲突乃至社会失序的可能，因此并不合适。

可能是为了改变这种状况，1932年1月8日，苏区中央局制定《贫农团组织及工作大纲》，发给各地方党部、红军政治部，指出过去红军总政治部和其他党部所颁布的贫农会（即贫农团）章程和组织等，因有许多错误，均不能适用；要求以此组织及工作大纲，"作为组织贫农团的方针"，并向群众公开宣传和解释。新的"大纲"将贫农团的基本权能，限定在建议与讨论两个方面。关于建议的权能，规定"贫农团的作用是赞助（绝不是代替）政府实现一切法令"，可以向政府建议一切与贫农、雇农、苦力工人有利的意见，由政府决定执行，但不得自己代替政府，同时必须注意中农利益与权利，使中农环绕在贫农周围，贫农与中农建立巩固的同盟关系，来进行消灭农村中地主豪绅残余和反对富农的斗争。关于讨论的权能，规定"贫农团的工作即在于随时能注意到贫农、雇农、苦力工人以及中农利益和苏维埃政权问题的讨论"，并列举了要经常讨论的10项主要内容。③ 这些规定主要涉及政治和经济问题，应当说比较细致而审慎地划定了贫农团的权力与职能，区分了苏维埃政权与贫农团的关系，有既要组织好贫农

---

① 《中共苏区中央局通告第三号——苏维埃与工会的关系问题》（1931年1月21日），《中央革命根据地历史资料文献·党的系统》（2），第1344—1345页。

② 中共湘赣边苏区省委：《湘赣边苏区贫民［农］团暂行组织法》（永新县赤色总工会1931年10月3日翻印），江西省档案馆选编：《湘赣革命根据地史料选编》上，江西人民出版社1984年版，第178页。

③ 中共苏区中央局：《贫农团组织及工作大纲》（1932年1月8日），《中央革命根据地历史资料文库·党的系统》（3），第1974—1975页。该大纲规定的贫农团经常要讨论的10项工作是：1. 讨论豪绅地主土地、房屋、工具，以及富农土地和多余的房屋、工具的没收与分配问题，如何使贫农、雇农、中农和其他应分土地的工人得到利益，特别注意不妨碍中农利益，还要使富农获得土地革命的果实而应分给他以坏田。2. 讨论红军公田如何抽留及如何帮助红军及其家属耕田，实行红军优待条例的问题。3. 讨论如何动员广大工农群众积极参加革命战争的一切工作问题。4. 讨论农业建设上如何修堤、整理水利、改良种子等问题。5. 讨论如何动员群众加入红军问题。6. 讨论灾区如何救济，如粮食、种子、耕牛、卫生防疫以及贫农雇农互相帮助的问题。7. 讨论苏维埃选举，如何保障工人、雇农、贫农、苦力当选，及吸引最好的中农参加的问题。8. 讨论荒田如何开垦和如何增强农业生产，如何办消费和生产合作社问题。9. 讨论苏维埃政府一切法令切实实现的问题。10. 讨论一切临时发生的重大问题。

又要防止其走得太远即脱离政府领导、越位行事的深层考虑。

这样，中央局的新大纲便成为各苏区贫农团权能的通行规范。如前述湘赣苏区省委，当即表示要按照中央局印发的贫农团组织及工作大纲，普遍建立贫农团的组织并纠正过去的一切错误，贫农团要切实执行中央局大纲中的10项工作，成为乡苏维埃强固的柱石。① 其后，尽管因时间和中心任务不同而有所不同（如1933年苏区发起查田运动时，对贫农团即曾授予查田工作的较大权能），但在通常的范畴内，基本未再有大的超越。只有川陕苏区，可能出于通信不畅的原因，对贫农团权能的授予仍较中央和其他苏区为大。②

从组织形态、政治定位和权能授予看，苏区的社团实际上是中共在苏区政权与个体民众之间建构的具有中介和桥梁性质的社会权力组织，是对作为政治权力组织的苏维埃政权的补充与延伸，以求更好地支撑起苏区社会及其运行。社团和政权，成为中共对乡村进行革命重建和治理的两大支柱组织。

三 乡村权力的分享与事务的分担

从根本上说，权力与职能是一个矛盾的统一体，权力的分享要在职能的履行、事务的承担中才能实现。因此，苏区社团如何运用被授予的权能，在乡村政权与民众个体之间，分享和承担起相关的权力与事务，发挥中共及其政权所期望的作用，在新的社会体系中形成与政权、个人的良性互动，共同推进革命和社会的目标，是需要继续考察的问题。

（一）在接替传统社会组织功能中实现权力分享

在传统南方农村，一直存在着复杂的正式或非正式权力组织左右农村社会生活。从某种角度说，农民是要求组织的群众。客观的生存环境，尤其是农村的艰困、破产和各种矛盾，反映到农民的意识上则为感觉有组织的需要，是故农村中原始的组织和农民自动的小组织，不知几百上千种。③ 就其大类来说，则主要有宗族组织和各种秘密结社以及士绅群体。宗族组织遍布南方各个乡村；各种以会道门为形式的秘密结社对农村社会不时产生冲击和威胁；而在县以下地方，士绅作为非正式权力的体现者，"是唯一能合法地代表当地社群与官吏共商地方事务参与政治过程的集团"。④ 到20世纪20年代中后期，这一格局尚无根本改变。土地革命明确废除宗族制度、会道门组织和取消地主士

---

① 《中共湘赣省委关于革命竞赛条约》（1932年3月6日），《湘赣革命根据地史料选编》上，第345—346页。

② 如川陕苏区规定的贫农团权能有：彻底平分土地，查田，坚决肃清反革命，监视地主、富农的行动，扩大红军游击队，替红军家属代耕，监督地主、富农做工，改造苏维埃，经常领导苏维埃工作，不侵犯中农利益，经常领导和扶助个别雇工、贫农与地主、富农斗争，没收地主、富农武装。详见国焘《贫农团的重要》，《苏维埃》第14期，1933年11月7日，《川陕苏区报刊资料选编》，第409页。

③ 《中央通告第二十八号——农民运动的策略（一）》（1929年2月3日），中央档案馆编：《中共中央文件选集》第5册，中共中央党校出版社1989年版，第20—21页。

④ 瞿同祖：《清代地方政府》，范忠信、晏锋译，法律出版社2003年版，第283页。

绅在乡村的政治权力，其留下的空缺交由社团接替。其原有的部分积极功能，如宗族组织团聚族人、举办公事、救济互助的功能，被贫农团、互济会等所替代。会党组织所部分具有的护卫地方功能，由赤卫队等承担，甚至连少先队也是"工农劳动青年群众的半军事的组织"①，在乡村保卫、武装斗争和文化事务中发挥作用。至于原由士绅承担的与政权交接会商的权力和事务，则由工会、贫农团等各社团分担了。乡村社会的组织更替与功能替补，快速地弥补了革命后出现的社会组织空缺，显示了社团在乡村政治和社会事务中的创新性和必要性，同时也使社团在苏区社会中的权能得以体现。

（二）在承担政权中心事务和履行规定职能中实现权力分享

与接替传统社会组织功能不同，参与承担政权的中心事务和履行规定职能是一个更为复杂的问题，其复杂主要表现在与政权的关系上。按照制度安排，苏区社团组织必须接受中共组织和苏维埃政权的领导，虽然被赋予建议、参政、监督、执行等方面的相应社会权力，但它是政权的助力和帮手，延伸与补充。这种制度性安排，决定着苏区社团的行为，必须在政权的领导下发生，在政权的安排下发力。

当然，再完美的制度安排与实际的表现也不会完全一样，甚至总会有距离，更何况这种制度安排与实际操作之间，还存在权力博弈的问题。因此，从实际操作上看，苏区社团在行使权力和分担事务上，大体表现出三种态势，存在着参差不齐的情况。

一是在有的地方、有的时期，由于党政组织的包办代替，社团难以发挥作用。据记载，有的地方"工会工作是完全由政府代替了，用政权去代替群众斗争"，甚至认为"在苏区没有工人斗争"②；"贫农团也是空有其名没有建立工作，有些地方甚至会也没有开。因此一切工作如帮助红军家属耕田、开办列宁小学合作社等都由支部包办"。③也有的地方认为，分田了，雇农将没有了，不用组织雇农工会了，"党的兴国、宁都、信丰县委也是这样做报告给特委"。④这种情况，被中共苏区中央局批评为"党包办一切"，指出在最初的一个时期有过党包办一切的情况，党可以直接命令苏维埃政权，也可以直接命令群众团体，党的决议便代替了一切，政权、红军以及群众团体自己的独立系统工作，完全被取消了，正确的相互关系，也就无从说起。⑤ 在中央局的有力干预下，社团组织的独立系统工作及其与党政的正确关系（经过党团实现对社团的领导），最终得以建立起来。

二是部分社团或在部分地区，社团过于强势，越界行为突出，甚至压抑了乡村政权。在社团（主要是工会、贫农团）与乡村政权的关系上，尽管社团从属于政权，但

---

① 《苏区少年先锋队的性质与今后工作——苏区少年先锋队第一次代表大会通过》（1932年3月2日），中央档案馆等编：《江西革命历史文件汇集（1932年）》（一），1992年印行，第31页。

② 《中共赣东北特委第三次执委会决议案》（1931年3月28日），《闽浙皖赣革命根据地》上，第270页。

③ 《中共湘赣省委关于三个月工作竞赛条约给中央局的总报告》（1932年7月17日），《湘赣革命根据地史料选编》上，第476页。

④ 《黎日晖关于赣南工作的综合报告》（1931年10月6日），《江西革命历史文件汇集（1931年）》，第179页。

⑤ 《中央局通知第五号——关于革命军事委员会红军各级政治部与各级党部各级政府及群众团体的关系问题》（1932年3月24日），《中央革命根据地历史资料文库·党的系统》（3），第2105页。

因各地领导者的主事能力和影响不同而有所不同。最为典型的一个事例发生在湘鄂西苏区。中共湘鄂西中央分局向中共中央报告说：

> 一般贫农、雇工许多问题多找贫农团，多有乡苏维埃是另外的"官府"，而贫农团是他们的"家庭"之势（这也是因为乡苏维埃［不］大起作用的缘故）。因此，另方面造成贫农团有第二苏维埃的倾向，有时因反富农斗争与当地苏维埃有不同意见，该贫农团即说苏维埃袒护富农（这种事实也有）。一个多［要］斗，一个不要斗，在发生斗［冲］突时，多系苏维埃负责人被贫农团捆打。这样看出贫农团显然是有群众的，苏维埃好像是空的了，除了机关中几个负责人而外，就没有人了（这是表现了群众对贫农团的信仰，比对乡苏维埃的信仰深刻多了）……动员群众尤以贫农团最能动员，即以开会而论，贫农团的会议之能吸引群众，与党支部会议之吸引群众比较，而贫农团之吸引力要超过党支部以上。一般说来，贫农团成为湘鄂西推动斗争之最有力的组织。①

从中可以看出，湘鄂西苏区贫农团的气势，竟然超乎乡村政权之上，有着比乡苏维埃甚至党支部大得多的影响力，成为乡村事务的实际主事者。这种情况，超出了中共制度设置的原则，虽然湘鄂西中央分局十分肯定其推动斗争的有力作用，仍然是不被允许的。类似情形有可能进一步坚定了中共不设置贫农团上层组织的决心，也成为其不断强调党支部和区乡苏维埃政府对贫农团领导的重要原因。

三是基本按照制度安排行事履职，规范得当，较好地分担了乡村的权力和事务。比较规范的苏区社团如何行使权能、在基层社会发挥效用，从江西崇义县坪峰寨村贫农团的4次小组会议可见一斑。这4次会议分别是：1932年3月7日一次，25人参加，议决4事；3月23日一次，17人参加，议事5件；5月15日晚一次，20人参加，议事4件；9月29日一次，15人参加，议事11件。② 从中反映贫农团活动及其事务的几个特点：其一，会议程序较为规范，每次均为开会、公推主席和记录、报告工作、讨论并决定事务、批评总结，相当讲究程式，表现了较强的会议能力。其二，关注政治问题、苏区形势和贫农团本身的工作情况，每次会议都有工作报告和消息报告，还讨论"共产党的基本组织是什么"之类的问题。其三，民主程度较高，每次会议主席均临时公推而不固定，所有问题均由与会者共同讨论并做出决议。其四，涉事广泛，4次会议先后议决宣传、选举妇女代表、反帝大同盟、互济会、选举乡苏代表、扩红、优属、慰劳红军、赤色戒严、节省、赤卫军、担架队运输队、贫农团活动等15件事。这些事务，一部分属于贫农团分内之事，如规定"贫农团每月要召集会议二次，提出讨论帮助苏维埃实现一切法令"，选举出席乡苏维埃政府改选的代表，在贫农团内发展党员、扩大红军（均有人数指标），拥护和慰问红军等；一部分则属于政权应行事务，如限时召开乡妇女代表大会和健全反帝大同盟、拥苏大同盟、革命互济会，规定妇女代表讨论扩大参

---

① 《关于湘鄂西具体情形的报告》（1932年12月19日），中央档案馆等编：《湘鄂西苏区革命历史文件汇集》第1册，1986年印行，第302页。

② 《贫农小组会议记录》（1932年），《江西革命历史文件汇集（1932年）》（一），第38—44页。

战工作、领导妇女斗争实现妇女斗争纲领等。显然，这些事务多属中心工作，有的应当由贫农团承担，也有的超出了贫农团的职责范围，甚至有代替政权行事的嫌疑，证明贫农团在乡村具有相当大的权威。类似的情况在其他苏区也存在。

社团尤其是贫农团承担乡村的大量事务，其活动具有广泛性和权威性，是苏区乡村政权的得力助手，这是没有疑义的。毛泽东在长岗乡调查中也发现，"有事就唤贫农团"大抵成为常态。而遇到政府部署重大的中心工作时，因为特殊授权，贫农团往往还会有更为突出的表现。其中显著的例子，是查田运动中临时中央政府对贫农团的直接授权。

1933年6月，苏区中央局和临时中央政府决定发起查田运动。在6月中旬召开瑞金等南部8县苏维埃人员的查田大会后，6月25日至7月1日，中央政府继续专门召开8县贫农团代表大会，政府主席毛泽东亲自主持并做了关于查田运动的报告。这是一个很不寻常的举动。此前，党政高层除了决策和指示，从未在具体行为上与贫农团发生直接联系。从《红色中华》的会议报道看，贫农团代表们群情鼎沸，他们经过6天的讨论，接受了毛泽东代表中央政府提出的要求，确定"查田运动是目前贫农团最中心的中心工作"，决议坚决进行查田、查阶级运动，并在查田运动中加紧肃反工作；8县扩大红军8万，向地主富农筹款80万，请求中央政府发行300万经济建设公债以发展苏维埃经济建设，打破敌人的经济封锁；发展合作社，努力进行秋收秋耕，发展文化事业。① 紧接着，江西省苏维埃政府照中央政府的做法，于7月下旬先后召开了永丰、公略等北部9县的区苏维埃工作人员查田运动大会和贫农团代表大会。贫农团大会29日所发通电称，要"领导九县贫农群众，以最大的毅力和决心，开展普遍深入查田查阶级运动，彻底消灭一切残余的封建势力，铁一般的巩固苏维埃政权"，并做好扩红、推销公债等工作。② 会后，查田运动在苏区全面展开。

这个事例极具典型性。一是中央政府越过省县政府，直接组织贫农团代表大会，且由主席毛泽东亲自主持，首开中央政府与社团直接授受的先例。二是分别召开政府人员和贫农团代表大会部署同一事务，提升社团在重大运动中的话语权（如查田运动中，无论是土地的没收还是阶级的认定，都要经贫农团的通过），呈现乡村苏维埃与社团特别是贫农团两翼协同、合力推进的办事态势。三是显示出，随着内外形势的紧张，国家政权对动员社团推动中心工作的期望越来越高，即如毛泽东所要求，各级政权要推动群众团体的工作，使工会动员它的会员都加入经济战线上来，贫农团成为发展合作社、购买公债票有力的动员群众的基础。③ 至此，苏区社团无论在权力分享还是事务分担上，都达到前所未有的高度。

需要提及的是，在此期间还发生了一件颇有意味的事情，即贫农团在查田运动中享有的较大权能，引起了工会的关注与不满，工会因此强烈要求加强对查田运动和贫农团的领导。工会上层认为，工会在运动中的作用没有得到重视，工会固然没有动员会员积

---

① 《八县贫农团代表大会决议》（1933年7月1日），《中央革命根据地史料选编》下，第497—498页。
② 《九县贫农团代表大会拥护第二次全苏大会通电》，《红色中华》，1933年8月13日，第3版。
③ 毛泽东：《粉碎五次"围剿"与苏维埃经济建设任务》，《红色中华》，1933年8月16日，第3版。

极参加苏维埃所领导的查田运动,而许多苏维埃也没有经过工会来发展与组织工人群众的积极性,使他们成为查田运动的先锋;运动中一切调查阶级成分、通过阶级成分以及没收分配等活动,完全没有经过工会,以至个别区乡发生了工人对苏维埃的不满。于是,在查田运动进行4个多月后,中华全国总工会也召开有近600名工会干部参加的农业工会12县查田大会。大会对上述现象进行了"自我批评",全总苏区中央执行局委员长刘少奇在大会总结中指出:"参加和领导查田运动是乡村中工会组织目前的中心工作",各级工会组织尤其是乡村中的工会支部,必须采用一切方法,动员工人雇农,向地主富农进攻;各县苏维埃的查田工作团,工会必须派两三个代表去参加,一切阶级成分调查表,必须经过工会支部主任及贫农团主任负责地、审慎地检查后签字盖章证明;各县工会必须经常检查各区乡工会在查田运动中的工作,并给以具体的领导。对于大会着重讨论的工会与贫农团的关系,刘少奇指出,在查田运动中,贫农团是占着最主要的作用,而贫农团又必须在工会支部的亲密领导下,才能正确地发挥最大的作用。因此,大会决定全体工会会员加入贫农团,工会支部必须有一个委员专门参加贫农团的领导,并分派10多个积极的会员担负贫农团的各种工作;在贫农团每次大会之前,工会必须预先讨论,准备具体意见到大会提出并取得通过,但工会不应该去命令贫农团。[1] 这个事例,比较典型地反映了工会的强势地位及其对乡村事务掌控权的争夺。对此,贫农团只能接受。就连支持贫农团发挥更大作用的中央临时政府,也未见有不同意见。

有学者认为,贫农团执行政府的命令和指示,基本上只能是苏维埃政权的动员组织;在当时的基层选举制度下,贫农团更是难以发挥作用,因此存在着"贫农团的困境"。[2] 动员组织之说固然不错,但说"困境"也不全面。虽然不能否定有困境的问题,但与基层选举制度并无太大关系;恰恰相反,在基层选举中,贫农团等处于相当优势的地位。在乡村的选民中,社团人数占据绝大优势,选民大多加入了工会、贫农团等各种社团;在选民推选的乡级苏维埃代表中,规定工人13人选1名、贫农中农50人选1名正式代表,贫农团也占优势;在苏维埃代表逐级选举乡、区、县政权组成人员,以及讨论、决定乡区事务时,贫农团仍具有很大的话语权、选择权乃至决定权。闽浙赣省苏维埃政府主席方志敏,甚至要求乡村政权"加强贫农团在群众中执行工作的领导——一切工作首先要经过贫农团会议"。[3]

鉴于社团在苏区社会中的实际表现及其独特作用,各苏区党政权力机构对其多有赞誉。苏区中共江西省委指出:"江西苏维埃数年来斗争的许多经验告诉我们,苏维埃工作的进步定要有各种革命团体的工作的配合,如在查田运动中贫农团表现了非常伟大的作用。在群众团体不强的地方,苏维埃工作的发展亦薄弱。"[4] 这个评价和总结应当说

---

[1] 刘少奇:《农业工会十二县查田大会总结》(1933年11月5日),《斗争》第34期,1933年11月12日,第12、14页。

[2] 黄冬娅:《解放前苏维埃区域的社会控制——以农会为个案的分析》,香港《二十一世纪》网络版,2002年12月号。

[3] 《怎样做乡苏工作》(1933年4月30日),江西省档案馆编:《闽浙赣革命根据地史料选编》下,江西人民出版社1987年版,第448页。

[4] 《江西省第二次工农兵代表大会决议案》(1933年12月28日),《江西革命历史文件汇集(1933—1934年)》,第355—356页。

是中肯的，是对苏区社团权能分担效果的总体肯定。当然，也不能否认各社团间运行不平衡的问题，如青年团、儿童团的过度仿行党组织，互济会、反帝拥苏同盟等"往往不能清楚了解到他们特殊的性质与任务，以不同的立场与方法去组织群众"①，也是事实。

（三）在与政权监督互动中实现权力分享

对苏维埃政权进行监督和建议，是对苏区社团的一项制度规定，不但工会、贫农团如此，青年团、少先队等也享有对政权的监督权。如中央苏区青年团，曾广泛地讨论怎样去选举苏维埃和监督苏维埃的工作，如何参加苏维埃的改选等问题。青年团、少先队组织"轻骑队"，监视苏维埃工作人员的一切工作，反对其腐化怠工。社团享有和行使监督权，在国家权力向基层转移的同时，也为各级国家权力的运行设置了一定的制约力量。

当然，让社团监督政权不是一件容易的事。在中央苏区早期，社团"怎样去监督苏维埃政权，怎样在选举运动起作用，是没有的"。② 在鄂豫皖苏区早期，在经过广泛动员后，"群众才知道他们对苏维埃有大的责任，才敢积极的批评苏维埃和撤换不好的委员"。③ 一般地说，到苏区中后期，社团的监督作用发挥得比较充分，中央苏区出现的"突击队""轻骑队"等组织形式（工会、青年团为其主要力量），在监督苏区政权和干部，反对官僚主义等方面，影响很大，如崇义县儿童团，一个月要"巡察政府人员工作三次"。各级妇女组织对政府工作的批评也不少见。可能是由于监督力度不当，有的地方"苏维埃与群众团体没有建立正确的关系"④，有时甚至发生"工会与政府对立起来"⑤ 等问题。各级党政组织经常提醒和重申："群众革命团体不是政权机关，他们应帮助苏维埃工作，而不能自己直接执行政权的工作"⑥，"工会不是政权机关，要防止工会与苏维埃对立的现象"。⑦ 这又说明，社团监督权的行使，要比执行其他事务更为困难。社团需要较长时间的学习与训练，政权也需要自觉地适应和自制。

四 与民众的利益关系

在重建乡村社会的过程中，调整、实现民众利益是与革命利益、国家利益并行的重

---

① 洛甫：《关于新的领导方式（四）》，《斗争》第28期，1933年9月30日，第14页。
② 欧阳钦：《中央苏维埃区域报告》（1931年9月3日），《中央革命根据地史料选编》上，第382页。
③ 《鄂豫边特委统合报告（续）——边区政治经济情形，党政军工作及工运、农运、妇运、青运情况》（1930年12月），《鄂豫皖苏区革命历史文件汇集》甲2，1985年印刷，第183—185页。
④ 《湘赣省苏维埃党团报告》（1933年2月1日），《湘赣革命根据地史料选编》上，第625页。
⑤ 《湘鄂西省总工会给全总的报告》（1931年10月18日），《湘鄂西苏区革命历史文件汇集》第3册，1987年印刷，第189页。
⑥ 《江西省第二次工农兵代表大会决议案》（1933年12月28日），《江西革命历史文件汇集（1933—1934年）》，第356页。
⑦ 中共湘赣二全大会：《职工运动决议案》（1932年11月13日通过），《湘赣革命根据地史料选编》上，第426页。

大问题。被授予一定权能的苏区社团组织，也面临着如何参与调整和实现其所代表的民众群体的利益问题。这主要是从三个方面展开和实现的。

（一）构建个人联系的社会平台，将分散的个体融合成社会网络，调整和实现农民个体的社会联系权利

在传统社会，农民的社会联系权利不被提倡和鼓励。族亲联系是自发的，并且有着范围狭小的限制；会道门等多属秘密结社，大多不具有合法性，更无普遍性。农民除宗族、会社联系外，没有更大更广的合法社会联系平台。因此，建立民众社会联系的合法平台，实现公民的社会联系权利，成为近代国家的普遍关注，而在中国乡村有着更大的必要性。

苏区社团承担了社会联系平台的角色。社团被规定为民众社会联系的合法组织，男女老少均可参加相应的社团（地富身份者被禁止加入），形成较为紧密的个人相互联系和群体社会网络，是苏区社会整合中的一个突出特征。毛泽东在第二次全苏大会报告和中共给共产国际的报告中都提到，苏区在基层政权下面，"公民又有各种政治的、军事的、经济的、文化的组织，如贫农团、妇女代表会、赤卫军、少年先锋队、合作社、劳动互助社、互济会、反帝大同盟、拥护苏联大同盟等等。这样一来，使每个公民都成为有组织的"。[①] 这里说明的事实是：社团是苏区合法的、公开的民众组织（引文中所说公民可能是翻译问题，苏区社团成员其实小于公民范畴，即因阶级成分的限制，部分苏区地域内的公民并不能加入社团），在制度和法律的保护之中，民众在自愿基础上加入社团；社团分门别类，既是条块的，又是横向的（会员可兼入几种社团），成为会员交往联系的广阔平台，个人在社团内和社团间的交往，成为合法的、被鼓励的社会联系权利；社团在为会员提供个人交往便利的同时，也通过共同的利益和要求，将个人利益与群体利益组合到一起。所以，苏区社团在更大、更高、更公开和更正式的形式和层次上，超越了传统的宗族、会社等非正式、小范围或秘密性社会联系功能，成为新型社会建设和公民培育的有利平台。

（二）创建农民接触和参与政治的合法渠道，调整和实现底层农民的政治权利，同时也协助在乡村建立新的意识形态

扩大个人的政治参与，是近代政治的重要课题。苏区社团的组织，是在政权系统之外，增加了一种民众参与政治的渠道和形式。它至少在如下几个方面寻求农民的政治权利。

其一，给予农民相应的政治身份，使原来处于社会底层的人们，也能找到自己的社会归属和政治地位。这种身份变化和社会归属给予民众很大的政治认同感，被视为一种荣耀。"每每一个群众，他只要参加了一个革命群众组织，他们常常对其他革命群众说：我们都是同志，我们都是共产党"[②]，满足自豪之态溢于言表；而没有被接纳加入

[①] 周和生：《七年来的中国苏维埃》（1935年8月），中共中央党史研究室第一编研部编：《共产国际、联共（布）与中国革命文献资料选辑》第16卷，中央党史出版社2007年版，第459页。

[②] 《黎日晖关于赣南工作的综合报告》（1931年10月6日），《江西革命历史文件汇集（1931年）》，第156页。

者则有不满，如赣东北苏区，没有加入妇女团体的妇女"都很气愤"。①

其二，通过社团机制，向民众传输新的意识形态和价值观念，给农民群众带来新的知识，促使其精神面貌乃至生活方式发生变化，成为乡村社会的主人。不少当年的苏区巡视报告和国统区记者的报道，都提到苏区农民接受新思想、新观念的情况。如有记者指出：在苏区，"四五年来农民知识渐有进步。例如匪祸前，农民不知国家为何物，更不知世界上尚有其他国家，今则知之；昔之认为须有皇帝以统治天下，至今则认为人民也可以管理国家；昔不知开会为何事，今则不但知之，且可选举委员，当主席。此外农民所知新名词亦不少。"② 对广大民众来说，新思想给他们打开了一个新鲜的精神世界，国际、国家、政党、主义、阶级、政权、军队、文化、卫生等知识，迅速进入他们的头脑，改变着他们既有的思想信仰、思维习惯和日常话语，使其精神信仰、思想观念、心态情感和行为方式，发生重大的变化。

其三，由社团输送或以社团形式直接参加社会管理，在乡村事务中发挥作用。如苏区工会会员，直接参政参军参战的比例较高。据对中央苏区兴国、于都、寻乌、上杭、长汀等12个县会员的统计，参加苏维埃等革命机关工作的有6752人，占会员总数的10%，其中大部分是在苏维埃机关做负责工作。③ 贫农团、妇代会等会员的参政比例，也不低于工会会员，有的甚至担任省级苏维埃政权的负责人。与此同时，也形成了一批社团组织的领导者，他们在处理团务中增长了能力，提升了自信，成为农村社会新结构中的新的精英。

由此可见，由社团机制而扩大的农民政治参与，几乎兼顾了保障农民政治权利、建构新的政党、国家意识形态，协调国家、社会与个人关系的多重需求。当然，各地在实现程度上参差不齐，存在较大不平衡的问题。

（三）构建表达和维护利益的有效机制，在与政权的互动中反映和实现民众的愿望

表达和维护民众利益的机制，在苏区主要是两条：一是政权建置，自觉地代表和实现民众的利益诉求，使其成为政纲和执政行为的重要内容，如分配土地、发展经济、改革政治、发展文教、改善生活等；二是社团建置，及时地反映和代表各自群体的利益诉求，使其成为社团活动的重要内容。每一阶层、每一群体都有自己特殊的利益诉求，将社团作为群体特殊利益诉求的表达者和维护者，以补政权之不足，是苏区乡村社会重建中值得肯定的一项举措。

在实际运行中，工会、贫农团与妇女会，成为维护群体利益的三个强势社团，其中又以工会为最。不过，他们的维权有时又与政权或私营工商业者、农民产生很大的矛盾。

贫农团在向政权反映和争取群体利益方面的工作，还是有相当成效的。诸如在分配

---

① 《赣东北省妇女部致中央妇委的信》（1932年10月15日），《闽浙赣革命根据地史料选编》下，第130页。
② 张思曾：《一个匪区农况变迁之描述》，《益世报》，1934年11月24日，转引自黄道炫《一九二〇——一九四〇年代中国东南地区的土地占有——兼谈地主、农民与土地革命》，《历史研究》2005年第1期。
③ 《中华苏维埃共和国中央执行委员会与人民委员会对第二次全国苏维埃代表大会的报告》（1934年1月24—25日），《中央革命根据地史料选编》下册，第317—318页。

土地和财物方面，在及时反映贫农群众的意愿和困难方面，以及对手工业工人提高工资影响到农民增加支出而向政权提出不同意见，都可见到贫农团的作用。因此，贫农团在有的苏区被认为是"最有力的组织"，它"能够吸引群众，推动群众斗争，提高群众的积极性，已经是各种组织所不及的事实"。① 在争取利益方面，有时贫农团也因发生不妥行为而引起政权的不满。如闽西苏维埃政府曾严厉批评贫农团不报告当地政府，擅自没收土豪东西，要求其站在自我批评的立场上立即纠正；赣东北特委也认为贫农团"一定要有纪律的规定"；要求贫农团时刻注意反映和保护中农的利益，也是党政高层经常提醒的话题。

苏区妇女组织也比较重视反映和维护妇女的特殊权益。在中央苏区，"凡是发现妇女未得真正解放的事实"和"地方政府人员有违犯保护妇女法令的，妇生委即提到主席团去讨论纠正，于都、宁都、胜利等县，有因违犯保护妇女法令而撤换工作者"。② 湘赣苏区永新县、乡妇女会针对虐待妇女的案件，提出意见书向苏维埃政府控告，促成捉拿凶手惩办，并派妇女代表参加审判。③ 要求政权中增加妇女干部，保护年轻寡妇和童养媳、保护妇女的离婚权利等，是苏区妇女组织经常性的诉求。

工会在争取和维护工人利益方面，实现的程度最高。据检查，兴国县一个乡工会"讨论的问题与党的相同，不过也能讨论向资本家老板斗争的问题。全乡以缝工为多，各种工人的工资普遍增加了，但八小时工作制因无钟表没有很好的实行"。④ 工会之所以能够有效争取权益，除了党的性质和政纲的规定外，还有一个有利条件是《劳动法》的保护。另外，因为工会的组织性及其强势地位，工会争取工人权益的要求，总是能够得到私人老板、店东的让步。不过，也正是由于拥有如此优势，中央苏区工会曾掀起一场轩然大波，引起国家权力的严厉批评乃至最终修改《劳动法》。

1931年12月中华苏维埃共和国临时中央政府颁布《劳动法》。由于"左"倾思想的影响，照搬大都市、大生产条件下制定的劳动法，以及如陈云所说的"把上海工运的一套搬到农村"，很快在实践中出现不适合农村的困境。这主要体现在，因为机械地执行缩短工时、增加工资的政策，导致农民产生不满。如一个16岁的青工，由工会帮助与雇主订立劳动合同，规定每日工作6小时，不担40斤以上的担子，工钱从8元增到16元，而这个雇主却是贫农。这样的事例很多（包括大量手工业工人），而"农民对于工人工资的加倍增加与工作时间的减少，是不满意的"。此外，这一政策还导致企业、商店破产停歇，师傅不带学徒。张闻天说，他在全总执行局所见的大量劳动合同，多是在工会要求下工人、学徒与私营企业、商店和师傅所签订，千篇一律的为成年工人8小时，青工6小时，童工4小时，若多做时间，工资加倍。星期日不做工，工资照给；若要做时，经过劳动部及工会同意，工资加倍。工人吃烟、穿草鞋、剃头等费用都

---

① 《关于湘鄂西具体情形的报告》（1932年12月19日），《湘鄂西苏区革命历史文件汇集》第1册，第302页。

② 月林：《江西各县妇女生活改善委员会联席会议之总结》，《红色中华》，1932年11月1日，第5版。

③ 《中共湘赣省委妇女部给中央妇女部的报告》（1933年1月7日），《湘赣革命根据地史料选编》下，第220页。

④ 《一个模范支部的工作报告》，《斗争》第5期，1933年3月15日，第16页。

要师傅支付。工人有病，药费、工资由师傅发给。工人去当红军，师傅需发三个月平均工资；参加机关工作，发给一个月平均工资。无故不得开除工人，若要开除须经过劳动部及工会同意，发给三个月平均工资，等等。① 对工会、工人的要求，私营业主、店东和师傅不敢公开反对，最后只有破产歇业和不带学徒。特别是，1932年年底至1933年春，苏区各地工会组织所谓"年关斗争"，工会命令举行不顾一切的总同盟罢工②，造成中央苏区的长汀、宁都、会昌、建宁、石城、南广等县，同时举行全城工人、店员、苦力的总罢工，瑞金还提出了"全县总罢工"的口号。罢工的目的，是主张"过高的经济要求"，如"机械的实行八小时与青工六小时的工作制，不顾企业的经济能力，强迫介绍失业工人"，发给过年费、补发过节费、12月发双薪、星期天双薪以及加发洗衣费、剃头费、保险费等。③ 有的县仅一家企业未答应要求，即举行全城罢工。不顾企业能力的过高经济要求和总同盟罢工，使许多企业作坊发生倒闭，并引发物价高涨，工人失业，严重冲击苏区的经济秩序，产生巨大的社会影响。

　　工会的行为引起苏维埃政府的强烈反应。身处权力中枢的张闻天、陈云等人专门发文进行严厉批评，认为工会在维护工人利益上，存在着极端危险的工团主义的倾向；只看到行业的狭小的经济利益，机械的执行只能适用于大城市的劳动法，是"左"的错误，"是破坏苏区经济的发展，破坏工农的经济联盟，破坏苏维埃政权，破坏工人自己彻底的解放"。④《红色中华》较早发文进行批评，认为罢工虽是工人的武器和权利，但应有苏区内外的区别，在苏区内，"每个罢工斗争的最高目的，是巩固和扩大苏维埃的国家政权"。⑤ 暗示这次罢工风潮不符合这一目的。对此，临时中央政府决定从法律上进行根本解决，1933年3月28日召开的人民委员会第38次常会，决定修改劳动法，颁布劳动法的各种附属法令，调整利益关系（4月28日，以"中华苏维埃共和国劳动法起草委员会"名义，发出第一号通告，发布经修改的劳动法草案，征求各机关、企业、各团体及全体工人、职员的意见。同年10月，临时中央政府颁布了修改后的新《劳动法》）。会议同时也决定，在苏区建立失业介绍所、劳动检查所与社会保险等，即也照顾到了工人的一些实际困难。⑥

　　这一事件颇能说明，社团与国家关注的重点并不总是一致的；社团认为合法的行为，在国家看来可能是"破坏"，社团与国家关系中的这种复杂性，需要社团组织仔细厘清与审慎处理；国家权力在与社团的互动中，占据决定性的强势地位，当社团行为——即便是受到特别推重的工会——妨碍国家整体利益时，国家可以修改法律来进行调适——虽然同时也会适当地照顾到社群的一些实际困难；社团对本团体群体利益的要求与维护，也应适应客观条件和现实环境，过分的要求反而对社团、会员及整个社会造成伤害。

---

① 洛甫：《五一节与劳动法执行的检阅》，《斗争》第10期，1933年5月1日，第8页。
② 洛甫：《苏维埃政权下的阶级斗争》，《斗争》第14期，1933年6月5日，第10页。
③ 《年关斗争的几点教训》，《红色中华》，1933年2月13日，第6版。
④ 陈云：《关于苏区工人的经济斗争》，《斗争》第9期，1933年4月25日，第5页。
⑤ 《年关斗争的几点教训》，《红色中华》，1933年2月13日，第6版。
⑥ 《人民委员会第三十八次常会》，《红色中华》，1933年4月8日，第1版。

五 社会建设的有益探索

苏区社团是中共领导的土地革命和社会重建中的重要创置。从其主旨、组设、规制和实践看，都可以说它是革命开启的新社会建设历程中的一段有益探索，其经验对后来的社会发展以及国家与社会关系的重构产生了重要影响。

苏区社团也是国家权力深入乡村的典型表现。无论是重建乡村社会，还是国家权力深入乡村，都是近代社会发展的新事物和大趋势。比较而言，在基本的走向和归属上，中共在苏区的社会重建，与这一大趋势相符合；但在实现形式上，走的则是一条不同的道路。中共走的是自下而上的路径，即先在乡村组建基层政治权力组织（政权）和社会权力组织（社团），建立下层社会构架和权力体系，然后在县、省逐步向上发展，最后建立中央（国家）权力机构，形成上下一体的权力体系和社会网络。在这个过程中，社团组织的地位与乡村基层政权一样被凸显，成为构建新社会制度的重要元素。

苏区的社团组织，是国家权力的主动设置，也是一种政治制度安排。这种制度安排，通过政权主动向社团转移一部分权力和职能，使社团既分享一部分乡村权力，又承担一部分乡村事务，形成有限权能分担的社会共同体。它与乡村政权相互扶助、相互监督，在动员组织民众、改革乡村社会结构、实现社会革命与乡村治理的宏大目标中发挥作用。因此，在这一制度设计中，社团组织其实是一种新的社会结构，不但填补着宗族和会社组织等受革命冲击后的乡村社会结构空白，以及原乡村社会精英散失、更换后的乡村上层空白，而且承担着新社会运行的部分支柱职能，成为中共以革命构建新社会战略的表现形式。由此，形成了社会重建和治理的一种新模式，开辟了在变革乡村旧秩序之后多元并举、重建乡村新政治、新秩序的新路径。在土地革命中开创的这一新的路径，在其后的历史进程中得到沿用、改革和发展，成为中共领导新社会建设的基本经验（只是贫农团及其后改扩的农民协会后被取消，未能延续下来）。

社会团体与乡村政权，也构成互为依存和补充的关系。在基层社会，社团组织是政权与民众之间沟通的桥梁，它使政权在社会事务和社会矛盾面前，有较大的缓冲和迂回空间；它又是基层政权的监督者，使权力在民众面前也有所约束。与此同时，它与政权的结合，也构成了严密的乡村社会控制，使社会资源的动员和民众个人的流动，都达到很高的程度（当然，其间也存在随意性较大而规范性不足的问题，以及控制过严而自由不足的问题）。事实证明，在苏区，国家政权与基层社会之间建立实质性的联系，是通过基层政权和社团组织这两大渠道实现的，社团组织的中介作用尤其明显。

苏区社团组织的建立，也为国家权力与民众个体关系的改善，以及新意识形态的建立和人民对国家权力的认可提供了便利。民众通过各自的社团，反映自身的意愿和要求，参与乡村事务的管理。这是农民参与政治的一种重要形式，它有利于提升农民的政治地位，满足其身份变化和当家做主的愿望。同时，社团活动也给农民带来新的知识，提供新的活动空间、生活方式和精神体验，有利于改变农民对国家对政权的观感，有利于新意识形态和社会制度的建立。正如有的学者所言，能够吸收农民的社会基层组织的发展，对农民行为具有决定性作用。农民一旦进入了更大的社会和政治制度，他们经常看到的将是个人、阶级或群体方面的目标,而不是家庭或村庄的目标。①

苏区社团的性质具有特殊性。在中共的工作定位中,苏区社团被归入党的群众工作。它将具有社会中介性质的社团,划入党的群众工作范畴,这就在社会属性之外,叠加了政治属性,而与通常意义上的民间组织有所不同。首先,苏区社团与民间组织在本质上有所不同,苏区社团是阶级性团体(虽然贫农团明文规定不是阶级的团体,但它连中农也不能参加,实际上仍是阶级性社团),而不完全是社会性团体、民间组织。因此,与纯粹的社会性团体、民间组织比较,苏区社团在社会性、代表性上相对狭窄。其次,苏区社团的政治性更为明显,承担的政治性事务更多,这使得它在与政权的交往上更为便利,更容易达成一致;但另一方面,它又不能充分承担中立或中介的社会角色任务,这也是它担当苏区政权"柱石"较为有力而反映群体特殊利益相对不足的主要原因。另外,苏区社团的政治性也在一定程度上导致国家权力对其不大放心。最明显的表现是在贫农团的组织上,不让设立区以上的上层组织,只限于乡村存在,这对农民群众意见的上达和利益的维护,还是有不利影响的。

虽然有相应的制度要求和职责规定,各社团对群体利益的实际维护,并不像分担其他权能那样得心应手,在客观上也有其复杂性。这主要是各社团对本群体利益的争取,面临着不同的诉求对象。除了面对苏维埃政权外,工会还须面对企业和商店的老板以及众多的农民群众,妇女会则须面对家庭与男权。此外,苏区社团也缺乏必要的技能训练,存在无所作为和过度作为两方面的问题,影响其与政权的关系以及与社会不同利益群体的关系。

不管怎样,在革命引发的社会重建以及国家与社会关系的变化过程中,苏区社团是一个新创置。乡村社会的重建、治理和发展是一个很长的过程,社团在其间的位置和作用,无疑是一个有重要意义的话题。苏区社团的建置与权能分担,只是开了一个头,其后逶迤前行,不断改良发展,至今仍有其现实意义。在当前农村社会转型的过程中,反映和维护农民利益的新型社会组织的建立与发展,是加快推动社会转型、提升农民生存质量、进一步改善国家与社会关系的内生力量与有效途径。在当代中国农村发展中的社团问题,同样显得重要和迫切。

(原载《近代史研究》2014 年第 3 期)

---

① [美]约尔·米格代尔:《农民、政治与革命——第三世界政治与社会变革的压力》,李玉琪、袁宁译,中央编译出版社 1996 年版,第 212 页。

中共抗战持久的"三驾马车"：
游击战、根据地、正规军

黄道炫[*]

摘　要：抗战时期，中共坚持敌后抗战，成功达成持久抵抗的目标，完成自身的生存发展。中共的敌后持久抵抗，游击战、根据地、正规军构成互为作用的"三驾马车"，而党政军民一体化形成的总体战则是基础中的基础，在多种要素的相互影响中，持久抵抗的链条得以形成、运转。中共在抗战中的成功，是实践中不断摸索的产物，得来不易，展现了领导者战略和政略上非同一般的高度。

关键词：持久战　游击战　根据地　总体战

1938年5月，毛泽东接连以论著和讲演的方式推出《抗日游击战争的战略问题》《论持久战》两个文本，系统阐述持久战、游击战理论。多年来，我们惯于以领会的态度面对毛泽东的游击战理论，很少会进一步追问，毛泽东为什么会在这一时间节点集中推出代表其抗战战略思想的文本，这一战略思想建立在怎样的基础之上，又如何在抗战的具体过程中逐渐磨合、发展？中共是马克思主义政党，马克思主义从书斋走向社会，理论性、思辨性远远强于一般的社会政治理论，联系的、辩证的观点是其突出的思考路径。抗战时期中共的游击战战略，就是一个辩证思维下的系统工程。游击战、根据地、正规军构成中共持久抗战互为作用的"三驾马车"，所有这些，又和总体战的思路息息相关，持久抵抗的链条在多种要素的相互咬合中形成、运转。无论从哪方面看，中共的持久大战略都具有相当的超前性，之所以如此，马克思主义的宽广视野、共产革命理念中必然包含的群众路线发挥着基础性的作用。兼具抗战老兵和哲学家双重身份的冯契回忆读《论持久战》的感受："记得读这本书的时候，我完全被吸引住，一口气就读完了，后来又反复地读。《论持久战》特别使我感受到理论的威力，它以理论的彻底性和严密性来说服人，完整地体现了辩证思维的逻辑进程。"[①] 共产党人的理论高度，与毛泽东政治上的老练和军事上的天才结合，使其能够在纷繁复杂的局面中迅速准确找到生存发展的方向，而这相当程度上又决定了中共抗战时期乃至后来国共内战中的成功。

一　游击之路

游击战并不是抗战时期中国所独有。国外早有游击战的成功案例，国内的十年内战

---

[*]　黄道炫，中国社会科学院近代史研究所研究员。
[①]　冯契：《认识世界和认识自己》，上海人民出版社2011年版，第8页。

时期，中共也在各地广泛开展游击战。抗战时期，由于当时特殊的军事政治形势，游击战获得非同一般的地位，上升到战略和政略高度，成为战争史上独特的案例。

游击战战略地位的奠定，是中共在战争指导中不断摸索的结果。战争伊始，中共中央和毛泽东就提出并竭力强调游击战的方针。1937年7月8日，中共中央给北方局的指示要求："立即在平绥平津以东地区开始着手组织抗日义勇军，准备进行艰苦的游击战争。"① 平津相继陷落后，中日间一场大战已不可免，8月1日，洛甫、毛泽东致电在南京的周恩来等，要求其向国民党方面提出红军的作战原则如下："（甲）在整个战略方针下，执行独立自主的分散作战的游击战争，而不是阵地战，也不是集中作战，因此不能在战役战术上受束缚"；"（乙）依上述原则，在开始阶段，红军以出三分之一的兵力为适宜，兵力过大，不能发挥游击战，而易受敌人的集中打击，其余兵力依战争发展，逐渐使用之"。② 8月10日，毛泽东致彭雪枫的电报中告诫彭与各方接洽时，"不可隐瞒红军若干不应该隐瞒的缺点。例如只会打游击战，不会打阵地战，只会打山地战，不会打平原战；只宜于在总的战略下进行独立自主的指挥，不宜于以战役战术上的集中指挥去束缚，以致失去其长处。"③ 这些看法，毛在洛川会议时做了集中表述：红军的基本方针是持久战，战略方针是独立自主的山地游击战，创造根据地则是基本任务之一。④ 在持久战之下，游击战、根据地、正规军（八路军）构成的三驾马车此时已具雏形。

游击战是中共持久战的核心内容，尽管毛泽东一开始就强调中共作战必须是游击战，但游击战的内涵却不断变化、丰富。中共最初提出游击战时，华北战场还有大批国军正规军存在，此时强调游击战，更多在于突出中共武装的独立性，将中共武装的战场功能定位于侧翼配合。8月18日，毛泽东在给朱德、周恩来关于与国民党谈判的训令中申明："红军充任战略的游击支队"；"执行独立自主的游击战争，发挥红军特长"。⑤ 稍后，毛泽东致彭德怀电中又一再强调中共部队行动的自由："（一）依照情况使用兵力的自由……（二）红军有发动群众创造根据［地］、组织义勇军之自由，地方政权与邻近友军不得干涉。如不弄清这一点，必将发生无穷纠葛，而红军之伟大作用决不能发挥。（三）南京只作战略规定，红军有执行此战略之一切自由。（四）坚持依傍山地不

---

① 《中央关于"卢沟桥事变"后华北工作方针问题给北方局的指示》（1937年7月8日），中共中央宣传部办公厅、中央档案馆编研部编：《中国共产党宣传工作文献选编（1937—1949）》，学习出版社1996年版，第1页。
② 《张闻天、毛泽东关于红军作战原则致周恩来、秦邦宪、林伯渠电》（1937年8月1日），中国人民解放军历史资料丛书编审委员会编：《中国人民解放军历史资料丛书·八路军》（文献），解放军出版社1994年版，第10页。
③ 《毛泽东关于与各方接洽中应注意事项及红军改编等问题致彭雪枫电》（1937年8月10日），中国人民解放军历史资料丛书编审委员会编：《中国人民解放军历史资料丛书·八路军》（文献），第17页。
④ 中共中央文献研究室编：《毛泽东年谱（1893—1949）》（修订本）中卷，中央文献出版社2013年版，第15—16页。
⑤ 中共中央文献研究室编：《毛泽东年谱（1893—1949）》（修订本）中卷，第14页。

打硬仗的原则。"①

随着战争的进行，毛泽东很快意识到华北战场正面抵抗势难持久，游击战将有可能成为中共在华北持久抵抗的不二法门，对游击战的判断已经逐渐向着战略方向提升："甲、整个华北工作，应以游击战争为唯一方向。一切工作，例如兵运、统一战线等等，应环绕于游击战争。华北正规战如失败，我们不负责任；但游击战争如失败，我们须负严重的责任。乙、除山西部署已告外，应令河北党注全力于游击战争，借着红军抗战的声威，发动全华北党（包括山东在内）动员群众，收编散兵散枪，普遍地但是有计划地组成游击队。……丙、为此目的，应着重于高级干部之分配及独立领导的党政军集体机关之组织。要设想在敌整个占领华北后，我们能坚持广泛有力的游击战争。要告诉全党（要发动党内党外），今后没有别的工作，唯一的就是游击战争。为此目的，红军应给予一切可能的助力。"② 从上述指令可以看到，就毛泽东的思考方向言，游击战不是零散的局部的战斗行动，而是整个的党、整个的军的中心任务；游击战不仅仅是群众性的战斗行动，更需要正规军的投入；游击战不仅仅限于军事意义，还具有政略意义。

虽然毛泽东要求把游击战的范围扩大到整个华北，但对把八路军主力投入华北前方，多少还存在一些担忧。洛川会议时，毛泽东强调要在有利条件下发展平原游击战争，但重点是山地，具体而言，即"小游击队去发达平原"。③ 杨奎松注意到，1937年12月召开的政治局会议，虽然一些与会者批评"独立自主的山地游击战"的提法不好，反对将运动战与游击战对立起来，而毛泽东却只同意加上"在有利条件下打运动战，集中优势兵力消灭敌人一部"的说明，仍旧坚持"独立自主的山地游击战"应当是对日作战的基本军事战略方针。④ 联系此前他强调要巩固黄河河防，以确保黄河东岸八路军"必要时能迅速安全的西渡"⑤，显然，毛泽东还没有做好把大部队投入华北进行游击战的准备，也没有找到一条能在华北平原地区坚持抗战的道路。而且，1938年年初毛泽东一直担忧日军会对西北有大动作，判断"敌之企图在一面攻陕北，一面攻潼关"⑥，对西北一直持高度警戒，相应地对华北也无法放手。这时，他的决心最大限度的表达是："红军任务在于发挥进一步的独立自主原则，坚持华北游击战争，同日寇力争山西全省的大多数乡村，使之化为游击根据地，发动民众，收编溃军，扩大自己，自

---

① 《毛泽东关于向国民党解释独立自主的山地游去战争基本原则致彭德怀电》（1937年9月12日），中国人民解放军历史资料丛书编审委员会编：《中国人民解放军历史资料丛书·八路军》（文献），第28页。

② 《整个华北工作应以游击战争为唯一方向》（1937年9月25日），《毛泽东军事文集》第2卷，军事科学出版社1993年版，第57页。

③ 《毛泽东在中共中央政治局会议上的发言记录》（1937年8月22日），转见金冲及《从十二月会议到六届六中全会——抗战初期中共党内的一场风波》，《党的文献》2014年第4期。

④ 参见中共中央文献研究室编《毛泽东年谱（1893—1949）》（修订本）中卷，第42页；杨奎松：《抗战时期中国共产党对日军事战略方针的演变》，《历史研究》1995年第4期。

⑤ 毛泽东：《巩固河防为目前紧迫任务》（1937年11月17日），《毛泽东军事文集》第2卷，第121页。

⑥ 《毛泽东关于保卫边区巩固河防部署致朱德等电》（1938年3月2日），中国人民解放军历史资料丛书编审委员会编：《中国人民解放军历史资料丛书·八路军》（文献），第148页。

给自足，不靠别人，多打小胜仗，兴奋士气，用以影响全国，促成改造国民党，改造政府，改造军队，克服危机，实现全面抗战之新局面。"① 山西山地纵横，符合毛泽东实施山地游击战的要求，而其背靠陕甘，进可攻退可守，也让中共部队在局面全面恶化时，可有退路，这是此时毛泽东选择山西作为战略展开地区的主要考量。

不过，尽管毛泽东对主力部队的使用心存谨慎，却并不排斥部队向华北平原发展，而且一直在查探时机，这是老练的战略指挥者不可能不想到的一步大棋。尤其八路军在晋察冀站稳脚跟，获得战略支点后，毛泽东出河北平原的态度更加开放。1938年2月，毛泽东甚至提出在华北大兵团作战的设想，估计："当敌集力攻陇海路时，河北全境及山东境内乃至江苏北部必甚空虚，同时晋察绥三省之敌一时尚无力南进。"以此为背景，毛设想了三步棋："甲、用一一五师全部向东出动，徐旅由阜平出至天津、沧州、北平、石家庄间，师部率陈旅由现地经邯郸、磁县地域出至沧州、齐河（济南北岸）、石家庄、彰德间活动一时期为第一步。如证明大兵团在平原地域作暂时活动是有利的，而且渡黄河向南与渡运河向西均不成问题，则实行第二、第三等步。否则至不能立足时及他方紧急时，向安徽、河南出动，或向西撤回。乙、假定第一步有利，又能过河，又能得国民党同意，则实行第二步。两旅并列，分数路突然渡河，转入山东境内，在津浦路东山东全境作战，并以鲁南山地为指挥根据地，并发展至徐海南北。在此步骤内依情况尽可能持久，然后实行第三步。丙、第三步转入安徽，以鄂豫皖边为指挥根据地，为保卫武汉而作战。"这是一个具有很强战略含义的行动，只是它还不是一个长期坚持游击战的计划，更像是一个大规模的扫荡出击，而且毛自己也清醒地认识到："这一战略行动在国内国际之政治作用很明显不必说，从抗日军事战略说来，也是必要与有利的。问题是比较带冒险性。"②

比起上述大兵团作战的想法，1938年4月前，毛的谨慎态度更引人注目。与发出上封电报几乎同时，毛提出："长期抗战的重要战略支点有山西区、鄂豫皖区、苏浙皖赣边区、陕甘区、鄂豫陕边区、湘鄂赣边区等六处。"可以看出，毛设想中的这六个战略支点不包括华北平原地区。根据这一判断，他计划，八路军"三个主力师位置，大体上应预拟一个位于鄂豫皖区，一个位于鄂豫陕区，一个位于陕甘区，即两个在内线，一个在外线"。③ 这一计划以陕甘为中心，两个触角分别向东北和东南方向伸展，主力若远若近瞰制华北平原，显然不是大胆出击的部署。2月23日毛又循着上述思路提出："假设潼关、武胜关均危险，则应抽出两个师南下，一个位于平汉以东，一个位于平汉以西，配合友军作战。仍留一个师，活动于山西、河北，非至某种必要时期，不撤回来。"④ 1938年3月前后，毛泽东仍然不断致电前方，反复提醒要保持八路军前后方的

---

① 《毛泽东关于八路军的任务及部署致朱德等电》（1937年11月13日），中国人民解放军历史资料丛书编审委员会编：《中国人民解放军历史资料丛书·八路军》（文献），第101页。
② 《关于一一五师分三步向河北山东等地进军的意见》（1938年2月15日），《毛泽东军事文集》第2卷，第158页。
③ 《力争建立长期抗战的主要战略支点》（1938年2月21日），《毛泽东军事文集》第2卷，第160页。
④ 《关于战略计划和将来行动的意见》（1938年2月23日），《毛泽东文集》第2卷，人民出版社1993年版，第97页。

纽带关系，同时观察游击战作为一种战略的可能性，还没有下定决心投入主力开展大规模敌后游击战。3月3日，毛泽东致电朱德、彭德怀，强调："八路主力留晋击敌，后路必须在黄河、汾河不被隔断之条件下，否则对于整个抗战及国共关系是非常不利的。"① 9日，毛泽东进一步明确："如果八路全部被限制于华北敌之包围圈中，根本不能转移至陕甘豫地区，则对整个抗战及全国政治关系都是不利的。这是政治局战略决定之基本精神。从战争长期性出发，必须如此，方为有利。"② 毛担心的关键问题，稍后他在电文中说得更清楚："在敌人后方创设许多抗日根据地是完全可能的，是十分必要的。国共两党均须用极大努力去干，对此不应有任何猜疑。但不要把此事看得很容易，不要以为数十万正规军能在华北一隅长期作战。"③

不得已时将红军主力撤回黄河以西的想法在3月底仍然没有改变。24日，毛泽东提出："战争形势的发展，八路军主力或许在不久的将来有转移地区作战的必要。为了在八路军主力转移至其他地区后，我党仍能在统一战线中有力地坚持与领导华北抗战"④，必须立即组织以八路军名义出现的游击兵团。29日，在给朱德、彭德怀的电报中，更明确指示："依此时敌我情况，河南、安徽、潼关、西安乃至武汉有很快发生严重变化的可能，同时敌确有进攻陕北在政治上打击共产党之计划。因此，刘师徐旅两部宜位于同蒲东侧，依太岳山脉为根据，发动民众，袭击同蒲路，配合林贺两师，打击晋西之敌，并便于向西转移为合宜。"⑤ 显然，这是一个收缩防御的计划。

然而，正是在毛泽东不断提醒要保住后路，准备西撤时，中共试探性进入华北平原的武装力量出现出人意料的大发展局面，如火如荼的华北大发展，给了中共空前的机会。此时，毛泽东对后路的担忧固然不无道理，却也有失去战略机遇的可能。形势比人强，中共中央和毛泽东面临着一个把握战略机遇的关键抉择。

二 从山地到平原

1938年前后华北的特殊形势，为中共造就了千载难逢的发展良机。⑥

苏维埃时期，中共根据地的建立主要依靠国民党统治的缝隙，中共利用国民党内部争战在省际交界的边缘地带迅猛发展。抗战初期，尽管方式和对象不一样，这样的良机却再次出现。战前华北多控制在地方实力派手中，中日全面开战后，各政治军事力量剧

---

① 《我后路不被隔断的条件下主力可留晋击敌》（1938年3月3日），《毛泽东军事文集》第2卷，第177页。
② 《八路军应准备转战陕甘豫地区》（1938年3月9日），《毛泽东军事文集》第2卷，第193页。
③ 《与国民党谈华北军事时注意分两个阶段》（1938年3月17日），《毛泽东军事文集》第2卷，第197—198页。
④ 《立即组织以八路军名义出现的游击兵团》（1938年3月24日），《毛泽东军事文集》第2卷，第207页。
⑤ 《刘伯承师徐海东旅宜位于同蒲路东侧》（1938年3月29日），《毛泽东军事文集》第2卷，第212页。
⑥ 关于抗战初期中共武装在华北的发展状况，可参见黄道炫《抗战初期中共武装在华北的进入和发展》，《近代史研究》2014年第3期。

烈洗牌。河北的宋哲元因为二十九军迅速溃败失去原有地位,山东的韩复榘1938年年初被枪决,华北平原两个大省出现政治塌陷。面对华北军政的混乱局面,国民政府缺乏在华北坚强防御的信心,兵力和准备不足,正面抵抗力度明显不如华东。正因此,日军在华北推进迅速,随着其兵锋越过华北平原南下,华北出现短暂的控制真空局面。

中共出动后,主力置于山西,毛泽东也一直把山地游击战作为开展重点,平原地区不是中共武装的主要行动方向。但由于毛泽东一开始就认识到中共应坚持游击战的方针,而游击战必然是多点开花,因此,一方面发动群众开展广泛的游击战争,另一方面将主力部队分散作战,尽可能多地建立根据地、巩固自己、袭扰对手是中共一直努力的方向。1937年10月,周恩来设想,华北应划为9个战略区,具体是:"(一)绥西;(二)绥察边;(三)晋西北;(四)晋南;(五)冀察晋(以阜平、五台为中心);(六)直南;(七)直中;(八)冀东(平津在内);(九)山东。"[①] 本着遍地开花的原则,毛泽东在坚持把部队主力抑留山西,保持前方主力和陕甘后方联系,确保退路的同时,也分兵派出小股部队向冀中、冀东、冀南、豫北等地挺进,试探寻找建立根据地、发展游击战的机会。此着既在窥探形势,也是给主战略区山西建立环形的前出防护基地,邓小平所谓"侦察式的活动"。[②]

然而,八路军向河北试探性的进军获得出乎意料的成功,八路军东进纵队是分兵发展成功的典型案例。1938年1月,陈再道率八路军一二九师东进纵队进入冀南时,只有500多人,但八路军既有正规军的武装、素质、威慑力,又有严密的组织宣传,在冀南几乎没有其他正规武装背景下,东进纵队可谓独树一帜,对其他民间武装形成威慑和虹吸效应。很快吸收、改编金庆江、李景隆、邱庆福、刘磨头等大股民团、会匪武装,短短几个月,在二十几个县建立了抗日政权,"由原来六个老连,发展至三个团及若干个支队,共两万余人,并组建了五个军分区"。[③] 更让中共中央振奋的还有山东,日军进攻山东后,中共山东省委估计到山东形势有可能发生变化,决定积极准备武装力量,适时打出自己的旗帜:"武装起义的时机选择在韩复榘部溃逃,日军尚未全面占领山东及其立足未稳的时候,全省行动,揭竿而起。"[④] 1938年1月1日,中共山东省委在徂徕山建立武装,是为中共在山东发起的一系列军事行动中的中心一环。在此前后,中共在沂蒙山、鲁西北、胶东地区相继展开一系列武装活动,中共领导下的抗日武装逐渐蓬勃兴起。山东"民气素来强悍,地方武装又多(鲁南滕县有十万支,菏泽有一万二千,临沂有一万八千),都是开展游击战争之有利条件"。[⑤] 由于中共山东党抓住时机,迅速拉起武装,加之韩复榘被处决后山东政治的群龙无首,中共领导的武装力量从无到有,

---

[①]《为发展游击战拟划华北为九个战略区》(1937年10月1日),中共中央文献研究室、中国人民解放军军事科学院编:《周恩来军事文选》第2卷,人民出版社1997年版,第29页。

[②]《邓小平在中共中央太行分局高级干部会议上的讲话》(1943年1月26日),山西省档案馆编:《太行党史资料汇编》第6卷,山西人民出版社2000年版,第23页。

[③] 陈再道:《东进冀南》,《冀南党史资料》第2辑,冀南革命根据地史编审委员会1986年编印,第235页。

[④] 黎玉:《黎玉回忆录》,中共党史出版社1992年版,第144页。

[⑤]《张金吾关于山东情形向中央的报告》(1937年11月26日),山东省档案馆、山东社会科学院历史研究所编:《山东革命历史档案资料选编》第4辑,山东人民出版社1982年版,第10页。

迅速发展到约4万人，统编为7个支队和两个人民抗日义勇军总队。

如果说东进纵队偏师入冀的快速发展令人鼓舞，山东完全靠地方党自身就独立成军的事实，更让中共中央和毛泽东感觉到在平原地区坚持和发展游击战的可能。思虑细密、见缝插针的毛泽东当时就乐观指出："山东方面已发展广大游击战争，已派张经武、郭洪涛率军政党干部五六十人及电台两个去，今日可赴津浦路至泰安。那边民枪极多，主要是派干部去，派得力一两个营去作基干则更好。"① 1938年4月，华北中共部队发展到"实有人数十二万以上"②，这让一直坚持山地游击战的毛泽东，大大增强了在平原地区发展游击战、建立根据地的信心。中共文件曾谈到，历史发展常常有一些不多见的历史先机，"当着历史先机已经出现，或许是很短的（一月甚至一周），但它能给予我们的，往往能使我们完成多年所不能完成的事业。"③ 用这个判断观察抗战初期中共在华北平原获得的机遇，异常贴切。短短几个月内，用极少的人力、物力，在河北、山东获得了难以想象的发展，这样的机会空前绝后，是中共日后得以在华北持续坚持的重要保障，也是中共取得成功迈出的最初却又至关重要的一步。对这段历史，中共后来曾总结道："我们可以把敌后抗战基本上分为两个阶段。在前一阶段，敌军向我正面猛烈进攻，我军乘敌立足未稳，以坚决果敢的行动，长驱直入，纵横于晋、冀、鲁、豫、苏、皖的广大地区，领导敌后人民，创造了许多大块根据地和生长壮大了主力部队。这一整个时期，敌人正面进攻，敌后兵力分散，统治不稳。这一整个时期，我军处于主动有利地位，是敌后抗日游击战争猛烈发展的阶段。"④

然而，中共获得的这些成果，由于来得太快、太轻松，基础并不十分扎实。可以预估得到，日军在正面战场进攻告一段落后，必然会返身巩固后方，这对中共将形成巨大压力。同时，国民党方面经历初期的溃退后，受中共方面刺激，也准备重返河北等地，不可避免对中共继续发展构成挑战。要保持既有果实，让初期获得的机遇真正转化为继续发展的基础，亟须中共中央和毛泽东因时制宜，对既有政策做出重大调整。

1938年4月上中旬，八路军出动以来一直和前方保持联系，不断发出指令的毛泽东出现罕见的长时间沉默。⑤ 其间，中国军队在台儿庄阻击日军成功，这场战役无论具体战绩如何，但当时对士气民心的振奋难以小视，也相当程度上消解了中共方面对国民党中央走向投降的担忧。敌后战场和正面战场的关系，正如彭德怀坦率指出的："华北

---

① 《毛泽东关于在徐州失守后我军应准备深入豫皖苏鲁四省敌后活动致朱德等电》（1938年5月20日），《中共中央北方局》资料丛书编审委员会编：《中共中央北方局·抗日战争时期卷》下册，中共党史出版社1999年版，第100页。

② 《朱德、彭德怀关于解决财经困难问题致毛泽东等电》（1938年4月22日），中国人民解放军历史资料丛书编审委员会编：《中国人民解放军历史资料丛书·八路军》（文献），第177页。

③ 《抗战四年山东我党工作总结与今后任务》，山东省档案馆、山东社会科学院历史研究所编：《山东革命历史档案资料选编》第9辑，山东人民出版社1983年版，第64页。

④ 《敌后形势和建设民兵问题》（1941年11月），《朱德军事文选》，解放军出版社1997年版，第437页。

⑤ 从《毛泽东军事文集》和《毛泽东年谱（1893—1949）》可以看出，自从八路军出发到前线后，毛不断向前方发出指令，1938年5月前，只有1938年1月和4月相对大幅减少。1月是农历春节，前线平稳，比较容易理解。4月，毛泽东开始写作并经常到各学校讲课，这也恰恰是他酝酿重大战略转型的日子。

战争不是孤立的,有全国抗战的配合,特别是有全国二百几十万友军的配合,使敌人不能集中兵力专对华北。"① 正面战场的顽强坚持,对中共在敌后战场的持久和投入当然影响至巨,就全局而言,"共产党在全国算来还是少数,统一战线里是小股东"②,中央政府坚持作战,敌后战场的空间才有可能打开;就华北局部看,华东的抵抗使日本"将华北兵力集中于徐州,华北占领地就出了大空隙,给予游击战争以放手发展的机会"。③ 4月21日,默察形势半个多月的毛泽东终于下定决心,打破沉默,与张闻天、刘少奇一起,发出《关于平原游击战争的指示》,宣布:"根据抗战以来的经验,在目前全国坚持抗战与正在深入的群众工作两个条件之下,在河北、山东平原地区广大地发展抗日游击战争是可能的,而且坚持平原地区的游击战争也是可能的";指示号召全党和八路军部队:"在河北、山东平原地区,应坚决采取尽量广泛发展游击战争的方针"。④ 平原游击战的思路,可谓战略方向上的革命性变化,将中共的战略重心由山西一隅推向整个华北,使得中共持久抵抗的活动空间大为增加,而八路军主力的大规模投入,又大大推动游击战的展开和根据地的建立,后来中共在华北之所以能够扎住脚跟,成大气候,这一决策是决定性的。也正是从此时起,中共和毛泽东下定了破釜沉舟的决心,不再像之前那样戚戚于前方到陕甘宁边区的后路问题,将主力推向华北大平原的决策本身,已经是断绝后路之举,根据地的后路就是根据地自身。⑤

22日,根据毛泽东等的电文,八路军总部做出具体部署,调派一二九、一一五、一二〇师各部东进,兵锋直指日本控制的冀南、冀东、冀鲁边地区。⑥ 4月下旬,一二九师三八六旅主力进到平汉路西侧的冀豫边地区;6月进入豫北;5月初,徐向前率一二九师七六九团、一一五师六八九团、一一五师第五支队到达冀南;五六月间,一二〇师宋时轮支队挺进平西,与在平西活动的邓华支队合编为八路军第四纵,三八六旅政委王新亭率七七一团进至平汉路东;6月,一二〇师七一五团主力组成的大青山支队进入雁北,向绥远发展。稍后,八路军又调一二〇师到冀中,并组成东进部队进入山东。中共武装开始向敌后全面挺进。

做出主力推向华北大平原决策不久,1938年5月,酝酿已久的《抗日游击战争的战略问题》及《论持久战》两个文本终于出炉。平原游击战的提出,可谓打通了中共

---

① 彭德怀:《财政经济政策——摘自在北方局党的高级干部会议上的报告提纲》(1940年9月25日),河南省财政厅、河南省档案馆编:《晋冀鲁豫抗日根据地财经史料选编(河南部分)》一,档案出版社1985年版,第6页。
② 毛泽东:《关于目前战争局面和政治形势》(1939年1月28日),《毛泽东文集》第2卷,第148页。
③ 毛泽东:《论持久战》,《毛泽东选集》第2卷,人民出版社1991年版,第505—506页。
④ 《关于平原游击战争的指示》,中央档案馆编:《中共中央文集选集》第11册,中共中央党校出版社1991年版,第505页。
⑤ 应该指出的是,从军事战略角度考虑,中共军队向敌后的拓展,当然还是会考虑后方问题,尽可能保持与自身后方的联系,建立与后方的联络通道,仍是军事上的思虑方向之一。不过,和初期以山西为中心的根据地比,此时的后方联络已经难以完全保障,尤其是山东根据地,相当长时间实际处于无后方状态。后方在此时是可能条件,但不是必要条件。
⑥ 《朱德、彭德怀关于解决财经困难问题致毛泽东等电》(1938年4月22日),中国人民解放军历史资料丛书编审委员会编:《中国人民解放军历史资料丛书·八路军》(文献),第177—178页。

持久抗战理论的最后一关,从此持久抵抗的天地豁然开朗。毛泽东恰逢其时推出这两个文本,既有解决难题后的舒心与轻松,也是在为全面游击战的展开提供理论支持。毛泽东此后没有再就战略问题提出新的文本,充分显示出对这两个文本的足够自信,而平原游击战问题的解决,无疑在这种自信上添上了重重的一道砝码。

在《抗日游击战争的战略问题》中,毛泽东强调:"战争的长期性,随之也是残酷性,规定了游击战争不能不做许多异乎寻常的事情,于是根据地的问题、向运动战发展的问题等等也发生了。于是中国抗日的游击战争,就从战术范围跑了出来向战略敲门,要求把游击战争的问题放在战略的观点上加以考察。"[①] 所谓"异乎寻常",所谓"向战略敲门",平原游击战都是关键中的关键。平原游击战极大拓展了游击战的思路,打开了中共全面向敌后寻求生存发展之门,从此,中共只能绝境求生,在持久抵抗日军的较量中,争取自身的生存发展。消极看,日军侵略是严峻的挑战;积极看,未必不是迎难而上的机会。全民族抗日的号召、统一战线的旗帜、公开活动的条件以及华北真空局面的形成,都是抗战以来出现的新局面,在此形势下,主动出击,利用中共武装已经取得的先机,在华北大平原与日军乃至国民党敌后部队争夺生存空间,虽然前路多艰,仍值得放手一搏。5月4日,毛泽东致电项英,纵谈新四军的敌后生存问题,其实也就是阐述中共整个武装的敌后生存发展之道:"在敌后进行游击战争虽有困难,但比在敌前同友军一道并受其指挥反会要好些,方便些,放手些。敌情方面虽较严重,但只要有广大群众,活动地区充分,注意指挥的机动灵活,也会能够克服这种困难。这是河北及山东方面的游击战争已经证明了的。……在一定条件下,平原也是能发展游击战争的,条件与内战时候很大不同。"[②]

后来,中共在敌后生存实践中发现,平原游击战不像想象的那样艰难,时人谈道:"过去我们总以为平原和山地比,平原斗争一定尖锐,实际上今天山东的情形,还是铁道线最严重(包括平原地区和山地)。这里就可看出地理条件并不是主要的。从这里更看到下面几种地区不同的情况。因之我之政治攻势也就不能机械。(一)我对敌威胁较小,分散隐蔽、政治攻势方法,一般使用得对,就一般可以麻痹敌人。(二)在各方面——特别是四周尖锐斗争之下,敌力量不能即时集中或机动的地区,如×××(原文如此——引者注),就会缓和一点。(三)处在两三省间之结合部,敌虽注意改善,但其伪化治安统制是薄弱的,我有很大空隙可乘。(四)敌'扫荡'友军与友军的继续坚持抗战,也减轻了敌对我之压力,我之对敌斗争形势取得有利条件。"[③] 在国际战争的背景下,国共日连环斗中的敌后生存,既是战略,更是政略,只有从这一层面予以全面理解,才能对敌后游击战做出更准确的把握。

---

① 《抗日游击战争的战略问题》,《毛泽东选集》第 2 卷,第 405 页。
② 《放手开展敌后游击战争》(1938 年 5 月 4 日),《毛泽东文集》第 2 卷,第 127 页。
③ 《分散性游击战争与对敌政治攻势问题——一九四三年三月十三日罗荣桓在山东军政会议上的报告》,山东省档案馆、山东省社会科学院历史研究所编:《山东革命历史档案资料选编》第 9 辑,第 317—318 页。

三 游击战和根据地

平原游击战的决策是大手笔,决胜千里之外,需要统帅的运筹帷幄。作出大规模开展平原游击战的决策时,毛泽东不会不想到,初期抗战中八路军在华北平原获得的机遇不可能一直存在,日军正面战场大规模行动告一段落后,返身巩固后方是题中必有之义。如何在日军进攻下,坚持华北敌后的抵抗与生存,是平原游击战决策必须解决的问题。《抗日游击战争的战略问题》《论持久战》两个文本中,毛泽东站在总体战的高度,从游击战、根据地、正规军几个角度对此作了富有辩证色彩的回答。尽管这两个文本论述范围远远不止于平原游击战,但这一问题的解决,无论在1938年的当下还是整个抗日游击战争中,都牵一发而动全身,绝对不可小视。平原游击战的决策和上述两个文本的发表,在时间上连贯、集中,应该绝非偶然。

了解战争、熟悉战争的指挥者思考对日方针时,双方的优劣和力量对比须臾不会忽略。毛泽东指出:"日本帝国主义有两个基本的弱点,即是兵力不足和异国作战。"① 对此,彭德怀的分析更为具体:"敌兵力不够分配,只能对我分区围攻清剿,不能在全华北向我各个抗日根据地同时进攻,即对我某一战略区扫荡,其清剿亦须再分区进行。这是因为敌在华北的军事实力与我比较并非绝对优势";"敌虽对一定地区可以进行极疯狂的扫荡,却在另一区,兵力又感不足,顾此失彼,成为敌人长期苦恼的事。我应灵活的掌握敌人这一缺点,相互密切配合,成为坚持华北,坚持平原游击根据地的重要条件之一。"② 日军兵力的不足及异族入侵的事实,带来了控制的困难,使中国有了可乘之机,游击战的展开和坚持,这一点绝对不可忽略。不过,日军毕竟拥有技术和武器装备的绝对优势,老百姓说:"日本人机枪大炮,八路军步枪汉阳造;日本枪声是'不怕、不怕',八路军枪声'怕、怕'。"③ 这种从连发和独发中听出的"不怕"和"怕",形象显示了二者在装备上的真实差距。当日军军事优势非常明显时,要让其兵力不足的软肋充分暴露,不仅要坚持敌后抵抗,而且要持续有效,这需要高明的战略指导,中共和毛泽东为敌后找到的游击战、根据地、正规军三驾马车,就是克敌持久的抵抗链条。

作为"向战略敲门"的游击战,毛泽东的规划有许多独创性,游击战和根据地的联结就堪称巧妙。应该说,苏维埃时期的根据地常常就和游击战联系在一起,但此时的根据地实际即为中共的割据区域,是中共生存的命脉,中共要进行武装革命,除此一途别无选择。而且苏维埃时期根据地几乎都位于山区,且多处数省交界之地,统治力量薄弱,又利用着国民党内部冲突的弱点,游击战的进行和根据地的发展相对简单得多。即便如此,如中共自己总结的:"过去在苏维埃运动时代,我们学会了创造根据地,但那时重大缺点是没有长期打算的明确观念,因此根据地的人力,物力,财力就不免迅速枯

---

① 毛泽东:《抗日游击战争的战略问题》,《毛泽东选集》第2卷,第410页。
② 彭德怀:《关于平原抗日游击战争的几个具体问题对魏巍同志的答复》(1942年7月15日),河北省社会科学院历史研究所等编:《晋察冀抗日根据地史料选编》下册,河北人民出版社1983年版,第201—202页。
③ 《武乡党的简史》,山西省档案馆馆藏,B3—50,第18页,转见赵永强《抗战时期武乡农村社会变动》,硕士学位论文,山西大学历史系,2006年。

竭了。"① 最终在国民党军进攻下，南部地区的苏维埃根据地无一例外遭到挫败。

苏维埃时期根据地的建立尽管未能使中共避免挫败，但对中共发展壮大仍然起了无法低估的作用。鉴于此，抗战伊始，和游击战提出几乎同时，建立根据地的任务即被强调。洛川会议时，毛泽东提出红军当前第一位的基本任务即创造根据地。随后，毛泽东又一再指出："红军有发动群众创造根据地组织义勇军之自由，地方政权与邻近友军不得干涉。如不弄清这一点，必将发生无穷纠葛，而红军之伟大作用决不能发挥。"② 此时，和苏维埃时期不完全一样，中共已经拥有陕甘宁边区这一总后方，全国也处于民族统一战线的大背景下，中共根据地的创建不是为了自身的单纯存活，而有抵抗和生存发展的双重功能，但是，这样的生存发展又不是建立在单纯的地域占据原则上，否则就有可能形成对日的阵地战，这是中共武装不可能也无力进行的。抗战根据地尤其是平原根据地前出到对手后方，它既是中共武装的前进阵地，又是游击战争的后方，还是贯彻中共党政军民总体战的基地，一身而担数任，具有十分复杂的内容。

一般的理解中，游击战和根据地两个概念多少有点冲突，游击战强调"游"，不以占取地域为原则，战斗目标往往通过游动实现；根据地则重在"据"，所谓"依靠一地区之人力物力以支持抗战者"③，需要通过对某一地区的占领、管理和控制予以实现，要求具有相对的固定性。两者一动一静，各具特点。当然，这样表面的冲突对已经钻研马克思主义辩证法，并对矛盾的斗争统一颇有心得的毛泽东自然不是难题。抗战时期，鉴于敌强我弱的战争态势和中日两国多种因素较量下形成的战争持久性质，战争形态犬牙交错，此即毛泽东所言："抗日战争是整个处于内线作战的地位的；但是主力军和游击队的关系，则是主力军在内线，游击队在外线，形成夹攻敌人的奇观。各游击区的关系亦然。各个游击区都以自己为内线，而以其他各区为外线，又形成了很多夹攻敌人的火线。"④ 在这里，整个的敌后战场以广大的大后方区域为内线，中共的根据地以陕甘宁后方为内线，各个根据地又相互为内线。在这种背景下看待游击战和根据地，就有了不一般的意义，游击战和根据地都是对日抵抗系列链条中的一环，根据地是游击战的内线，但游击战依靠的根据地并不是静止、孤立的，而是和其他根据地以及更广大的对日抵抗后方相互协助、支撑。从战略层面言，根据地本身就是游击战略的一环。朱德曾经谈道："我们怎样争取抗日战争的主动呢？前面已经说过，发动群众游击战争与在敌人后方建立小块小块的根据地，来分散敌人力量，削弱和疲惫敌人，这是战略上着眼争取主动，造成战役上各个击破敌人，取得胜利的必要条件。"⑤ 针对日军兵力不足的弱点，建设多点开花的根据地、战略区，使之成为撒播在敌后广大地区可以相互支持、相互应

---

① 《集总关于鲁西军队工作的指示》（1940年7月24日），中共冀鲁豫边区党史工作组办公室、中共河南省委党史工作委员会编：《中共冀鲁豫边区党史资料选编》第2辑，"文献部分"（上），河南人民出版社1988年版，第321页。
② 《对独立自主的山地游击战争基本原则的解释》（1937年9月12日），《毛泽东军事文集》第2卷，第44页。
③ 聂荣臻：《在中共中央北方分局党代表大会上的报告》（1939年1月），《晋察冀抗日根据地》史料丛书编审委员会、中央档案馆编：《晋察冀抗日根据地》第1册，"文献选编"（上），中共党史资料出版社1989年版，第229页。
④ 毛泽东：《论持久战》，《毛泽东选集》第2卷，第471页。
⑤ 朱德：《争取持久抗战胜利的先决问题》（1938年1月），《朱德军事文选》，第306页。

援的大网，每一块根据地的存在都是其他根据地的支持，此起彼伏，此落彼起，这样，根据地某种程度又是游击战略区。

在《抗日游击战争的战略问题》一文中，毛泽东甚至提出根据地也是可以游动的："大抵当敌人结束了他的战略进攻，转到了保守占领地的阶段时，对于一切游击战争根据地的残酷进攻的到来，是没有疑义的，平原的游击根据地自将首当其冲。那时，在平原地带活动的大的游击兵团将不能在原地长期支持作战，而须按照情况，逐渐地转移到山地里去，例如从河北平原向五台山和太行山转移，从山东平原向泰山和胶东半岛转移。但是保持许多小的游击部队，分处于广大平原的各县，采取流动作战，即根据地搬家，一时在此一时在彼的方法，在民族战争的条件下，不能说没有这种可能。至于利用夏季的青纱帐和冬季的河川结冰之季候性的游击战争，那是断然可能的。"① 也就是说，由于敌强我弱的总态势，根据地不应一成不变，必须随着力量的转换而转换，当然，由于条件的限制，毛泽东说的这种整块的根据地的游动有一定困难，但是根据地内的游动及相邻根据地间的相互支持，确实成为中共根据地存活的重要内容。同时，根据地的性质随着敌我力量的变化也相应发生改变，可以分为稳固的根据地、游击根据地、隐蔽根据地等多种，目的是在尊重现实力量的前提下，尽可能保住根据地的火种。

游击战争根据地的最大特点就是它既是后方，又没有后方。毛泽东谈道："游击战争的根据地是什么呢？它是游击战争赖以执行自己的战略任务，达到保存和发展自己、消灭和驱逐敌人之目的的战略基地。没有这种战略基地，一切战略任务的执行和战争目的的实现就失掉了依托。无后方作战，本来是敌后游击战争的特点，因为它是同国家的总后方脱离的。然而，没有根据地，游击战争是不能够长期地生存和发展的，这种根据地也就是游击战争的后方。"② 当中共决心把主力投入敌后方游击战时，即需面对华北游击战场同陕甘宁边区乃至整个国家的总后方脱离、进行无后方作战这一可能，在这种总体上无后方的状态下，根据地可以帮助中共获得局部后方，杨尚昆曾细数根据地的作用："（一）坚持长期战争，驱逐敌人，消灭敌人的依托；（二）生息与壮大革命武装的源泉；（三）发扬与培植民力，进行各种有利战争的建设，保证最后胜利的基地；（四）与敌伪进行军事、政治、经济、文化各种斗争的堡垒；（五）维系敌后民心，提高全国人民的自尊心与自信心的灯塔。"③ 杨说到的这五点，恰切道出了根据地的后方和支撑作用。有了根据地，游击队才能在物资、人力上获得源源不断的支持，才有持久的条件；开辟、坚持和发展根据地，中共的政策才能得到施展，控制才能发挥效力，党、军队和民众的结合才有基础，这就是彭德怀说到的："游击战争必须要有根据地，否则即脆弱无力，且难持久。……游击战争必须与群众的政治、经济的要求密切的结合起来，才能取得群众拥护，才能坚强有力支持，才能持久与发展，才能完成一定的政治任务。"④

---

① 毛泽东：《抗日游击战争的战略问题》，《毛泽东选集》第2卷，第420页。
② 毛泽东：《抗日游击战争的战略问题》，《毛泽东选集》第2卷，第418页。
③ 杨尚昆：《巩固抗日根据地及其各种基本政策（节选）》（1940年8月），河北省社会科学院历史研究所等编：《晋察冀抗日根据地史料选编》上册，第383—384页。
④ 彭德怀：《关于平原抗日游击战争的几个具体问题对魏巍同志的答复》（1942年7月15日），河北省社会科学院历史研究所等编：《晋察冀抗日根据地史料选编》下册，第203页。

根据地从战略上说，其实是插入对手后方的楔子，既滋养、巩固自身，又破坏、扰乱对手，根据地的存在，不仅是中共力量伸展的触角，还在日本的眼皮底下对其形成威胁。当时的文件说得很清楚："民众失去了政府，在敌人的压迫之下，就像丧失了父母的孤儿，只好随人摆布。焚烧打杀，奸淫抢掠，任敌人硬来软去，随心所欲。但是，有游击队活跃的时候，民众不但有了行动的方向，而且增加了胜利的信心。在这种情形之下，敌人即使占领一片地方，但它想要建立这一个地方的政权却是非常困难的。"① 相比之下，国民党敌后游击基本限于单纯的军事行动，缺乏党政军民的配合，缺乏坚固的根据地的建设，持久生存的效能要差很多。当时中共判断："友党友军最大与很难克服之困难，即政治之继续落后，与群众脱离，坚持敌后抗战一般办法不多，尤其不善建设根据地"。② 点出了国共两党敌后生存处境各异的要害。实事求是地说，当年中共的政治和理论高度及战略和政略结合下体现出的灵活性和原则性，国民党均难望其项背。

四　游击战和正规军

中共的游击战，理论上当然应该是群众性的，事实上中共也一直向这一方向努力，但是，发动和武装民众，让民众具有游击的能力，不可能一蹴而就。李雪峰回忆，抗战初期，"习惯于在城市发动工人搞革命的党员，转到面向农村，面向农民，确实是一个战略上的大转变，思想上的大转变，工作方式方法上的大转变。这种转变在1937年秋冬季还处在被动的过程中。因此，我们虽然尽了很大努力发动组织民众，但效果并不突出"。③ 战争中，机会常常转瞬而逝，八路军出动后，要迅速在敌后建立根据地，指望刚刚着手建设的群众性游击队并不现实，以正规军分散投入发动游击战争、创建根据地几乎不可避免。事实上，正规军的加入是作为战略的游击战能够成立不可或缺的一环。从运作具体状况看，所有重要根据地的建立，都离不开正规军的帮助，大部分根据地更是由正规军直接缔造。

正规军打游击战，是基于抗战的持久性质，基于开拓和坚持敌后根据地的需要。强大正规武装的进入，可以迅速实现区域的占领和控制，所谓"红军任务在于发挥进一步的独立自主原则，坚持华北游击战争，同日寇力争山西全省的大多数乡村，使之化为游击根据地"。④ 根据地初步形成后，正规军仍然是中流砥柱，需要承担保卫根据地的重任，帮助建立、发展地方武装，开展群众运动，此即毛泽东所言："一切游击战争的根据地，只有在建立了抗日的武装部队、战胜了敌人、发动了民众这三个基本的条件逐渐地具备之后，才能真正地建立起来。"⑤

游击战可以以动补拙，以巧击强，战术的灵活相对可以弥补部队的弱点，但游击队

---

① 朱德：《论抗日游击战争》，《朱德军事文选》，第372页。
② 《五年来工作总结及今后任务》（1943年8月19日），山东省档案馆、山东省社会科学院历史研究所编：《山东革命历史档案资料选编》第10辑，山东人民出版社1983年版，第25页。
③ 李雪峰：《李雪峰回忆录（上）——太行十年》，中共党史出版社1998年版，第27页。
④ 《毛泽东关于八路军的任务及部署致朱德等电》（1937年11月13日），中国人民解放军历史资料丛书编审委员会编：《中国人民解放军历史资料丛书·八路军》（文献），第101页。
⑤ 毛泽东：《抗日游击战争的战略问题》，《毛泽东选集》第2卷，第424页。

本身的素质仍然是游击战成功的要素，不少中共将领都对游击部队提出要求，彭雪枫将之总结为："（一）指挥员机动性强，果敢决断，富有大无畏精神。（二）部队行军力强。（三）能忍受一般人所不能忍受的困苦饥寒。（四）能冒一般人所不能冒的危险艰难。（五）迅速、坚决、秘密。"① 战争史上，很多深入敌后开展游击战争的部队，恰为优中选优的精兵强将，因为无论从身体还是精神言，这样的任务都是超常的考验，参加过游击战的中共干部在日记中写道："一连多天的夜行军，为了迎接'红五月'，打完灵石车站，紧接着在黎明之前，我们又转移直到离平川四五十里的山里才休息。第二天黄昏又走，到天亮才驻扎下来，过了两天，又转移。不要说敌人不知道我们的行动，就连我们战士，也是事后才知道我们的具体行动的。"② 长距离、高强度的游击行动，对战斗员提出很高的要求，战术层面上的游击战的开展，离开了正规军的坚强支持，很难想象。其实，即便到抗战中期，地方武装的素质仍然不容乐观："区县武装政治认识模糊，不但没有为党为革命为群众利益而牺牲的奋斗目标，就是对日寇的仇视民族观念也很差。……违犯政策破坏群众纪律，如架票、劫路、打骂村长等现象，群众中间有'老八路好，新八路不好'的说法。"③ 所谓"老八路""新八路"，实际分别指的就是正规军和地方部队。

　　正由于此，抗战开始后，中共和毛泽东的战争指导就把八路军出动的任务规定为开展游击战争、建立根据地。1937 年 9 月 3 日，毛泽东电告周恩来："令知三省省政府转令各县县政府，同时令知各县及其附近之县驻军，说明红军之布防及创造游击根据地之任务。因为如不明白规定红军之区域及任务，并用通令下达友军及地方，势必因区域不明、任务不定而发生许多纠纷。"④ 对八路军为什么要把重心放在游击战和创造根据地上，毛泽东有自己的解释："今日红军在决战问题上不起任何决定作用，而有一种自己的拿手好戏，在这种拿手戏中一定能起决定作用，这就是真正独立自主的山地游击战（不是运动战）。要实行这样的方针，就要战略上有有力部队处于敌之翼侧，就要以创造根据地发动群众为主，就要分散兵力，而不是以集中打仗为主，集中打仗则不能做群众工作，做群众工作则不能集中打仗。"⑤ 1938 年 4 月，中共中央作出大规模开展平原游击战的决策后，八路军调派徐向前往冀南、一一五师一部往山东、一二〇师往冀中，走的仍然是以正规军为主力开拓根据地的路子。即便是独立发展起来的山东根据地，中共武装也迅速整编为山东纵队，向正规化方向发展。正规军在游击战中的地位和作用，毛泽东在《论持久战》中说得很清楚："在全国的数百万正规军中间，至少指定数十万

---

　　① 彭雪枫：《游击战术的几个基本作战原则》（1938 年 7 月 7 日），《彭雪枫军事文选》，解放军出版社 1997 年版，第 81—82 页。

　　② 理京、理红整理：《高鲁日记》，内蒙古大学出版社 2004 年版，第 17 页。

　　③ 《冀鲁豫军区 1942 年工作初步总结》，张文杰、孙建岭主编：《冀鲁豫抗日根据地》二，河南人民出版社 1993 年版，第 76 页。

　　④ 《毛泽东关于与阎锡山交涉八路军活动地区问题致周恩来等电》（1937 年 9 月 3 日），中国人民解放军历史资料丛书编审委员会编：《中国人民解放军历史资料丛书·八路军》（文献），第 26—27 页。

　　⑤ 《关于独立自主的山地游击战原则》（1937 年 9 月 21 日），中共山西省委党史研究室编：《中国共产党山西历史资料丛书·文献选编》，"抗日战争时期"（1），山西人民出版社 1986 年版，第 4 页。

人，分散于所有一切敌占地区，发动和配合民众武装，从事游击战争，是完全必要的。被指定的军队，要自觉地负担这种神圣任务，不要以为少打大仗，一时显得不像民族英雄，降低了资格，这种想法是错误的。"①

客观看，毛泽东的解释有其战略上的前瞻性。由于改编为八路军的红军人数有限，仅三个师，这些有限的兵力如投入正面战场进行阵地抵抗，很可能尚未充分发挥作用，就已被消耗。况且，中共参战还牵涉到对国民党的信任问题，包括能力和诚意的信任，而游击战和发动群众是中共素来的强项，八路军在这方面发挥作用比投入正面战场效能远为充分。政策实施的实际效果的确也是这样，由于八路军挺进敌后，在华北广泛开辟根据地，有效坚持了华北抗战，对中共的生存发展、相应地也对中国整体的抗战持久产生了难以估量的深远影响。对此，毛泽东体会最为深切："我们的战略转变，是在这些特殊情况之下进行的一个极其严重的转变。在这些特殊的情况下，必须把过去的正规军和运动战，转变成为游击军（说的是分散使用，不是说的组织性和纪律性）和游击战，才能同敌情和任务相符合……虽然曾经在中央和一部分军事干部之间发生过严重的争论。这一转变关系于整个抗日战争的坚持、发展和胜利，关系于中国共产党的前途非常之大，只要想一想抗日游击战争在中国民族解放命运上的历史意义，就会知道的。"②

游击战的发动和坚持离不开正规军，抗战之初，中共部队经过了"由正规军分散成许多游击军"③的阶段；随着战争的进行，游击队也要逐渐转化为正规军，"这是游击队最光荣的前途"。④ 但是，正规军的加入并不是要其打大仗，抗战开始之初，正规军主要任务是开辟根据地，为持久抗战培植基础，三五九旅政治干部王恩茂日记载，他率部到广灵、浑源开辟根据地时，具体任务有：（1）打击伪军，肃清汉奸，消灭土匪；（2）争取群众、宣传和教育群众；（3）扩大部队；（4）收集资财、筹款；（5）发展党的组织，恢复政权；（6）破坏敌人交通。⑤ 壮大部队和筹集资财是核心任务。抗战持久阶段，正规军进可袭扰和威慑日军，退可使游击队的党和政权、群众有武力依恃，有效支持根据地的控制。另外，正规军可以培植武装力量，充当游击部队的基干队伍，按照刘伯承的解释："野战军和军分区兵团，原为军区和军分区的干队，现分在下层，系去帮助组成和强化游击集团者，是因地方武装太弱不得已而采用的办法，在游击集团组成和有力时，则仍收回作本级干队机动或整训"；"在军事上，分队起侦察、防谍、箝制、疲敌、耗敌作用，干队起袭弱、机动、突击作用，实行合量的游击运动战。"⑥ 可以说，整个抗战，正规军都是敌后游击战的核心力量，只是在不同的时段发挥着不同的功能。

应该指出的是，上文中刘伯承提到的游击运动战，不见于毛泽东的文本。游击战和

---

① 毛泽东：《论持久战》，《毛泽东选集》第2卷，第499页。
② 毛泽东：《战争和战略问题》，《毛泽东选集》第2卷，第551页。
③ 《彭德怀在中共中央北方局九月高干会议上报告的摘录》（1940年9月25日），山西省档案馆编：《太行党史资料汇编》第3卷，山西人民出版社1994年版，第668页。
④ 《邓小平在太行军区第二次武装干部会议上的讲话》（1941年2月1日），山西省档案馆编：《太行党史资料汇编》第4卷，山西人民出版社1994年版，第103页。
⑤ 王恩茂：《王恩茂日记——抗日战争》（上），1938年7月5日，中央文献出版社1995年版，第202页。
⑥ 刘伯承：《关于游击集团的训令》（1941年6月30日），《刘伯承军事文选》第1卷，军事科学出版社2012年版，第377页。

运动战两者，既互补又冲突，把握极其不易，一般而言，毛泽东强调的是游击战，前方将领则常从实战出发，不排斥运动战。正是在这一问题上，抗战初中期，毛泽东和前方间常常不无龃龉，其间的是非很难简单判定，如果把其放在一个动态的环境中考察，或许理解起来会更容易一些。

在公开的文本中，毛泽东一直主张游击战应与运动战结合，甚至公开辟谣道："有人说，我们只主张游击战，这是乱说的，我们从来就主张运动战、阵地战、游击战三者的配合。在目前以运动战为主，以其他二者为辅，在将来要使阵地战能够有力地配合运动战。而游击战，对于战斗方式说来，则始终是辅助的，但游击战在半殖民地的民族战争中，特别在地域广大的国家，无疑在战略上占着重大的地位。"① 不过，在内部掌握的致前方电文中，毛泽东确实更加强调游击战的重要性，甚至常常遏制前方的运动战冲动，毛的这种做法有指导上的顾虑，即作为后方的指挥者，更能盱衡全局，把握军事上的有利和不利；更重要的则是，对毛泽东而言，游击战既是战略，还是政略，游击战不仅仅是战，还是开辟和保护根据地的方式，还是对日坚持的手段、对外宣传的阵地、应付国民党批评的箭垛。由于对日战争不可避免陷入持久，坚持、发展是中共的首要任务，游击战进可攻，退可隐，隐是常态，攻是变态，最适合这样的要求。

当游击战上升到战略和政略高度时，身处战场第一线的前方将领思考的则可能是另一方向。由于正规军成为游击战争的一员，尤其根据地成为游击战争的后方基地，游击战不再完全是骚扰和小规模的袭击，在一定时间、一定条件下集中兵力打击敌人不但可能而且必要。这一点，亲身指挥作战或根据地建设的前线指挥者体会尤为深刻："游击战与运动战之间并无一条鸿沟，而是相互连贯着的。就游击战向正规的运动战发展的过程及其连贯性来看，各县区游击集团中的干队，就是游击队向正规军发展的雏形，军分区的基干支队，也就是游击队壮大的正规军。在战术上说，这些基干支队和县区干队辗转会合其周围较小的游击队进行突击，就等于正规战的突击队，而其周围较小的游击队则等于它的箝制队，游击队袭击驻止之敌，是向正规战的进攻战斗发展的；伏击运动中之敌，是向预期遭遇战斗发展的；敌我都在运动之中，而我急袭敌人，这又是向非预期遭遇战斗发展的。"② 正因此，战争初期，即便像聂荣臻这样坚定执行毛泽东战略方针的前方指挥者也曾经强调要开展运动战："今天我们的部队已经不是小的游击队，因此指挥的方法也已经不是小规模的游击战争。今天需要提高战术，进行正规战的运动战。不仅要在游击战中破坏、骚扰敌人，而且还要有决战的意义。要谨慎地分析敌我的力量而采取英勇顽强的运动战。要在战斗中去锻炼部队，使它能够进行运动战。"③ 在他们看来，既然游击战成为战略，那么运动战作为帮助游击的必要手段，也可纳入游击战的战略原则内，百团大战某种程度上就是这种思维的产物。当然，随着时间的推移，敌后生存环境的日渐艰苦，加之毛泽东的坚持，中共越来越强调坚定执行游击战的方针，百团大战后尤其如此。1942年，萧克曾经谈道："要认识今天在敌后主要的战争形式是分

---

① 毛泽东：《同合众社记者王公达的谈话》（1938年2月），《毛泽东文集》第2卷，第100页。
② 刘伯承：《对目前战术的考察》（1939年4月20日），《刘伯承军事文选》第1卷，第208页。
③ 聂荣臻：《几个月来支持华北抗战的总结与我们今后的任务》（1938年4月），《晋察冀抗日根据地》史料丛书编审委员会、中央档案馆编：《晋察冀抗日根据地》第一册，"文献选编"（上），第115页。

散的广泛的游击战争,运动战的可能已大大的减少了;游击战是广泛的分散的,既不能取得轰轰烈烈的大胜利,故必须争取多数的小胜利,由于敌人高度的分散配备,打小仗的机会是很多的(但不是否认在敌人不分散的情况下也有打小仗的机会)。过去我们有些同志只想打大仗,总是想把部队集中训练,以便一有机会,就大干一场;这种想法是不适合于今天的斗争环境的。"① 这大体代表了全党在这一问题上的认识。正规军的作战冲动,应该服务于游击战的战略和政略需要,这是中日对峙环境下,毛泽东计划的正规军和游击战关系发展的逻辑结果。

五 游击战和总体战

抗战时期纷繁复杂的形势下,毛泽东针对日军兵力不足等弱点,高举生存智慧的大旗,赋予游击战以战略和政略的双重意义,主要不以战争,而以我之顽强生存,破坏、抑制对手的控制,达到对敌持久、削弱对手的目标。生存追求看起来不是积极的举措,但要在深入敌后的背景下做到,亦非易事,在日军优势兵力包围下,如不具备正确的战略战术和超常的生存能力,很可能就是以羊饲虎。真正让毛泽东放手一搏,将正规军投入敌后开展游击战的,除了拥有游击战、根据地、正规军这"三驾马车"外,还在于他对中共军队的自信,中共武装具有将游击战打成政治经济社会总体战的能力,离开了这种能力,所有的战略战术思考都不免纸上谈兵。

游击战应为总体战,有这样的认识并不足为奇,当时一般舆论人士就谈道:"游击战术,不只有其军事的性质,而且有其社会的性质,不只是一种奇兵战,而且是一种社会战。简单地说,游击战术是一种以奇袭制胜敌人的一种全民的社会战。"② 1936 年,毛泽东系统学习马克思主义的辩证法,并以此指导写出《中国革命战争的战略问题》,对战争的复杂性、多因素特征可谓如数家珍,总体战对他而言不是太大的理论难题。③

---

① 萧克:《在晋察冀边区党政军高干会上的军事报告》(1942 年 9 月 12 日),河北省社会科学院历史研究所等编:《晋察冀抗日根据地史料选编》下册,第 236 页。
② 丁三:《民众怎样参加游击战》,广州战时出版社 1938 年版,第 26 页。
③ 总体战最早为德国人鲁登道夫撰写的《总体战》一书提出。1937 年 1 月,张君劢将《总体战》译成中文出版。总体战的核心含义为:"全体性战争中,为达到民族之最高效率计,其所谓政治,务求以民族生存为唯一目的,而对于国民应责以各方面之任务,亦以民族生存为唯一目的。此各方面之中,当然不可忽视精神力。"([德]鲁登道夫:《总体战》,张君劢译,北京理工大学出版社 2007 年版,第 6 页)总体战的概念对应的是现代战争巨大的覆盖性,举凡政治、军事、经济、社会乃至精神文化都可纳入对战双方较量的范围,这和中共游击战的思路恰相契合。《总体战》出版后,立即引起毛泽东的注意,1937 年 12 月,毛致函郭化若,要其阅读一批军事战略著作,包括:"日本人的论内外线作战,德国克劳塞维茨的《战争论》,鲁登道夫的《全体性战争论》,蒋百里的《国防论》,苏联的野战条令等。"(《郭化若回忆录》,军事科学出版社 1995 年版,第 133 页)其中提到的鲁登道夫《全体性战争论》即《总体战》。1943 年,邓小平曾谈道:"敌我斗争不仅是军事力量的竞赛,而且是全副本领的斗争;不仅斗力,更主要是斗智。今天敌我双方都进入有计划有组织的斗争阶段,这说明了今后的斗争将更加巧妙而尖锐。"(《邓小平的中共中央太行分局高级干部会议上的讲话》,1943 年 1 月 26 日,山西省档案馆编:《太行党史资料汇编》第 4 卷,山西人民出版社 2000 年版,第 29 页)这基本可以代表中共总体战的思路。

当然，问题的关键常常不在是不是知，而在能不能行。总体战对武装力量、民众、社会有着极高的要求，并不是所有人任何时候都可以完成的。1939年，聂荣臻曾坦率地指出："所谓由整化零等游击战术实并不易（由零可化为无），如甚易，则八路已不值钱了。敌人把我游击战术作研究而谋歼灭我之对策，但是机械的。游击战术实不易把握。"① 聂荣臻此语，道出了抗战时期中共敌后游击战的关键，游击战并不像看起来那样轻松，游龙戏水、来去自如的背后，支撑着的是中共一整套政治、军事和社会运作机制。

中共坚强的政治工作是游击战能够充分发挥效能的基础。彭雪枫谈道："常遇到一些敌后抗战的朋友们说：'我们的队伍化整为零倒容易，要是化零为整就不可能了。'那原故就在于不懂或者不愿进行政治工作。有一次某地方部队派出一个连，向敌人游击侦察时，全部一哄而散，不知所终了。这还不足以证明游击部队没有政治工作必会土崩瓦解的血的教训吗？"② 恰切道出了中共部队和其他武装力量的关键性区别。抗战之初，为适应国共统一战线的新形势，中共曾于短期内对部队结构做了一些调整，但政治委员制度很快恢复"③，政治教育和政治训练从未放松，王恩茂日记记有在部队中开展学习动员的程序：首先是会议动员，经过党支部大会、小组会、支委会、军人大会，传达到每一个人。接着发起竞赛运动，提出一个半月的竞赛条约，大家比着学，其间党员要领导、帮助学习，做学习模范。再是开展反对不愿学习的斗争，鼓励和斗争并进。为检验学习效果，还要有经常性的个别谈话和鉴定、测验。④ 这样成体系的教育、灌输、检查、促进制度，环环相扣，起码在程序上可以说做到了极致。对于分散的部队，中共尤其强调加强党的建设，规定："坚决保证每个战斗班排经常有1/3的党员"⑤；"小部队党的数量比一般的部队应该增加，最少要达到30%，最好能达到50%至80%。"⑥ 持续

---

① 聂荣臻：《在中共中央北方分局党代表大会上的报告》（1939年1月），《晋察冀抗日根据地》第1册，"文献选编"（上），第227页。
② 彭雪枫：《平原游击战的实际经验》（1939年5月31日），《彭雪枫军事文选》，第142页。
③ 1937年10月19日，八路军出动后不久，朱德等致电张闻天提出："部队改编，政治工作人员的公开地位降低职权，因而影响到政治工作人员积极性降低，政治工作已开始受到若干损失。而在各级指挥方面，仍有个别同志因改单一领导不大接受他人意见，多数单一首长感到自己能力不够，致使军队建设上也受到某些损失。对此现象，我们认为除教育干部反对地位观念及轻视政治工作外，还需积极地从组织上得到适当地解决。"参见《关于恢复政治委员和政治机关原有制度的意见》（1937年10月19日），《朱德军事文选》，第290页。朱提议设立党代表制，全面恢复军队政治工作原有制度。22日，张闻天、毛泽东复电："完全同意"，"惟党代表名义不妥，仍应为政治委员"。参见《张闻天、毛泽东关于恢复军队政治委员及政治机关制度致朱德等电》（1937年10月22日），《中国人民解放军历史资料丛书·八路军》（文献），第78页。24日，朱德、彭德怀转发中共中央命令，决定军队中恢复政治委员及政治机关原有制度，"团以上及独立营设立政治委员"，"师政训处立即改为政治部"。参见《朱德、彭德怀、任弼时转发中共中央关于加强党在军队中领导的决定的命令》（1937年10月24日），《中国人民解放军历史资料丛书·八路军》（文献），第80页。
④ 王恩茂：《王恩茂日记——抗日战争》（上），1938年6月27日，第196页。
⑤ 《中共晋冀豫区委军事部关于武装工作的决定与指示》（1938年9月4日），山西省档案馆编：《太行党史资料汇编》第1卷，山西人民出版社1989年版，第377页。
⑥ 《冀鲁豫区小部队建设问题》（1942年12月），中共冀鲁豫边区党史工作组办公室、中共河南省委党史工作委员会编：《中共冀鲁豫边区党史资料选编》第2辑，"文献部分"（中），河南人民出版社1988年版，第415页。

的党的建设和政治训练，风行草偃，的确使中共部队明显区别于一般的军事力量，毛泽东曾经在报告中谈道："现在我们的有些战士，他们识字比营长识得多，他们从前一个字也不认识，现在能认得五百、一千、二千、三千，能写短短的文章，登在墙报上。我们的营长、连长，在指导员上课的时候，不去听课，他们以为这课是战斗员听的，他们去听，未免要'失格'了！为了要维持'格'，结果，他们不但文章不会做，许多东西都不知道，战士反而比他们高明。"① 毛的这一说法，在王恩茂日记中得到验证，1939年1月在部队开展的一次测验中，战士平均得分92.5分，炊事员57分，党员90.6分，党的干部90分，测验结果，战士成绩最好，素质本应较高的党员干部反而不如一般战士。② 战士水准的大幅度提高，弥补了一般军队的所谓短板，非常有助于部队整体政治水平的提升，而部队政治教育的核心，又在于造成共产党内部的凝聚力，毛泽东说得很明确："在政治课课程内容上，必须教列宁主义，这是政治上武装他们头脑的很基本的问题。此外，民众运动，共产党问题，八路军问题，亦应当作专门课程教，而统一战线倒可放到中国革命运动史以内教。"③ 通过政治教育，中共部队多了军人服从天性之外的自觉追随，尽管不是说每个个体都能达到其所期望的政治觉悟，但团体意识、纪律观念、信仰追求在潜移默化中得到灌输、提升，这是中共武装常可在困境中生存的关键，也是八路军分而不散的关键。

　　下面一段关于游击队组织的总结很能反映中共建军、治军的模式，这些步骤分开看也许没有过于特殊之处，但合在一起就能造就特殊的力量，它们相互联结，构成有机的整体，比较能够反映辩证思维下中共思考和解决问题的方式，故引文虽然较长，还是全盘照录："首先，要从抗日保家来启发阶级觉悟；建立党支部，加强对共产党的认识教育。以工农红军的优良传统、斗争历史说明革命的过程和前途，使部队了解游击队有走向正规军的必要。其次，在部队发展到相当数量时，应加以整理，进行巩固工作。经过洗刷整理后，再求得发展。再次，要慎重处理原有干部，切忌由外面派干部去替换，应培养提拔原有干部中的积极分子。对因犯大错误已撤职的干部不宜长期留在部队中。派去的干部要能说会干，能文能武，工作踏实，埋头苦干，生活简朴，刻苦耐劳，有英勇牺牲和自我批评精神。干部要以身作则，身先士卒，与部队同甘共苦，无论是生活、工作和战斗处处要起模范带头作用，因为部队的模仿性很大。再次（原文如此——引者注），应充分发扬民主，提高部队的积极性。对集中领导和指挥，要经过民主方式以实例说明只有集中才能提高部队纪律，而纪律的执行也应尽可能采取民主办法。领导干部应不隐瞒缺点，充分发扬自我批评精神，检讨和承认错误。如违反纪律，应请公众给予制裁。"④ 引文最后说到的请公众制裁，不是空口虚言，中共对此有很深入的了解和思考，冀鲁豫军区的文件写道："发现坏分子的方法，必须在当地群众中去考查，从战士

---

① 毛泽东：《在延安在职干部教育动员大会上的讲话》（1939年5月20日），《毛泽东文集》第2卷，第178页。

② 王恩茂：《王恩茂日记——抗日战争》（上），（1939年3月2日），第426页。

③ 《毛泽东等关于抗大分校的教育问题致朱德等电》（1939年3月6日），中国人民解放军历史资料丛书编审委员会编：《中国人民解放军历史资料丛书·八路军》（文献），第312页。

④ 《关于第九旅的工作》（1942年1月27日），《张爱萍军事文选》，长征出版社1994年版，第73—74页。

中去考查很不容易。要经过地方党、群众团体、地方机关，在地方武装中适当地提出口号，发动其内部斗争。对坏分子不要轻易处理。处理要公开地进行战士中的教育，使战士认识坏分子的政治面目，经过相当的准备工作，发动战士中的斗争。"①

党是军队的灵魂，军队是党的支持力量。毛泽东说："我们的原则是党指挥枪，而决不容许枪指挥党。但是有了枪确实又可以造党，八路军在华北就造了一个大党。还可以造干部，造学校，造文化，造民众运动。延安的一切就是枪杆子造出来的。"② 八路军进军华北，不仅造就了根据地，造就了武装，还壮大了党的力量，这反过来又进一步促进了武装和根据地的发展。所谓游击战争的政略，所谓总体战，和这一点都密切相关。

除了需要坚强的党和军队外，要和军事实力占据绝对优势的日军展开游击战，民众的支持不可或缺，"战争的伟力之最深厚的根源，存在于民众之中"。③ 由于抗战的民族自卫战争性质，抗战的群众基础空前良好，朱德分析道："过去的国内游击战争，我国的人民不是全体都同情的，那时游击队的队员，也只包括工人、农民的成分。现在的抗日游击队，则得到我国无论哪一个阶级的同情与拥护，它的成分包含着各阶层不愿当亡国奴的分子，虽然其中主要的成分还是工农。"④ 游击战要争取民众的支持，而民众的支持很大程度又来源于游击战争的成效："游击战争是民众抗日的最高的斗争形式。民众唯一的要求是积极的打击敌人，反对敌之野蛮的侵略来保卫自己，才能成群结队的去参加游击队。如果领导游击战争者忽视了这个要求，便失掉了游击战争的意义，便丧失了自己在民众中的信仰。我们记得发动的最初几天还没有打上敌人的时候，一般的民众终是采取疑心〔信〕参半、敬而远之的神情。一旦壮烈的战斗明朗了，民众不但变疑惧而亲近，且自动的携带武器蜂拥的来参加。"⑤

游击战中民众的作用，在平原地区尤为明显。平原地区没有地形的怙恃，实力相对弱小的一方，生存困难大大增加。八路军要在平原建立根据地，坚持生存，必须争取民众的支持，获得另外一种依靠，此即前方将领所归纳、总结的"人山"。徐向前到河北不久即发现："河北是人口较稠密的区域，假如我们能在河北平原地上，把广大的人民推动到抗日战线上来，把广大的人民造成游击队的'人山'，我想不管什么样的山，也没有这样的山好"；"我们要在平原地开展游击战争，就必须把广大的人民造成'人山'。"⑥ 事实上，冀中的成长和人山的帮助就大有关联："象冀中清河的平原上，敌人只要用重机枪，便可封锁我们的一切活动。可是那里的群众是结成了武装的集团，他们不断的进行惊人的'百连大破袭''口口大破袭'，所以我们在敌人的据点里也能开会。

---

① 《冀鲁豫军区1942年工作初步总结》，张文杰、孙建岭主编：《冀鲁豫抗日根据地》二，第64页。
② 毛泽东：《战争和战略问题》，《毛泽东选集》第2卷，第547页。
③ 毛泽东：《论持久战》，《毛泽东选集》第2卷，第511页。
④ 朱德：《论抗日游击战争》，《朱德军事文选》，第343页。
⑤ 黎玉：《抗战两年的山东纵队》，山东省档案馆、山东社会科学院历史研究所编：《山东革命历史档案资料选编》第4辑，第201—202页。
⑥ 《开展河北的游击战争》（1938年5月21日），《徐向前军事文选》，解放军出版社1993年版，第47页。

一个地区群众性武装斗争的尺度，就是这一地区敌后游击战争坚持的尺度。"① 正是有了民众的掩护，中共才获得活动的广大空间，关向应写道："我们曾遇到过这样的事件：敌人有过两次在我兵团前二三里五六里的前面通过，没有发觉到我们，曾有一个团在敌人两个行进纵队中间行进，亦未被敌人发现，这是说明民族战争在平原上，在广大群众掩护下的特点。"② 民众潜在的支持、人山造成的事实及中共对自身民众工作的重视和自信，在毛泽东作出展开全面游击战的决策中发挥了决定性的作用。

日军的统治状况也是中共可以开展总体战的重要背景。日军兵力不足造成了其后方的广阔活动空间，保有交通线完成资源攫取成为日军最低限度的战略目标，游击战和根据地针对的正是日军这一特点，无论是强调"游"的游击战和强调"据"的根据地都不主张正面撄日军之锋，而主张因势利导，灵活机动，保存力量，是战略和政略的结合。对此，黄敬有一段精彩的论述，道出了在敌后游击、持久、生存的不二法门："当敌要向我大'扫荡'时，我要报复，使敌觉得多一事不如少一事，此次我反'扫荡'即成功在此。使其将来组织'扫荡'要在外线，减少对我腹地'扫荡'的严重性。如你长期来找，我就根据地搬家，到你处再开辟。……我不要过分夸张我之力量，使敌觉得坐不稳，使其再增加力（量）来。使敌觉得可以维持下去，并多一事不如少一事。对敌斗争至此就很好搞了。"③ 当然，保存自身，不是单纯地避战，不是游而不击，既要谨慎行事，又要针锋相对，这是游击战评判中困惑而又敏感的问题。必须承认，游击战常常体现为小部队的出击，部队分散，指挥员的决心十分重要，不是所有指挥员都能够达到同样的水准，各地报告都提到："积极行动打击敌人，这是在群众中建立威信的唯一办法，自卫大队及独立大队成立以来，虽然有几次的同敌人战斗，但积极行动上是特别不够的。有的人便说，友军打仗，我们只游不击"④；"怕与敌人作武装斗争，避免与敌作武装斗争，不加强注意武装之发展与掌握，苟安满足现状的现象很严重"⑤。因此，要真正发挥游击战争的作用，在持久消耗中不至流于苟安避战，必须"反对逃跑主义。游是走路，击是打仗，游而且击，击而且游，才是游击队的正当动作"⑥。最佳的状态应如晋察冀军区提出的："在斗争上，应是积极进攻的，但以不过分刺激敌人，不过分消耗自己力量（武装、地方为原则）。既要善于使用自己力量，积极打击敌人，

---

① 《结束一九四一年，迎接一九四二年——朱瑞政委在干部会上的报告》，山东省档案馆、山东社会科学院历史研究所编：《山东革命历史档案资料选编》第 8 辑，山东人民出版社 1983 年版，第 24—25 页。

② 关向应：《论坚持冀中平原游击战争》（1939 年），河北省社会科学院历史研究所等编：《晋察冀抗日根据地史料选编》上册，第 117 页。

③ 黄敬：《对敌斗争报告》（1943 年 11 月），中共冀鲁豫边区党史工作组办公室、中共河南省委党史工作委员会编：《中共冀鲁豫边区党史资料选编》第 2 辑，"文献部分"（下），第 12—13 页。

④ 《五个月的工作报告》（1940 年 3 月 10 日），中共冀鲁豫边区党史工作组办公室、中共河南省委党史工作委员会编：《中共冀鲁豫边区党史资料选编》第 2 辑，"文献部分"（上），第 165 页。

⑤ 《景晓村日记》，1943 年 12 月 16 日，八路军山东抗日根据地研究会渤海分会 2012 年编印，第 411 页。

⑥ 彭雪枫：《游击队政治工作概论》（1937 年 10 月 16 日），《彭雪枫军事文选》，第 48 页。

又要善于积蓄与隐蔽自己力量。军事上不可过于突出，也不应单纯躲避。"① 但这种允执厥中的要求固然无懈可击，付诸实施却不免山重水复，在"游"和"击"之间，由于前方和后方、上级和下级、战略与战术、军事和政治②之间的复杂纠葛，存在难以完全消弭的种种紧张关系，这在探讨敌后游击战时不应回避。

抗战时期，中共以游击战、根据地、正规军为基础，通过党政军民的总体战，成功完成持久作战的目标。无论山地还是平原，中共都顽强坚持，打破了日军完全占领的梦想，使其始终处于敌后军民的抵抗和威胁之下，而中共则在战略和政略结合指导下的持久坚持中不断壮大发展。中共的成功，正如时论指出的："党政军民的团结是巩固根据地最重要的一环，没有这种团结，就休想持久坚持根据地。固然没有军队则根据地不能存在，但如没有地方党政民的领导与配合，则根据地也无法存在。"③ 没有军队就没有根据地，没有根据地又难以有游击战的坚持，游击战、根据地、正规军看起来不无扞格，经过中共系统运作，却能相互咬合，互动互补，而党政军民的一体化又是基础中的基础。中共的这条道路不是一蹴而就的，中间有不断摸索的过程，其间机遇的出现、把握及运用、创造，最能体现历史的生动和复杂。中共在持久生存中表现的智慧和能力，既源自一个革命党的积极进取要求，也和马克思主义政党的思维高度和政党属性相关，还和毛泽东作为政党领袖的军政才能和实用指导密不可分。当中共在抗战中窥察形势、把握机遇、克服困难、一路曲折走向胜利的终点时，离夺取政权的另一个终点，已经并不遥远了。

（原载《抗日战争研究》2015年第2期）

---

① 《八路军晋察冀军区政治部关于冀中部队各种情况下政治工作的指示》（1944年1月1日），中共河北省委党史研究室编：《冀中历史文献选编》中，中共党史出版社1994年版，第173页。

② 战争后期，战后中国的争夺成为国共两党不能不思考的问题，中共有关文件明确写道："必须使县级以上干部懂得，目前发展隐蔽的武装是与国民党力量的比赛问题，是将来我们与友军争取豫北的决定问题。"[《晋豫区党委对第三地委工作的指示》（1942年1月13日），中共河南省委党史工作委员会编：《太岳抗日根据地》，河南人民出版社1990年版，第115页]

③ 《集总关于鲁西军队工作的指示》（1940年7月24日），中共冀鲁豫边区党史工作组办公室、中共河南省委党史工作委员会编：《中共冀鲁豫边区党史资料选编》第2辑，"文献部分"（上），第322页。

"封建制度"概念在西方的生成与演变*

倪世光**

摘　要：Feudalism（封建制度）是西方学术界一个重要概念，源于中世纪拉丁文 feudum（采邑）。在 12 世纪以前，feudum 有着非常广泛的含义。伴随《采邑全书》的编纂、研究和传播，采邑概念侧重于土地方面。到 16 世纪，学界进一步把采邑与社会政治问题联系在一起进行研究，从而突出了中世纪社会的采邑特征。18 世纪末，由该词衍化出的 feudalism 成为人们指代中世纪历史阶段的概念，并对其作出各种解释。然而，feudalism 与其词源 feudum 之间的含义存在很大的差别，通过对二者含义差别的考察，有助于我们更好地认识这个概念的实质。

关键词：封建制度　采邑　封建法　概念　西欧

Feudalism（封建制度、封建主义）是西方学术界一个重要概念，曾被广泛用于历史学、法学、经济学、政治学、哲学等领域。其传入我国后的百余年中，也得到广泛的使用和研究。近些年关于这个概念的一些问题又重新引起国内许多学者的重视，推动了对这个概念的进一步理解。就目前讨论总的情况看，学术层面的焦点仍主要集中在对这个概念做怎样的理解和能否被用于我国秦汉至明清的历史研究中。为了澄清这个概念在西方的生成演化情况，国内从事欧洲史研究的部分学者也做了许多积极而有成效的工作，拓宽了国内学界对这个概念的认识视野和理解思路。[①] feudalism 形成于 18 世纪末，从

---

* 本文是国家社科基金项目"骑士制度与西欧封建社会特征研究"（项目编号：10BSS006）；教育部人文社会科学重点基地重大项目"骑士精神与贵族行为（11—13 世纪）"（项目编号：13JJD770007）的阶段性成果。

** 倪世光，河北师范大学历史文化学院教授。

① 有关这方面讨论的论著很多，例如，冯天瑜：《"封建"考论》，武汉大学出版社 2006 年版；中国社会科学院历史研究所等编：《"封建"名实问题讨论文集》，江苏人民出版社 2008 年版；叶文宪、聂长顺主编：《中国"封建"社会再认识》（文集），中国社会科学出版社 2009 年版；李根蟠：《中国"封建"概念的演变和"封建地主制"理论的形成》，《历史研究》2004 年第 3 期；日知：《"封建主义"问题（论 FEUDALISM 百年来的误译）》，《世界历史》1991 年第 6 期；马克垚：《英国封建社会研究》，北京大学出版社 2005 年版；《封建经济政治概论》，人民出版社 2010 年版；《关于封建社会的一点新认识》，《历史研究》1997 年第 1 期，及相关系列论文；黄春高：《有关封建主义研究的新动向——苏珊·雷诺兹〈封土与封臣〉》，《世界历史》1999 年第 5 期；黄春高：《"封建主义的悖论"与中古西欧封建国家》，《世界历史》2007 年第 6 期；侯建新：《"封建主义"概念辨析》，《中国社会科学》2005 年第 3 期；侯树栋：《论三大封建主义概念》，《北京师范大学学报》2008 年第 6 期；等等。

feudum 一词演化而来。本文拟从 feudum 的含义着手，考察西方学界为何把它演化为概括中世纪现象的 feudalism，并估测各家使用 feudalism 概念所作的解释与 feudum 本义的差别，以期对理解"封建制度"概念的实质有所帮助。

一

Feudalism 一词源于拉丁文 *feudum*（即 fief，采邑），最早可追溯到公元 8 世纪晚期圣加利（St. Gall）特许状中，意为"年地租"。起初，该词拼写为 feo 和 feu，后来常以 *fevum* 或 *feodum* 等形式出现。此后，feudum 频繁出现在卢卡主教特许状和勃艮第南部等地的文献中。在 899 年一份出售土地财产的文献中，所记载的 21 个索里达的价格即用 feus 一词表示，可见它还具有指代货币的意思。此外，它在不同文献中还有土地、礼物、赏金、报酬等词义。①

关于 feudum 的词源，西方学界有不同说法。有人认为，它源于拉丁词 fides（忠诚、信任），意味着取得土地者必须为领主效忠。另有人认为，这个词是德文 fe、fee（报酬、补偿）与 od（财产、物品、所有物）融合而成。②也有人认为，它与德文中的 Vieh（牲畜）一词有关。③ 还有人认为，该词源于法兰克语 fehu‑ôd，其第一个要素 fehu 类似于哥特语 faihu，意为"畜群""牲口"，这是当时人们最贵重的可移动财产；第二个要素 ôd 为"物品"之意，两者结合意思为"一种有价值的可移动物品"。④

我们对西欧中世纪采邑的通常理解是，以服兵役为条件从领主处获得的一份土地。而实际上，从 12 世纪以前的情况看，feudum 所包含的内容十分宽泛，所指的对象也较为复杂。首先，采邑有可能是一座桥梁、一个渡口、一段交通要道、一处出租房屋、一座矿山、一个市场等，凡能够带来收益的财产，其主人都可将之作为采邑分封给手下的人；甚至，像城堡、要塞、堡垒等也都可作为采邑进行分封。⑤ 其次，采邑除了土地和其他实物财产外，还可以指以服役为条件每年获得固定的货币收入，即所谓的"采邑年金"（feudum de camera）。此类采邑在 11 世纪出现于法国、德国和低地国家；英国在诺曼王朝和金雀花王朝统治时期较广泛地采用了这种采邑形式，而且，它还可以用相当

---

① ［法］F. L. 冈绍夫：《封建制度》（F. L. Ganshof, *Feudalism*），朗曼集团有限公司 1964 年版，第 108 页；关于采邑一词出现的时间，苏珊·雷诺兹的考察比冈绍夫的考察结果早了一个世纪左右。苏珊·雷诺兹：《采邑与附庸》（Susan Reynolds, *Fiefs and Vassals*），牛津大学出版社 1994 年版，第 161 页。
② ［法］基佐：《法国文明史》第 3 卷，沅芷等译，商务印书馆 1999 年版，第 25 页。笔者对引文中 fides 的译意有改动。
③ ［法］马克·布洛赫：《封建社会》上卷，张绪山等译，商务印书馆 2004 年版，第 177 页。
④ ［法］F. L. 冈绍夫：《封建制度》，第 108 页。
⑤ G. 富尔坎：《中世纪的领地与封建制度》（G. Fourquin, *Lordship and Feudalism in the Middle Ages*），派克出版社 1976 年版，第 133 页；西奥多·埃沃盖茨翻译并编辑：《中世纪法国的封建社会：香槟郡文献》（Theodore Evergates, trans. and ed., *Feudal Society in Medieval France: Documents from the County of Champagne*），宾夕法尼亚大学出版社 1993 年版，第 8 页。

于一定货币价值的农副产品代替，如谷物、葡萄酒、鸡和木材等。[1]再次，采邑还可能是某些权力或一份职务。在加洛林帝国瓦解后，法国的一些地方诸侯从国王处获得的官职往往以采邑形式呈现在材料中。这种现象还出现在德国的一些公爵、边地侯和主教的授职过程中。以往，我们主要从领地角度理解这些诸侯的采邑，而实际上这类采邑体现的是一项职位和对某地区的管理权。除了高级职位外，一些较低的职位，如市长、区长、镇长，甚至法官、辩护人、收债人等权力，都可并称为采邑。[2]此外，某些修道院、教堂等也可能作为采邑分封下去。在 10 世纪和 11 世纪，这种现象并不鲜见，在洗礼、结婚、妇女安产礼、葬礼、重要的宗教节日时，信众捐献给"圣坛"的财物以及十一税等，都可成为世俗附庸们的采邑收入。[3]

一般认为，采邑授予的对象通常是服兵役的军人，但实际情况要复杂得多，采邑有可能被领主授予一个管家、一个手艺精湛的工匠、一位行吟诗人、一位神职人员等以自己的特长为领主效力的人员。甚至一些做杂活的佣人所获得报酬也有可能被称为采邑。1108—1136 年间，圣特伦德（Saint-Trond）大修道院有个佣人的职责是提供马鞍和马镫、修理窗户、为修道士排血治头痛，以及提供其他一些琐碎的服务，他所获得的回报竟是一名骑士的采邑。[4]

通常而言，持有采邑者除了承担军事义务外，还要帮助领主进行管理和统治，必要时也要为领主提供经济等方面援助。然而，采邑持有者所承担的义务有时依照具体情况而定，并不完全一致。12 世纪，在罗纳河（Rhône）东、西部等一些地区，出现所谓的"自由采邑"（feudum liberum），它具有明显的"免责"特征，持有这类采邑者除了对领主忠诚之外"不必提供任何其他服役"。还有一些采邑明确规定了具体的服役责任，如"铠甲采邑"（feodum loricae），这类采邑持有者在服役时必须全副武装，特别要穿着质地精良的铠甲作战。在德国，还有一种"城堡采邑"（beneficium castellanum），其持有者的责任就是在领主的城堡中承担守卫义务。[5]

中世纪还有其他一些词汇能被翻译为 feudum，即这类概念也可能被称为"采邑"。由于 feudum 的出现滞后于实际的采邑现象，在此之前表达这种现象的词通常用 beneficium，意为主人授予依附者持有和使用的土地，土地持有者要向主人服役或缴纳一定份额的地租，其中含有土地持有者获得"恩惠""利益"的意思，也带有对主人的"感恩"色彩。[6] 最初此词多出现在教会和修道院财产资料中，其中也不乏由某位国王直接

---

[1] 布赖斯·D. 莱昂：《从采邑到合同：西欧从封建到非封建契约的转变》（Bryce D. Lyon, *From Fief to Indenture: The Transition from Feudal to Non-Feudal Contract in Western Europe*），哈佛大学出版社 1957 年版，第 5 页。

[2] ［法］F. L. 冈绍夫：《封建制度》，第 113 页；A. V. B. 诺曼：《中世纪的战士》（A. V. B. Norman, *The Medieval Soldier*），托马斯·Y. 克劳威尔公司 1971 年版，第 105 页。

[3] G. 富尔坎：《中世纪的领地与封建制度》，第 134 页。

[4] ［法］F. L. 冈绍夫：《封建制度》，第 111 页。

[5] ［法］F. L. 冈绍夫：《封建制度》，第 119—120 页。

[6] 毛里齐奥·卢波伊：《欧洲法律秩序的起源》（Maurizio Lupoi, *The Origins of the European Legal Order*），剑桥大学出版社 2000 年版，第 352—367 页；罗伯特·S. 霍伊特和斯坦利·乔德鲁：《中世纪欧洲》（Robert S. Hoyt, Stanley Chodorow, *Europe in the Middle Ages*），哈考特·布雷斯·约万诺维奇出版公司 1985 年版，第 214—215 页。

将教会财产作为 beneficium 授予某位军事附庸，或国王下令某教会把地产作为 beneficium 授予为国王效力的附庸。① 由于 beneficium 在文件中有时还会用 precarium（恳请地）代替，因而 precarium 也有采邑的意思。这类采邑更多体现了土地授予过程中接受者的愿望和契约形成的最初程序，接受方应首先自愿提出请求。尽管 beneficium 和 precarium 都可被翻译为采邑，但由于这两个词含义很宽泛，在具体材料中必须比照上下文内容方能确定是否为采邑。此外，像 vavassoria（附庸地）、serjanteria（军事服役持有地）等词汇都带有采邑特征，都有可能用采邑概念加以解释。②还有，honor 一词在 10 世纪和 11 世纪朗格多克地区的一些特许状中似乎也是一种采邑概念，意为授出的某项官职。在 12 世纪的德国，honor 的这种含义使用更为普遍，公爵、伯爵、边地侯、主教和大修道院长等职位通常会用这一词表达其为皇家采邑。③

可见，feudum 的含义并不单一，其所指代的对象除了土地外还有其他各种类型的实物财产，也有"封建制度"概念在西方的生成与演变货币、职权、教堂等。尽管采邑所含内容庞杂，但就其实质而言不外乎是一种经济利益来源形式，也可谓是作为效力回报的酬饷。不过，其中所体现的人际关系等方面内容是隐含在这一词之中的。以各种经济利益来源形式为表象的采邑，与我们通常所理解的"采邑"有明显区别，更与其所演生的 feudalism 含义有很大差别。那么，feudum 概念如何发生了变化，又怎么生成了 feudalism 一词呢？

二

由于 feudum 含义庞杂，一些西方学者甚至认为，在 12 世纪以前它并没有明确含义，"除非有专门的精确指定，否则 feudum 的使用没有明确的意思"④。不过，《采邑全书》的编纂和研究推动了 feudum 含义的简明化。

众多采邑出现在各种契约和法律文件中，随罗马法的复兴，对采邑的各种解释、注释和研究受到重视。12 世纪中叶左右，卡尔·莱曼（Carl Lehmann）把此前一个多世纪伦巴德地区、意大利北部一些城市和加洛林王朝时期关于采邑的法规、习惯、案例、注释、论述等内容集结起来，编成了《采邑全书》（Libri Feudorum）的雏形。最后编入部分由米兰的一位法官奥波特斯·德·奥尔托（Obertus de Orto）完成，他把罗马法的某些内容纳入其中，且在术语的专业化以及法律细节和案例处理的明确程度方面都有提高。经过他的工作，《采邑全书》发展到一个新阶段。⑤由此也可看到，采邑及其法律现

---

① 戴维·尼古拉斯：《中世纪社会的演变：312—1500 年欧洲的社会、政府和思想》（David Nicholas, *The Evolution of the Medieval World: Society, Government and Thought in Europe, 312–1500*），朗曼集团有限公司 1992 年版，第 143—144 页；[法] F. L. 冈绍夫：《封建制度》，第 39 页。西方学者往往把这一词直接翻译为 fief，国内有学者则翻译为"恩地"以示与 fief 的区别。
② [法] F. L. 冈绍夫：《封建制度》，第 120—121 页。
③ G. 富尔坎：《中世纪的领地与封建制度》，第 134 页。
④ 毛里齐奥·卢波伊：《欧洲法律秩序的起源》，第 352 页。
⑤ 苏珊·雷诺兹：《采邑与附庸》，第 215—217 页。有学者认为，《采邑全书》由奥波特斯编著；而另外有些学者则认为，《采邑全书》的形成应是意大利北部许多法学家共同参与编撰和整理的结果。

象在《采邑全书》出现之前,起码在加洛林朝时期以及意大利北部等地区是较为明显的。

《采邑全书》亦被称为《伦巴德封建法》(Lombard feudal laws),是把采邑作为财产形式而设定的法律汇编,是专门的采邑法,与欧洲其他法律体系有明显区别。该法的基本内容包括采邑的产生、保有、世袭、转让、罚没等一系列现象和规则,以及相关的解释、评判和处理,其基本规则是:某人 X 把一片土地交给另一个人 Y,条件是 Y 为他提供服役,这片土地即为采邑。通常,这片采邑可被最初受封人 Y 的任何一个男性后代继承,并且承担的服役也要对最初封者 X 的继承者负责。如果不能提供服役义务,或 Y 没有任何继承人,X 可收回采邑。这种看似非常简单的规则最终被演化和解释得非常复杂,形成规模庞大的法律文书和法学系统。[1]从其基本规则可以看出,采邑已大体被集中在以土地为主的不动产方面,采邑也正是大致在这样的概念基础上得到后来法学家们的解释和论述。

到 13 世纪,一位叫乌戈利诺(Ugolino of Bologna)的法学家,把《采邑全书》与查士丁尼的《罗马法大全》编辑修订在一起并与民法融为一体。罗马法极大地提升了《采邑全书》的法律地位,其权威性得到法学界的认可和重视。[2]在波伦亚大学,《采邑全书》成为法学教授们研究、注释的对象和教材,这种情况随后蔓延到其他一些大学。起初,《采邑全书》尽管在大学中受到重视,但在欧洲各地方法庭及法律执行过程中并没有得到普遍使用。一方面,采邑现象在各国、各地区的情况不一致,有些地区表现明显;有些地区则表现模糊,与采邑法规则出入较大。另一方面,各地区大多有自己的习惯法,法官在处理有关采邑案件时更多使用习惯法,只有在习惯法缺乏合适的规则或在裁决中遇到困难时才借助这部法律,它被视为处理棘手案件的依据。不过,大学法律专业毕业生担任各地法官和从事法律方面的职业,扩大了采邑法的使用范围和影响力,为欧洲各地区对采邑概念解释的趋同起到了重要作用,更为后来许多法学家和史学家对中世纪文献中 feudum 的解读提供了来自法学概念的理解。

13 世纪法学家们对《采邑全书》的注释和论述为后来法学家们的工作奠定了基础,16 世纪人文主义法学家们结合时代的需要对其作出进一步的研究和解读。托马斯·克雷格(Thomas Craig)研读了 13 世纪到 16 世纪法学家们的相关著作和注释,进一步倡导采邑制度,并以此寻求对国家政治主权和君主权力的支持。在详细解读采邑法过程中,他增加了大量地方习惯法内容,从而使采邑法对社会的作用增强,并在法律界产生重要影响。他的工作促进了法学家们对《采邑全书》中财产利益内容的解释和概括,增强了用采邑法为政治服务的思想,并提高了法律规则在历史研究中的地位。[3] 研究采

---

[1] J. S. 克里奇利:《封建制度》(J. S. Critchley, Feudalism),乔治·艾伦和阿温出版有限公司 1978 年版,第 11 页。

[2] 凯思琳·戴维斯:《君主的臣民,封建的法律与历史的著述》(Kathleen Danvis, "Sovereign Subjects, Feudal Law, and The Writing of History"),《中世纪与近代早期研究杂志》(Journal of Medieval and Early Modern Studies) 第 36 卷,2006 年第 2 期,第 226—227 页。

[3] 戴维·倍尔德·史密斯:《封建主义者托马斯·克雷格爵士》(David Baird Smith, "Sir Thomas Craig, Feudalist"),《苏格兰历史评论》(The Scottish Historical Review) 第 12 卷,1915 年第 47 期,第 293—294 页;马克垚:《封建经济政治概论》,人民出版社 2010 年版,第 182—192 页。

邑法为现实政治服务成为当时一部分法学家和思想家们的主张。佛朗索瓦·奥特芒（François Hotman）、纪尧姆·比代（Guillaume Budé）、乌尔里希·塞修斯（Ulrich Zasius）等，都十分重视用采邑法中的内容解释"皇帝"的地位和权力、君主与地方政府的关系、君主与臣民的关系、契约的功能和作用等，从而为君主专制制度是否合理展开了法律方面的争论。①对《采邑全书》带有政治目的的解读，体现了当时希望王权（皇权）强大、国势兴盛的民族意识，也使采邑法与罗马法结合得更为紧密，并被涂上罗马帝国正统权威色彩，以迎合社会的政治需要，同时也使采邑法与一些国家的地方法进一步结合并得以实施。因而，一些为增强权力而采纳和接受采邑制度的统治者们，被贴上了"封建的"（"feudal"即"采邑的"）标签，其统治亦被称为"封建君主制"②。所谓的"采邑"及其法律现象名正言顺地得以延续，英国的采邑及相关的法律在资产阶级革命的17世纪60年代才被废除；法国则是到了1789年以后；在德国，受到法国大革命影响较大地区的采邑法被废除得较早，但在其他一些地区到19世纪才陆续得以废除。直到1900年，新《民法》实施后采邑法的一些内容仍在少数几个州得以保留。③采邑法的形成和长期存在给社会留下明显印记，为后人用采邑概念为这段历史冠名铺垫了道路。

《采邑全书》在形成之初就为一些历史学家提供了概念和材料依据，从而为"采邑"从"律师的行话"向历史学家所使用的概念蔓延创造了条件。16世纪法学家们的工作促进了这方面的进度。到18世纪，这方面认识有新发展，1727年，德·布兰维利耶伯爵所写文书中出现具有历史意义的"封建政府"（Gouvernement féodal）、"封建制度"（féodalité）等概念。④1776年，亚当·斯密在其《国富论》中使用"封建制度"（feudal system）概念阐释了社会发展的一个历史阶段，其特征为商业落后并使用半自由的劳动者耕种土地，生产形态不是由市场力量而是由强迫和暴力控制，加之领主对农民的经济压榨，导致经济和社会贫困、野蛮、剥削现象严重，并且富人和穷人之间形成深刻的隔阂。亚当·斯密的观点影响到后来马克思的相关思想。⑤另一位对此概念的使用影响较大的是孟德斯鸠，他在《论法的精神》中摆脱了以往法学家在法律条文框架内考察采邑法的做法，使采邑法成为书写西欧历史、生活、风俗习惯等内容的依据，建立了

---

① 凯思琳·戴维斯：《君主的臣民，封建的法律与历史的著述》，《中世纪与近代早期研究杂志》第36卷，2006年第2期，第234—237页。

② 伊丽莎白·A. R. 布朗：《封建制度》（Elizabeth. A. R. Brown, "Feudalism"），http：//global. britannica. com/EBchecked /topic / 205583 /feudalism，2013年5月28日获取。对传统封建制度概念的评判，参见伊丽莎白·A. R. 布朗《一种构建的专横：封建制度与中世纪欧洲的历史学家们》（Elizabeth. A. R. Brown, "The Tyranny of a Construct: Feudalism and Historians of Medieval Europe"），《美国历史评论》（The American Historical Review）第79卷，1974年第4期。

③ J. S. 克里奇利：《封建制度》，第21—22页。

④ ［法］马克·布洛赫：《封建社会》上卷，张绪山等译，第27页。在此，布洛赫没有肯定这是有关"封建制度"最早的用法。

⑤ 理查德·艾伯斯：《封建制度》（Richard Abels, "FEUDALISM"），http：//www. usna. edu /Users /history /abels /hh315 / Feudal. htm，2013年4月21日获取。

以采邑为核心解释社会现象的思路，这种做法得到后来学者们的继承和发展。①

feudum 一词出现近一千年的时间内，随着人们的解读，其含义不断演化并导致新词的产生。18 世纪晚期英文 feudalism 一词出现，它从德文 feudalismus 转化而来，起初的含义仍与法律相关。德国的一些律师和法学家们创造出 feudalismus 以指历史上的一些先例和习惯，以便为小贵族们的主权辩护。同时，"封建制度"概念借助欧洲的政治运动向社会大众层面广泛传播。1789 年 8 月，法国国民议会通过废除封建制度的文件，使这一概念在社会政治生活中高调保持，且在 1848 年革命期间得到欧洲思想激进人士的普遍使用。②

采邑法极大地提高和扩大了采邑概念的地位和影响，为 feudum 衍生出 feudalism 提供了条件。然而，尽管两者间的含义有密切关联，但差别巨大，而且后者在后来的两百余年中走得更远，并衍生出多种形态。

三

如果把 feudum 最初非常复杂的含义大体归纳为，从领主处获得的报酬形式并将之作为测量后来 feudalism 含义的起点，会较容易地看清两者间的差别。出于本文目的所限，笔者在此无意对某派观点作完整而深入的考察，更无力对西方众说纷纭的 feudalism 解释作全面综述，只能在令人眼花缭乱的各种解释中择其重要的四种类型作简要陈述。③

（一）具有政治斗争特点的 feudalism

1789 年，法国宣布废除封建制度，人们把过时、落后的政治制度、思想观念等笼统地归为"封建制度"范畴。这种情况也表现在史学研究中，托克维尔把封建制度视为革命的对象，"这场革命的效果就是摧毁若干世纪以来绝对统治欧洲大部分人民的、通常被称为封建制的那些政治制度。"封建制度包括君主专制政体、衰败的贵族等级、造成农民负担更重、生活更贫困的规章、妨碍平等、限制自由的机制等。④ 总体上看，这类带有明显政治色彩的封建制度概念主要包括三方面特征：一是把专制君主制度等同于封建制度，或为封建制度的重要组成部分；二是把封建制度与贵族及其领地制相混合，封建制被视为与领地连在一起的贵族制度，从而强调广泛含义的领主土地所有制及

---

① [法] 孟德斯鸠：《论法的精神》下册，张雁深译，商务印书馆 2004 年版，第 410—476 页；苏珊·雷诺兹：《采邑与附庸》，第 7 页。

② 《废除封建制度法令，1789 年 8 月 11 日》（*The Decree Abolishing the Feudal System*, *August 11*, *1789*），http://history.hanover.edu/texts/abolfeud.html，2014 年 2 月 20 日获取。G. 富尔坎：《中世纪的领地与封建制度》，第 12 页；R. J. 巴伦德塞：《封建的转变：10 至 13 世纪同宗民族区域军事与经济变化》（R. J. Barendse, "The Feudal Mutation: Military and Economic Transformations of the Ethnosphere in the Tenth to Thirteenth Centuries"），《世界历史杂志》（*Journal of World History*）第 14 卷，2003 年第 4 期，第 504 页。

③ 对 feudalism 各派观点的分类，参见戴维·尼古拉斯《中世纪社会的演变：312—1500 年欧洲的社会、政府和思想》，第 141—142 页。

④ [法] 托克维尔：《旧制度与大革命》，冯棠译，商务印书馆 1996 年版，第 60、64—172 页。

领主对农民的权力;三是一切与守旧、专制、腐朽连在一起的旧思想观念。①

这类观点在某种程度上也是对十六七世纪关于采邑制度解释和运用所形成的社会形象的思想反攻,对旧制度的革命潮流激发了思想界对此前一段历史的反思、否定和抨击。此类观念尽管得到广泛的传播,但其核心含义与中世纪纯粹的采邑概念相去甚远。冈绍夫对这类观点有较为客观的评价,认为"封建制度"概念"在法国大革命期间,实际上被作为一般性的解释,涵盖了对'旧制度'(Ancien Regime)的许多诋毁内容,直至今天这种意思仍是大众用法。尽管此类概括没有顾及对该词含义所做的非常不合逻辑的扩展,却存在对此概念做分析和定义的诸多尝试,不过,这种分析和定义之间似乎没有非常紧密的关联"②。由于此概念与中世纪采邑所引发的典型社会现象差别较大,从西方 20 世纪初期以来的学术情况看,已很少有人用其作中世纪研究。

(二)以采邑为核心的"狭义"feudalism

很多人认为,源于采邑的"封建制度"概念自然该围绕采邑的特征作概括,方能体现其客观性,而且用严谨的语源学知识作准确概括可使概念更符合历史实际,从而有益于落实缜密的学术研究。从这种观念出发所作的概括往往围绕采邑现象作解释,不过,其中存在着各家观点的区别。首先,有人关注采邑问题,把其作为概念解释的根本线索。马克斯·韦伯在专门分析封建制度特征时,强调采邑的重要性,通过对东西方历史的比较,他把欧洲的封建制度称为"采邑封建制"。他指出,采邑作为支配和占有的权力(利)所造成的一系列社会现象,以及在采邑基础上形成的系统"行政机构",构成欧洲封建制度的特征。③然而,采邑并非一种孤立现象,把"封建制度"作为概括某段历史特征的术语,仅注重采邑自身似乎不够周全。有学者在强调采邑的同时,强调与采邑有关联的领主与附庸关系。潘因特(Painter)认为:"封建制度的基本要素是领主、附庸和采邑。附庸通过忠诚宣誓和臣服仪式与领主建立密切的私人隶属关系。"④ 在强调领主和附庸关系的观点中,也有人更注重双方构建关系的形式及相互的责任和义务,认为"附庸与领主间建立的各种安排构成了所谓的'封建制度'"⑤。附庸制涉及的广泛社会现象,令学者们在概括中难以割舍,以至于有学者认为正是两者的结合才产生了封建制度。冈绍夫在其《封建制度》一书中集中考察的是这两者的结合,并指出:"'封建制度'可被视为一种创建和调节臣服和服役责任及义务的制度体系——主要是军事服役——一部分自由人(附庸)对另一部分自由人(领主)的义务,且领主对其附庸有保护和提供生活费用的责任。"⑥ 这种生活费用通常为一处不动产,即采邑。"采

---

① G. 富尔坎:《中世纪的领地与封建制度》,第 12 页。
② [法] F. L. 冈绍夫:《封建制度》,第 XV 页。
③ [德] 马克斯·韦伯:《经济与社会》上卷,商务印书馆 2004 年版,第 283—297 页。韦伯还提出"俸禄封建制"以概括古代东方一些国家的特征。
④ 悉德尼·潘因特:《中世纪社会》(Sidney Painter, *Medieval Society*),康奈尔大学出版社 1968 年版,第 12 页。
⑤ 詹姆斯·哈维·罗伯森:《中世纪和近代时期》(James Harvey Robinson, *Medieval and Modern Times*),波士顿雅典娜出版社 1931 年版,第 103 页。
⑥ [法] F. L. 冈绍夫:《封建制度》,第 XVI 页。

邑"与"臣服"被他视为封建制度的两条基本线索。他认为这样的概括显然是更为严谨也更专业。

从总体看,这类概括似乎与采邑的原始含义接近一些,但也正如苏珊·雷诺兹等人所指出的,其立足点在12世纪后的《采邑全书》上,采邑复杂的原始含义被大体限定在以提供军事服役为条件的土地财产方面。此外,"臣服"尽管与"采邑"密切相关,但两者毕竟不是同一件事情,这种"狭义"的"封建制度"并非单纯基于feudum含义的解释,充其量是顾及词源含义且尽量接近这一含义的概括,两者间仍存在明显差别。

(三) 基于"采邑""臣服"现象之上放眼整个社会的"广义"feudalism

这类"广义"的解释往往与上述"狭义"有内在联系。G. 富尔坎(G. Fourquin)在概括了采邑和等级关系内容后指出:"个人之间的等级体系,由于'一种极度的财产权利分配'非常直接地与土地之上的权利等级相伴随。最终,因为中央权力也已被再分,从而在每个地区存在着自治权力等级,他们在各自的利益驱使下运行着通常属于国家的各种权力。"① 这种与采邑和臣服现象相关的宽阔概括在马克·布洛赫的视野中拓展到从"依附农民"到精神思想层面。正如 M. M. 波斯坦的评价,其封建制度的宽阔程度还应包括《法国农村史》和没有写成的《欧洲思想精神史的特征》内容,② 其幅度应与他著作名称《封建社会》相一致。另外,有学者宽泛地侧重政治统治方式,提出:"封建制度主要是一种统治方式,而不是一种经济或社会体系,尽管它有明显的变化,并且随社会和经济环境的变化而变化。在这种统治方式中,非常重要的关系不是统治者与臣民之间的关系,也不是政府与公民之间的关系,而是领主与附庸之间的关系。这意味着政治功能的执行依赖有限群体内的私人契约,而且,政治权力是作为私人持有来对待的。"③ 此外,也有人侧重经济方面的解释,提出:"封建制度本质上是经济方面的(次要方面还是政体的、军事或社会的),因为,当没有高效的中央政府之时,当政府无力招募军队并为之提供装备或给养之时,封建制度是一种增加军队战斗力的手段。"④ 乔治·杜比没有放弃"采邑""臣服"现象,同时把封建制度的解释聚焦在以城堡为核心所造成的社会权力的分散和自治;以骑士为主所形成的贵族与大众分离的社会等级结构等方面。⑤ 这种解释突出强调了中世纪社会特征的实际表现。

与"狭义"相比,"广义""封建制度"走得更远,与采邑含义的联系显得既不唯

---

① G. 富尔坎:《中世纪的领地与封建制度》,第11页。
② [法]马克·布洛赫:《封建社会》上卷,张绪山等译,第26页。
③ 约瑟夫·R. 斯特雷耶和拉什顿·库尔鲍恩:《封建制度概念》(Joseph R. Strayer and Rushton Coulborn, "The Idea of Feudalism in Western Europe"),拉什顿·库尔鲍恩编:《历史中的封建制度》(Rushton Coulborn, ed., *Feudalism in History*),普林斯顿大学出版社1956年版,第4—5页。
④ 悉德尼·R. 帕克:《12世纪的欧洲》(Sidney R. Packard, *12th Century Europe*),马萨诸塞大学出版社1973年版,第30页。
⑤ 乔治·杜比和罗伯特·芒德龙:《法国文明史》(Georges Duby and Robert Mandrou, *A History of French Civilization*),韦登菲尔德·尼克尔森出版社1965年版,第32—58页;狄奥多尔·埃弗盖茨:《乔治·杜比的封建设想》(Theodore Evergates, "The Feudal Imaginary of Georges Duby"),《中世纪和早期近代研究杂志》(*Journal of Medieval and Early Modern Studies*)第27卷,1997年第3期,第647页。

一也不十分突出,仿佛对这一概念的解释走得更远,使其关及的范围更广。不过,无论"广义"的解释有多么高远辽阔,仍能看到这一概念与其词根含义间的连接线索。

(四) 马克思和恩格斯的 feudalism

封建制度理论是历史唯物主义的重要内容,由于马克思和恩格斯并没有对其博大的"封建制度"概念作规范具体的定义,在此只依照其最基本原理理出简单线条,以观其与采邑原始含义的关系。首先,马克思、恩格斯的概括在起点处便摆脱了采邑问题而另辟蹊径。他们从"物质生产"以及与之相关的"劳动者""生产资料""生产方式"等现象着手作定义,指出封建时代的物质生产条件是:"普遍地存在着以劳动者私人占有生产资料为基础的小生产:小农的即自由农或依附农的农业和城市的手工业。劳动资料——土地、农具、作坊、手工业工具——都是个人的劳动资料,只供个人使用,因而必然是小的、简陋的、有限的。"① 即支撑封建社会物质生产的农业、手工业生产力和生产方式应是定义的基础和出发点。其次,马克思、恩格斯的视野并没有限定在附庸制所及的范围内,而是关注上述物质生产条件之上的社会结构、国家制度、宗教和思想文化等诸多内容。正如恩格斯所说:"人们首先必须吃、喝、住、穿,然后才能从事政治、科学、艺术、宗教等等;所以,直接的物质的生活资料生产,从而一个民族或一个时代的一定的经济发展阶段,便构成基础,人们的国家设施、法的观点、艺术以至宗教观念,就是从这个基础上发展起来的,因而,也必须由这个基础来解释,而不是像过去那样做得相反。"② 基于这样的思路和观点所建立的概念与原始采邑概念间的差别,并不是上述各家观点中内在前后联系的远近问题,而是与之分离以及分离有多远的问题。运用马克思、恩格斯的封建制度概念研究欧洲的历史,"采邑""臣服"现象尽管也会被纳入其中,但已退居次要位置,是在首先解释生产力、生产方式、生产关系等问题基础上再考虑这两方面内容。此外,尽管采邑的主要形式是土地,但这种土地与马克思、恩格斯概念中的土地有本质区别。土地采邑大致为服役者的报酬,而且其封、受基本是在领主与附庸间进行。马克思、恩格斯观点中的土地是指与生产劳动者直接联系在一起的"生产资料",其范围要广泛得多,既有作为采邑的土地,也有自由农的份地,还有领主们的自主地,以及部分教会的土地等,双方含义相去甚远。再有,在采邑基础上形成的主从关系与马克思、恩格斯观点中的"生产关系"是两回事情,基于采邑之上的人际关系主要强调的是贵族骑士等级体系中的相互关系,持有采邑者主要以服兵役作为对领主的回报。而"生产关系"通常为生产劳动者在物质生产过程中形成的人际关系等,租种土地的农奴对其领主的回报是以缴纳地租等方式来实现的。

由此看来,马克思、恩格斯是借助旧有的 feudalism 作了思路和着眼点不受其原始含义限制的全新定义;或者说,马、恩不是以采邑为起点来解释"封建制度"的,这个起点的距离使他们的观点免于落入传统的惯性思维窠臼,也摆脱了"狭义""广义"的解释所造成的纷繁复杂的纠缠,并对封建社会的观察提供了更宽阔的视角。

上述各家对 feudalism 的阐释都与 feudum 的起初含义有距离,或近或远,或合或离。这既是时间的距离,画出了西方学术思想的一条路径和里程;也是空间的距离,容

---

① 《马克思恩格斯文集》第9卷,人民出版社2009年版,第285页。
② 《马克思恩格斯文集》第3卷,人民出版社2009年版,第601页。

纳了来自各方的思想和观点，在如此时空中我们还可看到一些现象和问题。

四

  feudum 和 feudalism 之间的联系和距离既是一个词汇的生成和演变过程，也是西方学术思想发展史的一条线索。纵观这个过程，我们能看到西方学术概念产生的一种渠道和方式。取什么名称为某个时代冠名，在西方史学界并没有统一规则，历史上的时代有以帝国的名称、君主的名字、王朝的名称等命名的，也有以某个重大历史事件或时间的远近等命名的，甚至还有用著名文学家的名字命名的。其中，有些名称由某位著名人物或历史学家创立后延续使用下来，有的则无从考证是谁最先使用的。从 feudalism 的情况看，它是由反映某种社会现象的一个名词发展而来的，中世纪反映社会重要现象的其他词汇也不少。如果没有《采邑全书》的编撰和注释，没有 16 世纪法学家和思想家们的研究和论述，没有十七八世纪欧洲的政治变革等，feudum 难以受到如此重视并生成 feudalism 且被冠在中世纪的历史上。这样的词汇从生成到被普遍使用带有明显的社会"自然"选择和演变特征，并不是由某位历史学家或思想家深思熟虑后开创的结果，在很大程度上是一种约定俗成。把这样的名称冠在历史上，很难与中世纪的实际现象完全契合。

  "自然"演化来的 feudalism 仍带有明显的中世纪痕迹，当人们在使用它开展史学研究时也往往容易寻着采邑现象作阐释。除马克思主义观点外，西方许多学者乐于考察采邑、附庸现象（包括对词根的查究）来论述"封建制度"，这从表面上看似乎更能体现使用它与所研究对象的客观一致。但是，从 feudum 到 feudalism 的演变是不断地赋予后者更宽泛承载功能的过程，当人们使用 feudalism 作"非自然"的理性观察和研究时会发现，仅限于采邑现象根本无法全面解读和概括整个中世纪的历史，只好不断地调整和纳入与之有关联的各种现象，"狭""广"义间各种纷繁复杂的解释是这种情况的充分表现。实际上，即便把所有与采邑相关联的现象都纳入这个词的内涵中，也无法全面覆盖中世纪的社会现象，除采邑之外，中世纪的土地还有上述提到的其他性质的土地；此外，像教会机构、宗教运动及其思想等一些非常重要的现象，也都不宜被牵强纳入其中。因而，从采邑出发所作的解释只能涵盖中世纪历史的部分内容，至于其中哪些内容是重要的，哪些是次要的，就看历史学家们各自的认识了。

  Feudalism 所承担的不单是一个名词功能，更重要的是与这个词融合在一起的解释。凡对 feudalism 一词有些了解的人，在读到或听到它时头脑中通常反映的应该是这个词的含义解释。词和相应的解释构成了所谓概念。概念是人类从事复杂思维活动所必需的方法和工具，史学研究也非常需要简明准确的概念。但是，与某些自然科学和某类社会科学不同，历史学的一些概念不可能先做实验或考察后再概括总结和冠名，使概念的名称、解释与所研究的对象一步到位吻合。feudalism 这类概念是历史形成的，即使不顾其根源对其含义的影响，它也经历了两百余年历代学者们的不断解释过程，而且，许多解释者肯定会觉得自己的认识最合适最准确。大概正是由于这个词长久演化的历史拓展了对其解释的空间，也可能由于其与生俱来的解释空间才使其演化得如此长久。总之，它不是一个被唯一解释的概念。

  对 feudalism 的庞杂解释给后来人的研究带来很多麻烦，尽管也有人对这个词很反感并放弃使用它,但西方学界直至今日对它的使用仍没断绝。从这个概念的长期存在和演变过程可见,西方史学对这类概念的名称似乎更喜欢"因循守旧",而对这名称下的解释则是乐于"推陈出新",仿佛人们不大愿意轻易放弃已经使用习惯了的旧名称,因为放弃它便意味着放弃了长期以来人们共同熟悉的问题和讨论的平台,而且,此概念本身就是一部学科史,研究者难以回避。然而,由于西方学者习惯修改和推翻前人的观点作新解释,使这一概念的名称与具体研究对象的衔接只能依靠解释来调整。因而,在名称、解释和具体研究对象之间,决定概念是否被认为准确到位的关键不在于冠什么名称而在于如何解释。由于顾及词源含义所作的解释难以涵盖中世纪全部内容,这种解释与其词根含义的距离无可避免,而距离的遥远终将会使这个概念的名称显得不那么重要了。马克·布洛赫关于封建社会的研究并不是为了论证"封建制度"这个词语的正确与否,而是借助这个不很合适的旧名称,开展对那段历史的研究。正如有人评价道:"事实似乎……是,作为一位经验主义者,布洛赫接受封建主义这一词语,是把它作为描述他感兴趣的社会的标签,他无意于浪费时间去论证这个标签的确切性。"布洛赫自己也意识到:"语源学上的正确性不是一个历史概念最终的检验者。"[①]

既然 feudalism 词源含义对解释这个概念并不那么重要,那么,比较那些纠结但远离其词源含义的众多解释,一百多年前马克思和恩格斯的见解和做法是否高出了一筹?他们是不是早已看透了这个概念的本质和使用它的目的?认识到这些,对使用"封建制度"概念开展中国史研究会不会能有些借鉴?

(原载《世界历史》2014 年第 5 期)

[①] [法]马克·布洛赫:《封建社会》上卷,张绪山等译,第 7、25 页。

新视角：资本主义起源再探讨*

侯建新**

摘　要：资本主义起源的问题在国内外史坛都是一个经久不衰的话题。在国内，20世纪五六十年代就开始了资本主义萌芽问题的讨论。对于资本主义的理解，人们通常更容易接受经济与物质层面的解释，经济层面又总是归于工商业和商品化以及资金、资源、技术等。本文认为这是一种世界范围的工具主义、物质至上的思潮。农民个体经济的普遍发展和普遍积累，是西欧早期市场经济的基础，是资本主义经济的温床；而西欧生产效率为何取得突破的问题又势必延伸至非经济领域。农业人均生产效率的突破取决于佃农权益的有效保护，最终有赖于当时社会的人文政治环境以及广泛的社会共识。资本主义既是经济的、法律的、政治的，也是思想观念的，其中孕育于西欧中世纪的"主体权利"是一个核心价值观念，是研究资本主义起源的新思路之一。

关键词：资本主义起源　西欧　主体权利

一

时下，"资本主义"作为一个流行的名词，经常出现在众人的笔下和口语中。可是要给这个名词下一个适当的定义，却多少令人有几分踌躇。因为"资本主义"一词的分量并非无足轻重，而且中外学术界迄今似乎尚未达成广泛的一致。一般认为，资本主义最先确立于16世纪的英国和荷兰。可是，"资本主义"（Capitalism）这一名词却产生在几百年后。资本主义这一名词比"资本"（Capital）及"资本家"（Capitalist）更抽象，所以出现得更晚，而且很少被使用。今天人们所理解的资本主义，经历了一系列重要作家的论述，特别是经过了马克思、恩格斯和韦伯的论述。"资本主义"一词的广泛使用，还是进入20世纪后，尤其俄国十月革命之后，该词作为"社会主义"的天然反义词而在政治论坛和学术界反复被提及，以至被认为"过度滥用"。希顿说："在所有以主义结尾的词中，资本主义一词最容易招惹是非。它的含义和定义是如此混杂"。于是一些经济学家和历史学家曾拒绝在学术著作中使用该词。一些学者认为既然资本主义一词被高度政治化和过度滥用，就该自此放弃；可是如果我们真的放弃，又必然立刻感到缺憾。事实上，资本主义一词至今仍然被普遍使用，松费尔特说得好："继续使用该词

---

* 本文为天津市教委重大项目（024ZD024）的阶段性成果。
** 侯建新，天津师范大学历史文化学院教授。

的一个很好的理由是，任何人都没有提出一个更好的词来代替它，包括对它批评最严厉的人在内。"①

何谓资本主义？它应该是特定的又是相当丰富的概念，涵盖经济，也涵盖法律政治关系和思想观念。经济不仅指城市工商业和商人，也指农业和农民。后者是前者发展的基础，工商业经济和市场经济的发展反过来又刺激乡村经济，进一步提高农业劳动生产率，结果在乡村和城镇催生了一批"有效率的经济组织"，成为经济增长和社会发展的关键。"一个有效率的经济组织在西欧的发展正是西方兴起的原因所在"。② 所谓有效率的经济组织，就是资本主义企业。企业的产生和发展需要一定的条件，那就是相应的法律契约关系和制度，相应的思想观念所形成的社会共识，相应的个人权利与自由及其保护。也就是说，资本主义起源需要一系列的前提条件，经济的、法治的、观念的和制度的等，它们之间水乳交融，难解难分，其中最重要的是市场活动主体的自由，一种受法律制度保障的自由以及这种自由的不断扩大。没有法律的保障就没有企业家，也就没有自由的企业，后者则是资本主义赖以生存的支点。总之，资本主义起源研究本是相当丰富的话题，不能过于简单化、物质化和教条化。

在过去很长一段时间，尤其在 20 世纪 70 年代末以前，国内史学研究并没有将资本主义起源作为一个悬而未决的难题。虽然也发生了一些争论，可依现在的学术水平看，争论的问题多为细枝末节，如中国资本主义萌芽发生在哪朝哪代、雇佣劳动又发现了什么史料等；而对资本主义发生特征的"正统"解释，则没有产生多少疑义。所谓正统解释来自僵化的苏联史学，他们特别强调手工工场的雇佣劳动、商品经济和农民的分化等，同时相当机械地解释马克思、恩格斯关于西欧资本主义发生进程的论述，并将不同国家的历史强行纳入他们所认定的西欧范式。因此，那一时期我国关于资本主义起源问题的认识和讨论，是在一个既定的、不容置疑的框架下进行的，那就是：14 世纪资本主义生产方式的萌芽在意大利稀疏地出现，包买商支配下的手工工场从分散到集中，随着新航路开辟以雇佣劳动为基础的资本主义生产方式发展起来，特别是在工商业领域发展起来。这样的叙事并不违背历史事实，问题是这样的历史事实并不充分，仅仅是一个侧面。那时对该问题的探讨几乎完全归于经济领域，特别是工商业经济，而生产方式的丰富内涵又被极大地萎缩了，似乎仅仅相当于私人雇佣劳动。所以我国在 20 世纪六七十年代的讨论中，私人雇佣劳动几乎成为资本主义萌芽的同义语。

改革开放后，在思想解放春风的吹拂下，现代化成为学术研究的重要课题，由此引发重新认识资本主义及其起源问题。最初，什么是资本主义，我们还没有搞清楚。于是我们的目光转向国外，发现资本主义起源居然是西方学术界长期争论不休的重点问题之一，而且是在一个相当大的思考空间展开的。在 20 世纪 50 年代和 70—80 年代，曾经发生过两次国际性大讨论。西方学者在这个问题上也是众说纷纭，有的注重从商品经济因素或人口因素解释，有的注重从宗教观念的角度解释，还有的注重产权革命或思想观念的变化。分歧的节点在于：资本主义是经济的、法律的、政治的，还是思想观念的？看来，强调任何单一因素都难得出令人信服的结论。我国很多学者也意识到问题之所

---

① ［法］费尔南·布罗代尔：《15 至 18 世纪的物质文明、经济和资本主义》第 2 卷，生活·读书·新知三联书店 1993 年版，第 243 页。

② ［美］道格拉斯·诺斯等：《西方世界的兴起》，华夏出版社 1999 年版，第 5 页。

在，试图跳出传统窠臼，探求一条新的认识路径。

说起我国新时期资本主义萌芽问题的讨论，不能不提起陈平的一篇文章——《单一小农经济结构是我国长期动乱贫穷的病根》——那是在改革开放的初春，20世纪70年代末，见于《光明日报》。① 现在看，该文之所以在当时引起不小的反响，并不是因其论证缜密、逻辑严谨、史料翔实、运用准确，而是他看问题的角度冲击了几十年来陈旧的思维套路，令人眼前一亮。中国为什么不能像欧洲那样产生资本主义萌芽？作者说，在于两千多年以来中华民族单一小农经济结构，即农业生产一直以粮为主，而不是欧洲那样的农牧混合经济结构。农牧混合经济要求贸易和分工，因此促进了工商业的发展和中产阶级的诞生。两年后，周广远完成了对该观点的专业性阐述。他在《世界历史》发表的《经济结构与英国封建主义向资本主义过渡的关系》一文②，与陈平一样，仍是以"混合经济结构论"为切入点，但是前提和落脚点还是商品经济，"商品经济的发展是资本主义关系产生的前提"。可见，虽然切入点改变了，经济特别是商品经济仍然是人们特别关注的焦点。

其后，不断有相关的研究成果问世，人们总是热情参与，同时又期盼着新的研究成果出现。关于资本主义发生在欧洲没有发生在中国的问题，当时涌现出不少成果，例如政治制度作用论、劳动者生产生活状况作用论、私人财产权利体系论、城市作用论以及传统的市场商业作用论等。③ 80年代及其前后的讨论有不少打动人的新意，可惜持续的时间不长，论述也有待于深入和系统，而且远没有形成一定的共识，更谈不上形成广泛的社会共识。讨论基本局限在学术圈，对社会、政府、教科书乃至国民教育的影响不大；后者对资本主义的一般认识年深日久，习以为常，很难为知识群体的短时间内的几篇文章、两本书所改变，大多还是停留在以前的层面。进入90年代以后，一方面资本主义起源研究明显降温，另一方面人们对该问题的一般看法仍然没有多少变化。这一点反映在人们对来自欧美人的《白银资本》和《大分流》等作品的态度上。几年前国内曾经"热炒"《白银资本》和《大分流》，其实，这些作品关注的中心仍然没有离开经济和技术问题。

美国学者彭慕兰（Kenneth Pomeranz）的《大分流》，把英国崛起归因于一种资源的发现，或殖民美洲带来了某些资源，使英国摆脱了人口与土地资源的矛盾，从此与中国等东方国家"分流"。他认为：18世纪中叶以前的中国与西欧没有什么实质性的区别，此后煤炭的广泛使用和新大陆的殖民这两项"根本性的突破"，才使西欧胜出。问题是，就矿藏资源而言，中国是否也存在类似的条件呢？历史的事实是：中国不缺煤

---

① 陈平：《单一小农经济结构是我国长期动乱贫穷的病根》，《光明日报》1979年11月16日。

② 周广远：《经济结构与英国封建主义向资本主义过渡的关系》，《世界历史》1982年第1期。《历史研究》1982年第2期摘引。

③ 如戚国淦：《16世纪中英政治制度比较》，《历史研究》1987年第4期；罗荣渠：《15世纪中西航海发展取向的对比与思索》，《历史研究》1992年第1期；南开大学历史系合编：《中外封建社会劳动者状况比较研究论文集》，南开大学出版社1989年版；庞卓恒：《人的发展与历史发展》，吉林文史出版社1988年版；赵文洪：《私人财产权利体系的发展——西方市场经济和资本主义的起源问题研究》，中国社会科学出版社1998年版；刘景华：《城市转型与英国的勃兴》，中国纺织出版社1994年版；马克垚：《英国封建社会研究》，北京大学出版社1992年版；何顺果：《市场在西欧的兴起及其历史意义》，《历史研究》1991年第3期。

矿,包括浅层煤矿,而且有长期采矿的历史,为什么这些煤矿没有使中国社会发生实质性的变化,免于走上劳动力密集的道路?问题的另一面是,英国大片露出地表的煤层,为什么在18世纪中叶以前未被发现和利用?作者显然是本末倒置了,煤的利用及某项技术的发明,是结果而不是原因,它应归因于社会分工、生产力发展水平和整个社会文明的发展程度,后者才是我们需要探讨的深层次领域。

将英国发展起因完全物质化、技术化的观点,不是彭慕兰第一个提出来的,早在20世纪30年代就有类似的观点。① 而且,也不是孤立的,是当时国际社会工具主义、物质至上思潮的反应。② 在他们那里,有血有肉有观念的人不见了,人的活动不见了,异彩纷呈的人类社会和人文历史被掏空了。"曲终人不见",给人一种扑朔迷离的怅惘,不得要领的郁闷。耐人寻味的是,《大分流》一书在中国大陆沸沸扬扬,受到不少人的欢迎,表明受众的一种思想倾向。对于资本主义的理解,人们还是更容易接受物质层面的解释,诸如商品、资金、资源、技术等。改革开放以后,人们发现了问题的症结,并且做出了种种努力,取得了明显的进步,然而长时期形成的思想藩篱岂是短时间内可以突破的?何况《白银资本》《大分流》对于东方世界做出许多不恰当的推崇,似乎还颇迎合了一些人的民族自大心理。当然,在对资本主义起源的关注中,夹杂着是否承认中国是在近代落后了,还是近代以前即鸦片战争前已然落后的问题,一个历史事实的确证问题。本文第二部分将专题讨论之。

一种思维定式一旦统治了人们的思想,改变起来似乎是相当困难的。人们试图寻求新的突破点,然而却总是自觉或不自觉地又回归到原来的起点上。关于资本主义起源,倘若30多年前的陈平以"农牧混合经济结构"为切入点,最后的落脚点还是回到工商业领域的话,那么近期得到许多人首肯的彭慕兰的基本观点,与之并无根本区别,着眼点和落脚点还是在经济技术领域。一个物化了的世界,只是加上了"浅层煤矿"和"海外殖民"这样一个曲折而已。

笔者无意系统评价过去的研究,只是想借此说明,以往我们关于资本主义起源的认识有了一定进步,但在学术观念上仍然存在一定的偏颇。一方面,过于看重经济因素,经济领域又过于看重工业和商业,忽视与之密切相关的农业和农民,殊不知,在农本社会里没有农业本身长期而稳定的发展,工商业怎么可能脱颖而出?另一方面,忽视非经济因素,或者说过于看重资本主义经济现象,而忽视它们生长的一系列社会人文条件:诸如个人权利和自由,法律对私人财产权利和其他个人权利的保护,人们思想观念的发育和良性社会共识的形成等。经济发展固然重要,然而经济发育的社会环境,市场活动主体的自由度同样重要,甚至更重要。具备相应的社会环境,经济"萌芽"才会成为真正的生长点,才能持续发展,继而山花烂漫,春色满园;否则,半途夭折或变异的命

---

① 可参见 John Nef, *The Rise of the British Coal Industry*, Gordge Routledge and Sons Ltd., London, 1932。

② 里格利认为,工业化即以矿物能源开采使用为基础的资本主义化与此前的社会发展没有必然联系,见 E. A. Wrigley, *Continuity, Chance and Change: the Character of the Industrial Revolution in England*, Cambridge University Press, 1988。斯努克斯也认为以煤铁为基础的现代工业化与亚当·斯密时代的资本主义发展并无因果联系,见 Graeme Donald Snooks, *Was the Industrial Revolution Necessary*? Routleoge (London and New York), 1994。国内也有人持相似观点。

运难以避免。

  主要从经济现象判断资本主义，在国外早已有之。19世纪以来一直有人认为资本主义经济自古希腊罗马就已产生。德国史家迈耶（Eduard Meyer）认为公元前5世纪的雅典如同17世纪的欧洲，已经以资本主义经济为主。20世纪的俄裔美国史家罗斯托夫采夫（Rostovtzeff）也持此观点。他们把古典希腊罗马与近代欧洲等同看待，认为同样有资产阶级和无产阶级，同样有工业革命，同样有为市场而生产的大型农场以及放贷的金融业和保护海运的保险业。还有，作为地中海市场的中心，在雅典可以看到世界各地的商品。这个学派自19世纪末兴起，20世纪上半期风行一时，但不久遭到国际史学界的普遍批评，认为他们把古史现代化而不足为训。"古史现代化"派的主要问题是偏重于希腊罗马社会中的物质领域，而忽视社会制度、观念和人与人的关系。他们看到了一些似是而非的物质成果，却没有看到资本主义物质成果的重要前提，即自由，没有自由就没有企业家，也就不会有真正的现代企业和现代社会。古典城邦公民有相对的自由，但基本的生产者却是完全没有自由的奴隶。古典文明的鼎盛时期，即公元前5至4世纪的希腊与公元前2世纪至公元2世纪的罗马，奴隶是社会人口的主体。古希腊罗马城邦的令人着迷的民主政治，是以毫无自由和权利的奴隶的劳动为基础的。[①] 古典民主与现代民主的一个根本区别是，它不是以保护每个人的自由和权利为宗旨，相反，它是少数人的共同体压迫大多数人的制度。少数人的共同体，也不是自由人的联合体，说到底，仍然是一种身份制度。他们因取得城邦公民的身份而享有那份权利和自由，反之，失去了身份也随之失去权利和自由。所以说古典城邦制度仍然是一种身份制度，一种身份社会。这样的社会不可能产生富有活力的企业。实行奴隶劳动的大农场，虽然为出卖农产品而生产，规模也不小，然而劳动生产率极其低下。博物学家老普林尼抱怨说："大地产已经毁了意大利，不久还将毁坏各行省。"[②] 除了劳动生产率低下，这种廉价的奴隶劳动还阻碍了科学与技术的发展。希腊化时代的埃及，有人曾发明了蒸汽装置开启神庙大门！但是这些技术发明没有被用于农业。1世纪时，在巴勒斯坦已经有了水磨，在高卢出现了有轮收割机，但是它们在帝国时代的使用范围相当有限。

  什么是资本主义？首先，资本主义是生产方式，同时是一种生活方式。也就是说，资本主义是物质的，也是精神的；表现为政治、经济制度，也表现为某些普遍的观念；意味着市场货币关系，也意味着契约关系、法律关系。一句话，只有将资本主义不仅视为自然经济的对立物，同时视为人的依赖关系的对立物的时候；也就是，不仅将资本主义理解为商品货币经济，还一定理解为与自由企业和自由个人相契合的社会关系时，才能真正打开视野，全方位地深入探讨资本主义的起源。

  研究资本主义起源必须建立一个新的思路。

---

  ① 伯里克利时代，雅典奴隶与自由民的比例大约是3∶1或4∶1。M. L Finley, "Was Greek Civilization Based on Slave Labor?" *Historia*, Bd. 8, 1959, pp. 58—59.
  ② 科鲁麦拉与老普林尼，见李雅书选译：《世界史资料丛刊·罗马帝国时期》（上），商务印书馆1985年版，第45—46页。

二

人们习惯于看重经济领域,所以我们还是从经济领域讲起。

资本主义冲破农本经济而使工商业成为主体经济显而易见;不容易察觉的是,资本主义最先正是起源于农本经济。一个平凡的道理常常被人们忽视:在前工业时代,工商业的兴盛,必须有农业经济的长足发展,有足够量的农产品剩余,才可能出现稳定的市场,脱离农业的工商业人口才能有基本的生存保障。西欧中世纪从农村中最早游离出来的商人和工匠,作为城镇居民,其中相当一部分人还需兼业农耕,因为工商业不足以为生,农村也没有足够的剩余产品供他们消费。城市居民后来完全致力于工商业,一个必不可少的前提是,周围农耕地区的发展,为城市提供了足够的剩余食品和原料,或者说,农民可以拿出足够的剩余农产品去交换城市产品。不仅如此,乡村自身也有手工业,发展同样必须以增加农产品剩余量为前提,否则乡村手工业永远不能突破农本经济的闭塞性,永远是农本经济的副业。马克思说,"超过劳动者个人需要的劳动生产率,是一切社会的基础,并且首先是资本主义生产的基础。"[1] 也就是说,农民个体经济的普遍发展和普遍积累,是早期市场经济的基础,是资本主义经济的温床。

关于前资本主义农业劳动生产率研究,近30年进展明显,虽然还未取得广泛的一致,但勾画出的历史面貌越来越细致,越来越清晰。以英国为例,中世纪晚期至近代早期农业劳动生产率呈明显的上升趋势。16世纪后,英国人口成倍增长,然而人均产量增长得更快。注意!不是经济总量,而是人均产量的增长。它被诺贝尔奖得主诺斯称为"现代意义的经济增长"。明清社会晚期不乏资本主义萌芽,然而没有成功的资本积累,直接的经济原因是没有相应的生产效率。中国是东亚农业大国,农艺水平独步一时,然而始终没有创造出高水平的、不同凡响的劳动生产率。一种观点认为中国没有英国那样的海外殖民;反过来讲,是说英国资本积累是殖民掠夺的结果。我以为这样的看法过于简单化了。首先,并非资本主义都必然经过海外掠夺等"原始积累"阶段。如今发达世界中的北美、北欧诸国都未经过什么原始积累阶段,但它们的经济发展却后来者居上,比搞过原始积累的国家更出色。其次,掠夺不一定导向资本主义市场经济。从历史上看,古典的希腊城邦、罗马帝国、中世纪早期的北欧维京人,都有过著名的海外掠夺与殖民经历,却与资本主义无缘。英国最先发生资本主义,然而最早进行海外殖民与掠夺的不是英国,而是葡萄牙和西班牙,它们比英国搞得更早、更疯狂,但在资本主义的发展史中这两国却是落伍者,难以望英国之项背。英国资本主义发生的根本依据在自身内部条件,就经济层面而言,首先在于它创造出高效劳动生产率。17世纪,首先在荷兰和英国,第一次出现了诺斯所谓的"真正的增长"。"英国和荷兰,虽然人口持续增长,实际生活水平却大约提高了35%和50%。这是史无前例的事情:在欧洲历史上,同时也是在人类历史上,两个国家第一次能够持续地向不断增加的人口提供不断提高的生活水准"。[2]

---

[1] 马克思:《资本论》第三卷下,人民出版社1975年版,第885页。

[2] [法] 亨利·勒帕日:《美国新自由主义经济学》,李燕生译,北京大学出版社1985年版,第99—100页。

在前人的基础上，20多年前笔者对英国和中国相关时期的农业劳动生产率作过一些研究。以一般农户的5口之家为取样单位。16世纪是英国迈向近代社会的重要开端，据估算，该时段一般农户年产240蒲式耳，大约相当于5吨谷物。农民除自家有限的食物、酿酒消费外，大部分农产品流向交易市场，换回货币以满足生产者不断增长的多方面需求，同时扩大再生产。也就是说，每个农夫同时也是农业经营者和商人。贸易以生产为基础，所以发展得相当稳定和均衡，由此我们可以理解英国中世纪晚期何以形成星罗棋布的市场网络；英国何以被称为"商人之国"，以及英国何以迫切开辟海外市场。16世纪一个典型农户竟年产5吨谷物，至今仍令人刮目相看！这个时期的劳动生产率呈明显上升趋势，比14世纪提高了一倍以上。反观中国，以较为发达的长江三角洲农业劳动生产率为例，如果14世纪中期（明朝初）与英格兰基本相当的话，[①] 16世纪已经明显落后，19世纪（清中期）也远未达到英国16世纪的水平，仅为16世纪英国的五分之二。清代中期的农业劳动生产率较之明代出现了下滑的趋势。也就是说，中国落后于英国不是鸦片战争之后，而是始于此前三百年的16世纪。这是25年前通过估算我得出的一个结论。[②]

令人感兴趣的是，英国学者麦迪森的新近研究，尽管采用的估算路径与笔者完全不同，但结果基本一致。按照麦迪森的统计数据，从经济总量上看，中国以及亚洲相当长时期内不无乐观：公元1500年亚洲的GDP占世界GDP的65.2%，即使到1820年仍占世界的59.2%，也就是说一直到19世纪早期，经济总量都是领先于欧洲的。当然，16世纪前后西欧的经济总量已经开始上升，19世纪中叶后（1870年）上升尤快，已经接近亚洲。如果按照人均GDP水平，情形就大不一样了。公元1000年，西欧略低于亚洲（400：450国际元），但是到1500年西欧已经明显反超亚洲（774：572国际元）。16世纪以后东西方此消彼长的势头更加明显。以中国为例，1500年之后，中国的人均GDP水平已经不及西欧国家；1820年时，中国人均GDP值相当于西欧的一半，或者英国的大约三分之一。到1870年，中国的人均GDP值进一步降为西欧的近四分之一，英国的近六分之一。[③] 毋庸置疑，人均GDP数据更具有决定性的意义。很明显，麦迪森统计数据也得出了这样的结论：中国经济在近代以前的数百年即16世纪已然落后于西欧。在追踪资本主义起源过程中，我们的注意力从工商业，转移到工商业的母体——农业，从生产者群体世界转移到生产者个体，即农民个体的劳动生产率。也就是说，经济领域内的资本主义起源研究，实实在在地推进了一大步。

以上证明不无意义，不过，到此仍不能完全说明问题：西欧生产效率为何取得突破进而启动资本主义积累？农业劳动生产率的增长推动了西欧的社会转型，那么推动农业劳动生产率增长的原因又是什么？显然，经济现象不能完全由经济因素来解释，或者说经济史不能解决全部问题，尤其不能回答全局性的重大社会问题。资本主义起源的话题

---

① 中国的中等农户大约年产2吨谷物。
② 参见侯建新《英国农民个人力量的增长与自然经济的解体》，《历史研究》1987年第3期。另见拙著《现代化第一基石——农民个人力量与中世纪晚期社会变迁》第七章，天津社会科学院出版社1991年版。
③ ［英］安格斯·麦迪森：《世界经济千年统计》，北京大学出版社2009年版，第178—179页。该书原名是 *The World Economy: Historical Statistics*.

必须延伸至非经济领域。

三

欧洲史研究证明：中古晚期生产效率明显增长的奥秘，主要不是生产工具的改良，不是某项技术发明或能源的发现。农业革命以前乃至工业革命以前的欧洲田野上，外在的现代要素几近于无，与以往相比并无明显改观。劳动生产率发展的直接原因是，农民个人依习惯法而抗争，使其自身权益得到有效保护，使农民个人财产得到普遍地有效积累，进而为农业资本主义生产组织——资本主义农场——奠定了最广泛、最扎实的经济基础和社会基础。

西欧中世纪习惯法是双刃剑，既强制农民接受封建秩序，又是农民保护自身利益的有效武器。佃农的负担量一旦规定下来，即为惯例，不可轻易改变，而随着农业技术的提高和贸易机会的增长，为自己创造的劳动成果却不断增长，个人和社会的财富就这样逐渐积累起来。统治者的恣意妄行与贪婪是本能的、普遍的，英国领主不比中国或其他地区的统治者更好些。英国佃农的幸运在于，他们不仅有抵抗领主的意识和勇气，而且很早就生成并坚持了限制领主权力的程序和手段。对抗方式有暴力斗争，更经常的则是法庭较量，结果有效地保护了农民个人财产的独立发展，在较大程度上享受经济发展带来的自然增值。农民普遍的、连续的积累，是社会财富积累机制形成的基础，也是进入资本主义积累的重要条件。或者说，资本主义的发生在这里获得了适宜的温床。当然，农民个体的积累不仅仅是财富的积累，也是精神的积累；是经济的增长，也是农民个体自由和权利的不断伸张、新的法律政治关系不断调整和确立的过程。不存在单一的阶级斗争史，同样也不存在单一的经济史。

农业人均生产效率的突破取决于佃农权益的有效保护，最终有赖于当时社会的人文和政治大环境。佃农凭借习惯法在法庭上与领主据理力争，该现象不是偶然的，也不是孤立的，是社会总表象的一部分，或者说是社会总游戏规则的一部分。以往西方学术界认为权利观念是近代社会的产物，大约起源于17世纪，所谓"权利与蒸汽机一样都是现代社会的产物"。新近的研究成果已经将其追溯到中世纪。事实上，在西欧12世纪以后，具有悠久传统的抵抗权利以及与此相联系的自然权利、主体权利得到了越来越广泛的社会共识。值得注意的是，在罗马法改造的基础上，中世纪产生和发展了一种应然的权利——自然权利或主体权利（Subjective Rights），影响极为深刻。在欧洲法律理论中，与其他非基督教的地区不同，至少从那一时期起就存在着"神法"或"自然权利""主体权利"这些概念，与人类制定并实施的"人法"即"实定法"并立。这两种法有时能达成一致，更多的时候则存在分歧和距离。不论一致还是分歧，在人们的心目中，包括大多数被统治者和统治者在内，"神法""自然法""自然权利"总是作为"实定法"的内在原则出现，从而对"实定法"的制定和发展走向有着巨大的影响力。以往在国内学术界话语中，"主体权利"一词几乎没有人使用和提及。"文化大革命"前，法学界曾对Subjective Rights一词的译法有过讨论，结果采取了苏联法学界的做法，将其简单地译为"权利"，将Subjective略去不译。以后，也有人译为"臣民权利"，或"主观权利"。笔者以为，上述译法各有缺憾，权衡再三，认为用"主体权利"表达更符合本义。主体权利既是无形的，也是有形的，具有广泛的影响。作为一个原则，它关乎中世纪的个人权利，也关乎某个等级或团体的集体权利，如村社的权利、行会的权利、市民的权利、贵族的权利等，是中世纪西欧法律和法律结构向近代变化的重要标志。

欧洲中世纪的"自由"和"权利"是密切相连的。丧失权利就是丧失自由，布洛赫指出："享受所谓的'自由'在本质上就意味着拥有一种无可争议的权利。"在墨洛温王朝时期，自由意味着享有法兰克人（populus Francorum）的权利，结果"自由的"和"法兰克的"两个词语逐渐被视为同义词，并长期作为同义词使用。① 英语"自由"（liberty）一词起初主要内涵是"权利"或"特权"，与 rights 或 privilege 含义一致。liberty 具有"自由"（freedom）即不受外界控制、奴役和支配含义，是 14 世纪以后的事情。② 在中世纪相当长的一段时间里，只有一部分上层人才享有权利和自由，所以希尔顿认为中世纪的"自由"（Liber homo）往往与"贵族"（Nobilis）同义。③ 随着时间的推移，获得"权利"与"自由"的范围逐渐扩大并下移，越来越多的人获得权利而获得自由。事实也是这样，农奴制的自由解放进程始终伴随着广大民众争取自己权利的斗争。

14 世纪初，法兰西国王在解放王室领地农奴时使用了这样的语言：

> 根据自然法，人皆生而自由……可是我们普通人中的许多人已经陷入农奴的枷锁之中，并处于颇令我们不快的各种状态中，鉴于本王国称作自由人的王国……我们已经命令……应恢复这些受奴役者的自由，对于生而受奴役、长期受奴役和最近由于婚姻和居住或诸如此类而沦为农奴状况的人们，应以良好和方便的条件赋予他们自由。④

不可思议吗？也许有人认为法兰西国王是伪君子，但有一点是肯定的，他表达的理念在社会上已经广为承认和流传，不得不借助之。这样的话语对以后数个世纪产生了深远影响。主体权利观念是西方文明之魂，主体权利和实定权利构成了近代人权的基本内容。探究资本主义的起源，主体权利是一个关键词，不能回避也不应该回避。我认为它相当重要，是研究资本主义起源的新思路之一。

与应然权利、实定权利密切相关的是抵抗权，抵抗斗争表现在社会不同层次和不同领域。在社会基层，是农奴与领主的较量。有暴力、有赎买，也有法庭交涉，经过几个世纪的斗争，农奴先后获得了自由迁徙权、自由劳动权、个人财产遗嘱权和受教育的权利等。15 世纪农奴制基本解体，相当一部分农奴成为富裕农民（well-to-do peasants）。16 世纪，在英格兰，正是在他们中间产生了面向市场、依靠雇工经营的农场主，即第一批农业资本家。他们的子弟可以出任圣职，可以在牛津、剑桥那样的名校就读，而他

---

① ［法］马克·布洛赫：《封建社会》（上卷），张绪山等译，商务印书馆 2004 年版，第 255 页。
② T. F. 哈德主编：《牛津英语词源词典》，上海外语教育出版社 2000 年版，第 265 页。
③ R. H. Hilton, "Freedom and Villeinage in England", in *Past and Present*, No. 31 (Jul, 1965)
④ *Encyclopaedia Britannica*, 1969, ed., s. v. "serfdom and villeinage," pp. 246 – 247 (Rodney H. Hilton) 转引并参见 ［美］哈罗德·J. 伯尔曼《法律与革命——西方法律传统的形成》，中国大百科全书出版社 1996 年版，第 403—404 页。

们本人则普遍参与地方公共事务，常常是地方法庭陪审团的重要成员；其上层人物乡绅则是议会下院的强有力的候选人。

在社会上层，是贵族与王权、教会与王权的抗争。英格兰《大宪章》是贵族抵抗王权的典型例证：贵族认为国王侵害了他们的权利，所以贵族一方放弃原有的承诺，以至举兵讨伐。法兰西的《三月大敕令》，可视为《大宪章》的同类文件，其中也涉及了有关臣民自由、权利的多方面问题；发生在11、12世纪的伯尔曼所称的"教皇革命"，则是教会抵抗王权的斗争，被认为"西方历史的断裂"，是一次真正的历史转折。最后的解决方案使教俗双方管辖权都得到限制，更重要的是以法律的手段平抑了皇帝或国王的权力，剪灭了他们头上的光环，结束了神圣王权时代，从此，皇帝和国王在精神事务上完全不具有权能，为近代世俗国家奠定了基础。与此类似的现象，还有争取市民权利的城市抵抗运动、争取商人权利的商人抵抗运动以及村社抵抗运动等，逐渐形成多元政治力量，现代法律体系以及现代议会协商制呼之欲出！

不断完善的法律体系，使生产者和经营者的财产安全和财产积累得到进一步保障，反过来激发了整个社会积累机制和流通机制的发育。新的观念、新的语言、新的交往方式和新的力量随之破茧而出。社会重心逐渐下移，到近代早期，西欧第一次出现靠经营实业起家并且相当富足、有相当社会地位的群体——资产阶级，足以与身份贵族抗衡，从而形成一种开放的社会结构。契约、货币关系逐渐替代身份政治关系，进入了所谓市场经济加契约社会的时代。

显然，资本主义起源的因素是相当复杂的，单纯的工商业的发展以及经济发展史都远远不足以说明之。相比之下，主张全方位、长时段的整体史观、人文大众史观，主张经济与社会互动的"经济—社会史"更富有解释力，更鲜活生动，更接近于历史原貌。资本主义是经济的、法律政治的，也是思想观念的。思想观念本源于当时经济社会生活，却有超越历史时空的发酵作用，它提示我们必须重视文化传统的研究与反思，必须重视积极、健康的社会共识的形成与培育，意义非同寻常。然而，经济与社会的互动，观念与实践的互动，就可以解释资本主义起源吗？笔者寄希望于同人与读者的进一步思考，期待着更满意的答案。如同资本主义没有终结人类的历史一样，随着生活和实践的发展，我们有理由期待资本主义起源研究更优秀的成果问世！

资本主义结胎于西欧封建社会母体之中，其起源的历史离我们很遥远，但似乎又很近。历史学的魅力就在于，它可以帮助你解读生活。

（原载《史学理论研究》2013年第3期）

"托克维尔悖论"评析

高 毅[*]

摘 要：《旧制度与大革命》中的两个著名观点——"革命在苛政较轻的地方发生""繁荣加速革命到来"——常被解说成"松动崩溃"意义上的"托克维尔悖论"或"托克维尔定律"。这种"托克维尔悖论"凸显了心理效应在法国大革命发生过程中的某种实际作用，对深化大革命史学有一定的意义，但它终究不能说明大革命的根本起因。本文试图证明，托克维尔写作《旧制度与大革命》并无意于构建什么"托克维尔悖论"。他在书中的许多叙说也表明，他并不真的相信所谓"松动崩溃"这种心理效应能够自足地解释大革命的爆发，而他那两个著名观点的提出其实只是为了诱导读者和他一起去探寻大革命的真正起因，在他看来就是旧制度政府取消政治自由的行政集权政策。但出于某些特别的缘由，他的话时常含混不清且自相矛盾，容易引起误读。

关键词：托克维尔　旧制度　法国大革命　托克维尔悖论　托克维尔定律　松动崩溃

托克维尔的《旧制度与大革命》之所以令人感兴趣，一个很重要的原因是它发现了两个看似很蹊跷的历史现象：其一，18世纪末的法国大革命旨在消灭中世纪的残余制度，但它没有发生在当时中世纪苛政最严重的一些欧洲国家（比如说德国），而是发生在中世纪苛政早已减轻了的法国；[①] 其二，大革命没有发生在法国经济情况比较糟糕的18世纪前半期，而是发生在经济比较活跃的18世纪后半期，因而是繁荣加速了大革命的到来。[②]

由于托克维尔的这些"发现"，西方的社会科学理论界后来就多了一个习语，称作"托克维尔悖论"（Tocqueville paradox）或"托克维尔效应"（Tocqueville effect）；意思是说，人们主观上的不满情绪（通常是革命的起因）和导致这种不满情绪的客观原因会

---

[*] 高毅，北京大学历史系教授。

[①] ［法］托克维尔：《旧制度与大革命》，冯棠译，商务印书馆1992年版，第64页。原文参见托克维尔《旧制度与大革命》［Alexis de Tocqueville, *L'Ancien Régime et la Révolution*. Paris，Michel Lévy Frères, Libraires-éditeurs, 1856（下文简作AR1856）］，巴黎1856年版，第57页。

[②] ［法］托克维尔：《旧制度与大革命》，冯棠译，第209页；原文参见AR1856, p. 281。

以逆反的形态相关联。① 在最近的"托克维尔热"中，我国一些读者也表现出浓厚的理论兴趣，试图把这种"托克维尔悖论"解说成一种"松动崩溃"意义上的"托克维尔定律"②。好像很多人都已经相信，托克维尔写作《旧制度与大革命》的目的就是要告诉人们：法国大革命的发生并没有客观的现实基础，只是缘于某种虚幻的心理效应。这种观点似乎也可以在托克维尔自己的叙说中找到根据。比如，托克维尔在《旧制度与大革命》第三编第四章里，就说过这段被人们引用过无数次的话："革命的发生并非总因为人们的处境越来越坏。最经常的情况是，一向毫无怨言仿佛若无其事地忍受着最难以忍受的法律的人民，一旦法律的压力减轻，他们就将它猛力抛弃。……人们耐心忍受着苦难，以为这是不可避免的，但一旦有人出主意想消除苦难时，它就变得无法忍受了。当时被消除的所有流弊似乎更容易使人觉察到尚有其他流弊存在，于是人们的情绪便更激烈：痛苦的确已经减轻，但是感觉却更加敏锐。"③

然而，托克维尔是否真的认为，这种被人们概括为"托克维尔悖论"或"托克维尔定律"之类的东西就是法国大革命的发生机理？或者说，他是否真的相信，单靠某些下意识的心理效应就可以解释大革命的发生？细读过《旧制度与大革命》一书，人们都可能有理由产生这样的疑问。

一

先来看看"托克维尔悖论"的首次表述，那是《旧制度与大革命》第二编第一章的全部内容。它是以这段文字开始的："有件事乍看起来使人惊讶：大革命的特殊目的是要到处消灭中世纪残余的制度，但是革命并不是在那些中世纪制度保留得最多、人民受其苛政折磨最深的地方爆发；恰恰相反，革命是在那些人民对此感受最轻的地方爆发

---

① 甬·厄尔斯特：《托克维尔论法国大革命的发生：远因、近因和导火索》（Jon Elster, "Tocqueville on 1789: Preconditions, Precipitants, and Triggers"），切瑞尔·韦尔奇编：《剑桥托克维尔研究指南》（Cheryl B. Welch, ed., *The Cambridge Companion to Tocqueville*），剑桥大学出版社2006年版，第58页。甬·厄尔斯特是挪威社会政治理论家、雷蒙·阿隆的弟子、著名托克维尔研究专家，现任挪威文理学院院士、法兰西学院教授、美国哥伦比亚大学教授、重庆大学人文社会科学高等研究院顾问。

② 方绍伟：《"托克维尔定律"真能成立吗？》，《社会科学报》2013年3月21日。方绍伟从政治学角度质疑了"松动崩溃论"，认为这种"托克维尔定律"只注意到了政治松动后"统治成本"和"制度需求"的上升，而忽略了"统治能力"及其背后的"制度供给"问题，实际上，如果政治松动时"统治能力"并未下降，崩溃不一定会发生；发生崩溃的决定性因素应该是"统治能力"与"统治成本"之比（"统治商数"）。所以"托克维尔定律"是片面的、不能成立的。方绍伟的这一质疑显然是有道理的，而且实际情况是，托克维尔自己并没有忽视"统治能力"的问题，有关旧制度时期法国政府昏聩无能的描述在《旧制度与大革命》中随处可见。厄尔斯特还特别注意到，揭露路易十五和路易十六政府在应对危机方面的低能，是该书第三编和托克维尔为该书第二卷所准备的笔记资料的中心思想之一（参见甬·厄尔斯特《托克维尔论法国大革命的发生：远因、近因和导火索》，切瑞尔·韦尔奇编《剑桥托克维尔研究指南》，第52页），只是他没有把这些描述和有关"托克维尔定律"或"托克维尔悖论"的讨论直接联系起来。当然这也怨不得托克维尔，因为构建"托克维尔悖论"这种"理论"本来就不是托克维尔自己在写作此书时要做的事情。

③ ［法］托克维尔：《旧制度与大革命》，冯棠译，第210页；原文参见AR1856, pp. 291-292。

的，因此在这些制度的桎梏实际上不太重的地方，它反而显得最无法忍受。"①

本章接下来的文字主要是以各种事例来解释这种反常现象的缘由，大意是：在中世纪制度保留得最多的地方（比如农奴制的德国），农民之所以还能忍受领主的残酷压迫，是因为领主还承担着管理和保护村庄的义务。法国自由农民之所以不再能容忍任何封建压迫，则主要有两方面的原因：一是因为他们已经有了自己的土地，二是因为他们已完全摆脱了领主的统治；前者导致了封建制度对他们的压迫的前所未有的直接化，后者则意味着封建压迫的施加者已不再是农民的管理者和保护者，意味着法国农民心理上的"失衡"。就是说，人们心中权利与义务的关系天平在德国是相对平衡的，在法国已经倾覆。

由此看来，托克维尔对"心理效应"的问题有一种特殊的兴趣。事实上，重视心理效应在大革命起因中的特殊作用始终是托克维尔的大革命史研究的重要特点。我们知道，心理效应基本上是"非理性"的，因为它往往不能反映直观的客观实际，甚至会以"逆反的形态"来反映这种客观实际。所谓"托克维尔悖论"即缘此而来。只是，心理效应问题不仅并不因此而不值得关注；相反，它往往有着非常独特而重要的研究价值，因为它很有可能具有某种更深刻的真实性，是一些隐形的或被一些表层事物遮蔽了的客观实际的曲折映射，而这些深层次的客观实际往往是通常意义上的理性主义实证研究难以触及的。比如，农奴在变成拥有自己的小块土地的自由农民之后，以及当领主不再统治农民却仍享有原是和他们的统治权相关联的种种封建权利的时候，某些深层次的客观实际就会发生一些微妙的、说不清道不明的变化。如果我们这时仍按老标准来评估压在农民身上的残存封建制度的分量，其实就会偏离新的实际。托克维尔避开了这一误区，采取的是一种看似"非理性"的方式（他谈论心理效应），而实际上展示的是一种高超的洞察力。

仅仅以此就说托克维尔由此就认定了18世纪法国农民的造反纯属某种"心理效应"的结果，是一种"松动崩溃"，却又显然与事实不符。因为就在本书同一编的末章——第十二章，我们看到了大量完全不是这个意思的文字。

这一章的题目——"尽管文明取得各方面的进步，何以18世纪法国农民的处境有时竟比13世纪还糟"，似乎就已经在说明什么。在这一章的开头，托克维尔还在接续第一章的话语，说法国农民在18世纪过得不错：他们"不再受那些封建小恶霸的欺凌；来自政府的强暴行为也很少涉及他们；他们享受着公民自由，拥有部分土地"。但紧接着，托克维尔话锋一转，就无情地点破了这种"田园牧歌"式的虚幻性，说一种"新型而奇特的压迫"已经降临到农民的头上，那就是他们已经被整个社会所遗弃，成了乡村中一群悲惨的孤魂。②

托克维尔首先描述了贵族与农民的疏离及其后果。他指出，在这个时期，很多大贵族都住进了城里；而仍滞留在乡间的那些相对比较贫穷的小贵族和农民的关系不仅疏远了，而且还在日益恶化。"既然不再是农民的首领，他们也就不像昔日那样有心照顾、帮助和领导农民；另一方面，既然不像农民一样承担公共捐税，他们就不会对农民的凄楚抱有满腔同情，因为他们没有这种经历；也不会分担农民的苦衷，因为他们没有切肤

---

① [法]托克维尔：《旧制度与大革命》，冯棠译，第64页；原文参见 AR1856, p. 57。
② [法]托克维尔：《旧制度与大革命》第1版，冯棠译，第157页；原文参见 AR1856, p. 207。

之痛。这些农民不再是他们的臣民,而他们也还未成为农民的同胞。这种现象是史无前例的,"其结果是一种"心灵上的不在地主制"的发生,表现为这些贵族"常常抱有他不在乡间时他的管家的种种观点和感情。像管家一样,他认为佃农只不过是债务人。他对这些人百般勒索,凡是按法规或惯例属于他的东西都不放过。结果是这些封建残余权利的勒索竟比封建时代还要苛刻",以至于农民要气愤地把这类小贵族称作"燕隼"(le hobereau,一种身量最小的猛禽)。①

托克维尔这里说的情况已经牵涉到一个后来被人们称作"领主反动"的法国历史现象,只是在他那个时候学界还没有这种说法。所谓"领主反动",按法国当代著名学者勒内·雷蒙(René Rémond,1918—2007 年)所言,指的是乡居贵族在大革命前三十来年里为摆脱他们的经济困境,提出要恢复他们过去曾经享受过的种种早已被废弃了的封建权利,主要是各种税费。结果使一些过时的旧封建法规重新生效,已经被遗忘了好几代的封建税费又被发掘出来,并强迫农民不折不扣地缴纳。②

更何况法国农民当时还前所未有地遭到来自王朝政府的沉重压迫,算算这笔账,那种把大革命时代法国农民造反看成"松动崩溃"式的"托克维尔效应"的观点就更成问题了。托克维尔自己对这种压迫的沉重性完全是心知肚明的。他说:"封建制度压在农村居民身上的种种最沉重的负担无疑已经撤销或减轻了。但是,有一点人们却不甚了解,那就是取而代之的是另一些负担,也许较前更为沉重。农民不再承受其先辈所遭受的全部苦难,但他们却经受着其前辈闻所未闻的许多痛苦。"③ 从托克维尔自己的描述来看,这些痛苦主要是下述这些来自政府的压迫造成的。

军役税。这是旧制度时代法国王朝政府征收的一种特别规定贵族免缴的捐税,最令人厌恶的贵族免税特权主要就体现在这里。托克维尔指出:"自 15 世纪到法国革命,免税特权一直不断增长。它随着国家开支的迅速增长而增长。查理七世(1422—1461年在位)统治时期所征军役税仅 120 万里佛,因此交军役税的特权很小;而路易十六统治时期所征军役税 8000 万里佛,免税特权就很大。"④ 而这种迅猛增长的军役税又是由谁来承担的呢?基本上全是农民。托克维尔断言:"众所周知,两个世纪以来,几乎全靠农民的血汗,军役税增加了十倍。"⑤ 而且这种"军役税"其实很大程度上与军役无关,因为王朝政府一缺钱就打着"军役税"的旗号派税,所有的新捐税都变成了军役税。"许多中世纪闻所未闻的负担,如用于一切工程或公共事业的各种徭役,以及自卫队等等",都按军役税来征收。而国王之所以只征军役税,则完全是因为他不想或不

---

① [法]托克维尔:《旧制度与大革命》第 1 版,冯棠译,第 157—158 页;原文参见 AR1856,pp. 207 – 209。

② [法]勒内·雷蒙:《旧制度与大革命(1750—1815)》(René Rémond, *L'Ancien Régime et la Révolution, 1750 – 1815*),巴黎 1974 年版,第 72—73 页。勒内·雷蒙是法国当代著名历史学家和政治学家、法兰西学院院士。他所著这本与托克维尔《旧制度与大革命》同名的小书,是他为系列丛书《历史问题》(*Points Histoire*)写的《我们时代的历史之导论》("Introduction à l'histoire de notre temps")的第一部分。

③ [法]托克维尔:《旧制度与大革命》,冯棠译,第 161 页;原文参见 AR1856, p. 213。

④ [法]托克维尔:《旧制度与大革命》,冯棠译,第 126 页;原文参见 AR1856, p. 157。

⑤ [法]托克维尔:《旧制度与大革命》,冯棠译,第 161 页;原文参见 AR1856, p. 213。

敢损害贵族的权益。①

收税员苦差。农民不仅承担着沉重的军役税，还必须一年一届地轮流充当教区内的收税员。而按照托克维尔的描述，收军役税的义务比缴军役税的义务还要可怕，事实上它对农民的折磨残酷得难以想象。因为每个纳税人每年承担的税额是随其财产状况的变动而变化的，而这种税额的测定正是收税员的职责，这可就害苦了收税员。他哪能确切地知道邻人财富的多寡，知道这份财富和那份财富之间的比例？他只好在黑暗中慢慢地、苦苦地摸索，并要以他的所有财产乃至人身来对收税员的职务负责，结果是"通常在两年之内他必须花一半时间奔走于纳税人之家"。有关报告显示："这一职务给那些任职者带来绝望，几乎令他们以破产告终。就是这样，村里全部殷实之家陆续被陷入贫困。"②

自卫队苦差。尽管几乎独力背负军役税这一国家的主要税源，法国农民却还是不能免除到被称作"自卫队"的国家军队中服役的义务。托克维尔控诉道："谁都知道，军役税最初是用来供国王购买士兵以免除贵族及其附庸的军役的。但到17世纪，正如我们所看到的，军役的义务重又纳入自卫队名下；这一次则完全落在人民头上，而且差不多全部落在农民头上了。"托克维尔也深知这种军役到底有多么痛苦，因为农民为逃避而"常常遁入林莽，政府必须动用武装追捕"。托克维尔在总督官邸中看到了"充箱盈架的有关追捕抗命自卫队士兵或逃亡者的骑警队办案记录"。大概是因为这个公差太痛苦，但凡有点背景的人都会设法躲避不从，结果使"如此庞大的重担唯独落在农民身上，落在农民中最贫苦无告者的身上"③。

徭役。托克维尔发现，从路易十四末期前后，维修国家交通要道的劳役便开始单纯由农民负担了，而随着商业的发展，农民又承担起所有新辟道路的徭役。这样，徭役便从原来的领主徭役变成了王家徭役，并且逐渐扩及所有的公共工程。在1719年，徭役已被用于修建兵营，押送苦役犯进监狱、押送乞丐进慈善收容所、军队换防时的辎重搬运、从森林运送木材到军舰修造厂等，也都成了农民必须承担的越来越繁重的徭役。尽管这些徭役通常有些报酬，但数额很低而且不稳定。在1751年就有人担心，对农民的这种残酷压榨很快将使他们丧失缴纳军役税的能力。④

这还远不是这个时期法国农民困境的全部。除此之外，他们还可能遭遇更悲惨的命运，比如，每到冬季，贫苦村民不出外行乞是没法活命的，而只想"一举扫除法国行乞现象"的政府，却派出骑警队追捕他们。据说在1767年有5万乞丐被捕，"身强力壮的流浪汉被押解去服苦役，其他的人则由四十多家乞丐收容所接纳"⑤。又比如，政

---

① [法] 托克维尔：《旧制度与大革命》，冯棠译，第126、137—138页；原文参见 AR1856, pp. 157、177-178。

② [法] 托克维尔：《旧制度与大革命》，冯棠译，第161—162页；原文参见 AR1856, pp. 214-215。

③ [法] 托克维尔：《旧制度与大革命》，冯棠译，第164—165页；原文参见 AR1856, pp. 218-220。

④ [法] 托克维尔：《旧制度与大革命》，冯棠译，第165—166页；原文参见 AR1856, pp. 220-223。

⑤ [法] 托克维尔：《旧制度与大革命》，冯棠译，第167—168页；原文参见 AR1856, pp. 224-225。

府公然歧视农民,它的警察从来不抓资产者而只抓农民,对农民案件的审理也极为草率。一般都是即席判决而且不准上诉。① 更严重的是,政府还"不让农民改善自己的处境"。托克维尔愤愤不平地写道:"他们是自由的所有者,他们差不多仍和他们的农奴祖先一样愚昧,而且往往更加穷苦。身处工艺奇迹倍出的时代,他们却毫无技艺。置身光辉灿烂的知识世界,他们却尚未开化。他们身上保留着他们种族特有的智慧和敏锐,但并没有学会如何使用。种地本是他们的唯一营生,他们甚至连地也种不好。'在我眼前看到的是10世纪的农业',一位有名的英国农学家说道。他们擅长的唯有当兵打仗,至少在这个行当,他们和其他阶级还有着天生的必要联系。"② 另外,在第三编第五章中,托克维尔还专门讨论了这一奇特现象:18世纪法国"有教养的阶级"已经对穷人(主要是农民)产生了同情,甚至已经强烈地表示出要帮助他们的善意。然而,即使在这个时候,这些上流人士的言谈话语中,还在肆无忌惮、像是怕他们听不懂似的流露出对穷人的鄙视。③

同时我们也看到,法国农民这时所受的压迫之所以变得更为"沉重",很大程度上是因为它的来源和性质较之中世纪已经发生了深刻的变化。中世纪农民所受的压迫来自地方领主,而现在他们所受的压迫直接源于中央政府。地方领主是以农民的管理人和保护人的身份来压迫农民的;而中央政府这个压迫者虽然也自称是农民的管理者和保护者,但天高皇帝远,这种制度性身份是抽象的、非人格的和冷冰冰的。地方领主的压迫大多与农民的实际生活环境相联系,因而与农民的切身利益相关;而中央政府的压迫则主要服务于宏大的国家事务,这在农民看来是上等人、城里人或政府官员的事情,与他们毫不相干。尤其是18世纪的法国,正在被一种不可抗拒的力量推向现代文明,而这种新文明首先是在法国城市里兴起的,因为城市里有貌似全能的中央政权或其代理机构,有绚丽辉煌的上流社会,有各种新奇知识和享乐机会。它们对整个民族的经济和文化精英都有着不可抗拒的诱惑力,结果便导致了农村和农民的逐渐被抛弃,导致了对农民的一种带有物质和精神双重性质的"新奇压迫"④ 的发生。

就是说,农民不仅被更残酷地压榨了,被无情地抛弃了,而且还被隔绝在了现代生活之外。然而与此同时托克维尔又发现,农民并没有完全与外界隔绝,因为"时代思潮已经从四面八方深入到这些粗野人的心中。它们通过条条隐蔽的地下渠道进入,在这些狭隘晦暗的处所采用着各种奇异的形式"⑤。显然,这里说的已是当时法国启蒙运动对下层社会的影响,而这种影响的后果绝不容低估。因为它让农民看到了新时代的曙光,也看到了严重的不平等;它点燃了希望,更激化了仇恨。

这便是托克维尔自己描绘的18世纪法国农民的实际生活境况。无怪乎他认为当时法国农民过得"比13世纪还糟";也就是说,过得不仅不如他们的中世纪祖先,甚至都不如和他们同时代的德国农奴。压迫,事实上已经变得更为沉重。生活日益困苦,仇

---

① [法]托克维尔:《旧制度与大革命》,冯棠译,第168页;原文参见 AR1856, p. 225。
② [法]托克维尔:《旧制度与大革命》,冯棠译,第167—169页;原文参见 AR1856, p. 226。
③ [法]托克维尔:《旧制度与大革命》,冯棠译,第214—220页;原文参见 AR1856, pp. 297 – 308。
④ [法]托克维尔:《旧制度与大革命》,冯棠译,第157页;原文参见 AR1856, p. 207。
⑤ [法]托克维尔:《旧制度与大革命》,冯棠译,第169页;原文参见 AR1856, pp. 226 – 227。

恨日益强烈,加上"除了会使用武器之外再无其他技艺",这一切使得 18 世纪的法国农民别无选择,只能成为"预备革命者"①。

二

《旧制度与大革命》第二编的头尾两章所构成的这一巨大的矛盾,实际上已经将首次表述的"托克维尔悖论"消解于无形。看来,非理性的"心理效应"研究法虽然能在较深的层面上揭示法国农民不满的根源,但终究不能说明法国农民造反的全部原因。

既然如此,托克维尔为什么后来在书的第三编第四章里,在作所谓"托克维尔悖论"的第二次表述(即"繁荣加速了大革命的到来")时,还是说出了"革命的发生并非总因为人们的处境越来越坏""法国人的处境越好就越觉得无法忍受"② 这样的话呢?

这正是《旧制度与大革命》一书最令人费解的地方。

尤其是托克维尔的"托克维尔悖论"第二表述,还是从"托克维尔悖论"第一表述的意象的复现开始的,只是这一次他做的不是"法德比较",而是大革命爆发前后法国内部的法兰西岛和西部地区的比较。以巴黎为中心的"法兰西岛旧财政区"是众所周知的大革命的主要策源地。托克维尔研究过这个财政区的档案,发现正是在那里"旧制度最早最深刻地进行了改革","农民的自由和财产已比任何其他财政区受到更好的保护"。而在西部地区,也就是他所说的"卢瓦河流域及河口处、普瓦图沼泽和布列塔尼荒原那些地方",正相反是大革命时期国内反革命运动最严重的地方。这里的农民"对大革命反抗最激烈,时间最长久",可这里也正是"旧制度"保存得最完整的地方。就是依据这一比较,托克维尔断言:"革命的发生并非总因为人们的处境越来越坏。"③

然而,也就是在这里,托克维尔发生了一些逻辑混乱。

首先,他说法国西部"旧制度"保存得最完整,就有些概念错乱。因为在他的笔下,"旧制度"这个概念虽然从未有过明晰的定义,但根据他对这个词使用的情况,一般还是可以看得出它指的无非是这样两种事物:一是大革命前法国以绝对君主制为特征的、持续了"十代人"时间的中央集权政治体制;④ 二是更广阔意义上的当时法国社会,这个社会处于早期现代化进程之中,带有大量的封建残余。然而,如果从前一种意义上来看,西部地区的"旧制度"就应该相当薄弱,因为那里一直享有较多的前绝对

---

① 多纳尔德·马莱兹:《制造非公民:托克维尔〈旧制度〉中行政集权的后果》(Donald J. Maletz, "Making Non-Citizens: Consequences of Administrative Centralization in Tocqueville's *Old Regime*"),《牛津学报》(*Oxford Journals*) 第 33 卷, 2003 年第 2 期, 第 26 页。

② [法] 托克维尔:《旧制度与大革命》, 冯棠译, 第 210 页;原文参见 *AR*1856, p. 291。

③ [法] 托克维尔:《旧制度与大革命》, 冯棠译, 第 209—210 页;原文参见 *AR*1856, pp. 290 – 291。

④ [法] 托克维尔:《旧制度与大革命》, 冯棠译, 第 60 页;原文参见 *AR*1856, p. 55。

君主制时代的地方自治；如果从后一种意义来看，西部地区只能说是"旧制度残余"①保留得比较多的地方之一，而不能笼统地说那里的"旧制度"保存得最完整。正因为这里的封建残余最多，这个地区和反封建的大革命发生最激烈的对抗是再自然不过的事。

事实上，当时法国西部较完整地保持着的就是中世纪的制度。因为法国西部正是托克维尔所说的在旧制度下游离于中央政府控制之外的边远地区（其人口只占法国总人口的1/4）的一部分，其核心区域应该就是保留着高度自治权的布列塔尼三级会议省。②那里的贵族从路易十四时代起就顶住了国王的压力，坚持留在乡村。可也就是"这些拒绝向国王尽义务的贵族，后来拿起武器，捍卫法国的君主制，并为之战斗而捐躯"；而"他们之所以有这样的荣耀"，托克维尔说，"全在于他们能够把农民吸引在他们周围"。③ 这也就是说，法国西部的农民之所以能追随贵族反对革命，是因为他们的生活境况近似于德国的农奴，没有发生在大部分法国农民中已经发生的那种心理不平衡，因而完全不理解革命，虽然深受封建压迫却丝毫没有萌生以革命求解放的觉悟。

奇怪的是，托克维尔在这里在用类似于前面那种"法德比较"的方式，简单讲了法兰西岛和西部地区的差异之后，紧接着就换了调子，说"法国人的处境越好就越觉得无法忍受"。言下之意好像是说：法兰西岛农民造反现在不只是因为他们和领主之间权利义务关系的不平衡，同时也是因为他们已经得到部分改善的处境与他们由此萌生的新期望之间的不平衡，是因为他们贪心不足、得陇望蜀、好了还想更好；处境越好他们就越无法忍受任何残存的压迫，就越倾向于铤而走险、揭竿而起。托克维尔还断言，这种情况毫不奇怪，因为"历史充满着类似的景象"④。如此，革命的发生又被简单地归结为某种脱离实际、不合常理的心理活动。"松动崩溃"意义上的"托克维尔悖论"由此正式生成。

厄尔斯特对托克维尔的这一"变调"大感诧异。他指出，"法德比较"和"法兰西岛与西部地区比较"是"托克维尔悖论"在《旧制度与大革命》中的两个"共时性说法"，而"改善引发不满"则是该悖论的一种"历时性说法"。这两种说法都有一定的道理，但它们终究不是一回事。可是托克维尔却莫名其妙地把两者连在一起、等同起来，并"误导性地"凸显和强化了关于该悖论的"历时性"解读——"没有理由说托克维尔虚伪"，厄尔斯特说，"但显然他的脑子在这里有点罕见地进水"。⑤

然而，厄尔斯特的说法显然也有点问题。我们知道，并不只是"托克维尔悖论"的历时性版本里有"改善引发不满"的意思，这个意思在"托克维尔悖论"的共时性

---

① 西部地区的"封建残余"主要应该是一种"等级君主制"残余，因为那里大体上属于布列塔尼三级会议省。根据托克维尔的介绍，这个省和朗格多克省是旧制度法国唯一的两个保存着"省内自由"的地方（参见 [法] 托克维尔《旧制度与大革命》，冯棠译，第266页；原文参见 AR1856, p. 348）。托克维尔对这种三级会议省的"省内自由"心向往之，赞誉有加，但那终究属于一种中世纪制度的遗存。

② [法] 托克维尔：《旧制度与大革命》，冯棠译，第74页；原文参见 AR1856, pp. 73-74。

③ [法] 托克维尔：《旧制度与大革命》，冯棠译，第159页；原文参见 AR1856, p. 210。

④ [法] 托克维尔：《旧制度与大革命》，冯棠译，第210页；原文参见 AR1856, p. 291。

⑤ 甬·厄尔斯特：《托克维尔论法国大革命的发生：远因、近因和导火索》，切瑞尔·韦尔奇编：《剑桥托克维尔研究指南》，第58—59页。

版本中同样存在（农民成了自由的土地所有者反而更加不满）。当然，"托克维尔悖论"的共时性版本和历时性版本也有明显的差异，表现在前者说的是一种较长时段的现象，它涵盖了约300年的整个旧制度时期；后者说的是较短时段的现象，仅与大革命前二三十年中的一些情况相关联。这个差异决定了两者尽管都有"改善引发不满"的意思，却并不都有"松动导致崩溃"的特点。因为"松动崩溃"终归是短期现象，它可以与历时性版本的"托克维尔悖论"相关，却不大容易与共时性版本的"托克维尔悖论"搭边。而现在，经由托克维尔以强调历时性版本的方式将二者这么一"无缝对接"，"松动崩溃"效应竟似乎成了一般意义上的"托克维尔悖论"的"灵魂"，其误导性的确非同小可。所以，如果在这个意义上说托克维尔"脑子进水"，倒也算不得冤枉。

何况托克维尔对历时性版本的"托克维尔悖论"的解读还有另一个层面的严重偏差。前面我们已经看到，共时性版本的"托克维尔悖论"远不能充分解释大革命的起因（所以托克维尔才不得不随后举出大量史实来说明法国农民造反的实际缘由），那么现在这个历时性版本的"托克维尔悖论"是否就可以独立解释法国大革命的爆发呢？

我们看到，托克维尔这次好像觉得可以。他认定，在1780年的时候，繁荣已使"人们"变得对前途充满信心，也变得再也忍受不了以往他们习以为常的痛苦了。所以当国家继续以"举债不还"的老方式掠夺他们的时候，他们便发出了革新政府财政的强烈呼号。不过值得注意的是，托克维尔这里说的"人们"已全然不是农民，而是有钱的"城里人"了：他们是在革命前"20年来"的公共繁荣中"受政府财政管理不善之苦"的形形色色的资产者，包括"食利者、商人、工业家与其他批发商或贪财者"。他们满怀发财的欲望，而且人数迅猛增长。虽然托克维尔也看到，他们的经济活动和国家公共事业的发展关系密切，国家财产和私人财产此时出现了前所未有的紧密混合，以至于以往很长时间里只是一种"公共劣迹"（un mal public）的政府财政管理不善，现在已成了"千家万户的私人灾难"（une calamité privée pour une multitude de familles）。但是他还是坚持认为，这些受害人对政府的抗议只是一种由"改善"引发的"不满"，也就是说，一种部分改善了的处境和新期望之间的不平衡，一种得陇望蜀式的贪心；否则，按照他的逻辑，"从前财政制度的缺陷要严重得多"，为什么他们那时却能"逆来顺受"呢？[①]

然而，托克维尔的这种推理有一个很大的漏洞。从他自己的描述来看，大革命前夕法国资产者的生存状况明显具有两面性：一方面有所"改善"（他们有了更多的发财机会），另一方面也有所"恶化"（千家万户在蒙受私人灾难）。所以说此时"法国人处境越好越难受"，显然只是刻意强调了其处境"改善"的一面，而根本忽略了其处境"恶化"的一面。也许托克维尔真的认为这种"恶化"可以忽略。他的确说过法国"从前财政制度的缺陷要严重得多"，言下之意是现在的情况并未真的"恶化"，人们的不满纯属虚幻的心理效应。然而，那句法国政府财政管理不善由过去的"公共劣迹"变成现在的"千家万户私人灾难"的话，也是他差不多同时说出来的，这就令人大感疑惑：难道社会上大面积的个人切身利益受损，倒不如相对抽象的"公共劣迹"严重？至少对于那些直接受害者来说，这应该是压迫的加重而非压迫的减轻。何况托克维尔随

---

① [法]托克维尔：《旧制度与大革命》，冯棠译，第211—212页；原文参见 AR1856, pp. 294 - 295。

后也对当时的法国政府有过这样的指责:一边不断地刺激法国资产者的发财欲望,一边"又不断从中作梗,点燃了它又把它扑灭"①。这说的当然还是政府的昏聩无能,是体制的腐败低效。但其实托克维尔还应该继续想想,那些资产者在备受政府无情"捉弄"之时,心中感受又该如何?他们是更多地感到了处境的改善,还是更多地感到了某种可恶而实际的压迫呢?

这也许一时很难说清楚,感觉上的心理效应问题和非心理效应问题在这里错综复杂地搅和在一起。也正因如此,把当时法国广大资产者的不满单纯归结为"处境越好越难受",至少是一种片面和武断的认识。

总之,对比"托克维尔悖论"的两次表述,我们可以明显地感到第二次表述的主观色彩更浓,同时在逻辑上也出现了一些问题。这时他的脑子似乎真有点"进水"。那么,为什么会出现这种情况呢?

三

细析托克维尔关于"托克维尔悖论"的第二次表述,我们发现一个很重要的相关因素被他有意或无意地忽略了,这就是"贵族反动"问题。

在《旧制度与大革命》第二编第九章里,托克维尔曾很不经意地触碰过这个问题。他在那里谈论了法国贵族和资产阶级之间关系的演变,说他们在中世纪曾是"合作者"甚至是"亲密战友",后来渐渐分离、疏远、对立,最后到18世纪变成了"竞争对手"乃至"敌人"。而这种演变的动因,便是王朝政府一贯使用"保留和扩大特权"的手段来安抚失去政治权力的贵族等级,结果导致"在贵族等级丧失政治权力的同时,贵族作为个人却获得许多他从未享有过的特权,或增加了他已经享有的特权。可以说,肢体靠死亡的躯体致富。贵族阶级的统治权越来越少,但是贵族却越来越多地享有充当主人第一奴仆的专有特权。路易十四时期较之路易十六时期,平民更易为官。当这种情况在法国还很少见时,在普鲁士已是司空见惯了。这些特权一旦获得,便世代相传、不可分离。这个贵族阶级越是不再成为掌权阶级,就越变为种姓"②。

"路易十四时期较之路易十六时期平民更易为官"这句话插在这里显然文理不通,但它却也透露了一个重要信息,就是托克维尔知道那个后来被历史学家指为18世纪末"贵族反动"的现象。具体来说,"贵族反动"是一个和前面说起过的"领主反动"同期发生的事变进程,其与"领主反动"的差异在于它打击的主要是资产阶级,不像"领主反动"那样打击的主要是农民。勒内·雷蒙非常重视这一问题,认为这和大革命前夕法国资产阶级的革命期望的萌生有极大关系。他指出:16—17世纪法国社会虽然有等级差异,但社会的流动性还是不小的,表现在资产阶级都有可能或是通过购买官职,或是通过晋升为穿袍贵族,或是通过获取土地,从而上升为贵族等级的成员。"正因为有这些安全阀,资产阶级没有产生任何革命的企图。在这种情况下,他们感到很舒服,因为总有分享特权的希望。只有当他们感到被封闭在卑贱的处境中毫无升迁希望的时候,他们才会产生革命的期望,而旧制度末期的情况就是如此。"那么在旧制度末期

---

① [法]托克维尔:《旧制度与大革命》,冯棠译,第213页;原文参见 AR1856, p. 296.
② [法]托克维尔:《旧制度与大革命》,冯棠译,第125—126页;原文参见 AR1856, p. 156。

究竟发生了什么？雷蒙列举了这样一些事例：由穿袍贵族把持的各高等法院这时都提高了资产阶级捐官入贵族的门槛，规定今后平民购买一个官职必须能证明其祖上至少有四位贵族；1781年的一条军规规定，只有出身贵族者才能当军官，第三等级出身者只能当士官；17世纪时大部分高级教士都出身资产阶级甚至下层百姓，而大革命前夕能当上主教和修道院院长的，就都是有贵族血统的人了；路易十四曾规定大臣和政府参事只能从资产阶级中遴选，而到了路易十六时期，大部分大臣甚至总督的职位都落到了传统贵族的手里。这就是所谓"贵族反动"。雷蒙认为，那是贵族等级"在意识到其地位受到威胁，看到其财富在缩水并绝望地要维护其传统优势、要维护甚至恢复对其有利的传统秩序时做出的防御反应"。"这种直接损害资产阶级利益也悖逆其对声誉的渴求的反动，就是资产阶级在（1789年）三级会议上和大革命初年表达的对贵族的强烈不满的根源"。①

能证明这种"贵族反动"存在的证据很多，其中最为人们重视的象征表现，是1781年5月22日颁布的那条被认为阻塞了资产者子弟的军界晋升路径的所谓"军规"。据考证，这条曾被人们广泛引用和讨论、被公认为大革命重要起因之一的法令，其实并不像人们所说的那样严重。因为无论在字面上还是在实际执行中，它都没有取消平民（即族谱上找不到四位以上贵族的人）参军后升任军官的可能，而只是让他们到部队时必须从士兵干起，不能一开始就捐个少尉军衔。但是这个歧视性的规定还是激起了资产者的强烈愤怒，并被他们夸大其词地渲染为一种"不许平民当军官"②的恶规。当然，资产者对这条法令的这种夸张反应，客观上也反映了当时的"贵族反动"潮流对社会气氛的毒化。

和"领主反动"一样，"贵族反动"问题在托克维尔写作时也还不曾引起史学界的关注和讨论，但这个现象显然已经被托克维尔敏锐地觉察到了。关于这一点，厄尔斯特在托克维尔的《旧制度与大革命》第二编第九章的草稿里还找到了一个重要证据。托克维尔在这份手稿的一页纸的边缘上写着这样一段话："有这么一个老生常谈：权利不平等没有随着大革命的临近而变得更严重，但由于实际条件平等的凸显而显得更不可容忍。对此我还要补充说一句，较之以往任何时候，这时的权利不平等在某些方面变得严重了许多，而且其性质也变得可怕了许多。"厄尔斯特揣测，最后那句话说的或许就是1781年的那条关于军官任职的更严格的限制性军规。③

乔治·杜比主编的《法国史（1348—1852）》也十分重视这种"国家和社会结构层面上的'贵族反动'"现象，并将它和"领主反动"相提并论，认为这两种反动"是同一态度的两个侧面，这种态度既深深伤害了农民，也深深伤害了资产阶级"④；也就

---

① ［法］勒内·雷蒙：《旧制度与大革命（1750—1815）》，巴黎1974年版，第71—72页。

② G. 希克斯：《旧制度末年真的需要祖上有四位贵族才能当军官吗？》（G. Six, "Fallait-il quatre quartiers de noblesse pour être officier à la fin de l'ancien régime?"），《近现代史杂志》（*Revue d'histoire moderne et contemporaine*）第4卷第19期（1929年1—2月号），第47—56页。

③ 甬·厄尔斯特：《托克维尔论法国大革命的发生：远因、近因和导火索》，切瑞尔·韦尔奇编：《剑桥托克维尔研究指南》，第77页。

④ ［法］乔治·杜比编：《法国史（1348—1852）》（Georges Duby, éd., *Histoire de la France de 1348 à 1852*），巴黎1987年版，第306—307页。

是说，两者都是法国大革命的重要原因。可是这么说来，事情就有些奇怪了。我们记得，托克维尔在作"托克维尔悖论"的首次表述（革命在中世纪苛政较轻的法国发生）后，曾用很大的篇幅补叙旧制度法国农民遭受的实际上更加深重的苦难，其中关于"燕隼"的叙说更是明确地涉及"领主反动"的问题。这些叙说即使没有完全否定那条"托克维尔悖论"，也在很大程度上限定了它的实际意义。然而现在，在作"托克维尔悖论"的第二次表述后，托克维尔却对他已经觉察到了的"贵族反动"现象再也不着一字；也就是说，把贵族泼在旧制度法国一直热衷于捐官入贵的资产阶级头上的这瓢冷水，根本忽略不计了，结果使他的这些文字给人留下的这一印象便显得十分着实：似乎大革命前夕法国资产阶级的不满只是由公共繁荣和政府压迫的松动引发的，与贵族（经由国王政府）对资产阶级升迁欲求的这种压迫的加强没有一点关系。

尤其令人费解的是，托克维尔写在《旧制度与大革命》第二编第九章草稿里的那段话，原已充分表明他对这种"贵族反动"不仅有所觉察，而且感觉异常强烈。然而，他不仅没有花气力去对这个情况作任何具体的披露，而且还在定稿时没有把这段话留下来，最后只写了那么一句没头没脑、不痛不痒的"路易十四时期较之路易十六时期，平民更易为官"。到底是什么心理障碍让托克维尔在谈论这个问题时这样吞吞吐吐、不情不愿？或者说，到底是什么原因使托克维尔对"贵族反动"的关注远不像他对"领主反动"的关注那样认真？

可能的解释之一是，托克维尔对旧制度王朝政府卖官鬻爵的行为本来就极为反感。他认为这种行为的起因是国库缺钱而又不愿向三级会议索取，而它的后果则是"第三等级的虚荣心遂在三个世纪里保持不衰"；而且政府做这件事的手法丑陋得难以想象，"财政越拮据，新设职位就越多，而免税或特权是新职位的报酬。由于是出于国库的需要而不是行政的需要，因此这样设置的官职多得简直难以置信，或是完全无用，或是反而有害"。其结果建立起来的是一个庞大复杂、难于运转、不起作用的行政机器。① 更令人瞠目的是，政府常常把已经售出的官职强行收回，连"终身赐予的各种特权随时都可收回"，然后再设一些新官职重新出售，这根本就是在利用资产者的虚荣心公然掠夺他们。② 震惊之余，托克维尔一边大骂政府无耻，一边明确表示对那些心甘情愿承受政府的欺骗与掠夺、"一次又一次地花钱购买空洞的荣誉和不公正的特权"的资产者不予同情。"假如有谁能怜悯那些因愚蠢的虚荣心而造成的痛苦，谁就会同情这些不幸的受封贵族的命运。"③ 由此，托克维尔对"贵族反动"的那种漠然姿态，似乎已经可以得到某种解释。

这件事似乎也和托克维尔在对待农民和资产阶级的态度上历来"偏心"多少有点关系。从《旧制度与大革命》中人们可以明显地感到，他同情农民而讨厌资产阶级。著名法国革命史家乔治·勒费弗尔认为这和他的贵族出身有很大关系："他的家族虽没有很大的地产，但曾有很多管理有方受人尊敬的领地，所以托克维尔头脑里地主对农民的父权主义思想根深蒂固。他觉得地产财富比动产财富高贵得多，他谈起农民来也比谈

---

① ［法］托克维尔：《旧制度与大革命》，冯棠译，第142—143页；原文参见 AR1856, p. 184。
② ［法］托克维尔：《旧制度与大革命》，冯棠译，第139页；原文参见 AR1856, p. 179。
③ ［法］托克维尔：《旧制度与大革命》，冯棠译，第139页；原文参见 AR1856, p. 179。

资产阶级兴趣浓得多。"① 实际情况也是如此。在托克维尔的笔下,农民似乎总像他的家里人,他理解他们、关心他们,他们的命运时时牵动着他的心;而资产阶级似乎是一种异类,而且常常是一种自私、偏狭、虚荣、猥琐的异类,很不值得同情。尤其是托克维尔实际上坚信,旧制度法国农民的命运之所以如此悲苦,不仅是贵族的错,也是资产阶级的错,因为他们都抛弃了农民遁入城市。在诉说了农民饱受日益沉重的王家徭役之苦的情况之后,托克维尔便情不自禁地向这些贵族和资产者发出谴责:"如果在农民身旁有一些既有钱又有教养的人,他们即使无意保护农民,至少有兴致、有权力在掌握穷人和富人命运的那个共同主宰面前,替农民求情,那么所有这些新的压迫能制定吗?"②

实际上托克维尔还看到,由此被抛弃的并不只是农民,贵族和资产阶级本身随之也难逃被抛弃的厄运。贵族由于在失去政权的情况下保留了免税特权从而变成了一个"种姓",渐渐地既与农民也与资产阶级发生了"割离",成为没有任何朋友的孤家寡人,一旦革命袭来,无可依靠的他们便只能仓皇出逃。资产阶级由于像贵族一样离开了农民,他们不仅不与农民联合起来共同反对不平等,反而拼命为自己捞取特权,结果是他们很快也被农民抛弃了,最后只能在大革命中可悲地成为他们自己鼓动起来但又无法控制和领导的民众的牺牲品。③ 由此可见,在农民被抛弃的过程中实际发生的乃是贵族、资产者和农民三者关系的彻底破裂。

在托克维尔看来,这也是一场前所未有的社会大分裂。而且更可怕的是,分裂并没有就此止步,它还将"在各阶级内部继续发生",导致无数"彼此孤立的特殊小集团"的产生,直至社会的全面"碎裂","再也组织不起什么力量来约束政府,也组织不起什么力量来援助政府",一旦社会动荡,整个体制就将彻底崩解。④ 那么,究竟是什么原因造成了旧制度法国社会的这种"碎裂"?

直接的动因显然就是王朝政府对"特权"的刻意经营。托克维尔指出:"人们理所当然地抱怨贵族在捐税问题上的特权。但是对资产阶级的特权又该怎样说呢?有几千种官职可以使资产者免去全部或部分公共负担:此人免去自卫队的负担,另一人免去劳役的负担,另一人免去军役税的负担。……我丝毫也不怀疑,资产阶级中的免税者与贵族中的免税者人数一样多,而且常常比贵族还多。"⑤ 而这些享有特权的资产者在他看来简直就是一群人渣,他们"自私自利,趾高气扬",他们甚至把和他们一同生活在城市里的下层人民当作敌人痛加盘剥。最可恨的是,"他们生怕将他们与人民混同,并迫不及待地以一切手段摆脱人民的控制",而他们自身也"分成无穷无尽的片片块块"。每个片块可能就是三四人的小团体,然而个个都自视甚高,能为一点鸡毛蒜皮的"荣誉问题"没完没了地争来斗去。就是"在这些小团体因自尊心而不断地相互摩擦中,法

---

① [法]乔治·勒费弗尔:《〈旧制度与大革命〉导言》(George Lefebvre, "Introduction de L'Ancien Régime et la Révolution"), J. -P. 梅耶编:《托克维尔全集》(J. -P. Mayer, éd., Alexis de Tocqueville, CEuvres complètes) 第2卷,巴黎1952年版,第11页。
② [法]托克维尔:《旧制度与大革命》,冯棠译,第166—167页;原文参见 AR1856, p. 223。
③ [法]托克维尔:《旧制度与大革命》,冯棠译,第170—171页;原文参见 AR 1856, pp. 228 - 230。
④ [法]托克维尔:《旧制度与大革命》,冯棠译,第171页;原文参见 AR1856, pp. 230 - 231。
⑤ [法]托克维尔:《旧制度与大革命》,冯棠译,第131页;原文参见 AR1856, p. 165。

国人固有的虚荣心变得更强、更敏锐,而公民的正当的自豪感却被遗忘"。总之,托克维尔认为当时的法国人,尤其是资产者,大都沉溺于一种"集体个人主义"风气之中,而这种风气乃是"所有侵蚀旧制度机体,迫使旧制度灭亡的弊病中最致命的弊病"①。

托克维尔当然知道,这种社会碎裂的罪魁祸首是热衷于经营特权的王朝政府;而那些削尖脑袋钻营特权的资产者在他看来差不多也是同谋,同样罪不可恕。因此他不可能同情他们,甚至打心底里厌恶他们,以至于都不情愿替他们多说几句公道话。结果带有"松动崩溃"逻辑的"托克维尔悖论"的第二次表述就缺了不少必要的限定性要素,以至于终于被许多人当成了"定律"。

四

事实证明"托克维尔悖论"的两种表述都不足以充分说明法国大革命的发生机理。它们只能反映某些在大革命生成过程中起过某种促进作用的心理因素,而这些因素终究没有决定性的意义。实际上,无论是"革命在苛政较轻的地方发生",还是"繁荣加速革命到来",显示的都只是一些较浅层次的、看似矛盾的现象,而在更深更广层面上发生的事情仍然是符合逻辑的,那就是人们在普遍遭受一些新形式的压迫。这些压迫不但在物质意义上可能较以往并不稍减甚至更加沉重,而且还多了一个能大幅度加重其严酷性的精神维度。其实,"托克维尔悖论"所凸显的正是这种压迫的精神或心理维度,这种揭示是深刻的和必要的,能够丰富和深化我们对于大革命起因的认识。但是,如果我们仅将眼光局限在这一点上,并由此贸然作出"改善引发不满"或"松动导致崩溃"之类的结论,甚至因此不敢再推动某些必要的改革,那就难免要犯违背常识的低级错误。毕竟,"哪里有压迫哪里就有反抗、压迫愈重反抗愈烈"这条人所共知的古老真理,不是谁想推翻就能推翻得了的。

话说到这里,一个事实必须提起,那就是构筑所谓"托克维尔悖论"这种理论并非托克维尔写作《旧制度与大革命》的本意。那种"改善引发不满"或"松动崩溃"意义上的"托克维尔悖论"或"托克维尔定律",也只是别人的理论概括,绝非托克维尔自己的核心思想。他虽有过一些类似的言论,但那与其说是逻辑严密的"理论",还不如说是随笔式的漫谈。而且,他在《旧制度与大革命》第二编第九章的草稿里写下的那段话,已经表明他是不会相信什么"松动崩溃"的。因为他甚至都怀疑那种认为"权利不平等没有随着大革命的临近而变得更严重,但由于实际条件平等的凸显而显得更不可容忍"的"老生常谈",并明确指出大革命前夕的权利不平等其实比以往任何时候都严重得多。

那么,他为什么还是会一再提及那些带"松动崩溃"意味的矛盾现象呢?这个问题可能与托克维尔作为历史学家的独特气质有关。我们知道,尽管很睿智、很勤奋也很注重档案资料,托克维尔终究只是一位"半路出家"的历史学家。而且他在自己不长的54岁生命历程(1805—1859年)里,直到大约45岁(也就是1850年)之前,做的都是社会学性质的学问,即以现存社会为对象的研究。他转向历史学研究只是在1848

---

① [法]托克维尔:《旧制度与大革命》,冯棠译,第131—135页;原文参见 AR1856,pp. 165–171、173。

年革命失败、小拿破仑上台之后的事。① 这在一定程度上解释了他在写历史时,何以常常别出心裁、不循陈规。此外,一位名叫马塞尔·莱因哈特的法国革命史名家还特别注意到,托克维尔在做社会学时就有一个重要特点,就是习惯于用"随笔"的方式写文章,实际上他一直就是一位"天分极高的随笔作家"。尽管他在《旧制度与大革命》的写作过程中完成了由"随笔作家"向"历史学家"的转变,但随笔式的写作风格也一直不曾离开他的笔端。在莱因哈特看来,托克维尔之所以能成为一个了不起的历史学家,相当程度上正是得益于他作为优秀随笔作家所特有的那种"敏锐而细腻的直觉",以及"洞察力、历史感、观察缓慢而深刻的社会转型所需要的统御事件的能力"。② 不过,写随笔的习惯也难免要在托克维尔的历史文章里留下一些凭空想象、随意挥洒的痕迹,这些毛病有时会损害他叙说的逻辑性,但常常也能使他的作品产生一种耐读的魅力。

厄尔斯特非常重视托克维尔的洞察力,认为他有许多真知灼见"值得去发现或再发现"。但他也无奈地看到,托克维尔"经常是含糊不清、模棱两可的,言语暧昧,倾向于发表一些推测性的奇思怪想,而且自相矛盾",并认为这是让人们承认他是"社会科学家"的"主要障碍"。③ 应该说,这一情况在《旧制度与大革命》中表现得非常突出。若要究其缘由,情形可能相当复杂,但不管怎么说,托克维尔写作此书时的精神状态将是一个不容忽视的要素。在该书出版前不久,他曾致信一位朋友谈起他的这种精神状态:"我一贯地视自由为首善。……但我却发现如今大部分人(我指的是最值得尊敬的那部分人,因为其他人的感觉我是不怎么在乎的)都只是在竭力适应新制度,而最可怕的是我竟发现他们似乎都在把对奴隶状态的喜爱变成美德的一种成分。我也想过是不是该用他们的方式去思考和感觉这个世界,但是我做不到,我的意志抵触之,我的天性抵触得更厉害。……您不能想象,处于这种精神孤立之中,感觉自己外在于我的时代和我的国家的思想共同体,是多么地令我痛苦。沙漠中的孤独也比这种人群中的孤独强啊。……这可以解释我为什么在写作时常常深感沮丧。"然而,随后他又坦承:"我非常想有那种不在乎成功的美德,但是我没有。而长期的经验告诉我,一本书的成功更大程度上取决于读者已有的思想,而非作者表达的思想。"④ 这就难怪了:明知读者跟自己的想法相去甚远,甚至根本不同,却又偏偏渴望书的成功,这种心态下写出的文字能不时常自相矛盾吗?

但托克维尔毕竟是诚实的。不论好歹,他写作《旧制度与大革命》主要还是想讴歌"自由",即那种他认为在现代社会或现代化时期尤其必须悉心呵护的政治自由。这

---

① [法]乔治·勒费弗尔:《〈旧制度与大革命〉导言》,J.-P.梅耶编:《托克维尔全集》第2卷,第15页。

② 马塞尔·莱因哈特:《大革命史家托克维尔》(Marcel Reinhard, "Toequeville historiern de la Révolution"),《法国革命史年鉴》(Annales historiques de la Révolution francaise)第161期,1960年7—9月号,第257—265页。

③ 甬·厄尔斯特:《社会科学第一人托克维尔》(Jon Elster, Alexis de Tocqueville. The First Social Scientist),剑桥大学出版社2009年版,第2页。

④ 《1856年1月7日托克维尔致安娜—索菲·斯维琴娜》("Letter to Anne-Sophie Swetchine, January 7 1856, in Alexis de Tocqueville"),罗杰·博舍编:《托克维尔论政治与社会书信选》(Roger Boesche, ed., Selected Letters on Politics and Society),加利福尼亚大学出版社1985年版,第326页。

一主旨决定了他关于大革命起因的基本认识,那就是旧制度王朝政府取消政治自由的行政集权政策。在他看来,导致旧制度崩溃的一切弊端归根结底都是这种行政集权造成的恶果。他坚信,如果不取消政治自由,贵族就不会反叛,资产阶级就不会嫉妒,农民也不会仇恨,社会更不会全面碎裂。是贵族的反叛点燃了革命的导火线,是资产阶级的嫉妒使革命由贵族革命转变为资产阶级革命,是农民(包括许多聚集到城市里的农民——无套裤汉)的仇恨接着又将这场资产阶级革命发展为"大革命",而使这场"大革命"最终得以实现的环境条件则是社会的全面碎裂。这就是《旧制度与大革命》的基本逻辑理路。至于"革命在苛政较轻的地方发生""繁荣加速革命到来"之类的"托克维尔悖论",虽然对法国革命的发生也有某种重要的解释功能,但在某种意义上也可以说是随笔式文字经常要使用的一些"话引子"。其主要目的是勾起读者的好奇心,从而使读者对作者的叙说产生兴趣,因为托克维尔知道,只有这种"对叙说的兴趣"才能"引导读者从一种思考自然地走向另一种思考"[①]。所以,对于这种"托克维尔悖论",我们应该重视,但不可贸然迷信,更不可随意解读。

(原载《世界历史》2013年第5期)

[①] 《1850年12月15日托克维尔致路易·德·柯格来》("Letter to Louis de Kergorlay, December 15 1850"),罗杰·博舍编:《托克维尔论政治与社会书信选》,第256页。

全球环境史在美国的兴起及其意义

高国荣[*]

摘　要：全球环境史探讨生态环境因素在洲际甚至全球范围内对人类历史的影响。全球环境史研究的兴起，与环境问题的全球化有密切关系，是全球史和环境史两个领域相互融合的结果，它还受到近年来兴起的"大历史"这一新兴研究领域的推动。自20世纪70年代以来，全球环境史研究在克罗斯比和约翰·麦克尼尔等学者的努力下，取得了明显进展。全球环境史有助于从整体上揭示环境对人类的影响，为史学研究提供了一种新的视角，扩展了史学的研究范围，有助于克服西欧中心论和人类中心论，深化对历史的认识。与此同时，全球环境史的发展又面临着多方面的挑战。

关键词：环境史　全球史　全球环境史　美国

近20年来，美国的环境史研究出现了一些明显的变化，其中一个重要方面就是全球环境史研究的兴起。全球环境史的成果近年来在美国得到了世界史学界和环境史学界的共同认可。2009年6月下旬，在马萨诸塞州塞勒姆州立学院（Salem State College）召开的第18届世界史学会（The World History Association）年会首次颁发了"世界史先驱奖"（Pioneers in World History Award），获此殊荣的是两位鼎鼎大名的美国历史学家，即阿尔弗雷德·克罗斯比（Alfred W. Crosby）和威廉·麦克尼尔。无独有偶，美国环境史学会主办的《环境史》在2009年第3期和2010年第1期分别刊登了对克罗斯比和威廉·麦克尼尔的访谈文章。克罗斯比是美国环境史研究的主要奠基人之一；威廉·麦克尼尔则是享誉学界的世界史权威。克罗斯比和威廉·麦克尼尔两位学者的成就能同时获得美国世界史学会和美国环境史学会的表彰和认可，表明世界史和环境史可以相互贯通，彼此联系紧密。约翰·麦克尼尔[①]是研究全球环境史的知名学者，在2011年4月至2013年4月曾任美国环境史学会主席，这说明全球环境史正在成为美国环境史研究领域的一个重要分支。本文拟对全球环境史研究在美国的兴起背景，它作为一个领域的出

---

[*] 高国荣，中国社会科学院世界历史研究所副研究员。
[①] 威廉·麦克尼尔（William H. McNeill）与约翰·麦克尼尔（John McNeill）是父子俩，两人为推动全球环境史的发展贡献良多，为避免混淆，正文后文称前者为老麦克尼尔，后者为小麦克尼尔。

现及其意义进行梳理与分析,[①] 希望能有助于国内学界了解全球环境史研究在美国的发展。

一 全球环境史何以出现

全球环境史探讨生态环境因素在洲际甚至全球范围内对人类历史的影响。在美国,全球环境史不同于外国国别环境史,其研究对象所涉及的地域范围覆盖了有人类文明存在的多数区域。全球环境史同时也可指一种研究视角,恰如沃斯特所说,"从全球的角度思考环境史,意味着采用总体的观念,把世界视为整体,把地球看做一个生态系统加以研究。"[②]

作为环境史研究的一个重要分支,全球环境史的兴起,既是出于现实的需要;也是世界史与环境史发展到一定阶段的产物,是两个领域相互融合的结果。而近年来"大历史"(Big History)的兴起,也推动了全球环境史研究的发展。

全球环境史之所以出现,与伴随经济全球化而来的环境问题的全球化有密切关系。经济全球化往往被追溯至15、16世纪新航路的开辟和资本主义在西欧的兴起。由于世界市场的开拓,"一切国家的生产和消费都成为世界性的了"。新的资本主义工业"所加工的,已经不是本地的原料,而是来自极其遥远的地区的原料;它们的产品不仅供本国消费,而且同时供世界各地消费……过去那种地方的和民族的自给自足和闭关自守状态,被各民族的各方面的互相往来和各方面的互相依赖所代替"[③]。近代以来,各国经济之间的相互联系不断密切,世界经济一体化的过程在冷战结束后明显加速。经济全球化加剧了资本无限扩张和地球有限承载力之间的矛盾,导致全球环境质量总体上不断趋于恶化。经济全球化的浪潮,使生产和消费日趋分离,人为加剧了生态系统失衡的危险。生态退化和资源耗竭大范围发生,环境污染几乎无处不在。在一定程度上,少数地

[①] 美国学者关于全球环境史研究概况的梳理,可参见 J. 唐纳德·休斯《环境史研究的全球维度》(J. Donald Hughes, "Global Dimensins of Environmental History"),《太平洋历史评论》(Pacific Historical Review)第70卷,2001年第1期,第91—101页;J. 唐纳德·休斯:《什么是环境史》,梅雪芹译,北京大学出版社2008年版,第5章。国内学者对此只有简单提及,可参见韩莉《全球通史体系下的生态环境史研究》,刘新成主编:《全球史评论》第1辑,商务印书馆2008年版;包茂红:《从环境史到新全球史》,《光明日报》2011年12月1日。另外,据伊格尔斯称,"全球史"和"世界史"在美国"往往相互重叠,混为一谈,但全球史更倾向于研究15世纪地理大发现以后的时代……而世界史则可以把前现代的社会和文化的研究包括进来"(格奥尔格·伊格尔斯、王晴佳:《全球史学史:从18世纪至当代》,杨豫译,北京大学出版社2011年版,第413页)。考虑到美国著述的实际情形,再加上休斯、约翰·麦克尼尔等学者也都采用"全球环境史"这一术语,本文循例使用"全球环境史"而不是"世界环境史"。

[②] 加布里埃尔拉·科诺亚:《什么是全球环境史:与皮耶罗·贝维拉夸、吉耶尔莫·卡斯特罗、兰贾·查克拉巴蒂、科布斯·皮萨尼、约翰·麦克尼尔、唐纳德·沃斯特对话》(Gabriella Cornoa, "What is Global Environmental History? Conversation with Piero Bevilacqua, Guillermo Castro, Ranjan Chakrabarti, Kobus du Pisani, John R. McNeill, Donald Worster"),《全球环境》(Global Environment)2008年第2期,第233页。

[③] 马克思和恩格斯:《共产党宣言》,《马克思恩格斯选集》,人民出版社2008年版,第276页。

区、少数人口的高消费往往以多数地区、多数人口的生存环境恶化为前提,各国城乡之间、发达国家与发展中国家之间在环境问题上的矛盾和冲突更趋紧张。

20世纪中叶以来,环境问题从局部的、区域性的问题变成人类社会不得不面对的普遍的全球性问题。一方面,所有人群不论身在何处,都会受到气候变暖、臭氧层损耗、酸雨、土地荒漠化、森林锐减、生物多样性减少、水资源危机、海洋污染、危险性废弃物越境转移和城市空气污染十大全球性环境问题的影响。另一方面,在各国经济相互依存和渗透日渐加深的全球化时代,局部问题很容易在全球引起连锁反应。各种传染病往往能轻易地跨政治边界传播。一些国家的粮食和石油减产,在人为操纵下,可能会影响到整个世界的安定。环境问题的广泛存在,直接威胁到人类的生存和发展。各国民众对世界环境问题的普遍忧虑,成为推动全球环境史研究发展的现实动力。

全球环境史的出现,不仅是经济全球化和环境问题全球化的产物,也是环境史研究发展到一定阶段的结果。首先,作为宏观研究,全球环境史必定以环境史的大量个案研究为基础。自20世纪70年代兴起以后,环境史研究在美国、欧洲及世界上其他很多国家和地区蓬勃发展,个案研究盛行,成果大量涌现,为全球环境史的综合研究创造了条件。全球环境史往往是对国别、区域和专题环境史的提炼与综合,具有吴于廑先生所喻指的宏观历史的特点,即它所要勾画的"是长卷的江山万里图,而非团团宫扇上的工笔花鸟"①。

其次,环境史与世界史的内在联系,为二者之间的融合创造了条件。环境史与世界史都倡导超越民族国家的界限,并强调互动与横向联系。② 自20世纪下半叶以来,以巴勒克拉夫为首的一些西方历史学家就开始提倡"超越民族和地区的界限、理解整个世界"③的全球史观,对人类历史进行重新审视。全球史观要求摒弃西方中心论,将不同人群、社会、民族、国家之间的"'跨文化互动'理解为全球发展的核心"④,以展示人类文明的整体发展,尤其是研究还较薄弱的世界横向联系和发展。全球史学者认为,贸易范围的扩大加强了世界的横向联系,不仅启动了各国各地区的政治、经济、技术、文化方面的互动,⑤而且加强了洲际的物种交流,对世界各地区的生态和社会变迁产生了广泛而深远的影响。

环境史也倡导超越民族国家的界限来探讨人与自然之间的互动关系。沃斯特在1988年曾指出:历史学者"一直倾向于狭隘的国别的研究",但这种方法"可能给环境史的探索'设置障碍'"⑥,因为这个领域中的很多问题并不只是存在于民族国家的疆域

---

① 《吴于廑学术论著自选集》,首都师范大学出版社1995年版,第28页。
② [美]马立博:《世界环境史:自然、现代性与权力》(Robert B. Marks, "World Environmental History: Nature, Modernity, and Power"),《激进史评论》(Radical History Review)2010年第1期,第210页。
③ [美]杰弗里·巴勒克拉夫:《当代史学主要趋势》,杨豫译,上海译文出版社1987年版,第242页。
④ 刘新成:《"全球史观"与近代早期世界史编撰》,刘新成编:《全球史评论》第1辑,第23页。
⑤ 刘新成:《"全球史观"与近代早期世界史编撰》,刘新成编:《全球史评论》第1辑,第32页。
⑥ [美]唐纳德·沃斯特:《环境史研究的三个层次》,侯文蕙译,《世界历史》2011年第4期。

之内，而是跨越国界，甚至影响整个地球的。除前文提到的全球十大环境问题外，人口迁移、疫病传播、海洋捕鲸、候鸟迁徙、跨境污染、战争也会造成全球影响。各种类型的生态系统往往并不局限于民族国家的范围之内，再加上不断的能量流动、物质循环和信息传递在生态系统内外所形成的错综复杂的种种联系，使得以生态系统作为研究对象的环境史必然要突破民族国家的界限，不然就会割裂生态系统的有机联系。

近年来兴起的"大历史"，也推动了全球环境史研究的发展。大历史试图理解自130亿年前"宇宙大爆炸"以来的全部历史，从宇宙的起源、地球的演化、地球生命的进化一直讲到人类的出现和人类文明的发展，力图对人类从哪里来、又将去往何方提供一个整体的描述。大历史将"进化"作为其核心概念之一，将人类史置于宇宙进化史的视野下加以考察，提出了"人类历史在整个生物圈的进化中所具有的重要意义"这样宏大的问题。该问题"即使从长达数千年的时间框架来看"也很难解答。克里斯蒂安多年来一直倡导大历史研究，在他看来，"过去只是关注国家、宗教与文化之分野的那些历史叙述，现在看来是狭隘的、错误的，甚至是危险的"。在环境问题层出不穷的今天，历史学家"迫切需要将人类看作一个整体"[1]。总的来看，大历史非常重视对全球环境史的研究。在一定程度上甚至可以说，大历史是全球环境史的无限放大与延伸。近年来，大历史已经受到了美国世界史学界的广泛关注，成为美国世界史学会2011年年会讨论的热门问题。[2] 大历史的兴起，将会进一步推动全球环境史的发展。

总之，全球环境史研究的兴起，是经济全球化和环境问题全球化在历史学中的反映，同时也是全球史和环境史相互融合的结果。有学者认为，环境史已经同文化交流与传播史、经济社会史并列，成为当前专业历史学家开展全球历史分析的三大流派之一。这一流派"探索环境和生态发展在大范围，有时是全球范围内产生的影响"[3]。

二 全球环境史编撰的尝试与呼吁

全球环境史研究在美国可以追溯至20世纪五六十年代。自七八十年代以来，以克罗斯比和老麦克尼尔为首的少数学者，就人类历史上动植物和病菌在全球范围内的传播及其影响出版了令人瞩目的成果。1982年沃斯特明确提出了环境史研究要超越民族国家的疆界，倡导全球视野下的环境史研究。

1976年美国环境史学会成立，为全球环境史的萌发创造了必要条件，但此前也有其他学科的少数学者对后来全球环境史所关注的一些问题进行过思考。1955年6月，为纪念乔治·马什的《人与自然》一书出版100周年，卡尔·索尔（Carl Sauer）、刘易斯·芒福德（Lewis Mumford）、保罗·希尔斯（Paul Sears）、卡尔·魏特夫（Karl

---

[1] ［美］大卫·克里斯蒂安：《时间地图：大历史导论》，晏可佳等译，上海社会科学院出版社2007年版，第10页。

[2] 在2011年的世界史学会年会上，大历史成为"一大热点，共有5个分组会议和2个圆桌会议"，参见方林《世界史学会第20届年会简述》，刘新成主编：《全球史评论》第4辑，中国社会科学出版社2011年版，第383页。

[3] ［美］杰里·H.本特利：《20世纪的世界史学史》，许平、胡修雷译，《史学理论研究》2004年第4期。文化交流与传播史尤其重视技术的传播，而经济社会史强调远程贸易和经济融合。

A. Wittfogel）等70多位来自不同学科、不同国家的知名学者，在普林斯顿大学举行国际学术研讨会，会议主题为"人在改变地球面貌中的作用"。与会者探讨了远古以来欧亚、拉美等多个地区人类通过采集、渔猎、农业、工业和城市化等诸多活动所带来的景观变迁，其主题涉及气候、能源、植被、河流、海岸线等多个方面。会议论文于次年结集出版，该文集以其宏阔的视野和精湛的研究成为一部皇皇巨著。[①]

在20世纪70年代以前，研究全球范围内人类与自然关系史的学者，主要是地理学家。从七八十年代开始，有历史学者开始从生态史的角度对物种交流、疫病传播进行跨国别的研究。克罗斯比及老麦克尼尔富有成效的探索，促进了环境史研究在美国的发展，可视为全球环境史在美国的萌芽。

作为美国环境史研究的奠基人之一，克罗斯比是全球环境史研究的拓荒者。克罗斯比生于1931年，自小就常听他的外祖父唠叨1858年爱尔兰大饥荒。那场饥荒连同欧洲黑死病所导致的人口损失，以及新旧世界接触后美洲土著人口的锐减，让他想到也许都是传染病在作祟。在经历过朝鲜战争、民权运动和反战运动之后[②]，克罗斯比开始力图摆脱意识形态的羁绊，转而探寻生命本身，尝试"建立我们对这个星球上的生命的整体认识"[③]。克罗斯比对生命或生态的研究，是从传染病入手的。他在1967年撰文提出，庞大的印加帝国被区区数百名西班牙殖民者所征服，是因为天花作为生物武器，给毫无免疫能力的印第安人带来了灭顶之灾，摧毁了土著社会。后来，他在该文的基础上深入探讨了新旧大陆其他物种的交换，这就是1972年出版的《哥伦布大交换——1492年以后的生物影响和文化冲击》一书的由来。

在《哥伦布大交换——1492年以后的生物影响和文化冲击》中，克罗斯比从生物竞争的角度揭示了新旧世界相遇后的不同命运。克罗斯比审视了1492年新旧世界相遇之后农作物、家畜和疾病的散布与传播，并将这种全方位且极不均衡的物种交换视为欧洲人征服美洲的根本影响因素。在克罗斯比之前，尽管人类学者、人口学者和少数历史学者考察过1492年后美洲发生的多起瘟疫所导致的土著人口的锐减，尽管动物学家、植物学家、地理学家对农作物和家畜的传播引进也有所涉及，但未曾将这些不同领域的研究结合起来。而克罗斯比的贡献就在于，他尝试着"将各行专家的发现整合起来，建立我们对这个星球上的生命的整体认识"[④]。

克罗斯比的研究太超前了，其有关哥伦布的研究在20世纪70年代初还不易为人所接受。《哥伦布大交换——1492年以后的生物影响和文化冲击》一书的出版经历过很多波折，遭到了多家出版社的拒绝，在1972年才得以面世[⑤]。该书出版之后争议很大，

---

① 威廉·托马斯：《人在改变地球面貌中的角色》（William L. Thomas, ed., *Man's Role in Changing the Face of the Earth*），芝加哥1956年版。

② 马克·乔克、查尔·米勒：《克罗斯比访谈》（Mark Cioc and Char Miller, "Alfred Crosby"），《环境史》（*Environmental History*）第14卷，2009年第3期，第560—561页。

③ ［美］克罗斯比：《哥伦布大交换——1492年以后的生物影响和文化冲击》，郑明萱译，中国环境科学出版社2010年版，"30周年版前言"第X、XVI页。

④ ［美］克罗斯比：《哥伦布大交换——1492年以后的生物影响和文化冲击》，"30周年版前言"第XVI页。

⑤ 马克·乔克、查尔·米勒：《克罗斯比访谈》，《环境史》第14卷，2009年第3期，第562页。

毁誉不一，一度受到史学界的漠视甚至评论界的苛责。但该书却成为环境史这一新领域的奠基性文本之一。克罗斯比因为该书而声誉鹊起，成为环境史领域的领军人物，并在20世纪80年代初应邀出任剑桥大学出版社"环境与历史研究"丛书的主编之一。时至今日，克罗斯比在《哥伦布大交换——1492年以后的生物影响和文化冲击》中提出的一些基本观点，已经被美国的主流史学所接受，成为多部美洲史和世界史教科书的内容。

此后，克罗斯比进一步拓展了其研究的时空范围。在1986年出版的《生态帝国主义：欧洲的生物扩张，900—1900》一书中，克罗斯比阐述了欧洲人于900—1900年在美洲、大洋洲和太平洋岛屿的扩张，解释了欧洲移民及其后裔遍布世界的生物因素。作者认为，欧洲人得以成功扩张，"从根本上说，也许要归功于最好称其为生物的或地理的因素"[1]。欧洲人所带去的动物、植物及病菌作为先遣军，挤占了原生物种的生存空间，导致当地物种甚至土著居民的衰微甚至灭绝，从而为欧洲人的大举扩张开辟了道路。

克罗斯比是环境史研究的主要奠基人之一和全球环境史研究的拓荒者，而生态分析和全球视野是他一以贯之的研究特色。克罗斯比是最早将利奥波德所倡导的"历史的生态解释"[2]——从生态的角度阐释历史的变化——付诸实施的少数学者之一。克罗斯比的研究着意于生命本身，他将自然视为由不同物种所构成的生命系统，其中所有的物种，不论动植物、微生物，还是人，首先都是生命。克罗斯比将人视为一个"生物性的实体"进行考察，将人放在自然进化的长河中进行探讨，将人作为依存其他生物、影响其他生物、受其他生物影响的自然生态系统中的一员来加以探究。克罗斯比严肃地看待生态因素在人类历史上的作用。他所研究的物种交换，即所谓的植物、动物和微生物的散布和传播，不仅贯穿了文明的始终，而且不断突破新的地域界限。而他所研究的那一时期，又正好处于人类历史的转折阶段，当时，资本主义向全球扩张，新旧大陆从孤立隔绝走向联系紧密。因此，哥伦布环球航行以来的物种交换，就其广度和深度而言都是绝无仅有的；它伴随着资本主义的血腥扩张，给世界广大地区带来了深重的苦难，因而被克罗斯比称为"生态帝国主义"。克罗斯比视野开阔，他的几乎所有作品都是在洲际甚至全球的大范围内进行探讨。

与克罗斯比出版《哥伦布大交换——1492年以后的生物影响和文化冲击》一书时是史学界的无名小卒不同，老麦克尼尔在1976年出版《瘟疫与人》的时候已经是世界史学界的领军人物。此书甫一出版便大受欢迎，于1977年、1979年两次重印，成为老麦克尼尔最畅销的一本书。该书是第一部从整体上讨论传染病影响人类历史的史学著作，揭示了传染病跨洲界侵入对其完全缺乏免疫力的人群时所造成的灾难性影响，认为传染病"无论过去与现在都在自然平衡中扮演着至关重要的角色"[3]，是"影响人类历

---

[1] [美]克罗斯比:《生态帝国主义：欧洲的生物扩张，900—1900》（Alfred Crosby, *Ecological Imperialism: The Biological Expansion of Europe, 900-1900*），剑桥大学出版社1988年版，第5页。

[2] [美]奥尔多·利奥波德:《沙乡年鉴》（Aldo Leopold, *A Sand County Almanac: With Essays on Conservation from Round River*），纽约1974年版，第241页。

[3] [美]威廉·麦克尼尔:《瘟疫与人》，余新忠、毕会成译，中国环境科学出版社2010年版，第2页。

史的基本参数和决定因素之一"①。老麦克尼尔在书中将人类社会视为一种由病菌的微寄生和一些人依赖于另一些人的巨寄生所构成的脆弱的平衡系统。微寄生是指以人类为宿主的病菌在人群中传播；而巨寄生则是指各国内部所存在的社会剥削，以及国际上强国大国对弱国小国的掠夺。老麦克尼尔将病菌视为人类生态系统中的一个重要环节，全面深入地考察了病菌对政权更迭、经济消长、文化兴衰的影响。该书之所以深受欢迎，除了写得生动有趣之外，还在于它揭示了疾病在人类历史上的重要影响，并与它付梓之时恰逢艾滋病备受关注这一时机有关。《瘟疫与人》的成功，展示了疫病作为一种新的历史解释模式的潜力，使疫病史作为一个领域备受关注，引导学者关注人类赖以生存的、包括病菌在内的自然环境的整体。

老麦克尼尔作为世界史研究的一代宗师，在倡导将生态视角纳入全球史研究方面所发挥的作用不容低估。② 尽管他没有写过环境史的专门著作，但他的多部作品都将生态维度作为历史考察的一个重要方面。他在1947年完成的博士论文追溯了土豆在爱尔兰种植的历史。但他自己也承认，他"在当时并没有像后来那样，有意识地将人与其他生命形式的关系作为人类事务中一个普遍而且无法回避的方面"，他关注的主要是引种土豆"在人口、政治和文化方面所造成的影响"③。他在晚年还和儿子小麦克尼尔合著《人类之网：鸟瞰世界历史》一书，该书受到克罗斯比的推崇："如果你只想读一本世界史的书，《人类之网：鸟瞰世界历史》就是你应该读的那本"④。老麦克尼尔对全球环境史研究的贡献，还在于他儿子在他的影响下成为该领域的杰出学者。这种影响主要是引导致力于环境史研究的小麦克尼尔接受全球史或世界史的观念。⑤ 这种全球的视角实际上在包括环境史在内的整个历史学界都还非常缺乏，人们往往重视个案研究，而对全球史或世界史持怀疑态度。小麦克尼尔因为将环境史和全球史结合起来而独树一帜，成为美国环境史学界的中年一代领航者。

长期以来，唐纳德·沃斯特是美国环境史研究的领军人物，他是明确倡导开展全球环境史研究的第一人。沃斯特于1982年1月在加利福尼亚大学召开的美国第一届环境史学会年会上，作为美国环境史学会的主席，作了题为《没有区隔的世界：环境史的

---

① ［美］威廉·麦克尼尔：《瘟疫与人》，第175页。
② 巴勒克拉夫曾经特别提到 L. S. 斯塔夫里亚诺斯和威廉·麦克尼尔尝试用全球观点进行世界史写作方面所取得的成就（［英］杰弗里·巴勒克拉夫：《当代史学主要趋势》，第246页）。L. S. 斯塔夫里亚诺斯在1989年出版了《远古以来的人类生命线》（L. S. Stavrianos, *Lifelines from Our Past: A New World History*, New York: Random House, Inc., 1989），该书从生态、两性关系、社会关系和战争四个方面分析了社会形态的更替嬗变。
③ 马克·乔克、查尔·米勒：《威廉·麦克尼尔访谈》（Mark Cioc and Char Miller, "William H. McNeill"），《环境史》第15卷，2010年第1期，第130—131页。
④ ［美］约翰·麦克尼尔、［美］威廉·麦克尼尔合著：《人类之网：鸟瞰世界历史》（J. R. McNeill, William H. McNeill, *The Human Web: A Bird's-Eye View of World History*），纽约2003年版。克罗斯比的评价见该书封底。该书中文本已于2011年由北京大学出版社推出，译者为王晋新等人。
⑤ 小麦克尼尔从事环境史研究，主要是受他在杜克大学的老师约翰·理查兹（John F. Richards）等人的影响。

国际化》的总结发言。在这个被认为"改变了环境史的发展方向"①的演讲中,沃斯特号召对"每个国家、地球上的各个角落都存在的那些基本的历史问题"开展比较研究。他当时提到了两个问题,其一是人们对自然的理解和行动,"从依靠民间经验向依靠专业科学知识的转移";其二是"从自给自足到卷入全球市场体系"所经历的经济和生态演变。②沃斯特作这个报告,不仅因为环境史从一开始就存在碎化问题,而且因为与会者中有很多人研究的是外国国别史,只有谈环境史的国际化才有可能同众多与会者的专业兴趣结合起来。沃斯特倡导全球环境史研究,与他的学术经历也有一定关系。沃斯特在获得博士学位后曾经在科罗拉多州的阿斯彭(Aspen)人文研究所工作,参与过1974年世界粮食会议白皮书的起草,常常谈论世界粮食问题、气候变化和非洲的荒漠化,这种经历使他后来总是"力图把美国史和一系列全球问题联系起来"③。他在《尘暴》一书中不是孤立地谈美国南部大平原沦为尘暴重灾区的经历,而是将其同欧洲地中海地区、中国黄河流域、非洲撒哈拉地区以及苏联均存在的类似问题联系起来。实际上,资本主义的环境影响是沃斯特诸多研究中一以贯之的主线,他总是在资本主义全球扩张这一历史背景下审视各地所经历的生态与社会变迁。

从20世纪80年代中期以来,沃斯特和克罗斯比就一直在努力推动全球环境史研究的发展。除著书立说之外,两位学者还主编了剑桥大学出版社的"环境与历史"丛书④。这套丛书将环境史研究不断推向美国以外的广大地区,已出版多种有关拉丁美洲、中国、欧洲、非洲的环境史作品。其中,由沃斯特教授主编的《地球的结局》⑤这一文集涉及全球多个区域,被广泛用作全球环境史的教材。此外,沃斯特和克罗斯比还积极开展国际学术交流,指导和培养了多名外国留学生,为环境史研究在世界多国的发展作出了贡献。

总的来看,在20世纪90年代之前,全球环境史研究在美国还处于萌芽状态。在很长时间内,克罗斯比几乎是孤军奋战在这一领域。难能可贵的是,他的《生态帝国主义》一书取得了巨大的成功,开创了物种交换史研究的成功范例,显示了全球环境史作为一个专门领域的广阔前景,吸引一些学者投身于为该领域,为全球环境史作为一个领域在未来的兴起开辟了道路。

---

① 戴维·金凯拉、尼尔·马希尔:《重读〈没有区隔的世界:环境史的国际化〉:唐纳德·沃斯特访谈》(David Kinkela and Neil M. Maher, "Revisiting a 'World without Borders': An Interview with Donald Worster"),《激进史评论》2010年第1期,第101页。

② [美]唐纳德·沃斯特:《没有区隔的世界:环境史的国际化》(Donald Worster, "World without Borders: The Internationalizing of Environmental History"),肯德尔·拜莱斯编:《环境史:比较视域中的关键问题》(Kendall E. Bailes, ed., *Environmental History: Critical Issues in Comparative Perspective*),美国大学出版社1985年版,第664—665页。

③ 戴维·金凯拉、尼尔·马希尔:《重读〈没有区隔的世界:环境史的国际化〉:唐纳德·沃斯特访谈》,《激进史评论》2010年第1期,第103页。

④ 除剑桥大学出版社的"环境与历史研究"(Studies in Environment and History)系列之外,俄亥俄大学出版社的"生态与历史"(Ecology & History)系列丛书也以全球环境史为出版重点。该丛书的主编是小詹姆斯·韦布(James L. A. Webb, Jr.),在1998年至2012年间推出著作20种。

⑤ [美]唐纳德·沃斯特编:《地球的结局:关于现代环境史的一些观点》(Donald Worster, ed., *The Ends of Earth: Perspectives on Modern Environmental History*),剑桥大学出版社1989年版。

三 全球环境史的兴起

全球环境史在美国兴起是在 20 世纪 90 年代。小麦克尼尔提到，全球环境史的兴起晚于环境史，到现在有约 20 年的时间。① 在此期间，全球环境史研究在美国取得了一些新的进展。研究人员逐渐增多，其专业背景也不限于历史学本身。新成果不断问世，并以专题研究为主，通史性质的著作和工具书也在缓慢增加。在这一时期，以休斯为代表的老一辈学者尝试以环境史的理念编撰世界史。尤其可喜的是，以小麦克尼尔为首的一批学者开始脱颖而出，为该领域的发展带来了新的活力。

唐纳德·休斯是美国环境史学会和欧洲环境史学会的创始人之一，是为数不多的古代环境史学者。在 20 世纪 80 年代上半期担任《环境评论》主编期间，休斯对全球环境史的兴趣日益浓厚，② 并在 20 世纪 90 年代将研究重点从古希腊罗马史转向了全球环境史，随后出版了《地球的面貌：环境和世界史》《世界环境史：人类在生命共同体中的角色变化》等作品。③

休斯对世界环境史的编撰提出过一些初步设想。他在 1995 年撰文指出了既有世界史编撰中存在的一些问题，并主张通过引入环境史来克服其不足。在他看来，以往那些以发展为主线的世界史著作，都几乎把发展视同于经济增长和技术进步，无视发展给包括人类在内的地球上的生命共同体造成的损害和威胁，没能就人类与自然的和谐相处提供历史的借鉴。休斯提出了"生态演变过程"（ecological process）这一概念，主张以生态演变为主线重新编撰世界历史，将历史上的人类活动置于地球这一生命支撑体系的大背景下进行分析，从历史的角度为人类的可持续发展提供启示。④ 此后，休斯将这一主张付诸实践，于 2000 年主编了文集《地球的面貌：环境和世界史》。该文集主要关注 20 世纪，包括 7 篇专题文章，涉及生物多样性、农业、环保运动等诸多方面，涵盖美国、澳大利亚、苏联、印度等世界多个国家和地区，旨在揭示人与自然的相互依存。2001 年他又出版了《世界环境史：人类在生命共同体中的角色变化》一书。该书以时

---

① ［美］约翰·麦克尼尔等编：《全球环境史研究指南》（JohrI McNeill, et al, eds., *A Companion to Global Environmental History*），霍博肯 2012 年版，"导言"第 16 页；［美］约翰·麦克尼尔等编：《全球环境史导读》（John McNeill, et al, eds., *Global Environmental History: An Introductory Reader*），纽约 2012 年版，"导言"第 16 页。

② ［美］J. 唐纳德·休斯：《历史上的人类生态学：在技术与环境之间寻求平衡》（J. Donald Hughes, "Human Ecology in History: The Search for a Sustainable Balance Between Technology and Environment"），《华盛顿特区科学研究院杂志》（*Journal of the Washington Academy of Sciences*）第 77 卷，1987 年第 4 期。该文表明休斯有意撰写一本世界环境史著作。

③ ［美］J. 唐纳德·休斯：《地球的面貌：环境和世界史》（J. Donald Hughes, *The Face of the Earth: Environment and World History*），纽约 2000 年版；［美］J. 唐纳德·休斯：《世界环境史：人类在生命共同体中的角色变化》（J. Donald Hughes, *The Environmental History of the World: Humankind's Changing Role in the Community of Life*），纽约 2001 年版。

④ ［美］J. 唐纳德·休斯：《生态与发展：世界史编撰的主线》（J. Donald Hughes, "Ecology and Development as Narrative Themes of World History"），《环境史评论》（*Environment History Review*）第 19 卷，1995 年第 1 期。

间为序,从史前一直写到当代,每一章都在引言部分交代历史背景,并各以三个个案来阐述那一时期人与自然的互动关系,既有总体概述,又有具体实例。这种尝试,有助于克服通史研究泛泛而论的不足。①

在中青年学者中,小麦克尼尔独树一帜,他专攻全球环境史,在美国史学界享有盛誉。小麦克尼尔著述颇丰,已出版《地中海世界的山区:环境史》《阳光下的新事物:20世纪世界环境史》《蚊子帝国:1620—1914年大加勒比海地区的生态和战争》三部专著,他还与人合著或合编了十多部环境史著作。②《地中海世界的山区:环境史》从土耳其、希腊、意大利、西班牙和摩洛哥等国各选取一个丘陵山区作为研究对象,对当前这些衰败山区的形成进行了历史分析,将这些山区的环境退化归因于近两个世纪以来该地区长期的社会和政治动荡。《阳光下的新事物:20世纪世界环境史》一书出版于2000年,是小麦克尼尔的代表作。该书认为,20世纪经历了前所未有的环境变化,而人类"在引起环境变化的诸多因素中居于中心地位"③。该书分为两部分,第一部分梳理了20世纪史无前例的环境巨变;后一部分着重分析了导致生态巨变的三大因素:以化石燃料为基础的能源体系的形成,人口的快速增长,以及对经济增长和军事力量的崇奉。《蚊子帝国:1620—1914年大加勒比海地区的生态和战争》出版于2010年,是小麦克尼尔最新的一部专著。该书揭示了在加勒比海地区肆虐的、由蚊子传播的两种传染病——黄热病和疟疾——在过去300年间对该区域地缘政治所产生的影响。在他看来,西班牙在当地长期的殖民统治得以维持,拉美独立革命得以成功,在很大程度上都是因为来自英法的军队和移民对这两种致命性的传染病缺乏免疫力,而无法在这里生存。20世纪初,美国科学家发现这两种传染病是经蚊子传播,并找到了有效控制的方法,美国在该地区的霸权随之确立。该书将生态和战争、疾病与权力、海洋与陆地融为一体,体现了近年来美国环境史研究的一些新趋势。

小麦克尼尔的环境史研究,在空间上涉及世界多个区域,在时间上纵贯古今。这一特点与其学术经历和语言优势不无关系。小麦克尼尔学术专长原本是外交史,自1985年起一直在乔治城大学历史系和外交学院任教,讲授过欧洲史、德国史、俄国史、拉美史、非洲史、国际关系史、世界史等课程。在20世纪八九十年代,小麦克尼尔开始转向环境史研究。④ 或许是因从事外交史研究的缘故,他的视野从来就没有局限于特定的区域,而是涵盖了大西洋、地中海和太平洋等地区的广大区域。他曾经提到,跨时空的

---

① 马克·乔克、查尔·米勒:《J. 唐纳德·休斯访谈》(Mark Cioc and Char Miller, "J. Donald Hughes"),《环境史》第15卷,2010年第2期,第314页。

② [美] 约翰·麦克尼尔:《地中海世界的山区:环境史》(John McNeill, *The Mountains of the Mediterranean World: An Environmental History*),剑桥大学出版社1992年版;[美] 约翰·麦克尼尔:《阳光下的新事物:20世纪世界环境史》(John McNeill, *Something New under the Sun: An Environmental History of the Twentieth-Century World*),纽约2000年版;[美] 约翰·麦克尼尔:《蚊子帝国:1620—1914年大加勒比海地区的生态和战争》(John McNeill, *Mosquito Empires: Ecology and War in the Greater Caribbean, 1620–1914*),纽约2010年版;[美] 约翰·麦克尼尔主编:《太平洋地区环境史》(John McNeill, *The Environmental History of the Pacific World*),伦敦2001年版。

③ [美] 约翰·麦克尼尔:《阳光下的新事物:20世纪世界环境史》,前言第22页。

④ 汤姆·莱切斯:《与约翰·麦克尼尔对话》(Tom Laichas, "A Conversation with John McNeill"),《相互关联的世界史》(*World History Connected*)第6卷,2009年第3期。

研究特色并非有意为之，而更多的是出于机缘巧合。① 在 20 世纪 80 年代早期，小麦克尼尔虽然有意继续研究近代早期法国和西班牙在加勒比海地区的外交角逐，但由于当时去古巴等国开展研究存在诸多限制，他便将目光转向了地中海地区，并于 1992 年出版了《地中海世界的山区》。此后多年，他在环太平洋地区及加勒比海地区环境史研究方面也取得了诸多建树。② 小麦克尼尔的研究除了涉及众多区域之外，其时间跨度之长也令人惊叹，他虽然侧重于近代，但对现当代史的研究也取得了成功。小麦克尼尔突出的语言优势，对他进行跨区域研究可谓如虎添翼。除英文外，他还能使用法文、西班牙文和意大利文，这有助于他运用多国档案文献进行研究。他的作品旁征博引，视野开阔，见解独到。

小麦克尼尔治学的一些特点，可以通过《阳光下的新事物：20 世纪世界环境史》这部代表作体现出来。其一，他的研究视野宏阔，紧扣生态与经济。该书"将地球的生态史和人类社会的经济史结合在一起观察"，对 20 世纪的生态变迁及其原因进行了高屋建瓴的客观叙述和深入分析，并配以 50 多张图表，便于读者从整体上理解 20 世纪的生态巨变。小麦克尼尔对生态因素的重视，同样体现在《蚊子帝国：1620—1914 年大加勒比海地区的生态和战争》一书中。在他笔下，不论是列强的角逐和统治，还是殖民地争取独立和解放的斗争，其胜负成败都受到了疾病瘟疫的影响。其二，小麦克尼尔的研究虽然以生态变迁为中心，但具有人类中心主义的价值取向。《阳光下的新事物：20 世纪世界环境史》克服了一些环境史著作不见人物踪影的缺点，提到了近百个历史人物，注重可读性。同时，小麦克尼尔不是抽象地谈论环境对人类的影响，而是注重社会分层分析。他提到，"环境变化通常对某些人有利而对某些人不利，对某些物种或亚种有利，而对某些则不利"，环境影响评估非常复杂，其结果依据"将谁的利益置于其他人之上"而大相径庭。③ 小麦克尼尔倡导将环境问题与种族、阶级和性别因素结合起来加以研究。他在论述全球环境政治时指出，发展中国家以农民为基础的"穷人环保运动"，明显不同于以中产阶级为基础的西方环保运动。在印度等国家，各群体依据其社会角色而与自然发生不同的社会联系，他们对环保运动的期望也不尽相同。其三，小麦克尼尔的研究冷静客观，没有明显的情感色彩。尽管《阳光下的新事物：20 世纪世界环境史》一书显示，20 世纪全方位的生态巨变总体上在朝不利于人类生存的方向发展，但小麦克尼尔却能冷静地对之加以叙述，其叙事风格与以往环境史著作中常见的"末世论"基调大为不同。在他看来，尽管人类的未来发展会面临一系列严峻的环境挑战，但人类的适应能力"将远远超过我们现在所能想象的程度"④。未来具有不可预测性，环保人士对未来的悲观预测并不利于环保运动的长远发展。小麦克尼尔称自

---

① 特雷弗·伯纳德：《历史与环境：麦克尼尔谈环境史》(Interview by Trevor Burnard, "History and the Environment, John McNeill Talks about Environmental History")，《当今历史学》(History Now) 第 6 卷，第 1 期（2000 年 5 月），第 4—5 页。

② [美] 约翰·麦克尼尔：《蚊子帝国：1620—1914 年大加勒比海地区的生态和战争》，前言第 16 页。

③ [美] 约翰·麦克尼尔：《阳光下的新事物：20 世纪世界环境史》，前言第 25 页。

④ [美] 约翰·麦克尼尔、[美] 威廉·麦克尼尔：《人类之网：鸟瞰世界历史》，王晋新等译，北京大学出版社 2011 年版，第 316 页。

己在看待环境事务时外冷内热,他虽然对环境危机忧心忡忡,但仍认为人类有能力化解环境危机,① 这种积极乐观的态度也是《阳光下的新事物:20世纪世界环境史》一书备受称道的原因。基于上述优点,该书于2000年出版当年就获得了世界史学会图书奖、森林史学会图书奖,并已被翻译成多种语言文字出版。

从20世纪90年代以来,除休斯和小麦克尼尔以外,还有很多学者致力于全球环境史研究,并就一些专题出版过著作。在《没有尽头的边疆:近代早期世界环境史》② 一书中,约翰·理查兹从土地利用、生物入侵、商业捕猎和能源开发四个方面,叙述了15—18世纪伴随世界市场的形成而出现的环境变迁。在《现代世界的起源——全球的、生态的述说》中,马立博提出了"旧生态体系"概念,认为"从1400年到1800年,世界经济最发达的核心地区在亚洲,特别是中国和印度"③。迈克尔·威廉斯将对森林史的研究从美国延伸到整个世界,并出版了《森林滥伐:从史前到全球危机》④ 这一权威巨著。派因(Stephen J. Pyne)出版的"火之轮回"系列著作⑤,就美国、澳大利亚、欧洲、加拿大甚至整个世界对火的利用分别进行了探讨。

全球环境史的编撰并不仅限于历史学家,一些有影响的作品并非出自历史学家之手。比如,《枪炮、病菌与钢铁:人类社会的命运》《崩溃:社会如何选择成败兴亡》这两部畅销书的作者贾雷德·戴蒙德,是加利福尼亚大学洛杉矶分校的一位生理学教授。在前一部书中,戴蒙德运用自然科学的最新成果,从地理环境和生物进化的角度论述了新旧大陆为何会有不同的命运。在后一部书中,戴蒙德认为,滥用自然资源是人类历史上许多社会崩溃的重要原因。⑥

全球环境史研究的进展,还可以从有关的论文集和工具书中体现出来。B. L. 特纳

---

① 汤姆·莱切斯:《与约翰·麦克尼尔对话》,《相互关联的世界史》第6卷,2009年第3期。
② 约翰·理查兹:《没有尽头的边疆:近代早期世界环境史》(John F. Richards, *The Unending Frontier: The Environmental History of the Early Modern World*),加利福尼亚大学出版社2003年版。
③ [美]马立博:《现代世界的起源——全球的、生态的述说》(Robert B. Marks, *The Origins of the Modern World: A Global and Ecological Narrative*),纽约2006年版。"旧生态体系"主要指依赖可再生能源而不是化石能源的体制。该书中文版已于2006年由商务印书馆推出,译者为夏继果。
④ 迈克尔·威廉斯:《森林滥伐:从史前到全球危机》(Michael Williams, *Deforesting the Earth: From Prehistory to Global Crisis*),芝加哥2003年版。
⑤ [美]派因:《美国野火管理导论》(Stephen J. Pyne, *Introduction to Wildland Fire: Fire Management in the United States*),纽约1984年版;[美]派因:《燃烧的丛林》(Stephen J. Pyne, *Burning Bush: A Fire History of Australia*),纽约1991年版;[美]派因:《圣火》(Stephen J. Pyne, *Vestal Fire: An Environmental History, Told through Fire, of Europe and Europe's Encounter with the World*),西雅图1997年版;[美]派因:《火之简史》(Stephen J. Pyne, *Fire: A Brief History*),西雅图2001年版;[美]派因:《世界之火》(Stephen J. Pyne, *World Fire: The Culture of Fire on Earth*),纽约2010年版;[美]派因:《火:自然与文化》(Stephen J. Pyne, *Fire: Nature and Culture*),伦敦2012年版。
⑥ 美国以外的例子或许更为典型。比如,《绿色世界史》(*A Green History of the World*)的作者是英国外交官克莱夫·庞廷(Clive Pointing),而《改变地球的面貌:文化、环境与历史》(*Changing the Face of the Earth*)《全球环境史》(*Global Environmental History*)的作者是英国地理学家伊恩·西蒙斯(I. G. Simmons),而德国华裔社会学家周新钟(Sing C. Chew)则出版过"世界生态退化"(*World Ecological Degradation*)三部曲。

参与主编的《人类活动对地球的改变》① 于 1990 年出版，这部百科全书式的巨著对过去 300 年间生态圈的变化及其原因进行了探讨。埃德蒙顿·柏克与彭慕兰编撰了《环境与世界史》②，该文集由 11 篇专题论文组成，涉及全球多个地区，分专题探讨了 1500 年以来的人口增长、商业化、工业化、能源革命、水土资源的集约管理等问题。《重新审视环境史：世界体系演变和全球环境变化》③ 由小麦克尼尔等人所编，该文集将环境变化同政治经济格局、社会不公联系起来，表明了强国富国对弱小国家的资源掠夺。这些文集大多是外国国别环境史研究的汇总，与真正的全球环境史还有很大差距。

全球环境史研究的推进，也可以从近年来问世的三部工具书得以反映。《世界环境史百科全书》④（3 卷本）由谢泼德·克雷希、小麦克尼尔等人主编，于 2003 年出版。该书由全球 300 多位专家合作编撰，收录的 520 个词条涵盖环球古今，涉及重要的山川湖泊、重要物种、自然资源、人物事件等。各词条的撰稿人都是相关问题的知名专家，每个词条的解释都长达数页，并附有详尽的延伸阅读书目，便于读者按图索骥开展深入研究。这部学术性工具书权威、可靠，受到了学界的普遍赞誉。2012 年，小麦克尼尔参与主编的《全球环境史研究指南》《全球环境史导读》两部富有参考价值的工具书相继面世。《全球环境史研究指南》按时间、区域和专题编排，由 28 篇原创性文章组成，编撰者为世界各地的知名专家⑤。《全球环境史导读》一书所收录的，多是已在《环境史》《环境与历史》及有关文集中刊出、产生过重大反响的理论文章，这 18 篇文章按全球视角、区域视角、环保运动三个专题进行编排，作者大多是世界最知名的环境史学者。该文集旨在对全球环境史这个"新出现的领域进行初步的定位和介绍"⑥。这些工具书的接连问世，实际上是对全球环境史这一领域的初步回顾与展望，为深化全球环境史的教学和研究准备了必要条件，为全球环境史在未来的蓬勃发展奠定了一定基础。

毫无疑问，近 20 年来，全球环境史研究在美国已经取得明显进展。成果逐渐增多，一些中青年学者脱颖而出。小麦克尼尔作为全球环境史乃至环境史领域的领军人物，具有乃父之风，博学多才，新作不断，弟子众多，而且具有领导才干。在以小麦克尼尔为首的一批优秀学者的带动下，全球环境史在未来一定会蓬勃发展。

---

① B. L. 特纳等编：《人类活动对地球的改变》（B. L. Turner, et al., eds., *The Earth as Transformed by Human Action: Global and Regional Changes in the Biosphere over the Past 300 Years*），剑桥大学出版社 1990 年版。

② 埃德蒙顿·柏克等编：《环境与世界史》（Edmund Burke Ⅲ, Kenneth Pomeranz, *The Environment and World History*），加利福尼亚大学出版社 2009 年版。

③ 阿尔夫·霍恩堡、[美] 约翰·麦克尼尔合编：《重新审视环境史：世界体系演变和全球环境变化》（Alf Hornborg, John McNeill, eds., *Rethinking Environmental History: World System History and Global Environmental Change*），拉纳姆 2007 年版。

④ 谢泼德·克雷希、[美] 约翰·麦克尼尔等编：《世界环境史百科全书》（Shepard Krech Ⅲ, John McNeill, and Carolyn Merchant, *Encyclopedia of World Environmental History*），纽约 2003 年版。

⑤ [美] 约翰·麦克尼尔等编：《全球环境史研究指南》（John McNeill, ed al., eds., *A Companion to Global Environmental History*），霍博肯 2012 年版。

⑥ [美] 约翰·麦克尼尔等编：《全球环境史导读》（John McNeill, ed al., eds., *Global Environmental History: An Introductory Reader*），纽约 2012 年版，"导言"第 18 页。

四 全球环境史研究的价值与困境

全球环境史在多方面推动了史学研究的发展。它从历史的角度对人类与自然的关系进行了整体考察，有助于揭示历史发展的基本趋势和规律，为环境史的个案研究提供理论指导。它对西欧中心论和人类中心论的反思和批判，深化了对历史的认识。它还有助于克服环境史研究的碎化趋势。与此同时，全球环境史的发展又面临着多方面的挑战。

全球环境史对历史上人与自然互动关系的宏观考察，有助于揭示人与自然关系的历时性和共时性的演变。人类得益于"火的利用、新石器时代的农业革命、工业科技革命"这三项人类史上最重要的发明，[①] 改造和影响自然世界的能力显著增强，人类在地球生命共同体中的影响不断扩大。近几个世纪以来，尤其是工业革命以来，人口的数量及其所消耗的资源和产生的垃圾都在成倍增加；人类对地球环境变化的影响，已经堪比地质力量，甚至成为影响地球环境变化的主要力量。2000年，诺贝尔化学奖得主克鲁岑提出了"人类世"这一概念，用以指代约1800年以来、由工业革命所开启的人为环境变化空前剧烈的地质时代。[②] 物极必反，随着人类在自然生态系统中的优势地位日渐强化，人类对地球生命共同体的干扰逐渐加剧，环境问题不断趋于严重。环境问题虽然在过去也存在，但它毕竟是局部性、阶段性的，到今天则成为事关人类存亡的根本性问题。全球环境史不仅可以揭示人与自然关系的历时性演变，还可对比发生在同一阶段不同区域的环境问题的异同。人类经由工业革命从农业社会向工业社会的过渡，在很大程度上"就是从木材和木炭的文明过渡到铁和煤的文明"[③]，这两种社会所面临的环境问题存在根本性的差异。在农业社会里，自给自足的小农经济占主体地位，环境问题的产生往往与生计有关；而在以化石能源为基础的工业社会，资本主义为逐利而不断扩张，导致环境问题层出不穷。与此同时，由于自然和社会的各种因素之间错综复杂的相互影响，东西方社会走上了不同的发展道路。

全球环境史为史学研究提供了新的研究视角。全球环境史的研究题材可大可小，大到整个地球生态系统的变迁，小到某个物种的兴衰。但不管题材大小，在论述时都要超越具体地域，超越民族国家的界限，置于全球生态变迁的大框架内加以观察，探讨研究对象与外部世界之间的种种生态联系，以小见大，见微知著。而探讨的时段可长可短，可以溯及人类在地球上的出现或者是人类文明的起源，也可以短到以年月计算。全球环境史研究可以有多种不同的时间尺度和视角，既可以是断代史，也可以是通史；既可以是微观研究，也可以是中观或宏观探讨；既可以是扎实深入的个案专题研究，也可以是通览全球古今的

[①] 约翰·理查德：《世界环境史：一个新兴的领域》（John F. Richards, "An Emerging Field: World Environmental History"），《莱比锡世界史和比较社会研究论文集》（Comparativ, Leipziger Beiträge zur Universalgeschichte und vergleichenden Gesellschaftsforschung）第16卷，2006年第1期，第123页。

[②] 威尔·斯蒂芬等：《人类世：概念透视与历史视野》（Will Steffen, Jacques Will Steffen, Jacques Grinevald, Paul Crutzen and John McNeill, "The Anthropocene: Conceptual and Historical Perspectives"），《英国皇家学会哲学会刊A》（Philosophical Transactions of Roral Society A）第369卷，第1938期（2011年3月），第843页。

[③] ［法］布罗代尔：《资本主义论丛》，顾良、张慧君译，中央编译出版社1997年版，第11页。

综合研究。总的来看，全球环境通史类的作品寥寥可数，多数成果侧重于某个专题。威廉斯关于全球森林滥伐的研究、邓拉普关于自然观念史的研究都是比较典型的例子。①

近年来，物种交流、气候变化、能源供应、战争与环境等问题在全球环境史研究中备受关注。这一方面是由于这些问题直接关系到人类文明的未来发展，已经成为各国在国内及国际政治中的重要议题；另一方面是由于这些问题在历史上曾经存在，而且产生过深远影响，研究这些历史问题可以为现实提供借鉴。物种交流是指各种动植物（包括农作物及家畜）和微生物（包括致命病菌）的长距离传播。这一由克罗斯比开拓的新兴领域，已经吸引了越来越多的学者。② 从已有研究来看，生态因素的作用受到高度重视，但过分强调也可能会有"生物决定论"的嫌疑。全球环境史领域对气候变化的高度关注，与气候对人类文明的深远影响、全球变暖和国际社会围绕温室气体减排所展开的气候外交有密切关系。南茜·兰斯顿（Nancy Langston）指出，尽管这方面的研究在20世纪上半叶就已经开始，但这方面的研究还严重滞后于社会的现实需求，其中的一个原因就是学者担心被扣上环境决定论的帽子。③ 就能源问题而言，由于现代社会对不可再生的化石能源的严重依赖和日益增长的需求，能源短缺的威胁日益加剧，因争夺能源而引起的地区和国际冲突不断爆发，能源问题已经受到学界的广泛关注。克罗斯比出版了一部能源开发与利用史的著作。④ 小麦克尼尔则将近代以来能源结构变迁和霸权更迭结合起来。⑤ 战争与环境的关系近年来受到了多位环境史学者的关注。埃德蒙顿·鲁塞尔在《战争与自然》一书中探讨了从第一次世界大战到越战期间化学武器的应用。理查德·塔克（Richard P. Tucker）教授在密歇根大学讲授战争环境史已有数年，还与人合编过一部战争环境史的文集。利萨·布雷迪（Lisa Brady）出版过美国内战环境史方面的专著，现在转向从环境史的角度研究朝鲜战争史。小麦克尼尔则在2011年与人合编了一部《冷战环境史》文集。⑥

---

① 托马斯·邓拉普：《自然与英国人的大移居》（Thomas Dunlap, *Nature and the English Diaspora: Environment and History in the Unted States, Canada, Australia, and New Zealand*），剑桥大学出版社1999年版。

② [美] 约翰·麦克尼尔：《世界历史中的物种交流》，夏天译，刘新成主编：《全球史评论》第4辑，第211页。

③ 南茜·兰斯顿：《变迁世界中的环境史学：进化、环境健康与气候变化》，曹牧泽，《中国人民大学学报》2013年第3期。

④ [美] 克罗斯比：《太阳之子：难以餍足的能源需求》（Alfred Crosby, *Children of the Sun: A History of Humanity's Unappeasable Appetite for Energy*），纽约2007年版。

⑤ [美] 约翰·R. 麦克尼尔：《能源帝国：化石燃料与1580年以来的地缘政治》，《学术研究》2008年第6期。

⑥ 埃德蒙顿·鲁塞尔：《战争与自然：用化学物质对付敌人与害虫（从一战到〈寂静的春天〉）》（Edmund Russell, *War and Nature: Fighting Humans and Insects with Chemicals from World War I to Silent Spring*），剑桥大学出版社2001年版；埃德蒙顿·鲁塞尔、理查德·塔克合编：《自然的盟友与敌人》（Edmund Russell, Richard P. Tucker, eds., *Natural Enemy, Natural Ally: Toward an Environmental History of War*），俄勒冈州立大学出版社2004年版；利萨·布雷迪：《土地上的战争：美国内战期间的军事策略及南部景观的变迁》（Liss Brady, *War upon the Land: Military Strategy and the Transformation of Southern Landscapes during the American Civil War*），佐治亚大学出版社2012年版；[美] 约翰·麦克尼尔合编：《冷战环境史》（John McNeill, *Environmental Histories of the Cold War*），剑桥大学出版社2010年版。

除上述问题外,全球环境史领域还有大量与现实相关、值得深入探讨的问题。小麦克尼尔指出,海洋环境史、资本主义和社会主义两种制度的环境影响、迁徙和移民等问题在未来都有待进一步研究。① J. 唐纳德·休斯则认为,经济全球化的环境影响、② 人口增长、地方和全球的环境政策、生物多样性减少是全球环境史研究中需要关注的一些问题。③

全球环境史有利于克服现有史学研究中根深蒂固的西方中心论。它对西方中心论的突破,主要来自全球史对"西方中心论"的破除和环境史"去人类中心主义"的努力。全球史显著地"扩大了历史研究的单元",以世界为整体,考察人类社会"由相互孤立隔绝发展为密切联系,由分散演变为整体的全部历程"④。全球史倡导相对中立的价值取向,主张超越民族、国家的狭隘范畴,对不同时代、不同地区、不同民族的建树予以客观公正的评价。在历史上,人类文明的中心,长期以来甚至在近代以来的很长一段时间内,都位于东方而不是西方。这种观点在马立博、弗兰克和彭慕兰等多位美国学者的著作中都有明显体现。⑤ 而另一方面,环境史将生态引入历史,让人类回归自然,认为"人类并非创造历史的唯一角色,其他生物也作用于历史"。环境史"把人和自然都还原到他们应有的位置上"⑥,将人和自然置于地球生命进化的大历史中进行观察。在宇宙和地球进化的历史长河里,人类的出现和人类文明的兴起只是一个晚近现象。"若用埃菲尔铁塔代表地球的年龄,那么,塔尖小圆球上的那层漆皮就代表人类的年龄"⑦。而如果用13年来简化宇宙130亿年的历史,那么地球存在"还不到5年。……我们智人仅仅存在了50分钟。农业社会只存在了5分钟,整个有文字记载的文明只存在了3分钟。而在今日主导世界的现代工业革命只存在6秒钟"⑧。如此看来,人类作为自然演化的产物,其对自然的影响力在"人类世"虽然变得空前强大,但日益复杂的人类文明在自然面前也变得空前脆弱。在人类中心主义的合理性都不复存在的前提下,奢谈西方中心主义又有何意义呢?

与此同时,美国的全球环境史教学与研究也存在一些问题。从美国环境史学会网页

---

① [美]约翰·麦克尼尔:《环境史研究现状与回顾》,王晓辉译,刘新成主编:《全球史评论》第4辑,第35页。
② [美]J. 唐纳德·休斯:《环境史研究的全球维度》,《太平洋历史评论》第70卷,2001年第1期,第101页。
③ [美]J. 唐纳德·休斯:《全球环境史:长远视角的思考》,张楠译,刘新成主编:《全球史评论》第4辑,第103页。
④ 于沛:《全球史:民族历史记忆中的全球史》,刘新成主编:《全球史评论》第1辑,第46页。
⑤ [美]马立博:《现代世界的起源——全球的、生态的述说》;[德]贡德·弗兰克:《白银资本:重视经济全球化中的东方》,刘北成译,中央编译出版社2000年版;[美]彭慕兰:《大分流:欧洲、中国及现代世界经济的发展》,史建云译,江苏人民出版社2004年版。
⑥ [美]威廉·克罗农:《环境史的功用》(William Cronon, "The Uses of Environmental History"),《环境史评论》第17卷,1993年第3期,第13页。
⑦ [美]大卫·克里斯蒂安:《时间地图:大历史导论》,"导论"第6页。
⑧ [美]大卫·克里斯蒂安:《时间地图:大历史导论》,第539页。

所登载的关于全球环境史的几份教案来看,[①] 全球环境史多半是从1492年哥伦布环球航行开始讲起,这与严格意义上的全球环境史还有很大差距,只能被称为近现代世界环境史。此外,美国学者"由于语言的原因或者个人的爱好",往往只阅读本国学者的作品,[②] 而对国外同行的成果所知甚少,即便对欧洲同行的成果也缺乏了解,这可以从《世界环境史百科全书》中反映出来。这部权威的工具书竟然完全没有提到1986年苏联的切尔诺贝利核泄漏事故,这起生态灾难"在欧洲一些国家被视为现代环境史上最重要的事件"。拉德卡曾经提到,"尽管环境史倡导一种超越狭隘民族国家界限的研究视角",但实际上环境史学者往往并不能真正做到这一点。[③]

除了上述主观上的偏差之外,全球环境史研究的顺利推进在客观上还存在许多难以克服的障碍。全球环境史属于典型的跨学科研究,研究者如果不具备广博的自然科学知识,就很难理解生态环境变迁本身及全球各地区之间所存在的千丝万缕的生态联系。从事全球环境史研究的困境,还在于它的研究范围过于宽泛。一个学者即便能够掌握多种语言文字,他所能运用的文献也只是冰山一角,而且只能主要依靠二手资料,更何况很多国家和地区的历史还缺乏研究。除此之外,文献真伪的鉴别,历史资料的解读,理论体系的构建,都是全球环境史研究者不得不面对的巨大挑战。面对全球环境史涉及的地域之广、时间之长、研究难度之高,即便是饱学之士,往往也只能望洋兴叹,不敢轻易涉足。一部全球环境史的作品,不论其多么完备,都难免会有遗珠之憾。

当前,包括环境史在内的整个历史学领域都面临史学碎片化的困扰。在这种情况下,全球环境史的价值会进一步显现。全球环境史力图从整体上考察生态因素对人类社会发展的影响,揭示人类作为一个整体对自然的依存关系,看到人类的共性而不是在多样性中迷失。全球环境史有助于将环境史从微观研究的层次提升到中观研究、宏观研究的层次,为撰写环境史的鸿篇巨制提供可能。

(原载《世界历史》2013年第4期)

---

① 为本科生和研究生开设的课程教案可见学会网页(http://aseh.net//teaching-research)
② [美]约翰·麦克尼尔:《环境史研究现状与回顾》,刘新成主编:《全球史评论》第4辑,第11页。
③ 约克希姆·拉德卡:《自然与权力:全球环境史》(Joachim Radkau, *Nature and Power: A Global History of the Environment*, translated by Thomas Dunlap),剑桥大学出版社2008年版,英译本序言第15页。

出版后记

《中国历史学年鉴》自1980年开始编辑出版后，一直受到海内外学界的关注与好评，为他们了解中国历史学研究的新进展和新信息提供了方便，也有利于海内外学界的学术交流互动。虽然中经断续，但在各方努力下，"年鉴"的编辑工作复归常态。唯以考虑到网络信息化时代年鉴编辑出版的特性，《中国历史学年鉴》由每年一辑改为每两年一辑，其主要内容基本不变，仍设特稿、学科综述、学术书介、会议信息、史家介绍、考古发现等栏目，编辑体例亦大体循过往常例。为使读者了解史学研究的实际状况，本册"年鉴"还从各主要史学期刊中选取了研究各个时代、各个主题的15篇论文刊付于后，然挂一漏万，如有选取不周之处，亦请读者鉴谅。

《中国历史学年鉴》的编辑工作，由中国史学会负责，学术委员会予以指导，编辑委员会负责编辑。中国史学会的历次会长会议，都将"年鉴"编辑工作列入讨论议程，并及时解决编辑工作中出现的各种问题。

本册"年鉴"由中国社会科学院考古研究所、历史研究所（现古代史研究所）、近代史研究所、世界历史研究所、中国边疆研究所（以上各所现均已划归中国历史研究院）及当代中国研究所科研处负责约稿，世界历史研究所汪朝光负责审稿，近代史研究所赵庆云（现调历史理论研究所）负责学术编辑，近代史研究所杜承骏和许欣舸担任行政事务支持。

本册"年鉴"的编辑工作，得到史学界同人的大力支持。不少史学名家为"年鉴"赐稿，为"年鉴"增色；史学界的中青年学者，也踊跃为年鉴撰稿，提供各种史学信息。值此"年鉴"新卷出版之际，我们谨对各位作者的大力支持与贡献，表示衷心的感谢！

《中国历史学年鉴》的编辑出版，一向得到中国社会科学院各级领导和有关部门的大力支持，值此"年鉴"新卷出版之际，我们谨对他们的大力支持表示衷心的感谢！

本册"年鉴"编辑过程中，适逢中国社会科学院"创新工程"的实行，各种"年鉴"的出版调整为由中国社会科学出版社统一承担。因为这个调整，使本册"年鉴"的出版稍有延后，经与中国社会科学出版社的协商，本册"年鉴"的涵盖时段亦调整为2013—2015年。中国社会科学出版社各级领导对"年鉴"出版给予了大力支持，"年鉴"编辑认真负责，一丝不苟，确保了"年鉴"出版的高质量。我们对他们的大力支持、努力和贡献，谨表衷心的感谢！

2019年，中国历史研究院成立。习近平总书记在"贺信"中要求广大历史研究者，"着力提高研究水平和创新能力，推动相关历史学科融合发展，总结历史经验，揭示历史规律，把握历史趋势，加快构建中国特色历史学学科体系、学术体系、话语体系。"

这不仅为中国的历史研究指明了方向，也为我们编辑《中国历史学年鉴》提出了新的更高的标准和要求。在《中国历史学年鉴》今后的编辑工作中，我们将努力为中国历史研究"三大体系"建设发声出力，同时我们也竭诚希望学界同人和各界读者，继续为"年鉴"编辑提供您的宝贵意见和建议。我们将不断适应新的形势，改进工作，精益求精，尽心尽力，更上层楼，努力服务于新时代的历史研究，推动中国的历史研究不断发展进步。

《中国历史学年鉴》编辑委员会
2020 年 6 月 30 日